本书得到
河南大学黄河文明传承与现代文明建设河南省协同创新中心
教育部人文社会科学重点研究基地河南大学黄河文明与可持续发展研究中心　资助出版
河南大学历史文化院

本书系国家社科基金重大项目“大遗址与河洛三代都城文明研究”
（批准号：13&ZD100）的中期成果

先秦丧葬与祭祖研究

李玉洁◎著

科学出版社
北京

图书在版编目(CIP)数据

先秦丧葬与祭祖研究/李玉洁著．—北京：科学出版社，2015．2

ISBN 978-7-03-043394-7

Ⅰ．①先…　Ⅱ．①李…　Ⅲ．①葬俗-研究-中国-先秦时代②祭礼-研究-中国-先秦时代　Ⅳ．①K892．22②K892．98

中国版本图书馆 CIP 数据核字（2015）第 036567 号

责任编辑：牛　玲　曹　玮／责任校对：刘亚琦
责任印制：徐晓晨／封面设计：无极书装
编辑部电话：010-64035853
E-mail：houjunlin@mail. sciencep. com

科学出版社 出版
北京东黄城根北街16号
邮政编码：100717
http: //www.sciencep.com
北京厚诚则铭印刷科技有限公司 印刷
科学出版社发行　各地新华书店经销

*

2015 年 4 月第　一　版　开本：720×1000 1/16
2021 年 3 月第五次印刷　印张：26
字数：375 000

定价：128．00 元

（如有印装质量问题，我社负责调换）

序　一

在2015年新春到来之际，有机会应河南大学李玉洁教授之约，为她即将问世的新著《先秦丧葬与祭祖研究》作一小序，是我意料所未及的。我认识李玉洁教授已逾30年，给她的作品也不只一次写序，但让我没有想到的是她这部洋洋洒洒几百页新书的份量和性质。

熟悉我们历史学界情况的都知道，河南大学在研究中国古代历史文化方面有着长久的历史传统，名家迭出。李玉洁教授承继这一统绪，不仅有通论先秦史的专著，还专注于周代列国历史的专题研究。继已出版的齐国、楚国等专史之后，近期我曾听说她在计划撰写魏国的专史，内心殊为期待。然而她在去年初冬寄示的，却是这样一部综论先秦丧葬礼制与祖先祭祀的大书。

绎读之下，我深感李玉洁教授这一新著实际上是她多年苦心探索积累的成果。读者一定会发现，书中内涵异常充实丰富，所涉及学科方面也特别广博。她在全书各章节都尽可能征引大量有关的考古学发现及其研究成果，以之与典籍文献对照比较，然后再给以历史学、人类学的诠释，从而勾画出中国先民丧葬、祭祀等文化演变的基本脉络，并探讨其间所体现的思想理念的发展。在这些方面，《先秦丧葬与祭祖研究》颇多新意。

若干年来，我一直强调研究先秦历史文化不能离开礼制的考察探索。李玉洁教授的书正是着眼于此。她在全书“绪论”的一开头就说：“古代的丧葬文化最早起源于墓葬，而为死者举行丧礼，为死者服丧服，是随着民智渐开又兴起的礼仪。贵族们认为祖先死后成为神，平民认为祖先死后成为鬼。鬼神对活着的人有保护或伤害的作用，因此祭祀祖先是子孙最重要的头等大事。在历史的长河中，我国逐渐形成了对祖先表示敬意和怀念的各种丧葬礼仪。”这正是古代礼制的核心部分。

近现代许多位研究中国古代历史文化的著名学者，都曾指出古代中国的社会特点，不同于其他古代国家之处，在于步入文明门槛之后，人们的血缘关系不是走向解体，而是牢固地保存下来，甚至在不同形态之下有所加强。我前些时介绍过，我国的马列主义历史学家侯外庐先生和长期在美国哈佛大学执教的考古学家张光直先生，都有类似的观点。血缘关系的顽强存在，决定了古代社会的一系列特色；反映到礼制上，就是李玉洁教授书中集中论述的丧葬制度和祖先祭祀。

这里特别要说明的是先秦礼制的研究十分困难。就典籍而言，《十三经》中虽然有《周礼》、《仪礼》、《礼记》等所谓“三礼”，却为历代学者指为难治。至于要将文献记载同考古发现的物质遗存所呈现的种种现象联系起来，尤其不易。这是因为田野考古所得，例如墓葬，其时代、地域等等各自有别，即使与文献所记同时同地，当时的人也未必全遵守模范。李玉洁教授这部书，在处理有关问题时，能够做到适当，也是非常不容易的。

《先秦丧葬与祭祖研究》涉及的学术问题太多了，不少地方有限于篇幅，尚有展开的余地，希望李玉洁教授不久还会有新作接续她的研究。

李学勤

2015 年 3 月 5 日农历元宵

于北京清华园

序　二

近日，李玉洁教授与我谈及先秦墓葬考古，我获悉她的大作《先秦丧葬与祭祖研究》即将付梓。其后不久她把书稿的电子文本发给我，让我先睹为快。我不由想起李玉洁教授20多年前出版的《先秦丧葬制度研究》一书。该书是她在20世纪80年代授业于著名历史学家徐中舒先生攻读先秦史研究生期间所作的博士论文的基础上撰写的。90年代初《先秦丧葬制度研究》的出版，在先秦历史学、考古学界影响甚大。时过四分之一世纪的今天，李玉洁教授又为学术界推出《先秦丧葬与祭祖研究》，她谦称这是二十多年前《先秦丧葬制度研究》的“修订版”，实际上远非那样简单，之所以这样说是因为“修订版”与二十多年前的《先秦丧葬制度研究》相比较，有以下四个突出特点。

一是新资料的大量使用。

从20世纪80年代中后期至今，近三十年来史前与先秦时期墓葬的重大考古发现众多，如：新石器时代中期的湖南澧县八十垱遗址墓地、内蒙古敖汉旗兴隆洼遗址的居室葬、河南新郑裴李岗遗址与河南舞阳贾湖的裴李岗文化墓地、山东临淄后李文化墓地和汶上东贾柏遗址的北辛文化墓地等，新石器时代晚期的河南濮阳西水坡遗址墓葬、邓州八里岗遗址墓葬、山东枣庄建新遗址大汶口文化墓地、安徽含山凌家滩薛家岗文化墓地、江苏高邮龙虬庄墓地等，龙山文化时代的良渚文化反山墓地、瑶山墓地、昆山赵陵山墓地等，以及西藏拉萨曲贡墓地、青海同德县宗日墓地等；再如，夏商周时代的二里头遗址墓葬、山东滕州前掌大商代墓地、西安老牛坡商代墓地、平顶山应国墓地、三门峡虢国墓地、山东长清仙人台寺（加“邑”）国墓地、山西曲沃晋侯墓地、太原金胜村251号墓、侯马虒祁墓地与祭祀区、西安芷阳“秦东陵”、甘肃礼县大堡子山秦公墓地与圆顶山贵族墓地、张家川马家塬墓地、陕西陇县与西安附近的秦墓、山东临淄商王墓地、江苏苏州真山墓地、丹徒北山顶墓地、江西新干大洋洲墓地、北京延庆军都山“山戎”墓地、内蒙古毛庆沟与崞县窑子墓地及和林格尔墓地、宁夏固原杨郎墓地、四川凉山会理石棺葬墓群、贵州赫章可乐与咸宁中水的“夜郎文化”墓地、云南晋宁石寨山墓地、江川李家山墓地、昆明官渡区小板桥镇羊甫头墓地、澄江金莲山墓地、泸西石洞村与逸圃墓地、新疆伊犁索墩不拉克墓群和喀什河吉林台墓葬群、阿勒泰地区布尔津县“切木尔切克文化”墓地、鄯善洋海墓地、焉耆盆地和静县察吾呼墓地、罗布泊小河墓地（2002～2005年）、哈密林雅墓地与南湾墓地、昆仑山北麓的流水墓地等考古发现。其中不少考古发现被评选为该年度的“中国十大考古新发现”。更为重要的是20世纪90年代以来，史前与先秦时期墓葬的田野考古发掘报告大量出版，如《军都山墓地：玉皇庙》、《北福地：易水流域史前遗址》、《譻墓：战国中山国国王之墓》、《燕下都》、《灵石旌介商墓》、《上马墓地》、《天马—曲村》、《白音长汗：新石器时代遗址发掘报告》、《敖汉赵宝沟：新石器时代聚落》、《大甸子：夏家店下层文化遗址与墓地发掘报告》、《福泉山：新石器时代遗址发掘报告》、《马桥：1993～1997年发掘报告》、《北阴阳营：新石器时代及商周时期遗址发掘报告》、《龙虬庄：江淮东部新石器时代遗址发掘报告》、《花厅：新石器时代墓地发掘报告》、《真山东周墓地：吴楚贵族墓地的发掘与研究》、《瑶山》、《反山》、《印山越王陵》、《蚌埠双墩：新石器时代遗址发掘报告》、《凌家滩》、《潜山薛家岗》、《屯溪土墩墓发掘报告》、《新干商王大墓》、《吴城：1973—2002年考古发掘报告》、《大汶口续集：大汶口遗址第二、三次发掘报告》、《山东王因：新石器时代遗址发掘报告》、《滕州前掌大墓地》、《舞阳贾湖》、《洛阳北窑西周墓》、《三门峡虢国墓（第一卷）》、《鹿邑太清宫长子口墓》、《新郑郑国祭祀遗址》、《长沙楚墓》、《博罗横岭山：商周时期墓地2000年发掘报告》、《成都商业街船棺葬》、《昆明羊甫头墓地》、《拉萨曲贡》、《老牛坡》、《张家坡西周墓地》、《少陵原西周墓地》、《秦安大地湾：新石器时代遗址发掘报告》、《师赵村与西山坪》、《徐家碾寺洼文化墓地：1980年甘肃庄浪徐家碾考古发掘报告》、《新疆察吾呼：大型氏族墓地发掘报告》等。正如王国维先生所说“新资料出新学问”，李玉洁教授正是在掌握了大量史前与夏商周墓葬考古发现新资料与吸收先秦丧葬及祭祀等方面考古学、历史学研究新进展基础之上，使其“修订版”的内容较“初版”几乎扩充了一倍。从学术研究的深度、广度来看，也极大地推进了先秦墓葬所涉及的先秦历史学、考古学学术研究。《先秦丧葬与祭祖研究》是目前我所见到的这一学术研究领域最有代表性的专著。

二是中原与周边地区的有机结合。

传统的先秦墓葬研究，大多以中原地区（或内地）为研究对象，基本不涉及或很少涉及“周边地区”的先秦时期墓葬。周边地区族群先秦墓葬研究内容在李玉洁教授的专著中占居相当大篇幅，诸如东北地区的石棺墓、石椁木棺墓、积石墓、火葬墓，西北地区的伊犁土墩墓、石圈石堆墓、阿勒泰的石人石椁墓、天山一带竖穴墓及鄯善的尸床，西南地区的船棺葬、悬棺葬、石棺葬、大石墓、洱海竖穴土坑墓等，这是本书十分突出的特色，也是本书的亮点之一。从“周边地区”与“中原地区”的墓葬来看，时代越早各地丧葬文化差异越大，随着政治与文化、经济交流的密切，特别是“中华”各地的“社会主导文化”、“主流文化”（包括各地社会管理者的丧葬文化），对“华夏文化”的越来越认同、趋同，进入秦汉时代，伴随多民族统一的中央集权国家——秦汉帝国出现、以汉族为主体的中华民族形成，包括丧葬文化在内的中华民族文化融合越来越加深，导致多元一体文化的“国家认同”。从而在“形而下”研究的基础之上，达到“形而上”的有理有据的历史科学解读。本书中这一历史发展规律的揭示，显示出李玉洁教授深厚的历史唯物主义功底。这是目前我们强调以唯物史观进行历史学研究的一个典范。

三是从“丧葬制度”研究发展至“血缘政治”物化载体的“祭祖研究”。

“丧葬”活动是人类历史发展到一定阶段的产物，是人与动物（包括其他生物）的重要区别。“丧葬”是人类“思想”的最初主要“物化载体”，也是人类不同于“动物”的重要标示。从丧葬活动到丧葬制度形成，是与人类历史的文明进程相伴随的。从中国古代丧葬史可以知道，丧葬制度化、丧葬制度复杂化与中国古代历史发展是同步的。李玉洁教授的“修订版”《先秦丧葬与祭祖研究》又把丧葬制度上升至“祭祖”层面进行深入探索。与丧葬相关的祭祖活动，是伴随着都城“左祖右社”而出现的，是陵墓的“地面化”、丧葬活动的“政治化”之必然，是“王国时代”中后期与“帝国时代”通过突出“血缘政治”而强化“地缘政治”的历史发展必然，这凸显了“血缘政治”越来越“服务”于“地缘政治”、“王权政治”、“皇权政治”。从社会主导文化而言，“祭祖”礼仪研究，对于探索从“王国时代”到“帝国时代”历史发展有着十分重要的科学价值。

四是方法论上的文献史学与考古学的结合。

考古学之于历史学（文献史学），尤其是史前时代、先秦时代历史研究中更为重要。众所周知的情况是，如果保守地说人类历史已经走过二百多万年，那么有文字记载的人类历史不过几千年，仅占人类历史的0．25％。在传统文献史学中，历史上的历史文献绝大多数是当时“社会主导文化”的历史文献，而对于“非社会主导文化”的地区，如先秦时代的“周边地区”历史而言，历史文献很少，这方面的研究主要由考古学支撑。在《先秦丧葬与祭祖研究》的“上篇”的一头一尾（第一章与第六章），李玉洁教授使用了大量考古发现新资料、考古学研究新成果，给人耳目一新的感觉！在该书“下篇”研究中又可以发现，作者在历史文献与考古资料、考古学研究成果结合方面的突出特色，这是我们许多历史学家、考古学家值得学习的！因此我感谢李玉洁教授为学术界奉献这本《先秦丧葬与祭祖研究》！

刘庆柱

2015年2月23日

目　录

上篇　先秦时期的墓葬

下篇　周代丧礼、丧服与祭祖礼

绪　论

自从人类出现开始，我们的祖先就用自己的双手和智慧，日复一日、年复一年，一代又一代地勇敢顽强辛勤地劳动，与大自然作着艰苦卓绝的斗争，创造了这个绚丽多彩的世界，为后人留下宝贵的财富。然而天长地久、人生有限，当一个人的生命走到尽头时，他的劳动果实永远留在这个世界上，供后人享用。因此，尊重祖先的劳动、怀念祖先的恩德，是后世子孙的必然情结，也是世界上各个民族的共同心理。中国古代尊祖敬宗、慎终追远，就充分的表现了对祖先的尊重与怀念。《左传·成公十三年》云："国之大事，在祀与戎。""戎"，指的是军事，是关系国家生死存亡的头等大事；而"祀"，就是祭祀祖先。我国古代把祭祀祖先与军事战争看的同等重要，从中可以看出中国人对祖先的祭祀是何等的重视。

先秦时期的墓葬、丧服、祭祀等礼俗是我国丧葬礼俗形成的初始，我国历朝历代的丧葬礼，皆是在先秦丧葬礼的基础上形成的。后代的丧葬礼对先秦丧葬之礼有小的改动，而无大的变化。我国古代的丧葬与祭祖礼仪具有强烈的等级性，人的身份不同，祭祀祖先的规格也不相同；最初是一种亲疏的等级，后来演变为贫富贵贱的等级。一个民族的心理状态、政治文化、社会关系、风俗民情、贵贱等级意识、生产发展水平等在丧葬祭祀的各种礼仪中都能够充分的表现出来。

本书分别对先秦时期的墓葬制度、丧服制度、祭祀之礼进行探讨。其时空范围是，上至自人类拥有墓葬、丧服、祭祀制度之始，下迄战国、秦汉之际；以黄河、长江中下游地区为主，兼及东北、西北、西南、东南诸地区。先秦时期我国各地（如中原地区、南方的楚地、东夷及吴越、西南巴蜀）的葬俗都有很大的差别。随着时间的流逝，我国各地区（包括边境少数民族）的葬俗虽然还保留着浓厚的地方特色，但逐渐接受中原地区的影响，与华夏文化融合。秦汉以后，我国的丧葬风俗趋向统一，表现出中华民族大融合的趋势。

一、墓葬制度的起源与等级

古代的丧葬文化最早起源于墓葬，而为死者举行丧礼，为死者服丧服，是随着民智渐开又兴起的礼仪。贵族们认为祖先死后成为神，平民认为祖先死后成为鬼。鬼神对活着的人有保护或伤害的作用，因此祭祀祖先是子孙头等大事。在历史的长河中，我国逐渐形成了对祖先表示敬意和怀念的各种丧葬礼仪。

远古时期，部族中有人死去，当是弃之于野。死者的尸体就会被狐狸或其他动物食之、或被苍蝇嘬之，面目十分难看。活着的人实在不忍心见到这种惨象，于是把死去的亲人埋葬在地下土中，这是人们对死者的最初情谊，于是人类社会出现了墓葬。

我国最早出现的是居室葬，即把死者埋在所住山洞的下室，后来掩埋在旷野中。墓坑的形式有长方形、方形、圆角长方形、凸字形土坑墓的形制，长方形竖穴土坑墓是主要的形式。死者的葬式有单人直肢葬、屈肢葬、二次葬、多人排葬坑、男女合葬、火葬等。

葬具的形式主要有瓮棺葬（主要是夭折儿童使用）、石棺葬、木棺葬等。

古人出于一种友爱心理，把死者当做活人一样侍奉，“事死如事生，事亡如事存”，为死者备妥一些食品和器物，让死者的灵魂到另一个世界中去享用。人类早期的墓葬中，多是随葬生活用具，如陶罐、砵、盆、瓶、壶、鼎、豆、罐、碗、鬲、杯等；氏族墓葬中也出现大量的装饰品，如绿松石饰、碧玉耳坠、石珠、骨珠、蚌饰、石环、石璧、石臂饰、海贝等，还有玉和象牙质的装饰品，如玉璧、玉琮、玉鱼、玉玦、玉环、玉珠、玉璜、玉镯、象牙手镯、蚌珠、象牙梳及各种坠饰等。大汶口中期以后的墓葬中流行有葬猪、羊的头和下颌骨的习俗。河南舞阳贾湖遗址墓葬的随葬品中有乐器骨笛。

新石器时期墓葬出现一些独特的葬俗，如割体葬仪、涂朱、拔牙、归葬等。

夏商时期，特别是商代的墓葬形制日趋复杂，出现墓室、椁室、棺木、壁龛、腰坑、墓道、车马坑和地上建筑等形式，出现了人祭、人殉；随葬的青铜礼器鼎、簋、壶、甗、斝、卣、尊等逐渐增加。商墓中随葬的青铜礼器鼎呈偶数组合形式；许多乐器，如编磬、铜编铙也出现在墓葬中。

西周墓葬，人祭几乎绝迹，人殉有所减少。贵族墓葬多是一椁二棺，随葬生产用具大大减少，青铜礼器增多。西周晚期，列鼎等级制度已经出现形成。乐器、玉器的等级制度也在形成之中。三门峡虢季墓出土九鼎八簋、七璜联珠组玉佩、人面形玉覆面等高规格随葬品，陪葬有车马坑，标志着死者身份的高贵。

春秋战国时期，各地的墓葬表现出不同的特色，如周文化、东夷文化、楚文化、秦文化、吴越文化等不同类型的墓葬。周王朝分封出来的诸侯国，包括齐、鲁、卫、燕、邢、晋、应、韩、郑、虢和其他姬姓国家，这些地区墓葬可称为周文化类型的墓葬。另一类诸侯国，或有的原是殷商的属国，转而臣服于西周王朝。这些国家虽然臣服于周，但在文化上却保留自己固有的，不同于周的习俗，特别是在丧葬制度方面，各有自己的葬制和葬俗，因此留下了各种不同的墓葬文化。

春秋以降，由于生产力的发展，大批的劳动力用在生产上。又由于民智渐开，人殉已经受到社会的谴责，人们开始以“涂车刍灵”、镇墓兽、人俑为殉，这应该说是社会的进步。

春秋战国时期墓葬特色是等级制度的形成，如棺椁制度、用鼎制度、礼器组合制度、车马坑的随葬制度等表现出明显的等级差别。

两周时期，周文化类型的墓葬所随葬的礼器鼎呈奇数组合的列鼎形式，《公羊传·桓公二年》何休注：“礼祭，天子九鼎；诸侯七，卿大夫五，元士三也。”

周文化系统礼器组合形式表现出一种阴阳思想，如天子九鼎八簋、诸侯七鼎六簋、大夫五鼎四簋、士三鼎二簋（特定场合用），士一鼎一簋（专用）。礼器鼎、俎，是用于盛放牛羊猪鱼等肉食的器具；牛羊猪鱼是天之所生，属阳；故鼎、俎，用奇数1、3、5、7、9的阳数组合形式；而簋、豆、壶、笾是盛放稻麦黍稷水酒的器具，稻麦黍稷水酒是地之所产，属阴，故簋、壶、豆、笾，用偶数2、4、6、8的阴数组合形式。《礼记·郊特牲》云：“鼎、俎奇而笾、豆偶，阴阳之义也。”孔颖达疏曰：“鼎、俎奇者，以其盛牲体；牲体、动物。动物属阳，故其数奇。笾、豆偶者，其实兼有植物；植物为阴，故其数偶。故云阴阳之义。”周人使用九鼎八簋、七鼎六簋等礼器组合形式附以阴阳之义，《礼记·郊特牲》云："阴阳和而万物得。"周人认为只有阴阳相和谐，万物才能滋生繁荣。阴阳意识的出现，表现出人们对世界、社会认识的深化。

东夷地区、包括楚文化地区墓葬随葬的鼎，承继殷文化之风俗，呈偶数的组合形式，如江陵雨台山的楚墓中随葬礼器，无论鼎、簋、壶或鼎、敦、壶组合，这两种组合同出一墓时，大都每种器物出相同的两件。一墓同出两种组合的即形成鼎四、簋二（或簠二）、敦二、壶四的情况。鼎、簋、壶、敦皆呈偶数的组合形式，是受殷文化的影响，表现了殷人的两极意识和对称的审美观。

春秋战国时期，我国许多地区留下许多富于特色的墓葬文化，如东北地区的石棺葬、积石墓葬、石椁木棺墓、火葬墓等；新疆伊犁地区的大"土墩墓"、石圈石堆墓，阿勒泰地区的石人石棺墓，鄯善地区的"尸床"墓等；巴蜀地区的船棺葬、川东南地区的悬棺葬、川南大石墓等；云南"大石墓"的二次丛葬，滇池、洱海地区的竖穴土坑墓，滇东的竖井墓葬，岭南地区的狭长形墓葬、福建武夷山的架整船棺葬等。我国各地的墓葬中既带着极深的中原文化因素，但又各具地方的特色。这些事实说明，我国各族人民都留下了灿烂的墓葬文化，共同创造了我国辉煌的古代文明。

二、丧葬之礼及反映出远古风俗

古代当部落中有人死后，即将埋葬之时，活着的人出于一种怀念为死者举行丧礼。埋葬之后，活着的人穿凝重色调的衣服，并逐渐演化为不着任何色彩的素服，这种衣服就是丧服。

我国古代的丧礼与丧服制度起于西周，形成于春秋。

春秋时期，当家族中有人死去，所行的第一个仪式就是复礼，即招魂之礼，希望死者能够重新回到阳世。招魂所用的衣服是根据他们生前的身份等级而定。招魂之后，用潘水（即煮沸的淘米水）为死者浴尸、穿明衣裳（内衣）。设大盘放冰，以防止死者尸首腐烂；为死者饭含（口含），在死者的口中填满贝、米，贵族饭含用琼块（玉）、米；给死者"袭服三称"，即给死者穿三套衣裳。衣服左衽，不要纽扣；给死者设瑱、幎目、掩、屦、决、握手，冒橐等物。即是小殓之礼。

死者入棺是大殓之礼。

死者入棺之后，要在庭院的西阶处掘一坎，棺柩在坎中停留一定的时间再行埋葬，这种形式叫殡。殡和葬是两个具有不同意义的葬仪。

死者生前的身份等级不同，殡期也不相同。《礼记·王制》曰："天子七日而殡，七月而葬；诸侯五日而殡，五月而葬；大夫士庶人三日而殡，三月而葬。"

但是根据《春秋经》的记载，春秋时期无论是天子、还是诸侯的殡葬期皆没有按照《礼记·王制》所说的殡葬期进行。

《礼记·曲礼下》曰："天子死曰崩，诸侯曰薨，大夫曰卒，士曰不禄，庶人曰死。"

然而《春秋经》、《左传》、《公羊传》、《谷梁传》等古籍所记载，晋、齐、楚、秦、卫、陈、宋等春秋诸侯国君之死都没有称为"薨"；其死皆曰卒，与大夫相同。根据《春秋经》及《左传》的记载，只有鲁国的国君之死曰"薨"，而且鲁国君的夫人之死也曰"薨"。为什么只把鲁国君与国君夫人之死称为"薨"呢？笔者认为，这是因为《春秋经》、《左传》、《公羊传》、《谷梁传》皆是鲁国史书，记载的是鲁国的殡葬礼仪。

先秦文献《春秋经》、《左传》、《公羊传》、《谷梁传》等与《礼记·王制》记载的殡葬期礼制产生很大的差别，并不是春秋时期"礼崩乐坏"的情况下造成的。《礼记·王制》记载的殡葬期等级制度才刚刚出现，没有完全形成。《礼记·王制》之说有理想化的构拟，亦有汉代以后的礼制。

停殡期满之后，卜筮葬地和葬日。葬前二日的晚上，与埋葬之日隔一天，称为既夕。这天，孝子等人哭泣，将开殡之日以告于宾客。

葬前一日，棺柩要朝祖庙，死者将要与祖先汇合了。孝子在祖庙要设祭奠，用柩车拉上死者的灵柩，朝祖宗之神灵。之后，人们对柩车和棺进行装饰，即在棺木的四周和上面挂上缀贝的帷幔，用布做成一个承溜般的池，池上挂着铜鱼。死者生前的身份等级不同，棺饰也不相同。

当把棺木、随葬品下葬于窆之后，再依次实土。自孔子之后，墓上开始起坟丘，以为标识。埋葬完毕；乃反哭于祖庙。

死者行将就木被埋葬之时，要对他的一生行迹，盖棺论定、概括总结；或褒、或贬、赠之以号，曰谥。谥号，只赠予有爵位的人。天子、国君、卿大夫死而有谥号。士之谥，称为诔。后代，庶人之死，亦有诔文。

至此，丧葬之礼结束。

在整个丧礼、及丧礼之后的三年之中，死者的亲属要按亲情血缘的远近服丧。

丧服的形式有：斩衰、齐衰、大功、小功、缌麻五种。

周代丧服制反映出远古文化的风俗。

周代丧服制表现出亲亲尊尊原则。斩衰之丧是最重的一种，儿子为父亲服斩衰三年，表现了骨肉之情是至亲至重的；但是媳妇为公婆，因没有血缘关系，仅服齐衰期年。

周代丧服制表现出鲜明的贵贱等级原则，如臣为君服三年斩衰，视同子为父，说明君的至尊地位。

周代丧服制表现出宗法嫡庶观念。“父为长子”服斩衰三年，长子将来可以在宗庙中继承先祖之位，为一代宗庙主，因此为其服斩衰三年；为嫡子服丧超过对母亲的丧服等级，与子为父、臣为君的丧服等同。另外，为嫡子、嫡妇、嫡孙、嫡孙妇、宗子、宗妇所服丧服的等级是很重的。

丧服制表现出“夫权至上”观念，子为父亲服斩衰三年，父在为母只能服齐衰期年，而不能三年；由于父在，儿子不能充分表达对母亲的哀痛之情。周代丧服对父党血统也非常重视，反映出一种夫权至尊的意识。

周代丧服制反映了远古婚俗，如为舅服缌麻三月，为从母（姨）服小功五月。舅、姨皆属于母党，丧服的轻重却很大差别。姨比舅亲，是远古时期外婚制婚俗的遗存。

后代这种情况发生很大的变化，如父为长子、臣为君服斩衰三年的制度消失。唐朝武则天时期，为母亦服齐衰三年；明朝朱元璋时期，为父、为母皆服斩衰三年。“妇为舅姑”齐衰期年变为斩衰三年，妻子与丈夫同制。自唐朝始，舅与姨的丧服相同。

后代丧服制的变化，与社会关系的变化、意识观念的演变有密切的关系。

三、祭祀之礼及反映出的远古思想意识

对祖先的祭祀自石器时代就已经开始了，但是由于没有文字记载，包括夏

代已经无案可籍了。目前我们所见到最早的祭祖礼仪是自殷商时期开始的。

殷代对死去商王的祭祀是有一定次序的。殷代以甲、乙、丙、丁……为序，每旬十日。商王、妣的名（或庙号、忌日）以天干命之，则依世次及各商王、妣的名（庙号，忌日）之天干顺序而祭。如第一旬甲日祭上甲、乙日祭报乙，以下类推，报丙、报丁、示壬、示癸……。

殷代有五种祀典形式：彡为鼓乐之祭，翌是舞羽之祭，“祭”为酒肉之祭，篕为黍稷之祭，劦祭联合他种祀典一并举行。五种祀典形式，在祭祀祖先时周而复始地轮番举行，祭祀一周，恰是三百六十日，故称为“周祭”，约当一年，故殷代把一年称为一祀。

商代后期，殷人已有在屋里举行祭祀的记录。殷人祭祀的屋在甲骨卜辞中称为宗，即“”。“宗”，在古文字中与庙的意思相同。殷商时期已经有了祭祀祖先的宗庙当是无疑义的。

古人把死者埋葬以后，认为死者的灵魂还在田野游荡，成为鬼；必须立刻把死者的灵魂迎回来，祔在庙中受享。将死者神主祔庙的祭祀称为虞祭，即祔庙之礼。虞祭可分为初虞、再虞、三虞、卒哭祭等礼仪。

先秦时期人们把甲、乙、丙、丁、戊、己、庚、辛、壬、癸十天分为刚日和柔日。

甲、丙、戊、庚、壬为刚日，乙、丁、己、辛、癸为柔日。

虞祭的初虞之礼，在柔日举行，即丁日。初虞之礼的第一个仪式是迎神，即把死者的灵魂迎回在寝庙进行安虞。虞祭的第二项内容就是献尸礼。“尸”代表死者神主，是死者的魂魄祔着之人。尸必须是死者的孙子、或者孙辈。这场祭祀，主人（即孝子）、主妇、宾长各酌酒献尸，完成三献之礼。

再虞之礼，再虞用己日；即丁日之后隔戊日为己日。再虞之礼仪与初虞同。

三虞，用刚日。刚日，即阳日。三虞与卒哭祭是同时的，三虞之礼如初虞。

三虞之后，神（死者神主）已经祔于寝庙，虞祭完毕。

周代，在祖先死后三年之中的祭祀，是子孙出于对死者的哀伤而举行各种祭祀礼，于五礼之中属凶礼。属于凶礼的祭祀有虞祭、小祥祭、大祥祭、禫祭等。

三年之后，或者祖先死后若干年，后代子孙不定期地对祖先进行祭祀，以向祖先祈福。这种祭祀充满子孙与祖先的灵魂神主相见、祖先对子孙赐福的欢乐气氛，于五礼之中属吉礼。

身份不同的人对祖先的祭祀是有等级的。如士祭祖使用特牲馈食礼，大夫祭祖使用的是少牢馈食礼，天子祭祖使用大牢之礼。天子祭祖之礼首先进行的是祼礼，然后迎牲。天子亲杀牲，必亲自射牛、刲羊、击豕。天子以牺牛，诸侯以肥牛，大夫以索牛，士以羊豕。天子亲杀，致孝养也；而大夫、士不亲杀，避君。

天子祭祖对尸行十三献之礼。天子、王后以珪瓒、玉爵轮番向尸敬酒，十三献而礼成。

在行十三献之礼时，天子亲执干戈，率领群臣，边歌边舞，以乐皇尸，表示出周人对祖先的尊敬。

天子祭祖时，尸不亲嘏，而是命祝嘏王，即祝福天子。而士、大夫祭祖时，都是由尸亲嘏主人的。嘏辞皆是一样，曰："皇尸命工祝，承致多福，于女孝孙，来女孝孙，使女受禄于天，宜稼于田，眉寿万年，勿替引之。诗'永锡尔极，时万时亿。'"嘏辞的内容表现出中国古代农业社会的特色。

最后，绎祭宾尸及旅酬之礼。

周代天子、大夫、士之祭祖礼，表现出的非常严格的等级差别。天子之祭祖礼，所行荐血腥礼，表现出古老的食生风俗。周代祭祖礼所用的牲，无论是特牲、少牢、太牢，皆是用牲的右半体，并以牲体的前半部为贵。周代牲礼反映了周人尚右、贵上、贵前、贵牲体之肩的意识和风俗。

周代对祖先祭祀，在没有祖先形象的情况下，由死者的孙子充当其神主，接受子孙的祭祀和膜拜。尸祭是一种合乎昭穆之序的祭祀。周代尸祭中的选尸原则和昭穆制度皆反映了周族原始的母系外婚制的遗存。

周代宗庙有严格的等级，自天子至各级贵族所立宗庙数依次递减。《礼记·礼器》曰："礼有以多为贵者，天子七庙，诸侯五，大夫三，士一。"周人为远祖立墠、坛，祭祀血缘较远的先祖。

先秦时期，我国以石为祖先的神主；在皇家的祭坛上，也以石为祖先之神主。《说文》云："祏，宗庙主也。"这是中国国古老的崇拜石头习俗的反映。

木主应是社会进化到一定程度的产物。当金属工具出现，才有可能把庙主用粟木做成“长一尺二寸，穿中央，达四方”的木主。“主”多以粟木为之，方形而中空，刻死者谥号于其背后，其魂魄附于“主”。孝子对神主祭祀，就是对先祖的祭祀。

贵族们在宗庙中立祖先的神主，对列祖列宗进行祭祀，祖先神主是按昭穆之序排列的。这种昭穆制度实际是一种辈分关系。如果祖父与孙同为昭辈，则父与重孙同为穆辈；如果父为昭，则子为穆。

古代的丧葬与祭祖礼反映了我国远古时期的风俗民情，并带有强烈的等级的色彩，显示出鲜明的政治文化特色。

上篇

先秦时期的墓葬

第一章　石器时代的墓葬文化

生老病死，是人类社会的必然现象。远古时期的先民过着群居生活，每当朝夕相处的同伴死去，都会引起他们的怀念与伤感。由于当时的人们相信万物有灵，活着的人认为死去的人可能到另外一个世界去生活了，他们相信世界上有魂灵存在。于是活着的人希望能够为失去的同伴做些什么，如掩埋他们的尸体，并在墓坑中放生活用品，以供他们在另一个世界使用，这样就产生了人类社会的墓葬文化。

第一节　墓葬制度的起源

一、墓葬的起源与旧石器时期的居室葬

远古时期，人们对自然界中的一切事物和现象，如山岳、河流、风、云、雨、电、日、月、星、辰等都不能理解，他们相信这一切都是由冥冥之中的神来主宰着，因此产生了万物有灵的观念。同样，生、老、病、死是任何时代、任何人都不能回避的现实。一些和自己共同生活、共同劳动的伙伴倒下了，他们不知为什么，或许认为这是一种较长时间的睡眠，但尸体的腐烂又引起他们对这种睡眠的怀疑，于是生与死的概念产生了。

在古代万物有灵的世界里，在古人的头脑中，并不认为人死了，这个人就从地球上永远消失了；他们认为，这个人虽然死了，但他可能还有一个灵魂存在。他的灵魂离开身体到另一个世界，即他生下来之前所在的那个世界中去生活了。因此，古人把“死”又叫作“归”，即归回原处之意。《说文》云：“人归为鬼。”鬼、归同声假借，把死人的灵魂称为鬼，也正是“归”的原意。《礼记·祭法》曰：“大凡生于天地之间者皆曰命，其万物死皆曰折，人死曰鬼。”

古人相信，人死后，肉体虽会消灭，但还有一个不灭的灵魂——鬼存在着。

中国远古时代，在人们的头脑中存在着一个灵魂不死的观念。古人把活着的人所生活的世界称为阳世，把死去的人所在的世界称为阴间。这个死了的人所去的世界就是阴间；于是阳世与阴间的概念产生了。远古的人们出于一种友爱的心理把死者当作活人侍奉，给死者备妥一些器物和食物，让死者到另外一个世界去享用。《荀子·礼论》曰："事死如事生，事亡如事存。"人们对死者像对生者一样的侍奉。

随着历史的发展，氏族社会逐渐繁荣，民智日益发展，对于死者的处理也逐渐复杂起来，《孟子·滕文公上》云："盖上世尝有不葬其亲者，其亲死则举而委之于壑，他日过之，狐狸食之，蝇蚋姑嘬之，其颡有泚，睨而不视。夫泚也，非为人泚，中心达于面目，盖归反虆梩而掩之。掩之诚是也，则孝子仁人之掩其亲，亦必有道矣。"这个时期，活着的人再也不忍心看见死者被遗弃于野，或安放于室逐渐腐烂发臭的惨象，于是用土把死者掩埋起来。氏族内部在共同劳动、共同享受的制度下互相关心。他们又有"人死鬼魂在"的幻想，在埋葬死者的时候，把死者生前用的东西作为殉葬品埋到地下，希望死者灵魂永生，继续享用他生前用过的东西。

当人死之后，活着的人把死者埋葬。《礼记·檀弓上》云："葬也者，藏也；藏也者，欲人之弗得见也。"埋葬死者，是为了让死者的灵魂得到休息和安宁。

旧石器时期，我国考古已经发现了可靠的墓葬材料。20 世纪 30 年代北京周口店山顶洞人的遗址，经过发掘，可分上室、下室。山顶洞人居住在上室，陡崖之下的下室作为埋葬死者的墓地。在下室发现一个青年女性、一个中年女性和一个老年男性的化石。人骨周围散布有赤铁矿粉末，这是当时墓葬的可靠标志。人骨上涂有赤铁矿粉，可能是生者看到死者的皮肤逐渐变黄、变难看，于是为死者涂上红色粉末，以装饰死者。这个时期，人们把死者安放在洞穴，不同年龄的男女葬在一起，表现出氏族的血亲感情。这是至目前为止，我国出现的最早的葬式。

黑龙江省依兰县阿肯哈达亦有利用天然洞穴埋葬死者的现象，若干人骨架同在一个洞穴中。这亦是把住室改为墓穴的情况。

居室葬是我国史前时期的一种特殊葬俗，即将死者埋葬在居室之内。

辽西兴隆洼文化遗址已清理的180余座房址中，共发现居室墓葬30余座。居室葬均为长方形土圹竖穴，长度在2米左右，宽度在0.5～0.9米，墓室深约0.5米。墓穴的位置多分布在居室内的东北、西北或东南部。墓穴的一侧长壁紧依居室壁向下挖掘而成。居室内通常仅有一座墓葬，两座或多座墓葬共存一室属个别现象。墓主人男女皆有，均为单人葬，多为仰身直肢。随葬品为小型器物，有陶、玉、石、骨、蚌、牙器等，常分布在墓主人头部附近，或佩戴在墓主人身上。兴隆遗址M118是居室墓中的典型代表。该墓位于180号居室墓的东北部，墓主人头部周围放置陶杯、成组的小石叶、骨锥、骨针、骨镖、石斧、石管和野猪獠牙饰物。最为引人注目的是，墓主人右侧葬两头整猪，一雌一雄，均呈仰卧状，占据墓穴底部一半的位置。在发掘的墓葬中M118的规格最高，随葬品也最丰富，墓主人是一位成年男性，由此推断，M118的墓主人应是兴隆洼二期聚落中的首领式人物。而墓主人右侧埋葬的两头整猪也绝非一般意义上的随葬品，可能具有了图腾崇拜的意义。

兴隆洼文化居室葬代表一种特殊的埋葬制度，具有浓厚的宗教祭祀意义，被埋葬在室内的死者应是生者崇拜、祭祀的对象，随葬陶、石器等生活用品和生产工具，是视死者如生者，埋葬整猪则是以此为信奉的图腾，祈求猎物繁盛，狩猎活动成功，以及祝福人丁兴旺。埋葬M118的居室等少数房屋，兼具备居住和祭祀的功能，而祭祀活动也应在有居室葬的房屋内及其附近举行。据目前所知的资料，这种葬俗主要见于辽西兴隆洼文化时期和青海齐家文化时期，而以兴隆洼文化的实例为多。①

姜寨一期聚落居住区有5组120座房屋建筑，还有一批残存的灶坑，在其中一个灶坑内埋有一具二次葬的成年人骨。此外，在房屋周围分布有18座墓葬，以儿童墓为主，在中心广场中尚有10余座墓葬，居住区外有3片墓地。

湖北房县七里河遗址属于石家河文化早期的一座半地穴房址，内有一台阶，在台阶下正中发现一个人头骨，下垫红烧土块与阶面齐平。内蒙古察右前旗庙子沟遗址是一处保存较好的新石器时代晚期聚落，距今5500年左右，现已发掘房址51座，均为浅地穴式建筑，平面多呈圆角长方形，沿南北向成排分布，房

---

① 李健民：《兴隆洼文化的居室葬》，《赤峰学院学报》2008年第S1期，第81、82页。

屋内四角一般都挖有圆形窖穴。在某些房屋内，有的利用圆形窖穴埋葬死者，有的则将幼童葬在灶坑内，还有的将死者放在居住面上直接掩埋，随葬品有陶器、石器等，同时在室外发现有土坑竖穴墓。

宁夏海原林家梁遗址一座窑洞式房屋居住面上埋葬一成年男子和一婴儿。山西夏县东下冯第四期遗存中发现7座窑洞式横穴墓也可归入此类。这7座墓葬都是利用废弃的第三期窑洞式房屋作为墓穴，门口用土封住。有单人葬，也有双人或三人合葬，其中一座墓内放置4个人头骨，分属3个成年人和1个儿童。随葬品有陶器及牛、羊、狗的骨骼等。此外，还发现1座同时期的竖穴土圹墓。①

以居室埋葬死者，并兼具祭祀的功能当是广泛地存在于当时的世界范围中，如位于土耳其科尼亚城东南约52千米，已揭露出14个建筑层，年代为公元前8000～前7000年。房屋由土坯砌成，多呈直线排列，内部结构相似。屋内南部有木梯、炉灶及放燃料的柜子，另有平台和长凳以供坐卧。“神祠”的结构与一般房屋相同，但墙上饰有壁画、神像和兽头等。死者埋在居住屋和“神祠”的平台下面，平均深约0.6米，多头西脚东，有的用织物包裹。基罗基蒂亚遗址位于塞浦路斯岛马罗尼河西岸一座陡峭的小山上，估计该遗址有近千座房屋，已发掘50余座，年代为公元前6000年前后。房屋皆呈圆形，下半部用石灰石砌筑，上部和圆形屋顶用黏土、土坯等材料建造。死者均葬在屋内，有时还在死者身上压石块。②

居室葬是一种埋葬死者的主要方式，反映出当时人灵魂不死的观念及生者对死者的亲情观念，有的也包含期盼亡灵保佑的功利目的。房屋居室葬则代表一种特殊的埋葬方式，所反映出当时人的观念也不尽相同。当居住屋内埋入特殊死者或死者某个部位的骨骼后，该房屋可能仍被居住，这通常反映出生者对死者亡灵的一种崇拜心理，具有特定的宗教意义。当居住屋内埋入死者后，该房屋即遭废弃，则可能出于对死者亡灵的一种恐惧、防范心理，或有其他特殊原因。

旧石器时期，我国的许多地方还盛行着把死者平地掩埋在田野的做法。《周

---

① 杨虎、刘国祥：《兴隆洼文化居室葬俗及相关问题探讨》，《考古》1997年第1期，第31页。

② 杨虎、刘国祥：《兴隆洼文化居室葬俗及相关问题探讨》，《考古》1997年第1期，第30页。

易·系辞传》曰："古之葬者厚衣之以薪，葬之中野，不封不树，丧期无数。"人们把死者埋在田野中，盖上树枝，不封坟堆，不树标志，而且没有后代的丧期，这是我国旧石器时期最盛行的埋葬方式。

二、公共氏族墓地的出现

从旧石器中期开始，人类逐渐走向母系氏族社会，人与人之间有了新的关系，氏族社会逐渐繁荣。氏族是石器社会的基本单位，氏族制度是人类各民族石器社会制度的基础。

人类最早出现的氏族是母系氏族公社。母系氏族公社的人们生前共同劳动和生活，死后埋葬在一起，公共氏族墓地是石器社会的重要特征之一。石器社会较大的村落遗址附近都有氏族公共墓地。

1972年，考古工作者在陕西临潼姜寨遗址清理了45座墓葬，其中土坑墓33座，瓮棺葬12座（11座幼儿瓮棺葬，1座成人二次葬）。墓葬坑位排列相当整齐。整个墓地从北向南，以幼儿瓮棺葬、儿童土坑葬、成人墓葬顺序埋葬。绝大多数墓葬头向西，面向上，个别墓葬头向西稍偏北。葬式以仰身直肢葬为主。①

仰韶文化氏族墓地多在居住区附近，有一定的埋葬布局，如仰韶文化半坡遗址共发现墓葬250座，成人墓174座，除少数散见于东、南部外，绝大多数集中发现在居住区以北的墓地上。该墓地的墓坑排列有序，纵横相当整齐。墓葬方面基本一致，与正西方向相差不超过20°，少数方向有异。葬式以单人仰身直肢葬为主，有少数的屈肢葬、俯身葬、合葬等。

大汶口文化遗址已发掘了2000多座墓葬。一般来说，同一墓地的墓葬方向基本一致，但各墓地的墓向却不尽相同，如大汶口、西夏侯、大墩子、景芝、岗上、王因等墓向东稍偏南或北，刘林墓向北偏东，野店墓向东南，呈子、三里河、东海峪墓向西北。每个墓地都有一个主要的葬式，大汶口文化墓地以单人仰身直肢葬为主。龙山文化墓地与大汶口文化墓地基本相同，但有些墓地在距离村落较远的地方。

---

① 西安半坡博物馆、临潼县博物馆：《1972年春临潼姜寨遗址发掘简报》，《考古》1973年第1期，第135页。

河北阳原县姜家梁新石器时代遗址的墓葬分布井然有序，由南而北，大致可分为5排，每一排呈东西向排列，数量不等。墓葬之间皆无打破关系，墓向基本一致，主要集中在340°～355°。在每排墓葬之间，时有两个墓葬间距相对较近的现象。①

黄河上游齐家文化的氏族公共墓地，多是成片或成排埋葬的。大的墓地有200～300座墓葬，小的亦有几十座以上。墓地的墓坑都是成组成行排列的。以永靖秦魏家族墓地为例，该墓地分南北两片，南部墓地上层墓葬共99座，分成6排平行排列，方向一律朝向西北。北部墓地共分3排平行排列，方向一律朝西，井然有序。齐家文化墓地方向除朝西或西北外，还有朝向东南、东北或西南的，也有朝向山峰或坪台中心的。亦有的墓地根据地理环境表现独特的特色，如大溪文化墓地位于长江右岸，南依山岭，北朝江水，人骨架绝大多数头南足北。

广西地区新石器时代的墓葬遗址多在洞穴中，以屈肢蹲葬为主。

新石器时期，我国已处于母系或父系的氏族时期，每一个氏族部落都有自己的公共氏族墓地。氏族墓地中墓葬方向基本一致，成行成排地排列整齐，每一个墓地的人骨架都有一个主要的葬式，这与氏族的生活习惯、地理环境和巫术思想意识有密切的关系。

有的氏族墓地上又划分出家族墓地，如江苏省邳县刘林遗址是一处属于大汶口文化类型的遗址。该墓地共有墓葬145座，根据墓葬的密集程度又可分为5个墓群。每个墓群内埋葬者的血缘关系，可能比其他墓群内的埋葬者更为亲近，很可能每个墓群代表一个家族。②

氏族社会时期，氏族是社会构成的基本单位。墓地内氏族成员的埋葬，是以性别、辈分和年龄加以区分的。刘林遗址上家族墓地的出现，将氏族社会组织打开一个缺口，是氏族社会组织走向衰亡的起点。刘林遗址氏族墓地是属于氏族社会晚期的墓地。在新石器时代晚期的氏族墓地上还出现男女合葬墓，并且在一些墓葬中随葬品多寡不均，有的规模较大的墓葬埋在离墓地稍远的地方，

---

① 河北省文物研究所：《河北阳原县姜家梁新石器时代遗址的发掘》，《考古》2001年第2期，第17页。

② 吴汝祚：《试论大汶口文化的三处墓地》，《考古学报》1987年第3期，第279页。

这可能是有一定社会地位的富有者的墓。而在氏族社会更晚期的墓地上，由于贫富分化悬殊，血缘纽带更为松弛，在氏族公共墓地内出现埋葬零乱的现象，如大汶口墓地和三里河墓地。这种现象说明，古老的氏族制度正日趋瓦解，面临着解体。

在氏族墓地分行分排整齐排列的墓葬形式并不是我国独有的现象。莫尔根在《古代社会》一书中谈到易洛魁人的图斯卡罗腊部落的公共墓地时说："（这个）部落有一个公共墓地，凡是同一氏族的死者都成列葬在同一行墓地里。有一行是海狸氏族死者之墓，有两行是熊氏族死者之墓，有一行是苍狼氏族死者之墓，有一行是大龟氏族死者之墓，如此分属各氏族者共有八列墓葬。"① 看来，氏族成员死后埋在公共墓地是世界上许多民族皆有的现象。

氏族墓地是在氏族公社生活的基础上产生的。在早期氏族形成的同时，部落也产生了。部落由若干氏族组成，是当时原始社会最大的集团单位。每一个部落都有自己的名称、住地及供打猎捕鱼采集的特定的地域，亦有自己的方言。部落内部各氏族彼此通婚，实行部落内婚制和氏族外婚制相结合的婚姻制度。这样，每一个氏族和部落就是一个以血缘关系为纽带的血亲团体。

氏族成员在一起共同生活，共同劳动。而他们死后，在"人死灵魂在"思想的支配下，氏族成员认为死者们的灵魂仍在一起，在另外一个世界上仍然像他们活着的时候一样共同生活和劳动，因此埋葬氏族成员死者的地方也像他们居住的村落一样聚在一块，于是就出现了氏族的公共墓地。

第二节 各种葬式反映的原始巫术意识

新石器时期，各个氏族部落都有自己的公共基地和各自的埋葬习俗。每个氏族墓地的墓葬都有一个主要的葬式。各墓地的葬式都不相同，我国新石器时期的葬式主要有仰身直肢葬、屈肢葬、蹲肢葬等单人葬；另外还有合葬墓，包括二人与多人的合葬墓。墓葬中还反映出"割体葬仪"的葬俗。埋葬方式与各地区的地理条件有关，反映了各氏族部落的风俗和巫术思想意识。

---

① 〔美〕莫尔根：《古代社会》，生活·读书·新知三联书店，1957年，第89页。

一、单人直肢葬

单人直肢葬又可分为单人仰身直肢葬和单人俯身直肢葬。

1. 单人仰身直肢葬

单人仰身直肢葬是我国石器时代最普遍的葬式。在新石器早期的裴李岗遗址，仰韶文化的半坡墓地、北首岭墓地、姜寨墓地，大汶口文化的大汶口、西夏侯、大墩子、景芝、岗上等墓地上的葬式皆以单人仰身直肢葬为主。例如，半坡墓地共发现250座墓葬，除73座儿童瓮棺葬、15座俯身葬、4座屈肢葬、5座单人二次葬、1座女性四人合葬、1座男性二人合葬以外，还有150多座墓葬皆为单人仰身直肢葬。北首岭墓地400座的墓葬中，有60多座儿童瓮棺葬，50多座其他葬式的墓葬，单人仰身直肢葬占29座。

山东大汶口遗址的氏族公共墓地共发掘133座新石器时代的墓葬，单人仰身直肢葬有116座。墓中人骨架都是仰卧伸直，面部向上，下肢多是并拢的。合葬墓人骨架都是并排放置的。吉林农安县北土墓地共发现26座墓葬，全为仰身直肢葬。长江中游的屈家岭文化遗址及青龙泉、关庙山、三元宫、寨茨和、黄楝树、下王岗等地共发掘了上百座墓葬，成年死者基本上都实行了单人仰身直肢葬。另外，在南京市北阴阳营遗址、上海市青蒲县崧泽墓地、福建昙石山墓葬等皆盛行单人仰身直肢葬。

良渚文化的墓葬，在马桥、广富林、越城、草鞋山、张陵山、寺墩等地发现30座左右，能辨认葬式者，一般为单人仰身直肢葬。

以上各地区新石器时期的墓葬遗址中，特别是在黄河中下游及长江中游地区，单人仰身直肢葬是其主要的葬式。这种葬式的含义可能是按死者生前睡眠的姿势，让死者安息；用这种姿势来安葬死者，死者将会得到永远的安宁。这种仰身直肢葬的葬式（以后又有双人仰身直肢的合葬），自秦汉以后，成为我国（不包括少数民族地区）丧葬中的主要葬式。

2. 单人俯身直肢葬

除仰身直肢葬外，在我国东南地区的一些新石器墓地中有实行单人俯身直肢葬的葬式。在嘉兴马家浜、常州圩墩、吴县草鞋山等墓地普遍实行单人俯身直肢葬。常州圩墩共发现63座墓葬，其中有52座是俯身直肢葬。这些俯身葬有男性、女性、儿童等，如M16和M26皆为俯身直肢葬，骨架保存较好。整个墓地上的葬式大多数是俯身直肢葬。这应是一种葬俗。

在其他一些新石器墓地上，虽然不是以俯身直肢葬为主，但亦多有俯身葬式，如半坡墓地有15座俯身墓葬，北首岭墓地有10多座，姜寨墓地，大汶口文化的王因墓地、呈子墓地，马厂类型的白道坪墓地、齐家文化墓地中等都发现了一些俯身葬；甚至在后来的殷墟墓葬中亦有许多俯身葬式。俯身葬肯定是新石器时期一些氏族的葬俗。但具体有什么含义，我们还很难弄清楚，亦可能盛行俯身葬的氏族认为，人死了，只有趴下来才能更好地休息；或者在人死以后，要面向土地才能走向那个幽深的世界、生命的来处。

二、屈肢葬

屈肢葬是我国新石器时代，除仰身直肢葬以外的一种重要的葬式。屈肢葬以西北、西南地区为主，遍及全国各地。

屈肢葬又可分仰身屈肢、侧身屈肢、俯身屈肢、蹲肢葬等形式。

我国黄河上游地区马家窑文化半山类型的广河地巴坪墓地共发掘墓葬66座，全是单人侧身屈肢葬，方向多头东脚西。景泰县张家台墓地的22座墓葬，其葬式亦为单人侧身屈肢葬。兰州白道沟坪发现的墓葬亦为单人侧身屈肢葬。新石器时期西北地区确实存在着一些实行屈肢葬式的氏族和民族。

河北阳原县姜家梁新石器时代遗址的墓葬可分为长方形土坑竖穴墓和洞室墓两类，以前者为大多数，后者数量很少。另外，葬式均为仰身屈肢葬。屈肢方式都是上肢平放于身体两侧，下肢弯曲。下肢弯曲有两种情况：一种是下肢屈起，即两脚内收，膝部抬高，膝部高度多与棺高相近；另一种是两脚内收，接近骨盆部位，股骨与胫腓骨几乎重叠，膝部朝前，而不抬高。墓葬以单人葬为主，二人合葬墓仅有两例（M43、M63），两例三人合葬墓（M47、M65）的葬式也都是仰身屈肢葬，除M63的两位墓主是平行放置外，其余合葬墓的墓主都是上下垂直叠压放置，并且严格地执行着仰身屈肢葬式。合葬墓均未发现任何扰动迹象，上下层骨骼紧密叠压，均完整且保持原位，看来即使是三人合葬，也可能是一次性埋入的。[①]

我国黄河中下游地区，在仰韶文化、大汶口文化的遗址中，以及东南地区、西南地区等，几乎在每一处新石器时期的氏族墓地中都有数量不等的屈肢葬。

四川巫山县大溪文化遗址是西南地区的一种考古文化的代表遗址。1959年、1975年考古工作者在大溪共进行了三次发掘，主要清理墓葬200余座，集中代表了这一新石器文化的埋葬制度和习俗。大溪墓地的墓葬实行竖穴单人葬，除较多的仰身直肢和极少的俯身直肢葬外，还有相当数量的屈肢葬。大溪墓地屈肢葬一般下肢弯曲程度很大，葬式多样，特点十分鲜明，有的还不曾见于我国其他的新石器时代文化。墓葬中的仰身屈肢最为普遍，有的两腿并靠，弯向左边或右边，下肢向上蜷曲，膝盖已弯及膝侧，双手在臀部或抱住臀部。有的是危坐式葬，双脚交叉被压在臀部，双手伸直或放在腹部。当时流行的下肢弯曲甚大的屈肢葬，应是将尸体捆绑后埋葬的。

广西境内曾发现大批的新石器时代的遗址，由于南方雨水多，长期冲刷，这些遗址往往很少保存有文化层。但是，以腹足类的软体动物硬壳堆积为标志的贝丘遗址大量存在。含有软体动物硬壳的洞穴堆积，称为贝丘遗址。

广西桂林市郊额皮岩是我国西南地区所发现的一处重要的洞穴遗址。该遗址共清理18具人骨，均无圹坑痕迹。葬式除M2为一侧身屈肢葬和几个二次葬外，多为蹲肢葬。其中M1保存较好。死者面朝南，头向前倾斜，枕骨朝上，颜面骨朝下，颈椎弯曲，上肢骨曲折前伸，肢骨与肋骨平行斜立于颈椎骨之前。由于地层关系，部分骨骼已有变动，一死者的一双掌骨和指骨及保存下来的一只脚的足骨，仍然完全紧贴于地，呈垂首、弯腰、屈肢的姿势。

在广西南宁地区的一些贝丘遗址中都发现了以蹲肢葬为特点的墓葬。例如，在横县西津发掘的144平方米范围内，清理人骨架100多具。除为数甚少的仰身葬、俯身葬和侧身屈肢葬外，绝大多数是很特殊的蹲肢葬，常是头骨落在四肢骨上，上肢骨曲向胸前，下肢骨作蹲式。以蹲肢葬为特点的埋葬习俗，是这类文化遗存的重要内涵之一。

甑皮岩和南宁贝丘遗址中都发现了屈肢蹲葬，死者当是被捆扎后埋葬的。民

---

① 河北省文物研究所：《河北阳原县姜家梁新石器时代遗址的发掘》，《考古》2001年第2期，第17页。

族学材料中有用布袋装尸的习俗，可借此理解屈肢蹲葬。那些下肢弯曲甚大的侧身屈肢葬，有的可能与屈肢蹲葬属同一葬式，由于布袋歪倒而变成另一种姿势。①

从严格意义上讲，西北马家窑文化的侧身屈肢葬、大溪文化的屈肢葬与广西地区的屈肢蹲葬还有些不同，但屈肢葬和屈肢蹲葬在起源和主导思想意识或许有共通之处。关于这种实行屈肢葬的意义何在，史籍无证，只有依靠民族学的材料来探索。我国古代的“白马氐人”、现代的云南永宁纳西族、四川木里的普米族、广东连山的瑶族及广西天峨和隆林的壮族都实行过类似的屈肢葬。例如，永宁的纳西人死后，先脱掉衣服，以香水浴尸，并且根据男左女右的原则，把死者放在火塘的左边或右边，用麻布带子将死者捆成坐式，脚尖并拢，下肢屈折，两臂交于胸前，最后把死包扎在白布口袋里，以这种屈肢蹲坐的姿势就葬。②

关于这种屈肢葬，独龙族认为：人死是一种睡眠，故安葬的方式也应仿其生前面朝火塘侧身屈肢睡眠的姿势。纳西族认为：人活着时怎么坐着，那么人死了也该按那种坐着的姿势捆绑死者。广西壮族则认为：如果不这样去安置死者，死者的灵魂就会走出来对活着的家人作祟，反之则会保护家人平安。另外，还有的民族认为屈肢葬式像胎儿在母亲腹中的样子，屈肢蹲葬象征着人死后也要像他们出生时的那种样子。

我国西北地区的侧身屈肢葬可能与仰身直肢葬一样，是按死者生前睡眠的姿势来安葬。屈肢蹲葬可能是生前一种蹲坐的姿势，与南方的地理环境有关。我国南方地区，气候温暖，雨量充沛，湿气尤重。远古时代，这里草木茂密繁多，在烈日暴晒和雨水冲刷下，往往会产生一种热气，古书上称之为“瘴气”。这里土气多瘴疠，山有毒草及沙虱、蝮虵，“东谢蛮，其地在黔州之西数百里……坐皆蹲踞”③。为了防止地上的湿气对人体的侵蚀和防止被各种虫蛇咬伤，因此人们“坐皆蹲踞”，那么死后也保持这种姿势。屈肢蹲葬的出现可能与此有极大的关系。

屈肢葬是我国西北、西南地区新石器时代的主要葬式之一。

三、二次葬

二次葬，就是对死者的尸体和遗骨分别进行两次以上处理的葬俗。二次葬

① 中国社会科学院考古研究所：《新中国的考古发现和研究》，文物出版社，1984年，第129、188页。
② 宋兆麟：《云南永宁纳西族的葬俗》，《考古》1964年第4期，第200页。
③ （晋）刘昫：《旧唐书·西南蛮·东谢蛮》，中华书局，1975年。

的行葬方式，多数是将尸体先假埋以后，经过一段时间再行土葬。

二次葬有单人二次葬和多人二次合葬。

二次葬是对死者尸骨的第二次埋葬。有一种二次葬，可能是在对死者进行一次葬后，氏族墓地又进行迁移，就对死者尸骨实行二次葬。在整个墓地上，以二次葬为主的如兰州市南花寨子、青海大通县南上孙家、广东曲江石峡等墓地。这有可能是受一种巫术思想意识的支配。远古的人们认为，人死了，那么死者的肉体属于人世间，灵魂可以脱离肉体而不死，必须为死者洗骨，才能使死者灵魂到另一个世界而不致留在人间为祸作祟。例如，乾隆年间编著的《开化府志·风俗》卷九载："普马……刀耕火种……人死，不论男女，埋于掌房之下行走处，每日以滚水浇之……俟腐取出，以肉另。骨则洗净，用缎带盛之，……跳舞，藏于家，三年乃葬，遇疾病取用再跳，以为未瘗之骨作祟也。"《隋书·地理志》载鄂西土家族，人"始死，即出尸于中庭，不留室内，殓毕。送到山中，以十三年为限，先择吉日，改入小棺，谓之拾骨"。《墨子·节葬上》载："楚之南有炎人国者，其亲戚死，朽其肉而弃之，然后埋其骨，乃成为孝子。"《南史·顾宪之传》曰："顾宪之……除衡阳内史，……土俗，山民有病，辄云先亡为祸，皆开冢剖棺，水洗枯骨，名为除祟。"

单人二次葬多出现在我国的西北地区。兰州市南的花寨子墓地，属于"半山类型"文化墓地。该墓地共发现49座墓葬，皆为单人墓葬。其葬式除个别有侧身屈肢葬外，大部分是单人二次葬。在每一座墓葬里骨架完整，但排列零乱。这类墓葬皆有木棺葬具。因整个墓地皆是二次葬，故不是由于部族迁移所致，可能是一种葬俗。

青海大通县南上孙家墓地发现的近20座马家窑文化的墓葬，都是二次葬。在青海民和县南的核桃庄发现一座比较完整的马家窑类型的墓葬，为圆角方形的竖形土坑墓，随葬品200多件，非常丰富，葬式为二次葬。这是马家窑类型的最大的一座墓。

广东曲江石峡墓地清理出64座新石器晚期的墓葬。在这个墓地中，无论大人小孩皆实行单人葬，以二次葬为主，共有44座之多。

广东封开县乌骚岭新石器时代遗址发掘的111座墓全是二次葬墓，墓坑小而浅，排列整齐，坑内经火烧烤，随葬品均从一次葬墓中迁来，陶器无一完整，也无一可以复原。这些构成了乌骚岭墓群的埋葬特点。[①]

二次葬的尸骨一般叠放在墓底东南角，头骨残片也置于东端。石峡墓地同时发现了仅存零碎人骨和残物的迁出空穴墓，在迁葬墓里往往有两套随葬品。一套是连同人骨从原一次葬的墓中迁来的残破陶器之类，另一套是迁葬时新放进去的，保存较好。

我国许多新石器时期的墓葬中，都发现有二次葬式，如半坡墓地有 5 座单人二次葬，北首岭墓地亦有一些。南京市内的北阴阳营墓地，黑龙江密山县新开流墓地都发现有单人二次葬。

由此可见，我国新石器时期墓地上出现的这种二次葬的葬俗，亦是受这种灵魂不死观念的支配。实行二次葬的民族认为，必须血肉腐烂殆尽，灵魂才能得以解脱，灵魂可以脱离肉体而存在，这实际也是一种原始的巫术思想意识。

四、多人排葬坑

仰韶文化陕西华县元君庙、渭南史家墓地、华阴横阵墓地、河南舞阳贾湖遗址及临潼姜寨的第二期墓葬等，其墓葬的特点表现为多人二次合葬，即将许多死者进行二次合葬，但这种二次合葬是采取集体葬坑的形式。

华县元君庙共发现墓葬 57 座，布局规整有序，其中 45 座南北成排，分 6 排安葬，墓向朝西。墓地上合葬墓居多，占 2/3，一般在 4 人以上，多则 25 人。合葬墓的死者，没有性别、年龄的限制。

渭南史家墓地共发现墓葬 43 座，墓向朝西，除 3 座为单人一次葬外，余为多人二次合葬，少者 4 人，多者 51 人，一般为 20 多人。M15 为 6 人二次合葬墓，墓坑呈不规则的长方形，墓口距地表 0.7 米、深 0.3 米、长 1.29 米、宽 0.85 米，6 具骨架全部头向西，面向东，骨架分两层埋葬。第一层 4 具，排列整齐。每一具都是头骨排在中间，四肢及其他骨骼置于两侧及头部下端。1～3 号为中年男性，4 号为中年女性。第二层 2 具，紧压在第一层之上，一为中年男性，一为老年男性。随葬品置于骨架一侧，有泥质红陶钵、夹砂红陶罐、带盖罐、葫芦瓶、钻孔石斧各 1 件，细颈壶 2 件。人骨成排成层排列，除一座为男性合葬墓外，其余皆无性别、年龄的限制。

---

① 广东省文物考古研究所、封开县博物馆：《封开县乌骚岭新石器时代墓葬群发掘简报》，《文物》1991 年第 11 期，第 7 页。

M2 为 8 人合葬，8 具骨架，其中有 7 具头向西，面向东，1 具头向北，面向南，分为两排，每排 4 具。第一排 3 男 1 女，第二排 2 男 2 女。随葬品置于墓坑北端，夹砂红陶罐、泥质红陶葫芦瓶各 1 件。

M25 为 26 人二次合葬墓（图 1-1），墓坑为长方形，墓口距地表 0.64 米、深 0.2 米、长 2.65 米、宽 2.2 米。26 具人骨分四排，第一排 5 具，第二排 8 具，第三排 7 具，第四排 6 具。排列尽管稀疏，每具自成一堆，大多是头骨置于

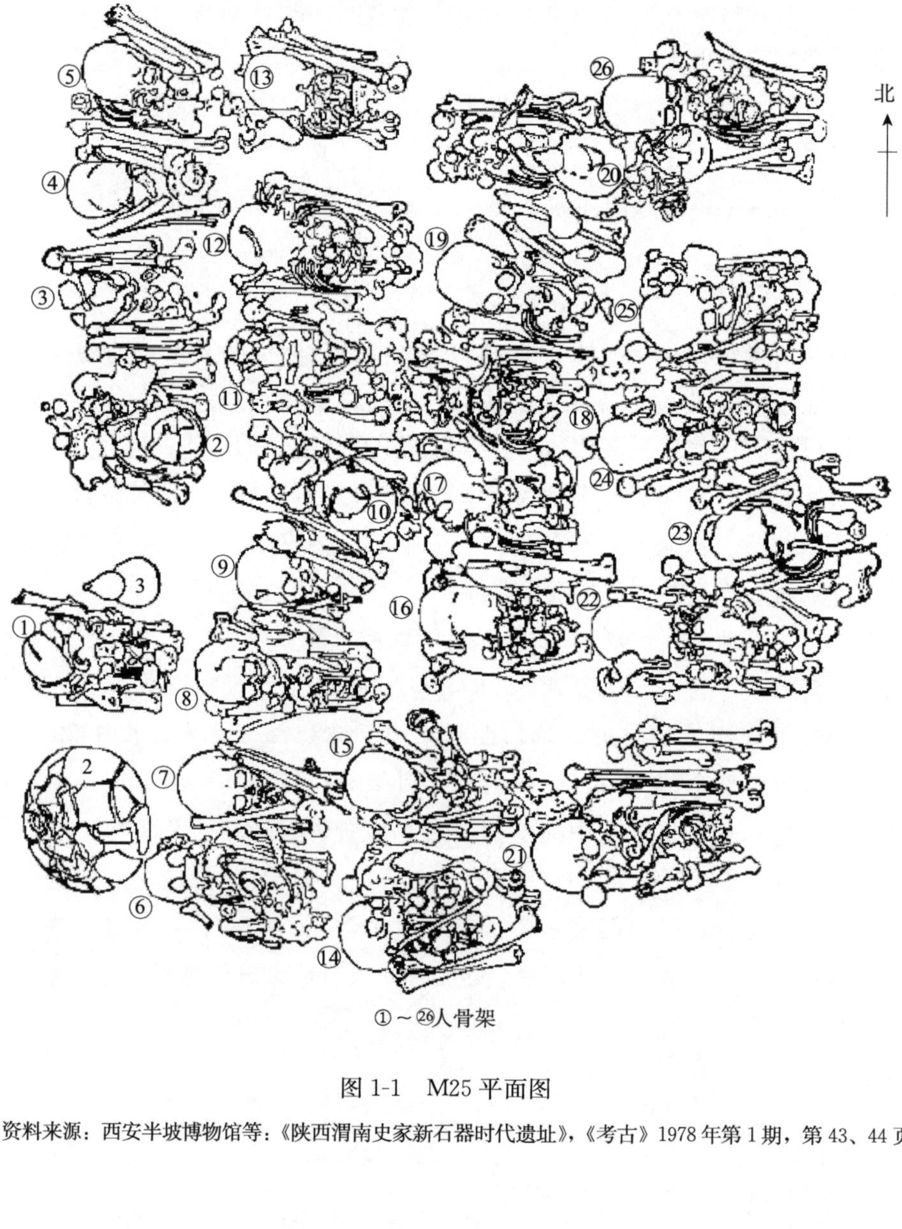

①～㉖人骨架

图 1-1　M25 平面图

资料来源：西安半坡博物馆等：《陕西渭南史家新石器时代遗址》，《考古》1978 年第 1 期，第 43、44 页。

中间，四肢骨放在两侧，其他骨骼置于头部下端。男女老幼皆有。随葬品置于墓坑西南隅，计有泥质红陶钵、葫芦瓶、夹砂红陶罐、带盖罐各一件。① 墓葬中还出土有石器、骨器，计有砍砸器、石斧、尖状器、石铲、磨盘、骨针、骨铲等。

华阴横阵墓地共发现 24 座墓葬，其中 15 座为多人二次合葬墓的小葬坑，分别放在三个大集体埋葬坑中。另外 9 座也多为二次合葬墓，分散于大集体葬坑之外。3 个大的集体葬坑中，第 2 号大坑长 10.4 米、宽 2.8 米，内套 5 个方形小坑，小坑长、宽各 1.8 米。各小坑内人骨架数目不等。最多的 12 具，少的 4 具，总共 44 具。其中大多数为二次葬，尸骸为仰身直肢排列，头向东。第 2 号大坑长 11 米、宽 24 米，内套 7 个方形小坑，长、宽各 0.8 米。坑中人骨作二层或三层选任排列。肢骨较 1 号大坑凌乱，总共 42 具。第 3 号大坑已被破坏，仅存 3 个小坑。经鉴定，同一墓穴的死者，男女老少皆有，以中年人、老年人为多。同时，大多数骨骼位置排列错乱，无疑是二次葬。

河南舞阳贾湖遗址是我国重要的新石器时代前期遗址，在此发现了数例男女一次合葬墓，并发现了罕见的多达 23 人的二次合葬墓，为研究 8000 年前贾湖先民的社会组织形式、婚姻形态等提供了重要资料。②

另外，在河南淅川下王岗、安阳后岗、山东呈子、山西芮城东庄村、湖北郧县大寺等地都发现了多人二次合葬墓。根据墓葬中的叠压关系和随葬器物来看，这种多人二次合葬在时代上要晚于仰韶文化半坡类型的单人仰身直肢葬。

这种多人二次合葬，特别像华阴横阵墓地所出现的那种大的集体葬坑，大葬坑内套小葬坑，同时埋入 40 多个死者；人骨成排成层地安放，这绝非天灾人祸所致的偶然现象，这应是一种集体行葬的葬俗。这样大的集体葬坑应是数年才形成的。二次葬集体葬坑可能是为了达到家人死亡后团聚的目的。例如，《三国志·魏志·东夷列传》载："东沃沮……其葬作大木椁，长十余丈，开一头为户，新死者皆假埋之，才使复形，皮肉尽，乃取骨入椁中，举家皆共一椁。"又

---

① 西安半坡博物馆等：《陕西渭南史家新石器时代遗址》，《考古》1978 年第 1 期，第 43、44 页。

② 中国科学技术大学科技史与科技考古系、河南省文物考古研究所、舞阳县博物馆：《河南舞阳贾湖遗址 2001 年春发掘简报》，《华夏考古》2002 年第 2 期，第 30 页。

《贵州通志·苗蛮》卷七："黑苗……人死殓后，停于寨旁，或至二十年，合寨共择一期；百数十棺同葬。"因此可以推测，史家墓地、横阵墓地的大葬坑也应是全氏族在相当长的时间里，先后死去的氏族成员的葬坑。氏族成员活着的时候，生活劳动在一起，而在他们死后，尸骨也葬在一起，这亦是一种"灵魂不死"思想的体现。横阵墓地大葬坑中的小葬坑应是氏族中血缘更近的家族的葬坑。这种集体的行葬并没有以某一个人为中心，没有主从、贵贱之分，人与人之间都是平等的，说明此时社会仍处于共产制的母系氏族社会时期。小葬坑的出现说明氏族生活中已经出现一些相当稳定的共产制家庭。

多人二次葬除大的集体排葬外，还包括两人以上的二次葬合葬。

新石器时期较早的二次合葬，多是同性别的合葬墓（男女合葬墓后面将详述）。例如，半坡墓地发现一座女性 4 人合葬墓，一座男性 2 人合葬墓。又如属于大汶口文化的王因墓地，共发掘 800 多座墓葬，合葬及二次合葬已逾百座。有些墓穴中有的缺少头骨，有的缺少骨盆及四肢骨，被认为是为实行二次合葬而将头骨迁出后所剩余的部分，因此称其为迁出葬。

柳湾遗址半山类型的墓葬中，发现许多合葬墓，人数 2～7 人不等，但二三人合葬的占多数。人骨架经鉴定，男女老少皆有。山东呈子墓地也发现了男、女、老、幼皆有的合葬墓。这些二次合葬墓说明，氏族中的家族已经出现。如果根据半坡居住遗址的情况分析，十几平方米的小房子，房基里的生产、生活用具自成体系，那么个体家庭业已出现。但从其墓葬分析，这种个体家庭仍然没有从氏族中完全脱离出来，仍是氏族中一个不可分离的成分。另外，这些二次合葬墓也说明氏族成员死后仍然希望和同一家族的人在一起。

五、男女合葬

新石器晚期，氏族公共墓地上出现了男女合葬墓。我国大汶口文化墓地、崧泽文化草鞋山墓地、齐家文化墓地都出现了男女合葬墓。

大汶口文化的早、中期都发现了男女合葬墓：野店 10 座、刘林 3 座、大墩子 4 座、大汶口 4 座。目前发现的这些男女合葬墓，绝大多数都是一次葬（只有刘林一例为迁出葬）。人骨排列皆为男左女右，随葬品都偏于男性一边。宁阳堡头的墓葬 M1，男性骨架在墓穴正中，女性骨架偏居于右侧扩出的小长方形坑中，女性骨架卧置的墓底比男性高 7 厘米。这种现象反映了男女两性社会地位的不平等。成年男女合葬墓，如果是分先后两次埋葬的，那么这种墓是夫妻合葬墓，因为男女双方不可能同时死亡，如大汶口 1 号墓就属于这种情况。但大汶口文化墓葬中的男女合葬墓大多是一次葬的，因此，这种墓葬有人认为是杀殉墓。

草鞋山墓地发现两座男女合葬墓，均为男左女右。M95 成年男女各有木质葬具痕迹，相距 3～7 厘米；另一座 M85 男性为仰身直肢葬，女性为侧身葬。而齐家文化的成年男女合葬墓最常见的一种葬式是男子为仰身直肢葬，女性则为侧身屈肢葬，而且女子是面向男子屈肢的。在武威皇娘娘台墓地不止一次地发现一男二女的合葬墓，如 M48 则为男子居中，二女分列左右。柳湾 M814 中，男子仰卧于棺中，女子侧身屈肢，卧于棺外，并有一条腿压在棺下。这种成年男女的合葬墓，从他们的葬式、性别、年龄情况分析，显然是夫妻（妾）合葬。男子仰卧居中，女子侧身屈肢其旁，这是她依附、屈从男子的真实写照，显示了当时男子在社会上居于统治地位，女子则降居从属的和被奴役的地位。①

男女地位的不平等，在血缘家庭和普那路亚家庭中是不可能出现的，在对偶家庭中才开始微弱地表现出来，到一夫一妻制下才完全确立。我国新石器文化的男女合葬墓中的女性身份不管是妻是妾，都是个体小家庭形态的反映，标志着父权制的确立。武威皇娘娘台发现的一男二女合葬墓，也许是少数比较富裕的家长过着一夫多妻生活的反映。这种男子对女子的压迫、夫妻间地位对立的情况的出现，当与原始社会的瓦解，阶级社会的产生是相一致的。我国石器时期氏族墓地上的男女合葬墓中男女两性的不平等正表现了父权制下男性对女性的奴役。

六、火葬

我国东北地区，特别是辽东山区发现一种洞穴火葬墓，如辽宁本溪庙后山洞穴墓地中的 A 洞是旧石器文化的堆积，而 B 洞、C 洞皆为洞穴墓葬。B 洞共

---

① 中国社会科学院考古研究所：《新中国的考古发现和研究》，文物出版社，1984 年，第 84、123、124 页。

揭露出墓葬 11 座，葬式有仰身葬、火葬、二次葬等。B 洞墓葬未发现明显墓坑，无木质葬具。火葬墓骨灰上多压有薄石块。C 洞共发掘出墓葬 12 座，其中 M4、M6 为火葬墓。本溪庙后山洞穴墓地文化的先民有系统的丧葬制度，把死者葬在洞穴中是显著特点。有的尸旁随葬有猪、鹿下颌骨。同一墓穴并存有三种不同的葬式，即火葬、仰身葬、二次葬（或乱骨葬）。该洞穴墓葬多为单人葬，除儿童墓外，不论男女皆有随葬品，多者 10 件，少者 1 或 2 件，已经出现微弱的贫富不均的现象。①

东北地区的洞穴墓葬其上限可能早到新石器时代晚期，其下限已进入青铜时代。这种洞穴墓葬的特点是排列密集、不挖墓穴、不封土，并遵循着一定的秩序安葬。从埋葬的形式上看，火葬墓和非火葬墓并存。男性有权威的老者，多葬于洞穴中央的显赫位置。从牙齿、骨骼及焚烧现场观察，年龄越大焚烧的越严重。女性墓个别不烧者，多紧靠洞壁而葬。迁葬后进行火葬的女性墓，多选择洞穴的边缘和临近洞口处，火温较低。儿童墓一般不经火化，有的与母亲合葬在一起。这有可能是父系氏族社会的墓葬。

内蒙古赤峰小河沿遗址的石羊石虎山、石硼山、朝阳庙共发现 90 多座墓葬，死者一般都埋在高山坡上。该墓地大多为单人坑墓，葬式多为仰身屈肢。有些墓的填土中发现许多红烧土块，墓口有火烧痕迹，有的腿骨和盆骨已烧成黑色。这种现象说明埋葬前要在墓地上举行一种火烧丧葬仪式。②

我国西北地区也有火葬的葬俗。1945 年甘肃临洮寺洼山史前遗址所实行的葬俗是将尸体火化后，“将骨灰盛在陶罐中”。“这墓中收藏骨灰的陶罐和殉葬罐都是标准型的寺洼陶。这是属于寺洼期文化，毫无疑问。”③

由以上实物材料可知，氏族社会时期，我国东北地区存在一种火葬的习俗。火葬的含义我们还不能完全明了，但根据我国古书的记载，羌族是实行火葬的民族。《荀子·大略篇》中说：“氐羌之民其虏也，不忧其系累，而忧其死不焚也。”被俘虏的氐羌人，不担心自己被捆绑，而担心死后不被焚烧。（宋）李昉

① 辽宁省博物馆：《辽宁本溪庙后山洞穴墓地发掘简报》，《考古》1985 年第 6 期，第 486、491、496 页。

② 李恭笃、高美璇：《试论小河沿文化》，《中国考古学会第二次年会论文集》，文物出版社，1980 年，第 145 页。

③ 夏鼐：《临洮寺洼山发掘记》，《中国考古学报》，商务印书馆，1949 年第 4 期，第 93、95 页。

《太平御览·四夷·湟中月氏胡》引《庄子》曰："羌人死，燔而扬其灰。"火葬之俗在羌族中一直保留着，人死后各于其处焚之，葬礼十分隆重。

《墨子·节葬篇下》载："秦之西有义渠之国者，其亲戚死，聚柴薪而焚，燻上谓之登遐，然后成为孝子。"义渠，即今甘肃庆阳一带；登遐，就是升天成仙之意。佛教传入中国后，我国西南地区的一些少数民族也相继实行火葬，据说是死后焚尸，灵魂能够升入天堂。我国东北地区新石器晚期实行洞穴火葬墓的民族或许就是有一种"升天"的模糊意识。

七、不同的葬式反映众多氏族部族的巫术思想意识

远古氏族公共墓地上，大多以一种葬式为主，并同时出现多种葬式。例如，半坡墓地绝大多数是仰身直肢葬，此外有 15 座俯身葬，4 座屈肢葬，5 座单人二次葬，1 座女性 4 人合葬。1 座男性二人合葬等。大汶口文化的王因墓地亦以仰身直肢葬为主，有少数屈肢葬、俯身葬、单人二次葬、男女合葬等；辽宁本溪庙后山洞穴遗存亦发现仰身葬、火葬、二次葬等。半山类型的兰州花寨子墓地，葬式以单人二次葬为主，亦有屈肢葬；大溪墓地有仰身直肢葬、俯身直肢葬，并有相当数量的屈肢葬等。在我国已经发现的新石器文化墓地中，几乎都有以一种葬式为主、几种葬式并存的现象。出现这种现象的原因是什么？笔者认为，墓地上出现不同的葬式，说明在这个氏族墓地上埋葬的不是同一个部落的成员。

在远古人的部落中往往有收养外族人的习惯，如摩尔根在《古代社会》第二章中提到易洛魁人时说："氏族的另一奇特权利就是收养外人为本氏族的新成员，从战争捉来的俘虏，或者被杀死，或者被某个氏族收养，被俘获的妇女和小孩通常都是得到被收养这种宽大待遇的。收养外人不仅赐予氏族成员的权利，而且还赐予本部落的部籍。一个人如果收养了一个俘虏，就把这个俘虏视为自己的兄弟姐妹，如果一个母亲收养了一个孩子，就把他视为自己的子女，从此以后，在一切方面都要按亲人来对待这个被收养的人，好比这个人生来就是自己的亲人一样。"① 中国古代也是这样，氏族部落有收养外人的权利，如《左传·襄公四

① 〔美〕莫尔根：《古代社会》，生活·读书·新知三联书店，1957 年，第 84、85 页。

年》所记载：夏朝有一个部落首长寒浞是“伯明氏之谗子弟也，伯明后寒弃之，夷羿（后羿）收之，信而使之，以为己相”。后羿把寒浞收为自己的养子，对他非常相信，让他辅助自己，委以重任。夏商之间的伊尹，本为有侁（莘）氏的养子。《吕氏春秋·本味》：“有侁氏女子采桑，得婴儿于空桑之中，献之其君，其君令庖人养之。”古代氏族常常有收养外族人作为养子的习俗，所以这些传说有一定根据。

古代社会的氏族常有收养外族人的习俗，而在古代社会中各个氏族的葬俗常常是不相同的。由于他们巫术思想意识不同，分别采取仰身直肢、俯身直肢、屈肢、二次葬等各类不同的葬式。

新石器时期，各类不同的葬式正是反映了氏族部落的众多。氏族公共墓地上所出现的不同的葬式，应是本氏族所收养的外族人带来的埋葬习俗。

第三节　新石器时期的葬坑和葬具

新石器时期，远古居民已经有了较为规整的葬坑和葬具。当然由于地区的不同，中原地区、西北地区、东南地区等，其葬坑和葬具也显示出不同的特色。

一、新石器时期的墓坑和墓的结构

新石器时期，我国氏族公共墓地上的墓葬没有坟丘，处于“葬之中野，不封不树”的阶段。氏族墓地上的墓葬一般是长方形的竖穴土坑墓，用原来掘出的土将墓坑填平，填土不经任何夯打。半坡文化墓地、大汶口文化墓地、龙山文化墓地中，墓坑多是这种长方形的竖穴土坑墓。

半坡类型的横阵墓地、姜寨墓地，以及大汶口文化的墓地还出现一些集体葬坑。这些葬坑有的长 10 米、宽 2 米多，是实行多人二次排葬墓，亦是当时墓坑的典型形式。在半坡、横阵、下孟、泉护、庙底沟、大张、谷水河等许多遗址中都发现有在灰坑中埋葬死者的现象。灰坑往往成袋形，死者没有固定的葬式。横阵的一个灰坑中葬有 8 个个体；大张的一个灰坑中有 4 具俯身葬尸骸，并有随葬品；下孟村的一个灰坑中除发现一具人骨架外，尚有 3 个头颅。庙底沟的 9 个灰坑中发现有人骨架、猪骨架或狗骨架。客省庄遗址的 6 个灰坑中发现有人骨架，放置不整齐，骨架凌乱。但在洛阳矬李遗址一灰坑中有一具人骨架，系屈肢葬，旁有陶豆、耳杯、蚌壳等，从葬式及随葬品看，像是正常的埋葬。利用灰坑埋人可能是偶然现象，也可能只是对废弃窑穴的利用，也许是有更为复杂的社会背景或原始宗教方面的背景。利用灰坑埋人，在河南龙山文化和陕西龙山文化中是极常见的现象。

西北地区墓坑的形制比较复杂，除有相当数量的长方形竖穴土坑墓外，还伴有其他形状的墓坑。例如，在青海民和核桃庄墓地上发现一座比较完整的马家窑类型的墓葬，为圆角方形的竖穴土坑墓。在兰州王保保城、大通上孙家、民和核桃庄、贵南尕马台共发掘整理 40 多坐马家窑文化的墓葬，形制多为方形或长方形的竖穴土坑墓。

马厂类型的墓葬发掘的比较多，约 1200 座。墓葬形制有竖穴土坑墓和“凸”字形墓。“凸”字形墓，即在墓室前面有一条长方形或梯形的墓道，使整个墓的形制呈“凸”字形。乐都柳湾的 M197，墓室长 3 米、宽 2.3 米，墓底距地表深 2 米。墓室南部有墓道，墓室口有三排立木，是墓室或墓道的封门，内有木棺葬具。西北地区墓坑形制已出现了比较复杂的形式。

东南地区的墓葬形制特殊，如在南京附近、太湖平原和杭州湾发现的北阴阳营墓葬和河姆渡文化墓葬中，都未见葬坑和葬具。人骨大多位于生土层，用夹杂烧土屑和陶片的黄土掩埋。崧泽文化墓地先后清理 97 座墓葬，未见墓坑，有的人骨架上覆盖一层黄土，即平地用土直接掩埋死者。

东南地区较河姆渡文化稍晚的良渚文化遗址，有土墩墓的形制。4000 多年前，这一地区的人们为了埋葬死者，在墓地上专门用人工堆筑起“土山”。“土山”下面不挖墓坑，个别有浅浅的墓坑用来埋葬死者。“土山”下一墓或数墓不等，这样的墓葬形式称为土墩墓。1971 年在杭州市区西北，即余杭县长命乡雉山村发现反山遗址。反山是一座高 5 米、东西长 90 米、南北宽 30 米左右的人工堆筑起来的熟土堆。反山周围有几个池塘，可能与堆筑此土堆有关。在这个土墩内已发掘清理 7 座属良渚文化的墓葬。它们排列有序，其中 M16、M12、M17、M14 四座墓基本上分布在自西而东的一条轴线上。6 座墓葬都有宽大的土穴，墓口明显，墓壁清晰。墓底有“棺床”状的低土台，四周有深 10 厘米左右的浅沟。反山良渚文化墓地堆筑营造的规模和格局非常雄伟，随葬品也丰富，可能是氏族显贵们的墓地。

我国石器时期的葬坑主要有长方形、方形、圆角长方形、“凸”字形土坑墓的形制，而长方形竖穴土坑墓是主要形式。另外，还有灰坑埋人的形式，在东南地区有土墩的形式，中原地区还未出现坟丘的形式。

二、瓮棺葬

氏族社会时期，我国最早出现的葬具就是瓮棺了。半坡墓地上，当成人还没有任何葬具时，成群的儿童瓮棺葬就已经出现。半坡共发现 250 座墓葬，儿童瓮棺葬就有 73 座。北首岭发现 60 座儿童瓮棺葬，姜寨发现 280 座瓮棺葬。夭折儿童一般实行瓮棺葬。半坡遗址发现的 73 座儿童瓮棺葬，绝大多数埋在住房的周围，形成两大瓮棺群。葬具以瓮为主，“另用盆或钵作盖。作为葬具的陶器非常精美，上绘有人面纹、人面鱼纹或鹿纹等”①。

洛阳、郑州地区发现为数不少的瓮棺葬。葬具有多种组合，其中一种以大型小口尖底瓶为葬具的瓮棺葬最富地方特色。王湾一期文化层发现 43 座，偃师赵城的一处断崖上暴露出 6 座尖底瓶葬，大河村遗址不同时期的文化层中共发现瓮棺葬 62 座，其中大河村四期有两座使用一种特制的大口束腰尖底瓶，这在郑州地区屡有发现。同时在这个文化层的瓮棺葬中有 38 座使用陶鼎为葬具，也有用豆、罐、盆、缸的，多为两件扣合使用。在西北地区马家窑文化的瓮棺葬中埋的都是婴孩，有的还是初生的婴儿。瓮棺上往往凿有小孔，据说是为了供幼小的灵魂出入。瓮棺一般葬在居住区附近，可能是出于“亲子之情”的缘故。②

河南汤阴白营龙山文化遗址主要是一处房基基址，在基址的下面往往有小孩的瓮棺葬。这处遗址共发现小孩瓮棺葬 9 座，多数位于房基墙外的西侧，个别在房基的东侧或南侧，或居住面下的填土中。小孩年龄都在 5 岁以下。W2 将骨骼置于方格纹罐内，W8、W12 为仰身直肢葬，W5 只残剩上身，其他 W1、W6、W7，皆用半个陶罐蒙住小孩的头部，仰身，一腿微屈。这种葬俗可能与母亲疼爱孩子，舍不得孩子远离自己有关。埋在居住面下填土中的小孩，可能

---

① 中国社会科学院考古研究所：《新中国的考古发现和研究》，文物出版社，1984 年，第 63 页。
② 中国社会科学院考古研究所：《新中国的考古发现和研究》，文物出版社，1984 年，第 67 页。

与建房时奠基有关[1]，如 F65 下层居住面东南角墙下 30 厘米处发现一个头南脚北的仰身直肢的小孩瓮棺葬。

河南鲁山邱公城、伊川土门还发现了成人瓮棺葬，葬具是一种特制的缸，高达四五十厘米。邱公城发现的这种成人瓮棺葬共有 5 个，可能是将成人遗骨迁入瓮棺中安葬的。有人认为成人瓮棺葬是对凶杀死者的处理。[2]

用作瓮棺葬的葬具主要有罐、缸（瓮）、鼎、尖底瓶，另用盆、钵作盖。在这类葬具的底部，往往有意凿出小孔。这可能是由于原始的宗教信仰，给死者的灵魂留的出入口。例如，云南的纳西族实行火葬，把骨灰送到氏族公共墓地中去安葬，但要把骨灰袋底部剪开，或者抽出底线，使口部与底部均与外界相通。他们说这样便于灵魂出入，在地下扎根，可以通往阴间，否则幽灵不散，扰乱活人。云南普米族也有这种风俗，他们用陶罐盛骨灰，以布封口。口部和罐底也打破一个洞口，最后放到氏族墓地——罐罐山去。[3] 云南永宁纳西族和普米族的这种习俗可能与半坡瓮棺葬葬具下面打破缺口的情况相似。

三、石棺葬

新石器时代及铜石并用时代，人们用石材制造成各种不同形制的石棺。这个时期有石棺墓、石板墓、大石墓、箱形石棺、石墓、积石墓、支石墓、石棚等，可以统称为石棺葬。石棺葬在我国主要分布在东北地区、西北地区和西南地区，东南地区的“石室土墩墓”亦可划入石棺墓的范畴。

东北地区发现时代较早的石棺葬。长城以北的红山文化是一支距今五六千年左右、延续时间达两千年之久并有代表性的原始文化。红山文化的社会形态处于母系氏族社会的全盛时期，主要社会结构是以女性血缘群体为纽带的部落集团。经济形态以农业为主，兼以牧、渔、猎并存。它的遗存以独具特征的彩陶与“之”字纹陶器共存、且兼有细石器的新石器时代文化。它与中原的仰韶文化既有密切联系，又相互影响，是在不同区域、不同环境、大体相同的历史

---

① 安阳地区文物管理委员会：《河南汤阴白营龙山文化遗址》，《考古》1980 年第 3 期，第 195 页。

② 李仰松：《谈谈仰韶文化的瓮棺葬》，《考古》1976 年第 6 期，第 356 页。

③ 宋兆麟：《云南永宁纳西族的葬俗——兼谈对仰韶文化墓葬的看法》，《考古》1964 年第 4 期，第 202 页。

阶段中发展起来的两种不同类型的原始文化。

我国考古工作者在辽宁阜新县胡头沟、内蒙古赤峰、辽宁牛河梁等地发现了红山文化墓葬。在牛河梁共发现 4 座积石冢，这几座积石冢的共同特点是以石垒墙、以石筑墓、以石封顶。

牛河梁 1 号积石冢，是一个大型的积石冢。冢内有 15 座成群排列的墓葬，往往二墓共享一壁。有些墓葬，如 M4 内葬一人，仰身直肢；有的墓葬，如 M7 内葬 3 人，为二次丛葬。在积石冢外有两道围墙，以大石叠砌。

牛河梁 2 号积石冢，主体呈方形，东西 10.5 米、南北 18.7 米，中央是一座大型石椁墓。墓平台，似一石砌方台。方台四壁用较规则的石灰岩、花岗岩石块垒砌 5～6 层，向上有收分，似复斗形。方台中部是椁室，在扰土中有一段人骨。

牛河梁 3 号积石冢是圆形的，冢基底面是构成同心圆式的三圈石桩。剥落圈内表土，表层积石中暴露出 3 具人骨架，无任何随葬品①。

牛河梁的积石冢结构复杂，冢与冢相连，冢内排列的石棺墓，大小有别，是我国迄今为止发现的时代较早的石棺墓例。

旅顺老铁山发现 4 座积石冢。这些积石冢一般长 7～20 米，冢内分数量不等的墓室。墓室以单排为多，也有双排的。墓底均铺有不规整的石块，墓顶用 0.6～1米不规则的方形大石块覆盖。以 M1 为例，平面呈长方形，墓长 14 米、宽5～5.6米，外壁厚 0.8～2 米，墓顶石早已不存，现存墓壁与地表相平。共有 6 个墓室，东西排列，大小不一，各呈不规则的长方形，南北长 1.72～2.4 米、东西宽 0.97～1.16 米。

旅顺老铁山积石冢 M4 平面近方形，由于西部和南部被破坏，仅存双排 9 室，墓壁残存东西长 9.2 米、南北宽 8.1 米。墓室东西长 1.3～2.2 米、南北宽 0.7～1.46 米，墓底距墓口 0.3～0.6 米。该墓的墓室为两排，从两排墓室观察，南面平齐，当时这座墓先筑南面，后筑北面，两次筑成。② 墓的随葬器物以生活用具陶器为主，如陶杯、陶壶、陶纺轮，还有生产工具等。旅顺老铁山积石冢

---

① 方殿春：《辽宁牛河梁红山文化“女神庙”与积石冢群发掘简报》，《文物》1986 年第 8 期，第 7～9 页。

② 旅顺市文物管理组：《旅顺老铁山积石墓》，《考古》1978 年第 2 期，第 81 页。

当是新石器时代的家族墓葬。

石棺墓在东北有多处遗存。1954年在吉林市郊两半山遗址清理两座石棺墓，1964年又在此处清理1座。该墓位于山腰坡。墓向山顶，石棺为长方形，用花岗岩石砌筑，南北两侧均用3块大石块筑成，内壁平整，缝处镶以小石块，两端亦用两块大石，内壁亦平齐，在上端镶砌一定数量的小石块，以求棺口平齐。上面盖3块大石作为棺盖，一墓底铺石4块，均平面向上。吉林省发现的多处新石器时代的石棺墓，可能是氏族的公共墓地。

西北地区的石棺墓亦发现很多，如甘肃景泰张家台新石器时期墓地上共发现52座石棺墓。墓的结构是先挖土坑，后放棺。棺的四壁各由一块板石挡立而成（少数是拼凑）的。棺底有的铺木板，有的不铺。棺盖大部分是由数片板石拼成。有的是由两块板石拼成。板石是当地所产的赭红色和灰色板岩，略加修整。

新石器时期的石棺墓主要分布在东北、西北、西南地区，以后至铜器时代，这种石棺墓范围继续扩展，形式也更加多样（第六章第二节将详述）。远古时期我国的一些民族采用各种不同形制的石棺葬式，主要是与他们的思想意识和宗教信仰有关。他们认为万物有灵，将石材作为灵物崇拜，至今在我国西南的一些民族中还有崇拜大石的习俗，于是他们用石作棺材去福佑死者和生者，因此采取这种埋葬形式。

四、木棺葬

自古至今，木棺是我国墓葬中最流行的葬具。半坡遗址的152号墓是发现木制葬具较早的一例。半坡152号墓是一个十二三岁女孩的墓葬。墓室是长方形的竖井形。墓棺长1.46米、宽0.7～0.8米、深约1米，四周用木板围成葬具，和棺材的作用是相同的。葬具留下的灰白色的木灰非常明显。[①] 这种用木板围成的葬具，就是我国木棺的雏形。

东夷地区的墓葬往往采用木椁的形式，如大汶口10号墓，墓穴很大，东西长4.2米、南北宽2米以上，墓底有二层台。根据遗迹推测有原木卧叠构成

① 中国社会科学院考古研究所西安半坡工作队：《西安半坡遗址第二次发掘的主要收获》，《考古通讯》1956年第2期，第27页。

“井”字形的木椁。龙山文化的各墓地都发现一定数量有木棺葬具的墓葬。呈子墓地上就有 10 座木椁墓。

石器时代出现木棺葬具最多的是马家窑文化的半山类型、马厂类型和齐家文化的墓葬，其中以青海乐都柳湾最为典型。

柳湾墓地是黄河上游规模最大、保存最完整的一处氏族公共墓地，共发掘 1500 座墓葬，绝大部分使用木棺葬具。青海马家窑文化半山类型的木棺形制主要有梯形木棺、吊头木棺，马家窑文化马厂类型的木棺形制主要有吊头木棺、长方形木棺、独木棺，还有垫板等。

马家窑文化半山类型：梯形木棺，即一头大、一头小呈梯形的木棺。棺的四壁由半圆木或木板围成，四角的接合采用穿榫法，有的棺上有盖。棺板的表面未经刨光，均保留原来的劈裂面。有的还有树皮痕迹，说明当时木棺制造还比较粗糙。常见的木棺一般长约 2 米、宽 0.4～0.6 米。吊头木棺，与梯形木棺相似。唯两壁板伸出挡板 0.1～0.3 米。这种伸出挡板外的部分，有学者把它称为“吊头”。木棺四角接合法与梯形木棺相似，也是采用穿榫法。柳湾墓地半山类型的木棺长 2 米、宽 0.4～0.7 米。是单人葬的木棺。

马家窑文化马厂类型：该墓地马厂类型的吊头木棺，有的长 4 米、宽 1.2 米，吊头长 0.2 米。这种木棺数量少，规模大，多限于多人合葬墓使用。

长木形木棺，在这类长方形的木棺外还加用木框架加固。木框架的具体结构是棺盖上和棺底下各横置二道或三道等距离的 0.2～0.4 厘米的小木板。棺两侧壁外各竖置二道或三道与盖底等距离的木条。这种用木框架加固棺身的做法，有人认为，既能使木棺牢固稳定，又便于搬运。① 但笔者认为亦可能与他们的巫术思想认识有关。这种长方形的木棺最长的有 4 米，但以 2 米多的较常见。

独木棺，形似独圆木舟，即用木一段，将中部凿成船舱状，底部亦稍稍削平，大小相若，长1.5～2米。有的棺上还置有一个棺盖。

垫板，即用 1～3 块木板拼接而成。木板的长短，因人而定，没有固定的尺寸。用垫板做葬具虽然也有成年人使用，但多数是给儿童使用的。

柳湾墓地上的葬具主要是梯形木棺、吊头木棺、长方形木棺、垫板等几种

---

① 青海文物管理处考古队、中国社会科学院考古研究所：《青海柳湾》，文物出版社，1984 年，第 12～54 页。

形制。在兰州花寨子墓地共清理墓葬49座，其中木棺墓占47座。景泰县张家台墓地有22座墓，葬具有木棺和石棺。这些木棺墓的构筑方法，基本上都是先挖一个长方形圆角土坑，在坑中放置用木板拼成的木棺。木板与坑壁的空间和坑内的填土都经夯实。

新石器时期墓地上出现的木制葬具有木棺、木排、垫板等。人们不忍心让尸体躺在冰冷的地下，于是用树木加工成木板或半圆木，做成各种形状的木棺安放尸体。这种木棺也许是仿制石棺做成，因取材和加工的方便而进化成木棺，也许有其他的含义。这种木棺、木椁是我国沿袭至今的葬具。

第四节 新石器时期墓葬的随葬品

新石器时期氏族墓地上，在氏族成员的墓葬中都有一些随葬品。这些随葬品有生活用具、生产工具、装饰品等。总的来说，新石器早期各墓葬中的随葬品差别不大，但越到后期，各墓之间的随葬品差别越大。

一、生活用具随葬品

人类社会在早期的墓葬中，就已经随葬生活用具了。北京周口店山顶洞下室的洞穴墓葬中，随葬有燧石石器。燧石，实际上是一种生活用具。

人们当时是以生活的实用品来随葬死者的，如半坡墓地共发现130多座墓葬，有随葬品的52座。随葬品主要是陶器，有陶罐、砵、盆、小口尖底瓶、壶等，部分陶器是被有意识地打破后入葬的。

龙山文化的墓葬中则常见鼎、豆、罐、碗、鬲、杯等。马家窑文化半山类型墓葬中有彩陶壶、陶盆、陶钵、彩陶罐、侈口陶罐和单耳陶罐，部分墓葬中还配有双耳形陶罐、陶瓶、陶杯等，以彩陶为主。

新石器时代中期，墓葬中随葬陶器的特点是同类器物成批出现。例如，青海乐都柳湾墓地M554共出95件随葬品，而花纹、形制相近的彩陶壶、陶罐、陶瓮就有91件之多。另外，大汶口10号墓，出土陶器83件，其中优质白陶器24件，仅黑色蛋壳陶的陶瓶出土38件。这些陶器很明显超出了墓主人日常生活使用的范围，属于奢侈品，是氏族显贵的墓葬。

以上所说的罐、盆、钵、壶、碗、瓶等盛器和炊器皆为生活用具。除此以外，大汶口文化墓葬中还出现各种陶酒器，如温酒用的鬶，注酒用的盉，储酒用的背壶、尊，饮酒器黑陶镂孔高柄杯、三足融形器等，几乎所有酒器的形制在这里已经品种俱全了。临沂大范庄 26 座墓葬中，出土陶器 725 件，其中酒器 644 件，占整个随葬品的绝大多数。《淮南子·说林训》曰："清醠之美，始于耒耜。"大汶口墓葬中出现众多的酒器，说明当时农业已很发达，粮食产量增多，酿酒业已经出现。

在氏族墓葬中以生活用具随葬，是表明生者对死者的关心，让死者到另一个世界去享用。但新石器后期的墓葬中，随葬品的多寡悬殊，表明氏族内部已出现贫富分化。

二、生产工具随葬品

生产工具作为随葬品也是氏族墓葬的重要特色。新石器早期的许多墓葬中都发现了生产工具。

1977 年 4 月，开封地区文物管理委员会对河南省新郑裴李岗遗址进行发掘，共清理 8 座成人墓，均为长方形竖穴土坑墓，南北向。墓坑长 1.42～2.55 米、宽 0.83～1.22 米、深 1～1.5 米。坑内未发现葬具痕迹。葬式多为仰身直肢葬，头向南。有为数不多的生产工具和生活用具随葬，一般有石铲、石斧、石镰、石刀、陶壶、陶罐、陶鼎等。M1 还随葬石磨盘、石磨棒等，随葬石器多放在腰部，个别放在足部。陶器多放在头部两侧。①

考古工作者于 1979 年对河南新郑裴李岗遗址的发掘中，又发现 82 座墓葬，连同前两次发掘的 32 座，共有 114 座墓葬，随葬陶器和工具，即石斧、石镰、石铲、石矛的墓有 24 座，出土石器生产工具 30 多件，其中有石斧、石铲、石镰、石磨盘、石磨棒等主要是农业生产工具。裴李岗遗址 M38 是一座成人墓葬，身旁放有随葬的生活用具三足钵、双耳壶、深腹罐、石磨盘、石磨棒、两面带

① 开封市文管会、新郑市文管会：《河南新郑裴李岗新石器时代遗址》，《考古》1978 年第 2 期，第 74 页。

圆窝的石器，脚部两旁放有石斧、石镰、石铲等生产工具等。[①] 随葬大量的生产工具，说明裴李岗文化的氏族是一个农业部族，在仰韶文化的半坡墓地上很少发现以生产工具随葬的情况。

河南舞阳贾湖遗址共发掘300多座墓葬，大多数墓有随葬品，少者1件，多者数十件。多为实用的生产工具、生活用具、装饰品和宗教用品等。主要质料有陶、石、骨、牙、甲等，尤以骨器数量最多，最为常见。龟甲往往成组出现，龟甲内往往装有数量不等、大小不均、颜色不一、形状各异的小石子。有的龟甲、骨器或石器上有契刻符号。例如，M344是一壮年男性的墓葬，随葬砺石1件、骨鱼镖6件、骨簇5件、骨笛2件、叉形骨器、穿孔骨饰各1件、牙器6件、龟甲8个，龟腹内装小石子。[②] 河南舞阳贾湖遗址发掘了三处同时并存的公共墓地，其中两处以随葬渔猎工具为主，另一处以随葬农业生产工具为主，这对研究当时的经济形态、社会分工等具有重要意义。[③]

大汶口文化墓地发现有石斧、石铲、磨棒、纺轮、石凿、石锛、石刀、石镰，以及骨椎、骨针、骨匕、鱼镖等，以农业和渔猎生产工具相结合。在大汶口文化中期以后的墓葬中，男子墓的随葬品以石锛、石铲、石斧为主，而女子墓中则有较多的纺轮随葬，说明男女在生产中分工的现象出现。在墓葬中随葬品的多寡严重不均，也说明贫富分化日益明显。

西北地区马家窑文化的柳湾墓地出土大量的生产工具，由石、骨、角、牙、陶五种质料制成。石器有石斧、石锛、石凿刀、研磨石器、石球、石滚、石叶、石纺轮等；骨器有骨椎、骨凿、骨簇、骨针；角器有角斧，系牛角制成。牙器有牙刀，系野猪牙制成；陶器有陶球、陶纺轮等。[④]

在齐家文化墓葬中，除马家窑文化墓葬中所见的生产工具外，还有石矛、石钻等。值得注意的是，在齐家文化墓葬中还出现一些玉斧、玉铲等，这些虽

---

① 中国社会科学院考古研究所河南一队：《1979年裴李岗发掘报告》，《考古学报》1984年第1期，第22页。

② 河南省文物考古研究所：《河南舞阳贾湖新石器时代遗址第二至第六次发掘简报》，《文物》1989年第1期，第4、5页。

③ 中国科学技术大学科技史与科技考古系、河南省文物考古研究所、舞阳县博物馆：《河南舞阳贾湖遗址2001年春发掘简报》，《华夏考古》2002年第2期，第30页。

④ 青海文物管理处考古队、中国社会科学院考古研究所：《青海柳湾》，文物出版社，1984年，第86页。

属生产工具之形制，但可能已由生产工具向礼器转化。

综上所述，新石器时期墓葬中随葬的生产工具有农业工具、手工业工具、狩猎工具及纺织工具等。这些生产工具的随葬表明当时墓主人（即是氏族显贵）也没有脱离社会生产劳动。

三、装饰品的随葬

自人类从动物进化到人开始，就有爱美的意识，他们不断地选取各种物品装饰自己。于是在有人死后，把这种作为装饰的物品带到墓葬中。

旧石器文化时期，北京周口店山顶洞下室的洞穴墓葬里，就发现有兽牙装饰品。河南舞阳贾湖遗址 M5 人骨颈下，发现两枚绿松石珠。[①]

河南舞阳贾湖遗址发掘 300 多座墓葬，很多墓的随葬品是装饰品和宗教用品。M344 是一壮年男性的墓葬，出土叉形骨器、穿孔骨饰各 1 件。[②] 河南舞阳贾湖遗址墓葬中的绿松石饰，有圆形、三角形、长方形，均穿孔。[③]

陕西临潼姜寨遗址 M7 随葬品非常丰富，其中骨珠 8577 颗，分布于人骨架颈部、胸部、腰部，由于骨珠已经散乱，也有五六颗、八九颗粘连在一起的；该墓还有 2 颗玉坠饰。仰韶文化半坡类型墓地上，在一个属十二三岁女孩的墓葬中发现骨珠 63 颗和一个碧玉制成的耳坠子。元君庙 M420 是两个小女孩的二次合葬墓。墓中发现 782 颗骨珠。M420 随葬骨珠 1147 颗。骨珠是氏族墓葬中较早的装饰品。

随着时间的发展，人们对装饰也更加注意。大汶口文化的人们盛行装饰。在大汶口文化墓葬中发现一种男女均可佩戴的，由成对猪獠牙制成的被称为束发器或牙约发的发饰。王因墓地上有的死者双臂佩戴 10 余对陶镯。大墩子一墓出土成串的穿孔雕花骨珠。从大汶口文化早期墓葬开始，就发现一些零星的骨饰、小件玉饰；大汶口文化晚期装饰品的数量更多。大汶口文化墓地 133 座墓

① 开封市文物管理委员会、新郑市文物管理委员会：《河南新郑裴李岗新石器时代遗址》，《考古》1978 年第 2 期，第 74 页。

② 河南省文物考古研究所：《河南舞阳贾湖新石器时代遗址第二至第六次发掘简报》，《文物》1989 年第 1 期，第 5 页。

③ 河南省文物考古研究所：《河南舞阳贾湖新石器时代遗址第二至第六次发掘简报》，《文物》1989 年第 1 期，第 11 页。

葬中，半数以上都随葬有饰物，成串的玉、骨、角质的管珠项饰、头饰、玉饰、臂环、指环、象牙梳及各种坠饰，如大汶口10号墓，死者为一老年女性，在她的头部和颈部佩戴着由77个单位组成的三串石质装饰品，还有玉臂环、玉指环。腹部置一精致的玉铲并有牙雕筒2件，骨雕筒1件，象牙梳1把等，皆为装饰品。

大汶口文化墓葬还有一种奇特的佩戴物，即龟甲；有的仅有背甲，有的背、腹甲成对，有的穿孔，有的内置石子或骨针。这可能是一种佩戴在腰部的甲囊，或有某种宗教方面的意义。①

新石器时期在各地的墓葬中基本上都发现了装饰品。西北地区马家窑文化和齐家文化墓葬中发现有石珠、骨珠、绿松石饰、蚌饰、石环、石璧、石臂饰、海贝，玉饰等。大溪文化墓葬中，发现有玉、石、骨、蚌和象牙质的装饰品玦、环、珠、璜、镯、璧等，随葬比较丰富的装饰品，有的臂戴象牙手镯，有的颈部发现成串的几百颗小蚌珠。

东南太湖平原和杭州湾地区的一些石器时代墓葬中，大量的玉器随葬品成为重要特色。南京北阴阳营墓葬中随葬大量的玉器、玛瑙、松绿石装饰品，以璜最多，管次之，其他有玦、环、珠、坠等。有的墓中很特别地用几颗天然花石子随葬，色彩美丽，石子放入人的口中，或置于陶器内，可能有原始宗教的含义。良渚文化墓葬中，玉饰更是普遍。草鞋山的一处墓葬，发现有玉斧、珠、管、坠、镯等玉饰，还出土1件玉璧和大小两件刻纹玉琮。寺墩的一座墓中随葬玉璧5件、玉琮2件，玉珠、管、坠18件。

新石器后期，人们已经从简单地装饰变得更加奢侈，装饰成为人们的嗜好和追求，大量的玉饰已走进人们的生活中。

四、含有宗教意识的随葬品

氏族社会里，人们以生活用具、生产工具、装饰品随葬。而在新石器晚期墓葬中出现了以动物头颅或下颌骨为随葬品的情况。

河南省灵宝市阳平镇西坡村墓地是仰韶文化中期的墓葬，在22座墓葬中，

① 中国社会科学院考古研究所：《新中国的考古发现和研究》，文物出版社，1984年，第93页。

15 座出有随葬品。随葬品有陶器、石器、骨器、玉器和象牙器等。陶器均集中放在墓主脚部，或放在低于人骨的脚坑中，或与人骨处于同一平面上。骨器多放在墓主头部，少数放在手臂两侧和脚部。玉器摆放位置不甚固定，多数放在墓主手臂两侧，少数放在头部、腰下或脚部。石器（包括部分石块）多放在墓主头部右上方，部分放在手臂两侧，个别放在脚部。①

这批墓葬形制、墓主头向基本一致，随葬品陈放位置、摆放方式大体相近，组合比较稳定，尤其是以成对簋形器和成套明器釜灶为组合的特征突出。值得注意的是，在随葬品的种类和数量上，大型墓与中小型墓并没有明显差别，仅见于大型墓的一对大口彩绘陶缸可能是标志墓葬等级的特殊器物。②

河南舞阳贾湖遗址发现两座厚葬的女性墓，不仅浑身上下摆满各种随葬品，而且在眼眶内还置入一至数枚绿松石装饰品，有可能是后世玉瞑目现象的萌芽形态，为研究当时的葬俗、葬仪提供了珍贵的资料。③

大汶口文化中期以后的墓葬中流行葬猪、葬猪头，或葬猪下颌骨，或葬半只猪身的葬俗。大汶口第一次共发掘 133 座墓葬，有 1/3 的墓中葬有猪，其中 M13 随葬猪头 14 个，M284 用全猪随葬。三里河的一座墓葬中随葬猪下颌骨达 32 个之多。在刘林、大墩子等处的墓葬中还出现用整猪随葬的现象。大墩子还出土一件陶畜圈模型。

黄河上游的马家窑文化和齐家文化的墓葬中亦有用猪、羊的下颌骨、头颅及山羊角随葬的现象。齐家文化临夏大何庄墓地随葬猪下颌骨的有 9 座墓，少者 3 块，多者 36 块；秦魏家墓地的一个墓葬中随葬猪下颌骨 58 块。

有学者在论著中认为，用猪头或猪下颌骨随葬是表示死者对“动产”财富的占有情况。笔者认为，原始社会晚期，猪是人们普遍饲养的家畜之一，大量猪头或猪下颌骨的随葬固然表明人们必然地拥有一定数量的家畜，但绝不是仅

---

① 河南省文物考古研究所、中国社会科学院考古研究所、河南一队三门峡市文物考古研究所、灵宝市文物保护管理所荆山黄帝陵管理所：《河南灵宝市西坡遗址墓地 2005 年发掘简报》，《考古》2008 年第 1 期，第 5 页。

② 河南省文物考古研究所、中国社会科学院考古研究所、河南一队三门峡市文物考古研究所、灵宝市文物保护管理所荆山黄帝陵管理所《河南灵宝市西坡遗址墓地 2005 年发掘简报》，《考古》2008 年第 1 期，第 13 页。

③ 中国科学技术大学科技史与科技考古系、河南省文物考古研究所、舞阳县博物馆：《河南舞阳贾湖遗址 2001 年春发掘简报》，《华夏考古》2002 年第 2 期，第 30 页。

仅为了说明其财富的多少，而应该有更深刻的宗教意义。

四川巫山大溪墓地的墓葬中有以鱼随葬的现象。把鱼放在死者身上，或把两条大鱼分别垫在两臂之下，如M3中是一中年男性，口咬两条大鱼尾，鱼头置于腹上。在有的墓中还用龟随葬。这种以鱼、龟随葬的现象可能与一种原始巫术意识有关。

氏族墓葬中还有用狗随葬的情况。大溪墓地中的M55的墓主是一老年男性，蹲肢葬，两旁各伏一狗。甘肃永登蒋家坪清理的马厂类型的土坑墓，墓主人尸骨下挖有腰坑，坑内分别埋有猪、狗4只，人骨架1具，人头骨1颗。（关于腰坑的问题，后面将详述）。齐家文化的皇娘娘台、大何庄和秦魏家等墓地都出现有用羊头、羊下颌骨、羊角和猪下颌骨随葬的情况。这种以动物随葬，特别是用猪头、羊头、鱼、龟、乃至人头随葬的现象，与原始社会后期，可能是少数氏族显贵害怕阴间的寂寞，并且出于某一种宗教信仰和风俗习惯有关。这一现象也说明了当时的饲养业和畜牧业比较发达。

我国云南少数民族至新中国成立前夕还盛行“猎头”的风俗。他们把一些头颅肥大的过路人的头割下，挂在自己的屋檐下，认为能福佑自己。这当然是受一种愚昧的宗教巫术意识支配的表现。

故笔者认为，新石器晚期的墓葬中随葬的猪头、羊头、人头、猪下颌骨与少数民族“猎头”的习俗相似，应是一种宗教意识的反映。

五、墓葬中随葬的乐器

乐器自新石器时期就已经出现在我国的墓葬中。20世纪70年代在属于裴李岗文化的河南舞阳贾湖遗址中清理100多座墓葬，在这些墓葬的随葬品中发现多随葬有骨笛，情况是每座墓葬中随葬2支骨笛，如M344是一壮年男性的墓葬，随葬品主要是骨器，有渔猎工具的骨鱼镖、骨簇、杈形骨器，还有装饰品，如穿孔骨饰、牙器、龟腹内装小石子的龟甲；另外就是有骨笛2支。[①]

贾湖遗址墓葬的随葬品中共发现有26支骨笛。这26支骨笛大部分出自墓葬，个别出自灰坑或房基中。

---

① 河南省文物考古研究所：《河南舞阳贾湖新石器时代遗址第二至第六次发掘简报》，《文物》1989年第1期，第4页。

M341∶1（五孔）、M341∶2（六孔），M344∶4（七孔）、M344∶5（七孔），M282∶20（七孔）、M282∶21（七孔），M233∶3（七孔）、M233∶4（七孔），M270∶2（七孔）、M270∶3（七孔），M78∶1（七孔）、M78∶2（七孔），M411∶14（七孔），M121∶8（七孔），M387∶13（残），M263∶14（七孔），M253∶4（八孔）、M253∶9（七孔），M90∶4（残），M91∶1（残）。①

这些骨笛，是采用猛禽的腿骨管截去两端关节再钻圆孔而成，形状固定，多为七孔。有的先刻好等分符号，然后钻孔，如 M282∶20（七孔），在第六孔与第七孔处又穿一小圆孔，全长 22.2 厘米。磨制精细，保存完好（图 1-2）。②

图 1-2　舞阳贾湖遗址发现的骨笛
（河南博物院藏品）

这些骨笛最早的有 9000 多年的历史，如 M341∶2 是一支六孔骨笛。研究者认为，这 6 个音孔之间有 5 个间距，第 1 至第 2 孔、第 5 至第 6 孔间距为 1.9 厘米，第 2 至第 3 孔、第 3 至第 4 孔间距为 1.85 厘米，第 4 至第 5 孔间距为 1.95 厘米。5 个间距出现了 3 种数据。这支骨笛中间略细，两端略粗。在这样一个不规则的骨管上开孔，要考虑它的多方面因素。但是贾湖人在骨笛制作的精确度上是令人难以置信的。他们打破了等分的原则，利用不等长的孔距，来适应骨管内径的粗细变化，再确定开孔的位置，得到自己满意的音高。我们现在拿不出证据来说明贾湖人计算的方法及过程，但我们至少可以说他们是在积累了上万年经验的基础上，才制造出了 M341∶2 这样的精品。③ 这些骨笛的出土表现出我国远古人类对音乐的爱好，是我国文明发展到一定程度的产物。

① 萧兴华：《中国音乐文化九千年——试论河南舞阳骨笛的发掘及意义》，《音乐研究》2000 年第 1 期，第 5、6 页。

② 河南省文物考古研究所：《河南舞阳贾湖新石器时代遗址第二至第六次发掘简报》，《文物》1989 年第 1 期，第 12 页。

③ 萧兴华：《中国音乐文化九千年——试论河南舞阳骨笛的发掘及意义》，《音乐研究》2000 年第 1 期，第 11 页。

湖北京山屈家岭文化朱家嘴遗址还出土陶响器 20 件。这种陶响器（图 1-3），中空，有灰、黑陶两种，周身有 6 个对称的圆孔，孔径 0.3～0.4 厘米。多数陶球的孔与孔之间有锥刺的方点纹相连，非常精美。陶球内装陶丸 15 粒以上，大小与豌豆差不多，摇动时可发出音响。胎厚 0.5 厘米左右，大的直径 8.5 厘米，小的 3.5 厘米。①

图 1-3 京山朱家嘴遗址陶响器

资料来源：湖北文物管理委员会：《湖北京山朱家嘴新石器遗址第一次发掘》，《考古》1964 年第 5 期，第 218 页

据我国古籍记载，中国古代社会就已经了产生乐歌“葛天氏之乐”。《吕氏春秋·古乐》云：“昔葛天氏之乐，三人掺牛尾，投足以歌八阕。一曰载民，二曰玄鸟，三曰遂草木，四曰奋五谷，五曰敬天常，六曰达帝功，七曰依地德，八曰总万物之极。昔陶唐氏之始，阴多滞伏而湛积，水道壅塞，不行其原，民气欝阏而滞着，筋骨瑟缩不达，故作为舞以宣导之。”高诱注曰：“葛天氏，古帝名。陶唐氏，尧之号。”《古今事文类聚》前集卷三十七亦云：“奏陶唐氏之舞，听葛天氏之歌，千人唱，万人和。山陵为之震动，川谷为之荡波。”由此可见，葛天氏之乐的出现，表现出人们已经懂得乐舞具有锻炼身体，陶冶情趣的作用，也表现出当时人们对生活的热爱，对美好社会的追求。

笔者认为舞阳贾湖遗址出土的骨笛、京山朱家嘴发现的陶响器，是我国早期的乐器。这些骨笛、陶响器或出土于墓葬中，或在房屋建筑遗址中发

① 湖北文物管理委员会：《湖北京山牛家嘴新石器遗址第一次发掘》，《考古》1964 年 5 期，第 218 页。

现，但是我国古代“事死如事生”，古代墓葬是人们现实生活的反映。舞阳贾湖遗址墓葬中的骨笛、朱家嘴遗址出土的陶响器，都是古代人们现实生活在墓葬中的再现。

第五节 玉器随葬品的礼玉性质

玉器随葬品是新石器晚期墓葬的重要内容。玉器随葬品当起源于旧石器的中晚期，最初，这些玉就是以石头的面貌出现在人们的生活中。《说文》云：“玉，石之美，有五德。润泽以温，仁之方也；鰓理自外可以知中，义之方也；其声舒扬尃以远闻，智之方也；不挠而折，勇之方也；锐廉而不忮，絜之方也。象三玉之连其贯也，凡玉之属皆从玉。”《说文》所说的玉有仁、义、智、勇、絜之“五德”，当然是后期的概念，但“玉，石之美”者，当是人们最早对玉的认识。

石器时代，人们所用的生产工具、武器、装饰品大多是石器，那么很容易发现“石之美”者的玉。于是以玉制造生产工具、武器、装饰品的情况开始进入人们的生活中。由于玉器是“石之美”者，因此当玉器产生之后，从一开始便是身份的象征。墓葬中随葬玉只是部族首领之类地位高的人才有的礼遇，在葬玉习俗中，最早随葬的是玉工具和玉装饰，随着古代部族酋长权力的不断增长，象征权力的仪仗兵器之类也开始出现，礼仪用玉和等级规格也逐渐形成。

1981 年 4 月，考古工作者在辽宁省建平县牛河梁清理了一处红山文化墓地，在墓内发现白色石环 1 件，并收集到近年来在该墓地出土的玉器 6 件。1983 年，考古工作者开始发掘牛河梁红山文化遗存，陆续出土了一批玉器，器形主要有兽形玉饰（即玉猪龙）、勾云纹玉佩、有齿兽面纹玉佩、玉璧、玉箍形器、兽面玉牌饰、玉臂饰、玉龟、玉鸟、玉鸭等。红山文化玉器主要分为动物造型和一般佩饰两大类，其中动物形象有猪龙、鳖、鸟、鸦、鱼、蝉等；一般佩饰有勾云形玉佩、玉箍、玉璧、玉环等。[①]

新石器时代的墓葬中随葬的玉器开始成为重要的内容。例如，良渚文化反山墓地是距今 5000～1800 年的墓地；反山墓地共发现 11 座墓葬，出土随葬品 1200 余件，玉器占 90%以上。其中 M18 随葬品 69 件，玉器 39 件；M20 随葬品 547 件，玉器 170 件，并出土 1 件玉钺；M22 随葬品 193 件，玉器 60 件，随葬

① 吕军、栾兆鹏：《红山文化玉器研究综述》，《北方文物》2000 年第 3 期，第 9 页。

有玉璜、玉鱼、龙首圆牌形玉饰等。反山墓地 11 座墓葬出土玉琮 21 件，均为外方内圆，中部有一大圆孔的方柱形。出土位置大多在死者的腰腹部，其中 M12 出土最多，6 件；M14～M18、M21、M23 各墓皆出土 1～4 件玉琮。在全部玉器中，玉琮的加工最为精致，每件每节均镂刻纹饰。纹饰主题为或简或繁的神人形象，或是神人和兽面的复合图案。

M12：98 玉琮是我国出土的最大的玉琮，被称为“琮王”，高 8.8、射径 17.1～17.6、孔径 4.9 厘米，重 6.5 千克，是目前已知良渚文化中最大的玉琮。M12 出土的玉钺两侧亦有神人兽面的纹饰，与 M12：98 玉琮的神人兽面的纹饰相似，称为“神徽”（图 1-4）。

图 1-4　反山墓地 M12：98 玉“琮王”神人兽面纹饰

资料来源：浙江省文物考古研究所反山考古工作队：《浙江余杭反山良渚墓地发掘简报》，《文物》1988 年第 1 期，第 12 页。

反山墓地除 M19、M21 以外，其余各墓均出土有玉的冠状饰，出土时均在头骨一侧，这些冠均刻有“神徽”，当是部族酋长头冠上的饰物。

反山墓地墓葬墓底筑有“棺床”状的底土台。随葬品布满“棺床”，少者数十件，多者数百件。各墓放置部位基本相同。头骨上方冠帽上的玉饰件，胸腹部放置玉琮，一侧放置玉钺，腿脚部多置玉璧和石钺，陶器则在脚下。各部位均有较多的玉饰件。①

① 浙江省文物考古研究所反山考古工作队：《浙江余杭反山良渚墓地发掘简报》，《文物》1988 年第 1 期，第 3 页。

杭州西北郊余杭县瑶山良渚文化墓地共发现11座墓葬。M7墓坑长3.2、宽1.6、深0.64～1.3米，坑壁较直，根据头骨朽痕，推知头为南向。此墓随葬品160件，仅玉器就有148件（组）。种类有玉琮（图1-5）、玉钺、玉冠装饰、三叉形器、锥形器、带钩、串饰等。在这座墓葬中成组的玉器增多，如锥形器一组10件，玉镯9件等。瑶山良渚文化墓地的11座墓葬共有随葬品707件，其中玉器635件。这些玉器多成对成组出现，如M9：4出土A形玉琮2件，用白玉雕成，每一凸块均用浅浮雕法琢出兽面的鼻、眼、嘴、额，再以阴线勾画出眼珠、鼻孔、嘴内的两上两下的獠牙。额上部有三组羽状纹，似象征神人羽冠。器高4.5、射径7.9厘米。这2件玉琮当是一对。M10：19出土B形Ⅰ式玉琮2件，器高5.2、射径8.2厘米，也当是一对玉琮。M7：34出土B形Ⅱ式玉琮3件，器高4.4、射径7.5厘米，是一组玉琮；M7：44出土B形小玉琮4件，器高2.65、射径2.2厘米，是一组小玉琮。由此看来，单M7就出土了大玉琮2件，小玉琮4件。

图1-5　瑶山良渚文化墓地出土玉琮

资料来源：浙江省文物考古研究所：《余杭瑶山良渚文化祭坛遗址发掘简报》，《文物》1988年第1期，第37页。

瑶山墓葬分南北两列，两列墓葬的随葬品，陶器的形态及组合均相同，玉器中的玉管、玉珠、玉镯、柱形器也基本相同；然而南列墓葬中的玉琮、玉钺、三叉形器，以及与之配套的锥形器等重器，是北列墓葬中所没有的。而北列墓葬中的玉璜、纺轮也是南列墓葬中没有的。南列墓葬当为男性，北列墓葬当为女性，但他们不一定就是配偶关系。墓葬中多次出现的神人兽面图像，当时本部族崇拜的兽面神。①

有人认为，瑶山“埋葬着十一位良渚土著部落的首领。出土文物显示：他们头戴玉冠，颈悬玉串，胸佩饰，肩背玉牌，臂戴臂环，腕戴玉镯，身边摆放着玉琮和玉璧，左手拿着玉钺，高高地扛在肩上；右手握着玉杖，正指点着江山。他们之间有着十分清楚的人物主从序列，这就是良渚土著真正出现过的神武英姿，而且他们显然是一个原始社会末期具有上层地位的社会集团或政治阶层”②。

上海福泉山良渚文化墓葬中，玉器占随葬品总数的90％以上，江苏寺墩墓地玉器占随葬品总数的90％以上，张陵山良渚文化早期墓地玉器占随葬品总数的70％以上，草鞋山良渚文化墓地198号墓玉器占随葬品总数的80％以上。辽宁红山文化墓葬中随葬品基本上是玉器，不见陶器；玉器种类除珠、环、璧类外，以鸮、鸟、龟、鱼等动物形象多见。

安徽凌家滩墓地共发现15座墓葬，玉器是这些墓葬的主流，如M1随葬品15件，玉器8件；M4随葬品138件，玉器100件；M7随葬品44件，玉器28件；M8随葬品64件，玉器42件；M9随葬品82件，玉器60件③。以玉为葬、以玉为祭，已经成为丧葬文化的重要内容。

黄河中上游地区，以半坡文化的玉器最早，年代距今六七千年。主要器形有窄弧形磺、片状坠等。大汶口文化墓地墓葬中，半数以上都随葬有饰物，成串的玉、骨、角质的管珠项饰、头饰、玉饰、臂环、指环、象牙梳及各种坠饰。

新石器后期，玉器的礼仪性质已经突显出来。良渚文化的诸多大墓之中所

---

① 浙江省文物考古研究所：《余杭瑶山良渚文化祭坛遗址发掘简报》，《文物》1988年第1期，第51页。

② 姚士奇：《中国远古玉文化——华夏礼仪和中华儒学之源》，《超硬材料与宝石（特辑）》2004年第2期，第51页。

③ 张敬国：《从安徽凌家滩墓地出土玉器谈中国的玉器时代》，《东南文化》1991年第2期，第119页。

随葬的玉器，多具有礼仪性质，属于礼玉范畴。

第六节　新石器时期墓葬的独特风俗

新石器时期的墓葬中除了在葬式及葬坑、葬具、随葬品方面表现各原始部族的习俗外，还有一些独特的葬俗，如割体葬仪、涂朱、归葬、拔牙，等等。新石器时期的墓葬中的某些风俗，虽然至今我们还不能明了其意义，但是却广泛地存在于墓葬之中。

一、割体葬仪

新石器时期，我国许多氏族墓地上都有割体葬的习俗。西安半坡墓地上，就发现有这种割体葬的习俗。如半坡墓地，“墓 66 很显然是将下腿骨砍断后，再与大腿骨放在一块埋葬的。墓 83 腿骨也不全。更多的是一些骨架没有手指，但在随葬的钵内或填土中，却往往发现有零星的指骨；例如，墓 8 在距腿骨以上 0.2 米的填土中有几块指骨。墓 31 和墓 59 手指骨皆缺，墓 67 手指、足趾皆残，墓 27 陶钵内发现指骨一节，墓 153 随葬陶器间夹一块趾骨。……有些墓并没有被扰乱，而指骨却出于陶钵中的淤土内”①。

东南福建地区的昙石山葬地发掘 32 座墓葬，其中 12 座儿童墓葬中的骨骸皆缺手指骨、足骨；M10、M12、M14、M3、M7、M8、M15、M16、M20、M23、M30 皆无指骨、足骨，M15 无趾骨，M30 无右手骨和足骨，除 M7 有手指骨，M30 左手指骨，这些儿童的骨架保存还比较完好。这种手指缺失的情况在西安半坡新石器时代遗址中也曾发现过，称为“割体葬仪”，被认为是当时的一种埋葬习俗。②

东北地区黑龙江新开流 M6 骨骸的双手均为残指骨。

西北地区永昌鸳鸯池新石器时代的墓葬 M94 中，在人头骨顶放置指骨 2 节，在随葬的小陶罐内置一脚趾骨。

---

① 中国社会科学院考古研究所、陕西省西安半坡博物馆：《西安半坡》，文物出版社，1963 年，第 202 页。

② 曾凡：《闽侯昙石山遗址第六次发掘报告》，《考古学报》1976 年第 1 期，第 116～118 页。

由此可见，新石器时期，我国的黄河流域，以及东南、西北、东北地区都存在着割体葬的风俗。我国氏族社会时期的墓葬中这些肌体伤残的骨架，应与原始的宗教意识有关。

世界民族志表明，在葬仪中，伤残肌体的形式很多，割去指骨或趾骨只是其中的一种。澳大利亚东南的塔斯马尼亚人，当部族有人死的时候，寡妇们用灰泥涂在头上，用油脂和炭末涂抹在脸上，用贝壳划破自己的身体，烧伤自己的大腿，并割下自己的头发扔在墓里，以作为哀悼。在哀悼中，死者的头骨和骨头常被亲属佩挂在身上。① 日本北海道的虾夷人，在人死之后，死者的儿女们要割破自己的前额，寡妇或鳏夫则用锋利的贝壳剃头。死者尸体停在炉火边，穿着他最好的衣服，往往还需要剪破或撕坏几处。所有的随葬品都是打破、敲碎、撕烂或者用其他方法破坏的。② 另外，在美国克劳人中间，如果举行葬礼，所有参加送葬的人排成队伍，走向墓地，唱跳号叫，切掉自己的一节手指，割破大腿，从手腕上撕下一条条的皮肉，戳破头皮，直至全身鲜血淋漓为止。希罗多德所著的《历史》记载有：古中亚斯基太族，即塞种（Scy thians）人民，当其王酋死后，即殓而载于柩车，王公大臣扶榇者即雉发、臂割、削鼻、裂额，并以箭矢贯穿左手，然后推柩车前往墓地。途中经过村落时，族众均依样自残割体，并加入殡葬行列。待柩车抵墓地，安置王酋遗体于墓穴中央，而媵臣、御者、庖丁、徒役、马匹及其器物则殉葬于王尸四周。翌年墓祭，牺牲故王生时宠爱的宗嗣青年五十人，良马五十匹，马尸各载人尸一具，罗列王墓四周，以示哀悼。

这种在丧葬中“割体”的习俗，我国古籍中亦有记载。《国语·晋语三》卷九载：晋惠公时，处决大夫庆郑，数其罪曰“夫‘韩之誓’曰：‘失次犯令死，将止不面夷死，伪言误众死。’今郑失次犯令，而罪一也；郑擅进退，而罪二也；女误梁由靡使失秦公，而罪三也。君亲止，女不面夷，而罪四也。郑也，就刑！庆郑曰：‘说三军之士皆在，有人能坐待刑，而不能面夷。趣行事乎。’

① 乔治·彼得·穆达克著，童恩正译：《我们当代的原始民族》，四川省民族研究所，1980 年，第 13 页。

② 乔治·彼得·穆达克著，童恩正译：《我们当代的原始民族》，四川省民族研究所，1980 年，第 119 页。

丁丑，斩庆郑”。韦昭注曰：“次，行列也。令，军令也。将，帅也；止，获也；夷，伤也；皆在此也，言我能坐待死，而不能面夷乎？怨君不用忠言，忘善背德也；趣司马行其刑也。”即以刀割面。上面一段话的意思是：“王帅被俘，你应割面而死，却还在这里说假话惑众。”如果国君在战争中被俘，那么作为臣，就应该面夷而死。

《国语·周语上》卷一记载：“有夷蛮之国，有斧钺刀墨之民。”韦昭注：“斧钺，大刑也；刀墨，谓以刀刻其颡，而以墨涅之。”这种以刀刻额、以墨涅之，其实就是“割体葬”的习俗。

《东观汉记·邓训传》云：“邓训为护羌校尉，时羌俗耻病死，每病临困，辄以刀自刺。训闻有困病者，辄拘持束缚不与兵刃，使医药疗之，多愈，小大莫不感悦。训病卒，吏人羌胡爱惜，旦夕临者日数千人，或以刀自割，又刺杀犬马牛羊，曰邓使君已死，我曹亦且俱死耳。前乌桓吏人皆奔走道路，至空城郭。家家为立祠，每有疾病辄祷请之求福也。”

（宋）范煜《后汉书·耿秉传》记载：“匈奴闻秉卒，举国号哭，或至黎面流血。”（唐）章怀太子贤注曰：“梨，即剺字，古通用。剺，割也。”

由此可见，伤残肌体，砍掉手指、脚趾，或以刀割面流血，皆属丧葬中的割体礼仪。这种割体，应是生者为死去的亲属割体，是生者用献祭手指和其他肢体的行动来加强与死者的联系，减少生者因亲人死亡带来的恐惧、焦虑，以表示对死者的哀悼，感动自然界的神灵，以乞求神灵对生者和死者的保护。

有时候，人们为了加强死者之间的联系，还采取将某一器物打碎分葬两墓的做法，如青海大通县上孙家 M268 为一成年男性墓，出土彩陶壶口及颈部；M369 为一成年女性墓，出土彩陶壶的腹及底部，显然是有意识将一陶壶打破分葬两墓之中。这种现象很明显是用一彩陶壶作为联系的象征，将 M268 的成年男性和 M369 的一成年女性联系在一起，在丧葬中亦属一种典型形式。

而有些墓葬中被割体的骨架，是割去死者本人部分肢体同时埋葬的，如姜寨遗址的 M10，把死者右脚的四节趾骨割下来放入一个随葬陶罐内①。这种情况当属一种很特殊的现象。

① 西安半坡博物馆、临潼县文化馆：《一九七二年春临潼姜寨遗址发掘简报》，《考古》1973 年第 3 期，第 135 页。

割体葬是我国乃至世界流传甚广的一种葬仪，进入阶级社会以后，在一些少数民族地区仍然遗留着这一风俗。割体葬仪亦是一种原始巫术意识的反映。

二、涂朱

氏族时期的墓葬中有一个重要的习俗，即涂朱。旧石器文化时期，山顶洞人的洞穴墓葬中，死者的骨架上就涂有赤铁矿粉。仰韶文化的半坡墓地的许多尸骸，都有涂朱现象。元君庙墓地的 M429 是两个女孩儿的二次合葬墓，墓底用红烧土块铺的平坦整齐，一具骨架头部有 785 颗骨珠，另一具骨架的前额涂有红色。

洛阳王湾遗址“M45 二层台墓。墓中葬一女性。墓口长 2.3 米、宽 0.9 米，墓底长 2 米。墓壁四周有二层台，台比墓底高 0.34 米，葬式为仰卧直肢二次葬。随葬品：头顶部有骨匕 1 件，头左侧骨匕 1 件和带孔的绿松石饰 2 件，头右侧有较大的绿松石一块（以上可能系死者装饰品）。胸部放置陶碗一个，头骨涂朱色”①。洛阳王湾遗址的 M45 二层台墓，很明显不是一个普通的墓葬，当是一座地位很高的女性墓葬。

山西襄汾陶寺遗址发现一些墓主人有涂朱砂的现象。石峡墓地的人骨上或近旁往往撒有朱红碎末。石器时期的墓葬中涂朱习俗非常普遍，直至近代涂朱现象仍然是丧葬中的重要内容。

这种涂朱现象的寓意是什么呢？笔者认为，人死后，其尸体、面部很快会变黄变难看，活着的人不能接受这种现象，于是在死者的面部用朱砂涂上红色，犹如今天殡仪馆的美容。也有人认为，红色象征血液和灵魂，人死则血枯，而给尸体涂上红色颜料，就是希望他们能够在另一世界里获得永生。其实这种涂朱现象也是为了让死者更体面地到另一个世界去，当具有某种宗教上的意义。

新石器时期墓葬中的人骨还有涂黑的现象，如渭南史家墓地发现了涂有黑色颜料的人骨，如 M11 为 25 人二次合葬，其中“骨骼染有黑色涂料者五具”。M25 为 26 人二次合葬，保存完整，头向西，“骨骼染有黑色涂料者七具”。②

但是渭南史家墓地人骨涂黑现象，又有何寓意呢？有人认为这是一种文身

---

① 北京大学考古实习队：《洛阳王潜遗址发掘简报》，《考古》1961 年第 4 期，第 176 页。

② 西安半坡博物馆等：《陕西渭南史家新石器时代遗址》，《考古》1978 年第 1 期，第 43、44 页。

的现象，如《晋书·倭人》："倭人……男子无大小悉黥面文身，自谓太伯之后。又言上古使诣中国，皆自称大夫。昔夏少康之子封于会稽，断发文身，以避蛟龙之害。今倭人好沉没取鱼，亦文身以厌水禽。"这个记载说明，夏少康在会稽之后裔，就有"断发文身，以避蛟龙之害"的习俗，而且古代的日本人自称周"太伯之后"，也有"文身以厌水禽"的信仰，那么古代文身当是人们很普遍的习俗和信仰，有宗教的含义。渭南史家墓地人骨涂黑的现象，当与这种习俗信仰有关。这种葬俗，有人称为"色葬"，或者"染骨葬"，当是史前时代盛行文身习俗和图腾崇拜的反映。

三、归葬

我国新石器时期的墓地中，很多墓葬的方向是一致的，即死者的头都朝着一个方向。半坡遗址共发现250多座墓葬，该墓地的墓坑排列有序，纵横整齐，墓葬方向基本一致，正西方向稍偏20°。姜寨遗址的第一期墓葬有300多座，其葬式以仰身直肢葬为主，其随葬品与半坡墓地相近。华县元君庙墓地发现57座墓葬，墓向朝西，南北成排。史家墓地发现43座墓葬，墓向朝西。

河南淅川下王岗遗址的仰韶文化层中发现90座墓葬，墓向基本都是西北方向。洛阳王湾第一期文化层中，发现土坑墓25座，成人墓葬都是仰身直肢葬，头向西北。

石器时代的墓地墓葬也有头向东的，如山西襄汾陶寺遗址清理的一处墓地，共发现109座墓葬，全部是仰身直肢葬，头向东南。

山东大汶口文化发现许多墓地。一般说，同一个墓地上的墓葬方向基本一致，如大汶口、西夏侯、大墩子、景芝、岗上、王因等墓地墓葬的墓向朝东稍偏南或者偏北；刘林墓地的墓向朝北稍偏东，野店墓地墓向东南，呈子、三里河、东海峪则偏向西北。

兰州王保保墓地墓葬的墓向是头东脚西。齐家文化的氏族墓地，其墓葬多者有100多座或者二三百座，少者也有几十座，如秦魏家墓地138座，大何庄墓地182座，皇娘娘台墓地88座，尕马台43座，柳湾300多座。墓坑排列整齐，方向一律朝西。①

元君庙、新开流、草鞋山、呈子墓葬都存在有一次葬与二次葬合在一起的墓葬。这种墓葬以一次葬的死者为主，很明显二次葬的死者处于从属地位。这种现象可能是一种归葬的习俗，即二次葬的死者原来埋在另一个地方，而在行一次葬的死者死后进行埋葬时，将原来埋在另一处的一个（或几个）死者与本次死者重新埋葬在一起再行二次葬，这些死者当是具有亲缘关系。

南京市内的北阴阳营遗址发现260多座墓葬，人骨保存较差；但从残存情况来看，一般头向东北。浙江河姆渡文化遗址清理27座墓葬，单人侧身屈肢葬者，头向东或者东北；个别仰身屈肢葬头向多为西或者西北。上海马家浜、草鞋山、圩墩共清理墓葬200多座，普遍实行单人俯身葬，绝大多数头向朝北。②

广东石峡墓地墓葬的一次葬墓基本上头东脚西。大溪文化的巫山墓地南依山岭，北朝长江，人骨架头向绝大多数朝南，即向着山坡的高地。

墓葬墓向的不同，反映了各个氏族的信仰和宗教思想意识的区别。墓葬头向朝东的氏族，可能是崇拜太阳的部族。《史记·匈奴列传》云：匈奴“单于朝出营拜日之始生，夕拜月，其坐长左而北向”。匈奴是一个崇拜日月的部族，他们的首领单于早拜日，夕拜月，表现了对日月的崇拜。墓葬头向朝东的死者当是出于对日月的崇拜。

墓葬头向朝西的氏族，可能是认为西方是日落之处，是死者亡灵之所。中国古代的阴阳学说，就是认为东、南为阳，西、北为阴。当然是生为阳，死为阴。那么西方，正是人死后所必须到达的地方。《史记·封禅书》记载：“或曰东北神明之舍，西方神明之墓也。”《集解》引张晏曰：“神明，日也，日出东方；舍，谓阳谷；日没于西，墓謂北谷也。”这里所说的神明就是“日”。每天日出东方，故谓之“神明之舍”；日落西方，故谓之“神明之墓”。《史记·封禅书》所说的“东北神明之舍”，当是“东方神明之舍”之误。人们把人死后的埋葬之所称为“墓”，把日落称为“暮”，用同一个语音表示，认为“人死”与“日落”的含义相同。

关于墓向问题，也有可能与古代部族的迁徙有关。古代由于生产力水平低

① 中国社会科学院考古研究所：《新中国的考古发现和研究》，文物出版社，1984年，第123页。

② 中国社会科学院考古研究所：《新中国的考古发现和研究》，文物出版社，1984年，第151页。

下，人们无力抗拒自然灾害的侵袭。为了躲避自然灾害，部族经常迁徙。在新的居住地点，人们死后，他们的头向朝着部族兴起的地方。（汉）刘向《古列女传》卷五《节义传·晋圉怀嬴》云：“鸟飞反乡，狐死首丘。”《礼记·檀弓上》曰：“大公封于营丘，比及五世皆反葬于周。君子曰‘乐乐其所自生，礼不忘其本。’古之人有言曰‘狐死正丘首’，仁也。”郑玄注曰：“齐大公受封留为大师，死葬于周，子孙生焉，不忍离也；五世之后，乃葬于齐，齐曰营丘。”太公望归葬于周，当时已经有条件了；而远古时期的人们没有条件归葬，只能使墓葬的墓向朝着自己所来的方向。

原始氏族的墓葬中还有许多独特的习俗，我们很难说明它有什么含义，如大溪墓地的M5骨架头枕大象牙；M1墓里的男性个体，用两个陶碟覆盖左右乳房的部位；M11随葬三个相叠的彩陶瓶放在骨架的两腿间；还有的把鱼放在死者身上，或者把两条大鱼分垫在死者的两臂之下；东南地区的圩墩和草鞋山墓地有的人头骨是用陶器覆盖的，草鞋山还有的人头骨就置于陶器之中。在甘肃永登蒋家坪的一座土坑墓中。有一10岁少年的头骨，被打破放在彩陶豆中。还有的墓葬中，骨架上压着块大石头。这些都是新石器时期墓葬值得注意的风俗，至今它的意义还不明了，有待于进一步探讨。

四、大汶口墓葬的特有风俗

山东泰安大汶口文化，从早期到晚期，从苏北鲁南到胶东沿海，各地墓葬的人骨经鉴定，多有成年拔除上侧门齿及枕骨和下颌人工变形的现象，这是大汶口文化中特有的习俗。

从新石器时期的墓葬来看，中国原始社会的居民拔牙种类相当严格地限定在上颌犬齿的三个齿种（中、侧门齿和犬齿），而几乎不涉及前臼齿以后的牙齿和下颌的任何齿种。此外，在数以万计的标本中，左右对称拔除的占绝大多数，不对称的很少。而且，当时普遍流行的是拔除一对上颌侧门齿。拔牙风俗流传很广，包括黄河下游、长江下游和珠江下游的大汶口、青莲岗、屈家岭、马家浜等文化地区，因而这种拔牙风俗曾经是整个中国一大部分原始居民所共有的。

大汶口文化居民拔牙的年龄不早于青年时期。例如，在大汶口墓地所见的许多拔牙的人骨标本中，男性19～21岁（M77），女性是18～19岁（M120）；

西夏侯男性 16～20 岁（M8），女性 21～22 岁（M10）。大墩子男女都在 15～20 岁。古代人比现代人成熟稍早，因此，大汶口文化居民实行拔牙，是一种进入青春期的表现。

我国古代文献中把有拔牙风俗的民族称为"凿齿民"或"凿齿"。《山海经·海外南经》载："羿与凿齿战于寿华之野，羿射杀之。在昆墟东，羿持弓矢，凿齿持盾，一曰戈。"（晋）郭璞注云："凿齿，亦人也；齿如凿，长五六尺，因以名云。"《山海经·大荒南经》载："大荒之中，有山名曰融天，海水南人焉，有人曰凿齿，羿杀之。"后羿是我国古代传说中东夷族的首领，因此很有可能以羿为首的民族战胜了大汶口文化地区的"凿齿"民族，迫使"凿齿"民族迁徙，因为在龙山文化的墓葬中拔牙风俗已远不如大汶口文化中那样盛行，似只是大汶口文化习俗的遗风。

以后，随着原始居民拔牙风俗的衰退，这种风俗逐渐残留在少数民族之中，所以关于拔牙风俗也可以借用民族志的材料加以借鉴说明。清人田斐在《黔书》上卷记载我国贵州仡佬族拔牙的风俗说："女子将嫁，必折其二齿，恐妨害夫家也。"又陆次之《铜溪纤志》载："有打牙仡佬者，父母既死，子妇各折二齿投棺中。"张华《博物志·异俗》有："荆州极西南界至蜀诸民曰獠子，妇人妊娠七月而产，临水生儿，便置水中。浮则取养之，沈（沉）便弃之，然千百多浮。既长，皆拔去上齿牙各一，以为身饰。"从以上记载可知，这种拔牙风俗大都是死者生前所拔，个别的是生者为死者所拔，应属"割体葬仪"的一种。流传于我国各少数民族地区的拔牙风俗，可以作为研究大汶口文化居民拔牙风俗的借鉴。

大汶口文化墓葬中还出现了头骨变形的习俗。墓葬中所出现的头骨是枕骨扁平的畸形，出现率几乎 100%，这可能是有意识与无意识造成的。原因在于婴孩时，头的枕部受压所致。受压区或只限于枕骨的最后区，或上延到人字缝区，或较此为高。人工畸形头的分布几乎遍布全世界，秘鲁、智利、美国、小亚细亚、印度、高加索等地均有发现。

大汶口文化早期的兖州王因和邳县大墩子墓地，还发现一些尸骨的口颊内含小石球（小陶球），从而使下颌变形的现象。大汶口文化居民口中往往含一石英质的小球，这样就在臼齿的齿冠颊面留下明显的磨蚀面。由于这种小球与牙齿长期摩擦，危害了臼齿的健康生长，使它们全部在生前脱落，齿槽也萎缩闭合。这种异常现象多出现在女性方面。例如，王因墓地的 20 例中，17 例为女性，男性只有 2 例，余 1 例性别不明；大墩子墓地中 13 例，女性占 10 例。至今不能明了这种原始习俗的意义何在，可能是史前期的一种古老习俗。

大汶口文化的墓葬中有一些死者手握獐牙的习俗。在一些早、中期的墓葬中，死者指骨近处发现獐牙或一种骨柄和从两侧嵌入獐牙的，被称为勾形器的物件。这种物件曾被认为是收割工具，但可能亦有某种宗教意义和社会意义。死者手握獐牙的习俗一直延续到晚期。

大汶口文化墓葬中的拔牙风俗、枕骨人工变形和口中含球从而使下颌变形的习俗，以及手握獐牙的习俗，是我国史前期居民中值得注意的风俗①。

① 中国社会科学院考古研究所：《新中国的考古发现和研究》，文物出版社，1984 年，第 93、94 页。

第二章　夏商时期的墓葬文化

夏商时期，由于生产力的发展，墓葬形式、葬具、随葬品都有了非常大的变化。这一时期的墓葬中，贫富差别进一步分化；大型的珍贵礼器出现，并且有了等级规格。不仅如此，墓葬中的人殉、人祭开始出现；特别是商代，人殉、人祭达到了空前绝后的程度，表明了阶级矛盾的尖锐，也充分暴露了统治阶级凶残的本性。

第一节　夏代墓葬的形制

夏代墓葬相对石器时代有一个飞跃的发展。人祭是夏代墓葬的突出特点，另外夏代墓葬中的玉器、铜器、乐器、酒器也大大增加，表现出这一时期生产力的发展。夏及夏以后的墓葬中，兵器是主要的随葬品，说明夏代对外战争的频繁。

一、“夏墟”与二里头文化

夏朝是我国自原始社会进入国家的第一个朝代。根据古代文献的记载，豫西和晋南地区都是夏人活动的中心区域。《逸周书·度邑篇》载：“自洛油延于伊地，居易无固，其有夏之居。”《国语·周语上》曰：“昔伊洛竭而夏亡。”又曰：“昔夏之兴也，融降于崇山。”韦昭注：“融，祝融也；崇高山也，夏居阳城，崇高所近。”《太平御览》卷三上十九《嵩山》解释引：“《释名》曰‘嵩字或为崧，山大而高曰嵩’。《诗》曰‘崧高维岳，峻极于天。维岳降神，生甫及申。’《国语》曰‘夏之兴也，祝融降于崇山。’韦昭注曰‘崇、嵩字古通用，夏都阳城，嵩山在焉’。”晋南、豫西是夏族活动的中心地域，这是学术界所公认的。文献记载把晋南称为“夏墟”。《左传·定公四年》载：“分唐叔……命以唐诰而封于主夏墟，启以夏政。”这段记载说晋国当时受封之地是夏族先祖唐虞所活动的故地。豫西、晋南毗邻，皆为夏人活动的地区。

1959年徐旭生先生曾在豫西调查“夏墟”，此后，在豫西、晋南开展了大规模的探索夏文化的考古调查和考古发掘工作，至今，夏文化的研究已取得了重大的收获。豫西二里头类型的遗址，已有数十处，分布在伊洛河流域和颍水、汝水上游，如洛阳东干沟、矬李、东马沟、偃师二里头、灰嘴、临汝煤山、渑池鹿寺、郑州上街及淅川下王岗等地。

晋南东下冯遗址主要分布在汾水、浍水及涑水流域。这类性质的遗址已发现40多处，有永济东马铺头、翼城感军、苇沟、南石、曲沃县曲村等。

二里头遗址出土的标本经过^{14}C测定：一期至四期的年代为公元前1900～前1600年，东下冯遗址测定的几个数据，也与二里头测定的数值相当或略晚。这些数据与史籍记载推算的夏代纪年大体一致。就文化面貌而言，二里头类型与东下冯类型有很多相同或相似之处，如房屋基址、灰坑形制和埋葬制度方面，两者大都一致。但这两种类型的文化与商代前期的郑州二里冈文化是两种不同系统的文化。豫西二里头文化的一至四期和晋南夏县二里头文化东下冯类型的遗址都属于夏文化的遗存。

其实，豫东地区也是夏王朝活动的重要地区。夏朝太康失国之后，向豫东迁徙。少康在今河南商丘地区复国。少康的儿子后杼把国都迁到今河南省开封市东北郊的老丘，夏王朝在老丘建都216年之久，但可惜的是，开封经过历代黄河水的淹没淤积，如今已很难见到夏王朝的遗址与遗迹。然而，考古工作者对开封与杞县之间段岗、朱岗、牛角岗三遗址的发掘，发现了大量的属于二里头文化的遗物，为夏王朝在开封找到了考古学的证据。

二、夏代墓葬的特点

夏代的地下考古发现及墓葬制度相对新石器时期都出现了新的文化内涵。

就考古材料的发掘来看，至今尚未发现大型的夏代贵族墓葬；仅发现一些小型的墓葬。但根据这些小型的墓葬，亦能看出夏代墓葬的特点。

夏代墓葬的形制一般表现为长方形的竖穴土坑墓。土坑多长2米多，宽2米多。坑的底部用大量的朱砂铺底（如二里头遗址发现的墓葬）。朱砂之上，还垫有席子，有木制葬具棺、椁等。长方形的竖穴土坑墓，木制的棺、椁，死者仰身直肢，当是夏代墓葬的显著特点。

登封王城岗四期文化层发现 6 座墓葬，都是属于南北向的长方形的竖穴土坑墓。墓内死者葬式为仰身直肢葬，或是俯身屈肢葬，头向北。M18、M43 位于八方村东地，墓室较窄，南北长 1.54 米、东西宽 0.36 米、深 0.22～0.52 米。死者葬式为俯身屈肢葬，头向北，面朝下，右手臂压在后背上。左腿伸直，右腿肢骨向上弯曲，无随葬品。王城岗 M27、M19 墓内死者为仰身直肢葬，头向北，随葬陶鬲、陶盆、陶罍各 1 件。①

洛阳矬李发现两座小型墓葬。M1 为长方形竖穴墓，长 1.7 米、宽 0.7 米，深 0.4 米，墓口距地表 1.4 米。填五花土，质硬，未经盗扰。死者为一成年男性，单身仰身直肢葬，头向西。骨架保存完好，两下肢胫骨和腓骨均为半截，没有足骨，说明死者生前就是残疾人。他可能是被夺取双腿的受害者，没有随葬品。M2 亦为一成年男性，单身仰身直肢葬，头向西。骨架保存较好，头骨残，没有随葬品。②

洛阳东马沟二里头类型的墓葬共发现 11 座，其中有单人葬、双人葬。墓葬排列无序，全为长方形竖穴土坑墓。除 M8、M10 为东西向外，其余皆为南北向。

双人墓 2 座，M8，长 2.1 米、宽 0.77 米、深 0.2 米，口距地表深约 3.8 米。墓室整齐，内有成年人骨架两具，为并列仰身直肢葬。随葬品放在头部，计有盆 2、鬶 2、豆 1、罐 1 件。M10，位于 M8 之西 45 米处，东西向，长 1.62、宽 0.6、深 0.3 米，口距地表 3.8 米，人骨架 2 具，头皆向东，四肢凌乱，为二次迁葬，无随葬品。

单人墓 5 座，M1、M5、M6 相距很近，还有 M2、M9，墓中死者皆为仰身直肢葬，M9 墓圹周围有棺灰，有陶平底盆、三足器、豆各 1 件。M2、M5、M6 无葬具，但皆有随葬品，M5 随葬白陶盉、三足器、豆，M2 随葬平底盆、三足器、爵各 1 件，M6 随葬平底盆、三足器、豆各 1 件。③

---

① 河南省文物考古研究所、中国历史博物馆考古部：《登封王城岗》，文物出版社，1992 年，第 130 页。

② 洛阳博物馆：《洛阳矬李遗址试掘简报》，《考古》1978 年第 1 期，第 8 页。

③ 洛阳博物馆：《洛阳东马沟二里头类型的墓葬》，《考古》1978 年第 1 期，第 19 页。

山西夏县东下冯遗址亦发现 11 座墓葬，全为长方形的竖穴土坑墓。除 M401 为双人合葬外，其余均为单人墓。M401 长方形土圹墓，双人合葬。靠东者仰身直肢，成年男性；靠西者俯身直肢，成年，因骨骼破碎，性别不清。随葬陶罐、陶爵、陶盉各 1 件，绿松石 8 块，分别置于男性的腰部、腿部和足下。另外还发现 10 余具人骨架分别弃置在灰层、灰坑中，多数圹边不清，有的尸骨不全。这种情况是死者生前地位低下的具体反映。①

二里头文化遗址多是小型墓葬，多是长方形的竖穴土坑墓，其葬式为仰身直肢葬，一般都有器物随葬，多为陶器、玉饰、小件铜器。这些死者大约是平民。还有一些墓葬散见于坑穴、灰坑之中，骨架残缺不全，或身首异处，或上肢与下肢分置两处，或数具骨架成层叠压埋葬。他们没有随葬器物。这些死者不是自然死亡，有明显的斩割、捆绑的痕迹。他们的身份与有墓穴、有随葬品的死者有明显的不同，而与商代的奴隶墓的葬式相同。②

河南省杞县朱岗发现墓葬遗址 M1，“该墓曾遭到破坏，现存平面略呈长方形，东西 5.2～7.2 米、南北 2.2～3.2 米、深约 0.9 米。墓壁斜直，平底。墓内填土中有两个人头盖骨和部分人肢骨，与之共存的还有大量的动物骨骼，皆身首异处，散乱地零置于不同深度的灰土中。据该村群众介绍，以往在此处取土时，也每有人、兽骨骼出土。填土中包含有中口长腹罐、盆、圆腹罐、簋、大口尊等陶器残片，另有完整的陶簋、陶铃、陶纺轮各 1 件”③。研究者认为是乱葬坑。

笔者认为，河南省杞县朱岗的 M1 中身首异处的人骨和兽骨，以及填土中的各种陶器生活用具，极有可能这是一处祭祀遗址。

由此可见，夏代贵族墓葬虽然尚未发现，但仅从目前所发现的小型墓葬就可以看出，夏代墓葬与新石器时代墓葬有明显的差别。

三、二里头文化的玉器、铜器和乐器

二里头文化中出现许多玉器，其种类有玉柄形饰、玉戈、玉锁、梯形玉刀、

① 东下冯考古队：《山西夏县东下冯遗址东区、中区发掘简报》，《考古》1980 年第 2 期，第 99 页。

② 殷玮璋：《二里头文化探讨》，《考古》1978 年第 1 期，第 2 页。

③ 宋豫秦、丘刚、许俊萍等：《河南杞县朱岗遗址试掘报告》，《开封考古发现与研究》，中州古籍出版社，1998 年，第 20 页。

玉琮、玉玦、玉筒，分别为乳白、淡清、嫩绿、灰褐诸色。玉器和绿松石的镶嵌工艺，是我国工艺美术史优秀传统的实物见证。其中兵器用玉制成，明显地反映了这种玉兵器是作为明器、礼器而随葬的。

河南偃师二里头遗址 1960～1997 年经过几十次的发掘，清理出许多座墓葬，发现大批的石器农业生产工具，还有陶质的生活用具。根据报告和简报统计：二里头遗址墓葬出土玉器总数为 1202 件，计有绿松石饰、玉柄形器、玉钺、玉璋、玉刀、玉圭、玉璧戚、玉戈、兽面铜牌、玉管、玉铲、玉镯、玉尖状器、月牙形玉器、玉板和玉铃舌等 16 种器形。①

二里头文化是夏代的文化，从以前的文化遗址出土情况来看，二里头文化墓葬出土了为数甚多的铜器。河南偃师二里头遗址 1960～1965 年清理 48 座墓葬，发现的铜器有铜刀、铜锥、铜条，另外发现有铜渣、坩埚片、陶范等。例如，1984 年秋，河南偃师二里头文化遗址 M9 出土铜斝 1、铜爵 1，还有一些陶质的生活用具陶簋 1、大口尊 2、圆腹罐 1、大口尊 2 件等。②

1987 年河南偃师二里头遗址又发掘 9 座墓葬，其中 M57 是一座中型墓葬。墓中随葬铜爵 1 件，高 16.4、口宽 6、流尾距 19.8、底径 4.7～7、足高 5.1～5.3、壁厚 0.16～0.2 厘米。铜铃 1 件，椭圆形，两侧面有梯形凸棱为边框，单扉，顶之中央有一长方形的小孔，桥形小钮横跨其上；高 8.45、口径 7.8～8.9、壁厚 0.2 厘米。铜刀 1 件。铜牌 1 件，圆角梯形，瓦状隆起，以青铜铸成兽形镂空框架，镶嵌绿松石片；整体为一猛兽形状，其头端窄而身部宽，圆头，两眼圆睁，弯眉，虎鼻状直鼻，下颌有利齿数颗，身有鳞状斑纹镶嵌 400 余块非常细小的各种不同形状、排列有序的绿松石片，镶嵌得非常牢固；器长 15.9、宽 7.5～8.9、厚 0.25 厘米。这是一非常凶猛、威武生动、色彩斑

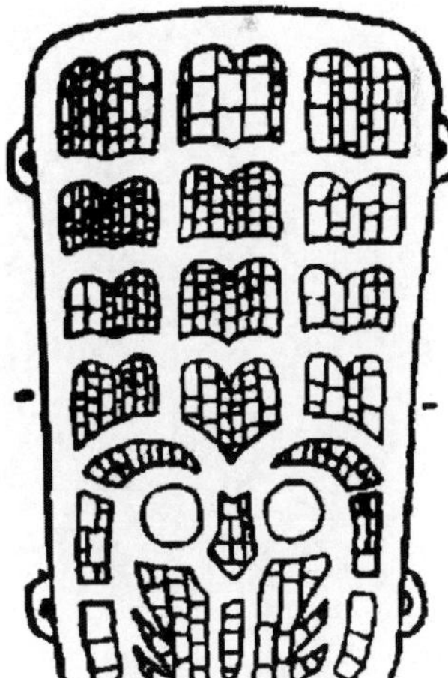

图 2-1 M57 出土的铜牌

① 陈雪香：《二里头遗址墓葬出土玉器探析》，《中原文物》2003 年第 2 期，第 23 页。

② 中国社会科学院考古研究所二里头工作队：《1984 年秋河南偃师二里头遗址发现的几座墓葬》，《考古》1986 年第 4 期，第 320 页。

斓、绚丽而协调的猛兽形铜牌，是一工艺水平精湛、艺术高超的稀世瑰宝（图 2-1）。玉器 8 件，有玉刀，通长 53.5 厘米、宽 8.8 厘米；玉戈通长 43 厘米、援宽 8 厘米、厚 0.5 厘米；月牙形玉器各 1 件；玉柄形器 2 件；玉铃舌，还有几件精美的小玉器和大量的小绿松石片。①

登封王城岗 MT256M49 出土有铜镞 1 件，双翼形，镞身作两面起脊的三角形，前有锐尖，圆柱形长铤，通长 8 厘米。MT245 M49：1 是 1 件铜斝，长颈内弧，腹圆鼓，通体素面，口径 15.6、通高 23.2 厘米。MT245 M49：2 是一件铜爵，椭圆形敞口，前有流，后有三角形尖尾，通高 15 厘米。

1959～1997 年，考古工作者在二里头共进行了 40 多次发掘，出土铜器公开发表的有 117 件，其中地层关系比较明确的铜器有 116 件，二里头遗址的墓葬中出土的铜器类型有爵、鼎、戈、戚及大小不等、形式各异的刀，其中包括 1 件环首刀，还有铜铃、镶嵌绿松石圆铜牌饰、铜泡等。墓葬中随葬玉铃舌的铜铃则是非常罕见的铜器。遗址出土的铜器有相当数量的足形小刀，还有锛、凿、锥、锯、鱼钩、铜条、较大型的铜戈、透雕铜饰及疑为大型礼器（簋或尊类器）等器物，兵器主要有戈、戚、镞等。

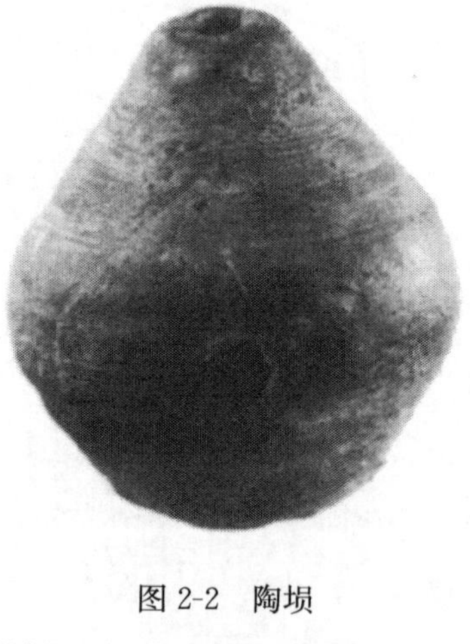

图 2-2　陶埙

资料来源：中国社会科学院考古研究所二里头工作队：《1987 年偃师二里头遗址墓葬发掘简报》，《考古》1992 年第 5 期，第 296 页。

青铜器是二里头类型的墓葬随葬品的重要内容。二里头墓葬的大量青铜器，特别是青铜礼器爵、鼎，青铜兵器戈、戚，以及铜牌的随葬，表明了墓主的身份和权利，也表明中原地区青铜业的产生和发展。乐器在二里头文化也有增多的趋势。二里头文化发现的乐器有铜铃 1 件；陶铃 2 件，形制与铜铃相似；陶埙（图 2-2）1 件，中空，一端和一侧有孔，吹之有声。石磬是二里头墓葬中形体最大的器物，是音乐史上重要的实物资料。二里头墓葬中铸铜业已出现，酒器、兵器和乐器是夏代墓葬中的典型器物。

① 中国社会科学院考古研究所二里头工作队：《1987 年偃师二里头遗址墓葬发掘简报》，《考古》1992 年第 5 期，第 294、295 页。

另外还有陶塑的蛤蟆、龟、兔，刻划符号 24 种，绝大部分刻在大口尊的内沿上，还有卜骨等。

二里头类型墓葬中，随葬品最多 21 件，最少 1 件，计有鼎、豆、觚、角、爵、盉、平底盆、圆足盘、罐、簋、瓮、四足盘、鬶和小方杯等陶器。陶器中占最大比例的是酒器，其次是炊具、盛器和食器。大量酒器的随葬也是二里头墓葬制度的一个显著特点。而在新石器的墓葬中，如大汶口文化遗址，龙山文化遗址就有一些陶鬶、高柄杯等酒器。但数量较少，随葬品多为生产和生活用具，或者是一些装饰品。二里头墓葬中以觚、爵、盉等酒器随葬，表明酿酒业和农业的发达。

第二节 殷商墓葬

殷商时期，墓葬形制进一步复杂，出现椁室、墓道、墓室、壁龛、腰坑、棺木和地上建筑等形式；安阳武官村殷代王陵，以及妇好墓都显示出殷代墓葬宏大的规模。

一、殷商墓葬的形制

考古工作者为了追溯商代前期的文化，在黄河中下游地区及长江流域开展了大量的考古调查和发掘工作，先后发现了郑州二里冈、郾师，湖北黄陂等几十处早商文化的遗址。其中以郑州二里冈文化较为典型。30 年来考古工作者在殷墟进行了大规模地探索和挖掘，共发掘 3000 多座墓葬，郑州、殷墟等地在墓葬形制与结构方面大体相似。

商代墓葬的结构与夏代墓葬相比，更加复杂。商代墓葬大致可分为椁室、墓道、墓室、棺木和地上建筑几个部分。墓室，殷代墓葬的墓室通常为长方形，内有壁龛和二层台。

郑州二里冈或殷墟的一些中小型墓葬，其墓室一般为长方形，长约 2 米，宽不到 2 米，少数墓葬的规格较大。还有一些为方形墓坑。殷墟中有一些形制较大的葬室亦为长方形，长 1～5 米、宽 3～4 米。

殷代墓葬，无论大型、中型还是小型墓，在墓室底部的四壁或一面，二面或三面都有二层台（极个别的小型墓没有）。这种二层台有生土二层台和熟土二层台（经过夯打的为熟土二层台，未经夯打的为生土二层台）。二层台的中间为墓室。殷墟西区 M384 为一小型墓葬，人头前有一生土二层台，宽 20 厘米、长 78 厘米，墓内随葬一陶豆。M664 亦为一小型墓，头部有一生土二层台，宽 30、长 64 厘米，二层台上放置陶觚、陶爵、陶豆各 1 件。

壁龛，殷墟墓葬的墓壁上通常掏一小龛，称为壁龛，内放随葬品。殷墟西区除 M301 壁龛掏在人骨架头部外，余均在骨架头顶的墓壁上，在有二层台的墓中，均在二层台之上 20～30 厘米处。壁龛顶大多呈弧形，少数为正方形。M268 的壁龛最大，宽 1.25 米、高 0.8 米、深 0.35 米；M546 的壁龛最小，宽 0.8 米、高 0.25 米、深 0.78 米。壁龛内一般放 1～4 件陶器，有的放的更多一些。由此可见，殷代墓葬的特点是墓室为一个长方形或正方形的墓坑，墓壁上掏有壁龛，底处有二层台。

墓道，殷商时期的大型墓葬都有墓道。其墓葬墓室呈“甲”字形、“中”字形、“亚”字形、长方形和正方形。墓坑带一条墓道的是“甲”字形墓，有两条墓道是“中”字形墓，有四条墓道为“亚”字形墓，无墓道的是长方形或正方形墓。

一般墓道长约 10 米，墓道为斜坡式或台阶式，直通墓室后部。殷墟西北岗墓地西 1001 墓，墓室平面呈“亚”字形，占地面积约 460 平方米，东西南北各有一个墓道。南道成斜坡状，从地面直通墓底，东、西、北三道有台阶，由地面通到椁顶二层台。

椁室，墓室中间放椁，即椁室。椁室一般长 2.2～2.5 米、宽 1～1.2 米。椁室结构成“井”字形。椁室四壁由 5～7 块厚板叠砌而成，木板交叉处用榫头衔接，椁底和椁顶也用木板平铺和覆盖。但椁底未见垫木，各椁室的木板厚度和宽度也不相同，一般宽 28～30 厘米、厚 6～12 厘米。

椁室内放棺，棺椁之间的空隙处放置随葬品。个别墓的棺是两边、三边或四边紧挨着椁室，如殷墟西区 M303，木棺四边紧贴椁室，只有头端留有间隙，宽 0.82 米、长 0.42 米，放置陶觚、陶爵、陶豆各 1 件。

木棺，殷墟西区墓葬中的木棺都是长方形，两端大小高低相同。棺上一般涂有红、黄色漆，有的涂漆数层。少数棺上有彩绘，主要有粉红、杏黄、黑、白四种颜色。彩绘的图案多以三角形、圆形、波浪纹等花纹组成。棺长 1.8～2.1 米、宽 0.6～0.8 米。棺板厚 7 厘米左右。不少棺、椁上面铺有芦席，或盖彩绘画幔。M299 棺椁顶部铺的席和彩绘画幔盖满了整个二层台。棺椁腐朽以后，二层台上还有清晰的席纹和彩绘布纹痕迹。放置在棺椁顶上的随葬品，有的先铺彩绘画幔，后放置随葬品，在随葬品上面再盖一层席。有的则是先铺一层席，在席上放置随葬品，再在随葬品上铺彩绘画幔。

有的人骨架裹缚席子和彩绘画幔。M1052 的人骨架有数层彩绘布，厚 3～4 毫米，上面有图案，以红色为底，黑线勾轮廓，用白色或黄色填充。彩绘图案形状似一蝉，蝉的尾向与墓主人的脚向一致，头部图案已腐朽不清。①

有少数墓未发现棺木痕，有席痕，可能以席为葬具。席子以竹篾、芦苇或蒲草编织而成。

腰坑，1969～1977 年在殷墟发掘的 939 座墓葬中，有腰坑的 454 座，约占总数的一半。腰坑一般位于墓底中部，个别略偏。形状大多为长方形，少数为椭圆形。腰坑的大小与墓室的大小成正比。较大的腰坑长 80～130 厘米、宽 40～60 厘米，个别腰坑深 1 米以上。M217 腰坑长 80 厘米、宽 60 厘米、深 110 厘米。最小的腰坑 M416 长 26 厘米、宽 10 厘米、深 8 厘米。殷代墓葬中大都有腰坑，并在腰坑埋有殉葬的人和狗，这应是殷代埋葬制度中的风俗。这种风俗的起因可能是害怕地下的恶鬼去威胁死者，故在墓室底下中部埋入殉人和殉狗，以保护死者。

墓上建筑，殷墟墓葬上发现有地上建筑的痕迹，如妇好墓墓圹的上面，压着一房屋的基址，即 1 号房基。这座房基是有意识的建筑在墓上的（后文将详述）②。

殷代墓葬制度比较复杂，一般是长方形的竖穴土坑墓，带着一条、两条或四条墓道，墓室中有壁龛、二层台和腰坑，腰坑中有殉人或殉狗。葬具有棺、椁，墓的地上部分可能是祭祀用的享堂。殷代墓葬形制对我国后代墓葬制度形

---

① 中国社会科学院考古研究所安阳工作队：《1969～1977 年殷墟西区墓葬发掘报告》，《考古学报》1979 年第 1 期，第 41 页。

② 中国社会科学院考古研究所：《殷墟妇好墓》，文物出版社，1980 年，第 6 页。

成有深远的影响。

二、殷代王室的墓葬

洹水北岸侯家庄、武官村一带的高地，又称西北冈，是商代后期的王陵所在地。这里曾发掘10座大墓、200多座小墓，出土过著名的司母辛大方鼎，发掘出大批的排葬坑。

在陵墓区内，发现了极少量的中型墓和大量的小型墓，但都是属于大墓的陪葬墓和殉葬坑。除一些虽然营造、但并未埋人的“假大墓”以外，10多座大型陵墓是按照一定布局排列的。

武官村大墓在殷代王陵区内，是近30年来在殷墟发掘的最大的墓葬，因此，它可能是殷代的一座王陵。另外，1976年考古工作者在安阳小屯西北发掘的妇好墓，是一座有文献可考的殷王武丁的配偶妇好的墓葬。妇好墓在殷墟墓葬中陪葬品最为丰富，是迄今为止唯一能与甲骨文和历史文献联系的商代王室的墓葬。下面我们以这两座墓为例，探讨殷代王室的墓葬情况。

1. 武官村大墓

武官村的商代大墓是一座“中”字形墓葬。墓室平面为长方形，它的南北两端各有一条长墓道。武官大墓墓室的上口，南北长14、东西宽12米，自口到底深7.2米。墓室下部的中间有椁室。椁室长6.3米、宽5.2米、深2.5米，内置棺椁。在椁室的底部中央，还有一个长1米、宽0.8米的腰坑。坑内埋有殉人1个，青铜戈1柄。墓中的椁板虽然大多已朽，但从四壁的印痕仍可看出椁底曾用30根圆木铺垫，并用半面削平的原木作“井”字形交相叠垒，计9层，构成椁室。椁板外侧，层层填土夯实，成为二层台。椁室上部，也用成排的圆木辅成椁顶。自椁顶至墓口，是夯实的填土，共计30层。南、北墓道的形制基本相同。北墓道长15、宽5.2米，由北向南倾斜，直延至椁室入口处。墓道中有3个长条状浅坑，长4.9～5.65米、宽1～1.6米，作“品”字形排列。坑中共杀埋了16匹全躯的马。马匹姿态自然，还有当卢、络头、铜泡、铜铃等饰件。在东西两个马坑中间，还有一坑，坑内埋有2人，作对蹲式，分别携一柄铜戈或铜铃。在东西两个马坑的南边，各埋有狗骨两架。这样北墓道中共埋有2人、4狗和16匹马。

南墓道长 15.6 米、宽 5.7～6.3 米，由南向北倾斜，南墓道中的马坑也是 3 个，排列方向与北墓道中 3 个马坑的方向相反。马坑的形状为长方形，长 4.5～4.95 米、宽 1 米上下。3 个坑中各埋马 4 匹，马头上也有大小铜泡、铜铃等辔饰。此外南墓道中间有跪葬一人，东边马坑的北端有狗骨 1 架。总计，南墓道中埋有 1 人、1 狗和 12 匹马。

二层台上殉人的排列有一定秩序。在北墓道的东侧，椁室北边的殉人的头向西；折向东壁，殉人的头向北；折向南壁，殉人的头向东。反之，北墓道西侧，椁室北边的殉人的头向东，西壁的殉人头向北，折向南壁，殉人的头向西，墓道两侧的二层台及殉人的排列，形成东西配列对称式。但两侧殉人的数量并不相等，东侧二层台上葬有 17 人，西侧台上葬有 24 人，共计 41 人。这些死者都是全躯。有的有木棺和青铜质的鼎、觚、爵、簋、卣、刀、戈、镞和玉佩饰等器物随葬。死者的葬式，有的仰身直肢，有的俯身直肢，从骨架和随葬品的配置情况可知东侧台上的死者多为男性，西侧台上的死者多为女性。从这些死者埋葬情况分析，可能是墓主人生前的亲信侍从和姬妾一类的人物。

墓室上部的填土中还发现人头骨 34 颗，这些人头骨是在回填墓室层层夯筑的过程中埋进去的。总计武官村大墓殉葬的人数达 79 人之多，另外还有马 28 匹，猴 3 只，鹿 1 只和其他禽兽 15 只。

武官大墓早年曾被盗掘、焚烧，所以木棺和墓主人的尸骨都已不存，椁室中的随葬品也被盗走。发掘时仅获得贝、玉、松石、骨镞，青铜的戈、刀、斧、镞等小件器物和鼎、爵、斝的残片。椁室四周二层台上的殉人和他们的殉葬品未被盗掘者发现，保存较好，不过随葬品的数量较少。除青铜器外，墓中还出土陶卣、陶罍、陶盘和石磬等。其中置于椁顶偏西部的虎纹石磬，制作精制，音色优美，是一件难得的珍品。

武官村大墓占地面积 340 平方米，容积 1615 立方米。商代统治者动用了大批的人力、物力和财力构筑这座墓葬，并使用许多姬妾殉葬，说明墓主人拥有很大的政治、经济力量，并对无权者具有生杀予夺的权力，很可能是一个殷王①。

---

① 中国社会科学院考古研究所：《新中国的考古发现和研究》，文物出版社，1984 年，第 226、227 页。

2. 妇好墓

1976年在安阳小屯西北发掘的妇好墓，规模虽然不大，但随葬物品却非常丰富，是殷高宗武丁配偶妇好的墓葬。

妇好墓的墓圹呈长方形竖井形，墓壁光滑，东西两壁有两个壁龛。两壁内都埋有殉人。墓底四壁有熟土二层台，墓底中部有腰坑。腰坑内有殉人1个，殉狗1只。

葬具有木椁和木棺，椁盖由数根原木构成。原木长约3.4米、径约0.15米，横放在二层台上。两端分别与东西二层台相接。在椁木上粘有红黑相同的“彩绘”，估计是椁盖上覆盖有幔帐一类的东西。木棺已朽，有红、黑相间的漆面。

妇好墓共有殉人16个：腰坑中1人，东壁龛2人，西壁龛1人，椁顶上层4人，椁内棺外8人；殉狗6只：腰坑中1只，椁盖上5只。

该墓随葬品非常丰富，主要陈放在三个部位。

一是墓室填土中，填土可分为6层。第1层：距墓口1米。墓室中部埋陶爵1件。第2层：距墓口3米。在墓室东北部埋玉臼1件。第3层：距墓口3.5米。墓室中部偏北埋石铲和石盘各1件。第4层：距墓口4.3米。墓室中部偏北有兵器戈、骨镞、铜镞和海贝。第5层：距墓口4.6米。埋玉戈1件，玉圭1件。第6层：距墓口5.6米。埋有大量重叠的骨器和象牙器皿、玉盘、玉援、石豆、铜镜、玉管、玉璧、贝、螺壳等。

二是椁顶上层，有铜尊2件、铜斝、石盘等。椁顶上有白色玉簋、绿色玉簋各1件，骨勺、铜匕等。

三是椁棺内外。大型的青铜礼器大部分出自木椁的东、西、北三面。北面由东往西依次为司母辛大方鼎，鼎下压大石盘1件，妇好三联甗架，其下有铜古觚10余件，妇好大型联体甗、妇好大铜盂、妇好小型簋。东面有大铜方尊2件，妇好方尊2件，妇好方罍1件，妇好扁圆壶、方壶2件。西面有司母辛大方鼎、妇好方尊、妇好方斝2件、妇好偶方彝圆尊2件，圆斝3件。棺内主要是玉器和海贝。

妇好墓随葬器物共1928件，其中铜器468件、玉器755件、石器63件、宝石制品47件、骨器564件，象牙器皿3件、残片2件、陶器11件、蚌器15件，另外还有贝6820多个。这些青铜器、玉器、石器、花骨、雕木、车马、陶器雕镂精工、豪华富丽，令人叹为观止。[①]

妇好墓可能还有地上建筑（前已述及，见本章第二节）。

殷代王陵的营造规模已非常巨大。王陵区内还有一些大的祭祀坑，可能是埋祭殷王时人牲所用的葬坑。殷代王室的墓葬规模之大，随葬品之丰都是罕见的。《逸周书·世俘解》曰：“凡武王俘商得旧宝玉万四千，佩玉有八万。”文献上的材料与考古材料相印证，一方面说明殷商贵族的奢侈，一方面也说明殷代社会生产力的进步。

三、殷代的族墓

殷商墓葬是聚族而葬的，具有族墓的性质，这是殷商墓葬的另一重要特点。

殷墟西区共分8个墓区，除第5墓区因面积很小未发现随葬铜器外，其他7个墓区都有铜器出土。在这批铜器中，带有铭文的43件，其中铜礼器35件，铙3件，矛1件，戈2件，锛、铜片各1件。每器铭文多数是一二字，都是图形铭文。不同图文近20种。有的墓区以一个铭文为主，有的铭文见于两个不同的墓区中，有的铭文仅见于一件铜器上，有的铭文见于数件铜器上，如第3墓区的M355、M613，有5件铜器上有的图形铭文，M198有两件铜器有的图形铭文，M680有3件铜镜上有图形铭文；第4墓区的M1118的两件铜器有的铭文，第6墓区M1080的两件铜器有的铭文，第7墓区的10件青铜有的图形铭文，第8墓区的M287、M284、M1125的3件铜器上的图形铭文。

这些铭文，郭沫若先生认为：“此等图形文字乃古代国族之名号，盖所谓图腾之孑遗或转变也。”这一论点已为国内学术界大多数人所认可。

殷代墓葬中青铜器上族徽的出现，说明殷代社会中存在着族的组织形式。

殷墟西区的墓葬，每个墓区的墓都呈现着成群分布的特点。有的墓区或有

① 中国社会科学院考古研究所：《新中国的考古发现与研究》，文物出版社，1984年，第228页。

数座墓。十几座甚至二十几座集中在一群的。殷墟东北区的大司空村墓地的墓葬分布亦有类似的现象。殷人活着时聚族而居，死后聚族而葬。殷墟西区这一大片墓地的各个墓区可能属于宗族一级组织，而每个墓区中的各个墓群可能是属于分族的。殷代以族为单位的公共墓地亦是普遍存在。这个习俗，自新石器时的氏族公共墓地，一直贯穿整个漫长的封建时代。将血缘关系作为社会某一侧面的纽带，具有普遍性。

殷代墓葬还有一个较为突出的特点，即大量兵器的出现。妇好墓中出土铜兵器 134 件，有戈、钺和镞三种。此外还有弓形器和镈形器等。考古界均认为弓形器用途不明，当为装饰品。玉器中的兵器 54 件，有戈、矛、戚、钺和大刀等 5 类，兵器比重较大，几乎没有农具。殷墟西区发掘的 939 座墓葬中，出土生产工具的仅有 10 座，出青铜兵器的有 166 座，占墓葬总数的 1/6。人骨鉴定表明，凡出兵器的墓中皆为男性，推测他们生前不少人是士兵。这些青铜兵器的出现也表明殷代对外战争的频繁。

第三节　殷商墓葬的性质和风俗

殷商墓葬已经有了墓上建筑，也就是说，有了墓祭的性质。这个时期墓葬中反映的人殉、人祭达到了空前绝后的地步。殷商墓葬的随葬品大大增加，玉礼器、铜礼器大量出现，并且出现了偶数规格的用鼎形式和规格；编磬、铜编铙、钲、鼓、铜铃的出现，说明殷商时期已经有成套的复合乐器；同时出现了随葬的车马坑。殷商墓葬表现出殷商青铜冶炼业的突出成就。

一、殷商墓葬的墓祭设施

我国古代有“古不墓祭”之说，如蔡邕《独断》卷下云：“古不墓祭。至秦始皇起，寝之于墓侧，汉因而不改。故今陵上称寝殿，有起居衣冠象生之备，皆古寝之意也。”《后汉书·祭祀志》云：“古不墓祭，汉诸陵皆有园寝，承秦所为也。”也就是说，在墓前修建享堂寝殿之类的建筑，当起于秦始皇时期，与古代的寝殿性质相同。

然而，在安阳殷墟已经多次发现有墓上祭祀的痕迹。

安阳小屯西北发掘的妇好墓的墓圹上面压着一个房基基址，即1号房基，全长6.5米左右。房基为长方形，转角呈漫圆形，稍大于墓口。南北残长5.5米、东西宽5米。东西向，东边线北偏东5度，东边房基外有路土，推测门道可能向东。房基面上有排列整齐的柱洞6个，口部多成椭圆形，长径约0.6米、短径约0.4米；个别呈方形，长径约0.5米、洞深0.6米。洞内大多保存有白色木柱灰，洞底均有河卵石柱础。木柱多立于础石的中心部位。房基外侧东、西、北三面皆有成行的夯土柱基。北边3个，西、北两面，加上背面的一个，也是一排3个。东西柱基基本对称，南面的已被破坏。房基大小不仅与墓口大小相近，而且恰恰坐落在墓口上。这种墓口上压有房基的现象与大司空村M312相同。房基当是有意识建筑在墓上的，其建筑时间当是在墓主人入圹后不久。卜辞有："甲申卜，即贞，其又（佑）于兄壬，于母辛宗。""母辛宗"，当是妇好的宗庙。5号墓（即妇好墓）上的房基可能是为祭祀墓主修建的。在殷墟，东西向的房基多见于早期，南北向的房基盛行于晚期。①

这种墓上压有房基的现象在殷墟还有例子，如安阳大司空村殷代墓地中，共发现3座建筑遗址。

遗址一，夯土基长6米多，宽5米多。在夯土基的东边中部，共有台阶4级。在夯土基上面有卵石，就形状、位置和关系来看，当是有计划安放，作为柱础用的基石。这应是一处房基遗址。遗址下面有墓葬3座，M301、M302、M303。

遗址二，形制与遗址一相同，只是没有台阶，压在M311的上面，长7.4米、宽6.8米。在夯土上有卵石10块，其中有2块被盗墓者扰乱，移动了原来的位置，其余均排列整齐。

遗址三，夯土基长3.5米、宽2.2米。在夯土上有卵石4块，其中一块被近代扰土坑破坏，移动了原位置。此遗址恰压在M312之上，方向也与墓口方向相同。

这几个遗址，从其所在的地层来看，当属殷代；从其所压的墓葬情况来看，

① 中国社会科学院考古研究所：《殷墟妇好墓》，文物出版社，1980年，第6页。

其相对年代应晚于或同于所压的殷代墓。①

从妇好墓和大司空墓葬上所压的房基形式及规模来看，房基与所压的墓葬是属于一体的，房基是所压墓葬的地上建筑。有人认为是祭祀主人而用的享堂；但亦有人认为这只是殷墓的地面建筑，具体作用尚待探讨研究。

殷商王朝是一个崇尚祖先的王朝，其对祖先的祭祀达到空前绝后，因此商代出现墓祭是很正常的事。蔡邕《独断》卷下所说的“古不墓祭”，只不过是为了节俭，如魏文帝曹丕曾下《罢墓祭诏》云：“先帝躬履节俭，遗诏省约，子以述父为孝，臣以系事为忠。古不墓祭，皆设庙于高陵上，殿屋皆毁坏，车马还厩，衣服藏府，以从先帝俭德之志。”②（唐）薛收《元经》卷六“传”曰：“汉故事，陵上立祭殿，至魏制以谓古不墓祭，自有庙设，于是园邑寝殿遂废。”墓祭谒陵之礼，自“梁武帝、后周明帝始，皆谒陵，唐太宗、玄宗亦并行之”③。

按：笔者认为，古代应该是有墓祭的，可能在曹魏时期废黜；所谓“汉诸陵皆有园寝，承秦所为”的说法并不准确。从殷商妇好墓上的建筑来看，自商代起就已经有了墓祭。

二、殷商墓葬中的人殉和人祭

人殉和人祭是两个不同的概念。人殉，即以人随葬（或称殉葬、）死者；人祭，则是以活人祭祀死者和祖先，包括天神、地祇及诸自然神。下面我们分别论述夏商时期的人殉和人祭。

1. 人殉

人殉产生于原始社会末期，是对享有崇高威望家长“从死”义务习俗的反映。进入阶级社会后，用人殉葬是为了使贵族们死后，继续驱使其生前的妻、

---

① 安阳大司空村 M312（查马得志、周永珍等：《1953 年安阳大司空村发掘报告》，《考古学报》1955 年第 9 期；转引自傅熹年：《战国中山王𰡃墓出土的“兆域图”及其陵园规划的研究》，《考古学报》1980 年第 1 期，第 115 页。

② （明）张溥：《四库全书·汉魏六朝百三家集·魏文帝集》，台湾商务印书馆景印文渊阁，1986 年。

③ （清）顾炎武：《日知录集释·墓祭》，中州古籍出版社，1990 年，第 355 页。

妾、亲信、仆从为其服役，梦想死后仍然保持其骄奢淫逸的生活。夏、商贵族的墓葬都用大批的人殉葬，正表现了夏、商贵族残忍和贪婪的本性。

殷人崇尚鬼神，极为迷信。殷代贵族幻想自己死后仍然像在人世间一样享乐，因此在他们的坟墓中不仅随葬大批的生产、生活用具，如铜器、玉器、石器等，还用大批的人及动物、车马来随葬；并且在祭祖的时候，杀殉大批的战俘或奴隶作为牺牲，这样就出现了夏、商时代的殉葬墓和祭祀坑。

1965～1966年，考古工作者在山东益都苏埠屯发掘出一批大、中型的殷商墓。其中M1是一座有4个墓道的大型墓。这座墓共殉葬48人，少数放在腰坑内和二层台上，大部分放在南墓道或靠近墓室的地方，分为三层。下层是排列比较整齐的全躯骨架，中层是被砍下的人头。像这样殉葬如此多人的墓，过去只在安阳西北岗殷墓中发现过，由此可以推测苏埠屯大墓的墓主人应是诸侯、方伯之类的人。①

考古工作者在殷墟及周围发掘了3000座小型墓葬，其中以殷墟西区大司空村及小屯附近发掘的最多。这些墓葬中一般有3～5个殉葬者，多者可达10人以上。河北藁城台西遗址清理了一批商代墓葬，共有22座。其中9座分别殉葬1或2名奴婢，他们多属20岁上下的青年男女。有一座墓中，殉人为仰身，而墓主人则为俯身。

殷墟发现的大、中、小型墓葬，墓中皆有殉葬者。据有人统计，殷墟的“十四座大墓的殉人数总计3900人左右；连同中小型墓葬的人殉及基址、祭祀遗迹中发现的人牲，估计总数在5000人以上”②。这些殉葬者从其葬式及随葬品的情况来看，生前的社会身份不是最下等，如安阳武官村大墓的二层台上共埋有41个殉葬者。这些死者都是全躯，并有随葬品。东侧台死者多男性，西侧台死者多女性。这些死者应为墓主人生前的亲信侍从、妻妾之类。这种以亲信、妻妾、侍从殉葬的现象，并不是奴隶社会特有的现象，它始于原始社会末期，部落成员对族长从死的习俗，经夏、商发展到高潮，然而直至明清时期，殉葬现象一直不断。

---

① 山东博物馆：《山东益都苏埠屯第一号奴隶殉葬基》，《文物》1972年第8期，第24页。

② 黄展岳：《我国古代的人殉和人牲》，《考古》1974年第3期，第160页。

2. 人祭

人祭，是原始社会食人习俗的反映。原始社会时期，由于生产力水平低下，人们的劳动不足以维持他们的生活，所以就把得到的战俘吃掉或杀掉。夏、商时期，贵族们用“人牲”作为祭祀祖先和神明的“祭品”，就是让祖先、神明吃掉这些“人牲”，从而祈求祖先对他们保佑和赐福，这就是人祭。

人祭的遗迹在二里头墓葬中就已发现。在二里头遗址中的一些灰坑和灰层中发现一些人骨架，个别的和兽骨并埋在同一灰坑中，无随葬品。葬式有仰身、俯身、直肢、屈肢或蹲肢坐式。有些骨架身首异处，有的作捆缚状，往往数具骨架共埋一坑，或只有头骨和零星的肢骨。不少死者的掩埋情况不像是自然死亡，可能是虐杀后被随意处置或与祭祀活动有关。[①]

1950 年，考古工作者发掘武官村大墓时，在大墓的东南清理了南北向的葬坑 17 个。这些坑长约 2 米、宽 1 米左右，内埋无头人骨架 8～10 具。所有骨架都俯身、交向叠压，无任何随葬物品。这些葬坑因间隔的距离一致，排列有序(可以看出分成四排)，所以当时称它为“排葬坑”。又鉴于它们跟武官村大墓距离较近，当时有人认为是武官村大墓墓主人下葬时杀埋的殉葬者。

1976 年，考古工作者又对这一地区进行了大规模的勘探和发掘，在揭露的 4700 平方米的面积内，清理 191 座葬坑。这些葬坑，除少数东西排列外，大多数为南北向。并且坑的大小、葬式和排列情况与 1950 年发掘的排葬坑基本一致。坑与坑之间有一定的规律，根据葬坑排列的疏密、深浅、坑的大小规格等，将 191 座葬坑分为 12 个组，最多的一组有 47 个坑，最少的仅有 1 坑。这些葬坑的位置恰恰在几座大墓之间，属王陵东区。从它们分布与排列的情况分析，不可能专属某座大墓，因而推断这些葬坑不是杀殉坑，应是若干次祭祀后掩埋的遗址，可能是商王室祭祀先祖用的公共祭祀场。

祭祀场中，东西向的葬坑，大部分死者是成年女性或儿童，而且尸骨齐全，没有被砍去头颅。南北方向的葬坑，坑中的死者多为男性，大部分死者被砍去头颅，并且还留有砍伐的痕迹，如有的颈椎上有明显的刀痕，有的是被断肢、

---

① 北京大学考古教研室商周组：《商周考古》，文物出版社，1979 年，第 113 页。

腰斩或肢解后扔于坑中的，有一部分可能是活埋的。南北向葬坑的死者大多俯身直肢，头颈向南或向北，骨架交向叠压，很有规则。仅有少数作仰身或侧身，或蜷曲或颈下脚上或跪姿等。在这个祭祀场中，从已经揭露的5000多平方米内，包括200多个祭祀坑中掩埋的人牲已达1300多人。

商代贵族极为迷信，无论在祭祀祖先神明，还是祈年求雨或举行其他宗教活动，多用人畜作牺牲。在安阳段墟，除发现这样一个祭祀场外，零星的祭祀坑在其他地点也有发现，如1959年在后冈发现的一个直径1.9米的圆坑，内埋人骨54具。这些死者在坑中分为上下两层（中间有陶器碎片隔开），上层25个个体，下层29个个体，这些死者都无固定的葬式。

1971年在大司空村发现一个椭圆形坑，长7.8、宽2.34、深0.3～0.6米，坑中埋有人头31颗，躯体26具，无固定葬式，头颅多与躯体分离，一般是五六个头颅放在一起，没有随葬品，多为青壮年男子和幼童。在小屯村南发现的一个浅坑中，在一匹马架的东西北三面埋有人骨架5具（3具成人，2具孩童），有的全躯，有的被砍去头颅，东侧死者的髁骨处有铜镞1枚。幼童的骨架散乱，可能是肢解后弃置坑中。1975年在小屯村北的一座房基内发现的方形祭祀坑中，埋有一个被解肢的成人。考古材料证明，商代贵族中盛行用人祭祀。

商代社会中使用人牲的现象，在甲骨文中有不少记述。如：

> “贞御自唐、大甲、大丁，祖乙百羌百宰”（《佚》）873，《续》1、10、7）。
>
> 上面所说的祭祀是用羌奴为“牺牲”去祭祀殷先王汤、大甲、大丁、祖乙等。
>
> 又：“甲午，贞乙未酒高祖亥（羌）口（牛）口，大乙羌五牛三，祖乙（羌）口（牛）口，小乙羌三牛二，父丁羌五牛三，亡它，兹用。”（《南明》477＋《安明》2452）

殷代统治者不仅用人牲去祭祀祖先，而且在他们营造宫殿时，从奠基、置础到安门、落成都要用人或畜作“牺牲”进行祭奠。据不完全统计，从盘庚迁殷到帝辛亡国，273年商代社会的昌盛期间，共有人祭13 052人，另外还有1145条卜辞未记人数，即都以一人计算，全部杀人祭祖，至少亦当用14 197

人。[①] 公共祭祀场的发现，进一步揭露商代贵族在祭祀时使用人牲的真实情景。殷代贵族使用大量的人殉和人祭，极大地破坏了社会生产劳动力。考古发现的累累白骨，甲骨文中的斑斑记载，是殷代统治阶级残杀劳动者的罪证。

三、殷商墓葬中的玉礼器

玉器，自新石器的墓葬中就发现大量的玉器，如红山文化出现的玉猪龙；大汶口遗址的10号墓，墓主人是一老年女性，在她的尸骨上有玉臂环、玉指环，腹部放一玉铲；良渚文化的遗址中出土了数量与品种都非常丰富的玉器，如玉珠、玉管、玉坠、玉玦、玉璜、玉瑗、玉镯、玉璧、玉琮、玉蝉等，皆是早期制玉工艺中的珍品。二里头文化遗址中出土了许多的玉琮、玉钺、玉圭、玉璋等。

殷商时期，由于金属的出现，玉器加工工具更加进步，玉器也进入了繁荣时期。1976年在小屯西北发现的殷墟妇好墓是一重要的王室墓葬，妇好是殷高宗武丁的妻子，是一个能够统兵数万的女将领。妇好墓共出土随葬品1928件，其中玉器755件。这批玉器数量之多，制作之精都是前所未有的。这批玉器有玉礼器、玉兵器、玉雕的小动物、玉容器、玉的装饰品、玉的生产工具等；妇好墓出土的玉器无论从数量，还是种类都是迄今为止最多、最丰富的。笔者以妇好墓为代表探讨殷商墓葬随葬玉器的情况。

妇好墓出土的玉礼器主要有玉琮、玉璧、玉璜、玉珠、玉玦、玉瑗、玉圭、玉环、玉簋、玉盘等。

出土的玉兵器主要有玉矛、玉刀、玉锥、玉戚、玉戈、玉镞等。

出土的玉生产工具主要有玉斧、玉刀、玉铲、玉凿、玉锛、玉锯、玉镰、玉纺轮、玉刻刀等。

出土的玉小动物主要有玉龙、玉凤、玉鸟、玉熊、玉虎、玉象、玉鹊、玉燕、玉牛、玉鹿、玉马、玉羊、玉狗、玉鹰、玉蝉、玉猴、玉兔、玉燕、玉鹅、玉蚕、玉鹤、玉鸽、玉鸭、玉鸬鹚、玉螳螂、玉鱼、玉鸮、玉鹦鹉等。

出土的玉装饰器主要有玉管、玉坠、玉镯、玉梳、玉笄、玉项链等。

---

① 胡厚宣：《中国奴隶社会的人殉和人祭（下）》，《文物》1974年第8期，第57页。

出土的玉器用具主要有玉杵、玉臼、玉匕、玉耳勺、玉调色盘等。

另外还有一些玉制的杂器，如用途尚不清楚的拐尺形、羊头形、匕首形器等。

从妇好墓出土的玉器来看，玉器已经完全成为一种礼器、装饰品，作为实用器的功能逐渐减退。玉器的装饰功能是非常明白的，此处不再赘述；在这里我们重点探讨玉礼器的问题。

妇好墓出土玉璧16件，可分二式。

Ⅰ式：12件。孔周与璧面平，大致可分为两组。一组8件，制作较粗，个别的刻有同心圆周线，较精致，大部分一边的宽度小于孔径，只有个别的（451）略大于孔径。大小有依次递减的现象；直径相差在1～2厘米，色泽多为墨绿，它们之间可能有一定的组合关系。另一组4件，边缘多数较圆，且璧孔较偏，都无纹饰，一边的宽度大多大于孔径，只一件与孔径相等，大小有依次递减的现象；直径相差不到1厘米，多呈绿色，可能也属于一种组合。①

妇好墓出土玉环24件，其中半成品1件，可分二式。

Ⅰ式：14件。大小有依次递减的现象；色泽多呈绿色，可能属于一种组合。

Ⅱ式：9件。大小有依次递减的现象，可能属于一种组合。

妇好墓出土玉瑗17件，其中Ⅰ式7件大小有依次递减②。

妇好墓出土的这些玉璧、玉环、玉瑗，大小有依次递减现象，是祭祀所用的礼玉。

祭祀所用的玉器被称为礼玉，主要有圭、璧、琮、璋、琥、璜，即周代所说的“六器”。《尔雅·释器》：“肉倍好，谓之璧；好倍肉，谓之瑗；肉好若一，谓之环。”宋郑樵云：“此别圭璧之属也。圭、璧，皆所执之玉。圭类笏；璋，半圭也；璧状如大环。肉，边也；好，孔也。执璧必手拏其孔，即佩玉之组，所以连系瑞玉者，因通谓之繸，以其所佩之玉曰系故云然。”圆形带孔的玉，玉质处为边称为“肉”，中心孔称为“好”。

《三礼》（《周礼》《仪礼》《礼记》）是记载西周以后礼制的古籍。《仪礼·觐礼》云：“设六玉，上圭下璧、南方璋、西方琥、北方璜、东方圭。”《周礼·春

① 中国社会科学院考古研究所：《殷墟妇好墓》，文物出版社，1980年，第118、119页。

② 中国社会科学院考古研究所：《殷墟妇好墓》，文物出版社，1980年，第120、121页。

官·宗伯》云："以玉作六器，以礼天地四方；以苍璧礼天，以黄琮礼地，以青圭礼东方，以赤璋礼南方，以白琥礼西方，以玄璜礼北方。"

璧，当是由纺轮演变而成的，用玉器制成，成为拜天的礼玉。其形式圆形、中间带孔。孔与边之间的部分称为"肉"。根据孔与肉的不同，可分为璧、瑗、环等。璧的肉是孔的两倍；如果孔是肉的两倍，则称为瑗；如果肉与孔长度一样，称为环。

璜，是半璧形式的玉器。《说文》云："璜，半璧也。"

圭，起源于古代测日影的木杆，以后用玉制成上尖下方的形式，称为圭，成为礼玉。《说文》云："圭，瑞玉也；上圆下方，以封诸侯。"《白虎通》云："圭以为信，而见何也？珪者，锐上象物，始生见于上也。信莫着于见，故以之万物之始，莫不自洁，珪之为言圭也。上鋭，阳也；下方，阴也。"

璋，《周礼·冬官·考工记·玉人》注释曰："半圭曰璋。"

琮，是柱状玉器，外方内圆中空。玉琮的制作很困难，是墓葬中很不容易见到的礼玉，所以出现玉琮的墓葬规格一般很高。《说文》曰："琮，瑞玉，大八寸，似车釭；从玉宗声。"

琥，《说文》曰："发兵瑞玉为琥，文从玉从虎，虎亦声。春秋传曰'赐子家双琥'。"玉琥的形状无考，可能像虎形，当寓意威武之意。战国时期的兵符就制成虎形，又称为虎符。

璧、琮、圭、璋、琥、璜，就是《三礼》记载的"六器"，三代至春秋战国时期，"六器"是备受重视的礼玉，礼器的功能日趋重要。妇好墓出土的玉琮、玉璧、玉璜、玉珠、玉玦、玉瑗、玉圭、玉环、玉簋、玉盘当是殷代的礼玉。

四、殷商墓葬中的用鼎制度

原始社会时期，鬲、鼎、簋、甑是人们烧饭用的炊煮器，盆、壶、罐等是盛水器。酿酒发明以后，人们又用觚、爵、角等当作盛酒器和饮酒器。总之，这些器皿是人们的生活用具。当氏族部落中有人死后，活着的人将死者生前用过的东西（包括生活所用的器皿）随葬，让死者到另一个世界中继续使用。由于远古的人们极度迷信，对天地神祇和祖先都极度崇拜，他们拿出最好的食物，盛在最好的器皿中，去供奉祭祀祖先和神祇。而用以盛祭品的器皿，如鼎、簋、鬲等就被赋予神圣的含义，成为礼器。随着冶金业的出现，人们又用珍贵的青铜去铸造礼器，所以礼器又被称为重器、宝器。在人们死后，礼器就出现在死者的墓葬中。

殷、周时期的贵族墓葬中普遍随葬铜礼器，鼎是礼器中最典型代表的器物。但殷、周两代王朝时期人们使用鼎的制度是不相同的，周代用鼎制度是鼎呈奇数组合形式（后面将详述）出现，殷代用鼎制度则是鼎呈偶数组合形式，即成双、成对地出现。

商代用鼎制度是逐渐发展起来的。商代初期，用鼎制度并没有形成，所以商初的墓葬中往往出现1鼎的情况，如郑州白家庄12号墓出土铜鼎、铜盘、铜斝、铜罍、铜爵各1件。

湖北盘龙城楼子湾发掘5座墓葬，每座墓葬中随葬青铜礼器鼎、爵、斝、觚各1件。[①] 河北藁城台西商代遗址墓葬中亦是随葬1鼎、1罍，但在这个墓中出现了一对铜爵、一对铜觚，礼器的偶数组合形式出现了。

殷王朝中晚期，礼器的偶数组合形式出现，殷朝的大型王室墓葬妇好墓中的礼器就集中反映了殷代礼制的形式。

妇好墓铜礼器的组合有一个非常显著的特点，即每一种类型礼器成双、成套地出土，呈偶数组合形式。如：

司母辛大方鼎，2件，成对。

妇好长方扁足鼎，2件，成对。

圆鼎Ⅱ式，妇好中型圆鼎，6件。

Ⅲ式：妇好中型圆鼎，6件。

Ⅴ式：妇好细高柱足鼎，2件，成对。

Ⅵ式：妇好小型柱足鼎，2件，成对。

除鼎以外，妇好墓中的其他礼器也多呈偶数组合，如妇好小型簋、妇好有盖方彝、大方尊、大圆尊、子束泉圆尊、妇好鸮尊等、司母辛四足觥、妇好圈足觥方壶、扁圆壶、妇好瓿、妇好方罍、大圆斝、亚其大圆斝、妇好封口盉等

---

① 湖北省博物馆：《1963年湖北黄陂盘龙城商代遗址的发掘》，《文物》1976年第1期，第54页。

皆是成对的。另外，妇好联体甗一套 4 件，妇好分体甗两套 4 件，妇好高体古觚一套 4 件，妇好镂空觚六件一套 6 件，大型平底爵 1 对，Ⅱ式妇好平底爵一套 10 件。

以上这些礼器皆是以成双、成套的偶数形式出现的。①

妇好墓出土的铜礼器亦有单数，如妇好小圆鼎、亚弜大圆鼎、妇好小方鼎、Ⅳ式妇好柱足鼎、妇好小型鼓腹鼎、Ⅷ式小型分裆鼎，Ⅹ式妇好柱足鼎，Ⅱ式侈口鼓腹簋，Ⅲ式直腹圈足簋，Ⅳ式双耳簋，妇好偶方彝、妇好无盖方彝、亚其有盖方彝、妇好方尊、圆尊、妇好大圆斝、妇好大型盂、妇好罐、司母辛方形高圈足器等各 1 件。另外，妇好小型鸟足鼎 3 件。妇好大方斝 3 件。Ⅲ式司㚸母平底爵 9 件。亚其平底爵 9 件；束泉卵形底爵 9 件；妇好方孔斗 5 件。

妇好墓出土的铜礼器种类很多，包括食器、炊煮器、酒器等，铜礼器组合形式成对、成套地出现。在这批铜礼器中，虽然亦有奇数组合的出现，但偶数组合占礼器总数的一半以上，故妇好墓铜礼器的偶数组合是主流。

铜礼器的这种偶数组合形式还见于其他的殷代墓葬。安阳大司空村的 M51 出土铜鼎 2 件，铜卣 2 件。简报报道比较简单，但说 2 铜鼎、2 铜卣皆各为一式，那么铜鼎、铜卣应是成对出现的。② 大司空村第 53 号墓出铜觚、铜爵各 2 件；陶制的鼎、簋、斝、卣、尊各 1 件。③ 这些情况说明虽然殷代铜礼器的偶数组合是主流，但是成熟的礼器组合形式还未完全形成。

北京市平谷县发现的商代中期的墓葬中，出土有饕餮纹鼎 2 件，形制完全相同，通高 18、口径 14 厘米，敛口，折沿，双耳在前一足和后二足之间，深腹、圜底，腹饰饕餮纹。小方鼎 2 件，形制大体相同。另外还有弦纹鼎、鬲、甗、爵、斝、卣各 1 件。④

安徽阜南米寨区常庙乡发现铜斝 1 对、铜觚 1 对，铜爵 1 对。⑤

鹿邑太清宫长子口墓是一个商末周初的墓葬，墓主人是一个商末的贵族，

① 中国社会科学院考古研究所：《殷墟妇好墓》，文物出版社，1980 年，第 34～42 页。

② 河南省文化局文物工作队：《1958 年河南安阳大司空村殷代墓葬发掘简报》，《考古通讯》1958 年第 10 期，第 55 页。

③ 中国科学院考古研究所安阳发掘队：《1963 年安阳大司空村发掘简报》，《考古》1964 年第 8 期，第 383 页。

④ 北京市文物管理处：《北京平谷县发现的商代墓葬》，《文物》1977 年第 11 期，第 2 页。

⑤ 葛介屏：《安徽阜南发现殷商时代的青铜器》，《文物》1959 年第 1 期，封二。

其墓葬带有浓郁的商代墓葬特色。该墓中“带盖器多，且多成组成对以偶数形式出现。……除豆、壶是单数配置外，其他器物都以偶数形式出现。总之，长子口墓以无陶鬲和多带盖器为主要特征，反映了其葬俗和生活方式上与中原地区商周文化的差别”①。

殷代中后期殷贵族使用礼器的制度形成了。鼎制的偶数形式对殷王朝及其所属方国的贵族都有极深远的影响。殷贵族使用偶数组合的礼器可能与他们对偶数崇拜有关，即他们可能认为偶数是一个吉利的数字。

五、殷商墓葬中的复合乐器

妇好墓出土石磬 5 件，2 件小石磬分别出土于墓室的填土中，另 3 件大的均出于椁内。3 件大的石磬，有 2 件比较完整，大致可分三种形式。

第一种，标本 316，青灰色，略呈长方形，上窄下宽，近顶端有一圆穿，穿径 1.8 厘米。其上两面有长期悬挂而形成的坠痕。在磬的一端刻有“妊冉（也可释为竹）入石”的字样，“妊冉”当为族名或者人名，“入”有纳贡之意，“石”，当然是石磬了。这四个字的意思是“妊冉纳贡之石磬”。该磬长 44 厘米、宽 8.5～12 厘米、厚 2.4～3.2 厘米。

图 2-3 鸮鸮纹石磬拓片②

第二种，标本 2，黑色，石灰岩，含炭质，扁平长方形，顶端呈弧形，下端平，近顶端一侧有圆穿，穿径 1 厘米，可悬挂。两面均雕有单线鸮鸮形纹。鸮鸮作站立状，钩喙大眼，短冠短翅，长尾内卷，五爪刚健有力，翅部稍有缺损；长 25.5 厘米、宽 6.7～8 厘米、厚 1～1.6 厘米（图 2-3）。

第三种，当为一套石编磬。标本 332，白色，泥质灰岩，一面稍拱起，上端有圆穿，穿径 3.3 厘米，其上有悬挂的磨损痕迹。长 97 厘米、宽 42 厘米、厚 4

① 韩维龙、张志清：《长子口墓的时代特征及墓主》，《考古》2000 年第 9 期，第 27 页。
② 中国社会科学院考古研究所：《殷墟妇好墓》，文物出版社，1980 年，第 199 页。

厘米。标本1595，白色，泥质灰岩，上侧近直，靠后处有两个并列的圆穿，穿径约3厘米，其上有悬挂的磨损痕迹。下侧略似磬折形，一端稍残缺。残长51.5厘米、宽32厘米、厚4厘米。标本1596，白色，泥质灰岩，中部有圆穿，穿径3厘米，其上有悬挂的磨损痕迹。残长47厘米、宽30厘米、厚约4.2厘米。此3件石磬，一件较大，两件较小，石料相同，形亦相近，可能是一套编磬。① 妇好墓中出土的石磬已经成套。

妇好墓还出土5件一套铜编铙。这套铜编铙形制、纹饰基本相同，唯大小依次递减。铙体略呈扁桶形，口宽于顶，口稍内凹呈弧形，平顶。顶中部有管状柄，柄中空，与体相通。体两边皆饰有“回”字形的凸弦纹。第一件，也是最大的一件，通高14.4厘米、口长径10.3厘米、壁厚0.4厘米、柄长5.7厘米，重0.6千克。口内壁名有“亚弜”二字。第二件，体两边皆饰有“回”字形的凸弦纹，口内壁名有“亚弜”二字；通高11.5厘米、口长径9.3厘米、壁厚0.3厘米、柄长4.3厘米，重0.4千克。第三件，锈蚀较重，未见铭文。口小于第二件，但柄稍长；通高11.7厘米、口长径8.7厘米、壁厚0.3厘米、柄长4.8厘米，重0.4千克。第四件，体侧有席纹的残迹，锈蚀较重，未见铭文。通高9.8厘米、口长径8厘米、壁厚0.3厘米、柄长3.6厘米，重0.2千克。第五件，通体有绿锈，未见铭文。通高7.7厘米、口长径5.2厘米、壁厚0.3厘米、柄长3.4厘米，重0.15千克。②

这5件铜编铙是一套，能够奏乐的乐器；当时由一个名为“亚弜”的部族进献来的。

墓中还出土有钲、鼓、铃等乐器：钲、鼓呈扁桶形，平顶，上有圆筒形甬；甬、钲相通。钲的两面有“回”字形凸弦纹。最大的一件鼓内侧有铭文“亚弜”二字，通高14.4厘米、甬长5.7厘米。其余4件未见铭文，通高依次12、11.5、9.8、7.7厘米。

妇好墓发现铜铃18件，大致可分为两种形式：一种是长桶扁口，有顶盖环梁。顶盖铸有一小环，与舌上端的环相套合。舌作棒槌形，骨质，稍长于桶。摇动时仍能发出清脆的声音，桶饰梯形弦纹，并镂空有“十”字形孔，通高5.8厘米、桶长4.6厘米。另一种为长桶扁口，无顶盖，但有环梁。桶两面有方形

① 中国社会科学院考古研究所：《殷墟妇好墓》，文物出版社，1980年，第198、199页。
② 中国社会科学院考古研究所：《殷墟妇好墓》，文物出版社，1980年，第100页。

凸形纹。桶内有骨舌，可能有细绳直接系环梁下，通高 6.5 厘米。[①]

妇好墓中出土的乐器有一套 3 件、大小相次的编磬，一套 5 件、大小相次的铜编铙，出土一套的钲、鼓，还出土 18 件铜铃，说明殷商时期已经有成套的复合乐器；殷商时期已经摆脱了石器时代的单个乐器的骨笛、陶埙、陶铃，发展到复合乐器的编磬、编铙了，人们对音乐与乐理有了更进一步的认识和掌握。

但是妇好墓那么大规格的王室墓葬，只有一套编磬、编铙，说明当时乐器奏乐还只是为贵族所使用，而且乐器的等级尚未形成。

六、殷代殉葬的车马坑

殷商时期，在殉葬品方面有严格的等级，只有商王、或者王室成员才有资格享受车马坑的殉葬。

殷墟发现的车马坑大致有两种用途，即祭祀和陪葬。例如，小屯北地宫殿区乙七基址前的 5 座车马坑，是做祭祀用的，因乙七基址推测是宗庙建筑。这 5 座车马坑的周围还有大量的殉人祭祀坑。做陪葬用的车马坑都发现在墓地内，有的与一个或几个大墓有联系。[②]

在安阳大司空村、殷墟西区等地都发现车马坑多座。由于它们掩埋的位置与大型的“甲”字形墓较近，这些车马坑可能是“甲”字形墓的陪葬坑。

车马坑一般埋有 1 车 2 马。车为两轮独辕，马匹置于车辕的两侧。辕通长 2.56～2.92 米，两轮间的轨距为 2.33～2.4 米，车轴长 3.09 米。车辐都是 18 根，车厢长方形，后边有缺口，可供乘者上下用。埋葬时，车轮纳入预先挖好的槽内，有的车厢底部曾出过矢菔，菔作圆筒形，内装铜镞数十枚，镞锋朝下。车底后部，往往埋有成人骨架一具和铜戈等兵器。车和马头上都有青铜铸造的饰件。[③]

殷墟的第 13 次发掘中，在小屯村发现了一群祭祀坑。其中一个葬坑，共有 5 辆车，分为左、中、右三组。中组 3 辆车在前，呈直线纵列，每车 3 人 2 马，

---

① 中国社会科学院考古研究所安阳工作队：《安阳殷墟五号墓的发掘》，《考古学报》1977 年 2 期，第 71 页。

② 中国社会科学院考古研究所安阳工作队：《安阳郭家庄西南的殷代车马坑》，《考古》1988 年第 10 期，第 893 页。

③ 中国社会科学院考古研究所：《新中国的考古发现和研究》，文物出版社，1984 年，第 233 页。

每人一套弓、矢、戈、刀、砺石等用器；左、右两组各有一辆车每车 3 人 4 马，每人也各有一套兵器。从排列看，车上居中的可能是驭手，两侧是武士。中组前一辆的两侧有并列 3 个较大的坑，每坑中埋有人骨 5 架。这 15 个人可能是随车的步卒。这个葬坑中所埋的车、马、人很明显是一个车兵的组成形式。

1987 年春，在安阳市西北的郭家庄发现殷代及其他时代墓葬 50 余座。在这一墓区西北角，发现出马坑 87AGNM51 和车马坑 87AGNM52。87AGNM52 车马坑埋 1 车 2 马 1 人，车厢在东，车辕向西，两马侧卧于车辕的两侧，头西臀东，腹部相对，背脊朝外。两马的后腿压在车厢下，前腿交错压于辕下，马头压于衡下。两马骨架下，都发现席纹和朱砂。一人卧于车厢下，头南足北，俯身直肢，其右手被压于车厢的后轸下，人骨全身撒有朱砂。另一人置于辕北的长方形坑内，头西足东，面向南，双手反绑于背后，也是俯身直肢。此人骨架下有"人"字形席纹，在席纹之上，从骨盆至足部，发现红布痕迹，上有赭白两种颜色花纹，但图案已不清楚。此二人均为男性，年龄 25～30 岁，辕北人骨架身高约 1.73 米，车后人架身高约 1.77 米。从出土情况看，是先将人和马处死下葬，然后再放车（图 2-4）。

图 2-4　安阳郭家庄殷代车马坑 87AGNM52

资料来源：中国社会科学院考古研究所安阳工作队：《安阳郭家庄西南的殷代车马坑》，《考古》1988 年第 10 期，第 886 页。

87AGNM52 车马坑的马车有两车轮、车辕、车轴、车衡、车厢，车厢内发现大量的红漆皮，车厢顶部有两方铜杆头，车器有铜軎（套车轴）、铜辖套头、铜踵（套在马蹄上）、铜杆头、三角形饰、兽面形衡饰等各 2 件；马饰有铜軶、铜泡、铜铃、蚌环、海贝。这座车马坑，车厢内无兵器发现，而且车厢的栏杆、木板曾操漆，并有彩绘，车内有缀以牙片的红布装饰，比较讲究，应是乘车。

郭家庄共发现两座车马坑和一座马坑，由其所处的层位、方向、坑位排列及坑中马的葬式（都是头西、两腹相对）推测，是同时埋入做陪葬用的。①

安阳孝民屯南地发现一座车马坑，坑内埋有 1 车 2 马 1 人。这个车马坑保存很好，车、马、人骨架，以及车饰、马饰都保存得很好。②

安阳梅园庄东南，发现殷代车马坑一座，坑内埋有 1 车 2 马 1 人。③

安阳武官村的商代大墓北墓道中共埋有 2 人、4 狗和 16 匹马。南墓道中的马坑也是 3 个，埋有 1 人、1 狗和 12 匹马。总计，武官村大墓中殉葬的人数达 79 人之多，另外还有马 28 匹、猴 3 只、鹿 1 只和其他禽兽 15 只。杀埋马匹、狗、猴、鹿和其他禽兽，以及殉人皆是殷代墓葬的重要特色。

---

① 中国社会科学院考古研究所安阳工作队：《安阳郭家庄西南的殷代车马坑》，《考古》1988 年第 10 期，第 893 页。

② 中国社会科学院考古研究所安阳工作队：《安阳新发现的殷代车马坑》，《考古》1972 年第 4 期，第 24 页。

③ 安阳文物工作队：《安阳梅园殷代车马坑发掘简报》，《华夏考古》1997 年第 2 期，第 57 页。

第三章　西周时期的墓葬文化

西周时期的墓葬出现了夫妇祔葬的形式，其葬具日趋复杂，多为一椁二棺。其随葬器物多为礼器。西周晚期，周文化类型礼器的等级出现了，出现了 7 鼎 6 簋、5 鼎 4 簋的形式。玉器饰品呈等级形式，成套、成组的编钟也随之出现。这些都表现出西周墓葬新的内涵。

第一节　西周墓葬的形制与风俗

目前，考古工作者已经发掘出许多西周时期的墓葬，其中有贫民墓，亦有侯伯墓，如西周早期的潶伯墓、㶇伯墓、𢐗伯墓、井叔家族的墓地等；西周晚期的晋侯墓、虢季墓等。西周时期的墓葬形制更加复杂，贵族墓，祔葬的车马坑规模越来越大。

一、西周墓葬的形制

陕西岐山贺家村的墓葬当是先周时期的墓葬。考古工作者在贺家村共发掘 10 座墓葬，报道了 4 座没有被盗扰且保存较好的墓。4 座西周墓中除 1 号墓形制比较特殊、有殷人遗风，与殷墓相似（这里暂不论及）外，其余 3 座都是竖穴土坑墓，平底，有二层台，无腰坑，填五花土并经打夯打坚实。

西周初年，文王作丰，武王作镐。丰、镐二京都是周人的都邑，在沣水两岸。沣东、沣西都发现了许多西周墓葬，根据历年的发掘统计，在沣西地区发现几百座西周墓葬，而张家坡附近尤为密集，发掘出 250 多座墓葬。这些都是长方形的竖穴土坑墓，没有腰坑，没有墓道。

先周时期的墓大多数没有腰坑。1981 年，考古工作者在陕西扶风北吕村发掘一个西周的葬区，这是一片属于先周时期的墓地，共发掘墓葬 283 座。所发掘的墓葬都是竖穴土坑墓，大多数墓口和墓底相等，部分底略大，大部分有熟土二层台，有棺，少量有一棺一椁，这些墓葬全部都没有腰坑。葬式可辨者，除少数侧身直肢外，其余都是仰身直肢。这些墓葬几乎全是用陶器随葬，以鬲、罐为主。

1976～1978 年，考古工作者在陕西长安县沣西发现西周早期的墓葬 11 座，其中 9 座在张家坡东南，1 座在张家坡西南，1 座在客省庄。这些墓葬形制多是竖穴土坑墓，墓坑长 2.4～4.1 米、宽 1.05～2.8 米，最深者墓底距地面 6.2 米。墓口往往略小于墓底，绝大多数有二层台，多数有腰坑。随葬品多者数十件，少者仅 1 件陶鬲。有 4 座墓有 1～3 个殉人。例如，客省庄 77M1 为长方形的竖穴土坑墓，坑长 3.4 米、宽 1.8 米，墓口距地表 5.4 米，方向 250 度。墓室四周有夯土夯成的二层台，二层台高 1.2 米，北部二层台宽 0.4 米，东部二层台宽 0.4 米。墓底中部有长方形的腰坑，长 0.92 米、宽 0.3 米、深 0.2 米。墓底及二层台上有板灰印，可知有棺有椁。墓主人陈放在墓底正中，头向西。骨骼已朽，葬式不明。墓主人头前有铜鼎 3 件、铜簋 2 件、蚌饰 2 组，还有贝及蚌泡等。出土时鼎盛有兽骨，腰坑内有玉饰 1 组，可能是墓主人身上掉下来的。北部二层台上有殉人骨架 1 具，殉人头部有贝 34 枚及石璜 1 件，左臂有蚌饰 2 件。腰坑内埋有狗，狗骨架上有铜铃 1 件及贝数枚。墓填土黄色，在接近椁顶的填土中，发现有两件漆器的痕迹。①

西周中期的墓葬，亦有腰坑和墓道。1976～1977 年，中国社会科学院考古研究所在长安县客省庄和张家坡共清理 11 座墓葬，均为竖穴土坑墓，绝大多数有长方形腰坑，有二层台。客省庄 M1 的墓底及二层台上有板灰痕，可知有棺有椁。该墓的西部二层台上放有陶鬲 1 件，北部二层台上，有殉人骨架 1 具。殉人的头部有 34 枚贝和 1 件玉璜。腰坑内埋有殉狗，殉狗骨架上有铜铃及贝等。又如，1973 年考古工作者在北京房山县黄土坡村发现一处有 200 多座墓的西周墓地，均为长方形的竖穴土坑墓，有木质棺椁。个别较大的墓有南北两个墓道，总长达 30 米（西周时期的合葬及祔葬墓，后面详述）。

西周墓葬与殷代墓葬有明显的不同。殷墓的腰坑中殉埋有人或狗。先周时

① 中国社会科学院考古所沣西发掘队：《1976～1978 年长安县沣西发掘简报》，《考古》1981 年第 1 期，第 14 页。

期墓中没有腰坑，西周以后墓葬的腰坑中多以狗殉埋。腰坑可能是殷人的丧葬习俗。

西周时期，人殉虽相对殷代有所减少，可是在整个周代墓葬中，人殉还是墓葬中的主要内容。贵族统治阶级害怕死后寂寞和冷清，强迫他们的宠幸为其殉葬，这是统治阶级残忍本性的暴露。例如，陕西宝鸡市茹家庄 M1 的木椁分为甲、乙二室，各埋死者 1 人，殉葬者 5 人。这些殉葬者有青年，也有儿童，大都有木质葬具，或单葬，或二人合葬。茹家庄 M2 亦有殉葬者 2 人，均是未成年的少年，各有木质的葬具。1973 年在北京房山县黄土坡村发现的西周墓葬也多有人殉，如 M53、M54 各殉 2 人，大多数的殉葬者是少年或幼童。

二、西周的侯伯墓

1967 年，考古工作者在甘肃灵台县白草坡发现一座西周墓葬，为一长方形的竖穴土坑墓，长 3.2 米、宽 2.5 米。墓底中间有一椭圆形的腰坑，坑内填满灰土。白草坡西周墓葬出土铜器、玉器 340 多件，出土成组的玉圭、玉璧、玉琮、玉璜等；出土的铜器包括饰件有 320 余件，其中包括 7 件鼎、3 件簋（其中 2 件簋完全相同）、2 件尊，还有角、爵、盉、卣、斝、斗等；在这些角、爵、尊、盉的铜器上有铭文“父丁”“父辛”“母辛”“父己”等，铜器铭文中还有“”“”等殷末周初常见的族徽图形；墓中出土的兵器有 32 件铜戈、铜、钺、短剑、戚、镞等。特别是有件虎形铜钺，造型精巧，花纹别致，在虎额头上铸有“王”字，但无其他铭文，此器铜质与其他兵器有所不同，色白而光亮，有比较大的合金成分，不似一般的使用兵器。研究者认为，《礼记·王制篇》云：“诸侯赐弓矢然后征，赐斧钺然后杀。”《白虎通考黜篇》云：“能诛有罪者赐斧钺，能征不义者赐弓矢。”这铜钺有可能是一件周天子所赐的、具有荣誉权力的“赐钺”。[①] 墓中有 2 件铜卣、1 件铜尊上铸有“㴵伯作宝隮彝”“㴵伯作宝彝隮”。《广韵·德韵》云：“‘㴵，水名，在雍州。’现在横贯灵台县境的达溪河。据《重修灵台县志》载‘达溪河即县川之西河也。自陕西陇县王马山发源而来，绕县城前而东至郃县梁山入泾，郃志谓梁山黑水者即此。’白草坡正临近于达溪

① 甘肃省博物馆文物组：《灵台白草坡西周墓》，《文物》1972 年第 12 期，第 4 页。

河，㵍伯既葬在这里，则白草坡一带可能是他的采邑所在。”①

案：笔者认为，该墓的墓主人就是㵍伯。㵍伯墓出土的铜器上有“父丁”“父辛”“母辛”等字样，当是殷人的习俗。㵍伯当是殷商王朝投降西周，又被西周王朝封在㵍水地区一个诸侯、或者是一个方国的首领。

1971 年，考古工作者又在甘肃灵台县白草坡㵍伯墓 M1 附近发现 8 座西周墓葬，车马坑 1 座；那么灵台县白草坡墓地连同㵍伯墓 M1 共发现 9 座墓葬、1 座车马坑。

灵台县白草坡发现 9 座墓葬，其中的 M2 墓室长 3.35 米、宽 2 米、距地面深 6.5 米。填土的上层经过轻轻的夯打。二层台高 65 厘米、宽 4.5 厘米。随葬器物放在二层台上，分 4 层，每层之间用白色苇席衬隔。

第 1 层，在北边二层台上，自右至左排列有铜方鼎、铜甗、铜尊、铜爵、铜觯、铜盉、铜卣等 9 件。

第 2 层，兵器 22 件。精美的兵器分布在死者的头臂左右。

第 3 层，兵器、生产工具、车马饰等，有銮铃、短剑、弓柲、斧、锛、凿等。

第 4 层，墓底。头骨、手腕处出土玉鱼 5 件，膝骨以下出土完整的海贝 95 枚，还有几颗已经腐朽。

葬具为一棺一椁，已朽，周围有红色的漆皮。骨架为一成年男性，仰身直肢葬。墓底中间有一椭圆形的腰坑，坑底有狗骨朽迹，坑口出有玉人瑗、柄、鸟、铜削等。

M2 随葬 2 件铜方鼎、2 件铜簋，完全相同，是一对铜鼎、一对铜簋。墓中出土 1 件铜尊，上有铭文“㶁伯作宝尊彝”，1 件带盖铜鬲，盖内亦有铭文“㶁伯作宝尊彝”。②

㵍伯墓 M1 与㶁伯墓 M2 相距 17 米，一座车马坑居其中。车马坑内有 1 车 4 马。这座车马坑与㶁伯墓 M2 较近，当是㶁伯墓 M2 的陪葬车马。

㵍伯墓 M1 与㶁伯墓 M2 当是西周康王时期的墓葬。

1974～1975 年，考古工作者在陕西宝鸡茹家庄发掘的 M1 是西周时期的強

① 甘肃省博物馆文物组：《灵台白草坡西周墓》，《文物》1972 年第 12 期，第 3、4 页。
② 甘肃省博物馆文物队《甘肃灵台白草坡西周墓》，《文物》1977 年第 2 期，第 104、107 页。

伯墓。墓室中央有木椁。木椁分为甲、乙二室，深浅不一，乙室较宽而深。这种将木椁分隔成二室，分别埋葬的墓葬形制在西周墓中还是第一次发现。茹家庄 M1 由墓道、墓坑、椁室组成。墓道呈斜坡形，墓坑呈长方形，填土经夯实。M1 沿墓壁一周有生土台阶，台宽 70～100 厘米，高处椁室上沿 70 厘米。墓室分为甲、乙二室，各埋葬死者 1 人，殉葬者 5 人，殉葬者放在生土台阶与椁室之间的熟土二层台上。M1 乙室的底部有腰坑，内有狗骨 1 架；墓具为两棺一椁，死者头南足北。随葬器物有铜鼎 8 件，其中有方鼎、圆鼎、带盘鸟足鼎等，形制各不相同。铜簋 5 件，形制亦各不相同。鬲 2 件，形制不同。豆 4 件，形制大小相同。盘 2 件，形制大小相同。另外还有碗、壶，尊、象尊、鸟尊，罍、提梁卣、爵、觯，铜兵器剑、戈，车马器，3 件乐器编钟等。这些铜器，其中 8 件有铭文："𢐗白乍旅用鼎簋"，"𢐗白乍用盄（盘)"，"𢐗白乍鬲"等。由此可以判定乙室的墓主人就是𢐗伯。由于距离 M1 不远的地方是𢐗伯妻子井姬的墓葬（下面将详述)，那么 M1 甲室，即与𢐗伯合葬在同一椁室的女子，当是𢐗伯之妾。①

M1 甲室为一棺一椁，死者头南足北。随葬器物主要是铜礼器，铜鼎 5 件，形制相同，大小相次。簋 4 件，形制大小相同，通高 12.6 厘米、口径 16.5 厘米、腹深 10.5 厘米、腹径 20.7 厘米。其中三件沿口上有"儿"字。另外，甲室中还有出土兽面 1 件，器形呈椭圆形，径 8～10 厘米、高 3.8 厘米。墓中出土不少铜笄，笄头上有两凤鸟。

从以上㴲伯、㻆伯、𢐗伯三座侯伯墓来看，其墓葬形式各不相同，而且都还带有殷末的风格，如腰坑及腰坑中的殉狗等，说明当时西周的墓葬的风格尚未完全形成。

张家坡村位于陕西省长安县沣河西岸马王镇西约 500 米。张家坡墓地的西周井叔家族的墓地中，研究者认为 M157 可能是井叔的墓葬。M157 是一有南北两条墓道的"中"字形墓，葬具为一椁二棺，由于墓葬曾被盗掘，已经不复原貌了。椁盖上和墓道内主要陈放拆散的车辆，30 个车轮、12 个车厢，还有轴、辕、衡、轭等，摆满墓道内和椁盖上，其气势确实是非同寻常的。棺内残存的随葬品有 2 件盖面的玉饰，1 件作眉形、1 件作服形；还有 2 件小玉戈、2 件釉

① 中国社会科学院考古研究所：《新中国的考古发现与研究》，文物出版社，1984 年，第 258 页。

陶豆残器、1 件铜戈及铜器残片等。这些器物大都经过扰动，个别或是扰入棺内的①；散在西南角和南端的主要是玉器，器形有琟、环、戈、鱼、龙纹饰、面饰等，其中有一件龙凤人物透雕玉饰，由三龙一凤和两个人物头像组成，是此墓所出的最重要遗物之一。这些玉器大都是由棺内盗出散落在这里的。

井叔家族的墓地的 M152、M168 和 M170 三座墓的墓室南端有一条斜坡墓道，墓室也较大，即通常所说的“甲”字形大墓。由于 M152 和 M170 都出有井叔自做的青铜礼器，可知这几座墓都是井叔家族墓，它们和双墓道大墓 M157 组成井叔家族墓地的核心。这三座墓葬的葬具都是一椁二棺。M152 经过盗扰，幸存铜鼎 2 件，一件带盘鼎内底部有“井叔乍”的字样。表明此墓也是一代井叔。此墓残存石磬 4 件，2 件完整，2 件残缺。其中最大的 1 件出于头厢的西北部，半圆形顶部中央有一穿孔，估计原来随葬有一套编磬。椁室即填土中发现有随葬马车的车厢等部件。

考古工作者在山西曲沃县曲村镇北赵村西南第二次共发掘西周时期的大墓 5 座，是周穆王至周宣王时期的晋侯墓地。晋侯墓地的范围尚未查明，根据钻探结果，墓地南北各有一条壕沟（东西两侧尚不明确）。在此范围内，墓葬排列有序，大型“甲”字形墓分南北两排。

天马曲村发掘的 5 座大墓之中，最大的是 I11M8。这是一个平面比较规整的“甲”字形大墓，坐北朝南，墓口长 25.1 米。墓道接于墓室的南端，长 18.45 米、前端宽 3.75 米、后端宽 3.6 米。墓室呈长方形，中线长 6.65 米、后端宽 5.6 米、深 6.65 米。墓道及墓室皆经过夯打。墓室底部在相当于垫木的位置用不规则的石块垒砌，较椁室略宽，高约 0.7 米的短墙，以支撑其上的椁室。椁室外填充厚厚的木炭。葬具为一棺一椁，此墓曾被盗掘，但还是留下有较多的随葬品。椁室两侧原缀有椁饰，均由大石戈、小石戈、小铜鱼组成。椁盖板上放有铜銮铃 3 件，铜环 2 件；还有锈蚀的镂空铜片、雕花象牙筒等。ⅢM8：20 墓中随葬铜兔尊 3 件，其中一件兔背上立喇叭形口（图 3-1），另外两件造形相同，大小相次。在死者的腰间有黄金带饰，如扁扭丝状环、弧面扁框、扭丝状框、垂叶形饰、虎头饰等，一组共 15 件。铜簋 2 件、残留铜鼎 1 件，上皆有

① 中国社会科学院考古研究所：《张家坡西周墓地》，中国大百科全书出版社，1999 年，第 16～25 页。

铭文作器者为“晋侯稣”。“晋侯稣”，研究者认为是周宣王时期的晋献侯（或者晋穆侯）。此墓随葬有车马坑。[①]

图 3-1　天马曲村Ⅰ11M8：20 出土的铜兔尊

资料来源：北京大学考古系、山西省考古研究所：《天马-曲村遗址北赵晋侯墓地第二次发掘》，《文物》1994 年 1 期，封面。

天马-曲村遗址北赵晋侯墓地第 4 次发掘 I11M62～I11M64 三座大墓。I11M64 是“晋侯邦父”墓，是一带斜坡墓道的“甲”字形墓，全长 24.5 米，墓向 193 度，墓道在墓圹南部，长 17.7 米、宽 3.4 米，接于墓室中腰，墓道内和墓道两侧有祭祀坑近 20 个，坑内多殉马。墓室为长方形，口略小于底。墓口长 6.6～6.65 米、宽 5.48 米、墓底长 6.48 米、宽 5.52 米、距地表深 7.92 米。葬具为一椁二棺，椁室长 4.2 米、宽 3.7 米、高 2 米多。椁四周积石，上下积炭，椁上置车一辆。棺放在椁室内略偏南处，外棺长 2.65 米、宽 1.3 米，板厚约 8 厘米，棺外髹漆彩绘。内棺长约 2.16 米、宽约 0.9 米，板厚约 7 厘米，内外均髹漆，外面施以彩绘。棺内人骨架头朝南，仰身直肢。M64 墓主人棺内有玉覆面和金带饰，其他的随葬品放在椁与外棺之间。东西椁壁内侧挂有铜鱼、铜铃、蚌贝等。

考古工作者在天马-曲村遗址北赵晋侯墓地第四次发掘时，清理的 I11M62，当是晋侯邦父的夫人墓，其墓葬形制相似，只是墓道南部有祭祀坑 2 个，坑内

① 北京大学考古系、山西省考古研究所：《天马—曲村遗址北赵晋侯墓地第二次发掘》，《文物》1994 年第 1 期，第 12、13 页。

各殉马1匹。I11M63是一带两条墓道的“甲”字形大墓，有两条墓道，研究者认为是晋侯邦父的次夫人之墓，椁饰、铜鱼、蚌贝见于椁室两侧。

河南省三门峡虢国墓地的虢季墓是一长方形竖穴土坑墓，没有墓道。其葬具是一椁二棺，还有一个棺罩。木椁下面有两根垫木支撑，木椁由底板、壁板、挡板、盖板四部分组成。椁底板有16块长5.1米、宽0.2米、厚0.04米的薄木板南北平铺排列而成。椁盖板有28块长3.3米、宽0.16米、厚0.06米的木板东西向平铺排列而成。椁壁板和挡板用0.13～0.16米、0.19～0.22米的方木相围层层叠筑而成。椁室底部有殓席。

外棺上放置一个大致长方形的木质框架，即棺罩。棺罩有东西横置的6根髹红漆的圆木与南北顺置的2根方木以榫卯的形式套接而成。外棺的周围等距离地分布着12个铜环，东西两侧各4个，南北两端各1个，相互对称。内棺置于外棺中部偏东处。内、外棺皆是由底板、壁板、挡板、盖板组成。

墓主人骨已经腐朽，但是根据遗迹可知看出墓主人头向北、面向上、仰身直肢、双手置于腹部。“生者南向，死者北首，皆从其初。”① 西周晚期，墓葬中死者的头向北的习俗已经形成。

外棺盖与内棺盖均有一层或多层织物，即所谓的棺衣。外棺的棺衣中部还有用朱砂绘成的图案。内棺的棺衣因腐烂太甚，看不清楚。内棺铺垫有多层已经腐朽成粉末的红色和黄色织物。最上面3层是红色，其下是黄色，再下面是层层的红、黄色织物。外棺与内棺盖上均有成片的红色朱砂。棺罩的上下有很多的铜铃，两两放置的铜鱼，成行放置的陶珠、石贝，当是按某种方式串联缀在棺罩上的。在棺外椁内的席子上放置大量的随葬用品，青铜礼器中有一套虢季列鼎7件、形制相同，大小相次，簋六件相同。鬲8件，形制相同，盨4件，大小形制相同，方壶2件，大小形制相同。另外，还有尊、彝、爵、盉等。乐器有编钟8件，形制大小相同。另外还有尊、彝、爵、盉等。乐器有一套8件，形制、花纹相同，大小依次递减的“虢季”编钟。这8件编钟又分两组，即低音与高音；每组4件，大小皆依次递减。编钟与1件兽面纹钲。兵器296件，工具、车马器等；外棺盖上放置有戚、戈、圭等玉、石器等；内棺盖上放置有玉

---

① （清）阮元：《十三经注疏·礼记·礼运》，中华书局，1980年，第1415页。

器琮、璧、璜等；棺内墓主人面部缀玉幎目，头部有玉管、玛瑙珠、玉佩、璜、玦组成的发饰，项饰，其中一组项饰佩于胸前达于盆骨的七璜联珠组玉佩连接在一起。口中含有玉石贝和玉珠玑。身子两侧放有戈、环等玉器，腰间有一组12件金质腰带饰；两手各有圆管握玉，脚端有2件踏玉，脚趾间夹有两组共8件弧形玉饰。墓主身下铺垫有一组玉器，璧、戈等。玉器残面是黄色粉状物，皆为青玉，微透明。另外还出土许多玉质的佩饰，玛瑙珠、料珠、陶珠等。

另外还有璧、戈，饰棺贝495件，与铜鱼、料珠、陶珠一样是棺罩上的装饰。内棺盖上还有条形的缀饰56件。料珠、陶珠共851颗；象牙钩、兽牙笄、圆形蚌饰；木质的弓、镳、碗等。在内棺与外棺盖上皆有棺衣，但因腐朽仅有遗迹。①

三门峡虢国墓地M2012是梁姬墓，也是长方形竖穴土坑墓，没有墓道，葬具是一椁二棺。

三门峡虢国墓地M2011是虢国太子墓，也是长方形竖穴土坑墓，没有墓道，其葬具是一椁二棺。

西周时期的贵族墓葬多为一椁二棺，有些墓葬有墓道，有些墓葬无墓道，如虢国墓地就是没有墓道的墓葬。

张家坡墓地的西周井叔家族的墓地还发现一种洞室墓，是新发现的一种西周墓葬形制，它包括一个竖穴墓道和在底部一侧掏出的一个洞室。竖穴墓道的平面都为长方形，四壁较为平整，上下基本垂直。墓道的底部大都向洞室一侧倾斜，也有少数墓道底部是平坦的。洞室位于墓道底部的一侧，是向外掏挖而成的横穴，以安放棺木和随葬品。洞室掏在哪一侧似乎并不固定。南北向，或在西侧、东侧的皆有。洞室的平面形状可分为长方形、梯形和扇形三种。洞室墓的门，也即是墓门，就开在墓道的侧壁上。墓门两边垂直，顶部呈拱形。洞室内周壁大体垂直，底部平坦，顶部则靠墓门一面较高，靠后壁一面较低，呈前高后低的斜坡状。洞室的底部一般均略低于墓道的底部，两者之间呈一级台阶状。②

---

① 河南省文物考古研究所、三门峡文物工作队《三门峡虢国墓》，文物出版社，1999年，第19、21、30、41、71页。

② 中国社会科学院考古研究所：《张家坡西周墓地》，中国大百科全书出版社，1999年，第67页。

北京琉璃河1193号大墓是四条墓道的墓葬，这四条墓道分别在墓室的四个角上，这是很奇特的现象。1193号大墓已经被盗，残存的1件铜罍。罍盖上有铭文“王曰太保：‘隹乃明，乃鬯享于乃辟。余大对乃享，令克侯于匽。旃、羌、马、叡、雩、驭、微，克、宙，匽入土及厥司。’用作宝尊彝”[①]。由此铭文可知这座墓是封于匽的克侯之墓，时代在西周成康时期，是西周早期的墓葬。西周时期的诸侯国君也可用四条墓道的墓葬。

2004年，考古工作者在陕西省岐山县周公庙遗址发现一处周人墓地，清理墓葬19座。这批墓葬中，有四条墓道者9，三条墓道、两条墓道和单墓道者各4座。另外还发现陪葬坑13座。周原地区出现了有四条墓道的大墓。很多人认为是西周王陵；但是亦有人认为墓葬的规模较小，不可能是西周王陵，极有可能是周公的家族墓地。[②]

三、西周的祔葬墓

自新石器时代就出现了合葬墓，但那个时期的合葬墓有女性合墓葬，如半坡的四个女性合葬；有男性合葬，有男女合葬墓，也有包括男女老少几十个人的排葬坑。

殷代墓葬，大部分属单人葬，河北藁城台西墓地发现一座男女合葬墓，死者男左女右，合埋一棺。另外，还发现一座同性合葬墓，墓中埋葬的两人都是50岁左右的男性，而且合用一棺（中间用一块木板隔开）。这种葬式比较特殊，在商代考古中还很少见。

周代开始出现祔葬墓。所谓“祔”，即使服从、从属的意思。《仪礼·既夕礼》：“卒哭，明日以其班祔。”郑玄注：“班，次也。祔，犹属也。祭昭穆之次而属之。”《释名·释丧制》载：“又祭曰祔，祭于祖庙，以后死孙祔于祖也。”子孙祔于祖庙，当然处于从属地位。这种从属关系也必然会反映在墓葬中。《礼记·檀弓上》云“（季）武子曰：‘合葬，非古也；自周公以來未之有改也”。又云：“周公盖祔。”郑玄注：“祔，谓合葬；合葬，自周公以来。”孔颖达疏：“古

① 中国社会科学院考古研究所、北京市文物研究所：《北京琉璃河1193号大墓发掘简报》，《考古》1990年第1期，第20、25页。

② 赵丛苍：《周公庙墓地性质管窥》，《西北大学学报》2004年第6期，第21页。

云周公以来，盖始祔葬。祔，即合也，言将后丧合前丧。武子去周公不远，无可疑。”这里的“祔”指墓葬，是合葬的意思。在墓葬中的祔葬，指的就是在两个以上墓葬中有主从关系的合葬墓，称为祔葬墓。

周代的夫妇在埋葬形式上主要是陪葬墓，亦称祔葬墓，即以男子为主墓，根据男左女右的原则，其妻妾墓葬在主墓的右边，或者在其周围。自西周始，用以表示夫妇的墓葬就是这种夫妇并穴而葬的形式。这类墓葬是夫妇二人分两墓穴、并排而葬。在两个墓穴的四周有一圈狭窄而较浅的围墓沟，沟里埋有殉葬者。

另外还有夫妇合葬墓，即同椁不同棺的葬制。例如，陕西宝鸡茹家庄的 M1 墓坑中有两个椁室，在发掘过程中，经仔细观察，下塌到椁室内，夯土层次清晰，没有扰乱现象，两室墓主应是一次下葬，而两个人不可能同时死去、同时掩埋，那么有一个人可能是殉死。据研究者推测，可能是弜伯及其殉葬的妾的墓。由于尸骨无存，这只是一种推测。[①] M2 墓在 M1 的东侧，从 M1 和 M2 出土铜器的铭文中可以看出，M1 铜器铭文皆为“弜伯自乍器，”则 M1 应是弜伯墓。M2 铜器铭大都是弜伯为井姬乍器，M2 的墓主应是井姬，井姬是弜伯的妻子。这是西周墓葬中以妻陪夫的反映。M2 是 M1 的陪葬墓，或者是祔葬墓。这两个墓的死者都是头南足北。骨架已腐朽，从痕迹观察，M1 甲室与 M2 皆为仰身直肢葬，M2 死者面向 M1 乙室。M2 甲室死者腿、腹用条带绑扎。三室尸体身旁发现多层丝绸印痕，尸体周围洒满朱砂及粉红色粉状物。

张家坡墓地 M157 是井叔的墓葬。在 M157 墓室东侧的 M163，墓主人是一位 25～30 岁的女性，而墓内随葬有井叔钟等青铜礼器。这两座墓有可能是夫妇异穴合葬墓。根据井叔钟的铭文，“井叔采乍朕文祖穆公大钟”，可以推测 M163 的墓主人为井叔采的夫人。[②]

考古工作者在天马-曲村北赵晋侯墓地第二次共发掘西周时期的 5 座“甲”字形大墓，位于墓地东部。属于背面一排的有 4 座，由东向西分别为 I12M13、I12M9、I11M6、I11M7，属于南面的 1 座是 I11M8。这些大墓皆为两两成对的并穴合葬墓。I11M6、I11M7 是夫妻并穴合葬墓，其东有尚未确定范围的车马坑

---

① 茹家庄西周墓发掘队：《陕西宝鸡茹家庄西周墓葬发掘简报》，《文物》1976 年第 4 期，第 45 页。
② 中国社会科学院考古研究所：《张家坡西周墓地》，中国大百科全书出版社，1999 年，第 20 页。

1 座。I12M13、I12M9 为夫妻并穴合葬墓，女左（东），男右（西），与墓地发掘的其他大型墓排列不同，墓东未见车马坑，殉车均放在墓道及墓室中。I11M8 与 1993 年上半年挖掘的 I11M31 为夫妻并穴合葬墓。① I11M31 位于 I11M8 西侧 2.4 米处，与 I11M8 平行并列。I11M38～I11M40 位于 I11M31 的西侧，南北纵向排列，均无墓道、积石、积炭，均为一棺一椁的竖穴土坑墓，随葬品仅有陶器。墓主均为女性，为 I11M8 的陪葬墓。

I12M13、I12M9 为夫妻并穴合葬墓。I12M9 为晋侯墓，墓道窄于墓室。墓道中有殉车 2 辆，墓室底部与椁顶的填土中有拆散的殉车 5 辆，即共 7 辆殉车。墓葬是一椁二棺，椁顶南端有殉狗一只，外棺南端有成排海贝组成的棺饰。铜器放在棺椁之间，大致是：礼器放于椁室南北两端，乐器放于南端，兵器放于西端，车马则散布于四周。棺椁之间还有海贝、龟甲、包金器等。此墓铜器锈蚀严重，保存较好的有鼎、簋、斝、编钟等。《礼记・檀弓下》："国君七个、遣车七乘，大夫五个、遣车五乘。"郑玄注曰："人臣赐车马者，乃得有遣车。遣车之差，大夫五，诸侯七，则天子九。诸侯不以命数，丧礼略也。个，谓所包遣奠牲体之数也。"此墓中葬 7 车，正合国君的"遣车七乘"之数，所以该墓当是诸侯，即晋国国君之墓。

I12M13 墓主人为女性，墓道长而墓室狭小，墓道口西侧有一埋牛的祭祀坑。墓道前坡后平，接于墓室中腰之上。墓内一棺一椁。椁顶有精美的小车 1 辆，有铜质车饰。二层台上有鬲、豆、罐、尊、簋等陶器，椁室北端有铜器、原始瓷器、漆器等，铜礼器为 5 鼎 4 簋。其他铜器有马饰、立鹿杖首和野猪形带饰，有浓郁的北方铜器风格。墓主人仰身直肢，双手放腹上，头上有括发玉管；胸部放玉牌及珠玑组成的胸饰，腹部和足部放有玉石器。此墓出土的铜器上有"晋侯作器"的铭文，此墓当是 I12M9 晋侯的夫人。②

M64、M62、M63 三座大墓，M64 是"晋侯邦父"墓，在三座墓的最东边；根据男左女右的尊卑规制，M64 地位最尊。M62 在 M64 之西，形制与 M64 基

---

① 北京大学考古系、山西省考古研究所：《天马—曲村遗址北赵晋侯墓地第二次发掘》，《文物》1994 年第 1 期，第 4、5 页。

② 北京大学考古系、山西省考古研究所：《天马—曲村遗址北赵晋侯墓地第二次发掘》，《文物》1994 年第 1 期，第 7、8 页。

本相同，是“晋侯邦父”的正夫人墓；M63 居最西部，位在最次，是“晋侯邦父”的次夫人墓。此三座墓一字排开，由东向西依次排列，墓向大体一致，相互仅隔 1.5 米，墓室南沿在同一直线上，彼此仅相距 3.5 米，还有共同的车马坑，所以应为同一组墓葬，而且是经过统一规划的一夫二妻并列而葬”①。

河南浚县辛村卫侯墓地，墓葬都是大型竖穴木椁的并穴合葬墓。考古工作者在浚县辛村第三次发掘中，“17 号墓是一座男性贵族大墓，与第 5 号大墓距离较近，西东并列，男右女左，墓葬形制大小均同。同类遗物的形制、花纹亦同，可能是一对异穴祔葬墓”②。

（清）徐乾学《读礼通考・葬考一》云：“合葬，非古也，自周公以来未之有改也。故曰礼也，古也，并棺而同椁；今也葬以灰鬲，异椁而同穴可也。有离之者何也？力之不能祔者，变也；男女之位次何也？曰葬以北首，男东女西，礼也；观于国葬之昭穆可知也。”

西周墓葬的夫妇祔葬墓，以头北足南，男左女右，即“葬以北首，男东女西”的位次为主要形式。

四、西周墓葬祔葬的车马坑

车马坑的殉埋始于殷代，盛行于两周。

殷墓中多见埋葬车马的现象。安阳殷墟武官村大墓的北墓道杀埋 16 匹马，南墓道杀埋 12 匹马。在安阳大司空村和殷墟西区等地发现车马坑多座，这些车马坑一般都与墓地上形制较大、带一条墓道的“甲”字形大墓较近，可能是“甲”字形大墓的陪葬坑。殷墟车马坑中一般埋有 1 车 2 马。车为两轮独辕，马匹置于车辕的两侧。埋葬时，车轮纳入预先挖好的槽内。在有的车厢底部还出有矢菔，内装铜箭镞。车的后部往往殉埋成人骨架 1 具和铜戈等兵器，可能是车上的驭手。车和马头上都有青铜铸造的饰件。③

西周车马的殉葬还有一种情况，就是将车与墓主人同穴埋葬，而马则另外

① 北京大学考古系、山西省考古研究所：《天马—曲村遗址北赵晋侯墓地第四次发掘》，《文物》1994 年第 8 期，第 19 页。

② 郭宝钧：《浚县辛村》，科学出版社，1964 年，第 5 页。

③ 中国社会科学院考古研究所：《新中国的考古发现和研究》，文物出版社，1984 年，第 227、233 页。

异穴埋葬，如长安张家坡西周井叔墓M157是一个由墓室和南、北墓道组成的大墓。墓道主要放置车辆的各个构件。南墓道有车轮26个，车舆6个，还有辕、轴、铜饰等；北墓道也有车轮、车舆等。又如，宝鸡茹家庄的西周강伯墓，在椁室东部有一葬坑，埋有车轮等。① 还有浚县辛村卫国墓、洛阳下瑶村西周墓等墓葬皆是墓主人与车同穴而葬，而在墓的附近则有殉葬的马坑，这可能是周人的葬俗。

但是作为车马殉葬坑的主要形式是在墓葬之外设置车马坑，即在墓葬附近挖一葬坑，坑内有车马殉葬，这是周代车马殉葬的主要形式。

在沣西张家坡一带发现不少西周时期的车马坑，经发掘和清理的已有10多座。这些车马坑一般都是埋一辆车两匹马，最多的有埋4辆车的。每个车马坑大都有一个殉葬的舆夫。在其他地方发现的车马坑或有将车拆散埋葬的。张家坡发现的车马坑无论是车、是马，都放得整整齐齐，没有一点凌乱的现象。在埋车的方式上可以分成两种，一种是车辕向东，如果一坑埋两辆以上的车，则采取南北并列的方式；另一种是车辕向南，如果一坑有多辆车，则取南北纵行方式，前一辆车的舆压在后一辆车的辕上。从出土的器物判断，前一种年代较早。由于张家坡一带至今没有发现大型的西周墓葬，这些车马坑只能是某些中小型墓的随葬坑。这些车马坑的地层关系和当地的西周早期墓相同，而西周晚期墓中出现只用马匹而不用车舆随葬的迹象，可以认为这些车马坑是西周早期墓的随葬坑。②

1984年，中国社会科学院考古研究所沣西发掘队在陕西长安县普渡村清理44座墓葬，2座车马坑。这批墓葬都属于中小型的墓葬，长方形的竖穴土坑墓，没有墓道。其中17座有腰坑，内埋1狗。绝大多数都有木棺痕迹，个别大墓还有木椁痕迹。其中的27号墓、33号墓是车马坑，内埋有1车4马。③

殷周贵族用车马殉葬，象征他们身份的高贵和地位的显赫。殷代以前，我国在新石器时期的遗址及夏文化的遗址中还没有发现"家马"的遗存，只在半坡遗址中出土了马的两颗牙齿和一节趾骨，而且经鉴定不属于家马，当时野马

---

① 茹家庄西周墓发掘队：《陕西宝鸡茹家庄西周墓葬发掘简报》，《文物》1976年第4期，第34页。

② 中国社会科学院考古研究所：《新中国的考古发现与研究》，文物出版社，1984年，第255、256页。

③ 中国社会科学院考古研究所沣西发掘队：《1984年陕西长安普渡村西周墓葬发掘简报》，《考古》1988年第9期，第769、771页。

的牙齿。[①] 南京市北阴阳营“遗址上层堆积的灰层和灰坑内”，出土的“自然遗物”有“鹿角、鹿牙、狗牙、猪牙、马牙、鱼骨、鳖甲等”。研究者认为，“关于遗址两层文化的时代问题，我们认为下层属于新石器晚期的，上层属于铜石并用时代的文化”[②]。江苏新沂县三里墩遗址的上层文化层中，出土有马，但却是出自时代相当于西周的层位里。[③] 故据推测，我国在殷代之前没有饲养的家马。殷代以前的遗址中也很少发现过“车”的遗存。

车、马是重要的交通工具和军事作战的工具。车的轻便，马的雄健，都得到人们的喜爱。贵族们用贵重的青铜做成精美的车、马饰，把车马装扮得更华丽、雄伟。车、马也随之成为贵族财富和身份地位的象征，在当时“灵魂崇拜”的社会中，贵族们死后，就把大量的车、马殉埋在自己的墓葬附近，有如生前马厩与住室不在一起，而在附近一样，车马也殉埋在墓主人的周围。

车马坑中往往殉埋有驭车者，贵族们不仅在死后继续拥有大量的车马，还要用活人殉葬为他们赶车，表现了统治阶级残忍的本性。车马坑中还有殉埋狗、羊、猪、牛的现象。有人认为牛、羊、猪、狗是作为一种祭祀的牺牲，去祭祀厩神而殉埋的，狗或许是作为助猎动物殉埋的。车马坑中的车或并列，或纵列，马在车的两旁呈驾乘状态，排成威武雄壮的阵势，象征墓主人身份地位的高贵和拥有财富的众多。有的学者认为，西周中期以后墓葬所随葬的车马坑逐渐出现了等级。“墓葬所随葬列鼎不同，其殉葬的车马之数也有等差。七鼎墓殉车 10 辆，马 20 匹左右；五鼎墓殉车 5 辆，马 10 匹左右；三鼎墓和一鼎墓，殉车 1 辆，马 2 匹，仅是一乘。”[④] 虽然目前我们尚未发现随葬的车马坑犹如鼎制那样鲜明的等级，但是以上观点还是非常值得重视的。

张家坡西周墓地 M157 椁盖上和墓道内主要陈放拆散的车辆，30 个车轮、12 个车厢，还有轴、辕、衡、轭等，摆满墓道内和椁盖上，其气势确实是非同寻常的。M157 随葬有马车大约 12 辆。椁盖上有 2 辆车子的部件，南墓道随葬

① 李有恒、韩德芬：《陕西西安半坡新石器时代遗址中之兽类骨骼》，《古脊椎动物与古人类》1959 年第 4 期，第 177 页。

② 南京博物院：《南京市北阴阳营第一，二次发掘简报》，《考古学报》1958 年第 1 期，第 11、14 页。

③ 南京博物院：《江苏新沂县三里墩古文化遗址第二次发掘简报》，《考古》1960 年第 7 期，第 20、22 页。

④ 李自智：《殷商两周的车马殉葬》，《中国考古学研究论集》，三秦出版社，1987 年，第 231 页。

26 个车轮，6 个车厢，4 段车辕，1 段车轴；当属于 6 辆车子的部件；南墓道散落有铜车马器，壁上还有铜戈等。北墓道内只随葬车子的各种部件，计有 4 个车轮、4 个车厢、2 根车辕和 1 条车轴。这些器物都陈放在墓道南段较宽的地方。车厢底部有白色编织物的车垫，车厢多经髹漆，其上多有棕褐色漆皮。

西周晚期，车马坑作为墓葬的祔葬坑成为普遍的现象。三门峡虢国墓地虢季墓东侧 6 米处，祔葬的一号车马坑 M2001CHMK1，平面呈长方形，南北长 47.6、中部东西宽 4.16 米，两端稍窄，北端宽 3.78、南端宽 3.7 米，坑壁上下垂直，坑底平坦，坑深 1.1～1.4 米。坑内共清理出车 13 辆，马 64 匹，狗 6 只。除 9、11、13 号车外，其他 10 辆车上均发现有铜车马器，主要有衡末饰、軎、辖、轭饰、毂饰、辋饰、络饰等。一只狗位于坑的最南端，大都位于车舆后面或下面，有 2 只狗的颈下各系一铜铃。13 辆车全部木质，表面髹黑漆。木车结构相同，均为独辀双轮，由一辀、一衡、一轴、一舆两轮等主要部分组成。但是车的辐条数量、尺寸大小各不相同（图 3-2）。

图 3-2　虢季墓祔葬的车马坑

资料来源：此图系上海黄琦珺先生在三门峡虢国博物馆所拍。

车马坑共清理出 64 匹马，坑底南端埋有 39 匹马，坑底北部埋有 25 匹马。马按一定顺序排列，排列不太整齐，可能是捆绑杀后埋入坑内的；每辆车下面叠压 2 匹马。马均侧卧，头东足西，少数头北足西或其他的头向。[①]

① 河南省文物考古研究所、三门峡文物工作队：《三门峡虢国墓》，文物出版社，1999 年，第 213、219 页。

三门峡虢国墓地的 2 号车马坑 M2012CHMK2 是梁姬墓祔葬的车马坑，坑内埋有 19 辆车，由一辀、一衡、一轴、一舆两轮等主要部分组成，均为木结构，表面髹黑漆。每辆车的下面皆压有马，由于车辆摆放太密集，又因虢国博物馆对车子保护的需要，车下半部分未做清理。从清理的情况来看，是把马杀后再埋入地下的。每辆车按两匹马计算，此车马坑最少埋有 38 匹马。[①]

西周以后，由于社会经济的发展，财富的增加，贵族们死后在自己的墓葬中杀殉大量的马匹，祔葬车马坑，以希望死后依然享用奢华的生活。

第二节　西周墓葬的随葬品

西周墓葬随葬的生产用具大大减少，甚至没有；陶器、骨器、石器也逐渐减少消失；墓葬中随葬青铜礼器增多，等级性质增强，如西周早期列鼎的组合形式已经出现，西周晚期列鼎的等级制度已经形成；乐器、玉器的等级制度也在形成之中，逐渐变得复杂。例如，三门峡虢国墓地的虢季墓共出土玉器 967 件件，有大型而华丽的七璜联珠组玉佩、48 件玉片缝缀在布帛上组成人面形玉覆面、盾形玉牌等标志了死者身份的高贵。

一、西周墓葬的用鼎制度

鼎，对于周人来说，是祭祀祖先和神灵的祭器，具有神圣的意义，甚至成为镇国之宝，甚至成为国家权力的象征。西周王朝在分封诸侯鲁、卫、齐时都分以宝器、重器，而作为异己之邦的楚国却什么也没有得到，直到春秋中期，楚灵王还恨恨不已，要“使人于周，求鼎以为分”。[②]

鲁宣公三年（公元前 606 年）楚庄王观兵周疆，问鼎周室。杜注曰：“示欲偪周取天下。”这时的周鼎是周天子权利的代名词。王孙满回答楚庄王，说鼎是由夏朝而铸，经商而传至周。这当然只能是一种传说，是周王室为自己的统治寻找的理论根据。但这件事本身说明“鼎”在当时已经从简单的炊煮器走进政治生活中来，并具有了标志国家权力的意义。

---

① 河南省文物考古研究所、三门峡文物工作队：《三门峡虢国墓》，文物出版社，1999 年，第 297 页。
② 杨伯峻：《春秋左传注 · 昭公十二年》，中华书局，1983 年，第 1339 页。

由于人们对鼎的崇拜和重视，在使用方面也刻意地研究，周代的用鼎制度出现了一个非常复杂的组合形式。

西周初年，列鼎制度已经形成，如甘肃灵台县白草坡发现两座西周墓。其中 M1 墓中出土铜卣，铭文曰："潶伯作宝隮彝。"墓主为潶伯，时代为成、康时期。该墓出土有铜圆鼎 5、方鼎 2、簋 3。5 个圆鼎，其中有 3 件足鼎，2 件分裆鼎。每件鼎的形制大小花纹各不相同，很明显这不是列鼎的形式。白草坡的 M2 为西周时期的㥄伯墓，时代不晚于昭王。M2 随葬的器物为铜方鼎 2、簋 2，形制花纹完全相同。[①] 陕西扶风西周穆王时期的伯㺇墓出土铜鼎 3 件，分三式；铜簋 2 件，分二式，很明显不是列鼎的形式。

但是有的墓葬中已经有了列鼎形式。陕西宝鸡市茹家庄发掘的西周墓 M1 乙室，墓主为弜伯，时代为康、昭时期。M1 乙室出土的鼎、簋形制大小各不相同。而在 M1 甲室中出土一套列鼎 5 件，形制花纹相同，大小相次，铜簋 4 件，完全相同。M1 甲室的墓主，研究认为是弜伯之妾[②]，这说明西周时期列鼎已经出现。

天马—曲村遗址北赵晋侯墓地第四次发掘出土的 I11M64 墓主人棺的北面有 5 鼎、4 簋、4 尊，以及壶、盘、匜、簠、爵、甗，其中 2 件鼎及簋上有"晋侯邦父"铭文。铜鼎 5 件，其中有两件铭文相同，标本 I11M64：130，短折沿，立耳，腹壁较直，圜底低平，蹄足。颈部饰窃曲纹和 6 条等距的扉棱，腹部饰波曲纹，足根部出扉棱，并饰饕餮纹。器内壁铸有"晋侯邦父作隮鼎，其万年子孙永宝用"。鼎的口径 29.2、通高 28.2 厘米。铜簋 4 件，形制花纹相同；这是一套 5 鼎 4 簋的组合形式。

I11 天马-曲村遗址北赵晋侯墓地 I11M62 是晋侯邦父的夫人墓，此墓随葬有 3 鼎、4 簋。3 鼎，大小相次；4 簋，形制大小相同。大小相次的列鼎形式已经出现。I11M62 出土铜方壶 2 件，形制相同。

I11M63，是一座带有南北两个墓道的"中"字形墓葬，研究者认为是晋侯邦父的次夫人之墓，随葬的青铜礼器鼎组合是 3 鼎 2 簋，2 壶、爵、方彝、盘、

---

① 甘肃省博物馆文物队：《甘肃灵台白草坡西周墓》，《考古学报》1977 年第 2 期，第 106 页。

② 宝鸡茹家庄西周墓发掘队：《陕西宝鸡茹家庄西周墓发掘简报》，《文物》1974 年第 4 期，第 45 页。

盉、鼎形方盒、筒形器各 1；在这些铜器中包括一套 3 鼎 2 簋的组合形式。

三门峡虢国墓地的虢季墓出土铜器 2487 件，其中礼器 58 件。虢季列鼎 7 件，形制花纹、铭文均相同，大小相次；上有铭文“虢季作宝鼎，季氏其万年子子孙孙永宝用鬲”。另外还有 3 件形制大体相同重环纹鼎（名器）。铜簋 9 件，其中虢季铜簋 6 件，形制相同，大小纹饰铭文略有差异，非一次铸造。上有铭文“虢季作宝毁，永宝用”。另外还有件重环纹簋，2 件四面簋（明器）。除去明器，这是一套典型的 7 鼎 6 簋的组合形式（图 3-3）。

图 3-3　虢季墓出土的七鼎六簋

资料来源：河南省文物考古研究所、三门峡文物工作队：《三门峡虢国墓》，文物出版社，1999 年，彩版三与彩版五。

虢季盨 4 件，大小、形制、花纹、铭文均基本相同。

虢季匿（即“簠”）2 件，大小、形制、花纹、铭文均基本相同。

虢季甫 2 件，大小、形制、花纹、铭文均基本相同。

虢季方壶 2 件，大小、形制、花纹、铭文均基本相同。

虢季盘 1 件，重环纹盘 1 件（明器）、素面盘 2 件（明器）。

龙纹盉 1 件，重环纹盉 1 件，S 窃曲纹盉 1 件（明器）。

窃曲纹方彝 3 件（明器），尊 3 件（明器），素面觯 3 件（明器）。

菌柱爵 3 件，立耳爵 1 件，另有 3 件爵（明器）。

铜兵器 296 件，其中有戈、矛、盾锡、箭镞等，在椁室的底部和南北两端。

铜工具共有 11 件，有斧、锛、凿、钻、刻刀、刮刀、锥等。

铜车器共有 74 件，其中辖 28 件，銮铃 22 件，轭首 8 件，轭足 16 件。

铜马器共有1435件，其中衔76件，镳110件，兽面纹铃6件，节约134件，络饰976件，带扣48件，小腰42件，环28件，游环15件。

棺饰472件，其中棺环12件，小玲19件，铜鱼384件，双龙纹圆形饰6件，翣残片6件。

其他长方形泡8件，合页19件，镂空长管11件，镂空“Y”形管14件，帽首1件，三角形带饰1件，小绳扣110件。

墓葬内有2件铁器，1件玉柄铁剑，铜内铁援戈；说明西周时期我国已经有了铁器。

金器共有16件，其中12件金腰带饰：包括龙形金腰带饰1件、兽首形带扣3件、圆形环7件、方形环1件等。金盾缀饰：小环2件、铂片2件。

三门峡虢国墓地M2012梁姬墓出土铜器394件，其中礼器68件。垂鳞纹列鼎5件，形制花纹、铭文均相同，大小相次；上有铭文“虢季作宝鼎，季氏其万年子子孙孙永宝用鬲”。另外还有1件重环纹鼎、1件凸弦纹鼎、素面鼎4件，皆为明器。回首龙纹鬲8件，形制、花纹相同。S窃曲纹铜簋4件，出土时器盖分置，如果在一起比对，形制、大小、纹饰相同。5件瓦垅纹簋、1件素面簋为明器。除去明器，这是一套典型的5鼎4簋的组合形式。

有1件小罐上有铭文“梁姬作罐”。可认此墓为梁姬墓。

曲体龙纹�（即“簠”）2件，大小、形制、花纹均基本相同。

镂孔波曲纹甫2件，大小、形制、花纹均基本相同。

凤鸟纹方壶2件，大小、形制、花纹均基本相同。

盘7件，1件实用器，其余6件，即重环纹盘1件、素面盘5件，皆为明器。

龙纹盉6件，凤鸟纹盉1件为实用器，重环纹盉3件，素面盉2件，皆为明器。

方彝5件、4件爵（明器）、素面觚1件（明器）、素面觯6件（明器）。

另有铜车马器等。[①]

虢国墓地M2011是西周时期的虢国太子墓，出土铜器1626件，其中礼器34件。波曲纹列鼎7件，形制花纹相同，大小相次；另外还有重环纹鼎1、缠体龙纹鼎1；铜簋9件，其中S形窃曲纹铜簋8件，形制、大小、纹饰相同。这是

① 河南省文物考古研究所、三门峡文物工作队：《三门峡虢国墓》，文物出版社，1999年，第15、378页。

一套典型的7鼎8簋的组合形式。另外还出土回首龙纹鬲8件，其中6件的形制、大小、纹饰相同。

《公羊传》桓公二年何休注曰："礼祭，天子九鼎，诸侯七、卿大夫五，元士三也。"这种用鼎制度被认为是"西周古制"。

以上所举的皆西周时期的墓。除个别的以外，如潶伯、強伯、㒼伯、伯𢦏、西周时期的晋侯邦父及夫人墓，都属于周代方伯，相当于诸侯国君。如果按照何休的"天子九鼎，诸侯七，卿大夫五，元士三"的规格计算，他们用鼎的规格应是列鼎七，但这几个"伯爵级"的诸侯墓葬虽然有随葬列鼎的，但是用鼎的规格不符合墓主身份，如晋侯邦父墓中随葬5鼎4簋，而按照"诸侯七"的等级来看，应该随葬7件列鼎，而不是5件列鼎。西周中期，列鼎的形式已经出现了，但还没有成为普遍形式，更没有形成整齐划一的等级。

二、西周随葬的玉器

考古工作者在天马—曲村北赵晋侯墓地第二次共发掘时，清理西周时期的大墓5座，最大的I11M8，是一个平面是比较规整的"甲"字形大墓，坐北朝南，墓口长25.1米。墓道接于墓室的南端，长18.45米。随葬的玉器中有为殓尸而做的玉唅、玉覆面，以及缝缀于死者躯干衣物上很薄的柄形器和缀饰，当是后世贵族死者所用到玉衣或玉匣的雏形。死者头顶放玉筒，头下压五龙项饰，头上盖缀玉覆面，过颈有双环双珏三璜佩饰，肩下压有双环三珏，背下有玉钺、玉环，胸腹部正中放有大玉戈、玉环，旁边有玉缀柄形器，质地极佳的白玉瑗1件，再上有双璜过珩连环玉佩、四璜过珩连环玉佩、玉笏板、玉牌、玉玦、玉琮、玉鸟形珩、玉虎等。①

考古工作者在天马-曲村遗址北赵晋侯墓地第四次发掘时，清理的I11M62，是晋侯邦父的夫人墓，该墓中随葬玉器较多，玉覆面用48件玉片缝缀在布帛上组成人面形，四周围以24片玉缀，中间用24片玉片组成五官，眉眼以碧玉制成。除玉缀外，其他玉片均有纹饰，覆面上、下方各有一组玉串饰，覆面上压有一组柄形饰，2件玉玦。玉串饰2组，一组I11M62：11，位于覆面上方，墓

① 北京大学考古学系、山西省考古研究所：《天马-曲村遗址北赵晋侯墓地第二次发掘》，《文物》1994年第1期，第13、14页。

主头顶部，由5件长方形带齿玉牌、2件大玉玦、2件小玉玦、87粒玛瑙珠组成。玉牌白色，一面有纹，两端及背面有3行6个斜穿孔。另一组位于覆面下方，墓主颈部，由6件盾形玉牌、1件玉兽面、53粒玛瑙珠串成。6件盾形玉牌按不同颜色间隔串联，其中白色和黄褐色者较大，绿色者较小。玉牌单面刻纹，两端及背面有斜穿孔，有花纹的一面抛光，表面光莹。玉龙2件，造型、纹理、色泽完全相同。

I11M63是晋侯邦父的次夫人之墓，椁饰西北角有一铜方盒，内盛满各种玉器小动物。玉环，连同玉璧10件，玉璜50余件，其中45件系于一佩饰之上；玉戈12件，玉人7件，形制各不相同；玉龙人5件，形制大致相同；玉鹰、玉鸮、玉龟、玉熊、玉牛、玉鹿、玉马、玉羊、玉螳螂、玉蠷各1件。①

三门峡虢国墓地的虢季墓共出土玉器967件。玉礼器40件，包括玉戚2件、玉琮1件；玉璧12件、大璧8件、小璧4件；璜8件，其中素面璜3件、尖尾双龙纹璜2件、双龙窃取纹璜1件、人龙合纹璜2件等。

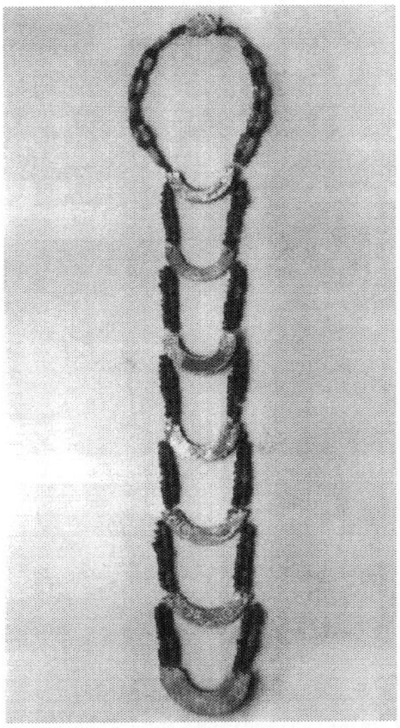

图3-4 虢季墓出土七璜联珠组玉佩

资料来源：河南省文物考古研究所、三门峡文物工作队：《三门峡虢国墓》，文物出版社，1999年，第一专彩版十七。

玉戈10件、玉璋4件。

玉佩饰，644件，分为组佩饰、单佩饰两种。有现象表明，组佩饰种类及数量多少与墓主人身份等级有关，某些大型的组佩饰可能本身就是礼器的一种。组佩饰是由多件的玉器，如玛瑙珠、玉管、环组合发饰、玉佩、璜、玦组合发饰；玛瑙珠、玉佩组合项饰，七璜联珠组玉佩等。七璜联珠组玉佩由374件小型玉组成，是挂于颈间而达于骨盆以下的大型组玉佩，上部用玛瑙珠、玉管组合，下部用玉璜、玛瑙珠、料珠组合（图3-4）。

有玛瑙珠、玉管、玉环组成的发饰。

---

① 山西考古研究所：北京大学考古系：《天马—曲村遗址北赵晋侯墓地第四次发掘》，《文物》1994年第8期，第16～20页。

63 件单佩，其中有虎形佩、盘龙佩、鹿形佩、人形佩、鱼形佩等。

殓玉幎目，出自墓主人的头部，由 14 件仿制男人面部器官的厚玉片与 44 件三角形、梯形、三叉形薄玉片及 68 颗小红色玛瑙珠组合连缀成人的面部形象。

墓主人的口内含有 54 件玉晗，其中有 31 颗珠、23 件贝。中国古代认为，人死后，口内是不应该空的，必须含上食物（米），贵族们则含上玉、珠、贝等。

墓主的双手皆握有一个圆的玉管，称为手握玉，也有称为握手的。平民手中有时握有巾的，称为握手。

脚趾夹玉，8 件，分为 2 组，每组 4 个。墓主人的左右两脚，各有 4 个脚趾缝，每个脚缝中夹一块玉。每块玉约长 4、断面大致在 0.5 厘米×0.4 厘米。

踏玉，2 件，分别在墓主人的左右脚下，大约长 19 厘米、宽 3～8 厘米、厚 0.3 厘米。

棺饰，15 件，只有贝一种，个体较大，且尖端皆有穿孔。

虢国墓地的梁姬墓共出土玉器 806 件。玉礼器 11 件，包括玉戈 3 件、玉璧 5 件、玉璜 3 件。

玉佩饰 763 件，分为组佩饰、单佩饰两种。

组佩饰 5 组，743 件，玛瑙珠、玉佩组合项饰 2 组、五璜联珠组玉佩 1 组、腕饰 1 组。五璜联珠组玉佩由 1 件人龙合纹佩、5 件形态各异的璜、368 颗红色玛瑙珠、16 颗菱形料珠组成。其长度从墓主人的颈部可达于腹下骨盆处。

有玛瑙珠、玉管、玉环组成的发饰。

23 件单佩，有玦、猪形佩、鹿形佩、人形佩、鱼形佩、蝉形佩、蚕形佩、牛形佩等。

墓主的左右手亦握有一个圆的玉管，称为手握玉。

踏玉，2 件，分别在墓主人的左右脚下，长 9 厘米、宽 3 厘米、厚 0.3 厘米左右。

另外还出土许多玉质的佩饰，玛瑙珠、料珠、陶珠等。

虢国墓地的太子墓出土有玉琮 1 件，玉璧 1 件，玉戈 2 件；玉佩饰 363 件颗，组合为组佩饰、单佩饰。其中 3 组佩饰：一组是玛瑙珠、玉佩组合的项饰，两组分为左右手的腕饰；还有一些单饰，单饰玉玦 4 件，分为大小两对。手握玉 8 件，口琀玉 4 件，在主人的口内。[①]

西周时期的玉器已经有了明显的等级，如虢季墓出土了七璜联珠组玉佩，而且在这座墓中也同时出土了 7 鼎 6 簋；梁姬墓出土了五璜联珠组玉佩，而且在这座墓中也同时出土了 5 鼎 4 簋。有人说这两座墓随葬的是 7 鼎配 5 璜、5 鼎配 5 璜，是西周等级的典型表现形式。

笔者认为，虢季墓出土了七璜联珠组玉佩（图 3-4）、7 鼎 6 簋的、列鼎组合形式，但是天马-曲村的 I11M64 是“晋侯邦父”墓，研究者认为是西周宣、幽时期的墓葬，也在西周晚期，出土一套 5 鼎 4 簋的铜列鼎组合形式，却没有出土联珠组玉佩；而 I11M63，研究者认为是晋侯邦父的次夫人之墓，随葬的青铜礼器鼎组合是 3 鼎 2 簋，出土了玉璜 50 余件，其中 45 件系于一组配饰之上。此件玉佩饰呈黄褐色双面刻纹，由双勾隐起阳线组成两条怪龙，怪龙一端为人头，另一端为龙头。人头侧视，大眼阔口，圆鼻巨耳，腮下有须，前肢出利爪。长 12.6 厘米、宽 2.7 厘米、厚 0.6 厘米。所以说，西周后期严格的用鼎制度、青铜乐器的等级、玉礼器的等级制度还正在形成之中。

三、西周墓葬中出土的乐器

西周时期，墓葬中开始出现成组成套的乐器编钟。西周早期墓葬中出现的还是 3 件一套的编钟而至西周晚期，8 件一套的编钟及相配的 8 件一套，或者 10 件一套的编磬等乐器在墓葬中普遍出现。

宝鸡市竹园沟七号墓出土编钟一组 3 件，即 BZM7：10、BZM7：12、BZM7：12，钟体最大，截面呈椭圆形，圆甬中空与体腔相通，旋上有方形挂环（干），饰圆乳 4 枚。钲部周边有乳刺，两面各有 3 组，每组 3 枚。篆间及鼓部饰细阳线云纹，云纹稀疏。通高 34 厘米、甬长 10 厘米、舞修 18 厘米、舞广 12.5 厘米、栾长 23.8 厘米、铣间距 21 厘米、鼓间距 14.6 厘米，重 7.25 千克。BZM7：11，钟体适中，形制、纹饰和BZM7：12相类，唯甬部较长，通高 33 厘米、甬长 11.1 厘米、舞修 16 厘米、舞广 11.6 厘米、栾长 22 厘米、铣间距 18 厘米、鼓间距 14 厘米，重 6 千克。BZM7：10，钟体最小，纹饰与 BZM7：11、BZM

① 河南省文物考古研究所、三门峡文物工作队：《三门峡虢国墓》，文物出版社，1999 年，第 130、267、354 页。

7：12略有差异。钲部周边无乳刺，旋上及篆部素朴无故，唯鼓部饰细阳线云纹。通高 28.8 厘米、甬长 9.8 厘米、舞修 13.2 厘米、舞广 9.3 厘米、栾长 19 厘米、铣间距 16.2 厘米、鼓间距 10.6 厘米，重 4.35 千克。

西周时期，成组成套乐器编钟出现，竹园沟七号墓当是最早的一例。①

陕西宝鸡茹家庄弛伯墓，随葬有乐器编钟 3 件，即 BRM1 乙：28、BRM1 乙：29、BRM1 乙：30，器形相同，大小有别，合为一组乐器。BRM1 乙：28，钟体最大，圆甬中空，甬上有对称长方形二横穿，旋部有方形挂环（干），钲部周边有一排小乳刺，两边篆部各有 3 排乳状枚，每排 3 个。鼓部有细阳线勾勒的云气纹。通高 31.7 厘米、甬长 11.2 厘米、舞修 14.6 厘米、舞广 12.5 厘米、鼓间距 12.3 厘米、栾长 21 厘米、铣间距 18 厘米，重 4.65 千克。BRM1 乙：29，通高 30.5 厘米、甬长 11.4 厘米、舞修 13.3 厘米、舞广 11 厘米、鼓间距 11.6 厘米、栾长 19.3 厘米、铣间距 16.5 厘米，重 4.25 千克。BRM1 乙：30，形体最小，钲部周边无乳刺。通高 23.3 厘米、甬长 9.3 厘米、舞修 10.1 厘米、舞广 7.8 厘米、鼓间距 8.4 厘米、栾长 14 厘米、铣间距 12.2 厘米，重 1.85 千克。

这组编钟形制、花纹和竹园沟七号墓一组编钟完全相同，与长安沣东西周长由墓一组编钟形制、组合也相类似，唯形体较竹园沟七号墓、长由墓出土编钟为小，应是我国西周时期最早的几组编钟之一。这几组编钟的出现，为西周中、晚期成套、成组编钟的组合打下了基础，在我国音乐史上应占有重要的地位。②

张家坡墓地的西周井叔家族墓地 M157，虽经过盗扰，但棺椁之间残存的随葬品还是较多，尤其是在西南角和南端两处。椁室西北角有两件完整的大石磬，一件横放在北端、一件顺放在西壁，附近还有一些石磬残块。这两件石磬可能是 5 件一组编磬的第 2 件和第 5 件，也许这组编磬原来就是陈放在这里的。③

井叔家族墓地 M152 经过盗扰，幸存铜鼎 2 件，一件带盘鼎内底部有“井叔乍”的字样，表明此墓也是一代井叔。此墓残存石磬 4 件，两件完整，两件残缺。其中最大的 1 件出于头箱的西北部，呈半圆形，顶部中央有一穿孔，估计

① 卢连成、胡智生：《宝鸡弓鱼国墓地》，文物出版社，1988 年，第 96 页。
② 卢连成、胡智生：《宝鸡弓鱼国墓地》，文物出版社，1988 年，第 281 页。
③ 中国社会科学院考古研究所：《张家坡西周墓地》，中国大百科全书出版社，1999 年，第 20 页。

原来随葬有一套编磬。

天马-曲村遗址北赵晋侯墓地第四次发掘时清理的 I11M64、I11M62、I11M63 三座大墓。I11M64 是“晋侯邦父”墓，乐器有编钟一套 8 件，钲 1 件，石磬 16 件，分别放置在棺外东、南两侧。编钟 8 件，均为甬钟，形制相似，均有铭文。I11M64：93，甬断面呈方形，上端有浅窝及 3 个沟槽，舞两面微向下倾。钲、鼓皆有铭文，是楚国国君祭祀其先祖的铭文，表现出西周时期晋楚关系的密切。16 件石磬，当是每套 8 件，共两套完整的石磬。

天马-曲村遗址发掘的最大墓葬是 I11M8，但此墓经过盗扰，已经不完整了。椁棺之间放有铜礼器，铜、石乐器，已被盗走许多，铜编钟仅剩 2 件，一套 8 件的石磬完整。

虢季墓共出土铜乐器 17 件，包括铜编钟和钲。

虢季编钟 8 件，形制、花纹均相同，大小相次；虢季的 8 件编钟皆有铭文，其中 M2001：44、M2001：45、M2001：48、M2001：49 的铭文“惟十月初吉丁亥，虢季作协钟，其音䎽（肃）雒（雍），用义其家，用与其邦，虢季作宝用享，追孝其皇考，用祈万寿，用乐用享。季氏受福无疆”。M2001：50、M2001：51 的铭文“季氏作宝，用享追孝”。䎽、雒，二字形容钟鸣之声的悠扬动听与洪亮，这篇铭文的意思是用钟声为祖先诸神奏乐，孝敬祖先，祈求祖先福佑其家及邦国。这是一组在宗庙中为祖先奏乐的乐器。

虢季墓出土铜编钟 8 件，形制、花纹均相同，大小相次；兽面纹钲 1 件。

M2001 还出土石器 556 件，其中有编磬 10 件，大小依次递减。

虢国墓地的太子墓出土石器 307 件，包括戈、圭、编磬、贝等。该墓出土编磬 18 件，根据形制大小可分为两套：第 1 套 9 件，形制相似，大小相次，鼓上角与股上角均小于 90 度。第 2 套亦为 9 件，形制相似，大小相次，鼓上角与股上角均大于 90 度。[①]

西周时期成套的编钟在墓葬中已经出现，但这种编钟一般只是出现一套，尚未出现春秋以后的那种两面、三面悬挂的编钟；也就是说编钟成熟的等级还没有形成。

---

① 河南省文物考古研究所、三门峡文物工作队：《三门峡虢国墓》，文物出版社，1999 年，第 369、373 页。

第四章　春秋战国时期的墓葬文化

两周（西周、春秋、战国）时期，周王朝所属的诸侯国可分为两大类。

周王朝分封出来的诸侯国，包括齐、鲁、卫、燕，邗、晋、应、韩、郑、虢和其他姬姓国家。周天子把灭商所得的土地和人民分给自己的兄弟和亲戚，建立政权，以做保护周王朝的屏障，即“封建亲戚，以蕃屏周”。这些受封的诸侯国统治者都是周的同姓和亲戚，故其风俗和生活习惯也是与周王朝一致的，所遗留的墓葬文化和内涵也相同。这种墓葬可称为周文化类型的墓葬。

另一类诸侯国，对于周王族来说，是异姓国家。这些诸侯国一般在西周王朝建立之前就存在了（当然也有个别的例外，如秦国建国较晚）。他们之中，有的是帮助周人灭商的同盟国，如楚庸、巴蜀、羌、茅、微、庐、彭、濮等，或原是商殷的属国，在周人胜利之后，慑于周的威势，转而臣服于西周王朝，如宋国是殷商后裔的封国。无论原来是周的同盟国，还是由殷属国转为周属国的小国，西周王朝都因其故地而封，都是周王朝所属的诸侯国。这些国家虽然臣服于周，但在文化上却保留自己固有的，而不同于周的习俗，特别是在丧葬制度方面，各有自己的葬制和葬俗。它们留下了各种不同的墓葬文化。

第一节　周王朝及其诸侯国的墓葬文化

周王朝所臣服的诸侯国的墓葬可分为周文化类型、东夷文化类型、楚文化类型、秦文化类型、吴越文化类型等不同类型的墓葬，其墓葬形制及随葬器物各有不同的风格。

一、周文化类型的墓葬

以陕西周原为中心，向外延伸，包括西周王朝分封出来的诸侯国，这一大地区的墓葬形制和墓葬内容，可以通称为周文化类型的墓葬。

春秋时期的墓葬仍然以族墓的形式出现，腰坑逐渐减少，并趋于消亡。

1956～1957年，考古工作者在三门峡市上村岭发现了虢国墓地。虢国墓地是自西周一直延续到春秋时期的墓地。春秋时期的虢国墓地发现的都是没有墓道的竖穴墓，90%的墓葬头向北方，分布颇有规律，墓的大小规模不一。较大的墓有20多座，多是在木椁里面置重棺。

虢国墓地的墓葬排列，井然有序，200多座墓分布较为密集，除两座在一起外，绝无打破关系。虢国墓地是按一定的安排分片埋葬的，即以一些显耀的贵族为中心，组成公共的，包括贵族和平民的族葬墓地，具有族墓的性质。

M1052位于墓地的西北部，是全部墓葬中随葬遗物最多的一座，也是规模最大的一座。这座墓共出土970件器物。外椁盖放石戈；内外椁间东北角放铜器皿和铜钟，西北角放车马器，东西两侧放兵器；棺内，相当于死者的耳部放玉玦，颈部有一组鸡血石串饰，胸部有石壁等。墓内出土一带“虢太子戈”铭文的青铜戈，故认为M1052是虢国太子墓。这个墓随葬的青铜礼器有7鼎、6簋、6鬲，是一个较显明的7鼎6簋的组合形式。该墓还出土9件一套的编钟、1件镈钟。M1052的车马坑1051号在墓地的西北部，距主墓东面约10米。车马坑呈长方形。坑底南北长29米、宽3.3～3.5米、深3.05米、坑口深0.6～0.75米。坑内有10辆车和20匹马。车排成一纵列、辕头朝北。由北向南数，第1～3辆为一组，4～6辆为一组，7～10辆为一组。每组车子前后相距很近，前面一辆的车厢压着后面一辆的前辕。组和组之间相距较远，策1、2组相距约5米，第2、3组相距约0.5米。马是杀死后放置的，第1辆车前面3匹，第2辆车下面1匹，第3辆后面3匹，第4辆前面3匹，第6辆下面1匹，第7～10辆下面各两匹。第4～6辆下面并埋有狗。

虢国墓地M1706、M1810二墓随葬青铜礼器5鼎、4簋、4鬲；有车马坑，没有乐器。M1705、M1721、M1820三墓，随葬的铜礼器为3鼎、4簋、3鬲；有车马坑，没有乐器。

另外，有20多座墓葬出土的铜礼器是1鼎或2鼎。有的同出盘、匜，有的同出罐、盆、豆等，没有车马坑和乐器。墓地大多数墓，计有200多座，没有铜礼器。

由此可见，春秋时期的周墓在墓葬形制和随葬品方面都有显明的等级性和贵贱的差别。虢国太子当是按诸侯级别埋葬的，诸侯7鼎6簋的等级形式完全形成。

1923年8月25日，河南新郑李家楼士绅李锐在凿井时发现一批青铜器，计有89件，9月27日尽运往省会开封古物保存所保存；此后又在此挖掘，得10余件；这是现代中国考古学建立前夕的最早、最重要的一次发现。这批文物大部分留在国内。新郑李家楼这批青铜器是郑公大墓的随葬品。《郑冢》一书录有鼎9件，应与事实相符。现有器物鼎有8件，其中河南博物院藏5件，台北“历史博物馆”藏1件，北京故宫博物院和中国历史博物馆各藏1件，仍有1器下落不明。这9件鼎实际上并非一次所铸，细分之亦有两种形态：一种足较高，素身无纹饰；另一种足较矮，腹部和耳部均有繁缛的花纹。因此，这9件鼎是将多次铸造之器拼凑组合成列鼎、这种情形也见于同出的簋、鬲等成组的器物中。

盛食器有簋、簠、盏、盦4种器形。其中最重要者为簋。根据文献记载和考古资料，簋是以偶数8、6、4、2组合形成与鼎相配。新郑器群中的簋，各书所录同为8簋，正与9鼎相匹配，此亦可证明此墓之列鼎当为9鼎。8簋之形态相近，但花纹则可分为高凸型和平面型两种。簠，《彝器》《图志》《郑冢》各书所录器数不一，根据西周至春秋器物组合常例，当为偶数组合。盏，各书所录均为2器。盦，各书所录均为1器，中原其他器物群中所见，亦以1器为常见。

乐器中含镈和编钟两类，《图志》《郑冢》皆录18件，分甲、乙两组，甲组8件，乙组10件。《图录》录19件，甲组9件，乙组10件。《彝器》录19件。从新郑金城路社段遗址的考古资料得知，郑国编钟的悬挂方式有其固定的模式，其编钟共由24件组成，分三肆悬挂，上两肆为编钟，每肆各10件，下肆为4镈。编钟为演奏旋律之乐器，而镈则为演奏音节之乐器。以足观之，新郑器群中的乐器应当为24件，其中的编钟可能已散失1件。①

考古工作者在山西太原金胜村发现的赵卿墓M251是春秋末年的晋国墓葬。赵卿墓是一座积石积炭的大型竖穴土圹木椁墓。头向东，没有墓道。墓圹口大

① 夏志峰：《新郑器群三考》，《新郑郑公大墓青铜器》，大象出版社，2001年，第39、40页。

底小，剖面略呈倒梯形。墓口东西长 11、南北宽 9 米；墓底长 9、宽 6.8 米。墓内有 3 米多高的木椁，木椁周围有厚达 80 厘米的积石积炭，共计 280 多立方米。墓室中部略靠东，放着墓主人的 3 层套棺。其南、其西有 4 个殉人。殉人都有单棺和随葬品，其身份可能是墓主人的侍妾和乐工。墓主的套棺周围，堆放着 3000 多件随葬品。赵卿墓的东北 7 米处，还有面积为 200 多平方米的车马坑。①

赵卿墓出土随葬品 3134 件，可分青铜、黄铜、玉石器、金器、陶、木、骨、角、蚌、贝器等。青铜器有鼎、豆、壶、鉴、鬲、尊、甗、盘、匜、舟、钵等。

1. 青铜鼎

25 件。分为七式。

Ⅰ式：铜鼎 1 件，为特大镬鼎。高 93 厘米、口径 102 厘米，重 220 千克。是迄今为止发现的春秋时期最大的一件铜鼎。

Ⅱ式：铜鼎 5 件。形制纹饰相同，大小略相次。

Ⅲ式：铜鼎 7 件。形制纹饰相同，大小相次，是一套整齐的升鼎。

Ⅳ式：铜鼎 5 件。状如敦，故称敦形鼎，形制纹饰相同，大小相次。

Ⅴ式：铜鼎 6 件。状如鬲，故称鬲形鼎，形制纹饰相同，大小相次。

Ⅵ式：铜鼎 1 件。体态小巧，钵形盖，上面立着一个小熊，四足直立，憨态可掬。

Ⅶ式：铜鼎 1 件。为小型盖鼎。

2. 铜豆

为两套 14 件。可分三式。

Ⅰ式：盖豆 8 件。形制、纹饰、大小均相同。

Ⅱ式：方豆 4 件。形制纹饰相同。

Ⅲ式：高把豆 2 件。

---

① 周建：《赵卿墓概述》，《晋国赵卿墓》，文物出版社，2004 年，第 1 页。

3. 铜壶

8件。有方壶、扁壶、高柄小方壶、匏壶等四种。

4. 方壶

4件。形制纹饰相同。扁壶1件、高柄小方壶1件、匏壶1件。

5. 铜鬲

图4-1　赵卿墓出土的鸟尊

6件。形制、纹饰、大小均相同。

6. 铜鸟尊

1件（图4-1）。

7. 铜鉴

6件。分为二式。

Ⅰ式：4件。

Ⅱ式：2件。

赵卿墓出土的乐器，编钟2套：夔龙夔凤纹钟5件，形体高大，形制纹饰相同，大小略相次；纹散虺钟14件，形制纹饰相同，大小略相次。另外还有石编磬13件，由石灰岩制成，形制相近，大小相次成列。

赵卿墓出土兵器779件，其中有剑10柄、戈58件、钺、戟、矛、镞、藤弓、剑等。

车马坑仅距M251 7.5米左右。有的车子已经朽坏，但是仍存13辆马车，分南北两列，排列整齐；葬马44匹，马头枕在二层台上，马首全部向西，面对车坑；马骸骨排列有序。①

战国时期，周文化类型的墓葬形制越来越大，规模更加宏伟。1974～1978年，河北平山县发掘30多座春秋战国墓葬，其中M1和M6是中山王陵，是战

① 山西省考古研究所、太原市文物管理委员会：《太原金胜村251号春秋大墓及车马坑发掘简报》，《文物》1989年第9期，第63～76页。

国诸侯国王的墓葬。

M1是中山王譻的墓葬，是已发掘墓葬中的最大的一座。该墓可分为墓上建筑、陪葬墓、车马坑、杂殉坑、葬船坑和地下墓圹等部分。这里仅论述地下墓圹（其余下面再详及）的形制。M1的地下墓圹可分六部分：南、北墓道，椁室、东库、西库、东北库。南墓道中路可通椁室，左、右两路可通椁室两侧。北墓道呈缓坡形，通椁室，不与两侧相通。椁室位于墓圹中部，呈方形，边长13～15米，面积100多平方米。椁室内最外层有积石，用大石垒砌，卵石填缝，厚1.5～2.1米。顶部超出墓口，用同样的石头封盖两层，厚90厘米。积石以内为积炭。棺椁已被扰乱，从棺位的8个长方形铜垫和棺椁上不同铺首的排列情况看，应为二棺二椁。

椁室位于室内中部，棺椁已被扰乱，现存有棺位的8个长方形铜垫，还有铺首，以及墓主人和棺上的小饰物，有金匕、金饰片、银带钩、银贝、银泡饰、铜质的戈、剑、削、镜铃、玉饰玛瑙等。另外，椁室出土的最重要器物是“兆域图”铜板。

东库，位于椁室东侧，为夯土筑成，南北长11.7米、东西宽3.2米、深3.1米。面积30多平方米。在库南端发现一根拴有细绳的木条，一面墨书“宝重椁石”四字，两侧面各书一“左”字。库中没有经过盗扰，遗物很多。漆器有鼎、壶、盒、箱，但已朽毁，尚存朽痕和各种银、铜饰件。铜器有鸟柱盆1、筒形器1、鼎5、盘1、匜1、钵2、洗2、圆盒2，有柄箕1、帐架及橛1套、木架饰件1套、错金银长方柜架饰1套、错金银四鹿四龙四凤座1、三虎六身夔龙纹圆座鸟兽攀枝十五连盏灯1、错银双冀神兽2、错金银背驮兽面单鋬犀1、错金银背驮兽面单鋬牛1、错金银神兽2；铁器有火盆1；陶器有釜1、碗1、匜1。其他还有涂朱泥弹丸和鹿角等。铜器大多有铭文，一件圆壶腹部铭文是嗣子蚉在其先王死后写的一篇悼词，内容是对先王的哀悼及歌颂先王的慈恩和战功。

西库，南北长6.35米、东西宽4.74米、深约3米。位于椁室西侧南部，面积20多平方米。室中木结构与东库相似。库内也出土一根墨文字木条，已腐朽字迹辨认不清。库中遗物非常丰富，其中铜礼器有升鼎9、附细孔流鼎1、圆壶6、簋4、簠4、鬲4、方座豆2、平盘豆2、方壶1、勺5、匕3、刀2、钮钟14、错银长形器2、错银折合器2、错银双翼神兽2，衲人有鋬器4。9个升鼎的形制不一，从第3、5、7、9号鼎的铭文看，制作时间不同，器形也不一样，9号鼎是一铁足大鼎，所以不是同时制作配成一套的。铁器有长方盆1。陶器有鼎5、盖豆4、圆壶4、球腹壶2、鸭形尊2、碗2、甗1、盘2、匜2、鸟硅盆1、筒形器1。石器有盘13、砺石1。此外还有鹿角和大量的玉、石、玛瑙、水晶等饰品，其中玉器达350多件。

东北库东北长6.52米、南北宽4.66米、深2.15米。室内木结构除中间多一道垫木外，与东库基本相似。未发现随葬品。

战国时期的墓葬中随葬器物更加丰富。墓葬的椁室被分为几个厢（或可说是库、室等），随葬着墓主人所需要的各种礼器、乐器。墓葬的形制之大，随葬品之丰，令人惊讶。①

战国以后，厚葬之风愈加昌炽。墨子对此厚葬表示了极大的愤慨："今王公大人之为葬埋则异于此（指异于尧、舜时期），必大棺、中棺、革阓三操，璧玉即具，戈剑鼎鼓壶滥，文绣素练，大鞅万岭，舆马女乐皆具，日必捶垛（即坚土意），差通垄，虽凡山陵，此为辍民之事，靡民之财，不可胜计也。"墨子还说："王公大人有丧者，曰棺椁必重，葬埋必厚，衣衾必多，文绣必繁，丘陇必巨，存平正（征）夫？贱人死者，殆竭家室；诸侯死者，虚车府，然后金玉珠玑比乎身，纶组节约，车马藏乎圹，又必多为屋幕，鼎鼓，几梃壶滥，戈剑、羽旄、齿革，寝而埋之，满意。若送从，曰天子杀殉，众者数百，寡者数十，将军、大夫杀殉，众者数十，寡者数人。"②

以上《墨子·节葬》篇的记载，说明战国时期，一些大的贵族，为了追求丧葬的丰富，不惜竭空府库，动用自己诸侯国（或所辖的封地内）的全部财力去进行埋葬，贵族们希望自己死后仍然像活着的时候一样享乐。战国时期的一些大型墓葬充分反映出这个时期的丧葬特点。

二、东夷文化类型的墓葬

从山东半岛一直南下，至河南东部的淮河流域、江淮之间，这一大片地区，

---

① 河北省文物管理处：《河北省平山县战国时期中山国墓葬发掘简报》，《文物》1979年第1期，第3～8页。

② 《诸子集成·墨子·节葬》，中华书局，1983年，106页。

我国先秦时期称为东夷、南淮夷地区。这一大片地区的墓葬表现出的共同特征，我们称之为东夷文化类型。

东夷地区原是殷商故地，周武王灭商后，这里仍是反周的顽固堡垒。周公东征，虽然平服了东夷地区的叛乱，但其墓葬文化却继承了殷人的文化源流。周公东征，在这里“封建亲戚，以蕃屏周”，齐、鲁就是周王朝分封在这里的两个大的诸侯国，因此东夷地区出现了两种截然不同，但又互相交叉的墓葬文化。

在鲁国的都城，曲阜鲁城一带，共计发掘100多座西周时期的墓葬，考古工作者不仅初步排列了其年代序列，而且从墓葬形制上区分出各不相混的两种类型：一种应属鲁国统治阶级的墓葬，有50多座，集中发现在一个墓地，多数属于西周时期。随葬的青铜礼器约占1/4。其中两座墓所出铜器的铭文分别为“鲁司徒仲齐”和“鲁伯悆”，说明墓地为鲁国墓地。另一种类型的墓葬往往有殉狗的腰坑，随葬器物的组合为鬲、簋、罐、豆，有人认为这是殷遗民的墓葬。①

考古工作者对齐国故城临淄也曾进行发掘，但发现西周时期的齐国墓却不多。《礼记·檀弓上》载：“太公封于营丘（即今山东临淄），比及五世，皆反葬于周。”这可能是太公望令示后代子孙反葬周故地的结果。但是齐国春秋以后的墓葬多在东夷地区，齐国也不再归葬周原，而在齐国辖地埋葬，春秋时期的齐墓表现出浓厚的东夷文化特征。

东夷文化类型的墓葬形制是长方形的竖穴土坑墓，墓坑一般都有墓道。今山东省淄博市临淄区齐国故城的东北部河崖头村的5号墓，是一座大型的带殉马坑的墓葬。5号墓的四周是夯筑的墓壁，南面有斜坡式的14米长的墓道。墓室上部已经遭到破坏，墓口南北26.3米、东西23.35米、残深3.6米，沿墓室四周有“沟”相通，东、西、南、北沟分别宽1.8米、1.5米、0.6米、1.5米。椁室位于墓室中央，椁壁用2～3层石块垒砌，厚达1.5～2.5米，以卵石充填缝隙。石椁室南北7.9米、东西6.85米、残高2.8米，经平整土地的情况来看，石椁室高当为5米。椁室背面有器物库，长8.2米、宽3.8米、残高0.6米。椁底部3米以下的地方有殉葬的30只狗、2头猪和6只其他家畜家禽的骨骼。这

① 中国社会科学院考古研究所：《新中国的考古发现和研究》，文物出版社，1984年，第288页。

座墓被盗，没有留下殉葬品。根据遗留的陶片推测，该墓当是齐景公的墓葬。该墓的东、北、西三面有呈曲字形的、大型殉马坑（关于在殉马坑，第五章第一节将详述）。

又，1976 年，考古工作者在山东日照崮河崖发掘。一座墓葬，编号为 1 号墓。该墓为长方形的竖穴墓，墓的南面有一斜坡形、上口宽的墓道。这是一座大型土坑竖穴墓，它的墓道包含在上部长方形的墓室内，方向 90°。自墓口向下有三层台阶，每层台阶均向内收缩。墓室是带有二层台的地下墓圹。椁室为长方形，长 5.6 米、宽 4.5 米。椁东、西、南均用天然石垒砌，并以卵石充填缝隙。棺、椁已被扰乱，形制不明。墓葬共出随葬品 14 件，其中大鼎 2 件，形制花纹相同，成对；小鼎 2 件，成对；壶 2 件，成对；鬲 4 件，形制大小重量相同；盆 2 件，成对。

1975 年秋，考古工作者在山东长清县岗辛发掘一座战国墓葬。该墓葬地面上原有高 6.8 米、底径约 60 米的夯土筑造的椭圆形封土堆，当地群众称之为“土冢”。清理时，封土已被夷平，墓室上部遭到一些破坏。

东夷地区的战国墓葬多有坟丘，墓坑仍为长方形的竖穴土坑墓。随葬器物，特别是鼎，除个别有单鼎外，多为偶数组合。

人殉依然是东夷文化墓葬中的重要内容。1975 年，考古工作者在山东莒南县大店镇老龙腰发掘的两座莒国墓葬。M1 墓室分为椁室和随葬的器物坑。椁室宽 5 米，放置墓主人的椁棺和 10 个殉人棺。殉人分置于椁外东、西、北三侧，都有简单的木棺。殉葬者仰身直肢，为成年人，排列有序，未见受刑痕迹。M2 亦有殉人，有的殉人有简单的随葬品。这些殉人可能是墓主人生前较接近的侍从或家奴。①

临淄故城外的郎庄 1 号墓，椁室周围环绕 17 个陪葬者。他们的陪葬坑，都有棺椁和积石。经鉴定，可以辨识年龄、性别的 6 个陪葬者，都是年约 20 岁的女子。在填土中发现的另外 6 个殉人，多数也是女性青年，这种殉葬的目的是为了使墓主人继续过奢侈享乐的生活。东夷地区人殉时间延续较长，可能与承继殷商传统有关。

---

① 山东博物馆：《莒南大店春秋时期莒国殉人墓》，《考古学报》1978 年第 3 期，第 319 页。

三、楚文化类型的墓葬

楚国是春秋战国时期幅员最大的国家。各地发掘的东周墓葬也以楚墓的数量最多，估计已有4000座以上，超过目前所知东周墓葬总数的70%。楚文化类型的墓葬包括楚国及其所属小国的墓葬，出土地点集中在江汉平原、长沙地区及豫南地区。楚文化类型的墓葬形制有自己的特点，如使用白膏泥、木炭等用以防潮的措施似较中原地区早一些。有的楚墓椁室分为头箱、边箱，也有自己的特色。在随葬礼器的组合形式方面，楚墓表现出东夷文化的特点。

西周时期的楚墓发掘数量不多，特点也不太明确。目前发掘的主要是东周时期的楚墓。

江汉平原的江陵周围分布有数百座楚国墓，雨台山是楚墓最多的一处，见于报告的有554座。

雨台山楚墓的墓葬形制，差别不算太大，墓坑一般长2～3米、宽1～2米；较大的长3～5米、宽3～4米。葬具有单棺无椁，或有棺有椁，两种都有200多座。有一些墓有墓道，棺椁的结构也有一定特点，多数棺的两帮和盖突作弧状，盒形方棺发现较少；椁室一般都是四壁围成的长方形，少数墓用隔板分出头箱，有的既有头箱又有边箱，个别墓还在隔板上设门或窗，以使椁室与头、边箱相通。葬式均为仰身直肢，头向向南者居多，约占总墓数70%，头向东的占12%。同穴合葬墓发现两座，都是在同一椁室内，并列大小相仿的两具棺木，随葬器物也是相同的两套。

雨台山楚墓的随葬物以陶器为主，青铜礼器见于晚期墓葬。早期墓葬随葬器物的基本组合为鬲、钵、罐和鬲、钵、长颈壶、浅盘豆等。而约当春秋晚期或战国早期的墓葬，主要是鼎、簠、壶和鼎、敦、壶两种组合形式。战国中期以后的墓葬，除鼎、簠、壶和鼎、敦、壶两种组合外，又往往加盘、匜、镳、壶和灯。春秋晚期以后的270多座墓中，半数以上出有镇墓兽和铜剑。另外有少数乐器，如虎座马架鼓、瑟、笙和钲。战国时期的墓葬有随葬木俑，但没有发现过人殉。

需要特别指出的是，雨台山楚墓中的随葬礼器，鼎、簠、壶和鼎、敦、壶，这两种组合同出一墓时，大都每种器物出相同的两件。一墓同出两种组合即形成鼎 4、簋 2、敦 2，壶 4 的情况。这是江陵楚墓显著的特点之一。

长沙地区发掘楚墓 1800 多座，墓坑形制为窄长形，并常在头端掏出壁龛。长沙楚墓随葬器多为陶器鼎、敦、壶或鼎、簋、盒、壶，其组合形式与江陵楚墓相似，常出相同的两件。有些墓各出基本组合中的陶器 4 件、6 件或 8 件。

荆门包山 M2 出土升鼎 2、镬鼎 2、簠 2、敦 2、壶 6、缶 2 对等。

春秋墓葬中，河南省淅川县楚国墓葬群非常典型。下寺墓地共发掘 9 座大型的春秋时期的楚墓。

M1 出土礼器 36 件，其中有 4 对鼎、簋 1 对、缶 1 对、龙耳虎足方壶 1 对。

M3 出土鼎 2 对，饮鼎 1 件，铜簋 4 件 1 套，形制相同；缶 2 对、铜提链壶 1 件。

M10 出土鼎 4 件 1 套、簠 1 对；缶 2 对。

M11 出土铜鼎 1 对、饮鼎 1 件、缶 1 对。

M7 鼎 1 对、簠 1 对、缶一对。

以上墓葬出土的青铜礼器鼎皆是呈欧式组合的形式。

但是下寺 M2，因墓中出土有“王子午”铭文的铜鼎，故被认为是楚令尹子庚的墓。该墓曾两次被盗，但遗留下的随葬品仍然非常丰富，且大件器物的陈放位置基本未动。随葬有许多青铜礼器，出土“王子午”升鼎 7 件，形制相同，大小依次递减；还有其他形式的鼎 8 件，共 15 件鼎；另外有簋 2、鬲 2、俎 1、盘 1、匜 1、舟 1、鉴 1、浴缶 2、禁 1、甬钟 26、石磬 13；铜兵器有矛 16、戈 8、镞 9、车马 24、马衔 24 等，共 150 多件。此外还有乐器、车马器、各种玉饰、玛瑙、料珠、绿松石、海贝装饰品共 5000 余件。随葬品全部放在椁室，乐器在南侧靠西，礼器在东部头箱，车马器在棺材的西侧和北侧，兵器放置较零乱，东南和西南均有，玉饰主要放在死者身旁。

淅川下寺共发掘 9 座较大型的楚墓，各墓都出土有铜鼎，除 M2 出土的鼎是单数形式的组合，其他都是成偶数组合形式。下寺 M2 令尹子庚墓的葬制却是采用周文化墓葬的型式，出土的列鼎七的形式，一般被认为是吸收了周文化的结果，反映出春秋中期以后，楚文化逐渐地融合于中原文化之中趋势。

战国时期的楚墓亦很多。包山楚墓是一个基本完整的墓地，布局有一定规律。该墓地墓葬的墓道一律向东，位于南北统一纵轴线上。下葬最早的 1 号墓位于最南端，余按下葬年代先后，依次往北排列。在上述墓葬间作南北连线，同一等级的墓葬基本在同一南北线上。等级最高的2号墓位置偏东，等级越低的越偏西。包山墓地墓穴的安排是由南往北，墓主人墓穴的等级安排是由东而西排列。这应是当时定穴安葬所遵循的规则。包山1、2号墓的封土堆紧相邻，墓坑并列，椁室中的棺及随葬器物的放置在两墓相邻的一边；两墓的墓主人年龄相当，性别不同，当是一对夫妻异穴合葬墓。与之相同的4、5号墓器物放置特点与棺的放置位置完全相同，也是一对夫妻异穴合葬墓。①

1976年，考古工作者在湖北随县擂鼓墩发掘的曾侯乙墓虽属姬姓的曾国墓葬，但形制却完全表现出了楚墓的特色。曾侯乙墓是一座年代和墓主都很明确的战国早期大墓。这座大墓保存得异常完好，木构椁室的规模之大，出土文物的数量之多和制作之精，都是已知战国墓中极为难得的。墓内所出各类铜器，大多铸刻有"曾侯乙"的铭文，还有楚惠王五十六年（公元前433年）时，为曾侯乙所作宗彝（大镈）的铭文。这表明该墓为曾侯乙墓，年代在楚惠王五十六年稍晚，为战国早期墓。②

曾侯乙墓处在一个红砂岩的小山冈上，据说这里原是一个圆形的大土坡，名叫"东团坡"。墓上可能原曾有较大的坟丘，发现时，不仅土坡已被削平，墓坑上部也遭破坏。残存墓口东西长21米、南北宽16.5米，墓坑平面呈"卍"形，方向正南，总面积为220平方米。

墓坑内置木椁。木椁四周和坑壁缝隙之间填木炭，椁顶上铺木炭10～30厘米，并夯实，已经取出顶部木炭31 500多千克。四周木炭没有全部取出，估计总数在60 000千克以上。木炭之上，黄褐土与青膏泥相间叠压，层层夯实。再上，铺一层石板。在板之上直至墓口填五花土，并夹有青膏泥，亦经层层夯实。

椁室外壁和隔墙都用6块较长的方木垒成，共用木材380立方米。木椁高3米以上，分为中、北、东、西四室。各室均为长方形，隔墙下部又有方形小洞相通。洞的高、宽都不到0.5米。各室墙上，均钉着三排数量不等的木钉，可能用来悬挂帷幕之类，出土时均已腐烂。

主棺放在东室。主棺分为两层，外棺长3.2米、宽2.1米、高2.19米。棺

① 湖北省荆沙铁路考古队：《包山楚墓》（上册），文物出版社，1991年，第338、339页。

② 随县擂鼓墩一号墓考古发掘队：《湖北曾侯乙墓发掘简报》，《文物》1979年第7期，第13页。

身为10根铜立柱嵌10块同样高度的木板构成，固定于底板四周的铜框上。棺盖（木板）嵌在铜框上，四周修出12个铜钮。棺底有10个高14厘米的圆形蹄足。北端足挡板右下方有一小门，高34、宽25厘米，棺外周身以黑漆为底，涂朱色、金黄色花纹，内壁髹朱漆。

内棺长2.94米、宽1.27米、高1.33米。外表以朱漆为底，遍布彩绘花纹。在头端及两侧的窗格纹两旁，有持双戈或戟的神兽像。内壁髹朱漆。墓主人的尸体置于内棺，头朝南，原用多层丝织物包裹，均已腐烂，只剩下骨架，骨架上下左右遍是玉器、角器、骨器和小件金器等，共300多件。内、外棺之间也有一些玉器、骨器。

陪棺21具。陪棺内有用来包裹尸体的竹席，还有少量玉器、木梳、木篦等物。21具陪棺，东室8具，西室13具。另有狗棺1具。

人骨架鉴定，墓主为男性，年龄45岁左右。陪棺内均为13～25岁的女性，这21个女性无疑都是殉葬者。

中室南北长9.75米、东西宽4.75米、深3.3米。此室主要放置礼乐器，计出编钟、编磬、鼓、瑟、琴、笙、排箫、横吹竹笛8种共114件（东室亦出10件不计算在内）。

编钟共64件，包括钮钟19件、甬钟45件，另有楚王送的镈1件。出土时编钟分三层悬挂在钟架上。钮钟挂于上层，分三组；甬钟挂于中、下层，分别为三组和二组，都依大小次第排列。镈挂在下层甬钟之间。

钟架为铜木结构，沿中室南部和西壁置放，嵌接成曲尺形。横梁为长方形，上髹黑漆彩绘花纹，两端都有浮雕或透雕的龙、鸟和花瓣形象的青铜套。上层横梁分别用两根圆木柱支托，上、下层横梁共为6个青铜佩剑武士（每层3个）用头和双手支托，下层铜人固定在一个直径80、高35厘米的雕龙铜圆座上，铜人连同底座每个重300多千克。

全套编钟共重2500多千克。

编磬32件，质料主要是石灰石，也有青石和玉石。32件石磬原分上、下两层悬挂在青铜磬架上，每层两组（一组6件，一组10件），都依大小次第排列。另有鼓4件、瑟12件、琴2件、笙5件、排箫2件、横吹竹笛2件。鼓为木腔皮面，皮已腐烂，仅存鼓腔。

中室南部放置青铜礼器，成排成组，摆列有序，分类置放，非常整齐，如鼎勺搁于鼎盖之上，匕、勺置器内，或放近旁。

鼎 22 件，其中镬鼎 2 件，器型较大，出土时并列在一起，各有鼎勺 2 件，铜勺 1 件；升鼎 9 件，形制一样，大小相等；盖鼎 9 件，其中两件较小，置于餐具箱内；小口提梁鼎 1 件；匜鼎 1 件。

簋 8 件，形制大小相同。另外，还有簠、连座壶，盥缶、冰（温）酒器、鉴、炒炉等。

曾侯乙墓出土的 9 鼎 8 簋是周代用鼎制度的最高组合形式。

西室面积 20 多平方米，主要放置陪棺 13 具。

北室主要放置兵器、车马器和竹简。另外，在中室、东室还出土有衣箱、餐具箱、酒具箱、几、桶、鸳鸯形漆盒、漆豆等漆木用具。

曾侯乙墓出土大量的青铜器、金器、玉器、漆木器、乐器，在同期墓葬中是罕见的。墓葬由过去长方形相套的棺椁结构，发展成较为复杂的椁室，也是一个显著的变化。曾侯乙墓是春秋、战国之交时期诸侯国君墓葬的典型。

曾侯乙墓被发现以后，学术界虽有认为“曾即随国”的说法，但无论是曾还是随，基本肯定这是一个姬姓国君的墓葬。由于曾侯是臣服于楚的诸侯国君，曾（或随）又是在楚国的包围之中，故墓葬形制完全反映了楚墓的特色，但墓葬中随葬礼器鼎、簋的组合却是 9 鼎 8 簋的形制，这是中原礼制在曾侯乙墓中的反映。

战国中期的几座大型楚墓，也有明显的特点。发掘前，地面大都存有坟丘。江陵天星观 M1 的坟丘现残存长宽 30～40 米、高 9 米以上，用未经夯打的黄灰色沙土堆成。

天星观 M1 是目前江陵地区发掘的楚墓中最大的一座，棺椁形制保存完好。墓主是“邸阳君番勅”。因出土的木简中有“秦国公孙鞅”（即商鞅）简文，因此判定该墓下葬年代应晚于公元前 361 年，即楚宣王或楚威王时期，属战国中期的墓葬。

该墓墓坑呈长方形，坑口长 41.2 米、宽 37.2 米，坑四壁有向内缩的 15 级生土台阶，呈覆斗形。葬具为一椁三棺，木材为楠木。椁由盖板、分板、侧板、挡板、底板及垫木组成，长 8.2 米、宽 7.5 米、深 3.16 米。椁室内分为 7 室：

南东室、南西室、北室、东北室、东南室、西室、中室。西室内有壁画，共有11幅。

中室放置大小相套的三重棺，两层外棺和一层内棺，棺有彩绘。随葬礼器鼎呈偶数组合，出土好几对铜鼎。

战国楚墓出现了一椁三棺的墓葬如江陵望山M2，湖南湘乡牛形山的M1、M2两墓等。这种三重套棺的葬具，在其他地区的春秋战国墓葬中还是少见的。

楚墓大多数的木椁周围都使用白膏泥、青膏泥和木炭防潮。

战国时期楚墓的木椁大多又分为椁室以放随葬器物。

战国楚墓的椁室大小和结构，可分为三种情况，而以第一种情况最为复杂。

（1）安放棺木的主室在椁室正中，周围用隔板间出置随葬品的头箱、足箱和边箱。长台关楚墓的椁室最大，长9米、宽7米多，高3米许，除主室外，有前、后、左、右侧和左、右后，共7室。天星观M1除主室外，左、右前、左侧、左侧后、右和后7室。这类墓的规格最高，随葬品除有数量较多的漆木器，以及青铜器、陶器、兵器和车马器外，特别有编钟、编磬这类“金石之乐”，瑟、鼓件数不一。

（2）安放棺木的主室在椁室一隅，又用隔板间出置随葬品的头箱和边箱。天星观以外的江陵楚墓都是这种结构。望山M1的椁室最大，长6、宽近4、高2米许。

（3）椁室的内外壁之间没有其他间隔。牛形山M1的内棺居中，三面形成回廊。牛形山M2的内椁在椁室一端。

楚墓中的鼎和棺椁都有一定的组合形式。

四、秦文化类型的墓葬

春秋初年，周平王东迁洛邑。秦由于护送周平王有功，周平王将岐山以西的土地赐予秦国，秦人从此“收周余民而有之”，有了封国，列为诸侯。学术界也有人认为，周平王是受了秦与西戎等共同的威逼才东迁的，亦有道理。但无论怎样，秦国是在周平王东迁以后，也就是在春秋初期才开始进入汧、渭、岐、沣地区，占据关中，并逐渐发展起来的。春秋以后，关中地区的墓葬是属秦人的墓葬。战国时期，随着秦人的东进和扩张，关东地区出现了秦墓。

春秋时期的秦墓，其形制主要是竖穴土坑墓。1976 年，考古工作者在陕西凤翔八旗屯发掘了秦国墓葬 40 座，大部分是春秋早期的墓葬。40 座墓葬中，有 39 座是长方形竖穴墓，东西长，南北窄，上口较大，形成微斜的墓壁。墓中骨架多已腐朽，葬式不明，葬式可辨者大部分为屈肢葬，少数亦有直肢葬。凤翔曾是秦国都城——雍城的所在地，因此这里发掘的墓葬一般是最典型的秦国墓葬。

八旗屯的墓葬皆头向西北，南北成行排列，这种成行排列在一个墓地的情况，和浚县辛村卫国墓地、陕县上村岭虢国墓地相似，应是族墓制度的反映。棺椁木质，均已腐朽，从遗留痕迹知椁底椁盖是用木板或圆木平铺。椁底东西直排，椁盖南北横排，四侧用木板堆砌。木板与墓坑之间的空隙填土夯实。椁内置棺，身份较高的贵族则用重椁，即在外椁之内，置一内椁，内椁里面放置棺木。有的墓中有二层台。

重椁单棺的内外椁之间或一椁一棺的棺椁之间形成的空隙，是放置随葬品的地方。礼器及生活用具都在头箱，兵器多在南北边箱和棺内尸体两侧，少数放入头箱，贝玉之属多在棺内，羊犬牺牲则在椁上或二层台上。

秦墓中的屈肢葬非常普遍，而且屈肢程度较大。死者“双手合抱胸前或置腹上，下肢弯曲特甚。胫骨和股骨的夹角一般在 40°以下，甚至胫骨和股骨相并合，脚后跟紧贴臀部，作跪坐姿势，有的下肢屈推至腹上。就屈肢程度观察，当是加以捆绑所致”①。这种屈肢葬的情况与河北阳原县姜家梁新石器时代遗址的墓葬有相似之处。河北阳原县姜家梁新石器墓葬仰身屈肢葬的葬式有两种：或是下肢屈起，即两脚内收，膝部抬高，膝部高度与棺高相近；或是股骨与胫腓骨几乎重叠，膝部朝前，而不抬高。②

秦国早期墓多有殉葬者。在墓内殉葬者均盛在木匣内，有的一匣一人，有的一匣二人，头向相反放置。殉葬者一般都随葬有蚌含或玉含，有的还有玉玦、玉璧、圭等。这些人当是死者生前的近身侍者。另外，在 BM104 的填土中，发现两具人骨架，这应是举行葬礼时所用的祭祀牺牲。

---

① 叶小燕：《秦墓初探》，《考古》1982 年第 1 期，第 65 页。

② 河北省文物研究所：《河北阳原县姜家梁新石器时代遗址的发掘》，《考古》2001 年第 2 期，第 17 页。

春秋时期，秦国的墓葬有壁龛、二层台，以及使用大量的人殉。据说秦人亦是来自东方的民族，与殷人有共同的图腾崇拜，以玄鸟为图腾，而秦人的墓葬形制和使用大量人殉的埋葬习俗亦与殷人相似。

战国时期的秦墓，主要是以洞室墓为主。这种洞室墓在陕西长安县客省庄、西安半坡、大荔北寨子和宝鸡李家崖等墓地已发现多处。下面我们以半坡墓地为例来探讨战国时期的秦国洞室墓。

西安半坡共发掘出战国时期的秦人墓葬 112 座，竖穴墓只有 11 座，其余全是洞室墓。洞室墓的特点是在竖穴的侧壁或另一端掏一个洞室，用以放置棺和随葬器物。

洞室墓的竖穴都是长方形，有的竖穴底部有土台。洞室掏在竖穴下部的一侧，并与竖穴墓道的中轴线相平行。洞室底部都呈长方形，顶部呈拱形，形如窑洞。棺材就放在洞室里。有的洞室内壁还掏有壁龛。壁龛的位置大都设在洞室一端的壁面上或角隅处，与洞室底部齐平。一般一墓一个壁龛，个别的墓两个，其形状为长方形或圆形。洞室的口部，有些用板条或树条的编织物封堵，板条都作横向排列。

另外，还有一些洞室，掏在竖穴的中部或竖向的一端。

半坡战国墓葬的竖穴大部分为东西向，洞室作南北向。这些墓葬的葬具都用木棺，但未发现用木椁的痕迹。半坡墓葬都是单人葬，每墓只有人骨架 1 具。葬式分直肢葬和屈肢葬两类。其中仰身直肢葬有 5 座，仰身屈肢葬 104 座。仰身屈肢是其主要的葬式。墓主大部头向西方。

半坡战国墓葬随葬器物比较简单，有铜镜、铜带钩、铜印、铜环、铁凿、铁带勾、玉珠、玉璧、玉环等，一般都放在棺材内部，有的放在壁龛或竖穴里。

有的发掘简报中把秦国洞室墓的竖穴叫作“天井”，如陕西凤翔高庄的秦国墓地。春秋晚至战国初期，还流行竖穴墓，而至战国中期洞室墓开始出现，并很快成为普遍。凤翔高庄的洞室墓与西安半坡的基本相似。高庄洞室墓的封门葬具及随葬器物似乎更讲究一些，在天井与洞室的交接处往往有封门槽。M46 的封门槽宽 50～60 厘米，且有圆木朽痕，说明当日封门有板材和圆木两种。

高庄墓地的 46 座墓，无论是春秋时期的竖穴墓或战国时期的洞室墓都普遍使用棺椁。棺椁皆具备的有 34 座，一椁一棺居多，一椁两棺者仅两座，没有使用两椁者。

洞室墓的椁，视洞室大小而定，椁都贴洞室的一壁安放。木棺放在椁室后部，靠近一边。棺椁之间的空当是放置随葬品之处。

随葬品的放置亦有规律。礼器及生活用具，竖穴墓多放在头箱中，洞室墓多放天井或壁龛中，少数放在边箱中，兵器及小件饰物多放在尸体两侧，金玉之属则在死尸之上。随葬的粮食除了装在随葬的陶仓、陶囷之内，还有倾倒在龛内或二层台上。

秦墓中出土列鼎的墓葬只是极个别的，说明大多数秦人没有采用周代的列鼎制。

洞室墓最早见于关中的秦墓之中，这可能与秦人生活在黄土高原上，其居民从远古时期就凿窑洞居住有关。地下墓葬是地上生活的缩影，他们把地上生活所用的窑洞搬入地下，从而开创了洞室墓的这一墓葬形式。

无论是春秋时期的竖穴墓，还是战国时期的洞室墓，秦墓相对周文化类型的墓葬都有一些比较显著的特点。例如，墓主头多向西方，规模一般的墓均系屈肢，有的还蜷屈极甚。仿铜陶礼器普遍实行较早。随葬器物以实用的饮食器为多，这些都表现了秦墓的特色。

战国晚期，秦人开始了大规模的统一战争，攻拔六国城池，其军事势力席卷关东，关东地区也出现了秦国墓葬。战国晚期，关东地区的墓葬与关中地区的洞室墓葬在时间上基本平行，或者略晚，但由于地域不同、环境不同，其墓葬形制也表现出不少的差异。关中地区战国晚期的秦墓都保持了较为纯粹的秦风，而全国各处秦墓却渗入了当地的影响。

秦昭王二十八年（公元前279年），秦将白起攻破楚国郢都，占领了江汉流域，设置南郡。考古工作者在宜昌、江陵、云梦等地发现并发掘40多座秦墓。

秦国墓葬相对楚国墓葬有许多特点：墓坑坑口一般无台阶，坑壁较垂直，秦人抛弃了洞室墓葬的形式，采用椁室墓形制，但在椁室内设置板门，犹如洞室墓的封门。秦墓随葬器物以日常生活用器为主，陶器基本组合为釜、盂、甑、瓮、罐等。这些特点与同类楚墓相比，有明显的区别。例如，楚墓中常见的礼器、乐器、兵器和镇墓兽在秦墓中基本绝迹，显出了秦墓的突出特点。

1975年12月，考古工作者在湖北云梦县睡虎地发掘一秦墓。从出土的竹简文字可以看出，墓主名“喜”，是秦派在安陆（即今云梦）的令史（管理法律的官）。这座墓中出土的铜鼎、铜钫成双，并出土大量的漆器，以及墓的椁室结构（分为头箱和棺室两部分）都带有楚墓风格。但椁室设置板门，礼器很少，没有楚墓中常有的镇墓兽，以及比较求实的作风，都带有浓厚的秦墓特点。

所以，关东地区的秦墓一般既有秦墓的风格，但又带有关东的地方特征。

秦国多数墓葬中没有随葬周制的列鼎，但 CM2 出土 3 鼎，形制相同，大小相次。另外，陕西户县春秋时期的三号秦墓中发掘出铜鼎 5 件，形制相同，大小递减；铜簋 4 件，形制、大小、花纹均相同。这说明春秋时期，个别的秦国贵族在墓葬中已经受周文化的影响，采用了周人的列鼎制度。

五、吴越文化类型的墓葬

我国东南地区，即江、浙、安徽境内，目前发现的考古文化主要是湖熟文化和吴越文化。湖熟文化存在的时代约当我国中原地区的西周时代，吴越文化约当春秋战国时期。湖熟文化和吴越文化类型的墓葬形式都是在良渚文化类型的基础上发展起来的墓葬形式。其特点是利用丘陵地带的山冈或平原上的高地，在地面上安置死者或随葬器物，有的在墓底的平面上铺垫卵石或炭，春秋以后又有平地筑石室的方式，然后在上面堆积起来经夯打的馒头形状或椭圆形状的土墩，称为土墩墓葬。这种土墩墓又分为一墩多墓和一墩一墓两种形式。

1. 一墩多墓

江苏句容县浮山果园一带，是一片岗峦起伏的丘陵地区。这一地区分布着大大小小的土墩古墓。其中一号墩是一个馒头形的土墩。这个土墩南北长 24、东西宽 23 米，顶部每边长 6～8 米，高出地面 2.5 米。土墩内是个墓葬群，尸骨大都腐烂无存。但根据出土器物的分布情况，层位高低及残存的人齿、腿骨的位置等观察，土墩内有 16 座墓葬。这些墓葬均无葬具，亦无经过夯打的迹象，墓的深浅不一致。有的墓底铺有天然的鹅卵石块，有的无石块铺底。这属于一墩内埋葬多墓的形式。

2. 一墩一墓

东南地区发现的湖熟文化和吴越文化类型墓葬中，还有许多是一墩一墓的情况。江苏丹徒石家墩的西周墓即是一墩一墓。石家墩墓呈馒头形，高 4、底径约 20 米。墩内墓葬有墓坑，坑长 2.5 米、宽 0.9 米、深 0.95 米。坑的底部有长方形的漆片痕迹，并有灰黑色的腐淤土，可能是曾髹漆的棺木痕迹。

随葬器仍放在坑部西南端，3 件原始瓷罐呈鼎足形正放，每件罐口都反盖着两只相叠置的原始瓷豆，每件罐的肩部还贴放等距离的 3 只原始瓷豆。这是座一墩一墓、并有墓坑棺木的土墩墓葬。它的随葬器物摆放极有特色，以三为数，这应是江南土墩墓中的一种典型形式。[①] 随葬大量的釉陶器也是东南地区西周墓中的普遍现象。

1959 年，考古工作者在安徽屯溪发现的两座西周墓，没有墓穴，只是在平地上堆筑一个用河卵石铺砌出一个墓室的范围，其中堆放随葬器物，然后堆砌封土，不经夯打。屯溪 1 号墓随葬器物 16 件，除 1 件盂和三足器外，其余如鼎、卣、盘等皆两两成对。青铜器成群成组的出土，器数成双，但是又不出于一范，与江苏丹徒所出西周铜器情况相近。[②]

一墩一墓的石室土墩墓也是东南地区春秋时期的一种墓葬形式。无锡璨山是一处直径 15 米、高约 4 米的土墩墓葬。墩内是一呈长方形的石室墓葬。石室用不规则的石块垒砌，用小石块和灰白土加以填补。墓室全长 7 米、宽 3.5 米左右。石室顶部原用巨大的长方形石块覆盖。石室内未发现人骨，仅在墓室东部出土随葬器物 13 件，主要为陶器和原始瓷器的生活用具。这石室土墩墓可能是江南“荆蛮”的一种墓葬形式。

土墩内的墓葬形式多样，有的是用木炭或石块铺成，或者将土烧成“尸床”；有的是平地砌造长方形石室，上小下大，条石封顶，外面再行封土成堆，如无锡璨山等；有的深挖竖穴，设置二层台及殉人祭牲等；但这种形式至春秋晚期有了明显的发展，如苏州虎丘墓的竖穴土坑，夯筑填土，设置棺椁，与中原葬制表现多方面的一致性。

春秋后期，吴国上层贵族模仿中原的各种礼制，其中包括葬礼，如《越绝书》卷二载：“阖庐冢在阊门外名虎丘，下池广六十步，水深丈五尺，铜椁三

---

① 镇江市博物馆：《江苏丹徒石家墩西周墓》，《考古》1984 年第 8 期，第 706 页。

② 安徽省文化局文物工作队：《安徽屯溪西周墓葬发掘报告》，《考古学报》1959 年第 4 期，第 60、63、78 页。

重，坟地六尺。”又“吴王有女腾玉……葬于国西间门外，凿池积土，文石为椁，题凑为中”。这些记载说明吴文化正与华夏文化融合。当然，浙江地区在吸收中原礼制的同时，还保留自己的传统葬制。

东南地区的土墩墓采取不挖墓坑，平地堆土的方式，可能是由于东南一带多沼泽，如向下挖坑，易出地下水的缘故，而墓底铺设鹅卵石或木炭，其作用是为了防潮。土墩墓是东南地区特殊的地理条件下而出现的一种墓葬形制。

东南土墩墓中随葬的器物有两两成对的情况，与东夷文化类型的墓葬中礼器的偶数组合形式有一定的关系。春秋以后的墓葬又表现出与中原文化融合的趋势。

第二节　春秋战国时期的祔葬墓和合葬墓

春秋时期，夫妇合葬墓已经普遍出现，但是这种夫妇合葬墓有不同的形式，如山西侯马于村发现的是夫妇并穴墓葬。这种形式又称为夫妇祔葬墓，即夫妇二人分葬在并排的两个墓穴中，在两个墓穴的四周有一圈狭窄而较浅的围墓沟，表明这是一对夫妇的墓葬。豫南还有一种夫妇合葬墓，即在同一个墓坑中放置两个木椁，即夫妇的椁室。这是一种较为典型的夫妇合葬墓形式。

一、春秋战国时期的祔葬墓

无论西周、春秋还是战国时期，夫妇合葬墓并不多见，考古发掘中所见到的大量墓葬属单人墓葬。而在墓葬中所反映的夫妻墓葬的另一种形式，即是祔葬墓。

先秦时期，用以表示夫妇的墓葬有一种重要形式是夫妇并穴而葬。山西侯马于村共发现70余座墓葬。这类墓葬是夫妇二人分两墓穴并排而葬。在两个墓穴的四周有一圈狭窄而较浅的围墓沟，沟里埋有殉葬者。这批墓分为早、晚两期。早期墓呈正方形或略呈长方形，主墓室口大底小，土圹竖穴较深，四壁加工后光滑，有棺、椁等葬具。围墓沟中的殉葬者，最多上、下共埋3层、18具青壮年男女尸骨，少者一二具。有的殉葬者被肢解为数段，一部分殉葬者颈上戴有铁钳。这些殉葬者可能是刑徒或奴隶。晚期墓葬的主室墓已演变成有棺椁的洞室墓，围墓沟又浅又窄，成了象征性的东西，也不再有殉葬者了。

周代的夫妇在埋葬形式上主要有合葬墓，即同椁不同棺的葬制；有陪葬墓，即以男子为主墓，其妻妾墓葬在主墓的周围，这大概是周代夫妇墓葬的主要形式。另外就是山西发现的夫妇并穴墓葬，墓穴之外有围墓沟的形式。

河北平山县发掘的中山王嚳的墓葬M1，有6座陪葬墓。东、西两侧各有两座，北面有陪葬墓1座，封土下西侧北部有小型陪葬墓1座。

M1的6座陪葬墓，葬具都是一棺一椁。墓主的头均向主墓，皆为女性墓。1～5号陪葬墓的随葬品有陶器鼎、豆、壶、盘、碗等；铜器有镜、铃、璜形饰；玉器有璧、瑗等。6号陪葬墓墓主可能地位较低，随葬品均为粗质灰陶等。这几座墓的主人可能是M1墓主的世妇、妻、妾之属。这几座陪葬墓的墓圹打破了大墓的封土。墓的填土不同，有夯土和沙石，随葬的陶器有早晚之别，不是同时制造的，墓主人应是死一个，埋一个。

河南淅川下寺发掘的令尹子庚墓M2的南北两边有两座大型的陪葬墓M1、M8和一座中型陪葬墓M4、M2为长方竖穴土坑墓，墓底有巨大的木构椁室和两具漆木棺材。M2的三座陪葬墓和主墓形制一样，都是一椁两棺。

周代夫妇墓葬的出现，是自原始社会以来在族墓中出现的新现象，表示了以夫妇为基础的家庭是社会的基层单位。

二、春秋战国时期的合葬墓

春秋时期的合葬墓发现亦很少，只有黄国国君孟夫妇墓、信阳樊君夫妇墓等为数不多的墓例。1983年考古工作者在河南东南部的光山县宝相寺发现一座古墓，是春秋早期黄国国君孟的夫妇合葬墓。春秋时期的黄国故城就在这座墓东北20千米处。

黄国国君孟的夫妇合葬墓是一座长方形的竖穴土坑墓，东部偏南有一条墓道，为台阶状。墓坑面积90平方米左右。墓坑四壁为黄褐色黏土，其上抹一层厚约1厘米的青膏泥，墓底呈台阶状。墓坑内有两个椁室G1和G2，G1、G2皆在墓坑底部，放置G1处比G2处高70厘米。

G1为黄君孟墓，葬具两椁一棺。内椁和棺木均被破坏，只残存一部分外椁。外椁四壁是用方木垒成。在外椁的底下有两根垫木。G1的随葬器物有铜器14件、玉器54件。其中有铜鼎、铜豆、铜壶、铜鐳等皆成对，形制、花纹、大小完全相同。另外还有铜盘、铜匜各 1 件。在这些出土的铜器上皆有铭文“黄君孟自作行器，子子孙孙则永宝宝”的字样，说明这是黄君孟的墓。

G2 是黄君孟夫人的椁室。G2 保存较好，有两椁一棺。椁底下亦有两根垫木。棺身四周用朱红漆绘窃曲纹和波纹，棺两侧呈束腰形。棺底布满朱砂和花椒。根据残留在棺床上的竹席和织物残片分析，棺床上先铺一层麻织品，然后再铺一层粗竹席，席上铺一层 1 毫米的朱砂，再铺一层细席。墓主人及殉葬品放在细竹席上。G2 的随葬器物共有铜器 22 件、玉器 131 件，其中铜鼎 2 件，分为二式，形制稍有不同。铜豆、铜壶、铜鐳等皆成对，形制完全相同。这些器物上皆有铭文“黄子作黄甫（夫）人行器，则永宝宝鐳冬（终）霝后”的字样，故这是黄国国君夫人之墓。①

黄国国君孟夫妇的合葬墓，其形制为一个大的墓坑内有两个椁室，分为黄君与夫人之椁室。葬具均为二椁一棺。随葬礼器成对出现，集中地表现出东夷墓葬的特点。

这种形制的夫妇合葬墓，还有信阳市平桥西“樊君樊夫人”的合葬墓。河南沁阳县城东北亦发掘了 4 座战国时期的秦墓，其中 M3 为长方形的竖穴墓。椁室为二室，每室置一棺。根据南室出土的漆圆盒和圈足内的烙印文字“川口小妃”的字样判断，M3 可能是一座夫妇合葬墓。

河南南部多出土东周时期的双椁室夫妇合葬墓。两椁室随葬器物基本相同，表现了这个时期贵族夫妇合葬墓的特点。但这个时期的夫妇合葬墓并没有成为普遍。

第三节　春秋战国时期周墓上的建筑和陵园

周代，墓葬坟丘普遍出现。坟丘的高低大小依贵族的身份而定，国军的坟丘最大，称为“陵”。墓上的享堂建筑日趋宏伟，并且出现了以国君为中心，周围是其亲属、臣子陪葬的陵园制度。陵园之外是壕沟，如战国时期的秦王陵、中山国王陵、魏国固围村王陵、赵国邯郸王陵皆是这样的陵园规制。

① 河南省信阳地区文物管理委员会、光山县文物管理委员会：《春秋早期黄君孟夫妇墓发掘报告》，《考古》1984 年第 4 期，第 309、316 页。

一、坟丘和“陵”的出现

原始社会至夏商时期的墓葬，除东南地区的大土墩墓以外，还没有发现地面上隆为坟丘的墓葬。春秋时期，墓葬的地上坟丘已经出现了。《礼记·檀弓上》载孔子在葬其母时说：“吾闻之，古也，墓而不坟；今丘也，东西南北之人也，不可弗识也。”于是封墓以积土，崇四尺；从此有了墓上封积土，隆而为坟丘的坟墓形式。河南省固始县侯古堆发现春秋晚期的坟丘，高 7、直径 55 米。河南省固始县为吴越、东夷、楚与中原的交界处，出现如此高大的坟丘，可能是受东南吴越地区大土墩墓的影响。

战国时期，墓葬坟丘已普遍出现，如《墨子·节丧》曰：“王公大人有丧者，曰棺椁必重，埋葬必厚，衣衾必多，文绣必繁、丘陇必巨。”目前我国考古和调查已发现许多战国时期的带有坟丘的古墓群，如河北易县燕下都故城附近的墓地，有 20 多座方锥形大墓，高 10～15 米，每边长 40～50 米。燕下都故城的东城西北隅，发现一座战国早期的 16 号墓，是目前发现的规模最大的燕墓。该墓发掘前，地面尚存长宽各 30 米、高 7 米多的封土堆。湖北随县的曾侯乙墓处在一个红砂岩的小山冈上，据说这里原是一个圆形的大土坡，名叫“东团坡”，墓上可能曾有较大的坟丘。淮南地区的两座墓，都有较大的坟丘。

湖北江陵纪南城分布有数百座楚国的冢墓，组成庞大的楚国墓葬群，在离纪南城东约 1 千米的雨台山，是一个西北高、东南低的丘陵。此处楚墓分布甚广，西北部高处有很多土冢，这里是楚墓最多的一处，见于报告的就有 554 座，大都有地面上的坟丘。战国中期的几座大型楚墓，发掘之前地面大都存有坟丘。天星观 M1 的坟丘最大，南北长 25 米、东西长 20 米、高 7.1 米。用未经夯打的黄灰色泥沙土堆成。望山两墓和沙冢 M1 的坟丘较小，底径 10 多米，高尚存 2 米余。

战国时期，墓上坟丘普遍出现。坟丘出现的原因大约是为了便于地面识别的缘故。远古社会，人死后，葬之中野，不封不树；以后，人们不忍看见死去亲人的尸体腐烂，就用土掩埋，于是出现了墓坑、墓穴。但是掩埋以后，由于地形地貌变化，人们又难于找到墓坑的确切位置，坟丘和墓树应运而生了。《左传·僖公三十二年》载当蹇叔阻止秦穆公东伐郑国时，秦穆公说：“尔何知？中寿，尔墓之木拱矣。”春秋时期，人们已在墓上植树标识。春秋晚期至战国，墓葬的地上部分封积土为坟丘，并在坟丘上植树，已成为普遍的形式。

坟丘的高低大小依贵族的身份而定。《白虎通·崩薨篇》引《礼纬·含文嘉》云：“天子坟高三仞，树以松；诸侯半之，树以柏；大夫八尺，树以栾；士四尺，树以槐；庶人无坟，树以杨柳。”《礼纬》所述的各级贵族的坟丘高低大小的等级，当时社会中也未必那样整齐划一，但贵族身份越高，坟丘越大，这种现象是必然的。《礼记·月令》亦载：“饬丧纪，辨衣裳，审棺椁之厚薄，茔丘垅之大小、高卑、厚薄之度，贵贱之等级。”战国时期坟丘的高低大小确实和墓主的身份有关系，当时各诸侯国君的坟墓一般都比较大，如秦公陵园的大墓等。

战国时期，各诸侯国君皆已称王。各国国君为了表示自己尊贵的地位，不仅把自己的墓坑造的规整讲究，葬埋豪侈，而且丘垅也造的特别高大。为了与一般坟丘相区别，他们把自己的坟丘称为“陵”。陵，即山陵之意。《史记·赵世家》记载赵肃侯十五年（公元前335年）“起寿陵”，这是历史上君主坟丘称“陵”的最早记载，时值战国中期。顾炎武在《日知录》卷十五曰：“古王者之葬，称墓而已。……及春秋以降，乃有称丘者，楚昭王墓谓之昭丘，赵武灵王墓谓之灵丘，而吴王阖闾之墓亦名虎丘。盖必因山而高大者，故二三君之外无闻焉。《史记·赵世家》肃侯十五年起寿陵，《史记·秦本纪》惠文王葬公陵，悼武王葬永陵，孝文王葬寿陵，始有称陵者。至汉则无帝不称陵矣。”

“丘”在先秦时代是指高地或邑落，是基层行政组织的名称，如《周礼·地官·小司徒》云：“九夫为井，四井为邑，四邑为丘，四丘为甸，四甸为县，四县为都。”很明显，丘是一级地方行政组织。国王之墓名丘，或许是国王之墓葬于丘，而非以墓名丘。当然这仍属继续探索的问题，但是战国中期以后，赵肃侯、秦惠文王开始把自己的坟墓称为“陵”了。

《水经注·渭水》云：“秦名天子冢曰山，汉曰陵。”总之，秦汉时代把天子冢墓已称为“山陵”。同时，人们也把各诸侯的最高统治者称为“山陵”，以喻其高大巍峨，如《战国策·赵策·触龙说赵太后》曰：“一旦山陵崩，长安君何以自托于赵。”这当然是对王权的一种宣扬和美化。统治者为了把自己的坟墓修得更加富丽堂皇，当他们活着的时候，甚至从即位起就开始修建自己的陵墓。为了求得吉称，也把自己的坟墓不称墓，而称“陵”。

贵族不仅为自己的墓葬修建巨大的坟丘，而且派出守冢墓的人，如《云梦秦简》曰："可（何）谓甸人？甸人，守孝公、潚（献）公冢者殹（也）。"该条文意为，甸人就是秦国守孝公、献公墓的人。辉县固围村 1 号大墓发现有守墓人的遗址，中山王陵园也发现有守卫刻石。战国时期的国君陵墓皆有人守卫。

秦汉时期，守冢制度已逐渐完善，表现为天子陵墓要数百万家为之守卫，汉代诸侯也要数百户守陵。《史记・陈涉世家》载："高祖时为陈涉置守冢三十家砀，至今血食。"汉王朝对以前的皇帝、诸侯也派人守冢。《汉书・高帝纪下》载"十二月，诏曰：秦皇帝、楚隐王、魏安釐王、齐愍王、赵悼襄王皆绝亡后，其与秦始皇帝守冢二十家，楚、魏、齐各十家，赵及魏公子无忌各五家，令视其冢，复，亡与它事"。

守冢者每逢生辰忌日，要上食祭祀。《史记・外戚世家》载："薄太后母亦前死，葬栎阳北。于是乃追尊薄父为灵文侯，会稽郡置园邑三百家，长丞已下吏奉守冢，寝庙上食祠如法，而栎阳北亦置灵文侯夫人园，如灵文侯园仪。"

由此可见，守冢墓还负有扫墓、守卫、祭祀、供奉之责任。汉代以后，为天子守墓者曰"陵邑"，为诸侯王守墓者曰"圃邑"，为一般列侯守墓者曰"守冢"，坟苑守卫制度日趋完善。

二、周代的墓上建筑

墓上建筑自殷代已经出现（见第二章二节），西周的墓上建筑尚未发现。春秋时期墓葬的地上部分已有了坟丘的形式，但坟丘只是墓葬的地上封土，还谈不上是墓上建筑。战国时期的墓上建筑已发现多处。

1974～1978 年，考古工作者在河北省平山县发现一座规模巨大的墓葬 M1 是中山王䜭的墓葬，即中山王陵。M1 有明显的墓上建筑遗迹。M1 的地上封土保存较好，封土平面呈方形，由下至上构成三级台阶，现高约 15 米，底边东西长约 92 米、南北长约 110 米。南有封土及平台，均用夯土筑成。第一层台阶夯层较厚，台阶内侧有散水。第二层台阶有回廊建筑遗迹，回廊地面大部分已被掘毁，东西两侧的回廊地面基本在一个平面上。回廊顶部由壁柱和檐拄支撑。壁中有长方形的柱洞，底部有不规则的柱石。东西两面壁柱洞中点间距 3.6 米，南面间距 3.34 米，与壁柱石相对的外沿有大型的檐柱柱石，二者中点间距 3 米。

檐下散水与檐柱柱础水平间距约 1 米，鹅卵石筑成，低于建筑地面 1.3 米、宽 1.1 米左右，向外稍有倾斜。

回廓的后壁即封土中间的立面，抹有草泥和澄浆细泥各一层，并粉饰成白色，距墓室口外 7.4 米。

在建筑地面上有乱瓦。西侧乱瓦呈鱼鳞压叠状，应是倒塌下来的原建筑顶部的瓦。瓦有绳纹板瓦和筒瓦两种，此外还有山形瓦脊饰。回廊建筑东西、南北的长度，外檐约为 52 米，后壁约为 44 米。这应是一个非常辉煌的墓上享堂建筑。

中山王嚳的陵墓共分为墓上建筑、陪葬墓坑和地下墓圹三个部分。战国时期，诸侯王的陵墓称为“陵”，其规模更加复杂、宏大。

该墓是以一个国君为中心，分别营建的，和早期的贵族公墓（如虢国墓地）不同。这种形制的墓上建筑和墓地布局也见于中山国墓地的另一大墓 M6（可能也是中山王墓）、河南辉县固围村的魏国大墓，以及河北邯郸的赵王陵墓。

河南辉县固围村的 M1～M3 墓是已知魏国规格最高的墓葬。墓地广袤 600 米，中部有长、宽 10 米，突起 2 米多的方形平台，是就原来的坡岗形势修筑而成。平台上并列三个大墓。最大的 M2 居中，稍小的 M1 和 M3 东西对峙，西部另有两南北并列的中型墓。三座墓上部都覆盖宏伟的瓦顶“享堂”建筑，基址范围比墓室宽出一圈。M2 的“享堂”七开间，包括砾石、散水在内的基础 25～26 米，两侧的“享堂”五开间。M3 的基础长、宽各 19 米，M1 的基础长、宽各 18 米左右。三墓的墓圹，南北两端都有墓道。但由于严重的盗掘，三座墓的墓室都遭破坏，随葬器物大都不存。

另外，在河北邯郸西北发现五处战国后期与辉县固围村相似的墓地，应是赵国的王陵。五处墓地各自修筑在一个小山包上。每处都有坐西朝东的陵台，一般长 300 米、宽 200 米左右。每个陵台中部有一两个高大的封土堆，长、宽 30～50 米、高 10 米左右。周窑村附近的一处陵台较小，长 181 米、宽 85 米，周围发现陵垣的残迹。这个墓地除陵台中部有一封土外，台后还有两座封土堆南北对峙。在陵台西北的一座墓上进行过发掘，封土上有较多的板瓦和筒瓦，表明原来可能也有像固围村那样的“享堂”。①

① 中国社会科学院考古研究所：《新中国的考古发现和研究》，文物出版社，1984 年，第 292、293 页。

由此可以看出，河南辉县固围村的魏国陵墓的墓上建筑与中山王陵及邯郸的赵王陵墓的墓上建筑基本一致，与秦始皇陵的形制也接近。现有资料说明，这种形制的国君陵墓，至迟战国晚期在三晋和中山地区，已经成为普遍。

三、陵园

陕西省雍城考古队对秦都雍城的秦陵区进行了钻探，发现了13座陵园，并试掘了两座陵园的隍壕设施。这些陵园是秦国历代国君的陵园。

每一座秦公陵园由不同数目的大墓组成。大墓有平面作“中”字、“甲”字、“凸”字、“目”字形及圆坑5种类型。以凤南1号秦公陵园为例，陵园坐西朝东，微偏西北，由大墓M1、M3、M5、圆坑K1组成。M1是其中最大的“中”字墓。墓室呈长方形，东、西各有两条墓道，故称“中”字墓。M1全长399米，墓室东西59.4、南北38.45、深24米。东墓道长156.1、西墓道长84.5米，总面积5334平方米。墓室“中”环绕墓壁有二层台阶，中部为墓室。M1上发现有春秋时代的筒瓦、板瓦、柱洞。发现有绳纹瓦片的还有M7、M9、M11、M13、M15、M21、M23、M30、M31等，推测有墓上建筑。该陵园的M3亦为“中”字形墓，全长226.4米。M1和M3相距133米，后者可能是前者的祔葬墓。M5是“甲”字形墓，较“中”字形墓等级要低，规模也小，排列在M1、M3的左下方，与M3相距110.6米。圆坑K1与M5相距144米。每座陵园以右为上，各祔葬墓依次向左下方排列。“目”字形或“凸”字形墓按其形状及钻探中发现的马骨来推测，可能是车马殉葬坑，排列在主墓的右前方。除Ⅰ号陵园外，其余陵园多由一“中”字形和一“目”字（或“凸”字）形墓组成。

在钻探各类大墓时，多发现填泥用炭的情况，如Ⅰ号陵园的M1，Ⅱ号陵园的M7等“中”字形墓均填泥用炭。有的木炭层厚3.3～3.8米，外层的青膏泥厚0.9～2.3米。这种在墓葬中为防潮而填泥用炭的做法，大约在春秋时秦国就采用了。

圆坑K1与安阳大司空村殷代杀殉坑类似，但规模较大，钻探时坑底发现板炭、朱砂、漆皮等物，可能亦是秦国的杀殉坑。

陵墓上未见封土。M1的墓室上，曾发现许多春秋时代的筒瓦、板瓦，由于绝大部分已破坏，只在墓室与东墓道相接部位清理出一排柱洞，并见“凹”字形板瓦互相衔接叠压的现象。墓室的西端上部，曾发现长 0.82 米、大径 0.28 米、小径 0.21 米的绳纹水管一列，水管大头在北，说明水向南排泄。另外在 M7、M9、M11、M13、M15、M21、M23、M30、M31 等大墓的墓室上部，都发现绳纹瓦片，说明可能有墓上建筑存在。①

在每个陵圃的四周都有隍壕设施。

以凤南Ⅲ号陵园为例，Ⅲ号陵园由“中”字形墓 M3、“凸”字形墓 M10 组成，围绕主墓及陪冢有两道壕沟，里面的壕沟为内隍，外面的壕沟为中隍。

内隍，围成长方形，四角均为圆角，形如南北相对的两个马蹄。东壕长 143 米，西壕长 142 米，均宽 4.5 米。紧围 M9 的墓室，中段隍边紧靠东西墓道的南北壁，因东西墓道伸出隍外而未挖通。南壕长 92 米、宽 4.5 米、深 3.1 米；北壕长 92、宽 5、深 3.5 米。南壕与北壕中段均有一段未挖通，形成南北相对的内门。内隍以内面积 13 156 平方米。

中隍，隍内呈方长形，将 M6 和 M10 全部包括在内。东壕长 444 米、宽 3.7～5 米、深 3.5～4 米；西壕长 438 米、宽 3.7～5.5 米、深 3.2～4.6 米；南壕长 310 米、宽 3.5 米、深 33.5 米左右，北壕长 263 米、宽 3.77～5.5 米、深 3.22～4.6 米，壕底呈马槽形。南北壕有一段未挖通，形成接近对称的南北两门。南门宽 5.4 米、北门宽 5 米。中隍全长 1496 米，隍内总面积 135 780 平方米，是内隍的 10 倍。M6 墓室中点距中隍南壕 111 米，距北壕 320 米，说明主墓及陪冢在陵园的偏南部位。

外隍，是一周将整个秦公陵园围在内的壕沟。为了将这些大墓包括在内，壕沟走向有明显的弧度拐角，构筑方法与内隍、中隍相同。外隍西壕长 2170 米、宽 3.2～5.6 米、深 2～4.2 米；北壕长 1530 米、宽 3.2～5.6 米、深 4.2～6 米；南壕长 3320 米、宽 2～7 米、深 2.6～4.6 米。南壕将 M21、M22、M13、M14 等几座大墓隔于沟外。

Ⅱ号陵园的隍壕设施，构筑时间当在战国早期。这些隍壕可能是些防御性的明沟，只是后世不断淤填才逐渐与地面齐平。秦人陵园的内、中、外隍设施，

---

① 陕西雍城考古队韩伟：《凤翔秦公陵园钻探与试掘简报》，《文物》1983 年第 7 期，第 31、32、37 页。

与东方诸国，如中山国王陵内构筑内、中、外垣作用一样。这种隍壕设施可能与古人在房屋或村落外挖围沟，作为防御措施有关。古人把“阴间”的一切想象的与“阳世间”一样，所以在陵园的四周都挖上隍壕，还留上门等，正是古代村落四周挖围沟习俗的反映。

秦陵隍壕可分为三种类型。

（1）双隍形，即以双马蹄形内隍围绕“中”字形主墓，再以中隍环围主墓与车马坑，如Ⅱ、Ⅲ、Ⅸ、Ⅹ号诸陵园。

（2）单隍形，主墓两侧无内隍，仅以中隍环围主墓和车马坑，如Ⅰ、Ⅳ、Ⅺ号诸陵园。

（3）组合形，如Ⅷ、Ⅻ号陵园，共用中隍或陵中套陵，属于特殊类型。

战国以降，中山国王陵、魏国固围村王陵、赵国邯郸王陵，均以一位国君为中心，分别营建陵园。这种布局被视为三晋和中山地区的定制。①

四、中山王墓所出“兆域图”中的陵园规制

河北平山县中山王嚳的陵墓中出土了一块错金银的“兆域图”铜版，版长94、宽48、厚约1厘米。“兆域图”或称“兆窆图”。“兆域”一词，即“墓茔地”或“陵墓区”之意。“兆域图”是一幅中山王和王后的陵园规划图。

这幅兆域图在一块铜版上用金、银错出建筑平面、名称、尺寸和中山王的一段诏令，根据这幅图可看出中山王墓陵园的整体建筑情况。

陵园的正中为“王堂”，即中山王的墓上“享堂”。“享堂”200尺，呈方形。王堂两侧为“哀后堂”和“王后堂”，即哀后和王后的墓上享堂，各与王堂相距百尺，两后的享堂比王堂稍低。

两后堂的外侧80尺外各有一个“夫人堂”，即夫人墓上享堂，比后堂稍低、稍后。

在5座“享堂”的周围有一垣墙，称为“内宫垣”。“内宫垣”上有5个小门，南面正对王堂有一正门。后面有4个城门，正对两个陵墓之间的四个间隙之处。每个小城门通过方百尺的庭院，从西向东，其名称曰“痯宗宫”“正奎

---

① 陕西雍城考古队：《凤翔秦公陵园第二次钻探简报》，《文物》1987年第5期，第62页。

宫”“执白宫”“大牺宫”。

围绕四个庭院在内，在内宫垣外又有一道“中宫垣”，“中宫垣”在对“内宫垣”城门处，亦有一个城门，与内宫垣城门和王堂相通[①]。

这座陵园如果按原设计方案建成后，它的全貌应是总平面为横长方形，有两重城墙。城墙南面正中开门，墙内为“凸”字形坟丘，四边呈斜坡状。丘顶中部横列三座方 200 尺的巨大享堂。三堂可能都是三层台榭，体量相等。中央一座台墓稍高，用瓦及装饰较考究，是中山王譽的享堂，两旁是其后的享堂。两后堂外侧是夫人堂及□堂，建在凸形坟丘的两翼上，方 150 尺，小于王堂和后堂，可能是二层台榭。坟丘以北内层围墙上开 4 个门，门内为方 100 尺的庭院。院内建有房屋。整组建筑轮廓方正，有明确的中轴线。王堂居中，其余建筑左右对称，建筑的高度和体量递减，从单体建筑到群体布局都有很好的规划。

兆域图上，各墓之上都有享堂。王譽的享堂已经发掘，即一号墓封土的回廊以内部分。根据兆域图所示，那么二号墓应是哀后墓，墓上亦有享堂建筑。但在王譽墓的周围，却没有王后墓和夫人墓，可能由于一些原因，王后和夫人死后，没有埋在这个陵园中。所以中山王譽的墓茔是一个没有完全建成的陵园，兆域图的规划没有全部实现。

兆域图使我们了解到战国时期国王陵园的建筑规划。河南辉县固围村的三座魏国大墓，为东西并列的三墓。墓上享堂以中间的最大，两边稍小。这种陵园的规划与“兆域图”所绘的陵园基本符合。这种陵园建制可能是战国时期各诸侯国君陵墓规划的普遍形式。

关于墓上建筑享堂的问题，杨宽先生有不同的看法，他认为墓上有建筑、有殿堂并不一定用于举行祭祀。东汉人蔡融说：“闻古不墓祭。”[②] 所谓“古不墓祭”，就是说指西汉以前，墓地上不举行祭祀，也没有宗庙中那样隆重的祭礼。西汉诸帝陵园中虽有寝殿、便殿，只有“日上四食”，即每天如同侍奉活人一样进献四次饮食，并无祭祀典礼。[③] 西汉诸帝另有宗庙造在陵园附近，祭祀仍在宗

---

① 孙仲明：《战国中山王墓“兆域图”的初步探讨》，《地理研究》1982 年第 1 期，第 88、101、115 页。

② （晋）袁宏：《四库全书·后汉纪·孝灵皇帝纪》，台湾商务印书馆景印本文渊阁，1986 年。

③ 班固：《汉书·韦玄成传》，中华书局，1982 年。

庙中举行。直到东汉明帝在光武帝原陵举行上陵礼，陵园中才开始举行隆重的朝拜献祭典礼。秦汉陵园中，只存在殿和便殿等建筑，用于日常供奉，不用于举行祭礼。《三辅黄图》载：“高园（指高祖陵园）于陵上作之，既有正寝以象平生正殿路寝也，又立便殿于寝，以象休息闲晏之处也。”陵上的“寝”，是仿效宫中的“寝”。宫中之寝，设有正寝，亦称路寝，是有殿堂的。中山王訾陵上的殿堂应是国君的这种“路寝”在墓上的再造。这正是古人“事死如事生”的原则。这种殿堂是不举行祭礼，而只是“日上四食”，如侍奉活人一样。

笔者认为，先秦时期，自殷代就开始有墓上建筑了，如安阳大司空村的“遗址一”“遗址二”，殷墟妇好墓上的“享堂”，以至到河北中山王陵上的殿堂，河南辉县固围村魏国大墓上的建筑都是一种“享堂”建筑。古人举行祭祖之礼皆在宗庙中举行，而不在墓地举行。但这种“日奉饮食”的做法，其本质上也是一种祭祀，只不过不举行祭礼而已。由此可见，先秦时期仍然是有墓祀的。这种墓上建筑，亦可以说上是墓主人的“享堂”。

战国时期，周文化类型的墓葬规模向宏大发展，出现了以国君墓葬为中心，包括其王后、夫人的陪葬墓而组成的陵园。墓葬的地上部分有辉煌的享堂。这种陵园建筑还仅限于国君一级的贵族才能使用，而一般的贵族墓葬也大量存在，如河南汲县山彪镇和玻璃阁的战国墓地就可能是魏国贵族墓地。

第五章　东周墓葬表现的礼制研究

春秋战国时期的墓葬，墓葬规格与随葬品都形成了严格的等级。墓主人棺椁的等级、用鼎的规格、殉葬车马的等级更加分明。东周墓葬表现出鲜明的礼制，为研究墓主人的身份与当时社会面貌提供了科学依据。

第一节　东周墓葬的车马坑

东周时期，殉葬车马的现象风靡于贵族阶层，虽然殉葬车马是有等级和限度的，但是贵族们的贪婪，使他们不惜把大量的车马随葬在自己的墓葬中。例如，山东齐国故城的河崖头村 5 号墓，有人认为是春秋齐景公的墓葬，据计算当有殉马 600 匹以上。战国时期，由于生产力的发展，大量的车马被用在生产上，于是以真车真马殉葬的制度动摇，开始用陶车泥马模型、铜马模型、木车模型随葬。当然有些是因为诸侯国力的衰落，如河南淮阳马鞍冢楚王墓以泥马 20 多具随葬，集中地表现了真车真马殉葬制度的衰亡。秦汉以后，以明器车马随葬成为主流。

一、周代贵族用马的等级

先秦时期，车马当是贵族出行的重要交通工具，因此车马的装饰，即马车用马也有了等级规格。《周礼・春官・宗伯下・巾车》："王之五路一曰玉路，锡，樊缨，十有再就，建大常，十有二斿，以祀。金路，钩樊缨九就，建大旗以宾同姓以封。象路，朱，樊缨七就，建大赤以朝，异姓以封。革路，龙勒条缨五就，建大白以即戎，以封四卫。木路，前（读翦，浅黑也）樊鹄缨，建大麾，以田，以封蕃国。"路，就是车子。郑玄注："缨，今马鞅，玉路之樊及缨，皆以五采罽饰之。十二就，就，成也；大常九旗之画日月者，正幅为縿斿，则属焉。”这是说，王在祭祀、宴请同姓、接见异姓、封四卫、封蕃国等各个场合下所用的车子是不相同的，车子上的装饰也不相同。

周王马车上所驾的马匹与诸侯、大夫、士也不相同。《周礼·夏官·司马下·校人》：“校人掌王马之政，辨六马之属，种马一物，戎马一物，齐马一物，道马一物，田马一物，驽马一物。”天子每辆车上用六马。

《后汉书·舆服志》(梁)刘昭补并注云：“《古文尚书》曰‘予临兆民，懔乎若朽索之驭六马’。《逸礼·王度记》曰‘天子驾六马，诸侯驾四，大夫三，士二，庶人一’。《周礼》‘四马为乘’。《毛诗》‘天子至大夫同驾四，士驾二’。《易》京氏、《春秋公羊》说皆云‘天子驾六’。许慎以为‘天子驾六，诸侯及卿驾四，大夫驾三，士驾二，庶人驾一’。《史记》曰秦始皇以水数制乘六马。郑玄以为‘天子四马’。《周礼》‘乘马有四，圉各养一马也’，诸侯亦四马。《尚书·顾命》时，诸侯皆献乘黄朱，乘亦四马也。今帝者驾六，此自汉制，与古异耳。”

以上引《逸礼·王度记》记载：“天子驾六马，诸侯驾四，大夫三，士二，庶人一。”但是也有学者不相信，如郑玄以为“天子四马”；并且认为，“今帝者驾六，此自汉制，与古异耳”。天子是否用六马或是四马，自汉代就引起了很大的争论。

周代墓葬虽然也发现大量的车马坑殉葬，但是“天子驾六”，即一辆车上驾六匹马的情况很少发现，特别是1980年秦始皇陵西侧发现了两辆用四匹马拉的青铜战车，人们认为天子之车也是驾四马，怀疑先秦时期是否有“天子驾六”的车舆制度。

2002年10月，考古工作者在洛阳城市中心广场建设考古钻探过程中，发现了东周王城大型车马坑遗迹，先后清理出397座基址和18座车马坑，其中一座车马坑长42.6米、宽7.4米，陪葬马68匹，车26辆，其中有一处保存完好的六马驾一车遗迹。2003年春，考古工作者还在洛阳市第27中学西边发掘一座大型“甲”字形墓，墓内出土的一件铜鼎内，铸有“王作”的字样。据推测，这应是一座“天子”墓。“天子驾六”车马坑正位于王城陵区的中部偏南。“天子驾六”车马坑是春秋早中期的车马坑。[①] “天子驾六”不仅《逸礼·王度记》有记载，在考古材料上也已得到证实。

从文献记载与考古材料发现，“天子驾六”确实是我国先秦时期存在的车舆制度；那么《逸礼·王度记》记载“天子驾六马，诸侯驾四，大夫三，士二，庶人一”的制度也是存在的。

春秋时期，贵族们所用的马，相见时赠送的马匹也是有等级的。《左传·昭公六年》记载：楚公子弃疾“过郑，郑罕虎、公孙侨、游吉从郑伯以劳诸柤，辞不敢见。固请见之，见如见王，以其乘马八匹私面，见子皮如上卿以马六匹，见子产以马四匹，见子大叔以马二匹”。柤，郑地近郑都。楚公子弃疾见郑伯如见王，送给郑伯八匹马，送子皮六匹马，子产四匹，子大叔二匹，说明当时等级性是很强的。根据“诸侯驾四”的礼制，楚弃疾送郑伯八匹马，当是两辆车所用的马匹。

2002 年，考古工作者在湖北枣阳九连墩发掘出两座墓葬，即 1 号、2 号墓及其附属的 1 号、2 号车马坑。

这两座墓的规模很大，2 号墓附属的车马坑中出现了一车六驾的规格。2 号墓呈长方形，斜坡坑壁设有 14 级台阶；葬具为二椁二棺。外椁长 8 米、宽 6.82 米，其内以隔板分成五室。东、南、西、北四室放置随葬器物，其上盖分板，之上再分别铺以盖板。内椁置于中室，盖板、侧板、挡板、底板均以方木垒砌。外棺为长方盒形，长 2.86 米、宽 1.7 米。内棺为悬底弧棺，长 2.48 米、宽 1.06 米。内、外两棺的内面皆髹红漆。内棺中人骨倾向一侧，身上残留有腐烂丝织物，头向东。

墓中的随葬器物主要分置于东、南、西、北四室内，包括礼器、乐器、兵器、车马器、生活用器、丧葬用器等，初步统计共计 617 件（套）。东室随葬的青铜礼器较多，组合较完整，器类有鼎、簠、簋、敦、甗、鬲、鉴、盘、方壶、匕等。其中 1 件镬鼎的口径 82 厘米、连耳通高 96 厘米，是迄今为止楚墓中出土最大的铜鼎。漆木器则有案、禁、俎、匜、盒、匕、豆、耳杯、酒具盒等。南室随葬兵器、车马器，包括戈、矛、剑、戟、链、车辖、车伞、马镳、马衔、

① 戴雨林：《论“天子驾六”车制产生的年代》，《洛阳大学学报》2004 年第 1 期，第 36 页。

马甲、节约、骨贝、皮甲等。西室随葬盥洗用具、乐器和其他装饰品，有汤鼎、提梁壶、盉、盘、匜、勺、箕、琴、瑟、笙、虎座鸟架鼓、木雕小座屏、彩绘弩机、镂孔铜杯、人擎铜灯等。北室主要随葬乐器，包括编钟、鼓、琴、瑟、笙等。棺内随葬有铜剑及玉圭、璧、玦、璜、管、韘等。这些现象说明，此墓是一座大型的楚墓。

车马坑距离1号墓25米处，南北长52.7米、东西宽9.5米、残深2.3米。坑内埋有车辆33乘，呈南北向双排横列。其中，位于中部的13号车驾马为6匹，其两侧的12号车、15号车驾马4匹；此外，还有1乘车驾马4匹，有2乘车无马，其余均为1车2马。全坑共葬马72匹。[①] 湖北枣阳九连敦楚墓出现一车六驾的规格，研究者认为当属权势贵族的僭越。

二、周墓祔葬的车马坑

周代墓葬用真车真马殉葬。在西安沣水两岸的西周故地、三门峡上村岭的虢国墓地、淅川下寺墓地、北京玻璃河燕国墓地、平山县中山王陵，从陕西到河南、山东、河北、山西、安徽等地均有发现。

车马坑的形制通常是长方形竖穴土坑，其规模大小不等。一般的车马坑长、宽、深3～4米，能埋一车两马。

车马坑内，车马的放置有一定的规律。一般情况是马前车后，两马或四马分置车辕两边，呈驾乘状态。坑内埋的车辆较多，车的放置亦有一定规律。

（1）车与车并列，车辕方向一致，马分置车辕两边，呈驾乘状态。

（2）车与车前后纵列，车辕方向一致，前一辆车的车舆压在后一辆车的车辕上，马亦分置每辆车的两边，呈驾乘之状。

（3）车马虽在同一坑内，但却有生土隔梁将车、马分置两部分，车马也不呈驾乘状态。这种形式的车马坑，有时还有木构设置，车马坑如同椁室，如中山王厝的两座大型车马坑，坑壁和坑底经过涂饰，东西两壁有柱洞，柱头和坑口有方木和盖木。坑中间用木板隔成南北两部分，北部放马，南部放车。这种形式的车马坑一般出现于战国中期以后。

---

① 湖北省文物考古研究所：《湖北枣阳市九连墩楚墓》，《考古》2003年第7期，第588页。

这几种形式的车马坑分述如下。

河南淅川下寺楚墓计有大型墓 9 座，小型墓 16 座。这种楚墓均为东西向的竖穴土坑墓。墓距较近而出土器物相同的为一组，可分为五组，间距 20～40 米。每组主墓的西部 10 米以内均有一车马坑，有的还有陪葬墓。五组之中以第三组规模最大，距主墓 M2 约 10 米附近有一车马坑，为长方形竖穴土坑墓，与主墓成“丁”字形。车马坑长 21 米、宽 4.6 米、深不到 1 米。坑内埋车 6 辆，马 19 匹。车马西向，南北并列，一般是一辆车 2 马或 4 马。M2 的车马坑内马骨呈睡卧姿势，面向或背向车辕，很可能是杀后殉葬有意摆放的。坑内仅见几件小型车马饰，车马器都埋在它的主人墓的椁室里。

河北平山县中山王嚳的墓葬 M1 有车马坑两座。一号车马坑，南北长 33.8 米、东西宽 3.7 米。坑壁夯筑，坑内中间由木板隔成南北两部分。南部放马，有马骨架 12 具，马头西向，南北排列，北部放车。二号车马坑，形制与一号车马坑形制相同，南部有马骨架 12 具，马头向东，南北排列。北部放“山”字形铜器、车器、兵器和帐杆等。车 4 辆，南部两辆为 4 马，北部两辆为 2 马，车均为战车。杂殉坑，位于二号车马坑之西，形制与前同。南部有 10 只羊骨架和 6 匹已经解肢的马骨架。北部盗扰严重，存留有车的零星痕迹、车马器、两只狗骨架和帐篷中心柱铜帽。狗的项部有金银制成的项圈。葬船坑，位于杂殉坑之西，平面呈“凸”字形。北面有一条长沟，象征河道。南室东西并列三只大船，南北各一只小船，有的船上有桨。大船板用铁箍连拼，铅皮补缝。室内现存有棚杆、钮钟、石盘等。北室可能放置主船，底部现存有地画，已漫漶不清。该坑曾两次被盗，里面遭到很大的破坏。

周代墓葬的车马坑所埋车马根据墓主的贵贱等级身份而定。在一般下等贵族墓葬所附的车马坑是一车两马，而最多的能埋葬几十辆车，几十匹马，如河南三门峡市上村岭的 M1052 号墓埋 10 车、10 匹马；河南淅川下寺二号墓埋 6 车、19 匹马；北京琉璃河黄土坡 M1100 墓埋 5 车、14 匹马；浚县辛村 3 号墓约埋 12 车、72 匹马、8 狗；辉县琉璃阁埋 19 车，马不明。

山东淄博市临淄区齐国故城的东北部河崖头村出土的 5 号墓，是一座大型的带殉马坑的齐景公的墓葬。该墓的东、北、西三面有呈“曲”字形的、大型殉马坑，殉马坑西面长 70 米，北面残长 54 米（复原后 75 米），东端破坏太甚，长度已不可知。假如东西长度相当，殉马坑长度当为215米，坑宽4.8米。北面54米长的一段有殉马145匹，西面南部有83匹。如果按全长215米计算，当有殉马600匹以上（图5-1）。[①] 河南淮阳马鞍冢一号墓是战国初年的墓葬，内埋8车、24匹马；马鞍冢二号墓埋23车、20多匹泥马模型。

图5-1 山东临淄齐景公墓之殉马坑殉马145匹，全坑约共有殉马600匹左右

（李玉洁 摄）

战国时期，以真车真马殉葬的制度开始动摇。战国以后，开始以车马模型代替真车真马的殉葬。陕西长武上孟村战国初期遗址M26随葬有陶车泥马模型，这个墓葬当属于下层贵族的墓葬。洛阳西工区战国初期墓随葬有铜马模型。[②] 湖南湘乡牛形山一号战国中期墓随葬有木车模型。[③] 河南淮阳马鞍冢楚王墓以真车23辆，泥马20多具随葬。1980年冬，秦俑考古队在秦始皇封土西侧，发掘出土了两辆大型彩绘铜车马，每乘车驾有4匹马，车上各有一驭官俑，大小约为真车、马、人的1/2。车马的系驾挽具齐全，装饰华丽[④]，更是集中地表现了真车真马殉葬制度的衰亡。秦汉以后，以明器车马随葬成为主流。

西汉末年，以真车真马殉葬的情况彻底消失了。车、马已广泛地运用在生产上，成为普遍的生产工具和牲畜。统治阶级已经不再用车马来炫耀自己的权

① 山东省文物考古所：《齐故城5号东周墓及大型殉马坑的发掘》，《文物》1984年第9期，第15、16、19页。

② 洛阳博物馆：《洛阳西工区战国初期墓葬》，《文物资料丛刊》第3辑，文物出版社，1980年，第118页。

③ 湖南博物馆：《湖南湘乡牛形山一、二号大型木椁墓》，《文物资料丛刊》第3辑，文物出版社，1980年，第103页。

④ 秦俑考古队：《秦始皇陵二号铜车马清理简报》，《文物》1983年第7期，第1页。

利财富了。《汉书·成帝纪》载："六月己未，有司言'乘舆车牛马禽兽皆非礼，不宜以葬。'奏可。"统治阶级对以真的车马牛殉葬已经明文禁止了，从侧面反映了车、马、牛在生产上的地位日益重要。

第二节　东周墓葬的"涂车刍灵"、人俑和镇墓兽

两周时期，由于生产力的发展，大批劳动力需要用在生产上，人殉自西周时期在墓葬中已经减少。然而春秋时期的秦国人殉还是很盛行的，但是已经受到人们的谴责。由于贵族们的残忍、迷信与怯懦，他们希望在死后仍然有人侍奉陪伴，因此春秋战国时期，出现了"涂车刍灵"、人俑、镇墓兽等代替人殉的现象。应该说刍灵、人俑、镇墓兽相对人殉是较为人道的。

一、春秋战国时期的人殉

春秋战国的墓葬中，山东莒县大店镇老龙腰 M1 有 10 个殉葬者；临淄故城外郎庄 1 号墓有 17 个殉葬者，多为年约 20 岁的女子、湖北随县曾侯乙墓有 21 具陪棺，陪棺内均为 13～25 岁的女性，这 21 个女性青年无疑都是殉葬者。

人殉是秦墓中的一个突出现象。陕西凤翔八旗屯墓地中，大约半数以上的墓用人殉葬和祔葬车马坑，这些殉人有的在填土中，有的置于壁龛内，有的还殓以薄棺。陕西户县宋村的墓葬中有 4 个殉葬者，秦公大墓的填土中有 6 个殉葬者。

秦国以人殉葬，史书上屡见记载。《史记·秦本纪》记载，秦武公时"初以人从死，从死者六十六人"。秦穆公时"从死者一百七十七人，秦之良臣子舆氏三人，名日奄息、仲行、鍼虎，亦在从死之中"。"子舆氏"，《左传》记载的是"子车氏"。杜预注："子车，秦大夫也。"这些记载说明秦国大夫亦在从死之列。

《诗·秦风·黄鸟》对秦国的人殉制度进行抨击：

交交黄鸟，止于棘，谁从穆公，子车奄息。维此奄息，百夫之特，临其穴，惴惴其栗。彼苍者天，歼我良人。如可赎兮，人百其身！

交交黄鸟，止于桑，谁从穆公，子车仲行。维此仲行，百夫之防，临其穴，惴惴其栗。彼苍者天，歼我良人。如可赎兮，人百其身！

交交黄鸟，止于楚，谁从穆公，子车鍼虎。维此鍼虎，百夫之御，临其穴，惴惴其栗。彼苍者天，歼我良人。如可赎兮，人百其身！

诗中记载了作为秦穆公殉葬者的子车氏奄息、仲行、鍼虎三人，都是具有百夫不挡之勇的秦国将士，但他们在从死时，却是“临其穴，惴惴其栗”！表现秦国统治者的残忍。国君的墓葬中让大臣武将殉葬，也是秦国的创造，表现秦国统治者至高无上的权威。

春秋时期，秦国墓葬中大量地使用人殉，与春秋时期的其他诸侯国相比，带有更多的野蛮性和残酷性。由于秦民族是从东方迁徙到西方的民族，与殷人有渊源关系，可能是承袭殷人的埋葬习俗。

周代，无论是周墓、东夷文化墓葬、楚墓、秦墓，都十分普遍地存在着人殉。这些殉葬者的身份复杂，有些可能是奴隶，如山西侯马于村发现的围墓沟中的殉葬者，身体或被肢解或戴枷，说明其身份就是奴隶或刑徒。而在一些大型墓葬的殉葬者，多为青年女性，很明显是墓主的侍妾和宠幸。

周代贵族不仅迷信，而且怯懦，他们害怕幽冥中的黑暗和冷漠，因此在他们的墓葬中殉葬大量的姬妾希求继续过欢娱的生活，以填补他们的空虚；此外，还殉葬大量的奴隶，甚至武士去保护他们。时至春秋，人殉已经受到人们的谴责。如《左传·宣公十五年》载“初，魏武子有嬖妾，无子。武子疾，命颗（武子之子）曰：‘必嫁是。’疾病则曰：‘必以为殉！’及卒，颗嫁之，曰：‘疾病则乱，我从其治也’”。这段记载一方面说明春秋时仍存在殉葬的事实。殉葬者可能是死者的宠幸，但也说明人殉已经受到人们的抵制和谴责。

二、古文献记载的“涂车刍灵”与人俑

春秋以降，人殉的现象尽管仍然十分普遍地存在于贵族的墓葬中，但由于生产力的发展，大批的劳动力已经用在生产上是不可抗拒的趋势；又由于民智渐开，人殉已经受到社会的谴责。如《左传·文公六年》云“（秦穆公）以子车氏之三子奄息、仲行、针虎为殉。……君子曰：秦穆之不为盟主也，宜哉，死而弃民，先王违，世犹诒之法，而况夺之善人乎？诗曰：‘人之云亡，邦国殄瘁’……今纵无法以遗后嗣，而又收其良以死，难以在上矣。君子是以知秦之不复东征也”。这里很明显对秦穆公用人殉葬进行了谴责。其后，我国出现了

“涂车刍灵”殉葬的现象。（汉）刘熙《释名·释丧制》云：“涂车，以泥涂为车也。刍灵，束草为人马；灵，名之也。”

《周礼·春官·宗伯·冢人》云：“及葬，言鸾车象人。”（汉）郑玄注：“鸾车、巾车，所饰遣车也，亦设鸾旗。”这里的意思是，在遣车（即丧车）上有用刍草做的假人。

《周礼·夏官·司马下·校人》亦“大丧，饰遣车之马及葬埋之”。郑玄注：“言埋之，则是马涂车之刍灵。”（唐）贾公彦疏：“古以泥涂为车，至周涂车仍存，但刻木为人马替古者刍灵。”

《礼记·檀弓下》：“孔子谓为明器者，知丧道矣。备物而不可用也，哀哉！死者而用生者之器也，不殆于用殉乎哉。其曰明器，神明之也。涂车刍灵，自古有之，明器之道也。孔子谓为刍灵者善，谓为俑者不仁，不殆于用人乎哉。”郑玄注：“杀人以卫死者曰殉；用其器者，渐几于用人也。明器所以神明，死者异于生人也。刍灵束茅为人焉，谓之灵者，神之类。俑，偶人也，有面目机发有似于生人，孔子善古而非周。”（唐）孔颖达疏：“孔子谓古之为刍灵者善，谓周家为俑者不仁，不近于用生人乎哉？言近于用生人所以近者谓刻木为人面目，发动与生人无异，但无性灵智识，故云近，此云用人，前言用殉，殉是已死之人，形貌不动，与器物相似，故言用殉。此云用人者，谓用生人入圹。今俑者，形貌发动，有类生人，故云用人。上文云涂车、刍灵，此不言涂车直言刍灵者，以其束茅为人，与俑者相对，故不取涂作车也。”

孔子认为用“刍灵”为殉则可，用人俑不仁。《孟子·梁惠王上》云：“仲尼曰始作俑者，其无后乎？为其象人而用之也，如之何其使斯民饥而死也。”《孔子家语·曲礼·公西赤问》记载“子游问于孔子曰：‘葬者，涂车刍灵自古有之，然今人或有偶，偶亦人也是无益于丧?’孔子曰：‘为刍灵者善矣，为偶者不仁，不殆于用人乎！’”

《朱子集注·孟子·梁惠王章句上》云：“俑，从葬木偶人也。古之葬者，束草为人，以为从卫，谓之刍灵，略似人形而已；中古易之以俑，则有面目机发而大似人矣；故孔子恶其不仁，而言其必无后也。孟子言此作俑者，但用象人以葬，孔子犹恶之，况实使民饥而死乎。”

孔子认为，用人俑殉葬当时对人尊严的一种亵渎，“始作俑者，其无后乎”；

“为偶者不仁，不殆于用人乎”。

长沙杨家湾M006出土50件木俑，其中右边箱第一层都是木俑，计有33个。第二层有5个木俑，手中执有木瑟、竹管等，计有20多件；右边箱第一层有6个木俑，旁边并放有木方壶、漆奁、漆羽觞、陶盒、陶盘、铜镜、木梳、木蓖、竹简等。有的木俑手足处皆有残草竹篾、有的木俑带有木勺等。[①] 这些当是击鼓、鼓瑟、吹奏的乐俑，持铲、勺的司厨俑，还有持物的侍俑等。江陵雨台山楚墓中有15座战国时期的墓随葬木俑。人俑的随葬表明当时社会对人殉的抵制。但既使用人俑也遭到社会的谴责，如孔子曰：“始作俑者，其无后乎?”孔子是坚决反对人殉的。

笔者认为，中国古代从用生人殉葬，到“涂车刍灵”，再到以人俑为殉，对于贵族们来说，这已经是一个非常了不起的进步了，也非常人道了。尽管用刍灵、木俑也需要一些财力，但比用人殉要人道的多。

三、东周墓葬的镇墓兽

春秋特别是战国的楚国墓葬发现许多镇墓兽。1979年，考古工作者在湖北江陵雨台山发掘楚墓550多座，发现镇墓兽156件。另外，信阳长台关楚墓和一些较大型的楚国墓葬中均发现镇兽墓。镇墓兽是楚墓中最有特色的随葬器物之一。信阳长台关第二号楚墓中的镇墓兽，作眏状，两眼圆睁，头上插鹿角两只，舌垂腹部，身绘银白色花纹[②]。“镇墓兽”一般是由鹿角、头面、立座三部分组成。有的头面是兽面，有的头面似人面；有的面目是描绘的，有的面目是雕刻的；有的颈直，有的颈曲，有的无颈；有的舌伸口外，有不见舌头的。镇墓兽的头上都插鹿角，古代传说中的神异之物多假借鹿形，如有一种叫“飞遽”的天上神兽，就是鹿头而龙身。另外还有一种似鹿的称为“桃祓”，一角者称天禄，两角者叫“辟邪”，有一种强烈的使人恐怖畏惧感。这些被称为“辟邪”“桃祓”之类的能够抵挡恶鬼的神兽，古人将其随葬在墓葬中，以驱除恶鬼，保护墓中的死者。

---

① 湖南文物管理委员会：《长沙杨家湾第六号墓清理简报》，《文物参考资料》1954年第12期，第26、27页。

② 河南省文物工作队：《信阳长台关第二号楚墓的发掘》，《考古》1958年第11期，第80页。

古人害怕墓穴的黝黑无底，害怕凶邪的侵害，特别是恶鬼又是极凶恶与难以捉摸的，于是人们又想象出一种神人与神兽来驱除恶鬼。

（汉）应劭《风俗通义·祀典·桃梗》："谨按《黄帝书》上古之时，有荼与郁垒昆弟二人，性能执鬼，度朔山上，章桃树下，简阅百鬼无道理，妄为人祸害。荼与郁垒缚以苇索，执以食虎。于是县官常以腊除夕饰桃人，乘苇茭画虎于门，皆追效于前事，冀以卫凶也。桃梗，梗者，更也；岁终更始，受介祉也。"

（汉）史游《急就篇》卷三："射魃辟邪除群凶。"（唐）颜师古注："射魃、辟邪，皆神兽名也。魃，小儿鬼也；射魃，言能射去魃鬼。辟邪言能辟御妖邪也，谓以宝玉之类。二兽之状以佩带之用，除去凶灾而保卫其身也。一曰射魃，谓天刚卯也，以金玉及桃木刻而为之；一名殺，改其上有铭而旁穿孔，系以彩丝用系臂焉；亦所以逐精魅也。"

《汉书·杨雄传》注曰："木石之怪日夔，夔如龙，有角、人面。"

（宋）祝穆《古今事文类聚前集·天时部·桃符画神》："桃符画神，东海度朔山有大桃树，蟠屈三千里。其卑枝向东北曰鬼门，万鬼出入也。有二神一曰神荼，一曰郁垒，主阅领众鬼之出入者，执以饲虎。于是黄帝法而象之，因立桃板于门户，上画神荼、郁垒，以御凶鬼，此则桃板之制也。盖其起自黄帝，故今世画神像于板上，犹于其下书，左神荼、右郁垒，以元日置之门户也。黄帝上古之时有神荼、郁垒兄弟二人，性能执鬼；于度朔山桃树下简阅百鬼之无道者，缚以苇索执以饲虎。张平子《东都赋》云：守以郁垒，神荼副焉。苏秦说孟尝君曰：土偶人语桃梗曰：'今子东国之桃木，削子为人，假以丹彩，用子以当门户之厉。'"

（明）周祈《名义考·物部·天禄辟邪》云："《西域传》乌弋山离国有桃祓，一名符祓，似鹿长尾，一角者为天禄，两角者为辟邪，予谓桃祓。符祓当作桃祓，符祓以是兽，能祓除不祥也。祓误作拔，曰桃、曰符者，犹度朔山桃梗之意。祓除不祥，故谓之辟邪。永绥百禄，故谓之天禄。汉立天禄于阁门，古人置辟邪于步摇上。南阳宗资碑旁有两石兽，一曰天禄，一曰辟邪，皆取祓除永绥之意。《一统志》忽鲁谟斯国产福禄似驴，而花文可爱，即天禄也。今元旦赐近臣福禄狮子，亦其遗与。"

以上所说的“荼与郁垒昆弟二人”、虎、桃人、射魃、木石之怪、天禄、辟邪，就是古人想象的神人与神兽。镇墓兽带有“辟邪”的某种状态，又似“夔神”的面目。镇墓兽是古代人们用以除灾避邪，保护亡灵的一种神兽形象。

夏、商、西周初期，贵族统治者杀害大批的殉葬者去保护他们祖先的灵魂，而至春秋以后，人们开始用镇墓兽去护持亡灵，使死者安息。使用镇墓兽、人俑等随葬死者，当然比人殉要进步得多，但镇墓兽与人殉的作用是不相同的。镇墓兽完全是为了保护死者的亡灵；而人殉，一则殉葬武士亦是为了保护死者，但殉葬死者的宠幸之辈却完全是为了陪伴死者，让死者像生前一样继续过奢靡的生活。

第三节　周代墓葬的棺椁制度

棺椁制度是周代墓葬文化的一个重要内容，我国不少古籍都有记载。周代的棺椁，按照贵族身份地位的高低，确实有一定的组合形式，即有一定的制度。但这种棺椁制度的内容及其何时出现、形成的，确是一个值得研究的问题。随着近年来考古工作的开展，一些重要的墓葬相继被发掘，为研究周代的棺椁制度提供了实物证据。大量的墓葬考古材料表明，文献中记载的棺椁制度并不是西周初年就有的，而是在战国末期出现，西汉时期才形成的一种墓葬制度。

一、周代棺椁制度与古籍记载的差异

《礼记·檀弓上》记载：“天子之棺四重。”郑玄注：“诸公三重，诸侯两重，大夫一重，士不重。”

关于棺椁制度的记载还有《荀子·礼论》曰：“天子棺椁十重，诸侯五重，大夫三重，士再重。”《庄子·杂篇·天子》云：“天子棺椁七重，诸侯五重，大夫三重，士再重。”

这些古籍记载的棺椁制度各不一样。《荀子·礼论》篇的“十重”可能是“七重”。因古人在书写“十”“七”二字时，都是一横一竖。“十”字的竖笔如果较长就变成了“七”字。若然，那么《荀子》与《庄子》记载相同，而与郑玄注、《礼记》不同。但先秦考古发掘的墓葬中，从未见过七重、五重的棺，所

以应首先扬弃《荀子》和《庄子》的记载。

清人金鹗在《求古录礼说》卷八《棺椁考》（收入《清经解续编》）中认为郑注、孔疏皆误。他认为应不分诸公与诸侯。天子之下，即是诸侯、大大和士。郑玄注的棺椁制应改为“天子四重，诸侯三重，大夫二重，士不重”。这种形式与《礼记·檀弓》记载的棺椁制度基本相同。按照礼制，棺外应再加一层椁，也就成为“天子一椁四棺，诸侯一椁三棺，大夫一椁二棺，士一椁一棺”。如果据此与实际考古发掘的材料相对照，就会发现，《礼记》和郑玄所记载的棺椁制度与考古所发掘的材料亦不完全符合。

甘肃灵台县白草坡出土的㶏伯墓，时代不晚于昭王。该墓为长方形竖穴墓，葬具为一棺一椁。陕西宝鸡茹家庄出土的弶伯墓，有墓道，葬具为一椁两棺。

研究者认为，西周时期的这几座墓葬，应是诸侯方伯的墓葬。诸侯墓葬，如按“三礼”（包括《周礼》《礼记》《仪礼》）所载，应该有墓道，葬具为一椁三棺，而实际情况却不是这样。

不仅西周，考古发掘的整个先秦时期的墓葬形制和棺椁制度大都与“三礼”记载不相符合。

三门峡虢国岭墓地是虢国的族墓，内有虢国太子墓，亦有虢国国君的墓葬。按照“三礼”的解释，国君之墓应有墓道，葬具为一椁三棺。而虢国墓地的所有墓葬“都是没有墓道的竖穴墓”。该墓地上的九座大型墓，如虢国国君虢季墓、梁姬墓、虢国太子墓皆为一椁两棺的葬具；另有“二十多座较大的墓，葬具多是在木构的椁室之内置以重棺”①，根本没有发现三重以上的套棺。

淅川下寺的楚令尹子庚墓和曾侯乙墓都被认为是采取中原礼制的墓葬。随葬品的豪侈和墓葬规模的宏大都是惊人的，但这两个墓都是没有墓道的长方形竖穴土坑墓。令尹子庚墓的棺椁已经腐朽，无法辨认其等级；曾侯乙墓的椁室比较复杂，分为头箱、足箱和边箱，但其所使用的棺却是两重棺，分为内棺和外棺。那么他使用的棺椁是一椁二棺。按“三礼”注疏所言，推测曾侯乙应该使用一椁三棺的等级，而规模如此宏大阔绰的曾侯乙墓所使用的棺椁却不够等级。

① 中国社会科学院考古研究所：《新中国的考古发现和研究》，文物出版社，1984年，第283页。

河北平山县的中山王王𰯼墓葬形制之大在已发掘的战国墓葬中是罕见的。中山王的葬具应使用“王的规格”，即一椁四棺，但实际是二椁二棺，出土的情况与“三礼”记载亦不相符。

先秦时期，整个北方很少见到，或者可以说没有出现三重或四重套棺的墓葬。“三礼”所记载的棺椁制度与出土的实际情况存在着差异。

二、符合文献记载的棺椁等级制度的出现

春秋至战国时期，各国为了争霸的需要，相继采取富国强兵的政策，从而使军功贵族上升，世袭贵族衰落，贱防贵、少凌长的僭越现象层出不穷。在晋国出现了“三家分晋”，在齐国出现了“田氏代齐”，在鲁国出现了“陪臣执国命”，等等。这种僭越行为严重地阻碍了贵族等级制的发展。

春秋战国时期的楚国，虽然亦采取了富国强兵的政策，但采取的却是巩固王室、削弱大族的政策。楚国的任何大族，包括令尹、司马都不能发展成为与国君抗衡的力量，从而起到了巩固王权的作用。东周时期的五百多年中，楚国政局基本是稳定的，僭越现象远不如北方的晋、齐、鲁国严重，贵族等级制也较容易发展。战国中期以后的楚国，出现了符合“三礼”记载的棺椁等级制度的墓葬。

江陵天星观M1是战国中期的墓葬，该墓的墓主“邸𨜒君番勅”，是楚国的封君。战国时期，楚国早已称王，楚国的王自认为应与周天子平级等同。楚王与周天子同级，那么楚国的封君与诸侯应属同一级别。邸𨜒君墓葬使用了一椁和三层套棺。椁室分为南室（南东室、南西室）、东室（东南室、东北室）北室、西室、中室。中室放置三层套棺。墓葬中的棺椁制度符合他封君的身份。天星观M1是与“三礼”记载的棺椁制度相符合的一座墓葬。[①]

湖南湘乡牛形山的三座战国楚墓，其棺椁形制皆为二椁三棺。一号墓上有封土堆，封土堆下为墓口。墓口有向内缩的五层台阶，下面是墓室。棺椁置于墓室正中，有二椁三棺。椁用枫木，棺用梓木。内棺有彩绘，棺内底部置笭床。一号墓出土两套规格是5的陶列鼎，但由于墓曾被盗，当然不能据此去判定墓

① 湖北省荆州地区博物馆：《江陵天星观一号楚墓》，《考古学报》1982年第1期，第78页。

主的身份。如按棺椁的规格，该墓主应是楚国封君一级的贵族。牛形山二号墓，墓口有内缩的九层台阶。棺椁形式与一号墓相同，亦是二椁三棺。内棺底部亦有笭床。整个棺椁较一号墓精致。[①] 随葬器物被盗，残缺不全，故不能从随葬礼器去判定墓主身份。从棺椁规格来看，亦应是楚国封君一级的贵族。

江陵望山 M1 亦是一椁三棺的墓葬。战国后期的楚国出现一椁三棺的墓葬，应属于封君级的墓葬，说明棺椁制度的等级形式在楚墓中已经出现。

战国时期，楚国还出现了一椁四棺的墓葬。江陵包山 M2 是一大型楚墓。M2 墓口呈长方形，东西长 34.4 米、南北宽 31.9 米，东边有一条斜坡墓道，直通墓底。墓底长 7.8 米、宽 6.85 米、深 12.45 米。墓坑四周有 14 级内收的生土台阶。墓底有一腰坑，内放一只整羊。该墓使用的葬具就是一椁四棺。椁有东西南北中五室，中室为棺室。研究者认为，这是楚怀王时期的左尹召𬀩之墓，其时代在公元前 323 年以后，公元前 292 年秦人取宛之前。[②]

按照《礼记·檀弓上》记载，天子之棺四重，那么，为什么楚怀王的左尹召𬀩之墓就出现一椁四棺的规格呢？笔者认为，该墓的下葬年代在秦人取宛之前。当时，楚国正面临强秦的威逼，处于乱世之际，故墓葬可能有僭越礼制的现象。

棺椁制度的等级制形成是在西汉初年。

汉代皇帝的墓葬尚未发掘，其墓制情况不甚明了。但西汉初期所分封的诸侯王的墓却发掘了几个。这些诸侯王相当于郑玄所说的“诸公”，他们所用的棺，大都是非常整齐的套棺。

湖南长沙的西汉曹𡢁墓，是西汉中期的诸侯王妃墓。该墓有斜坡式的墓道，黄肠题凑（以黄心柏木垒在棺外，称为黄肠题凑。如不用柏木，而以其他杂木垒成，可以单称为题凑。《汉书·梁高传》注引《汉书·音义》曰：“题，头也。凑，以头向内，所以为固也。”外椁内棺，有非常整齐的三重套棺。内棺出土有白玉印章一方，上有“曹𡢁”字样；白玛瑙印二方，有篆文“妾𡢁”，故知为

---

① 湖南省博物馆：《湖南湘乡牛形山一、二号大型战国木椁墓》，《文物资料丛刊》第 3 辑，第 98、99、101 页。

② 湖北省荆沙铁路考古队包山墓地整理小组：《荆门市包山楚墓发掘简报》，《文物》1988 年第 5 期，第 2、10 页。

“曹嫼”墓。古者夫妇同制，曹嫼用棺三重，想必诸侯王亦用棺三重。

北京大葆台发掘一西汉时期的木椁墓，学术界一般认为这是西汉前期燕王刘旦的墓葬。该墓由墓道、墓室组成，最外面为“黄肠题凑”。发掘简报说，其葬具为“套棺五层”。但细看简报，第四、五外层棺有门，是开着的，当然不能算套棺，应是二椁，实际套棺有三层。

长沙马王堆出土的一、二、三号西汉墓葬，是西汉前期第一代軑侯、长沙丞相利仓及其家属的墓葬。这三座墓皆是带斜坡墓道的长方形竖穴土坑墓，用白膏泥和木炭封固多层的棺椁，但棺椁的层数却有差别。最早的轪侯利仓墓，即二号墓，规模最小。墓的长、宽和深度都仅有一号墓之半，而且只有二椁二重套棺。考虑到该墓是汉文帝早期或吕后时期的墓葬。西汉初期，“自天子不能具钧驷，而将相或乘牛车，齐民无盖藏”①。汉文帝时，经济稍有恢复，文帝又提倡节俭、节丧，所以利仓可能是在礼制不太完备的情况下下葬的。地层关系稍晚于一号墓的三号墓，研究者认为是利仓的儿子，即第二代軑侯的墓葬。其葬具为二椁三重套棺，完全符合棺椁等级制度。一号墓是利仓妻子的墓葬，时代晚于二号墓和三号墓。该墓形制最大，使用二椁四重套棺。一号墓主的丈夫和儿子相继为二代軑侯，在长沙地区的地位肯定很高，或许受到天子的恩赐“与京师同制”。所以一号墓是四重套棺。

长沙象鼻嘴一号西汉墓，由墓道、墓室组成。外椁墙板四周是“题凑”，共用柏木 908 根。外椁室里，由立柱、隔板和门隔成隔墙，既可相通，又是独立的房间，放置大量随葬品。内椁在外椁内正中，之间以隔墙分开。内椁里面有“U”形棺房，应是所谓的“正藏”。内椁和棺房之间，用木板隔成七间房，可能就是“便房”。内椁里面，有三重套棺，紧密配合，均由梓木制成，可能就是“梓宫。”象鼻嘴的西汉墓亦可能是一座诸侯王的墓葬。

从发掘的西汉早、中期这几座墓葬来看，汉初，不仅套棺的形式出现，而且等级基本与《礼记》记载的相同，所以墓葬中棺椁制度的等级制应在西汉早、中期形成。当然，这个时期的棺椁制度虽然等级分明，但有时由于汉天子的恩赐或惩罚，或由于其他原因，棺椁制度也会出现混乱，与墓主身份不一致的

① 司马迁：《史记·平淮书》，中华书局，1982 年，第 1417 页。

情况。

西汉中期以后，由于“黄肠题凑”的墓葬形制要耗费大量的木材和人力，如《后汉书·光武十王·中山简王焉传》记刘焉死后，汉和帝与窦太后为他修建陵墓时说：“发常山、巨鹿、涿郡柏黄肠杂木，三郡不能备，复调余州郡工徒及送致者数千人，凡征发摇动六州十八郡。”木材紧缺，由此可见营造“黄肠题凑”之难。西汉中叶，砖室墓和石室墓兴起，逐渐取代土坑木椁墓，成为汉代墓葬形式的主流。墓葬中套棺等级形式也逐渐衰落。

第四节　殷周用鼎礼制的差别及原因

鼎是中国古代的盛食器，广泛地用于先秦时期的中国。贵族们用鼎祭祀祖先，鼎就成为国家社稷及政权的象征。贵族们为了表现自己高贵的身份，使用的鼎有不同的规格和等级，表现出不同的组合形式。贵族们死后，随葬鼎的等级也不相同。根据古代文献的记载，又根据殷、周时期墓葬出土的鼎可以看出，殷、周的用鼎制度是不相同的，并反映出不同的思想意识。中国古代的用鼎制度分为殷、周两大文化系统。殷、周两大文化系统的用鼎制度，反映了殷周民族的思想意识存在的差别。

一、殷商文化系统的用鼎制度

人类的一切现象都离不开数字。有人认为，数字构成了人类社会。在对数字的使用中，以及在万物有灵思想的支配下，人们对数字有了神秘感，赋予数字以灵性。他们认为某些数字主吉，某些数字主凶。人们把“一”当作万物之始，把最早出现的事物称为“一”；“二”则是成双的意思；“三”为众多之意。中国最早产生的数字是一、二、三、四、五、六、七、八、九、十。这十个数正是人们两只手的手指之数。为了对这些数字进行区分，人们又把这些数字分为奇数和偶数。一、三、五、七、九是不对称的，被称为奇数；二、四、六、八、十是对称的，被称为偶数。殷商文化系统是鼎的组合，就是呈偶数形式出现。

墓葬中的随葬品集中地反映了古代人们生活的文化习俗和思想意识。商朝前期，礼器鼎的使用尚无一定的规格形式；商朝后期，殷人逐渐形成了对青铜礼器鼎的使用形式和规格。如前所述，我们可以从殷朝的大型王室墓葬妇好墓随葬的铜礼器鼎，研究殷代礼器鼎的组合形式和使用制度。

妇好墓铜礼器鼎的组合有一个非常显著的特点，即每一类型的铜礼器鼎成双或呈偶数组合的形式成套出现。如司母辛大方鼎 2 件，成对；妇好长方扁足鼎、Ⅵ式妇好细高柱足鼎、Ⅱ式妇好中型圆鼎（6 件一套）；Ⅲ式妇好中型圆鼎，6 件一套；另外，Ⅵ式妇好小型柱足鼎、妇好小型簋、妇好有盖方彝、大方尊、大圆尊、子束泉圆尊、妇好鸮尊、司母辛四足觥、方壶、扁圆壶、妇好瓿、妇好方罍、大圆斝、妇好封口盉皆是 2 件成对。妇好连体甗 4 件一套，妇好分体甗 4 件，2 套；妇好高体觚 4 件一套；妇好镂空爵 6 件一套，妇好四棱觚一套 6 件，Ⅰ式妇好平底爵一套 10 件。[①] 还有，妇好墓中亦有些样式的鼎，如妇好小方鼎等仅 1 件，但偶数或成对出现的铜礼器占总数的一半以上，故妇好墓铜礼器的偶数组合形式是主流。

铜器鼎的偶数组合形式还见于其他殷代墓葬。北京平谷县发现的商代中期墓葬，安阳大司空村 M51 等出土的鼎皆是成对出现。

殷商贵族在铜礼器鼎的使用方面有独立的文化系统。先秦时期，我国的东部、南部地区是指东夷、南淮夷、南方楚国，以及西部的秦国受殷商文化影响的地区。殷商部族及影响所及的地区方国，与殷商的文化系统相同。皆具有偶数崇拜的意识。

东夷地区、淮夷、楚国，以及西方秦国皆是殷文化所及地区，这些地区礼器的使用形式与殷商王朝有一致性。1979 年，考古工作者在山东日照崮河崖发掘一座墓葬，编为一号墓。这个墓共出随葬品 14 件，其中大鼎 2 件，成对；小鼎 1 对，壶 1 对，盆 1 对，鬲 4 件，其大小、形制、花纹相同。

淮河流域，即古代所谓“南淮夷”地区发掘的先秦时期的墓葬中所见的礼器亦呈偶数的组合形式，如河南光山县发现的黄国国君孟夫妇墓。黄国国君孟与夫人墓各随葬有鼎、簋、壶等礼器，皆成对出现。河南固始白狮子墓地 M1 出土鼎 2、壶 2，皆成对。

---

① 中国社会科学院考古研究所：《殷墟妇好墓》，文物出版社，1980 年，第 34～42 页。

楚墓中随葬礼器鼎的组合形式方面表现出殷文化的特点。西周时期的楚墓发掘数量不多，特点也不太明显。目前发掘的主要是东周时期的楚墓。江陵雨台山的楚墓中随葬礼器，鼎、簋、壶和鼎、敦、壶这两种组合同出一墓时，大都每种器物出相同的两件。一墓同出两种组合的即形成鼎 4，簠 2、敦 2、壶 4 的情况。

长沙地区共发掘楚墓 1800 多座，随葬器物多为陶器鼎、敦、壶或鼎、簋、盒、壶，亦常出相同的两件。有些墓出土陶礼器的基本组合是每套 4 件、6 件或 8 件。[①]

河南淅川下寺共发掘 9 座大型的春秋时期的楚墓。

M1 出土的礼器中有鼎 4 对、簋 1 对、缶 1 对、龙耳虎足方壶 1 对。

M3 出土的礼器中有鼎 2 对；饮鼎 1 件；铜簋 4 件一套，形制相同；缶 2 对；铜提链壶 1 件。

M10 出土的礼器中有鼎 4 件 1 套，簠 1 对，缶 2 对。

M11 出土的礼器中有铜鼎 1 对、饮鼎 1 件、缶 1 对。

M7 出土的礼器中有鼎 1 对、簠 1 对、缶 1 对。

M2 即“令尹子庚”墓，出土礼器 52 件，其中“王子午”升鼎 7 件，形制相同，大小相次；簠、铜俎、铜禁各 1 件、簋 2 件等。令尹子庚墓出土列鼎 7 的形式，一般被认为是吸收了周文化的结果。楚墓中礼器鼎的主要形式是成对出现。[②]

荆门包山 M2 出土升鼎 2、镬鼎 2、簠 2、敦 2、壶 6、缶 2 对等[③]。

秦国当是对中国历史影响较大的诸侯国。秦是嬴姓部族，曾是活动于东方的部族。据《史记·秦本纪》记载：秦的先祖蜚廉、恶来皆曾臣事殷商；大约武王灭商后，从东方迁到西方，以善于养马服事周王室。秦因曾臣事商族，故受殷文化的强烈影响，在礼器鼎组合形式上与殷商部族有一致性。四川成都羊

---

① 中国社会科学院考古研究所：《新中国的考古发现和研究》，文物出版社，1984 年，第 305、306 页。

② 河南省文物考古研究所：《淅川下寺春秋楚墓》，文物出版社，1991 年，第 28、52、112、212、213 页。

③ 湖北省荆沙铁路考古队包山墓地整理小组：《荆门市包山楚墓发掘简报》，《文物》1988 年第 5 期，第 4、5 页。

子山 M172 是战国末期的秦国墓葬。墓中出土大铜鼎 1，当为镬鼎；2 个秦式小铜鼎，当为升鼎，成对。另外，河南三门峡市后川 M2001 是一座战国后期的秦国中型木椁墓。墓中以铜鼎 1 对随葬。有学者认为，“把成都羊子山 M172 和后川 M2001 联系在一起考虑，就可以认为至迟在战国晚期秦人已往往把五鼎以上的规格，改为用铜二鼎”。“战国末的鼎制，尤其是秦国鼎制，同周初相比已是面目全非了。”① 笔者认为，成都羊子 M172 和后川 M2001 两墓的铜 2 鼎制，当是秦国鼎制受殷商文化的影响，与殷人的礼器组合制度有一致性，而绝非秦人对周制的改变。

殷人与其文化影响所及的东夷、南准夷、楚国、秦国等地区，使用礼器鼎的组合形式和使用制度基本是鼎与簋、敦、簠、壶、缶等器物一样皆成对或呈偶数组合的形式出现。

二、周文化系统的用鼎制度

西周以降，周天子至尊的观念日益突出；春秋时期，阴阳学说亦已出现。人们又用阴阳学说的思想意识去附会礼器鼎的组合形式。西周以后的典籍记载较详，结合考古发掘，更清晰地表现出周文化类型的礼器鼎的使用制度。周文化系统的礼器鼎的组合规格，呈奇数形式出现。

《仪礼》中的《士丧礼》《既夕礼》《士虞礼》记载了士在各种礼仪中鼎的使用制度和组合形式。

《仪礼·士丧礼》记载：“陈三鼎于门外。”又云：“东方之馔；两瓦甒，其实醴酒；角觯，木柶。毼豆两，其实葵菹芋蠃醢；两笾无滕，布巾，其实栗不择，脯四脡。”士丧礼用的礼器组合是 3 鼎、2 豆、2 笾、2 甒。

《仪礼·既夕礼》记载：“陈五鼎于门外”，“东方之馔，四豆，脾析、蜱醢、葵菹、蠃醢；四笾，枣、糗、栗、脯。”郑玄注曰：“鼎立，羊、豕、鱼、腊、鲜兽各一鼎也。士礼，特牲三鼎；盛葬，奠加一等，用五鼎，即少牢也。”也就是说，士礼，当用 3 鼎；但因这是葬前之盛奠，故加一等，用少牢之礼，用玉鼎。

① 俞伟超：《先秦两汉考古学论集·周代用鼎制度研究》，文物出版社，1985 年，第 306 页。

《仪礼·少牢馈食礼》记载大夫（或诸侯）的祭祖之礼："雍人陈鼎五，三鼎在羊镬之西，二鼎在豕镬之西。"又云："佐食，上利执羊俎，下利执豕俎，司士三人执鱼、腊、肤俎。序升自西阶，相从入设俎。羊在豆东，豕亚其北，鱼在羊东，腊在豕东，特肤当俎北端。"这里提到镬，即煮牲之鼎；在少牢馈食礼中用 5 鼎、5 俎。还记载有 4 敦，用以盛黍稷稻粱。

《仪礼·公食大夫礼》记载的是国君宴请下大夫的小聘之礼，云："甸人陈鼎七。""宰夫自东房荐豆六"，"设黍稷六簋"，"设铏四"。也就是说，诸侯国君宴请下大夫之礼的礼器组合为 7 鼎、6 簋、6 豆、4 铏。

国君宴请上大夫之礼为："上大夫八豆、八簋，六铏，九俎。"俞伟超先生所说的："礼食之时，鼎有一俎，九俎即有九鼎。"此'公食上大夫礼'亦礼加一等。"则公食上大夫之礼，当用 9 鼎、8 簋、8 豆、6 铏。

《仪礼·聘礼》亦记载了诸侯国之间相互聘问宴享的礼节。宴享时所用的礼器组合是"饪一牢在西，鼎九，羞鼎三；腥一牢在东，鼎七。堂上之馔八，西夹六"。这里记载的是两套礼仪。贾公彦疏云："是堂上与门外之馔也。……云鼎西九东七者，九谓正鼎九，牛、羊、豕、鱼、腊、肠、胃、鲜鱼、鲜腊；东七者腥鼎，无鲜鱼鲜腊，故七。"郑玄注："八、六者，豆数也。凡馔以豆为本。堂上八豆、八簋、六铏、两簠、八壶。西夹六豆、六簋、四铏、两簠、六壶。"

由此可见，使用两套礼器组合，九鼎与"馔八"是招待上卿之礼，而七鼎与"馔六"是招待上介（即副手）之礼。

《周礼·秋官·掌客》记载天子接待上公之礼："簠十，豆四十，铏四十有二，鼎、簋十二，牲三十有六，皆陈。飧饩九牢。"

天子接待侯伯之礼："簠八，豆三十有二，铏二十有八，壶三十有二，鼎、簋十有二，腥二十有七，皆陈。飧饩七牢。"

天子宴享子男之礼："簠六，豆二十有四，铏十有八，壶二十有四，鼎、簋十有二，牲（牲或腥）鼎十有八，皆陈。飧饩五牢。"

《周礼·秋官·掌客》记载天子宴请各级诸侯之堂上皆"鼎、簋十二"。郑玄注："鼎十二者，饪一牢，正鼎九，与陪鼎三，皆设于西阶。簋十二者，堂上八，西夹东夹各二。合言鼎簋者，牲与黍稷但食主也。"鼎、簋，是国君宴享天子所用的主要的礼器。

西周至春秋时期，各级贵族宴请、祭祀所使用礼器鼎的组合形式大体情况是：

天子接待诸侯之礼用9鼎（另有羞鼎3）、8簋、6簠、16豆、16壶。

诸侯国君宴请他国使臣的上卿礼为：9鼎、8簋、8豆、8笾、6铏、8壶；宴请卿的副手之礼为7鼎、6簋、6豆、6笾、4铏、6壶。

少牢馈食之礼是5鼎、4簋、4豆、4笾、2铏、4壶。

士礼所使的礼器组合为3鼎、2簋、2豆、2笾、2壶（或两甒）。

陕西宝鸡市茹家庄发掘的西周墓M1乙室，墓主为强伯，时代为康、昭时期。M1乙室出土鼎13件，其中方鼎8件，圆鼎4件，带盘鸟足鼎1件，簋5件。鼎、簋形制大小各不相同。而在M1甲室中出土一套列鼎5件，形制花纹相同，大小相次，铜簋4件，完全相同。M1甲室的墓主，研究者认为是强伯之妾，说明西周时期列鼎已经出现。

近年来考古发现的材料与以上文献记载的礼器组合具有一致性，但又不完全相同，如河南三门峡市上村岭发现虢国墓地。其中M1052是虢国太子墓。墓中出土的礼器组合是7鼎6簋6鬲。M1706、M1810两墓出土的礼器组合是5鼎4簋4鬲。M1705、M1721、M1820三墓出土的礼器是3鼎、4簋、2鬲。[①]

河南辉县琉璃阁M80出土有盖列鼎5、无盖列鼎7、鬲6、簋4、簠4、罍2等；M55出土的有盖列鼎5、无盖列鼎7、簋4、鬲6、簠4、豆2、壶2等；M60出土大鼎1，有盖列鼎5，有盖列鼎9，无盖列鼎9、簋6、鬲6、簠4、罍2、豆1、壶3等。[②]

文献典籍记载的是规范化的礼器组合形式，而在实际使用中又比较灵活。但综上论述可知，周代礼器的组合是有一定规律的。鼎、俎是按奇数组合，即1、3、5、7、9的等差形式递增（或递减）；簋、簠、豆、铏、壶是按2、4、6、8的等差形式递增（或递减）。

三、殷商与两周用鼎制度的差别反映了不同的思想意识

综上论述可以看出，殷文化系统的用鼎制度采取偶数的组合形式，周文化

---

① 中国社会科学院考古研究所：《上村岭虢国墓》，科学出版社，1959年，第28、35、37页。

② 郭宝钧：《山彪镇与琉璃阁》，科学出版社，1959年，第56、57、59页。

系统的用鼎制度采取奇数的组合形式，殷、周的用鼎制度存在着重大差别。

殷文化系统影响的地区包括殷商王朝及东夷、南淮夷、楚国、秦国等地区，周文化系统影响的地区包括周王朝及其所臣属的诸侯国。

殷、周两大文化系统使用礼器鼎的组合形式的不同，不仅表现殷、周文化的背景不同，也表现他们对自然、社会、人生的思想意识的不同。

周人使用礼器鼎的组合制度表现出阴阳思想意识和等级意识。西周时期，阴阳的概念是指太阳而言，向阳处为阳，不向阳处为阴，如《诗·大雅·公刘》云："相其阴阳，观其流泉。"就是说，人们在选择居处时要选向阳的地方。我国把山南水北称为"阳"，把山北水南成为阴，也正是这个意思。

西周时期，阴阳协调，天地万物才能生长繁荣的概念已经产生。《国语·周语上》记载：周幽王二年，岐山一带发生地震。史官伯阳父说："周将亡矣。夫天地之气，不失其序；若过其序，民乱之也。阳伏不能出，阳迫不能烝，于是有地震。今三川实震，是阳失其所镇阴也。阳失而在阴，川源必塞；源塞，国必亡。"韦昭注曰："烝，升也。阳气在下，阴气迫之，使不能升也。"即地震的原因是阴气压迫阳气，阳气不能上升，即阴阳不能协调造成的。伯阳父解释得尽管不十分准确，但西周时期的人们以阴阳解释自然现象，认为阴阳调和才能使天地和谐的学说已经产生。

阴阳学说在认识上是符合哲理的。天下任何事物都有相对立的两个方面，缺少任何一个方面，都不能使事物得以和谐发展。

古人称太阳为阳，月亮为阴；又进而称天为阳，地为阴；男为阳，女为阴；认为阴阳必须协调，才能生长万物，使万物繁荣。人们这种阴阳观是富于哲理的，是正确的。然而古代社会充满巫术思想，在人们对大自然认识的同时，也开始把这种阴阳思想附会到社会人事政治之中。

人们把数字与阴阳学说相结合，对数字赋予阴阳学说的内容，并开始用奇数、偶数解释天地万物。人们把奇数当作阳数，象征天、君、父、男；把偶数当作阴数，象征地、臣、母、女等。《易·系辞上》云："天一地二，天三地四，天五地六，天七地八，天九地十。"《京房易传》卷下云："奇偶之数，取之于乾坤。乾坤，阴阳之根本。"又云："初为阳，二为阴；三为阳，四为阴；五为阳，六为阴；一、三、五、七、九，阳之数；二、四、六、八、十，阴之数。"奇数和偶数被附会成阴阳之数。

周人以奇数为阳，象征天、君、父、男；以偶数为阴，象征地、臣、母、女；很明显有崇尚奇数的意识。周人崇尚奇数的原因是“周道尊尊”。西周时期，至高王权已经出现。奇数可以突出一个“居中”“中央”“太极”的地位，然后再形成对称形式，从而表现出周天子的至高地位。《礼记·王制》云：“天子七庙，三昭三穆，与太祖之庙而七。”太祖的至尊地位确定以后，三昭三穆表现出一种对称与平衡。周天子与诸侯国君自称“孤”“寡人”，正是为了表现其至高地位。

这种以奇偶数字表示阴阳的巫术思想意识被周人运用在礼器的组合方面。《礼记·郊特牲》云：“鼎、俎奇而笾、豆偶，阴阳之义也。”孔颖达疏曰：“鼎、俎奇者，以其盛牲体；牲体、动物。动物属阳，故其数奇。笾、豆偶者，其实兼有植物；植物为阴，故其数偶。故云阴阳之义。”又疏曰：“鼎、俎奇者，案《仪礼·聘礼》牛一、羊二、豕三、鱼四、腊五、肠胃六、肤七、鲜鱼八，腊九也，是鼎九，其数奇也。”“《少牢》陈五鼎，羊一、豕二、肤三、鱼四、腊五，其肠胃从羊，五鼎也。五俎，又肵俎一，非正俎不在数。《特牲》三鼎，牲鼎一、鱼鼎二、腊鼎三；亦有三俎，肵俎一，非正俎不在数，是皆鼎、俎奇也。”

笾、豆偶数者，（宋）王昭禹《周礼详解·掌客》云：“上公豆四十……侯伯三十二……子男二十四。”王昭禹释云：“盖豆，公堂上十六，东、西夹各十二。侯伯堂上十二，东西夹各十。子男堂上十二，东西夹各六。《礼器》言天子之豆二十有六，诸公十有六，诸侯十有二，以聘礼差之，则堂上之数与此同也。壶，所以盛酒者也；其设于堂夹亦如豆之数也。”又《礼器》云：“天子之豆二十有六，诸公十有六，诸侯十有二，上大夫八，下大夫六。案礼，笾与豆同，则是笾、豆偶也。”

这里所说的天子之豆二十有六、诸公十有六、诸侯十有二，皆是说的堂上之豆。《周礼·掌客》所说的“上公豆四十……侯伯三十二……子男二十四”，包括东西二夹室所摆放的豆。

也就是说，在宴享或祭祀之礼中用的礼器，鼎、俎用奇数，因鼎中所盛、俎上所载的是羊、牛、豕、鱼等牲肉。牲为天之所生，属阳，盛器用奇数形式。豆、笾及簋、簠、敦中所盛放的是粟、枣、黍、稷、谷物，这些农产品皆地之所产，属阴。壶中所盛放的是酒，酒为粮食和水酿成，亦为阴，故豆、笾、簋、簠、敦、壶的组合皆为偶数形式。

周人及其所臣属的诸侯国在宴享、祭祀及各种社交礼仪上，对礼器的使用与组合形式皆附以阴阳之义，盛放天之所生的动物食品的鼎、俎，用奇数组合形式，象征阳；盛放地之所产的植物食品的豆、笾、簋、敦、簠、壶用偶数组合形式，象征阴。《郊特牲》云："阴阳和而万物得。"只有阴阳和谐，万物才能滋生繁荣。

周文化系统礼器鼎的组合形式，反映周人的阴阳思想意识，还反映出其等级意识。《公羊传·桓公二年》何休注："礼祭，天子九鼎，诸侯七，卿大夫五，元士三也。"《周礼·秋官·掌客》所记的堂上九鼎、八簋、十六豆、十八铏，是上公招待周天子所用的礼器之数。《仪礼·少牢馈食礼》所记的五鼎当是大夫一级使用的礼器组合。《仪礼·特牲馈食礼》记的"三鼎"是士一级贵族使用的礼器组合。这种礼器组合的等级形式并不是自西周建立以来就有的，而是在使用中逐渐形成的。周文化系统鼎及其他礼器的组合形式反映了周人的阴阳思想意识和等级观念。

殷文化系统的礼器鼎的组合形式与周文化系统的差别是鼎与簋、簠、敦、壶一样皆呈偶数组合形式，没有阴阳思想的意识。殷人的偶数崇拜当是其礼器偶数组合形式的重要原因之一。殷商王朝遗存的文化表现了偶数崇拜意识。殷代有十天干：甲、乙、丙、丁、戊、己、庚、辛、壬、癸；十二地支：子、丑、寅、卯、辰、巳、午、未、申、酉、戌、亥。殷人以十天干、十二地支相配合来纪日，如甲子、乙丑、丙寅……。殷人把一年分为十二个月，每月三旬，每旬十天；又将一天分为八个时辰：明（旦）、大采、大食、中日、昃、小食、小采、夕等。殷人十天干、十二地支之数的形成，每年十二月份的划定，每天八个时辰的划分都表现殷人对偶数的崇尚。

殷人对偶数的崇尚还表现在其墓葬文化中，如安阳武官村大墓南北两端各有一条墓道。该墓曾经盗掘，现底部仍可看出有 30 根圆木铺垫，自椁顶至墓口共有 30 层夯土，北墓道杀殉 16 匹马、4 犬、2 人。南墓道杀埋 12 匹马。墓室有二层台。东侧二层台有殉人 17（当缺一），西侧二层台有殉人 24。墓室上部的填土中有人头 34 颗。从这座经过盗掘的墓葬来看，墓中椁完铺垫的圆木、夯土、殉人、殉马、殉犬皆呈偶数组合。安阳小屯西北发掘的妇好墓，有殉人 16、殉犬 6 只。这些都表现殷人崇尚偶数的意识。

殷人为什么崇尚偶数并喜爱使用偶数组合的礼器呢？这也是近年国内学术界很感兴趣的问题。笔者认为主要有以下原因。

（1）殷商时期，人们虽然有晴、雨、阴天的概念，但还不具有阴阳学说中所理解附会的内容。当时的人们还未把天、君、父、男附会成阳性，以奇数代表；把地、臣、母、女附会成阴性，以偶数代表。

（2）在殷人的心目中，虽然亦以男性为尊，但对女性的尊重也是殷商社会的特征。《史记·梁孝王世家》云："殷道亲亲，周道尊尊。"《礼记·表记》又云："母亲而不尊，父尊而不亲。""亲亲"表示殷代对母系的尊重。殷代祭祀先公先王的同时，必以先妣相配，这在甲骨卜辞中是不乏其例的。殷人祀典中，虽然只有其子为殷王的先妣可以入祀。但祭祀先妣时，必须在先妣所名之日致祭，如祭妣辛时，即"大甲奭妣辛"，必在辛日，不是在先祖太甲的祭日——甲日举行；突出的是先妣，而不是先祖，表现了殷人尊重女性和两极平衡的意识。

殷代妇女有很大的权力，如殷高宗武丁的妻子妇好就是一个可以统兵上万的女将。卜辞记载"辛巳卜，贞，登妇好三千，登旅万，乎伐"（李学勤《英国所藏甲骨集》150）。从甲骨卜辞的记载来看，妇好是武丁信任的将领，在对夷方、土方、羌方的战役中，她统兵上万，具有很高的军事才能。

妇好还有主祭权，如：

"贞，乎帚好出于父口。"　　（《甲骨文合集》2609）

"贞勿乎帚好往袞。"　　（《甲骨文合集》2641）

出、袞皆是祭名。妇好生前拥有大量的财富。1976 年，考古工作者在安阳殷墟发现了她的墓葬，该墓共出土随葬器物 1928 件，包括青铜器 468 件，玉器 700 多件，宝石制品 40 多件。许多青铜器上有"妇好"和"母辛"的字样。"母辛"是子辈对母辈的称呼，"妇好"与"母辛"当为同一个人（见《卜辞通纂》764）。

不仅妇好，殷王朝的许多妇女都受到尊敬，并拥有财富，如殷墟发现的举世闻名的"司母辛大方鼎"，是迄今所见到的体积最大、最重的青铜器，但这是属于祭祀女姓的祭器。

在殷代，王妃设有专门的宗庙，称为“司室”（《殷墟文字外编》347，《殷契佚存》843，《殷墟书契前编》4.27.8）或“司母大室”（《殷契粹编》1251，《战后京津新获甲骨集》4615）而且在很多卜辞皆见有“司室”这类的记载。卜辞中还经常见到“设司室”，于省吾先生《甲骨文字释林》一书之《释设》中认为是将物品陈列在诸妃之宗庙的祭祀。

殷人使用偶数鼎的组合形式形成于阴阳意识尚未出现时期，男子独尊的意识尚未形成，妇女地位是较高的。殷代对偶数的崇尚，以及使用偶数组合形式的礼器，都表现了一种对称和平衡。对称美是美学的重要内容，表现了殷人的两极意识，这是他们崇尚偶数及使用偶数的礼器鼎组合形式的重要原因。

第五节　东周墓葬随葬的编钟组合与礼制研究

春秋以后，编钟使用的等级出现了。西周以后，编钟逐渐出现，但是其组合还较为简单。春秋时期，编钟组合日趋复杂，一方面表示音乐的发展，另一方面表示编钟的使用也开始有了严格的等级。但是考古材料中发现的编钟组合与古文献记载不一致。这是因为先秦音乐的音调、音律日益复杂，出现了半音，使用中的编钟从而与文献上记载的等级出现了差别。战国以后，木、石乐器兴起，青铜编钟文化衰落。

一、文献记载的编钟组合的形式等级

中国自远古时期起，先民就发明了乐器。出于对音乐的喜爱，乐器成为殷周墓葬中重要的随葬品。殷代还没有编钟，但是已经有了编铙，如殷墟妇好墓中出土的编铙，是3件一组的乐器。西周以后，编钟开始流行于世。西周时期的编钟也是3件一组，如宝鸡茹家庄西周墓M1乙室出土编钟3件[①]，平顶山魏庄的窖藏中出土3件甬钟，大小相次。[②] 长安普渡村出土编钟3件。西周墓中出土的编钟也是3件一组。春秋以后，编钟的组合规制逐渐复杂，音调更加婉转

① 宝鸡茹家庄西周墓发掘队：《陕西省宝鸡市茹家庄西周墓发掘简报》，《文物》1976年第4期，第40页。

② 孙清远、廖佳行：《河南平顶山发现西周甬钟》，《考古》1988年第5期，第66页。

悠扬。当然随着音律的复杂，每组编钟的件数也增加了，8 件、9 件、10 件不等，表现出编钟的组合规制的变化。

编钟的使用也开始有了等级。《周礼·春官·小胥》记载："正乐县之位，王宫县，诸侯轩县，卿大夫判县，士特县。"县，悬也，即悬挂在钟架上的编钟之意。郑玄注曰："乐县，谓钟磬之属县于笋簴者。"郑司农又云："宫县，四面县；轩县，去其一面；判县，又去其一面；特县，又去其一面。四面象宫室四面有墙，故谓之宫县。轩县三面，其形曲。……轩县去南面，辟王也。判县左右之合，又空北面。特县县于东方，或于阶间而已。"宫县天子之乐，即周王之乐，是可以悬挂四面"钟磬之属"的乐器，以像宫墙的形状。诸侯之乐，用"轩县"，即去其南面，以"辟王也"，从而成曲形，故又称为"曲县"。卿大夫之乐，用"判县"，即去南、北两面，只东西两面，左右相合。士之乐，用"特县"，"县于东方，或于阶间而已"。

是时，这种悬挂乐器的方式是有严格等级的，如《左传·成公二年》记载，齐人侵鲁，过卫，与卫孙良夫相遇，与之战。卫人大败。"新筑人仲叔于奚救孙桓子，桓子是以免。既，卫人赏之以邑；辞，请曲县、繁缨以朝，许之。"孔子说："惜也，不如多与之邑。唯器与名，不可以假人，君之所司也。"杜预注曰："轩县也。周礼天子乐，宫县四面。诸侯轩县，阙南方。繁缨，马饰，皆诸侯之服。"在这里，新筑人仅是一个大夫，但要用诸侯之乐，因此孔子认为这是僭越行为。

二、考古发掘所见到的编钟情况

考古材料中所见的编钟材料基本是春秋以后的资料，但考古材料也有一定的局限性，因是埋在地下，其悬挂形式是很难看出的。而《周礼·春官·小胥》记载的"正乐县之位，王宫县，诸侯轩县，卿大夫判县，士特县"的悬挂形式和编钟编列情况，也只能通过文献记载与考古发掘所见到的编钟数目来推定，从而研究编钟的规制。根据考古发掘的材料，各个墓葬所出土的编钟规制是不一样的，而且与文献记载也不相同。考古发掘所出的编钟，有甬钟和钮钟两类，皆是编列在一起挂在钟架上，称为编钟，钟架称为"簨虡"。

陕西宝鸡太公庙村窖藏春秋早期的编钟 5 件、编镈 3 件。5 件编钟的形制、花纹是一致的，唯大小有所差别。3 件编镈的形制、花纹也是一致的，只是大小有所差别。研究者认为作器者是春秋初年的秦武公[①]。眉县图书馆收藏春秋中期钮钟1套5件[②]。春秋早期的秦国器物是比较粗糙的，所以这个时期的编钟规格也较简单，每列编钟5件，编镈3件。

天马—曲村北赵晋侯墓地春秋初期的M93出土“编钟1种，均为甬钟，共16枚，可分为大、小两套，每套各8枚”。研究者认为该墓是春秋初年的晋文侯仇之墓。[③] 晋文侯仇的墓葬中的编钟可以看出是大小两套，很明显是一套“曲县”的组合形式。侯马春秋中叶墓M13钮钟1组9件，伴随出土石磬10件。[④] 潞城潞河七号墓出土战国初期编钟3种4组，共28件。其中甬钟可分为相同的2组，每组8件，共16件；编镈钟1组4件；钮钟1组8件；伴随出土编磬1组10件。研究者认为，七号墓“属战国初期，墓主为韩国的下大夫”[⑤]。但根据古文献记载的堂上击编镈，编钟、编磬在堂下应之，这是一套“轩县”的组合形式。长治分水岭M14属于战国中期墓，出土编钟两套，其中有甬钟2件，钮钟1套8件，大小渐次等差；石磬两套22件，大小渐次等差；当是“曲县”的组合形式。[⑥] 长治分水岭M25出土战国中期乐器有铜编镈、编钟、石编磬3种。编镈1组4件，大小相次；编钟包括甬钟1组5件，大小相次；钮钟1组9件，大小渐次；钮钟出土时套立于3件编镈内，每镈内3件。石磬一组10件，大小相次。这也是一套“轩县”的组合形式。[⑦] 山西地区出土的编钟规制是，每列编钟8件或者9件，编镈3件或者4件。时代越晚，编钟的件数就越多，音阶越细。

山东蓬莱柳格庄M6北侧二层台出土春秋早期编钟9件，由大到小、自东而

---

① 卢连成、杨满仓：《陕西宝鸡县太公庙发现秦公钟、秦公镈》，《文物》1978年第11期，第1页。

② 刘怀君、郝志芹：《陕西眉县图博馆收藏的春秋青铜器——钮钟》，《交响·西安音乐学院报》1990年第3期，封二。

③ 北京大学考古系、山西省考古研究所：《天马—曲村遗址北赵晋侯墓地第五次发掘》，《文物》1995年第7期，第26页。

④ 山西省文物管理委员会侯马工作站：《山西侯马上马村东周墓葬》，《考古》1963年第5期，第242、243页。

⑤ 山西省考古研究所、山西省晋东南地区文化局：《山西省潞城县潞河战国墓》，《文物》1986年第6期，第9、19页。

⑥ 山西省文物管理委员会：《山西长治市分水岭古墓的清理》，《考古学报》1957年第1期，第113页。

⑦ 山西省文物管理委员会、山西省考古研究所：《山西长治分水岭战国墓第二次发掘》，《考古》1964年第3期，第128页。

西、大小依次排列，挂于木质钟架上。柳格庄 M6 具有浓厚的胶东地方特征。[①] 莒南大店 M1 出土春秋晚期的镈钟 1 件；有编钮钟 1 套 9 件，形制相同，大小相次。[②] 春秋中期的莒南大店 M2 出土编钟 1 套，即编钮钟 9 件。钮钟性质相同，大小相次。另有残编磬 12 件。[③] 沂水刘家店子一号墓是春秋中期墓葬。该墓出土 38 件乐器，其中编钟 20 件，19 件甬钟，分 3 组。甲组 9 件，乙组 7 件，丙组 3 件。各组形制相同，大小相次。还有一件钟，作泡形。铃钟 1 套 9 件，形制相同，大小相次。编镈 1 组 6 件，形制相同，大小相次，钲 1 件。编钟当是“轩县”的组合形式。沂水刘家店子一号墓出土的礼乐器有 9 鼎 8 簋（缺 1 簋），研究者认为该墓是莒国国君或者是密邑封君之墓。[④] 阳信城关镇陪葬坑出土战国早期铜编钟，即编钮钟 1 套 9 件，单钮。9 件编钟造型一致，大小有序。铜编镈 5 件，造型相同，风格统一。另有，石编磬 13 件，大小有序。若把编镈、编钟、磬，排列在一起，是“轩县”的组合形式。[⑤] 诸城臧家庄墓出土战国中期编钟 9 件，编镈 7 件，编磬 13 件。黄盛璋先生认为，这是东夷地区的一个小国莒国贵族的墓葬。[⑥] 山东地区所见的铜编钟大多是每列 9 件，编钟也从 1 套到 3 套，编镈从 1 件到 7 件不等。当然，编钟的数量与时代有关，也与墓葬的级别有关，如沂水刘家店子一号墓被认为是莒国国君或者是密邑封君之墓，所出土的 4 套编钟，当是诸侯所用的“轩县”的形式。

先秦时期，中原郑国的音乐比较发达，有“郑卫之音”的说法。新郑出土春秋早期编钟 1 套；甬钟有 19 件，分为两组：一组 9 件，另一组 10 件。今仅存 6 件，镈 4 件。[⑦]

1996 年 9 月至 1998 年 10 月，为配合中国银行新郑支行（以下简称“中行”）的基建工程，河南省文物考古研究所在郑韩故城东城的西南部进行考古发

---

① 烟台市文物管理委员会：《山东蓬莱县柳格庄墓群发掘简报》，《考古》1990 年第 9 期，第 804 页。

② 山东博物馆：《莒南大店春秋时期莒国殉人墓》，《考古学报》1978 年第 3 期，第 322 页。

③ 山东博物馆：《莒南大店春秋时期莒国殉人墓》，《考古学报》1978 年第 3 期，第 332 页。

④ 山东省文物考古研究所、沂水县文物管理站：《山东沂水刘家店子春秋墓发掘简报》，《文物》1984 年第 9 期，第 5、10 页。

⑤ 惠民地区文物普查队、阳信县文化馆：《山东阳信城关镇西北村战国墓器物陪葬坑清理简报》，《考古》1990 年第 3 期，第 221、222 页。

⑥ 黄盛璋：《山东出土莒之铜器及其相关问题综考》，《华夏考古》1992 年第 4 期，第 63、70 页。

⑦ 许敬参：《编钟编磬说》《河南省博物馆刊》第 9 集，1934 年。

掘。这是一处郑国祭祀遗址，总面积 22 000 平方米，发掘出青铜乐器坑 11 座，共出土编钟 206 件。206 件编钟和一批钟架的发现，为研究我国古代音乐史提供了珍贵的实物资料。这些编钟虽然不是墓葬中所出，但是属于祭祀所用，与祭祀祖先有重要的关系。

在这些乐器坑中，青铜礼器坑共 7 座，其中 K13、K18 早年被盗。K2、K3、K6、K15 均出土青铜礼器 9 鼎、8 簋、9 鬲、2 方壶、1 圆壶、1 鉴、1 豆等，计 31 件；K10 出土青铜礼器 9 鼎、9 鬲，共 18 件。这 5 坑共出青铜礼器 142 件。青铜乐器坑有 11 座，共出土编钟 206 件。除 K11、K12 早年被盗外，K17 出土镈钟 1 套 4 件、钮钟 1 套 10 件，共 14 件。其余 8 坑（K1、K4、K5、K7～K9、K14、K16）各出土 1 架编钟，每架都是有镈钟 1 套 4 件、钮钟 2 套 20 件（每套 10 件）组成。坑中多发现木质钟架痕迹，同出的还有陶埙 6 件。乐器坑的分布多为三坑一组。个别坑为单独存在，大多数乐器坑附近都有 1 或 2 个礼器坑相配置，两者有明显的组合关系。①

新郑故城的 1・1 号乐器坑（K1）为长方形竖穴土坑。坑内放置编钟 1 组 24 件，其中镈钟 1 套 4 件，放在坑中部偏南侧。钮钟 20 件，分为 A、B 两组，每组 10 件。编钟按组南北排列，东西向放，其中 A 组钮钟在坑内北部，B 组钮钟在坑内中部。编钟上下多残留有席编痕迹。在 B 组 2 号钮钟下部还发现 1 件陶埙，附着在钟体上。两组钮钟皆大小递减，形制、纹饰近同。②

新郑故城的 2・16 号乐器坑（K16）为长方形竖穴土坑。坑的北部清理出横梁木灰痕迹 5 根，其中 3 根都挂有编钟。自北向南第 3、4 根各悬钮钟 10 件，第 5 根挂钟 4 件。镈钟 4 件（T615K16：1～4）形制近同，大小递减。钮钟 20 件。A 组钮钟 10 件（T615K16：A1～A10），形制近同，大小递减。B 组钮钟 10 件（T615K16：B1～B10），形制近同，大小递减。③

新郑故城出土的多为 9 鼎 8 簋，出土的编钟也较多，“有镈钟一套 4 件，钮

① 河南省文物考古研究所：《河南新郑郑韩故城东周祭祀遗址》，《文物》2005 年第 10 期，第 5、15 页。

② 河南省文物考古研究所：《河南新郑郑韩故城东周祭祀遗址》，《文物》2005 年第 10 期，第15～19 页。

③ 河南省文物考古研究所：《河南新郑郑韩故城东周祭祀遗址》，《文物》2005 年第 10 期，第 19～22 页。

钟两套20件。三架钟共72件，这应是‘轩县’之制，也是目前考古所见乐器中的最高级别”①。

春秋时期的“郑声”是代表当时的最高水平，所以郑国地区所出土的编钟也以每列的最多数呈现于世人面前。郑国的编钟每列10件，编镈一般是4件，是当时较复杂的音律。

河南汲县山彪镇M1出土春秋晚期编钟2套，即散虺纹编钟1组9件；伴随出土蟠螭纹编钟1组5件。② 辉县琉璃阁甲墓出土春秋晚期编钟，分甬钟和钮钟两种，其中有甬钟1组8件；钮钟2组，每组9件，共18件；镈钟1组4件，石磬11件。③

考古材料所见战国早期的编钟规制是辉县琉璃阁M75战国早期编钟，分甬钟和钮钟两种，其中有甬钟1组8件，钮钟1组9件，编镈1组4件，石磬10件。④ 辉县琉璃阁M60战国早期编钟，分甬钟和钮钟两种，其中有甬钟1组8件，钮钟2组（1组8件，1组9件，共17件），出土编镈4件。⑤ 辉县琉璃阁甲墓M75、M6出土的编钟，当是“轩县”的组合形式。豫北地区的编钟规制一般是每列8件或者9件，编镈4件或者5件。

三门峡上村岭M1052出土春秋早期编钟1套，分甬钟和钮钟两种，其中有甬钟1件，钮钟1组9件。⑥ 陕县后川M2040出土战国早期编钟1套。有甬钟20件，分为4、10、6件3组；另有编镈1组9件，编磬1组10件。⑦ 洛阳西工区M131出土战国中、晚期铜编钟16件，出土时分两组排列，每组8件。形制基本相同，大小依次递减。石编磬6件，出土时由大到小南北向依次叠放。研究者认为，“墓主人的身份是周王室卿大夫一级的贵族”。陕县后川M2040与洛阳西工区M131，当是“轩县”的组合形式。⑧ 豫西地区的编钟规制一般是每列

---

① 蔡全法：《郑国祭祀遗址与青铜礼器研究》，《文物》2005年第10期，第77页。

② 郭宝钧：《山彪镇与琉璃阁》科学出版社，1959年，第7页。

③ 郭宝钧：《山彪镇与琉璃阁》科学出版社，1959年，第70页。

④ 郭宝钧：《山彪镇与琉璃阁》科学出版社，1959年，第66页。

⑤ 郭宝钧：《山彪镇与琉璃阁》科学出版社，1959年，第59页。

⑥ 中国社会科学院考古研究所：《上村岭虢国墓地》，科学出版社，1959年，第22页。

⑦ 中国社会科学院考古研究所：《陕县东周秦汉墓，黄河水库考古报告之五》，科学出版社，1994年，第67～71页。

⑧ 蔡运章、梁晓景、张长森：《洛阳西工131号战国墓》，《文物》1994年第7期，第11页。

编钟 4 件、6 件、8 件、9 件、10 件不等。

河南淅川和尚岭 M2 是春秋中期墓，出土有编钟和编镈。出土时，钮钟和镈钟均悬挂在木架上。钮钟在上，镈钟在下。有编钮钟 1 组 9 件，钟体大小相次。编镈钟 1 组 8 件，形制相同，大小依次递减。石磬 12 件。此墓墓主为楚庄王箴尹之官克黄的夫人。① 随县城郊季氏梁春秋中期编铜 1 套，即钮钟 5 件，大小有序。研究者认为，该墓为曾国墓葬。②

淅川下寺 M2 出土春秋晚期王孙诰甬钟 1 套 26 枚，甬钟形制相同，大小依次递减。钮钟两套，每套 9 件，形制相同，大小依次递减。镈钟 1 套 8 件，形制相同，大小依次递减。石磬 3 套，每套 13 件。根据该墓出土的器物铭文有“王子午”和“令尹子庚”的字样，得知该墓是春秋楚国的令尹子庚之墓。③ 上蔡战国中、晚期墓葬中出土编钮钟 1 套 13 件。④ 曾侯乙墓出土的编钟最受世人的注目。曾侯乙墓编钟出土时，悬挂在一个曲尺形的钟架上。钟架分三层，上层挂钮钟，分三组：右边一组 7 件，中间与左边各挂 6 件，共计 19 件；中下层均为甬钟。中层甬钟较小，亦分三组，右边一组 10 件，中间 12 件，左边一组 11 件，共 33 件；下层甬钟较大，也分 3 组，右边一组 4 件，中间一组 6 件，左边一组 3 件，共 13 件。⑤ 楚地出土的编钟大多是中原礼制中的“轩县”组合形式。

从以上各地考古出土的编钟规制来看，春秋时期出土的编钟组合规制基本上是每组 5 件至 11 件不等。陕西的编钟表现得比较古朴，每组 5 件；其他除曾侯乙墓出土一组 11 件之外，基本上是 8 件或 9 件；郑国地区出土的编钟基本上是每组 10 件。各地出土编钟规制的情况大抵如此。

三、编钟规制与文献记载不相符的原因探析

以上各地考古出土的编钟等级规格与规制情况，与《周礼・春官・小胥》记载：“正乐县之位，王宫县，诸侯轩县，卿大夫判县，士特县”的规格是不相符的；而且编钟的编列数目也与《周礼・春官・小胥》所记载的“凡县钟磬，

① 河南省文物考古研究所：《淅川县和尚岭春秋楚墓的发掘》，《华夏考古》1992 年第 3 期，第 124 页。
② 随县博物馆：《湖北随县城郊发现春秋墓葬和铜器》，《文物》1980 年第 1 期，第 35 页。
③ 河南省丹江库区文物发掘队：《淅川下寺春秋楚墓》，《文物》1980 年第 10 期，第 17 页。
④ 李芳芝：《上蔡发现一座楚墓》，《中原文物》1990 年第 2 期，第 94 页。
⑤ 赵世纲：《曾侯乙钟磬与中原钟磬之比较》，《华夏考古》2002 年第 4 期，第 70 页。

半为堵，全为肆。”郑玄注云：“钟磬者，编县之二八十六枚，而在一虡，谓之堵。钟一堵，磬一堵，谓之肆；半之者，谓诸侯之卿大夫、士也，诸侯之卿大夫半天子之卿大夫。西县钟，东县磬，士亦半天子之士。县磬而已。”情况有所不同。

首先，在编钟的等级规格方面，笔者认为，《周礼·春官·小胥》记载：“正乐县之位，王宫县，诸侯轩县，卿大夫判县，士特县”的规格是不存在的。考古材料中从来没有见过“宫县”的实物和例证。当然没有见过不等于没有，但是如新郑发现的祭祀坑，研究者认为是郑国国君的祭祀遗存。坑中既有 9 鼎 8 簋的礼器，又有“轩县”的编钟，郑国国君在用鼎制度方面就可以“僭越”，用天子的才能用的 9 鼎 8 簋的礼器；编钟制度的规格绝没有鼎簋制度的意义更大，郑国国君为什么没有在编钟制度方面“僭越”等级呢？那是因为“宫县”的形式本来就没有。因为《周礼》所记载的是一种理想化的模式。

编钟编列规制也是与文献材料不相符的。如同在前面论述所提到的，西周时期的编钟组合多为每组 3 件，春秋以后每组编钟的组合多为 8 件以上，甚至出现了每组编钟为 9 件、10 件、11 件、12 件的组合。而郑玄在为《周礼》作注所记载的却是，“钟磬者，编县之二八十六枚，而在一虡，谓之堵”。考古出土的编钟等级规格规制与文献记载并不相符。

编钟编列的规制与文献材料不相符，这种情况早在宋代就有人注意到了。如（宋）陈旸《乐书》卷一百十二：“周官磬师掌教击磬、击编钟，言编钟于磬师则知有编磬矣。《尔雅》言大以见小，磬师言钟以见磬，大则特县，小则编县。《仪礼》鼗倚于颂磬西纮，则所谓纮者其编磬之绳欤。《小胥》凡县钟磬，半为堵，全为肆。郑康成释之谓编县之十六枚，同在一簴谓之堵。钟磬各一堵谓之肆。《礼图》取其倍八音之数而因之，是不知钟磬特八音之二者尔，谓之取其数可乎。典同凡为乐器以十有二律为之数度，以十有二声为之齐量，则编钟编磬不过十二尔；谓之十六可乎？尝读汉书成帝时于犍水滨得石磬十六，未必非成帝之前，工师附益四清而为之非古制也。康成之说得非因此而遂误欤。古有大架二十四枚同一簨簴，通十二律正倍之声，亦庶乎古也。圣朝元丰中施用李照编钟、阮逸编磬仍下王朴乐二律，以写中和之声，可谓近古矣。然补注四声以足十六律，非先王之制也。”（宋）陈旸认为，郑玄所说的编钟十六之制并不符合古代的实际情况。

（清）秦蕙田对（宋）陈旸进行了反驳。他在《五礼通考》卷七十五云："编磬之数，经虽无文，据疏以十六枚释之，其言固有所本。陈氏乃谓数起于八音，倍而设之。夫磬乃八音之一，何得以八音起数。陈氏非之当矣。但陈氏又泥十二律之数；以为十二枚是，又不知旋宫均调之有变半声者亦未得也。"

宋代的陈暘认为古代的"乐器以十有二律为之数度，以十有二声为之齐量，则编钟编磬不过十二尔"。清代的秦蕙田又认为，因为音节中还存在半音，因此郑玄所注释的编钟十六枚之制是对的。

陈暘与秦蕙田都没有见过考古出土的编钟编制，他们的结论都是从文献中推论的。从近年出土的编钟规制来看，春秋以后每组编钟的组合多为 8 件以上，甚至出现了每组编钟组合为 9 件、10 件、11 件、12 件。二者所论述都不是太符合实际情况。这种原因的出现，首先，随着时代的发展，音乐是不断进步的。中国古代的编钟是奏乐的，婉转的音调是需要更多更复杂的音符才能奏出。因此我国古代的编钟组合出现了一个从少到多、从简单到复杂的过程。而且出现了许多半音的音阶，因此编钟组合的编列也变得复杂。

有学者认为，春秋中期中原新郑地区出现的十编列乐钟的音列具有独特之处。

（1）新郑地区出现的十编列乐钟，出现带"清角"音的六声音列。编钟从八编列乐钟的四正声音列到九编列乐钟"变宫""变徵"齐全的七声音列，似乎已跨越了五声、六声音列阶段。新郑十编列乐钟的带"清角"六音列，是编钟历史上首次出现"清角"音，其出现时间虽然较"变徵"稍晚，但在编钟的中高音区出现两次"清角"音，说明它在音乐活动中的使用已十分频繁，这种音列的调定方式十分少见，不知与当时此地音乐演奏的旋宫转调有无关系。

（2）新郑地区出现的十编列乐钟，乐钟的正侧鼓双音调制更加自由。西周时期一钟双音基本以小三度调定，进入春秋阶段，编钟的双音已是小三度、大三度兼备，新郑十编列乐钟的双音调制则富有自身特色，它将宫音钟和徵音钟的双音调定为大二度，而将商、角和羽音钟调定为小三度，所组成音列在低中音区完全由正声组成，且乐时相互重叠，中高音区则以小三度调定为主，音级密集，可演奏旋律性强的乐曲。这种大二度的双音调制方式在乐钟发展初期出现过，当时可能只是一种无意识所为，新郑十编列乐钟的大二度则已是一种有意识的编列需要。[①]

由此可见，编钟编列越多，奏出的声音就越婉转悠扬动听。音级密集，可演奏旋律性强的乐曲，这是编钟编列从少到多发展的最重要的原因。

两汉时期，编钟编制发展到16件。郑玄在《周礼》注所说的“钟磬者，编县之二八十六枚，而在一虡，谓之堵”。当是汉代以后的编钟规制。如（宋）陈旸《乐书》卷一百十四运：“汉晋宋齐乐县，汉史旧仪：高庙撞千石之钟十枚，司马相如所谓千石之钟、万石之簴者也。古者以钟磬十二为县，未闻用其十者矣。岂汉兴之始，未知用宫县。至孝武、光武，然后用之邪。自两汉而下晋及宋齐钟磬之县，皆不过十六。”

随着时代的发展，编钟编制也不断增多，如秦蕙田在《五礼通考・吉礼》卷七十云：“《乐府杂录》曰雅部十二钟，每架各编钟十二，各依律吕，然则州鸠安节之所述皆与礼合。是古者凡县钟磬不过十二，而旋宫备矣。后世增之以至十四、十六、十九、二十一、二十四，唐兼用之，以二十四为大调，而其下至于七枚而已，盖皆惑于清倍之法然也。”

战国以后，青铜文化处于衰落的状态。原因有二：一是木、石乐器的兴起。木、石乐器的材料简便，制作容易，而且音质更好，也可以说是物美价廉；因此战国以后，如信阳长台关楚墓出现了许多木、石乐器，就是例证。二是战国中期以后，关东六国疲于战争、危如累卵，而青铜编钟的铸造，需要大批的人力、物力，当时的各个诸侯国都是难于支撑的，这也是青铜编钟衰落的重要原因之一。

---

① 陈荃有：《繁盛期青铜乐钟的编列研究（上）》，《音乐研究》2001年第2期，第34页。

第六章　先秦少数民族的墓葬文化

原始社会时期，我国各地分布着许许多多的部落。这些部落由于所处的地域不同，生活习惯不同，他们亦采取不同的埋葬方式，有不同的葬俗。如第一章所述，原始社会有仰身直肢葬、屈肢葬、蹲肢葬、单人葬、二人葬、集体葬，等等。西周时期，特别是春秋战国以后，我国曾经历了一个大的民族融合的过程，各地的葬俗和葬制亦有统一融和的趋势。但我国土地辽阔，民族众多，特别是我国边疆的少数民族，他们虽然与周王朝有较为密切的关系，但由于风俗习惯的转变和同化需要一个缓慢的过程，他们在墓葬方面仍然保持自己的葬俗和葬制。这样就产生了我国以周文化类型为主的、多元的墓葬文化。

两周时期，我国边疆少数民族的墓葬按其形制和内涵主要可分为四大地区：东北地区的墓葬文化，西北地区的墓葬文化，西南地区的墓葬文化，闽粤地区的墓葬文化。

第一节　东北地区的墓葬文化

新石器时期，我国曾经有许多石棺墓葬，如我国东北地区吉林市东郊的两半山遗址、吉林省蛟河县的山头屯遗址、小南沟遗址都出土许多石棺墓葬。另外在我国西北地区，如兰州的花寨子墓地、景泰县的张家台墓地等，亦出土了数量可观的石棺墓。

周代以后，这种石棺墓依然是当时墓葬的重要内容。周代的石棺葬主要集中在东北地区、西南（主要是四川、云南）地区和西北地区。

东北地区的墓葬主要是石棺墓、石椁木棺墓、积石墓葬。另外，火葬墓亦是东北地区有特色的墓葬文化。

一、石棺墓

吉林市西团山在20世纪60年代曾发掘出19座石棺墓，墓葬时代约在春秋—战国之际。这些石棺按其形制可分为以下三种。

（1）长方形石棺。共6座，如Ⅳ为石块棺，棺内东西两壁平砌石块。棺内长2米，宽、深均约0.6米，上有一块盖石。

（2）长方形有副棺石棺。这种石棺又可分二式：一式是副棺与棺成同一方向砌在棺尾的，一式是副棺与棺成直角相交砌在棺尾的。例如，1号棺，以13块大石砌成，盖石4块，北壁4块，南壁3块，首尾各1块，除盖石外，都是直置的，属二式副棺，仅形制与一式不同。

（3）近方形小棺。这种小石棺长0.93米、宽0.57米，有棺底，可能是专为幼儿砌的葬具。①

这种石棺墓广泛地分布在中国的东北，如热河赤峰红山后、吉林延吉小营子、唐山小官庄等。唐山小官庄的石棺从墓，亦有在棺尾另砌副棺（或称石室）放陶器的习俗。

东北地区有些石墓大都随葬有铜器，如吉林盘石吉昌小西山的石棺墓。小西山共发掘6座石棺墓，按其四壁结构可分为块石垒砌，板石对砌，板石对砌上加块石平铺，块石垒砌的正棺与板石对砌的副棺四种类型。

小西山乙M4是用花岗岩和石灰岩块石垒砌的棺壁，首尾各用一石板堵砌，上加石棺盖，棺内充满黑土和红褐色粗沙，墓底有一层约2厘米的淤泥。人骨已腐朽，仅见一门齿。随葬器物在淤泥之中，这种上盖与四壁用块石垒砌，墓底不铺石块的墓，有人称之“石棚墓”。

小西山的石棺墓其时代在春秋中期，所反映的文化面貌与吉林西团山文化有很大的联系，这种因素不仅表现在墓葬结构、葬式上，还表现在出土器物上，如以罐、碗、钵为主要的陶器在陶质及制法都有相似之处。盘石小西山出土的青铜曲刃剑也反映了北方青铜文化的特色。②

---

① 东北考古发掘团：《吉林西团山石棺墓发掘报告》，《考古学报》1964年第1期，第31、33、35页。

② 吉林省文物工作队：《吉林盘石吉昌小西山石棺墓》，《考古》1984年第1期，第51、58页。

东北地区的石棺墓可能是古肃慎族或秽貊族的遗存，但又融入了中原文物的因素，如鼎、剑等，其分布范围主要在吉林、河北北部一带。

二、石椁木棺墓

内蒙古宁城县南山根发现一石椁木棺墓。该墓墓口长 3.8 米，两端宽窄不同，一端宽 2.23 米、另一端宽 2.8 米、深 2.4 米。坑壁略向内收，底部较小。椁室的四壁用砾石砌叠，底部用小石板平铺，保存较好。椁室底板残存一层朽木灰，说明原来是有木棺的。尸骨架已腐朽无存，葬式不明。

随葬器物种类繁多，500 多件。计有青铜鼎 3 件、簋 1、簠 1、鬲 1、甗 1、双联罐 1，勺、刀、斧、凿、镐、锄、镞、矛、剑、鞘、盾、盔、车马器、铜镜等，另外还有金饰品。

南山根石椁墓所出铜器，与三门峡虢国墓地所出的铜器有颇多相同之处。其中的铜杯与陕西长安张家坡西周窖藏所出土者也近似，此墓应属于西周晚期至春秋中期的墓葬。①

夏家店上层文化的墓葬一般以小型石椁墓居多，随葬品贫乏，但此墓形制较大，随葬品丰富，还有黄金饰品，这应是一个贵族的石椁木棺墓葬。

三、积石墓

东北地区还出土一种积石墓。积石墓是按山脉走向，依山脊坡度筑于地表的一种多室墓葬。墓长一般 7～20 米。墓内分筑数量不等的墓室。墓室以单排为多，也有多排的。有一次筑成，也有多次筑成的。单排墓室以一次筑成为多，多排墓室一般为多次筑成。墓室底部均铺不规则的石块，墓顶为不规则的方形大石块覆盖。

旅顺市将军山和老铁山共发现积石墓 6 座。将军山的 M1 就是一单排积石墓。M1 平面呈长方形，墓长 14 米、宽 5～5.16 米、外壁厚 0.8～2 米。墓顶石已被破坏，此墓共分 6 个墓室，东西排列，大小不一，各呈不规则的长方形。又老铁山的 M4 是多排积石墓，由于墓的西部和南部已被破坏，仅存双排 9 室。

① 辽宁省昭乌达盟文物工作站、中国科学院考古研究所东北工作队：《宁城南山根石椁墓》，《考古学报》1973 年第 2 期，第 28、29、37 页。

在积石墓中出土的陶器有陶罐、陶杯、陶豆、陶壶、陶盒、陶盘、陶鬶等；石器有石矛、石锛、石凿、石网坠等；另外在扰乱层中还出土1件铜镞，系战国时代铜镞。

这种积石墓由数量不等的墓室组合在一起，每座积石墓各墓室的死者之间必然存在着密切关系，这种关系当为家族关系。积石墓可能是以一个家族为单位的公共墓地。

这种积石墓在旅顺市甘中区营城子、旅顺口区双岛残山、长海县蛤仙岛都有发现，积石墓应是东周时代的墓葬。

大连市于家村发现一座大的积石墓。积石墓在于家村西南500米临海的一个小半岛上，现存面积960平方米，共58个墓室，自东向西排列。

根据发掘情况分析，建墓时先用土将地面垫平，然后用附近海岸取来的大石块垒砌墓室。现存墓室墓壁一般都是三四层，有的仅存一层。墓室底多数铺一层小海卵石，有的铺大石块，室内不填土。墓室为长方形、方形和椭圆形三类。积石墓用小海卵石封顶，隆起成小丘，有的还在墓上中心部位放一排大石块，可能是作为标记。

每个墓室内的人骨多者21具，少者2具，仅头骨和四肢骨比较完整，男、女、老、幼均有，不是顺着一个方向排列，而是交错叠压在一起。当是一个人死后埋入，用小海卵石填封；待第二个人死后，将墓室的小海卵石扒开，露出第一人尸骨后，将第二个人的尸体放在其上，然后再用小海卵石封填；第三、第四依次埋葬。葬式一般都是仰身直肢葬。整个积石墓可能是一氏族，而每个墓室可能是一家族。

于家村积石墓随葬青铜鱼钩1件、铜镞、泡饰、铜环、石斧、石锛、陶罐、陶壶、陶豆、陶盆、陶尊、石珠、陶珠、玛瑙、绿松石坠等器物。这个墓葬可能是商末周初墓。①

大连、旅顺地区的积石墓，有用大石封顶，而于家村的积石墓用卵石封顶，尸骨叠压。旅顺口的四平山、老铁山却没有多具人骨叠压的现象，但与东北地区积石墓的墓葬形式、结构却是相同的。

---

① 旅顺博物馆、辽宁省博物馆：《大连于家村砣头积石墓地》，《文物》1983年第9期，第39、40、47页。

两周时期，我国东北地区的墓葬主要是石棺葬、石椁木棺葬和积石墓等形制。

石棺葬和石椁木棺葬都属于单人墓葬。在这些墓葬中，多次发现西周至春秋时期的青铜礼器和兵器，说明东北地区已经输入了黄河流域诸侯国的文明，当然这些中原地区的文化因素大都出现在氏族贵族的墓葬中。

积石墓是一种多人的墓葬，随葬品是共同的，而且比较简单，应属于氏族部落或家族的墓葬。东北地区少数民族的社会组织落后于中原地区。

四、火葬墓

东北地区的火葬墓主要集中在辽东半岛。1963～1964 年，中朝联合考古队在大连地区进行了一系列的发掘，获得了一批火葬墓资料，主要是属于春秋战国时期的。

辽宁省大连市甘井子区营城子镇后牧城驿村北约 400 米处有一个椭圆形土丘，东西长 28、南北宽 20 米，是一个有 23 座墓的春秋时代的墓地。该基地以一座铺有大石板的墓为中心，筑有 16 座墓，其余的墓分布在边缘。这 23 座墓可分为石板底墓、石棺墓、烧土墓、砾石墓和土坑墓等 5 种。大多数墓中的人骨被火烧过，仅 2、12、23 号墓未被火烧。被烧过的墓中都是多具人骨叠压在一起，头向交错而置。成年人与小孩葬在一墓之内。据现场观察，大部分火葬墓的火是自上而下燃烧的，故上面的人骨火化程度较高。每座墓中的人骨数目不等，其中 19 号墓共有 18 人，3 号、20 号墓各有 2 人。整个墓地 23 座墓共葬有 144 人。墓中随葬的青铜器由于经火烧变形，曲刃短剑除 3 件完整的以外，还有烧剩下来的残片和断截 3 件、镞 1 件，由于火烧已看不出具体形状。

牧城驿村东南约 450 米的椭圆形土丘，是楼上墓地。现存面积东西长 34、南北宽 24.2 米。墓地共有墓葬 10 座，可分为石椁墓、石板底墓、砾石墓 3 种，墓中人骨全系火葬。其时代为春秋中、晚期至战国晚期。

石椁墓以 1 号墓为例，据旅顺博物馆的清理报告，椁底之上有 3 厘米厚的木炭层，人骨系火葬。在东壁上面稍东 0.1 米，高出墓底 0.45 米的黑土砾石层中发现两具火葬骨架，头向南北各一。

石板底墓以 9 号墓为例，墓内人骨由于被火烧过，看不清人骨架的数目。

砾石墓以 6 号墓为例，所葬人数约 15 人。人骨被火烧过而破碎不堪，人骨层层叠压。上层烧的较严重，越向下烧得越轻，头骨和脊椎骨往往得以保存。

1、2 号椁底及椁壁石板都已烧裂，1 号墓的椁壁烧成熔流状，4 号墓北半部未扰乱部分发现一层木炭，墓内人骨全部被火烧毁。随葬的曲刃青铜短剑和陶器也被火烧得变形。这些现象都说明当时采用了在墓内就地火葬的葬俗。

大连市旅顺口区铁山镇尹家村南河春秋时期墓地上的 18～20 号墓，大连市金州区黄家镇卧龙泉村战国时期墓地上的 5 座墓全系火葬墓。

辽宁省新金县双房村发现了石棚墓群和石盖石棺墓群。大连市周围 12 个县区共 80 多座石棚墓，全建筑在地上；双房 2 号石棚墓发现了人骨和随葬品。这些石棚墓可分两种形制，大石棚墓高约 2 米，盖石长宽 1～5 米；小石棚墓高约 1 米，盖石长宽 2 米左右。石盖石棺墓是在地下的，可分为石盖土坑、石盖积石、石盖石棺等 3 种类型，石棺墓中出土有青铜短剑。①

另外，新金县碧流河发现 11 座大石盖墓，即自地表向下挖一土坑，在地面上垫上几块石头，然后盖上一块大石板作为上盖。大石板重者可达数吨，经过加工，周边整齐；“大部分墓内骨骼不存，个别墓仅存零星碎骨，而且经过火烧”②。

东北地区的火葬墓中多随葬有曲刃青铜短剑，其时代的上限可推到西周晚期，其下限可至战国中期。有学者认为，这种曲刃青铜短剑应属“东北系铜剑”。这种铜剑分布范围不限于我国境内，在朝鲜亦有发现。从分布的地望与年代来看，这种墓可能是古代秽貊族的遗存。③

第二节　西北地区的墓葬文化

西北地区，自古以来就是我国多民族的居住区，如匈奴、鲜卑、柔然、突厥、塞种族等，是民族走廊地区，西去东来常经此地。这里保存着大量珍贵的历史文物和先民活动的遗迹。有些地方，由于气候干燥，降水量少，许多千百

---

① 许玉林、许明纲：《新金石硼和石盖石棺墓》，《文物资料丛刊》1983 年第 6 期，第 95、96 页。

② 旅顺博物馆：《辽宁大连新金县碧流河大石盖墓》，《考古》1984 年第 8 期，第 709 页。

③ 林沄：《中国东北系铜剑初论》，《考古学报》1980 年第 2 期，第 139 页。

年的历史文物，竟能完好地保留至今，在西北地区留下了多种多样的灿烂的墓葬文化。

一、伊犁地区的大“土墩墓”

伊犁哈萨克自治州位于祖国的最西陲。这里发现了许多古墓葬群，主要分布在伊犁地区的昭苏、特克斯、察布查尔、伊宁、霍城、绥宁等几个县中。这里的地势高寒多雨，大小河流纵横满布，是一块水草丰盈的草原，是自治区重要的牧业基地。

伊犁地区的古墓葬群是一座座基本呈圆形的土堆，当地人俗称土墩（即封土）。这种土墩墓与吴越文化类型的土墩墓是有区别的。吴越地区的土墩墓，是在平地上安放尸骨，或在平地上铺一层石块，安置尸骨，然后用在上面堆封土的办法，筑起土墩墓。而伊犁地区的土墩墓下面挖有墓坑，使用葬具棺椁，再起封土而形成的。

考古工作者在喀什河上游支流胡吉尔沟、阿克布早沟、萨尔布拉克沟、巴尔孕提沟、铁梅里克沟、呼吉尔台沟及喀什河道两岸发现墓葬1000多座，遗址数万平方米。墓葬多为土墩墓，分大、中、小三型，大型土墩墓土墩一般直径在30米以上，高2米以上；中型墓葬封堆直径在10～30米，高在1米左右；小型墓葬封堆直径在10米以下，高不到1米。[①]

伊犁地区的土墩墓亦有以三五个到20余个为一组，南北向地排列（也有一些是三五成群地团聚在一起），非常显目地暴露在一望无际的草原上。除少数外，多数土墩墓顶部都较平坦，而中间下陷成坑。个别的表面铺砌着一层卵石，有的土墩墓周围环绕着方或圆的浅沟，大多宽约1米，深不过20～30厘米。这些土墩墓大的俨如一座小山，如昭苏县下台山口的一个最大土墩墓底周达260米以上，顶部直径和斜高都约20米；中型土墩墓底周在100～150米；小型的则50米左右，高约1米。

昭苏县萨勒卧堡村ISM2是一中型土墩墓，其封土底周约90、高2米，顶部直径11米。封土中还有一层夯土，厚约30厘米，正压在墓穴口上，大小与墓

① 刘学堂、李溯源：《新疆伊犁河流域考古新发现》，《西域研究》2002年第1期，第109页。

穴相当。墓穴呈圆角长方形，南北两边有二层台。二层台上各有东西向的带皮大原木一根，长 5 米，直径 35 厘米左右。在两原木上还有架横木的痕迹，可能就在上面铺设东西向的横木，形成一个类似木椁的顶盖，以与死者保持约 80 厘米的距离。

墓底有两层垫土，上层为较细的河泥，下层为薄薄的一层白土，上面放置两具人骨架，未发现棺的痕迹。一具骨架位于东端，系男性，长 1.58 米，骨架下有一层松散的颗粒状粉末，厚不到 2 厘米，范围较骨架大一些。在墓室的中、西部，散存有残破的天灵盖、肋骨、脊椎、腿骨等，亦应属于一具人体骨架。在靠壁的腿部周围，也发现有黑色粉末一圈。①

鉴于萨勒卧堡村的另一墓葬 ISM1 内亦有两具人骨架，葬式都是仰身直肢，头向西，未发现棺的痕迹。两具人骨架，一为男性，约 60 岁；一为女性，约 50 岁，据估计该墓可能是夫妇合葬墓。

分布在新疆北部的这类古代墓葬群大都有木椁结构，除少数单室墓外，还有多室墓（两室或四室）。也有的木椁内有木棺的痕迹。中期的土墩墓中，出现了完整的木椁室，墓口平铺三层粗厚的原木作顶，其上覆席，有完整的木椁四壁，壁内侧隔一定距离，立以“米”字形的交叉木条。椁壁上钉有挂毛毡的铁钉（毛毡已朽），有的墓残留着木棺。

伊犁地区墓葬的规模很大，说明当时生产力已相当发达，使用铁制的生产工具。经济生活以游牧为主，但陶器的出现又反映一定的定居生活，可能意味着有一定的农业经营。墓葬有大、中、小三种不同的规模。随葬品的多寡有无，明显地反映着墓主人的身份差别和财富的多寡。

《汉书·西域传》载：“乌孙国大昆弥治赤谷城，去长安八千九百里，西至康居蕃内地五千里，地莽平，多雨、寒，山多松樠，不田作，种树，随畜逐水草，与匈奴同俗。国多马，富人致四五千匹。……东与匈奴，西北与康居，西与大宛，南与城郭诸国相接，本塞地也。”古墓群的分布地域大致相当于乌孙的居地，从发掘出土的遗物所反映的社会经济与同时代也能相适应，这种古土墩墓可能是乌孙民族或塞种人的遗存，其时代当在西汉初期或更早至先秦时期。

---

① 中国科学院新疆分院民族研究所考古组：《昭苏县古墓葬试掘简报》，《文物》1962 年第 7、8 合期，第 99、101 页。

二、伊犁地区的石圈石堆古墓葬

新疆伊犁哈萨克自治州特克斯县有古代墓葬近300座，可分为A区、B区、C区。2003年，西北大学文化遗产与考古学研究中心与新疆文物考古研究所对该墓地进行了发掘，清理墓葬73座。此次发掘的墓葬在地面之上均有圆形或椭圆形的土石构建的封堆，依封堆的构造可分为石堆墓、石圈墓和石圈石堆墓三大类。

1. 双重石堆封堆、椭圆形墓室的墓葬

M05是内外双重石堆封堆的墓葬，即在墓的内石堆加一层土，土外再封一层外石堆。外石堆呈圆形，直径约17米，内石堆呈椭圆形，由大卵石规整地叠压砌成。M05是圆角长方形竖穴土坑墓室，长3米、宽1.2米、深1.5米，墓向270°。圆角长方形的竖穴土坑墓室，其实也就是椭圆形竖穴土坑墓室。该墓是单人葬，骨骼散乱地分布于墓室内，头骨破碎并缺一下肢骨；无随葬品。

2. 圆形单石堆封堆、椭圆形墓室的墓葬

M40是一座圆形单石堆封堆、圆角长方形竖穴土坑墓室的墓葬；直径6.5米、高0.35米。墓室长1.9米、宽1.1米、深0.5米。双人合葬，均仰身直肢。左者的左小臂压于右者的右小臂之上，头向345°，无随葬品。M69也是一座圆形单石圈封堆，圆角长方形竖穴土坑墓室的墓葬。直径约7.5米、高约0.5米。墓室长1.5米、宽0.5米、深0.65米。单人仰身直肢葬，头向270°，随葬23件骨镞和4件铜镞，呈束状，陶罐1、羊骨1、铁刀1。

3. 圆形单石堆封堆、竖井偏洞墓室的墓葬

M20是圆形单石堆封堆、竖井偏洞墓室的墓葬；直径约5.1米、高0.5米。竖井偏洞墓室位于石堆中心之下，圆角长方形墓道长1.8米、宽0.6米、深1.15米，填花土并夹杂较多大型卵石。单人仰身直肢葬，头向275°。随葬1件陶罐和1件铁刀、1件穿孔骨器。

4. 石圈墓葬

石圈墓是在地面上用卵石围成一个圆圈，圈内是封土，墓室均在石圈中心位置；在外围加堆一圈乱石的，称为内外双石圈墓。有的封堆内层为石堆、外层为石圈，称之为石圈石堆墓。

M61是圆形内外双层石圈封堆的石圈墓，直径约11米、高0.75米。圆角长方形竖穴土坑墓室，长2.7米、宽1.5米、深1.3米，墓向250°。尸骨保存情况不好，仅存两胫骨。无随葬品。

M68是圆形单石圈封堆的石圈墓，直径约7.5米、高约0.5米。圆角长方形竖穴土坑墓室，长1.5米、宽0.5米、深0.65米。单人仰身直肢葬，头向270°。23件骨镞和4件铜镞呈束状整齐地堆放在人骨的左膝处，箭头朝向足端，另有1件陶罐、1块羊骨和1件铁刀位于头骨右侧（图6-1）。[①]

图6-1　M08封堆全景

资料来源：新疆文物考古研究所、西北大学文化遗户与考古研究中心：《新疆特克斯恰甫其海A区ⅩⅤ号墓地发掘简报》，《文物》2006年第9期，第33页。

新疆吉木萨尔县大龙口古墓葬的M9也是一座大型石堆石圈墓，封堆残高0.5～1米，直径54米（据村民说，原来是一个高度在2米以上的大型石堆）。封堆外有双重卵石圈环绕，内圈直径72米、外圈直径74米。石圈是用0.5米大小的卵石稍埋入地表后围成。在大石圈的西南部还有2个小石圈，这2个石圈是

① 新疆文物考古研究所、西北大学文化遗产与考古学研究中心：《新疆特克斯恰甫其海A区ⅩⅤ号墓地发掘简报》，《文物》2006年第9期，第33～35、38页。

用长约1米的大型卵石围成，大致呈圆形，直径分别为3米和4米。据说，这种石圈原来有7个，环绕在大石圈的周围。封堆由卵石夹黄土堆积而成。在封堆底部近墓口处发现一具呈南北方向横置的“鹿石”。墓室口在封堆中心稍偏东北处，呈椭圆形，南北长4.6米、东西宽4米，周围有二层台，在1.2米深处，掏一圆形竖穴，竖穴直径1.2米、深1.8米，内填沙土、小卵石，近底部见有铺成“井”字形的朽木棍痕迹，未见人骨和其他遗物。

M10是直径约20米的一座椭圆形石室墓。石室用卵石垒砌，长2.5米、宽1.5米、残高约0.5米，内葬一人，为仰身直肢，头朝西。随葬品有铜镜、铜马衔、铜扣和金泡饰、金箔残片等。①

由以上论述可知，新疆伊犁哈萨克自治州特克斯县石圈石堆墓的古墓葬有以下特点：这些古墓葬皆用石头或卵石封堆或者建造墓葬，皆为椭圆形墓室，个别的为偏洞墓室。大部分墓葬没有随葬品，或者有很少的随葬品；墓向大多为270度左右，墓葬的方向多为西向，墓主头西脚东，除1座墓为侧身屈肢葬外，其余为仰身直肢葬。至于墓葬的石圈、石堆封堆形式当与某种祭祀或者信仰有关。学界认为，这些墓葬是塞种人或者乌孙人的墓葬。

5. 椭圆形墓室的竖穴木椁墓

新疆吉木萨尔县的椭圆形竖穴墓室的古墓葬可分两种形式：一种是椭圆形的墓室内填黄土夹卵石，实际这是一种竖穴土坑墓；另一种是椭圆形的竖穴木椁墓。

1993年9月，新疆考古工作者发掘了吉木萨尔县城以南的大龙口村古墓葬。大龙口村南倚天山山脉博格达山，处在一条古道上，南抵吐鲁番盆地。本来这里的古墓葬很多，由于村民建房筑渠取石，大多数墓葬的封堆已被夷平。封堆尚存的墓葬仅10座。

大龙口墓地的墓葬有其独到的特色。以M2为例，M2为椭圆形竖穴墓室。墓底长2.1米、宽1.1米。墓室内填黄土夹卵石。墓内葬一女性，仰身直肢，足朝东，无头颅，两臂残缺。又M4为椭圆形竖穴墓室。墓口长2.38米、宽1.2米；墓底长2.18米、宽1.13米，距地面深1.6米。墓内葬一男性，仰身直肢，

① 新疆文物考古研究所：《新疆吉木萨尔县大龙口古墓葬》，《考古》1997年第9期，第41页。

足朝东。骨架除不见头颅外，其余保存完整，如 M1～M4 等皆是椭圆形竖穴墓室，墓室内填黄土夹卵石、没有头颅，足朝东，当是这些墓葬的特色。

M8 是一较大型竖穴木椁墓，封堆外观似土墩，封堆内含很多大小卵石。墓口长 6.6 米、宽 4.46 米，其上规整地铺一层大卵石。墓底长 6 米、宽 4.1 米，距墓口高 1.8 米。竖穴墓室东西有凸出的斜坡，似为墓道。土圹竖穴中心为木椁墓室，没有木棺。木椁为长方形，东西长 2.55 米、南北宽 2 米、深 1.12 米，方向 270°，用直径 0.2 米左右的松树圆木相搭而成。木椁内外填卵石和黄土。在椁室底部西端有一个椭圆形腰坑，腰坑南北长 0.78 米、东西宽 0.58 米、深 0.5 米，内填小卵石和黄土。木椁内仅见一节羊骨，东端两侧的木椁边上见人骨下肢残段，不见其他任何遗物。①

三、阿勒泰地区的石人石棺墓葬

1963 年，新疆维吾尔自治区民族研究所考古组在阿勒泰地区调查了分布广泛的石人石棺墓葬，并在阿勒泰的克尔木齐发掘了 32 座这种墓葬。发掘的 32 座墓葬大体可分为坟院制和单墓制两大类。

1. 坟院制的石人石棺墓

坟院制墓葬，即在地面上有一定范围，四周往往用平铺（或直植）的块石围成一个矩形，可称为矩形列石。有的周缘上虽无列石，但较周围地面略微隆起，也比较清楚。坟院范围通常在 200～600 平方米，院内常不止一座墓葬。石棺一般用 10 厘米厚的花岗片麻岩石板砌成，上口与地表齐平。

克尔木齐的 M17 是一座有两个石棺墓和一个殉葬浅坑的坟院制墓葬。四周用垂直埋植的块石围成矩形，东西长 20.8 米、南北宽 12.1 米，高仅 10～20 厘米。矩形列石东端有较厚的立石 3 块，顶端均残断，可能原为树立的石人像。院内偏西有方形大石棺暴露在地面上，石棺长 1.62 米、宽 1.4 米、深 1.07 米，方向 20°。四壁用整块的厚约 30 厘米的石板拼成。棺内从东北角到西南角的对角线上又有一长方形石棺，用长 1.8 米、宽 0.3～0.6 米大小厚薄的块石堆成。墓主人的骨架即

① 新疆文物考古研究所：《新疆吉木萨尔县大龙口古墓葬》，《考古》1997 年第 9 期，第 39 页。

放置在小石棺中，俯身直肢，头向东北，大小石棺中都没有随葬品。而在大石棺东侧南头距地面深约20厘米处，出土钵、匕首、锥、范等石器7件。

坟院中部的一堆乱碎石下有大石棺一座M17m2呈方形，长2.3米、宽1.04米、深约1.28米，方向22度。棺口覆有与棺壁等厚的盖板四块，墓主人侧身屈肢，头向东。随葬品有陶罐1个，小青铜刀1件。墓主人骨架下的填土中约30厘米处，发现遍布全棺的大量骨架，以头骨计共20人，应是被杀殉者的骸骨。

坟院内距M17m2大石棺西南约1.2米处的表土层下，有一浅穴，内有散乱的头骨碎片、段骨残段等，可能是一小形的祭祀坑。

M17坟院内的石棺墓没有封土，棺的上口与地表齐平。另外还有一种有封土的，是在坟院中的石棺墓。①

克尔木齐的M5坟院，周缘无列石围护。院前有小型石人一个，面向20°。距石人约13米处有一高约0.75米、直径2.2米的石堆封土M5m1。封土下1米处即竖穴土坑，底部有一个用四根圆木围成无底无盖的木"棺"，内有一儿童骨架，仰身直肢，头东脚西，并随葬骨制带扣，小铁刀及桃形骨饰等。M5m1的东北和东南各有一殉葬坑，内有零乱的人骨。

M5m1的东侧约80厘米处有一方形大石棺M5m2，长2.1米、宽2.1米、深1.3米，方向20°，有盖石两块。石棺底部东侧为墓主人骨架，仰身屈肢，头北脚南。紧挨墓主人西边就是累累白骨，可能亦是被杀殉者的尸骨。

这类坟院制的石棺墓葬，一般是在片石围砌的矩形石垣内，有石棺多具，与石棺并存的还有竖穴土室墓。有的土室墓中的骨架周围，围以数块片石，构成象征性的石棺。石垣长宽均达数十米，俨然是一个家族茔区。围垣前，也有石人立像或三四条立石。

2. 单墓制的石人石棺墓葬

新疆北部的单墓制（主要是竖穴土圹墓）石人石棺墓葬，是指墓葬四周没有矩形列石，相对坟院制墓葬称为单墓制墓葬。这两类墓葬在时代上表现的早晚不同，但有时又有交叉现象，如坟院制的石棺葬中出土石器、陶器、铜刀等，应早于出土铁器的竖穴土圹墓。另外有个别的土圹墓出土了时代在中原属战国时期，

① 新疆自治区社科院考古所：《新疆克尔木齐古墓群发掘简报》，《文物》1981年第1期，第24页。

在当地也不晚于西汉初期的小铜镜，表明了边疆文化与中原文化的联系性。

单墓制的石棺墓葬亦有封土的墓丘和无封土的两种。

克尔木齐的M11，石堆封土直径约9米，顶部已被破坏，石棺显露。石棺矩形，长1.9米、宽1.4米、深1.3米。棺内90厘米处有墓主人的骨架，仰身下肢上屈，头西，随葬有铜矛、铜锥及大、小石罐各1，棺中稍偏北处有一长0.6米、宽0.4米的花岗糟石条。石下压一似是殉葬人的骨架，头骨置于胸腔左侧，已碎成5片。

无封土的石棺墓，都是方形大石棺，与坟院石棺相似。

另外还有竖穴土坑墓，坟内无葬具，普遍出土铁器，如M22封土直径9米、高0.9米，东边有一残高1.6米的石柱。土坑呈圆角矩形，坑内有二层台，二层台上有马骨架一具。坑底乱置人骨架两具。人骨架周围铺砌一圈块石，随葬青铜小素镜1件，小铁刀2件及碎陶器等。①

单个石棺墓前，亦有立石人像或石柱的墓葬。

石人石棺墓葬，有人认为是突厥族的文化遗存。但在这段历史时期内，活动于新疆地区的不少游牧民族，来往不定，交往频繁，都留下了自己的文化遗存，把这种石人石棺墓葬统统归属突厥族，不足以解释这种丰富的文化内涵。今后有待进一步发掘，才能区别出匈奴、柔然、突厥等各自固有的民族文化。

这类墓葬的葬式有屈肢葬、仰身直肢葬、俯身直肢葬和丛葬。仰身直肢葬较少，其余丛葬并存于一室者，则居于墓室的主要地位。丛葬，人骨架有多至22人的，乱骨一片，多出现单墓制的大石棺或坟院制的大石棺中，而不见于矩形石棺或竖穴土室墓内。克尔木齐M18的大石棺中，有头骨7个在靠西北二壁排成一列。有的头骨上还有明显的砍痕。这些现象表明草原上的游牧民族也存在着残酷的杀殉制度。②

克尔木齐地区有的双棺葬形成了坟院制的石棺墓葬，这类墓葬前多有石人，如克尔木齐1号墓（图6-2）16号墓，皆是双的石棺，有石的围墙，与石人并存。石人一般造型较大，高至1～2米。③

---

① 新疆自治区社科院考古所：《新疆克尔木齐古墓群发掘简报》，《文物》1981年第1期，第25页。

② 新疆自治区社科院考古所：《新疆克尔木齐古墓群发掘简报》，《文物》1981年第1期，第32页。

③ 李征：《阿勒泰地区石人墓调查简报》，《文物》1962年第7、8合期，第105页。

图 6-2　克尔木齐 1 号墓石人

资料来源：李征：《阿勒泰地区石人墓调查等报》，《文物》1962 年第 7、8 合期，第 104 页。

在阿勒泰的克尔木齐发现的墓葬，无论是坟院还是单墓，皆有一些墓葬前有石人立像。坟院里有石人立像的，如 2 号墓有 1 石人已倒、3 号墓有 1 石人面向东、4 号墓有 1 石人面向 200°、5 号墓有 1 石人面向 20°、14 号墓南面有残立石、24 号墓有 1 石人面向东；单墓的 3 号墓 1 石人面向 310°、18 号墓有 1 石人面向 150°、22 号墓有残石面向 105°、25 号墓有条石面向 88°。① 新疆维吾尔自治区北部的草原地区，阿勒泰、富蕴、青河、哈巴河、温泉等县分布着许多石人石棺墓葬，其时代早至战国到西汉，晚期则到隋唐。这些石人立像当时我国最早的墓前石象生。

四、天山地区的竖穴式墓葬

新疆天山山脉中间的一条山沟——阿拉沟河谷西岸，发掘 4 座竖穴木椁墓。其墓葬形制、葬式、随葬器物均自成风格，别具特点，与该地其他墓葬不同。

墓葬原有封土堆，封堆四边有石围垣。4 座墓室均为长方形竖穴，基本为东西向。以 M30 为例，地面曾有比较巨大的石堆及卵石围墙。墓室长 6.56 米、宽 4.22 米、深 7.1 米。墓室上部填沙石，厚 1.6～2.2 米，卵石下为木椁。木椁由纵横叠置的 8 层松木构成，宽 1.72 米、长 5.66 米、高 0.8 米。木椁顶部铺原

① 新疆自治区社科院考古所：《新疆克尔木齐古墓群发掘简报》，《文物》1981 年第 1 期，第 28 页。

木，原木上铺薄木板，木板南北向，每块宽 10 厘米左右，板上盖草厚约 2 厘米，椁底亦铺薄木板，木板下铺 1～2 厘米的黄土。椁室内偏东南部有木棺灰痕，长 2.4 米、宽 1.4 米。仅此墓内发现木棺灰痕，其他各墓不见。

M30 死者为一较年轻的成年女性，仰身直肢，头骨、胸肋等处见朱红色，入葬前尸体可能经过处理。头骨上见一锐利钻孔，孔径 0.5 厘米。其他三墓，人骨肢体都不成整体，并且缺失很多。从残存骨骼分析，均为双人合葬。M30 出土器物较多，虎纹圆金牌 8 块、银牌 7 块、狮形金箔、兽面金饰片 7 件、六角形金花饰片 6 片、菱形金花饰片 3 片、柳叶形金饰近百片、螺旋形金串饰、扁圆形金饰，还有铜盘、银牌、陶杯。M30 还出土了方座承兽铜盘，即在铜盘中央立二兽，似狮形，此件又称为“双兽铜方座”。同类器物过去在苏联哈萨克斯坦境内曾有所见，被认为是塞种文化遗存。①

根据我国史书的记载，汉代以前，新疆地区有塞种活动的记录②。墓内出土的文物，将有助于研究、认识我国境内的古代塞种文化。

墓葬时代，可确定在战国至西汉时期。金质兽纹饰牌，具有比较显明的早期文化特征，漆器的图案风格也流行在战国至西汉时期，马王堆汉墓中曾见过同类器物。M30 的木椁朽木，经 ^{14}C 测定，并经树轮较正，其年代距今 2345 年 ±75 年；另一次测定为 2040 年±65 年，大体上都在 2000 多年以前，基本上与出土文物所显示的时代特征是一致的。墓内普遍出土马、羊骨骼和小铁刀，说明了当时畜牧业的发展；陶器的普遍存在，说明人们已开始相对定居。

M30 发现的菱纹链式罗也是值得注意的，现在材料说明，天山中部出土的这类竖穴木椁墓，是国内首次发现的一批新资料。阿拉沟的这一发现，西汉以前我国已有链式罗，即当时中原的纺织珍品已沿着“丝绸之路”来到阿拉沟。

五、鄯善地区的“尸床”墓葬

1985 年 5 月，考古工作者在新疆鄯善的苏巴什共清理 8 座古墓葬，其年代属春秋战国时期至西汉中期。^{14}C 测定 M8 距今 3145 年±75 年，树轮较正年代为

① 新疆自治区社科院考古所：《新疆阿拉竖沟木椁墓发掘简报》，《文物》1981 年第 1 期，第 20～22 页。

② 司马迁：《史记·大宛列传》，中华书局，1982 年；班固：《汉书·西域传》，中华书局，1982 年。

3335 年±145 年；M3 距今 2225 年±70 年，树轮较正年代为 2220 年±85 年。

苏巴什 8 座墓葬形制可分为竖穴土圹墓和竖穴偏室墓两种类型，都采用尸床为葬具。

竖穴土圹墓 M8，长 2.4 米、宽 1.04 米、深 2.5 米。人骨架两具，一男一女。骨架置于木质的尸床上。尸床长 2.2 米、宽 0.84 米、高 0.25 米。其制法是先做出一个床架，与木床相似，结合处均为榫铆结构，然后在床架上铺一层树枝作为棺床面。骨架为仰身直肢，头向西。随葬器物为彩陶壶、碗各 1 件，素陶壶、碗、罐、木盆、木梳、毛质网状发套等。

M7 的尸床与 M8 尸床不同。M7 尸床架用较粗一点的树枝条绑扎，利用树枝支起做床腿，不见榫铆结构。尸床面上铺着毛毡、羊皮褥子、毛织品等。尸床上有一男二女，仰身直肢，头向西。

竖穴偏室墓共发现 6 座。墓葬可分为墓道和墓室两部分。墓道呈不规则的长方形竖井式，深约 3 米，在底部南侧掏出墓室，墓室平面也呈不规则长方形。墓室和墓道之间留有高约 0.4 米的生土二层台。在墓室口前面竖立一排短原木封闭墓室口。墓道口普遍覆盖一层树条、芦苇，杂草等，其上堆积封土。葬具也使用木质尸床。尸床上置骨架 2～5 具不等，仰身直肢，头向西。①

苏巴什地区的墓葬文化，在新疆地区的吐鲁番一带有广泛的分布，如托克逊县的阿拉沟、鱼儿沟等。苏巴什墓葬的死者都是长发梳辫，罩网状发套，应属同一民族，属于秦汉时期的“西域三十六国”中的一国。而苏巴什地区曾是秦汉时“车师国”（亦名姑师）的故地，因此，苏巴什墓葬可能是车师国的遗存。那些“偏室墓”和中原地区的“洞室墓”，有相近之处，可能有一定的渊源。

第三节　西南地区的墓葬文化

我国西南地区（包括云、贵、川等）亦是少数民族聚集的地方。这里主要有巴、蜀、邛、筰、仡佬、冉駹、苗、傣、彝、布依族等。巴、蜀曾是臣服于周王朝的诸侯国，其墓葬文化与中原地区的联系更为紧密。

① 吐鲁番地区文管所：《新疆鄯善苏巴什古墓葬》，《考古》1984 年第 1 期，第 42 页。

西南地区的少数民族很早就与中原地区有密切的联系，但又由于地域、气候、环境的不同，这里的各个民族亦保留着与中原地区不同的风俗习惯和墓葬制度。西南地区的墓葬文化既与中原地区有很大区别，但又包含着中原文化的因素。

一、巴蜀地区的船棺葬

根据历史文献的记载，巴人应起源于湖北长阳地区，后来受楚人的威胁，逐渐南移至川东、汉中、鄂西一带。蜀人则由汉水流域逐渐发展到成都平原。巴、蜀民族在西周春秋时期逐渐登上历史舞台，战国以后由强盛而趋衰落，最后灭亡于秦国。

巴、蜀与中原的关系自商末周初就开始了。在周武王伐纣时，据文献记载，就有蜀人参加。而“巴、濮、楚、邓”又是西周王朝的“南土”，虽然当时的巴国还在汉水流域。据考古材料发现，蜀地的一些器物，如在四川剑县竹瓦街出土的窖藏铜器，有明显的周初铜器特征，也许是外来的。

巴、蜀地区的墓葬形式最有地方特征的是船棺葬。20 世纪 50 年代初期，考古工作者在川东巴县冬笋坝和川北昭化宝轮院两地发现一批船棺葬，引起人们对巴蜀文化和巴蜀墓葬的普遍关注。

冬笋坝位于重庆以西 60 千米，铜罐驿街镇西北 2 千米，长江的北岸。此处共发掘 21 座船棺墓葬。宝轮院原为昭化县城（昭化现已与广元合并），西距剑门关 30 余千米，东北距广元约 25 千米，川陕公路和宝成铁路均从此经过，为一交通要道，宝轮院发掘船棺葬 9 座。

巴县冬笋坝和昭化宝轮院的船棺葬，基本上属一个类型的墓葬，时代也大体相同，应在战国时期秦灭巴、蜀前后。

船棺的墓坑均为直下竖穴式。以冬笋坝 M18 为例，墓全长 5.95 米，东端宽 1.32 米、西端宽 1.5 米。大概埋葬时先掘一狭长土坑，长、宽依船棺的大小而掘之。少数墓坑底有二层台的痕迹，如冬 M18，南边有二层台一道，宽 10 厘米、高 98 厘米，长与坑同。冬 M8、冬 M9 都有二层台，但其他的墓坑均系平底，未见此种二层台的痕迹，墓底铺有一层薄薄的红色土，类似红赭石末。

葬具是这一类墓葬中最典型的东西，其形如一独木舟，故称“船棺”。“船棺”是用一截长 5 米多，直径 1 米多的大楠木，依照木形，将其上面削去一小半，使略呈半圆形。底部亦稍为削平，使成船底。两端由底部向上斜削，使之翘起如舟之两头。两头形状相同，并在两边各凿一个大孔。此等大孔，可能是系绳下葬之用，船身正中挖空作船舱，尸体及殉葬物品均装殓于仓中。

据冬笋坝和宝轮院保存 7 只比较完整的船棺加以实测，平均全长 5.3 米、宽 1.05 米；仓平均长 3.9 米、宽 0.86 米、深 0.38 米；船舷厚约 0.19 米，头尾各长约 0.75 米。

船棺墓葬形式有两种：一种是将尸体和殉葬物品直接置入船中；再一种就是在船中另置一木制小棺以殓尸体及随身物品，陶器及铜器则置于棺外仓中。小棺，有的用一根楠木凿成分为二格，一长一短。长的殓尸体，短的放陶罐。有的小棺用六块整板制作而成。

船棺墓中所有的人骨架，均已腐朽。但从船棺中所空余的地方及小棺的狭长形状看来，尸体应系直伸的，但不知是仰身还是侧身。从棺中遗留的人齿痕迹判断，冬笋坝的墓西向，即尸体面向西，即面向岸而身背河，有如以船着岸。宝轮院与此相同，唯墓为北向，因清江系东流而墓在北岸的缘故。

在随葬中，青铜钺和“巴式”剑为主要的武器，矛与戈次之。剑置于尸体的左或右，削、带钩均在腰际。戈、矛置于左侧，有两矛的则左右各置一柄。钺在棺中的位置无定，但均在尸体周围。尸体的胸部或腹部覆置一铜盘。①

其他的随身物品如梳栉、装饰品等，多在骨架周围。铜容器中以鍪、甑、釜为主，使成一套的形式，与陶器杂置，均放置于骨架的足端，杂乱堆积无一定位置。铜带钩和半两钱，较晚墓葬中始有之。在较晚的墓中还有铁器，如铜刃铁柄的削等。

四川发现船棺葬的地方，除广元宝轮院、巴县冬笋坝外，近年来在成都、广汉、绵竹、双流，芦山等地都曾发现“船棺葬”，地区分布相当广阔。1977 年，考古工作者在绵竹县发现了一个船棺葬，随葬的巴、蜀铜兵器 100 多件。后来四川省博物馆又在其附近清理了两座船棺葬，随葬品很少。

船棺葬下葬的时间，早的可能在秦并巴蜀之前，晚的可能到秦并巴蜀以后。

---

① 冯汉骥、杨有润、王家祐：《四川古代的船棺葬》，《考古学报》1958 年第 2 期，第 80、82 页。

当时巴人势力已衰，退处阆中，从船棺出土的地点来看，都是秦并巴蜀之前的蜀地，故船棺葬与蜀人关系极大，这里的蜀人为一泛称，因在巴蜀地区古代有一些不同的共同体存在。

笔者认为，巴、蜀铜兵器和“船棺葬”有密切的关系。凡属船棺葬，其随葬品几乎都有巴蜀铜兵器。且在出土的船棺葬中，死者的胸部或腹部多数都覆盖一铜盘。有人认为这是一种盥洗器，这种看法是以中原地区的铜盘用处来套巴蜀船棺葬中铜盘的用处，未必如此。船棺葬中铜盘的作用可能是作为盾牌之用。船棺葬的死者既然以兵器随葬，那么墓主是军人无疑。又考虑船棺葬出土处均在江河之岸，那么四川地区的船棺葬可能是巴蜀军人或水兵的墓葬，也有可能是某些共同体的传统习俗。

战国时期巴蜀地区的墓葬，如四川新都的战国木椁墓、四川涪陵小田溪的战国墓、成都百花潭中学的第 10 号战国墓等都属于楚墓，与楚国的墓葬制度、随葬器物的风格都属同一类型，这里不再详谈。

二、川东南地区的悬棺葬

川东南地区的悬棺葬又可分两种：一种为三峡中的岩洞葬，其时代属于战国时期，晚至西汉初期；另一种为川南宜宾地区珙县的悬棺葬，其时代自先秦直至明清。

1958 年 11 月，考古工作者在四川省奉节县夔峡发现两处悬棺葬，一处在盔甲洞，一处在狮子岩。盔甲洞与夔峡中的风箱峡对岸，距长江水面约 80 丈高。洞长 7～8 丈，高约 2 丈，宽约丈许。洞壁上有木炭画的人马，内有三个木棺，两个重叠放在正中，一个在旁边。棺内取出形如木梳器物 1 把，短铜剑 1 把，铜铃 1 个。狮子岩在盔甲洞附近，洞内也是两棺重叠在一起，一个已经腐烂。有人骨一架，席渣、陶片等。棺木长约 1.8 米，宽、高均 40 厘米，是上薄下厚的两块整木料挖成。一棺内壁有烧过和石斧砍过的痕迹，棺木两端有较窄二木块凸出，上有方孔，为上下两块棺木相接处。①

奉节县风箱峡一带高约百米的岩壁上，过去存放着不少木棺，由于长年风

① 陈培绪：《四川夔峡发现悬棺葬》，《文物》1959 年第 5 期，第 75 页。

雨侵蚀，多已朽残坠落。1971 年冬，奉节县文化馆在风箱峡仅存的两具残棺中，收集到一些器物：铜剑 2 件、铜斧 1 件、铜带钩 2 件、木制剑鞘 1 件、残玳瑁刻剑饰 2 件、草鞋残件、竹篾残件、木刻件、炭精发饰 1 件、半两钱 1 枚。[①]

在夔峡和风箱峡两处发现的残悬棺可能为西汉初期，夔峡的悬棺可能早到战国时期。

川南珙县的群山中，悬崖壁上多凿有径三四寸的方孔，钉以木椿，间或有三木椿上架棺木一具。珙县麻塘坝的两面悬壁，悬棺累累，多至数百具。棺为整根硬木挖成，长、宽与今制相等。有的棺中随葬器物为陶碗、瓷杯、竹筒、篾篼，有的为木碗、篾花、兽角、巫刀等。

珙县麻塘坝置岩棺附近的岩壁上往往绘制有岩画。沈仲常先生研究，岩画内容是铜鼓、球戏、兽、人物等[②]，绝大部分采用朱红色，有极少数用白色。这些悬棺葬自先秦直至明清，历代都有。南中国的少数民族为什么实行这种葬式，这可能与他们的宗教意识有关。

东吴人沈莹《临海水土异物志》记载：安家之民，“父母死亡，杀犬祭之，作四方函以盛尸。饮酒歌舞毕，乃悬着高山岩石之间，不埋土中作塚（墩）也”[③]。临海郡（今浙江温州、丽水一带）的安家人，当家人死以后，用四方形木函盛殓，杀犬祭祀，同时饮酒歌舞，仪式完毕，就把棺材“悬着高山岩石之间”。

（唐）张鹜的《朝野佥载》记述：“五溪蛮父母死，於村外阁其尸，三年而葬。打鼓路歌，亲属饮宴一月余日；尽产为棺，余临江高山肋半凿龛以葬之，自山上悬索下棺，弥高者以为至孝，即终身不复祀祭。初遭丧，三年不食盐。”[④]他们认为“弥高者以为至孝”，放的位置越高，越是尽了孝道。

元代乌蒙路宣慰副使李京《云南志略》云：“土僚蛮，叙州南、乌蒙北皆是。……人死，则以棺木盛之，置于千仞巅崖之上，以先坠者为吉。”[⑤] 这里认为悬放祖先棺木，越高越好，坠落越快，越能使后嗣子孙得到吉祥；相反，就

---

① 黄其祥：《四川悬棺葬的研究》，《西南师范大学学报》1981 年第 1 期，第 99 页。

② 沈仲常：《“僰人”悬棺岩画中所见的铜鼓》，《古代铜鼓学术讨论会论文集》，文物出版社，1982 年，第 172 页。

③ （吴）沈莹著，张崇根集校：《临海水土异物志·安家二》，农业出版社，1988 年，第 4 页。

④ （唐）张鷟著，赵守俨点校：《朝野佥载》卷二，中华书局，1979 年，第 40 页。

⑤ （元）李京著，王叔武集校：《云南志略·诸夷风俗·土僚蛮》，云南民族出版社，1986 年，第 95 页。

不吉利。

安家族、五溪蛮、土僚蛮在进行悬棺葬时，还要举行一定的宗教仪式，这其实是施行带有普遍性的露天葬式，并且接受了中原使用棺材的风俗，加上他们处于高山大江边上的、特殊的地理自然环境及宗教意识，形成了这种悬棺葬的风俗。

我国石器时代，基本上没有悬棺或岩棺，各地多行土葬；到了铜器和铁器时代，特别是汉唐到明清时，南中国各族多行这类葬式。这种分布地域广阔、延续时间漫长的悬棺文化，肯定不是某一个古代民族所独有的文化现象和风俗习惯。除南中国外，中南半岛、南洋群岛、南太平洋亦有悬棺。直至现在，生活在我国山区的一些民族，包括汉族也施行岩棺葬，这些都与他们生活的环境和习惯有关。

三、川滇地区的石棺葬

西南地区，主要是四川、云南出土一种石棺墓。西南石棺墓的年代较东北地区要晚，一般是在战国至西汉时期。

1979 年，考古工作者在四川茂汶营盘山清理 10 座石棺墓葬。营盘山的 10 座墓均为竖穴土坑石棺墓，排列很有规律，未发现彼此叠压关系，墓与墓之间保持 1 米左右的距离。成人墓方向均在 25°～45°，小孩墓在 60°～70°，成人墓与小孩墓虽葬制相同，但分区埋葬。

M3 墓较大，与 M2 同处一墓坑，两棺并排，间距为 0.42 米。M3 的石棺竖砌于土坑内。棺由 6 块页岩石板砌成，两壁各 2 块，两端各 1 块。棺长 1.96 米、宽 0.41～0.58 米，高 0.5～0.78 米。棺盖分 3 层，下层用 6 块石板从死者脚端向头端错叠盖于棺口上，形如阶梯。头的一端高于脚的一端，中层是 0.08～0.3 米厚的黄土，并夹杂一些不规整的石板和石块，上层盖以 5 块石板。这种有 3 层的棺盖极为罕见。其他的石棺砌筑相似，但只有一层棺盖。

死者即放在棺的泥底上面，下面无底板。10 墓中有 4 墓骨架保存较好，均为仰身直肢葬。10 墓中共出随葬品 250 多件，大部分出自 M2、M3 和 M1，其他几墓均只有数件。陶器有陶罐、陶豆形器、陶杯、陶瓶、陶纺轮、陶珠；铜器有铜剑、铜镜、铜泡、铜钩、铜钩形器，铜管等。骨器、石器、铜器多在 M2、M3 墓中出土。

营盘山石棺葬遗物的特征，是四川省较早的石棺葬文化，带有浓厚的西北草原文化的色彩。这些墓中没有发现明显的西汉文化的特点，这批石棺葬的时代应属于战国中晚期。①

岷江上游其他地区的石棺墓应是承袭营盘山的石棺葬而发展的。这些石棺葬的主要特点是，先在黄黏土中挖一长方形竖穴，深 2～3 米，其长、宽均较所欲建的石棺大出 20～50 厘米。在坑的底部中央，按照所要营造的石棺大小形状，留一高出地面约 20 厘米的土台。再用一些经打制加工的长方形石板，高约 80厘米、厚 2～5 厘米，围绕坑底的土台镶嵌成头端大，足端小的石棺。棺上再盖一石板，棺下无底板，尸体和随葬品均直接置于生黄黏土上。葬毕后，即将原掘出的土填入，不加夯筑。

有的在棺底铺一层细砾石，砾石上再铺一层黄沙。

石棺墓中亦有带副棺者，从盖棺表面看为一棺，但揭开后则为两座石棺。两棺中间共用一石壁，每棺中间各埋有尸体一具。还有石棺在棺头部另隔开一室以放置陶器的。石棺墓的葬式有仰身直肢葬、二次葬，还有经火烧后再行埋葬者。

石棺墓的随葬品有陶器，青铜兵器有铜剑、铜钺，服饰有带钩、泡饰、铜牌饰等，铁器有铁剑、铁刀、铁矛、铁斧，还有汉代吕后的八株半两钱等，这批石棺可能是西汉时代的遗存。

这种石棺葬不仅在岷江上游发现，而且在雅砻江畔、四川西部甘孜藏族自治州的新龙县、云南姚安西教场黄牛山、云南祥云县的禾甸、云南德钦等地均有发现。

就石棺墓的建造和出土器物来看，带有北方草原地带的文化特色。石棺墓中出土的最为普遍和最有特征的陶器双耳罐，似与甘、青或陕西地区的同类陶罐有一定的历史渊源。石棺墓的文化，一方面具有汉族文化的因素，另一方面又带有北方草原文化的色彩。我国的石棺墓东从辽、吉平原，西至新疆都有发现，西南地区石棺墓的建造者可能原系青海、甘肃东南部的部族，大约在战国至秦汉之际南下，定居于此而留下来的文化遗存。②

① 蒋宣忠：《四川茂汶营盘山的石棺葬》，《考古》1981 年第 5 期，第 411、417、421 页。

② 冯汉骥、童恩正：《岷江上游的石棺葬》，《考古学报》1973 年第 2 期，第 44、54、56、57 页。

四、云南“大石墓”的二次丛葬

大石墓，是用一种比一般石棺墓更大的石块，砌成不同形状的多人合葬墓。就目前发掘情况来看，此类墓主要集中于云南西部的姚安、祥云、弥渡、南涧、宾川、巍山、双江，以及四川南部的西昌、德昌、越西、喜德等地。一般来说，云南的大石墓要比四川的早，滇西姚安黄牛山的大石墓可能早至战国中期，最晚至战国晚期或西汉早期；而四川的大石墓却可能早至战国，而晚至西汉中期了。

考古工作者在云南弥渡苴力共清理出 10 座战国石墓，其中 8 座保存较好。这次清理的大石墓均用大石块构筑。大石墓无墓门墓道，建造前先在地面上掘一长方形土坑，坑底四周挖出沟槽，紧靠坑壁砌有板状大石块，石块下部插入沟槽，两石之间的空隙处，以大小适当的碎石填塞，底部用小石块铺地。墓壁所用的石块最大的长 2 米、高 2.2 米、厚 0.6 米，重约 7 吨。

墓内人骨架仅存头骨和肢骨。头骨主要放置在靠山的一端，堆放紧凑，相互间无淤土相隔，且以 5 为基数堆放，5、10、15 个不等。肢骨杂乱无章地堆放在临江的一端。看来，各墓的人骨应为一次放入，然后用土填实，推测是人死了以后，先简单地掩埋或保存在一定的地方，待软组织腐烂，并凑足 5 的某一倍数时，再收敛主要骨骼，葬入已经建造好的石墓内。

个别墓内情况特殊，如石 M2 一端置 15 颗头骨，中部还放一个。石 M6 内置 40 颗头骨，其中有一个置于肢骨端，两个头骨的颧弓上缠卷薄铜片。最后在填土中埋尸骨一具，侧身直肢，似为一次葬。石 M7 在墓内的西端用石块隔出一“箱”，里面在肢骨间还杂放头骨 18 颗，“主室”的东端放头骨 22 颗，中部肢骨间还放 1 颗，且有部分头骨放在陶碗上。

10 座大石墓中有 8 座出土随葬品，主要是铜器，有铜剑、铜斧、铜矛、铜锄、铜杖头、铜铃、铜簪、铜镯等，另外还有陶碗、陶罐等生活用具等①。

苴力石墓的“二次丛葬”，表明当时人们的血缘关系、生产关系在生活交往中仍起着重要作用。

---

① 云南博物馆文物工作队：《云南弥渡苴力的战国石墓》，《文物》1986 年第 7 期，第 25～27 页。

云南大石墓一般是单室墓，但个别亦有多室墓，如祥云3号墓，墓室分上、下两层，下层墓室又分隔成四个仓室和两个足箱。

云南大石墓因其中多有滇西土坑墓中常见的青铜器，其种类、器形、纹饰也相似。根据滇西青铜器的特征来看，其时代大都在战国中、晚期，少数可至西汉早期。

五、川南大石墓的墓门与墓尾

川南的大石墓虽然也属于二次丛葬，也是用石块、大石砌成，多为战国晚期，有些已到西汉中期，但是川南的大石墓与云南“大石墓”有所不同。

西昌坝河堡子的大石墓皆有墓尾，主要有两种类型。

第一种类型以M6为例，墓室呈长方形，没有墓道，墓壁用长条形石块或卵石砌成；后壁有一块石板，两侧用五六块。用三四块大石为墓顶。石室外圆形封土丘，高2米、直径6米左右；封土丘向后面延伸出一道土埂，长4米左右，还是蝌蚪的尾巴，有研究者称之“墓尾”。

第二种类型以M1为例，墓室呈长方形，有狭长墓道，墓壁用一块大石围筑，上面再用碎石砌起，墓室上口用四五块巨大的长条形石块盖成墓顶。每块大石一般长2米、宽1米，墓地为含小碎石的黄色沙质土。石室外圆形封土丘，高2～3米、直径10米左右，封土丘后面的墓尾长7～10米。①

从大石墓随葬品的种类和器形看，其中有不少是农业生产工具，如铜斧、铜锄、铜锸等。另外西昌大石墓出土的陶器上多有稻壳和稻草的痕迹，农业生产工具和稻谷遗迹的发现，说明大石墓的主人是古代南方以农业生产为主的定居的“稻作民族”。

考古工作者在西昌县磨盘山下的河西镇发现大石墓7座。墓葬已遭到不同程度的破坏，封土均无存。河西镇大石墓均有墓门，可分为两种类型。

第一类型主要有两座。以M2为例，其墓室为前端稍宽、后端稍窄的长方形，其前端为封门石。封门石之下内端用两块砾石叠置，构成墓梯。四壁用长方形大石竖立而成，顶部盖有大石，墓底系原生土上铺一层砾石，上面再铺一

---

① 西昌地区博物馆、四川省博物馆、四川大学历史系：《西昌坝河堡子大石墓第二次发掘简报》，《考古》1978年第2期，第86、87页。

层黄土，稍经平整而成。

第二类型主要有 3 座。以 M3 为例，墓口为口宽底窄的狭长条形石室。左右两壁用大石、而前后端则用乱石封闭，当是缺少大石的缘故。墓底系原生土上铺一层卵石。在紧贴墓门外的两侧，各竖一排屏风状的大石，略呈“八”字形。大石的排列不连贯，间距、边长也不相等，左侧有 4 块大石构成；石间距 0.2～1.7 米不等，边长 5.6 米。右侧大石已毁，仅见一段小石砌槛。大石上面原有封土。其余两墓，墓门两侧皆有大石，M4 尚存 3 块，M5 尚存 2 块。

大石墓内出土有铜双柄刀、铜削、铜马鞍形剑、铜铃、铜镯等，还有石凿、骨珠、骨耳环、陶纺轮、陶罐，另外还有两枚汉代五铢钱等。该墓中没有发现铁器，说明这个墓当是战国至西汉早期墓。①

大石墓建造的规模及用材都比较巨大，且每墓多人合葬，说明当时的社会组织是以氏族公社为单位。每个氏族成员基本上都是平等的，死后，不分男女老少都可以进入由本氏族集体建造的大石墓中。

四川凉山喜德拉克发现大量的大石墓群和石板墓，也表现出很独到的特色。喜德拉克的大石墓可分三种类型。

第一类型主要有两座。以 M5、M6 为例，墓室呈长方形，三壁用大石构成，顶部盖有大石，底部用碎石镶嵌，墓地前壁用碎石垒筑，碎石下面压有随葬陶器和人骨碎片；中间仅留宽 40 厘米的狭窄通道。这些木一般长 6～7 米、宽 2 米、高 3 米。

第二类型修建在地表上的石砌圆形建筑，直径在 13 米左右，高约 3 米。圆丘的中部为长条形的墓穴所刨断，墓穴顶部盖有一列大石。墓门开在前部，用碎石封闭。

第三类型墓室呈狭长方形，墓门开在墓室旁侧，用碎石封闭。门下有高约 20 厘米的三级台阶，墓壁及顶部均用大石建成，底部用碎石铺垫。墓门外竖有两列大石，长 10 米，构成墓道，整体似成“丁”字形。②

大石墓内均无葬具，大量人骨直接置于墓底。骨架多错乱不齐，一般仅有头骨和肢骨。每墓所葬的人数不等，数具、数十具，乃至百余具者皆有。

---

① 西昌地区博物馆：《西昌河西大石墓群》，《考古》1978 年第 2 期，第 91、92、95 页。

② 童恩正：《四川西南大石墓族属试探》，《考古》1978 年第 2 期，第 104 页。

喜德拉克的大石墓出有一种梳形铜发饰，云南弥渡也发现有铜簪，此类装饰品说明大石墓的主人是一种头上有各种发饰的“椎髻”民族。研究者认为，大石墓反映的二次葬与陶器绝不属于自古以来久实行火葬和不烧制陶器的彝族，他们很可能是古代濮人的墓葬。①

川南地区的大石墓出现于战国早、中期，而至西汉中、晚期就不见了，说明“大石墓”民族已经迁徙到别处。根据祥云检讨大石墓中出土的两件铜编钟，上铸有孔雀花纹。因孔雀多产于云南气候较热的地方，所以大石墓的主人可能是来自云南的民族。特别是云南大石墓较四川南部的为早，亦能说明这一点。

亦有人认为，川南大石墓是笮人的建造。西汉中期以后，川南大石墓逐渐消失。“大石墓”的民族可能又有迁徙。《隋书·地理志》载：“南郡夷陵、竟陵、沔阳、沅陵、清江、襄阳、舂陵、汉东、安陆、永安、义阳、九江、江夏诸郡，多杂蛮左，其与夏人杂居者，则与诸华不别。其僻处山谷者，则言语不通，嗜好居处全异，颇与巴渝同俗。……其左人则又不同，无衰服，不复魄。始死，置尸馆舍，邻里少年，各持弓箭，绕尸而歌，以箭扣弓为节。其诗词说平生乐事，以至终卒，大抵亦犹今之挽歌。歌数十阙，乃衣衾棺殓，送往山林，别为庐舍，安置棺柩；亦有于村侧瘗之。待二三十丧，总葬石窟。”“左人”当是“笮人”。

“左人”的墓葬形式与大石墓民族颇有相似之处，当是大石墓民族已经迁徙到长江中下游地区湘西或者迁徙到义阳、九江、江夏一带的“笮人”。

六、滇池、洱海地区的竖穴土坑墓

云南地区的青铜文化可分为两个类型。滇西地区的有楚雄万家坝，祥云大波那、德钦等地，发掘出大量的古墓群，出土文物1000多件，青铜器在制作上比较古朴，称为洱海地区的青铜文化。

滇东地区主要有晋宁石寨山、江川李家山、呈贡石碑村等地的墓葬，所反映出来的青铜文化与洱海地区有所不同，称为滇文化类型。

滇东、滇西的青铜文化尽管有别，但它们的墓葬形制却是相似的，都是竖

---

① 凉山彝族地区考古队：《四川凉山喜德拉克公社的大石墓》，《考古》1978年第2期，第97、98、103页。

穴土坑墓，有木制的棺、椁葬具等，但墓葬随葬品所反映出来的既有中原文化的因素，又有极浓厚的地方色彩。

1. 滇西洱海文化类型的墓葬

楚维万家坝古墓群和祥云大波那的墓群是洱海文化的典型形式。

楚维万家坝古墓群是春秋至战国初的墓葬，这里共发现墓葬 79 座，其中大墓 13 座，小墓 66 座。这些墓葬均为竖穴土坑墓。墓室基本为长方形，填土为红褐色花土，墓葬清楚，转折处多为圆角。大、小墓之间在埋葬的形式、墓室结构、葬具、随葬品等方面有明显的差别。

大墓一般长 5 米、宽 2 米、深 5 米以上。许多墓壁上有明显的加工痕迹，有生土台、腰坑、边椿和垫木。

大墓均有葬具，葬具形式可分三种。第一种有盖复合棺。以 M21 为例，棺用两木拼成，长 3.32 米、宽 1 米，中间挖一槽，长 2 米、宽 0.5 米、深 0.4 米。内壁左右两侧相当于头部的位置钉两块长 50 厘米、宽 20 厘米的铜皮。棺底稍平，两端稍经砍削，略向上斜，呈船底形状。棺盖由两根半圆木拼成，斜搭成“人”字形。四根原木的两端各有 2 圆形孔，孔径 15～20 厘米，从纵面和侧面互相穿通，可能是埋葬时系绳抬吊之用。在棺的顶部和墓坑侧面，有直放的枋木数条，枋木上又横放有木椽若干，搭成“人”字形屋梁的形状。用这种形式的木棺有 5 座墓。第二种有盖独木棺。棺、盖皆为独木刳成，棺两端也有系绳用的穿孔。这种形式仅 M57 一墓，棺长 2.75 米、宽 0.38 米，中部挖成一槽，长 1.9 米、口宽 0.37 米、底宽 0.53 米。第三种无盖棺。由两圆木拼成，棺的中部较宽，两端窄成船形。

这种大墓的墓壁两边有边椿，其作用可能是防止墓壁倒塌。墓底有垫上，有腰坑。腰坑之内不是如殷、周墓葬一样放一只狗，而是放置铜鼓、编钟等随葬品。

M1 共出土青铜器 110 件，该墓的西端有一腰坑，放置 1 面铜鼓、1 套编钟和 1 件铜釜。在垫土之上又有 2 个铜釜和一些铜镦。墓的东端沿墓壁放置 28 套生产工具，每套工具由 1 件铜斧、1 长条形锄、1 方形锄组成。像这样集中成套的出土青铜农业生产工具，在全国青铜器时代的墓葬尚属少见。

M23 出土青铜器 577 件，多数是兵器。该墓底部东端放置成堆成束的铜矛。此外还有铜戈、铜钺、箭镞、箭箙、铜盾饰、铜斧等。墓西端放置带弯木锄把的长方铜锄 14 柄。棺底垫木之下，并列埋葬铜鼓 4 面，鼓面向下。

万家坝的小墓一般长 2～3 米、宽 1 米、深 2 米左右，无葬具。个别墓有腰坑，随葬品极少，有剑、矛、铜镯、玉环、玛瑙珠等。陶器多见小墓，形制与大墓相同。①

万家坝墓葬中出土大量的农业生产工具，说明其应是一个定居的农业民族，贫富分化比较大。

云南祥云大波那铜棺墓葬。云南祥云大波那战国时期的木椁铜棺墓亦是洱海文化的典型墓葬。

大波那的木椁铜棺墓的墓坑系一不规则的长方形竖井，无墓道。墓口距地面 2.2 米、墓底至墓口深 4 米、墓口长 7.5 米、宽 2.35～2.55 米，墓底长 7 米、宽 2.05～2.4 米，方向 38°。椁室用长方形的巨木叠架，先用 4 根长约 5 米的圆木，略削成正方形，平排放于墓底。两侧各用 4 根同样的巨木重叠于底木之上，是为东西两壁。棺木两头向内对称开出一道榫口，然后将长 1.2 米、宽约 0.5 米的短木楔入榫口，重叠至东西壁一样的高度，是为南北两壁，这样就成为一个内宽 1.1 米、长 3.75 米、高 1.85 米的椁室。面上用 4 根巨木排列，即椁盖。椁盖东西两壁用密集的木桩排列，用横木连接加固。整个木椁及木桩外遍涂一层厚 3～5 厘米的白色膏泥，黏性极大。

葬具为一长方形铸铜棺，“人”字坡顶，长 2 米、宽 0.62 米、边高 0.45 米、顶高 0.64 米、脚高 0.11 米。整个铜棺系 7 块斗合，可以拆卸开来。底板一块，面上四周起一道宽约 1 厘米的凹槽，用以固定四壁，两侧边缘各有 5 个长方孔，两横头各有 1 个长方孔，以容纳四壁下伸出的 5 个脚。每只脚上有一小孔，插入底板，在底板下面捅上横闩。底下中间平行铸出 3 只脚，与壁下之脚等高，使棺底与木椁之间保持一般距离，从而减少地下水湿对棺底的侵蚀。

铜棺两侧壁外表布满回纹图案，两横壁外表铸以鹰、燕为主的动物图形，此外还有虎、豹、野猪、鹿、马、水鸟等物。

---

① 云南省博物馆等：《云南楚雄万家坝古墓群发掘简报》，《文物》1978 年第 10 期，第 2、3 页。

棺盖系两块斗合，面上布满三角线图案，顶脊两端各铸一刀状物。挖掘时，棺内塞满淤土，只有一根铜杖和几节肢骨。

该墓随葬青铜器100多件。铜锄8件、锛1、刀状器2件、矛3、剑2、鹦鹉形啄4、钺3、镈2、尊2、杯2、勺2、豆2、釜1、匕5、箸3、杖1、铜鼓1、葫芦笙2、钟1、房屋模型2、铜牛2、马2、牛4、羊2、猪2，狗2、鸡3、小铃1、圆环25、残铜器等。所出土的陶器全部残碎，不能复原。[①]

此墓与祥云大波那的另一木椁墓M2的木椁结构完全一致。M2出土铜器以农业生产工具为主，仅铜锄就14件。

楚雄万家坝和祥云大波那的墓葬随葬品，都以农业生产工具为主，各墓都出土许多铜锄。大波那铜棺墓还出土许多铜的家畜、家禽模型。

万家坝的大墓多在棺的顶部和墓坑侧面，用直放的枋木和横放的木椽搭成“人”字坡的屋梁形状，大波那的铜棺顶部亦是“人”字坡屋梁状，都像“干栏”式建筑的上部屋顶的形式。大波那铜棺墓还出土“木栏”式的房屋模型两个。这些都说明洱海地区的民族是一个农业定居的民族。

2. 滇东的竖井墓葬

云南晋宁石寨山的墓葬属于滇东地区文化类型的墓葬。考古工作者在石寨山发掘战国末期至西汉中期的两座墓葬。这两座墓的形制皆为长方竖井形，因扰乱较甚仅能看出墓坑的形制；墓中多随葬有铜鼓、储贝器等，是这类墓葬的特色。

晋宁石寨山的墓葬较强烈地表现出云南少数民族的地方特色，如一号墓出土的铜鼓，出土时，两鼓相合，内储满贝（贝面无穿孔）。虎耳四足器，鼓形飞鸟四耳器，出土时内皆有贝。这些器物又被称为储贝器，铜鼓上面的花纹有木船，木船上有羽人两个或四个，船头尾立两鸟等，可能反映出一种渔猎的场面。鼓形飞鸟四足器的盖上铸2.5～6厘米高的小铜人18个、鸡1、犬1、案子1个。在18个铜人中最大的为一老年女性盘腿坐于一方形矮台上，似为贵族妇女。后面有一持杖的男人侍立，似为侍卫，面前有捧盘跪侍者2人，立着1人，盘内为食品果物之类，外围有织麻布和从事其他操作者9人，别有跪坐者4人。这些人

① 熊瑛、孙太初：《云南祥云大波那木椁铜棺墓清理报告》，《考古》1964年第12期，第607、612页。

俑的装束，从发式上看，有拖长发梳辫的、有扁髻的、有螺髻高耸于额前的。这种螺髻的式样，现在滇东一带苗族的装束中还可以看到。器盖铸形所表现的内容应是一贵族老妪享乐中观看她的奴隶劳动的场面，器身上有阴线浅刻的孔雀四足；在腰与足的交界处，别铸有立体孔雀 4 只。

鼓形四耳器的器盖上铸有高不及 5 厘米的小铜人 41 个，另有一脱落不能复原的 11 人、犬 1、猪 1。盖中央竖一高 9 厘米的铜柱，柱顶上交一虎，柱身上二蛇缠绕，盖左右边沿上有 2 个小铜鼓。此 41 人中，有裸体散发被钉于木板上者 1 人，其右侧立一带腰刀的、似为行刑的刽子手，又有反缚俯首而跪的 1 人，左脚被锁做挣扎状的 1 人，脚手皆被缚曳于地上的 1 人，负婴而跪的 1 人；另 4 人抬一方形兜子，兜中坐 1 女人。其余诸人，则在往后分排围坐，有担薪的、提篮的，篮中皆盛有鸡鱼及器用等物。这可能反映了一组祭祀行刑的场面。[①] 关于铜柱，云南有些地方作为祭祀的象征物，如今弥渡县还保存一根铁柱，是南诏建极十三年（872 年）铸立的，当地人称之为“元尊柱”。前往朝拜的人很多。

这些铜器铸刻的皆为云南少数民族的形象，而场面中的头面贵族都为女性，鼓形飞鸟四耳器上所铸铜人中的老年妇女，是贵族妇女，当时似处在女性占主要地位的社会阶段。一号墓，长方竖井式，前宽后狭，无墓道。全长 3.34 米、前宽 2.72 米、后宽 2.64 米，坐西向东，偏南 14 度。在这个墓中出土大量奢侈的青铜器随葬品，铜鼓 2 件、虎耳四足器 1 件、鼓形飞耳四足器 1 件、鼓形四足器 1 件、女俑 1 件、牛头 5 件、杖头铜俑 6 件、铜壶 1 件、杯 2 件、铜镜 3 件、铜犁 1 件、铜铲、铜斧、铜柄铁剑、铜铃、铜钉、赤金器、圈状物、珠子、扁葫芦形坠子、钏、纽扣、梅花形饰品等，还有一些陶器。

二号墓亦为长方竖井式，前狭后宽，有短小墓道。墓道长 1.4 米、前宽 1.8 米，全长因扰乱已经看不清楚。该墓出土随葬品主要为青铜兵器，铜剑 25 件、铜矛 11 件、铜斧 4 件、铜镞 22 件、削 6 件，其他有车马饰、女俑、小马、杖头铜鱼、铜牛，另外还有一些石器、陶器等。

滇东地区的江川李家山、呈贡天子庙等墓葬都表现出同一种特色。呈贡天子庙的 41 号墓亦为大型的长方形竖穴坑的木椁墓。葬具为一椁一棺。木椁是长

① 云南省博物馆考古发掘工作组：《云南晋宁石寨山古遗址及墓葬》，《考古学报》1956 年第 1 期，第 51～57 页。

方形，由椁盖板、四壁壁板和底板构成。椁壁以粗大圆木垒叠，再用榫卯方法扣合构成，与楚雄万家坝23号墓木椁结构相似。呈贡天子庙41号墓上限可溯及春秋，下限应进入战国中期。

滇西地区洱海文化类型的墓葬多为竖穴土坑，特别是万家坝的大墓还有腰坑，这是殷和西周早期墓的特点。所出土的青铜兵器，如以銎受柲的戈和无胡戈、阔刃细骹的戈、无格扁茎剑等都见于殷、西周和春秋初的墓葬。滇西的洱海文化墓葬与中原地区及甘、青地区都有一定的渊源关系。

滇东地区滇文化类型的墓葬中所出的铜鼓、铜芦笙、铜枕、铜食盖、雕有人物和动物形象的铜储贝器和铜扣饰，都具有浓厚的地方色彩，是中原地区所没有的。但不可忽视的是，其中的铜矛、铜戈、铜斧，都和殷、周以来中原地区的青铜器有不少共同之处，尤其是铜尊等生活用具，几乎和中原出土的完全相同。从葬制和葬具来看，云南战国时期的墓葬多数为竖穴土坑墓，许多还有朱漆棺椁和大量漆器随葬，和中原地区习俗相似。

滇东和滇西地区在青铜文化上虽有一定差异，但两地区皆出铜鼓、葫芦笙。滇西大波那铜棺上的鹰、燕图形，钟的蛇纹与滇东晋宁石寨山的器物在许多地方表现出一致性，说明滇东、滇西在文化上互相影响和密切联系。

先秦时代，滇墓中的随葬最有特色的就是铜鼓了。晋宁石寨山的一个墓地就出现19面铜鼓，江川李家山墓地出土8面铜鼓，在东南亚地区是很少见到的①。

铜鼓多发现于我国滇西地区，就世界范围，现在铜鼓仅分布于我国南方和东南亚各国，以我国的云南、贵州、两广、川南、湘西和越南北部分布最为密集。老挝、柬埔寨、泰国、缅甸、马来西亚、印度尼西亚都只有零星的发现。法国人F. 赫斯曾在1890年著《北印度铜鼓》，认为铜鼓起源于南方，说1世纪中国用兵南方，遇到潮湿季节，鼓面易损坏，主将便提议造出铜鼓。

我国有学者认为，F. 赫斯的论点只是一种臆断，铜鼓与铜釜有关，它最早似与镈于有关。楚雄万家坝发现的铜鼓，上有烟熏的痕迹。原始铜鼓不但和铜

① 广西壮族自治区博物馆：《古代铜鼓学术讨论会纪要》，《古代铜鼓学术讨论会论文集》，文物出版社，1982年，第7页。

釜形态相似，而且在一段时间里是交互使用的，即铜釜可以作敲击乐器，铜鼓也可作炊煮器。古代人们在饮食之后，随手将身边的饭锅（铜釜）翻过来敲击其底部为歌舞伴奏，这样，久而久之，可能一种专门用于敲打的乐器就从铜釜中分化出来，成为后来的铜鼓。但是，铜釜出现较晚，木鼓皮鼓早已出现，追本溯源，还应早到皮鼓。不少民族的皮鼓是与铜鼓形制类似，空其一面的后来逐渐演化而为铜鼓。云南墓葬中的铜鼓，滇西地区其年代春秋中期至战国早期、滇东地区的可在战国中期或西汉早期。

铜鼓的作用是多方面的，如用作乐器，在祭祀、婚嫁、丧葬、喜庆节日等仪式中广泛使用，或单独鸣奏，或击之以伴歌舞；用作重器，召集部众，指挥军阵，以表权威；用于赏赐，以表尊严；用于储贝，以表富有；用作葬具，以佑祖先，等等。有人认为、铜鼓象征着统治阶级的权威和财富，占有铜鼓的多少，就能表明统治者的权势大小，铜鼓的得失，也就成了战争胜负的标志。①

云南少数民族众多，各个部落之间冲突和战争也相当频繁。铜鼓在战争中起着指挥战阵的重要作用。每个部落首领和贵族为了表示自己的尊严和显贵的身份，在他们死后，后人就把他生前所占有的铜鼓随葬墓中，这种有铜鼓墓葬也就成为滇墓的重要特色。

第四节　闽粤地区的墓葬文化

一、岭南地区的狭长形墓葬

我国岭南地区在两周时期与内地有密切的接触和联系，目前这里发现了西周至春秋前后的遗址161处。这里的墓葬有自己独特的风格，但又受中原文化影响。

广东德庆县落雁山的西坡发现一战国时期的墓葬。该墓为长条形的竖穴土坑墓。整个墓室全长4.75米、宽1.5米，长是宽的3倍多。墓又分为前后两个

① 广西壮族自治区博物馆：《古代铜鼓学术讨论会纪要》，《古代铜鼓学术讨论会论文集》，文物出版社，1982年，第13页。

墓室，前室长 1.15 米、宽 1.5 米；后室长 3.6 米、宽 1.5 米，后室安放尸体。前室比后室深 7.2 厘米。前室内有近圆形的坑一个，直径 65 厘米、深 50 厘米，比放在坑内的陶匏壶大一些。随葬器物以铜器为主，有铜剑、铜矛、铜锛、靴形铜刀、铜斧、铜凿、铜镦、铜镞、铜铃和 1 鼎，有两件石器和陶匏壶。①

广东地区发现的战国墓多是长条形的，如广东清远的 M2，长 2.8、宽 1.1 米，是一狭长形的竖穴土坑墓。其宽仅为长的 2/5 左右。墓底铺碎石，与中原地区，特别是东周前期的墓葬形制相似。墓底铺石子，可能和广州地区出土的战国末至秦代的填石子的土坑墓有一定的渊源关系。②

岭南地区的墓葬形制与中原相似，只是稍狭长一些。在随葬器物方面，以兵器、生产工具和生活用具为主。个别大型墓中有乐器、酒器，但随葬器物的组合并没有遵照中原的礼制。这里出土的器物无论从花纹纹饰还是形制上都受楚文化，乃至中原文化的影响。广东地处岭南，秦统一之前，主要是我国古代少数民族生活居住的地区。这个时期的墓葬文化，既有中原地区的影响，又有较明显的地方特点。

二、福建武夷山的架壑船棺葬

我国福建的武夷山区有一种岩洞船棺葬，即棺木是用楠木做成的船，故称船棺。这种船棺全部藏放在天然的或人工的洞穴中。这种葬式，亦称为“岩洞葬”“岩棺葬”“岩葬”“岩墓”等。武夷山岩洞中的棺木似船，可称为架壑船棺葬。

考古工作者从福建崇安武夷山取下的岩棺实物标本，有观音岩和白岩各 1 具。经^{14}C 测定，观音岩的两个数据：3840 年±90 年，3370 年±80 年；白岩的一个数据：3235年±80 年，经树轮校正，白岩船棺距今年代为 3445 年±150 年。如果这些数据可靠，那么武夷山船棺为夏、商遗物，但不少考古工作者认为数据偏早，根据随葬品制作分析，可能是两周、春秋时代的遗存。

福建崇安观音岩的船棺，宋人又称之为“架壑船”。这种棺木一般悬空架于崖洞之中，或整放于洞中或半露于外。从观音岩取下的一号棺可看出，棺的构造分

① 徐恒彬、杨少祥、埸富崇：《广东德庆发现战国墓》，《文物》1973 年第 9 期，第 18 页。
② 广东省文物管理委员会：《广东清远的东周墓葬》，《考古》1964 年第 3 期，第 138 页。

底和盖两部分，均用一整块大圆木刨成。底部凿成长方形，而稍削平厚约 3 厘米，棺壁厚 2 厘米。棺内长 216 厘米、头部宽 48 厘米、尾部宽 44 厘米、高 28 厘米。在靠头部的棺底板凿有洞，直径最短处为 25 厘米，呈椭圆形。棺的头部和尾部又分别向外延伸约 40 厘米，两边各有一洞，长约 9 厘米、宽约 5.5 厘米。底部两端向上翘起成船形，故此棺又有船棺之称。棺盖也同底部一样，用一块大圆木刨成，呈半圆形，内部刨空，厚约 2 厘米。棺盖也同棺身一样，向头尾两端延伸，棺盖头部延伸出 66 厘米，比棺身长约 26 厘米，头部略翘起，有头高尾低之状。

岩洞内尚存架木 3 根。架木两端均架在洞内的岩壁上，架木中间还顶住一根木栓，船棺放在架木上，头朝洞内。

棺内尸骨已腐朽，只有一些呈白色粉末状的细土，似是骨灰。在棺的“头箱”置两块鸭蛋状的鹅卵石，色近一棕一黑。①

福建崇安武夷山白崖洞墓船棺保存比较完整。船棺在白岩悬崖的天然洞内，高不可攀。船棺的棺木如船形，全长 489 厘米、宽 55 厘米、高 73 厘米，分底和盖两部分，上下套合。套合后的棺盖首部伸出棺盖一段。棺木呈东西向，置于洞内偏左侧，棺首朝外。

棺盖半圆形，内部刳空，如船篷状。全长 458 厘米、径 54～58 厘米、高 40 厘米。靠前后隔板的平脊上，与棺底两孔相连各凿一孔，可能是象征船桅杆的插孔。

棺长 453 厘米，底如梭形，其中部为长方形尸柩，系棺的主体部分。板壁厚 2～3厘米，柩内四壁平整。柩长 227 厘米、高 44 厘米、头部宽 47 厘米、尾部宽 45 厘米。柩底部首尾两侧向外内收作槽状起翘。延伸起翘部分，其长度分别为 98 厘米和 93 厘米，宽 43 厘米、槽深 8 厘米，槽底部紧靠柩身挡板处各凿一方孔洞。

船棺的质料为楠木。棺内人骨架保存完整，为仰身直肢葬。随葬器物，龟状木盘 1 件、纺织品残片。尸垫是 4 根竹片平行列置于木棒上，残竹席、一团棕置于头骨左右侧及底下。猪下颌骨 1 块。

此墓属于秦统一以前的闽越墓葬，与秦汉统一以后闽越人的土坑葬制完全不同，表现了自己的特点。这应是秦以前活跃于武夷山地区的古代一个氏族部

① 福建省崇安县文化馆、厦门大学历史系考古专业：《福建崇安武夷山架壑船调查简报》，《厦门大学学报（哲学社会科室版）》1978 年第 4 期，第 93、94 页。

落的遗物。

《武夷山志》云：船棺以“楠木钊成”。《溪蛮从笑》亦曰：“蛮地多楠，有极大者刳以为舟。”这应是生活于溪谷之中、岩壑之间、以造船和用舟著称的民族的墓葬。舟船是他们生活必需品，那么他们死后，用楠木仿舟船形制作船柩，让死者到阴间继续享用，对于一个造船民族，这种葬俗非常符合古代民族心理。随葬品中的龟形四足盘也非常能反映他们的渔猎生活。武夷山船棺的主人可能属于秦汉以前活动在武夷山山脉的“百越”族的一个支族。①

福建武夷山的船棺葬相对四川地区船棺葬有以下特点：武夷山的船棺葬在岩壁的岩洞中，船板较薄，重量较轻，适合悬空崖葬；而四川的船棺埋葬在地下，船板较厚，有的船舱中还套有小棺，比较笨重，适合土葬。

两周时期，我国边疆生活着许多少数民族。这些民族或为土著或为在与中原的部落冲突中流徙于此的中原部落，他们与中原地区的周王朝及其诸侯国有密切的接触和关系，受中原文化的影响极大。但是又由于地域、环境、气候的不同，使他们的生活习惯、习俗也与中原有很大的差别。他们有悠久的历史，遗留下和中原地区同样灿烂的墓葬文化，在他们的墓葬中带着极深的中原文化因素，但又各具自己的特色。这些事实说明，我国各族人民共同创造了我国辉煌的古代文明。

---

① 林钊、吴裕孙、林忠干等：《福建崇安武夷山白岩崖洞墓清理简报》，《文物》1980年第6期，第13、15页。

下篇

周代丧礼、丧服与祭祖礼

第七章　周代的丧葬之礼

墓葬制度在原始社会就已经产生了，而丧葬之礼是在埋葬死者的过程中出现的。丧葬之礼包括丧葬之礼（从始死到埋葬的一切仪节）、丧服制度、祭祀制度（死者死后，活着的人对他进行的各种祭祀之礼）等。本章主要论述周代丧葬之礼的产生和发展。

第一节　西周时期的丧礼

学术界一般认为，《尚书·顾命》是记载西周史实的较为可靠的材料。《尚书·顾命》一篇记载了周成王驾崩和周康王即位时的情况，这是我国史籍中关于国王去世的最早记载。

《尚书·顾命》是记述成王将崩之前，召公率诸侯辅助康王作顾命的情况，"惟四月，哉生魄，王不怿……王曰：'呜呼！疾大渐，惟几，病日臻，既弥留，恐不获誓言嗣，兹予审训命汝"。王作顾命之后，又停了两日，在四月乙丑，周成王死。太保命仲桓、南宫毛和齐侯吕伋带领二干戈、虎贲百人迎太子钊（即周康王）于南门之外，钊（即康王）从南门之外进入翼室（侧室），当丧居忧。丁卯（三日）命史（官名）为册书法度，向康王传达顾命。《尚书·顾命》又接着记载："越七日癸酉，伯相命士须材。"（唐）孔颖达疏曰："七日癸酉，则王乙丑崩，于今已九日矣。于九日始传顾命，不知其所由也。郑玄云：'癸酉，盖大殓之明日也。'郑以大夫已上殡殓皆以死之来日数，天子七日而殡，于死日为八日，故以癸酉为殡之明日。孔不为传，不必如郑说也。须，训待也。今所命者皆为丧事知命士须材者。召公命士致材木，须待以供丧用，谓椁与明器是丧之杂用也。"伯（指召公）为相，命士致材木准备在丧事上用。狄下士在户牖（窗户）之间设一画着黑白斧文的屏风，将幄帐放在庭上，一如成王生时的样子。

牖（窗户）之间向南铺数重带黑色花纹的桃竹枝席、篾席和一张用彩玉饰的凭几；西序向南放数重带杂色花纹的底席和一张有文的贝所饰的几；东序向西放数重彩色为画的丰席和一张用雕刻的玉所饰的几；西序夹室向南放数重黑红带青的香草编织的荀席和一张用漆饰的几。

在东、西二序陈列五重玉，并陈列先王（指周成王）的宝器。西序陈列赤刀、大训（虞书、典、谟等）、大璧、琬琰之圭。东序陈列大玉、夷玉、天球（雍州所贡）、河图；西夹有胤国的舞衣、大贝、鼖鼓；东房陈列允所做的戈，和所做的弓，垂所做的竹矢（允、和、垂为三个古之巧人）。《周礼·春官天府》："凡国之玉镇大宝器藏焉。若有大祭大丧，则出而陈之，既事，藏之。"这些美玉、宝刀、河图、大贝、鼖鼓、戈、弓、竹矢，都是国家之宝物，都是镇国之宝；非有大事，不得陈列出来；成王之丧礼、新君康王之即位是国之大事，今在这里陈列出来，表示这是国家之头等大事。

大辂陈放于宾阶之前，缀辂陈于阼阶之前，先辂陈于左塾之前。

《尚书·顾命》的下一段记载的就是"王麻冕黼裳由宾阶升，卿士邦君麻冕蚁裳入即位，太保太史太宗皆麻冕彤裳，太保承介圭。上宗奉同瑁由阼阶升，太史秉书由宾阶升，御王册命"。孔安国《传》曰："即太史持册书顾命进康王。"这段文字记载的是从周成王崩之后，周康王身穿吉服在庙中即位的情况，不显示周成王何时葬埋，即不显示葬期。

《尚书·顾命》中的"王麻冕黼裳"，其意思是康王已经称王。然而古籍记载，王崩的当年，新君是不能称王的，如《礼记·坊记》："未没丧，不称君，示民不争也。"（宋）张大亨《春秋通训·桓公》解释"郑忽出奔卫，郑世子忽复归于郑"一句时云："礼嗣子未没丧，不称君。而春秋之制，逾年则君之。故曰君存称世子，君薨称子某，既葬称子，逾年称公，未逾年先君虽已葬，不改元不称君；所以明继体之义，笃君亲之爱也。"

《尚书·顾命》说康王已经称王，那么这个葬礼距离成王崩，已经过了一年了。很多学者认为《尚书》中关于顾命、入殓及周康王即位的记载，很明显有脱简之处。

顾炎武《日知录》卷二《顾命》云"《记》曰：未没丧，不称君。而今《书》曰：'王麻冕黼裳'，是逾年之君也。又曰：'周卒哭而祔。'而今曰：诸侯出庙门，俟是已祔之后也。《传》言：天子七月而葬，同轨毕至。而今太保率西方诸侯，毕公率东方诸侯，是七月之余也。因其中有脱简而后之说，书者并以繫之越七日癸酉之下，所以生后儒之论，而不思初崩七日之间，诸侯何由而毕至乎。《记》曰卒哭，曰成事。是日也，以吉祭易丧祭”。

《尚书·顾命》考证云“自此以下记，明年正月上日康王即位朝诸侯之事也。记曰：未没丧，不称君；而今书曰：王麻冕黼裳，是逾年之君也。又曰：周卒哭而祔。而今曰：诸侯出庙门，俟是已祔之后也。《传》言：天子七月而葬，同轨毕至。而今召公率西方诸侯，毕公率东方诸侯，是七月之余也。不然七日之间，诸侯何由而毕至乎？按顾说可谓发古人所未发”。“顾说”，即顾炎武之说。文中所说的“召公”即顾说中的“太保”。西周初年，召公为王室的“太保”。

《尚书·顾命》所记载的，就是周成王死时举行丧礼的情况。这是文献记载的西周最早的丧礼。

第二节　春秋战国时期的丧礼

春秋战国以后，丧葬之礼变得日趋复杂。其丧礼主要是从死者初死至埋葬的过程中，活着的人对死者所行使的各种礼节、仪式、祭奠等。主要有六大仪式：复礼（招魂之礼）、小殓、大殓、殡、朝夕哭、卜筮葬地、葬日。

记载先秦丧礼的史籍主要有“三礼”、《墨子》、《楚辞》等。《礼记·杂记下》云：“恤由之丧，哀公使孺悲之孔子学士丧礼，《仪礼·士丧礼》于是乎书。”这段记载说明《仪礼·士丧礼》的成书年代应是在春秋晚期至战国早期。《仪礼·士丧礼》所记载的丧礼应是春秋时期社会上所流传的丧葬之礼的总结。下面我们以“三礼”记载为主，综合其他先秦文献去探讨先秦时期的丧礼。

一、复礼

死者初死，所行的第一个仪式就是复礼。当一个人病得很厉害，眼看有可能死去，那么屋子里不应再有繁华的布置装饰，撤去宫悬、琴瑟等乐器。病人头向东，躺在屋子的北窗下；当病人气微难接的时候，要撤床，让病人躺在地上。因人生在地，现在仍需要吸收大地的生气，以供病人之需，还要给病人换上新絮的衣服。男人不死于妇人之手（同样女人亦不死于男子之手）。士及其妻应死于自己的正室。

天子、诸侯皆应死于路寝。天子有六寝：一路寝、五小寝（亦日燕寝）。路寝制如明堂，但不能逾庙之宽。诸侯有三寝：一路寝、二小寝。路寝之制小于天子之路寝。

卿大夫、命妇死于嫡寝，即大夫处理政务的地方。卿妻如果未命，则死于下室；小殓时迁居，复其正寝。

士及妻则死于自己的正室。

死者躺在正寝北窗的地下，其活着的亲属马上派人为之招魂，希望死者能活过来，即行招魂之礼。招魂的小臣拿着死者的爵（黑色）弁服，即黑色的礼服礼帽，去招死者的魂魄回来。

死者刚死之时为什么躺在正室北窗的地下呢？在我国古代的阴阳概念中认为北、西方向为阴，南、东方向为阳。人死了，是要离开阳世，到阴间去；而活着的人又想把他从阴间唤回，因此让他躺在正室北窗的地下，即在阴间的边上，认为是可以唤回的。

招魂之礼叫“复礼”，招魂的小臣叫“复者”。“复者”要身着朝服，即事君之衣，以示对君的敬意。《礼记·丧大记》云：“复者朝服，……皆升自东荣中屋，履危北面，三号，卷衣投于前；司服受之；降自西北荣。”荣，屋翼也。《礼记·丧大记》云：“其为宾则公馆复，私馆不复。其在野，则升其乘车之左毂而复。”《礼记·杂记》也载，如果士、大夫、诸侯死于道，则于乘车之左毂复魂；如果死于客馆，则于其馆复魂，像在家里、国中一样。

小臣执其衣领从屋前楣东南面的屋檐角（因东南为阳生）上到屋顶。招魂者要以左手执死者的衣领，进行招魂。因左为阳，主生，左手招魂，即求生之意。招魂时，要面对北方，因北面谓幽暗之方。面北，即招求诸幽之意。招魂的人以长声呼唤死者的名字，要招呼三次。一声呼号于天，希神自天而来；一声呼号于地，希神自地而来；一声呼号于中，希神自天地之中而来。三呼以后，招魂者将衣服从屋前投于下面，下亦有一人承接衣服，将衣服以箧持于堂前。前，为阳生之道也。招魂者要从尾部的西北屋檐上下来。因招魂不返，故不再从原路下来。

复礼要用死者的祭服进行招魂，用祭服表示对神鬼的尊重。先秦时代，公、侯、伯、子、男、孤、卿大夫等因地位等级不同，其祭服也不相同。

《周礼·春官·司服》记载："王之吉服，祀昊天上帝，则服大裘而冕，祀五帝亦如之。享先王则衮冕，享先公飨射则鷩冕，祀四望山川则毳冕，祭社稷五祀则希冕，祭群小祀则玄冕。"王之祭服，六服同冕。

大裘，就是羔裘，上有日、月、星、山、龙、华虫、宗彝（宗庙祭享之虎彝、蜼彝）、藻（水草）、火、粉米、黼（黑色为斧形）、黻（青与黑为两弓相背之形）等，即古天子冕服十二章（即 12 种花纹）。冕服十二章，包括日月星辰，画于旌旗，即三辰旗旗，表现其光明。冕服上共有九种花纹。王之祭服在祭祀昊天上帝、五帝时，穿冕服九章，有龙、山、华虫、火、宗彝、藻、粉米、黼、黻，皆希以为绣则衮之，衣五章，裳四章，凡九也。祭祀先王，其衣三章，裳四章，凡七也；祭祀先公，其衣三章，裳二章，凡五也；祭祀社稷五祀，则其衣一章，裳二章，凡三也。凡冕服，皆玄衣纁裳，即黑衣、浅绛色的下裳。

《周礼·春官·司服》又载："公之服自衮冕而下如王之服，侯伯之服自鷩冕而下如公之服，子、男之服自毳冕而下如侯伯之服，孤之服自希冕而下如子男之服，卿大夫之服自玄冕而下如孤之服，其凶服加以大功、小功士之服自皮弁而下如大夫之服，其凶服亦如之。"这里所说的"孤"，是指三公之下的官员，又名孤卿。《尚书·周官》云："少师、少傅、少保，曰三孤。"

在中国古代社会中，夫荣妻贵，妻子因丈夫的等级而使用不同的祭服。

《周礼·天官·内司服》云："辨外内命妇之服，鞠衣、展衣、缘衣、素沙。"

根据郑玄注，内命妇之服：二王后袆衣是画衣，刻缯为翚雉形，而以五彩画之，缀于服上以为饰。公爵的夫人则用阙狄，刻缯以为雉翚形，而以五彩画之，缀于服上以为饰，但其彩色，不如袆衣艳丽。侯伯之夫人，祭服揄狄，也画有花纹图案。子男的夫人用屈狄，刻缯以为饰，唯不画彩色，缀于服上以为饰。

只有王后、国君夫人的衣服可以带图案花纹，其他等级低的女子不能穿图案花纹的衣服，但可以穿黄色、白色、缘边的衣服。这些全都是贵族妇女才能穿的衣服。但是也由此可以看出，先秦时期命妇的等级尚未完全形成，然而已经有了等级。素沙，赤衣也。

《周礼·内司服》郑玄注曰："狄当为翟；翟，雉名；伊雒而南，素质五色皆备成章曰翚；江淮而南，青质五色皆备成章曰摇（即"鹞"）。王后之服刻缯为之形，而采画之缀于衣，以为文章。袆衣画翚者，揄狄，画摇者，阙翟刻而不画，此三者皆祭服。今世有圭衣者，盖三狄之遗俗。"

外命妇之服：孤之妻，则服鞠衣，黄衣也。卿大夫之妻，则服展衣，白衣也。士之妻，则服缘衣，是缘边的衣服。

以上《周礼·司服》所载是周天子及各级诸侯的祭天服，与这些贵族在一般祭祀活动中的祭服是相同的。

《礼记·丧大礼》亦载："君以卷，夫人以屈狄，大夫以玄赪，世妇以襢衣，士以爵弁，士妻以税衣。"国君的祭服上面已经谈过，这里的大夫、士不祭天，但要祭祖，因此有祭服。

君以卷者，谓上公以衮冕；而下夫人以屈狄者，谓子男之夫人自屈狄而下。

大夫以玄赪者，玄，纁也；即玄衣赤裳；言大夫招魂用玄冕。大夫的夫人用襢衣（亦名展衣），为白色无纹饰的衣服。

士以爵弁服，即纯（黑色）衣纁裳；士妻用税衣，即黑色的衣服。

以上记载可以看出，各级贵族的祭服不同，那么招魂所用的衣服，就是祭服，亦有等级区别。

为妇人招魂，不用出嫁的衣服。招魂时，男子称名，女子称字。案：《礼记·丧服小记》云"男子称名，妇人书姓与伯仲是也"。当气绝时应先哭，然后再去招魂。用来招魂的衣服，不应再用来袭殓，因不能用生施于死。

死者生前的社会身份不同，为之招魂的地点和人数亦不相同。

为天子招魂，需要 12 人；在明堂的五门及四郊招魂。天子的五门为皋门、库门、雉门、应门、路门。

为诸侯招魂 9 人或 7 人；招于三门：库门、雉门、路门。

为大夫以下的人招魂，4 个人自庙门以内，即庙及寝而已。他们的死也应该死得其所。

招魂后，死者不能复生，那么孝子则痛疾之甚，交手哭。

以上是《礼记·王制》所记的招魂之礼，即复礼。《墨子·非儒下》篇中载："其亲死，列尸弗殓，登屋窥井，挑鼠穴，探涤器，而求其人矣。以为实在，则憨愚甚矣。"看来，墨子所处的战国时期，有一些地方的招魂之礼可能还到屋顶上、水井中、老鼠洞中、洗涤的器皿中去召唤死者之魂。这是"委巷之礼"，而非周王室正式的礼典。

招魂，其最初的意义肯定是为了使死者复醒更生。在人即将断气时，人们想象病人的灵魂将要离开人体到幽冥中去，于是活着的人赶快从阳处上到高处，面向西北幽微处，长呼死者的名字，希望他的灵魂回来，死者醒来。或许有的人只是暂时的休克，真的醒来了，那么就被渲染成招魂回来的典型。

但是大部分人死不能复生，这是最明白的事实。所以人们又把这种招魂的目的，理解为让死者的灵魂回来受飨，称为"复礼"。

《礼记·檀弓上》云："邾娄复之一以矢，盖自战于升陉始也。"郑玄注曰："战于升陉，鲁僖公二十二年秋也，时师虽胜，死伤亦甚，无衣可以招魂。"也就是说鲁僖公二十二年（公元前638年），邾与鲁打仗，邾人虽然赢了，可是没有那么多衣服可以用来招魂，只好用箭暂时充当。这里招魂的意义很明显不是为了使死者苏醒，而是使死者的灵魂回来受飨；让那些在死在兵刃之下的魂魄不要在野外飘浮，快快回到家乡。

《楚辞》中的《招魂》与《大招》两篇，有人以为是屈原所作，是屈原为楚怀王招魂；或以为是宋玉、景差所作，为屈原招魂。笔者认为从诗的内容来看，应是屈原为楚怀王招魂。司马迁认为《招魂》一诗是屈原所作的记载是可靠的。楚怀王客死于秦，后虽归葬楚国，但恐其魂流落国外，故屈原作《招魂》。在诗中，屈原假托巫阳的口气说："魂兮归来！东方不可以托些。长人千仞，惟魂是索些。十日代出，流金铄石些。彼皆习之，魂往必释些。归来，归来！不可以托些。魂兮归来/南方不可以止些。雕题黑齿，得人肉以祀，以其骨为醢些。蝮蛇蓁蓁，封狐千里些。雄虺九首，往来倏忽，吞人以益其心些。归来，归来！不可以久淫些。魂兮归来/西方之害流沙千里些。旋入雷渊，爢散而不可止些。……魂兮归来/北方不可以止些。增冰峨峨，飞雪千里些。归来，归来/不可以久些。魂兮归来/君无上天些，虎豹九关，啄害下人些。一夫九首，拔木九千些。豺狼从目，往来侁侁些。悬人以嬉，投之深渊些。致命于帝，然后得瞑些。

归来，归来！往恐危身些。魂兮归来，君无下此幽都些。”在这里，屈原对于四面八方的灾祸与恐怖，对于地狱的形象，作了惊心动魄、光怪陆离的描写。他叫怀王的灵魂不要东西南北的跑，不要到那凄惨恐怖的地方去，只有回到自己的家乡，才是最美好的地方。在下半篇，他还描写了楚国宫廷的华美，稻粢醴酒的丰盛，让魂快快回到楚国，返回故居，接受祭享，“魂兮归来象反故居些。天地四方，多贼奸些。像设君室，静闲安些，高堂邃宇，槛层轩些。层台累榭，临高山些。网户朱缀，刻方连些。冬有突夏，夏室寒些。川谷径复，流潺湲些。光风转蕙，氾崇兰些。经堂入奥，朱尘筵些。”“酎饮尽欢。”《楚辞·大招》也是要“魂兮归来，无东无西，无南无北只……”这些都是让灵魂归来受飨的诗篇。诗中殷切地呼唤楚王的灵魂脱离苦海，回归楚国安息受飨。

《礼记·檀弓》曰：“复，尽爱之道也，有祷祠之心焉。”为死者复魂，就是对死者的强烈的爱。先秦时期为死者招魂的习俗非常盛行。古人认为坟墓是用来安放尸骸的，而魂魄则游离于尸骸之外，无所不到，只有用招魂之礼才能使灵魂归来，入庙受祭，附于神主。这是先秦时期巫术思想的反映。

招魂后，死者不能复生，于是把死者从北窗下的地上，迁至南窗下的床上，用衾被覆盖之。

因害怕死者口闭得太紧，先用角柶（角柶，其形屈之如轭，中央入口，两末向上）柱张其口，再用燕几端放死者的脚。如果是夏天，则须在尸旁放冰，用帐幔遮住死者。在死者的东边摆上脯、醢、醴酒，以祭死者之灵魂。从此时起，孝子开始不吃饭，直至三日大敛后。

主人（即孝子）派人向国君告丧。国君如果派人来吊丧，应将死者的帷帐撤去，主人迎于寝门之外。致哀后，主人哭拜，稽颡成踊（即以头触地，站起顿脚）。只有国君派人来吊丧，主人才出来拜送，其他人，主人皆不出来拜送。

招魂之礼在晋代曾被禁止，晋代学者认为坟墓不仅只放置尸体，而且还宁息亡魂。自晋元帝以后，此种招魂仪式就被视为非法而不为历代礼家承认了；但是这种习俗一直流传于民间，作为一种民间之礼传到近代。例如，唐代张籍在《征妇怨》中写道：“九月匈奴杀边将，汉军全没辽水上。万里无人收白骨，家家城下招魂葬。”

二、浴尸

招魂礼以后，死者是不会再醒过来了，要用角柶楔齿，以免人死后牙关紧闭。

然后为死者摆上始死之奠，用1豆、1笾，放上脯、醢，摆上醴酒，从阼阶升，奠于尸东。

用布帷堂，因鬼神尚幽暗。然后到亲友处报丧，在家拜宾等。朝夕哭。作一铭旌，以缁长半幅，赪末长终幅，广三寸；书铭于末曰“某氏某之柩”，以表明死者的身份。

然后就是为死者浴尸。为死者洗浴尸用潘水，即煮沸的淘米水。首先，甸人（主田野者）在阶间稍西处掘一坎，并在西墙下做一个灶。灶的方向朝东方。另外，再放置新的用以盛水的盆子、承接潘水的盘子、汲水的瓶子、盛米的废敦（凡敦，有足者谓敦，无足者谓废敦）、盛潘水的鬲；在苇笥之中放沐巾、浴巾、浴衣、梳子等沐浴所用之物。管人（主管浴尸的有司）用瓶子汲水，祝（接神者）在堂下洗米。管人将淘米水放在鬲中，再放在灶上煮沸，米放在废敦中。

外御（小臣）以盆盛潘水（煮好的淘米水）入于室。主人等皆出户外，面向北而立。因沐浴之时，子孙不必在身旁。小臣然后用清的潘水为之沐栉，以巾试头发，使之清净无潘。再有二人用料（即勺）酌盆中水浇尸，使之清净，用浴衣试之。洗濯尸体以后，将潘水、巾、栉、浴衣并弃之于坎。将死者的胡须剪的如其生前一样。将其头发汇聚在一起挽成髻，用笄以安发。笄的形状两头阔，中间狭，长四寸，不戴冠；并用明衣裳以蔽体。

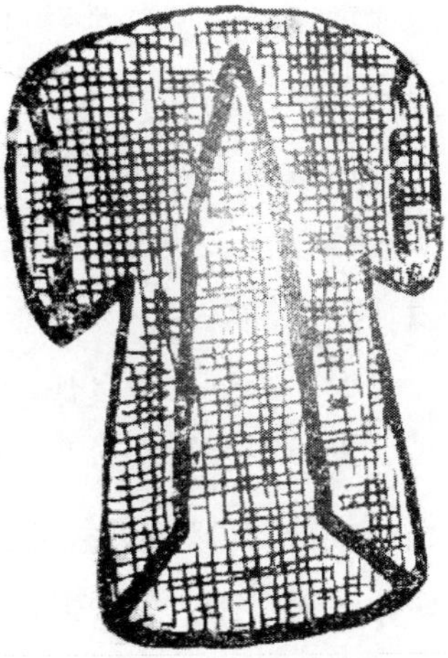

图 7-1 宋人聂崇义《三礼图》卷十七“明衣”

明衣裳，死者浴后所服的内衣（图 7-1）。《仪礼·士丧礼》曰：“明衣裳用布。”郑注曰：“所以亲身，为圭洁也。”疏曰：“下浴讫，先设明衣，故知亲身也。明者，洁静之义。”《淮南子·兵略训》载：“臣辞而行，乃爪鬋，设明衣也。”高诱注：“明衣，丧衣也。”“此言将军受命将兵，亦以必死，故设明衣，以备战死浴后所服也。”明衣裳用帷布做成，为死者浴后所服。

设冰，在尸床之下放盛有冰的夷槃。《礼记·丧大记》曰：“君设大盘造冰焉，大夫设夷盘造冰焉，士并瓦盘无冰。”君所用的大盘广八尺，长丈二，深三尺；大夫设夷盘，士用瓦盘盛水无冰；可以看出士本来是不用冰的，但是夏日为了防止尸体的腐烂，君可以特赐冰。《仪礼·士丧礼》云：“士有冰，用夷盘可也。”郑玄注曰：“谓夏月而君加赐冰也，夷盘，承尸之盘。”

三、饭含

《仪礼·士丧礼》载，浴尸后，饭含；主人回到原位。然后，主人出来，面向南，袒左臂，在盆中洗贝。家宰洗柶（即匕），洗好后放在废敦之中，与米放在一起。商祝（习商礼者）面向北立于窗下，给尸体撤去枕头，把原来备好的布巾覆盖于尸身，撤去死者口中用以楔齿的角柶，以便饭含。

商祝将米置于贝北，家宰立于床西。主人空手由死者足处过去，在床西，面向东坐。主人用左手拿三粒米、一颗贝放在死者口中的右边，口的左边和中间也放三米一贝，然后再用米把口填满。主人再穿好原来袒左臂的袖子，返回原来的哭位。饭含由主人亲自进行。

饭含用三贝和米是士的等级。《礼记·杂记》云：“天子饭九贝，诸侯七，大夫五、士三。”郑玄注；“此盖夏时礼也，周礼天子饭含用玉也。”就是说死者饭含是有等级的。天子饭含九贝，诸侯、大夫、士以七、五、三依次递减。而郑玄说：饭贝，是夏代之礼节，而周代饭含则是用玉。

关于死者口中所含之物，古已多有异说。《说文》曰：“琀，送死口中玉也。”说死者口中所含的是玉。《说苑·修文篇》云：“口实曰含，天子含实以珠，诸侯以玉，大夫以玑（或作碧、璧），士以贝，庶人以谷实。”口含之物也是有等级的。

《公羊传》何休注亦云：“孝子所以实亲口也，缘生以事死，不忍露其口，天子以珠，诸侯以玉，大夫以碧（璧），士以贝，春秋之制也。文家加饭以稻米。”

死者口中含珠、含玉、含贝、含米都是当时的礼俗。《左传·成公十七年》

载“初，声伯梦涉洹，或与已琼瑰食之。泣而为琼瑰盈其怀，从而歌之曰：‘济洹之水，赠我以琼瑰；归乎归乎，琼瑰盈吾怀乎！’惧不敢占也。还自郑，壬申至于狸脤而占之曰：‘余恐死，故不敢占也。今众繁而从余三年矣，无伤也。’言之，之莫而卒”。在这里声伯梦见自己食琼块（即玉），用当时迷信的说法，就是将要死了；他知道是噩梦，不敢占卜，现在已经三年了，认为灾凶已经过去，就把这个噩梦说出，结果晚上就死了。又《左传·哀公十一年》载，齐国陈氏与旧贵族国氏、高氏发生战争时，“陈子行命其徒具含玉”，以表示必死于战场的决心。

《庄子·外物篇》引《诗》云：“青青之麦，生于陵陂，生不布施，死何含珠为?”《吕氏春秋·节丧篇》云：“国弥大，家弥富，葬弥厚，含珠鳞施。”

周人的这种葬俗，还可以从考古材料中得到证实。1984～1985年，考古工作者在陕西长安沣西共清理44座墓葬，多数墓主人口内含贝，两手握贝。M8墓主口内含贝达20枚。山西洪洞永凝堡所发现的西周墓葬，葬制与沣西相似。BM8墓主两耳处各有大小两个玉玦，口内含30片碎玉；NM9墓主口中含一玉鹦及17枚小海贝；NM14墓主口内含10余片碎玉。① 看来，口内含贝、含碎玉，是西周乃至春秋、战国时的埋葬习俗，但口内含贝的数目却与《礼记》所记载的不同。明清时期在亲人死后，用钱含在口中，称为口含钱。

进行饭含的目的，是孝子不忍心亲人死后，空腹而到另一个世界，因此以米填口；而含贝、含玉、含珠，则是由含米演化而来，从而成为富贵和身份地位的象征。

四、袭服小殓

《说文》云：“袭，左衽袍也。”袭服是指专为死者所服之裳，没有纽的左衽袍。又袭者，上也。为死者服裳亦为袭服。

《仪礼·士丧礼》载：“乃袭三称。明衣不在算。”郑玄注曰：“三称，爵弁服、皮弁服、缘衣也，左衽不纽。”在设其他送死之物之前，为死者服“三称”。称，《礼记·丧大记》云：“袍必有表，衣必有裳，谓之一称。”“袭三称”，即为

① 山西省文物工作管理委员会：《山西洪洞永凝堡西周墓葬》，《文物》1987年第2期，第4页。

死者先服三套衣裳，皆左衽不纽，即衣左衽，不要纽扣。

商祝为死者设瑱、幎目、掩、屦、决、握手、竹笏、履、冒橐等物。根据“三礼”及注家的解释，这些东西的样式及用途为：

瑱，用白色的新棉花做成，用以充塞死者的耳朵。

幎目，用缁（黑色布）方一尺二寸，红色的里子，中间充以棉花为主，四角各有带子，皆于脑后结之。幎目，用以覆面（图 7-2）。

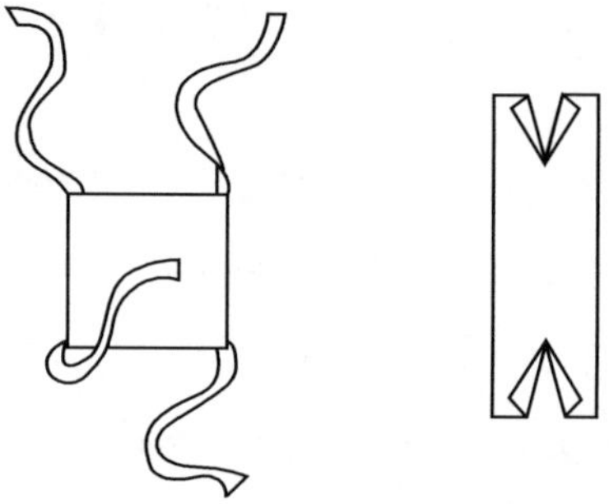

图 7-2 宋人聂崇义《三礼图》卷十七“幎亩”“掩”图

掩，用练帛做成，广终幅，长五尺。将布两端析开，用以裹尸的首部。以一端的两脚于颐下结之，当设好瑱、幎目后，乃以另一端的二脚倒结于项中。将有絇的履穿在足上，并用綦系，穿连两屦之絇，使两足不相分离。在死者身上穿左衽无纽的衣服三称（有里、表的衣服谓称）。原来穿的明衣、禅衣（无里）不算数。设带以束衣，将竹笏插在带的右边（图 7-2）。

韎（mei）韐（ge），大带也，即一幅赤黄色的腰围带，士服所用。

握手，用黑面、绛色里的布长一尺二寸，宽五寸，中间削约一寸，以安手也。在握手的两端缀组系。按照清人聂崇义《三礼图》的说法，即将握手于手内置之，握长，尺之中掩之手，先以一端绕掔（掌后结中也）一圈，还可从上自贯，又以一端向上钩中指反与绕掔者，结于掌后节中。如图 7-3 所示。

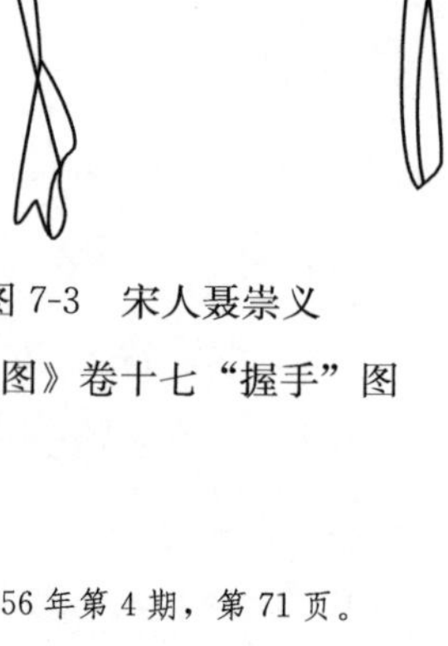

图 7-3 宋人聂崇义《三礼图》卷十七“握手”图

但陈公柔先生认为，握手应是一种两手交叠的葬法。所谓握手大约是两手交叠，用握（布带）束缚起来，而束缚的地方约在掔处，即手掌后手腕的地方，“使手交如生”。[①]

决，是古代射箭套在右手大拇指上的套子，用

① 陈公柔：《〈士丧礼〉、〈既夕礼〉中所载的丧葬制度》，《考古学报》1956 年第 4 期，第 71 页。

象牙或骨制成，钩弦时用以保护手指，俗称扳指。《集韵·屑韵》云："夬，所以闓弦者，或从弓，通作决。"决，就是扳指。

竹笏，《仪礼·士丧礼》郑玄注："笏，所以书思对命者。"《礼记·玉藻》郑玄注："思，所思念将以告君者也；对，所以对君者也；命，所受君命者也；书之于笏，为失忘也。"《礼记·玉藻》曰："笏，天子以球玉，诸侯以象，大夫以鱼须文竹，士竹本象可也。"球玉，美玉也；象，象牙也；鱼须文竹，竹之一种。大夫、士之笏用竹。这其实就是后代上朝所用的笏板，上面书写着所要上奏的条文谏议。笏，当是由圭演化而来的。

履，就是鞋子。"夏葛屦，冬白屦，皆繶缁絇纯组綦，系于踵。"

冒櫜，即用布做成一个直櫜。上面半部称为"质"，是黑色；下面半部称为"杀"，是绛色，象征天地。质和杀用组系相连，称为冒。冒，用以套尸。其套法：先以杀套足而上，再以质套首而下，至齐手。质下要覆盖杀。

以冒櫜套尸后，再用殓衾覆盖。将巾、柶等死者用过的东西埋在坎中。

《礼记·丧大记》曰："君锦冒，黼杀，缀旁七；大夫玄冒，黼杀，缀旁五；士缁冒，赪杀，缀旁三。凡冒、质，长与手齐，杀三尺。"君、大夫、士所用冒、杀、缀的等级是不同的。君质用锦，杀用黼，冒、杀皆不缝边，安七带缀以结之。大夫玄冒黼杀，士缁冒赪杀，带缀依次递减。

铭旌，用二尺长、三寸宽的杂帛做成。在旌上书写："某氏某之柩。"再以一根三尺长的竹竿挂旌。铭旌放在宇下（屋檐下）西阶上。再斲凿一木，上面凿孔，置于中庭靠南的 1/3 处。郑玄注："士重，木长三尺。"说明"重"是由一根三尺长的木为之。郑注又云："重，主道也。""重"，象征死者的神主，即死者神主所依之物。

夏祝（习夏礼者）将"饭含"剩下的米用二鬲盛好，放于西墙下的灶上煮而为粥，用粗布盖塞盛粥的鬲口，以竹簃（竹青可以为系者）系盛米的鬲，系在重木的簪孔中而悬之。用苇席北向以掩"重"。

祝（习周礼者）取铭旌挂于"重"木上。

将入殓的衣服陈列于房，先陈黑面红里的衾被，次陈祭服（爵弁服、皮弁服），再陈散衣（缘衣等属）。衣领皆向南，从西面开始。祭衣与散衣共有十九称。自天子至庶人，皆用十九称，以象征天地之数。祭服、散衣不能颠倒，最美的放在外面。但这十九称衣服，不一定用完，即《仪礼·士丧礼》所说的"不必尽用"。

第二天清早，把这些入殓的衣服，用布绞束紧（不一定把十九称衣服皆束进去）。

布绞，用以束坚衣服。其纵者用一幅，横的用三幅，皆析分其末端为二，使之可以打成结，以束紧小殓之衣服（图 7-4）。

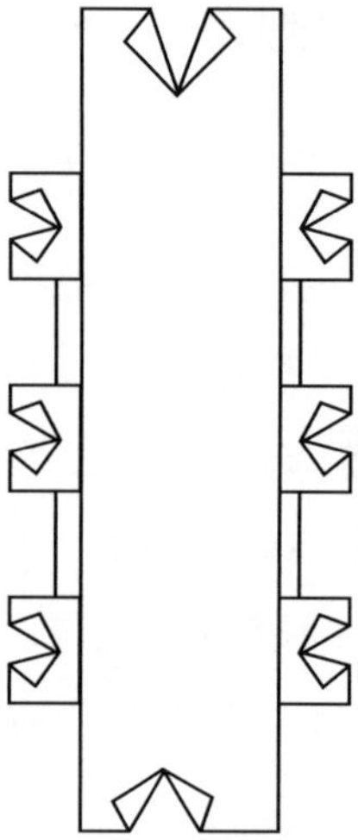

图 7-4　见宋人聂崇义《三礼图》"布绞"

用夷衾覆盖尸床。

殓好以后，则撤出帷幕。主人（即孝子）、主妇（孝妇）要穿着斩衰、齐衰丧服、苴绖。主人在东边，面向西，抚尸而踊；主妇在西边，面向东亦抚尸而踊。主人去掉笄、纚，散发，而以麻将发结起，其他同宗的亲属则用免，即用麻布，自项中而前交于额。在房中妇人亦去笄、纚，用麻将头发梳在头顶的两旁结起。

力士与这些亲属一起将尸体抬到堂上，即设于两楹间的床笫，有席有枕，仍用夷衾覆尸。主人主妇同宗亲属到室内自己的位置上哭踊无数。

为死者摆好小殓所用的祭物，将特豚（tún，祭祀用的猪）去蹄去甲，解割成几段，两胁、脊、肺等（夏人祭心，殷人祭肝，周人祭肺），以俎、鼎盛放，并有脯、醢、醴酒等祭品。

小殓祭奠所用的祭器有：1 鼎、1 俎、1 匕、1 笾、1 豆、2 甒。

至此，小殓完毕。

晚上，为燎火于中庭，即为庭燎。

小殓以后，由于主人有亲丧悲哀情怀，为防以死伤生，因此找人代哭，但不能以官员代哭（因士的地位低）。

如果还有赠禭，那么入告主人，主人待于位。宾入中庭，面向北致命，主人拜稽。宾从西阶上去，从死者的足西过去，委衣于室，再按礼出来，主人拜送。如果朋友赠禭，即原来的仪式，朋友在西阶，面向东北，哭踊三次，主人不踊。赠禭者如初仪，撤衣亦如之，升降自西阶以东。

《礼记·丧大记》云："小殓以后，孝子应节哀，如果是君丧，可以悬壶为漏刻分，时而更哭。大夫丧，不悬壶，可以官代哭；士丧，代哭不以官。”

第二天天亮，灭燎。

考古材料中见到的为死者袭服的情况与“三礼”及注家所解释的有所不同。湖北江陵马砖一号墓是战国中晚期的一座楚墓。这座楚墓中所反映的葬俗可作为探讨先秦丧葬礼俗的参考。

马砖一号墓墓主的面部覆盖一件梯形的绢巾。绢巾里、面都为黄色，锦缘；上方有一窄缝，露出眼部，下方正中有一个三角形孔，露出嘴部。彭浩先生认为，这件绢巾应就是文献所说的“幎目”。① 这种情况《仪礼·士丧礼》所述的“幎目”，用方尺二寸，黑面红里，有组系的情况有所不同。

死者双手各握一件卷成长条状的绢团，应是文献中的“握”或“握手”。这种“握手”用双层绢缝成，里层为黄色，表层为褐色，卷成筒状，中间裹有丝绵，周边有锦缘，两端有一根组带系住，中间不能断开，长约 20.6 厘米。

关于“握手”，《仪礼》所载是“系绚中指，结于掔”。陈公柔先生解释是用以束缚双手的布帛。马砖一号墓死者所用的握手，与上述情况皆不相同。甘肃武威磨嘴子四十八号汉墓女尸则用三道丝带分别从臂、手、小腿处加以捆扎，不见手脚连系。② 长沙马王堆一号墓女尸是用组带从鞋外捆住双脚，同时用组带绑住双臂的肱部，而双手的拇指并不系住。湖北江陵马砖一号墓墓主双脚的拇指分别用黄色组带系住，然后再穿上鞋子，组带的上端与系住双手拇指的红色组带相接于腹部。为防止双臂外移，再用组带系住双臂。③ 这种手脚连系和系双臂的现象，与文献中记载的也不相符合。《仪礼·士丧礼》所载，将有绚的屦穿在足上，用组带穿两足屦之绚，使两足不相分离。《仪礼·士丧礼》所载与上面所说的三种形式不同，但作用都是使手脚与身体紧靠。

三门峡虢季墓的母族人面上覆盖敛玉幎目，是仿制人面部器官的厚玉片及 68 颗小红色玛瑙珠组合连缀成人的面部形象；口内含有 54 件玉琀，即珠玉、贝等，双手皆握有一个圆的玉管，称为手握玉。脚趾夹玉，左右两脚，每个脚缝中夹一块玉；墓主人的左右脚下皆有踏玉。握巾，当是平民的葬俗。虢国墓地

① 彭浩：《江陵马砖一号基所见葬俗略述》，《文物》1982 年第 10 期，第 12 页。

② 甘肃省博物馆：《武威磨嘴子三座汉墓发掘简报》，《文物》1972 年第 12 期，第 11 页。

③ 彭浩：《江陵马砖一号基所见葬俗略述》，《文物》1982 年第 10 期，第 13 页。

的梁姬墓，亦有踏玉，墓主的左右手皆握有一个圆的玉管，称为手握玉等。这些都表现出贵族与平民的区别。

墓中死者身上穿有三件袍，内衣不算，即“明衣不在算”，另有一件裙子。《士丧礼》载，死者袭服三称。《礼记·丧服大记》载：“袍必有表不禅，衣必有裳，谓之一称。”

马砖一号墓死者所服的三件袍谓之“三称”，所服的“裙子”，也就是文献所说的“裳”。考古材料与文献记载基本相合。但郑玄认为“凡衣死者左衽，不纽”。马砖一号墓墓主所服的三件袍子皆右衽，只有最外面的一件在穿的时候把里襟压在外襟之上，成为左衽，与文献记载不符合。

马砖一号墓是楚墓，墓主当为楚人。《左传·桓公八年》云：“楚人上左”。楚国人与华夏民族有不同的风俗。楚人在当时属于蛮夷之人，“楚人上左”，则是左衽；而华夏族右衽，死后“左衽不纽”，而楚人当是死后“右衽不纽。”

在死者所穿的锦袍之上，从头至腹部盖着一条深褐色、暗黄色图案的长方形锦巾，黄绢里。它的一端与双手平齐，另一端则从面部绕过头顶的发髻并压在枕骨下，在靠近鼻腔处用组带把锦巾紧系在头上，与这件锦巾相接，从腹部至脚套着一件锦缘黄绢裙（裳），长过双脚。《礼记·丧大记》郑玄注曰：“冒者，既袭，所以韬尸重形也。杀，冒之下裙。”马砖一号墓死者的锦巾和绢裙可能是施于“袭”之上，用于“韬尸”的“冒”。上段锦巾可能是“质”，下段绢裙谓“杀”。

此墓中的锦巾也是用以裹头的，与文献中“掩”的作用有些相似。《仪礼·士丧礼》云：“掩，练帛，广终幅，长五尺，析其末。”郑玄注：“掩，裹首也。”它是用以包死者的头的，施于“幎目”之上。马砖一号墓的锦巾不仅裹住死者的头发，并用组带系住，而且还经面部一直盖到腹部，“长与手齐”。因此，这条为死者所施的锦巾可能是“质”，而不是“掩”。①

文献记载，小殓和大殓时所要入殓的祭服、散衣，包括襚衣，分别是19称和30称，但不一定用完。两次所用的衣服要分别包裹、分别捆扎。小殓时是“横三缩一”，大殓时是“横三缩五”，按照这样的形式捆扎。但马砖一号墓棺包裹内所用的衣衾，在“冒”之外只有11件，如果夹衾不计算在内，只有10件。

① 彭浩：《江陵马砖一号基所见葬俗略述》，《文物》1982年第10期，第13页。

不足文献所记之数，可能是“不必尽用”的缘故。此墓包裹中的衣服，外面用9道锦带横向捆扎，纵向不加捆扎。在包裹之中又叠放衣衾各一件，这些现象与文献记载不同。此墓中衣服包裹只有一个。

以上是考古材料中所见到的死者在小殓时的“袭服”，与文献记载出入较大。

五、大殓

小殓的第二天，即死者死去的第三天，行大殓之礼。将尸入棺仪式称为大殓。

先将入殓用的衣服陈列在房中，从南边开始，衣领向西。首先陈放布绞，继而陈放衾被两条，君襚（国君助丧的衣服）、祭服、散衣，众人所赠襚衣共30称，衾被不在30称之数。入殓时衣服不一定用完。大殓布绞，横的用二幅析裂其末为六，用其五；纵的一幅，析其末为三，再以衾（禅被）置以绞上，以束紧大殓的衣服，然后置于箧中。

小殓所用的衣服19称，自天子至士皆一样；但大殓所用的衣服却各不相同，陈列的地点和方式也不一样。《礼记·丧大记》云：“君陈衣于庭，百称，西领北上；大夫陈衣于序东，五十称，西领南上；士陈衣于序东，三十称，西领南上。”入殓的衣服亦束紧，放入箧中；于是撤去小殓时所摆放的小殓奠，又以帷遮堂。

前面所述大殓衣服30称，乃《仪礼·士丧礼》所记士之丧礼。

东堂下设大殓奠，两个瓦甒盛满醴和酒。两个白色的豆，内盛葵菹、蠃醢。两个没有缘的笾，盖有布巾，里面装上不脱皮的粟、4条干肉脯，并放四个角觯（饮酒器）。在门外陈列3鼎，从北面开始，一个合左右体的小猪，鱄（美味鱼）、鲋（小鱼，即鲫鱼）9条，腊肉左半、不要髀。这三样祭品分别盛在3个鼎中。

大殓奠共享3鼎、2甒、2笾、2豆、角觯4、木柶2、素勺2。

在阼阶上布殓席，下面铺草席，上面铺以竹席。有大夫来，主人降拜之。力士将尸从夷床上迁到外面的殓席上，奉尸入棺，乃加棺盖。祝将原来的铭旌置于肂。在棺旁设熬（黍或稷）一筐，在棺上涂水，以为火烤之用。主人视肂而哭，复位，踊。至此，尸体入棺，大殓完毕。

大殓时，如果国君有赠赐，并来视殓，那么就应把所要入殓的衣服陈放好，让国君观看。国君到时，主人迎出门，看见马首时不哭。因屈于国君，不敢伸直私恩。进门后，众主人袒，面向北。巫（掌招弥及除疾病者）止于庙门外。凡宫有鬼神曰庙，这里的庙指的就是死者所在的屋宅。祝代巫执茢居前，小臣二个执戈在前面，二小臣在后。国君须行释采之礼，即让祝为国君礼于门神，因国君无故不入臣家。礼门神后，君入门，主人站在一边。

君登上阼阶，面向西。祝背靠墙面向南，主人立于中庭。君哭，主人哭，拜稽颡成踊。君命继续行大殓之事，主人复位，登上阼阶，站在西楹的东北面，公卿大夫跟着主人亦从东面登上台阶，乃殓。

殓完，君与公卿大夫出，主人亦出来降自阼阶。君坐，主人在中庭，君抚慰主人，主人拜，稽颡成踊，出。君降自阼阶，面向西，众兄弟避在东壁面向南。君命主人冯尸，主人登上西阶，由死者足处过去，面向西冯尸，不当君的面踊，主妇面向东冯尸而踊。

力士奉尸殓于棺，乃盖。主人降自阼阶，不敢久留国君。国君再登上阼阶，众兄弟复位。君命设奠，乃奠，升自西阶。国君在执奠时要踊，主人从踊。设奠后，主人出来就不哭了。国君出来，庙中人哭，而主人不哭。国君及副车都离开，主人拜送，后来吊丧者，众兄弟拜，如果有大夫来，宾出，主人拜送。

大殓的晚上，应为死者设奠，称大殓之宿奠。自人死以后，始死奠、小殓奠皆在死者身旁，大殓奠在柩旁；而自此，大殓之宿奠开始设在室内。

奠时，先执烛入室南边照之。祝执巾，以安神位，奠设于室中西南隅（西南隅谓之奥）。力士洗过手，举鼎而入室，执匕、俎、肩鼎、以匕载鱼，进鱼3条和腊肉。祝执醴酒先，豆、笾、俎在后，登上阼阶，丈夫踊。甸人撤去原来小殓所用的鼎，奠由楹间入于室。醴酒在北面，设豆，右边放菹，奠南是栗，粟东有脯，豚与豆相齐。鱼、腊肉、特牲，顺次排列在俎的北边，醴酒在笾的南边，巾如大殓奠一样。醢、菹用豆，脯、粟用笾，醴酒用甒，鱼、腊、豚用鼎。

由此可见，大殓之宿奠为3鼎、2甒、2笾、2豆、1俎、匕、巾等。

奠设好后，设奠者出，立于户西。祝关好门，由重的东边过去（因重象征死者，有神冯依)。丈夫踊，宾出，妇人踊。主人送宾于门外。回来后，与众兄弟哭殡。兄弟出，主人拜送于门外。众兄弟出门后，哭止，于是主人面向东方关门。《仪礼・士丧礼》云："三日成服，杖，拜君命及众宾，不拜棺中之赐。"郑玄注："既殡之明日，全三日始歠粥矣。"主人于垩室住下（垩室，没有修饰过的房子)。

六、殡

大殓死者入棺之后，棺柩要在一定的地方停留一定的时间再葬，这种形式叫殡。殡和葬是两个具有不同意义的葬仪。

在西阶上掘一坎，深至棺木的小要，用以陈放棺木。《仪礼・士丧礼》载："掘肂见衽。"郑玄注云："肂，埋棺之坎者也，掘之于西阶之上；衽，小要也。"即在西阶上掘一坎，用以埋棺。坎深应深至棺木的小要之处，即接榫以上的部分。用輁轴升棺木进入坎中，将棺木露出地面的部分加以涂饰，围以帷幔。在棺旁熬黍、稷各二筐，以惑蚍蜉小虫，令其不至棺旁。士的棺木要在这里停留三个月才能埋葬。这个时期叫作殡期。

《礼记・丧大记》记载身份不同的贵族殡的形式和礼仪："君殡用辅攒，至于上，毕涂屋；大夫殡以帱攒，置于西序，涂不暨于棺；士殡见衽，涂上，帷之。"

（明）胡广《礼记・丧大记》云："辅，盛柩之车也，殡时以柩置辅上；攒，犹丛也，丛木于辅之四面，至于棺上；毕，尽也，以泥尽涂之；此攒木似屋形，故曰毕涂屋也。大夫之殡不用辅，其棺一面贴西序之壁，而攒其三面，上不为屋形，但以棺衣覆之帱覆也。士殡，掘肂以容棺；肂，即坎也。棺在肂中不没其盖缝，用衽处犹在外而可见，其衽以上亦用木覆而涂之，帷，幛也；贵贱皆有帷。"

即天子殡的礼仪是将棺（也叫柩）放在车上。载柩的车画龙，棺柩边上挂着绣有黑白斧文的帷幕。车的四周围以丛木，上面做成屋顶的样子，整个涂以白垩。

诸侯的殡仪，是将柩放在车上，四面用丛木围着。丛木的上端在棺上合拢，像屋顶，涂以白垩。

大夫的殡仪，是用棺衣覆盖在棺上，用废辅置棺放在西墙下，三面用丛木围着，斜靠于墙。除靠墙的一面外，棺的其他三面皆进行涂饰。

士的殡仪，就是掘坎放棺，露上接榫以上的部分，将上面的那部分加以涂饰，再用帷幔围着。

棺木运来，主人不哭，用轮轴将棺木放入攒围之中，棺盖在下面。因棺木上有漆，为了不让蚍蜉至棺，熬黍稷各二筐，并有鱼腊，放在西坫（屋角之坫）之南。《礼记·丧大记》云："熬，君四种八筐，大夫三种六筐，士二种四筐，加鱼腊焉。"君、大夫、士所熬粮食的种类与多少也是不一样的。

在殡的四周煮熬谷物。国君用黍、稷、稻、粱，以 8 只筐盛放。大夫用黍、稷、粱，以 6 只筐盛放；士用黍、稷，以 4 只筐盛放。除外，还有加些干鱼、腊肉等。

我国古代丧葬之礼中这种先殡后葬形式可能与原始社会的"二次葬"有一定的渊源关系。远古时期的人们认为，如果人死了，那么死者的肉体留在人世，灵魂可以到另一个世界上去。

春秋战国时期，在人死后，停留一定的殡期再行埋葬，可能是人们不愿意亲人死后，马上就到那个幽深的世界，希望死者继续在亲人身边一段时间，再去阴间生活。实行二次葬葬俗的原因主要是受原始的灵魂不死观念的支配。周人的这种先殡一定时期，再行埋葬的风俗可能是原始部落先民的二次葬俗演化而来的。殡，也可能是表示对死者的留恋。

《仪礼·士丧礼》记载的"殡"的礼仪，是先秦时期身份为"士"的人的"殡"的礼仪。

各级贵族的殡期也是不同的。

《礼记·王制》曰："天子七日而殡，七月而葬；诸侯五日而殡，五月而葬；大夫至庶人三日而殡，三月而葬。"

也就是说天子七日殡，七月葬。实际应是自死至葬经历七个月即可。

诸侯是五日而殡，殡停留五月而葬。

大夫至庶人，都是三日殡，三月葬。

以上是《礼记》和《左传》所记载的各级贵族的殡期。

七、殡期内的各种祭奠

停殡期间要对死者举行许多祭祀，主要有朝夕奠、朔月奠、荐新奠等。

1. 朝夕奠

在人死的第三天大殓入棺，然后就是停殡；第四天即可设朝夕哭奠，即早晨和晚上哭，不让人代哭，这样的哀情寄托形式，称为朝夕奠。

三日之后，主人开始食些稀粥。如果有尊者来赠惠，这时主人要前往拜谢，拜君命及众宾，但不拜别人所赠的棺中之物，因那是赠给死人的。

早、晚哭，不避子卯，子卯二日吉事避，而丧事不避。哭亦有一定的位置，妇人在堂南上哭，众兄弟在门外面向西，以北为上；外兄弟在众兄弟之南、以南为上，宾继之北上。其位置的上下为：门东，面向北以西为上；门西面向北以东为上，西方的就面向东以北为上。主人即位，庙门开。凡庙门有事则开，无事则关闭。妇人们则止哭，主人向西、南、北三面拜宾后入庙门而哭。妇人踊。

哭尽哀止，主人出乃还拜之。主人在堂下东序面向西，众兄弟在原来的位置。卿大夫在主人之南，门东有士的故人，他国异爵者（亦当大夫位），在门西。如果地位相同，主人先拜他国之异爵者，一一拜诸其位。

撤大殓之宿奠，在门外执烛先入，登阼阶时，众兄弟踊。执醴先出，次酒、次豆、笾、次俎，这样依次而出，从西阶下来，妇人踊。设朝夕奠于序西南的西屋檐处，醴酒向北，以西为上。豆向西放，豆北，笾向南陈放，然后再按次序放酒、醴、脯、醢，不用巾覆盖。此奠无菹、粟，其器具组合为一笾、一豆、两甒，没有俎、鼎。

设完奠后，设奠者灭烛出。祝关门，先从西阶下来，妇人踊。设奠者由铭旌处过，丈夫踊。宾出，主人拜送，众兄弟出，妇人踊，出门后哭声止，皆复位关门。

2. 朔月奠

朔月，即每月的朔日，也就是初一。此奠如大殓奠。奠用特豚、鱼、腊肉，陈放于三鼎。朔月奠无笾，有黍稷。用有盖的瓦敦盛放，当笾位。自始死至此，始有黍稷与奠。

主人拜宾，如前朝夕奠的形式一样。

设奠时，鼎先设，然后醴、酒、菹、醢、黍稷、俎，设于室。所设奠，各器的位置如大殓奠，所用器物亦同大殓奠，只是以敦代替了笾。奠时敦要启盖。

祝与执豆者出，主人到时踊，皆如朝夕哭的仪式。大夫以上才有月半奠，而士，就不再有月半奠了。

3. 荐新奠

若有新的农产品，如五谷收割之时，或有果物有新出者，要对死者进行祭奠，称为荐新奠。荐新奠如朔月奠一样。撤朔奠，设荐新奠，以敦代替笾，敦中有黍稷。奠时敦和盛醴酒的甒都要开盖。

在整个殡期，逢朔日，或有新鲜的各物果品之时，都要对死者祭奠。

第三节　春秋战国时期的士丧礼

《礼记·王制》载："大夫至庶人三日而殡，三月而葬。"也就是说，身份是大夫至庶人的人自始死，三日而殡，再经过三月的殡期才埋葬。《仪礼》和《礼记》都记载了许多关于周代葬礼的材料，如《仪礼·既夕礼》，又被称为《仪礼·士丧礼》的下篇，主要记载的是士的葬礼。

周代的葬礼，在殡期将满时首先卜筮葬地、葬日，然后就是既夕哭、朝祖庙和葬入墓地。

一、卜筮葬地、葬日

在殡期将满之时，要对葬地和葬日进行卜筮。

卜筮葬地，由冢人经营之，先掘一个四方的坑，把掘土放在坑南面，即死者的在足处，因葬时要北首，即头向北边。

主人早上哭过以后，即到冢人所选的葬地，主人只带免、绖，因此处需要求吉，主人所服不敢纯凶。主人站在所掘坑之南，面向北，筮者在主人之右。筮者面向东执韇（藏筴之器）并抽之，面向南受命。命曰："哀子某为其父某甫筮宅，度兹幽宅兆基，无有后艰。"筮者不循重复命辞，因士礼，筮辞有一，龟辞有二，卜卦者在左。筮完以后，将卜筮与卦的结果告诉主人。筮者与主人占之曰："从。"主人带绖哭，不踊。若不从，重新卜筮，更择地而筮之。

匠人在殡门外砍治其木材以为椁，主人前往拜谢工匠，从左绕椁，反位哭，不踊。妇人哭于堂。

刊治好的明器之材放在殡门外，面向西以北为上，屈萦放着。主人偏视之，如哭椁一样。这些明器之材经刊治，但不加饰做成。

再用龟卜葬日。

进行龟卜之日，早上哭，众人在庙外站好位置。卜人先将龟壳祭奠于西塾，上南首，有奠席，准备好荆焞、燋等在龟片东边。

族长来到卜处，宗人（掌礼之官）着吉服（求吉之意，士之吉服为玄端）立于门西，面向东，以南为上。占卜的有三人，在其南北上。卜人执燋者在西塾。东面的门关住，妇人立于其内。卜席放在门西，门限外面。

《仪礼·士丧礼》云："卜日，既朝哭，皆复外位。卜人先奠龟于西塾上，南首有席楚焞，置于燋在龟东。"郑玄注："楚，荆也；荆焞，所以钻龟者；燋，炬也，所以燃火者也。"宗人告事已完备，可以进行龟卜。

《仪礼·士丧礼》又云："主人北面免、绖，左拥之莅卜。"免，《仪礼·丧服》郑玄注：免"谓服无亲者，当为之主；每至袒时则袒，袒则去冠，代之以免。旧说云'以为免象冠，广一寸'"。免，即冕，当为丧冠。孝主人带免、绖，左拥族长莅卜之位，命卜。

卜人抱龟、燋，先奠龟于席上，再奠燋。宗人命卜人将龟腹甲以示族长。族长看后还给卜人，宗人少退，受命于族长。命曰："哀予某，来日某，卜葬其父某甫考降，无有近悔。"宗人命后，不再重复命龟，即席面向西而坐，命卜人灼龟。卜人背靠东边的门，坐，灼龟。宗人将龟卜的结果让族长看，族长看后，还给宗人。宗人退，面向东，于是大家都占，以后，又执龟以告族长和主人。占曰："某日从。"把龟腹甲还给卜人，根据龟卜的结果来定葬日。

二、既夕哭、朝祖庙、饰棺及备随器物

1. 既夕哭

既夕，葬前二日的晚上，与埋葬之日隔一天。既夕，孝子等人哭泣，将开

殡之日以告于宾客，这是埋葬的第一个仪式。

2. 朝祖庙

既夕哭的第二天，即葬前一日，棺柩要朝祖庙。其意为，该死者将要与祖先汇合了，在汇合之前，先朝拜祖宗之神灵。

棺柩迁往祖庙之前，先在祖庙内摆好祭祖奠。早上，在祖庙门外的东边，陈列三鼎，内盛豚、鱼、腊肉，二甒，内盛醴酒，毼（白色）豆二个，内盛葵菹、蠃醢；二笾，内盛不剥皮的粟和四条肉脯。该奠的规模与大殓奠时相同。

祖奠设好后，即开始准备将柩迁于祖庙，把夷床（原来放尸的床）朝正于柩而放在两楹间。二烛放在殡门外。丈夫髽发，散带，即位，一切都如小殓时。妇人不哭。主人拜宾，即自己的位置以后，袒。商祝戴免，亦袒，拿着经灰治的功布（麻布经灰椎洗，较为细白），自西阶上去，但不入堂，喊三声“噫!”以启告神也，以后命哭。以二烛奠于堂，以照亮殡肂。周祝亦入于室，撤去原来的宿奠。周祝降阶，与夏祝取原来所做的名器置于铭旌旁，主人踊无数。

商祝用功布拂柩上之尘，即拂去凶邪之气，并以功布来接神，使神以为有地方可以安居。覆棺用夷衾，升棺用輁轴（如长床，前后着金），将棺迁于祖庙。发殡向祖庙所行的次序是：铭旌先，奠从，烛从，柩人从，主人从，丈夫由左，妇人由右，以服之亲疏为先后。按其昭穆，男宾在前，女宾在后。

到祖庙后，柩由西阶升上，因是朝祖，故不能从阼阶升。奠摆在下面，柩的北首之位。主人跟随柩登上西阶，在柩东，面向西，主妇面向东。众人皆在东边即位。

柩下面用夷床支撑，放在两楹间。柩首向北，因要朝祖，故不可以足向之。主人在柩东，面向西，将铭旌仍置在殡宫时的位置。

因柩要在这里停放，故虽在门外设了祖奠，亦要设宿奠。祖奠用以祭祖，宿奠用以祭死者。在柩西设席，即在西阶上面设席。设奠面向东，如殡宫朝夕奠一样。奠脯、醴酒，即一笾、一豆、两甒；用巾覆盖，升、降自西阶。

主人踊无数，降下西阶拜宾，回到自己的位置。因主人自启殡朝祖，一直袒，至此乃穿上衣服。主妇及亲属由柩足西，向柩东，面西。进车（此车乃魂车，汉法以其神灵在焉，非载柩之车）在东檐东隅之下。

进缨三就。缨，即马鞅；就，成也。这句话的意思是进三条三色丝制成的马鞅，以悬于车的横木上。先秦时期，人们丧葬有陪葬车马的葬俗。从殷代至战国的贵族墓葬中，多附葬有车马坑，有时还殉葬御者。

每车一条马缨。进三条马缨，故此处有马车三乘；每乘车两马。养马的人分左右牵马，赶车的人执马鞭站在马的后面。主人哭踊，荐马之后，荐车之礼成。宾客每有事出祖庙，主人送之门外。

有司请问祖期。贾公彦疏曰："将行而饮酒曰'祖祖始'也者。案《诗》有'韩侯出祖，出宿于屠。显父饯之，清酒百壶。'又云'出宿于泲，饮饯于祢。'皆是将行饮酒。曰'祖此死者将行'，亦曰'祖为始行'，故曰祖也。"祖期，就是祖死将行饮酒。主人说："日侧。"郑玄注："侧，昳也；谓将过中之时。"

主人进来，袒。将柩从堂北首御下，下堂而载于车，并且束棺于柩车。《檀弓》曰："束棺为竖二横三。"主人在棺载于柩车时，踊无数。柩载好于车以后，主人穿好衣服，将原来西阶上的奠降下来，奠于束车的前面。

三、饰棺，备随葬器物

1. 饰棺

商祝在柩车周围进行饰棺，即设墙柳。《周礼·天官·缝人》（清）孙诒让正义："凡覆柩车者，上曰柳，下曰墙。柳衣谓之荒，墙衣谓之帷。"《礼记·丧大记》："饰棺……黼荒。"郑玄注："荒，蒙也。在旁曰帷，在上曰荒，皆所以衣柳也。"布帷称墙，布帷上面的顶称为荒，也称为柳衣。饰棺，即用白布在柩车四周和上面挂上帷幔。帷幔前面是红色，后面是黑色，中间以纽相连。整个小车帷幔如人居之斋。车盖上有蕤，以三色缯为之，上朱，中白，下苍色，没有缀贝。帷幔前挂着一个承溜般的池。池下有小曲屏一样的装饰，叫振容。设披。披，就是用帛带一端束在棺上，另一端伸出帷幔，让送葬的人握着。士的披用黑色的。系上牵拉柩车的引。引在轴上亦称绋。这是贵族士的棺饰。

各级贵族由于身份不同，其棺饰也是有等级的。《礼记·丧大记》云"饰棺：君龙帷，三池，振容，黼荒，火三列，黻三列，素锦褚加伪荒，纁纽六齐，五采五贝，黼翣二，黻翣二，画翣二，皆戴圭；鱼跃拂池，君纁戴六，纁披六。

大夫画帷，二池，不振容，画荒，火三列，黻三列，素锦褚纁纽二，玄纽二，齐三采，三贝，黻翣二，画翣二，皆戴绥，鱼跃拂池；大夫戴前纁，后玄披，亦如之。士布帷布荒，一池，揄绞，纁纽二，缁纽二，齐三采，一贝，画翣二，皆戴绥，士戴前纁后缁，二披用纁”。

君（天子诸侯）的棺材四周有挂着画龙的帷幔，前面和左、右（共三块）用竹子和青布制成。上挂像承溜般的池，池下挂着铜鱼，铜鱼随柩车行动而上下跳动。后面装饰着像屏风一样的振容，上面挂着边缘上画着斧文的幔。缘中间画了三行火纹和三行斧文，再用白锦做成屋顶的样子，加在幔上。用六枚浅绛色的纽扣将上下连接起来，顶上用五彩的缯做成装饰，再挂五串贝壳。棺周围有六个翣：两把画着斧文的翣，两把画着“已”字相背连续图案的翣，两把画着云气的翣。翣角上都装上圭。

翣，以木为框，广三尺，高二尺四寸，方两头，其柄长五尺。

国君的棺木，用六条浅绛色的帛带捆绑在车架上，再用六条浅绛色的帛带（亦叫披）伸出帷外，让送葬的人牵引。

大夫的棺木，四周挂着画着云气的帷幔，前后挂池，后面不用“振容”装饰。上幔的边缘画着云气，中间画着三行火和三行“已”字相背的连续图案。白锦做成屋顶，连接上下的有四枚纽扣，其中两枚浅绛色，两枚黑色。用三彩的缯制成车顶的垂饰，三串贝壳。边上有四把翣，两把画着斧文，两把画着云气。翣上都带着装饰，池下挂着铜鱼。捆绑棺材的帛带，前面用浅绛色，后面用黑色的，让人牵引的帛带也是如此。

士的棺木，上有用白布做成四周和上面的帷幔，前面挂着“池”，后面挂着的类似“振容”，但有较简单的揄绞。士的棺木无有铜鱼。用两枚黑色、两枚浅绛色的纽扣连接上下。用三彩缯制成车顶的装饰，但上面只挂一串贝壳。有两面画着云气的翣，角上有装饰。用以捆绑棺材的帛带，前面是浅绛色的，后面是黑色的。只有两条让人牵引的帛带，都是黑色的，与《仪礼·既夕礼》所载的基本相同。

春秋时期的周文化墓葬的考古材料与《仪礼·士丧礼》记载基本相合，如河南三门峡上村岭虢国墓地上的 M1617、M1689 二墓的棺痕周围，都出土 100 多件铜鱼。这应是《仪礼·士丧礼》中所记的“鱼跃拂池”之铜鱼。

周代贵族根据他们的贫富贵贱等级的不同，其丧葬中的各种礼仪也不相同，同样，死者的棺饰也不相同。贵族身份越高，棺饰越华丽，反之，棺饰也随之简陋。

2. 备随葬器物

随死者一起埋葬的器物有明器和实器.

《仪礼·既夕礼》云："陈明器于乘车之西。"郑玄注曰："明器，藏器也。"随死者埋入墓圹的器物称为明器，这种器物一般不是生者实用之器。

新石器晚期大汶口文化的大墩子遗址中期墓葬就出土3件陶房子模型。一件立面呈长方形，短檐，攒尖顶，前面设门，三面设窗，门口及周围刻有狗的形象；一件立面呈三角形，前面开门，左右及后墙也设窗；另一件圆形，未见门窗。[①] 另外，大墩子还出土一件陶畜圈的模型，屈家岭文化中还出现了红陶小鸡。

这些当然还不能算是明器，但是明器的前身，是以模型代替实物的最初范例。所谓明器就是专门为死者所做的，埋在墓葬中的不能实用的器物。《礼记·檀弓上》载孔子曰："之死而致死之，不仁，而不可为也。之死而致生之，不知，而不可为也。是故竹不成用，瓦不成味（味，沫也，光泽之意），木不成斲，琴瑟张而不平，竽笙备而不和，有钟磬而无簨虡，其曰明器，神明之也。"孔子认为，不能以致生者的施于死者，死者如草木无情，如此用情，则是不仁不智之举动。

使用明器，是一部分有头脑的知识分子思想意识的反映。《左传·桓公六年》载随国的季梁说："夫民，神之主也。是以圣王先成民而后致力于神。"《左传·庄公三十二年》载虢国的史嚚说："吾闻之，国将兴，听于民；将亡，听于神。神，聪明正直而壹者也，依人而行。"《左传·僖公十九年》载宋国司马子鱼说："祭祀以为人也。民，神之主也。"这些材料说明，民是"神之主"。神的一切要"依人而行"。春秋时期，人们的思想意识在发生变化，对于死者的看法也发生了变化。人们仍然认为死者是有神主的，但是这个神主被降到次要的地

---

① 中国社会科学院考古研究所：《新中国的考古发现和研究》，文物出版社，1984年，第93页。

位，鬼神失了主宰一切的作用和能力，要随人的意志而转移。

这种思想表现在丧葬制度就是不要以生人之器致死者，要以边无縢缘的竹器，没有光泽的陶器，不加雕饰的木器，去随葬死者。总之，就是比较简陋粗糙、不能实用的器，叫作明器。这是一种人重于神鬼思想的表现。使用明器随葬，还表现了一部分知识分子爱惜人间财富、节葬的思想。殷周以来，在“万物有灵”思想的支配下，人们相信冥冥中祖先的神主灵魂能够保护自己；因此，他们不仅“事死如事生，”有时还甚至重于事生。人们把大量的金银宝器、车马剑戟，玉、铜礼器随死者一起埋入地下，造成社会财富的极大浪费。有识之士清楚地认识到这是一种极愚蠢的行为，于是就有人提出用“明器”随葬，既表达生者对死者的感情寄托，又不会造成更大的浪费。

但是上等贵族是不甘心满足他们死后仅用一些粗糙的明器的。下等贵族多是以明器与实用器兼用之，而一些上等富有的贵族随葬多是只用实用器不用明器的。《礼记·檀弓上》载仲宪（孔子弟子）言于曾子曰：“夏后氏用明器，示民无知也。殷人用祭器（指实用器），示民有知也。周人兼用，示民疑也。”曾子曰：“其不然乎，其不然乎。夫明器，鬼器也，祭器，人器也。夫古之人胡为而死其亲乎。”

仲宪所说的，夏代是否用明器还可进一步考证，但殷代用实用的礼器殉葬，周代兼用明器与实用器殉葬却是事实。

《仪礼·既夕礼》云：“陈明器于乘车之西。”唐朝贾公彦疏曰：“明器，藏器也，自筲以下皆是藏器。”

苞二：即苞牲，以裹奠羊豕之肉为苞牲。

筲三：筲，郑注“畚，种类也，其容盖与簋同，一觳也”。筲中盛黍、稷、麦。

瓮三：瓮是一种瓦器，内盛酰醢，姜桂之屑，用疏粗的布覆盖。

甒二：盛醴酒，用疏粗的功布覆盖。

备好随葬所用的器物。

兵器：弓、矢等。

农器：耒、耜。

食器：两敦，两杅（盛汤浆之器）。

盥洗器：盘、匜。匜放在盘中，流向南。

没有祭器。祭器为人器，明器为鬼器，大夫以上兼用鬼器、人器。士只有鬼器，无人器。

乡役之器：甲、胄，盛弩所用的干笮。但这些役器皆非常粗恶，是送死之具。

燕器：扶身的拐杖，御暑用的斗笠，招冷而用的翣扇。

另外，还要准备埋葬时所用的东西。

折：像床一样，纵三木，横五木，横着覆于圹上，以承抗席。

准备一个抗木。抗木横三、纵二，加在抗席的上面。

抗席三条，主要是为了御尘土而用。

茵用疏粗的布染为浅黑色，用一幅布缝好，合两边为袋。又以别物为两边幅缘边，缝合，使之牢固，并茵以为饰。中实以茅莠，亦竖二横三，如卦所说的，天三合地二，人藏其中。下葬时，茵先属引埋下棺，茵与棺为籍，茵先入，在棺之下。

但是在实际的墓葬中，所随葬器物要远比上述的器物复杂。如《礼记·檀弓上》载："宋襄公葬其夫人，醯醢百瓮。曾子曰：'既曰明器矣，而又实之。'"这说明春秋时期墓葬中的随葬器物远比文献记载的丰富，还随葬器物不仅有明器，还有实器。当然，由于贵族身份地位等级的不同，随葬器物的多寡亦不相同。

先秦时代的随葬器物主要有食用器，即礼器、祭器、武器、乐器和一些农产品等。

在祖庙中备好随葬器物，朝祖即将结束。为了出殡方便，移动柩车，将祖奠重新设在柩车西。撤奠时，主人踊、袒。商祝执功布居柩车之前，使柩车的车辕向外。祝取铭旌置于茵上。柩车向外移动，将所荐马，再行荐马之礼。朝祖结束。宾出，主人送。有司请示葬期，柩车回到殡所。

四、赠赗

赗，郑玄注曰："所以助主人送葬也。"古人在自死者始死至停殡期间，即未葬之前要向死者赠赗。赗，是指赠与死者随葬之物。《左传·隐公元年》载：

“天子七月而葬，同轨毕至；诸侯五月，同盟至；大夫三月，同位至；士逾月，外姻至。”也就是说，天子之葬，天下凡同轨（车辙轨迹相同，指诸侯）皆来助葬；诸侯之葬，凡同盟诸侯亦遣使会葬；大夫之葬，凡同为大夫者皆来会葬；士逾月而葬，外姻来会葬。当然，会葬时一般都要赠送助葬之物。

赠送助葬之物的名目有赗、赙、襚、唅、赠等。《说苑·修文》云：“赗者何？丧葬有赗者，盖以束帛车马曰赗，货财曰赙，衣被曰襚，口实曰唅，玩好曰赠。知生者赙赠，知死者赠襚。赠襚所以送死也，赠赗所以佐生也。”赗、赙是来宾赠与死者家属的助葬之物；襚是来宾赠死者的助葬之物。

赠赗，不仅是地位低的向身份高的人赠送，而且身份高的人亦向其下级赠送。如《左传·隐公元年》载：“天王使宰咺来归惠公仲子之赗。”又《仪礼·既夕礼》云：士葬“公赗，玄纁束马两”。郑玄注：“公，国君也。赗，所以助主人送葬也。”从以上记载看出，天子可以向其诸侯国君赠赗，诸侯国君也可以向其臣下赠赗。《左传·隐公三年》记载，周平王死后，王室的武氏子到鲁国来求赙。《周礼·宰夫》郑玄注云：“凡丧，始死，吊而含襚，葬而赠赗，其间加恩厚则有赙焉。”在行葬礼之前，必须赠赗，特别厚的礼才叫赠赙。

根据死者身份的高低，来宾赠赗的数目也是不同的。《说苑·修文》云：“舆车、束马、货财、衣被、玩好，其数奈何？曰：天子乘马六匹，诸侯四匹，大夫三匹，元士一匹。天子束帛五匹，玄三纁二，各五十尺；诸侯玄三纁二，各三十尺；大夫玄一纁二，各三十尺；元士玄一纁一，各二丈；下士彩缦，各一匹；庶人布帛各一匹。天子之赗，乘马六匹，乘车；诸侯四匹，乘舆；大夫参舆，元士下士不用舆。天子文绣各一袭，到地，诸侯覆跗，大夫到踝，士到髀。”

《仪礼·既夕礼》云：“公赠，玄纁束马两。”国君所赠赗有玄纁、束帛，并有两马，还说明该死者是士的等级。天子、诸侯、大夫、士等各级贵族身份不同，别人对其赠赗也不相同。

《仪礼·既夕礼》载，国君也要对士赠赗，可派遣使者。国君的使者到，主人家的小臣入告。主人释杖，迎于庙门之外，不哭，先入门东，面向北，与众庶兄弟袒。把马入设于庭，使者奉币由前辂之西，面向北（柩和奠的方向）致国君之命。主人哭拜、稽颡，成踊。使者将币奠于柩车。使者在左，将衣服授于尸之右，而出。

宰由主人之北，把币放以东而藏之于内，力士将马牵出。主人从使者予外门外，拜。

如有宾来赠，可告于主人。主人家的小臣出，入告主人。赠马入设于庭，宾奉币，小臣先入，宾从。致命仪式如前国君的使者一样。主人拜于位，不踊。宾奠币如前，宰举币受马亦如前，小臣出。

如有宾来奠，小臣入告主人，出，迎宾入，致命如前。力士受羊（奠用的羊）和受马一样。如果赠有货财，小臣入告。主人出门左，面向西，宾面向东，致命。主人拜宾，将货财委之宰。宰由主人之北，面向东，返回他原来在主人后边的位置。主人反位。如没有器，则对面相授。如有赠玩好之器者，则将器与原来车西的明器陈放在一起，凡送礼者，皆先请于主人，主人而拜之。

兄弟，可与奠；朋友相知赠赗，则可不奠；施予生者的赠物，是为辅主人所不足。施于生者的为赠物，是对死者表示的心意。执事应把赠赗、赠赙之人的姓名，所赠数字的多少，赠的何物，将赠物的名字及多少皆书写。赠在百名以上者书于筹，不及百名者书于方，藏在物的下面。仍由人代哭如前小殓时。

晚上，为燎于门内之右，即门东，因柩东西有奠，鬼神尚幽暗。

五、埋葬之礼

大遣奠。

次日天明，要进行埋葬之礼，这天为葬日，这日所设的奠为大遣奠，即是葬奠。

清晨，在庙门的外面，陈放鼎五个，即盛羊、豚、鱼、腊、鲜兽各一鼎。羊用左半，不要髀。郑玄注："反吉祭也。"《仪礼·特牲少牢》在记载吉祭时，皆升右半，此用左半；那么吉祭用牲之右半，反吉祭则用左半。周人贵肩，贱髀，故髀不升，只要髆（前肢）以上部分。豚亦如同羊一样，用左半，不要髀；鱼、腊，鲜兽如前。另外，还要用肠五、胃五、离肺。本来士礼仅用三鼎，但此为葬奠，故礼加一等，用五鼎。

陈东方之馔：两甒盛醴酒。四豆，其一内盛细切的羊百叶，一为蚌酱，一为葵菹，一为蠃醢。四笾，其一盛枣，一为糗饵（以稻米、黍米干面粉，合蒸曰饵），一为粟，一为脯。

陈列明器，灭燎，使二人执烛，夹辂面向北。

如有宾来，则拜之；但是不能出迎，自此主人无出迎之礼。

撤祖奠，丈夫踊；设葬奠于柩车西北，妇人踊。

在柩车之西设葬奠（即大遣奠），五鼎皆入陈列。再把前面备好的四豆，从西边摆，其摆法稍弯曲一些。羸醢之南放四笾，从北边摆，摆放如豆。两个俎并排放在一起，不弯曲，上放特牲和鲜兽。醴酒在笾西。

葬奠所用的器具为五鼎、四豆、四笾、二甒、二俎。

奠者出，主人踊。

祭奠以后，开始准备出发到墓地埋葬死者。甸人抗“重”出于门中央，在道左侧等候。进马，马出自门中央，车各从其马，驾于门外，面向西等候。

撤奠的人进去撤奠，主人踊。撤巾、苞牲，取羊豚之下体，即前径折取臂臑，后径折取骼，不同鱼腊。然后，茵、苞、明器次序而从，车从。撤者出，主人踊。

主人之史（即主人的记事者）在柩东，当束车之前，面向东，读賵和计算其价值数。不命勿哭，哭者互相止。唯主人、主妇哭，烛在右边，面向南。读賵者立起来读，执算数者坐下来，因为赠数极多。读完后，读賵与执算数者出，灭烛，命哭。

国君之史自西，面向东，命勿哭，主人主妇皆不哭。读遣（即入圹之物），读完后，命哭，灭烛出。

柩车在道上发行，商祝执功布以御柩执披，主人袒，踊无数，出宫后，穿好衣服。在到邦门时，即到国城的北门，国君赠送玄纁帛带。这些帛带是在至圹窆后，主人赠死者所用，如今由国君赠，君物所重，用之送终。赠帛带时，主人去杖，不哭，在柩车左（即车东）以听命。使者致命完毕，主人哭拜稽颡。使者到车前将赠币放在棺盖上（在庙中所赠之币皆奠于左服，此次实于棺盖之上，至于圹）。然后，使者还，主人拜送。主人复位，仍执杖，乃行。

至于圹，陈列明器于道东西，北边为上。籍柩的茵先入，再把棺上的引绳（即绋），披、帷荒等饰除去。主人袒，众主人面向西，以北为上，妇人面向东，皆不哭。乃下棺于窆，主人哭踊无数。主人穿好衣服，将国君所赠制币及帛带加之于棺，稽颡，踊。然后袒，拜谢宾，主妇亦拜宾，即位踊，穿好衣服。

下葬的时候，国君用画着龙的车。下窆时，用四条引绳和两座安置辘轳的碑，用头上插着羽毛的竿子来指挥棺材的进止缓急。

大夫用辁车（古代无辐的木制车轮）下葬，用两条引绳和两座安辘轳的碑，用旗子指挥棺材的进止缓急。

士用輴车下葬，輴车是没有辐条、以圆木作车轮的车子，古代用以运载棺柩。用两条引绳而不用碑，用一挂大功布的竿子指挥棺材的进止缓急。

当用车把棺木下葬于窆之后，“藏器于旁加见”。郑玄注：“加见者，器在见内也，内之者，明君子之于事终不自逸也。”棺木及随葬器物藏在棺木的旁边，再把帷、荒、池、绋、披等棺饰加在上面。苞、筲亦在棺旁。然后加折，再加抗席覆盖，再抗木。再依次实土三遍。主人拜谢实土的乡人，乡人在道助执绋，在圹助下棺。墓中所随葬的用器弓矢，不辨弓矢善恶及弓矢之名，但应该有张弛之性；放弓矢的柲、韣（弓衣）、翭矢一乘、骨镞、短卫（自卫的短刀）；《尔雅·释器》云：“金镞，翦羽谓之翭是也；此言短羽，即翦羽也。……《周礼·矢人》上陈五矢，下乃云五分其长而羽其一，故云凡以广之也。案郑彼注云‘矢笴长三尺五分，羽一则六寸也。谓之羽者，指体而言；谓之卫者，以其无羽则不平，正羽所以防卫；其矢不使不调故名羽为卫。”《仪礼·既夕礼》云：“志矢，一乘轩輖，中亦短卫。”志矢，是拟于习射之矢，短见，即不用实器，亦似矢之意。凡为矢前重后轻；轩輖，车前高后低叫轩，前低后高叫輖；引申为高低、优劣。

主人即位，位在羡道东，踊无数。

乃反哭于祖庙。主人登上西阶，面向东，众主人在堂下，亦面向东，以北为上。妇人等后入，登上阼阶。主妇入于室，意为反诸所养也，室为亲所馈食之处，踊，出。即位，丈夫更踊三。

宾吊者升自西阶，主人拜稽颡。宾降出，主人拜送于门外，拜稽颡。

遂回到殡宫，其位置如同启殡时的位置，即“朝夕哭”之位，妇人即位于堂南，主人堂下直东序，面向西，更踊三。兄弟（小功以下）出，主人拜送。众兄弟出门，哭止。然后关门，因鬼神尚幽暗。主人揖众，乃居倚庐。犹朝夕哭，不奠。

以上是《仪礼》中《士丧礼》和《既夕礼》记载的丧葬之礼。

六、谥、诔

《史记·谥法解》云："惟周公旦，太公望开嗣王业，建功于牧野，终将葬，乃制谥，遂叙谥法。谥者，行之迹；号者，功之表……车服者，位之章也。是以大行受大名，细行受细名。行出于已，名生于人。"

大约自西周中叶起，在人死后，行将终葬时，对于他的一生行迹，进行概括总结，或褒或贬、赠之以号，曰谥。这种谥号，只赠予有爵位的人。《白虎通·谥》篇云："古者生无爵，死无谥，此言生当有爵，死当有谥也。死乃谥之何，言人行终始不能若一，故据其终，始从可知也。"所以周代谥号只给有爵位的人，而且是在其死后，对他一生的言行盖棺论定。这是生者对死者谥。

谥，有认为是人刚死时行议。《孔子家语》谓："既死而议谥，谥定而卜葬，既葬而立庙。"还有认为葬之前议谥。《礼记·檀弓下》云："公叔文子卒，将葬、其子戍请谥于君。"《白虎通·谥篇》云："之所以临葬而谥之何，因众会欲显扬之也。"赠谥，主要是对一个人的一生功过进行褒贬，有惩恶劝善之目的。

为死者赠谥，主要由大师、大史等官掌理。《周礼·春官·大师》云："大丧，帅瞽而钦作柩谥，凡国之瞽朦正焉。"即谥。是由大师（掌音乐之人）率领群瞽陈设乐器，在朝祖庙及将祖时，起柩载车，大师进谥，凡国中瞽艨都要听从大师的政令。又《周礼·春官·大史》云："大史、小史，掌卿大夫之丧，赐谥、读诔。"

古代天子，诸侯的谥号有褒有贬，皆寓之以意义。《左传·襄公十三年》载：楚共王有病，即将死去之前，告诉他的大臣说："不谷不德，少主社稷。生十年而丧先君，未及习师保之教训而应受多福，是以不德，而亡师于鄢，以辱社稷，为大夫忧，其弘多矣。若以大夫之灵，获保首领以殁于地，唯是春秋窀穸之事，所以从先君于祢庙者，请为'灵'若'厉'，大夫择焉。"莫对，及五命，乃许。秋，楚共王卒。子囊谋谥。大夫曰：'君有命矣。'子囊曰：'君命以共，若之何毁之？赫赫楚国，而君临之，抚有蛮夷，奄征南海，以属诸夏，而知其过，可谓不共乎？请谥之共'。大夫从之。"

由此可见，“灵”和“厉”是不好的谥号；“共”，才是美名。先秦时期，天子、诸侯的谥号皆是根据其一生行迹而定。

《史记·谥法解》记载：

民无能名曰神，一德不懈曰简，靖民则法曰皇，平易不訾曰简，德象天地曰帝，尊德贵义曰恭，仁义所往曰王，敬事供上曰恭，立志及众曰公，尊贤敬让曰恭，执应八方曰侯，既过能改曰恭，赏庆刑威曰君，执事坚固曰恭，从之成群曰君，爱民长弟曰恭，扬善赋简曰圣，执礼御宾曰恭，敬宾厚礼曰圣，芘亲之阙曰恭，照临四方曰明，尊贤让善曰恭，谮诉不行曰明，威仪悉备曰钦，经纬天地曰文，大虑静民曰定，道德博闻曰文，纯行不爽曰定，学勤好问曰文，安民大虑曰定，慈惠爱民曰文，安民法古曰定，愍民惠礼曰文，辟地有德曰襄，赐民爵位曰文，甲胄有劳曰襄，绥柔士民曰德，小心畏忌曰僖，刚强直理曰武，质渊受谏曰釐，谏争不威曰德，有罚而还曰釐，威强敌德曰武，温柔贤善曰懿，克定祸乱曰武，心能制义曰度，刑民克服曰武，聪明叡哲曰献，夸志多穷曰武，知质有圣曰献，安民立政曰成，五宗安之曰孝，渊源流通曰康，慈惠爱亲曰孝，温柔好乐曰康，秉德不回曰孝，安乐抚民曰康，协时肇厚曰孝，合民安乐曰康，执心克庄曰齐，布德执义曰穆，资辅就共曰齐，中情见貌曰穆，甄心动惧曰顷，容仪恭美曰昭，敏以敬慎曰顷，昭德有劳曰昭，柔德安众曰靖，圣闻周达曰昭，恭己鲜言曰靖，治而无眚曰平，宽乐令终曰靖，执事有制曰平，威德刚武曰圉，布纲治纪曰平，弥年寿考曰胡，由义而济曰景，保民耆艾曰胡，耆意大虑曰景，布义行刚曰景，追补前过曰刚，清白守节曰贞，猛以刚果曰威，大虑克就曰贞，猛以强果曰威，不隐无屈曰贞，强义执正曰威，辟土服远曰桓，治典不杀曰祁，克敬动民曰桓，大虑行节曰孝，辟土兼国曰桓，治民克尽曰使，能思辩众曰元，好和不争曰安，行义说民曰元，道德纯一曰思，始建国都曰元，大省兆民曰思，主义行德曰元，外内思索曰思，圣善周闻曰宣，追悔前过曰思，兵甲亟作曰庄，

行见中外曰悫，叡圉克服曰庄，状古述今曰誉，胜敌志强曰庄，
昭功宁民曰商，死于原野曰庄，克杀秉政曰夷，屡征杀伐曰庄，
安心好静曰夷，武而不遂曰庄，执义扬善曰德，柔质慈民曰惠，
慈仁短折曰怀，爱民好与曰惠，述义不克曰丁，夙夜警戒曰敬，
有功安民曰烈，秉德尊业曰烈，合善典法曰敬，刚克为伐曰翼，
刚德克就曰肃，思虑深远曰翼，执心决断曰肃，外内贞复曰白，
不生其国曰声，不勤成名曰灵，未家短折曰伤，死而志成曰灵，
爱民好治曰戴，死见神能曰灵，典礼不愆曰戴，乱而不损曰灵，
短折不成曰殇，好祭鬼怪曰灵，隐拂不成曰隐，极知鬼神曰灵，
不显尸国曰隐，见美坚长曰隐，杀戮无辜曰厉，官人应实曰知，
愎佷遂过曰刺，肆行劳祀曰悼，不思忘爱曰刺，年中早夭曰悼，
蚤孤短折曰哀，恐惧从处曰悼，恭仁短折曰哀，凶年无穀曰荒，
好变动民曰躁，外内从乱曰荒，不悔前过曰戾，好乐怠政曰荒，
怙威肆行曰丑，在国遭忧曰愍，壅遏不通曰幽，在国逢艰曰愍，
蚤孤铺位曰幽，祸乱方作曰愍，动祭乱常曰幽，使民悲伤曰愍，
柔质爱谏曰慧，贞心大度曰匡，名实不爽曰质，德正应和曰莫，
温良好乐曰良，施勤无私曰类，慈和徧服曰顺，思虑果远曰明，
博文多能曰宪，啬于赐与曰爱，满志多穷曰惑，危身奉上曰忠，
思虑不爽曰厚，克威捷行曰魏，好内远礼曰炀，克威惠礼曰魏，
去礼远众曰炀，教诲不倦曰长，内外宾服曰正，肇敏行成曰直，
彰义掩过曰坚，疏远继位曰绍，华言无实曰夸，好廉自克曰节，
逆天虐民曰抗，好更改旧曰易，名与实爽曰缪，爱民在刑曰克，
择善而从曰比，除残去虐曰汤。

以上是《史记·谥法解》所记载的先秦至秦汉时期天子、诸侯、还包括一些卿大夫的谥号含义。对于贵族，主要是天子、诸侯，据其言行、道德，在其死后以封谥号。人们对贤明的君主谥以美名，把昏乱之主谥以恶名，如《左传·宣公十一年》载："郑人讨幽公之乱，斲子家之棺，而逐其族。改葬幽公，谥之曰灵。"把原来谥为幽公的郑国君夷改谥为"灵"。"灵"较"幽"似乎是更不好的谥号。

国君死而有谥，卿大夫亦有谥号。《左传·昭公二十年》载："卫侯赐北宫喜谥曰贞子，赐析朱钼曰成子。""贞"与"成"皆为美谥号。这种谥号在中国两千多年的封建社会中，一直是有其意义。历代帝王的谥号多据此而来。但后代多取美名，而弃恶名而已。

《白虎通》曰："古者生无爵，死无谥。"那么自大夫以下没有爵位，也就无谥号。但士一级的下等贵族有诔。诔，亦是盖棺论定，在一个人死后对他的评价。《礼记·檀弓上》云："鲁庄公及宋人战于乘丘，县贲父御，卜国为右。马警败绩。公坠，佐车授绥。公曰：'末之卜也。县贲父曰：'他日不败绩，今败绩，是无勇也。'遂死之。圉人浴马，有流矢在白肉。公曰：'非其罪也。'遂诔之。士之有诔，自此始也。"郑注曰："诔其赴敌之功以为谥。诔，谥也。"

士之谥，称为诔。后代，庶人之死，亦有诔文。诔文，亦为谥的一种，是生者对死者一生功过的评价，有似于后代的追悼辞。

第四节　周代的祔庙之礼

埋葬死者以后，从对死者进行虞祭祔庙之礼开始，直至在服丧的三年之中对死者进行的各种祭祀，如虞祭、小祥祭、大祥祭、禫祭等，这是由于对死者的哀伤所致，而对死者进行各种祭祀，于五礼之中属凶礼。祭祀的基本思想是"事死如事生"，是生者对死者寄托的哀思。按照古人的看法，把死者埋葬以后，死者的灵魂肯定在田野中游荡，成为鬼。那么必须立刻把死者的灵魂迎回来，祔在庙中受享。因此在早晨对死者埋葬，中午就要迎其精神而返，祭之于殡宫以安之，举行虞祭——祔庙之礼。虞，安也。虞祭的意义就是虞于寝，祔于祖庙。

虞祭可分为初虞、再虞、三虞、卒哭祭等礼仪。

古人把甲、乙、丙、丁、戊、己、庚、辛、壬、癸十天分为刚日和柔日。

甲、丙、戊、庚、壬为刚日，乙、丁、己、辛、癸为柔日。

丁日葬，葬用柔日。初虞与葬日同，故亦用柔日。己日行再虞之祭，庚日行三虞之祭，壬日行卒哭祭。即始虞，再虞用柔日，三虞、卒哭用刚日。

一、虞祭之礼

虞祭在埋葬后的日中举行，即将死者的灵魂迎回在寝庙之中进行安虞的祭祀。虞祭有初虞、再虞、三虞。虞祭于五礼之中属凶礼。

虞祭主要可分为迎神、献尸两项仪式。

1. 迎神

迎神就是把死者的灵魂迎回来，进行祭祀。首先在庙门外放置祭祀用的牺牲，牲用一半，以镬盛之。鱼腊灶、炊黍稷灶依次而放在东壁。

丧主，亦称主人首先在庙门之外有一个迎接祝、尸的礼仪（祝，是在虞祭中接神者；尸，代表死者的神主；在下一个小目中详述）。庙门西部牖处放洗（一种盥洗器）。堂中北牖下当户置尊甒。两甒盛酒。西序下放置没有雕饰的几案和苇席；西上放篚，内置五寸长、捆扎成束的苴茅，即白茅草。苴，《仪礼·士虞礼》郑玄注曰："苴，犹藉也。"西楹东放一铏（盛羹的器皿）、甗、两豆、四笾。两豆内盛菹和醢，笾内盛栗、枣之类。当祝（迎神者）、尸走进庙门时，主人左取菹，右取醢，两豆随主人，敬献祝；笾随主妇，敬献尸。因祝、尸皆未入庙门，尸入庙门后才为神，故先献祝，后献尸。敬祝、尸的酒要用五寸长、捆扎成束的白茅草沥下的酒，因为白茅草沥下的酒才至洁。古代的酒是发酵酒，有渣滓，需要用白茅草沥酒，才算清酒。《左传·僖公四年》记载齐国征伐楚国，管仲代表齐桓公对楚成王说："尔贡包茅不入，王祭不共，无以缩酒，寡人是征。"杜预注："包，裹束也；茅，菁茅也；束茅而灌之以酒为缩酒。"以苴茅沥酒，就是藉白茅草沥酒，这就是迎接祝、尸的礼仪。在入庙门时，祝先入门，在门左北面。

之后就是迎接祖先神的礼仪。在阶间陈苇席，苇席上放置二敦，内盛黍、稷。西阶之南放盘、匜，匜放在盘中。匜中放上水，流向南。庙门外之西陈放三鼎，设扃鼏（即覆鼎之物）。《仪礼·士冠礼》贾公彦疏："设扃鼏者，以茅覆鼎，长则束其本，短则编其中。"匕、俎放在西塾之西。俎上不放牲肉，牲肉皆在鼎中。

主人和众兄弟皆穿埋葬死者时所穿的丧服，髽发，垂下散带。宾客皆穿吊服，立于庙门之外。妇人及内兄弟立于堂。

祝（主管丧事仪式者）戴免，并用捶治好的葛以为首绖和腰绖。祝在堂中铺席，右边放几案，然后降阶而出，宗人告有司具，遂请拜。宾临入门哭，妇人哭。主人即位于堂，众主人及兄弟、宾即位于西方，返哭位。祝入门左，北面，接神。佐食及执事者出来举鼎，抽掉扃鼏，用朼（用桑木做成）把牲体载于俎上；依次为鱼、腊、特牲等。设二敦于俎南，西黍东稷；设一盛菜羹的铏于豆南。

祝酌醴酒，命佐食（古代祭祀中为丧主、尸贡递食物专人的名称）启会。会，郑玄注："会，合也，谓敦盖也。"启会，即将敦盖启开。主人再拜稽首。祝告神已来享飨，命佐食进行祭祀。祝读飨神之辞："哀子某哀显（丧祭称哀显）相夙兴夜处不宁，敢用刚鬣（即豕）、香合（黍粱）、嘉荐普淖（黍稷）、明斋溲酒（用新水酿成的酒），哀荐祫事，嫡尔皇祖某甫尚餐!"佐食抔衣袒臂，设苴（白茅）、取醴酒、黍稷，三祭于苴（即取醴酒，酹于苴上，以黍稷祭）；再取肤（切肉为肤），祭苴三次。

佐食祭后，祝再取觯亦祭三次，礼如佐食之祭。主人再拜稽首，谢祝和佐食。

礼毕，主人哭出。

2. 献尸

虞祭的第二项内容就是献尸。先秦时期，祭祀必须有尸。在举行葬礼的过程中，服丧、埋葬等皆不用尸，自虞祭开始有尸。

什么是"尸"呢?"尸"就是代表死者神主的人。孝子对父母的祭祀，悲痛之极，但又看不见亲人的形象，心无所系，于是就立一个尸而代表。尸是作为死者的魂魄所祔的实体而被祭祀的，即代表死者的神主是人，他是死者魂魄附着的人。

尸必须是死者的孙子或者孙辈充任。《礼记·曾子问》曰："祭成丧者必有尸，尸必孙，孙幼使人抱之，无孙则取于同姓可也。"如果死者是男，则用男尸；如果死者是女，则用女尸。孙为祖的尸，孙妇可为夫的祖姑之尸。但庶孙、妾都不能为尸。只有嫡孙、嫡孙妇可以为尸。

被选作尸的人要穿上祭君的衣服。

虞祭，是在日中开始举行。郑玄注："朝葬，日中而虞，君子举事必用辰，正也。"

虞祭奠设好后，祝到庙门迎尸。尸和另外一个衰绖奉篚的人一道进来。衰绖奉篚者，是主人的兄弟。尸进门时，丈夫踊，妇人亦踊。踊，就是顿足。盥者执匜让尸盥洗。然后，祝引导尸走进户内。主人、祝皆拜尸，让尸安坐。

尸在庙门之外是人，但进入庙门之后，就成为祖先魂灵的代表神。尸作为祖先魂灵的代表，接受子孙的祭祀。尸进户内后，左手取觯，右手取菹擩于醢，祭于豆间，即举行堕祭。堕祭，亦称绥祭。郑玄注曰："下祭曰堕。堕之，犹言堕下也。……齐鲁之间谓祭为堕。"

佐食取黍、稷、肺、授尸，尸祭之。佐食又举肺、脊授尸，尸受振祭哜之；佐食举黍错于席上，尸祭铏、尝铏。

泰羹湆门入，设于铏南，胾四，豆设于左。尸开始食饭。尸三饭（吃一口为一饭），佐食献尸以牲干伴随下饭；尸又三饭，佐食举胳授尸以下饭；尸又三饭，佐食举牲肩授尸以下饭；佐食举鱼腊放入于篚，因尸不受鱼腊，以丧不备味。佐食举牲肩，尸又三饭。尸共九饭。

饭后，酳尸，古文"酳"作"酌"，即酌酒献尸之意。其仪式有主人献尸、主妇献尸、宾长（宾客中的长者）献尸等三献尸之礼。

一献之礼：主人首先献尸。主人洗废爵（无足之爵）酌酒献尸。尸拜受爵，主人面向北答拜。宾长把肝放在俎上，右边放上盐。尸左手执爵，右手取肝擩盐，振祭食之，将剩下的放在俎上。尸饮完酒后，将爵给祝。主人拜，尸答拜。祝另取一爵酌酒授尸，尸还报主人。主人拜受爵，卒爵（饮完爵中之酒）拜，尸答拜。

主人酌酒献祝，祝拜，坐受爵；主人答拜；荐菹醢，设俎，祝左执爵祭，荐奠爵，兴取肺，坐祭哜之；兴加于俎，祭酒尝之。肝从，祝取肝擩盐，振祭哜之；加于俎，卒爵拜，主人答拜。祝坐授主人。

主人酌献佐食。佐食北面拜，坐受爵，主人答拜。佐食祭酒，卒爵拜。主人答拜，受爵出，实于篚；升堂复位。

主人献尸、献祝，献佐食，完成一献之礼。

二献之礼：主妇行亚献之礼。主妇于房中洗足爵（带足的爵），酌献尸。宾妇（宗子之妇）执两笾，内盛枣、粟。因为二献礼是主妇所行，属阴；故用笾，敬献枣、粟。枣、粟，是地之所产，属阴。尸祭笾祭酒。主妇献尸如主人献尸之仪，但尸不还报主妇。

主妇酌献祝，酌献佐食，皆如主人之仪节，完成亚献之礼。

三献之礼：宾长洗缝爵（口、足之间有篆的爵，有饰），酌酒献尸，以燔（祭肉）相从，尸祭卒爵。宾长献祝、献佐食，完成三献之礼。

至此，主人献尸、主妇献尸、宾长献尸，三献之礼完毕。祝出户，面向西，告利成（养礼毕）。主人哭，众人皆哭。

祝返入户，尸起，祝前导，尸随祝出户，衰绖奉篚者跟从。众人踊。祝返入户，撤奠设于堂之西北隅，用席隐遮，因鬼神尚幽暗。主人送众宾出门，拜稽颡。初虞之礼完毕。

如果虞祭时无尸，即死者无孙列可使，如殇祭就是如此。那么礼无堕（绥）祭，无泰羹湇，从献之仪节，其他礼荐如上述。祝释飨神之辞，告神祔之，祭酹于白茅等。

虞祭，即初虞，与葬日同一天。丁日葬，葬用柔日；故虞祭亦用柔日。己日行再虞之祭，庚日行三虞之祭，壬日行卒哭祭。即始虞，再虞用柔日；三虞、卒哭用刚日。郑玄注曰："再虞、三虞，皆质明。"虞祭在日中，再虞、三虞皆在早晨天刚明时期。

再虞，丁日。初虞为柔日，再虞亦用柔日；故丁日之后隔戊日，己日为柔日行再虞之礼。再虞与初虞之礼，隔一天举行。贾公彦疏云："日，己日再虞者，以其后虞用刚日；始虞用丁日，隔戊日，故知再虞用己日。……谓数一虞云袷，再虞云虞，三虞云成是也。"其仪如初虞之虞，飨辞如初虞，最后一句曰："哀荐虞事！"

三虞，不再虞祭的次日举行，即用刚日。刚日，即阳日，取其动也。《仪礼·士虞礼》云："三虞，卒哭。"三虞与卒哭祭是同时的，即三月之后。三虞之飨辞如初虞，最后一句曰："哀荐成事！"

二、祔庙之礼

《仪礼·士虞礼》云："死三日而殡，三月而葬，遂卒哭。"也就是说，在葬后三月行卒哭祭。当然，大夫三月而葬，五月而卒哭；诸侯五月而葬，七月而卒哭；同理天子七月而葬，九月卒哭。从死者死起，卒哭时间因人而异。卒哭者，卒去无时之哭，然后将死者神主祔于祖庙。在卒哭祭中，行祔庙之礼。

卒哭祭的仪式程序与三虞之祭完全一样，只是卒哭祭的祭辞与虞祭稍异。卒哭祭辞曰："哀子某，来日某隮祔尔于皇祖某甫，尚餐。"如果是女子死，则曰："皇祖妣某氏。"

神（死者神主）已经祔于寝庙，虞祭完毕。

卒哭祭结束后的次日，将死者的神灵魂祔于祖庙中，行祔庙之礼。

在祖庙的庭院中，即庙门之外大门之内，设奠，放置两甒、勺、洗、篚等，摆放笾、豆，内盛脯、干肉等。尸从庙中出来，几、案、苇席随尸而摆放。主人出来，站在门的稍南处，主妇站在主人之北，皆面向西，哭声不止。

尸即席而坐。主人不哭，洗废爵，酌酒献尸，尸拜受。主人拜送，哭复位。佐食进脯醢，尸左执爵，右取脯擩醢振祭，食之，将剩下的递给佐食。尸祭酒，卒爵．主人及众兄弟踊。

主妇洗足爵，亚献尸如主人仪。妇人踊。

宾长洗缝爵，三献尸如亚献仪，众人皆踊。

佐食取俎上剩下的东西，放入篚中。尸起，跟从的人奉篚，哭从之。祝前导。众人皆哭跟从，至大门之内，踊，因出大门之外，即无奉尸之礼。

尸出门，哭者止。宾出，主人拜送稽颡。主妇亦拜宾。

于是，死者的神主，则祔于祖庙。死者神主按昭穆次序祔庙（昭穆次序，后面详谈）。

虞祭卒哭以后，丧服的形式由麻服葛，男子把绖和带在庙门外脱下。妇人脱去首绖，不脱带。

虞祭、卒哭祭如果无尸，也要摆放几、案，苇席，设奠，男女踊，但不饯尸。

自死者祔于祖庙以后，在服丧的三年之中还有几个大的祭祀。

小祥祭，又称练祭。自祔祖以后的十三个月，故称期，进行小祥祭。祥，即吉意。

大祥祭，小祥祭后，再经过一年，即祔祖以后的二十五个月，进行大祥祭。

禫祭，《仪礼・士虞礼》曰："中月而禫。"即大祥祭后，中间再过一个月，举行禫祭。自葬至此，共经过二十七个月。禫，其意为淡淡然，平安意也。

虞祭、小祥祭、大祥祭、禫祭，这几种祭祀于五礼之中属于凶礼，在祭祀的形式上有共同之处。这些祭祀只祭死者本人的神主，还不以其妻妾配享。

第五节　周代殡葬期与《礼记》记载的差别

"国之大事，在祀与戎。"殡葬礼是古代祭祀的主要内容，也是我国传统文化的重要内涵。西汉成书的史籍《礼记》记载了先秦时期的殡葬礼与殡葬期，是我国后代殡葬礼遵从的典籍与律条。但是先秦文献记载与《礼记》记载的殡葬礼、殡期、葬期有很大的差别。

一、《礼记》记载与先秦实际殡葬期之差别

先秦时期各级贵族死后的殡、葬期皆不相同。记载殡、葬礼仪的重要文献《礼记》《周礼》《仪礼》（合称"三礼"），与战国时期成书的《左传》的记载有很大的区别；使用的丧葬礼仪也不相同。《礼记・王制》曰："天子七日而殡，七月而葬；诸侯五日而殡，五月而葬；大夫士庶人三日而殡，三月而葬。"

"殡"，人死后为死者穿衣之礼称为小殓，然后再将死者尸体入棺之礼称为大殓。其后，棺柩要停留一定的时期再葬，这种形式叫"殡"。

"葬"，就是在殡期满了以后，把死者埋入土中，就是中国人所说的"入土为安"，这个仪式称为"葬"。《礼记・王制》所说的"天子七日而殡，七月而葬"，即天子死后七日才大殓而殡，殡七月之后才葬入土中。以此类推，诸侯五日而殡，五月而葬；大夫、士、庶人皆为三日而殡，三月而葬。

殡、葬分两次进行，当源于远古时期的二次葬。远古的人们受巫术思想意识的支配，认为人死后，死者的肉体属于人世间，灵魂可以脱离肉体而不死，必须实行为死者洗骨，才能使祖先灵魂到另一个世界而不致留在人间为祸作祟。《墨子・节葬上》载："楚之南有炎人国者，其亲戚死，朽其肉而弃之，然后埋其骨，乃成为孝子。"《隋书・地理志》载鄂西土家族人"始死，即出尸于中庭，

不留室内，殓毕。送到山中，以十三年为限，先选择吉日，改入小棺，谓之拾骨”。乾隆年间编的《开化府志·风俗》卷九载：“普马……刀耕火种……人死，不论男女，埋于掌房之下行走处，每日以滚水浇之……俟腐取出，以肉另埋。骨则洗净，用缎带盛之，……跳舞，藏于家，三年乃葬，遇疾病取用再跳，以为未瘗之骨作祟也。”

我国新石器时期墓地上出现的二次葬的葬俗，亦是受灵魂不死观念的支配。实行二次葬的民族认为，必须血肉腐烂殆尽，灵魂才得以解脱，灵魂可以脱离肉体而存在，这实际也是一种原始的巫术思想意识。

我国周代，当人死后，分殡、葬两次进行，当与远古的二次葬有密切的关系。

《礼记·杂记下》：“士三月而葬，是月也，卒哭。大夫三月而葬，五月而卒哭；诸侯五月而葬，七月而卒哭。”这里所说的“卒哭”，就是停止哭泣。（唐）孔颖达疏曰：“大夫以上葬与卒哭异月者，以其位尊念亲哀情于时长远；士职卑位下，礼数未申，故三月而葬。葬罢，即卒哭。知天子至士丧，即反虞者以其不忍一日未有所归，尊卑皆然。”这里所记载的士三月而葬，当月就卒哭，是因士的地位低下，“礼数”不能尽申；而大夫、诸侯在葬后两个月卒哭，因其位尊“念亲哀情于时长远”。

《左传·隐公元年》亦记载：“天子七月而葬，同轨毕至；诸侯五月，同盟至；大夫三月，同位至；士踰月，外姻至。”《左传》记载，天子七日殡，七月而葬，车辙相同的诸侯皆至，周天子所属诸侯国的车辙皆相同，故称同轨，实际应是自死至葬经历七个月即可。诸侯五日而殡，五月而葬。葬时，同盟诸侯派遣使者来参加葬礼，七个月时举行卒哭祭。大夫三月而葬时，同僚皆至参加葬礼；士入葬时，只有自己的姻亲参加丧礼。大夫至庶人，都是三日殡，三月葬；大夫五个月时举行卒哭祭。

《礼记·礼器》曰：“天子崩，七月而葬，五重八翣；诸侯五月而葬，三重六翣；大夫三月而葬，再重四翣；此以多为贵也。”（唐）孔颖达疏曰：“天子崩，七月而葬五重者，五重谓抗木与茵也；尊者宜坚固，故多重也。八翣者，尊宜多鄣蔽以称之也。三重六翣者，五等同也；卑于王，故鄣蔽少也。”（宋）卫湜《礼记集说·礼器》“天子葬五重者，谓抗木与茵也。葬者，抗木在上，茵在下。《仪礼・士丧礼》下篇《陈器》曰：抗木横三缩二，加抗席三，加茵用疏布缁翦有幅，缩二横三，此士之礼。一重者，以此差之。”

“五重”，即“茵”，就是加载棺椁上“抗木”及五重席子，不使棺木与土直接接触，以保护棺木。“八翣”，即古代垂于棺两旁的棺饰，又称为棺羽饰。这段话的意思也是说，天子七月而葬，而且是“五重八翣”，诸侯五月葬，三重六翣；大夫三月葬，二重四翣。

以上就是《礼记》中《曲礼》《杂记》《礼器》《王制》诸篇，包括《左传》记载的周代各级贵族的殡、葬期，以及殡葬的礼仪。

然而根据《尚书・顾命》《春秋经》及《左传》记载的情况研究先秦时期天子、诸侯等贵族的实际殡葬情况，与《礼记》记载，以及《左传》记载的成说有很大差别。

《尚书・顾命》记载成王将崩，作顾命之后，又停了两日，在乙丑那天，成王崩。《尚书・顾命》云：“越七日癸酉，伯相命士须材。”（唐）孔颖达疏曰：“七日癸酉，则王乙丑崩，于今已九日矣。于九日始传顾命，不知其所由也。郑玄云：‘癸酉，盖大殓之明日也。’郑以大夫已上殡殓皆以死之来日数，天子七日而殡，于死日为八日，故以癸酉为殡之明日。孔不为传，不必如郑说也。须，训待也。今所命者皆为丧事知命士须材者。召公命士致材木，须待以供丧用，谓椁与明器是丧之杂用也。”

这里很明显，天子不是七日而殡，如果按成王乙丑崩，于殡日已经九日。《尚书・顾命》所记载的周成王的殡日，不符合《礼记・王制》曰：“天子七日而殡”的殡期。

春秋时期的葬期也没有奉行《礼记・王制》所说的天子“七月而葬”、诸侯“五月而葬”、大夫士庶人“三月而葬”的葬期。

《春秋经》记载，鲁桓公十五年（公元前697年）“二月乙未，天王崩”，即2月21日，周桓王崩。而至鲁庄公三年（公元前691年）“五月，葬桓王”。缓至七年才行埋葬。如果说这个情况是例外，我们可以再看《春秋经》记载的其他周天子崩、葬的情况。

鲁文公八年“秋八月戊申，天王崩”，即八月二十八日周襄王崩。鲁文公九年“二月，叔孙得臣如京师，辛丑，葬襄王”。杜预注曰：“卿共葬事，礼也。”

辛丑，即二月二十四日。周襄王乃六月而葬。

鲁宣公二年（公元前 607 年）“冬十月乙亥，天王崩”，即十月六日，周匡王崩。鲁宣公“三年春正月，……葬次年正月，葬匡王。”那么周匡王自崩至葬，乃仅两个月而已。

鲁襄公元年（公元前 572 年）“九月辛酉，天王崩”。辛酉，即周简王于九月十五日崩。鲁襄公二年“春王正月，葬簡王”。次年正月葬，此乃四月而葬。

鲁襄公二十八年（公元前 545 年）“十有二月甲寅，天王崩”，即周灵王于十月崩。次年“葬靈王”。周靈王乃八月而葬。

鲁昭公二十二年（公元前 520 年）“夏四月乙丑，天王崩。六月，叔鞅如京师葬景王”。周景王于四月死，同年六月葬，此乃二月而葬。

不仅周天子死与埋葬时间不合“七月而葬”的礼数，各国诸侯国君亦很少符合“五月而葬”的礼数，这种例子在《春秋经》中比比皆是。

鲁僖公三十二年（公元前 628 年），晋文公重耳十二月卒，次年四月癸已葬晋文公。此乃四月而葬。

《春秋经·文公六年》曰：文公六年（公元前 621 年）“八月乙亥，晋侯驩卒。冬十月公子遂如晋葬晋襄公。”晋襄公乃二月而葬。

鲁襄公十五年（公元前 558 年），“冬十有一月癸亥，晋侯周卒”。次年，“春王正月，葬晋悼公”。此乃二月而葬。

鲁昭公三十年（公元前 543 年），“夏六月庚表，晋侯去疾卒。秋八月，葬晋顷公”。此乃二月而葬。

齐惠公于鲁宣公十年（公元前 599 年）四月卒，同年六月葬。此乃二月而葬。

鲁国的国君，鲁庄公死后发生内乱，十一月而葬；鲁昭公死于国都之外，七月而葬；鲁僖公、文公、成公、襄公、定公均四月而葬。

其他诸侯国君，宋庄公五月而葬，郑厉公七月而葬，卫宣公四月而葬，宋共公三月而葬，秦景公七月而葬，宋平公三月而葬，曹悼公六月而葬。

从以上统计材料可以看出，天子和诸侯国君死后，一般是经过三个月至七个月埋葬的，如遇特殊情况，可能延长，但是还没有形成分明的等级规律。

二、《礼记》记载之殡葬礼反映了鲁国的礼俗

《礼记·曲礼下》曰："天子死曰崩，诸侯曰薨，大夫曰卒，士曰不禄，庶人曰死。"郑玄注："自上颠坏曰崩；薨，颠坏之声卒终也。不禄，不终其禄死之，言澌也，精神澌尽也。"崩，即崩塌之声；薨，即崩之余声；不禄，即不能再享受其禄。庶人死去，曰死。《公羊传·隐公元年》亦有类似记载。

如果对照《春秋经》《左传》及《公羊传》《谷梁传》等先秦文献记载的各级贵族的"死"名，并不符合《礼记·王制》中的记载。

《礼记·曲礼下》曰："天子死曰崩，诸侯曰薨，大夫曰卒。"然而根据《春秋经》及《左传》的记载，春秋时期只有周天子死曰"崩"；鲁国国君与国君夫人之死称为"薨"，并不是所有的诸侯国君之死皆称为"薨"，其他诸侯国君死，皆曰"卒"。

《春秋经·桓公十一年》曰："夏五月癸未，郑伯寤生卒，秋七月，葬郑庄公。"

《春秋经·庄公十二年》："八月壬辰，陈侯跃卒。""十一月丙戌，卫侯晋卒。"

《左传·庄公十四年》曰："冬十有二月丁巳，齐侯禄父卒。"

《左传·僖公十二年》曰："冬十有二月乙亥，齐侯小白卒。"

《左传·僖公三十二年》曰："冬十有二月乙卯，晋侯重耳卒。"

《左传·文公六年》曰："八月乙亥，晋侯驩卒。""秦伯任好卒。"

《左传·宣公十四年》曰："楚子旅卒。"

由以上记载可知，春秋时期的霸主齐桓公小白、晋文公重耳、秦穆公任好、楚庄王旅皆曰"卒"。

《礼记·曲礼下》记载，凡天子死皆曰崩，诸侯死曰薨，大夫死曰卒。然而在《春秋经》《左传》《公羊传》《谷梁传》等古籍所记载，春秋诸侯国君之死并没有皆称为"薨"；晋、齐、楚、秦、卫、陈、宋等，无论大国或小国之君，死皆曰卒，与大夫相同。

根据《春秋经》及《左传》的记载，鲁国的国君之死曰"薨"，而且鲁国国君的夫人之死也曰"薨"。

《左传·桓公十八年》：“（鲁桓）公薨于齐。”

《左传·庄公三十二年》：“八月癸亥，公薨于路寝。”

《左传·闵公二年》：“秋八月辛丑，公薨。”

《左传·僖公三十三年》曰：“冬十有二月乙巳，公薨于小寝。”

《左传·文公十八年》：“二月丁丑，公薨。”

《春秋经·文公十八年》曰：“冬十月壬戌，公薨于路寝。”

《春秋经·成公十八年》曰：“八月乙丑，公薨于路寝。”

《左传·襄公三十一年》曰：“六月辛巳，公薨于楚宫。”

《左传·昭公三十二年》：“十有二月乙未，公薨于乾侯。”

《左传·定公十五年》：“夏五月壬申，公薨。……秋七月壬申，葬定公。”

《春秋经·隐公二年》：“十有二月乙卯夫人子氏薨。”子氏，即鲁隐公之母。

《春秋经·庄公二十一年》：“秋七月戊戌，夫人姜氏薨。”

《春秋经·僖公元年》：“秋七月戊辰，夫人姜氏薨于夷，齐人以归。”

《春秋经·文公十六年》：“秋八月辛未，夫人姜氏薨。”姜氏，僖公夫人、文公之母也。

《春秋经·文公四年》：“冬十有一月壬寅，夫人风氏薨。”风氏，僖公母，风姓也。

《春秋经·襄公二年》：“夏五月庚寅，夫人姜氏薨。”

《春秋经·襄公四年》：“秋七月戊子夫人姒氏薨。”姒氏，成公妾、襄公母；姒，杞姓。

《春秋经·襄公九年》：“五月辛酉夫人姜氏薨。”姜氏，成公母。

《春秋经·昭公十一年》：“五月甲申夫人归氏薨。”归氏，昭公母，胡女归姓。

《春秋经》《左传》《公羊传》《谷梁传》等，为什么只把鲁国国君与国君夫人死称为“薨”呢？笔者认为，《春秋经》《左传》《公羊传》《谷梁传》皆是鲁国史书。

《左传·昭公二年》云：“春，晋侯使韩宣子来聘，且告为政而来见，礼也。观书于大史氏，见《易》《象》与鲁《春秋》。”《孟子·离娄下》记载“孟子曰：王者之迹熄而诗亡，诗亡然后春秋作。晋之《乘》、楚之《梼杌》、鲁之《春秋》，一也”。《春秋经》，是鲁国史书之名，孔子修订。

司马迁《史记·十二诸侯年表序》云：“鲁君子左丘明，惧弟子人人异端，各安其意失其真，故因孔子史记，具论其语，成《左氏春秋》。”《汉书·司马迁传》曰：“孔子因鲁史记而作《春秋》，而左丘明论辑其本事以为之《传》，又纂异同为《国语》。”《汉书·艺文志》云：“左氏传，三十卷，左丘明，鲁太史。”《左氏春秋》、左氏《传》，因是鲁国太史左丘明所作，故称为《左传》。

由此可见，《春秋经》《左传》皆根据鲁国历史而写成。

《汉书·艺文志》云：“《公羊传》十一卷，公羊子，齐人。《谷梁传》十一卷，穀梁子，鲁人。”（唐）颜师古注曰：“公羊子，名高。穀梁子，名喜。”

公羊子为齐人，穀梁子为鲁人，但他们都是西汉人。西汉时期大一统的帝国王朝已经出现，虽公羊子为齐人，穀梁子为鲁人，只是地区的差别，而没有诸侯国的区别。公羊子、穀梁子皆是根据鲁史《春秋》写定，体现的是鲁国历史。

根据以上论述，天子之死称为“崩”，国君之死称为“薨”，当是春秋时期鲁国之礼俗。西汉以后，儒学成为中国古代文化之主流，儒学又产生形成于鲁国，所以鲁国之历史、礼俗、文化，也随之成为中国古代之历史、礼俗、文化。

可知《礼记》虽有些根据，但并不完全符合历史实际。《左传·隐公三年》（唐）孔颖达疏：“诸侯曰薨，礼之正名。鲁史自书君死曰薨，若邻国亦同书薨，则与己君无别。国史自在己国，承他国赴告为与己君同，故恶其薨名。虽赴称薨皆改赴书卒，略外以别内也。……《释例》曰：天子曰崩，诸侯曰薨，大夫曰卒，古之制也。春秋所称，曲存鲁史之义，内称公而书薨，所以自尊其君，则不得不略外，诸侯书卒以自异也。”

鲁国史书把本国国君及国君夫人之死称为“薨”，而把其他诸侯国君之死称为“卒”，当时未必有贬义，因为其他诸侯国君之死对鲁国没有“薨”的意义。郑玄《礼记·曲礼下》注曰：“自上颠坏曰崩；薨，颠坏之声卒终也。”天子之死对鲁国当有“自上颠坏”，即有“崩”之意义；而只有鲁国君之死，对鲁国才是“崩”之余声，有“薨”的含义。

先秦文献《春秋经》《左传》《公羊传》《谷梁传》相对成书较早，反映较早期殡葬礼的实际情况，而且这些书是鲁国的史书，反映的多是鲁国的礼俗文化；

而《礼记》成书较晚，更多的是晚期出现的殡葬情况，而且把早期鲁国的礼俗文化当作全国大一统的礼俗文化，因此先秦文献与《礼记》殡葬礼记载产生了很多重要的差别。

三、先秦文献与《礼记》记载的殡葬礼产生差别的原因

先秦文献《春秋经》《左传》《公羊传》《谷梁传》等与《礼记·王制》记载的殡葬期礼制产生很大的差别，并不是春秋时期“礼崩乐坏”的情况造成的。周王室虽衰，但埋葬的时间（除内乱以外），是可以自己掌握的。而大多数天子与国君，如周匡王、周简王、周灵王及晋文公、晋悼公、晋顷公皆死于正常的情况下，而他们的殡葬期亦不符合《礼记·王制》的记载。因此，这种殡葬期的等级制度当时还刚刚出现，没有完全形成。《礼记·王制》之说乃理想化的构拟。

周代殡葬期的实际情况与《礼记·王制》记载及其注疏所载是不相同的。那么《礼记·王制》记载的殡葬之礼与周代殡葬期的实际情况为什么不同呢？

记载周代殡葬期的古籍主要是《礼记》中的《曲礼》《王制》《礼器》《杂记》等篇。《礼记》及其注释成书较晚，大约在战国至秦汉时代，先秦文献《春秋经》《左传》《公羊传》《谷梁传》相对成书较早，这些文献更能反映较早期殡葬礼的实际情况，而《礼记》更多的是晚期出现的殡葬情况，或者是理想化的构拟等，这是产生差异的第一个主要原因。

顾颉刚先生曾详细地论证《周礼》（亦名《周官》）成书的年代，认为《周礼》是齐宣王为了实现他的“莅中国而抚四夷”[①] 的野心，特集稷下先生“不治而议论”制定的具体措施。《孟子》《荀子》《管子》书中所谈到的设官分职、组织人民的方法都是《周礼》所用的原本。总之，《周书》成书在战国晚期，所记载非西周古制，而或许是东周史实，或者是一种封建统治阶级理想化的制度。

《礼记》是春秋晚期至战国时期的礼学家对当时社会上所流行的礼，加以整理而成的著作。成书较晚的《礼记》和《周礼》，为了战国时期统一战争的需要，又刻意地突出了等级的内容，其中有不少理想化的成分。《礼记》所反映的

① 顾颉刚：《周公制礼的传说和“周官”一书的出现》，《文史》第6辑，中华书局，1979年，第16页。

正是春秋以后礼制初现、等级制度刚刚萌芽的模式，整齐划一的殡葬礼制尚未形成，因此我们所见的春秋时期的文献材料，如《春秋经》《左传》《公羊传》《谷梁传》等古籍所记载的殡葬都没有出现明显的等级制度的记录。这是春秋殡葬礼与《礼记》记载不完全符合的一个重要因素。

《礼记》成书较晚，反映的当是春秋以后、战国直至秦汉时期的制度与礼仪。秦统一中国后，秦始皇焚六家经典，“三礼”等古籍遭秦火之难。汉代学者重新整理经典，整理后的经典难免有汉人礼俗的遗留。东汉经学大师郑玄、何休等人为“三礼”作注，固然起到了广泛传播经学的作用，但又揉进了汉代礼仪的成分。这就是《礼记》及注释不相符合的又一重要原因。在运用“三礼”材料时，应区分哪些是春秋之礼，哪些是战国之礼、汉代之礼。

春秋战国时期，出现了“百家争鸣”的局面，以孟子、荀子为代表提出了“隆礼厚葬”的观点。荀子曰：“事生不忠厚、不敬文谓之野，送死不忠厚、不敬文谓之瘠，君子贱野而羞瘠。”“殆非直留死者以安生也，是致隆思慕之义也。”① 战国时期，孟子、荀子是主张厚葬的代表。

另外，战国时期还有一些学者，如墨子提出“简礼节葬”的主张。墨子说：“故古圣王制为葬埋之法曰：桐棺三寸足以朽体，衣衾三领足以覆恶，及其葬也，下勿及泉，上勿通其臭，垄若参耕之亩，则止矣。死者既以葬矣，生者无久哭，而疾以从事，人为其所能，以交相利也。”②

《吕氏春秋·安死》云：“今世俗大乱，人主愈侈，其葬则心非为死者虑也，生者以相矜尚也。侈靡者为荣，节俭者为陋，不以便死为故，而徒以生者之诽为务，此非慈亲孝子之心也。”③

在殡葬方面这两种对立的思想，各有支持者。这也是当时社会上的丧葬制度的实践情况与“三礼”记载产生差异的又一个原因。当然，节葬的主张，在上层统治阶级中间并没有得到响应支持，因为贵族们希望自己死后所去的那个世界还能像在人世间一样继续过豪华、奢侈的生活。但这种主张可能在一些潦倒的贵族和下层贫民之中得到响应，节葬思想主导下出现的墓葬可能也不会符合礼

① 《诸子集成·荀子·礼论》，中华书局，1983年，第239、241页。
② 《诸子集成·墨子·节葬》，中华书局，1983年，第111、112页。
③ 陈奇猷校释：《吕氏春秋·安死》，学林出版社，1984年，第526页。

制。这种墓葬并不代表当时社会上贵族墓葬的主流，因为丧葬中的等级制与贵族们社会生活的其他等级制度一样，体现了一种财富分配的事实。贵族们希望死后也仍然占有大量的财富，供自己享受，因此不愿意接受“节葬”的主张。

社会上的葬礼，从人死、招魂、祭奠、洗尸、饭含、小殓和小殓奠、大殓和大殓奠、入棺、饰棺、殡、葬、随葬器物等有各个礼仪。《礼记》中的《曲礼》《王制》《礼器》《杂记》等篇记载这些葬礼的等级形式，反映了春秋战国以后日益鲜明的贵族等级制度。

这种殡葬中的等级制度实际反映了上等贵族希望更多地占用社会财富的要求。通过对殡葬礼的研究，了解春秋战国社会的社会关系、生产水平及意识形态，同时也是民俗学和社会学的重要课题。《礼记》中所记的殡葬礼是我国几千年封建社会殡葬制度的基本模式，开我国后代厚葬制度的先河。

第八章 周代的丧服制度

历史进入周代以后，各种完备的丧葬之礼相继出现，并随着时间的推移和统治者的需要，这种丧葬之礼变得日趋复杂、繁缛。丧葬制度包括丧服制、丧礼、葬礼和祭祖礼。丧服制是丧葬制度的重要内容。它是在西周时期，损益夏、殷之“礼”，开始萌芽，而至春秋、战国时期，逐渐形成的一种制度。

第一节 西周的丧服制度

我国远古时期，人们在亲人死后，虽然极度悲哀，但在这时，还谈不上什么丧服制度和举行丧礼。《易经》云：“古者丧期无数。”贾公彦曰：“此黄帝时也，以其心丧终身。”我国古代生者对死者的哀悼可能就是心丧，即在心中默默怀念，或者在一定时期不再唱歌、奏乐，以示悲痛，如《尚书·虞书》载：“帝乃殂落，百姓如丧考妣。三载，四海遏密八音。”这里所说的帝就是尧。孔颖达疏云：正义曰“舜受终之后，摄天子之事，二十有八载帝尧乃死。百官感德思慕如丧考妣，三载之内，四海之人，蛮夷戎狄皆绝静八音，而不复作乐”。

夏、商时期的丧服，史书无载，我们已经不知道是什么样子了。西周时期，根据历史文献的记载，已经出现了丧服。

西周的丧服是一种没有花边，不着色的素衣、素冠、素韠。《诗·桧风·素冠》载：

庶见素冠兮，棘人栾栾兮，劳心慱慱兮。

庶见素衣兮，我心伤悲兮，聊与子同归兮。

庶见素韠兮，我心蕴结兮，聊与子如一兮。

这首诗产生于桧国。桧国在春秋初年被郑桓公所灭，故诗中所反映是西周末年桧国的情景。诗的大意是：我（诗作者本人）很少能看见一个头戴“素冠”的，情急哀戚而瘦瘠的人，尽管我非常留意地观察。我也很少看见身穿“素衣”的人，心中非常难过，假使能够看见，我愿和他一块到他的家中，跟他在一起（意向他学习）。我很少看见穿“素韠”（指下裳，蔽下膝）的人，我的心也很忧愁如蕴结一样，若有此人，我愿和他一起行走。

这里的“素衣”“素冠”“素韠”就是西周时期的丧服。人们穿起这种衣裳和冠，以表示对死者的哀悼和纪念。但是这种服丧服的人毕竟还是少数，因为在路上根本看不到。诗作者可能是一个提倡孝道的人，所以因见不到这样的人而苦闷，并说如果能见到这样穿孝服的人，就和他一起行走，到他家中向他学习。

由此可见，西周时期，人们在亲人死后，为了表示纪念和悲痛而穿丧服。但身穿丧服的形式才刚刚出现，并没有成为普遍的现象，而且丧服的形式只是“素冠”“素衣”“素韠”。不着颜色，不带花边谓之“素”。西周时期的丧服还不像春秋战国以后那样复杂，是我国丧服的初期形式。

《尚书·顾命》记载了西周时期的丧礼，《尚书·康王之诰》的最后一句是“王释冕，反丧服”。也就是说，自康王受顾命始，至即大位、发布康王之诰命，康王所服的是“麻冕黼裳”，是即位所服的吉服。当诰命发布之后，康王则“反丧服”。（汉）“孔安国传”说：“脱去黼冕，反服丧服，居倚庐。”（唐）孔颖达疏云：“王释冕，反丧服；朝臣诸侯亦反丧服。《仪礼·丧服》篇‘臣为君、诸侯为天子，皆斩衰。’”西周康王时期，其丧服是否就是“斩衰”，还没有更多的材料说明，但是西周时期肯定已经有了丧服的形式。

第二节　春秋时期的丧服制度

春秋时期，我国的丧服制度有了较大的发展。根据亲疏的不同，出现了较多的丧服形式，如斩衰、齐衰、大功、小功、缌麻等。西周时期的丧服基本都是“素衣”，春秋以后还出现了“墨衰绖”，“晋于是乎始墨”的形式；这当是我国黑纱丧服的开端。

一、春秋丧服制度的发展

春秋以后，生者为死者服丧的形式也逐渐增多。《左传·僖公三十三年》载，晋文公刚死，秦人灭了晋的同姓国滑。晋人认为这是伐丧，于是刚即位的晋襄公“墨衰绖”，即染黑衣服和腰带。“夏四月辛巳，败秦师于崤……遂墨以葬文公。晋于是乎始墨。”又《左传·襄公二十三年》载，晋平公有姻丧，“王鲋使宣子墨衰冒绖”。(清) 沈钦韩补注谓：“自后丧葬遇有兵戎盟会之事，遂援此以墨衰从事。”晋国在兵戎之时的丧服是黑色的。至今戴黑纱的习俗大概就是这种黑色丧服的沿袭。

服丧者也逐渐有了一定的发式。《左传·襄公四年》载：“邾人、莒人伐鄫”。而鄫是鲁的属国。鲁人救鄫，结果兵败于狐骀（狐骀，山东滕县东南二十里之狐骀）。“国人迎丧者皆髽，鲁于是乎始髽。”髽，即以麻束发。这种服丧或髽发的制度，起初男人、女人都是一样的，后来就成为妇女服丧的一种发式。《礼记·檀弓上》记载“南宫韬之妻之姑之丧，夫子诲之髽曰：‘尔毋从从尔，尔毋扈扈尔，盖榛以为笄，长尺，而总八寸”。南宫韬妻子（孔子的侄女）的婆婆死了。孔子就教给她做髻的方法说：“（因为是丧事），你不要把髻做的高高的，亦不要大大的，用榛木做一尺长的簪子，而束在发根的带子只能垂下八寸”。看来，南宫韬的妻子原来并不知道婆婆死后，她的髻该做成什么样子。说明在此之前，妇女服丧的发式并不流行。

随着民智渐开，贵族集团统治经验的丰富，他们已经意识到“孝”道的实施极有利于他们的统治，而丧礼、丧服就是推行“孝”道的最好形式。一些有远见的贵族政治家开始在丧服方面刻意地下功夫。《左传·襄公十七年》载：“齐晏桓子卒（晏婴之父），晏婴粗衰斩，苴带绖，杖，菅屦，居倚庐，寝苫，枕草。”① 晏婴服丧的这些形式与《仪礼·丧服》所载基本相同；而当时，晏婴如此行丧，被认为“非大夫之礼也”②。可能此种服丧形式自此才开始实行不久。

诸侯国君在先君死后，也是要服丧的。《左传·襄公三十一年》载，鲁襄公死，其子公子裯，“比及葬，三易衰，衰衽如故衰”。杜预注：“言其嬉戏无度。”

---

①② 杨伯峻：《春秋左传注·襄公十七年》，中华书局，1983年，1033页。

即三次弄脏了丧服的衣襟，换三次，仍像旧的一样。这主要是说明公子裯不知忧愁，弄脏丧服，但从侧面说明鲁国国君服丧的事实。

孔子作为一个思想家更是清楚地认识到了应该身体力行丧葬之礼仪。《史记·孔子世家》云："孔子母死，乃殡五父之衢，盖其慎也。郰人挽父之母，诲孔子父墓。然后往合葬于防焉。"《正义》引《括地志》云："五父衢在兖州曲阜县西南二里，鲁城内衢道也。"《集解》引徐广曰："鲁县有阙里，孔子所居也，又有五父之衢也。《索隐》谓孔子不知父墓，乃且殡其母扵五父之衢，是其谨慎也。"①

孔子在其母死后，系上要绖，这是当时丧服的一种形式。《史记·孔子世家》记载"孔子要绖。季氏飨士，孔子与往。阳虎绌曰：'季氏飨士，非敢飨子也。'孔子由是退"。《索隐》云："《家语》孔子之母丧，既练而见不非之也。今此谓孔子实要绖与飨，为阳虎所绌，亦近诬矣。"这里是说，孔子的母亲死后，孔子腰上束着要绖。季氏宴飨鲁国之士，孔子就带着要绖前去参加宴飨，结果被季氏的管家阳虎拒之门外。首先，孔子在服丧期间就不应该前去参加宴会；其次，也许阳虎根本没有见过这样的打扮，所以才不让孔子进去。

孔子在路上遇见了穿丧服的人非常恭敬。《论语·子罕篇》载："子见齐衰者，免衣裳者与瞽者，见之，虽少必作，过之必趋。"孔子还说："生，事之以礼，死，葬之以礼，祭之以礼。"②

丧服制度在西周时期仅刚刚出现，在春秋以后才逐渐形成了丧服等各种形式。

二、"三年之丧"的形成

春秋时期，生者为死者服丧的问题已经引起人们的重视；但服丧的时间要多久呢？最初，这并没有严格的限制和制度，如《左传·昭公十五年》载："秋八月戊寅，王穆后崩。十二月，晋荀跞如周，葬穆后，籍谈为介。既葬，除丧。"即埋葬穆后之后，晋荀跞与籍谈就马上除去丧服。《史记·孔子世家》载，孔子母死，孔子要绖服丧，刚巧季孙氏宴享士人，孔子就身穿丧服前往，被季氏家臣赶出。孔子的这一行动也违背了后来孔子所提出的，在服丧期间不"食

---

① 司马迁：《史记·孔子世家》，中华书局，1982 年，第 1906、1907 页。

② 杨伯峻译注：《论语译注·为政》，中华书局，1984 年，第 13 页。

稻，衣锦”的信条。

远古时期，“三”曾是我国先民的常数，它的意思应是“好久”“好长”“好多”的意思。例如，我国古籍中所载：“一日不见，如三秋兮”“三年不言”“三月不知肉味”“回也，其心三月不违仁”“比及三年”“予生三年”，等等。在我国的象形字中，有一人为单，二人成双，三人为“众”的说法。又如三木为“森”，三水为“淼”，三火为“焱”，三金为“鑫”；江、河、湖、海都要有“三滴水”的偏旁，所以“三”就应该是一个“有一段时间”的常数。当然“九”是“三”的倍数，是一个长久的意思。

先秦时期所传下来的为父母之死服三年之丧，最初的“三年”应与“三”是一个常数有关。“三年之丧”在西周或者春秋早期当还没有这种说法，就是应该为父母服一个相当长的时间的丧，才算对父母尽孝。孔子整理六国礼乐经典，综合当时社会的基本情况，“三年之丧”就响亮地提出来了。但是春秋时期推行“三年之丧”，还仅仅是开始，既没有成为习俗，更没有成为制度。

《论语·阳货篇》载孔子的弟子宰我问孔子曰：“三年之丧，期已久矣。君子三年不为礼，礼必坏，三年不为乐，乐必崩。旧谷既没，新谷既升，钻燧改火，期可已矣。”

子曰：“食夫稻，衣夫锦，于女安乎？”

曰：“安。”

子曰：“女安，则为之，夫君子之居丧，食旨不甘，闻乐不乐，居处不安，故不为也。今女安，则为之！”

宰我出。子曰：“予（指宰我）之不仁也！子生三年，然后免于父母之怀。夫三年之丧，天下之通丧也。予也，有三年之爱于其父母乎！”

这段记载是说，宰我认为，三年之丧，太久了。期年，即一年就可以了，像“钻燧改火”一样，《礼记·月令》记载，每年是要“改火”的。孔子所鼓吹的三年之丧，或许有人已经在为父母服三年之丧，但还正在酝酿讨论阶段，所以当他的学生宰我提出疑问和顾虑时，孔子并没有说什么，只认为“予之不仁”而已。孔子所鼓吹的“三年之丧，天下之通丧也”，在当时的社会中尚未流行。

春秋时不行三年之丧的例子在《春秋》《左传》中亦不乏其例。

《春秋经·襄公十五年》记载：公元前558年，晋悼公周卒。次年春正月，葬晋悼公；次年三月，鲁襄公与晋侯（新即位的晋平公）、宋公、卫侯，郑伯、曹伯、莒子、邾子、薛伯、杞伯、小邾子会于溴梁（今河南济源县西）。《左传·襄公十六年》载："十六年春，葬晋悼公。平公即位，羊舌肸为傅，张君臣为中军司，祁奚、韩襄、栾盈、士鞅为公族大夫，虞邱书为乘马御。改服，修官，烝于曲沃。……晋侯与诸侯宴于温，使诸大夫舞，曰'歌诗必类'。"

这段记载是说，晋悼公在鲁襄公十五年（公元前558年）冬十一月死，鲁襄公十六年（公元前558年）春就葬，即逾月即葬，而新即位的晋平公马上就改服（脱去丧服），并与诸侯在温（河南温县）地举行宴会，使诸大夫配歌诗以跳舞，没有行三年之丧的任何迹象。

《春秋·哀公五年》载："九月，齐景公杵臼卒。"《公羊传·哀公六年》载"除景公之丧"，并且诸大夫皆在朝，又礼会于陈乞之家，说明齐国新君及群臣皆免丧矣。

君薨、父死，应为之行三年之丧的形式在春秋社会只有个别人提出，根本没有实行。"三年之丧"在当时还是一个非常模糊的概念，甚至战国时也没有很好地实行过，如齐国的青铜器《洹子孟姜壶》载"齐侯女鼺希（聿）丧其口（舅），齐侯命大子乘遽载叩宗伯，听命于天子；曰：'基（期）则尔基，余不其事，女受册。'……洹子孟姜用乞嘉命，用旂眉寿万年无疆，用御尔事"①。

这段铭文的意思是：齐侯女鼺希有丧，命大子乘遽（驿车）到周王室的大宗伯那里去请教，向天子请命，要求守一年之丧。周天子说："你们要守一年就一年吧，我可不管，你把册命领回去就是了。"

这是关于周代丧制最可靠的文字材料。

齐国陈氏刚刚夺得政权，正欲收买民心，于是向周天子请求守一年之丧。"期年之丧"在当时已经是比较长的了。齐侯在得到周天子的支持后，感到得意。洹子孟姜就在铜壶上作铭文以表示纪念，这应该是"三年之丧"形成过程中一个步骤。绝不是像某些人所说的这是陈氏求"短丧"的一个例子。陈氏在齐国笼络人心，如果"三年之丧"已行几百年，那么陈氏绝不会冒齐国大不韪，去请"期年之丧"的。

---

① 郭沫若：《两周金文辞大系图录考释·洹子孟姜壶释文》，科学出版社，1957年，第212页。

《礼记》中的许多篇章，如《檀弓》《曾子问》《杂记》《大传》等都记载了孔子的学生问丧、曾子问丧及孔子回答解释如何行丧的事情。孔子的学生曾子等人在当时都是一些很有学问的知识分子，假如完备的丧礼和“三年之丧”的守丧制度自西周有之，那么孔子的学生和曾子等人会不知道吗？这种较完备的丧礼和“三年之丧”，应是孔子总结社会上各国存在的实际情况而提出来的，并把这种丧葬中的礼仪说成是自古有之。

但三年之丧毕竟提出来了。《左传·昭公十五年》载叔向曰：“王一岁而有三年之丧二焉。”“三年之丧”在有些地方已经开始实施。

春秋至战国初期，三年之丧还没有盛行。《孟子·滕文公》记载：滕定公死后，滕世子让大臣然友去请教孟子如何行丧。“孟子曰：‘诸侯之礼，吾未之学也，虽然吾尝闻之矣。三年之丧，齐疏之服，飦粥之食，自天子达于庶人，三代共之。’然友反命，定为三年之丧。父兄丧百官皆不欲曰：‘吾宗国鲁先君莫之行，吾先君亦莫之行也，至于子之身而反之，不可。且《志》曰：丧祭从先祖。’”

滕世子又让然友来问孟子。孟子曰：“然，不可以他求者也。孔子曰：‘君薨，听于冢宰，歠粥，面深墨，即位而哭，百官有司，莫敢不哀，先之也。’上有好者，下必有甚焉者矣。君子之德，风也；小人之德，草也。草尚之风，必偃。是在世子。”居庐中五月，才行葬礼，并行三年之丧。这段记载说明，在此之前，不仅滕国，而且鲁国都未实施过三年之丧。

三年之丧，是经孔子、孟子、荀子等人的不断鼓吹宣传而逐渐推广而成为一个制度的。

孔子死后，其弟子遵从师说，皆服三年之丧。三年之丧完毕，其弟子相诀别而去。子贡又置庐冢上，共守丧六年，然后才离去。孔子以后，三年之丧的丧服制度已由孔子的弟子逐渐传播开来。

《说苑》卷十九《修文》载，齐宣王谓田过曰：“吾闻儒者丧亲三年，丧君三年，君与父孰重?”战国时期，为父、为君行三年之丧，仍是儒家极力为之奔走宣传的主张。

古文献的种种记载表明，孔子时期，当时社会上并未按照孔子所总结出来的礼去行事。孔子及其弟子为宣传他们的主张，推行他们的礼制而四处奔走。三年之丧及其鼓吹的丧服、丧仪就是他们宣传的重要内容之一。三年之丧的丧服制度是通过儒家对当时社会上已出现的行丧习俗加以总结、发挥、渲染，又经统治者承认而最后形成的制度。

孔子以后，孟子是三年之丧的鼓吹者、宣传者，荀子亦是如此。《荀子·礼论》曰："三年之丧，称情而立文，所以为至痛极也。齐衰、苴杖、居庐、食粥、席薪、枕块，所以为至痛饰也。"①

三年之丧是为至亲至尊者服。人们又根据这种关系的亲疏远近来制定丧期的长短，丧服的轻重。"故三年以为隆，缌、小功以为杀，期、九月以为间。"②战国时期，三年之丧，一年、九月、五月、三月之丧，即斩衰、齐衰、大功、小功、缌麻之丧服形式已经出现。

战国时期，服丧被认为是一种孝道，日益受到统治者的重视，并且褒奖。《韩非子·内储说上》载："宋崇门之巷人服丧，而毁甚瘠，以上为慈爱与亲，举以为官师。明年，人之所以毁死者岁十余人。"也就是说"毁甚瘠，上以为慈爱于亲"，那么就应该"举以为官师"。相反，在父母死后，不服丧的人，就会遭到人们的责难。如《史记·吴起列传》载：吴起师事曾子，当吴起的母亲死时，而吴起没有回去奔丧。曾子因此而鄙视吴起，并与吴起断绝了师生关系。

《墨子·节葬篇》曰："君死，丧之三年；父母死，丧之三年；妻与后子死者五，皆丧之三年。然后伯父、叔父、兄弟、孽子、其族人五月，姑姐，甥舅皆有月数，则毁瘠必有制矣，使面目陷陬，颜色黧黑，耳目不聪明，手足不劲强，不可用也。"

由种种记载可知，"三年之丧"的服丧制度是春秋末年提出，战国时期逐渐推行的制度。

这里有必要提一下《尚书·无逸》篇中所说的：高宗"乃或亮阴，三年不言"及《尚书·说命》中所载："王宅忧、亮阴三祀"的记载。孔安国注疏。"阴，默也；居忧，信默三年。"所以后代人理解为"守丧三年"，或为"三年不语以守丧"等。

岑仲勉先生认为，"亮阴"一词应来自阿利安语。古依兰文有"rarcma"字，即"安静""休息"之意。"高宗亮阴"，就是高宗要休息，所以三年不言。③

---

① 王先谦：《诸子集成·荀子·礼论》，中华书局，1983年，第247页。

② 王先谦：《诸子集成·荀子·礼论》，中华书局，1983年，第248页。

③ 岑仲勉：《三年之丧问题》，《东方杂志》42卷15号，商务印书馆，民国三十五年（1946年），第40～44页。

岑氏所说“亮阴”是否来自阿利安语，当然还可以再商榷，但他所说的“亮阴”三年与“守丧三年”无关，当是可取的。

《尔雅·释诂》曰：“亮，信也。”亮，即诚实不相欺之意。《尔雅·释诂》又曰：“亮，左右相导也。”亮是帮助引导之意。《诗·大雅·大明》云：“亮（凉）彼武王。”其意为，辅助相导武王。

关于“阴”的解释，《释名》曰：“阴，荫也，气在内；奥，荫也。”幽无形，深难测谓之荫。

如果从文字训诂去理解，“高宗亮阴三年”，其意应为：殷高宗即位后，广开言路，让大臣诚实不欺地去辅助他，引导他把朝政中“幽无形，深难测”的弊病克服。这与《尚书·商书》中记载的，武丁在得到傅说后，请他毫无保留地辅助自己执政的做法是一致的。

至于殷高宗“三年不言”，绝不是三年不说话。有人认为应是“三年不言政”，此说甚是。殷高宗武丁在其父死后，让大臣对他开导、进谏，并让大臣替他治理朝政，他自己则深入民间，体恤民情。这种做法完全与“三年之丧”没有关系。因此，绝不能因《尚书·无逸》有“高宗亮阴，三年不言”，而认为是殷代就有“三年之丧”了。“三年之丧”的服丧制度无论是在殷或西周都没有出现过，这应是自春秋至战国才形成的一种制度。

第三节　《仪礼·丧服》中记载的丧服制度

研究周代的丧服制度，必须了解“三礼”，即《仪礼》《礼记》和《周礼》所记载的丧服制度。

今天所见到的《仪礼·丧服》乃《丧服经》与《服传》的合文。《服传》是解释《丧服经》的。除《服传》外，解释《丧服经》的古文献还有东汉人郑玄的注释，唐人贾公彦的注疏，清人徐乾学、聂崇义等著作，以及《礼记》等。解释《丧服经》的文献一般都晚于《丧服经》的成书时代。《服传》、郑玄注及贾公彦疏皆从丧服的形制及意义上对《丧服经》进行解释；《礼记》则是在礼仪上对《丧服经》进行补充。《仪礼·丧服》所反映出来的丧服制度，可以结合子夏的《服传》、郑玄注，贾公彦疏等全面理解。

《仪礼·丧服》所记，在人死后，其亲属要为死者服丧。服丧的基本原则是，死者生前的地位越高，身份越贵，与服丧者的关系越亲，则其服丧的形式越重。当然服丧的形式亦要看服丧者的地位及与死者的关系。丧服共有斩衰、齐衰、大功、小功、缌麻五种形式。

一、斩衰之丧

《仪礼·丧服》曰："斩衰裳。苴绖、杖、绞带、冠、绳缨、菅屦者。凡服，上曰衰，下曰裳。麻在首、在要，皆曰绖。绖之言实也，明孝子有忠实之心。首绖，象缁布冠之缺项；要绖，象大带；又有绞带象革带。"如图 8-1 所示。

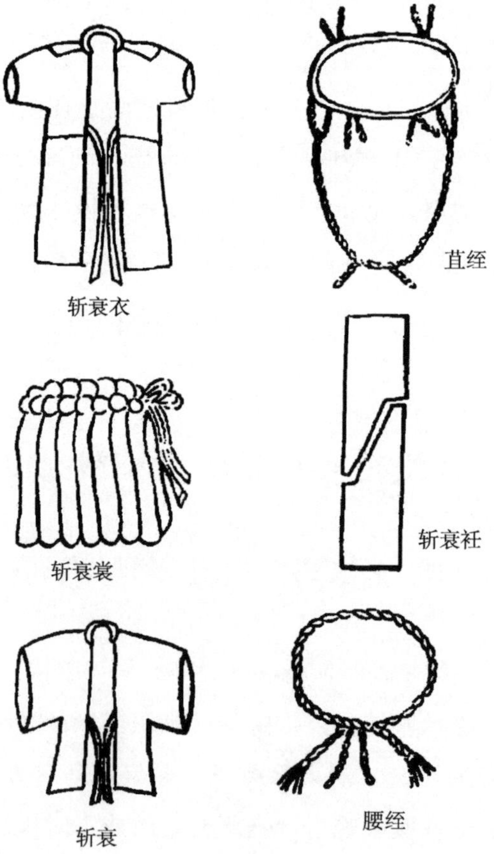

图 8-1 "斩衰衣"各图

资料来源：（宋）聂崇义：《三礼图集注》卷十五《斩衰裳图》，文渊阁四库全书本。

斩衰裳，即不缝边的丧服，是丧服中最重的一种。需用三升布做成。升，表示布的粗疏，即每幅布，约宽一尺二寸，合今 44 厘米的布由 80 缕麻线织成，为一升布。三升布，同样宽的布由 240 缕麻线织成，这种布也是极粗的。先斩布后做，故曰斩衰。斩衰，是不缝边的衰衣。

斩衰衣的形制为：衣长二尺二寸，自领至腰，两前襟共四尺四寸，再加阙中（辟领）八寸，则为五尺二寸；再加后身，那么斩衰衣一共用布一丈四寸（图 8-2）。

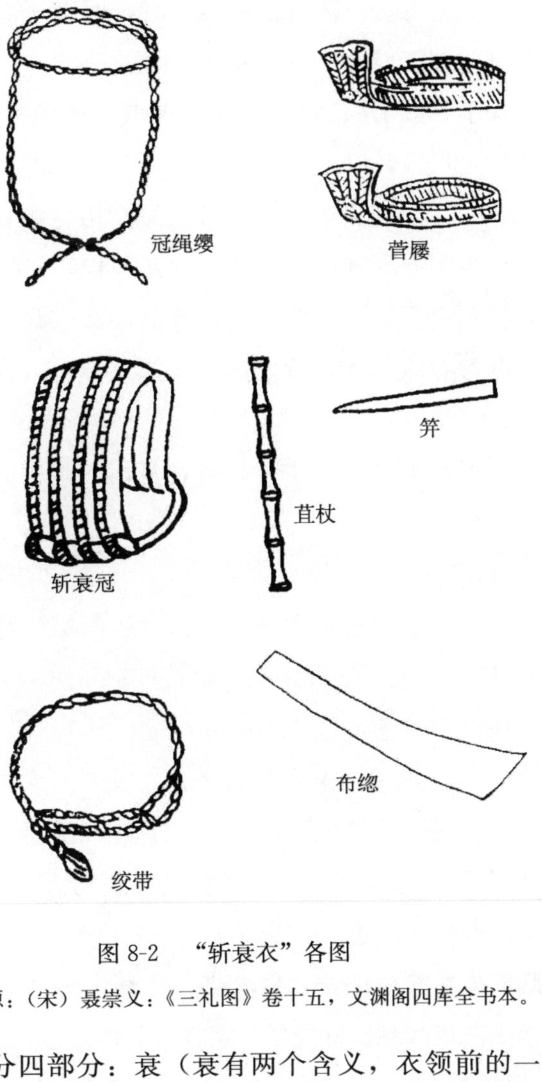

图 8-2 “斩衰衣”各图

资料来源：（宋）聂崇义：《三礼图》卷十五，文渊阁四库全书本。

斩衰衣的衣领共分四部分：衰（衰有两个含义，衣领前的一块布曰衰，后引申为丧服上衣曰衰)、负板、两个辟领。

衰，长六寸，广四寸，缀于外衿之上，广长正当心。

负板，以一方布，广一尺八寸，置于背上，上半缝在领上，下半垂放在背上。负板又出左右辟领外旁各一寸。

辟领，左右两个。辟领，又名适。适在两肩各有四寸，则中间共有八寸。两辟领横广加起来共一尺六寸。两适（辟领）向前，与衰相望。两旁各出六寸。

郑玄注曰：“前有衰，后有负，左右有辟领者，孝子哀戚无所不在也。”

贾公彦疏云：“衰之言，摧也。衰当心者，明孝子有哀摧之志也。负在背者，以其负荷悲哀，在于背也。左右辟领，谓之适者；以哀戚之情当有指，适缘于父母，兼念馀事，以示四处皆有悲痛，是其哀戚无所不在也。”

衣带下面要有一尺长，以掩裳。

衣衽长二尺五寸，上面连于衣。其做法是：用一幅长三尺五寸的布，斜破之，上下各留一尺为正方不破。一尺之下，从一半旁入六寸，乃向斜一尺五寸，去下半亦六寸，横断之下，一尺为正。这样共用布三尺五寸，得两条衽，衽各二尺五寸。然后两旁各缀于衣，垂之向下，掩裳际也（这是男子之服，妇女则无）。

袂，即袖子。用整幅布二尺二寸，连衣身，不削去其边，与衣纵横相比．皆二尺二寸，三者相齐。

袪，即袖口，用布一尺二寸。

下裳，用宽二尺二寸的整幅布，前三幅，后四幅，每幅的两边各去一寸为削幅（即缝边），则七幅共十四尺，每一幅布打三屈。

苴绖，凡麻在首曰首绖，像缺项的缁布冠；其实就是用麻绳做成的冠圈戴在头上。《传》曰：“苴绖者，麻之有蕡者也。苴绖，大搹左本在下，去五分一以为带。”麻子曰蕡，就是用结子的大麻做成首绖和腰绖。

首绖的大小是围一搹（即“扼”），各以其人的大小，即中人的扼围九寸，以五分之一为杀，麻根在左边。

腰绖，用麻绳束在腰曰腰绖，像大带。腰绖大七寸五分寸之一而缪之。两头各存麻奉，散垂三尺。缪，即绞结、系在一起的意思。

绞带，《丧服经》曰：“绞带者，绳带也。”绞带是用麻绳制成的腰带束在腰上，东汉王肃认为绞带如腰绖，相当于腰绖；用绞带，就不再用腰绖。以麻做带，戴在头上或束在腰上，都表示哀悼。

斩衰冠，以六升布做冠，冠的缝在右边。

冠绳缨，《丧服经》曰："冠绳缨，条属，右缝。冠六升，外毕，锻而勿灰。"（唐）贾公彦疏："冠绳缨条属者，丧用绳为缨；属，着也，着之冠，垂之为缨也。云外毕者，前后两毕之末，而向外摄之也。云锻而勿灰者，以冠为首饰，布倍衰裳而用六升，又加以水濯，勿用灰而已。"冠绳缨，就是用麻绳曲绕成为冠圈，再用两根麻绳为武，与冠圈相连属，麻绳与冠圈相连属之处，在冠圈之外为外毕，在冠圈之内为内毕。或有说"吉冠内毕，凶冠外毕"。贾公彦又疏："《礼记》云丧冠条属，以别吉凶。若然，吉冠则缨武别材，凶冠则缨武同材，是以郑云，通屈一条绳为武，谓将一条绳从额上约之，至项后交过两厢各至耳于武缀之，各垂于颐下结之。云着之冠者，武缨皆上属。着冠，冠六升，外毕是也。"是用麻绳做成的冠，再屈一条绳为武，垂下为缨。所用麻绳、麻布皆不用草木灰椎洗，因用草木灰椎洗的麻布较细白。

菅屦，以菅草为之。

苴杖，以苴竹为杖。因竹圆像天，且内外有节，像子为父亦有内外之痛。又竹能贯四时而不变，子之为父，哀痛亦经寒温而不改。

妇女的丧服有些异于男人。妇女的斩衰裳除衰无带，下又无衽以外，其他形制相同。冠绳缨非女子所服，而女子所用的带緫、箭笄、髽，非男子所服。

《仪礼·丧服》记载："布总、箭笄、髽、衰三年。"郑玄注："此妻、妾、女子、子丧服之异于男子者，总，束发谓之总者，既束其本又总其末；箭笄，筱也；髽，露紒也；犹男子之括发。斩衰括发以麻，则髽亦用麻也，盖以麻自项而前交于额上，却绕紒如着幓头焉。《小记》曰'男子冠而妇人笄，男子免而妇人髽'。"束发为紒；髽，古代妇人的丧结，用麻或布束发，不用发簪或发韬，叫"露髻"；也名括发。幓头，即帕头，是古代男子束发的头巾。

《仪礼·士丧礼》郑玄注："始死将斩衰者，鸡斯将齐衰者，素冠；今至小殓变，又将初丧服也；髻髪者，去笄纚而紒。"《礼记·问丧》云："亲始死，鸡斯徒跣，扱上衽，交手哭。"郑玄注："鸡斯，当为笄纚声之误也。亲始死，去冠，二日乃去笄纚，括发也。"笄，束发器；纚，用于束发的布帛，长一尺六寸。

布緦，以六升布为之。首饰像冠，以布緦束发，既束其本，又束其末，总长六寸。

箭笄，以筱竹为之，将头发括起，即髽发，笄长一尺。

应服斩衰之丧者：

儿子为父亲。

诸侯为天子。

臣为君。

父为长子（因长子要代替自己成为宗庙主，授予重任）。

为人后者。

妻为夫。

妾为君。

未出嫁的女儿为父亲。

虽已出嫁，但因夫丧或其他原因又返回娘家居住的女儿为父。

公士大夫的众臣为（有地）之君。

《仪礼·丧服》记载：服斩衰之丧的人必须"居倚庐，寝苫，枕块，哭昼夜无时。歠粥，朝一溢米，夕一溢米，寝不脱绖带。既虞，翦屏柱楣，寝有席，食疏食水饮，朝一哭，夕一哭而已。既练，舍外寝，始食菜果饭素食，哭无时"。溢，古容量单位，约当今之二两。《小尔雅·广量》："一手之盛谓之溢。"葛其仁疏证："溢为米二十四分升之一，不过当今二合稍赢，一手所盛，理或然也。"

二、齐衰之丧

《仪礼·丧服》曰："疏衰裳齐、牡麻绖、冠布缨、削杖、布带、疏屦三年者。"

根据郑注、贾疏及《礼记》诸篇的解释，疏衰裳，即粗衰裳，又称齐衰裳。此衣裳形制基本与斩衰裳同，但衣边缝起，故称齐衰裳（图 8-3）。服齐衰之丧的时间有三年、期年（一年）、三月。三年齐衰者，齐衰裳用四升麻布制成。杖期之齐衰，衰裳以五升麻布；不杖者，六升麻布。

牡麻绖，以枲麻（大麻）为绖。

冠布缨，以七升布为冠，形制同斩衰冠。若齐衰期年者，衰用五升麻布，则冠用八升麻布制成。齐衰三月之丧者，则不用冠。

削杖，削桐木为杖。杖下为方形，以母象征于地也。为母，杖桐。桐外无节，象征家无二尊，屈于父，为之齐衰。

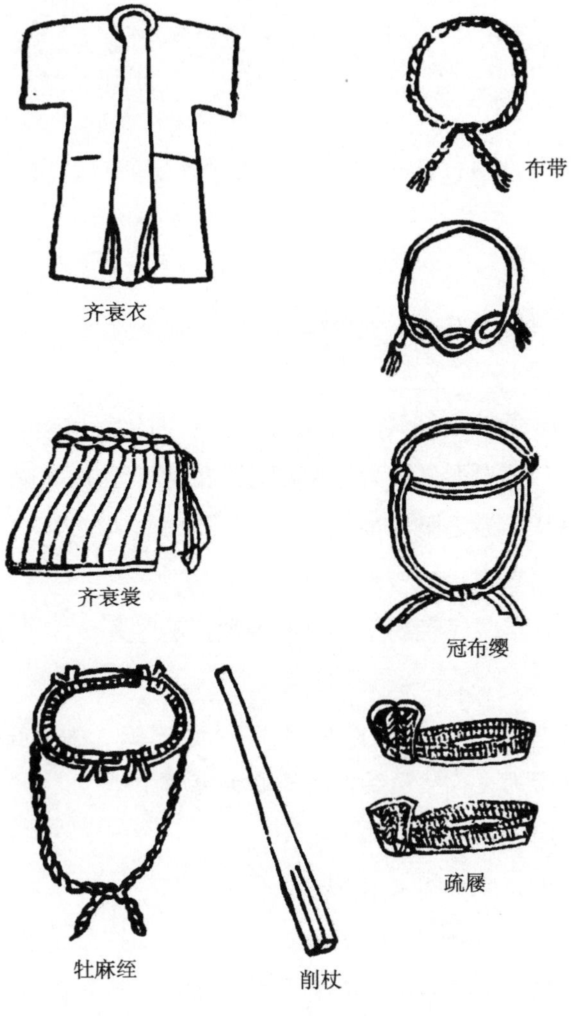

图 8-3　“齐衰裳”各图

资料来源：（宋）聂崇义：《三礼图集注》卷十六《齐衰裳图》，文渊阁四库全书本。

布带，以七升布为之，亦像革带。

疏屦，以草编成的草鞋，较菅屦稍细。

1. 齐衰三年之丧

父卒，为母服。为继母、为慈母（如果遵父命，以父妾为母者称慈母）。

母为长子。

2. 齐衰期年之丧

齐衰期年之丧可分两种：一为杖期，即服齐衰期年，用杖；另一为服齐衰期年，不用杖。

（1）齐衰杖期之丧。

父在，为母（包括为继母，为慈母）。

为妻子。

如果母亲因犯七条被出，其子为出母服齐衰期年。出妻之子为父后者则为出母无服。《传》曰："出妻之子为母期则为外祖父母无服。"

父卒，继母嫁从，为之服，报。

（2）齐衰不杖期之丧。

还有一种情况，虽服齐衰期年，但不用杖，不穿疏屦。

为祖父母。

大夫的嫡子为妻。（唐）贾公彦疏曰："大夫之嫡子为妻在此不杖章，则上杖章为妻者，是庶子为妻；父没后，嫡子亦为妻杖。"

为昆弟、为未出嫁在室的姐妹。

为众庶子（长子之弟）和未出嫁的女儿。

为昆弟之子。

大夫之庶子为嫡昆弟，即大夫之庶子为已经立为嫡子的兄或弟。

为嫡孙（包括媳妇）。

已经过继给别人儿子者为其生身父母。

已经出嫁的女儿为其父母；为过继给父亲为后的昆弟。

为同居的继父。

为夫之君。

已经出嫁但又死了丈夫的姑姐妹为侄与兄弟。

为君之父母、长子、祖父母。

妾为女君。

媳妇为舅姑（即今之公婆）。

为夫之昆弟之子。

公妾、大夫之妾为其子。

未出嫁或已经出嫁的女子为其祖父母。

大夫之子为其世父母、叔父母之子，昆弟、昆弟之子，为已经出嫁但又没有了丈夫的姑姐妹，为大夫的命妇。

大夫为曾做过士的祖父母、嫡孙。

公妾、士妾为其父母。

3. 齐衰三月之丧

此服只有疏衰裳，齐，牡麻绖，绳屦。

服此丧者：

失地之君寄居他国，为所寄国国君。

同宗的男人、妇人为宗子、宗子之母、妻（此处宗子指的是继承大宗的宗子；如果宗子之母在，则不为宗子之妻服）。

为旧君、旧君的母亲、妻子。

庶人为国君。郑玄注："不言民，而言庶人；庶人或有在官者，天子畿内之民服天子亦如之。"也就是说，国内之民是不为国君或天子服的。

大夫出奔，但留在国内的妻、长子为旧国君服（出奔的大夫不服）。

为不同居的继父。

为曾祖父母。

大夫为宗子。

待出奔而未出境的大夫为国君（此大夫与民同）。

大夫为曾做过士的曾祖父母。

已经出嫁和未出嫁的女子为曾祖父母。

三、大功之丧

布衰裳，用八升或九升布做成。衰裳之布可以用灰捶治，使布较为细白。

牡麻绖，布带、不绞其带。

大功服包括大功布衰、大功布裳、大功牡麻绖、大功牡麻绖缨（图 8-4）。

此服可分为大功殇服、成人大功之服。

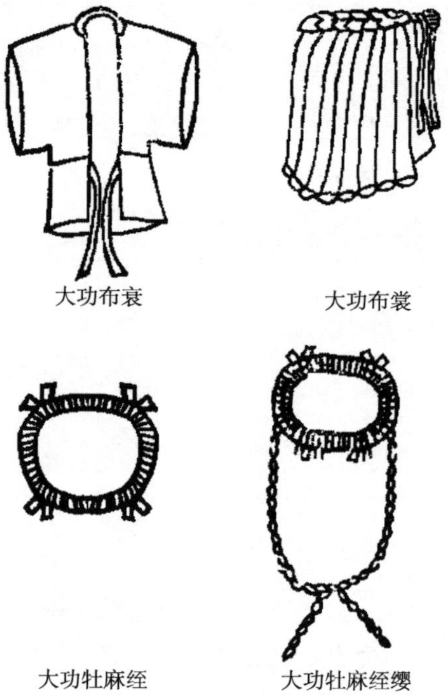

图 8-4 “大功服”图

资料来源：（宋）聂崇义：《三礼图集注》卷十六《大功布衰图》，文渊阁四库全书本。

1. 大功殇服

此服本应服斩、齐之丧，但因为殇死，降在大功；故次在正大功之上，义在齐衰之下，故此服又叫殇服。

男子未冠，女子未笄而死者称殇。年十九至十六为长殇，十五至十二为中殇，十一至八岁为下殇，不满八岁者为无服之殇。其长殇，服丧九月，绖上有缨。其中殇服丧七月，绖上无缨。下殇降在小功服，无服之殇以日易月，以日易月之殇，殇而无服；故子生三月则父名之，死则哭之，未名则不哭也。

服此丧者：

父亲为长殇、中殇的儿子，未出嫁的女儿。

大夫为长殇、中殇的嫡子。

为长殇、中殇的叔父、姑姊妹、昆弟、夫之昆弟之子、女子子、嫡孙，大夫之庶子为长殇、中殇的嫡昆弟，公为长殇、中殇的嫡子，大夫为长殇、中殇的嫡子。

为长殇、中殇的昆弟之子、未出嫁的女儿。

2. 成人大功

应为之服此丧的主要有以下几种。

为已经出嫁的姑、姊妹或者女儿。

为从父昆弟（即世父母，叔父母之子）。

为自己已经过继给别人为后者的昆弟。

为庶孙。

为嫡妇（嫡子之妻）。

已经出嫁的女子为自己娘家的众昆弟。郑玄注："父在，则同；父没，乃为父后者服期也。"

侄丈夫、妇人报；郑玄注："侄男女服同。"《传》曰："侄者何也？谓吾姑者，吾谓之侄。"（唐）贾公彦疏曰"侄卑于昆弟，故次之。注释曰：不言男子、女子，而言丈夫、妇人者，姑与侄在室出嫁同，以侄女言妇人，见（现）嫁出，因此谓侄男为丈夫，亦见长大之称，是以郑还以男女解之"。按照郑玄与贾公彦的解释"侄丈夫、妇人"，就是侄男、侄女。

为丈夫的祖父母、世父母、叔父母。

大夫为曾经做士的世父母、叔父母、昆弟、昆弟之子。

公之庶昆弟、大夫之庶子为母亲（其母为妾）和妻子的昆弟。

从父昆弟皆为大夫者，相互之间服大功之服。

为丈夫昆弟已出嫁的女儿。

大夫之妾为君之庶子。

已经出嫁的、未出嫁的女子为世父母、叔父母、姑姊妹。

大夫、大夫之妻、大夫之子、公之昆弟为嫁给大夫的姑姐妹的女儿。

君为嫁给其他国君的姑姊妹的女儿。

四、缌衰裳

牡麻绖，既葬除之。缌衰裳，以四升半、细其缕的布做成（布细而疏为缌）。

此种丧服只有诸侯之大夫为天子服，因很少见到天子，故恩德较轻，服丧亦轻。天子七月而葬，那么为天子服缌衰裳的诸侯之大夫，当七月而除缌衰丧服。这种丧服只有诸侯之大夫为天子服。

五、小功之丧

布衰裳，以十一升布为之。衰裳之布可以用灰捶治，使布较为细白。

澡麻带（澡，即治去孚垢，不绝去本也），以澡麻为带，澡麻绖。

1. 殇小功

即本应是齐衰大功之亲，因为死者为殇，故服丧的程度较轻，降为小功，但在成人小功之上（小功，用功细小精密）（图 8-5）。

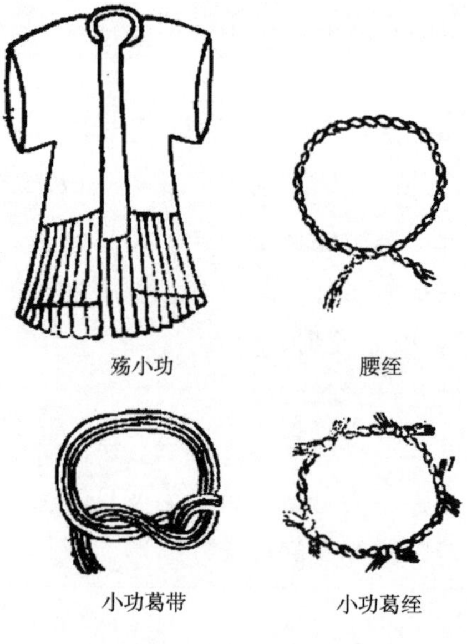

图 8-5 “殇小功”图

资料来源：（宋）聂崇义：《三礼图集注》卷十六，文渊阁四库全书本。

小功殇服五月，应服此丧者：

为下殇的叔父、嫡孙、昆弟。

大夫的庶子为下殇的嫡昆弟，为姑姐妹未出嫁的女儿。

已经过继给别人为后者为其长殇的昆弟、从父昆弟。

为丈夫长殇的叔父。

为下殇的昆弟之子、之女，丈夫昆弟之子、之女。

为长殇的侄庶孙（包括侄男、侄女）。

大夫，公之昆弟、大夫之子为长殇的昆弟庶子、姑姐妹未出嫁的女儿。

大夫之妾为长殇的庶子。

2. 成人小功

布衰裳，牡麻绖（三月后即变麻，就以葛绖带，服五月）。

应服此丧者：

为从祖祖父母（祖父之昆弟）、从祖父母，报。

为从祖昆弟。

为从父姐妹。

为已经出嫁的孙女。

已经过继给别人为后者为其已出嫁的姐妹。

从母、丈夫、妇人报。郑玄注："从母，母之姊妹。"

为丈夫的已出嫁的姑姊妹、娣（弟媳）、姒（嫂子），报。

为庶子之妇。

为君母的父母、从母（君母在，则服；君母不在，则不服）。

为君子子，为庶母慈已者。君子子者，即大夫及公子之嫡妻为对自己有恩德、养育自己的庶母。

大夫、大夫之子、公之昆弟，为从父昆弟、庶孙、姑姊妹女子的女儿嫁给士者。

大夫之妾为已出嫁的庶女。

六、缌麻之丧

此为五服之中最轻者，故以麻布缕细如丝者为衰裳。十五升抽其半为缌，八十缕为升，十五升一千二百缕，抽其半，即六百缕以治，粗细如朝服。大夫命妇相吊以锡衰。又以澡治莩垢之麻之为绖带，故曰缌麻。此丧，三月即除之（图 8-6）。

图 8-6　“缌衰裳”图

资料来源：（宋）聂崇义：《三礼图集注》卷十六，文渊阁四库全书本。

应服此丧者：

为族曾祖父母（曾祖昆弟之亲）、族祖父母、族父母、族昆弟。

为庶孙之妇、中殇的庶孙。

为外孙。

为已出嫁的从祖姑姐妹，报。

为长殇的从祖父、从祖昆弟。

为下殇的从父昆弟、侄子。

为丈夫中殇、下殇的叔父。

为长殇的从母。

成为父亲继承人的庶子为其生母。

士为庶母（大夫以上为庶母无服）。

为贵臣、贵妾。

为乳母。

为从祖昆弟之子。

为曾孙。

父之姑，即孙为祖父之姊妹。

为从母昆弟，即姨表兄弟

为甥。郑玄注："姊妹之子。"《传》曰："甥者何也？谓吾舅者，吾谓之甥。何以缌也？报之也。"

为婿。郑玄注："女子子之夫也。"《传》曰："何以缌也？报之也。"

为妻之父母。

为舅。郑玄注："母之兄弟。"

为舅之子。

为丈夫长殇的姑姐妹。

为丈夫的诸祖父母，报。

为君母的昆弟。

为长殇的昆弟之子、昆弟之孙、为夫之从父昆弟之妻。

《仪礼·丧服》曰："公子为其母，练冠，麻，麻衣縓缘；为其妻，縓冠，葛绖带，麻衣縓缘。皆既葬除之。"郑玄注："公子，君之庶子也。其或为母，谓妾子也。麻者，缌麻之绖带也。此麻衣者，如小功布深衣，为不制衰裳变也。《诗》云，麻衣如雪。縓，浅绛也；一染谓之縓，练冠而麻衣縓缘，三年练之受饰也。《檀弓》曰，练，练衣，黄里、縓缘。诸侯之妾子厌于父，为母不得伸，权为制此服，不夺其恩也。为妻縓冠葛绖带，妻轻。"《传》曰："何以不在五服之中也？君之所不服，子亦不敢服也。君之所为服，子亦不敢不服也。"郑玄注："君之所不服，谓妾与庶妇也。君之所为服，谓夫人与適妇也。诸侯之妾，贵者视卿，贱者视大夫，皆三月而葬。"

公子（君之庶子）为其母，因其母为妾，地位低，屈于父，不得伸其恩，故丧服轻；只服练冠（练，煮过的丝，即熟丝织成的冠），缌麻之绖带，麻衣（白布深衣）縓缘（浅绛色的边）。为妻縓冠（浅绛色的冠）、葛绖带，麻衣縓缘。这些丧服在死者安葬后则除之。

七、降服之制

五服之中，长殇、中殇之丧降一等，下殇降二等。齐衰之殇，中从上，大功之殇，中从下。

大夫、公之昆弟、大夫之子于兄弟则降服一等。这里所说的兄弟指的是族兄弟。

已经过继给别人为后者，于自己的兄弟则降一等，报，而对自己为后的这家兄弟之子与自己之子同。

兄弟同出居在外国，相依相悯，则加一等；如果父母早卒，为同居的兄弟则加一等。

朋友一块在他邦，则为之袒、免（即袒露臂膀，戴免），回国以后，就算结束了。

朋友麻，为朋友则服缌之带。郑玄注："朋友虽无亲，有同道之恩，相为服缌之绖带。"

公、士、大夫之君为旁亲兄弟服降一等，其室老、家相，随自己的君主亦降一等。

丈夫为兄弟服，其妻则降一等.

已经成为父亲继承人的庶子为他自己的外祖父母、从母（姨）、舅无服，不成为继承人的庶子与原来一样。

宗子无父未冠而死者，长殇、中殇为大功衰，下殇则小功衰，皆服三月。

宗子孤，为殇；大功衰、小功衰皆三月，亲则月算如邦人。《仪礼·丧服》郑玄注："谓父有废疾，若年七十而老，子代主宗事者也。孤为殇、长殇，中殇、大功衰；下殇，小功衰；皆如殇服而三月，谓与宗子绝属者也。亲，谓在五属之内算数也。月数如邦人者，与宗子有期之亲者，成人服之齐衰期，长殇，大功衰九月；中殇，大功衰七月，下殇，小功衰五月；有大功之亲者，成人服之齐衰三月；卒哭，受以大功衰九月；其长殇、中殇、大功衰五月；下殇，小功衰三月；有小功之亲者，成人服之齐衰三月；卒哭，受以小功衰五月；其殇与绝属者同；有缌麻之亲者，成人及殇，皆与绝属者同。"

如迁坟改葬时，则应服缌麻之孝。

童子未冠，但已继承家事则服缌麻之孝（不继承家事，则无服）。

凡妾为自己的兄弟则应如邦人一样。

大夫吊于命妇，命妇吊于大夫，皆锡衰。

已经出嫁的女子为其父母，媳妇为其舅姑用恶笄以髽发，卒哭后，则去笄而着布总。

妾为女君、君之长子用恶笄、布总。

第四节 《礼记》对《仪礼》丧服制度的补充

《礼记》是专门解释《周礼》《仪礼》等经书的，故《礼记》中的一些篇章，如《檀弓》《杂记》《曾子问》《奔丧》《问丧》《服问》《丧服四制》《丧服小记》《丧大记》等对《仪礼·丧服》进行了发挥和补充，对行丧的仪式做了更详尽的描写，使丧服制度更加烦琐复杂，详细入微。根据《礼记》的记述，我们对《仪记·丧服》所记的丧服制度有更完整的理解。

《礼记》诸篇所记的主要有斩衰、齐衰、大功、小功、缌麻五服的奔丧形式、服饰制度、变服的时间及形式，在遭重丧时的处理方式等。

一、奔丧、服丧与变服

周代丧服的形式非常复杂，服丧形式，如斩衰之丧、齐衰之丧、大功之丧、小功之丧、缌麻之丧等形式不同，那么奔丧、服丧与变服也不相同。

1. 斩衰之丧的奔丧、服丧与变服

当服斩衰之丧的人闻父母之丧，然后火速奔丧，侵晨冒昏而行，但不易夜行。行走时，避开市朝，在望见自己的国境时，就哭不绝声了。抵达家门，从门的左面进去，从西阶登堂，坐在尸柩的东边，面向西，尽情竭力哀哭。若是妇人奔丧，从东阶登堂，在尸柩东面向西坐，哭尽哀。然后在东阶即位，和别人一起更番踊；踊，即顿足而哭。男人去掉冠，用麻带束发，袒膊，戴上麻绖，绞带。如果生者在父母之旁，父母之丧，以麻带束发，戴上麻绖、绞带，打光脚，把深衣下裳，纳在带里，两手交叉在胸前痛哭。当然秃者不束发，伛者不打赤膊，跛者不踊，因有痼疾，不可备礼。

如果不是父母之丧，妇女不到别国去作吊；如果是父母之丧，虽贵为国君夫人，亦得奔丧回去。夫人之归应与诸侯同样的礼仪规格，而母国对她要像对待诸侯一样。夫人回到娘家，从侧门进去，从边阶上来，而母国国君则在主阶，接着哭踊，髽发，披麻，则依奔丧礼。

服斩衰的人，三日不举火，邻里为之做些稀饭以食之，三日殓。在送葬的

时候，心中难过之极，葬后返回，不敢入居处室，住在门外的草屋（即倚庐），寝苫，枕块。

斩衰之丧，在举行既虞礼后，就可以吃粗饭喝水。其居住可以撑起“倚庐”的门楣，剪齐从屋檐伸出为屏障的茅草，可以睡在剪齐但没有札缘的蒲席上。其丧服逐渐由三升布的斩衰，减为服六升以上的麻布制成的衣服。冠用七升以上的布制成，除去麻绖，换成葛带。葛带由四股纠成，像三重的样子。

满周年举行小祥祭后，可以吃些水果，可以戴用熟丝织成的素练做冠，练衣可以包沿红边。但男子的葛带不能除去，因为男子除服是先从头上的绖除起，女子则是先从腰带除起。居处可以睡在不加涂饰的房屋里，睡觉时可以有席。

满两周年举行大祥祭，可食醯酱，可戴生绢制成的冠，穿十五升的麻衣，可以搬回寝室里居住，也可以从政，应付公事。

大祥祭以后，即中月，郑玄认为是间隔一个月，举行禫祭。孝子可以喝些甜酒和慢慢吃些干肉；可以戴黑绖白缘的冠，身上佩戴种种饰物；可以睡在床上，如正常人一样。三年之丧，二十五个月，即禫祭以后，服丧就结束了，可以恢复生人的正常生活，但孝子的哀痛并没有穷尽，对死者的思慕和悼念并没有忘怀。

2. 齐衰之丧的奔丧、服丧与变服

服齐衰之丧的人，奔丧时则望乡而哭。行丧的一些仪节和斩衰之丧基本相同。服齐衰之丧者哭的时候，可以留些余气再哭。二日不吃饭，居垩室，睡在剪齐但没有扎缘的蒲席上；服四升布做成的衰裳。

既虞礼后，食一些稀粥，疏食水饮；可渐服七升成布做成的衣服，八升布做成的冠，麻绖改成葛绖（如斩衰变服的葛绖一样），逐渐改善居处。

即葬十一个月而练（小祥）祭。

小祥祭后，可食水果；可戴素练做成的冠，练衣可以沿红边，男子的葛带不能除去，先除首绖，妇女可先除腰绖。可以居垩室，寝有席。

十三个月而祥（即大祥祭）后，可食醯酱；可以戴生绢制成的冠，穿十五升布做的麻衣，可以回到原来的居处。可以弹些素琴，可以从政，办理公事。

十五个月而禫。禫祭后，可以饮酒，食肉，可以睡在床上，身上可佩各种

饰物，恢复正常人的生活。

在三年服丧期间，苴裳破了不补，坟墓不培土等，这些与斩衰之丧都是相同的。

3. 大功之丧的奔丧、服丧与变服

服大功的人奔丧，在望见家门时就开始哭不绝声了。服丧者从门的左边进去，在庭中间，面向北痛哭尽哀，然后到东边廊上，头上加免，腰上束以麻带，回到自己的位置上袒膊，跟着主人哭踊。

服大功的人哭时可以有停顿，但不能与别人议论讲话，要三顿不吃饭。第二天、第三天哭灵时，也要袒。三日以后，主人送宾，出来后，哭止。

服大功之丧者，殡以后可食水果，但不准食醯酱，可以睡在席上，丧事完毕后，服丧者即可从政、做事。凡服大功以上的丧服，其变服则用小功之首绖。

4. 小功、缌麻之丧的奔丧、服丧与变服

服小功之丧的人至门而哭。服缌麻之丧者即位而哭，其他的行丧仪式与大功相同。服小功缌麻之丧者，只要哭的有些悲哀就行了。服丧者可以同别人议论，但不要谈到享乐的事就行。服丧者，禁食两顿。殡以后，可饮些甜酒，可以睡在床上。移殡之后，服小功缌麻的人即可从政。

5. 重丧的易服原则

重丧，即同时遭到两起或两起以上的丧事所应变易而服的丧服。

斩衰之丧，既虞之后，如又遭齐衰之丧，丧服中次要的部分应以新包旧，而重要的部分依然现出斩衰之丧的特点；在练祭以后又遭大功之丧，那么男女都要服大功的首绖、腰绖。大功卒哭后，又都改成葛绖葛带，这叫作重葛。

父的丧期还没有完毕，又遭母丧。在这种情况下，如到为父丧除重服的日子，需改换轻服举行祥祭。祭事毕，则又为母服其重服。即使在叔伯兄弟的丧期中遭到父母丧而服重服，但当在伯叔兄弟除丧的日子，亦得暂换除服，俟祭

事毕，再服重服。如果父母之丧，无论是周年的练祭，还是大祥祭，一律改麻衣为葛衣，祖父死，未满一年或二年，那时如果孙子死了，其灵位得祔于祖父。

齐衰之丧，既虞哭之后，又遭大功之丧，男子头上仍戴齐衰的葛绖，腰间都改为大功的麻带；女子腰服葛带，头上却改为大功的麻绖，男女所服皆有麻有葛，即麻葛兼服之。

三年之丧，如遇长殇、中殇，虽已易麻而葛，仍须改变，只有到殇服之期结束，则又恢复原来的葛服。

如三年之丧，已到了周年练祭以后，又有期年之丧，葬毕，仍可用改轻服以后的葛带。若丧中又遇丧，虽不换去葛带，但仍留首绖，而穿七升至九升的大功衰裳。如果有小功之丧，则可不改换小功的丧服，因重服中已包含了轻服。

斩衰在变服后所用的葛带、葛绖其粗细与齐衰的麻带、麻绖相同；齐衰变服后所用的葛带、葛绖其粗细与大功所用的麻绖、麻带同；大功变服后的葛绖、葛带与小功的麻绖、麻带同；小功变服后的葛绖葛带与缌麻的麻绖麻带同。既有重丧，又遭轻丧，要是既有的葛绖葛带与新服的麻绖麻带同，那么可以在重要的地方用葛，次要的部位改成麻，麻葛兼用。

妇女如果在舅姑的丧期内被遣出，恩情断绝，则除去丧服。如果未满一年又返回夫家，则服丧一年。已出嫁的女子，本应为父母服丧一年，如果在丧期内被遣回娘家，则应和兄弟一样，服丧三年，如果一年丧期满后，才被遣回娘家，则不必重新穿孝。如在娘家戴孝超过一年，才返回夫家，则应服三年孝。

6. 居丧

披麻挂孝的人不用绅带（大带，属吉服）、执玉（亦属聘享之礼），麻衣不能套在吉服的外面。国家大祭，禁止哭泣，则暂停早晚的哭奠，但仍须照常在那个位子上。

如果是父母之丧，长子要对来吊者先稽颡后拜（此则礼重）。如果是大夫来吊，尽管是服缌麻之丧，亦应先稽颡。妇女只对丈夫或长子行稽颡重礼，而对父母，因已经出嫁，皆行轻礼。

斩衰之丧，用麻以括发，为母亲，虽服齐衰，但仍用麻括发（括发，脱下吉冠，并将包发的“纚”和“笄”去掉，另以麻布自脖子面前交于额上，再回绕于发结）。二者皆用麻布为“免”。成人之礼，男子有冠，女子有笄。居丧时，男子用免，妇女用麻髽发。服齐衰之丧的妇女，以榛木为笄，一直到除丧的时候。

卒哭之祭时，讳言死者的名字。父亲忌讳叫已死的祖父母、兄弟、叔父、伯父、姑及姐妹之名，儿子跟随父亲亦忌讳叫这些人的名字。母亲忌讳叫的名字，全家亦跟随忌讳。至于妻所忌讳叫的人名，只要不在她身边叫就可以了。如果那人名与从祖兄弟相同，则全家都要忌。父亲为亲人服丧，在他未除服以前，家里的弟子不可弄乐器；母为亲人服丧，则只能听人奏乐而不自弄琴瑟；妻为亲人服丧，不可以在她身边奏乐。有大功丧服的人在葬其亲人后来访，就要收起乐器，如果来人只穿小功丧服，可以继续弹奏。

如果是祖父母之丧，承重孙为祖父亦服三年之丧，而为祖母的承重孙者，亦有服丧三年。

作为父亲后嗣的人，如果其母已被出，那么不为他的母亲服丧。

如果因事故，久而不葬，那么主葬者，如子为父，妻为夫，子为祖，皆不除服。其余，指期功以下至缌麻之亲，自九月至次年三月，月数已终，则不复服丧。

叔嫂无服。夫弟之丧，为嫂者不能抚其尸哭；嫂之丧，为小叔者亦同样。

如果自己从未见过祖父母、伯叔父母，当他们的噩耗传来时，父则为之追服丧服，而本人则不需追服。如果正服在大功以上而降为小功缌麻之服，则追服之。

凡居三年之丧的人，虽然是到了改换相当于大功的丧服，但仍创痛在心，自哀不暇，故不去作吊。这自诸侯到士都是一样的。但遇到五服之内的亲属死了，则须往哭。往哭之时，改穿与那亲人相关的丧服。

练祭之后，可出吊丧。未及练祭，仅及葬后，居大功之服者，可出吊丧，但哭了即退，不必等候丧事进行。如居期年之丧者，未葬之前，往乡人处在吊，亦但哭了即退，不必等候丧事进行。居功衰而出作吊，虽等候丧事进行，但不参与执事。居小功缌麻之丧，其出吊丧，可参与执事而不参加行礼。

常人的吊丧比较简单。慕名往吊者，只等灵柩一出门，即可回去。点头之交者，等灵柩经过门外举哀后退回。倘是互赠过东西的，就要送到墓地看见下棺封土后回去。倘是谈过话的，要等着葬毕，主人迎着灵魂回到家时，再回去。至于朋友，就要等到安置神主的虞祭后才退回。作吊时，要帮助服务，不一定跟随主人在一起。

四十岁的吊客，须执拂挽着柩车。同乡的人，五十岁者可以不出力，葬后即随葬主回家。四十岁者则留在葬处，帮助覆土至满坎，然后回去。

《礼记·檀弓》曰："邻有丧，舂不相；里有殡，不巷歌。"当邻人有丧事时，自己也要注意，不要舂米，不要唱歌，要尊重别人的感情。

二、诸侯的吊唁之礼

诸侯在他国，遇其国大臣之丧；往吊时，则其国君当代为丧主，使主客身份相当。往吊时，诸侯须在皮弁加上环绖，穿细麻布的丧服，虽所吊者，已经入葬，但丧主必戴免。但是如果主人尚未着丧服，则往吊的国君也不必穿细麻布衣。

天子哭诸侯的时候，应穿暗红色的文冠，黑帛的衣服，再加上葛绖。还有一种说法是天子派出官员代哭，而天子在开饭时不奏乐而已。如果身有丧服，哪怕是缌麻之服，亦不参加相识者的丧祭。如果是刚刚除去衰麻之服就去参加别人的馈奠，也是不合礼的，免强作为宾相则可。

天子诸侯之丧，臣下为之服斩衰，丧主不自馈奠，而是由服斩衰的臣下为之馈奠，说明服斩衰的人可以馈奠。大夫之丧，服齐衰的臣下为之馈奠。士，没有臣下，由朋友为之馈奠。如果人手不够，还可以取大功以下的亲属为之奠。天子诸侯的丧祭，不服斩衰的人就没有资格参加。

大夫的丧祭，只有服齐衰的人参加。

士之丧葬，取于兄弟大功以下者举祭。

如果国君死后，停柩在殡宫，其时，刚好世子出生，那么应于世子始生之日，卿大夫士都跟着"摄主"，站在西阶之南，面向北。大祝戴着裨免，执束帛，登上西阶的尽头，不登堂首先吩咐大家停止哭泣，大祝作"噫歆"之声三次，向灵柩报告说："夫人某氏已生世子，敢以奉告。"然后登堂，把束帛放在灵柩东边的灵几上，哭泣着退下。同时，卿大夫士及房中的妇女皆大哭，但不踊。尽哀后，返回原来朝夕哭奠的位置，举行朝奠之礼，小宰把灵几上的束帛，埋在台阶间。到了第三日，死者的亲人又在西阶之南，面北而立。这时，大宰、太宗、太祝皆裨免，少师抱着世子和孝服前来。太祝走在前面，少师走在后面，大宰和宗人亦跟随在后面，进了殡宫之门，停止哭泣，由少师抱着世子登上西阶，站在灵柩之前，面朝北，而大祝则站在灵柩的东南隅。太祝"噫歆"三声，然后说："某夫人生的世子，跟随执事来见。"少师抱着世子向灵柩叩头哀哭。祝、宰、宗人，以及众亲属、卿大夫、士，皆三哭三踊，然后退到灵堂下面，回到东边的原位上，皆袒。少师抱着世子哭踊，房中妇女亦三哭三踊，然后替世子披上孝服，苴杖，世子则成为丧主，举行朝奠之礼。大宰乃命祝史之宫，以世子的名字偏告于五祀及山川神祇。

第五节　丧服制度中的用"杖"礼俗

用"杖"是古代丧服制的一个重要的内容，古代的丧服有斩衰、齐衰、大功、小功、缌麻五种，而只有斩衰三年、齐衰三年、齐衰杖期的丧服礼中才用"杖"，其他服大功、小功、缌麻的人与死者的关系一般比较疏远，皆不用杖。

在丧服制度中实行用杖礼俗的是男子，而女子不能用杖。如古籍《仪礼·丧服》、子夏《丧服传》记载"女子不杖"。但是《礼记·丧大记》、《礼记·丧服小记》等篇记载，夫人、世妇皆杖。这就引起了我国后代学者关于"女子杖"与"女子不杖"的争论。

一、丧服制中用"杖"是对远古权杖的记忆

我国古代丧服制中，服斩衰、齐衰、齐衰杖期的男子皆用杖，俗称"哀杖"。如《仪礼·丧服》记载："斩衰裳、苴绖、杖、绞带、冠绳缨、菅屦者。""衰裳齐，牡麻绖，冠布缨，削杖，布带，疏屦三年者。""疏衰裳，齐，牡麻绖，冠布缨，削杖，布带，疏屦，期者。"由此可见，斩衰、齐衰及齐衰杖期的丧礼皆用杖。

子夏《丧服传》曰："苴杖，竹也；削杖，桐也。杖各齐其心，皆下本。"苴杖，是用粗恶颜色的竹子做成的杖，表示悲痛；削杖，用桐木制成的下端呈

方形的木杖；桐，取其谐音，即同苴杖相同之意。

根据《仪礼·丧服》记载，服斩衰之丧者主要有子为父、诸侯为天子、臣为君、父为长子、妻妾为夫、未出嫁的女儿为父亲、虽已出嫁但又返回娘家居住的女儿为父、公士大夫的众臣为（有地）之君。

服齐衰三年者，有父卒，为母服、为继母、为慈母；母为长子。

齐衰杖期之丧（即服齐衰期年，用杖）：父在，为母（包括为继母，为慈母）；为妻子、其子为因犯七条被出母，服齐衰期年。

丧服礼中用杖者，有斩衰三年、齐衰三年、齐衰杖期，而大功、小功等丧服形式皆不用杖。斩衰之丧为父、为君、为长子用竹杖，齐衰之丧为母、母为长子、庶子为妻用桐杖。

《仪礼·既夕礼》记载："杖下本，竹、桐一也。"本，即根。苴杖，由竹制成，不削；削杖由桐木制成。杖的高低与心齐，皆是根部向下。（唐）贾公彦疏："为父所以杖竹者，父者，子之天，竹圆亦象天；竹又外内有节，象子为父亦有外内之痛；又竹能贯四时而不变，子之为父哀痛亦经寒温而不改，故用竹也。为母杖桐者，欲取桐之言同，内心同之于父，外无节，象家无二尊，屈于父，为之齐衰，经时而有变。又案：变除削之，使方者，取母象于地故也。"贾公彦按父天母地、天圆地方来理解丧服制度中为父杖竹、为母杖桐的用杖之礼。

丧服制度中为什么用"杖"呢？杖本来说权力的代表。

子夏《丧服传》曰："杖者何？爵也。无爵而杖者何？担主也。非主而杖者何？辅病也。童子何以不杖？不能病也。妇人何以不杖？亦不能病也。"

《礼记·丧服四制》："杖者何也？爵也。三日授子杖，五日授大夫杖，七日授士杖，或曰担主，或曰辅病，妇人、童子不杖，不能病也。百官备百物具不言而事行者，扶而起言而后事，行者杖而起身自执，事而后行者面垢而已，秃者不髽，伛者不袒，跛者不踊，老病不止酒肉，凡此八者，以权制者也。"（唐）贾公彦疏："今为父母之丧，有杖有不杖，不知，故执而问之。云'爵'，以爵答之，以其有爵之人必有德，有德则能为父母致病深，故许其以杖扶病。云无爵而杖者何？问辞也；庶人无爵何亦得杖？云担主也者，答辞也；以其虽无爵无德，然以嫡子，故假取有爵之杖为之，丧主拜宾、送宾，成丧主之义也。"由于在服丧期间，丧主要"居倚庐，寝苫，枕块，哭昼夜无时。歠粥，朝一溢米，夕一溢米，寝不脱绖带，”往往变得很羸弱，甚至病倒，行走靠杖；担，则是假借之意；因此“无爵而杖者何？担主也。非主而杖者何？辅病也”。“无爵而杖”意思是，杖是无爵丧主假借，或羸弱丧主辅病的工具。

古代的“杖”，就是权杖，有爵位的人才有权力执杖；在丧服制度中才有权力用“杖”。关于“爵”，《礼记·丧服》郑玄注的也很明白：“爵，谓天子、诸侯、卿大夫、士也。无爵，谓庶人也。担，犹假也。无爵者，假之以杖，尊其为主也；非主，谓众子也。”

“爵”，就是天子、诸侯、卿大夫等官员，官员当然有权力。丧服制中使用杖，也就是子为父、父为长子；臣为君之“臣”是不能为丧主的。杖，表示的是一种即将接替的权力。如果死者是有爵者，那么主丧执仗着将要继承其爵位；如果死者为无爵者，执杖者将要继承其财产和地位。

杖当是中国古代权力和地位的象征。

国家出现之前，古代部族皆经历了一个父系家长制家庭公社时期。恩格斯《家庭、私有制和国家的起源》说这种家长制家庭公社的主要标志：“一是把非自由人包括在家庭以内，一是父权。”父权是人类社会最早出现的强制性权力。我国古代文献对“父”有确切的解释。《说文》云：“父，巨也。家长率教者，从又举杖。”父，又写作“ㄋ”。其意为父系家长举起木杖要家庭所有的成员服从其权力。《说文》云：“杖，持也。从木丈声。”段玉裁注曰：“凡可持及人持之皆曰杖。丧杖、齿杖、兵杖是也。”杖，即杖持之意。中国文字是象形字，凡具有强制性含义的字皆有“杖”，如“教”，古字为“”；“敦”古字为“”等。字中皆有“ㄋ”即“杖”。“杖”是人们达到某种目的所必须依持之物，引申为权力。杖，又称权杖。

在西方，杖也是王权的象征。古希腊的《荷马史诗》“伊利亚特”载：“阿加门农从睡梦中醒来……套上松软簇新的新衣，裹上硕大的披篷，系紧舒适的条鞋在闪亮的脚面……然后他拿起永不败坏的王杖，祖传的宝物。”阿加门农是古希腊传说中的领袖和王，他手中的“王杖”是“永不败坏的”“祖传的宝物”。这是王权的象征。谁拥有王杖，谁就拥有权力，谁就是王。王在对希腊臣民讲话时，必秉王杖，才能得到臣民的信服和拥戴。以后，希腊人曾被罗马人征服。罗马帝国最强大时，曾占领两河流域，称霸地中海，建立起横跨欧亚非的罗马大帝国。罗马文化是在希腊文化基础上发展起来的。古希腊王权的象征物权杖也成为罗马等西方国家古代权力的象征物。这是古代东、西文化的相同之处。

古代中国最早的象征权力的实物，就是杖。周代丧服制中的杖，就是古代权力的象征。丧主在丧服中用杖，表示要继承死者的权力。

而当国家王权出现以后，象征帝王权力由“杖”换成了鼎。鼎，其初本是人们烧饭用的炊煮器。当祖先死后，其子孙就用鼎等器皿盛上食物对祖先进行祭祀，以求祖先的福佑。国之大事，在祀与戎。作为国家的统治者，把祖先宗庙看得与国家社稷同样重要。如能保全国家，祖先的宗庙就能保全；如失去国家的权力，宗庙也会无存。于是祭祀祖先的器具鼎也成为国家存亡和子孙是否继续拥有权力的象征。中国古代天子的权力象征是鼎。

《左传·宣公三年》记载：楚庄王曾在周王室的边疆陈兵示威，并派人问周王室“鼎之大小轻重焉”，欲夺周之王权。周天子使王孙满回答说：这个鼎原是夏王朝所铸，传至夏桀时，“桀有昏德，鼎迁于商，载祀六百，商纣暴虐，鼎迁于周”。“（周）成王定鼎于郏鄏，卜世三十，卜年七百，天所命也。周德虽衰，天命未改，鼎之轻重，未可问也。”王孙满的意思是，该鼎自夏商传至周，是周王权力的象征。而今“天命未改”，楚庄王无权过问“鼎之轻重”。也就是说，楚王是不能代替周天子的权力的。从此，“问鼎”成为欲夺政权的代名词。鼎是中国王权和社稷的象征。

随着时代的发展，我国已经把很直白的代表权力的“杖”，变成了鼎。“国之大事，在祀与戎”，鼎是国家祭祀的重器；没有重器，就没有的祖先的宗庙，也就没有了国家，于是鼎就成为国家政权的象征。丧服制中所用的“杖”，是对远古权杖的记忆。

二、古代丧服制中女子“杖”与“不杖”问题的探讨

我国古代史记有些记载的是“女子不杖”，而有些史籍记载的是“女子杖”；关于妇人在丧服制中是否用杖，在历史上有很多的争论。

子夏《丧服传》曰：“童子何以不杖？不能病也；妇人何以不杖？亦不能病也。”为什么把童子与妇人分开？很明显，妇人不是童子。

《礼记·丧服小记》亦云：“女子子在室为父母，其主丧者不杖，则子一人

杖。”（汉）郑玄注：“女子子在室，亦童子也；无男昆弟，使同姓为摄主，不杖。则子一人杖，谓长女也。许嫁及二十而笄，笄为成人；成人，正杖也。”

《礼记·杂记下》云：“童子哭，不哀、不踊、不杖、不菲、不庐。”注：“未成人者，不能备礼也。”

如前所述，子夏《丧服传》曰：“杖者何？爵也。无爵而杖者何？担主也。”杖是权力的象征，因为该小童尚未长成加冠，尚无能力继承权力，故小童不杖，而女子也不能在丧服中用杖。没有出嫁的女子应与不算成年人的童子一样即使主丧，也不能用杖。

子夏《丧服传》与《礼记》中的《丧服小记》《杂记下》都记载女子与小童“不杖”。女子没有权力承继爵位和权力，而小童则是尚未长大，故不能继承权力；小童长大就可以继承权力，也就可以再丧服中用杖了。

《礼记·问丧》云：“童子不缌，唯当室缌。缌者，其免也；当室则免，而杖矣。”郑玄注：“不冠者，犹未冠也；当室谓无父兄而主家者也。童子不杖，不杖者不免，当室则杖而免。免冠之细别以次成人也。缌者，其免也；言免乃有缌服也。”

这一段话的意思是当小童长成之后，即“当室”、戴免，当家作主之意，是可以用杖的，就是“当室则杖”；长大之后就可以继承爵位和权力，只有长成之后才能用杖。

《家礼》一书有人说是朱熹所著，亦有人说不是，但《家礼》当出自宋代。《家礼》云：“苴杖用竹，高齐心，本在下；凡妇人皆不杖。”《家礼》所说的“凡妇人皆不杖”，当是有所本。

以上记载很明白了，丧服中小童不杖是因没有能力，而只有女子不杖。

《丧服传》相传是孔子弟子的子夏所作。（唐）贾公彦在《仪礼·丧服》疏曰：“传者不知是谁人所作，人皆云孔子弟子卜商，字子夏所为。案：《公羊传》是公羊高所为，高是子夏弟子。今案《公羊传》有‘云者何’‘何以’‘曷为’‘孰谓之’等与此传同。师弟相习，此传子夏作，不虚也。”子夏所做的《丧服传》当在春秋战国之交，代表着春秋时期的社会面貌。

综以上资料可知，在《仪礼·丧服》、子夏《丧服传》成书时，就是在春秋末年之前，女子虽服斩衰、齐衰，但是女子在服丧不能用杖，是社会上所通行的丧服礼。根据《仪礼·丧服》、子夏《丧服传》的记载，春秋丧服礼中，女子服丧是不用杖的。

然而，《礼记》中也有诸多篇目皆有“妇人杖”的记载，与《仪礼·丧服》、子夏《丧服传》不同。

《礼记·丧大记》云：“君之丧三日，子、夫人杖；五日既殡，授大夫、世妇杖；子、大夫寝门之外杖，寝门之内辑之；夫人世妇在其次则杖，即位则使人执之。子有王命则去杖，国君之命则辑杖，听卜有事于尸则去杖，大夫于君所则辑杖，于大夫所则杖。大夫之丧，三日之朝既殡，主人、主妇、室老皆杖；大夫有君命则去杖，大夫之命则辑杖，内子为夫人之命去杖，为世妇之命授人杖。士之丧，二日而殡，三日之朝，主人杖，妇人皆杖于君命，夫人之命如大夫于大夫，世妇之命如大夫。”

《礼记·丧服小记》云：“妇人不为主而杖者，姑在为夫杖。母为长子削杖。”《礼记·丧大记》与《丧服小记》为什么与《仪礼·丧服》、子夏《丧服传》诸篇记载的“女子不杖”有所不同呢？

笔者认为，《仪礼·丧服》、子夏《丧服传》在春秋末期成书，反映了三代至春秋末期之前的情况。《仪礼》当成熟与春秋时期。《礼记·杂记下》云：“恤由之丧，哀公使孺悲之孔子学士丧礼，《士丧礼》于是乎书。”这段记载说明《仪礼·士丧礼》的成书年代应是在春秋晚期至战国早期。《士丧礼》所记载的丧礼应是春秋时期社会上所流传的丧葬之礼的总结。子夏是孔门弟子，孔子去世后，为魏文侯师，当然是春秋末战国初年人，他所作的《丧服传》也是春秋丧礼的总结。另外，在《论语》中的记述礼的文中，孔子并没有引用《仪礼》的原文，也是《仪礼》成书在孔子之后，即春秋晚期的一个旁证。

《礼记》是《仪礼》的传记，是解释《仪礼》经的。沈文倬先生认为，《礼记》成书应在战国中期周慎靓王时代，即公元前320年前后。① 东汉经学家郑玄为之作注释，从此《仪礼》与《礼记》，成为儒家经典。

而《礼记》成熟较晚，《丧大记》与《丧服小记》成书于战国，当反映战国时期丧礼的情况。

---

① 沈文倬：《汉简“服传”考》（上）（下）《文史》第24、25集，北京：中华书局。

从以上记载可知，春秋时期女子在丧服制度中是不用杖的，而战国以后女子在丧服制度中是逐渐用杖的。

三、战国丧服制中“女子杖”之原因探索

根据我国古籍记载，春秋时期女子在丧服制度中是不用杖的，而战国以后女子在丧服制度中用杖；是什么原因出现这种变化呢？

人类社会自进入父系氏族社会之后，男子执政是社会政治的主流，如黄、炎二帝、太皞、少皞、蚩尤、尧、舜、禹、汤、文、武等，自夏代开始，出现了家族承继制度。女子在婚姻上与后代相比还较为宽松，但在政治上基本是没有地位的。

然而传子或传弟的家族承继制度存在着一个隐患，那就是当天子或国君死去，继承人因年幼无法执政，或因羽翼尚未丰满，掌握不住权力，政权不可避免地落入权臣之手。例如，殷商初年，殷王太甲由于“乱德”，被权臣伊尹放逐于桐宫三年。伊尹以王的身份执国政，朝诸侯。虽然三年之后，伊尹又将太甲放回，但表现出权臣伊尹对太甲有废立的权力。

西周初年武王死后，周公旦摄政，成王因年幼而使王权受到挑战。周公执政七年后，又还政于成王，故被儒家渲染美化。但假如周公不还政，那么周成王则有不测之险。

春秋时期，受托孤之重的大臣更是猖狂。晋国襄公死后，权臣赵盾（亦称赵宣子）准备舍弃太子，另立国君。晋襄公夫人穆嬴每日要“抱太子以啼于朝”，向权臣赵盾“顿首”。《礼记·少仪》孔颖达疏：“《左传》穆嬴顿首于宣子门者，有求于宣子，非礼之正也。”这种君臣倒置现象是后代不能理解的。

春秋时期，诸侯国权臣逼杀新君幼主的现象层出不穷。鲁庄公死后，权臣庆父连杀其两个相继登上国君位的子般和鲁闵公开（亦鲁庄公之子）。整个春秋时代，权臣们凭着世袭的官职、采邑及拥有的政治、经济、军事权力而飞扬跋扈。君主，特别是即位的新君因幼弱，或因对国家政务的不熟悉而受制于权臣；其地位受到极大的威胁。权臣势力的膨胀，使晋、齐等诸侯国出现了“三家分晋”、“田氏代齐”的现象。

战国时期，诸侯国君接受晋、齐二国江山改姓的惨痛教训。为了防止权臣

的出现，诸侯国君开始对政权体制进行调整，以加强王权。战国时期的李悝变法、吴起变法、商鞅变法皆是围绕这一主题进行的。通过变法，诸侯国君废除世卿世禄制，削弱采邑主在采邑上的政治、军事、经济权力，使之成为只“衣食租税”的封君；同时，诸侯国君对各级官吏和贤能之士严格控制，限制使用，防止军功、事功贵族势力膨胀。战国时期的变法，使专制王权的雏形基本形成，大大削弱了权臣的势力。

战国时期，尔虞我诈的权力斗争已经成为政治舞台上司空见惯的现象。诸侯国君对大臣采取限制性使用的原则，从而把权力集中在自己手中。在这种情况下，当老国君薨，幼主即位，如果再任用托孤大臣辅助幼主，无疑是把政权交给权臣，幼主将会面临不测之祸。然而母亲是幼主最忠实的保护者和支持者，也是幼主最可依赖的人。国君年幼时，母后代其执政；待国君长大成人，再把权力交给国君。母后执政，是战国时期新的政治潮流，如秦宣太后、赵惠文后、齐君王后等。《战国策·魏策三》记载：韩国也是如此，“今夫韩以一女子承一弱主”。战国时期，秦、赵、齐、韩等诸侯国皆出现母后执政的现象。

因此战国时期，女子的政治地位大大增强，反映在战国时期的丧服制度上，就是《礼记·丧大记》所记载“君之丧三日，子、夫人杖；五日既殡，授大夫、世妇杖”的“女子杖”的丧服礼节。杖，实际就是代表的一种权力，妇人能够像男子一样用杖，就可以像男子一样继承拥有政治上的权力。

第六节　周代丧服制反映的社会关系

《仪礼》中的《丧服》《问丧》《三年之丧》《丧服大记》《丧大记》《丧服小记》等篇记载了丧服制度中的斩衰、齐衰、大功、小功、缌麻等几种不同的形式，奔丧、守丧、吊丧的各种礼节及变服的时间和事项等，如《仪礼·丧服大传》云“服术有六：一曰亲亲，二曰尊尊，三曰名，四曰出入，五曰长幼，六曰从服”。注：“术，犹道也；亲亲，父母为首；尊尊，君为首；名，世母、叔母之属也；出入，女子、子嫁者及在室者、长幼、成人及殇也；从服，若夫为妻之父、母妻为夫之党服。”《仪礼》诸篇记载的丧服原则不仅为我国后代丧服制奠定了的基础，而且为我们提供了研究当时社会关系的材料。

一、周代丧服制的亲亲尊尊原则

《仪礼》《礼记》中所载的丧服制度主要是春秋、战国以后所形成的一种制度，它反映了当时社会上存在的血亲关系和等级制度，对我们研究当时的社会关系有重大的意义，从丧服制度中我们可以看出当时存在的社会关系。

亲亲的原则，丧服制表现出鲜明的亲亲原则。斩衰之丧是最重的一种，首先儿子为父亲服斩衰三年，表现了骨肉之情是至亲至重的。未出嫁的女儿和出嫁的又被遣回娘家的女儿为父斩衰三年，而儿媳为公婆只服齐衰期年，亦说明当时所重的只是骨肉之亲。

周礼乃周公所制，而周公所作之礼是在“亲亲上恩”的原则下制成。《吕氏春秋·长见》亦云“吕太公望封于齐，周公旦封于鲁，二君者甚相善也。相谓曰：何以治国?’太公望曰：‘尊贤上功。’周公旦曰：‘亲亲上恩’”。因此《仪礼》诸篇体现了“亲亲上恩”的原则，也就是说“孝”在“忠”前的原则。

关于“孝”在“忠”前的记载，先秦典籍中比比皆是。《新序》卷七记载楚国有廷理（管理刑法拘捕之类的长官）石奢。有一次，楚国有杀人者，石奢追捕之。当抓到那个杀人的人时，杀人者却是石奢的父亲。石奢于是放走了父亲，回到楚王那里告罪说：“‘杀人者，仆之父也。以父成政不孝，不行君法不忠，弛罪废法，而伏其辜，仆之所守也。估斧锧命在君。’君曰：‘追而不及，庸有罪乎？子其治事矣。’石奢曰：‘不私其父，非孝也；不行君法，非忠也；以死罪生，非廉也；君赦之，上之惠也；臣不敢失法，下之行也。’遂不离铁锧刎颈而死于廷中。君子闻之曰：‘贞夫法哉！’孔子曰：‘子为父隐，父为子隐，直在其中矣。’《诗》曰：‘彼己之子，邦之司直。’石奢之谓也。”

石奢的父亲杀了人，作为廷理的石奢徇私放了父亲，但却得到楚王的谅解。石奢自杀之后，孔子认为“子为父隐，父为子隐，直在其中”。石奢这种为父徇私的行为，得到孔子及社会上的君子仁人之士的赞赏和表扬，认为“直在其中”，表明先秦时期，“孝”的观念在“忠”之前。

又春秋后期，伍子胥率吴师攻入楚国，以报父兄之仇。楚昭王播迁，逃到郧地。楚平王曾杀了郧公之父，故郧公斗辛之弟斗怀说：“平王杀吾父，我杀其子，不亦可乎。”[①] 斗辛不同意，与另一弟斗巢保护楚昭王又逃至随。当楚复国后，楚昭王赏赐了斗辛、斗巢、斗怀。楚昭王认为斗怀为父也是一种孝的行为。

《礼记·曲礼》云：“为人臣之礼不显谏，三谏而不听，则逃之。子之事亲也，三谏而不听，则号泣而随之。”臣对君王要微言相谏，不要为了表现自己而谏，三次谏诤，君王还不听，就应该逃跑了。子谏父，不听也不能逃跑只能号泣相随，等他醒悟而改之。子对父之谏是无私的，而对君主之谏是要考虑后果的。

《仪礼·丧服》记载，一般人为祖父母服齐衰期年，而大夫为做过士的祖父母亦服齐衰期年。一般人为曾祖父母服齐衰三月，而大夫为曾做过士的曾祖父母亦服齐衰三月。《服传》曰：“何以期也，不敢降其祖也。”大夫地位虽高，但亦不敢对其祖降低服丧的等级。亲亲的原则高于等级的原则。

另外，齐衰三年之丧，父卒，为母服、为继母、为慈母（如果遵父命，以父妾为母者称慈母）、母为长子；齐衰期年之丧，为祖父母，为昆弟（包括未出嫁在室的姐妹），为众庶子（长子之弟）和未出嫁的女儿，为嫡孙（包括媳妇），已经过继给别人儿子者为其生身父母，大夫之子为其世父母、叔父母、子、昆弟、昆弟之子，为已经出嫁但又没有了丈夫的姑姐妹，为大夫的命妇。

儿子为父母服斩衰三年，但是媳妇为公婆，因没有血缘关系，仅服期年齐衰。《仪礼·丧服》记载：“妇为舅姑”服齐衰期年。《传》曰：“何以期也？从服也。”（唐）贾公彦疏曰：“《传》问之者，本是路人，与子佯合，则为重服。服夫之父母，故问也。云‘从服也者。’答辞既得体其子为亲故，重服为其舅姑也。”这里把血缘关系放在一个非常重要的地位。

齐衰三月之丧，为曾祖父母、已经出嫁和未出嫁的女子为曾祖父母、

大功之丧，长殇服丧九月，其中殇服丧七月。父亲为长殇、中殇的儿子，未出嫁的女儿；大夫为长殇、中殇的嫡子；为长殇、中殇的叔父；为长殇、中殇的昆弟之子、未出嫁的女儿。大功三月之丧，为已经出嫁的姑姊妹，为从父昆弟（即世父母，叔父母之子），为自己已经过继给别人为后的昆弟，为庶子，已经出嫁的女子为自己娘家的众昆弟、侄男、侄女，为丈夫的祖父母、世父母、

① 杨伯峻：《春秋左传注·定公四年》，中华书局，1983年，第1546页。

叔父母，为丈夫昆弟已出嫁的女儿。

小功之丧，为下殇的叔父、嫡孙、昆弟，大夫的庶子为下殇的昆弟，为姑姐妹未出嫁的女儿，已经过继给别人为后的为其长殇的昆弟、从父昆弟，为丈夫长殇的叔父为下殇的昆弟之子、之女，丈夫的昆弟之子、之女，为长殇的侄庶孙（包括男人、妇女），为从祖祖父母（祖父之昆弟），为从祖昆弟、从父姐妹，已经过继给别人为后者为其已出嫁的姐妹，为从母（母之姐妹）之子、之女。

缌麻之丧，为族曾祖父母（曾祖昆弟之亲）、族祖父母、族父母、族昆弟，为庶孙之妇、中殇的庶孙，为已出嫁的从祖姑姐妹，为长殇的从祖父、从祖昆弟，为下殇的从父昆弟，为丈夫中殇、下殇的叔父，为长殇的从母，为父亲继承人的庶子为其生母，为从祖昆弟子，为曾孙，为父之姑，为从母昆弟，为甥，为姑之子，为丈夫长殇的姑姐妹，为丈夫的诸祖父母，为长殇的昆弟之子、昆弟之孙，为夫之从父、昆弟之妻。

这些丧服的轻重皆与亲情的远近有关，体现亲亲尊尊的原则。

二、周代丧服制鲜明的贵贱等级原则

《仪礼·丧服》记载“诸侯为天子、君”，公、士、大夫的众臣为（有地）之君、皆服三年斩衰之丧。《传》曰：“天子至尊也。”郑玄注曰：“天子诸侯及卿大夫有地者，皆曰君。”（唐）贾公彦疏曰：“天子至尊同於父也，臣为之服此，君内兼有诸侯及大夫，故文在天子下。郑注《曲礼》云‘臣无君，犹无天。’则君者臣之天，故亦同之于父，为至尊。”

《仪礼·丧服》把臣为君服三年斩衰视同子为父，说明君的至尊地位。

战国时期，移孝作忠的思想逐渐出现。《孝经·广至德》云“子曰：君子之事亲孝，故忠可移于君；事兄悌，故顺可移于长；居家理，故治可移于官；是以行成于内，而名立于后世矣”。《孝经》主张把子对父的孝行移于国君，这就是忠。然而臣为什么对国君忠呢？《孝经·士》云：“故以孝事君则忠，以敬事长则顺。忠顺不失，盖士之孝也。”移孝作忠，则是为了保其禄位，守其祭祀，亦是孝行之一种。

对君的忠诚于孝道，还是为了保全自己的禄位和富贵。

把君臣之间的关系变成如父子之间的关系，即用子对父的孝行，来作为臣对君的忠心。移孝作忠，是在充分肯定子对父的孝行前提下，把君臣关系当作父子关系处理。因此，在《孝经》中表现出尊尊的原则，诸侯为天子服斩衰三年，天子是至尊的君主，“天子至尊，同于父也”。

《仪礼·丧服》还载，为君亦服斩衰之丧，因君亦至尊。郑玄注曰：“天子诸侯及卿大夫有地者皆曰君。”（唐）贾公彦疏曰：“卿大夫承天子诸侯，则天子诸侯之下卿大夫有地者，皆曰君。案《周礼·载师》云：家邑任稍地，小都任县地，大都任疆地，是天子卿大夫有地者。若鲁国季孙氏有费邑、叔孙氏有郈邑、孟孙氏有郕邑；晋国三家亦皆有韩、赵、魏之邑，是诸侯之卿大夫有地者，皆曰君；以其有地则有臣故也。”有地则可以养得起臣仆，有地者对臣仆来说就是君。君死，臣为其斩衰三年。这说明“君”之所以为尊，因其富贵有地，是臣仆的君主。

这些服制，有的完全是因为贵贱等级所致，如为君之父母、长子、祖父母、妾为女君，公妾、大夫之妾为其子，要服齐衰期年之丧；失地之君寄居他国为所寄国国君、庶人为国君、长子为国君服（出奔的大夫不服）、待出奔而未出境的大夫为国君（此大夫与民同、大夫为曾做过士的曾祖父母，应服齐衰三月之丧；为君母的父母大功三月之丧。这些都是地位低者为尊者服，而地位尊者绝不为低者服；丧服制表现出一种贵贱的等级原则。

有的虽有一定的亲情，但是由于地位不同，服丧的轻重也不相同，如大夫为曾经做士的世父母、叔父母、昆弟、昆弟之子，本应服齐衰不杖期年之丧，但是因为服丧者本人是大夫，身份较高，而其世父母、叔父母只是做过士，地位比他低，故丧降一等，丧期缩短，降低服丧的等级。公之庶昆弟、大夫之庶子为母亲和妻子的昆弟本应服齐衰，但是却因自己是公、大夫的庶子，故降在大功的等级。大夫、大夫之妻、大夫之子、公之昆弟为嫁给大夫的姑姐妹的女儿，国君为嫁给其他国君的姑姊妹的女儿，因为嫁给大夫的姑姐妹的女儿、嫁给其他国君的姑姊妹的女儿，身份是很高贵的，所以不敢因为他们是姑姊妹的女儿而降低丧服的等级。大夫、大夫之子、公之昆弟为从父昆弟、庶孙和姑姐妹的嫁给士的女儿，则服小功。因为是姑姐妹的嫁给士的女儿，服丧的等级要比嫁给大夫的姑姐妹的女儿、嫁给其他国君的姑姊妹的女儿低一等。

三、周代丧服制度的宗法嫡庶观念

《仪礼·丧服》体现出鲜明的宗法嫡庶观念。《仪礼·丧服》中记载这样一个服丧制度，“父为长子”服斩衰三年。《传》曰：“何以三年也？正体于上。又乃将所传重也。庶子不得为长子三年，不继祖也。”郑玄注“此言为父后者，然后为长子三年，重其当先祖之正体；又以其将代已为宗庙主也。庶子者为父后者之弟也，言庶者远别之也。《小记》曰：不继祖与祢，此但言祖不言祢，容祖祢共庙”。父为什么为长子服斩衰三年呢？

笔者认为，“正体于上”，就是长子的地位高，将来可以在宗庙中继承先祖之位，以为一代宗庙主。宗庙主的正位是坐北向南，这就是“正体于上”的含义。（唐）贾公彦疏云：“重其当先祖之正体者，……又以其将代已为宗庙主也，传重也。庶子者为父后者之弟也者，谓兄得为父后者是嫡子，其弟则是庶子，是为父后者之弟不得为长子三年。”即他而庶子不是嫡子，不能传重，地位低，所以庶子不能为长子服斩衰三年之丧。《礼记·大传》云：“庶子不祭，明其宗也。庶子不得为长子三年，不继祖也。”

《仪礼·丧服》记载：“母为长子”服齐衰三年。《传》曰：“何以三年也？父之所不降，母亦不敢降也。”郑玄注：“不敢降者，不敢以已尊降祖祢之正体。”父母应是儿子之长辈，父亲不敢以己之尊不为长子服三年斩衰，那么母亲也不敢以己之尊不为长子服三年齐衰之丧。

《仪礼·丧服》记载的“父为长子”服斩衰三年、“母为长子”服齐衰三年、众庶兄弟皆不能为长子服丧三年的制度，是周代宗法制度的典型体现。

《仪礼·丧服》记载：“大夫之庶子为嫡昆弟”服齐衰期年，这里所说的“嫡昆弟”，包括嫡长子；因服丧者地位低，不能为尊者服规格大的丧服。

《仪礼·丧服》记载：“妾为女君”，亦服齐衰期年。女君，嫡妻也。《传》曰：“何以期也？妾之事女君，与妇之事舅姑等。”郑玄注：“女君，君嫡妻也。女君于妾无服，报之则重，降之则嫌。”妾事女君犹如臣事君、妇之事舅姑相等，而嫡妻决不会为妾服。嫡庶制度表现的非常鲜明。

为“嫡孙”服齐衰期年，《传》曰：“何以期也？不敢降其嫡也．有嫡子者，无嫡孙，孙妇亦如之。”郑玄注：“周之道，嫡子死则立嫡孙，是嫡孙将上为祖后者也。长子在，则皆为庶孙耳，孙妇亦如之。嫡妇在，亦为庶孙之妇。凡父于将为后者，非长子皆期也。”根据周代宗法制度，如果嫡子在，不立嫡孙；嫡子不在了，就立嫡孙。嫡孙也是传重之人，因此为“嫡孙”服齐衰期年。如果是长子在，孙则不传重者，则是一般的庶孙、庶孙之妇，位置服大功之服就可以了。

《仪礼·丧服》记载：“丈夫妇人为宗子、宗子之母、妻”服齐衰三月。郑玄注：“妇人，女子子在室，及嫁归宗者也。宗子，继别之后，百世不迁，所谓大宗也。”《传》曰：“何以服齐衰三月也？尊祖也，尊祖故敬宗。敬宗者，尊祖之义也。宗子之母在，则不为宗子之妻服也。”

《礼记·大传》云：“别子为祖，继别为宗，继弥者为小宗。有百世不迁之宗，有五世则迁之宗。百世不迁者，别子之后也，宗其继别子之所自出者，百世不迁者也。宗其继高祖者，五世则迁者也。尊祖故敬宗，敬宗，尊祖之义也。”郑玄注曰：“别子，谓公子若始来在此国者，后世以为祖也。”别子，则是诸侯国的始封君，为诸侯国之祖，于周王室为小宗，但在诸侯国为大宗。宗族是按家族的宗统为顺序排列的。《仪礼·丧服》所记载的“丈夫妇人为宗子、宗子之母、妻”服齐衰三月，就是小宗的丈夫、夫人为大宗之宗子、宗子之母、妻所服之丧。

《仪礼·丧服》记载：“大夫为宗子”服齐衰三月。《传》曰：“何以服齐衰三月也？大夫不敢降其宗也。”（唐）贾公彦疏云：“大夫尊，降旁亲皆一等。尊祖故敬宗，是以大夫虽尊，不降宗子，为之三月。宗子既不降，母、妻不降可知。”

根据《仪礼·丧服》的记载，为嫡子、嫡妇、嫡孙、嫡孙妇、宗子、宗妇所服丧服的等级是很重的，特别是为嫡子服丧超过对母亲的丧服等级，与子为父、臣为君的丧服等同。《仪礼·丧服》充分表现出周代宗法的鲜明等级。

四、周代丧服制夫权至上的观念

周代丧服制反映绝对的夫权至上的原则。自从人类社会进入父权制之后，人们的世系开始以父系计算，父权、夫权就统领社会的各种制度和关系，在丧服制度方面也表现得非常突出、鲜明。《仪礼·丧服》载，子为父亲服斩衰三年。《传》曰："为父何以斩衰也？父至尊也。"（唐）贾公彦疏曰"父母恩爱等，母则在齐衰，父则入于斩，比并不例，故问何以斩不齐衰？答云：'父至尊者，天无二日，家无二尊。父是一家之尊，尊中至极，故为之斩也"。在家庭中，父为最尊者，因此为父亲所服丧服最重。

《仪礼·丧服》又载："父卒则为母"服齐衰三年。郑玄注："尊得伸也。"也就是说，只有当父亲死后，才能为母亲服三年齐衰。齐衰之丧当然比斩衰之丧要轻一个等级，而且还是只有父亲死后才可以。如果父亲尚在，母亲先去世，那么只能为母亲服齐衰期年。期年，就是一年。《传》曰："何以期也？屈也。至尊在，不敢伸其私尊也。"这里是说父在为母只能服齐衰期年，而不能三年；因由至尊的父亲在，只有委屈儿子不能表达自己的哀痛之情。其母亲如犯七条被出，其子为母服齐衰期年；如果其子已确定为父亲的继承人，那么对被出的母亲无服。父母对子女的恩情是同样的，但是《仪礼·丧服》，所记载的丧服制度，为父亲所服的丧服要重于母亲。

《仪礼·丧服》载，"妻为夫"服斩衰三年。《传》曰："夫，至尊也。"《仪礼·丧服》载，丈夫为妻服齐衰期年。《传》曰："为妻何以期也？妻，至亲也。"郑玄注："嫡子，父在则为妻不杖，以父为之主也。《服问》曰：'君所主夫人、妻、大子嫡妇；父在，子为妻以杖，即位谓庶子。'"妻子为丈夫服斩衰三年，而丈夫为妻子却只服齐衰期年。嫡子之妻去世，如父在，则不能为妻子用杖；嫡子必须以父亲为主。但是庶子，即使父亲还在，也可以为妻子用杖，庶子不继祖故也。

《仪礼·丧服》载："出妻之子为父后者，则为出母无服。"《传》曰："与尊者为一体，不敢服其私亲也。"如果母亲被父亲休掉，儿子继承了父亲，那么就不再为母亲服丧。

《仪礼·丧服》还反映出外亲服轻的原则，就是为母亲的娘家所服丧要比父亲家血缘同样远近的人轻得多，也表现出来一种夫权之上的因素。《仪礼·丧服》载，凡父党成员，为"祖父母""世父母、叔父母""昆弟""众子"，服齐衰期年。《传》曰："何以期也？至尊也。"关于"世父母、叔父母"所服齐衰期年之丧，《传》曰："世父、叔父，何以期也？与尊者一体也。然则昆弟之子，何以亦期也？旁尊也，不足以加尊焉，故报之也。父子一体也，夫妻一体也，昆弟一体也；故父子首足也，夫妻伴合也，昆弟四体也。……世母、叔母，何以亦期也？以名服也。”郑玄注曰：“昆，兄也，为姊妹在室亦如之。众子者，长子之弟及妾子、女子，亦如之。士谓之众子，未能远别也；大夫则谓之庶子，降之为大功；天子国君不服之。”就是说，为父党成员，如祖父母、世父母、叔父母、昆弟、众子，包括在家中未出嫁、或已出嫁又回娘家的姊妹，皆服齐衰期年之丧。

《仪礼·丧服》载，“为外祖父母”服小功之丧。《传》曰：“何以小功也？以尊加也。”（唐）贾公彦疏云：“外亲之服，不过缌麻，今乃小功；故发问，云以尊加也者，以言祖者，祖是尊名，故加至小功。言为者以其母之所生，情重故言为也。”《仪礼·丧服》云：“从母、丈夫、妇人报。”郑玄注：“从母，母之姊妹。”从母，就是现在我们所说的“姨母”。《传》曰：“何以小功也？以名加也。外亲之服皆缌也。”（唐）贾公彦疏曰：“母之姊妹，与母一体，从于己母而有此名，故曰从母。言丈夫妇人者，母之姊妹之男女，与从母两相为服，故曰报。”《仪礼·丧服》记述为舅父服缌麻之丧。郑玄注：“母之兄弟。”

这里的意思是，为外祖父母却只服小功五月，因外祖父母是异性，皆当服缌麻，但因为称其外祖父，“祖是尊名”，故加至小功之丧。而对母亲的姊妹，即姨母及其丈夫及姨母家之男女等，皆实行“报”服。“报”服的意思就是互相报以小之丧服。而对于舅父，因是外亲，本来就不应该有服。

周代丧服制所规定的对祖父母、世父母、叔父母、昆弟、昆弟之子服齐衰期年，而对外祖父母服小功之丧，对从母（姨母）报服小功，对舅父报服缌麻。祖父母与外祖父母，舅父、姨母与世父母、叔父母，这些在血统的远近上是同样的，但丧服的轻重却差别极大，说明对父党血统的重视，反映出一种夫权至尊的意识。

五、周代丧服制反映的远古婚俗

《仪礼·丧服》出现了一些与后代亲属关系不相符合的亲属称谓，并且丧服的轻重也与亲属关系等远近不相符合。例如，有两对亲属关系被称为舅、姑：首先就是把母亲的兄弟称为舅、父亲的姊妹称为姑。另外就是后代妻子把丈夫的父母称谓公婆，《仪礼·丧服》却把公婆称谓舅、姑。

（1）首先探讨第一对亲属关系和亲属称谓，即把母亲的兄弟称为舅，姊妹称为姨，父亲的姊妹称为姑。舅、姨、姑在血缘的远近关系本来是一样的，但周代丧服制是：

为舅服缌麻三月。郑玄注："母之兄弟。"《传》曰："何以缌？从服也。"郑玄注："从于母而服之。" 《传》曰："谓吾舅者，吾谓之甥。何以缌也？报之也。"

为从母（姨）服小功五月。郑玄注："从母，母之姊妹。"《传》曰："何以小功也？以名加也。"（唐）贾公彦疏曰："母之姊妹与母一体，从于己母，而有此名，故曰从母。"

为已经出嫁的姑姊妹服大功五月。当然在夫权至上的社会里，姑为父亲之姊妹，属于父党，丧服较重是可以理解的。但是舅、姨皆属于母党，为什么丧服的轻重亦有那么大的差别呢？

徐中舒先生认为"古代男子初从妇居，待生子长大，然后携其妇子鼓舞共归的习惯下，因而就构成了最基本的几个亲属称谓。《尔雅·释亲》称'母之昆弟为舅'，东汉孙炎释之曰：'舅之言舅，尊长之称。'这是儿子随父亲从母家回到父家之后，必然要回忆他旧日在母家和他母亲的兄弟在一起生活的情况，因而称之为舅。《尔雅·释亲》又称'父之姊妹为姑'。《释名》从而释之曰：'姑，故也，言与己为久故之人也。'这是儿子幼年尚在母家时，他的父亲也必然告诉他，他们还有一个古老的家。当时，这个古老的家，只有父亲的姊妹在那里；因而就称她们为姑。舅姑的名称就是这样条件下产生的"①。

徐中舒先生所言极是。他是我国最早用亲属称谓解释远古婚姻关系的学者之一。中国古代曾有一个父系外婚制度阶段。我国很多古籍都记载着少数民族的生活婚姻情况：

《后汉书·东夷·高句丽传》："婚姻皆就妇家，生子长大，然后将还。"

《北史·高车传》："其俗，丈夫婚毕，便就妻家，待产乳男女，然后归舍。"

《新唐书·室韦传》："婚姻则男先佣女家，三岁而后分以产，与妇共载，鼓舞而还。"

---

① 徐中舒：《中国古代父系家庭及其亲属称谓》，《徐中舒历史论文选辑》，中华书局，1998 年，第 1358 页。

《旧唐书·北狄·室韦传》："婚嫁之法，男先归女舍，三年役力，因得亲迎其妇。役日已满，女家分其财物，夫妇同车而载，鼓舞共归。"

笔者曾亲到云南西双版纳傣族地区考察风俗民情。傣族的婚制确实如我国古籍记载的，男女结婚后，先到女方家里住几年，然后再回到男子的家。少数民族的某些风俗民情是研究我国古代社会文化的活化石，从傣族的婚姻风俗及华夏民族遗存的亲属称谓，可以探讨古代的婚俗。

在这种外婚制下形成的亲属关系，应该说，姨比舅更亲。男子要到女子的居处生活，子女不仅认识母亲、父亲，和姨母也生活相处在一起；而母亲的兄弟则到另外一群女子处居处，没有与姊妹的子女生活在一起；那么姨与舅相比，当然姨与姐妹的孩子比舅亲。因此为姨服小功五月，为舅服缌麻三月，《仪礼·丧服》贾公彦疏曰"父之昆弟有世叔之名，母之昆弟不可复谓之世叔，故名为舅舅。既得别名，故谓姊妹之子为甥，亦为别称也。云何以缌也？报之也者；此怪其外亲而有服，故发问也。答曰：报之者，甥既服舅以缌，舅亦为甥以缌也"。甥、舅之服是报服；也就是说，你为我服，我才为你服，即"姨服重于舅服"是古代社会的现实造成的。

丁鼎先生认为，"姨服重于舅服"的是原始社会时期彭那鲁亚婚之遗风，即姊妹共夫的遗风，那么甥与姨的关系比舅父要亲，所以为姨的丧服比舅父重。[①]此说也有道理。

（2）另外一对与现代不同的亲属称谓，即妻子把丈夫的父母称为舅、姑。《仪礼·丧服》云："妇为舅姑"服齐衰期年。（唐）贾公彦疏曰："服夫之父母，……重服为其舅姑也。"这里所说的"妇为舅姑"，就是媳妇为公婆服。媳妇为什么把公婆称为舅姑呢？

徐中舒先生说："关于女子又称丈夫的父亲为舅，母亲为姑者，则是受交表婚的影响。交表婚就是姑母的子女和舅父的子女交互为婚。在此婚制下，假如己身（女）与母之兄弟结婚，则母之昆弟（舅）与丈夫之父为一人，故皆称之为舅。又如己身（女）与父之姊妹结婚，则父之姊妹与丈夫之母为一人，故皆称之为姑。这种交表婚的称谓就是讲现有的名称加在后来增加的关系上，这已

① 丁鼎：《"仪礼·丧服"考论》，社会科学文献出版社，2003年，第232页。

不是舅姑二名原始的意义了。”①

六、周代丧服的策名委质原则

春秋战国时期，社会上流行着一种策名委质制度，即大夫之臣只对大夫负责，忠于大夫，而对大夫所事的君主，如诸侯国君不负责任，或责任较轻。诸侯国君之臣只对诸侯国君负责，而对天子却无甚责任。这就叫作策名委质制度。

《左传·僖公二十三》记载：晋国怀公在位，他的叔父重耳在外逃亡。晋怀公下令，让跟随重耳的臣子全部回晋国，不准再跟随重耳；并威胁狐突说：“子来，则免!”就是说“你的儿子回来，就可以免你一死!”狐突说：“子之能仕，父教之忠，古之制也。策名委质，贰乃辟也。今臣之子，名在重耳，有年数矣；若又召之，教之贰也。父教子贰，何以事君?”杜预注：“名书于所臣之策，屈膝而君事之，则不可以贰辟罪也。”

这段记载说明，春秋时期，如果一个大臣跟随一个主子，那么只忠于这个主子，为他的主子服务卖命；对于其他的人，包括国君也是可以反对不听其命令。这种制度称为策名委质制度。

策名委质原则是社会通行的制度。春秋齐国曾发生内乱。其原因是齐庄公私通崔杼之妻，当齐庄公进入崔氏之宅时，“甲兴，公登台而请，弗许；请盟，弗许；请自刃于庙，弗许。皆曰：‘君之臣杼疾病，不能听命；近于公宫，陪臣干掫有淫者，不知二命。公逾墙，又射之；中股，反坠遂弑之。”② 杜预注：“干掫行夜，言行夜得淫人，受崔子命讨之，不知他命。”崔氏之家兵受命委质，只听崔杼的命令，对国君毫无责任，包括“弑君”，也唯崔杼之命。国君的最高权威没有树立起来。

《仪礼·丧服》载：“诸侯之大夫为天子”服缌衰。《传》曰：“何以缌衰也?诸侯之大夫以时接见乎天子。”郑玄注：“接，犹会也；诸侯之大夫以时会见于天子而服之，则其士庶民不服可知。”这里是说，诸侯的大夫为天子服缌衰。诸侯的大夫为什么为天子服缌衰呢？因为诸侯的大夫经常代表诸侯国君当京都朝

---

① 徐中舒：《中国古代父系家庭及其亲属称谓》，《徐中舒历史论文选辑》，中华书局，1998 年，第 1358 页。

② 杨伯峻：《春秋左传注·襄公二十五年》，中华书局，1983 年。

见天子，因此诸侯的大夫要为天子服缌衰；而诸侯之士、庶民不为天子服。

《仪礼·丧服》曰："缌衰裳，牡麻绖，既葬除之。"（唐）贾公彦疏曰："此缌衰是诸侯之臣为天子，在大功下、小功上者，以其天子七月葬；既葬除，故在大功九月下、小功五月上，又缕虽加小功，升数又少，故在小功上也。此不言带屦者，案下《传》云：'小功之缌也。'则带屦亦同小功可知。"《传》曰："缌衰者何？以小功之缌也。"郑玄注："治其缕如小功而成布，四升半；细其缕者，以恩轻也；升数少者，以服至尊也。凡布细而疏者，谓之缌。"

缌衰裳，以四升半、细其缕的布做成，布细而疏为缌。这种丧服只有诸侯之大夫为天子服，当在大功之下，小功之上。此种丧服，布缕虽细如小功，因很少见到天子，故恩德较轻，服丧亦轻；但是升数却少，因是为尊者服，所以此服当在小功之上。此服在大功九月下、小功五月上，但说"既葬除之"。《左传·隐公元年》云"天子七月而葬"，那么此服当是七月而除。

《仪礼·丧服》曰："庶人为国君"齐衰三月。郑玄注："不言民而言庶人，庶人或有在官者，天子畿内之民服天子亦如之。"庶人为国君所服也没有诸侯为天子、臣为君的所服丧服重。

根据《仪礼·丧服》记载，"诸侯为天子"，臣为君，皆当服斩衰三年之丧。郑玄注："天子诸侯及卿大夫有地者皆曰君。"也就是说，臣为君皆服三年斩衰；而"诸侯之大夫为天子"服缌衰；表现出恩德较轻，服丧亦轻的逻辑关系，也体现出策名委质的原则。这一方面说明大夫只对诸侯国君负责，而不对天子负责；另外也表现出一种等级制，即诸侯之大夫无资格为天子服斩衰之丧服。

以上这些亲亲的原则、尊尊的原则、宗法嫡庶制度、夫权意识、策名委质制度等，确实反映了西周至东周的社会现实，但这种制度并不是西周初年就存在和完备的。在社会历史发展的过程中，经历了从无到萌芽，以致发展成为成熟完整的丧服制度。

第七节　后代丧服制度的发展

《仪礼·丧服》及先秦时期的其他文献，如《礼记》《周礼》《左传》等记载的丧服制度及五服（斩衰、齐衰、大功、小功、缌麻）制度在春秋战国时期出现以后，对后世有极大的影响；几千年来，我国丧服制度基本是按这一模式发展延续的。但是丧服制度是先秦时期特定社会背景下形成的，后代根据社会境况而有非常大的变化，特别是三年斩衰之丧的问题变化更大。例如，斩衰三年之丧，先秦时期主要是子为父、臣为君、父为长子、妻为夫服等，而后代不仅子为父，为母也要行三年斩衰之丧；臣为君三年斩衰，自西汉文帝开始取消；父为长子服，也随之消失。妻为夫服三年丧制，自皇太后起至庶人之妻皆是如此。由此可见，只有庶人为父母，妻为夫守三年之丧作为一种守丧制度而流传下来，直至近代。丧服制度经过数千年历史岁月的演变，更符合我国的风俗民情。

一、斩衰、齐衰制度的演变

《仪礼·丧服》记载，先秦时期子为父服三年斩衰；父卒，为母服三年齐衰；父在，为母服一年齐衰，对后母、继母所服与生母是一样的。先秦时期，丧服制度已经形成，但仅是在书面上、在上层贵族中间实行，没有在民间普及开来。西汉时期，子为父、为母、为后母服三年之丧在上层官员中并没有完全实行。例如，《汉书》卷八十四《翟方进传》云："方进身既富贵，而后母尚在。方进内行修饬，供养甚笃。及后母终，既葬，三十六日除服，起视事，以为身备汉相，不敢逾国家之制。"颜师古注曰："汉制自文帝遗诏之后，国家遵以为常，大功十五日，小功十四日，缌麻七日。方进自以大臣故，云不敢逾制。"翟方进乃汉成帝时宰相，说明这个时期，汉制并不允许上层官员守三年之丧。又《汉书·薛宣传》云"初宣有两弟明、修。明至南阳太守，修历郡守、京兆尹少府，善交接得州里之称。后母常从修居官。宣为丞相时，修为临菑令，宣迎后母，修不遣。后母病死，修去官持服。宣谓修：'三年服少能行之者。'兄弟相驳不可。修遂竟服，繇是兄弟不和"。颜师古注曰："驳者，执意不同，犹如色之间杂。"这亦是汉武帝时事，说明西汉初年，子为后母服，甚至对父母服三年之丧亦很少人能遵守的。

西汉哀帝时，对能守三年之丧者开始褒奖，如《汉书·游侠原涉传》载："涉父，哀帝时为南阳太守，时又少行三年丧者，及涉父死，让还南阳赙送，行丧冢庐三年，由是显名京师。礼毕，扶风谒请为议曹，衣冠慕之辐辏。”汉哀帝还因河间王良能守三年之丧，下诏褒扬，认为堪称“宗室仪表，其益封万户”。

王莽当国，为其篡权需要，盛倡三年丧制。东汉以后，士大夫多行三年之丧，并常因父母之丧，去官还家守丧。如《后汉书·鲍永传》载：鲍永升迁杨州牧，“会遭母丧去官”。东汉时期，能守父母之丧者，不仅显名天下，而且高官厚禄，举为孝廉。服丧者称之，不服丧者贬之，整个东汉一代，三年丧制基本形成。子为父母守三年之丧的制度作为一种风俗、一种制度流传下来。

（唐）杜佑《通典·礼·齐缞三年》记载：“周制，父在为母，周屈也，至尊在不敢伸其私尊也。父必三年然后娶，达子之志也。大唐前上元元年，武太后上表曰：‘父在为母服止一周，虽心丧三年，服由尊降；窃谓子之于母慈爱特深，所以禽兽之情犹能知母三年在怀，理宜崇报。今请父在为母终三年之服，诏依行焉。……（垂拱）二年，中书令萧嵩与学士改修五礼，又议请依元勅，父在为母齐缞三年为定，遂为成典。”

唐朝武则天所提的“父在为母齐缞三年”，虽几经反复，直至武则天女皇在位时，才成定制“遂为成典”。宋元因之。

明朝洪武七年（1374 年）秋九月，明太祖的贵妃孙氏薨，勅礼官以丧服之制。朱元璋说：“每闻汉唐有忌议丧事者，在朕则不然。礼乐制度出自天子，于是立为定制，子为父母、庶子为其母、皆斩衰三年。嫡子、众子为庶母，皆齐衰杖期，使内外有所遵守。”[①]（清）徐乾学《读礼通考·丧期六·斩衰三年下》云：“子为母服，历代不同。父在则齐衰期年，父没则齐衰三年者，周制然也。至唐则一概定为齐衰三年，而宋元因之；至明则一概增为斩衰三年，而本朝因之。历代之定制不同，故儒者操论亦异。今则自唐以后，凡为齐衰三年而发者，悉附于齐衰之篇；自明以后凡为斩衰三年而发者，悉附于斩衰之篇，观者详之。”

自明朝之后，子为父母、庶子为其母、皆斩衰三年，清朝延续明朝而称为定制。从生养之恩请来说，父母之恩是同样重的，或许母亲付出的更多。为母、为父既然服三年斩衰之丧是非常应该的，符合社会民情风俗之实际。

---

① 徐乾学：《读礼通考·丧期六·斩衰三年下》，文渊阁四库全书本，1986 年。

但是，作为皇帝是从不为父母守三年之丧的，如前所举，晋悼公卒，既葬未终丧，而晋平公除服，大会诸侯，“歌诗以舞”。宋桓公卒，未葬，宋襄公会诸侯于葵丘。自春秋以来，各诸侯国君多不能守五月之丧，急于从吉。

至秦汉时期，秦始皇死于沙丘，九月而葬。汉高祖死，二十二日既葬，葬之一日，惠帝即位。汉文帝死，七日既葬，葬之三日，景帝即位。其葬期都很短促，而新皇帝又以吉礼即位，说明汉代皇帝决无守三年丧制之礼。

不仅汉代，以后皇帝也无三年丧制。宋朝太祖赵匡胤死，遗诏，其丧制以日易月。皇帝三日而听政，十三日小祥，二十七日大祥，以后则除服。

纵观我国历朝封建皇帝，只有晋武帝、魏孝文帝、后周武帝，行三年之丧，其他均未守三年丧制。皇帝不能守三年丧制，一方面因皇帝为国家之首，每日都有军国大事需要料理；另一方面，最高统治者荒淫作乐的本性，也使其不能长期守丧，忍耐清苦。因此，自古皇帝是不为父母守三年之丧的。皇帝服丧，初为既葬，除服即吉，然后以心丧服之。晋、宋以后，又有以日易月之制。统治阶级将此认为天子、诸侯之丧自古不与士庶同。

二、“臣为君”斩衰三年制度的消失

《仪礼》载，先秦时期臣为君守三年之丧。西汉以后，由于生产力的发展，打破了先秦时期的宗法社会和宗法关系，又逐渐废除分封制，国家官僚机构形成，相当多的国家官员与皇帝无任何血缘关系。社会成员也迅速发生变化，地域关系进一步发展。于是，先秦宗法社会背景下形成的丧服制也随之发生了很大的改变。

汉代以后，废除臣为君守三年之制。西汉孝文帝临终曾遗诏曰：“朕闻之盖天下万物之萌生，靡不有死。死者天地之理，物之自然奚。可甚哀，当今之世咸嘉生而恶死，厚葬以破业，重服以伤生，吾甚不取。且朕既不德无以佐百姓，今崩又使重服久临以罹寒暑之数，哀人父子，伤长老之志，损其饮食，绝鬼神之祭祀，以重吾不德。……其令天下吏民，令到出临三日，皆释服。无禁取妇嫁女，祠祀饮酒食肉。自当给丧事服临者，皆无践。绖带无过三寸，无布车及兵器，无发民哭临宫殿中。殿中当临者，皆以旦夕各十五举音，礼毕罢。非旦夕临，时禁无得擅哭。临以下服大红十五日，小红十四日，纤七日，释服。它不在令中者，皆以此令比类从事，布告天下，使明知朕意。”自汉文帝以后，废除了臣为君服丧三年的制度。

后世虽有人，如晋朝的羊祜等，想恢复臣为君服丧三年的制度，始终未成功。“初文帝崩，祜谓傅玄曰：‘三年之丧，虽贵遂服，自天子达。而汉文除之，毁礼伤义，常以叹息。今主上天纵至孝，有曾闵之性，虽夺其服，实行丧礼。丧礼实行除服何为邪？若因此革汉魏之薄，而兴先王之法，以敦风俗，垂美百代，不亦善乎？’玄曰：‘汉文以末世浅薄，不能行国君之丧，故因而除之。除之数百年，一旦复古难行也。’祜曰：‘不能使天下如礼，且使主上遂服，不犹善乎？’玄曰：‘主上不除，而天下除，此为但有父子无复君臣，三纲之道亏矣。’祜乃止。”① 这里羊祜其实是让晋武帝为晋文帝服三年之丧，并不是恢复臣为君服丧三年的制度。最后也是晋武帝为晋文帝服三年之丧，群臣皆未服。

其实，汉文帝废除臣为君服三年之丧的诏令是非常明智的。先秦时期，自西周以来实行亲亲尊尊的宗法制度。周天子既是天下共主、最高统治者；又是天下的大宗，是宗族长和宗子；无论从政治上，还是家族血缘方面都是最高贵的宗子、族长、天下之王；诸侯国也是如此。是时，天子与诸侯国君、诸侯国君与大夫之间的关系既是君臣关系，又是宗族长与族人的关系。这个时期要求臣为君服丧三年是可以行得通的。

西汉时期，旧的血缘关系完全被打破，皇帝与臣下完全是一种政治上的联合，是工作关系。西汉社会的现实已经不允许没有任何血缘关系的臣再为君服三年斩衰之丧了。当时的社会已经是良禽择枝而栖，良将择主而事，皇帝可以通过专制的手段控制臣下，而服丧是一种较为自觉的行为。而且对于新即位的小皇帝来说，很多国家大事要处理，也不能因服丧而停止国家事务。因此汉文帝的诏令是根据当时社会的实际而颁布的。

徐乾学《读礼通考·丧期十八·国恤一》曰：“盖古之诸侯多为天子之内外亲属，故从服之义，亦如家人一体。后世官员亲属概非服制所及矣，惟给事殿中者服斩衰三十六日，略如古之王朝卿士，而日月又殊；于是断自汉文遗诏以下，立臣民为天子一条，载之于此。”

《宋史·礼志》：“开宝九年十月二十日，太祖崩。遗诏以日易月，皇帝三日而听政，十三日小祥，二十七日大祥，诸道节度防御团练使、刺史、知州等，

---

① （唐）房玄龄：《晋书·羊祜传》，中华书局，1982年。

不得辄离任赴阙，诸州军府临三日，释服。”从此彻底废除了臣为君服三年斩衰的制度。

三、“父为长子”斩衰三年制度的消失

《仪礼・丧服》所说的“父为长子”，亦有变化。君为长子服三年之制，汉代以后废除。南齐时，皇太子死，君为长子不再服丧，群臣服丧亦降至齐衰三月。妾为君之长子服亦同此。

晋惠帝时期，愍怀太子薨，晋惠帝依礼确为长子服三年，群臣服齐衰期年。而至南齐武帝时期，文惠太子薨，则降为期服。《南齐书・志・礼下》载：“（南齐）永明十一年，文惠太子薨，右仆射王晏等奏，案《丧服经》为君之父、长子同齐衰期，今至尊既不行三年之典，止服期制。群臣应降一等，便应大功。九月功衰是兄弟之服，不可以服尊。臣等参议，谓宜重其衰裳，减其月数，同服齐衰三月。……又奏，案《丧服经》虽有‘妾为君之长子从君而服’，而汉以来，此礼久废，请因循前准，不复追行。诏曰‘既久废，停便’。”皇帝自己不想为太子服，当然也不想让自己的贵妃为太子服，南齐官员揣摩皇帝的心理而上奏议，当然一奏生效。

《新唐书・三宗诸子传》记载，高宗太子弘上元二年薨，诏谥为孝敬皇帝，“百官从权制三十六日释服”。

《宋史・礼志・礼二十六》孝宗乾道三年七月九日，庄文太子薨，“成服日，皇帝服期，次粗布、幞头、襕衫、腰绖、绢衬衫、白罗䘳，以日易月，十三日而除”。宁宗嘉定十三年八月六日，“景献太子薨。其发哀制服，并如庄文太子之礼”。

《明史・志・礼十三・皇太子及妃丧葬》“洪武二十五年皇太子薨，命礼部议丧礼。侍郎张志等议曰：丧礼，父为长子服齐衰期年，今皇帝当以日易月，服齐衰十二日，祭毕释之”。

一般来说，皇太子是比皇帝去世晚，但也有死在皇帝之前者，但是“父为长子”服三年斩衰之丧已经是不可能的了，皇帝对父还不能服三年斩衰，对儿子更不可能，于是在明朝“父为长子”服三年斩衰之丧彻底废除。

《读礼通考・丧期六・斩衰三年下》云“《朱子语类》庶子之长子死，亦服

三年。问：‘周制有大宗，乃有立嫡之义；立嫡以为义，故父为长子三年。今大宗之礼废，无立嫡之法，子各得以为后，则长子少子当为不异。庶子不得为长子三年，不必然也；父为长子三年者，亦不可以；嫡庶论也。’朱子答曰：‘宗子虽未能立，然服制自当从古，爱礼存羊不可妄有改易也。汉时宗子法已废，然其诏令犹云，赐民为父后者，爵一级；岂可谓宗法废而诸子皆得为父后乎？’”其实，朱熹所说的“赐民为父后者，爵一级”的诏令制度，与父为长子服三年斩衰的礼制是完全不同的概念。父为长子服三年斩衰的礼制随汉代宗子法的废除，也基本不再实行。

“父为长子”服三年，也是不可能的，因在民间，嫡庶皆有继承权，也可以说难分嫡庶，因此“父为长子”服三年在民间也可能很少实行。皇帝为皇太子服，自明代彻底废除；其实“父为长子”服三年也不符合我国的风俗民情。

四、“妇为舅姑”齐衰期年之演变

《仪礼·丧服》记载，“妇为舅姑”服齐衰期年。《传》曰：“何以期也？从服也。”贾公彦疏曰：“问之者，本是路人，与子伴合，则为重服。服夫之父母。故问也。”舅姑，就是丈夫的父母。“妇为舅姑”服齐衰期年，其原因：一是周代讲究亲亲制度，媳妇与公婆本是路人，因与其儿子结婚，故形成了家庭亲属关系。妇为舅姑服，是一种义服，从服。二是因妻子已经出嫁的人，根据夫权原则，只能为丈夫服斩衰三年。《仪礼·丧服》曰：“女子子适人者为其父母、昆弟之为父后者。”服齐衰期年。《传》曰：“为父何以期也？妇人不贰斩也。妇人不贰斩者何也？妇人有三从之义，无专用之道，故未嫁从父，既嫁从夫，夫死从子。故父者，子之天也；夫者，妻之天也；妇人不贰斩者，犹曰不贰天也；妇人不能二尊也。”

随着夫权的发展，男权社会不能容忍男子为父母服三年斩、齐丧服，而妻子为公婆服一年齐衰之丧。自唐代就有人提出，妇应为舅（公公）服斩衰三年。“后唐长兴中太常卿刘岳奉勅删定，唐宰相郑余庆书仪定妇为舅斩衰三年。”[①]

宋代，妇为舅姑重服的呼声更高。《宋史·礼志·礼二十八·凶礼四》记载

---

① 徐乾学：《四库全书·读礼通考·丧期六·斩衰三年下》，文渊阁四库全书本。

乾德三年判大理寺尹拙言“右仆射魏仁浦等二十一人奏议曰：谨按《礼·内则》云：‘妇事舅姑如事父母’，则舅姑与父母一也。而古礼有期年之说，至于后唐始定三年之丧，在理为当；况五服制度前代增益甚多，……岂可夫处苫块之中，妇被绮纨之饰，夫妇齐体，哀乐不同，求之人情，实伤理本；况妇为夫有三年之服，于舅姑止服期年，乃是尊夫而卑舅姑也。况孝明皇后为昭宪太后服丧三年，足以为万世法；欲望自今妇为舅姑服，并如后唐之制，其三年齐、斩，一从其夫”。

《宋史·太祖本纪》记载乾德三年二月丁酉朔诏：“妇为舅姑丧者齐、斩。”

从此，妇为舅姑从夫并服斩、齐三年成为定制。

五、“为舅缌麻”丧服制的演变

《仪礼·丧服》所载之丧礼，由于时代不同，政治文化背景的变化，很多礼俗已经不能适应后代的文化，后代的丧服制度发生了很大的变化。

《仪礼·丧服》记载，为从母（即姨）服小功之丧，而为舅仅服缌麻之丧，舅之丧服比姨轻得多。舅、姨与丧主应该说血缘之远近是相同的，但是为舅之丧服比为姨轻。这种情况当与远古时期的母系氏族有关，但是已经与后代的风俗民情不相符合。

最先提出异议者是晋朝袁准论曰：“从母小功五月，舅缌麻三月，礼非也。从母缌，時俗所谓姨母者也；舅之與姨，俱母之姊妹兄弟，焉得异服?”[①] 以后引起历代学者之异议。

《旧唐书·礼仪志七》记载：

贞观十四年（640年），太宗在修订礼礼仪时，言及丧服，曰：“舅之与姨亲疏相似，而服纪有殊，理未为得宜，集学者详议。”

侍中魏征、礼部侍郎令狐德棻等奏议曰：“舅之与姨虽为同气，论情度义，先后实殊何？则舅为母之本族，姨乃外姓他族，求之母族姨不在焉。考之经典，舅诚为重，故周王念齐每称甥舅之国，秦伯怀晋实切渭阳之诗，在舅服止一时，为姨居丧五月，循名责实，逐末弃本，盖古人之丧或有未达，所宜损益实在兹

① （唐）杜佑：《通典·礼五十二·凶十四·五服年月降杀之五·小功殇服五月》，文渊阁四库全书本。

乎。谨案舅服缌麻，请与从母同服小功。”

制曰：“可。”[①]

自唐朝始，舅与姨的丧服相同。

然而舅母在当时是无服的。玄宗开元二十三年，“古制诸服纪有所未通者，令礼官学士详议。太常卿韦绦奏曰：‘案《仪礼》舅缌麻三月，从母小功五月，舅母恩所不及，同爨之礼不如。窃以古意犹有所未畅，望加至袒免。’……帝手勅曰：‘朕以姨舅既服小功，则舅母于舅有三年之服，以服制情，则舅母之服不得全降于舅也，宜服缌麻’”[②]。徐乾学《读礼通考》卷十六丧《期十六》《缌麻三月下》云：“舅母之服，唐朝既制于前，宋初复遵于后，而服制令诸书不载者，盖前此礼院及刑法司所执姨舅嫂叔皆加至大功，妇翁、女壻皆加至小功。至天圣时，学士孙奭请两制详定，因并舅母服而削之也。夫舅母无服，虽本古礼，然《檀弓》有同爨服缌之言，明皇既定之为制，则后世因而仍之，于礼亦无害。”[③]

《仪礼·丧服》规定“为父后者为出母无服”，但是因三代社会还是一个以亲情为主的社会，因此“其子为出母服齐衰期年”。后代社会提倡礼仪为先，关于“出母”的服制也发生了很大的变化。在夫权社会的压力下，“出母”是因犯七条被出，地位是非常低的。自春秋时期为出母服丧就发生了变化。

《礼记·檀弓》“子上（子思的儿子）之母死而不丧，门人问诸子思曰：‘昔者子之先君子丧出母乎？’曰：‘然。’‘子之不使白也，丧之何也？’子思曰：‘昔者吾先君子无所失道，道隆则从而隆道，污则从而污。伋则安能为伋也，妻者是为白也，母不为伋也，妻者是不为白也。母故，孔氏之不丧出母，自子思始也”。

由此可见，自春秋末年的子思开始，就已经不为出母服丧了。

---

① （晋）刘昫：《旧唐书·礼仪志七》，中华书局，1975年，第1019页。

② （晋）刘昫：《旧唐书·礼仪志七》，中华书局，1975年，第1032、1035页。

③ （清）徐乾学：《读礼通考》卷十六《丧期十六》《缌麻三月下》，文渊阁四库全书本。

第九章　殷商祭祖制度与宗庙

祭祀是殷商王朝丧葬中的重要内容。殷商时期，人们极端地迷信鬼神，他们相信冥冥之中鬼神在支配着人世间的一切。他们相信自己的祖先死后，灵魂不死，仍在保佑自己在人世间的统治和享乐的生活。因此古人不仅在祖先的墓葬中随葬大量奢侈的生活用品，而且还杀殉祖先生前的宠幸，让祖先在另一个世界中继续过着奢侈的生活。殷人认为，只有这样他们的祖先才能满足，福佑活着的人。

殷人有较为明确的祭祀规格，宗庙中按死去先王的辈分进行排列，有完备的周祭制度。灵魂崇拜与祖先崇拜是受万物有灵信念支配而出现的。由于对祖先灵魂的崇拜，殷人在祖先死后，除了实行规模宏大的埋葬仪式，还要对祖先进行规模同样宏大的祭祀。祭祖与丧葬具有密不可分的联系。殷人“尊亲尊鬼”，以现有的材料而言，殷人祭祖是空前绝后的。殷代是祖先崇拜的高峰时期。

第一节　甲骨卜辞中的殷代祭祖制度

1899 年，殷墟甲骨文的发现，为研究殷商历史提供了真实可靠的文字资料。甲骨卜辞中记载了大量的殷王室贵族祭祖的情况，祭祖是殷代贵族政治活动的重要内容。

殷墟甲骨文主要是武丁以后的卜辞。记载了武丁以后的史迹。从武丁以后各代殷王对祖先祭祖的甲骨卜辞中可以推考殷代的“周祭”和“祀典”。

现在所发现的殷王祭祖的甲骨卜辞，较为系统完整的，主要是祖甲、帝乙、帝辛等三位殷王的卜辞。我们可以依据这些卜辞的内容来了解殷代祭祖的规律和系统。

一、天干顺序的祭祀法

殷代对死去商王的祭祀是有一定次序的，即按王的长幼次序，及位次序，死亡次序，致祭次序，世次（父子辈分关系）而进行祭祀的。及位次序与长幼、死亡、致祭三种次序是一致的，如武丁三子祖己、祖庚、祖甲等，祖己最长而先死，祖甲最幼而后死，最后即位，故在周祭中的次序是己、庚、甲为次。此三人中，祖甲传子为王于后世，故以祖甲为直系。

商人以甲子纪日。所谓甲子纪日者是十天干与十二地支的组合计算。

十天干：甲、乙、丙、丁、戊、己、庚、辛、壬、癸。

十二地支：子、丑、寅、卯、辰、巳、午、未、申、酉、戌、亥。

十天干与十二地支相配合组成为六十单位，甲子为首，故称甲子纪日。

商王以天干为名（陈梦家先生认为，商王以天干为庙号。董作宾先生认为，商王以天干为死日［忌日］之名）。王国维先生说："商之祖先，自王亥，上甲微以降，无不以日为名。""殷之祭先，率以其所名之日祭之。祭名甲者用甲日，祭名乙者用乙日，此卜辞之通例也。……诸先公先王合祭时，其有日可考者，亦用甲日。""诸先公先王合祭，其有日可考者，则用甲日；……上甲，又可以居先公先王之首证之。"① 也就是说甲日祭甲，乙日祭乙，乃至丙、丁，无不然；如果诸先公先王合祭，则以甲日祭，上甲当为殷人的先公先王之首。

如：

八月乙酉𧉚于大乙　　（《珠》369）

五月甲申彡𢼄甲　　（《珠》495）

上旬五月甲午𧉚且甲　　（佚 545）

殷朝以甲、乙、丙、丁……为序，每旬十日。商王、妣的名（或庙号、忌日）以天干命之，则依世次及各商王、妣的名（庙号，忌日）之天干顺序而祭。如第一旬甲日祭上甲、乙日祭报乙，以下类推至报丙、报丁、示壬、示癸六世；第二旬祭大乙、大丁；第三旬祭大甲、外丙。每旬之祭，称为"小祀周"。

殷代祖甲、帝乙、帝辛对殷先公先王的祭祀自上甲开始，而对先妣的祭祀

① 王国维：《观堂集林》卷九，《殷卜辞中所见先公先王考》，中华书局，1984年，第424页。

则是从示壬配妣庚以下。

殷贵族对先妣的祭祀亦有以下特点。

（1）在先妣之中，只有直系先妣，即其子为殷王的先妣可以入祀，被称为“法定配偶”。

（2）在祭祀时，必须称“某祖奭某妣”（奭，即匹配意）。该先妣祭祀与祭祀先祖在同一个系统内，祭法多用“㞢”。

（3）祭先妣时，必须在先妣所名之日致祭，如祭“大甲奭妣辛”必在辛日。祖甲的周祭卜辞有：

壬子卜行贞，王宾大戊奭妣壬奭，亡尤。（《上》2.3＋2.7）

己巳卜行贞，王宾且乙奭妣己劦，亡尤。（《上》3.4）

己卯卜尹贞，王宾且乙奭妣己羽日，亡尤。（《卜通》175）

壬戌卜尹贞，王宾太戊奭妣壬羽日，亡尤。（《明》1255）[①]

二、祭祀中的祀典形式

殷代祭祀除了按天干顺序去致祭先公、先王、先妣，其祀典主要有五种形式，即彡、翌、祭、簋、劦。

作为祭祀的，仪式在原始社会已颇为重视，并有系统的程序与模式。根据民族学的资料来看，一般来说，首先由老人或巫师讲述关于祖先的传说，然后供献牺牲（牛、羊、猪）、玉等，再唱歌、跳舞，最后祈祷、祈福等。有些部落的仪式在七十余种以上。礼，《说文》云：“礼，履也，所以事神致福也。从示从丰。”礼应源于祭祀的仪式，并逐渐分化出社会等级。

殷代的彡、翌、祭、簋、劦各种祀典亦有自己的内容。

彡祭：《尚书·高宗肜日》中的“肜”字。《公羊传·宣公八年》注曰：“肜者，肜肜不绝。”卜辞中的“彡”应是“肜”的本字，亦有相续不绝的意思。但此“相续不绝”应是后起之意。

董作宾先生认为，彡祭是鼓乐之祭。卜辞有：“辛亥卜出贞：其鼓彡告于唐，口牛一月。”（馀六·二）。所以说，彡鼓有关。彡之次日有“彡龠”，奏管

---

① 陈梦家：《殷墟卜辞综述·先王先妣》，中华书局，1988年，第380页。

钥而祭，与鼓相和，亦是彡为鼓乐之祭的旁证。

翌祭：唐兰先生谓翌“当释为羽。像羽翼之形，翼之本字”。尚如此说，羽为舞名，所谓翌祭，当是舞羽而祭。

彡与翌是连续举行。彡祭重在鼓乐，翌祭重在舞羽，而同时皆奠以酒。所以卜辞中有“酒彡”“酒祭”。彡祭在前，翌祭在后。

祭祭：甲骨文中的“祭”，写为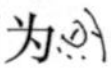，像以手持肉块、并溅出肉汁之形，祭时亦用酒，亦称为“酒祭”。

壹祭：簋，从食、从手，即以手献食于神之意。簋，为盛食之器。簋为盛黍稷之器，所以簋祭为黍稷之祭。对于一个农业定居的民族来说，以黍稷祭祀祖先，当然是必不可少的。

劦祭：劦，亦为谐合之意，殷人劦祭是最后举行，或同时联合他种祀典一并举行。

董作宾先生说：“彡与翌连续举行，彡祭重在鼓乐，翌祭重在舞羽，而同时皆奠以酒，故卜辞中又当称之为‘酒彡’‘酒翌’也。祭之意最易说解，盖即肉为祭也，字作。……壹从食，从又，以手献食物于神示之义。……劦祭，即协，即同时与其他祭奠一并举行。”“今以彡为五种祀典之首，而以劦为之殿。”[1]

除彡、翌、祭、簋、劦五种主要的祀典外，以武丁为代表的殷王祭祀的种类还有㞢御、𠕋、劢、帝、妣、告、求、视、尞、勹、福、岁等；祖甲、帝乙、帝辛祭祀的种类有㞢（又）、赍（尞），勹、福、岁、龠等。这些祭祀之典与彡、翌、祭、簋、劦五种主要祀典相伴举行。

彡、翌、祭、簋、劦这五种主要祀典，董作宾先生认为，应是轮流依先祖、先妣的日干命日遍祀一周，谓之一祀。其祭祀的顺次是彡—翌—祭—簋—劦—彡……周而复始地轮番举行，故称为“周祭”。帝乙、帝辛时期，每年对五种祀典依顺序举行，祭祀一周，恰是三百六十日，约当一年的日数。所以在此时，把一年称为一祀，即用祀来代表年岁，称为“惟王几祀”就等于说，‘王第几年。”五种祀典的制定是祖甲时创始的。帝乙、帝辛时，祖妣增多了，对祀典的实行更加周密。

① 董作宾：《董作宾先生全集·殷历谱》，艺文印书馆印行，1982年，第102页。

“周祭”主要盛行于祖甲、帝乙、帝辛时期，从这严密的祭祀系统中可以寻见所有人于祀典的先王先妣的位次。

以武丁为代表的殷王对祖先还实行“选祭”，即在一次合祭中选祭若干先祖，多是传子为王或五世以内的先祖（包括传弟为王的殷王）。“选祭”的形式，可以寻见直系世次和旁系的世次。

“周祭”和“选祭”，是殷王室贵族祭祀祖先的主要祭祀系统。殷代以天干顺序对先祖、先妣祭祀，并有固定的祀典形式，说明殷代礼制已经形成一种制度和规律。

关于“周祭”，许进雄先生和常玉芝先生认为，“翌”祀应在五祀之首。五种祭典应是依翌—祭—壴—𠭯—彡的顺序周而复始进行的[①]，亦可备为一说。

第二节 殷商王朝的宗庙制度

殷商时期，祭祀祖先的宗庙已经出现。殷人祭祀祖先，分别有不同的祭祀规格，如大宗、上宗、小宗、下宗等的祭祀规格。祭祀是根据直系、旁系先王及直系先妣、旁系先妣，以及祖以上配偶的区别而有不同的等级规格。

一、商代宗庙的出现

远古时期，古人认为，人死后灵魂不死，且相信自己的祖先死后成神，会在另一个世界中生活，还会在幽冥中保佑自己；因此远古时期的先民就通过祭祀祖先，把最好的食物贡献给祖先，让祖先保护自己在阳世间的一切；在祭祀之余，先民们认为祖先需要一个固定的居所居住，于是宗庙出现了。

自新石器时期，已经有了祭祀神的场所。1983～1985年考古工作者在辽宁西部的凌原、建平两县交界处的牛河梁发现一处红山文化遗址，距今5000年左右。牛河梁主要发现的“女神庙”牛Ⅰ和积石冢遗址牛Ⅱ。“女神庙”基址是由一个多室和一个单室两组建筑物构成。多室在北，是主体建筑，由一个主室和几个侧室、前后室组成。单室在南，是附属建筑。主室西侧出土有彩绘泥塑人

---

① 常玉芝：《商代周祭制度》，中国社会科学出版社，1987年，第191页。

像的头部、肩、臂、手、乳房残件和动物像“猪龙”的头、蹄等，还有彩绘墙壁面残块、特大型彩陶器残片、镂孔豆形器盖、钵、锥形纹塔形器残片等。其中人像头部存高22.5厘米，脸面宽16.5厘米，相当真人大小。肩头残块，泥胎细腻，曲线圆润，造型优美，具有女性特征。发现残缺的“女神”人像属五六个个体。“女神庙”遗址中还发现有祭祀用器，南12米处有一灰坑，内有羊骨和其他兽骨，具有祭祀性质。研究者认为，牛河梁的这一遗址是一女神庙。[①]

牛河梁女神庙遗址，还不能说是一处宗庙遗址，但这是我国最早的祭祀女性先祖庙宇遗址的实物材料。

殷人尊亲事鬼，对祖先的崇拜和祭祀是空前绝后的，他们每天都要对祖先祭奠。殷人对祖先的祭祀最初是露天的，如《尚书·高宗肜日》云：“高宗肜日，越有雊雉。”孔颖达疏引正义曰，“高宗既祭成汤，肜祭之日于是有雊鸣之雉在于鼎耳，此乃怪异之事。贤臣祖己见其事而私自言曰：‘惟先世至道之王遭遇变异，则正其事而异自消也，既作此言，乃进言训王，史录其事以为训王之端也”。这段话是指殷高宗武丁在祭祀先祖成汤时，竟然有飞雉落在鼎耳之上，鸣叫不已。贤臣祖己认为这是怪异之事，如果王行正道，那么怪异就会自行消失。史官就把这件事记录下来，给我们留下这段史实。但是说明殷商王朝时期，还有露天祭祀的情况，因只有露天祭祀才能引来飞鸟落在鼎耳之上。

但是商代后期，殷人已有在屋里举行祭祀的记录。殷人祭祀的屋在甲骨卜辞中称为宗，即“㝛”。陈梦家先生说：“集合的宗庙名中，只称宗。卜辞有‘宗门’‘宗户’，所以‘丁宗户’‘且丁门’乃是丁宗与且丁宗庙中的户与门。卜辞有祊。祊，同蔡。《说文》云：“蔡，门内祭先祖，所以彷徨，从示，彭声；《诗》曰‘祝祭于蔡’。祊、蔡，或从方。”指的是宗庙的门内。由此例推之，则室、家、宎、㝖、蔡，都是宗庙建筑中的某一部分。如我们所推，家是室以内，室是正室，宎是侧室，㝖是两厢。[②] 卜辞文字中至今还未发现“庙”字。“宗”，就是在屋中祭祀的意思，如《说文》云：“宗，尊祖庙也，从宀，从示。”段玉裁注云：“示谓神也，宀谓屋也。”

---

① 辽宁考古研究所：《辽宁牛河梁红山文化“女神庙”与积石冢群发掘简报》，《文物》1986年第8期，第1、5、6页。

② 陈梦家：《殷墟卜辞综述·庙号下》，中华书局，1988年，第473页。

如卜辞有：

彝才且辛宗。　　（甲 2771，3932）

桒其即宗于上甲。　　（《殷契骈枝》Ⅲ. 附图一）

乙丑卜，告于父丁，其飨宗。　　（《合集》32681）

告上甲岁于父丁，飨宗。　　（《甲研》2285）

殷商时期已经有了祭祀祖先的宗庙当是无疑义的。

二、殷商宗庙群的祭祀规格

殷人的宗庙多是集合在一起的宗庙群，其排列有一定的次序。殷商时期的宗庙排列，不像周代是根据昭穆辈次排列的，而是按照“大宗”“小宗”的宗庙群而排列的。

1. 先王的合祭——大宗、小宗

殷人极重直系与旁系的差别。殷商王朝有明确的继承法是父死子继，兄终弟及；而其在祭祖方面亦有系统的制度。如果一个先王的儿子也即位为王，那么这个先王就是直系先王；他的庙宇（或者说是庙号）在宗庙祭祀中的排列称为“大宗”“上宗”“牛宗”。反之，如果这个先王的儿子没有即位，那么他就是旁系先王，他的庙宇（庙号）在宗庙祭祀中的排列称为“小宗”“下宗”。

“宗”，在古文字中与庙的意思相同。《说文》：“庙，尊先祖貌也。从广朝声。”甲骨卜辞中的“宗”，就是殷人的庙。这种观点已经得到学界的认可。殷人祭祀祖先已经有了宗庙。

《尔雅・释宫》云：“室有东西厢曰庙。”（宋）邢昺疏：“凡太室有东西厢、夹室及前堂有序墙者曰庙，但有太室者曰寝。”《礼记・月令・仲春》云：“寝庙毕备。”郑玄注云：“前曰庙，后曰寝。”其实古代的庙很简单，自己的住所，即前堂后室；前堂为接神之处，称为庙；后室为住处，称为寝。所谓的“且丁室”“且戊室”，当原是且丁、且戊的住室，以后成为其庙。

卜辞中的“示”，即神主；也有个别的将神主称为“匚”。大宗是集合在一起的大宗宗庙，是自上甲开始的直系大示、上示、牛示，即供奉自上甲起直系先王的神主宗庙。商朝的上甲微在武丁卜辞中被称为“元示”，二示是序在元示之后，三匚，指的是匚乙、匚丙、匚丁；三匚之后，则是示壬、示癸，称为二示。陈梦家先生认为，根据直系先王的先后，卜辞中还有如直系三代称三示、四代称四示……；还有一种情况是，几示，就是几位先王的神主，如三示是三位直系先王的神主，九示是大乙至且丁的九世直系。

小宗是供奉旁系先王神主的宗庙，称为小宗宗庙。自大乙为首的旁系先王，是自大乙开始的直系小示、下示，集合在一起的旁系先王宗庙。

殷人的祭祀礼中，对“大示”“二示”，或者把几代或者多代的示集中在“宗”进行祭祀。宗，当是在庙的前堂。

大宗，如：

辛亥彭彡…自上甲才大宗彝。（明续 523）

□□〔卜才大〕宗〔又彳〕歲自上甲（前 8.45.1）

乙丑卜，大贞于五示告：丁、且乙、且丁、羌甲、且辛（粹 250，且庚卜辞）

□未卜桒上甲、大乙、大丁、大甲、大庚、大戊、中丁、且乙、且辛、且丁十示率𢓊（佚 986 十甲 2282 武乙卜辞）

以上前两条卜辞是对自上甲开始的几代大示的祭祀，第三条是且庚对先王五示，即 5 位直系先王的神主的祭祀，第四条卜辞是对先王十示，即 10 位直系先王的神主的祭祀。

卜辞中还有“中宗”“亚宗”“新宗”“旧宗”“又宗”“㞢宗”等，这些指的皆为殷商王朝的宗庙；当是根据死去先王在列祖列宗中所处的地位确定其神主的庙号。

卜辞中还有对小宗的祭祀。如：

丁亥卜，在小宗自大乙（前 8.45.1）

己丑卜，在小宗又彳歲自大乙（佚 131，珠 631）

这是对自大乙之后小宗的祭祀。

卜辞中对大宗、小宗的祭祀规模是不同的；大宗祭祀的规格高，而小宗较低。

乙未贞，其桒自上甲十示有三牛，小示羊。（上 28.8）

甲申卜贞，酌桒自上甲廿十示又二牛，小示汎羊。 沐（存1.1786 武丁卜辞）

癸卯卜贞，乙巳酌桒自上甲廿示一牛，下示羊，土寮牢，四戈彘，四巫豕 （续1.2.4）

这里很明显，大示祭以牛，小示祭以羊，至于土寮、四戈、四巫，当时更低一级贵族的祭祀规模。

2. 先妣的祭祀

在殷代，王妃设有专门的宗庙，称为“司室”（《材》201.1，《卜通》764，《外》347，《佚》843，《前》4.27.8）或“司母大室”（《粹》1251，《京》4615），而且在很多卜辞皆见有“司室”这类的记载。卜辞中还经常见到“设司室”，于省吾先生《甲骨文字释林》一书之《释设》中认为是将物品陈列在诸妃之宗庙的祭祀。

按陈梦家先生的解释，“室是庙中之一部分，处于两夹之中间”[①]。那么祭祀殷代王妃的地方当是在“室”中。由此可见，殷代王妃的庙在“室”中。“室”当原是先妣的居处，以后成为先妣的庙。

凡先妣的祭祀一般在室、家、宎、㝲、蔡中举行。如：

母辛㝲桒 （续2.9.9）

保于母辛㝲宕酌 （前1.30.7）

妣庚㝲 （河447）

由以上卜辞记载可知，虽然先王的祭祀有时也在“室”中，但是先妣的祭祀一般都在室或者㝲中。

3. 在“室”中祭祀的先祖

先王有时也在称为“室”的庙中，卜辞中有“室”，如：

且丁室 （甲491，廪辛卜辞）

---

① 陈梦家：《殷墟卜辞综述·庙号下》，中华书局，1988年，第471页。

且戊室　（京津4345，武文卜辞）

有些先王由于占卜的原因，降在室、或宊中祭祀。如：

癸亥卜，翊日辛帝降，其入于㷊大宊才宊（卜）　（宁沪1.516，清华藏骨，康丁卜辞）

这些在“室”中举行的祭祀，一般指的是旁系先王，或者不是大祭，或者是应某些原因而降低规格而在“宊”中，即在侧室中祭祀。

4. 殷人祭祀远祖的祭坛

卜辞中有

且丁旦　（京津4016　康丁卜辞）
后且丁旦　（京津4036）
父甲旦　（京津4048）

陈梦家先生认为，“某某旦”，疑假作坛。[①] 笔者认为，陈梦家先生释“旦”为“坛”，是有道理的。旦、坛，韵母相同，是可以通假的。《礼记·祭法》曰：“是故王立七庙，一坛一墠。”坛，郑玄注曰：“封土为坛”，是周人祭祀远祖的地方。墠，郑玄注曰：“除地为墠。”即扫干净一块地方曰墠，亦是祭祀远祖的地方。如果卜辞中的“旦”释为“坛”，那么这些是殷人祭祀远祖的卜辞。

5. 关于甲骨卜辞中的“升”

卜辞中有

祖庚升　（粹323，京津4089）、
祖甲升，其兄于且丁，父甲才升　（别二东大6，粹332）
康丁升兄才父丁升　（粹330，明续515）。

陈梦家先生释“升”为“庙”云：“宗与升当属同类的，皆是祭祀所在的建筑物。”[②] 笔者不能理解，“升”与“宗”同类，是“祭祀所在的建筑物”的说

---

① 陈梦家：《殷墟卜辞综述·庙号下》，中华书局，1988年，第472页。
② 陈梦家：《殷墟卜辞综述·庙号下》，中华书局，1988年，第470页。

法。如：

祖庚升，父庚升　（粹 323，京津 4089［善 3814］）廪辛卜辞）

祖甲升，其兄于且丁，父甲才升　（别二东大 6　粹 332　廪辛卜辞）

妣癸升　（林 1.13.18，　明续 785　帝辛卜辞）

有人认为，“升”就是“亭”，亦是殷代用来祭祀祖先的宗庙。

三、考古材料见到的殷商宗庙与祭祀供品

抗日战争之前，考古工作者在安阳小屯曾发掘到三组殷商时期的房屋基址。第一组有 15 处房屋基址，第二组有 17 处房屋基址，第三组有 6 处房屋基址。这些房屋基址，大多坐北朝南。有的基址长 40 多米，宽 10 多米；也有小的长约 5 米，宽约 3 米；所用的基础有鹅卵石、铜础。

与这些基址并存的还有一些被称为“穴窖”的地室。这些地室有台阶可通上下，如 E 区 181 地室中藏有大量的兽骨、陶器、骨器、玉器、铜器、金叶、金花、蚌器、石器、木质丝质腐化了的土痕等。这些地室存放的物品可能是供宗庙中祭祀所用。

根据卜辞记载的名称和考古发掘的房屋基址来看，殷代的宗庙是有寝室的。“它们全都是四合院式的，所以东、西、南、北都有房屋。寝室有东、西之称，则所住的是东房、西房。寝之中有小室，即寝室的小套间。南室、北室都是宗庙的宗室，是祭祀之所。南室可能如金文之例是在南边的，它在正室（恐是大室）之南，大室背北而向南。”① 考古发掘的这些房屋基址，当是殷商的宗庙建筑。

随着考古工作的不断发展，安阳殷墟又陆续发现一些房屋基址，连同抗战前发掘的殷墟房屋基址分布来看，殷墟王邑宫室区内曾发掘出 53 座夯土基址，分甲、乙、丙三组，甲组 15 座，乙组 21 座，丙组 17 座。

研究者认为，甲组基址属商王室最高统治者居住、享飨和治事的地方。乙组基址 21 座，规模最大，附近密布祀坑，当为宗庙建筑群所在。丙组基址大多有台无础，一些台上另有玉璧、人牲、兽牲、柴灰、燎牲、谷物、陶器和空坑

① 陈梦家：《殷墟卜辞综述·庙号下》，中华书局，1988 年，第 481 页。

等不同的祭祀遗迹。[1]

殷代祭祖也在王陵祭祀。1976 年，考古工作者在殷墟王陵区东区发掘 191 个祭祀坑，共发现被屠杀的人牲 1178 人、马 2 匹、猪 1 头、狗 10 多只、鹰 5 只等。

1978 年，考古工作者又在这一地区发现 40 座祭祀坑。这 40 座祭祀坑，其中有 30 座埋有马 117 匹。在这些祭祀坑的南侧和东侧还发现有 80 座祭祀坑，也大部分埋有马匹。另外，需提到的是这 40 座祭祀坑中还有两个坑中埋有象。象在商代是极珍贵的动物，用作牺牲，当然只有商王才有资格享用。这些墓葬是王陵无疑。

夏商周三代开始，我国有用马祭祀的习俗，如《礼记·檀弓上》“夏后氏尚黑，大事敛用昏，戎事乘骊，牲用玄。殷人尚白，大事敛用日中，戎事乘翰，牲用白。周人尚赤，大事敛用日出，戎事乘騵，牲用骍。”甲骨卜辞中也有许多记载，如：

甲子卜，扶，㞢马至祖。（后下 5.14）

其三马，不勿马，兄辛。（佚 203）

癸未贞叀今，乙酉又□岁于祖乙五马，兹用。（佚 883）

甲辰卜，集子马自大乙。（粹 135）

以上 4 条卜辞分别是商王室祭祀先王武丁、康丁、武乙、文丁的卜辞。

迄今为止，在殷墟发现近 2000 座祭祀坑，这些坑可能是用于王陵的祭祀，但是也当有许多坑中的牺牲是用作宗庙祭祀先王的供品。

---

① 陈智勇：《试析商代的宗庙制度及其政治功用》，《殷都学刊》1999 年第 1 期，第 22 页。

第十章　周代的宗庙制度

周人尊祖敬宗，宗庙是周族的核心。周代祭祖皆在祖庙中举行。周代宗庙有明确的等级，天子、诸侯、大夫、士等各级贵族立庙的数目是不一样的。《礼记·大传》曰：“礼，不王不禘。”禘，即祭天之意。也就是说，只有王才能禘祭那些诞育他们始祖的天帝，并以祖配天而祭。王为始祖、高祖、曾祖、祖、祢等立庙。诸侯之祭，推及始得封国的那个祖先。至于其他同宗属为大夫者，最多能与其族人一起，祭及高祖为止。

周人宗庙皆尊奉祖先的神主，神主按照昭穆秩序的辈分排列。王的嫡传为大宗，是正统的承继者。但又有以别子为祖，续承别子的则为宗。别子的庶子则为小宗。小宗传至五世就要变易，即是继承高祖以下的一个支系。高祖的庙变动于上，那么继祢的宗同时变动于下。庶子不能祭祖，是为了使宗法清楚分明，如庶子不继承祖、祢，也不参加殇祭和无后嗣者之祭，因为这两者都要袝于祖庙；而由宗子（即孝子）供祭。庶子在弥庙不能主祭，因为有宗子在，主要是为了明其宗法。

第一节　周代宗庙与等级

周代宗庙有严格的等级，那就是天子所立庙数多，下级贵族依次递减。另外周人还为远祖立墠、坛等祭祀血缘较远的先祖。目前考古材料中虽然有称为周代宗庙的遗址，但是对周代宗庙的研究还多从文献上进行探讨。

一、周代宗庙的等级制

西周至春秋时期，宗庙制度已经形成。宗庙，是周人祭祀先祖的地方。《尚书大传》卷二《洛诰》云：“庙者，貌也，以其貌言之也。”《释名·释宫室》

曰："庙，貌也，先祖形貌所在也。"又《太平御览》卷五三一引《孝经》"宗庙致敬不忘亲也。又曰：为之宗庙，以鬼享之。"（唐）长孙无忌《唐律疏义》卷一云："宗者，尊也；庙者，貌也。刻木为主，敬象尊容，置之宫室，以时祭享，故曰宗庙。"

周人在自己的先祖死后，为了寄托哀思，并向祖先祈福，建立宗庙，对祖先进行祭祀。《礼记·曲礼》云："措之庙，立之主，曰帝。"周人认为，把祖先之神主立于庙中，先祖就会成为神来保护自己，而子孙必须按时对先祖进行祭祀。

这个时期，人们祭祀祖先的场所有墠、坛、祧和庙。《礼记·祭法》云："天下有王，分地建国，置都立邑，设庙、祧、坛、墠而祭之，乃为亲疏多少之数。"

周人祭祀先祖的地方有庙、祧、坛、墠。按照"三礼"的说法，周代各级贵族为祖先所立祖庙的数目应按其身份等级的高低而定。

《礼记·礼器》曰："礼有以多为贵者，天子七庙，诸侯五，大夫三，士一。"

《礼记·祭法》又云："王立七庙，一坛一墠；曰考庙、曰王考庙、曰皇考庙、曰显考庙、曰祖考庙，皆月祭之。远庙为祧，有二祧，享尝乃止，去祧为坛，去坛为墠；坛、墠有祷焉祭之，无祷乃止，去墠曰鬼。诸侯立五庙，一坛一墠；曰考庙、曰王考庙、曰皇考庙、皆月祭之。显考庙、祖考庙，享尝乃止，去祖为坛，去坛为墠；坛、墠有祷焉祭之，无祷乃止，去墠为鬼。大夫立三庙二坛，曰考庙、曰王考庙、曰皇考庙，享尝乃止。显考、祖考无庙，有祷焉为坛祭之，去坛为鬼。适士二庙一坛，曰考庙、曰王考庙，享尝乃止。显考无庙，有祷焉为坛祭之，去坛为鬼。官师一庙曰考庙。王考无庙而祭之，去王考为鬼。庶士庶人无庙，死曰鬼。"

庙，《尔雅·释宫》云："室有东西厢曰庙，无东西厢有室曰寝。""庙中路谓之唐，堂途谓之陈。"庙，从意义上说，是先祖形貌之所在。庙，郑玄注曰："庙之言，貌也；宗庙者，先祖之尊貌也。"《说文》云："庙，尊祖先貌也。"晋人崔豹《古今注》云："庙者，貌也，所以仿佛先人之灵貌也。"庙，是貌的谐音；古人认为在这里能够见到祖先之容貌，故把这样的建筑称为庙。宗庙是古人祭祀列祖列宗的场所。

坛，郑玄注曰："封土曰坛。"坛是在一平地上封一土台，用以祭祀远祖。

墠，郑玄注曰："除地曰墠。"清除一块地方来祭祀远祖，这块地方叫墠。

祧，郑玄注："祧，迁主所藏之庙。"祧是庙的一种；为远祖而立。

周人立庙是根据贵族们身份地位的高低确定为祖先立庙的数目。亲缘近的祖先立庙，远祖为祧，再远的祖先只是在祈祷时，设坛或祭祀。在坛、墠上也享受不到祭祀的祖先，不再是神，而称为鬼。周代贵族就是通过这些庙、祧、坛、埠等场所来祭祀祖先的。

由以上记述可知，周制立庙，名位不同，地位高低，礼亦不同。周天子立庙七。《礼纬》曰："周所以七者，以文王武王受命，其庙不毁，以为二祧，并始祖后稷及高祖以下亲庙四，故为七也。"《礼纬》又云："夏无太祖，宗禹而已，则五庙。殷人祖契而宗汤，则六庙。周尊后稷，宗文王武王，则七庙。自夏及周，少不减五，多不过七。"

夏、商、周三代天子皆有宗庙。宗庙之数各不相同，"少不减五，多不过七"。

周代，天子七庙、诸侯五、大夫三、嫡士二、士一、庶人无庙，死曰鬼。周代立庙是有等级性的。地位越高，身份越贵，所立宗庙数目越多。当然，周代天子是否七庙、诸侯五庙、大夫三庙、士一庙，我们只能从文献上探讨，目前还找不到实物资料。

二、考古材料中所见的周代宗庙

西周、春秋时期，建立宗庙是贵族社会生活中的头等大事，是他们精神的寄托，身份地位的象征，是有无社稷的象征。贵族立邦建国，首先要建筑宗庙。《礼记·曲礼》云："君子将营宫室，宗庙为先，厩库次之，居室为后。"

周代宗庙有固定的形制和规模。室是周代宗庙的主体建筑，有东西厢房；庙中有路，称为神道等。

考古工作者在陕西岐山凤雏村发掘出一大型的西周宫室建筑基址，房基南北长 45.2、东西宽 32.5 米，共计 1469 平方米。南北向，偏西北 10 度。这是一个由许多单体建筑组成的建筑群。以门道、前堂和过廊居中，东西两边配置门房、厢房，左右对称，布局整齐有序。这组建筑物有东西厢房，每一排厢房又有室 8 间。

这个建筑群坐北朝南，正门居中，正门两旁有对称的东西门房，门房之前有一道影壁。门房之北是一个大的中院。院正北处是前堂，这是建筑群的主体和中心，坐北朝南。其台基高出地面 0.3～0.4 米。这是一座面宽 6 间，通长 17.2 米，进深 3 间，宽约 6.1 米的厅堂；建筑面积 104.9 平方米。柱洞排列整齐，南北四行，东西七列，柱础石为自然石块。石块较大，面较平。厅堂左右有东西厢房，各 8 间，左右对称，南北排列。厅堂、厢房之前檐皆有走廊、台阶。

前堂的西半部有 4 个窖穴（H1、H3、H6、H10），这 4 个窖穴里面装有鸡骨、猪骨、残陶片等。

前堂之后，一个过廊隔开，有左右对称的东西两个小院。两小院之北是后室，共 5 间，面朝南。这是建筑群最后、最北的建筑。东门房的台基下有陶排水管道。遗址内出土陶罐、陶罍、铜镞、铜片、玉石器等；西厢房二室 H11 出土大批的卜甲和卜骨，17 000 余片，有字的卜甲 190 多片，字数有 600 多。

这个建筑群有厅堂、后室、东西厢房，又出土大批的卜甲和卜骨。《尔雅·释宫》："室有东西厢曰庙，无东西厢有室曰寝。"因此这组建筑应是作为宗庙来使用的。[①] 研究者认为，这座建筑群是周武王灭商前的西周宗庙，它的使用下限可能已到西周晚期。

1981～1984 年年初，考古工作者在陕西凤翔县马家庄发掘了春秋时期秦国的宗庙遗址。它与岐山凤雏村西周宗庙相比，更接近我国古籍文献的记载。

马家庄秦国宗庙遗址由大门、中庭、朝寝、东西夹室、东西厢房、亭台组成，由南向北排列，形成建筑的中轴线。左右对称，东西南北四面环以围墙，形成一个全封闭的建筑群。

大门由门道、东西塾、东西半塾、回廊、散水组成。门道居大门正中。东西塾在门道两则，形制相同，东西对称；南北进深 1.55 米，东西面阔 2 米。另有回廊和散水。

---

① 陕西周原考古队：《陕西岐山凤雏村西周建筑基址发掘简报》，《文物》1979 年第 10 期，第 34 页。

中庭南北长34、东西宽30米、位于大片的北面。庭的南、西、北部发现大量的各种类型的祭祀坑；祭祀坑口大多出现在中庭活动面以下的10～20厘米处。

朝堂是宗庙的主体建筑。其平面布局是两侧突出，呈“冂”形；东西宽20.8、南北进深13.9米。“冂”形正中缺口处为前朝（堂），其后长方形居处为后寝（室）。朝寝两侧凸出部分可能系东西夹室。朝寝之后半部设三门，应有三室，故称北三室。“冂”形中心部位，即为堂。堂是宗庙祭祀行礼的重要场所。堂后面的长方形居处为室。任启运的《朝庙宫室考》说：“庙主必藏于室之奥，若无室何以藏之。”堂后之室是藏祖先神主之处。

东西厢房位于主体建筑及中庭两侧，布局、形制、规模基本一致。东西厢与朝寝建筑形制相似。东厢房坐东面西，西厢房坐西面东。东西厢房均由前堂、后堂、南北夹室、东（西）三室及回廊、散水等部分组成。朝寝之北有一亭台建筑。

建筑群的东西南北四面均发现夯土围墙。遗址有陶水管等排水设施。另外遗址内还发现牛、羊、人、车、牛羊、人羊等七类祭祀坑181个；其中有牛坑86个，羊坑55个，空坑28个，人坑28个，人牛坑1个，人羊坑1个，车坑2个（有车无马）。还发现有大量的板瓦、筒瓦、花纹空心砖陶器、铜的建筑构件、铜镞、铜钉、玉璧、玉璜、玉玦、玉圭、铁锸、金器29件等。这个遗址像殷人宗庙一样有大量的祭祀坑，当具有宗庙的祭祀、燕射、接神、藏祧的功能，是春秋时期秦国的宗庙遗址。[①] 马家庄宗庙遗址群是春秋时期“诸侯五庙”的建筑形式。

《白虎通》曰：“礼，圣王之所以制宗庙何？生死殊路，故敬鬼神而远之。所以有屋何？所以象生之居。”古人修建宗庙是为了让祖先的灵魂有所归依，让祖先像活人一样有安息饮食之所。古代社会是一个等级制度十分严格的社会，由于贵族们身份地位的不同，故他们所居的宫室寝殿也不相同，死后所立的宗庙也有不同的规格和等级。马家庄泰国宗庙遗址的形制与经文记载基本相同，表明了春秋时期宗庙制度的形成。

---

① 陕西省雍城考古队：《凤翔马家庄一号建筑群遗址发掘简报》，《文物》1985年第2期，第26页。

第二节　周代宗庙的神主

周代宗庙皆立有各代祖先的神主。周代早期大约宗庙中所立的祖先神主多为石主，当源于远古人们对石头的崇拜。随着生产力的发展，金属工具的出现，木主开始取代了石主。宗庙神主的大小也是按照先祖的身份地位而定；而先祖神主在宗庙中的座次是按祖先的昭穆之序排列，有严格的规定。

周人对祖先的祭祀有日祭、月享、春礿、夏禘、秋尝、冬烝、岁祷、禘及郊宗等祭祀。

一、神主宗祏

中国古代“天神地祇而不屋，人鬼则于庙中祭之”。周代对先祖，皆立庙祭祀。庙中藏先祖之神主。

远古时期，宗庙中祖先的神主由石头充任。《说文》云：“祏，宗庙主也。《周礼》有郊中石室，一曰大夫以石为主，从示声，石亦声。”许慎又在《五经异议》中说：“今山阳民俗，祠有石主。”山阳，今河南修武县西北 17.5 千米。他认为，祏即宗庙主，山阳，即有以石为主的现象。然而，（晋）杜预则认为，祏是藏主的石函、石室、石匣等。

《左传·庄公十八年》云：“先君桓公命我先人典司宗祏。”杜预注曰：“宗祏，宗庙中藏主石室。”又《左传·昭公十八年》曰郑子产“使祝史徙主祏于周庙，告於先君”。杜预注：“祏，庙主石函。”祏，或谓庙中石主，或谓庙中藏主石函，但它都是庙中神主的象征，也说明中国古代曾有以石为宗庙神主的事实。

石器时代，人们用石头做成各种生产工具与大自然进行斗争，以求生存，于是也产生了对石头的崇拜。同样，人们以石头代表祖先之主，接受子孙的膜拜，亦在情理之中。至东汉许慎还仍然见到“今山阳民俗，祠有石主”的现象。

我国周代的“社”，其社主均以石为之。《周礼·春官·小宗伯》曰：“若大师，则帅有司而立军社，奉主车。”郑玄注云：“社主曰军社，社之主盖用石为之。”《水经注·谷水》：“天子建国，左庙右社，以石为主；祭则希冕，今多王公摄事，王者不亲拜焉。”《宋史·礼制五》有云：“社以石为主，形如钟，方尺，长二尺。”中国古代最早的宗庙与社稷是同一所在，祭神与祭祖意义相同，所以，人们最早有可能是以石代表死者的神主。（明）俞汝楫《礼部志稿·祀法备考·定郊庙祀法·颁社稷坛制》云：“洪武元年己丑，颁社稷坛制于天下郡邑。坛俱设于城西北，右社左稷，坛各方二丈五尺，高三尺四寸，出陛三级。社以石为主，其形如钟，长二尺五寸，方一尺一寸，剡其上培其下之半，在坛之南方。坛周围筑墙，四面各二十五步，祭用春秋二仲月上戊日，各坛正配位各用笾四、豆四，簠簋各二，登铏各一俎，二牲正配位，共享羊豕各一。”

先秦时期，我国以石为祖先神主的习俗。其实自古至今，甚至在皇家的祭坛上，皆以石为主。这是我国古老的崇拜石头习俗的反映。

崇拜石头、以石做主的现象，在民俗学中不乏其例。我国有“石敢当”的传说。石敢当，又称泰山“石敢当”。（汉）史游的《急就章》云：“师猛虎，石敢当，所不侵，龙未央。”《全唐诗·莆田石记》在符离树穴中得石篆云：“石敢当，镇百鬼，压灾殃；官吏福，百姓康；风教盛，礼乐昌。”（元）陶宗仪《辍耕录》中记载：“今人家正门适当巷陌桥道之冲，则立一小石将军，或植一小石碑，镌其上曰石敢当，以厌禳之。”（清）王士祯《古夫于亭杂录》卷五云：“齐鲁之俗多于邨落巷口立石刻‘太山石敢当’五字，云能暮夜至人家医病。北人谓医士为大夫，因又名之曰‘石大夫’。”

四川嘉绒藏族亦有崇拜白石的习俗。他们把白石头供在屋顶小塔顶上，各寨山神的石堆上面也放白石头，家家户户供白石头。云南白族有崇拜巨石的习俗。在今洱源县和云龙县交界的兔罗坪山上，有五间石屋，每间石屋中供一巨石。在我国少数民族的传说中，石头不仅管辖野兽和山神，而且是人类的最高主宰。

在人们的传说中，石头能祓除不详，救人于危难，还能给人治病。石头就是万能的。

木主应是社会进化到一定程度的产物。只有当社会生产力发展，金属工具出现，文字出现，才有可能把庙主用粟木做成“长一尺二寸，穿中央，达四方”的木主。“木主”是后起的。

郑玄《五经异议驳》云：“主者。神像也。孝子既葬，必无所依，以虞而立主以事之。惟天子诸侯有主，卿大夫无主，尊卑之差也。卿大夫无主者，依神以几筵。故少牢之祭，但有尸无主。三王之代，小祥以前用桑者尚质，故不相变，既练易之，遂藏于庙，以为祭主。”

许慎《五经异议》“或曰：卿大夫有主不？答曰：卿大夫非有土之君，不得格享昭穆，故无木主”。

由此可见，周代能够立庙并有神主者，只有天子、诸侯和有封土的卿大夫。

《公羊传·文公二年》载：“丁丑，作僖公主。作僖公主者何？为僖公作主也。主者曷用，虞主用桑，练主用栗，用栗者藏主也。”何休注曰：“为僖公庙作主也。主状正方，穿中央，达四方，天子长尺二寸，诸侯长一尺。”

上文意思为，丁丑，为僖公庙做神主。如果在虞祭时，则用桑木做主；如果是在练祭以后，则用栗木做主。栗木所做的主是藏于庙之主。

周代为死者做庙，庙中立主。“主”多以粟木为之，方形而中空，刻死者谥号于其背后，周人死以后，其魂魄附于“主”。孝子入庙，对死者的神极尽孝敬，对神主祭祀，就是对先祖的祭祀。“主”之背皆刻死者之谥，不为人像之形。

古代宗庙的神主形制亦有一定的规格和定制。王充《论衡·乱龙篇》曰：“礼，宗庙之主，以木为之，长尺二寸，以像先祖。孝子入庙，主，心事之，虽知木主非亲，亦当尽敬有所主事。”（宋）李昉《太平御览·礼仪部·宗庙神主》《礼记外传》云：“人君既葬之后日中虞祭，即作木主以存神庙。主用木者，木者，木落归本有如之义。天子庙主长尺二寸，诸侯一尺四寸。孔颖达《正义》葬后孝子心目无所覩，故用以主其神也。”中国古代宗庙神主的形制，自春秋时期直至近代，虽小有变化，但基本相同。

“主”的形状为正方，穿中央，达四寸，天子之主长一尺二寸，诸侯之主长一尺。

《白虎通》曰：“祭所以有主者何？言神无所依据，孝子以主系心焉。宗庙之主所以用木为之者何？木有终始，又与人相似也。盖题之以为记，欲令后可知也。方尺或长尺二寸。孝子入宗庙之中，虽见木主，亦当尽敬焉．所以虞而立主者何？孝子既葬，日中反虞，念亲已没，棺柩已去，怅然失望，傍徨哀痛，故设桑主以虞，所以慰孝子之心，虞安其神也，所以用桑。练之用粟，主祏纳之西壁。”

我国历代皇帝皆有做神主之制。《通典》卷四人载：汉代，“帝之主九寸，前方后园，围一尺；后主七寸，围九寸，不用粟”。

“大唐之制，长尺二寸，上顶径一寸八分，四厢各剡一寸二分，上下四方通孔，方一尺，厚三寸，皆用古尺古寸，以光漆题谥号于背。”

后世神主的尺寸形制虽有变化，但做“主”之制直至近代。

周代，庙主就是死去祖先的象征。

天子师行，天子巡守，出兵打仗，都迁祖庙主，载于齐车以行，但不能取七庙之主。因庙里应皆有神主不准有空的。只有在天子崩，国君薨，或出国时，或祫祭时，群庙之主合食于太祖，那时各庙才没有庙主。这表示祖先为国君之丧而合于一起，举行卒哭之祭后，才回到各庙。

诸侯出国，就要取群庙之主，表示祖先和他在一起。如果诸侯师行，不载群庙之主，那么就要载“主命”，即祖先赋予的使命。天子、诸侯出门的时候，必须用币和圭玉告祭祖先之庙；祭祀完毕，就奉币和圭玉而出，把它载在金辂上，每到一个停息的地方，就要用币和圭玉祭祀一番；回来后，亦告祭祖先，祭奠完毕，则收拾币和圭玉，藏在西阶之间。这样就尊重了祖先赋予自己的使命。

诸侯在举行祭祀时，一切祭品都陈列好了，忽听到天子驾崩，或王后、国君夫人丧，那么祭祀停止。只有祭日食，大庙火，祭祀照样进行。

一般是“丧无二孤，庙无二主”。

《礼记·曾子问》“曾子问曰：‘丧有二孤，庙有二主’礼与？孔子曰：‘天无二日，土无二王。尝禘郊社，尊无二上；未知其为礼也。昔者齐桓公亟举兵，作伪主以行，及反，藏诸祖庙。庙有二主，自桓公始也”。齐桓公曾经出兵，转战南北，来不及回到祖庙告祭，所以就载着假的神主以行；回来后，他又把这个神主藏在庙中，这样自齐桓公开始，一个庙里就有两个神主。

后代，当有宗子出门到朝廷为官，不能回家主祭时，宗子就在自己为官处祭祀祖先，而家中祠堂还有祖先之神主，亦出现二主的情况。

《朱子全书·礼三·祭》云：“古礼，庙无二主，尝原其意以为祖考之精神既散，欲其萃聚于此，故不可以二。今有祠版，又有影，是有二主矣。古人宗子承家主祭，仕不出乡，故庙无虚主，而祭必于庙。唯宗子越在他国，则不得祭；而庶子居者代之。祝曰孝子某（宗子名）使介子某（庶子名）执其常事然，犹不敢入庙，特望墓为坛以祭，盖其尊祖敬宗之严如此。今人主祭者，游宦四方或贵仕于朝，又非古人越在他国之比，则以其田禄修其荐享，尤不可阙；不得以身去国而使支子代之也。礼意终始全不相似，泥古则阔于事情，徇俗则无复品节，必欲酌其中制适古今之宜；则宗子所在，奉二主以从之于事为宜。盖上不失萃聚祖考精神之义，下使宗子得以田禄荐享祖宗宜亦歆之处。礼之变而不失其中所谓礼，虽先王未之有可以义起者，盖如此。但支子所得自主之祭，则当留以奉祀不得随宗子而徙也。所谕留影于家，奉祠版而行，恐精神分散非鬼神所安，而支子私祭上及高、曾，又非所以严大宗之正也。明则有礼乐，幽则有鬼神，其礼一致。推此思之，则知所处矣。”

至于民间祭祀更是多样，如（汉）应劭《风俗通义·祀典·司命》云：“今民间独祀司命耳，刻木长尺二寸为人像。行者担箧中，居者别作小屋，斋天地，大尊重之。汝南余郡亦多有皆祠以腊，率以春秋之月。”当然，司命不是祖先之神主，但司命是掌管人类寿命的神。据说，大司命主管人生死，少司命主管人福禄；把司命作成木主岁时祭拜，是可以理解的。

二、周代宗庙的昭穆制度

贵族们在宗庙中立祖先的神主，对列祖列宗进行祭祀，而列祖列宗的神主是按昭穆之序排列的。

周人在宗庙中立主，来表现自己祖先的尊重，对自己的列祖列宗进行祭祀。《礼记·礼器》云：“天子七庙，诸侯五，大夫三，士一。”周天子祭的宗庙有七，他们怎样排列这些祖宗之庙呢？

《礼记·王制》云：“天子七庙，三昭三穆，与大祖之庙而七；诸侯五庙，二昭二穆，与大祖之庙而五；大夫三庙，一昭一穆，与大祖之庙而三；士一庙，庶人祭于寝。”

周人的宗庙存在一种昭穆制度。《周礼·春官·小宗伯》云：“辨庙祧之昭、穆。”（汉）郑玄注：“祧，迁主所藏之庙。自始祖之后，父曰昭，子曰穆。”（唐）贾公彦疏：“祧有二庙，故此总云庙祧之昭穆。诸侯无二祧，谓始封大祖庙为祧。故《聘礼》云不腆先君之祧，是大祖为祧也。注释曰案《祭法》注：

祧之言，超超然；上去意，以其远庙为祧；故云上去意也。周以文武为二祧，文王第称穆，武王第称昭；当文武后穆之木主入文王祧，昭之木主入武王祧，故云迁主所藏之庙曰祧也。云自始祖之后，父曰昭，子曰穆者，周以后稷为始祖，特立庙不毁，即从不窋已后为数，不窋父为昭，鞠子为穆。从此以后，皆父为昭，子为穆，至文王十四世，文王第称穆也。”

由此看来，周人在建国之前，就存在这种昭穆之序。《周礼·夏官·司士》云：“凡祭祀赐爵，呼昭穆而进之。”《礼记·祭统》云：“凡赐爵，昭为一，穆为一，昭与昭齿，穆与穆齿，此之谓长幼有序。”又云：“夫祭有昭穆。昭穆者，所以别父子、远近、长幼，亲疏之序，而无乱也。是故有事于太庙，而群昭群穆咸在，而不失其伦，此之谓亲疏之杀也。”又《大传》云：“合族以食，序以昭穆，人道竭矣。”以上记载都说明了周代的昭穆之序是人群的亲情关系，实际是一种辈分关系。

这种昭穆制度实际是一种辈分关系。如果祖父与孙同为昭辈，则父与重孙同为穆辈；父为昭，子为穆。《礼记·丧服小记》云：“殇与无后者，从祖祔食；祔必以其昭穆。”周代宗庙的神主就是按照这种昭穆之序排列在宗庙之中，以享受祭祀。周人左昭右穆，即以太祖居中，昭辈庙主排列其左，穆辈庙主排列其右，如天子七庙，太祖之庙居中，左边三个昭辈之庙，右边三个穆辈之庙。同为昭辈或同为穆辈者，则必定是祖孙关系。

周代存在着这种昭穆之序的辈分关系，如“父为昭，子为穆”。有人曾认为，昭以昭下之义，穆以恭上之义。其实这并不完全符合周代的实际。周代昭穆制度的实际情况是：昭常昭，穆常穆，即如果祖辈是昭，则父辈为穆；父之子又为昭，父之孙为穆。换言之，祖和孙同为昭，父和重孙皆为穆。每一对祖孙的昭辈（亦可说是昭班）或穆辈（穆班）相同。隔代才同昭同穆。昭常昭，穆常穆，昭穆之序永远不错位。昭、穆之序，并没有昭下恭上之意。

周人立庙就是按照昭穆之序排列的。《礼记·祭法》正义曰：“若是昭行，寄藏武王祧；若是穆行，即寄藏文王祧。”周人立庙，左昭右穆。如天子七庙，太祖之庙居中，左为昭辈之庙三，右边穆辈之庙三。诸侯之庙五，大夫之庙皆如此左昭右穆的形式。

《周礼·春官·冢人》曰：“事公墓之地，先王之葬居中，以昭穆为左右。”

以上记载说明，周人不仅在立庙，而且在埋葬制度上都是按昭穆之序的。昭穆之序实际是一种辈分关系，也就是孙从祖的制度。

三、宗庙之祭

周代宗庙之祭，有日祭、月享、时享、岁祀、祫、禘等形式。《礼记·王制》云："天子诸侯宗庙之祭，春曰礿，夏曰禘，秋曰尝，冬曰烝。"郑玄注："此盖夏殷之祭名，周则改之，春曰祠，夏曰礿，以禘为殷祭。《诗·小雅》曰'礿祠烝尝于公、先王，此周四时祭宗庙之名'。"

（汉）郑玄《驳五经异议》"古春秋左氏说，古者先王日祭于祖考，月荐于曾高，将享及二祧，岁祷于坛，禘及郊宗石室。谨案：叔孙通宗庙有日祭之礼，知古而然也。三岁一祫，此周礼也；五岁一禘，疑先王之礼也"。

这些日享、月享、春礿、夏禘、秋尝、冬烝、岁祷、祫、禘及郊宗，又是什么样的祭祀呢？

日祭，其礼仪形式已不可考。从字面理解，应是对祖父及父亲每天都予以祭祀。

月享，毛奇龄的《郊社禘祫问》曰："月享即朝享，每月朔以特羊朝庙，因而告朔，然非正祭名也。"

时享，即春、夏、秋、冬的四时之祭。

春祭曰祠。祠，进食也。春天万物生长，孝子思，增嗣而食之，故曰祠。

夏祭曰礿。礿，可能是礿新菜之意。

秋祭曰尝。尝，即尝新谷也。

秋祭曰蒸。蒸，即进物品之意。

岁祀，有人认为就是祫祭、禘祭之意。《周礼·大宗伯》曰："以肆祼享先王。以馈食享先王。"郑玄注曰："宗庙之祭肆献祼馈食，在四时之上，则是祫也、禘也。"

祫，即合祭。所有的祖先都集中在太庙进行祭祀，即合祭群祖。《春秋经·文公二年》："八月丁卯，大事于太庙。"《公羊传》云："大事者何？大祫也。大祫者何？合祭也。其合祭奈何？毁庙之主，陈于太祖；未毁庙之主，皆合食于太庙。"

又《礼记·曾子问》曰："祫祭于祖，则祝迎四庙之主。主出庙入庙必跸。"当七庙、五庙无虚主，虚主者庙唯祫祭祖无主耳。祫，就是各庙之主合祭于太祖之意。

禘，《礼记大传》云："礼，不王不禘，王者禘其祖之所自出，以其祖配之。"只有天子才能以祖配天，进行禘祭。禘祭的主要对象是祭祀"其祖所自出，以其祖配之。"禘祭是祭祀上帝（天帝）并配其祖的大型祀典。《尔雅》曰："禘，大祭也。"禘祭是较大的祭祀。

祫祭、禘祭皆为四时之上的宗庙祭祀。郑康成认为"三年一祫，五年一禘"，则祫小禘大。孔颖达认为，"祫，即禘也。取其序昭穆谓禘祫，取其合群祖谓之祫"。无论祫祭、禘祭，皆是对远祖和近祖合在一起的祭祀。《白虎通》曰："祭宗庙所以禘祫何？尊人君，贵功德，广孝道，位尊德盛，所及弥远。"

祫祭、禘祭之祭要重于日祭、月荐、时享、岁祀等寻常之祭，是最隆重的祭祀。

郊宗，天子祭上帝于南郊，祭五帝于明堂。周代宗庙藏祖先之神主处称为石室。当天子祭上帝于南郊之时，则奉石室中祖先之神主以配享上帝。这种祭祀称为郊宗。

每逢战争、婚姻，贵族们都要对宗庙祖先告祭。《左传·昭公元年》记载，楚公子围到郑国娶亲，楚太宰伯州犁对郑国说："围布几筵，告於庄、共之庙而来。"庄、共之庙，就是公子围的祖父楚庄王、父亲楚共王的庙。也就是说，楚公子围到郑国迎亲之前，布置好几、筵，告祭了祖父和父亲的宗庙才来郑国迎亲的。

古代宗庙中藏着祖先的神主，人们在宗庙中举行祭祀、燕射、接神等祭祖仪式，祈祷祖先和神灵，福佑他们。贵族们视宗庙与国家社稷同样重要。宗庙文化是古代社会生活、政治、文化的重要内容。

第十一章　周代的祭祖礼

周代祭祖礼是在死者去世三年之后，即禫祭之后的礼仪，属于吉礼。古代国君将祭祀看成是治国之本。国君只有明白这个道理才能成为君，臣只能明白这个道理才能成为臣。统治者之所以把祭祀之礼看得如此重要，正因为祭祀之中体现了礼的内容，等级贵贱的区别，这是他们治国统治的根本。

《礼记·祭统》云："凡治人之道莫急于礼，礼有五经，莫重于祭。""是故孝子之事亲也，有三道焉。生则养，没则丧，丧毕则祭。养则观其顺也，丧则观其哀也，祭则观其敬而时也；尽此三道者，孝子之行也。"

周代对祖先的祭祀也是非常隆重的。周人相信祖先死后，其灵魂仍存在，所以必须在一定的时候对祖先进行祭祀。祖先死后若干年，后代子孙不定期地对祖先进行祭祀，以向祖先祈福，如特牲馈食礼、少牢馈食礼等。这种祭祀充满子孙与祖先的灵魂神主相见、祖先对子孙赐福的欢乐气氛，于五礼之中属吉礼。

祭祀是尊祖敬宗的主要形式。天子、诸侯、大夫、士等各级贵族都要举行隆重的祭祀祖先的祀典。但是，天子、诸侯、大夫、士等各级贵族祭祖礼的规格是不相同的。

第一节　特牲馈食礼——士的祭祖礼

《仪礼》中记载有《特牲馈食礼》，郑玄在《仪礼·特牲馈食礼》之目下注云："特牲馈食之礼，谓诸侯之士祭祖祢，非天子之士；而于五礼属吉礼。"《仪礼》中记载有《少牢馈食礼》，郑玄在《仪礼目录》注曰："诸侯之卿大夫祭其祖祢于庙之礼。羊豕曰少牢，少牢于五礼属吉礼。"

特牲馈食礼就是诸侯之士的人用特牲祭祀祖先。特牲，就是一豕也。《仪礼·特牲馈食礼》韦昭注曰："凡牲，一为特，二为牢。"馈食礼，就是以特牲为食物让祖先享用的礼仪。

特牲馈食礼，主要是用一种特牲，即豕，另再加黍稷、鱼腊对祖先的祭祀。孝子于亲，虽死事之若生，用生人之道馈食之。

特牲馈食礼，事前无定日。郑玄注曰："士贱职亵，时至事暇可以祭，则筮其日矣；不如少牢，大夫先与有司于庙取丁巳之日。"这种特牲馈食，事暇可祭者就筮其日以祭，如有事不得暇，则不可以私废公。特牲馈食礼，只祭祖父一人，无祖母配享。特牲馈食礼于五礼之中，属吉礼。

一、卜筮祭日和尸

在行特牲馈食礼之前，首先进行筮日。在这一天主人玄冠玄端（即穿黑色的冠和朝服）即位于庙门外，面向西。主人整个丧礼中皆面向东，而如今特牲馈食礼，面向西，属吉祭。所祭之祖的子孙亦玄冠玄端立于主人之南，面向西，以北为上。士的属吏（指有司、群执事）亦玄冠玄端站立，面向东，以北为上。

筮人取筮于西塾，执之，面向东，受命于主人。家宰立于主人之左，赞（佐）命曰："孝孙某筮，来日某诹此事某，嫡其皇祖某子，尚飨!"筮者许诺，还即席面向西而坐。卦者（主画地识爻者）在左，把筮的结果写卦。筮者将此以示主人。主人以祝还之。筮者还，面向东。众子孙按长幼顺席筮占，然后告于主人。如果这一天"吉"，就于此日祭祖，若不吉，再改筮远日；礼仪如前。

在祭祀的前三日早晨，筮尸。筮尸如筮日之礼仪。命筮尸。"孝孙某诹此某事，嫡其皇祖，某予筮某之为尸，尚飨。"乃进尸。

主人立于尸的外边，众子孙立于主人之后，面向北，以东为上。尸亦玄冠玄端出门左，面向西。主人回避，皆面向东，以北为上。主人拜，尸答拜。

宗人释主人之辞如前，家宰赞命。筮尸之辞："筮某子为某尸，占曰吉，敢宿。"宿，即肃、敬之意。祝许诺致命，尸许诺，主人再拜稽首。尸和主人相揖而去。

众宾中选一宾为祭祀中的执事。宾（指执事者）面西拜主人。主人面向东答拜。宗人致辞曰："某荐岁事，吾子将莅之，敢宿。"宾曰："某敢不敬从。"主人拜，宾拜。主人退，宾拜送。

祭祀之前，尸、宾都要住在主人准备好的客房中。

祭日前一天之夕，先做祭祖的准备。陈列三鼎于庙门之外。鼎之南设楖（古代祭祀时放兽、馔或酒樽的长方形几案，但无足。孔颖达说，楖长四，广二尺，深五寸，无足）。腊兽陈放于楖，兽首朝东。牲（活的牲畜等）放在楖之西，首北足东。设洗于阼阶之东，壶、禁（古代放酒器的案形器）在西序，豆、笾、铏在东房。西堂上陈几、席，并放置两敦。主人及众兄弟、众宾视察准备的情况。

饎爨（炊黍稷之灶曰爨）设于西堂之下，主妇看视准备的情况。

祭日清晨，主人穿祭服（即朝服，玄冠、缁带、缁韠）于庙门外，视杀牲，但主人不亲杀牲。鼎中各放牲、鱼、腊肉。主妇戴纚（黑色的帻梁）、笄，着宵衣（黑色的缯衣）立于房中，面向南。羹饪实鼎，尊中盛酒，二敦各放黍、稷。两豆中放葵菹蜗醢，二笾中放枣、栗。两铏中放苦荼、豕薇，皆有滑（调和五味）、夏葵、冬苴，置于豆南。皆用绤巾覆盖。

煮豕、鱼、腊的以镬各用一爨灶，鼎中放有羹饪陈于门外，房中陈列着装好葵菹、蜗醢、苦荼、豕薇、夏葵、冬苴的豆、笾、铏。

佐食举牲鼎，宾长在右及执事举鱼、腊鼎，除鼏。赞者把把匕放在俎上。另外，要把准备的带肉的骨折分实之于俎。《礼记·祭统》曰：“凡为俎者，以骨为主，贵者取贵骨，贱者取贱骨，贵贱皆有骨，示均之义。”

肵俎加鼏，设于阼阶。肵俎，即心舌之俎也；肵之为言敬也。这是主人敬尸之俎。

尸俎（神俎）上盛放牲之右半体，即右肩臂、臑（肩脚）、肫、胳（后径骨），正脊二，横脊、长胁二，短胁，肤（豕肉）三、离肺一，刌肺三、鱼十五（取于月三五而盈、三五而缺之意）。腊有牲骨在其中。

祝俎，即祝所用之俎，有髀、脡、脊二骨、胁二骨、肤一、离肺一。

阼俎（主人之俎），有臂（左有臂）、正胁二、长胁二、短胁一，离肺一。

主妇俎，上有后右足，其余如阼俎．

佐食俎，有后左足、脊胁，肤一，离肺一。

宾长之俎，左骼。

长兄弟及宗人之俎、折其余如佐食俎。俎分二列置于阶间，以北为上。

众宾及众兄弟、内宾宗妇之俎如公有司（士之属但是属君命的臣）一样，皆有骰胥，肤一，离肺一。

然后，主人及宾长、众兄弟、群执事即位于门外。主人拜宾，佐食面向北，立于中庭。祝命佐食开启敦上的盖，盖放在敦南。祝出，面向南，主人再拜稽首，准备迎尸。

二、献尸受嘏

祭祀祖先的准备做好后，祝迎尸于大门外。主人不迎尸，但降立于阼阶东。尸入门左，面向北盥洗。尸至于阶，入门。祝亦入，主人从。尸即席坐，主人拜妥尸（让尸安坐），尸答拜。祝读飨辞："孝孙某圭为孝荐之飨。"主人拜。

祝命接祭（亦名堕祭）。尸左执觯，右取菹，醮上一些醢，祭于豆间。佐食又以芬芳的酒和美味的羹（肉味之有菜和者）献尸。尸啐酒尝羹，告味美。佐食又将黍稷移于席上，设大羹湆（煮肉汁）于醢北。敬尸，必须有大羹湆。大羹不为，神非盛况者也。

佐食举肺、脊以授尸。尸受，振祭食之。主人亲进肵俎于腊肉之北。尸三饭。告饱，祝劝，主人拜。

佐食举干（长胁也），尸受，振祭食之。佐食又举腊兽的干、鱼各一亦如之，并将所有的美味都献上。尸又三饭，告饱。主人拜如前，祝劝如前。尸又三饭，告饱。主人拜，祝劝如前。

尸九饭后，开始向尸敬酒。俎上还剩正脊一、长胁一、鱼三头。佐食将尸吃剩下的食物肩、脯兽、鱼等放在肵俎之上，将黍、稷二敦从席上取下放在俎南。

一献之礼：主人洗角（酒器）升，酌酒献尸，宾长以肝相从。尸左执角，右取肝，醮上盐、振祭食之，饮完角中之酒，拜谢主人。祝酌酒授尸，尸以还报主人。主人拜受，佐食以祭尸之食从献主人。主人左执角，以酒先祭神，然后啐酒，进听嘏（祝福）辞。

佐食以手挩聚黍授祝，祝授尸。尸将黍放在菹豆之中，执盛黍之豆以亲嘏（祝福）主人，辞曰："皇尸命工祝承致多福无疆，于女孝孙，来女孝孙，使女受禄于天，宜稼于田，眉寿万年，勿替引之是也。"主人左执角、再拜稽首。根据《少牢馈食礼》记载的大夫之礼，主人将尸祝福时所用的黍纳于怀，放在袖之中，把袖口挂于小指上，而饮完角中的酒，然后拜。尸答拜。主人出，将黍全部放在房中，祝以笾盛之。因为黍为五谷之美者，黍象征稼穑农功之事，主人倍加珍重，说明当时农业生产是社会上最重要的生产部门。

主人酌酒献祝，祝饮完角中之酒拜。主人答拜。在这之前主妇已经设有菹醢之俎，主人以菹醢献祝。祝左执角，祭豆，兴，取肺；坐，祭，哜之；兴，加于俎，坐，祭酒、啐酒，以肝从。祝左执角，右取肝于盐，振祭哜之，加于俎，卒角拜。主人答拜，受角。

主人酌献佐食，佐食北面拜受角。主人拜送。佐食坐祭，卒角拜。主人答拜，受角。

主妇亚献礼：主妇洗爵于房，献尸。尸拜受。宗妇（不是主妇）执两笾，内实枣、粟。祝进笾，尸受祭之，啐酒。众兄弟之长者以燔肉（炙肉）相从。尸受，振祭食之，卒爵。

祝受爵，酌酒授尸。尸以酬报主妇。主妇卒爵，如主人初献之仪。

主妇献祝，献佐食，以笾、燔相从。皆如主人初献之仪。

宾长三献尸，以燔肉相从。仪如初献、亚献。三献而礼成。

三、旅酬

旅酬，是按次序互相敬酒的仪式。

主人、主妇互献。

在户内铺席。主妇洗爵酌酒，致爵于主人。宗妇进两笾两豆，佐食入设俎，宗人进肺。主人取肺，坐绝祭（以肺祭之，谓绝祭），食之。宾长以肝相从。主人取肝醮上盐，坐振祭食之，

卒爵拜。主妇答拜。主妇再自酌酒，坐祭立饮，以酬报主人。

主人降阶洗爵，酌酒以敬主妇，主妇拜受爵。宗妇进豆、俎从献，皆如主妇献主人之仪。

因男女不同爵。主人自酌，酬报主妇时，须换一个爵，饮完后，将爵放入篚中。

主人酬宾、酬众兄弟。

主人降阶拜宾，洗爵，然后与宾长互相揖让登上阼阶。主人酌酒在西阶上献宾。宾长面向北拜受爵，取肺绝祭食之，卒爵拜。主人答拜，主人自酌卒爵，以酬报宾长。

众宾升阶，拜受爵，坐祭立饮，进俎于各宾的位置前。主人答拜众宾，降阶把空爵放于篚中。主人面向北、向东、向西各方酬宾。

主人洗爵，献长兄弟（众兄弟之长者）于阼阶上，如献宾长之礼仪。

主人洗爵，献众兄弟如献众宾之仪。

主人洗爵，献众内兄弟（姑姊妹及宗妇等）于房中，如献众兄弟之仪。

主人面向西答拜，换爵，酌酬众兄弟，卒爵，降阶将爵放入篚中。

众兄弟旅酬，即互相献酬。众兄弟酌酒于东方之尊，阼阶前，面向北举觯献长兄弟，如主人酬宾之仪。

宗人在每一个兄弟后生面前摆上俎，放上醢等食物。宾长坐取觯，在阼阶面向北酬长兄弟，长兄弟在右。宾长奠觯拜，长兄弟答拜。宾长站起卒爵。宾长于尊中酌酒，面向东而立。长兄弟拜受觯，宾面向北答拜。长兄弟在阼阶前面向西，向众宾以酬报，然后饮尽觯中酒，如宾长酬长兄弟之仪。长兄弟再酌酒，向宾敬酒，众宾拜受。长兄弟答拜，揖复位。众宾及众兄弟交错而饮酒。

长兄弟酬宾，如宾酬兄弟之仪。

众宾和众兄弟洗觯，各自酌于其尊，在中庭面向北，以西为上，举觯向其长（众宾向宾长，众兄弟向兄弟之长），奠觯拜。其长皆答拜。举觯祭，卒觯拜。其长答拜。

众宾及众兄弟再洗觯，各酌于其尊，回到原来的位置，其长皆拜。宾长及兄弟之长皆执觯站起揖众人，众人各复其位。宾取觯酬兄弟之党，长兄弟取觯酬宾之党，交错进行，无次第之数，欲神惠遍于室中。

佐食洗爵、觯等献于尸，并酢祝如前仪，把用过的器具放在篚中。

主人出，立于户外西南，祝面向东，告利成，即供养之礼成。尸站起，祝为前导，出于庙门。主人降阶送。祝送尸后反回，主人入复位，命佐食撤尸俎，放在庙门外．至此，事尸之礼完毕。

四、事馂之礼

馂，《说文》云："食之馀也。"事尸之礼后，佐食将祭神献尸所剩的饭，分簋分敦，若鬼神之福遍庙中。

撤庶羞，设于西序之下，嗣子及兄弟盥洗，立于西阶下，面向东，以北为上。祝命尝食，众兄弟皆对面而坐，佐食授举每人一肤。馂食主要是使鬼神所赐之惠福及于族亲兄弟。

主人面向西再拜。祝曰："先祖有功德，子孙当嗣之而庙食，先祖有德，亦合享此祭。"大家皆拜。

若是者三次。

众兄弟皆取祭食，卒食。

主人降洗爵，家宰帮助取爵。主人升，酌上（负责供馂食的人），上，亦如之。

主人拜，祝曰："诸侯以礼相与，众兄弟既知先祖之德，应相教化。以尊先祖之德。"

事馂礼毕，主人出于户外的，面向西。

祝命撤阼俎（主人之俎），豆、笾，设于东序下。宗妇撤豆笾，荐俎（主妇之俎）入于房（这些是为了燕礼作准备）。

佐食撤尸所用的荐俎、敦，设于食的西北隅，几在南，遮隐，在席上放一尊，佐食关好门窗而下。

祝告利成（事馂礼毕），降出。主人降，即位，宗人告事毕。宾出、主人送于门外，再拜。

以上为特牲馈食礼的全部仪节。

第二节　少牢馈食礼——大夫祭祖之礼

少牢馈食礼是大夫的祭祖之礼。这种礼也是在祖庙中进行，但规模远比特牲馈食礼隆重，规格高，规模较大。郑玄认为："礼将祭祀，先择牲系于牢而刍之，羊、豕曰少牢，诸侯之卿大夫祭宗庙之牲。"所以一般流行的看法是把这种少牢馈食礼当作是诸侯国的卿大夫祭祀祖祢于庙的礼节。少牢馈食礼是祭祀祖和祖母的礼仪。

少牢馈食礼主要是用羊、豕两种牺牲，另加黍稷、鱼、腊祭祖。少牢馈食礼祭祀的对象是祖和祖母二人配享。少牢馈食礼于五礼之中，亦属吉礼。

一、祭前准备

丁巳之日，属柔日，在这一天可卜筮少牢馈食礼的日子。在头一个月的下旬之巳日，筮下一个月上旬的已日，即前十天进行卜筮。筮于庙门之外。卜筮祭日，主人曰："孝孙某，来日丁亥，用荐岁事于皇祖伯某，以某妃配某氏，尚飨!"

祭日必须是丁亥日，主要在丁日上。大夫尊仪益多，筮日既戒，诸官以斋戒也。至前祭一日，又戒以进之，使知祭日当来。

卜筮尸如筮日之礼仪，命曰："孝孙某，来日丁亥，用荐岁事于皇祖伯某，以某妃配某氏，以某之某为尸，尚飨!"筮尸之后，主人再拜稽首。祝告曰："孝孙某，来日丁亥，用荐岁事于皇祖伯某，以某妃配某氏，敢宿!"于是乃肃尸，重所用为尸者；当然亦宿百官。

次日清晨，主人朝服即位于庙门之外东方南面，宰、宗人西面北上，牲北首东上，司马刲羊，司士击豕，宗人告主人，已经准备好了，乃退。掌割烹的雍人陈列鼎、匕、俎于庙门东南之雍爨。廪人陈列甑、甗、匕与敦于廪爨，廪爨在雍爨之北。掌管祭品的司宫陈列豆、笾、勺、爵、觚、觯、几、洗、篚于东堂下，勺、爵、觚、觯，实于篚。馔豆笾与篚于房中，放于西方，设洗于阼阶东南，当东荣。雍人陈鼎五，三鼎在羊镬之西，二鼎在豕镬之西。

司马升羊右胖（半），髀不升；肩、臂、臑（nào）、膊、骼，正脊一，脡脊一，横脊一，短胁一，正胁一，代胁一，皆二骨以并，肠三，胃三，举肺一，祭肺三，实于一鼎。司士升豕右胖（半），髀不升；肩、臂、臑、膊、骼，正脊一，脡脊一，横脊一，短胁一，正胁一，代胁一；皆二骨以并，举肺一，祭肺三，实于一鼎。郑玄注曰："右胖，周所贵也；髀不升，近窍，贱也。肩、臂、臑、膊、骼，骨脊，从前为正，胁旁中为正，脊先前胁先后屈而反，犹器之缔也。"这是敬献尸所用的俎。

雍人择九膚、胁、革肉九宝于一鼎。膚，肤也，即切肉。革肉，是连着肉皮的肉。司士升鱼腊，鱼十有五而鼎，腊一纯（左右胖曰纯）而鼎，腊用麋。

司宫尊两甒于房户之间（房西室户东）同棜，皆有幂。甒有玄酒；设罍水于洗东，有枓（水器，凡设水用罍，沃盥用枓）设篚于洗西；小祝设槃、匜與箪巾于西阶东。司宫筵于奥，祝设几于筵。俎皆设于鼎西肆，肵俎在羊俎之北亦西肆。佐食上利升牢心舌载于肵俎。

主人朝服即位于阼阶东西面，佐食迁肵俎于阼阶西，西缩乃反。佐食二人、上利升羊载右胖，髀不升。下利升豕，其载如羊，无肠胃体，其载于俎。司士三人，升鱼、腊、肤，鱼用鲋十有五而俎，缩载右首。腊一纯（左右胖曰纯）而俎，载礼完成；肤九而俎，亦横载革顺。至此，骨礼完成。

祝盥洗升自西阶，主人盥升自阼阶，主妇纚笄绡衣，荐自东房，韭菹醓醢坐奠于筵前。主妇赞者一人亦纚笄绡衣执葵菹蠃醢以授主妇。主妇不兴，遂受陪设于东，韭菹在南，葵菹在北。主妇兴，入于房。

佐食、上利执羊俎，下利执豕俎，司士三人执鱼腊肤俎，序升自西阶；相从入设俎，羊在豆东，豕亚其北，鱼在羊东，腊在豕东，特肤当俎北端。主妇自东房执一金敦黍，有盖，坐设于羊俎之南；妇赞者执敦稷以授主妇，主妇坐设于鱼俎南，又兴受赞者敦黍坐设于稷南，又兴受赞者敦稷坐设于黍南。敦皆南首。主妇兴入于房。

主人再拜稽首，祝曰："孝孙某，敢用柔毛（即羊）刚鬛（音 liè，即豕），嘉荐普淖，用荐岁事于皇祖伯某，以某妃配某氏，尚飨!"主人又再拜稽首。郑玄注："羊曰柔毛，豕曰刚鬛，嘉荐，菹醢也；普淖，黍稷也。普，大也；淖，和也。"

二、献尸受嘏

祝出迎尸于庙门之外，主人降立于阼阶东，西面。尸入门左，尸盥。尸升筵，祝、主人西面立于户内。祝、主人皆拜，妥尸。尸不言，答拜，遂坐。与《特牲馈食礼》不同的是，大夫之禮，尸更尊贵。尸不啐，奠；不尝铡，不告旨。

尸取韭菹辩（同遍）擩于三豆，祭于豆门。上佐食取黍稷于四敦，下佐食取牢一、切肺于俎，以授上佐食，上佐食兼與黍以授尸。尸受同祭于豆祭。上佐食举牢肺、正脊以授尸。上佐食移上敦黍于筵上右之。主人羞肵俎升自阼阶，置于肤北。上佐食羞两铏，取一羊铏于房中，坐设于韭菹之南。下佐食又取一豕铏于房中，以从；上佐食受坐设于羊铏之南；皆芼（菜），皆有柶。尸扱以柶祭羊铏，遂以祭豕铏，尝羊铏。三饭。

上佐食举尸一鱼，尸受振祭哜之；佐食受加于肵俎，横之。

上佐食举尸腊肩。尸受振祭哜之，上佐食受加于肵俎。又食上佐食举尸牢骼如初。五饭之后，尸告饱。

上佐食举尸腊肩，尸受振祭哜之。上佐食受加于肵俎。

上佐食举尸牢肩，尸受振祭哜之，佐食受加于肵。尸又三饭。郑玄注："为祝一饭，为主人三饭，尊卑之差。"

上佐食举牢骼，尸尸又食，如初。尸告饱。尸共食十一饭。

一献之礼：主人降，洗爵，升北面酌酒，乃酳（酌）尸。尸拜受，主人拜送。尸祭酒、啐酒，宾长羞（进也）牢肝用俎，缩执俎，肝亦缩进，末盐在右。尸左执爵，右兼取肝，佡于俎盐，振祭哜之；加于菹豆，卒爵。主人拜，祝受尸爵，尸答拜。

祝酌授尸，尸醋主人。醋（即酢），是报、回敬之义。主人拜受爵，尸答拜。主人西面奠爵，又拜。

上佐食取四敦黍稷，下佐食取牢一、切肺以授上佐食。上佐食以绥祭，主人左执爵，右受佐食，坐祭之，又祭酒，不兴，遂啐酒。祝与二佐食皆出盥于洗入，二佐食各取黍于一敦，上佐食抟之以授尸。

尸执以命祝以嘏辞，以嘏于主人曰："皇尸命工祝，承致多福无疆，于女孝孙，来女孝孙，使女受禄于天，宜稼于田，眉寿万年，勿替引之。"至此，少牢馈食礼达到高潮。主人坐，奠爵；兴，再拜稽首，兴受黍，坐振祭哜之。承怀之，实于左袂，挂于季指，执爵以兴，坐卒爵；执爵以兴，坐奠爵拜。尸答拜，执爵以兴，出。宰夫以笾受啬黍，主人尝之，纳诸内。

主人献祝，荐两豆菹醢。佐食设俎牢，髀、横脊一、短胁一、肠一、胃一、肤三、鱼一，横之。腊两髀属于尻；皆升下体，因祝贱也。祝取菹，抨于醢，祭于豆间。祭酒啐酒，肝牢从。祝取肝，抨于盐振祭哜之；不兴，加于俎，卒爵，兴。

主人酌献上佐食。上佐食户内牖东北面拜，坐受爵。主人西面答拜。佐食祭酒，卒爵，拜，坐授爵；兴。俎设于两阶之间，其俎择取一肤。

主人酌献下佐食，亦如之。

亚献之礼：主妇洗于房中，出酌拜献尸。尸拜受主妇。尸祭酒，卒爵。主妇拜，祝受尸爵，尸答拜。易爵洗酌授尸。祝出易爵，男女不同爵。主妇拜受爵，尸答拜。上佐食绥祭，主妇西面于主人之北受祭，祭之。其绥祭如主人之礼，不嘏，卒爵拜，尸答拜。

主妇洗酌献祝，祝拜，坐受爵。主妇答拜于主人之北，卒爵，不兴，坐授主妇。

主妇受酌献上佐食于户内，佐食北面拜，坐受爵。主妇西面答拜，祭酒卒爵；坐授主妇。

主妇献下佐食亦如之。

三献之礼：宾长洗爵献于尸。尸拜受爵。宾尸西北面拜送爵。尸祭酒，卒爵。宾拜，祝受尸爵，尸答拜，祝酌授尸。宾拜受爵，尸拜送爵。宾坐奠爵，遂拜执爵以兴，坐祭遂饮，卒爵；坐奠爵，拜。尸答拜。

宾酌献祝，祀拜坐受爵。宾北面答拜，祝祭酒啐酒，奠爵于其筵前。

不献佐食，宾尸礼降。

主人出，立于阼阶上西面，祝出立于西阶上东面，祝告曰："利成!"利，犹养也；成，毕也；孝子之养礼毕。

祝先尸从，遂出于庙门，事尸之礼讫于庙门外。

三、大夫绎祭宾尸

所谓绎祭，是又祭的意思。绎祭宾尸礼，天子、诸侯、上大夫才有，士、下大夫无绎祭宾尸礼。《仪礼·有司彻》郑玄注曰："天子、诸侯，明日祭于祊而绎。""祊者，於庙门之旁因名焉。……此祊是明日又祭，故於庙门门外若正祭；祊即於庙门门内。故《楚茨》诗云：'祝祭于祊，祀事孔明。'毛傳云'祊，门内也。'"绎祭，是孝子在少牢馈食祭祖之礼后的第二天，在庙门内对尸再飨宴之礼。特牲馈食礼无此礼。

有司彻室中之馈、及祝佐食之俎，这是卿大夫既祭而傧尸礼，非常高的礼节。

首先扫堂，为宾尸新之。司宫摄酒，乃爇（温）尸俎；乃升羊、豕、鱼三鼎，无腊与肤，设扃鼏，陈鼎于门外。在异姓宾商议谁可以为侑，确定之后，宗人告侑。侑，是在宴席上为食者助兴，帮助客人吃喝的人。侑出庙门之外等候尸，与尸一起走进庙门入。

司宫为尸设筵席于户西南面，又为侑设筵席于西序东面。尸与侑北面于庙门之外西上。主人出迎尸，宗人赞之，礼事尸，极敬之。主人拜，尸答拜。主人又拜侑，侑答拜。主人揖，先入门右。

主人为尸安放“几”，使尸安坐。古人宴席是在席上进行，人已坐在席子上，背后要有一个几供凭依，坐着才舒服。主人取爵酌酒献尸。

尸的羊俎上摆放羊的右体肩、臂、肫、骼、臑、正脊一、脡脊一、横脊一、短胁一、正胁一、代胁一、肠一、胃一、祭肺一，载于一俎。另有羊肉湆、臑折正脊一、正胁一、肠一、胃一、哜肺一，载于南俎。周人以右为上，尸代表祖先，是最尊贵者，故尸俎上摆放牲之右体；侑俎上摆放牲之左体。

羊俎之下，司士再放一个豕俎，上面豕的右体肩、臂、肫、骼、臑、正脊一、脡脊一、横脊一、短胁一、正胁一、代胁一、肤五、哜肺一，共载于一俎；

再为尸进鱼俎，摆放五鱼。

侑俎上放羊左肩、左肫、正脊一、胁一、肠一、胃一、切肺一，载于一俎。顺羊俎之下，是豕俎摆放豕左肩、折正脊一、胁一、肤三、切肺一。

主人俎，即阼俎；没有牲体之肉，远比尸俎低下。阼俎上摆放羊肺一、祭肺一、载于一俎。羊肉湆、臂一、脊一、胁一、肠一、胃一、哜肺一、载于一俎；豕脀（即“盛”）臂一、脊一、胁一、肤三、哜肺一，载于一俎。主人俎只用牲肩以下的部分。

主妇俎，羊左臑、脊一、胁一、肠一、胃一、肤一、羊肺一，载于一俎。

宾长设羊俎于豆南。

主妇自东房荐韭、菹醢，奠于筵前，菹在西方。妇赞者执昌菹醢以授主妇，昌在东方。兴，取笾于房；麷（即炒麦）、蕡（即麻子）设于豆西，麷在东方。妇赞者执白、黑（稻米为白，黍为黑）以授主妇，主妇设于笾之南，白在西方。

1. 主人与尸互献之礼

少牢馈食礼中只有主人、主妇、宾长献尸之礼。

主人揖升，尸、侑升。主人坐取爵酌献尸，尸北面拜受爵。

尸首先祭于豆祭，左執爵，右取韭菹，䜴于三豆祭于豆间；尸又取䜴、蕡，宰夫赞者取白、黑以授尸。尸受兼祭于豆祭。

尸兴，左执爵，右取肺，坐祭之祭酒；兴，左执爵，祭羊肺。尸却手受匕枋，坐，祭哜之，覆手以授宾。

尸席末坐，啐（小饮）酒，奠爵拜告旨。主人北面于东楹东答拜。尸坐奠爵，取肺坐绝祭哜之，反加于俎。绝祭，郑玄注："绝祭，绝肺末以祭。"笔者认为，"绝祭"当是把牲畜的肺掰开祭祀。

次宾羞羊燔，尸左执爵，受燔㨎于盐，振祭哜之；兴，加于羊俎，宾缩执俎以降。尸降筵于西楹西坐，卒爵。主人北面于东楹东答拜。

主人酌献侑。

尸升自西阶，取爵，酌献主人。主人东楹东北面拜受爵，尸西楹西北面答拜。主人坐，左执爵，祭豆笾；兴，左执爵，右取肺，坐祭之祭酒；如尸礼席末坐，啐酒执爵以兴，主人受肺坐，绝祭哜之；主人坐取爵以兴，次宾羞燔，主人受如尸礼，主人坐卒爵；执爵以兴，坐奠爵拜执爵以兴，尸西楹西答拜。这些礼仪与主人献尸之礼相同。

2. 主妇与尸互献之礼

主妇洗爵于房中出，实爵尊南，西面拜献尸。尸拜于筵上受。尸坐左执爵，祭糗修同祭于豆祭；以羊铏之柶挹羊铏，遂以挹豕铏，祭于豆祭，祭酒。

尸坐左执爵，祭糗修，同祭于豆祭；以羊铏之柶，挹（yì）羊铏；遂以挹豕铏，祭于豆祭。祭酒，尸坐啐酒，左执爵尝上铏，执爵以兴，坐奠爵拜。主妇答拜。司士羞豕脀，尸坐奠爵兴，受如羊肉湇之礼，坐取爵兴、次宾羞豕燔，尸左执爵受燔如羊燔之礼，坐卒爵，拜。主妇答拜受爵。

酌献侑，侑拜受爵。主妇、主人之北西面答拜。次宾羞豕燔，侑受如尸礼，坐卒爵拜。其受豕脀、受豕燔亦如尸礼，坐卒爵拜。主妇北面答拜，受爵。侑拜受三献，北面答拜。

尸献主妇，易爵于篚盥洗，男女不相袭爵。尸酌，主妇拜受爵，尸答拜。主妇坐，左执爵，右取菹，㨎于醢，祭于豆闲；又取㨎、蕡兼祭于豆祭。主妇奠爵，兴，取肺坐绝祭哜之；兴，加于俎，坐挩手祭酒啐酒。次宾羞羊燔，主妇兴，受燔如主人之礼。主妇执爵于主人席北，立卒爵；执爵拜尸。尸答拜。

3. 旅酬

长宾洗爵以升酌献尸。尸拜受爵，宾西楹西北面拜送爵。尸奠爵。

主人洗爵，酌献长宾于西阶上，长宾升拜受爵。长宾坐，左执爵，右取脯，㨎于醢祭之；执爵兴，取肺坐祭之祭酒，遂饮卒爵，执以兴，坐奠爵拜；执爵以兴，主人答拜受爵。

众宾长升，拜受爵。主人答拜，坐祭，立饮卒爵。

主人实爵酬尸，坐祭，遂饮卒爵拜，尸答拜。主人奠爵于篚。

主人降，南面拜。众宾于门东三拜。众宾门东北面，皆答拜。

主人升，酌献兄弟于阼阶上。兄弟之长升，拜受爵。主人在其右答拜，坐祭立饮不拜，既爵，以遍。

主人献内宾，于房中南面拜受爵。主人南面于其右答拜。内宾、姑姊妹及宗妇献于主妇之席东。主人不西面尊不与为宾主礼也。坐祭立饮，不拜既爵；若是以遍，亦有荐脀。

主人降洗升，献私人（即家臣）于阼阶上，拜于下；升，受主人答其长拜，乃降坐祭立饮不拜，既爵若是以遍。宰夫赞主人酌主人于其群私人，不答拜。其位继兄弟之南亦北上，亦有荐脀。

宾及兄弟交错其酬，皆遂及私人爵无数。长宾取觯酬兄弟之党，长兄弟取觯酬宾之党，唯己所欲，无有次第之数也。

第三节 天子、诸侯祭祖之礼

《仪礼》只详细地记载了身份为士的祭祖之礼，即特牲馈食礼；诸侯国的大夫祭祖之礼，即少牢馈食礼；但是没有详细记载天子、诸侯的祭祖礼。清代雍正朝宗人府丞任启运“据三礼及他传记之有关于王礼者推之，不得于经，或求诸注疏以补之，凡五篇：一曰祭统，二曰吉蠲，三曰朝践，四曰正祭，五曰绎祭。其名则取《周礼》以肆献祼享先生，以馈食享先生之文”，撰成《天子肆献祼馈食礼》，较为完整地记述了天子祭祖礼，故本书根据任启运《天子肆献祼馈食礼》，又结合《礼记》《周礼》的记载，研究天子的祭祖之礼。天子祭祖礼远比《仪礼》所载的士和大夫祭祖礼隆重，规模宏大。

《周礼·春官·大宗伯》：“以肆献祼享先王，以馈食享先王，以祠春享先王，以禴夏享先王，以尝秋享先王，以烝冬享先王。”郑玄注：“宗庙之祭有此六享，肆献、祼、馈食，在四时之上，则是祫也，禘也。肆者，进所解牲体，谓荐熟时也；献，献醴谓荐血腥也。祼之言灌，灌以郁鬯，谓始献尸求神时也。《郊特牲》曰：‘魂气归于天，形魄归于地，故祭所以求诸阴阳之义也。殷人先求诸阳，周人先求诸阴，灌是也。祭必先灌，乃后荐腥、荐熟于祫；逆言之者，与下共文明六享，俱然祫言肆献祼禘言馈食者，着有黍稷，互相备也。鲁礼三年丧毕，而祫于大祖，明年春禘于羣庙，自尔以后，率五年而再殷祭，一祫、一禘。”

一、天子亲祼以献皇尸

天子之祭礼，其实就是祭祀先王之礼。《周禮·春官·小宗伯》云：“凡祭祀之卜日宿为期，诏相其礼，视涤濯亦如之。”天子之祭礼，与士、大夫一样，祭前要进行筮日、卜尸。当日、尸都确定之后，进行祭祀。祭之日，准备祭祀的粢盛（六谷）要洁，写上标识；陈列的盛器要备，诛其慢怠者；凡祭祀宾客所用的祼祭器具和郁鬯以实彝，而陈之。郁鬯，是鬯酒（香酒）和郁金汁而成，用祭祀待宾。

《礼记·祭统》云：“是故天子亲耕于南郊以共粢盛，王后蚕于北郊以共纯服；诸侯耕于东郊亦以共粢盛，夫人蚕于北郊以共冕服；天子诸侯非莫耕也，王后夫人非莫蚕也，身致其诚信，诚信之谓尽；尽之谓敬，敬尽然后可以事神明，此祭之道也。”

向先王敬献的粢盛、纯服，必须是天子、王后，或者诸侯、夫人亲耕、亲织，以向神明表示诚信和恭敬，其实也是向先王的一种汇报。

将要举行祭祀的时候，要先斋戒，耳不听音乐，心不起杂念，手足不乱动，以通于神灵。斋戒必须要散斋七日，致斋三日，精诚所至，然后才能通于神明。

《礼记·祭统》云："夫祭有三重焉。献之属莫重于祼，声莫重于升歌，舞莫重于武宿夜，此周道也。"武宿夜，舞曲名也；周道，犹周之礼。也就是说，祭祀有三个重要的内容。献尸礼，祼祭最重。在声乐方面，以声为重。众舞之中，以《武宿夜》（舞曲名）舞最重，即大武之乐。

祭祀先王，最重要的、首先进行的是祼礼，乃后迎牲。特牲、少牢无此礼。

所谓祼，是一个祭名，酌酒灌地谓之祼。《周礼·春官·大宗伯》云："以肆、献、祼享先王。"郑玄注："祼之言灌，灌以郁鬯，谓始献尸求神时也。"贾公彦疏："凡宗庙之祭，迎尸入户，得之，沥地祭讫，啐之，奠之，不饮。尸为神象灌地，所以求神，故云始献尸求神时也。"（清）方苞云："肆者，进所解牲体，谓荐熟时也；献，献醴谓荐血腥也。祼之言灌，灌以郁鬯，谓始献尸求神时也。"

祼礼，王以圭瓒（图 11—1）酌郁鬯以献尸，尸在祭祀先王时，要先敬献熟的牲体，敬献牲体之血；以酒祭祀先王谓之祼。鬯同"畅"，古代祭祀用的酒，用郁金草汁酿黑黍而成。祼祭，用郁金煮之以和鬯酒。

图 11-1 震旦艺术博物馆所藏玉瓒

资料来源：孙庆伟：《周代祼礼的新证据——介绍震旦艺术博物馆新藏的两件战国玉瓒》，《中原文物》2005 年第 1 期，第 73 页。

《礼记·祭统》云："君致斋于外，夫人致斋于内，然后会于太庙。君纯冕立于阼，夫人副袆立于东房。君执圭瓒，祼尸。大宗执璋瓒亚祼及迎牲。君执纼，卿大夫从士执刍，宗妇执盎从夫人荐涚水。君执鸾刀羞哜，夫人荐豆，此之谓夫妇亲之。"郑玄注："大庙，始祖庙也。圭瓒璋瓒，祼器也。以圭璋为柄，酌郁鬯曰祼。大宗亚祼，容夫人有故摄焉。纼，所以牵牲也。"

上段话的意思是：国君举行祭祀，在前十一日，宫宰就予告国君和夫人，各行斋戒。国君在外，夫人在内。在祭祀的那天，才在太庙里会面。君缁冕立于阼阶，夫人上身穿着纬衣（皆上服，鲁国夫人及二王之后、夫人可以服之）立于东房。君执圭瓒（圭瓒，古代的一种玉制酒器，形状如勺，以圭为柄，用于祭祀，称为祼器）柄酌郁鬯（以秬黍酿成的酒和以郁金之草煮之，有芬芳气谓之郁鬯）以祼（灌祭）尸。大宗执璋瓒酌鬱鬯，以亚祼尸。

《周礼·春官·小宗伯》："祼圭有瓒，以肆先王，以祼宾客。"（唐）贾公彦疏："祼圭即玉人所云，祼圭尺有二寸者也。肆先王，谓祭先王。则宗伯六享皆是也。以祼灌用鬯，臭者，臭谓鬯气也；未杀牲先酌鬯酒灌地以求神郁合鬯者。郁，郁金也；鬯，谓鬯酒煮郁金草和之其气芬芳条鬯也。用郁鬯灌地，是用臭气求阴达于渊泉也。灌以圭璋，用玉气也者。灌用玉瓒，亦求神之宜也；祼祭，用郁鬯灌地，是为了让先王嗅到郁鬯的香气，以表达'至敬'之目的"。

二、正祭祖先之礼

君出迎牲，牲畜声音之号，所以诏告于天地之间，要祭祀祖先。迎牲时，君亲自牵引着牛鼻绳入系院中之碑，大夫跟随，士执刍，宗妇执盎跟随夫人，并荐明水以洗盎。君执鸾刀将所进的食肺横切之，使之不绝，放于俎上；夫人荐馈食之豆，尸并食之。

王服衮冕而入庙，奏以王夏之乐。王入立于东序，王后则副袆而入立于西序，尸入之后，乃就于西房。尸服衮冕而入，奏肆夏之乐。王及于室而不迎尸。《礼记·祭统》云："君迎牲，而不迎尸，别嫌也。尸在庙门外则疑于臣，在庙中则全于君。君在庙门外则疑于君，入庙门则全于臣、全于子，是故不出者，明君臣之义也。"郑玄注："不迎尸者，欲全其尊也。尸，神象也，鬼神之尊在庙中，人君之尊出庙门则伸。"

（唐）杜佑《通典·礼九·吉八》记载了周代天子祭祖是对尸的十三献之礼。

初祼礼：王以圭瓒酌鸡彝之郁鬯以献尸。尸以祼地，降神，尸祭之、啐之、奠之，此为祼神之一献也。王献尸，尸以酒祼地，迎接神。

亚祼礼：是王后敬献，王后乃以璋瓒酌鸟彝之郁鬯，以献尸。尸祭之、奠之、啐之，此为亚献也。

王后于是荐朝事之笾豆，后荐朝事之豆八，韭菹（zū，酸菜，腌菜；韭菹腌渍之韭菜）、醓（xī 醋）醢（鱼肉酱）、昌本（石菖蒲）、麋（mí 麋鹿）臡（ní 带骨的肉酱）、菁菹、鹿臡、茆菹、麇（jūn 指獐子）臡；笾八，麷、蕡、白、黑、形盐、膴（脯）、鲍（咸鱼）、鱼鳙（干鱼）。外宗佐荐。时堂上以夹钟之调，歌堂下以无射之调，作大武之乐。

此时三牲之俎，八簋之实，美物备矣；昆虫之异，草木之实，阴阳之物备矣。凡天之所生、地之所长，苟有可荐莫不咸在。至荐熟之时，谓之馈食，先荐熟于堂设馔之时。

宰祭，王亲杀牲。牲入，王执靷牵牲。封人歌舞，充人赞至庭，拴于碑上，以币告。奉牲以告曰“博硕肥腯”。王南面亲射牲，射人赞王。王执鸾刀，毛牛尚耳；太仆赞祝，出受血毛，荐血；入告神于室。王复位。

杀牲，天子以牺牛，诸侯以肥牛，大夫以索牛，士以羊豕。天子郊褅必射牲，自射其牲。诸侯宗庙之事，必自射其牛、刲羊、击豕。亲杀，致孝养也。大夫、士不亲杀，避君。

杀牲，大司冦奉明火，祝取膟膋燎於炉，膟膋，指杀牲所得的肠间脂肪与血，在炉中烧燎，以膟膋焚之，使神知牲已杀；入诸神於室，出堕于主前右。这是第一次燔燎。

三献之礼，王以玉爵酌献罇中醴以献尸。太宰赞王，尸拜受，王拜送。尸祭酒、啐酒。宾长以脯从。尸哜之，加于菹豆上，卒爵。王拜，祝受尸爵，尸答拜。此三献也。

四献之礼：后以玉爵酌着尊醴献尸，内宰赞后，内宾从。其他如王礼。此四献也。

羹定。雍人陈鼎，正鼎九，陪鼎三。牲升右胖，髀不升。肩、臂、臑、胳、正脊一、脡脊一、横脊一、短胁一、正胁一、代胁一，皆二骨，以并肠三、胃三、举肺一、祭肺三实于鼎。肤伦九而鼎，鱼十有五而鼎，腊用麋一纯（全也）而鼎。王出迎鼎，鼎陈于东方当序，西面北上；俎设于鼎西，肵俎在其北。粢盛告洁。

正祭：王北面事尸于堂。大宗伯奉粢，尸祭。宾、佐食以次奉六粢（黍、稷、稻、粱、麦、苽)；尸徧祭。太祝授心，尸祭心，哜之，奠于肵俎；小祝授肺，尸祭肺，哜之，奠于肵俎；宾佐食以次奉俎，尸徧祭。祝告。王拜，尸答拜。

祝曰："孝王某敢以一元大武，刚鬛柔毛，明粢芗合，嘉蔬清涤，用荐岁事于先王，以王后某氏配，尚飨!"

祝又求神于门内之祊。

三、天子亲执干戈歌舞献尸受嘏

正祭祖先之礼后，开始以乐舞祭祀祖先。《礼记·祭统》云："夫祭有三重焉。献之属莫重于裸，声莫重于升歌，舞莫重于武宿夜，此周道也。"乐舞是祭祀祖先的重要内容。

镈师鼓金奏之乐，笙师共钟笙之乐，磬师奏缦乐，大师小师登歌，清庙下管象。其钟与笙相应，嘹亮的钟声、悠长的笙声、清缦的磬声，组合成一支优美的祭祖音乐。大师、小师（皆乐师）以清庙琴瑟歌之于堂上，以管吹之于堂下。歌曰："维清缉熙，文王之典。肇禋，迄用有成，维周之祯。"这是周人祭祀祖先之歌。《诗经·周颂·维清》歌中歌颂文王的清明祥和之典章，周公驱逐为虐于东夷的殷人。

司干送上干。《礼记》"干戚羽旄谓之乐"。郑玄注："干，盾也；戚，斧也；武舞所执也；羽，翟羽也；旄，旄牛尾也；文舞所执。《周礼》舞师、乐师掌教舞，有兵舞、有干舞、有羽舞、有旄舞。《诗》曰左手执钥，右手秉翟。"干是一种盾，戚是一种斧；皆是古代兵器的一种。这里所说的兵器，当有礼乐器的含义。司戈盾送上戈等兵器，钥（古代的乐器，如笛）师鼓羽钥之舞，朱干玉戚以舞大武八佾，以舞大夏，旄人舞四夷之乐。大武，武王乐；大夏，禹乐；武舞用干戈，文舞用羽钥；旄人所舞的是执牛尾而舞的四夷之乐。

鼓人敲打四面鼓，以享鬼神；奏夷则歌小吕、舞大濩以享先妣；奏无射歌夹锺，舞大武以享先祖。

凡乐，升歌三，终；笙入三，终；闲歌三，终；合乐三，终。凡舞武用干戚，文用羽钥。其佾，天子用八，诸侯用六，大夫四，士二。诸子正舞位，授舞器；司兵、司戈盾各授舞者兵。歌象德，舞象功；歌舞之义，是上德而下

功也

天子之祭也，与天下乐之；诸侯之祭也，与竟内乐之。君执干戚就舞位，君为东上冕而总干，率其群臣，以乐皇尸，此与竟内乐之之义也。作四夷之乐于太庙，示一天下也。

在这个祭祀祖先的大典中，天子亲执干戈，以就舞位，率领群臣，边歌边舞，以乐皇尸，表示出周人对祖先的尊敬。

祝带领主人，即王，进入于室之奥，徙堂上之馔于室中，按昭穆之辈对先祖进行祭祀，这就是阴厌。王西面，祝在左。王再拜稽首，祝曰："圭而为明荐之享。"王又再拜稽首，出。祝以斝、爵，酌奠于铏南，亦出。阖户牖，如食间。天子奠斝，诸侯奠角。

这一个仪式谓之阴厌，厌，满足也。鬼神皆在幽暗之处，因此在室奥之处祭祀先祖，称为阴厌。古代祭礼，如果传庶子未成年而死及无后嗣者，配享于宗子家祖庙是，祭之于西北偶透光处，其尊则设于东房，谓之"阳厌"。

天子之祭，没有阳厌，只有阴厌。

燔燎：祝取肠间脂焫、萧合黍稷，即取膟膋、再加上黍稷，这是第二次燔燎，使气味达于神，使神知牲既杀、黍稷既陈也。

挼祭：即祭讫当食神之余也。祝迎尸入于室，祝诏王拜妥尸。尸答拜，举奠斝。祝告尸曰："孝飨王拜祝命尸挼祭。"小祝赞挼祭，尸左执斝，右取菹抨于醢，祭于豆间。佐食取黍稷肺授尸，尸祭之，祭酒、啐酒、告旨。王拜尸，奠斝。小祝赞奠，尸答拜。

王后荐馈食之豆八：葵、菹、蠃醢、脾析（牛百叶）、蠯醢、蜃蚳醢、豚拍（豚胁）、鱼醢；笾八：枣干、枣、桃、桃诸、梅、梅诸、榛诸、栗。

五献之礼：王以玉爵酌壶尊盎（白色混沌的酒），斋献尸，兄弟以脯从，如初礼。此五献也。

六献之礼：王后以玉爵酌壶尊，斋献尸，内兄弟以燔从，如初礼。此六献也。

上佐食举尸牢，肺、正脊授尸，又迩黍于筵上右之。王羞肵俎，尸祭，正脊哜之，加于菹豆。佐食以次羞牛铏、羊铏、豕铏，马从牛、鸡从羊、犬从豕，铏有芼。尸扱以柶祭，徧祭；尝牛铏，食举三饭。上佐食又迩稷举尸牢正胁。

尸祭，哜。佐食受加肵俎如初。佐食以次羞牛胾、羊胾、豕胾，尸食又三饭。上佐食迩稻，佐食举肤、举鱼、举腊，以次皆如初。尸食又三饭。上佐食迩粱举尸牢骼。尸又二饭，告饱。

祝西面于王南，独侑不拜，曰："皇尸未实，侑尸加一饭。"上佐食迩麦举牢肩。尸祭如初，不饭告饱。王拜不言，尸为王又三饭黍，尸举牢肺正脊。上佐食受加于肵。

七献之礼：王以玉爵，因朝践之尊酳尸，谓之朝献。尸卒爵，祝受之；又酌着尊之醴，齐授尸。尸酢王，王席户内之东西面受酢。

王挼祭：上佐食取黍稷，下佐食取刌肺，授上佐食。上佐食授王。王左执爵，右授肺祭之，又祭酒、啐酒。

尸嘏王：祝与佐食出，盥于洗入。佐食取黍，抟之以授尸。士的特牲馈食礼之尸，亲嘏主人；而大夫以上的祭祖礼之尸，不亲嘏。尸执以命祝。祝嘏王，嘏辞曰："皇尸命工祝，承致多福，于女孝孙，来女孝孙，使女受禄于天，宜稼于田，眉寿万年，勿替引之。诗'永锡尔极，时万时亿。'"祝以孝告嘏，以慈告嘏。士尸亲嘏，大夫以上不亲嘏。尸使祝嘏不亲嘏，因尸尊。王受尸酢即席，因王尊。王奠爵兴，再拜稽首。宰夫受黍以筐，祝取黍稷、牢肉、鱼腊擩于醢以授尸，尸授王，王前宰夫受以筐。王拜，尸答；王卒爵，郁人、量人受王爵，歷而皆饮之。

王洗玉爵献二王之后裔，歌《振鹭》，王洗玉爵献公，歌《烈文》。

王降，立阼阶南，南向。臣当进爵禄者，北面受命，史由君右执策命之，再拜稽首，乃出命毕。王升阶西面立。

八献之礼：王后以瑶爵因馈食之尊酌缇，斋酳尸。内宰赞尸，易爵（男女不同爵，故尸献王后需易爵），酌壶尊之盎，齐酢王后。后拜于室中北面。此八献也。尸饮八。

王后荐加豆八，芹、菹、兔醢、深蒲、醓醢、箈菹、蜃醢、笋菹、鱼醢；加笾八，菱二、芡二、脯二、修二，内宗赞荐。

用笾的规格：士二笾，大夫四笾，诸侯六笾，天子八笾。

九献之礼：诸侯之为宾长者，以瑶爵酌壶尊盎，斋献尸。尸卒爵。祝受尸爵，宾以酌罍尊清酒自酢。诸臣酌罍自酢，表示臣不敢与王之神灵共尊。

十献之礼，即王献宾之礼：王洗玉爵，献诸侯之为宾者，歌《来雝》。长兄弟洗觯酌卣尊之沉（酒渣下沉，亦作澄），斋为加爵，如宾仪。

十一献之礼：众宾长加爵，如长兄弟之仪。次兄弟为加爵，如初爵止。

王献外诸侯之礼：王洗玉爵，献外诸侯之来助祭者，歌《载见》。

十二献之礼：众兄弟加爵，如初，爵止。

十三献之礼：次兄弟为加爵，如初，爵止。

天子在祭祖时，要用大牢，即羊、豕、牛三种牺牲，其祭器用九鼎。诸侯祭祖亦用大牢，祭器用七鼎。

尸卒食，祭廪爨、饔爨，用黍肉，无笾豆。

爟礼，即举火祭祀，以袚除不详。

王出东阶下西面，祝出西阶下东面，告"利成"于王。王诺，祝入复告于尸，以利养成毕也。至此，天子的祭祖礼成功闭幕。

尸谡，金奏《肆夏》，祝令小祝送尸出庙门，祝不出，尸入于次，释服，掌祧受之，尸乃归。

遣助祭诸侯归其国，歌《臣工》。

在祭祀之末，要有事馂之礼，即将祭神之馀的事物分给众人，示神之福偏于庙中，应妥善地祭祀完毕，善终者如始。尸起来以后，君与四个卿馂；君起后，大夫六人馂；臣馂君之馀。大夫起，士八人馂、贱者馂贵之馀。士起，各执盛具出来，将食物陈于堂下，百官进馂，下馂上之馀也。在事馂之礼时，要以四簋黍放于庙中。这种祭祀所祈之福，犹如大泽，从上及下，惠及万民。这种祭祀还表现出一种等级，即国君在上，诸臣服从；尊事宗庙社稷，则子孙顺孝。由祭祀还可以看出君臣之义，父子之伦，贵贱之等，亲疏之降，爵赏的恩施，夫妇之别，政事之均。长幼之序，上下之际。

四、绎祭宾尸及旅酬之礼

绎祭：绎，又祭也。夏曰复胙，商曰肜，周曰绎；就是祭祖的第二天，天子对尸作为宾客招待。

王至止于庙门外西塾之基，王后入于东房。王迎牲，亲牵之，不亲杀。祝荐血毛于室，遂合烹并燅昨日之俎。祝迎尸，尸揖侑偕入及庭。王降迎，尸答拜。

乃设馔，升牲右胖于尸俎，左胖于侑俎，羞牛、羞羊、羞豕，各以其官，凡体载皆横之。

王设玉几，荐玉爵，小宰赞太宰，太宰赞王尸，王于东楹东北拜送尸。尸祭酒。王后荐豆，尸取菹擩于醢祭之，又祭糗、蕡。祝取黍稷授尸，尸祭黍稷、祭肺，适席未坐，啐酒，兴，坐奠爵拜，告旨；执爵兴，王答拜。尸取俎，徧祭之，降筵，北面于西楹西坐卒爵，执爵兴，坐奠爵拜。

王后亚献，内宰取玉爵于篚授外宗于房中。后出于房，外宗实爵，王后尊南西面拜献尸。尸拜于筵上，受。王后于王席北西面拜送爵，荐铏羹及糗饵腶修，立于王席北西面。尸左执爵，祭糗、祭修、祭铏、祭酒，啐酒，尝铏，执爵兴，坐，奠爵拜。王后答拜，尸坐卒爵拜，后答拜。

王命献侑，侑西楹西北面拜受，摄主在其右北面拜送，内宰荐菹醢糗蕡，司马荐俎。侑登筵祭，如尸降筵自北方西楹西坐，卒爵，执爵兴，坐奠爵拜。王答拜。

王后命内宰献侑，如王献侑之礼。

尸酌酢王。太宰受尸爵，尸西楹西北面拜送，王答拜。太宰奉王爵，王祭卒爵，太宰受爵授小宰。王拜，尸答拜。尸亲嘏王，王拜尸答拜。

尸易爵于篚，洗，尸酌内宰受爵，王后出于房南面拜受。尸于侑东北面拜送，王后入于房饮于房中之俎，出，立卒爵，执爵拜。尸答拜。

后致爵于王，献王。王致爵于后，献后。

王命献祝，内宰荐菹醢，佐食设俎。祝徧祭，卒爵拜，摄主答拜。王后命献祝，祝拜受如王礼。

王命献佐食，佐食坐祭卒爵拜，摄主答拜。后命献佐食，佐食拜受如王礼。

上宾洗爵，升，酌献尸，尸拜受爵。宾西楹西北面拜送爵，尸奠爵于荐左，宾降。

王世子入献尸，尸答拜，尸卒爵。世子拜，尸答拜。尸酌酢世子，拜；尸答拜。世子卒爵拜，尸答拜。

王嫡孙入献尸，如世子礼；无嫡孙，则嫡庶子摄。

宾就阼致爵于王，太宰、小宰赞王，如受尸酢礼。

宾房外之西致爵于后，内宰赞后受如王礼，宾酌自酢拜，后答拜。

尸作三献之爵，司马羞鱼俎。尸取膴祭之，祭酒卒爵，奠爵拜。宾北面答拜。

宾受尸爵，酌献侑。侑拜受，宾北面答拜。司马羞鱼俎，侑祭，卒爵拜，如尸礼，宾答拜。

尸降筵受宾爵，酌酢宾。宾西楹西北面拜受，尸升筵南面答拜。宾坐祭，遂饮卒爵，拜。尸答拜，执爵降，实于篚。

宾献祝，如初礼。宾献佐食，亦如初礼。

王命献宾；王命献公如宾礼，若有群公者，以次升如宾礼。

长兄弟入献尸、侑；又酌献王，自酢，皆如尸礼；又酌献后，不自酢，余如王礼；又酌献祝如宾，献祝礼无从，不献佐食。

王酬尸；王命献众宾，摄主不自酢，余如宾礼；王命献卿，其长一人升受献，不拜，既爵，主不自酢，余以次升坐祭立饮不酢，而降；王命酬宾；王命献宗人如众宾仪；王命献长兄弟于阼阶上如宾仪；王命献众兄弟如众宾仪。

尸遂执觯，兴，北面阼阶上酬王；尸就筵，王以尸觯酬侑。

侑以王觯升，长宾酬之，如王酬侑礼；长宾升，次宾酬之，以徧。

王命献大夫及公有司，如众兄弟仪；王命献内宾、内兄弟于房中；末宾酬宗人如侑酬宾仪；王赐兄弟爵，长兄弟升，次兄弟酬之以次徧；众兄弟酬及佐食以次徧；宗人酬公有司，佐食酬私人以次徧，卒饮者实爵于篚；乃荐庶羞于宾兄弟、内宾兄弟，下及私臣；后举，旅于内宾、内兄弟、外宗、内宗，以次徧。

太祖尸发爵行旅，不受旅，昭酬穆，穆酬昭，以次徧；侑取前奠觯行酬，亦昭侑酬穆侑，穆侑酬昭侑，以次徧；众宾长取觯酬，次兄弟于阼阶礼，如初；长兄弟取荐北之奠觯，酬长宾礼率初；长宾行酬次兄弟礼亦如之，次兄弟报酬众长宾礼亦如之，以次徧礼尽如之；王命献士及私臣不升，阶于其位，其余如大夫仪；祝宗人旅齿于众宾，佐食旅齿于兄弟，礼如宾兄弟，相酬以次徧；太祖尸发爵，昭酬穆，穆酬昭，无筭爵；尸及侑侑相酬，亦无筭爵；宾弟子、兄弟弟子各举觯于其长，奠，皆于荐右，余礼皆率初，其爵皆无筭；宗人、佐食、公有司、私臣爵皆无筭，遂之于下；后、夫人、内宾、宗妇，房中亦无筭爵，以徧。

无筭爵！无筭乐！遂合语，拜善言。

王降阼阶下，尸出，侑从，众宾从。王不送，祝送不出门。

钟师奏燕乐。

派使臣颁胙于二王之后，及有功诸侯，及兄弟之国。

第十二章　周代祭祖礼表现的古老风俗

祭祖是周人重要的祭祀典礼，但是周代士、大夫、诸侯、天子各级贵族的用鼎、俎、笾、豆、簋的规格和组合形式都有严格的规定，显示祀典规格有非常大的区别。这种祀典规格的区别，不仅反映出周代各级贵族等级身份的高低贵贱，而且也表现了周代社会的风俗和思想。

第一节　周代祭祖礼表现的等级、思想与风俗

周代是一个等级社会，死者的身份地位不同，如死者的身份是天子、诸侯、大夫、士等，那么对他的祭祀礼仪也各不相同；反之，如果身份是天子、诸侯、大夫、士的各级贵族，祭祀祖先的规格礼仪也不相同。这就是后代有些平民或者下层贵族出身的皇帝一定把自己的祖先封为“高皇帝”的原因。他们把自己原为平民或者下层贵族出身的先人封为“高皇帝”，祭祀的规格才能提高。

一、周代祭祖礼表现出的等级差别

周代的各级贵族，如天子、大夫、士之祭祖礼表现出非常严格的等级差别。大夫、士之祭祖礼，不行祼祭。天子之祭祖，王以圭瓒酌鸡彝之郁鬯以献尸。尸以祼地，降神，尸祭之、啐之、奠之，此为初祼神之礼。

大夫、士之祭祖礼，不荐血腥。而天子之祭祖，行宰祭之礼。牲入，王执靷牵牲。其臣下边歌边舞，歌唱牲畜之美。至庭，将牲拴于碑上，以币告。奉牲以告曰“博硕肥腯”。王南面亲自射牲，射人赞王。王执鸾刀，毛牛尚耳；太仆与祝，出受血毛，荐血；入告神于室。王复位。这就是王向祖先神的荐血腥之礼。

士、大夫、天子祭祖礼所用牲的数目与种类不同。士用一牲豕，大夫用少

牢二牲，即羊、豕；天子用大牢三牲，即羊、牛、豕。《国语·楚语》记载各级贵族在祭祀时（即朔望而举行的盛馔）而行的礼节曰："天子举以太牢，祀以会(亦太牢也)；卿举以少牢，祀以特羊；大夫以特牲祭以少牢；士食鱼炙，祀以特牲；庶人食菜祀以鱼；上下有序，则民不慢。"即各级贵族祭祀所行的礼节和规格是不相同的。

特牲馈食礼就是身份是诸侯之士的人用特牲祭祀祖先。特牲，就是一豕。《仪礼·特牲馈食礼》韦昭注曰："凡牲，一为特，二为牢。"特牲馈食礼，就是用一种特牲，即豕，另再加黍稷、鱼腊对祖先的祭祀。就是以特牲为食物让祖先享用的礼仪。

少牢馈食礼是大夫祭祖之礼。一羊、一豕曰少牢。士的祭祖礼只能用豕，而大夫的祭祖礼可以用一羊、一豕。《礼记·曲礼》曰："凡祭，大夫以索牛，士以羊、豕者，谓天子之大夫士。"也就是说，天子的大夫、士，与诸侯的大夫、士，祭祖等级与规格是不一样的，少牢馈食礼是诸侯国的卿大夫祭祀祖的礼节，亦有认为是祭祀祖和祖母的礼仪。

天子祭祖礼用的是太牢，即一牛、一羊、一豕。祭祖时，天子要亲自迎牲；宰祭，王亲杀牲。杀牲，天子以牺牛，诸侯以肥牛。天子郊禘必射牲，自射其牲。诸侯宗庙之事，必自射其牛、刲羊、击豕。亲杀，致孝养也。大夫、士不亲杀，以表示君的尊贵。

由于士、大夫、天子祭祖礼所用牲的数目与种类不同，那么所用的鼎、俎也不相同。

鼎、俎用奇数，士三、大夫五、诸侯七、天子九。

士之祭祖礼用三鼎，"陈三鼎于门外之右北面北上"①。鼎三者，内实豕、鱼、腊。

大夫的祭祖礼用五鼎，"爨定，雍人陈鼎五，三鼎在羊镬之西，二鼎在豕镬之西"②。鼎五，羊、豕、鱼、腊、鲜兽，各一鼎。

天子祭祖之礼用九鼎，《周礼·秋官·司寇·掌客》"王日一举鼎十有二，物皆有俎"。(汉）郑玄注："鼎十有二，牢鼎九，陪鼎三也。"任启运《天子肆

① （清）阮元：《十三经注疏·仪礼·士虞礼》，中华书局，1980年，第1167页。
② （清）阮元：《十三经注疏·仪礼·少牢馈食礼》，中华书局，1980年，第1197页。

献祼馈食礼》云："羹定，雍人陈鼎，正鼎九，陪鼎三。"九个正鼎中有羊一、牛一、豕一、鱼一、腊一、肠胃一、肤一、鲜鱼一、鲜腊一，共九鼎；陪鼎有膷（xūn，羊肉羹）一、臐（xiāng，牛肉羹）一、膮（xiāo，猪肉羹）一，共三羹鼎。

士、大夫、天子祭祖礼所用的俎数随鼎；鼎数不同，当然俎亦不同。

敬献农产品所用的器皿豆、笾的数目与规模也不相同。豆、笾，士二笾，大夫四笾，诸侯六笾，天子八笾；皆用偶数组合。

士祭祖之礼，"东方之馔，两瓦甒，其实醴酒；角、觯、木柶、毼豆两，其实葵、菹、芋、蠃醢；两笾无縢布巾，其实栗不择"①，"馔黍、稷二敦，于阶间西上"②。盛醴酒用两瓦甒，盛农作物的豆、笾、敦，也用两个。

大夫祭祖之礼，《仪礼·特牲馈食礼》贾公彦疏："大夫四笾，四豆。"

任启运《天子肆献祼馈食礼》卷上云：天子之"后荐朝事之豆八，韭菹、醓醢、昌本、麋臡、菁菹、鹿臡、茆菹、麇臡；笾八、蕡、白、黑、形盐、膴、鲍、鱼鳙，外宗佐荐。""后荐馈食之豆八，葵、菹、蠃醢、脾析、蠯醢、蜃蚳醢、豚拍、鱼醢；笾八，枣干、枣、桃、桃诸、梅、梅诸、榛、栗。"《周礼·秋官·掌客》云：凡诸侯之礼，"夫人致礼八壶、八豆、八笾"。当然天子之礼，由于宴飨的宾客很多，因此有时所用的器具更多。

士三饭告饱，大夫五饭告饱，上夫夫七饭告饱，诸侯九饭告饱，天子十一饭告饱。

主人对尸的献礼也不一样。

士祭祖礼、大夫祭祖礼，皆行三献之礼，即主人一献尸之礼、主妇亚献尸之礼、宾长三献尸之礼。三献而礼成。士、大夫的祭祖礼是一献之后，尸亲向主人嘏辞。

天子的祭祖之礼是十三献而礼成。天子的祭祖礼是七献之后，尸不亲嘏辞，命祝对主人嘏辞，表现出皇尸的尊贵。

士、大夫、天子的祭祖礼的差别，表现出贵贱等级的差别。

---

① （清）阮元：《十三经注疏·仪礼·士丧礼》，中华书局，1980年，第1139页。

② （清）阮元：《十三经注疏·仪礼·士虞礼》，中华书局，1980年，第1167页。

二、荐血腥礼表现出的古老的食生风俗

天子之祭祖礼，要行荐血腥礼。任启运《天子肆献祼馈食礼》卷上云："王袒，执鸾刀割肝。祝洗，于郁鬯蒙之，以膋入燔于室，出。王亲宰之，奉于主前，拜。尸答拜，尸哜之。王拜，尸答拜。""取其毛，告纯也；取其血，告杀也。毛血告幽，全之物也。告幽全之物者，贵纯之道也。毛尚耳贵聪也，欲神之听之也。割刀之用而鸾肆之贵，贵其义也。声和而后断也。"荐血腥礼，表现出远古人类食生的习俗。远古时期的先民艰难的与大自然做斗争。当时人们尚未学会使用火，吃生的食物，包括生食动物的肉，处于茹毛饮血的时代。《韩非子·五蠹》篇载："上古之世，人民少而禽兽众，……民食果蓏蚌蛤。"《白虎通德论·号》云："古之时，未有三纲六纪，民人但知其母，不知其父，能覆前而不能覆后，卧之詓詓，起之吁吁，饥即求食，饱即弃馀。茹毛饮血，而衣皮韦。"马骕《绎史·开辟原始》亦云："太古之初，人吮露精，食草木实，穴居野处；山居则食鸟兽，衣其羽皮，饮血茹毛。近水则食鱼鳖螺蛤，未有火化腥臊。"

以后燧人氏钻燧取火，教民熟食，《白虎通德论·号》云："谓之燧人何？钻木燧取火，教民熟食，养人利性，避臭去毒，谓之燧人也。"从此人们掌握了钻燧取火的技术，告别了茹毛饮血的时代。火的使用和熟食，使人们的体质和智力得到了迅速的发展，是燧人氏对华夏民族的巨大贡献。

唐代杜佑就认为这种荐血腥礼与远古先民的生食牲肉有关。杜佑《通典·礼七·吉六·天子宗庙》："祭礼之兴，肇于太古。人所饮食，必先严献。未有火化，茹毛饮血，则有毛血之荐；未有曲蘖，污樽抔饮，则有玄酒之奠；施及后王，礼物渐备，作为酒醴，严其牺牲，以致馨香，以极丰洁，故有三牲八簋之盛，五斋九献之殷。然以神道至玄可存，而不能测也；祭礼致敬可备，而不可废也。是以毛血腥爓（古同'焰'、或'焬'，古代在热汤里煮至半熟用于祭祀的肉），玄罇牺象（指酒器），靡不毕登于明荐矣。然而荐贵于新味不尚亵，虽则备物犹存节制，故礼云天之所生，地之所长，苟可荐者莫不咸在，备物之情也。又曰三牲之俎八簋之实，美物备矣；昆虫之异，草木之实，阴阳之物备矣；节制之文也。鉶、俎、笾、豆、簠、簋、罇、罍实，皆周人之时馔也。其

用通于燕飨宾客，而周公制礼咸与毛血玄酒同荐。”

周代，人们在祭祀祖先的时候，有荐血腥之礼，正是人们对祖先食生牲肉的记忆，是上古风俗的遗存。但是周人的祭礼中荐血腥之礼，士、大夫皆无此礼，只有天子才有荐血腥之礼，是为了突出天子之尊贵。

三、牲礼反映周人尚右、尚上、尚前的习俗

《仪礼·特牲馈食礼》记载："牲在其西，北首东足。”郑玄注："其西，棜西也。东足者，尚右也。”

周代祭祖礼所用的牲，无论是特牲、少牢、太牢，皆是用牲的右半，如《仪礼·少牢馈食礼》记载："司马升羊右胖，髀不升；肩、臂、臑、膊骼、正脊一、脡脊一、横脊一、短胁一、正胁一、代胁一、皆二骨以并，肠三、胃三、举肺一、祭肺三，实于一鼎。豕右胖，髀不升；肩、臂、臑、膊骼、正脊一、脡脊一、横脊一、短胁一、正胁一、代胁一、皆二骨以并，肠三、胃三、举肺一、祭肺三，实于一鼎。”郑玄注："升，犹上也。上右胖，周所贵也；髀不升，近窍贱也。肩、臂、臑、膊骼、股骨、脊，从前为正胁，旁中为夫正，脊先前，胁先后。”

牲体的左半给尸之侑，即陪伴尸的人。

周人尚右，以右为贵。《仪礼·少牢馈食礼》所载的"羊右胖”"豕右胖”，皆是在敬献尸的俎上，是供尸食用的。在祭祖礼上，尸是祖先神灵的代表，是祖先的神主和神像，是最尊贵的，当然他使用的也是牲体最贵、上乘之处，即牲之右半体。

周人尚右，我国古籍多有记载"子曰：管仲相桓公，霸诸侯，一匡天下，民到于今受其赐；微管仲，吾其披发左衽矣”[①]。（宋）朱熹注："霸与伯同，长也；匡，正也；尊周室，攘夷狄，皆所以正天下也。微，无也；衽，衣衿也；披发左衽，夷狄之俗也。”被发左衽，乃夷狄之俗；当然，束发右衽，是华夏人之俗。

《礼记·檀弓上》云："孔子与门人立，拱而尚右；二三子亦皆尚右。”

---

① 杨伯峻译注：《论语译注·宪问》，中华书局，1984年，第15页。

《家礼·附录》："今庙制以西为上，至祢处谓之东庙，太庙亦然。司马公曰：所以西上者，神道尚右故也。"

《逸周书·武顺解》："天道尚右，日月西移；地道尚左，水道东流；人道尚中，耳目役心。"

（明）周祈《名义考·人部·左右》："人道尚右，以右为尊；故尊文曰右文，尊武曰右武，莫能尚者曰无出其右。以左为僻，凡幽猥曰僻左；画不适事，宜曰左计；非正之术曰左道，舍天子仕诸侯曰左官，去朝廷为州县曰左迁。"

《道德经》三十一章："吉事尚左，凶事尚右；偏将军居左，上将军居右，言以丧礼处之。"河上公章句："左，生位也，阴道杀人，偏将军卑而居阳者，以其不专杀也；上将军尊而居右者，言其主杀也，上将军于右，丧礼尚右，死人贵阴也。"

《左传·襄公十年》记载："王叔陈生伯舆争政，王右伯舆"。范宣子曰："天子所右，寡君亦右之；所左，亦左之。"孔颖达疏："人有左右，右便而左不便，故以所助者为右，不助者为左。宣子知伯舆直，故从王之所助也。"

从以上记载来看，周人尚右，在祭祖礼中表现出来的就是最尊贵的人食牲之右体。

周代祭祖礼中还表现出周人尚前、尚上的习俗，如任启运《天子肆献祼馈食礼》卷上："既荐，司士帅其属，体解之肩为三：曰肩、曰臂、曰臑；髀为四：曰髀、曰肫、曰胳、曰觳；脊为三：曰正脊、曰脡脊、曰横脊；胁为三：曰代胁、曰正胁、曰短胁。正脊前曰膉。再荐之。""牲升右胖，髀不升。"任启运自释："升右胖，周所尚也；髀不升，近尻，贱也；数脊从前，数胁从后，举之法也。脊胁骨多，故皆取二骨以并；大夫肠、胃不别鼎，诸侯则别鼎；举肺一，尸食所先举也；祭肺三，尸及王与后所祭也。"

周人贵牲体之肩，认为这是牲体的前部。周人贵牲的舌、心。在周代祭祖礼中，牲的舌、心是盛放在肵俎，即尸的俎上，供尸食用，当然是最尊贵的，说明周人以舌、心为贵。

周人以牲体的下后部为贱，如在向尸的俎上升牲体的时候，"髀不升，近尻，贱也"，说明周人以髀在牲的下部为贱。《礼记祭统》云："凡为俎者，以骨为主。骨有贵贱，殷人贵髀，周人贵肩。凡前贵于后，俎者所以明祭之必有惠也，是故贵者取贵骨，贱者取贱骨；贵者不重，贱者不虚，示均也。”郑玄注：“殷人贵髀，为其厚也；周人贵肩，为其显也；凡前贵于后，谓脊、胁、臂、臑之属。”

周人贵骨。祭祖礼中，代表祖先的尸享用牲体的右半，辅助尸的侑享用牲体的左半，而主人没有牲体之肉，只摆放羊肺、祭肺、肠、胃、用牲肩以下的部分。

周代祭祖礼反映了周人尚右、贵上、贵前、贵牲体之肩的风俗。

第二节 周代的尸祭风俗

我国周代对祖先祭祀，主要让一个被祭祖先的孙子充当死者的神主或神像，接受子孙的祭祀和膜拜。尸还代表祖先向子孙赐福，这种祭祀的形式叫尸祭。尸祭是神主牌位、照片出现之前的一种现象和风俗。周代自天子至庶人，祭俱立尸。特牲祭祀是士之礼，少牢馈食是大夫之礼，皆有尸。始死无尸，成丧必尸，尸必以孙，尸祭是三代之时祭祀的重要礼俗，是周代祭祖的主要形式，研究尸祭及其源流对探讨我国古代的祭祀制度有重要意义。

一、周代的选尸原则与尸祭

周人对祖先的祭祀非常隆重，他们相信祖先死后，其灵魂仍然存在，必须在一定的时候对祖先进行祭祀。

埋葬死者以后，从对死者进行虞祭祔庙，即自虞祭开始，直至在服丧的三年之中要对死者进行各种祭祀，如虞祭、小祥祭、大祥祭、禫祭，以及祖先死后的若干年，后世子孙不定期地对祖先进行祭祀，向祖先祈福等；在以后的各种祭祀中，无论是属凶礼的祭祀，或属吉礼的祭祀，皆有代表死者神主的尸。周人认为，把死者埋葬以后，死者的形体已经看不见了，就在生活中找一个人代表死者，并确认为死者的灵魂已经附在他的身上，这个人就是“尸。”

尸，《说文》云：“陈也，象卧之形。”周代祭祀的“尸”是作为死者魂魄所附的实体，是死者的神主和神像。《礼记·曾子问》“曾子问曰：祭必有尸乎？若厌祭亦可乎？孔子曰：祭成丧者必有尸。尸必以孙，孙幼则使人抱之；无孙，则取于同姓可也。祭殇必厌，盖弗成也；祭成丧而无尸，是殇之也”。

《礼记・曲礼》曰：“君子抱孙不抱子，此言孙可以为王父尸，子不可以为父尸。为君尸者，大夫、士见之则下之；君知所以为尸者，则自下之。”

选尸的原则是，孙子才可充任祖辈的尸，儿子不可以为父亲之尸。尸是祖先神灵的代表，是祖先的神像，其地位是非常高的。大夫、尸，见到君尸，则如下级见上级一样，君见到尸，也要表示尊敬。

古之祭祀必有尸，尸就是祖先的神象，主人之事尸以子事父。尸充任祖先的神像，是祭祀者的子辈。那么在祭祀中，父辈的人要面向北朝拜子辈之人，这样就能教育子辈的人如何敬重父辈。

如果一个人被选做尸以后，祭祀之前必须宿戒，耳不听音乐，心不起杂念，以通于神灵。尸，做为死者的神主化身出现。如果是天子、诸侯国君的尸，卿大夫见之皆要下车，恭恭有礼，以示敬意。

天子、诸侯祭祖，对尸的奉献最为隆重。尸是在位的天子或诸侯的祖先在人世间的代表，对尸的奉献与膜拜，也就是对祖先的奉献与膜拜。天子或诸侯用郁鬯（芬芳的酒）去祼（灌祭）尸；还要亲执干戚，以就舞位，率领群臣，边歌边舞，以乐皇尸。《礼记・祭统》云：“夫祭有三重焉，献之属莫重于祼，声莫重于升歌，舞莫重于武宿，此周道也。”“道之以礼，以奉三重（祼、歌、舞），而荐诸皇尸，此圣人之道也。”

祭祖的另一个重要内容就是“飨尸”，即把田里产的谷物、瓜果，以及美酒、牲肉去献尸，以求祖先的福佑。《诗・小雅・信南山》云：

曾孙之穑，以为酒食。畀我尸宾，寿考万年。

中田有庐，疆埸有瓜；是剥是菹，献之皇祖。

《诗・小雅・楚茨》云：

济济跄跄，絜尔牛羊。以往蒸尝，或剥或亨，

或肆或将，祝祭于祊。祀事孔明，先祖是皇。

神保是飨，孝孙有庆。报以介福，万寿无疆。

……

礼仪既备，钟鼓既戒。孝孙徂位，工祝致告。

神具醉止，皇尸载起。鼓钟送尸，神保聿归。

诸宰君妇，废彻不迟。诸父兄弟，备言燕私。

也就是说，子孙把农田中产的粮食，酿成最美的醴酒，做成最好的食物；用田里的瓜果，剥去外壳；用最丰洁的牺牲，去敬献给皇尸，实际也就是献给皇祖。待皇尸用过饭后，再用鼓钟欢送皇尸。皇尸，即光明的尸。

祭祀时，主祭者频频举爵，献尸敬酒，如《仪礼》的《特牲馈食礼》和《少牢馈食礼》两篇详细地记述了孝子（主祭人）祭祀祖先的全部过程。主祭人首先安排祭奠：鼎内盛鱼、腊、牲肉，敦里放黍稷，笾内供枣栗，规内盛醴酒，以招待做为死者神主形象的尸。

《礼记·礼运》云："祝以孝告，嘏以慈告。"孙希旦《礼记集解》云："祝谓飨神之辞也，嘏谓尸嘏主人之辞也。祭初接神，祝辞以主人之孝告于鬼神；至主人酳尸，而主人事尸之礼毕，则祝传神意以嘏主人，言承致多福无疆于汝孝孙，而致其慈爱之意也。"所谓尸嘏主人，就是尸代表祖先向孝子祝福。

《仪礼·少牢馈食礼》载："皇尸命工祝，承致多福无疆，于女孝孙，来汝孝孙，使女受禄于天，宜稼于田，眉寿万年，勿替引之是也。"《诗·小雅·信南山》亦载：尸祝主人"受禄于天，宜稼于田，报以介福，万寿无疆"，"曾孙寿考，受天之佑。"

尸在向孝子嘏福的同时，将一些黍授予孝子。孝子拜谢，将黍用衣襟盛接，全部珍藏于房中。农业是当时社会生产的主要部门，黍是五谷之美者，象征农功稼穑之事。尸嘏福赠黍，祝愿农业丰收，就是对主祭人的最大祝福。

当事尸之礼结束以后，神已吃过美味的酒食。此时，应将钟鼓备好，以送尸。孝子在主祭人的位置上，"皇尸载起，鼓钟送尸，神保聿归"周人祭祖之礼完毕。

国君与夫人二人献尸，尸回敬国君及夫人之礼也不相同，显示夫妇之别。

祭祀中，分配祚肉时，周人贵肩骨，那么地位高的人分得贵骨，低的人分得贱骨。但无论贵贱之人，全都能分到祚肉，甚至还要分给最下层的贱者，显示出政示之均，惠及万民。

这就是周代尸祭主要内容和形式。

二、尸祭与昭穆制度的关系

周代尸祭中的选尸原则与周代的昭穆制度有密切的关系。周代选尸原则是，只有孙辈才能做祖辈的尸。《礼记·曾子问》曰："祭成丧者必有尸，尸必孙。孙幼使人抱之，无孙则取于同姓可也。"《礼记·祭统》曰："子不可为父尸"，"孙必为王父尸。"也就是说，为死者选尸，必须使其孙为死者之尸，而子不可为父尸。被选作尸的人，是主祭者的子辈。

如果死者是男，则用男尸；如果死者是女，则用女尸。《诗·召南·采苹》云："其谁尸之，有齐季女。"又《左传·襄公二十八年》载："济泽之阿，行潦之苹藻，置诸宗室，季兰尸之，敬也。"这些记载说明了在周代齐国的祭祀活动中，齐国少女兰为尸的情况。

孙可以为祖父的尸，孙妇可为丈夫的祖姑的尸。但按照"三礼"（《礼记》《泌礼》《刷礼》）的记载，庶孙、妾都不能为尸，只有嫡孙、嫡孙妇可以为尸。

埋葬死者之后的前三年的大小祭祀礼属于凶礼。这些祭祀所选的尸，须是死者的嫡孙、嫡孙妇。三年之后的祭祀礼属吉礼，祭祀之前，要进行卜筮，在死者的孙辈中确定为尸的人选。

在天子或诸侯国君的祭祀中，有时以卿大夫为尸。《礼记·杂记下》曾子问曰："卿大夫将为尸于公，受宿矣，而有齐衰内丧则如之何?"至于如何选卿大夫为已故的国君之尸，亦可能是用卜筮的办法。古代卿大夫多为国君的亲族，在孙辈的卿大夫中卜筮选尸，应是国君选尸的原则。《左传·襄公二十八年》所载的，齐国祭祀太公时，以"麻婴为尸，庆奊为上宾"，可能就是以卜筮选尸的方法来祭祀祖先的。

周代选尸的原则是"子不可为父尸，孙必为王父尸"，即只有孙辈才能成为祖父的尸，子不可为父尸的。

如本章第三节中所述，周代的昭穆制度是一种辈分关系。周代宗庙的庙主昭随昭班，穆从穆席，孙必随祖。也就是说，如果祖辈为昭，则父辈为穆；父之子又为昭，父之孙又为穆。祖和孙同为昭，父和重孙同为穆。即每一对祖孙同为昭辈或穆辈，祖与孙的昭穆之序同。

在周代的宗庙中，左昭右穆，如天子七庙，太祖之庙居中，左边三个昭辈之庙，右边三个穆辈之庙。同为昭辈，或同为穆辈者，则必定为祖孙关系。

祭祀时，要分昭、穆之辈。昭、穆是用以区别父辈、子辈，远房和近亲的长幼亲疏秩序，使之不至紊乱。凡赏赐爵禄，昭辈为一起，穆辈为一起。昭辈、穆辈再各分年龄上下，这叫作长幼有序。

周代宗庙中的这种昭穆之序在尸祭制度上表现出来的就是选尸的原则。周代尸祭，只有孙才能充当死者的尸，代表死者的神主或神像，而子却没有资格充当。《礼记·曲礼》载："君子抱孙不抱子，此言孙可以为王父尸，子不可为父尸。"尸祭是一种合乎昭穆之序的祭祀，尸祭与昭穆制度有一种密切的内在联系。

三、尸祭源流及反映的古老风俗

周代尸祭，以死者的孙子为尸，代表死者的神主或死者在人世间的化身，享受祭祀，这实际上是一种人与神的交接，具有宗教思想意识。周人不仅相信万物有灵，从而产生了对祖先和灵魂崇拜的意识，而且还相信在人世间有一个活人能代表死者。死者的灵魂能够附在这个活人的身上，这个活人就是"尸"。周人对尸的恭敬和宴享，就等于对祖先的恭敬和宴享。尸还能代表祖先向子孙赐福，这是一种巫术思想的反映。

尸祭是一种符合昭穆之序的祭祀，与昭穆制度有一种密切的内在联系。尸，必须由受祭者孙辈充当，祖孙同为昭辈或穆辈，而父子却不能在同一昭、穆之辈，那么就说明祖孙之间似乎有一种多于父子之间的亲情关系。

（宋）卫湜《礼记集说·王制》卷三十曰："万物本乎天，人本乎祖。祖者，天也。昭居左为阳，穆居右为阴。以三昭三穆言之，则一为昭，二为穆；三为昭，四为穆；五为昭，六为穆。一三五者，阳奇之数也；二四六者，阴偶之数也；自一世推而至百世皆然。昭者有昭班，与阳奇同类；穆者有穆班，与阴偶同类。故葬与祔祫必以孙从王父，盖神得同班同类，则为安也；昭之王父，以昭孙为尸；穆之王父，以穆孙为尸；盖神得同类则凭依之也。夫奇偶为定数，左右为定位，昭穆为定班；若曰右者可移之左，左者可移之右，犹阳奇有时为偶，阴偶有时为奇，班类颠错，尊卑失序矣。"

卫湜以阴阳奇偶来解释昭穆制度是有一定道理的。我国古代的阴阳奇偶之说，是从一定的现实生活中抽象出来的理论。以抽象的理论去解释抽象的问题，似乎不能更深刻地解释问题的实质。笔者认为，这种"孙必从祖"的现象与原始社会的部落外婚制的婚级制有密切的渊源的关系。

摩尔根在《古代社会》第二编第一章中，在谈到澳大利亚的婚级制时说：

“家庭形态一开始是血婚制家族，这种形态的基础是兄弟与姊妹之间相互集体通婚；从这个形态过渡到第二种形态，即伙婚制家族，其社会形态近似于澳大利亚的婚级，它破坏了第一种婚姻制度，代之而起的是一群兄弟共有若干妻子和一群姊妹共有若干丈夫。这两种情况都是集体的婚配。”①

如果我们对澳大利亚的婚级制进行探讨就会发现，就两个氏族而言，一个氏族的一群兄弟与另一个氏族的同一婚级的一群姊妹结为婚姻，所生子女只知其母，不知其父，因此子女应归女子所在的氏族，当时的社会以女性为主。这些子女长大，其中儿子又与父亲所在氏族的同一婚级的女子结婚，所生的孙辈应属父亲氏族的成员。那么，祖辈与孙辈同属一个氏族；同样，父辈与重孙辈也同属一个氏族。摩尔根还说：“今天正盛行于澳大利亚土著间的那种男女性别组成的婚级，在古代亦必盛行于人类的各个部落，其流行之广也像原始社会的氏族组织一样。”②

这种情况在我国云南永宁地区纳西族所保留的母系家庭的浓厚残余中也可以得到证明。

永宁地区的母系家庭，母系血缘纽带是维系家庭的基础，血统依母系计算，世系从母女计算，妇女是每个家庭的中心。在这种母系家庭制度下的婚姻形态是按照家族外婚的原则进行的，邻近村落或者同一村落而不同母系血统的男女间可互相通婚。男子在晚上到女家去过偶居生活，次晨回到自己的母家。偶居所生的子女归女方，成为母系家庭成员。男女双方在生产和生活上属于两个不同的家庭。他们把这种夫妻关系称为“阿注”，相当于汉语中的朋友。

永宁地区纳西族现行的亲属称谓，也反映了“阿注”制度家族外婚的基本特征。男子“对自己或兄弟女‘阿注’的子女（包括自己的亲生子女），以及自己和兄弟的女‘阿注’的子女，也称为‘则乌’（甥或侄）和‘则咪’（甥女或侄女）；对自己和兄弟的女‘阿注’女儿的子女，都统称为‘如乌’（孙男）和‘如咪’（孙女）”。在男方称谓中，没有子女这个称谓。母亲、姨母、舅母（指

---

① 〔美〕摩尔根：《古代社会》第二编第一章《以性为基础的社会组织》，《澳大利亚的别婚》，生活·读书·新知三联书店，1959年，第49页。

② 〔美〕摩尔根：《古代社会》第二编第一章《以性为基础的社会组织》，《澳大利亚的别婚》，生活·读书·新知三联书店，1959年，第49页。

舅父的阿注）的称谓相同，皆成为“阿咪”，即母亲。舅父父亲（母亲的阿注，生父与非生父）的称谓相同，皆称为“阿乌”。①

永宁纳西族的母系大家庭中，父与子分属两个不同的家庭。子女随母亲生活的母系家庭中，儿子长大，又与对方家庭中的姑娘结为“阿注”，所生子女留在对方的家庭中。那么祖与孙生活在同一母系家庭中，而父与子却生活在不同的母系家庭。

在对偶婚的母系大家庭中，祖孙之间的亲情关系多于父子，那么祖孙同为昭，父与重孙同为穆。李玄伯先生认为：“至于分级之说，我以为即古代的昭穆。古代的昭穆实在是固定的。某人是昭永远是昭，某人是穆永远是穆。”

在母系氏族中，祖孙在同一母系家庭中，父子分属两个母系家庭，那么祖孙之间的亲情多于父子。这种现象与我国周代尸祭制度中的“子不可为父尸”“孙必为王父尸”，以及昭穆制度中的祖孙同为昭辈或者同为穆辈的现象完全符合。周代尸祭中的选尸原则和昭穆制度皆反映了周族原始的母系外婚制的遗存。

这种以祖先的孙子为尸，进行祭祖的情况是远古时代遗留下来的风俗和记忆。在进入文明时代之后，尸祭的风俗逐渐消失。（唐）杜佑《通典・礼八・吉七・诸侯大夫士宗庙》：“古之人朴质，中华与夷狄同有祭立尸焉，有以人殉葬焉，有茹毛饮血焉，有巢居穴处焉，有不封不树焉，有手搏食焉，有同姓婚娶焉，有不讳名焉。中华地中而气正，人性和而才惠，继生圣哲，渐革鄙风。今四夷诸国地偏气犷，则多仍旧。自周以前，天地宗庙社稷，一切祭享，凡皆立尸。秦汉以降，中华则无矣。或有是古者，犹言祭尸礼重，亦可习之，斯岂非甚滞执者乎。”在这段话的后面，杜佑按语云：“后魏文成帝拓跋浚时，高允献书云，祭尸久废，今风俗父母之殁，则取其状貌类者，以为尸祭之宴好，敬之如夫妻，事之如父母，败损风化，黩乱情礼。据文成帝时，其国犹在代北，又按周隋《蛮夷传》，巴梁间，每秋祭祀，乡里美鬓面人，迭迎为尸以祭之。今柳、道州人，每祭祀，迎同姓丈夫妇人伴神以享，亦为尸之遗法。有以知古之中华，则夷狄同也。”

这些记载说明，三代尸祭之制，自秦汉之后逐渐废弃，但是在我国的少数民族地区还有存在，即所谓“礼失而求诸野”。

---

① 詹承绪、王承权、李近春、刘龙初：《永宁纳西族的阿注婚姻和母系家庭》，上海人民出版社，2006年，第208页。

后记

丧葬与祭祀之礼，是后世子孙对祖先献上的一份崇拜、怀念、哀悼和敬意，因此丧葬与祭祀祖先的礼仪为世界上各个民族所重视。我国古代提倡尊祖敬宗、“慎终追远”，认为“国之大事，在祀与戎”，把祭祀祖先与战争看的同样重要，说明古人对祖先的丧、祭之礼是多么的重视，也表示出对祖先的深切追念与敬仰。

记得30年前，我在河南大学攻读硕士研究生学位，初登学术的殿堂。那时的我对于学术领域的一切问题都感兴趣，特别是对丧葬之礼的探讨更是情有独钟，而且愈是不懂，就愈想涉及，希望能够在学习探讨研究中了解。但当时在导师郭人民教授的指导下，硕士论文选择了《楚国的贵族政治》进行研究；后来我的硕士论文经过修改补充，出版了我的第一本著作《楚史稿》（以后修订为《楚国史》），我终生都感谢导师郭人民教授在学术上给我的帮助和指导。

20世纪80年代，我读完硕士、在四川大学攻读博士学位期间，对丧葬之礼的兴趣依然不减，于是就以先秦时期的墓葬、丧服、祭祖制度作为研究题目，把博士论文的题目定为《先秦丧葬制度研究》。20世纪90年代初，笔者对博士论文略作修改，印刷出版；时光荏苒，距今已经20余年了。

20多年来，一些朋友及同仁提出很多宝贵的、很有价值的建议；更重要的是，许多大型的墓葬相继出土，如山西曲沃天马-曲村的晋侯墓、河南省三门峡的虢国墓、北京琉璃河的燕侯墓、陕西省岐山周公庙的西周墓、张家坡西周墓地的井叔家族墓、河南省平顶山应国墓等西周大墓，呈现于世人的面前。考古发掘资料的丰富，令人震惊。当年，我作博士论文时所用的资料、所论证的某些观点，都非常需要补充和修订。我的博士论文原来约21万字左右，这次在原博士论文的基础上进行修订，又增加20余万字，并且认为原来的书名《先秦丧葬制度研究》不能涵盖本书的全部内容，故借这次修订之机，改书名为《先秦丧葬与祭祖研究》。

在这里还需要提到的是上海的一些朋友，如卞靖宇先生、高耀祖先生、朱明歧先生、傅震先生、蔡沛贤先生、蔡慧女士、陈以良女士、黄琦珺先生、江泉先生、周戍乾先生、兰翩翩女士（排名不分先后）等，他们对本书的出版给予很大的支持和资助。他们都是上海很成功的企业家，曾赞助过很多地方，包括建学校、资助贫困生等。他们在赞助本书出版的时候说："我们希望帮助李老师更安心地搞学问，写出更多的好作品。"对于上海诸位朋友的热诚支持，我在这里表示诚挚的感谢！

尽管笔者在原来的博士论文的基础上进行了修订，并在修订时尽量多地收集材料，但是还有挂一漏万之嫌。如今本书即将付梓，笔者还是很惶恐地把这部书奉献于读者的面前，希望学术界的同仁提出宝贵的意见。另外，我想今后随着考古工作的向前推进和发展，一定还会丰富笔者今天所作的论述与结论。学无止境，那么学术研究也是没有止境的；愿我们学术园地的成果更加丰硕、更加繁荣、更加辉煌。

李玉洁

于河南大学闲云书屋

2015年2月26日

东乡年鉴 2024

中共东乡区委党史和地方志研究室　编

方志出版社
Publishing House of Local Records

图书在版编目（CIP）数据

东乡年鉴 . 2024 / 中共东乡区委党史和地方志研究室编 . -- 北京 : 方志出版社 , 2024. 11. -- ISBN 978-7-5144-6554-9

Ⅰ . Z525.64

中国国家版本馆 CIP 数据核字第 20246PN058 号

责任编辑：陈　菁
责任校对：张玉霞
责任印制：梅中英
出 版 者：方志出版社
地　　址 : 北京市朝阳区潘家园东里 9 号（国家方志馆 4 层）
邮　　编 : 100021
网　　址 : http://www.zgfzcb.cn
发　　行：方志出版社图书营销中心（010-67110500）
印　　刷：济南书来书往印刷有限公司
开　　本：889 毫米 ×1194 毫米 1/16
印　　张：30.5
字　　数：771 千字
版　　次：2024 年 11 月第 1 版
印　　次：2024 年 11 月第 1 次印刷
定　　价：265.00 元

《东乡年鉴（2024）》编辑部

编辑说明

BIANJI SHUOMING

一、《东乡年鉴》以马克思列宁主义、毛泽东思想、邓小平理论、“三个代表”重要思想、科学发展观、习近平新时代中国特色社会主义思想为指导，坚持辩证唯物主义和历史唯物主义的立场、观点和方法，全面系统记述江西省抚州市东乡区自然、政治、经济、文化、社会和生态文明建设等方面情况，为存史、资政、育人服务。

二、《东乡年鉴（2024）》是东乡本级地方综合年鉴，由东乡区人民政府组织、中共东乡区委党史和地方志研究室编辑，稿件由各乡镇（街道、场），经济开发区，区委各部门，区直各单位，各人民团体，中央、省、市驻区各单位及有关企业提供。

三、《东乡年鉴（2024）》收录范围以东乡区现有行政区划为界，记述时间以2023年1月1日至12月31日为限。同时，为完整反映某件事物的全貌，在特载和个别条目中略有突破。内容分为综合情况、动态信息和辅助资料三大部分。

四、《东乡年鉴（2024）》内容层次设置是为了方便分类编辑和读者阅读，机关、企事业单位等排序和层次并不表示其地位和规模。部分条目因内容需要比对，时间有所上溯。

五、《东乡年鉴(2024)》采用记述体，数字用法、标点符号用法分别采用国家标准《出版物上数字用法》(GB/T 15835—2011)、《标点符号用法》(GB/T 15834—2011)。计量单位采用国家技术监督局1993年12月发布的《量和单位》系列国家标准。考虑到社会使用习惯，计量单位“亩”仍保留。

六、《东乡年鉴（2024）》所列数据，除统计部门正式公布外，均由各有关部门和行业提供，并经供稿单位审核。因统计口径不同等原因，个别数据与统计部门数据不尽一致时，以统计部门数据为准。部分数据因四舍五入等因素，总项和分项之和存在一定误差，未做机械调整。

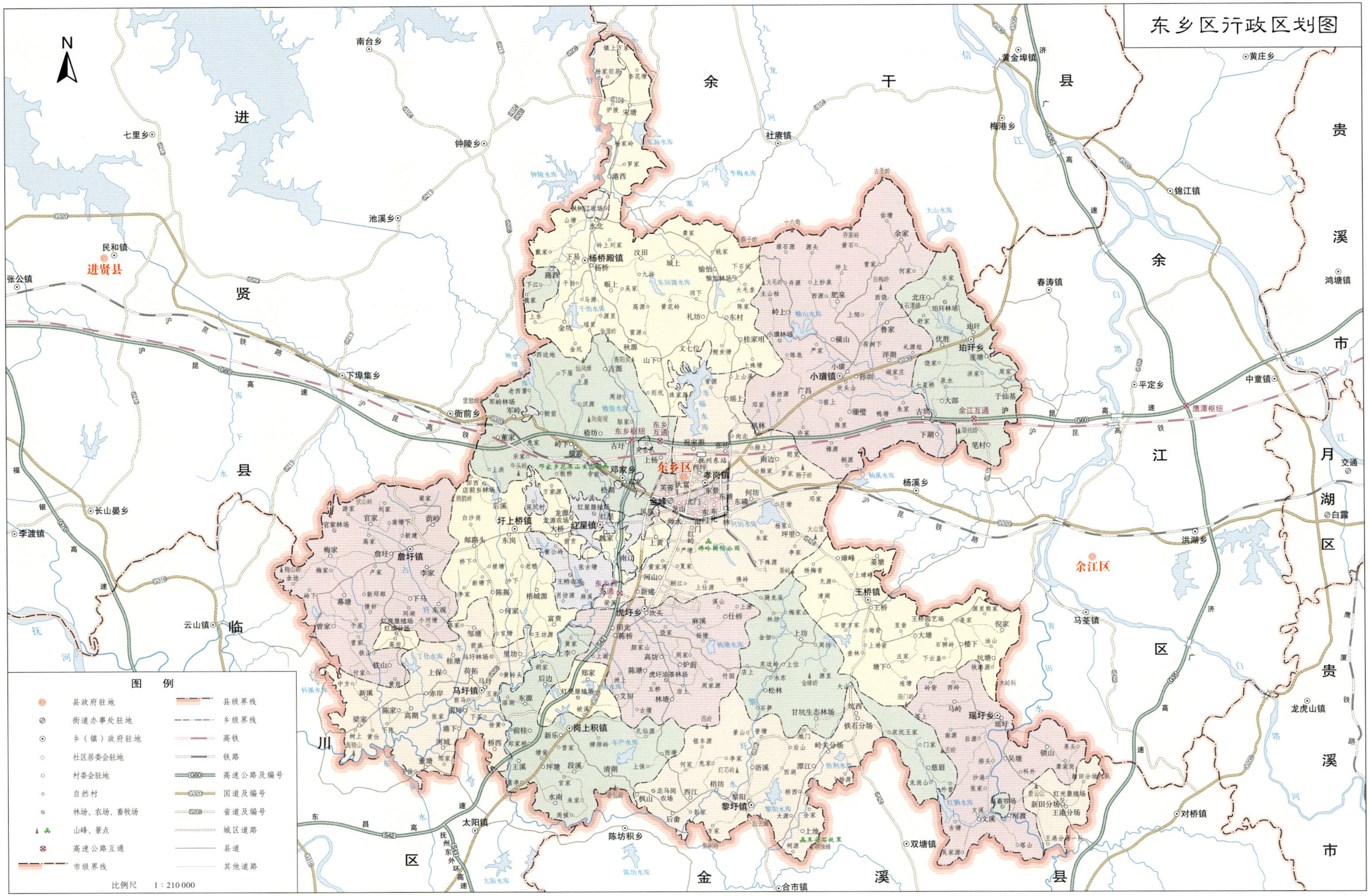

审图号：赣S（2023）20号

二〇二三年三月

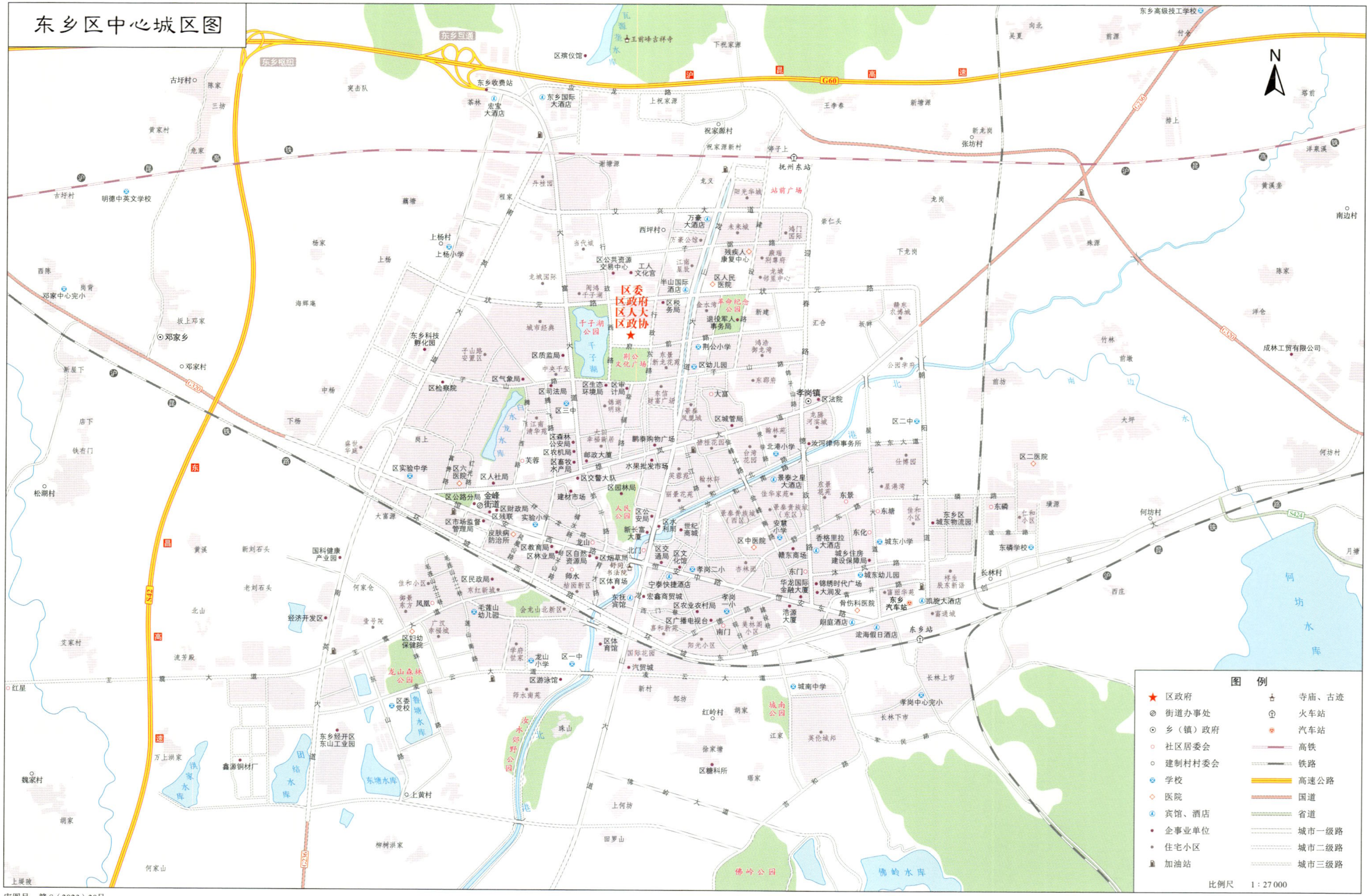

审图号：赣S（2023）20号
二〇二三年三月

东乡荣誉（2023）

DONGXIANG RONGYU

- 国家乡村振兴示范创建县
- 中国气候宜居城市
- 江西省双拥模范城
- 江西省中小企业数字化转型试点县（区）
- 2023 年度江西省粮食生产先进集体
- 2023 年度江西省矛盾纠纷排查化解专项行动先进集体
- 2023 年度全省县级人防高质量发展优秀单位
- 2023 年度全省市县综合考核第一等次
- 2023 年度全市工业创新发展争先擂台赛总决赛第二名

数字东乡（2023）

SHUZI DONGXIANG

- 全区完成地区生产总值 **238.17** 亿元，增长 **6.4** %；
- 一般公共预算收入 **15.52** 亿元；
- 社会消费品零售总额增长 **8** %；
- 进出口总额 **35.41** 亿元，出口总额 **32.39** 亿元；
  18 家优强企业实现营收 **192.57** 亿元，增长 **35.71** %；
  163 家规模以上工业企业实现营收 **299.71** 亿元，增长 **20.45** %；
- 粮食产量 **35.37** 万吨，实现“十二连丰”；
- 蓝莓总销量约 **30** 万千克，产值 **1000** 万元；
- 生猪存栏 **51.64** 万头，累计出 **93.07** 万头；
- 安装新型环保公厕 **617** 座、完成 **168** 个新农村建设点；
- 完善污水管网 **132** 千米、建成污水处理设施 **83** 座；
- 新增造林 **2.22** 万亩；
- 快速推进 **69** 座历史遗留废弃矿山生态修复工程

◎ 江西蓝莓之乡

2023年，东乡区蓝莓大面积挂果，种植面积1000公顷，位居全省第一，新增28个蓝莓挂果基地，年产量30万千克，实际销售28.7万千克，产值1000万元，为乡村振兴注入新动能。2023年5月，江西省林学会授予东乡区“江西蓝莓之乡”称号。

5月19日，蓝莓分拣　（饶方其　摄）

5月20日，蓝莓采摘　（王亿玲　摄）

5月20日，蓝莓专场直播促销　（王　倩　摄）

5 月 25 日，“志愿红”助力蓝莓采摘　（朱礼云　摄）

5 月 28 日，超市蓝莓销售火爆　（朱礼云　摄）

蓝莓育苗　（区现代农业示范管委会　供）

4月2日，东腾蓝莓产业园蓝莓花开 （区现代农业示范管委会 供）

5月24日，蓝莓产业园硕果累累 （区现代农业示范管委会 供）

6月6日，《玛瑙谁家缀千树》 （揭启韬 摄）

◎ 城市建设步伐加快

2023 年，东乡区深入开展城市更新行动，聚焦城市功能与品质再提升，加快补齐公共服务和基础设施建设短板，城市功能进一步健全，城市品位进一步提升。

7 月 2 日，晚霞映照千子湖畔　（梁小青　摄）

7 月 8 日，行政中心广场　（李辉明　摄）

10 月 30 日，东乡城区一角　（朱礼云　摄）

8 月 26 日，无人机航拍下的龙山大道　（宗子毅　摄）

◎ 工业发展创优争先

2023 年，东乡区聚力促进转型升级，产业结构更加优化。全力打好工业创新发展强攻战，在全市工业创新发展争先擂台赛总决赛中获得第二名。

2 月 18 日，荣成机械数字工厂 （乐 欢 摄）

7 月 19 日，路威轮毂生产车间 （乐 欢 摄）

5 月 28 日，万顷光伏斗霞光，东乡杨桥渔光互补工程 （邹宇萍 摄）

12 月 22 日，发那特机械科技有限公司产业园建设　（饶方其　摄）

8 月 24 日，荣成机械制造公司汽配生产线（饶方其　摄）

繁忙的车间　（何　浪　摄）

◎ 交通强区

东乡是沪昆高铁经济带的重要支点，沪昆高铁、沪昆铁路、沪昆高速、东昌高速、320 国道穿境而过，是全国少有的集普铁、高铁、高速、国道交通于一身的县（区）。

1 月 22 日，雪后初晴　（吴晓毅　摄）

8 月 1 日，抚州东站　（邹宇萍　摄）

10 月 24 日，高速穿过田园　（朱礼云　摄）

11 月 9 日，甘坑四好公路　（曾志亮　摄）

6 月 1 日，高考爱心专车揭牌
（饶方其　摄）

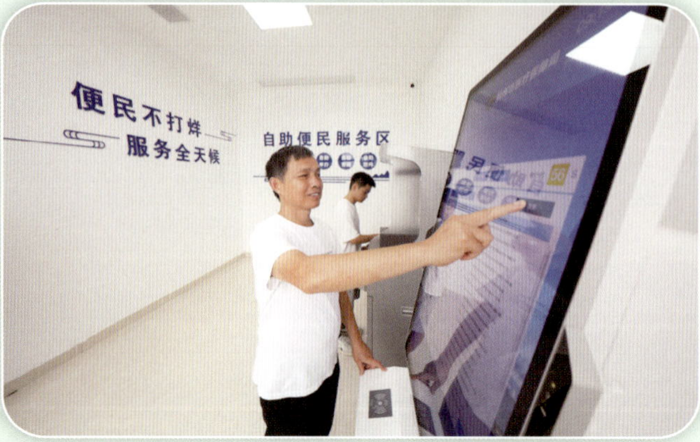

7 月 17 日，东乡区医保局开展“便民不打烊，服务全天候”工作　（饶方其　摄）

◎ 倾力保障改善民生

2023 年，东乡区深入践行以人民为中心的发展思想，坚持尽力而为、量力而行，积极探索促进共同富裕的有效路径，不断满足人民群众对美好生活的向往。

7 月 27 日，青年志愿者助农采收莲蓬　（朱礼云　摄）

12 月 8 日，爱心企业为外卖员送温暖 （饶方其 摄）

1 月 10 日，幸福之家为老人提供午餐
（乐 欢 摄）

7 月 28 日，区城管局在东乡幸福城开展创文巩卫活动 （邹宇萍 摄）

◎ 文化生活日趋丰富

2023 年，东乡区策应“文化抚州、梦想之舟”品牌战略，提出“坚持文化事业、文化产业双轮驱动”的工作思路，不断开辟文化强区发展新境界。

2 月 1 日，虎圩乡举办东乡、临川、金溪三县（区）文化联谊互送活动
（饶方其　摄）

2 月 29 日，罗汉灯进校园　（饶方其　摄）

5月14日，2023年“抚州市东乡区生态康养太极周”启动仪式举行　（邹宇萍　摄）

5月1日，“青春畅跑，‘莓’好同行”健康跑活动在佛岭举行

（饶方其　摄）

11月22日，东乡区2023年首届集体婚礼在大剧院门口举行

（饶方其　摄）

◎ 旅游发展如火如荼

2023 年，东乡区加快推进“文化强区”和“旅游强区”战略，推动文旅融合高质量发展。现有国家 AAAA 级旅游景区 1 个、国家 AAA 级旅游景区 4 个，自然和人文景观丰富。

3 月 30 日，吉和塔日出　（揭启韬　摄）

5 月 3 日，畅游玫瑰花海　（饶方其　摄）

5 月 26 日，花果山五彩田园　（饶方其　摄）

5月2日，邓家乡花果山玫瑰小镇　（邹宇萍　摄）

6月21日，佛岭松鼠　（乐建文　摄）

7月6日，捕捞“生态鱼”　（饶方其　摄）

7 月 12 日，欢乐沙滩　（饶方其　摄）

7 月 13 日，黎圩镇浯溪古村　（邹宇萍　摄）

8 月 24 日，东乡欢乐沙滩　（邹淑婷　摄）

7 月 21 日，宰相故里上池郜　（邹淑婷　摄）

9 月 17 日，东乡幸福水库　（邹淑婷　摄）

1月26日，东乡虎圩乡智慧农业种植大棚　（何　浪　摄）

4月9日，志愿者助力乡风文明建设
（乐　欢　摄）

◎ 乡村振兴再提质

2023年，东乡区持续巩固拓展脱贫攻坚成果与乡村振兴有效衔接，扎实推进美丽乡村建设，获评国家乡村振兴示范创建县（区）。

7月12日，东乡虎圩乡秀美农村何张村　（何　浪　摄）

10 月 3 日，王桥镇王桥村上南山村小组蜂农采蜜
（李辉明　摄）

12 月 25 日，瑶圩乡红糖村传统熬红糖技艺
（邹淑婷　摄）

12 月 3 日，王桥镇大塘村花果芋丰收　（邹宇萍　摄）

目 录

中国共产党抚州市东乡区委员会

东乡区人民代表大会

东乡区人民政府

政协东乡区委员会

军　事

法　治

农·林·水

江西蓝莓之乡

工业·信息

园区经济

商贸服务

金融 · 保险

经济管理与监督

交通运输

城乡建设与管理

教育·体育

文化 · 传媒

科学技术

卫生健康

社会事务管理

乡镇·街道·场

人物·荣誉

附　录

索　引

特　载

在区委二届十一次全体（扩大）会议暨区委经济工作会议上的讲话

区委书记　彭敏群

（2024年1月19日）

今天召开区委二届十一次全体（扩大）会议暨区委经济工作会议，主要任务是：坚持以习近平新时代中国特色社会主义思想为指导，深入学习贯彻党的二十大和习近平总书记考察江西重要讲话精神，全面落实中央经济工作会议、省委十五届五次全会和省委经济工作会议、市委五届五次全会暨市委经济工作会议精神，聚焦“走在前、勇争先、善作为”的目标要求，总结2023年区委常委会工作，研究部署2024年经济社会发展工作。下面我讲几点意见。

一、准确把握“时”与“势”，深刻认识高质量发展的重大意义

察势者明，趋势者智。全面建设社会主义现代化东乡，面临着做大总量与提升质量的“双重使命”、开发建设与生态保护的“双重压力”、加快发展与维护安全的“双重挑战”，尤其是当前内外部环境正在发生着深刻变化，必须把坚持高质量发展作为新时代的硬道理，顺势而为、因势而动、乘势而上。

第一，要在认清大局大势中保持战略定力。对于当前经济形势，我们既要用“显微镜”观察当前之形，更要用“望远镜”看清长远之势，保持战略定力，奋力攻坚克难。从国际看，世界百年变局全方位、深层次加速演进，乌克兰危机跌宕起伏，巴以冲突骤然升级，地区热点问题频发，保护主义、单边主义上升，经济逆全球化，全球贸易增长乏力，世界经济形势依然低迷。据国际货币基金组织预计，今年全球经济增长率为2.9%。从国内看，我国经济回升向好、长期向好的基本趋势没有改变，支撑高质量发展的各方面优势不断巩固，但国内周期性问题、结构性矛盾交织，面临着有效需求不足、部分行业产能过剩、社会预期偏弱、风险隐患仍然较多等问题。传统“三驾马车”动力减弱，固定资产投资持续下滑、消费仍较低迷、出口压力加剧，新能源汽车、锂电池、太阳能电板“新三样”动力受限。部分企业淘汰出局、部分企业难以为继、部分企业回升向好，企业发展信心不足问题依然较为突出。从省、市看，我省发展态势持续回升向好，新兴产业加快壮大，重大项目建设稳步推进，国家战略叠加效应逐步显现，高质量发展动能更加充足、潜力更加巨大。我市发展步入了稳中向好、持续向好的上升期，特别是去年全市经济增幅创撤地设市以来最好成绩，稳居全省前列，完全有机会、有条件、有能力实现换道超车、后发赶超。

第二，要在直面风险挑战中增强忧患意识。推进高质量发展推动经济实现质的有效提升和量的合理增长，我区还面临着不少的风险挑战。一是社会预期偏弱。当前外部环境复杂

性、严峻性不确定性上升，部分经营实体效益去年没有达到预期，生存压力加大，对扩大投资再生产缺乏信心。比如，去年1—11月，全区163户规上企业中有47户亏损，同比增加15户。二是有效需求不足。居民消费意愿不够强，预防性储蓄增加，一定程度制约了消费增长。比如，去年1—11月，全区化妆品类、日用品类、体育娱乐用品类消费分别下降64.2%、49.2%、20.1%。三是产业结构堪忧。对标新型工业化的要求，我市产业结构不合理，特别是有色金属产业面临转型“阵痛”，粗加工占比仍然较高。去年1—11月，全区13户金属加工企业实现营业收入96.74亿元。其中，粗铜加工营业收入80.79亿元，占比高达83.52%。四是增长动力减缓。投资增长乏力，预计2023年全区固定资产投资增长-2.5%，未能实现由负转正。重点项目支撑不足，截至去年11月底，全区在库项目135个，同比减少49个，其中5000万元以上项目减少17个。创新驱动动能不足，创新平台、创新主体和人才数量偏少，创新成果转化不多。五是风险隐患较多。受经济下行、地产断崖式下跌等不利因素影响，加上进入偿债高峰期，地方政府债务风险不断增大，集资融资、房地产、劳动社保等重点领域社会稳定风险较为突出，安全生产、生态环保风险防范压力较大。六是作风顽疾犹在。少数部门、干部职工办事效率低，不担当、不作为和推诿扯皮的现象仍然存在。少数党员干部心存侥幸，把落实中央八项规定精神当作“耳旁风”，视纪律为“稻草人”，明目张胆、顶风违纪，踩“红线”、闯“雷区”。有的党员干部对党纪法规置若罔闻。

第三，要在抢抓有利机遇中提振发展信心。信心比黄金更可贵。当前，我区经济社会高质量发展面临着多重有利机遇，为我们稳预期、提信心提供了有力支撑。一是有习近平总书记的极大关怀。习近平总书记时隔四年再次亲临江西考察指导，对江西发展提出“走在前、勇争先、善作为”的目标要求，赋予了江西新的时代重任，为我们做好各项工作提供了总遵循。二是有上级领导的关心支持。省委、省政府和市委、市政府领导对东乡发展高度重视、鼎力支持。2023年，省委书记尹弘同志等省四套班子领导赴东乡调研10余次，为东乡经济社会发展把脉定向、倾力指导。今年1月10日，省委副书记、省长叶建春同志深入东乡调研“五经普”和产业发展，对我区工业创新发展工作予以充分肯定。市委、市政府主要领导也多次到东乡面对面指导工作，体现出对东乡的高看一等、厚爱三分。上级领导的肯定支持、殷切期望，让我们的奋斗精神更加昂扬、必胜信念更加坚定。三是有宏观调控的政策红利。去年，国家增发1万亿元国债，将极大拉动投资。国务院将2024年度部分新增地方政府

1月19日，区委二届十一次全体（扩大）会议暨区委经济工作会议在行政中心召开

（区融媒体中心　供）

债务额度提前下达也保障了地方融资需求。同时，降准降息、减税降费等政策效应会在今年不断释放。预计今年国家还会出台一些新措施，增量政策和存量政策叠加，将有力推动我区经济加快回升向好。四是有转型升级的动能转换。通过深入实施省“1269”、市“2416”行动计划和区“2316”行动计划，积极参加全市工业创新发展争先擂台赛，我区产业转型升级的步伐不断加快。特别是在国家、省、市推动新型工业化的战略布局下，我区通过推动传统产业改造升级、战略性新兴产业培育壮大、未来产业谋篇布局，加速了高质量发展的动能转换。五是有稳中向好的政治生态。区四套班子坚持把维护和巩固团结作为重大责任，大事讲原则，小事讲风格，切实把班子团结成“一块坚硬的钢铁”。选人用人导向鲜明，我区干部选拔任用工作“一报告两评议”各项指标评价结果连续两年高于县（区）平均值。省委第七巡视组经过两个月的常规巡视，对我区的政治生态环境表示肯定，巡视反馈意见总体评价为“自上次省委巡视以来，党的领导得到加强，政治生态稳中向上”。去年10月，市委主要领导到东乡开展政治谈话，也对我区政治生态表示肯定。

二、更好统筹“稳”与“进”，高效落实高质量发展的重点任务

习近平总书记时隔四年再次亲临江西考察调研，充分体现了对江西工作的高度重视、对老区人民的特殊关怀、对江西发展的殷切希望，是我们加快发展、奋力赶超、推进现代化建设的最强信心和最大底气。习近平总书记的重要讲话，高屋建瓴、思想深邃，内涵丰富、饱含深情，具有重大的政治意义、战略意义、时代意义、实践意义，为推进新时代江西改革发展指明了前进方向、提供了根本遵循。省委十五届五次全会和市委五届五次全会暨市委经济工作会议对深入学习贯彻习近平总书记考察江西重要讲话精神作出全面部署，全区上下要认真学习领会，把握精髓要义，不折不扣抓好落实，自觉将习近平总书记的殷殷嘱托贯穿全区经济社会高质量发展全过程、各方面。

今年是中华人民共和国成立75周年，也是实现“十四五”规划目标任务的关键一年。全区工作的总体要求是:坚持以习近平新时代中国特色社会主义思想为指导，深入学习贯彻党的二十大和习近平总书记考察江西重要讲话精神，全面贯彻落实中央经济工作会议、省委十五届五次全会和省委经济工作会议、市委五届五次全会暨市委经济工作会议精神，聚焦“走在前、勇争先善作为”的目标要求，坚持稳中求进工作总基调，完整、准确、全面贯彻新发展理念，加快构建新发展格局，着力推动高质量发展，全面深化改革开放，提升科技创新能力，统筹扩大内需和深化供给侧结构性改革，统筹新型城镇化和乡村全面振兴，统筹高质量发展和高水平安全，努力构建体现东乡特色和优势的现代化产业体系，切实增强经济活力、改善社会预期、增进民生福祉、推进共同富裕、防范化解风险、保持社会稳定，巩固和增强经济回升向好态势，持续推动经济实现质的有效提升和量的合理增长，奋力谱写中国式现代化东乡篇章。

区委考虑，把今年定为“大抓落实年”。全区地区生产总值增长的预期目标为6%；一般公共预算收入增长的预期目标为4%；规上工业增加值增长的预期目标为7%；固定资产投资增长的预期目标为6.5%；社会消费品零售总额增长的预期目标为8.2%；出口总额稳中提质，实际利用外资稳中有进，城镇、农村居民人均可支配收入增长的预期目标分别为6%、7.5%。

围绕完成上述目标任务，总的思路是坚持“稳中求进、以进促稳、先立后破”，重点做到“坚持五个统筹、实施六大攻坚”。

统筹稳中求进和以进促稳。抓住“稳”的

着力点，保持政策的稳定性、连续性，发挥政策的集成效应，多出有利于稳预期、稳增长、稳就业的政策，稳住优势产业、稳住项目投资、稳住市场主体、稳住外资外贸，确保经济运行在合理区间。同时，找准“进”的发力点，抓住一切有利时机，利用一切有利条件，能多干就多干一些，能快就再快一些，在转方式、调结构、提质量、增效益上积极进取，不断培育壮大新的经济增长点。

统筹扩大内需和优化供给。开发拓展消费业态和消费场景，强化项目谋划储备和要素保障，形成有潜能的消费和扩大有效益的投资相互促进的良性循环。围绕省“1269”、市“2416”行动计划，深入实施区“2316”行动计划，立足供应链，重塑产业链，提升价值链，增强实体经济对接市场的精准度。

统筹城市建设和乡村振兴。按照“一核引领、两翼联动、多点发力”区域发展格局，推动中心城区实施城市更新行动，提升智能化、精细化管理水平，着力发展城市经济和工业经济。把推进新型城镇化和乡村全面振兴有机结合起来，在促进城乡融合发展上实现新突破。巩固拓展脱贫攻坚成果，大力发展优势特色产业，不断壮大村集体经济。学习运用“千万工程”经验，深入实施乡村建设行动，推进乡村全面振兴。

统筹深化改革和扩大开放。深化开发区、国资国企和土地、用工、金融等重点领域改革，强化先进生产要素的高效配置和有效保障。同时，在全省“双向开放、惠通四方”的大文章中找准定位，深度融入共建“一带一路”，深化东乡与泉港的对口合作，承接沿海地区先进产业转移。

统筹高质量发展和高水平安全。扛牢粮食安全政治责任，防范化解金融、地方债务等重点领域风险，严守生态保护红线，兜住“三保”底线，塑造安全发展环境。

我们要把坚持高质量发展作为新时代的硬道理，把推进中国式现代化作为最大的政治，把握重点、抓住关键，提振士气、铆足干劲，全力在实施六大攻坚上求突破、强作为。

第一，聚焦提升新能级，在构建现代化产业体系上持续攻坚

工业是东乡发展的底气，更是发展的潜力和希望。要坚定不移实施工业强区战略，大力推进新型工业化，加快构建具有东乡特色优势的现代化产业体系。

一要推动重点产业扬优成势。区委、区政府制定制造业重点产业链建设“2316”行动计划，这是对标融入省“1269”行动计划、市“2416”行动计划，推进新型工业化、建设现代化产业体系的战略路径。要围绕“1首位+1主导”产业布局，加快建设新能源新材料、生物医药2条制造业重点产业链，全力打造新材料、医药制造、汽车零部件3个先进制造业集群。要以实施产业链链长制升级版为抓手，集中力量在产业链薄弱环节进行重点突破，不断提高产业集聚度，提升产业链发展水平，力争全区规上工业增加值增长7%以上，工业营收突破350亿元，增长16%以上。新材料产业集群，依托金光高科、雨帆生物能源、鲲鹏新材料等龙头企业，大力发展以电解液为核心的锂电产业，依托永冠科技、高信前沿科技等龙头企业，发展可降解胶带、薄膜新材料及甲基丙烷等精细化工新材料。要密切关注市场变化，利用产品及技术优势，形成竞争力，提升产能利用率。医药制造产业集群，要推进亿友药业、施美药业、红星药业加快新建项目，推动回音必制药、科伦药业通过“市场换产能”的方式，扩大总部新产品品类和订单份额，促进各药企形成园区内产业配套，打造“中间体、原料药、制剂”一体化协同发展格局。汽车零部件产业集群，要围绕抚州比亚迪新能源汽车头部企业，依托爱索轻合金、路威轮毂、发那特科技、凯思特机械科技、华琪合成橡胶等企业，大力发展汽车核心零部件领域产品，拓展园区内部协作配套，提升产业集群的韧性和影响力。要大力发展研发设计、检测认证、知识产权等生产性服务业:推动先进制造业和现代服务业深度融合、共促发展。要深入实施数字经济做优做强“一号发展工程”，围绕台德智慧科技、联坤电子、超显科技等龙头企业，深耕汽车传感器、语音控制系统等新赛道，培育壮大电子信息战略性新兴产业。要高度关注省、市未来产业发展方向和计划，利用现有资源优势谋划布局元宇宙人工智能、新型储能等未来产业，努力形成新质生产力。

二要促进传统产业转型升级。于东乡而言，传统产业仍是工业发展的家底，占规上企业营业收入的54.3%。要找准传统产业定位，明确主攻方向，持续推动化工、建材、纺织服装、机电制造、塑料、食品等传统产业的企业升级、产品升级、工艺升级、管理升级，实现“老树发新枝”，厚植传统产业新优势，塑造产业竞争新支撑。比如，在有色金属产业方面，要加快精深加工转型步伐，聚焦下游铜铝镁基新材料终端运用细分领域，加强与爱索轻合金、路威轮毂、恒吉线缆、长裕硬质合金等合作，拓展产业协作配套率，布局并延伸精深加工全产业链。要利用好市有色金属产业链产业联合会资源，打破各自独立封闭局面，实现产业优势互补、利益共享，促进转型。要充分发挥政策引导作用，给予资金项目支持，大力培育一批国家和省、市两化融合示范企业，推动产业高端化、智能化、绿色化发展。

三要加快科技创新赋能发展。创新是推动发展的第一动力。要深入实施科技型企业梯次培育、创新平台引领力升级行动，充分发挥创新平台吸附创新资源、吸引高端人才、开展技术研发、促进成果转化等优势。要加大与大院大所合作，推动中国科协“海智计划”工作基地、南昌大学新材料新能源（抚州）研究院、中科（东乡）智汇工场等建设，打造服务产业发展的高能级研发平台。要大力推动创新链、产业链、资金链、人才链“四链融合”深度参与“揭榜挂帅”行动，聚焦重点企业的关键核心技术开展攻关；用好科贷通、科创通、技改贷等金融产品，推动更多科技创新成果向现实生产力转化；创新实施“项目+平台+人才”引才模式，运用好“人才之家”综合服务平台，扎实开展“书记部长进校园”“百博进百企”等引才行动，为产业高质量发展提供更强人才支撑。

第二，立足拓展新空间，在扩大有效需求上持续攻坚

项目是工业的抓手、发展的后劲，消费是扩大有效需求的重要途径，要形成投资和消费相互促进的良性循环。

一要竭智尽力谋引项目。今年中央安排地方政府专项债券规模将高于去年，并合理扩大资本金范围。今后几年还将发行超长期特别国债，不列入赤字，重点支持交通基础设施、能源、农林水利、区域协调发展、社会事业、现代化产业体系、关键核心技术攻关、新型基础设施、节能减排降碳、灾后恢复重建和提升防灾减灾救灾能力、安全能力建设等领域。要成立工作专班，加强政策研究和对接汇报，聚焦国家投资政策和导向，对重点投资领域进行分类研究，总结去年项目早报中的经验和教训，加大东乡高级技工学校新校区、区小（1）型水库灌区节水改造等重大项目争取力度，形成谋划一批、储备一批、开工一批的项目建设良好局面。要强化“大抓项目、大抓产业、大抓招商”氛围，重点围绕“1首位+1主导”产业，开展产业链、供应链招商。立足现有头部企业、链主企业，开展清单化、补链式招商；瞄准国内行业龙头、知名大企，引进成长性高、带动性强、覆盖面广的优强企业、骨干企业和专精特新中小企业，形成“引进一个、带动一串、连成一片”的生动局面。今年全国审计工作提出要严查招商引资“税收洼地”和违规返税乱象，区审计、财政、商务、税务、经开区等部门要密切关注，加强研判分析，严格落实好我区招商引资工作十项机制，增强质量意识、成本意识、风险意识，推动招商工作由引资向选资、由分散向集聚、由数量向质量转变切实落实好“三新一高”要求。

二要铆劲加力建成项目。继续打好全市工业创新发展争先擂台赛，力争在全市季度赛、年终赛中争擂夺位，取得更好成绩。要坚持“高位化调度、集成化作战、一体化办理”工作模式，做到推动牵头领导、责任主体、推进单位、配合部门、时序进度“五到位”。健全完善“要素跟着项目走”和“项目吹哨、指挥部和部门报到”机制，优先保障重大项目土地、建材、用能、资金等要素资源，努力形成更多的实物工作量。深化重点项目“模拟审批”、工业项目“拿地即开工”改革，加快项目流程审批。建立更加严格有效的项目建设运营情况督查督办、量化评分和排名“晾晒”机制，实行“项目数量、质量、效率”“三维考核”，做到落地率、投产率、转化率“三率并重”，确保形成有效投资支持社会资本参与重大工程、重大项目和盘活国有存量资产、政府老旧资源。

三要悉心毕力扩容消费。深入实施商贸消费提质扩容三年行动，多举措开展绿色智能家电下乡和以旧换新，支持新能源汽车下乡，稳住汽车、燃油、建材等大宗消费。持续扩大健康、养老、托育、家政等优质消费供给，推动现代服务业蓬勃发展。支持开展餐饮促消费活动，创新输出本土美食、节庆民俗、热门打卡点。拓展新型消费，用好“中国书法之乡”“江西蓝莓之乡”“江西灯彩之乡”等文化IP，推动文化、旅游、消费深度融合。完善文旅消费设施，改善文旅消费场景，打造区域性消费城市、夜间文旅消费集聚区，不断释放文旅消费潜力。大力发展数字消费、绿色消费、健康消费，培育文娱旅游、体育赛事、国货“潮品”等新的消费增长点。要优化中心城区和县域商业布局，加大智慧商圈和智慧商店培育建设力度，让群众就近便利消费。

第三，致力增强新动能，在深化改革开放上持续攻坚

用好改革开放“关键一招”，推进深层次改革，扩大高水平开放，加快打造内陆地区开放高地。

一要全面深化改革攻坚。持续开展“改革创新每年一成果”行动，争取国家级、省级改革创新试点示范或重大平台落地。纵深推进经开区体制机制改革，巩固拓展“管委会+平台公司”“开发区+主题产业园”改革成果，加快扩区调区步伐，深入探索开发区网格化管理机制改革，推动服务力量下沉，构建功能齐全、服务精准、管理有序的经开区网格管理格局。深化工业用地提质增效改革，制定完善低效闲置用地退出机制，为优质项目腾出发展空间。全面实施新一轮国企改革深化提升行动，建立国有资金投资工程项目委托区属国企建设制度，推动区城投集团、区工创投集团、区惠民医疗健康集团、区林业发展有限公司市场化运营:实体化经营、效益化提升。统筹推进纪检监察、财税体制、社会治理等改革，着力在重点领域、重点环节取得新突破、新进展。

二要主动融入开放格局。持续用好我区工业基础优势、区位优势、发展环境优势，主动承接东部沿海产业转移，加强与泉州市泉港区的务实合作，推动政策协同、交通互通、友好往来，更大力度、更高水准承接泉州市、福建省、东部沿海地区产业转移。主动融入南昌都市圈。完善互联互通基础设施体系，致力打造南昌都市圈东大门区域物流中心，在产业、交

通、物流、文化旅游等方面深化合作。主动落实抚州重大战略布局。努力在建设“文化创新强市”上贡献力量，深度融入“文化抚州、梦想之舟”品牌建设，准确把握品牌内涵，坚持以文聚力、以文化人、以文润城、以文兴业。充分发挥我区文化产业优势，大力培强文化市场主体，支持台德智慧科技、亚力亚包装、美尔丝瓜络等龙头骨干文化企业做优做强，助推文化产业创新发展、亮点纷呈。持续深化外资外贸，提级改造物流基础设施，全力推进赤湾东方智慧公路港物流网、江西欣盛铁路集装箱综合物流园项目扩展业务。大力发展陆海联运、铁海联运，全力配合永冠科技畅通外贸物流通道、降低物流成本，保障“东乡—宁波”铁海联运班列有效运行；鼓励推动有实力的企业参与国际产能合作、拓展对外贸易，引导企业参加各种大型展会。加快培育跨境电商等外资新业态，促进永冠科技、麦宏电子等企业做大跨境电商业务。

三要优化升级营商环境。深入实施新一轮营商环境对标提升行动，持续唱响“抚务周到”营商环境东乡品牌。常态化制度化开展“企业家心港湾”政企恳谈活动，发挥助企专员的作用，坚持有求必应、无事不扰，探索实施包容审慎监管，规范涉企行政执法行为，着力营造依法保护企业家合法权益的法治环境、促进企业家公平竞争诚信经营的市场环境、尊重和激励企业家干事创业的社会环境。加快推进数字政府建设，积极推动政务服务数字化改革三年攻坚行动，深化“放管服”改革，纵深推进“一件事一次办”“全市域通办”“招标即开工”，最大限度减环节、优流程、压时限、提效率，全方位提升服务能力。推动金融机构尽职免责制度落地，增强敢贷信心，着力解决中小微企业、民营企业融资难融资贵问题，引导金融活水更好浇灌实体经济。要围绕企业用电用气成本偏高、外贸企业运输成本偏高等“痛点”，想方设法降低企业制度性成本，逐步破解要素成本过高问题，不断提升承接产业转移的吸引力和集聚力。

第四，着眼塑造新面貌，在推动乡村全面振兴上持续攻坚

学习运用“千万工程”经验，有力有效推进乡村全面振兴提升乡村产业发展水平、乡村建设水平、乡村治理水平，加快农业农村现代化步伐。

一要大力发展农业产业。严格落实粮食安全党政同责，大力实施“藏粮于地、藏粮于技”战略，坚持稳面积、增单产两手发力。落实最严格的耕地保护制度，持续抓好耕地保护五个“一票否决”事项整改，坚决整治乱占、破坏耕地违法行为。坚持产加销贯通、农文旅融合，大力发展绿色农业、特色农业、精品农业，积极延伸和拓展农业产业链价值链，促进农村一二三产业深度融合。坚持用工业化理念来抓农业，以“粮头食尾”“农头工尾”为抓手，建设一批投资规模大、产业链条长、带动能力强的农产品加工项目，重点推动美尔丝瓜络生态工厂、养乐星生物科技三期和四期等重点项目建设，支持养乐星生物科技深化与万辰生物、“零食有鸣”等零售业巨头的互利合作，加强与山姆会员店等高端市场的对接。全面打响“江西蓝莓之乡”品牌，坚持以延长蓝莓产业链、拓展蓝莓功能链、提升蓝莓价值链为主线，做好特色种植、精深加工、休闲文旅、综合商贸四篇文章。积极开展“赣鄱正品”“赣抚农品”认证工作，大力发展绿色、有机和地理标志农产品，提升东乡花果芋、东乡葛粉、东乡花猪肉、东乡绿壳蛋、东乡雷竹笋、东乡稻蛙等特色农产品品牌效应。

二要统筹推进城乡融合。大力实施城市更新行动，有序开展老旧小区、城中村改造，稳步推进保障性安居工程，协调推动城乡基础设施一体化、基本公共服务均等化、农业转移人口市民化，把中心城区建设成为高品质生活宜居地。按照“一核引领、两翼联动、多点发力”区域发展布局，支持各乡镇（场）特色化发展，提升中心镇建设品质和承载服务能力，引导人口、资源和要素向中心镇集聚，加快建设一批产业强镇、商贸强镇和文旅强镇。大力推进县乡村三级电商服务和物流配送体系建设，加快提升农产品进城、工业品下乡的双向流通服务能力。

三要全面建设秀美乡村。扎实推进美丽乡村建设，以东乡入围国家乡村振兴示范县创建名单为契机，深入实施农村人居环境整治提升五年行动，强化乡村生态环境保护，不断提升“1+N”长效管护水平。精心打造美丽乡村精品项目，力争新增美丽宜居乡镇2个，重点打造一批宜居村庄、秀美庭院、精品民宿。稳慎推进农村宅基地制度改革，激活乡村闲置资源。深化农村精神文明建设，完善村规民约，整治高价彩礼等陈规陋习，推动移风易俗，引导农村社会形成文明新风尚。

第五，紧扣探索新路径，在加快绿色低碳转型上持续攻坚

积极参与全省生态文明先行示范市建设，协同推进降碳、减污、扩绿、增长，加快推动经济社会发展全面绿色转型。

一要做足增“绿”文章。深入推进长江大保护攻坚行动，扎实开展新一轮“八大标志性战役、30个专项行动”，打好打赢蓝天、碧水、净土保卫战。狠抓中央和省生态环保督察反馈问题整改，特别是要跟踪协调井山水库耕地指标报批工作，同步推进清库、竣工验收等工作，确保今年实现蓄水，完成整改销号。加快推进省第四环保督察组通报曝光的4个典型案例整改，力争尽早销号。要坚持山水林田湖草沙一体化保护与治理，巩固提升重点水域禁捕退捕工作成果，统筹抓好地下水污染防治试验区、“无废城市”建设、国土绿化、历史遗留废弃矿山生态修复、生物多样性保护等试点示范，推动生态环境质量在高水平上稳定向好。

二要深化降“碳”举措。有序推进“碳达峰十大行动”，持续优化产业结构、建筑结构、交通运输结构，推动能耗“双控逐步转向碳排放“双控”，坚决遏制“两高一低”项目盲目发展。要以东乡经开区成功入选全省首批碳达峰试点园区为契机，稳步推进经开区国家级清洁生产审核创新试点工作，推进园区和重点企业清洁生产提升整改，持续推动减污降碳协同增效。大力探索开展林业碳汇、碳普惠核证减排量等资源权益指标交易试点，稳步推进“湿地运营中心”“森林运营中心”等自然资源平台化运营试点。要进一步推广“绿宝”碳普惠制，引导全社会争当绿色低碳生活的积极传播者和模范践行者。

三要打通增“值”路径。深入践行“两山”理念，不断完善生态产品价值实现、生态资源有偿使用和生态补偿机制，着力推进王桥片区生态产品价值实现工程。着力做好“深化、实践、宣传”文章，建立健全生态产品核算评估、市场交易、制度保障三大体系，加快打造一批标志性成果。优化整合升级GEP核算、“两山”转化、生态云等生态资产管理服务平台，打通生态产品价值生产端、分配端、交易端、消费端全链条数字化通道，全力打造“两山”转化综合性服务平台。要持续推进金融创新，支持金融机构创新特色生态信贷产品，不断完善绿色金融体系。优化生态康养布局，因地制宜打造一批生态康养产业特色示范基地。

第六，瞄准实现新突破，在增进民生福祉上持续攻坚

深入践行以人民为中心的发展思想，坚持尽力而为、量力而行，积极探索促进共同富裕的有效路径，不断满足人民群众对美好生活的向往。

一要不断提升公共服务。深入实施就业优

先战略，扎实推进促进就业三年行动，高标准推进“5+2就业之家”建设，突出抓好高校毕业生、农民工、退役军人、城镇困难人员、脱贫劳动力等重点群体就业。着力解决园区企业用工需求，目前，园区企业用工缺口约3000人，主要集中在以台德智慧科技为代表的电子行业和以鲍斯高服饰为代表的传统行业。接下来，要利用春节假期，持续开展“春风行动”等各类线上线下招聘活动，帮助更多人实现“家门口就业”。要加快建设高质量教育体系，着力推动东乡二中、东乡四中、东乡八小等6所中小学以及特殊教育学校升级改造，加快推进城西、城北等9所公办幼儿园建设。支持东乡高级技工学校创建技师学院，去年8月，市委主要领导专门就这项工作带队到省人社厅走访，有力推动了创建工作。接下来，要尽快完成新校区建设项目的招投标工作，进一步在招生规模、师资队伍、基础设施、实训条件、专业学科等方面固强补弱，力争达到创建要求和标准。要持续深化医疗医药卫生体制改革，着力推进中医药综合改革先行区和国家慢性病综合防控示范区建设，加快推动紧密型县域医共体实体化运行，着力推进“三医”联动模式，推动慢病下沉、双向转诊和医疗资源向基层延伸。要抢抓银发经济发展先机，深入开展“党建+社会救助”试点，持续健全城乡社区养老服务体系。持续巩固拓展脱贫攻坚成果，健全落实防止返贫动态监测和帮扶机制，牢牢守住不发生规模性返贫底线。

二要着力防范化解风险。更好统筹高质量发展和高水平安全，坚决维护国家政治安全，严格落实意识形态工作责任制，严厉打击各类渗透、破坏、颠覆、分裂活动。要全力防范化解房地产市场风险，更好支持刚需和改善性需求，统筹推进“保交楼”及办证工作，推动房地产持续健康稳定发展。要全力防范化解地方政府债务风险，将过“紧日子”要求落到实处，进一步压减一般性支出，做好“三资”清理盘活，着力提高财政统筹能力和资金使用绩效，完善风险处置预案，合法合规化解存量隐性债务，坚决防止融资平台公司“爆雷”，兜牢兜实基层“三保”底线。要全力防范化解民间融资风险，严厉打击各类非法金融活动，守护好老百姓的“钱袋子”。

三要持续创新社会治理。坚持关口前移、预防为先，不断强化安全生产责任落实，完善自然灾害、事故灾难、社会治安等监测预警和应急预案体系，持续开展矿山、危化、道路交通、建筑施工、燃气、烟花爆竹、自建房等重点领域隐患专项排查整治，坚决防范遏制重特大事故发生。坚持和发展新时代“枫桥经验”“浦江经验”，完善矛盾纠纷排查化解机制，深入开展领导干部“下访接访”活动，纵深推进矛盾纠纷多元化解“一站式”平台建设。加强社会治安防控，严防“民转刑”案件发生，常态化推进扫黑除恶斗争，不断提升公众安全感、满意度，加快建设更高水平的平安东乡、法治东乡。

三、始终铸牢“根”与“魂”，坚决扛起高质量发展的责任担当

党的领导是做好各项工作的“根”和“魂”，是战胜一切困难和风险的“定海神针”。全区上下要深入学习贯彻习近平总书记关于党的建设的重要思想，不断提高新时代党的建设质量和水平，为高质量发展提供坚强组织保障。

一是要突出政治统领的作用。政治建设是党的根本性建设，检验一级党组织、一名党员干部是不是讲政治，根本在于是不是坚决落实党中央决策部署，能不能把上级党委的要求转化为推动改革发展的实际行动。要坚持以党的政治建设为统领，高质量完成第二批主题教育，巩固拓展主题教育成果，建立常态化、长效化机制，严格执行区委常委会“第一议题”

学习督办工作制度，深学笃行习近平新时代中国特色社会主义思想，切实增强坚定拥护“两个确立”、坚决做到“两个维护”的政治自觉。牢牢把握推进中国式现代化这个最大的政治，用心领悟中央和省委、市委作出的各项决策部署，以政治上的清醒坚定确保工作上的不折不扣落实。

二是要建强全面过硬的堡垒。牢固树立大抓基层的鲜明导向，深入推进“书记领航”行动，打造“红旗（模范）党支部”推动基层党组织争先创优。深化城市基层党建引领基层治理，用活用好“叮东响、码上办”便民服务平台，统筹推进街道社区和机关、国企、学校、公立医院等部门（单位）党建互联互动，推进“居民点单、片区派单、部门接单、群众评单”闭环服务模式，做优新就业群体“党建带工建”品牌，形成共建共治共享的生动局面。深入推进抓党建促乡村振兴，深化党建引领乡村治理试点，持续开展村级集体经济消薄攻坚行动，力争到年底所有行政村集体经济年经营性收入稳定在15万元以上。全面加强新兴领域党的建设，深入开展“党建示范园区”创建，着力打造党建强、发展强的“双强”型开发区。

三是要树牢选人用人的导向。政治路线确定之后，干部就是决定的因素。“走在前、勇争先、善作为”，绝不是喊喊口号就能实现的，靠的是一大批勇于担当、本领高强的好干部。要牢固树立“以实绩论英雄、凭德才用干部”“把个人交给事业、把进步交给组织”的鲜明用人导向，破除论资排辈、平衡照顾的思想，大力选拔知重负重、开拓奋进、能扛硬活打硬仗的干部，坚决不用不敢担当、不愿负责、不敢扛事的干部。

四是要巩固风清气正的生态。落实全面从严治党战略部署坚持严的基调、严的措施、严的氛围不动摇，持之以恒推进全面从严治党，构建更加风清气正的政治生态。持续纠“四风”树新风，锲而不舍落实中央八项规定精神，坚决破除“官本位”思想特权思想和特权行为，深化“九查九改”干部作风整顿活动和“科股长文化”专项整治，对各种歪风邪气露头就打，决不能让“四风”反弹回潮。要始终保持反腐高压态势，深化工程建设、政府采购、乡村振兴等重点领域腐败治理，统筹做好查办案件“前后半篇文章”，坚决铲除腐败滋生土壤和条件，提高一体推进“三不腐”的能力和水平。领导干部要以上率下作表率，全面压紧压实管党治党政治责任，带头讲原则、守纪律、拒腐蚀，自觉净化社交圈、生活圈、朋友圈，从严管好家人、亲属和身边工作人员，切实当好风清气正政治生态的建设者、守护者。

政府工作报告

——在抚州市东乡区第二届人民代表大会第四次会议上

区长　李建泉

（2024年3月5日）

一、2023年工作回顾

2023年是全面贯彻落实党的二十大精神的开局之年。在市委、市政府和区委坚强领导下，全区上下坚持以习近平新时代中国特色社会主义思想为指导，深入贯彻党的二十大和习近平总书记考察江西重要讲话精神，聚焦“走在前、勇争先、善作为”目标要求，踔厉奋发、勇毅前行，推动经济社会高质量发展取得新成效。完成地区生产总值238.17亿元，增长6.4%；一般公共预算收入15.52亿元；固定资产投资下降2.5%；规模以上工业增加值增长14.1%；社会消费品零售总额增长8%；城镇和农村居民人均可支配收入分别达47441元、25241元，增长4%、7%。先后获评国家乡村振兴示范创建县、中国气候宜居城市、江西省双拥模范城、江西省中小企业数字化转型试点县（区）、江西省粮食生产先进集体、江西省矛盾纠纷排查化解专项行动先进集体、全省县级人防高质量发展优秀单位等称号。一年来，主要做了以下工作。

（一）聚力促进转型升级，产业结构更加优化。工业量质齐升。全力打好工业创新发展强攻战，在全市工业创新发展争先擂台赛总决赛中获得第二名。持续做强做优“首位+主导”产业，集聚度达37.23%，提升7.87个百分点。大力实施领航企业培育工程，18户优强企业实现营收192.57亿元，增长35.71%。积极推行工业企业提质增量“10%工作法”，营收、产值增幅10%以上企业分别达49家、42家，163户规上工业企业实现营收299.71亿元，增长20.45%。推动企业上市“映山红”行动，施美药业完成江西证监局辅导验收并向深交所提交IPO申请。积极融入省“1269”、市“2416”行动计划，打造2条重点产业链、3个先进制造业集群，推动永冠科技、金光高科等优强企业嵌入比亚迪汽车整车制造供应链。推进有色金属产业“以质图强”，有色金属粗加工营收占规上工业营收比重下降8.18%。农业提质增效。坚决扛牢粮食安全责任，完成播种面积83.11万亩、产量35.37万吨（含红亮、岗上积），实现“十二连丰”。完成设施蔬菜种植面积5020亩，有序推进3.6万亩高标准农田建设。深入推进耕地“非粮化、非农化”专项整治，有效防范耕地“五个一票否决”风险，新增耕地面积2120亩。大力发展蓝莓产业，蓝莓总销量约60万斤、销售金额约950万元，获评全省唯一的“江西蓝莓之乡”称号。进一步稳住生猪产能，生猪存栏51.64万头，累计出栏93.07万头，能繁母猪存栏6.16万头。推动特色农产品向精深加工领域延伸，养乐星生物科技、美尔丝瓜络生态工厂项目顺利推进。大力发展油茶、雷竹笋、花果芋等特色农业产业，成功申报“两品一标”农产品8个、“赣抚农品”8个。乐平猪（东乡花猪）保种场入选第三批国家畜禽遗传资源保种场名单，东乡葛粉获评第二十二届中国特色食品博览会金奖，东乡无花果获评2023年第三批全国名特优新产品称号。服务业加速扩容。深入实施促进商贸消费提质扩容三年行动，发放电子消费券336万元，撬动消费8000余万元。商贸流通行业快速发展，新增入统企业31家，欣盛铁路物流获评江西省多式联运示范工程。金融活力持续显现，存贷款余额总量均位列全市第一。深度融入"文化抚州、梦想之舟"品牌战略，规上文化企业总数达22家，营收增长11.95%。制定支持房地产平稳健康发展政策，销售面积增长7.5%。新增入统建筑企业11家，建筑业总产值增长18.18%。

（二）致力扩大有效投资，发展潜力更加强劲。争资争项收获颇丰。紧抓国家政策利好空窗期，高标准谋划项目储备工作。获批中央预算内投资项目5个，获批资金7036万元；发行地方政府专项债券项目15个，发行金额16.36亿元，其中水利领域发行4.04亿元，居全省前列。招商引资成效显著。成立5个综合招商兵团和3个驻点招商小分队，举办"三请三回"等活动7场，签约亿元以上工业项目28个，其中优强企业5个，"亲商安商"招商模式入选"江西省招商引资30种方法与优化对策"典型案例。项目建设提速升级。创新试点工业项目"拿地即开工"改革，着力破解项目建设"中梗阻"。实施项目建设"四大攻坚"行动，举办重点项目集中开（竣）工活动3次。深入开展"代表、委员看变化"集中视察活动，评选重大项目建设"十大精品工程"，有力推动项目建设提速和品质提升。4个省重点、30个省大中型、75个市重点项目均超额完成年度投资计划。

（三）强力推进品质提升，城乡环境更加宜居。不断完善城市功能。深入实施城市功能与品质再提升行动，新开工建设项目34个，累计完成投资18.27亿元，完成城区支路及部分老旧小区雨污水分流（二期）、道路景观及城市出入口节点改造提升等工程，获评全省城市功能与品质提升考核先进县（区）。常态化开展"创文巩卫"工作，积极创建国家卫生乡镇，顺利通过国家卫生城市复审。大力推广运用"赣邻通"物业信用管理平台，深入开展红色物业试点，不断提升物业服务水平。全面启动新一轮城市棚改征收工作，完成700户棚改签约任务，城镇老旧小区及棚户区改造工作获省住建厅通报表彰。纵深推进乡村振兴。持续开展农村人居环境整治五年提升行动，落实落细"五定包干"长效管护机制，在全省城乡环境综合整治考核先进市辖区列第三名。大力开展"厕所革命回头看"行动，安装新型环保公厕617座。稳慎推进农村宅基地改革，完成22个村庄规划编制。深入实施美丽乡镇建设五年行动，有序推进29个美丽乡镇项目，完成168个新农村建设点。加强镇区污水垃圾治理，完善污水管网132千米，建成污水处理设施83座。积极推进农村公共基础设施"五位一体"管护体制改革，编制完成266座小（2）型及以上水库"一库一策"。

（四）大力深化改革创新，赋能动力更加充分。重点改革稳步推进。深化工业用地提质增效改革，清理企业8家，盘活用地600亩。"开发区+主题产业园"运营模式改革入选2023年度江西省全面深化改革优秀案例。启动实施国家紧密型县域医共体改革试点，推动优质医疗资源下沉。推行土地出让制度改革，完成现有"小而散"地块规划编制。深化林业领域国资国企改革，组建区属林业发展有限公司。统筹推进财税金融、民生保障、司法领域改革，成立全省首家村委会"e法庭"，民营企业"一站式"多元解纷与诉讼服务经验做法在全省推广。科技创新亮点纷呈。积极开展关键核心技术"揭榜挂帅"行动，2个项目入选全市"揭榜挂帅"技术榜单。依托中科智汇（东乡）工场创新平台，共建合作项目10个，促成合作项目20个。鼓励企业自主创新，新增专精特新“小巨人”企业25家，授权发明专利29件，施美药业一项产品研发荣获江西省科学技术进步奖二等奖，亿友药业在第十二届中国创新创业全国总决赛中获评“优秀企业”，成功承办2023年“知识产权服务万里行”活动江西地区启动仪式暨现场会。深入实施数字经济做优做强“一号发展工程”，推动深度上云企业110家，获评省级两化融合示范企业8家，台德智慧、荣成机械获评2023年国家级智能制造优秀场景。营商环境持续优化。纵深推进政务服务数字化改革，全区2358项政务服务事项网上可办率、全程网办率均达100%。依托“互联网+公共资源交易”平台，实现跨省远程异地评标。持续推进基层审批服务执法改革，孝岗镇获评江西省基层审批服务执法示范点。坚持“免申即享、即申即享、承诺兑现”原则，落实惠企资金24.2亿元。开展企业家“心港湾”恳谈厅、“智聚东乡”人才早茶会等政企（人才）互动平台活动，选派116名助企专员为规上工业企业提供“保姆式”服务。大力实施“走出去”战略，实现外贸进出口总额35.41亿元，其中出口额32.39亿元，均位列全市第一；实际利用外资2051万美元，增长70%，分别位列全市第一、第二。加速融入“泉抚对口、山海合作”，与泉港区签订战略合作框架协议，在文化教育、技能培训、人才培养等多领域达成合作共识。

（五）着力践行生态文明，绿色步伐更加稳健。不断提升生态质量。持续打好污染防治攻坚战，优良天数比例为97.5%，$PM_{2.5}$平均浓度为20微克/立方米，稳定达到国家城市空气质量二级考核标准；持续提升水环境质量，瑶河国考断面水质、罗溪桥省考断面水质均达到地表水Ⅲ类及以上标准。扎实做好松材线虫病除治，被评为全省优秀等次，马圩镇被省林业局授予“拔除疫点乡镇”称号。坚决落实国家“双碳”目标，全面遏制“两高”项目，有序推进全省首批碳达峰试点和国家工业园区清洁审核创新试点工作，完成重点企业清洁生产排查及诊断报告编制47家。有序加快生态修复。高标准推进造林绿化，新增造林2.22万亩，完成退化林修复1.56万亩。快速推进69座历史遗留废弃矿山生态修复工程。创新鄱阳湖湿地候鸟保护工作机制，荣获江西省湿地候鸟保护工作先进县（区）。强化污染耕地安全利用管控，完成受污染耕地安全利用1万余亩。扎实推进上级各类环保督察反馈问题整改。积极探索生态价值转换。深化生态产品价值实现机制改革，区“两山”转化中心通过市级验收。创新推出“碳减排优惠贷款”“赣农振兴蓝莓丰收贷”等金融产品，累计受理贷款企业90户，贷款金额2.41亿元。启动建设以“王安石文化+古村落”为主题的森林康养示范基地，推动康养产业高质量发展。盘活“古色+绿色”生态资源，黎圩镇积极创建全省乡村文旅示范点，王桥镇被评为2023年江西省避暑旅游目的地。深入推进“绿宝”碳普惠制，广泛引导群众绿色生活、低碳出行。

（六）倾力保障改善民生，群众福祉更加殷实。健全社会保障。持续巩固拓展脱贫攻坚成果与乡村振兴有效衔接，获得全省2022年度工作成效考核“好”的等级。深入实施全民参保计划，城乡居民医保参保完成年度任务107.3%。全面落实稳就业政策，新增城镇就业5917人，转移农村劳动力就业8302人，“零就业家庭”就业安置率达100%。逐步提高城乡居民养老保险基础养老金标准，特困家庭、孤儿、残疾人等困难群体得到有效保障。办好民生实事。坚持财力向民生倾斜，十三项民生支出47.14亿元，占一般公共预算支出87.43%，高于全市平均水平3.7个百分点。扎实做好88项民生工作计划及10件民生实事。完成45所小规模教育网点撤并及2所小区配套幼儿园无偿移交工作，加快推进城西等9所幼儿园、东乡四中改扩建等7个教育重点工程，东乡二中获评全国国防教育示范学校。深入实施职业教育扩容提质工程，东乡高级技工学校扩建工程（一期）竣工投用，二期加快建设。积极打造国家慢性病综合防控示范区，推动慢性病下沉就诊，服务患者5万余人次，区妇幼保健院获评江西省妇幼中医药特色单位，区人民医院被省卫健委批准设置为三级综合医院。加快养老事业高质量发展，大力推进老年养护中心、乡镇“一老一小”幸福院、区养老服务提升等项目建设。常态化做好“双拥”和退役军人工作，发放退役军人优待金3480万元，顺利承办全省退役军人思想政治工作会。深化基层治理。深入开展“三大专项行动”，排查矛盾纠纷838起，化解率达98.56%，道路交通事故死亡人数同比下降41%。进一步健全劳动关系协调机制，赣鄱无农民工欠薪项目试点工作被江西卫视正面报道，东乡法院客商调解中心被评为全国2023年度工作突出基层劳动人事争议调解组织。扎实开展防范非法集资宣传活动，稳妥推动重点企业债务风险处置。常态化推进扫黑除恶，破获刑事案件773起，公众安全感满意度指数排名前移。重点做好化工集中区安全风险整治提升工作，区化工集中区安全风险评估复核达到C类标准。深入开展重大事故安全隐患排查整治活动，全面筑牢食品、燃气、自建房、防溺水、防汛抗旱、森林防灭火等领域安全防线，安全生产形势总体稳定。

（七）全力加强自身建设，政府运行更加高效。政治建设不断加强。严格执行“第一议题”制度，认真学习习近平总书记最新重要讲话和重要指示批示精神，对上级和区委作出的决策部署，令行禁止、全面落实。牢牢把握“学思想、强党性、重实践、建新功”总要求，扎实推动主题教育走深走实、见行见效。法治基础不断夯实。坚持学法用法并重，规范完善政府系统学法制度，推进法律顾问制度延伸至村（社区）。严格落实重大行政决策合法性审查，531项监管执法事项纳入“双随机、一公开”监管平台。主动接受人大法律监督、政协民主监督，办理人大代表建议76件，政协委员提案95件，满意率和基本满意率达100%。加快政务公开职能转型，有效提升政府公信力和执行力，马圩镇获评全省第一批基层政务公开标准化规范化乡镇。行政效能不断提升。聚焦津补贴、编外聘用人员等8个领域，开展预算安排资金清理，一般性支出压减5%。扎实开展预算执行及决算草案审计，促进增收节支和挽回损失4253万元。全力做好省委第七巡视组反馈问题整改，涉及政府系统问题按期整改销号率达100%。认真开展“九查九改”干部作风整顿活动，结合“三严五整”攻坚行动，着力整治基层形式主义、官僚主义等不良作风，查处违反中央八项规定精神问题23起28人，给予党纪政务处分24人。

同时，国防动员和后备力量建设持续加强，兵员征集和民兵建设工作走在全省前列，统计调查、防震减灾、人民防空、市场监管、供销、民族宗教、司法行政、地方志、外事、档案、科协、残联、妇女儿童、邮政、通信、物价、老龄、气象、烟草、机关事务、红十字会人道援助和社会慈善等各项事业均取得新进步。

各位代表，星光不问赶路人，时光不负实干者。一年来，我们齐心协力应对经济下行压力的冲击，团结拼搏、砥砺奋进，各项成绩来之不易。这是习近平新时代中国特色社会主义思想科学指引的结果，是上级党委、政府和区委坚强领导的结果，是区人大常委会和区政协监督支持的结果，是全区人民团结奋斗的结果。在此，我代表区人民政府，向全区人民，向各民主党派、人民团体，向所有关心、支持、帮助和参与东乡经济社会发展的各界人士和朋友们，表示衷心的感谢和崇高的敬意！

在肯定成绩的同时，也要看到存在的问题和不足：科技创新能力不强，全社会研发投入仍在低位运行；首位产业、主导产业发展水平和集聚度不高；部分企业生产经营困难，有色金属产业面临转型阵痛，财政收支矛盾更加突出，稳定经济增长压力较大；民生领域还有不少短板，优质教育、医疗、养老等公共服务供给不足；少数干部“不作为”仍有发生。对此，我们将直面问题，全力解决。

二、2024年发展主要目标和工作安排

2024年是实现“十四五”规划的重要之年，也是新中国成立75周年，做好今年政府工作意义重大、使命光荣。总体要求是：坚持以习近平新时代中国特色社会主义思想为指导，深入学习贯彻党的二十大和习近平总书记考察江西重要讲话精神，全面落实中央、省委、市委经济工作会议和省委、市委全会精神，按照区委二届十一次全会部署，聚焦“走在前、勇争先、善作为”的目标要求，坚持稳中求进工作总基调，完整、准确、全面贯彻新发展理念，加快构建新发展格局，着力推动高质量发展，全面深化改革开放，提升科技创新能力，统筹扩大内需和深化供给侧结构性改革，统筹新型城镇化和乡村全面振兴，统筹高质量发展和高水平安全，努力构建现代化产业体系，切实增强经济活力、改善社会预期、增进民生福祉、推进共同富裕、防范化解风险、保持社会稳定，巩固和增强经济回升向好态势，持续推动经济实现质的有效提升和量的合理增长，奋力谱写中国式现代化东乡篇章。

大区要有大担当、大作为、大贡献。我们坚持以“跳起来摘桃子”的决心和冲劲，在市委、市政府对东乡提出的既定任务上，自我加压、拉高标杆、奋勇前行。主要预期目标是：地区生产总值增长6%；一般公共预算收入增长4%；规上工业增加值增长7%；固定资产投资增长6.5%；社会消费品零售总额增长8.2%；出口总额稳中提质，实际利用外资稳中有进，城镇、农村居民人均可支配收入分别增长6%、7.5%，节能减排完成上级下达任务。围绕上述目标，重点做好以下七个方面工作。

（一）做优“存量”扩“增量”，实现工业质效再提档

培优扶强释放潜力。大力推进存量企业做优做强，裂变扩张，优选20家优强企业动态管理、重点调度，分别按10亿级、20亿级、50亿级、100亿级四个梯队，培育一批产业链链主企业。支持引导一批科技含量高、市场前景广、配套能力强的企业，因企施策，梯次发展，升级打造一批产业链优强企业。深入实施“映山红行动”升级工程，支持施美药业、台德智慧加快上市。启动实施新一轮传统产业转型升级行动，推动纺织、化工等传统产业向数字化、绿色化、高端化迈进。加快推进有色金属产业转型，大力推进9大精深加工项目，逐年提升精深加工占比。力争全年新增规上工业企业20家、10亿元以上企业8家、上市公司1家。

延链补链增强动力。大力实施制造业重点产业链现代化“2316”行动，主攻新能源新材料、医药制造和汽车零部件三大产业集群，以金光高科、雨帆生物能源、鲲鹏新材料为龙头形成锂电池新材料集群，以爱索轻合金、长裕硬质合金为龙头形成合金新材料集群，以永冠、连冠和振冠为龙头形成胶粘新材料集群；加快推动施美、亿友、科伦等医药企业扩产增效，更加凸显生物医药产业引领作用；引导和支持路威轮毂、发那特科技、荣成机械等企业嵌入比亚迪等汽车整车制造供应链。支持产业链企业推广应用新技术、新工艺、新设备，不断开发终端产品，全面延伸产业链条。引导一批产业链项目深度协同合作，加快实现优势互补、利益共享。

优化平台增添活力。加快推进园区调区扩

区工作，持续开展征地拆迁和“腾笼换凤”行动，全面提高土地集约节约率。不断巩固拓展经开区“四项体制机制”综合改革成果，充分释放园区发展活力。深化“产城融合、产城互促”，大力实施园区配套公共设施改造提升工程，全面完善渊山岗和东山园区排水、燃气、供热、通信、电力等基础设施，加快建成科技孵化园“三横两纵”路网，切实提升园区公共服务供给能力。

（二）坚持“增速”促“增效”，实现供需扩容再提级

积极扩大有效投资。大力落实项目带动战略三年行动，坚持常态化调度推进省重点、省大中型、市重点以及区重点项目建设，确保完成年度投资计划。加快推进S208和S424省道东乡段改扩建、抚州东综合客运枢纽、科技产业园等重大项目，精心做好东乡至彭泽高速、S312甘坑至东金分界段公路改造等重大项目前期工作。强化项目储备和要素保障，瞄准中央资金投向，梳理一批管当下、利长远的重大项目，确保项目库数量稳定在100个以上。认真画好招大引强“鱼骨图”，开展靶向招商、产业链定向招商、清单式目标招商，力争引进亿元以上项目40个。进一步完善项目推进机制，深入实施重点项目“招标即开工”改革，优化审批程序，努力形成更多实物工作量。

全力推动消费升级。深入实施商贸消费提质扩容三年行动，积极创建国家文化旅游消费试点城市。实施高品质商业街区创建工程，精心培育爆款IP、策划特色活动、开发业态场景，谋划开展一批具有东乡特色的大型主题促销活动。优化促进汽车消费措施，推进新能源汽车下乡“九大行动”，力争新能源汽车购置率达30%。组织开展绿色智能家电下乡、家电“以旧换新”活动，引导扩大绿色家电消费。合理增加消费信贷，支持刚性和改善性住房需求、养老服务、教育医疗、文化体育服务等消费。启动实施文化旅游品牌创建计划，不断完善佛岭景区配套基础设施。充分发挥书法文化、好山好水、古村古屋、红色名村等资源优势，加快促进农文旅深度融合。

优化畅通物流循环。依托赤湾东方智慧物流园、欣盛物流内陆无水港等平台，培育引进一批优强物流企业，探索组建物流集团和区域性仓储公司，加快建设省级综合物流中心。鼓励通过并购、重组等方式整合优化资源，提高物流业组织化程度，培育一批具有行业竞争力的现代物流企业。健全城乡冷链物流骨干网和“互联网+第四方物流”供销集配体系，加快建设11个乡（镇）级冷链物流中心，建成1个市级供销惠民服务中心。大力发展农村电子商务，支持基层发展快递分拣、农产品经济等业态服务，鼓励发展“一点多能”村级寄递物流综合服务点。

（三）紧扣“精品”显“精美”，实现城市功能再提升

精心规划城市。抢抓抚州市打造“双百”中心城区契机，持续深入推进“双25”工程。大力实施青年发展规划，建设青年发展型城市。全力推进城区组团式发展，加快建设城北高铁片区，着力打造高铁新城经济圈“东乡样板”。不断优化基础教育、养老托幼、群众健身、农贸市场、社区综合服务中心等功能布局，着力打造“15分钟便民生活服务圈”。加快推进公共服务、交通和公共空间等无障碍环境建设，切实满足老年人、残疾人、儿童等各类人群的需求。

精致建设城市。聚焦城市更新，持续推进40个城市功能与品质再提升项目。完成南门棚改市政道路、朝阳大道北延伸、雄岚大道以西等项目，不断优化交通网络，增添城市绿色，拓展发展空间。加快建成城东、城西停车场，新增智慧停车位1600个。全面完成城东水厂供水、第二污水处理厂及配套管网、北港河水质

提升、东糖佳苑和井山嘉园小区、老年养护中心等项目，不断补齐城市短板，全面提升城市综合承载力。

精细管理城市。健全完善城市规划委员会体制，制定城市精细化管理办法，持续巩固治脏、治乱、治堵成效。以建设生活垃圾分类示范小区为抓手，扎实推进生活垃圾分类改革。以“创建全国文明城市”为契机，积极创建一批文明街区、文明乡镇。加快建设数字城市，打造智慧社区、智慧停车、智慧交管和智慧安防小区，让城市更现代、更温暖、更宜居。

（四）致力“富农”带“富民”，实现乡村振兴再提质

让农业“有干头”。牢牢守住粮食安全底线，坚决遏制“非农化”、有效防止“非粮化”，建成高标准农田3.4万亩，确保全年粮食播种面积77.1万亩、总产量稳定在6.53亿斤以上。扎实做好冬季油菜种植，推动冬闲田利用率超过50%。持续深化农业“百亿产业、十亿企业”龙头引领工程，推动区域蔬菜主导品种规模化，创建一批粤港澳大湾区“菜篮子”生产基地。持续唱响“江西蓝莓之乡”品牌，全力做好蓝莓管护和销售工作。深入推进“赣抚农品”战略，新增“两品一标”农产品5个以上。持续稳定生猪产能，加大特色种质资源保护利用，建设东乡花猪等农业种质资源场（区）。深入实施农业六大产业高质量发展三年行动，不断做大做强本土特色农业产业。积极创建国字号“气候好产品”品牌，推进绿壳蛋鸡、花果芋、雷竹、油茶、红薯等农产品规模化、高端化。

让农村“有看头”。学习运用“千村示范、万村整治”工程经验，持续抓好农村人居环境综合治理，健全村庄环境长效管护机制，推进“5G+万村码上通”长效管护平台全覆盖。大力实施美丽乡村建设扩面升级，建成106个新农村提升点。深入开展“四好农村路”建设，积极创建全国城乡交通运输一体化示范县（区）。加快建设山塘水库、横山水库等一批重大水利领域基础设施。加强历史文化名镇名村、传统村落、传统建筑保护和利用。建立乡村建设项目库，健全农民参与乡村建设机制。实施数字农业农村建设三年行动，推动5G网络向乡村覆盖。持续巩固提升城乡环卫、公交、医疗、教育、养老、供水、粪污综合治理一体化成果，促进基本公共服务向农村延伸。

让农民“有奔头”。持续巩固拓展脱贫攻坚成果与乡村振兴有效衔接，加强监测预警，坚决守住不发生规模性返贫底线。开展农业产业化龙头企业强链争先行动，培育壮大一批起点高、规模大、带动强的龙头企业，新增家庭农场、农民合作社120家以上。持续开展移风易俗乡风文明三年专项行动，深入整治高价彩礼、厚葬薄养、铺张浪费等陈规陋习。大力实施村级集体经济提升三年行动，力争所有村级集体经济年经营性收入提升到20万元以上，打造10个年经营性收入过100万元的示范村。

（五）巩固“深度”攀“高度”，实现改革创新再提能

多领域推进改革开放。深入实施全面深化改革攻坚行动，加快推进财政金融、科技、投资贸易便利化等重要领域和关键环节改革，支持圩上桥镇开展乡镇财政自给能力提升改革试点。统筹推进集体林权、农业水价、农村公共基础设施管护等改革。纵深推进国有企业提质增效三年行动，推进城投、工创投、惠民医疗集团和林业发展公司市场化运营、实体化经营、效益化提升，深化区建筑安装工程公司改革。深化要素市场化配置改革。稳慎推进农村宅基地管理改革，集成推进“宅改+”工作。深化与泉港对口合作，努力实现多领域取得实质性的合作成果，全力打造闽赣两省山海协作标杆。

全方位优化营商环境。大力开展新一轮营

商环境对标提升行动，高效推进数字化政务改革，打造“抚务周到”东乡样板。持续开展降成本优环境专项行动，及时落实新的组合式减税降费政策。推行市场经营活动轻微违法免罚和“首违不罚”，做到对诚信经营者“无事不扰、有事必应”。严格执行助企专员帮办代办制度，积极帮助企业纾困解难。做实非公企业维权服务中心，深入落实促进民营经济发展壮大若干措施。健全完善多样化、常态化政企沟通机制，全力呵护企业家投资东乡的信心和决心。

深层次培植创新沃土。大力实施产业链协同创新工程，确保全社会研发投入强度达1.5%。鼓励企业组建或参与产业联盟，深入开展重大技术攻关“揭榜挂帅”行动，推动产业共性关键技术攻关，新增省级以上创新平台和载体2个，申报省级重大科技专项1个以上。全面加强知识产权保护，激发全社会创新活力，确保新增授权专利310个以上。实施产业链数智赋能升级行动，全力推进中小企业数字化转型试点工作，新增省级两化融合示范企业10家、省级以上智能制造试点示范企业2家。大力引进急缺型科技人才，实施好“一企业一博士、一专业一团队”引才工程。

（六）突出“绿色”亮“特色”，实现生态建设再提优

持续提升生态质量。系统实施新的“八大标志性战役、30个专项行动”，持续打好蓝天、碧水、净土提升攻坚战。认真抓好各级各类环保督察反馈问题整改。高标准打造河长制、林长制升级版，严厉打击非法采砂、非法捕捞、非法排污等行为，继续抓好封山育林、退化林修复、森林抚育、松材线虫病防治等工作。全力保护城乡饮用水水源，深入推进北港河综合治理，打造流域保护治理生态样板。推进国家储备林项目建设，加快建设一批省级湿地公园。持续抓好废弃矿山生态修复、高铁沿线环境安全综合整治。实施生物多样性保护工程，加大环境监管执法力度，确保环境质量稳居全省前列。

稳步推进“双碳”工作。有计划分步骤实施“碳达峰十大行动”，争创全省绿色低碳试点县（区）。大力发展绿色低碳产业，推动能耗“双控”逐步转向碳排放“双控”。坚持绿色制造方向，推动工业企业节能、减排、降碳协同增效。深入推广“绿宝”碳普惠机制，大力倡导生活垃圾分类、绿色办公、绿色出行、绿色消费等低碳生活。

探索“两山”转换通道。重点抓好生态产品价值实现机制试点，进一步完善“两山”转化中心功能，健全生态资产价值评估和市场交易体系，继续推动生态产品权益类贷款余额走在全市前列。深入实施“千万资源变千亿产值”行动，推进林业碳汇收储交易，因地制宜推广多种森林复合经营模式，实现资源变资产、资产变资金。

（七）改善“民生”聚“民心”，实现幸福指数再提高

完善更可持续的保障体系。实施更加积极的就业政策，高标准建设“5+2就业之家”，着力抓好高校毕业生、农民工、退役军人、脱贫劳动力、城镇困难人员等重点群体就业，确保城镇登记失业率控制在4.5%以内。深入实施中等收入群体培育行动，健全城乡居民养老保险待遇确定和调整机制。发挥欠薪预警平台作用，严厉打击恶意欠薪，维护劳动者合法权益。深化医保支付方式改革，推动落实基本医疗保险省级统筹。大力发展社会公益、慈善事业，扎实做好基本生活救助、临时救助等工作。启动创建全国双拥城市，持续开展“双拥”共建活动，不断提升服务保障精细化水平。积极推进城市更新行动，完成4个城镇老旧小区改造。

办好更加暖心的民生实事。全力抓好人大

代表民生实事票决事项。用心办好人民满意的教育。加快推进第三、第四、第七、第八幼儿园建设，确保标准化幼儿园达标率57%以上，公办园在园幼儿占比率62%以上，普惠性幼儿园覆盖率95%以上，高质量通过学前教育普及普惠国家督导评估；持续推进东乡一中高中部、东乡二中改造提升等6个教育项目建设；支持东乡高级技工学校创建技师学院。广泛组织开展群众喜闻乐见的体育活动。用情做好人民放心的医疗，以国家紧密型县域医共体建设试点为抓手，实现区、乡、村三级诊疗、互联互通。持续深化国家慢性病综合防范示范区创建成果，推动康养产业发展，加快打造具有东乡特色的“康养+”品牌。深度融入“文化抚州、梦想之舟”品牌战略，加大传统文化遗产的保护和传承，积极申报国家级非物质文化遗产项目。加快养老事业发展，深化公办养老机构改革，建立健全区、乡、村、家庭四级养老服务设施网络，实现全体老年人享有基本养老服务。

打造更加安全的社会治理。坚定不移贯彻总体国家安全观。统筹防范化解地方政府债务、房地产市场、民间融资等领域风险隐患。以平安东乡建设和市域社会治理现代化为抓手，常态化开展扫黑除恶斗争，系统治理电信网络诈骗。坚持和发展新时代“枫桥经验”，探索创新“法律明白人”“刘莹姐姐工作室”模式，统筹推进矛盾纠纷、信访积案多元化解。强化食品安全“两个责任”落实，全力维护人民群众“舌尖上的安全”。从严从实压紧安全生产责任链条，全面开展安全生产治本攻坚三年行动，坚决守住不发生较大以上安全生产事故底线。

各位代表！经济发展的新形势、改革创新的新任务、人民群众的新期盼，对政府工作提出了新的更高要求。我们将一以贯之讲政治、践忠诚、勇担当、抓落实，努力打造让党放心、让人民满意的勤廉政府。筑牢政治忠魂。巩固提升学习贯彻习近平新时代中国特色社会主义思想主题教育成果，进一步深学细悟党的二十大精神和习近平总书记考察江西重要讲话精神，坚定捍卫“两个确立”、坚决做到“两个维护”，确保政府系统始终沿着正确的政治方向坚定前行。坚持依法行政。深入贯彻习近平法治思想，把政府各项工作全面纳入法治轨道。严格执行“三重一大”事项集体决策制度。严格规范文明公正执法，认真做好行政复议、应诉等工作，及时向区人大常委会专项报告法规实施情况。依法加强统计、审计工作，提升统计数据质量。自觉接受人大法律监督、政协民主监督，认真办好人大代表建议和政协委员提案。持续深化政务公开，让权力在阳光下运行。勇于争先创优。坚持对标最高、锚定最优，争创一流，推动形成争先进位的浓厚氛围。解放思想，全力推进试点示范，力争创造更多在全省全国推广的“东乡经验”。严守清正廉洁。深入贯彻全面从严治党、党风廉政建设和反腐败工作要求，严格落实中央八项规定及实施细则精神，驰而不息纠“四风”、树新风。加强重点领域、重点单位、重点岗位的廉政风险防控，严控“三公”经费和一般性支出，真正践行过“紧日子”要求，着力营造风清气正、干事创业的良好政治生态。

各位代表！路虽远，行则将至；事虽难，做则必成。让我们更加紧密地团结在以习近平同志为核心的党中央周围，在市委、市政府和区委的坚强领导下，真抓实干、攻坚克难，扎实推动经济社会高质量发展、用心描绘中国式现代化的东乡画卷！

年度关注

“三定三诺”唱响无职党员“有为”之声

中共二十大报告中指出，要“加强和改进党员特别是流动党员教育管理。落实党内民主制度，保障党员权利，激励党员发挥先锋模范作用”。近年来，东乡区探索实行农村无职党员“三定三诺”管理机制，通过定岗承诺、定责践诺、定级评诺延伸农村党员管理抓手和触角，推动农村党员由“无职散养”状态向“有岗有为”转变，为党建引领乡村振兴提供坚实的组织保障。在全省2022年度全面推进乡村振兴实绩考核中，东乡区被评定为优秀等次，同时入选全省乡村振兴示范县创建名单。圩上桥镇无职党员“三定三诺”案例参加全省党务技能大赛，获评三等奖。

创新“三定”组织管理机制，推动农村无职党员有岗有位。通过在乡镇构建党委统筹、村党支部管理、包组干部对口指导、认岗无职党员履职落实的四级管理新模式，对农村无职党员定岗、定责、定量。聚焦乡村振兴定岗。结合乡村产业、人才、文化、生态、组织“五大振兴”要求，综合考量当地实际及中心任务，设置政策宣传、勤劳致富、乡风示范、环境整治、纠纷调解、服务家乡、民主监督、帮贫解困8个岗位，采取按需设岗、主动认岗、组织定岗、公示明岗的程序和个人自愿、村级统筹、党委认定方式，为无职党员定岗；围绕岗位职能定责。各乡镇党委结合各个岗位的不同特点，统一规范相关岗位职责，以适应不同层级农村无职党员的实际情况。针对能人志士和乡贤，分别设置帮贫解困、勤劳致富等岗位。针对年龄偏大的农村老党员设置政策宣传、纠纷调解等岗位。针对外出流动党员设置服务家乡岗；按照人责适配定量。村党支部结合不同岗位责任和特点，因人而异，因岗定量，精准定制不同岗位无职党员基本工作量。个别身体状况不佳、无法履职的党员，可根据个人意愿及身体康复情况临时少量安排工作。

探索“三诺”工作落实机制，推动农村无职党员发挥作用。围绕定岗定责定量，建立无职党员承诺、践诺、评诺抓落实机制，让无职党员在认领岗位后能更好履行职责。锚定目标健全承诺制。农村无职党员定岗后，村党支部与每名党员签订《履职承诺书》，并将岗位职责、人员信息、承诺主要内容张贴公示，接受群众监督。东乡区共认领各类岗位3500余个，基层无职党员覆盖率达98%；注重实战建立践诺制。实行乡镇、村、组、承诺人四级网格化管理，乡镇党委班子成员分片督促指导认岗党员履行承诺事项、兑现承诺内容、落实践诺措施。针对在外流出党员难以实时参与村内工作的实际情况，探索“云端+实地”模式，在外无职党员采取电话、短信、微信群、钉钉会议群等云端途径，开展在线学习、讨论、献策、评议、服务，跟进了解家乡变化和需求，共谋发展。加强考核完善评诺制。以乡镇为单位，定期组织开展述岗交流会，及时了解掌握履职和作用发挥情况。依托5个区委基层党建工作指导站，通过暗访抽查、专项督查等形式，对履职践诺情况进行指导督导。同时，在各村设置意见箱，群众对无职党员工作情况进行随时评价。量化“三定”指数。坚持定性与定量相结合，根据岗位职责，聚焦政治纪律、精神状态和履职情况等10个方面类别，细化成36个小项共计百分制的“三定”指数，让认岗党员行有方向、评有标尺。实行评星定级。以村级党支部为单位，结合“三定”指数，采取个人述岗自评、群众民意测评、村党支部考评和平时督查情况相结合的方式，对每名无职党员履行岗位职责、落实承诺情况，开展半年考评及年终综合考评，评出一星至五星级党员。强化结果运用。对五星级党员在评优评先时优先考虑，作为农村党员参评“新时代东乡先锋”、优秀党员的重要依据。对年富力强、表现突出的无职党员纳入村级后备力量库，优先进入村干部队伍。

彰显“五个提升”改革实效，推动农村基层组织展现作为。基层党建明显提升。改革实施以来，涌现出一大批无职党员的优秀代表，始终坚持冲锋在前、战斗在前，使每一位共产党员都成为一面旗帜，将每一个基层党支部打造为一个坚强的战斗堡垒。产业发展明显提升。无职党员结合自身优势，在各自岗位上建言献策、示范创业、收集信息、引进项目，为家乡产业兴旺尽责出力。农民收入明显提升。依托“三定三诺”岗位平台，农村无职党员不仅自己带头致富，同时带领群众共同致富，争当新时代“致富带头人”、农村“经济能人”和“农民新人”。人居环境明显提升。各村以红旗党支部创评为契机，充分发挥无职党员尤其是老党员的政策宣传优势，广大无职党员用实际行动不断深化美丽乡村建设，改善农村人居环境，推动历史文化村落保护利用。乡风文明明显提升。无职党员主动参与制定村规民约，带头移风易俗，带头树立好家教、好家风，以身作则引导群众摒弃陋习，不迷信、不吸毒、不赌博、不违规操办婚丧喜庆等，使乡风民俗更加健康，婚丧嫁娶风气渐好，迷信、赌博、吸毒陋习得到根本性改变，群众幸福感、安全感、满意度明显提升。

“新风东乡”：让党的创新理论飞入寻常百姓家

为深入学习宣传中共二十大精神，东乡区创建以“传播新思想、践行新理念、奋进新征程，让学习贯彻习近平新时代中国特色社会主义思想在东乡蔚然成风”为宗旨的“新风东乡”基层理论宣讲品牌，推动党的创新理论飞入寻常百姓家。

强化队伍建设，构建多级理论宣讲矩阵。东乡区构建区、乡（镇、街道）、村（社区）三级联动，好人示范、群团组织同向发力，横向到边、纵向到底的大宣讲格局。宣讲团队选优配强。组建“16+N”宣讲团队，即在区级层面成立16支特色宣讲队伍；各乡镇（街道、场）参照区级做法，组建乡土特色宣讲队伍，打造一支常伴群众身边、常讲常新的宣讲“生力军”。好人宣讲榜样带动。组建“好人宣讲队”，广泛开展好人宣讲，用身边事教育身边人，全力营造学习好人、宣传好人、争当好人的良好氛围。群团组织持续发力。依托“五老”、妇联、团区委等群团组织，深入中小学校、工会骨干培训班、老年大学等，开展分众化宣讲。培训提升力求实效。搭建“基层宣讲员培训平台”，对基层宣讲员进行轮训，同时创新宣讲培训模式，将“听”“讲”“评”有机结合，提升培训实效。

完善宣讲制度，凝聚最广泛最强大合力。东乡区积极探索制定配套制度，力求让理论宣讲出新出彩、见行见效。理论宣讲“主题制”。围绕中共二十大精神、习近平新时代中国特色社会主义思想等主题开展集中宣讲，同时根据各宣讲队职能，开展具有标识性、特色鲜明的主题宣讲系列活动。宣讲评比“竞赛制”。举办东乡区“新风东乡”基层理论宣讲竞赛，通过以赛选人、以赛促学、以赛促练、以赛促用的方式，挖掘、培养一批“政治思想好、知识储备好、宣讲服务好、示范带头好、社会影响好”的基层宣讲员。宣讲活动“预约制”。充分运用宣讲竞赛成果，打磨提升精品宣讲课程，建立宣讲“菜单”，结合干部群众需求，以“送学上门”和“应邀授课”相结合的形式，常态化开展宣讲。

紧扣群众需求，让理论贴近生活动人心。东乡区不断创新宣讲内容、形式、方法，让理论真正走进群众、贴近生活、打动人心。内容求“实”。联系实践中的热点、难点问题，关注基层群众的思想困惑，运用身边事例，把发人深省的大道理融入鲜活的小故事中，以事释理、举例明理。如虎圩乡宣讲员在稻蛙共生基地，以保护绿水青山、发展有机农业的成功实践宣讲“两山”理论丰富内涵。方式求“新”。积极探索短实新的“微宣讲”，依托新时代文明实践中心（所、站）等有力阵地，通过“理论+政策”“理论+文艺”“理论+科普”等方式，推动党的创新理论传播到基层一线、浸润到百姓心田。语言求“变”。坚持用百姓话说百姓事，用鲜活故事传播思想，用通俗语言讲清道理，提高宣讲质效。如瑶圩乡八零志愿服务队组建“草根”小分队，让惠民政策最直接受益群体以“现身说法”的形式，将党的好声音传递到群众身边。

提升宣讲质效，奏响理论宣讲“最强音”。通过区级宣讲示范引领，赋能基层，实现宣讲力量由弱到强，奏响理论宣讲“最强音”。进机关，做党员干部的贴心人。政策理论宣讲队结合全区各级党员干部培训课程，及时跟进将党的创新理论纳入课程，帮助党员干部提高理论素养。进学校，做中小学生的关爱人。关爱报告团围绕传承红色基因、坚持立德树人，常态化开展“大手牵小手”特色关爱宣讲；平安东乡宣讲队围绕防霸凌、防溺水、防拐骗等知识开展宣讲，全方位守护未成年人成长。进社区，做城乡居民的知心人。“医”心为民宣讲队通过“宣讲+服务”形式，开展健康知识普及宣讲，提升居民卫生健康意识；普法宣讲队围绕“法院+N”“平安东乡”等主题，引导群众自觉守法、遇事找法。进农村，做农民群众的暖心人。文艺轻骑兵宣讲队把理论融入老百姓最喜欢的小品、歌舞、相声等文艺形式中，结合送戏下乡活动常态化进行展演，变舞台为讲台，满足群众文化需求。进企业，做青年职工的引路人。助企纾困宣讲队通过“培训+微宣讲”“金句”标语等形式，将中共二十大精神、习近平总书记考察江西重要讲话精神、惠企政策等送进企业。进网络，做理论宣讲的“媒体人”。充分发挥融媒体中心作用，在“品质东乡”App开辟“新风东乡”理论宣讲专栏，打磨《点点微光 灼灼信仰》《挎包服务 理响为民》等系列宣讲微视频，开展线上宣讲，形成线上线下一体联动的良好氛围。

自中共二十大召开以来，“新风东乡”各级各类宣讲队伍累计开展宣讲活动1200余场，受众达63000余人次，有效打通理论宣讲“最后一公里”，让党的创新理论在东乡落地生根。

中国气候宜居城市

2023年1月23日，中国气象局公布第五批“中国气候宜居城市（县）”名单，39个获评城市（县、区）中，东乡区榜上有名。

东乡区位于江西省东部，区位优越，辐辏八方，享有“赣东门户”的美誉，属亚热带季风气候，具有雨量充沛、四季分明、光照充足的气候特征，年体感舒适以上时段达6个月，年体感适宜以上度假期长达8个月。全年不利气候条件总体偏轻，气候变化具有趋利性。东乡区气候生态环境优良且持续向好，空气质量优良天数比例超过97.2%，年平均负（氧）离子浓度达到Ⅰ级水平，空气特别清新。东乡区森林覆盖率达46.52%，活立木蓄积量330.15万立方米，植物群落较为丰富，湿地面积11397.62公顷，湿地保护率达46.68%，动物资源多样达504种，现有国家AAAA级旅游景区1个、国家AAA级旅游景区4个，自然和人文景观丰富，物产丰饶，具有地方特色的生态环境，名胜遗迹、古代建筑、文化遗址、民风民俗等蕴藏丰富的文化内涵，山水文化、森林文化、传统农耕文化、“非遗”文化、民俗文化具有丰富多样的气象美景和物候景观。东乡风景秀丽，大小水库秀美如珠，苍翠的佛岭晓日如画；峥嵘的金峰岭、熊岚峰壮美屹立；汝、瑶二河玉带飘舞，君灵山水和谐一体；千子湖畔杨柳依依，王安石故里、明清古建筑群灿若星辰。在东乡，绿色、古色、红色交相辉映、相得益彰，是宜居宜游的康养福地。

东乡区委、区政府高度重视创建“中国气候宜居城市（县）”工作，区气象局围绕区委、区政府“把生态优秀、绿色发展体现在推动高质量跨越式发展，开展油菜花等花期预报服务，为公众游览提供贴心服务。全力打造“现代绿色宜居城市”的目标，打造“中国气候宜居城市”的品牌。联动各部门加大对气候资源的开发、利用和保护力度，深入挖掘具有当地特色的绿色生态经济，依托优质山水资源，开展精细化宜居、宜业、宜游等气候资源区划研究；统筹协调加强生态系统保护和修复气象保障；加强森林火点、秸秆焚烧等气象遥感监测；加强人工影响天气能力建设；提高防灾减灾救灾、生态环境保护和修复；实现立体气候资源转化为全域生态旅游经济新优势。历时数月完成《东乡区宜居城市创建报告》，从气候禀赋、气候生态环境、气候舒适性、气候景观、气候不利条件与风险等方面，对东乡区的气候特色及生态环境等进行了科学系统分析评估。

东乡区气候宜居五项综合评价优良率87.8%且优率69.4%，符合中国气候宜居城市（县）评价标准。气候宜居禀赋优良率89.5%，气候不利条件优良率66.7%，气候生态环境、气候舒适性和气候景观优良率均为100%。

文明城市创建

文明是一座城市进步的标志，是一座城市发展的灵魂，更是一座城市亮丽的底色。2023年，东乡区坚持以创建为民、创建利民、创建惠民为出发点，不断推动城市品位内涵提质、基础设施提标、服务功能提升，创国卫实现“一次申报、一次成功”。

全方位、多层次开展文明城市创建宣传工作。

营造文明城市创建浓厚氛围。印发《东乡区统筹推进全国文明城市创建和国家卫生城市复审宣传工作方案》，利用路灯道旗、宣传栏、电子屏、LED字幕、建筑围挡外墙等形式载体刊播社会主义核心价值观、公益广告等全国文明城市创建内容，对全区市民进行多角度、多方位广泛宣传动员。同时，在高速路口、抚州东站、东乡站、长运汽车站、公共广场、公共文化设施等重要群众密集出行的出入口安装大型公益广告景观小品。

举办文明城市创建十大主题活动。在东信广场举行东乡区文明城市创建十大主题宣传活动，区委书记彭敏群，区委副书记、区长李建泉等在家四套班子领导参加，集中展示“文明交通我遵守”“文明礼仪我学习”“文明窗口我坚守”等文明城市创建十大主题项目，转变市民文明习惯，提升市民文明素养，自觉践行文明行为，促使更多市民切实参与到创建活动中来。

网格化精准做好点对点宣传。全区17个片区责任单位、相关行业职能单位、乡镇（街道、场）、社区（行政村）通过入户走访、沿街宣传、群众座谈等多种方式向全区市民广泛宣传东乡区创建全国文明城市的重要意义，及时解决群众在创建过程中关心的问题，不断提升群众满意度。全区共计发放创建全国文明城市等各类宣传资料20余万份，创文宣传布袋3000个。组建创文巩卫微刊简报编辑组，重点刊发文明城市创建工作中的典型经验做法等相关稿件。2023年，共刊发东乡区创文巩卫专刊12期。

精准化、强举措开展文明城市创建专项整治工作。

美化城市环境。开展全民洗城行动，每周五下午、周六上午组织全区所有单位一半以上人员参与洗城活动，主要针对重要点位、重要路段、重要区域的卫生死角开展清洗。累计清扫道路58420条，清理铁路和公路交通沿线520000米，清理主要河流水域沿线234685米，清理卫生死角158900处，清除垃圾9万余吨，清理绿化带247100米，清理乱搭乱建4891处，清除乱张贴212708张，纠治市场内摊外摊、超摊扩摊经营3514处，纠治乱停273500起。

修复市政设施。结合网格化管理及日常巡查工作，持续加强市政设施日常维护工作，针对人行板道、侧石、树池、沥青路面、公园广场等存在局部破损等情况，开展精细化维护。市政公司水泥修复破损路面3100平方米，更换及修复破损人行道板3980平方米，沥青修补破损路面220平方米，更换破损雨水箅子350余个，更换破损雨水井盖140套。

整治交通秩序。查处各类违法行为234106起，其中非现场处罚145721起（含违章停车34569起）、现场处罚88385起。针对城区内电动车、摩托车等未戴安全头盔现象进行查处，共计查处38241起，其中无证驾驶381起、摩托车超员922起、汽车未系安全带23853起、货车超载1050起、疲劳驾驶171起。同时，在城区内主要交通路口开展早晚高峰岗安全文明宣传劝导志愿服务活动，对来往机动车、非机动车不礼让行人，行人乱闯红灯等不文明行为进行劝导。累计志愿服务时长15000余小时。

开展农贸市场及周边整治。共清理和劝导占道经营、流动摊贩摆卖4.3万余次，整治乱停放非机动车14余万辆，劝导违规占道充电6500余次，清除“牛皮藓”、小广告2000余处。

重常态、重长效抓好文明城市创建日常工作。

做好日常材料收集。对照《全国文明城市测评体系》具体要求，逐项分解细化工作内容，下发东乡区文明城市创建台账工作提示通知，要求全区60余个相关单位、乡镇（街道、场）按照要求上报台账，共收集各单位报送台账资料300余次。

做好实地创建摸排。组织专业机构对全区上报的300余个点位进行全面摸底测评，对中心城区重要点位、重点路段、重点区域开展全国文明城市实地模拟测评6次，下发创建问题清单并督促各责任单位限期整改到位。

做好创建人员培训。集中人员、分批次组织全区200余个创建相关单位、乡镇（街道、场）、社区（行政村）分管人员及具体工作人员开展全国文明城市创建资料台账和实地创建培训，不断提升创建人员工作水平。

创建全省双拥模范城

2020年以来，东乡区广大军民全面贯彻习近平强军思想，继承和发扬双拥光荣传统，紧盯创建省级双拥模范县（区）的总体目标，全力支持部队备战打仗，精准解决官兵后顾之忧，营造拥军崇军浓厚氛围，生动谱写了一曲曲“军爱民、民拥军”的赞歌。先后获得江西省拥军优属先进单位、全省退役军人事务工作先进单位、江西省退役军人“退役不褪色 退伍不退志”示范单位以及抚州市拥军优属先进单位、全市退役军人工作先进单位等称号。

2023年是东乡区首次争创全省双拥模范县（区）工作的验收之年。在这一年里，东乡区对照创建标准，按照“缺什么补什么”要求，聚焦“组织领导坚强有力”“宣传教育广泛深入”“拥军工作扎实有效”等8大项151小项指标任务，逐一查漏补缺，广泛收集各成员单位材料，形成32本材料汇编。考评材料质量得到省、市考评人员高度认可。在反馈会上，省考评组用“四个特别”和“三个一”高度概括了东乡区双拥创建工作。

这一年，掀起了重视双拥、支持双拥新浪潮。区领导对双拥创建工作高度重视，先后召开双拥（拥军支前）工作会议、双拥领导小组会议、双拥创建工作推进会议和双拥创建工作调度会议。进一步完善双拥和拥军支前工作机制，健全组织机构，形成层层有人抓、事事有人管、件件有着落的良好工作格局。以各乡镇（街道、场）基层武装部和44个双拥成员单位为基础，组建双拥基层服务站点，高标准打造158个村级退役军人服务站，形成纵向一条线、横向连成片，上下联动、左右协作的双拥组织体系。

这一年，打造了军民共建、共同发展新高地。打造双拥文化矩阵。建成双拥“十个一”阵地，即“一条拥军示范街、一面双拥文化墙、一条双拥宣传路、一个双拥主题公园、一座双拥主题广场、一所国防教育特色学校、一个拥军联盟、一个红色基因传承基地、一个示范服务站、一个退役军人就业创业基地”。2023年6月19日，省委常委、省军区政委鲍泽敏到东乡区调研基层武装工作时，对双拥文化墙建设给予高度评价。扎实推进国防教育，东乡高级技工学校被评为全国国防教育特色学校、东乡二中被评为全国中小学国防教育示范学校。同时，将王震、祝荫隆等老一辈无产阶级革命家先进事迹编入地方教材，厚植青少年爱国情怀，构建思政育人大格局。培育宣传2023年度全国“最美拥军人物”提名人王接平，发挥选树一个、带动一片作用。广泛开展国防教育活动，举办军事特色训练营，开展“集中送喜报暨颁发‘关爱功臣基金’活动”“送农技服务进军营”“双拥主题书法展”“军地相亲联谊活动”等双拥特色活动。组织“老兵宣讲团”，在“六一”“七一”“八一”等重要节日开展进校园、进军营、进社区等宣讲活动13场，受众1500余人，为双拥创建注入源源不断的活力。依托革命纪念公园、珀玕乡烈士陵园等爱国主义教育基地，深入开展文明实践活动，引导群众增强国防意识和提高拥军热情，让红色基因、革命薪火代代相传。深入挖掘本地红色文化，先后推出双拥舞台剧《英雄祝荫隆》、双拥小品《我的队长》、双拥故事《渐峰岭下十一勇士》等一批群众喜闻乐见的双拥文化作品。

这一年，续写了同舟共济、鱼水情深新篇章。面向全国范围，发布《关于将退役军人纳入免费乘坐东乡区城市公交优待对象的通知》，将双拥工作落到实处。区委办和区政府办联合印发了《东乡区军人军属、退役军人和其他优抚对象优待清单》，其涵盖荣誉激励、医疗、住房、教育、文旅等9个方面，共61条优待项。逐步组建起“爱国拥军促进会”“爱心拥军企业联盟”“退役军人志愿者协会”等社会化拥军组织，发动204个商户加入“爱心拥军企业联盟”，为军人军属、退役军人提供3—8折的优惠，掀起“千行百业共拥军”热潮。开展拥军支前保障行动3次，约260人参与；支持部队建设，军人家属就业安置35人，子女教育优待20人，家庭医疗救助1人；发放光荣牌153个；送立功喜报228份；区委、区政府走访慰问部队7次，各级走访慰问军人军属900余人，区双拥成员单位在春节和“八一”期间共走访退役军人1400余人。全方位、立体化宣传东乡区双拥工作成果。近年来，东乡区双拥工作受到中央、省、市各级媒体的高度关注，先后在《人民日报》、中国退役军人事务部官网、《中国双拥》杂志、《江西日报》等省级以上媒体刊登宣传报道400余篇。

巍巍金峰岭见证拥军本色，滔滔汝河水高唱爱民赞歌。今后，东乡区将以更高站位、更强担当、更实举措，扎实推动新时代双拥工作高质量发展，让崇军爱军拥军成为东乡的鲜明底色。

国家乡村振兴示范县

2023年，东乡区始终聚焦“走在前、勇争先、善作为”目标要求，学习运用“千村示范、万村整治”工程经验，以入围国家乡村振兴示范县创建名单为契机，把“三农”工作作为重中之重来抓，深入实施乡村振兴战略，推动农业农村发展保持稳中向好、稳中提质良好态势。加快推进农业高质高效、乡村宜居宜业、农民富裕富足，更好助力全面建设社会主义现代化东乡。

底线任务更牢固。坚决守住粮食安全和确保不发生规模性返贫两条底线，全年完成粮食播种面积78.63万亩，完成粮食总产36.46万吨，增产12.91%，超额完成全年目标任务；持续推动巩固拓展脱贫攻坚成果同乡村振兴有效衔接，开出全省第一张扶贫（帮扶）资产综合保险保单；农村居民人均可支配收入25241元，增长7%。

特色品牌更响亮。大力发展蓝莓等特色产业，获评全省唯一的“江西蓝莓之乡”称号。深化“两品一标”品牌创建，全年新增绿色有机地理标志农产品5个、“赣抚农品”7个；“君生乐”牌东乡葛粉获评第二十二届中国绿色食品博览会金奖；“东乡无花果”被收入全国名特优新农产品名录；江西竹海农业获评2023年省级现代农业全产业链标准基地；中央电视台先后6次报道东乡区蓝莓、丝瓜、花果芋、猕猴桃等农产品种植及丰收情况。

改革成果更丰硕。稳慎推进农村宅基地制度改革，共盘活闲置宅基地和闲置住宅1175宗，合计324.41亩，考核排位由2022年全省17个试点县（市、区）倒数第1跃居至2023年的第6，由落后转为先进。

乡村环境更美丽。深入实施美丽乡镇建设五年行动，加快建设29个美丽乡镇项目，全面完成168个新农村点建设。深化江西省农村人居环境治理“万村码上通”平台运用，将全区1312个村庄统一纳入平台监管，群众好评率达97%。

大事记

1月

2日，抚州市委副书记、市长高世文一行在圩上桥镇邮路头村开展春节前走访慰问活动，随后到江西施美药业股份有限公司、江西永冠科技发展有限公司调研。

4日，抚州市政协副主席、党组副书记到东乡区调研“界别连心桥”品牌创建工作，并代表市委、市政府走访慰问联系服务的专家人才。

6日，区委二届五次全体（扩大）会议暨区委经济工作会议召开，区委常委会主持会议，区委书记彭敏群受区委常委会委托作了工作报告和讲话。区委副书记、区长李建泉作《中共东乡区委关于深入学习宣传贯彻党的二十大精神加快全面建设社会主义现代化东乡的决定》有关说明并总结部署全区经济工作。

9日，在收听收看市安委会全体成员会暨全市安全生产电视电话会议后，东乡区召开全区安全生产工作部署会，区委副书记、区长李建泉出席会议并讲话。

12日，区委书记彭敏群参加2022年省粮食安全责任制实地核查工作反馈会。

15日，区委书记彭敏群深入东乡经济开发区调研督导“重大项目不停工、重点企业不停产”工作。

16日，全区2022年度党委（党工委、党组）书记抓基层党建工作述职评议会议召开。

23日，2023年东乡区“三请三回”新春座谈会召开。

28日，江西省副省长，抚州市委书记夏文勇一行到施美药业、雨帆生物能源、抚州发那特机械科技有限公司、江西金光高科有限公司调研。

是日，中国共产党抚州市东乡区第二届纪律检查委员会第三次全体会议第一次会议召开。

2月

6日，孝岗镇城北社区，金峰街道龙山社区、汝河社区、师水社区等9个社区入选江西省第二批绿色社区创建达标名单。

9日，东乡区人民医院麻醉科、急诊科、内镜室通力合作，成功完成全区首例无痛纤维支气管镜异物取出手术。

13日，根据《江西省人民政府关于表扬江西省第一届职业技能大赛获奖选手、竞赛优秀指导老师和为参赛作出突出贡献单位的通报》，曾在江西省第一届职业技能大赛数控铣个人项目中获第四名的东乡高级技工学校教师刘超雄被评为“江西省技术能手”。

14日，江西省委书记尹弘深入东乡区永冠科技、荣华人工智能产业园进行调研。

15日，东乡无人机播种作业情况被《人民日报》报道。

是日，在千子湖发现国家二级重点保护野生动物凤头鹏鹛。

16日，区委政法工作会议暨全区安全生产、信访工作调度会召开。

是月，东乡区消防救援大队《男孩送消防员奶茶还送工作量》暖心事迹被评为江西消防2022“十大暖心故事”。

是月，2022年度东乡区“最美退役军人”“最美军人家庭”“最美军嫂”评选活动举行。

是月，东乡无偿献血志愿者王治东荣获“全国无偿献血终身荣誉奖”。王治东从2006年开始连续16年坚持参加无偿献血活动，献血量达8800毫升，志愿服务时间超8000小时。

是月，东乡三中、北岗小学被评为抚州市制度化家校合作示范校。

3月

3日，江西省“学习宣传贯彻党的二十大 退役军人志愿服务传新风”暨“替烈士看爹娘、为烈属办实事”学雷锋活动月启动仪式在东乡区举行。省退役军人事务厅代表一行走访慰问了烈士黄转龙、李生丰家属。

3—5日，抚州市中小学体育教师素养大赛举行。东乡区罗强、孙敏分别获得小学组、初中组个人综合第一名，杨琴、郑磊、刘娜等教师获得个人一等奖。

4日，东乡区首届沙滩露营音乐节在佛岭国际公园举行。

7日，东乡区举行纪念“三八”国际劳动妇女节113周年文艺会演。

是日，东乡区举行“文明实践在东乡 低价彩礼我先行”千人签名活动，8对零彩礼未婚青年代表进行了集体宣誓。

12日，圩上桥镇、小璜镇、珀玕乡春耕工作开展情况被中央电视台新闻频道报道。

13日，东乡区获评江西省2022年度城市功能与品质提升考核先进县（区）。

19日，东乡区驻上海招才引智工作站、东乡区新联会上海分会揭牌仪式暨招商引资推介会在上海虹桥举行，举办招商引资推介会同步举行，成功签约新能源新材料、数字产业、有色金属等项目5个。

23日，东乡区开展“3·23”警示教育活动，并举办警示教育廉政党课和理论学习研讨。

24日，东乡区统筹推进全国文明城市创建和国家卫生城市复审工作动员部署大会召开。

27日，珀玕乡仙基村春播情况被《新闻联播》报道。

29日，永冠新材吕新民获评“2022江西年度十大经济人物”。

是月，黎圩镇上池村、潭江村、后畲村、梧坊村、枫山村被住房城乡建设部等六部门列入第六批中国传统村落目录。

4月

2日，江西农信乐农业发展有限公司的君生乐牌东乡葛粉获第二十二届中国绿色食品博览会金奖。

7日，江西省副省长卢小青就防汛备汛、农业产业化发展工作深入东乡区调研。

是日，江西省委第七巡视组，抚州市委提级联动巡察组入驻东乡，开展为期两个月的巡视巡察。

是日，小璜镇新时代文明实践所、金峰街道东铜社区新时代文明实践站、东乡区孝岗镇大富社区新时代文明实践站、东乡区孝岗镇张坊村新时代文明实践站分别被评为2022年度全省五星级新时代文明实践所、站。

是日，区中医院成功为98岁老人实施“股骨假体周围骨折翻修术”，在超高龄骶骨骨折的治疗方面实现新的突破。

8日，“活力东乡全民盛惠”双品网购节活动成功举办。此次活动提前一周预热，累计发放共计10万元农产品和文旅产品专项优惠券。“东创电商”微信小程序网络直播，单场销售达3万余元，其中华绿翡翠蛋产品销售量达200余单。

14日，东乡区统筹推进全国文明城市创建和国家卫生城市复审工作调度会第一次会议召开。

15日，东乡区驻北京招才引智工作站、东乡区驻北京流动党支部、东乡区（北京）协同创新中心揭牌仪式暨招商引资推介会在北京举行。

24日，全区组织工作（老干部、区直机关党的工作）会议暨红旗（模范）党支部创评工作推进会召开。区委书记彭敏群还就二季度经济运行、项目建设、“创文巩卫”、防汛救灾、安全生产、环保督察整改、配合省委巡视、推行“抚惠保”等工作作了强调部署。

25日，东乡区举行2023年二季度重大重点项目集中开竣工动员大会。抚州市政协副主席曾月兴，区委书记彭敏群，区委副书记、区长李建泉共同按下触摸感应球，下达开工启动令。

5月

1日，区委书记彭敏群深入东乡经开区、金峰街道等地，调研督导生态环保问题整改、自建房安全整治、重点项目建设等工作。

6日，市委书记魏晓奎以人大代表身份，深入东乡区孝岗镇人大代表联络工作站，开展接待选民活动，并与选民和基层人大代表进行座谈。

是日，东乡二中入选“十四五”时期江西省首批语言文字规范化示范校。

10日，福州市企业与企业家联合会考察团到东乡区考察并举行座谈会。区委书记彭敏群、福州市企联执行副会长翁云疆、福州市“两新”组织党建促进会常务副会长郭荣贵、福州市企联秘书长倪真出席座谈会。

13日，2023年第二期“智聚东乡”人才早茶会举行。区委书记彭敏群，区委常委、组织部部长李星华，同济大学附属同济医院主任医师、博士生导师、沪赣医促会会长胡志前，复旦大学附属华山医院主任医师、博士生导师付建辉，复旦大学附属肿瘤医院、质子重离子医院主任医师、博士生导师、院长助理吴开良，复旦大学附属中山医院主任医师、博士生导师李善群，同济大学附属肺科医院主任医师吴福蓉等医疗专家共聚一堂。抚州市政府驻上海联络处主任黄晓勇应邀参加早茶会。

是日，“抚河情·健康行”在沪抚（赣）籍医疗“假日专家”健康帮扶走进抚州大型公益活动启动仪式在东乡举行。

14日，“江西蓝莓之乡”授牌暨江西省蓝莓产业联盟成立大会在东乡举行。南京林业大学副校长、博士生导师李维林，江西省林学会理事长魏运华，江西省林科院副院长龚春，区委书记彭敏群及区四套班子在家领导出席。

18日，东乡区获评抚州市“2022年度县（区）综合考核第一等次”。

23日，东乡区蓝莓观赏采摘暨网络促销、现场评比活动启动仪式在东腾蓝莓产业园举行。

6月

5月31日—6月1日，江西省副省长史可到东乡区就县域紧密型医共体建设工作开展专题调研并召开座谈会。省政府副秘书长王海涛，省卫健委党组成员、省计生协专职副会长罗礼生参加座谈会。抚州市委副书记、市长高世文，副市长黄智迅，市政协副主席王彬，区委书记彭敏群，区委常委、常务副区长李娜分别陪同调研或出席座谈会。

4日，区委书记彭敏群到东腾蓝莓基地以及王桥镇、瑶圩乡、黎圩镇、红光垦殖场蓝莓基地调研督导蓝莓产业发展情况。

6日，东乡广大党员干部和志愿者到东腾蓝莓基地，助力蓝莓采摘。

17日，抚州市委副书记、市长高世文到东乡区调研防汛工作和开展中考巡考。

23日，长江科学院副院长杨文俊、江西省水利厅二级巡视员钱荣明，分别率水利部和省水利厅工作组到东乡区检查指导防汛工作。

24日，同济大学附属第十人民医院吴鹏与东乡区人民医院共建“骨科博士工作室”签约仪式举行。

27日，路威轮毂抚州基地“落成典礼”暨

招商大会举行。

29日，东乡区“新风东乡”基层理论宣讲竞赛总决赛在区实验中学报告厅举行。

30日，东乡区人民政府与福建省泉州市泉港区人民政府战略合作框架协议签约仪式在福建泉港举行。

7月

3日，在庆祝中国共产党成立102周年之际，东乡区举行2023年度“红旗党支部”“模范党支部”集中授牌大会。

是日，江西省农业农村厅公示了全省乡村振兴示范县、示范乡镇、示范村创建名单。东乡区入选全省乡村振兴示范县创建名单，东乡区虎圩乡入选全省乡村振兴示范乡镇创建名单，东乡14个村入选全省乡村振兴示范村创建名单。

5日，东乡区召开2023年度工业高质量发展考评调度会暨上半年工业经济运行分析会。

是日，江西省委巡视工作领导小组在抚州市召开十五届省委第三轮巡视集中反馈视频会议后，省委第七巡视组副组长陈钢分别向抚州市东乡区委书记彭敏群和抚州市东乡区委领导班子反馈巡视情况。彭敏群主持反馈会议并作表态讲话。

10日，“智汇·东乡”院士专家东乡行活动在东乡区举行，中国科学院院士、发展中国家科学院院士沈保根应邀出席并作演讲。

13日，东乡区2023年蓝莓产业发展总结表扬大会在千人会场举行。

18日，2023年“知识产权服务万里行”活动江西地区启动仪式暨现场会在东乡区举行。江西省市场监管局一级巡视员刘建华，抚州市副市长黄智迅，东华理工大学党委常委、副校长熊国保等领导及嘉宾出席活动。

25日，全市2023年三季度重大重点项目集中开竣工动员大会在东乡区举行。抚州市委书记魏晓奎出席并下达开工令。

是日，2023年二季度全市工业创新发展争先擂台赛季赛活动暨工业高质量发展现场推进会在东乡区举行。

8月

1日，东乡区庆祝中国人民解放军建军96周年双拥文艺晚会在东乡区大剧院举行。

是日，江西施美药业股份有限公司获2022年度江西省科学技术进步二等奖。

8日，东乡区举行2023年第三季度招商项目集中签约仪式。

是日，东乡学子在第三届全国青少年科技教育成果展示大赛中获一等奖。

11日，第十一届江西省少儿曲艺展演在东乡区举行。省文联党组成员、副主席张越，抚州市委常委、宣传部部长孙鑫出席。

19日，东乡区农村宅基地改革和管理培训会在行政中心千人会场举行。

23日，全市“访调诉”一站式服务中心建设暨完善矛盾纠纷预防化解机制改革推进会在东乡区召开。

25日，东乡区举行2023年第四期“政企畅谈早茶会”，并帮助企业家代表解决生产经营方面的困难和问题，区委副书记、区长李建泉出席。

9月

1日，抚州市重点帮扶村示范建设培训班在东乡举行。与会人员到东乡区圩上桥镇邮路头村、马圩镇港下村、虎圩乡陈桥村塘下组和坎头村下邹组现场观摩乡村振兴示范项目建设。

7日，东乡区在行政中心二楼大厅组织参观“聚焦新画卷·礼赞新时代”——首届“书法之乡·魅力东乡”全省摄影大赛图片展。

9日，东乡区李志群的水旱盆景《弈牧闲情》在第二届全国盆景职业技能竞赛中荣获铜奖。

是日，赣商总会企业家代表到东乡考察。考察团一行先后到抚州市路威轮毂制造有限公司、江西金光高科有限公司、江西永冠科技有限公司、江西雨帆生物能源有限公司、江西养乐星生物科技有限公司、江西美尔丝瓜络有限公司等地实地考察，详细了解东乡区产业规划、产业布局以及园区企业生产经营、市场竞争、外贸出口等情况。

13日，东乡区2023年度秋季新兵欢送晚会暨全民国防教育文艺晚会在东乡大剧院举行。彭敏群代表区委、区政府和区人武部向踊跃入伍的新兵表示祝贺，向送子参军的家长们致以崇高的敬意，向一直以来关心支持东乡区国防和军队建设的各界人士表示感谢。

18日，全区学习贯彻习近平新时代中国特色社会主义思想主题教育动员大会召开。

25日，抚州市紧密型县域医共体建设推进会暨“三大中心”建设推进会在东乡区举行。

27日，王桥镇王桥村陈家种植基地举行文化旅游活动“游生态王桥 品绿色花果芋”。

28日，在杭州第19届亚运会武术散打男子70公斤级决赛中，东乡籍选手何烽战胜伊朗选手夺得金牌。

30日，东乡区举行迎国庆乡贤客商茶话会。

是日，东乡区在革命纪念公园举行烈士纪念公祭活动。区委书记彭敏群，区委副书记、区长李建泉以及高晓英、吴忠鸿等区四套班子在家领导和社会各界代表一起，向人民英雄敬献花篮。

10月

8日，共青团江西省委、省教育厅、省少工委开展2022年度江西省“红领巾奖章”四星章评选工作，东乡区12名少先队员荣获2022年度江西省“红领巾奖章”个人四星章，2个中队、2个大队荣获2022年度江西省“红领巾奖章”集体四星章。

12日，东乡区创建全国文明城市“十大”主题新时代文明实践活动启动仪式在东信广场举行。

14—15日，由省体育局、省教育厅主办的2023年江西省第六届青少年游泳冠军赛在东乡区游泳馆举行。此次比赛按性别、年龄分设6个组别，涵盖自由泳、仰泳、蛙泳、蝶泳、混合泳等多个类别。在为期2天的比赛中，来自省内各设区市和少儿中心的13支代表队，共346名运动员，对34枚金牌展开了激烈角逐。

16日，2023东乡区欢度“老年体协成立40周年”喜迎“九九重阳节”主题活动在东乡大剧院举行。

19日，江西省军区政治工作局大校主任、省退役军人事务厅党组成员、副厅长王国英率省级双拥模范城（县）和爱国拥军模范考评组到东乡区开展考评验收工作。

21—22日，抚州市委书记魏晓奎深入东乡区宣讲习近平总书记考察江西重要讲话精神。

11月

6日，东乡区公安局举行“向人民汇报”夏季治安打击整治行动集中退赃大会，将近期破案后追回的赃款赃物，公开返还给受害人。

7日，2023年《江西政协报》办报用报座谈会在东乡区召开。省政协副秘书长、办公厅主任傅兆良出席并讲话。抚州市政协主席贺喜灿参加有关活动。省政协办公厅副主任邹英香主持座谈会，市政协副主席曾月兴、11个设区市政协负责宣传工作的人员出席会议。

9日，江西省关工委主任周萌率调研组到东乡区调研关心下一代工作，就全省基层关工委规范化建设现场会筹备工作开展座谈。

11日，东乡区小璜镇农民丰收节在浩添农业采摘基地举行。

19日，抚州东乡（福州）“双招双引”推介会暨福州市江西东乡商会换届大会在东乡区召开。

22—23日，中央电视台连续两天在《新闻联播》栏目报道东乡。22日，《新闻联播》报道东乡区做好秋粮收购工作；23日，《新闻联播》报道东乡区加强法治建设。

22—24日，位于东乡经济开发区的江西亿友药业有限公司成功晋级第十二届中国创新创业大赛全国总决赛，并获得“优秀企业奖”。

26日，2023年江西省中学生田径锦标赛暨省体传校田径比赛举办，全省共137所中学参赛。东乡实验中学获江西省高中女子团体第七名、抚州市第二名。

29日，江西省基层关工委组织规范化建设经验交流会在东乡区召开。会议听取了抚州市和东乡区关工委推动基层规范化建设经验汇报，与会人员参观考察了东乡区孝岗镇关工委、经开区关工委、教体局关工委和圩上桥镇邮路头村关工委等示范典型，部分基层代表作交流发言。

是月，东乡籍童小华当选中国工程院院士。

12月

3日，同济大学附属上海第十人民医院艾贵海教授与东乡区人民医院共建“妇科肿瘤博士工作室”签约仪式举行。区委常委、组织部部长李星华与艾贵海共同为“妇科肿瘤博士工作室”揭牌。

12日，人力资源社会保障部、全国总工会、全国工商联、中国企联公布2023年度工作突出的全国129家基层调解组织名单。江西省共有4家单位受到表扬，东乡区法院客商投资企业协会调解中心位列其中。

13日，2023年度抚州市平安建设考评东乡述职大会召开。

20日，“学身边榜样做合格党员”巡回宣讲（东乡专场）报告会在区行政中心千人会场举行。

26日，“文化抚州、梦想之舟”东乡区“城管之夜迎新年文艺晚会在东乡大剧院举行。

是月，东乡区3家企业入选2023年江西省专业化“小巨人”企业公示名单。8家企业上榜2023抚州民营企业50强榜单。

概　览

自然环境

【位置面积】 东乡地处北纬28°2′—28°30′、东经116°20′—116°51′，属东八时区，位于江西省东部、抚州市北部，素有赣东门户之称。区境东邻余江，西界进贤、临川，南连金溪，北接余干。孝岗镇处于区境中部，西北距省会南昌公路里程100千米，西南距抚州市公路里程41千米，东乡区总面积1196平方千米。

【地势地貌】 东乡地处赣东丘陵与鄱阳湖平原过渡地带，整个地势由东北向西南缓慢倾斜，自北而南平原与高、中丘呈低—高—低—高相间分布，构成自东向西南敞开的一大盆地。区境常态地貌类型以丘陵为主，高丘面积1.52万公顷，占总面积的12.71%；中丘3.38万公顷，占28.26%；低丘1.58万公顷，占13.21%。岗地、平原和水面6.22万公顷，占52.01%。最高处为金峰岭，海拔498.8米；最低为杨桥殿乡圳上万家最低田畈，海拔15米。

【山脉】 境内山脉属武夷山余脉，大部分为北东—南西走向，少数为北—南或北西—南东走向。东北部山脉主峰有古圣峰、大裤岭、对形峰、朱家山。北部山脉主峰有雄岚峰、仙岚峰。西北部山脉主峰有香炉观。西部山脉主峰有伏山岭。东部山脉主峰有大山里、积烟岭、任同岭。南部山脉主峰有桃花岭、长林山、猴伏尖、西笔架尖、东笔架尖、鸦水岭、银峰尖、馒头岭。东南部山脉位于区境东南部，主峰有渐岭、花草尖、金峰岭、北金峰、甘坑东峰、甘坑西峰、白云峰、狮子岭、起源岭、明珠峰、虎形山、柳树岭、北柳树岭、马鞭山、中虎形山、吉岭、庙门岭、石建岭、吴岭。

【河流水系】 境内无大的河流经过，只有9条河港分别注入抚河、信江、鄱阳湖三大水系。

抚河水系。北港为东乡河第一大支流，又称汝河，位于区境中部，源出愉怡乡眉毛峰南麓，主河道境内长31千米，流域面积549.3平方千米，河道最大洪水流量1100立方米/秒，大旱常断流，下游段河状弯曲，泥沙淤积，常受洪涝灾害影响。此港自北向南折向西南，与南港汇合成东乡河，经临川境注入抚河。南港为东乡河第二大支流，位于区境西南边缘，源出金溪，主河道长27.5千米，流域面积589平方千米，其中境内200.3平方千米。河道洪水流量1300立方米/秒，大旱常断流。暴雨期下游段洪水常淹没大片农田，此港自东向西折向西北，与北港合成东乡河，经临川境注入抚河。

信江水系。瑶河又名青田港，位于区境东南，源出金溪。境内河长13.5千米，流域面积93平方千米，洪水季节常受洪涝灾害影响，此水自瑶圩街公路桥下进入余江区境，注入信江支流白塔河。王桥港分南、北两支流，控制流域面积85.5平方千米。北支为主流，又名花山港，河长8千米，流域面积60.5平方千米。南支为倪家港，河长6.2千米，流域面积25平方千米，此港经上南山进入余江区境注入信江支流白塔河。小璜港位于区境东北，河长22千米，流域面积102.5平方千米，此港入余江区信江支流白塔河。珀玕港又名玉湾港，位于区境东北，主河道长7千米，流域面积52平方千米，洪水流量120立方米/秒，旱季常断流，此港入余江区信江支流白塔河。

鄱阳湖水系。润溪港又名大沙港，位于区境北部，河长21千米，境内流域面积116.2平方千米，此港注入润溪湖。五坊港位于邓家乡境，为区境西北边缘一条小支流，河长4千米，流域面积26平方千米，河道洪水流量75立方米/秒，枯水季节常断流。此港入秧塘水库后再注入鄱阳湖。跳石港位于区境西部，长约6千米，流域面积18.5平方千米，河道洪水流量60立方米/秒，枯水季节常断流，主港至下跳石村入进贤下埠集港，再注入鄱阳湖。

【土地资源】 境内土壤有2个土类、5个亚类、23个土属、82个土种。土类分山地土壤和农业土壤，山地土壤分红壤和红壤性土2个亚类，此类红壤面积达9.13万公顷，占土地总面积的71.89%，多分布在珀玕、小璜、邓家、虎墟、马墟一带的低丘岗地。农业土壤主要是水稻土，面积3.6万公顷，占土地总面积的28.35%。

【矿产资源】 境内矿产资源丰富，品种繁多，已发现各类矿产10余种。主要金属矿藏有金、银、铜、铅锌、稀土；非金属矿藏有煤、矿泉水、重晶石、硫铁矿石、瓷石、蛇纹岩、建筑用石料、砖瓦、稀土等。各类矿床、矿（化）点126处。经勘查探明储量的有中型铜矿1处，小型铜矿1处，小型金、银矿各2处。金属矿产多分布在区境的南部，以金、银、铜、铅锌为特色，非金属矿产多分布在区境的中北部，以煤、高岭土为特色，中部的火山岩盆地则蕴藏着优质的建筑用石材矿产。资源潜力较大的有铜、铅锌、金、银、高岭土、建筑用石料等。

【水资源】 地表水资源。区内水资源十分丰富，年平均降水总量21.72亿立方米。全区多年平均降水量1710.7毫米，在保证率50%的平水年，年径流10.55亿立方米；在保证率75%的枯水年，年径流8.77亿立方米；在保证率95%的特枯年，年径流6.68亿立方米。区境地表水常年的年径流量10.84亿立方米，平均每人占有地表水2826立方米，平均每亩耕地占有地表水2498.5立方米。

地下水资源。东乡地下水日径流量12.88万立方米，年径流总量4700万立方米。境内碳酸岩裂隙溶洞水富水程度中等，其他地层地下水无富集的水文地质条件，大部分地区地下水贫乏，少量地下水仅可供居民生活用水。东乡地下水富水性分三区。一区位于孝岗及马圩冲积平原及山间盆地，地下水日产5.8万立方米，地下水年径流量2117万立方米。区内含水层厚度小，变化大，富水性不均，一般富水性差，局部中等富水，地下水埋藏浅，水质较好，可作村镇及小型企业用水源地。二区位于小璜盆地，属覆盖性岩溶区，地下水日产0.7万立方米，地下水年径流量258万立方米。区内地下水丰富，埋藏浅，水质好，东乡铜矿已开发利用，该矿在小璜镇黄花岗建立的供水站日产水0.5万立方米，地下水年径流量183万立方米，为矿区提供生产生活用水。三区位于南、北部变质岩、花岗岩及碎屑岩地区，多组成高、低丘陵及低岗地形，区内日产水6.37万立方米，地下水年径流量2325万立方米，富水性差，水质较好，仅可供居民生活用水，大旱之年村井干枯，生活用水常难保证。

【植物资源】 天然用材树种主要有马尾松、苦槠、甜槠、青冈栎、栲树、枫香、枫杨、木荷、麻栎、小叶栎、樟树、冬青、酸枣、毛竹等，多分布在区境南北高、中丘陵区。香樟、椿树、侧柏、龙柏、圆柏、柳杉、苦楝、乌桕等树种，多为零星散生。

木本经济树种有壳斗科苦槠、甜槠、毛栗、板栗、白栎、栓皮栎、青冈、小叶青冈、大叶青冈、薜荔、野木瓜等，分布于东南部中、高丘陵区。

食用野果树种有山楂、山莓、茅莓、猕猴桃、悬钩子、乌饭、野梨、野葡萄，分布在南、北高、中丘陵区。

牲畜野生饲料以禾本科居多，共计62种；其次为豆科，共计16种，莎草科9种、百合科4种；还有鸭舌草科、百部科、雨久花科、天南星科、浮萍科、海金科、黑白科等。

纤维植物南、北高、中丘陵区分布木本科棕科，有芫花、金茅、牛筋草、狼尾草、芒、芦苇及草本科灯芯草、龙须草等，还散生大量小山竹、杂竹。

观赏植物有生长在山野路旁的野菊、金鸡菊、金缕梅、玉簪、百合花、木槿花、芙蓉花、桂花、兰花、梅花等。杜鹃花（映山红），高、中丘满山遍野皆是。山茶花，以石坑源生长较多。

中草药植物区境分布天然中草药130种，属60科。南及东南高、中丘有杜仲、半边莲、灯芯草、黄栀子、红花、辛夷、七叶一枝花、野菊花、何首乌、五加皮。北部中、低丘区有南山楂、虎杖、龙胆、蛇舌草、枸杞、桃仁、银花、土当归。中部岗地平原有牛膝、女贞子、黄精、桂皮、射干、仙茅、肿节风、辛夷花。西南河网平原区有白术、使君子、香附子、苦参、麦冬、益母草、车前草。

薪炭植物有壳斗科及灌木丛分布于南、北高、中丘的有胡枝子、乌饭树、短尾越橘、三叶赤楠等。低丘缺柴区有芒萁、蕨芒、菅草等草本植物。

【野生稻】 1972年，在岗上积镇的走马岗林场、段溪、青湖、樟塘、会仙龄等地发现近30亩野生稻。野生稻具有耐寒、耐淹、耐酸性能。分蘖力强，根系发达，宿根多年生，冬季枯黄，春暖苗发。全生育期216天左右，9月至11月陆续抽穗扬花，结实低，易脱落，谷粒长大，呈黄褐色。1978年至1981年，中国农业科学院及11个省市的农业专家到实地考察，鉴定为普通野生稻，对研究水稻作物起源演变及杂交育种具有一定价值。

【动物资源】 黄莺、黄雀、画眉等，南、北高、中丘陵区居多。老鹰、乌鸦今稀少。啄木鸟、猫头鹰、布谷鸟，多栖于山林之中。麻雀、八哥、燕子，境内各地常见。斑鸠、喜鹊，各地时有所见。雉鸡（俗名“野鸡”）、竹鸡，多栖于山林之中。野水鸭，多栖于中型水库中。

旧志载，明代境内有野鹿、黄斑虎，今绝迹。金钱豹、狐、狼、刺猬、穿山甲、水獭、猪獾、狗獾、狐狗等，东南及西北偶见。野猪、豪猪、香狸、白面狸，主要活动于东南高、中丘陵区，尤以野猪为多，常下山危害庄稼。獐、麂，虎形山一带和其他林区均有。野兔、松鼠，东南及西北林区常见。豺狗、黄鼠狼境内西南中、低丘区偶见。

石鸡（乌蛤蟆），多产于高、中丘水溪边，平原地带也时有所见。黄蛤（黄皮蛤蟆），产于高、中丘石缝中。青蛙、蟾蜍，境内各地均有，以青蛙居多。

境内水域天然鱼种主要有鲇鱼、草鱼、鲤鱼、鲫鱼、红鲫鱼、黄颡鱼、胡子鲇、乌鳢、白鱼、麦穗鱼、塘虱鱼、沙鱼（来源县志记载）、罗汉鱼、鳜鱼、黄鳝、泥鳅、刺鳅、鳡鱼、鳊鱼等。还有蚌类、螺类、蟹虾类、甲鱼、龟等。

蛇以山区居多，平原地带也常见。主要有金环蛇、银环蛇、眼镜蛇（扇头风）、竹叶青、乌梢蛇、赤练蛇、笋壳斑、蝮蛇、泥蛇、水蛇、蜥蜴（四脚蛇）等。蜈蚣、壁虎、蜻蜓、赤眼蜂等，境内各地常见。

历史简况

【政区沿革】 明朝中叶，全国各地不断爆发农民起义。江西境内临川之东乡时有叛乱发生。明宣德七年（1432年），抚州知府王升向朝廷申请在长林设立县治，规划完成并拟定县名为“长兴”，因又碰上饥荒，建县之事不了了之。明弘治十八年（1505年），东乡出现叛乱，蔓延到相邻县境内，余干县平民赵显赴朝廷建言在东乡设县，同时，东乡的一些人士也向巡抚林俊提出同样的请求，林俊到长林考察，非常认可，却因丁忧离任，建县之议再次无果。明正德三年（1508年），江西各地农民起义军爆发，九江道有姚源的农民起义军，南昌道有华林的农民起义军，湖东道为东乡的农民起义军。前两个道的太守均请求发兵围剿，而驻守东乡道的官员基本上只是招安劝抚，只图眼前的平安，不作长远的打算。正德六年（1511年），临川县徐仰四、艾茹七领头的东乡农民起义军达万余众，对抗官兵，临川县知县龙诰督兵围剿，大败。正德七年（1512年），分守道徐蕃、分巡道高宾计议武力剿灭起义军。时朝廷大军到江西围剿九江和南昌的农民起义军，因为之前没有申请，东乡不在用兵范围，徐蕃就向都宪陈金建议，征调攻打姚源、华林的土司兵、汉兵，先行平定东乡，然后乘其胜利之势去对付其他两处的农民起义军，上级采用了他们的建议。五月，都宪陈金调来两广目兵，会同官兵进行围剿。东乡之乱基本平定之后，陈金上疏朝廷申报战功，并请求在东乡设置县级区划，以防止农民起义军重起。是年八月，析出临川东部的大片土地，并由金溪、进贤、余干、安仁（今余江区）分别划出小部分土地合成新县。因辖地主要是临川东部之乡，故县名定为“东乡”，县治初设于长林。因南面的长林山过于逼近，不宜建城防守，正德八年（1513年）四月，将县治移到北面三里外的孝岗，相沿至今。

东乡建县之前，其临川、金溪之地，隶属抚州府，进贤之地隶属南昌府，余干和余江之地隶属饶州府。建县之后至民国2年（1913年），隶属抚州府。民国3年（1914年），隶属豫章道。民国15年（1926年），直隶江西省。民国21年（1932年），隶属第七行政区，区治南城。1949年5月5日，中国人民解放军解放东乡，建立县人民政府，属赣东北区贵溪专区，同年9月改属上饶专区。1968年又改隶抚州地区。2000年，抚州撤地设市，属抚州市。

2017年3月6日，东乡撤县设区，更名为东乡区，成为抚州市第2个建制区。2018年4月18日，岗上积镇、红亮垦殖场整体划入东临新区管辖。

【建置沿革】 区以下行政区划，各朝多有不同。建县之始，有临川县的长寿、移风、遵化、安宁、延寿、崇德6个乡168里，金溪县延福乡18里，饶州府安仁县（今余江区）云锦乡7里，余干县习泰乡5里又3甲及南昌府进贤县崇信乡12里，共10个乡210里又3甲，一直到清末民国初期，东乡保持10个乡设置。

1984年6月，撤销人民公社，建置乡政权。全县设孝岗镇和长林、杨桥（同年10月改名杨桥殿）、愉怡、珀玕、小璜、邓家、詹圩、店前、王桥、虎圩、马圩、瑶圩、东源（10月改名岗上积）、黎圩、虎形山15个乡（镇）。

其时，原各垦殖场只保留为单纯的经济实体，不再列入行政建制之内，其地域归属为：红光垦殖场归瑶圩乡，红亮垦殖场归岗上积乡，红旗垦殖场归詹圩乡，虎形山垦殖场归虎形山乡，红星垦殖场至次年归入圩上桥镇。

1985年4月23日，撤销小璜乡、马圩乡，建置小璜镇、马圩镇和圩上桥镇（辖红星垦殖场区域）。至此，全县行政区划为4个镇、13个乡。乡镇共辖164个村民委员会，下设1382个村民小组。1989年3月，孝岗镇始设市场街、新街、解放街、胜利街、生产街5个居委会。

1996年3月，詹圩乡改为詹圩镇，岗上积乡改为岗上积镇。是年，全县村委会调整为154个，村民小组调整为1629个。

2001年4月，杨桥殿乡改为杨桥殿镇，王桥乡改为王桥镇，黎圩乡改为黎圩镇。同年11月，调整乡镇区划：长林乡并入孝岗镇，店前乡并入圩上桥镇，虎形山乡并入黎圩镇，愉怡乡并入杨桥殿镇。至此，全县共设9个镇、4个乡及2个垦殖场、1个林场。县城孝岗镇下设市场、新街、解放、胜利、生产、师水6个街道居委会。

2002年7月至2003年9月，全县乡镇（场）共撤并18个村委会，新建1个村委会。其中，孝岗镇撤销湖岭并入南边，撤销东门、南门、北门、大田、姜家5个村委会和6个街道居委会，设置龙山、凤凰、师水、芙蓉、东门、北门、南门、大富、东景9个社区居委会。小璜镇撤销庙泉、库下，新建横山村。杨桥殿镇撤销杏花塘并入宋塘，撤销石坑并入愉怡。黎圩镇撤销桥西并入上池。圩上桥镇撤销徐坊并入邮路头，撤销艾家并入魏家。虎圩乡撤销仕桥并入麻溪。邓家乡撤销伍坊并入军岭。瑶圩乡撤销南源并入瑶圩。甘坑林场撤销社令关并入松林。红亮垦殖场撤销蛟溪并入郑家。

2018年1月8日，经江西省民政厅批复，抚州市东乡区增设金峰街道办事处，管辖东铜、东景、东化、芙蓉等12个居委会。5月30日，东乡区金峰街道正式揭牌授印。

2022年9月20日，江西省批复东乡区设立红星镇行政区划调整，以红星、南山、龙源、王桥居委会和南辽、龙源村委会的管理范围为红星镇行政区域。12月26日，东乡区红星镇正式揭牌授印。

2023年，东乡区下辖9个镇、4个乡、1个街道、1个垦殖场、1个生态林场、1个省级经济开发区。总面积1196.38平方千米，其中城区面积28.33平方千米、林地面积581平方千米；森林覆盖率46.52%，城区绿地率46.69%。

【发展建设】 历史上，东乡是个传统农业县，由于水利设施落后、土地贫瘠，民间一直流传着“东乡样样无，只有萝卜芋头薯”。新中国成立后，随着灌溉工程的建成，红壤逐步得到改造改良，农业技术普遍推广，农业、林业、养殖业得到全面发展。粮食作物主要有水稻、大麦、小麦、红薯等，甘蔗、油菜、棉花、花生等成为东乡传统的经济作物。东乡是江西省商品粮生产基地县之一。生猪产业是东乡最主要的畜牧业，东乡是全省商品猪生产基地和全国瘦肉型猪出口基地。

在民国以前，东乡的工业只有煎红糖、挖煤、烧砖瓦、织土布等少量的手工业和家庭作坊。民国35年（1946年），一些小规模简单机器生产的私营工厂开始逐步出现。新中国成立后，交通要地和矿藏开发吸引一批又一批外来的复员军人、技术人员和知识青年落户东乡，组成工业起步的生力军。经过20世纪50年代和70年代两次工业发展，全县先后建成采掘、电力、化工、机械、建材、食品等工业门类120家企业。中央、省、地驻县国有企业14家，县属国有企业25家、集体企业81家，其中东乡磷肥厂、东乡铜矿、红星企业集团等在全市乃至全省声名鹊起。中共十一届三中全会以后，全县工业进入历史最好发展时期，特别是进入21世纪，以招商引资为抓手，以项目建设为平台，一大批外来客商到东乡投资办厂。东乡逐步形成“医药化工、机电冶金、轻工纺织”三大主导产业，工业布局由原来“一带五园”调整为“一区三园六板块”，即经济开发区；东辉工业园、东升工业园、东腾工业园；东山工业板块、南山工业板块、渊山岗工业板块、浅水湾工业板块、红亮工业板块、珀玕东腾工业板块。多次荣获江西省工业崛起年度贡献奖、工业发展先进县等荣誉，是抚州的工业强县，有“工业走廊”之称。

明清时期，县城之间来往依靠仅2米多宽的石板驿道，乡村之间来往依靠阡陌交错的田间小路和山间小路。近现代，东乡通衢要地优势逐渐赢得率先发展的机遇。1932年，修建南张公路（南昌到浮梁县的张公庙）南昌至东乡段。1936年，浙赣铁路（玉山至南昌段）修通；20世纪80年代初，320国道东乡段修通，之后多次改造、提升。2002年，沪昆高速公路东乡段建成通车。2003年，建成东临一级公路。1994年，浙赣铁路改建复线，2005年进行电气化改造。东乡交通区位优势日渐显现，如今，境内形成以沪昆电气化铁路、杭长高铁、沪昆高速、320国道、东临一级公路为主干，以乡村公路为经脉的交通运输网络。

明清时期，县内几无科学技术事业；民国31年（1942年），始设县农业技术推广所；新中国成立后，全县先后设立县农科所、糖科所等8个科学研究机构，编印过《东乡科技》《情况反映》等刊物，撰写科技论文80余篇。2015年，专利申请量414件，授权量367件；万人专利授权量8.20件，排在全省第14位，排在抚州市第1位。2016年，专利申请量568件，授权量206件。2017年，专利申请量755件，比上年度增长33%；授权量545件，比上年度增长165%；实施省级知识产权项目1项，获扶持资金20万元。

明代渔歌、茶歌、山歌流行乡里，清代的元宵花灯、八月神戏颇盛。民国时期，老百姓喜欢在茶馆听专业说书人讲述《三国演义》《水浒传》等故事。新中国成立后，随着文化机构日臻完善，设立文化馆、文化站、总工会等，美术摄影、戏曲歌舞、球类棋类，看露天电影等文娱活动丰富多彩。改革开放后，随着人民对精神文化需求的日益提高，群众文化活动蓬勃开展，书法美术、音乐舞蹈百花齐放，罗汉灯、花灯、蝴蝶灯等民间艺术重放光彩，太极拳、腰鼓队等活动异彩纷呈。为配合建县500周年及首届中国东乡书法文化节，组织编写《品质东乡》县歌，评选出樟树、茶花为县树、县花。具有文化纪念意义的标志性建筑物有改扩建的舒同博物馆、荆公文化广场县庆宝鼎等。2011年，成功申报“中国楹联文化县”。2012年，获批“中国书法之乡”，举办东乡历史上规模宏大的首届东乡书法文化节暨县庆500周年系列活动，包括社会各界人士和五湖四海乡贤5000多人参加的主题大会，以及由央视撒贝宁主持，李玉刚、孙楠、孙悦、伍思凯等歌手参演的文艺晚会。2017年10月28日，抚州市第五届运动会在东乡开幕。

明清时期，民间有拳术、挤棍、划龙船等自发性体育活动；民国时期，增加足球、乒乓球、单杠、双杆等体育项目。新中国成立后，在“发展体育运动，增强人民体质”的号召下，全县体育事业不断发展，各行各业、幼儿体育、老年体育日益活跃。2014年之前，共选派487人次参加全国、省、市级比赛22次，获金牌182枚、银牌110枚、铜牌60枚，培养出国家级健将运动员1名、国家一级运动员10名、国家二级运动员30余名。2012年，建成东乡历史上首个现代化的新体育馆，可容纳观众5300多人，观众容量为全市县级之最。2015年，投资350万元在县体育中心南侧，建成东乡县羽毛球馆，馆内设置8块羽毛球场地，占地面积近3330平方米，建筑面积1500平方米。主体建筑长42米、宽32米，共1344平方米，高度9米。2014年11月6日，经县发展改革委批复立项，投资2500余万元兴建室内游泳馆，主体高度16米，室内观众席1519个，内设标准游泳池和热身池。2016年12月，总投资约1600万元的老干部活动中心在区体育场建成。大楼占地3万余平方米，建筑面积约6980平方米，楼高8层。大楼内设乒乓球、象棋、围棋、麻将、扑克、桌球、健身房等活动室，电子琴、电脑、绘画室、器乐练习、多媒体等教学场地，视频会议、阅览、展览、舞蹈及中心工作人员、老年大学、关工委、老干部协会等办公场所。

【人文历史】 东乡自古为人文昌盛之地。境内出土的西周铜鼎证明，这里早在3000多年前就与中华民族摇篮黄河流域有着密切的联系。历史的长河，留下不少可供后人追缅的名人胜迹，历代不少文人墨客的芳迹至今可循。据清同治《东乡县志》载，西汉长沙王吴芮与车王曾横戈跃马，逐鹿吴岭。北宋的政治家、文学家王安石祖辈在北宋初年置宅于黎圩上池瑶田，王安石曾两次游金峰岭，写下《金峰晚坐有怀》《皇祐庚寅自临川如钱塘过宿此嘉祐戊辰自番阳归临川再宿金峰》，抒发忧国忧民的壮烈情怀和变法未果的感慨情思。境内还有明代开科状元吴伯宗、晚明临川“四大才子”之首艾南英、清代西江派著名诗人吴嵩梁，民国初年的农艺家艾延年，当代舒体字创始人、杰出书法家舒同，中国工程院院士艾兴等名人。有历史记载的明清进士87人（其中4名武进士）、举人184人。明清时期，有县学1所、书院5所（其中汝东书院为今东乡一中原址）。新中国成立后，教育事业飞速发展，至2023年，全区共有各级各类公办学校67所。其中，小学44所（完全小学21所，村小及教学点23个），初中19所（含九年一贯制学校9所），完全中学2所，职业学校1所，特教学校1所。在校学生64142人。其中小学31844人、初中18795人、高中9129人、职业高中全日制在校学生4299人、特教学校75人；有各类幼儿园73所，在园幼儿10722人。全县基本普及九年义务教育，基本扫除青壮年文盲的“双基”目标初步实现。

明正德年间，农民反压迫、反剥削的斗争风起云涌。建县之后，东乡仍时有农民军抗官活动。明正德八年（1513年）农民军密谋暴动失败被杀300余人。正德十四年（1519年），农民军乘虚攻打府县，击毙前来进剿的金溪典史以及300余名官兵。清咸丰年间，太平军四人东乡，农民随之而去者达1万多人。清光绪年间，北路的愉怡、文七位等村48族农民1000余人，三次攻打县署，捣毁户粮房，后人称之为“北路抗粮”。民国元年（1912年），东路小璜、东鲁等村300余人，围困县署，声讨把“征三免七”篡改成“征七免三”的催收粮赋，后人称之为“东路闹漕”。民国25年（1936年），小璜辛墩、下湖、九房等村农民5000余人，捣毁当地土地登记局，抗缴收取航空测量费，后人称之为“打丈田费”事件。舒同等人分别于1922年、1924年、1926年成立东乡第一个进步组织“金兰同学社”、第一个进步刊物《师水声》编辑部和第一个中共东乡县支部，在东乡播下革命火种。第二次国内革命战争时期，珀玕弄里艾家成立首个县临时苏维埃政府，1931—1932年，邵式平、方志纯等先后在下湖、赦家碑、柏树底等地开展革命运动和军事活动，他们的革命故事和红色歌谣仍激励着人们奋发进取、励志图新。

人口发展状况

按行政区划分，全区常住人口376026人，自然增长率-0.91‰，男女人口比例107.98，高于全市1个百分点。城镇人口241576人，乡村人口134450人，城镇化率64.24%，高于全市4.52个百分点。0—14岁人口75597人，占比20.10%；60周岁以上人口76128人，占比20.25%；65周岁以上人口55132人，占比14.66%。

按普查机构划分，全区常住人口361784人，自然增长率-1.15‰，男女人口比例106.68，均低于全市平均水平。城镇人口238826人，乡村人口122958人，城镇化率66.01%，高于全市6.29个百分点。0—14岁人口73245人，占比20.25%；60周岁以上人口72958人，占比20.17%；65周岁以上人口51369人，占比14.2%。

全区出生人口2505人，比上年减少300人；死亡人口2921人，比上年增加252人。人口出生率6.9‰，比上年下降0.81个千分点；人口死亡率8.05‰，比上年上升0.72个千分点；人口自然增长率-1.15‰，比上年下降1.52个千分点。

2023年年末东乡区常住人口数及其构成一览表

（按普查区）

表1

指标	年末数（人）
全区常住人口	361784
其中：城镇	238826
乡村	122958
其中：男性	186742
女性	175042
其中：0—14岁	73245
15—59岁	215581
60岁及以上	72958

2023年经济社会发展

【概况】 根据地区生产总值统一核算结果，全年全区地区生产总值（GDP）238.17亿元，比上年增长6.4%。其中，第一产业增加值26.42亿元，增长3.8%；第二产业增加值100.25亿元，增长9.4%；第三产业增加值111.5亿元，增长4.2%。三次产业比由上年的11.8∶44∶44.2调整为11.1∶42.1∶46.8。三次产业对全区地区生产总值增长的贡献率分别为8.3%、62.3%、29.4%。全年人均地区生产总值63130元，增长3.4%。

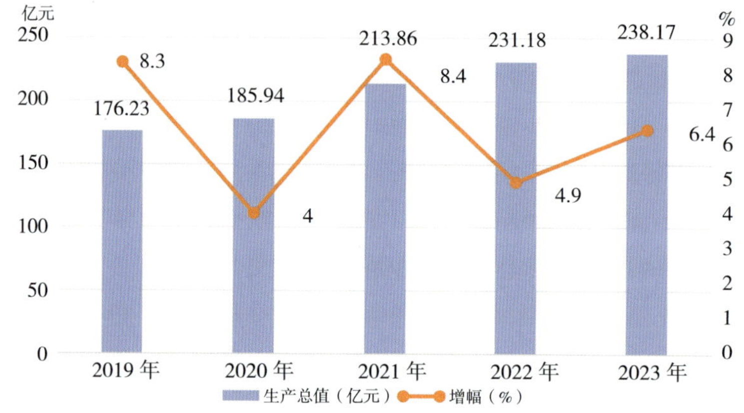

图1 2019—2023年地区生产总值及增速

【农业】 全年全区农业总产值44.15亿元，按可比价计算增长4.11%。耕地面积50.4万亩。粮食播种面积、产量分别达55406.67公顷、35.4万吨。全区蔬菜及食用菌播种面积7.39万亩，增长2.8%。蔬菜总产量12.09万吨，增长3.5%。油料作物总产0.77万吨，增长4.1%。园林水果总产1.20万吨，下降4.9%。

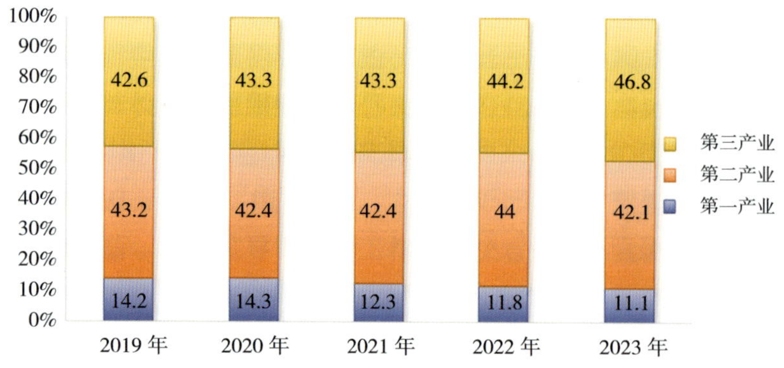

图2 2019—2023年，三次产业占地区生产总值比重

全年全区粮食总产量35.4万吨，比上年增长1.77%（含东临新区）。全年全区肉类总产量8.8万吨，比上年上涨4.8%。全年生猪饲养量144.71万头，上涨0.1%；年末生猪存栏51.64万头，减少0.4%；生猪出栏93.07万头，上涨0.4%（含东临新区）。

2023年东乡区主要农产品产量及其增长速度一览表

表2

产品指标	产量（吨）	比上年增长（%）
粮食	353721.6	1.77
油料	7739.4	4.1
其中：油菜籽	3183	2.85
园林水果	11975	-4.9
蔬菜及食用菌	120942	3.5
猪牛羊禽肉	88356	4.80
水产品	20100	4.15

【工业与建筑业】 全年全区工业增加值80.6亿元，比上年增长10.6%，占全区地区生产总值的比重为34%。其中，规模以上工业增加值增长14.1%，规模以上工业总产值294.04亿元，增长16.8%。

全年全区规模以上工业企业实现营业收入299.71亿元，比上年增长20.5%；实现利润总额11.31亿元，增长54.7%；全区工业用电（不含线损）10.94亿千瓦时，同比增长10.5%。每百元营业收入中的成本为89.14元，比上年降低0.04元。

全年全区建筑业实现增加值19.65亿元，比上年增长3.8%。全年全区在库有资质建筑业企业32家。全区具有资质等级的总承包和专业承包建筑业企业实现总产值22.95亿元，比上年增长18.2%。

【固定资产投资和房地产】 全年全区固定资产投资比上年下降2.5%。分产业看，第一产业投资下降36.97%，占全部投资的2.92%；第二产业投资增长6.62%，占全部投资的62.57%；第三产业投资下降12.03%，占全部投资的34.51%。

全年工业投资增长6.6%。5000万元以上工业项目101个，其中亿元以上项目77个。

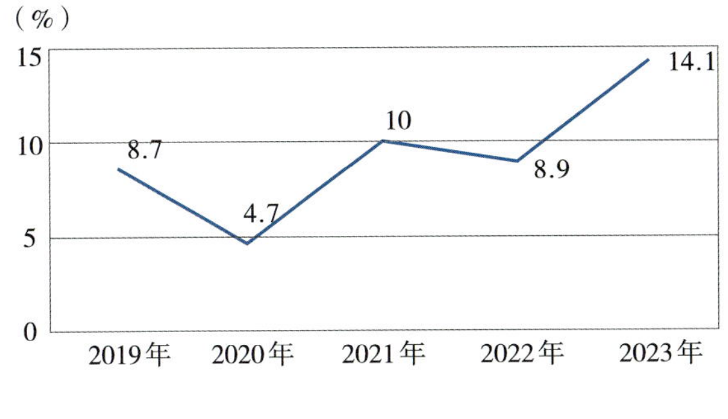

图3　2019—2023年规模以上工业增加值增速

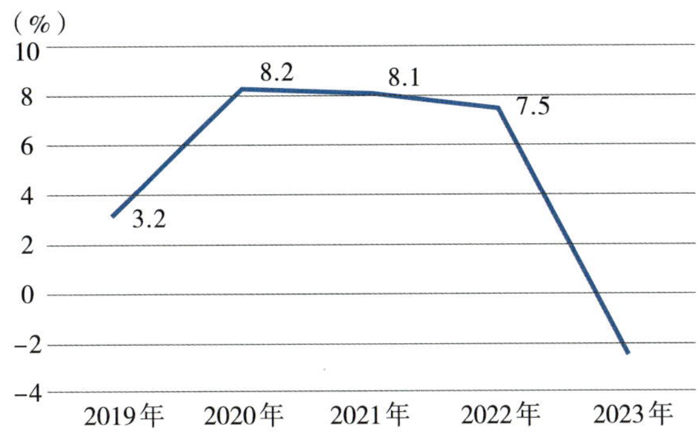

图4　2019—2023年固定资产投资速度

2023年东乡区固定资产投资增速及构成一览表

表3

分类	比上年同期增长（%）	构成（%）（以投资额为100）
固定资产投资	-2.5	
1.按经济类型分		
国有投资	29.2	14.4
非国有投资	-6.3	85.6
#民间投资	-11.74	80
2.按产业分		
第一产业	-36.97	2.9
第二产业	6.62	62.6
第三产业	-12.03	34.5
3.其他分类投资		
工业	6.62	62.6
#工业技改	-30.11	18.9
基础设施	-50	3.1
房地产开发	-12.48	19.9

全区基础设施建设投资比上年下降50%，占固定资产投资总额的比重为3.1%。

全年房地产开发投资下降12.5%。房屋施工面积217.35万平方米，增长10.9%；房屋竣工面积78.74万平方米，增长149.3%；商品房销售面积29.24万平方米，增长7.5%。

【服务业】 2023年，全年服务业实现增加值111.5亿元，比上年增长4.2%。全年全区共有规模以上服务业企业39家，实现营业收入31.6亿元，同比增长15.3%。其中，其他营利性服务业实现营业收入4亿元，同比增长2%。分行业看：多式联运持平、租赁和商务服务业增长10.3%、居民服务修理和其他服务业降低19.1%，文化体育和娱乐业降低3.5%、互联网和相关服务增长25.6%

【国内贸易】 全年全区社会消费品零售总额89.12亿元，比上年增长8%。分行业看，批发业实现销售额29.91亿元，同比增长12.4%；零售业实现销售额74.76亿元，同比增长6%；住宿业实现营业额0.94亿元，同比增长16.6%；餐饮业实现营业额20.28亿元，同比增长21.8%。

全年全区限额以上单位消费品零售额11.58亿元，增长15.4%；限额以上商品网上零售额1.75亿元，比上年增长30.8%，网上零售额占限额以上社会消费品零售额的比重为15%。

限额以上批发和零售业零售额中，粮油、食品类增长24.4%，饮料类下降37%，烟酒类下降37.1%，服装、鞋帽、针纺织品类增长8.5%，化妆品类下降62.7%，日用品类下降46.4%，家用电器和音像器材类增长10.6%，中西药品类下降0.4%，文化办公用品类增长0.2%，家具类增长42%，石油及制品类下降

0.7%，汽车类增长4.1%。

【财政与金融】 全年全区完成财政总收入31亿元，同比下降1.45%。其中，全口径税收收入24.86亿元，同比下降4.26%；非税收入6.14亿元，同比增长11.78%。

全区完成一般公共预算收入15.52亿元，同比下降15.38%。其中，税收收入完成9.37亿元，同比下降27%。

全区年末金融机构本外币各项存款余额347.01亿元，比上年末增长12.94%。年末金融机构本外币各项贷款余额361.99亿元，比上年末增长12.52%。

【开放经济】 全年全区进出口总额35.41亿元，比上年下降6.9%。其中，累计出口32.39亿元，比上年下降8.3%；实际利用外资2051万美元，比上年增长70%；新引进3亿元以上项目13个，签约总额89亿元，其中“首位+主导”产业项目10个，占比76.92%。

【科教文卫】 年末全区共有普通中学20所，在校生27924人，比上年减少23人；小学学校21所，在校生31844人，比上年减少51人；特殊学校1所，在校生74人。

年末，全区共有文化馆、公共图书馆、博物馆各1个。公共图书馆馆藏图书26.06万册。年末，全区广播综合人口覆盖率为76%，电视综合人口覆盖率为97%。

全区共有医疗卫生机构283个，其中医院10个、卫生院17个。全区拥有卫生技术人员2776人，其中执业（助理）医师1191人、注册护士1585人。全区拥有病床床位2145张。

【人民生活】 全年全区城镇居民人均可支配收入47441元，增幅4.0%；农村居民人均可支配收入25241元，增幅7.0%。

全年全区城镇居民人均消费支出26759元，同比增长5.6%；农村居民人均消费支出19041元，同比增长8.7%。 （俞梦静）

中国共产党抚州市
东乡区委员会

综 述

2023年，东乡区坚持以习近平新时代中国特色社会主义思想为指导，深入学习贯彻中共二十大精神和习近平总书记考察江西重要讲话精神，聚焦“走在前、勇争先、善作为”目标要求，全力以赴稳经济、促改革、惠民生、优生态、保安全、强党建，推动全区经济社会发展和党的建设取得新成绩。获评国家乡村振兴示范县创建县、中国气候宜居城市（县）、江西省双拥模范城、全省城市功能与品质提升工作考核先进县（区）、全省粮食生产先进集体、全省矛盾纠纷排查化解专项行动先进集体、全省县级人防高质量发展优秀单位、全省城乡环境综合整治工作考核先进市辖区、全省中小企业数字化转型试点县（区）等荣誉称号。

政治建设。落实“第一议题”制度，建立“区委书记导学、常委重点发言、集体交流研讨”学习形式。举办学习贯彻中共二十大精神专题研讨班和县处级领导干部主题教育专题读书班，开展13次区委理论学习中心组集体学习。区领导带头进机关、进企业、进社区、进校园、进乡村宣讲，带动全区开展宣讲620余场次。对标对表省委提出打造“三大高地”、实施“五大战略”和市委提出唱响“一大品牌”、实施“六大战略”、推进“三大建设”的决策部署，结合东乡实际，不断优化完善发展路径。策应“文化抚州、梦想之舟”品牌战略，提出“坚持文化事业、文化产业双轮驱动，做好‘红绿古今’四篇文章”的工作思路，不断开辟文化强区发展新境界。贯彻落实全市“一核引领、四区联动、九县并进”区域发展布局，提出“一核引领、两翼联动、多点发力”区域发展战略，推动县域经济发展夯基立柱、融圈入核。扎实推动主题教育走深走实、见行见效。对照“三个实实在在”重要要求，不断推进“五学三讲”，常态化开展理论学习，各基层党组织共计开展学习研讨1400余次。区委常委带头上党课，精心指导分管领域、积极参加所在部门主题教育。设立区级主题教育基层观测点24个。开展正反典型案例解剖式调研和8个专项整治，推动幼儿园学位一位难求等11个民生实事清单问题得到妥善解决。“推行农村无职党员‘三定三诺’助力乡村振兴”等4条做法被省主题教育简报刊发。

经济发展。地区生产总值238.17亿元，增长6.4%，排名全市第4，比2022年前移4位；社会消费品零售总额89.12亿元，增长8%，排名全市第3；固定资产投资降低2.5%，较上半年收窄3.1个百分点，排名全市第4；规模以上工业增加值增长14.1%，排名全市第8；全年财政总收入31亿元，一般公共预算收入完成15.52亿元；城镇和农村居民人均可支配收入分别达47441元、25241元，增长4%、7%。

对标省“1269”行动计划、市“2416”行动计划，制定区“2316”三年行动实施意见，打造“1首位+1主导”2条重点产业链和新材料、医药制造、汽车零部件3个先进制造业集群，推动永冠科技等优强企业融入抚州比亚迪新能源汽车产业链。“1首位+1主导”集聚度37.23%，提升7.87个百分点。推动有色金属产业“以质图强”，全年营业收入占规模以上工业比重的37.83%，下降10.8个百分点。大力实施龙头骨干企业扶优培强行动，18家优强企业营业收入增长35.71%。全力打好工业创新发展争先擂台赛，在2023年全市工业创新发展争先擂台赛总决赛中获得第2名。全区163家规模以上工业企业实现营业收入299.71亿元，增长20.45%；工业税收12.35亿元，工业增值税实际入库9.55亿元；利润总额11.31亿元，增长54.65%；工业用电量11.32亿千瓦时，增长10%；新增规模以上工业企业19家；工业固投增长6.6%。多举措提振消费市场，累计发放消费券360万元，撬动消费8000万元。充分发挥“夜经济”带动消费作用，佛岭国际公园沙滩灯光艺术节单日游客高峰达到6万余人次。推动现代服务业快速发展，完成36家企业入统工作，江西欣盛物流获评江西省多式联运示范工程。引导房地产市场在合理区间运行，销售面积增长7.5%。推动建筑业健康有序发展总产值增长18.20%。全年发放贷款余额362亿元，总量位居全市第2，增长12.52%。

扛牢粮食安全责任，大力开展耕地“非粮化”问题排查整治，全年完成粮食种植面积5.54万公顷，实现产量35.37万吨。加强农业种质资源保护利用，绿缘实业获评农业农村部颁发的“国家乐平猪保种场”。坚持以工业化思维发展农业，有序推进全年新增333.33公顷设施蔬菜和2400公顷高标准农田建设。培育壮大蓝莓优势产业，获评全省唯一的“江西蓝莓之乡”称号，实现蓝莓销量约30万千克。稳步扩大生猪养殖规模，生猪存栏51.64万头，能繁母猪存栏6.16万头，全年累计出栏93.07万头。发展雷竹、丝瓜、稻蛙等农业特色产业，中央电视台先后6次关注报道。深化“两品一标”品牌推广，新增绿色有机地理标志农产品5个、“赣抚农品”7个。

项目建设。抓住国家政策利好空窗期，主动争取政策性开发性金融工具，申报地方政府专项债券。申报并审核通过2023年专项债项目36个，债券需求37.11亿元，分别排名全市第3、第2；发行专债项目15个，金额16.36亿元，排名全市第3，其中水利领域地方政府专项债券发行4.04亿元，居全省县（区）第3，被省水利厅通报表扬。争资争项全面发力，获批中央预算内投资资金项目5个，下达资金7036万元。党政主要领导带头外出招商39批次，全区签约亿元以上工业项目33个，其中“首位+主导”产业项目25个，占比75.8%，引进连冠新材料等优强项目5个。先后在北京、上海、温州、泉州、福州等地开展“三请三回”和“双招双引”等系列活动7场。组织东乡企业参与2023庐山全球商界精英大会等重大经贸活动，推介投资环境，吸引客商投资。统筹推进六大领域“项目大会战”和“四大攻坚行动”，推动4个省重点项目、30个省大中型项目、75个市重点项目完成年度计划投资占比分别达198.4%、136.8%、129.6%。推进重点项目“模拟审批”、工业项目“拿地即开工”改革，为金泰医药包装等4个项目办理模拟审批手续。执行重点项目建设管理“十项机制”，杜绝“面子工程”、“半拉子工程”及要素无法保障的项目上马。召开全区精品重点工程项目建设先进集体和先进个人表彰大会，开展重大项目建设“骏马奖”“蜗牛奖”评比，创新开展“代表、委员看变化”集中视察活动。

深化改革。坚持推改革、促开放，用改革的办法破解难题、激励创新、扩大开放，不断培育发展新动能，激发发展新动力。开发区体制机制改革走在全省前列，“开发区+主题产业园”运营模式得到省委、省政府主要领导和市委主要领导肯定性批示，东乡经开区在全省开发区改革创新发展大会上作经验交流，探索开发区体制机制改革打造“开发区+主题产业园”运营模式获评2023年度江西省全面深化改革优秀案例。推动工业用地提质增效，全年清理土地8宗600余亩，盘活入驻企业9家，“三位一体破解用地难题”案例入选省优秀案例。深化“放管服”改革，推动惠企政策“即申即享、免申即享”，兑现资金24.2亿元。常态化开展企业家“心港湾”政企恳谈，东乡“亲商安商”招商模式入选全省招商引资典型案例。深化国资国企、财税金融、民生保障、政法领域改革，成立全省首家村委会“e法庭”。《江西改革工作简讯》刊发改革经验信息排全省前列、全市第1。

开展关键核心技术“揭榜挂帅”行动，2个项目入选全市榜单。依托中科（东乡）智汇工场创新平台，与企业共建合作项目10个。新增创新型中小企业27家、省级专精特新企业22家、省级智能制造标杆企业2家。施美药业获评江西省博士后创新实践基地，产品获得江西省科技进步二等奖。亿友药业在第十二届中国创新创业大赛中代表江西进入全国总决赛。加快数实融合发展，引进全国数字经济头部企业深圳联谛信息科技，打造“人工智能+无障碍产业”高地。推动110家企业深度上云，23家企业获评省星级两化融合示范企业，东乡经开区被评为二星级两化融合示范园区，2家获评2023年国家级智能制造优秀场景。加快融入南昌都市圈发展战略，推进东临环城高速等重大工程建设。深化与泉州市泉港区战略合作，更大力度承接东部沿海地区产业转移。大力发展跨境电商，扩大外贸出口，全年实现外贸进出口35.41亿元，降低6.9%，排名全市第5，其中生产企业占比95.5%；外资现汇进资增长70.5%，排位全市第1。

环境整治。树立“绿水青山就是金山银山”理念，聚焦生态优先、绿色发展，打好蓝天、碧水、净土保卫战，年内优良天数比例97.9%，$PM_{2.5}$平均浓度为20微克/立方米，达到国家城市空气质量二级考核标准，水质综合指数为3.8231。做好松材线虫病除治，除治工作顺利通过核验并获全市优秀等次。有序推进全省首批碳达峰试点改革。深化国家级企业清洁生产审核创新试点改革。高标准推进造林绿化，新增造林753.33公顷。连续6年被评为全省森林防火“平安春季行动”先进县（区）。签订全省首单湿地生物多样性保护保险，获江西省湿地候鸟保护工作先进县（区）称号。完成23个地块补充土壤污染状况调查，全区土壤污染风险可控。遏制“两高”项目，科伦药业、台德智慧科技获评省级绿色工厂。引进生态康养项目5个。推进林业“千万资源变千亿产值”行动，完成1773.33公顷油茶生产任务，新增林权抵押贷款2.92亿元。创新推出“碳减排优惠贷款”等多项贷款产品，为90家企业贷款2.41亿元。深入推进“绿宝”碳普惠制，累计注册人数和碳积分数均排名全市前列。

改善民生。坚持财力向民生领域倾斜，全年十三项民生支出47.14亿元，占一般公共预算支出的87.43%。压减一般性支出，基层“三保”等重点领域支出得到保障。办好人民满意教育，实施7个教育重点工程建设。加快职业教育扩容提质步伐，推动东乡高级技工学校创建技师学院。深化紧密型县域医共体改革，承办全市现场推进会，区卫生健康委获评全省医疗卫生工作先进集体，区人民医院被省卫生健康委批准设置为三级医院。实施区老年养护中心建设工程，加快养老事业高质量发展。落实职工医疗保险门诊共济等制度，“抚惠保”参保率位居全市第1。实行就业优先政策，新增城镇就业5917人，新增转移农村劳动力8302人。发扬双拥光荣传统，承办全省退役军人思想政治工作会议。

实施城市功能与品质再提升行动，推进千禧家园4个老旧小区改造。常态化调度“创文巩卫”工作，重点打造107个精品点位，顺利通过国卫复审。启动新一轮城市棚改征收工

作，全面完成700余户棚改任务，相关工作被全省通报表彰。推广“赣邻通”物业信用管理平台，以红色物业创建提升物业服务水平。

实施乡村振兴战略，持续推动巩固拓展脱贫攻坚成果同乡村振兴有效衔接，获评省工作成效考核“好”的等次。深化江西省农村人居环境治理“万村码上通”平台运用，巩固提升村庄环境“1+N”长效管护水平。深入实施美丽乡镇建设五年行动，纵深推进农村公共基础设施“五位一体”管护工作，开展厕所革命“回头看”行动，稳慎推进农村宅基地改革，持续推进移风易俗，建设文明乡风。

区委重要会议

【东乡区委二届五次全体(扩大)会议暨区委经济工作会议】 1月6日，区委二届五次全体(扩大)会议暨区委经济工作会议召开。会议的主要任务是坚持以习近平新时代中国特色社会主义思想为指导，全面贯彻落实中共二十大和中央、省委、市委经济工作会议精神，聚焦“作示范、勇争先”目标要求，坚持稳中求进工作总基调，完整、准确、全面贯彻新发展理念，加快构建新发展格局，更好统筹发展与安全，紧扣“打好一个强攻战、实现五个新跨越”，开展“工作提质年”活动，推动产业发展提优、项目建设提速、改革攻坚提能、民生改善提标、安全保障提级、党建引领提效，推动经济运行整体好转，实现质的有效提升和量的合理增长，奋力迈出经济社会高质量跨越式发展新步伐，用心描绘中国式现代化的东乡画卷。

【区委常委会会议】 1月5日，区委书记彭敏群主持召开第二届区委第四十二次常委会会议。会议学习习近平总书记近期重要讲话精神；召开区委常委议军会；学习《中共江西省委办公厅江西省人民政府办公厅关于印发〈江西省贯彻落实国家统计督察“回头看”反馈意见整改工作方案〉的通知》；学习传达省委十五届三次全体(扩大)会议精神和省委经济工作会议精神、市委五届三次全体(扩大)会议精神和市委经济工作会议精神；学习《中共江西省纪委关于7起违规吃喝典型问题的通报》；学习《江西省平安建设条例》；审议区委办上报的《关于召开区委二届五次全体(扩大)会议暨区委经济工作会议的方案(审议稿)》《中共东乡区委关于深入学习宣传贯彻党的二十大精神加快全面建设社会主义现代化东乡的决定(草案)(审议稿)》，区委书记彭敏群讲话和区委副书记、区长李建泉讲话；审议区政府党组上报的《关于做好2023年全区重点项目建设工作的通知(审议稿)》；审议区政府党组上报的《东乡区制造业高质量发展试验区建设实施方案(2022—2025)(审议稿)》《东乡区制造业高质量发展试验区2023年度工作计划(审议稿)》；听取区政府党组上报的《关于促进房地产市场平稳健康发展的若干措施的情况汇报》；审议区政府党组上报的《关于请求实施东乡区历史遗留废弃矿山生态修复治理项目的请示》；审议区政府党组上报的《投资兴建安布瑞大动物相关产品及研发中心项目合同书(审议稿)》；审议区政府党组上报的《关于下达2023年东乡区30个重点工业项目推进计划的通知（审议稿）》；审议区政府党组上报的《关于启动对江西东乡经济开发区化工集中区企业员工宿舍楼资产补偿评估工作的请示》；听取区政府党组上报的《关于〈抚州市东乡区城市投资发展有限公司与江西省旅游集团文旅产业投资发展有限公司的合作协议〉的情况汇报》。

1月9日，区委书记彭敏群主持召开第二届区委第四十三次常委会会议。会议研究有关人事事宜；学习全省、全市2022年度基层党建工作述职评议会议精神；审议区人大常委会党组上报的《关于召开抚州市东乡区第二届人民代表大会第三次会议有关事项的请示》；审议区政协党组上报的《关于召开政协抚州市东乡区第二届委员会第三次会议有关事项的请示》；审议区政府党组上报的《东乡区2022—2025年度松材线虫病疫情防控三年攻坚行动实施方案（审议稿）》。

1月13日，区委书记彭敏群主持召开第二届区委第四十四次常委会会议。会议审议区委组织部上报的《关于补选（增选）东乡区第二届人大代表、人大常委会委员候选人和政协委员的初步人选建议名单》。

1月27日，区委书记彭敏群主持召开第二届区委第四十五次常委会会议。会议学习习近平总书记对政法工作的重要指示和中央政法工作会议精神、中央经济工作会议精神、习近平总书记在二〇二三年春节团拜会上的讲话、习近平总书记在春节前夕视频连线看望慰问基层干部群众时的重要讲话精神；学习中共中央、国务院关于做好乡村振兴有关重点工作的意见；传达学习全国宣传部长会议精神；学习省委巡视办关于十五届省委第二轮巡视发现普遍性问题的有关通报；传达学习全国统战部长会议精神；传达学习省委党外人士座谈会会议精神；传达学习1月27日市委常委会会议精神，并研究贯彻落实意见；传达学习江西省第十四届人民代表大会第一次会议、抚州市第五届人民代表大会第三次会议精神；传达学习省政协十三届一次会议、市政协五届三次会议精神，并研究贯彻落实意见；审议区委组织部上报的《2022年度区委常委班子民主生活会暨从龚某某案件中汲取教训做好以案促改工作专题民主生活会工作方案（审议稿）》；传达学习二十届中央纪委二次全会、省纪委十五届三次全会、市纪委五届三次全会精神；审议省纪委监委上报的《关于召开区纪委二届三次全会的请示》；审议省纪委监委上报的《关于全区“八扬八治”深化作风建设活动年度考核结果的通报（审议稿）》《关于印发〈全区“八扬八治”深化作风建设活动工作总结〉的通知（审议稿）》；审议区政府党组上报的《政府工作报告（审议稿）》；审议区政府党组上报的《关于抚州市东乡区2022年国民经济和社会发展计划执行情况与2023年国民经济和社会发展计划草案的报告（审议稿）》；审议区政府党组上报的《东乡区人民政府关于生态文明建设情况的报告（审议稿）》；审议区政府党组上报的《关于抚州市东乡区2022年财政预算执行情况及2023年财政预算草案的报告（审议稿）》；审议区政府党组上报的《关于抚州市东乡区2022年财政预算执行情况及2023年财政预算草案的报告（审议稿）》；审议区政府党组上报的《互联网产业服务基地项目协议书（审议稿）》《投资兴办制造业数字化转型产业研发展示基地项目协议书（审议稿）》；审议区政府党组上报的《东乡经开区科技产业园PPP项目协议（审议稿）》《江西港达包装科技有限公司企业征收补偿协议（审议稿）》；审议区政府党组上报的《2023年度东乡区人民政府民生实事初步候选项目清单（草案）（审议稿）》；听取区政府党组上报的《区工创投集团关于拨付抚州路威产业引导资金尾款4300万元的情况汇报》《关于区工创投集团近期三笔融资贷款计划的情况汇报》。

2月10日，区委书记彭敏群主持召开第二届区委第四十六次常委会会议。会议学习习近平总书记在中共中央政治局第二次集体学习时的重要讲话精神、习近平总书记在学习贯彻中共二十大精神研讨班开班式上的重要讲话精神；学习习近平总书记、中央纪律检查委员会书记李希在第二十届中央纪委二次全会上的有关讲话和报告；学习习近平总书记重要文章《全面从严治党探索出依靠党的自我革命跳出历史周期率的成功路径》；学习省委副书记、省长叶建春在抚调研时的讲话精神；传达学习2月5日省委常委会（扩大）会议精神；传达学习习近平总书记关于统计工作有关重要指示批示；学习《推动长江经济带发展领导小组办公室关于印发〈长江经济带发展负面清单指南（试行，2022年版）〉的通知》《江西省推动长江经济带发展领导小组办公室关于印发〈江西省长江经济带发展负面清单实施细则（试行，2022年版）〉的通知》；学习《中共江西省委办公厅江西省人民政府办公厅印发〈关于进一步巩固提升经济回稳向好态势的若干措施〉的通知》；书面传达学习省委、市委常委班子2022年度民主生活会会议精神；审议区委办公室上报的《2021年度区委常委班子党史学习教育专题民主生活会暨汲取肖某等案教训专题民主生活会整改落实情况报告（审议稿）》；审议区委办公室上报的《区委常委班子2022年度民主生活会暨从龚某某案件中汲取教训做好以案促改工作专题民主生活会对照检查材料（审议稿）》；审议区委组织部上报的《中共东乡区委常委班子2022年度民主生活会暨从龚某某案件中汲取教训做好以案促改工作专题民主生活会征求意见情况梳理（审议稿）》；书面传达学习全国组织部长会议精神；书面学习《致全市党政机关和国有企事业单位工作人员的一封保密提醒信》；学习中央密码工作领导小组关于认真学习贯彻习近平总书记有关批示的通知；传达学习省委、市委政法工作会议精神，并研究贯彻落实意见；传达学习全省、全市宣传部长会议精神；听取整改工作情况汇报；审议省纪委监委上报的《2023年度东乡区委巡察工作要点（审议稿）》；审议区政府党组上报的《东乡区设施蔬菜产业高质量发展实施意见（审议稿）》；审议区政府党组上报的《投资兴办多功能数字杆桩设备、智慧护眼灯和700M天线设备研发制造项目合同书（审议稿）》。

2月27日，区委书记彭敏群主持召开第二届区委第四十七次常委会会议。会议学习习近平总书记近期重要讲话精神；学习省委书记尹弘在抚考察调研时的讲话精神；学习《中共江西省委江西省人民政府关于全力做好2023年全面推进乡村振兴重点工作的实施意见》；传达学习省委、市委农村工作会议精神；传达学习全国、全省、全市安全生产电视电话会议精神，并研究贯彻落实意见；传达学习2023年全国自然资源工作会议精神、2023年国家自然资源督察工作会议精神和《自然资源部农业农村部国家林业和草原局关于严格耕地用途管制有关问题的通知》《江西省自然资源厅江西省农业农村厅江西省林业局关于严格耕地用途管制的意见》；学习《中国共产党机构编制工作条例》《中央机构编制委员会关于印发〈机构编制违规违纪违法行为处理和问责规则（试行）〉的通知》《中共江西省委机构编制委员会办公室关于贯彻落实〈机构编制违规违纪违法行为处理和问责规则（试行）〉的通知》《关于十五届省委第一轮巡视选人用人专项检查发现机构编制问题的通报》《中央机构编制委员会关于印发〈关于加强机构编制违规违纪违法行为预防教育的指导意见〉的通知》《中共江西省委机构编制委员会办公室关于抓好〈中央编委关于加强机构编制违规违纪违法行为预防教育的指导意见〉贯彻落实的通知》；传达学习全国信访局长会议精神；传达学习全省、全市统战部长会议精神；传达学习全国生态环境保护工作会议、2023年全省生态环境保护暨全省生态环境保护系统全面从严治党工作会议精神；审议区政府党组上报的《关于进一步促进东乡区房地产业良性循环和健康发展的补充措施（审议稿）》；审议区政府党组上报的《关于审议东乡区信息化建设项目需求的请示》；审议区政府党组上报的《关于审查江西东乡经济开发区国家级清洁生产审核创新试点总体方案的请示》；听取区政府党组上报的《关于东乡城投集团近期融资工作的情况汇报》；研究有关人事事宜。

3月17日，区委书记彭敏群主持召开第二届区委第四十八次常委会会议。会议学习习近平总书记近期重要讲话精神；传达学习中国共产党第二十届中央委员会第二次全体会议精神；传达学习全国两会精神；研究有关人事事宜。

3月23日，区委书记彭敏群主持召开第二届区委第四十九次常委会会议。会议学习习近平总书记在中国共产党与世界政党高层对话会上发表的主旨讲话；学习《关于在全党大兴调查研究的工作方案》；学习市委办关于认真做好十五届省委第一轮和第二轮发现相关问题整改工作的通知；学习《高世文同志在市生态环境保护委员会2023年第一次全体会议暨全面建设美丽抚州工作部署会上的讲话》；传达学习全省老干部局长会议精神；学习《中共江西省委办公厅江西省人民政府办公厅关于印发〈江西省统计造假屡禁难绝问题先行先改立行立改工作方案〉的通知》《中共抚州市委办公室抚州市人民政府办公室关于印发〈抚州市统计造假屡禁难绝问题先行先改立行立改工作方案〉的通知》；学习省委书记尹弘、省长叶建春在深入贯彻习近平总书记关于统计工作相关批示精神工作部署会上的讲话的通知；学习鹰潭市委原书记郭某相关违纪违法案的通报；审议区委办上报的《东乡区2022年国家安全工作总结（审议稿）》；学习《关于巡视抚州市东乡区的通知》，并审议区委办上报的《东乡区配合省委巡视工作方案（审议稿）》；学习传达全国、全省、全市纪检监察干部队伍教育整顿动员部署会议精神；听取省纪委监委上报的《关于区委涉粮问题专项巡察监督检查和二届区委第一轮、第二轮巡察整改及二届区委第三轮巡察综合情况报告》；学习《关于印发〈关于进一步推进市县巡察工作高质量发展的意见〉的通知》，并研究贯彻落实意见；传达学习全省、全市组织部长会议，全省基层党建工作重点任务推进会议精神，并研究贯彻落实意见；审议区委组织部上报的《2022年度省级乡村振兴模范党组织拟推荐对象（审议稿）》；审议区委组织部上报的《关于设立红星镇党委、纪委以及核定红星镇领导职数的报告（审议稿）》；审议区委宣传部上报的《第四届“最美东乡人”人选建议名单（审议稿）》；审议区委统战部上报的《关于第六届“孝满东乡”候选人的请示》；审议区委统战部上报的《关于成立九三学社抚州市委会东乡区支社筹备委员会的请示》；审议区人大常委会党组上报的《区人大常委会2023年监督工作计划（审议稿）》《区人大常委会2023年工作要点（审议稿）》；审议区政协党组上报的《2023年区政协协商计划（审议稿）》《区政协常委会2023年工作要点（审议稿）》；传达学习全国、全省“扫黄打非”工作电视电话会议精神，并研究贯彻落实意见；传达学习全国、全省乡村振兴局长会议精神及《国家乡村振兴局关于落实党中央国务院2023年全面推进乡村振兴重点工作部署的实施意见》，并审议区政府党组上报的《东乡区巩固拓展脱贫攻坚成果同乡村振兴有效衔接2023年工作要点（审议稿）》；审议区政府党组上报的《东乡区工业创新发展争先擂台赛实施方案（审议稿）》；审议区政府党组上报的《投资兴办高端光学玻璃盖板及车载触控显示产品项目合同书（审议稿）》《关于〈投资兴办智能终端及关键部件产业化项目合同书〉涉及调整变更事项协议书（审议稿）》；审议区政府党组上报的《2023年东乡区开放型经济工作实施意见（审议稿）》。

3月24日，区委书记彭敏群主持召开第二届区委第五十次常委会会议。会议学习关于江西省保密违纪违法有关案件的通报；传达学习全市领导干部会议精神；传达学习全省“提升对村（社区）巡察质效”试点工作总结暨成果推广会议精神，并研究贯彻落实意见；解读《配合省委巡视组开展工作补充清单》；研究有关人事事宜。

3月29日，区委书记彭敏群主持召开第二届区委第五十一次常委会会议。会议学习习近平总书记向中国发展高层论坛2023年年会致贺信精神；学习中共中央办公厅关于落实耕地保护和粮食安全责任制考核的有关通知；审议省纪委监委上报的《东乡区纪委监委开展纪检监察干部队伍教育整顿实施方案（审议稿）》。

4月4日，区委书记彭敏群主持召开第二届区委第五十二次常委会会议。会议学习习近平总书记近期重要讲话精神；学习长江生态环境保护民主监督工作座谈会会议精神；学习市委统战工作领导小组有关会议精神；学习二十届中央纪委委员学习贯彻习近平新时代中国特色社会主义思想和中共二十大精神研讨班精神；学习习近平总书记关于巡视工作的重要指示精神，党中央、省委关于巡视工作新精神、新要求；学习中央巡视工作有关规划；听取区委迎接巡视工作联络组关于配合省委第七巡视组巡视东乡区准备工作情况的汇报；审议区委办上报的《中共东乡区委工作汇报（审议稿）》；审议省纪委监委上报的《关于推行“三单两谈一评”机制加强对“一把手”和领导班子监督的实施方案（审议稿）》；传达学习全省抓党建促乡村振兴现场推进会、全市组织工作重点任务推进会会议精神；传达学习全市老干部工作会议精神；审议区委宣传部上报的东乡区全民国防教育“十四五”有关规划；传达学习省平安江西建设领导小组会议精神和市平安抚州建设领导小组2023年第一次会议精神，并研究贯彻落实意见；审议区政府党组上报的《抚州市东乡区2023年度土地供应及储备计划情况报告（审议稿）》；审议区政府党组上报的《关于抚州市东乡区国土空间总体规划（2021—2035年）的请示》；审议区政府党组上报的《关于调整再生资源企业扶持政策的请示》；审议区政府党组上报的《关于新引进工业项目厂房装修补贴预付机制的实施办法（试行）（审议稿）》《关于〈投资兴办东乡区石材文化产业园项目合同书〉涉及调整变更事项协议书（审议稿）》《投资兴办数字产业创新基地（VRAR+数字智造）项目合同书（审议稿）》《投资兴办LCD产业链集群建设项目合同书（审议稿）》《投资兴办抗菌洗护PVOH水溶凝珠智能生产线项目合同书（审议稿）》；听取区政府党组上报的《关于恒吉集团金属有限公司申请延期还款的情况汇报》；听取区政府党组上报的《关于东乡城投集团近期融资工作的情况汇报》《关于抚州市东乡区市政工程有限责任公司发行自贸区离岸人民币债券的情况汇报》。

4月17日，区委书记彭敏群主持召开第二届区委第五十三次常委会会议。会议学习习近平总书记近期重要讲话精神；传达学习省委第七巡视组巡视抚州市工作动员会、省委第七巡视组巡视抚州市东乡区工作动员会会议精神；传达学习省委第七巡视组关于《中共东乡区委工作汇报》修改工作意见反馈会会议精神；传达学习江西省第四生态环境保护督察组督察动员会会议精神。

4月28日，区委书记彭敏群主持召开第二届区委第五十四次常委会会议。会议学习习近平总书记近期重要贺信、文章精神；学习习近平总书记、中共中央政治局常委、中央书记处书记蔡奇在学习贯彻习近平新时代中国特色社会主义思想主题教育工作会议上的有关讲话和《尹弘同志在全省学习贯彻习近平新时代中国特色社会主义思想主题教育动员大会上的讲话》《中共江西省委印发〈关于在全省深入开展学习贯彻习近平新时代中国特色社会主义思想主题教育的实施方案〉的通知》；学习《中共江西省委办公厅印发〈关于在全省大兴调查研究的实施方案〉的通知》；学习省级领导干部主题教育专题读书班开班式和结班式会议精神；传达学习省委第七巡视组巡视东乡区委工作汇报会精神；学习4月20日省安委会全体成员会议精神和全市安全生产电视电话会议暨市安委会全体成员会议精神；学习《中共江西省委办公厅江西省人民政府办公厅关于印发〈江西省生态环境保护督察整改工作实施细则〉的通知》；学习《典型案例：东乡经济开发区监管缺位，区域生态环境问题突出》；学习关于青海省6名领导干部严重违反中央八项规定精神问题查处情况及教训警示的相关通报；审议区委办上报的《区委常委会2023年工作要点（审议稿）》；审议区委办上报的《东乡区2023年督查检查考核年度计划（审议稿）》；听取区委政法委上报的《2022年度政法工作情况报告》；审议区政府党组上报的《东乡区农村基础设施和公共服务设施建后管护市场化运作实施方案（审议稿）》；审议区政府党组上报的《抚州市东乡区巩固拓展脱贫攻坚成果同乡村振兴有效衔接示范规划（2022—2025）（审议稿）》；审议区政府党组上报的《东乡区开展“扶贫（帮扶）项目资产综合保险”工作实施方案（审议稿）》；审议区政府党组上报的《关于规范农村宅基地审批管理的实施意见（审议稿）》；审议区政府党组上报的《东乡区2023年争项争资工作意见（审议稿）》。

5月17日，区委书记彭敏群主持召开第二届区委第五十五次常委会会议。会议学习习近平总书记近期重要讲话、回信、贺信精神；学习《中共中央关于学习〈习近平著作选读〉第一卷、第二卷的通知》；学习习近平总书记“1·20”重要批示精神和省委常委会、市委常委会贯彻落实习近平总书记批示精神的会议精神，并研究贯彻落实意见；学习《中央办公厅国务院办公厅关于印发〈领导干部报告个人有关事项规定〉的通知》；审议区委办上报的《中共东乡区委2023年度落实全面从严治党主体责任个性任务清单（审议稿）》；传达学习2023年全市预防青少年学生溺水暨校园安全工作现场部署会会议精神；传达学习市委监督推动法检系统巡察反馈问题整改工作调度会会议精神，并听取贯彻落实情况汇报；审议区委组织部上报的《2022年度全区综合考核总结暨通报表扬大会工作方案（审议稿）》《东乡区2022年度综合考核结果情况（审议稿）》；审议区政府党组上报的《东乡区生态环境保护领域突出问题整治方案（审议稿）》；审议区政府党组上报的《东乡区有色金属产业转型升级实施方案（审议稿）》；审议区政府党组上报的《投资兴办触控显示屏、精密部件研发制造项目合同书（审议稿）》《投资兴办生物医药产业园（CDMO）智能制造基地项目合同书（审议稿）》《东乡区服务平台项目合作协议书（审议稿）》。

6月9日，区委书记彭敏群主持召开第二届区委第五十六次常委会会议。会议学习习近平总书记近期重要讲话、回信、贺信精神；学习中共中央办公厅关于总结推广浙江“千万工程”经验推动学习贯彻习近平新时代中国特色社会主义思想走深走实的相关调研报告；学习省委办公厅转发市纪委市监委关于违规吃喝收礼相关问题及其教训的警示通报的通知；传达学习全省党校（行政学院）校（院）长会议精神，并研究贯彻落实意见；审议区政府党组上报的《2023年东乡区驻点招商工作管理办法

（审议稿）》；审议区政府党组上报的《投资兴办胶黏新材料项目合同书（审议稿）》《投资兴建防压疮垫等医养产品生产基地及医养结合示范基地项目合同书（审议稿）》《投资兴办年产7000吨米饼生产建设项目合同书（审议稿）》；审议区委组织部上报的《关于2022年度党委（党组）书记抓基层党建工作述职评议考核综合评价结果的汇报（审议稿）》；审议区委组织部上报的《关于2023年乡村振兴优秀驻村干部拟推荐对象的请示》；传达学习2023年江西省文化强省建设推进大会精神、抚州市文化强市建设推进大会精神，并研究贯彻落实意见；审议区委宣传部上报的《关于印发〈中共东乡区委宣传部2023年意识形态和宣传思想文化工作要点〉的通知（审议稿）》；审议区委统战部上报的《中共东乡区委2023年政党协商计划（审议稿）》；学习中共中央、国务院《关于加强禁毒工作的意见》《中共江西省委江西省人民政府关于加强禁毒工作的意见》；审议区政府党组上报的《江西永冠科技发展有限公司员工宿舍资产补偿协议（审议稿）》；审议区政府党组上报的《东乡区属林业发展有限公司组建方案（审议稿）》；传达学习《国务院事故调查组关于湖南长沙“4·29”特别重大居民自建房倒塌事故调查报告》、市领导近期关于自建房安全隐患排查整治工作批示精神；研究省纪委监委上报的有关案件。

6月28日，区委书记彭敏群主持召开第二届区委第五十七次常委会会议。会议专题研究全面从严治党工作；审议区委组织部上报的《关于2023年度全区“红旗党支部”“模范党支部”拟命名对象的汇报（审议稿）》；研究有关人事事宜；传达学习县（区）委书记座谈会议精神。

7月3日，区委书记彭敏群主持召开第二届区委第五十八次常委会会议。会议学习习近平总书记近期重要讲话、贺信、文章精神；传达学习《习近平著作选读》第一卷、第二卷出版座谈会精神；传达学习全省设区市市委书记座谈会会议精神；传达学习市委副书记、市长高世文在东乡召开的推动东乡区经济社会高质量发展座谈会；学习萍乡市人大搞“海南老干部休养用房”等问题的有关情况报告，市纪委市监委关于对中共金溪县委等单位在生态环境保护、土地使用管理等工作中相关问题的通报；听取区委常委李蛟报告本人落实“一岗双责”情况，并接受评议；学习关于配合做好贯彻落实中央民族工作会议精神检查暨宗教工作督查的有关自查工作方案，并研究贯彻落实意见；学习习近平总书记关于民族工作、宗教工作有关重要讲话（2021—2023年）和省委书记尹弘在省委理论学习中心组集体学习时的讲话精神；审议区委统战部上报的关于做好新时代东乡宗教工作的有关措施；审议区委办上报的《关于在全区大兴调查研究的实施方案（审议稿）》；学习关于在主题教育中坚决防止形式主义坚决杜绝“低级红”“高级黑”现象的有关通知；学习《江西省委学习贯彻习近平新时代中国特色社会主义思想主题教育领导小组关于印发〈关于在学习贯彻习近平新时代中国特色社会主义思想主题教育中开展省级层面专项整治的工作方案〉的通知》；学习省委、市委关于开展基层党建“书记领航”行动的实施方案，并研究贯彻落实意见；审议区委组织部上报的《关于成立区委学习贯彻习近平新时代中国特色社会主义思想主题教育筹备小组及组成人员的汇报》；学习省平安办关于组织开展专项整治切实防范发生“民转刑”的10条措施的有关通知；传达学习省2022年度巩固拓展脱贫攻坚成果同乡村振兴有效衔接国家考核评估反馈问题和省考发现问题整改有关工作方案及全省巩固拓展脱贫攻坚成果同乡村振兴有效衔接工作会议精神，并研究贯彻落实意见；审议区政府党组上报的《东乡区农业六大产业高质量发展三年行动方案（审议稿）》；审议区政府党组上报的《投资兴办年深加工1100万羽家禽及配套建设项目合同书（审议稿）》；审议区政府党组上报的《东乡区城市棚户区改造攻坚行动实施方案（审议稿）》《东乡区城市棚户区改造攻坚项目国有土地上房屋征收补偿与安置方案（审议稿）》《东乡区城市棚户区改造攻坚项目集体土地上房屋征收补偿与安置方案（审议稿）》《东乡区南门片区城市棚户区改造扫尾攻坚工作方案（审议稿）》；审议区政府党组上报的《关于东乡区信息化建设项目需求的请示》；听取区政府党组上报的《关于更换东乡城投2021年建设项目财务投资人的汇报》；听取区政府党组上报的《关于东乡城投集团申请发行借新还旧公司债券的情况汇报》；听取区政府党组上报的《关于区工创投集团2023年第二期融资贷款计划的情况汇报》。

7月4日，区委书记彭敏群主持召开第二届区委第五十九次常委会会议。会议研究有关人事事宜。

7月18日，区委书记彭敏群主持召开第二届区委第六十次常委会会议。会议学习习近平总书记近期重要讲话、贺信精神；学习省委书记尹弘在抚州考察调研时的讲话精神；专题研究巡视整改有关工作；学习关于刘某某严重违纪违法问题及其警示教训的有关通报和河南虞城“麦田里长出高楼”查处情况的有关通报；听取区委常委黄新河报告本人落实“一岗双责”情况，并接受评议；传达学习中共中央办公厅关于深化拓展整治形式主义为基层减负工作的有关通知，《中共江西省委办公厅印发〈关于集中开展形式主义官僚主义问题“三严五整”攻坚行动的工作方案〉的通知》和省委整治形式主义为基层减负专项工作机制暨全省形式主义加重基层组织负担问题专项整治会议精神；听取区人大常委会党组2023年上半年工作情况汇报；听取中共政协东乡区委员会党组工作情况汇报；审议区政府党组上报的《关于变更东乡区数字资产投资有限公司出资人的请示》；审议区政府党组上报的《投资建设“人工智能+无障碍产业高地”项目协议书（审议稿）》《投资兴办年产80万台智能商显信息化产品项目合同书（审议稿）》；审议区政府党组上报的《关于财政部监管局地方财经纪律专项整治发现问题整改工作方案（审议稿）》。

7月31日，区委书记彭敏群主持召开第二届区委第六十一次常委会会议。会议学习习近平总书记近期重要讲话、回信、贺信精神；研究中共东乡区委二届八次全体（扩大）会议有关事宜；学习省纪委办公厅关于“觥角”等不良文化突出问题及其教训的有关警示通报、《市纪委关于5起乡村振兴领域不正之风和腐败典型问题的通报》；学习《江西省宗教事务条例》第四章，并研究宗教活动场所不动产登记有关工作；听取抚州市东乡区人民政府2023年上半年经济形势分析情况报告；听取中共抚州市东乡区人民政府党组2023年上半年工作情况汇报；听取中共抚州市东乡区人民法院党组2023年上半年工作情况汇报；听取中共抚州市东乡区人民检察院党组2023年上半年工作情况汇报；听取区政府党组上报的《区工创投集团拟与抚州谷锦人力资源有限公司签订〈合作协议〉并成立合资公司的情况汇报》；听取区政府党组上报的《关于对东乡区原国有关闭破产改制企业改制时距离法定退休年龄五年以上人员补缴城镇基本医疗保险的情况汇报》。

8月8日，区委书记彭敏群主持召开第二届区委第六十二次常委会会议。会议学习习近平总书记近期重要讲话、文章、回信、贺信精神；传达学习以正确的政绩观引领高质量发展专题培训暨推动全省经济持续全面好转工作部署会议精神；听取区委常委黄初江报告本人落实“一岗双责”情况，并接受评议；研究巡视整改有关事宜；审议区政府党组上报的《抚州市东乡区人民政府关于2022年财政决算及2023年上半年预算执行情况（草案）的报告》；审议区政府党组上报的《关于修订〈东乡区信息化项目建设管理实施细则〉的请示》；审议区政府党组上报的《关于〈投资兴办触显一体化模组及光学材料生产项目合同书〉的补充协议（审议稿）》；研究有关人事事宜。

8月18日，区委书记彭敏群主持召开第二届区委第六十三次常委会会议。会议学习习近平总书记近期重要讲话、文章、回信精神；学习中央办公厅、国务院办公厅关于做好地方机构改革组织实施工作的有关意见；学习省委关于进一步加强基层保密工作的有关通知；传达学习省委第三轮巡视抚州市反馈意见整改工作暨"九查九改"干部作风整顿活动调度会会议精神；学习中央纪委国家监委对十起加重基层负担的形式主义、官僚主义典型问题的公开通报；审议省纪委监委上报的《关于开展村（社区）监察联络员工作推动基层监察全覆盖的实施方案（试行）（审议稿）》；研究省纪委监委上报的有关案件。

9月1日，区委书记彭敏群主持召开第二届区委第六十四次常委会会议。会议研究有关人事事宜。

9月4日，区委书记彭敏群主持召开第二届区委第六十五次常委会会议。会议学习习近平总书记近期重要讲话、重要文章、重要指示和中共中央重要会议精神；学习《党委（党组）落实全面从严治党主体责任规定》；学习江西省委办公厅印发习近平总书记重要指示批示件办理工作细则的有关通知；学习《中共江西省委办公厅江西省人民政府办公厅关于印发〈江西省乡村振兴责任制实施细则〉的通知》，并研究贯彻落实意见；听取区委常委卢碧兰报告本人落实"一岗双责"情况，并接受评议；学习《中共抚州市委办公室抚州市人民政府办公室关于印发〈抚州市省生态环境保护督察报告〉和〈魏晓奎同志在省第四生态环境保护督察组督察抚州情况反馈会上的表态讲话〉的通知》；审议区委办上报的《中共东乡区委关于贯彻落实"三重一大"事项集体决策制度实施办法（试行）（审议稿）》；学习市委保密委员会和市委密码工作领导小组有关会议精神，并听取东乡区2023年保密机要相关工作情况汇报；传达学习全市"访调诉"一站式服务中心建设暨完善矛盾纠纷预防化解机制改革推进会会议精神；传达学习市委政法委员会全体（扩大）会议暨全市提升公众安全感和政法部门满意度工作推进会会议精神；传达学习市委书记魏晓奎在市委政法委调研时的讲话精神；听取省纪委监委上报的《关于二届区委第三轮巡察整改及二届区委第四轮巡察综合情况报告》；审议区委组织部上报的《2023年度村级集体经济消薄攻坚行动整顿提升台账（审议稿）》；传达学习全省油茶产业高质量发展推进视频会议精神，并审议区政府党组上报的《东乡区推动油茶产业高质量发展三年行动实施方案（2023—2025年）（审议稿）》；审议区政府党组上报的《东乡区防范2023年度耕地保护"五个一票否决"的实施方案（审议稿）》；听取区政府党组上报的《全区耕地保护工作情况汇报》；审议区政府党组上报的《东乡区关于加快融入南昌都市圈发展的工作意见（审议稿）》；审议区政府党组上报的《关于对2023年全区重点工程建设部分项目调整的通知（审议稿）》；审议区政府党组上报的《投资兴办年产8000吨精品棉纱棉布生产线项目合同书（审议稿）》《投资兴办年产10万平方米石墨烯发热玻璃、2万樘门窗及镀锌钢管项目合同书（审议稿）》《关于〈投资兴办高端服装全产业链产业园项目合同书〉涉及调整变更事项协议书（审议稿）》《投资兴办高端智能终端制造项目合同书（审议稿）》《关于〈投资兴办年产160万套（件）西服及服装生产线项目合同书〉涉及调整变更事项协议书（审议稿）》；审议区政府党组上报的《东乡区知识产权专项资金管理办法（审议稿）》《东乡区知识产权优势示范企业评定管理办法（审议稿）》《抚州市东乡区中小微企业“东知贷”知识产权质押融资试行方案（审议稿）》；审议区政府党组上报的《抚州市东乡区国资国企提质增效三年（2023—2025年）行动方案（审议稿）》；审议《关于开展预算安排资金清理的实施方案（审议稿）》；审议区政府党组上报的《关于进一步完善东乡区“路长制”实施方案（审议稿）》；听取区政府党组上报的《区工创投集团关于2023年第三期融资贷款计划的情况汇报》。

9月15日，区委书记彭敏群主持召开第二届区委第六十六次常委会会议。会议学习习近平总书记近期重要讲话、致辞、回信、复信和中共中央重要会议精神；学习《关于建立领导干部应知应会党内法规和国家法律清单制度的意见》；传达学习全省防范化解地方债务风险有关会议精神；传达学习全国人大常委会副委员长肖捷到抚州考察调研讲话精神，并研究贯彻落实意见；学习省纪委办公厅《关于进一步深化“三转”的工作提示》，并研究贯彻落实意见；传达学习省委常委、省纪委书记、省监委主任马森述在设区市纪委书记和部分派驻机构主要负责人座谈会上的讲话精神，并研究贯彻落实意见；传达学习全省生态环境保护大会暨美丽江西建设推进会会议精神；听取区政府党组上报的《东乡区道路交通安全风险隐患排查治理工作汇报》；传达学习全国、全省、全市党委国安办主任会议精神，并研究贯彻落实意见；专题研究巡视整改有关工作；审议区委宣传部上报的《东乡区意识形态工作追责问责操作办法（试行）（审议稿）》；传达学习习近平对党的建设和组织工作作出重要指示和全国、全省、全市组织工作会议精神，并研究贯彻落实意见，审议区委组织部上报的《关于召开全区组织工作会议的方案（审议稿）》；传达学习全国、全省学习贯彻习近平新时代中国特色社会主义思想主题教育第一批总结暨第二批部署会议，全市学习贯彻习近平新时代中国特色社会主义思想主题教育动员大会精神和《关于开展第二批学习贯彻习近平新时代中国特色社会主义思想主题教育的指导意见》《关于在全省开展第二批学习贯彻习近平新时代中国特色社会主义思想主题教育的实施方案》，并审议区委组织部上报的《关于在全区开展学习贯彻习近平新时代中国特色社会主义思想主题教育的实施方案（审议稿）》《区委学习贯彻习近平新时代中国特色社会主义思想主题教育领导小组建议名单（审议稿）》《关于举办区级领导干部主题读书班的方案（审议稿）》；审议区委组织部上报的《关于停止杨露露同志执行中国共产党抚州市东乡区第二次代表大会代表职务的请示》；研究省纪委监委上报的有关案件；研究有关人事事宜。

10月11日，区委书记彭敏群主持召开第二届区委第六十七次常委会会议。会议学习习近平总书记近期重要讲话、重要文章、重要指示和中共中央重要会议精神；传达学习县（区）委书记主题教育工作座谈会会议精神，并部署下一步工作；听取区委组织部上报的《近期主题教育工作进展情况汇报》，并审议《区委常委领导班子开展学习贯彻习近平新时代中国特色社会主义思想主题教育调研工作实施方案（审议稿）》《区领导班子主题教育解剖式调研案例（审议稿）》《主题教育民生项目清单（审议稿）》《主题教育问题清单（审议稿）》；学习省纪委办公厅关于违规收送高档烟酒典型问题的有关通报和《省纪委关于8起违反中央八项规定精神典型问题的通报》《市纪委关于5起违反中央八项规定精神典型问题的通报》；听取区委常委饶大义报告本人落实“一岗双责”情况，并接受评议；召开区委网络安全和信息化委员会会议；学习省纪委办公厅关于参加基层公权力大数据监督平台试点工作的有关批复，并研究贯彻落实意见；审议区政府党组上报的《东乡区加快消费提质扩容打造区域性消费中心城市实施方案（2023—2025年）（审议稿）》；审议区政府党组上报的《2023年东乡区乡村小规模学校撤并工作方案（审议稿）》；听取区政府党组上报的《关于〈东乡区卫生健康服务能力全面提升三年行动方案（2023—2025年）〉〈抚州市东乡区医疗机构设置规划（2021—2025年）〉的汇报》；审议区政府党组上报的《关于〈投资兴办多功能数字杆桩设备、智慧护眼灯和700M天线设备研发制造项目合同书〉涉及调整变更事项协议书（审议稿）》《投资兴办年产3000吨电子级石英砂项目合同书（审议稿）》《食品电商零售项目合作协议书（审议稿）》；审议区政府党组上报的《抚州市东乡区电子商务发展扶持办法（试行）（审议稿）》；听取区政府党组上报的《关于重点工程建设重大事项的情况汇报》；听取区政府党组上报的《关于东乡城投集团2023年三季度融资工作的情况汇报》；审议区政府党组上报的《关于调整东乡经开区化工集中区工业用地出让价的请示》。

10月16日，区委书记彭敏群主持召开第二届区委第六十八次常委会会议。会议学习习近平总书记在江西考察时的重要讲话精神和全省领导干部会议精神；学习习近平总书记近期重要讲话、重要指示精神。

10月20日，区委书记彭敏群主持召开第二届区委第六十九次常委会会议。会议学习习近平总书记考察江西重要讲话和在进一步推动长江经济带高质量发展座谈会上的重要讲话精神；区委常委班子成员，区人大、区政协主要负责人围绕习近平总书记考察江西重要讲话和在进一步推动长江经济带高质量发展座谈会上的重要讲话精神开展交流研讨发言；学习习近平总书记近期重要致辞、讲话、文章；传达学习全省领导干部会议、全市领导干部会议精神。

10月20日，区委书记彭敏群主持召开第二届区委第七十次常委会会议。会议审议区委组织部上报的《东乡区公务员职级晋升实施方案（试行）（审议稿）》及其配套办法；研究有关人事事宜。

11月6日，区委书记彭敏群主持召开第二届区委第七十一次常委会会议。会议学习习近平总书记近期重要讲话、重要文章、重要指示和中共中央重要会议精神；传达学习省委关于认真学习宣传贯彻习近平总书记考察江西重要讲话精神的有关文件精神；传达学习省委书记尹弘在抚州调研时的讲话精神；传达学习全国、全省党委和政府秘书长会议精神；传达学习萍乡市纪委市监委关于纠治项目观摩乱象的有关文件精神；听取区委常委李娜报告本人落实“一岗双责”情况，并接受评议；传达学习全省党建引领传统村落保护工作现场推进会精神，并研究贯彻落实意见；审议区委组织部上报的《关于2023年度省、市对县（区）综合考核指标分工和任务落实推进机制工作方案（审议稿）》《抚州市东乡区2023年度综合考核实施意见及4个实施方案的通知（审议稿）》《2023年度乡镇（场）综合考核等4个指标说明（审议稿）》；审议区委统战部上报的《关于成立“抚州市东乡区中华职业教育社”的工作方案（审议稿）》；审议区委统战部上报的《关于落实完善专项民主监督工作机制的实施方案（审议稿）》；审议区委巡察办上报的《二届东乡区委巡察工作规划（审议稿）》；审议区政府党组上报的《东乡区贯彻落实第二轮省生态环境保护督察报告整改方案（审议稿）》；审议区政府党组上报的《东乡区创建江西省中医药综合改革先行区建设方案（审议稿）》；审议区政府党组上报的《关于明确抚州市东乡区中小企业融资担保有限公司为区属重点国有企业的请示》；审议区政府党组上报的《关于盘活江西亿趸实业有限公司资产化解债务的实施意见（审议稿）》；审议区政府党组上报的《关于给予恒吉集团和超捷集团再生资源企业阶段性奖励扶持政策的请示》《关于调整恒吉集团和超捷集团再生资源企业奖励扶持政策的请示》；审议区政府党组上报的《关于调整认定再生资源企业税收奖励标准的请示》；听取区政府党组上报的《关于江西抚能能源投资有限公司股权变更的情况汇报》《关于科诺生物及雨帆生物公司扶持资金延期还款的情况汇报》《关于2023年第四期融资贷款计划的情况汇报》；研究有关人事事宜。

11月28日，区委书记彭敏群主持召开第二届区委第七十二次常委会会议。会议研究有关人事事宜。

11月30日，区委书记彭敏群主持召开第二届区委第七十三次常委会会议。会议学习习近平总书记近期重要讲话、重要指示、重要贺信和中共中央重要会议精神；学习《事业单位工作人员处分规定》；听取区委常委李星华、李建平报告本人落实“一岗双责”情况，并接受评议；审议区委宣传部上报的《关于做好学习贯彻习近平总书记考察江西重要讲话精神宣讲工作的通知（审议稿）》；审议区委宣传部上报的《2023关于当前我区意识形态领域有关情况的通报（审议稿）》；听取区委巡察办上报的《关于二届区委第四轮巡察整改及二届区委第五轮巡察综合情况报告》；审议区委主题教育办上报的区委主题教育正反面典型案例调研报告；传达学习全市推广“刘莹姐姐工作室”经验做法促进品牌提升工作调度会，并研究贯彻意见；审议区政府党组上报的《抚州市东乡区精品重点工程项目建设先进集体和先进个人评选表彰方案（审议稿）》；审议区政府党组上报的《关于〈投资建设“人工智能+无障碍产业高地”项目协议书〉涉及调整变更事项协议书（审议稿）》《投资兴办新型包装材料全产链产业园及研发中心项目合同书（审议稿）》；审议区政府党组上报的《江西新闽泰陶瓷有限公司征收补偿协议（审议稿）》；审议区政府党组上报的《抚州市东乡区农村粪污综合治理一体化PPP项目运营总体策划方案（审议稿）》；听取区政府党组关于惠民医疗健康集团2023年第四季度融资工作的情况汇报；听取区政府党组关于请求终止东乡区历史遗留废弃矿山生态修复治理项目总承包合同的情况汇报；听取区政府党组关于申请认购赣州银行股份有限公司股权的情况汇报；研究有关人事事宜。

12月12日，区委书记彭敏群主持召开第二届区委第七十四次常委会会议。会议学习习近平总书记近期重要讲话、重要指示、重要贺信和中共中央重要会议精神；传达学习全省学习运用“千万工程”经验加快建设宜居宜业和美乡村现场推进会会议精神，并研究贯彻落实意见；审议区政府党组上报的《关于开展全区编外聘用人员管理专项整治三年行动实施方案（审议稿）》；审议区政府党组上报的《东乡区制造业重点产业链现代化建设“2316”三年行动实施意见（审议稿）》；审议区政府党组上报的《关于支持江西科伦药业有限公司增产增效协议书（审议稿）》《投资兴办医用耗材生产基地项目合同书（审议稿）》；听取区政府党组关于向上饶银行收购3笔贷款资产的情况汇报；召开区委学习贯彻习近平新时代中国特色社会主义思想主题教育领导小组第四次会议；研究有关人事事宜。

12月22日，区委书记彭敏群主持召开第二届区委第七十五次常委会会议。会议学习习近平总书记近期重要讲话、重要指示精神和重要文章；学习省委常委会（扩大）会议、省委务虚会和省委经济工作会议精神；学习全省宣传思想文化工作会议精神；学习全省宣传思想文化工作会议精神；专题研究全面从严治党工作；听取区政府党组关于东乡区中小企业数字化转型试点工作的情况汇报；听取整改工作有关情况汇报；听取区委办关于东乡区2023年国家安全工作的情况汇报；审议区政府党组上报的《关于〈东乡区国民经济和社会发展第十四个五年规划纲要〉实施中期评估情况的报告（审议稿）》；审议区政府党组上报的《东乡区推进国家乡村振兴示范县建设实施方案（审议稿）》；审议区政府党组上报的《抚州市东乡区精品重点工程项目建设先进集体和先进个人拟表彰对象名单（审议稿）》；研究有关人事事宜。

区委重要决策

【加快全面建设社会主义现代化东乡】 为深入学习宣传贯彻中共二十大精神，加快全面建设社会主义现代化东乡，根据《中共中央关于认真学习宣传贯彻党的二十大精神的决定》《中共江西省委关于深入学习宣传贯彻党的二十大精神加快全面建设社会主义现代化江西的决定》《中共抚州市委关于深入学习宣传贯彻党的二十大精神加快全面建设富裕协调美丽和谐幸福的现代化新抚州的决定》，结合东乡实际，区委于1月9日印发《关于深入学习宣传贯彻党的二十大精神加快全面建设社会主义现代化东乡的决定》。决定要求要迅速把思想和行动统一到中共二十大精神上来，把智慧和力量凝聚到中共二十大确定的各项任务上来，以昂扬的精神状态、务实的工作作风，加快全面建设社会主义现代化东乡步伐。

【建设高质量发展制造业试验区】 东乡区紧紧围绕“打好一个强攻战，实现五个新跨越”决策部署，实施工业创新发展三年倍增行动，聚焦改革创新、招商引资、平台建设、项目推动、土地清理等重点工作，实现工业经济较快发展，为高效推动全区制造业高质量发展建设，区委、区人民政府于2月28日印发《东乡区制造业高质量发展试验区建设实施方案（2022—2025）》。实施方案要求坚持以习近平新时代中国特色社会主义思想为指导，按照“作示范，勇争先”的目标要求，围绕大力实施“五十百千万”工程，打好工业创新发展强攻战的工作部署，以全省制造业高质量发展试验区建设为抓手，实施推进重点重大项目建设、打好产业“两化”攻坚战、推进产业集群提能升级、强化创新驱动、深化数字化转型、加快产业绿色低碳转型、构建高质量发展治理机制七大重点任务，加快构建现代化工业经济体系，为实现“十四五”东乡工业高质量跨越式发展打下坚实基础。

【加快建设农业强区】 为贯彻落实《中共中央、国务院关于做好2023年全面推进乡村振兴重点工作的意见》《中共江西省委、江西省人民政府关于做好2023年全面推进乡村振兴重点工作的实施意见》《中共抚州市委、抚州市人民政府关于全面推进乡村振兴加快建设农业强市的实施意见》，深入推进乡村全面振兴，加快推动建设农业强区，结合实际，区委、区人民政府于4月3日印发《关于全面推进乡村振兴加快建设农业强区的实施意见》。实施意见提出要深化落实习近平总书记关于“三农”工作重要论述和视察江西重要讲话精神，贯彻落实中央、省委和市委农村工作会议精神，强化党对“三农”工作的全面领导，坚持农业农村优先发展，完整、准确、全面贯彻新发展理念，坚持用工业化思维发展农业，守住粮食安全和不发生规模性返贫两条底线，统筹推进乡村产业、人才、文化、生态、组织振兴，深化农村改革攻坚，推进农业农村发展提质增效，着力建设宜居宜业和美乡村，全面推进农业农村现代化发展。

【打好工业创新发展强攻战】 2023年是全面贯彻落实中共二十大精神的开局之年，是实施“十四五”规划的关键之年。为深入贯彻落实《江西省委办公厅、省政府办公厅关于印发〈关于进一步巩固提升经济回稳向好态势的若干措施〉》及《抚州市委办公室、市政府办公室〈关于切实加强招商引资加快项目建设的工作意见〉》等文件精神，进一步提升招商引资工作水平，为全面打好工业创新发展强攻战提供有力支撑，区委、区人民政府于4月10日印发《2023年东乡区开放型经济工作实施意见》。实施意见提出要紧紧围绕首位产业新能源新材料、主导产业生物医药，密切关注国内外相关重点企业，立足区情产业实际，着力招引一批行业地位突出、有话语权的头部、链主、骨干企业，谋划落户一批要素有保障、政策有支撑、产品有市场、技术有创新、投资有回报、政府有税收、民众有就业的产业项目，实现以龙头项目带动铸链引链。

【“九查九改”干部作风整顿活动】 为进一步消除龚某某案、肖某案影响，巩固拓展“八扬八治”深化作风建设活动成果，切实转变干部作风，提振干事创业精气神，加快推进东乡区高质量发展，根据市委统一部署，结合即将在全区开展的学习贯彻习近平新时代中国特色社会主义思想主题教育和省委巡视反馈意见整改，经研究决定，在全区范围内深入开展“九查九改”干部作风整顿活动。区委、区人民政府于7月26日印发《关于开展“九查九改”干部作风整顿活动的实施方案》。实施方案提出要坚持问题导向，对照九个方面差距和问题表现，结合工作实际，深入查摆自身在作风方面存在的不足。要“刀刃向内”，把问题找准找透，把原因查深查实，把举措落实落细，以直面问题的勇气和担当，分析问题、解决问题，切实做到思想上严起来、落实上快起来、行动上紧起来。

【贯彻落实“三重一大”事项集体决策制度】 为贯彻执行民主集中制，进一步健全完善党内监督制度，规范决策行为，提高决策水平，推进东乡区领导干部廉洁从政，根据《中国共产党章程》《中国共产党党内监督条例》《中国共产党地方委员会工作条例》等有关规定，结合实际，区委、区人民政府于9月4日印发《关于贯彻落实“三重一大”事项集体决策制度实施办法（试行）》。实施办法提出要以习近平新时代中国特色社会主义思想为指导，紧紧围绕区委工作思路和目标任务，把执行“三重一大”集体决策制度作为构建预防和惩治腐败体系的重要组成部分，加强对腐败问题全方位、多环节的预防和治理，探索“三重一大”工作规律，并对“三重一大”集体决策制度执行情况进行全程监督，确保决策过程科学民主、结果公正合理。

【学习宣传贯彻习近平总书记考察江西重要讲话精神】 为切实抓好习近平总书记考察江西重要讲话精神的学习宣传贯彻工作，根据《中共江西省委印发〈关于学习宣传贯彻习近平总书记考察江西重要讲话精神总体安排〉的通知》和《中共抚州市委印发〈学习宣传贯彻习近平总书记考察江西重要讲话精神工作方案〉的通知》精神，结合实际，区委、区人民政府于10月23日印发《学习宣传贯彻习近平总书记考察江西重要讲话精神工作方案》。工作方案提出要根据方案抓紧落实学习宣传贯彻习近平总书记考察江西重要讲话精神工作。全区各级领导干部要发挥示范引领作用，带头学习、带头思考，先学一步、深学一层，以“关键少数”带动“绝大多数”，为广大党员干部做好表率、当好标杆。各地各部门各单位要紧紧围绕学习宣传贯彻习近平总书记考察江西重要讲话精神，深入调研、思考、谋划本地本单位的重要工作，围绕破解东乡高质量发展的重点难点问题，找短板、献良策、出实招，确保习近平总书记考察江西重要讲话精神在东乡不折不扣落到实处，努力在新征程展现新气象、干出新业绩，奋力描绘中国式现代化东乡画卷。

【推进有色金属产业转型升级】 为贯彻落实市委市政府关于加快推进有色金属产业转型升级的有关要求，调整产业结构，实现工业经济高质量跨越式发展，结合有色金属产业发展实际，区委办公室、区人民政府办公室于6月12日印发《东乡区有色金属产业转型升级实施方案》。实施方案提出要坚持以企业为主体，以高端应用为主攻方向，以创新驱动为动力，加快推进有色金属粗加工企业设备改造、产品升级，推动有色金属产业向高端化、智能化、绿色化方向发展，不断壮大产业链、畅通供应链、提升价值链，实现有色金属产业转型升级，为东乡制造业高质量发展提供有力支撑。

【全面开展“党建+社会救助”工作】 为深入贯彻落实党中央、国务院，省委、省政府和市委、市政府关于改革完善社会救助制度重大决策部署，加快形成覆盖全面、分层分类、综合高效的社会救助格局，不断推动社会救助工作高质量发展，促进基层党组织建设与社会救助深度融合，确保救助服务更加及时高效、智慧暖心。根据中共抚州市委办公室、抚州市人民政府办公室《关于印发〈抚州市全面开展“党建+社会救助”工作实施方案〉的通知》文件精神，结合实际，在前期试点基础上，区委办公室、区人民政府办公室于6月14日印发《东乡区全面开展“党建+社会救助”工作实施方案》。实施方案提出要牢固树立以人民为中心的发展思想，坚持党对社会救助工作的全面领导，充分发挥基层党组织战斗堡垒和党员先锋模范作用，为兜牢基本民生保障底线提供有力政治保证和组织保证。推动社会救助与基层党组织建设有机结合，组织基层党员投身社会救助，支持引导社会力量、动员广大群众参与社会救助，不断增强困难群众的获得感、幸福感、安全感。

【在全区大兴调查研究】 为深入学习贯彻习近平新时代中国特色社会主义思想，全面贯彻落实中共二十大精神，动员组织全区各级党组织和广大党员干部广泛深入调查研究，根据《中央办公厅印发〈关于在全党大兴调查研究的工作方案〉的通知》《中共江西省委办公厅印发〈关于在全省大兴调查研究的实施方案〉的通知》《中共抚州市委办公室印发〈关于在全市大兴调查研究的实施方案〉的通知》要求，紧密结合东乡实际，区委办公室、区人民政府办公室于7月5日印发《关于在全区大兴调查研究的实施方案》。实施方案提出要准确把握总体要求，突出问题导向和目标导向，促进广大党员、干部特别是领导干部带头深入调查研究，以高质量调查研究为科学决策、民主决策、依法决策提供保证。要始终把政治引领、群众路线、实事求是、问题导向、攻坚克难、系统观念等基本原则贯穿调查研究全过程，更加有力有效地开展好区委“工作提质年”活动，持续推动产业发展提优、项目建设提速、改革攻坚提能、民生改善提标、安全保障提级、党建引领提效，推动经济实现质的有效提升和量的合理增长，用心描绘中国式现代化的东乡画卷。

【城市棚户区改造】 为顺利完成南门片区城市棚户区改造工作任务，切实改善棚户区居民居住条件，提升城市功能与品质，结合当前工作实际，区委办公室、区人民政府办公室于7月20日就深入推进营商环境优化升级“一号改革工程”印发《东乡区南门片区城市棚户区改造扫尾攻坚工作方案》。工作方案要求要坚持以人民为中心的发展思想，用心用情解决群众出行、住房安全、生活便利、公共安全应急保障方面的历史顽疾，实现消除公共安全隐患、优化生产生活环境、提升群众居住品质、完善老城区公共配套设施的工作目标，以不达目的决不收兵的毅力和勇气，推进南门片区城市棚户区改造扫尾攻坚工作。

【婚丧领域移风易俗改革】 为贯彻落实省、市关于移风易俗有关精神，大力弘扬“婚事新办”“丧事简办”新风，决定在全区范围内推广“石城经验”、深化婚丧领域移风易俗改革。结合实际，区委办公室、区政府办公室于2月13日印发《东乡区深化婚丧领域移风易俗改革的实施方案》，实施方案提出力争用3年时间，全区婚丧领域移风易俗管理体制机制基本健全，婚丧陈规陋习得到有效遏制，“请客不收礼”“节俭办宴席”“婚事新办”“丧事简办”在全社会蔚然成风，人情负担明显减轻，乡风文明程度进一步提高，助力乡村振兴成效显著，人民群众的幸福感进一步提升。

【开展各项巡视整改“提速增效”专项行动】 为贯彻省委、市委关于省委第六巡视组巡视反馈意见等几项整改工作的要求，进一步巩固工作成果，提升整改的工作水平，促进整改工作按期高效完成，区委办公室于3月15日印发《关于开展各项巡视整改“提速增效”专项行动的工作方案》。实施方案要求坚持查漏洞、抓反弹、补短板，围绕省委巡视，中央、省级环保督察，土地例行督察，耕地“进出平衡”、耕地保护督察，森林卫片督察，巡视巡察涉粮问题，上级审计反馈问题，统计造假屡禁难绝专项治理几项整改工作中的各项突出问题，扎实做好整改工作，坚决做到思想不放松，整改不停步，再梳理、再整改、再运用，坚决做好巡视“后半篇文章”，推动全面从严治党向纵深发展。

【落实完善专项民主监督工作机制】 为深入贯彻落实党的二十大精神，扎实推进专项民主监督工作，根据《中共东乡区委全面深化改革委员会关于印发〈区委深改委2023年工作要点〉及八个专项小组2023年工作计划的通知》《中共东乡区委全面深化改革委员会关于印发〈区委深改委成员领衔推进落实2023年重点改革项目实施方案〉的通知》《中共东乡区委办公室关于印发〈贯彻落实区委二届八次全体（扩大）会议精神责任分工〉的通知》等要求，区委办公室于11月6日印发《关于落实完善专项民主监督工作机制的实施方案》。实施方案提出要坚持党对民主党派民主监督工作的领导，坚持问题导向、目标导向、结果导向，组织引导各民主党派坚持“一个工作基调”、夺取“两项考核先进”、弘扬“三种精神品格”、围绕“四个发展定位”、实现“五个奋斗目标”、打好“六大关键战役”、处理“七种辩证关系”的发展路径，发挥自身民主监督优势，开展专项民主监督，深入调查研究，通过提出意见、批评、建议等方式，扎实推进专项民主监督常态化、制度化、规范化、程序化，助推东乡经济社会高质量发展。

区委办公室工作

【概况】2023年东乡区委办充分发挥党办“总协调、总开关”作用，加强区委重大活动统筹协调，主动负责、靠前服务，全年服务保障上级领导在区调研、开竣工动员大会、招商大会、区委常委会等重大政务会议活动249次，其中，完成省级重要涉密会议技术服务保障29次、市级23次，服务保障区委常委会会议34次。控制发文数量，切实加强公文审核，把牢文件政治方向、政治观点、法律法规，全年共办理各级来文来电1310件，其中接办中央级58件、省级232件、市级624件、区级396件，制发各类文件77件，全区重点精简类文件较上年度减少5%。

【参谋辅政】区委办紧紧围绕区委中心工作和全区重大决策部署，坚持谋在新处、研在实处、辅在关键处，起草主要领导出席各类会议活动讲话、发言、情况汇报等材料300余篇。坚持调查研究“深、实、细、准、效”五字诀，发扬寻乌调查唯实求真精神和“四下基层”优良作风，围绕《关于在全党大兴调查研究的工作方案》12个方面重点内容，分成4个调研小组，开展调研28次，形成25篇高质量调研报告。健全“全员写信息”制度，对照上级反馈意见规范信息采集和报送内容，全年上报省委办公厅、市委办公室信息940余条。其中，被省办采用50余条，被市办采用210余条；其中1条信息被综合组稿，获得中央主要领导重要批示。年初谋划部署131项改革任务均已结项，形成制度性创新成果30余项，东乡区探索开发区体制机制改革打造“开发区+主题产业园”运营模式入选全省2023年深化改革优秀案例。深入推进“三定三诺”无职党员管理机制改革，相关经验做法得到省委组织部肯定，被《人民日报》《江西组工微讯》、省主题教育简报等单篇或单条报道。探索建立民营企业一站式多元解纷与诉讼服务体系的经验做法被《江西改革动态》刊发推广。

【综合督查】紧紧围绕习近平总书记重要指示批示精神，省委、省政府综合督查发现问题整改，省委、市委全会精神等上级交办事项开展督查13次，向省委办公厅、市委办公室上报落实情况报告15篇，推动上级决策部署在东乡落地生效。聚焦区委中心工作、区委主要领导批示等，第一时间开展贯彻落实情况督查检查，有力推动各地各部门工作落到实处。年内，对23次常委会139件议定事项开展督查，印发落实情况专报10期。督办区委领导批示件事项485件，形成区委主要领导批示件督办反馈专报20期。制发《东乡区落实省委办公厅蹲点调研发现的基层治理方面问题整改工作问题清单》《形式主义官僚主义问题“三严五整”集中攻坚行动整改清单》《整治形式主义为基层减负“三整治三提升”行动整改清单》等文件，统筹规范督查检查考核，健全专项工作机制，切实为基层松绑减负、赋能提效，让基层干部有更多时间和精力抓落实、谋发展。

【为民服务】 始终恪守人民至上理念，2023年，受理三大平台反映件235件，其中，问政抚州124件，人民网领导留言板24件，省委民声通道87件，做到事事有回音，件件有着落。乡村振兴方面，持续做好产业帮扶、就业帮扶和乡村治理等工作，大力推进瑶上村基层组织建设，开展农村无职党员“三定三诺”活动，引导15名无职党员主动认岗领岗，帮助化解矛盾纠纷6起，处理信访事件2起，助力瑶上村获评“无诉村”称号。扎实做好防返贫监测，排查登记481户，资助符合条件学生3名，安排公益性岗位3个。争取乡村振兴衔接资金68万元，用于瑶上村水库、后桥等基础设施维修改造项目。推进小额信贷工作，完成3户15万元贷款任务，乡村治理效能取得明显提升。服务台胞更加有情。利用春节、国庆假期举办台胞台属联谊座谈会，邀请在东乡台胞台属代表畅叙两岸同胞亲情。全年配合市委台办接待来访台胞台属4批次16人，走访台企10次，受理台胞台属的来信来访、对台政策咨询10余人次，不断提升服务台胞台企工作实效。

【安全保密】 持续加强对机要保密、国家安全等阵地管理，统筹做好重点领域国家安全工作，把党的领导贯穿国家安全工作的全过程各方面，紧紧围绕“贯彻总体国家安全观，增强全民国家安全意识和素养，夯实以新安全格局保障新发展格局的社会基础”活动主题，开展“4·15”系列宣传教育活动，在全区营造人人重视国家安全、人人参与国家安全的良好氛围。切实履行全区保密工作主体责任，全力保障机要密码通信，落实24小时保密机要值班值守制度，组织开展2次全区安全保密检查和7次保密宣传教育培训，向全区机关单位发出7期保密工作提示，严格规范全区各地各单位涉密文件接收、发放登记管理，传输办理文件2600余件，无失泄密事件发生。

（张伟　邱红　李子璐　闵宇鹏　陈一豪）

组织工作

【概况】 2023年，全区党员数18410人。其中，女性党员3323人，35岁以下党员3403人，大专及以上学历7558人。全区党的基层组织数共有888个，其中党委58个（乡镇党委16个、事业单位党委6个、机关党委16个、国有企业党委4个、非公企业党委2个、其他组织机构党委14个），党总支98个（乡镇所辖总支68个、事业单位总支9个、机关总支15个、社区总支4个、国有企业总支1个、社会组织总支1个），党支部732个（乡镇所辖支部245个、街道所辖支部73个、事业单位支部150个、机关支部171个、国企所辖支部42个、非公所辖支部43个、其他支部8个）。另有派出党工委4个、政府部门党组46个、党组性质党委3个、代市委管理高校党委1个。

（陈啸）

【开展干部教育培训】 坚持把学习贯彻习近平新时代中国特色社会主义思想作为首要政治任务，纳入全区干部教育培训体系和各级主体班次重要教学内容，教育引导广大党员干部深刻领悟“两个确立”的决定性意义，增强“四个意识”、坚定“四个自信”、做到“两个维护”。2023年，举办全区乡科级领导干部学习贯彻中共二十大精神集中轮训班5期，培训干部1026人次。坚持把政治训练贯穿干部教育培训全过程，用好王震公园、祝荫隆烈士纪念园等红色资源，精心组织领导干部开展党性教育，推动干部从中深刻领悟政治智慧，涵养政治品德。立足于基层干部培训需求，充分利用和借助省市区委党校以及南昌大学、浙江大学等省内外高校教育培训资源，强化阵地建设、资金投入和课程设计，不断将培训触手向基层拓展，形成“周末课堂”常态培训+“主体班次”强化培训+“素质提升”高端培训的“三位一体”基层干部教育培训格局，全覆盖落实领导干部上讲台制度。2023年，举办各类主体班次以及周末课堂18期，培训时长125天，轮训干部3367人次。充分发挥网络培训优势，2326名干部参加并完成江西干部网络学院培训任务，全区干部培训完成率100%。配合上级组织部门做好干部调训工作。开展与岗位职责相适应的专业化培训和实战化训练，不断提升全区各级干部的专业能力、专业素养、专业本领。2023年，分层级分领域举办党的建设、招商引资、乡村振兴等专题培训班8期、培训1568人次，邀请20余名上级党校教授、基层骨干、先进典型在各类主体班次辅导授课，解读政策措施，传授经验方法。强化实践锻炼，创新建立新录用公务员“成长导师”帮带制，通过明确理论共学、交流谈心、现场指导、实践锻炼等具体帮带职责，促进新录用公务员“蹲苗拔节”。

【加强领导班子建设】 紧扣好干部标准，树牢鲜明导向，探索构建科学有效的知事识人体系，推动新时代干部工作高质量发展，建设堪当民族复兴重任的高素质干部队伍。2023年，区委研究干部人事议题12次，调整干部436人次。其中，提拔95人次，进一步使用52人次，交流77人次，免职124人次，兼职及其他88人次。在乡村振兴、项目建设、经济发展、招商引资、巡视巡察等一线“吃劲”岗位提拔使用表现较好的干部63名，占同期提拔干部数的66.3%。坚持选人用人视野向下延伸、向基层拓展，结合换届后乡镇领导班子运行情况回访调研、换届后乡镇领导班子运行情况及年轻干部现状和使用情况蹲点调研工作，不断加强乡镇（街道、场）领导班子建设，并高质量完成红星建镇人事安排工作。在提拔、进一步使用的147名干部中，提拔“87后”干部46名，占同期提拔干部数的31.3%，其中提拔“90后”32名；提拔第一学历为大学本科及以上干部58名，占同期提拔干部数的39.5%；提拔党外干部14名，提拔女性干部23名。

【职级晋升】 持续激发干部干事创业的精气神。坚持问题导向，正确处理好释放红利与持续激励之间的关系，进一步用活用好职务与职级并行政策。2023年，公务员（参公人员）职级晋升260人次，公安“两个职务序列”晋升112人次，事业干部职员等级晋升66人次，有效、及时、广泛、持续地调动全区各行各业干部干事创业的积极性。

【干部监督管理】 严格落实从严管理干部要求，着力增强干部监督管理实效。建立完善来信、来访、电话、网络“四位一体”的“12380”监督平台，确定专人负责，做到有举必查、查必有果、纠必到位，2023年共受理信访件15件，结案率100%。健全干部监督联席会议制度，不断加大与纪委监委、公检法、信访、审计等部门的沟通力度，突出抓早抓小，防患于未然，不断加强廉政风险防控，对发现的领导干部倾向性、苗头性问题，及时采取谈话提醒、函询、诫勉等方式提醒纠偏，2023年共函询干部5名，对12名干部提醒谈话，切实强化警示提醒和自我约束。

（徐璐）

【深化人才发展体制机制改革】修订《东乡区“十四五”中长期人才发展规划纲要》《东乡区直事业单位急需紧缺人才“编制周转池”管理试行办法》《东乡区引进人才配套服务工作指南和操作细则（试行）》等10余项人才政策文件，集中出台招才引智项目清单、人才认定工作实施细则、人才奖励补贴实施细则等系列配套措施。深化人才发展体制机制改革，探索实施“人才政策点单”试点，形成“一事全办”清单100余项，解决企业发展中遇到的痛点堵点问题200余个。落实党委联系服务专家制度，带动区四套班子领导与优秀人才“一对一”对接服务，100余名乡镇及部门党政正职成为“助企专员”，深入重点企业帮办代办。

【人才队伍建设】2023年，柔性引进国家级人才6人，刚性引进研究生以上高层次人才137人、本科以上人才1420人。推动“百名博士进百家企业”引才行动走深走实，累计为10家企业引进21名博士。聘请中国工程院院士、东乡籍优秀乡贤、同济大学副校长童小华为东乡区首席特聘专家，发挥院士智力优势、专业优势、资源优势。举办院士专家东乡行活动和“智汇·东乡”产业会客厅，邀请部分中国科学院院士、专家开展各类专题培训、讲座活动达150余场。依托东乡高级技工学校打造高技能人才队伍，培育技工人才232名，为东乡输送技师56名。扎实培育本土技术专家，新增认定D类以上人才17人，1人入选中国农技协百强乡土人才。农技人才、技工人才工作相关经验做法先后被中央电视台、《光明日报》报道。主动加强与国家部委、省直机关等上级部门沟通对接，选派4名党员干部到省级以上机关挂职锻炼，接收住房城乡建设部及大院大校9名人才到东乡挂职服务。选派40余名优秀年轻干部投身到棚改攻坚、项目建设、驻点招商、乡村振兴等急难险重任务中，引导112名返乡学子加入返乡实践活动。实施“归雁工程”，借助乡贤参事会广泛凝聚100余名优秀乡贤，择优培养成村级后备干部。举办“抚河情·健康行”——在沪抚（赣）籍医疗“假日专家”健康帮扶走进抚州大型公益活动，推动沪医回乡诊疗。开展2023年度乡村振兴大学生专职村干公开招聘工作，选聘60名优秀大学生投身乡村振兴。探索农村无职党员“三定三诺”管理机制改革，动员230余名外地流动党员成为产业振兴的主力军。帮助88名有技术和经营能力的农民工返乡创业，发放创业贴息贷款3000余万元、一次性创业补贴200余万元。

【重大人才项目】新增博士工作室3家，省级以上创新创业平台7家。成立东乡区驻上海、北京、温州招才引智工作站和东乡区驻福州招才引智工作站泉州联络站，与上海交大、沪赣医促会抚州工作部等“联姻”合作，成功签约医疗合作、新能源新材料、生物科技等13个重大人才项目。设立“揭榜挂帅”专项配套经费400万元，签约市级以上“揭榜挂帅”项目2个，带动研发投入1100万元。高标准打造“人才之家”项目，建成全市首个党委引领的高层次人才“一站式”综合服务体。推动中科（东乡）智汇工场开设“工业诊所”，23位院士专家担任“诊所导师”，深入80余家企业，开展联合研发、仪器设备共享服务等合作20余项，相关经验做法被《人民日报》《新华每日电讯》等中央级媒体关注报道。

【“智聚东乡”人才工作小程序】推动“智聚东乡”人才工作小程序上线运营，实现人才服务“一码集成”。建立人才服务线下“一站通办”专窗，配备8名人才服务专员及工作志愿者，代办人才政策业务90余项，兑现人才政策资金500余万元。常态化举办“智聚东乡”人才早茶会、企业家“心港湾”政企恳谈活动，高效解决人才、企业实际困难100余项。购买187套公寓住房为企业高层次人才提供住宿服务，帮助10余家企业125名人才入驻公租房小区，解决7家企业30余名高管子女入学问题。开展政策“五进”活动，面对面收集并即时交办问题16个，定期组织人才专员深入企业开展政策解读和答疑，累计宣传受众达到8万人次。

（王倩）

【强化党员干部理论武装】 坚持把“学思想”贯穿主题教育始终，推行“五学三讲”（个人自学、集中研学、分类导学、结对帮学、线上送学；讲专题党课、讲红色故事、讲先进典型），做到理论学习扎实。召开区委常委会会议研究党建相关议题60余个、区委党建工作领导小组会议4次。把习近平新时代中国特色社会主义思想和中共二十大精神作为主题主线，举办机关事业、中小学校、国企等8个领域党组织书记、党务工作者培训班，培训人次1600余人。举办周末课堂、中青班、年轻领导干部专题教育、乡村振兴专题班等培训班12场次。成立16个基层党校，面向村（社区）普通党员开展教育培训，依托“三会一课”、主题党日等载体，通过线下线上等方式实现党员培训全覆盖。坚持上下联动学思想。以上率下“领”学。举办县处级领导干部专题读书班，区委书记主持并作党课报告，开展专题交流研讨38次。四套班子落实“第一议题”制度，把学习贯彻习近平总书记考察江西重要讲话精神作为重中之重。全员覆盖“促”学。明确“县处级领导、普通党员、年老体弱党员、流动党员、三新领域党员”5种党员类型，推动各基层党组织开展学习讨论2047次，党组织书记讲党课715次。分类施策“导”学。组织16支“新风东乡”宣讲队伍，深入机关、学校、村（社区）等开展形式多样的宣讲活动；对年老体弱党员，开展“上门送学”1764次、结对帮学1158人；向流动党员邮寄学习资料3847份；根据行业类别，向“三新领域”党员，推出“微课堂”进车间、进商圈、进驿站。

【规范党内政治生活】 抓实抓细“三会一课”、主题党日、组织生活会、换届选举等组织生活制度，编印基层党建工作操作手册，让基层党组织学有样板、行有规范。开设“规范党务工作强固基层堡垒”培训课程，提升党务工作水平。在国有企业、公立医院领域开展“一线调研”行动，组建2个调研组，深入8家国企和4家公立医院开展调研，查找出问题不足和短板弱项30余项，下发“两单一函”9份，指导各区直单位扎实开展“三进三问三解”主题党日。

【党建引领城市基层治理】 实行党建引领网格治理，深化街道社区党建、单位党建、行业党建互联互动，推动党建、治理、服务等各类网格“多网融合”，实现人在“网”中走、事在“格”中办。创新推动社区物业党建联建，开展“四红同频”红色物业集中覆盖行动（建立红色阵地、组建红色管家、提供红色服务、塑造红色文化），成立由“两代表一委员”、居民代表为主的业主委员会，小区党支部与小区业主委员会成员双向培养、交叉任职，17个小区党支部书记和业主委员会负责人实现“一肩挑”，获评全省红色物业小区2个。持续推动“党建引领小区治理”行动，打造小区自治平台，建立“邻里会商”“小区三长”“一网四联”工作机制，初步构建“了解诉求、分析研判、议事会商、落实问效”四步工作法的小区治理闭环。全年协调解决居民群众反映的基础设施维修、矛盾纠纷、健康医疗、物业管理等问题1200余个。

【“两新”领域党建】扎实开展“两个覆盖”集中攻坚行动，召开3次工作研讨调度会，分解工作任务，提出工作要求。制定《东乡区新兴领域“两个覆盖”集中攻坚党组织规范组建工作方案》，分门别类开展党的组织覆盖和工作覆盖，完善信息平台录入。其中试行“新苗”计划，壮大新业态群体党员队伍做法被《江西日报》《江西组工信息》报道。聚焦服务工业转型升级，开展“助企专员”入企帮办代办行动。择优选派116名政治觉悟高、服务意识强、工作经验丰富、熟悉经营管理、善于沟通协调的党员干部担任“助企专员”，实行“211”跟踪管理机制（每周不少于2次到企业了解实际情况，建立问题台账；每月召开1次驻企小组调度会，跟踪问效工作开展情况；每季度召开1次全体会议）。围绕优化营商环境、强化非公党建等主题一对一服务企业，解决企业问题220余个，推动5个工业4.0项目和26个工业企业技改扩建项目落地，对接金融机构解决融资贷款达2.02亿元。聚焦新兴领域推动“小个专”和新业态党建凝“新”聚力，组建新就业群体“红色信息员”队伍参与基层治理，建立“点单—派单—接单—评单”闭环管理机制，“红色信息员”队伍共上报解决城市治理相关问题160余件，不断提升社会问题的处置效率，切实解决群众烦心事，为东乡基层治理注入新鲜血液。推动人才链、创新链深度融合，建成功能齐全的“人才之家”综合体，并依托中科（东乡）智汇工场建立“工业诊所”，柔性引进中国科学院26位院士专家担任“诊所导师”，帮助企业完成创新需求100余项。

【传统领域党建工作】在全区机关中开展“党建体检，作风提升”专项活动，制定5个方面共33项机关党建体检项目清单，开展机关领导干部、科室长（股长）“换位体验”活动，推动机关党员干部在基层治理、服务群众等工作中转作风、做表率。开展公立医院领域“岗位大练兵”活动，以知识竞赛的形式推动促进各医院党组织党务工作者能力水平进一步提升。完善党组织领导下的校长负责制，加快推动中小学校领导体制调整工作，新设立学校党委2个、党总支1个，进行人事调整30余人次。

【“书记领航”行动】由区委主要领导切实履行抓党建第一责任人职责，推动出台全区党建引领留守儿童关爱保护和新兴领域“两个覆盖”等工作方案，引导各乡镇（街道、场）和相关区直单位根据工作实际确定46个书记领航项目。加强跟踪问效，在东乡组工微平台开设“书记领航”工程专栏，对全区各地各单位开展此项工作情况进行报道。将“区—乡镇（街道、场、区直单位）”两级书记领航项目完成情况纳入党建工作重点任务，列入基层党建述职评议考核内容，以会议研究、实地调研、现场观摩、经验案例报道等形式，对书记领航项目进行再调度、再推进，推动工作落实见效。以召开全区组织工作重点任务推进会、行动动员部署和现场观摩会等方式，推动党建引领留守儿童关爱保护工作、农村无职党员“三定三诺”管理机制改革等工作持续向纵深推进。构建全区党建引领留守儿童关爱保护工作格局，通过探索“校中建家”、打造“属地管家”、实行“帮扶暖家”的方式，推行“党建引领、三方联动”模式。从组织体系着手，于提供服务和参与治理落脚，通过扎实推进“两个覆盖”、全面提供暖心服务和积极引导“红色信息员”发挥作用，不断推动新业态新就业群体党建工作走深走实。

（梁思成）

【党建引领乡村治理】持续夯实基层组织基础，巩固提升党建“三化”成效。部机关采取

“四不两直”不定期暗访督导，调度区级党建工作指导站定期下沉一线，指导督查各村党支部“三会一课”、组织生活会、党费收缴、发展党员等常规党务工作，查找短板弱项、指出问题不足、限期整改落实。全年整合资金140余万元，推动王桥镇大塘村等16个村级活动场所按照“三化”标准新建或维修改造，建强党群服务阵地。建立软弱涣散党组织常态化管理制度，实行常态化识别、动态化管理，确保软弱涣散党组织“精准识别、应定尽定、应整尽整”。逐一筛选132个村党组织，将星级评定为“一星”“二星”的优胜村、路西村等2个村纳入软弱涣散村整治，严格落实“四个一”整顿提升。扎实推进典型选树创评。坚持以创评“红旗党支部”“乡村振兴模范党组织”为主线，组织村党组织书记擂台比武、晾晒成绩，营造比学赶超浓厚氛围，推动村党组织全面进步、全面过硬。圩上桥镇邮路头村、黎圩镇黎阳村2个村级党组织获评省级“乡村振兴模范党组织”；黎圩镇黎阳村等24个村党组织成功创评区级“红旗党支部”，其中孝岗镇何坊村、河山村，马圩镇新溪村，圩上桥镇邮路头村、瑶圩乡吴塘村、邓家乡嵇坊村、珀玕乡仙基村、黎圩镇西江村8个村党组织成功创评市级“红旗党支部”。用好创评结果，对获评“红旗党支部”的村党组织一次性奖励10万元，对其村党组织书记在各类评优评先活动推选方面优先考虑。全区农村基层党组织形成后进赶先进、先进创红旗的生动局面。

【选树乡村振兴榜样】 严把选树标准，确保政治素质、能力本领、工作实绩、品行作风全面过硬。2023年，择优评选10名区级“乡村振兴担当作为好支书”，成功申报3名市级好支书、1名省级好支书。成功申报15名市级“新时代赣鄱乡村好青年”、2名省级“新时代赣鄱乡村好青年”。评选出22名区级“乡村振兴优秀驻村干部”、4名市级“乡村振兴优秀驻村干部”。利用“东乡组工微平台”开设宣传专栏，大力宣传报道典型事迹，营造比学赶超、争先创优的浓厚氛围。

【建强乡村振兴骨干队伍】 选优培强村级“带头人”。从外出经商返乡人员、本地致富能手中选拔5人为村党组织书记。加强对村干部特别是“一肩挑”人员管理监督，及时调整不胜任不合格的村支部书记2人，补齐村“两委”班子空缺30余人。稳步提升村干部待遇水平。建立薪资正常增长机制，支持鼓励115名村干部报名学历提升，为1277名村（社区）“两委”干部及聘用干部购买人身意外伤害保险，让干事创业没有后顾之忧。激发无职党员干事热情。推行“三定三诺”管理机制，通过定岗承诺、定责践诺、定级评诺三项措施，设置产业振兴岗等五大基础岗。至年末，全区认领岗位3500余个，基层在家无职党员覆盖率达98%。无职党员“三定三诺”特色经验做法被《人民日报》、人民网、《中国组织人事报》、共产党等中央主流媒体报道。常态化做好驻村第一书记和工作队管理工作，严明驻村工作纪律、督促履职尽责。“东乡组工微平台”开设“驻村工作队”专栏持续报道帮扶先进事迹15期，推动工作队为基层党组织“蓄势赋能”。驻村工作队全年争取项目资金1000余万元，帮助解决急难愁盼问题370余个。驻村工作队定点帮扶的圩上桥镇邮路头村、虎圩乡陈桥村、小璜镇孙圳村、邓家乡嵇坊村、瑶圩乡文溪村、珀玕乡北庄村、王桥镇菱塘村等7个村获评“全省乡村振兴示范村”；圩上桥邮路头村、黎圩镇黎阳村被评为“全省乡村振兴模范党组织”；东乡区被评为“2023年国家乡村振兴示范县（区）”。小璜镇孙圳村驻村工作队拍摄的《红色孙圳“趣”生活》被《中国组织人事报》、新华网等权威媒体专题报道。成立由100余名在外优秀人才、农村致富能手等新乡贤组成的区“乡贤参事会”。实施“归雁工程”。注重从外出经商返乡人员、农村致富能手等人群摸清底数，对全区342名村级后备干部登记造册，全方位多层次提升后备干部能力素质。回引大学生到村任职。全区首批公开招聘乡村振兴大学生专职村干60名，报名人数700余人。

【党建引领产业发展】 开展消除集体经济薄弱村攻坚行动，全区摸排出17个集体经济薄弱村，按照“六个一”帮扶模式［1个区级领导、1个区直部门、1个乡镇（场）党政正职、1个乡贤人才、1个优秀企业、1个集体经济强村］进行整顿提升。区委统筹整合项目资金2280万元，重点实施经济项目11个。詹圩镇曾家村、邓家乡古源村等5个薄弱村获得发展基金400余万元，大力发展蓝莓产业，促进村级集体经济增收；珀玕乡大部村在挂点领导和部门的帮扶指导下，发展肉牛养殖、林下养鸡产业；杨桥殿镇水北村在乡贤的帮扶下购买2台挖掘机，通过农机劳务服务为村集体经济增收；黎圩镇梧坊村在强村带动下发展黑木耳种植。薄弱村年度经营性收入总体较上年度有提升，但仍有部分薄弱村集体经济进展缓慢，离“消薄”攻坚目标有较大差距。

【党建引领文化振兴】 开展党建引领传统古村落保护行动。积极探索党建引领传统村落保护新路径，落实1名县级党委领导挂点联系1个省级以上传统村落，打造黎圩镇浯溪村作为全区“党建+传统古村落”样板村。黎圩镇成立9支古村落保护党员巡查队、义务消防队，引进武汉大学王炎松教授专家团队，有序推进古建筑托管工作，按修旧如旧原则对“泉碧流芳”等4栋古宅的精修和15栋古宅普修。黎圩镇党建引领传统村落相关做法被人民网等主流媒体报道。瑶圩乡马岭村推行“党员责任区”机制，为无职党员设岗定责，对27栋古建筑悬挂党员管护责任牌，落实“一对一”开展日常管护。扎实推进省级红色名村建设。持续擦亮“红色名村”品牌，严格执行红色名村建设“441”规范要求，打造党史教育基地、红色革命传统教育基地。建成后，孙圳村多次作为省、市、区、村党组织书记示范培训班现场教学点，开展100余场次红色主题纪念活动，1.8万余人在现场接受红色革命传统教育。

（乐宝祥）

【老干部思想政治建设】 坚持把党的政治建设摆在首位，依托离退休干部党组织、老干部活动中心、老年大学等主阵地，采取专题辅导、集中宣讲、座谈研讨、知识竞赛、送学送读强思想等多种方式，引导全区离退休干部全面系统深入学习习近平新时代中国特色社会主义思想和中共二十大精神。坚持把组织离退休干部党员参加主题教育纳入总体部署，结合老干部实际组织实施，服务保障离退休干部党员主题教育有序开展、取得实效，推动党的创新理论学习常态化，筑牢老干部听党话跟党走的思想根基。全面贯彻落实《关于加强新时代离退休干部党的建设工作的意见》，推进“赣抚银晖”东乡党建品牌建设，抓实老干部活动阵地建管用。2023年，成功创建5个第二批全市离退休干部党支部“示范党支部”和1个第三批全省离退休干部党支部“示范党支部”；开展“示范党支部”评星定级活动、老干部理论学习创新案例评选，持续推动离退休干部党组织建设全面进步、全面过硬。“银耀赣鄱”志愿服务队围绕乡村振兴、创文巩卫、关心下一代、家风家教、基层治理方面等发挥独特作用，奏响离退休干部“退休不褪色、增添正能量”的主旋律。创新举措，盘活资源，推动优质老年教育向基层延伸，区老年大学东铜社区分校、红星分校、教体局分校先后揭牌运行，为老干部丰富生活、展现自我提供更加广阔的平台。加强老干部活动中心软硬件建设，紧扣“活动”职能定位，举办各类“精彩活动”，更好满足广大老干部日益增长的精神文化需求。

【落实老干部“两项待遇”】 落实老干部阅文、听报告、形势通报、参观考察、走访慰问、参加重要会议和重大活动等制度，使离退休干部及时了解中共路线方针政策、国际国内形势以及本地本部门的重要情况。组织离退休干部学习贯彻中共二十大精神和中央、省、市等重要会议及有关文件精神，邀请离退休干部列席参加区党代会、人大和政协会议，组织观看“全国离退休干部网上专题报告会”，及时跟进学习习近平总书记最新重要讲话和文章。持续推动干部荣誉退休制度落实落细，各地各单位通过举办形式多样、氛围浓厚、有情感、有温度的荣誉退休活动，切实增强广大退休干部的荣誉感与归属感。扎实开展走访慰问和关心关爱老干部活动。春节前夕，区四套班子领导带队，走访慰问离退休干部和遗属140余人，发放慰问金12万余元。组织工作人员分批赴南京等地看望慰问异地居住离休干部，开展端午节“送清凉、促健康”、重阳节“五个一”庆典系列活动。不折不扣落实中央、省委和市委关于老干部生活待遇的各项政策，组织老干部参加健康体检，推动服务老干部工作精准化精细化，制定出台《东乡区深化离休干部“一人一策”精准服务的实施方案》，为离休干部做好精神慰藉、心理疏导等服务工作，解决看病住院、护理照料、日常生活等实际问题。2023年6月，选送《一人一策“656”离休干部“乐无忧”》获评全省离休干部“一人一策”精准服务典型案例，并获江西省委老干部局通报表扬。进一步完善离退休干部特困帮扶机制，分别为14名特困离休干部和5名特困离休干部遗孀落实特困救助金5.7万元。巩固和完善离休干部“三个机制”，走访慰问做到“全覆盖”。推行“分片包干”精准化服务，特别是注重加大对独居、失能和重病老同志的亲情关怀，实施“三到家、三上门”亲情服务活动。坚持重大节日、生病探望、特殊困难、异地居住、逝世吊唁等走访慰问制度，积极开展“夏送清凉”“冬送温暖”、送生日蛋糕祝寿以及“七一”“重阳”等重大节日走访慰问活动，把组织的关怀和温暖送到老干部的心坎上。

【激发老干部贡献“银发力量”】 以敬重之心、关爱之情、务实之举，更好地激励老干部为党和人民事业增添正能量。依托“两个阵地”，围绕学习宣传贯彻中共二十大精神开展以“增添正能量·共筑中国梦”为主题的“携手新时代·助力新跨越”系列活动，组织广大老同志通过文艺展演、诗书画摄影、征文比赛等开展群众性主题宣传教育活动。11月17日，组织县处级老干部开展“话传统、谈复兴、聚力量”专题调研活动，充分发挥老干部独特优势，建良言、献良策、出实招，为区委、区政府工作大局凝心聚力，积极贡献“银发力量”；探索建立东乡银发人才库，培育壮大银发人才队伍。按照“月月有比赛，节庆有活动”的思路，积极组织开展丰富多彩、健康向上的文体活动，不断丰富老干部精神文化生活。依托关工委等涉老组织，组织引导离退休干部在服务中心大局、传承红色基因、关心下一代等工作中发挥积极作用，引导更多老干部传播东乡好声音。重内涵、提素质、优服务，强化思想政治建设和文化养老主阵地作用，努力把老干部活动中心、老年大学打造成红色阵地、精神乐园、幸福家园。加强规范老干部社团服务管理，更好地发挥老干部社团自我服务和服务社会作用，不断提升老干部社团工作制度化、规范化、科学化水平。

（周飞波）

关心下一代工作

【概况】2023年，东乡区以创建“五好”关工委为目标，推动“五好六有”规范化建设取得实效，全区417个关工委组织中有398个达到规范化建设要求，占比95.4%，实现乡镇（街道、场）、教体系统和规上企业等关工委组织规范化建设全覆盖。3月3日，全区乡村关工委组织建设暨校村联建现场会在小璜镇召开，助推乡村关工委组织建设高质量发展；4月11日，全区关心下一代工作会召开；8月18日，全区关工委宣传工作暨“99公益日”网络募捐活动动员大会召开；舒同博物馆入选全市第一批关心下一代党史国史教育基地。

【青少年思想道德教育】2023年度开展思想道德宣讲120场，受众达1.7万人次。开展以“老少同声颂党恩，携手奋进新征程”为主题的“青少年党史学习月”“红色故事我来讲”、中小学开展“我的梦”主题征文比赛等活动。区关工委关爱报告团根据区委《2023年度红色基因传承工作要点》开展“喜庆党的二十大万场宣讲进基层”专题宣讲、“新风东乡”基层理论宣讲等活动。东乡区关工委报告团特聘教师杨卫作为区关爱报告团代表在市关工委举办的“好家风故事我来讲”比赛中荣获一等奖，在“新风东乡”基层理论宣讲赛中获一等奖，在“理响抚州”基层理论微宣讲大赛中荣获一等奖，在江西省首届理论微宣讲大赛中获三等奖。

【帮扶帮教】在东乡区关心下一代工作委员会“迎新春捐资助学”活动中，向74个单位推荐的1595名学生发放帮扶资金159.17万元，组织1000余名“五老”与青少年结对子开展帮扶帮教活动，全区各级关工委举办发放仪式64场，擦亮“‘有困难找关工委’金字招牌”。在2023年“99公益日”网络募捐活动中募捐金额再创新高，区关工委系统募集152.27万元助学金，较上年增加60.28万元，占全市关工委系统募集总额的31.63%，参与捐款人数约为3.55万人。

【优化成长环境】组织“五老”走进留守儿童家中，走进“留守儿童之家”和“童心港湾”开展关爱活动，助力区委“党建引领留守儿童关爱保护工作”党建品牌建设。进一步提升红色文化教育基地建设质量，组织“五老”宣讲员和“红领巾讲解员”到基地讲好红色故事。持续开展“珍爱生命，防止溺水”活动，各级关工委为青少年编织一张“五老”防溺水安全网。

【全省基层关工委组织规范化建设经验交流会】11月29日，全省基层关工委组织规范化建设经验交流会在东乡召开，省关工委主任周萌讲话，省关工委班子成员以及全省各级基层关工委代表出席，市人大常委会主任王宏安、区委书记彭敏群分别致辞。关工委主任陈文介绍东乡区基层关工委组织规范化建设经验。会后，与会人员参观考察了东乡区孝岗镇关工委、经开区关工委、教体局关工委和圩上桥镇邮路头村关工委等示范典型。

（徐伟）

宣传工作

【概况】2023年，东乡区学习贯彻习近平新时代中国特色社会主义思想和中共二十大精神，深化落实习近平总书记关于意识形态工作的重要论述，牢牢把握正确政治方向，持续推动意识形态工作责任制全面有效落实，全区宣传思想文化各项工作取得积极成效。中共二十大精神宣讲经验做法在全省《基层理论宣讲工作动态》简报刊发。在全省"奋进新征程宣讲新时代"主题宣讲微视频展播活动中，东乡区报送的《点点微光灼灼信仰》获评全省优秀，宣讲员杨卫在首届全省基层理论宣讲竞赛中荣获三等奖。"东乡发布"微信公众号、微博、抖音等平台账号和"品质东乡"App持续保持在全省同类媒体第一方阵，"东乡发布"微信公众号全年位居全省第1。新时代文明实践中心获评全省四星级新时代文明实践中心，其中4个所(站)获评全省五星级所(站)，各项指标位居全市第1。东乡二中荣获全国"中小学国防教育示范学校"称号。在全省大中小学生"爱我国防"主题演讲大赛中，东乡一名学生荣获总决赛二等奖。区委网信中心荣获全国优秀网评栏目"大江时评"2022年度优秀组织奖。

【思想政治和理论学习】明确主题规范学。坚持把科学拟定年度专题学习重点内容安排、精准制定学习方案作为确保中心组学习质效的首要环节。制发《2023年全区各级党委(党组)理论学习中心组专题学习重点内容安排》，明确学习重点，开展13次区委理论学习中心组学习，安排交流研讨87人次。印发《党委(党组)理论学习中心组学习提示》12期。主题教育结合学。坚持深入学习贯彻习近平新时代中国特色社会主义思想，特别是把学习贯彻习近平总书记考察江西重要讲话精神作为重中之重，举办县处级领导干部专题读书班，开展专题交流研讨7次。发扬"寻乌调查"唯实求真精神，区四套班子成员聚焦工作中难点堵点，确定36个调研选题和10个正反面典型案例，掌握实情、找准问题、破题解难。创新形式提升学。坚持把深入开展研讨交流作为确保中心组学习质效的重要形式，通过多种学习形式，碰撞"思想火花"，增强学习实效。如在学习贯彻总体国家安全观专题中将学习课堂搬到国家安全教育宣传基地；在学习调查研究专题中安排中心组成员赴企业就推动东乡工业经济高质量发展进行实地调研；在学习高质量发展的专题中安排集中观看中央党校的视频网课。从严管理督促学。坚持把从严抓好学习管理作为确保中心组学习质效的重要举措，细化落实各项学习制度规则，确保中心组制度落实有力、学习规范有序。通过不定期开展抽查调阅下级党委(党组)中心组学习记录及党政主要负责人理论学习笔记、"一学一报"、开展列席旁听等有力举措，及时掌握学习动态，针对性反馈学习存在的问题，进一步推进理论学习规范化、制度化、科学化。

【完善意识形态工作体制机制】出台《东乡区意识形态工作追责问责操作办法(试行)》，进一步完善责任追究制度，牢牢把握意识形态工作领导权和主动权。逐步完善意识形态档案室建设，建立健全各级领导干部意识形态工作履责情况档案机制。落实意识形态工作责任制，区委主要领导坚持带头抓意识形态工作，带头把方向、抓导向、管阵地、强队伍，带头加强正面宣传、理论宣讲，带头批评错误观点和错误倾向，做到重要工作亲自部署、重要问题亲自过问、重大事件亲自处置。坚持把意识形态工作纳入区委全会报告、各级党委（党组）民主生活会和述职报告的重要内容，纳入重要议事日程，纳入党建工作责任制，纳入领导班子、领导干部目标管理，纳入高质量发展综合考核评价体系和部门单位绩效考核，纳入执行党的纪律和区委巡察的重要内容，与经济社会发展各项工作同部署、同检查、同推进。针对区委拟提拔、进一步使用、试用期满考察及晋升职级考察人选，均由区委宣传部门负责就意识形态工作落实情况作出结论性评价。

【文化惠民活动】 承办第十一届江西省少儿曲艺展演，举办“聚焦新画卷·礼赞新时代”——首届“书法之乡·魅力东乡”全省摄影大赛图片展，开展东乡区2023年度秋季新兵欢送晚会暨全民国防教育文艺晚会、“文化抚州梦想之舟”——2023年东乡区“万家迎国庆明月共团圆”中秋诗歌音乐晚会、“奋进新征程唱响新时代”东乡区青年歌手大赛、“我的书屋我的梦”千人书法大赛、2023文化惠民演出活动周等大型文艺活动，丰富人民群众的精神文化生活。印发《东乡区优秀文艺作品创作奖励办法》，激励全区广大文艺工作者积极投身文艺创作，多个文艺作品在全国、全省比赛中揽获奖项。

【文化产业发展】 至年末，东乡区有规模以上文化企业22家，营业收入23.87亿元，获评2022年度抚州市文化产业重点县（区）。东乡区选送的“重点文化产业项目建设”获评2022年基层文化体制改革优秀项目；江西荣华人工智能产业园获评市级文化产业园区；江西台德智慧科技股份有限公司和江西亚力亚包装制品有限公司获评2022年度抚州市文化企业10强。江西台德智慧科技股份有限公司成功申报2023年江西省文化产业扶持项目，且该企业连续三年入选江西省重点文化企业20强。推进“文企贷”政策，2023年度新增江西美尔丝瓜络有限公司入库，获批“文企贷”准入贷款总额500万元。

【红色基因传承】 加强爱国主义教育基地建管用，新命名区革命纪念公园、区书法文化艺术中心、瑶圩乡万石塘红军楼等5家单位和场所为东乡区爱国主义教育基地。全区各中小学高质量开展“红色故事我来讲”活动，《祖国不会忘记》《小山子的故事》等优秀红色故事演讲微视频在“学习强国”抚州学习平台“红色故事我来讲”专栏中展播，其中《祖国不会忘记》在“江西宣传”公众号上展播。开展红色经典诵读、红领巾讲解员风采比赛、爱国主义宣讲等活动，引导广大中小学生知史爱党、知史爱国。前往陕西省舒同书画研究院开展“革命书法两辉煌”舒同生平事迹图片展暨西安高新区·抚州东乡区书法交流展，推动东乡红色文化“走出去”。

【新闻外宣工作】 突出凝心聚力，着力推动主流舆论高扬高昂，持续加强新闻宣传工作。紧扣学习宣传贯彻中共二十大精神主线，围绕全国两会、省委十五届四次全体（扩大）会议、学习贯彻习近平新时代中国特色社会主义思想主题教育、习近平总书记考察江西等重要节点、重要会议、重点工作，深入开展主题宣传、形势宣传、政策宣传、成就宣传、典型宣传，唱响主旋律、弘扬正能量。全力做好新闻外宣工作，讲好东乡故事唱响东乡声音。2023

年，中央级主流媒体上稿56.43篇，位居全市第一，其中《夯基固本，加快建设农业强国》在中央电视台《新闻联播》头条播出。在省级以上主流媒体刊发稿件187.9篇，在市级主流媒体刊发稿件210篇，在“学习强国”学习平台刊发稿件280篇。相继刊发《“工业诊所”助力企业高质量发展》《抚州东乡区：书法之乡翰墨香》《握指成拳，集约发展》等一批大稿、重稿、要稿，充分展示全区上下奋进、昂扬向上的精气神。开辟《新时代新征程新伟业，深入贯彻落实全国两会精神》《学思想、强党性、重实践、建新功》《重点工程巡礼》等系列电视专栏。2023年，“东乡发布”微信公众号总发稿7365篇，粉丝数20.36万人，在全省县级融媒体中心微信公众号中均排名第1。“品质东乡”客户端总发稿188490篇，“品质新东乡”微博总共发布155067篇，“东乡发布”抖音号发布短视频6023条，粉丝数92.2万人。

精神文明建设

【概况】 2023年，东乡区坚持多措并举弘扬社会主义核心价值观，推动文明培育常态长效。开展文明村镇、文明单位、文明校园、文明家庭复查工作，至年末，东乡有国家级文明单位1个、省级文明单位9个、市级文明单位64个、区级文明单位77个；国家级文明村镇4个、省级文明村镇7个、市级文明村镇26个、区级文明村镇88个；国家级文明校园1所、省级文明校园3所、市级文明校园8所、区级文明校园28所；国家级文明家庭1个、省级文明家庭2个、市级文明家庭6个、区级文明家庭18个、市级文明社区3个。积极开展“中国好人”“江西好人”“抚州好人”道德模范等推荐评议活动，引导全区市民争当好人、学习好人。小璜镇徐有生获评江西好人。全区身边好人事迹在新华在线网、江西文明网、江西新闻等媒体上稿，其中，《付天保：零彩礼带动文明新风》在新华在线网刊发，《江西东乡：移风易俗树新风》在凤凰网刊发，《“零彩礼”的好姻缘，这位女婿坚守20年！》《东乡区：零彩礼“小儿媳”推动移风易俗“大风尚”》在江西文明网刊发，《东乡区多措并举推进婚嫁移风易俗》在《江西新闻》刊发。

【培育和践行社会主义核心价值观】 加大好人宣传力度。大力开展好人宣传学习活动，在荆公文化广场、千子湖公园、人民公园制作好人文化长廊；在区文化馆、王震公园、革命烈士公园等地制作社会主义核心价值观景观小品。开展东乡区移风易俗“五个100”群众评议活动，评选出23名移风易俗各类先进典型，其中，4人获评江西省移风易俗“五个100”先进典型，5人获评抚州市移风易俗“五个100”先进典型。创新表彰方式，将领奖牌改为送奖牌，通过“敲锣打鼓送荣誉”奖励方式，上门入户为先进典型人物颁发证书和奖牌，营造学习典型、崇尚典型、争当典型的社会新风尚。

【加强公民思想道德建设】 提升公民文明素养。在区融媒体中心设置曝光台、随手拍等栏目，对非法张贴小广告等不文明行为进行曝光，在“东乡发布”微信公众号上设立专栏，发布“文明红黑榜名单”4期、诚信“红黑榜”11期、“不文明行为曝光”16期，进一步引导市民与文明同行，摒弃陋习。强化未成年人思想道德建设。开展文明校园创建，向道德模范、身边好人先进事迹学习，新时代好少年评选等活动，引导青少年传承红色基因，做美德少年。在春节、清明节、端午节等传统节日，开展“我们的节日”、网上祭英烈、“童心向党”“向国旗敬礼”等活动130余场。重点整治校园周边环境。大力开展校园周边环境专项整治活动，定期对校园周边市场娱乐场所、影像制品、非法出版物等进行排查，对学校进行消防安全设施大检查，对发现问题进行整改，进一步净化校园环境，为未成年人营造良好学习环境。

【推进农村精神文明建设】 开展宣讲动员工作。印发《东乡区移风易俗“五个100”系列群众推荐评议活动方案》，在全区132个行政村（社区）开展移风易俗“五个100”村民评议活动，利用傍晚、农闲等时间段，在村广场、凉亭等群众聚集处广泛开展群众评议交流，分享各村先进典型经验。其中，邓家乡嵇坊村村民评议会《村民评议会树新风》在《抚州日报》刊发。开展自治和中介组织提升工作。全区132个行政村全部建立红白理事会，完善村规民约，2023年帮办红喜事246场、白喜事982场。进一步杜绝大操大办、铺张浪费现象，树立厚养薄葬、尊老爱亲文明新风尚。年内，农村道德“红黑榜”评议活动评议“红榜”人物912人、“黑榜”人物334人。通过道德“红榜”正向激励与“黑榜”反向约束作用，提升群众文明程度，规范百姓文明行为，引导群众逐步形成见贤思齐、崇德向善的良好社会氛围。

【破除陈规陋习】 开展文明新风浸润活动。依托新时代文明实践所（站），组织各乡镇（街道、场）开展“抵制天价彩礼”“除陋习·树新风”等主题宣讲文明实践活动30余场，引导广大群众树立正确的婚嫁观。举办“文明实践在东乡低价彩礼我先行”千人签名活动、“移风易俗为爱减负”相亲活动、“因为爱情”七夕派对联谊活动、“不要彩礼要幸福”集体婚礼等各类活动。同时组织“移风易俗送文艺下乡”专题演出50余场，让村民在喜闻乐见的生活娱乐中，自觉破除陈规陋习、抵制高价彩礼、培育文明风尚。其中，《江西东乡：国风集体婚礼倡导婚嫁新风》在人民网和新华社发布，《抚州市东乡区：乡风“小切口”助推“新文明”》在人民网发布，《“文明实践在东乡低价彩礼我先行”千人签名活动》在东乡发布。

【文明城市创建】 印发《关于统筹推进全国文明城市创建和国家卫生城市复审的工作方案》《关于成立东乡区“创文巩卫”项目建设管理领导小组的通知》《关于成立东乡区“创文巩卫”专项行动专班的通知》《东乡区统筹推进全国文明城市创建和国家卫生城市复审宣传工作方案》等文件。在城区内主要交通路口开展文明劝导志愿服务活动，对来往机动车、非机动车、行人乱闯红灯等不文明行为进行劝导，极大提升广大市民文明交通意识。累计志愿服务时长15000余小时。组织专业机构对上报迎检的各个点位进行全面摸底测评6次，下发创建问题清单并督促各责任单位限期整改到位。在高速路口、抚州东站、东乡站、长运汽车站、公共广场等重要群众密集出行的出入口安装大型公益广告景观小品。举办文明城市创建十大主题活动，在全区广泛开展文明城市创建宣传，让更多市民参与到创建活动中来。共计发放创建全国文明城市等各类宣传资料20万余份、创文宣传布袋3000个。

【志愿服务制度化建设】开展志愿服务活动。至年末，东乡依托省级点单小程序闭环点单数突破13万次，全区有志愿服务队570支，注册志愿者6.9万余人，累计服务时长220万小时。4个所（站）获评全省五星级所（站），2个项目入选全省社会化志愿服务项目大赛一类项目。加大活动宣传报道力度，首创东乡区文明实践活动简报，每周定期报道全区各类文明实践活动。结合“我们的节日”、重要纪念日等特殊时间节点，围绕“欢欢喜喜闹元宵”“学雷锋60周年志愿服务月”“传承红色基因，做新时代好少年”“小手拉大手·创文巩卫”文明城市创建、“喜庆党的二十大万场宣讲进基层”“暑期大学生进文明实践所站”等主题开展丰富多彩的志愿服务活动。全年开展政策宣讲、送戏下乡、电影放映、文艺演出等文明实践活动1万余场，受益人数80余万人次。精心筹备全省社会化志愿服务项目大赛（东乡初赛），培育出“老兵宣讲团”“六五模式”“幸福家”等东乡特色项目品牌，区公益志愿者协会推动乡村振兴志愿项目孵化工程覆盖村组，打造成一批受欢迎、能落地、可推广的优质项目。

网络安全和信息化

【概况】2023年，东乡区统筹做好网上正面宣传，深入宣传各地各部门学习贯彻习近平新时代中国特色社会主义思想和中共二十大精神的创新举措和进展成效。东乡全年在中央级网络媒体刊发稿件1293篇，组织区属“两微一端”、政府网站开设28个专题专栏，阅读量355万人次，持续在网上弘扬主旋律、传播正能量，打牢广大干部群众共同思想基础。积极开展海外宣传工作，区委网络安全和信息化中心2个个人账号粉丝量分别位列全市第1、第2。

【营造网络清朗空间】坚持线上线下协同发力，全力组织做好“问政江西”“问政抚州”“赣问”等平台社情民意的处置回复工作，督促指导“问政东乡”平台建设。持续开展“清朗”系列专项行动，联合区公安局网监大队加大对自媒体乱象的整治力度，对2起制作、发布网络谣言行为进行惩处，约谈2名属地自媒体负责人和1名涉嫌传播低俗内容的网民。

【网络安全保障】常态化开展预警通报、督导检查工作，网络安全防护能力得到全面提升。与国家计算机网络与信息安全管理中心江西分中心合作，加强网络安全技术支撑，对5个相关单位网络安全问题进行现场排查、督导，强化关键信息基础设施网络安全保护。举办东乡区第十届“国家网络安全宣传周”活动，宣传网络安全理念、普及网络安全知识、推广网络安全技能，提升东乡干部群众网络安全意识，相关活动被人民网、中青网等多家中央级媒体宣传报道。

【信息化数字化驱动引领】统筹协调区委网信委相关成员单位，加快推动数字基础建设。区人民医院、区城投集团有限公司等6家单位完成IPv6提升改造。深入实施数字发展战略，向上级网信部门申报数字乡村创新发展优秀案例5个，其中东乡区“‘供销惠民同城购’社区电商平台”获评全省数字乡村创新发展优秀案例。

统战工作

【概况】 2023年，东乡统一战线坚持围绕中心、服务大局，着力发挥统一战线强大法宝作用，各领域工作展现新气象、实现新作为。区委统战部获“2023年度全省统战工作综合考核先进县（市、区）委统战部”称号；区民宗局获“全省民宗系统信息工作先进集体”称号；区工商联获“2022—2023年度全国‘五好’县级工商联”“2023年度全省工商联目标管理评价优秀单位”称号；1项实践创新成果获评“2023年度全省统战工作品牌”。

【民营经济统战】 成立招商引智异地工作站、外埠商会、新联会异地分会6个，为东乡籍在外乡贤搭建交流合作平台。创新“大统战+大招商”模式，在省外举办招商引资推介会5期，促成项目签约8个，投资额17.4亿元。组织开展区、乡两级“三请三回（双返双创）”等活动32次，达成意向性投资项目6个。做实做优“心港湾”政企恳谈活动，举办恳谈会18期，解决企业问题诉求65条。深入实施“万所联万会”“矛盾纠纷排查调处”“入企走访连心”三大行动，受理办结企业问题诉求25条，受理率及办结率均为100%。创建“一站一中心一法庭”三位一体的商事纠纷诉前调解工作机制，打造全省首个“统战+法院+诉前调解”新样板，成功诉前调解案件90件，调解总标的额11052.71万元。深入推进“万企兴万村”行动，向内外埠商会企业发出倡议书430份，促成26家企业与24个行政村建立长期帮扶关系，引导16家企业投入资金2422.12万元。

【民主党派】 协助区委制定落实《中共东乡区委2023年度政党协商计划》，召开全区党外人士座谈会、协商会、通报会6次，持续扩大有序政治参与。出台《关于落实完善专项民主监督工作机制的实施方案》，进一步规范民主监督工作程序。支持区各民主党派围绕致力打造“四区”、聚焦打好“六大战役”的重大决策部署以及深入推进双“一号工程”开展民主监督，交办意见建议20条。

【无党派人士工作】 联合组织部开展党外干部调查摸底工作，按照党派、界别、专业型人才等类型建立112名的党外后备干部数据库。协助区委做好党外干部的实职安排工作，提拔正科级党外干部3名、副科级党外干部4名，进一步使用2名，全区党外干部配备均符合《中国共产党统一战线工作条例》要求。做好党外人大代表增补选工作，推荐区人大代表4名、区人大常委会委员2名。严格标准条件，突出民主党派界别特色，新发展民主党派成员6名。

【铸牢中华民族共同体意识】 以铸牢中华民族共同体意识为主线，开展“六进”宣传宣讲活动16次，新创编文艺作品3个；利用各级行政单位等区域的LED显示屏宣传标语100余处，发放宣传资料3000余份。探索“文旅+民族团结进步”新路子，挂牌成立铸牢中华民族共同体意识教育实践基地2个。试点开展“党员+城市少数民族流动人员”服务管理工作，建立“月联系、季走访”制度，发放“服务连心卡”34张，全方位推进各族群众互嵌式发展。支持小璜镇樟源畲族村完善基础设施建设、发展壮大特色产业，争取上级少数民族发展任务资金18万元和以工代赈项目资金40万元，实施项目3个。

【宗教事务管理】 转化处理邓家乡1处基督教私设聚会点，建成集“和为贵”调解室、居家养老、儿童之家等于一体的多功能场所。稳步推进23处宗教活动场所不动产权登记工作，登记发证率100%。确定10处宗教活动场所为全区建设示范点，3处宗教活动场所被命名“全省‘五好’宗教活动场所”。指导3处宗教活动场所成功申报互联网宗教信息服务许可，规范互联网宗教信息服务。组织开展宗教和基督教私设聚会点治理“回头看”工作、民宗工作暨宗教工作三级网络两级责任制专项督查，依法查处非法宗教活动，责令相关部门整改问题。

【香港同胞参访东乡活动】 开展“乡亲桑梓行、浓浓赣港情”乡亲回乡活动，邀请36名中国香港同胞参访东乡，助力唱响“文化抚州、梦想之舟”品牌。邀请香港亚洲青年协会考察团到东乡开展考察交流活动，促进东乡与香港经贸文化交流往来。

【侨务工作】 开展侨情调查和侨胞、归侨侨眷权益保护情况专题调研，夯实侨务工作基础。依托“侨胞之家”和侨“缘”梦站等平台，开展各类联谊交友活动6次。利用春节、端午节等传统节日集中慰问困难侨眷22人次，解决反映问题和困难7个。

【党外知识分子和新的社会阶层人士统战工作】 新增“五强”新联会和“六好”实践创新基地2个。支持知联会完善内部运行机制，制定出台政治学习、理事会议、年终考核、会长轮值制度等6项。引导知联会、新联会、内外埠商会在公益活动中践行社会责任，累计开展各类活动20余次，捐款捐物246.8万元。积极筹备东乡区中华职业教育社成立工作，摸排社员56名，推荐3名优秀社员代表到市职教社。

【商会组织建设】 指导温州市瓯海区东乡商会、泉州市东乡商会、东乡区新生代企业家商会成立，指导福州市江西东乡商会、广东省江西东乡商会顺利完成换届。指导东乡经济开发区企业商会（工商联分会）获评全国“四好”商会。在全市率先制定《东乡区商会目标管理考评方案及细则》，评选出5个综合优秀商会及11个优秀单项奖，并给予评价奖励资金27万元。

政策研究

【概况】 2023年，东乡区委政策研究室以习近平新时代中国特色社会主义思想和中共二十大精神为指导，履行调查研究、文稿服务、决策咨询等职责，配合市委政研室就县域经济发展、城乡融合发展、“土特产”产业发展、干部作风建设等专题开展调研。履行组织协调和督促落实的职责，对接深化改革各专项小组，推进全区各领域改革工作，总结改革经验，开展宣传推广。

【调查研究】紧扣《2023年度调研工作方案》，与区委办合作分组开展调研工作。年内，4个调研小组分别就东乡区经济社会发展中的热点、难点问题开展调查研究78次，形成调研成果25篇。其中，《小蓝莓大产业》刊载于《现代抚州》2023年第4期；《蓄足文化引领之力唱响“文化抚州梦想之舟”品牌》刊载于《现代抚州》2023年第5期；《抚州市东乡区探索建立民营企业“一站式”多元解纷与诉讼服务体系》被《江西省改革动态》采用。分别协助区委宣传部、区人大财经委开展红色资源保护利用、国有资产管理等课题的调研工作，承担调研报告的主笔撰写任务。积极配合区委主题教育调研工作。根据第二批主题教育关于开展典型案例解剖式调研的工作要求，区委常委班子确定把“优化营商环境推动高质量发展的经验做法”和“区干部作风建设的剖析与思考”作为正反面典型案例并围绕典型案例开展调研。区委政研室积极配合调研工作，高质量完成调研报告撰写任务。

【以文辅政】做好区委发文及区委主要领导重要讲话材料文稿的起草、修改、把关，发挥以文辅政作用。全年单独或牵头起草各类文稿材料20余篇10余万字，上稿《江西改革动态》1篇、《江西改革信息》20篇（全省第3、全市第1）、《现代抚州》4篇、《抚州改革动态》1篇。

机构编制管理工作

【概况】2023年，中国共产党东乡区委员会机构编制委员会办公室以习近平新时代中国特色社会主义思想为指导，深入贯彻中共二十大精神、习近平总书记考察江西重要讲话精神和习近平总书记关于机构编制工作重要论述，不断完善机构职能体系，深化重点领域体制机制改革，优化机构编制资源配置。全年办理事业单位变更登记14家，设立登记1家，补换领事业单位法人证书34家，注销事业单位法人3家，提交事业单位法人年度报告154家。针对省委选人用人专项检查反馈形成整改清单，明确整改措施3项，整改目标3个，对1个超限额设置机构、26名违规借用人员以及6名未及时下编的国企任职人员进行专项清理整治，于2023年10月中旬全部完成销号。

【持续深化机构改革】跟进优化重点领域机构设置和职能配置，会同有关部门，落实国防动员体制改革、疾病预防控制体系改革等涉及机构编制任务。调整区发展改革委职能，增设国防动员股；区卫生健康委员会加挂疾病预防控制局牌子，接受上级疾病预防控制局业务领导。深化基层管理体制改革，印发《红星镇职能配置、机构设置和人员编制规定》，优化乡镇（街道）机构职能体系和运行机制，理顺基层与上级部门权责关系，深化乡镇（街道）编制分类管理、人员统筹使用机制，落实乡镇（街道）编制周转使用措施办法。区农业农村产业发展服务中心增设内设机构动物疫病预防控制站，区农业科学研究中心增设内设机构植保植检站，明确乡镇农业农村办公室承接动植物疫病防控职责。撤销区现代农业示范园区管理委员会，孝岗镇对外加挂区现代农业示范园区管理委员会牌子，区现代农业示范园区管理委员会主任由孝岗镇党委书记兼任，另核定区现代农业示范园区管理委员会专职副主任职数（正科级）1名。

【经开区体制机制创新】 围绕实施工业强区等工作部署，深化经开区体制机制创新，完善机构职能体系建设，印发《东乡区清理规范开发区管理机构促进开发区创新发展工作方案》《中共江西东乡经济开发区工作委员会、江西东乡经济开发区管理委员会职能配置、内设机构和人员编制规定》，核减内设机构1个，核减领导职数1名。设立开发区党工委，作为区委派出机关，与开发区管委会实行合署办公。

【调整优化领导职数设置】 明确抚州市东乡区实验中学为区教育体育局所属的正科级事业单位，核定领导职数：校长1名（正科级）、书记1名（正科级）、副校长4名（副科级）。重新核定区卫生健康委领导职数：主任1名（正科级）、副主任2名（副科级，不含兼职）、区疾病预防控制局专职局长1名（副科级，兼任区卫生健康委副主任）。将区红十字会领导职务［常务副理事长1名（正科级）、副理事长1名（副科级）、专职副监事长1名（副科级）］分别更名为：常务副会长（1名、正科级）、副会长（1名、副科级）、专职副监事长（1名、副科级）。

【保障基层和民生领域用编需求】 贯彻落实中央和省统筹使用各类编制资源的指导意见，核增金峰街道办、孝岗镇、马圩镇、小璜镇、杨桥殿镇、黎圩镇、占圩镇、邓家乡、王桥镇、虎圩乡、瑶圩乡、珀玕乡事业编制17名，为人才振兴提供强有力支撑。增加东乡区第二人民医院事业编制30名，增加区委党校3名事业编制为教师专用编制，同时将区委党校原核定的22名事业编制中的5名事业编制调整为教师专用事业编制。按照严控机构编制确保财政供养人员只减不增的要求，推动有限编制资源向基层和民生领域倾斜，为农业农村、水利及林业定向生招考安排用编计划12名，三支一扶招考用编计划19名，五年一贯制定向培养乡村教师用编计划25名；幼师招聘落编40名、中小学招聘教师落编37名，卫生系统招聘落编59名，公务员招考落编63名，事业单位招考落编101名，退役士兵安置落编18名，高层次（高素质）专业技术人才引进落编39名。

【创新编制使用办法】 研究印发《区直行政编制周转池管理办法（试行）》《东乡区事业单位急需紧缺人才“编制周转池”管理办法（试行）》，统筹现有编制资源，使用“编制周转池”编制共7名，为妇幼保健院、实验中学等单位高层次人才引进提供编制保障。

（胡云　俞思思）

信访工作

【概况】 2023年，全区信访总量1249批1375人次，人次比2019年下降70%。信访量相比上一年度大幅下降，信访事项办理质效稳步提升，工作指标情况保持良好态势。一年来，区委信访局抓好源头治理，强化基础建设，拓宽信访渠道，多元化解矛盾。

【初次信访办理提质增效年】区信访局进一步规范初次信访事项办理，压实首办责任，落实专人负责数字信访平台跟踪督办、跟踪回访，督促责任单位缩短办理时限，切实提高一次性化解率；积极引导群众依法逐级走访，坚持社会矛盾纠纷多元预防调处化解，综合施策、多措并举协调化解矛盾纠纷。2023年，全区信访群众参评满意率98.72%，信访事项及时受理率100%，按期办结率100%、平均办结时限28.25天。

【信访联席会议】区信访工作联席会议全年召开重点疑难信访案件调度会6次，听取包案领导和责任单位化解情况汇报，研究下一步化解措施，推动案件及时有效化解。推进各乡镇（街道、场）信访工作联席会议实体化运行，推广黎圩、虎圩等乡镇在初信初访中的典型经验做法，扎实推进矛盾纠纷大排查大化解，坚持“属地管理、分级负责，谁主管、谁负责”原则，对初信初访事项逐案成立工作专班，建立销号台账，动态管理，从源头上减少信访问题发生。

【重案积案化解】年内，国家信访局交办东乡区三批重复信访治理件125件。区信访工作联席会加大调度化解积案力度，区包案领导落实“五包”责任要求，加强调度指导，督促责任单位加大工作力度，压实工作责任；责任单位综合施策、多措并举，全力化解信访积案。截至年末，化解信访治理件119件，化解率95.2%。未化解的6件积案均上报至国家信访局等待审核。

【访调联动化解矛盾】依托综治中心、信访接待中心、矛盾纠纷多元化解中心“三位一体”建设，整合公共法律服务、诉讼服务、信息化指挥调度、心理健康服务、妇女儿童工作维权等多部门资源，加强各责任单位积极矛盾纠纷化解的参与力度，更好地服务群众，解决群众的合理诉求。

【信访矛盾大排查大化解活动】以辖区、部门和系统为单位，因地制宜，有重点地组织开展拉网式大排查。主要围绕重点领域、重点问题等方面进行大排查大化解。按照“诉求合理的解决问题到位，诉求无理的思想教育到位，生活困难的帮扶救助到位，行为违法的依法处理”的“三到位一处理”要求，通过大排查大化解活动，以化解新产生的信访事项为重点，加大解决信访突出问题力度，推动信访矛盾去存量、控增量，实现信访“三率”继续保持前列、干部作风更加务实担当的工作目标，营造良好政治社会环境。（梁晓　饶鸣　艾晨欣）

党史和地方志工作

【概况】2023年，东乡区委党史和地方志研究室（简称区委史志研究室）聚焦主责主业，党史、地方志工作均取得较好成绩。稳步推进《中国共产党东乡历史（1928—1976）》编纂工作，开发多堂东乡地方党史课程。参与中共党史人物研究会举办的“中共党史人物传”江西传主座谈会，成功申报东乡籍红色人物舒同入传。参与江西省社科重点项目并以优秀结项，助推《赣东北苏区赤色警卫师师长祝荫隆生平考论》课题研究，丰富东乡红色资源。协助市委党史办编纂《跟着党史游抚州》红色旅游宣传册，以红色旅游带动党史学习教育走深走实，助力经济社会发展和乡村振兴。搜集花猪、红糖、绿壳蛋、花灯等东乡特色产业、文化信息，助力产业发展、编纂书籍。为广西桂平史志系统提供清咸丰七年（1857年）时任东乡知县周溯贤在东乡的史料，并交流书籍，实现资源共享。

【宣讲工作】 组建"新风东乡·红色基因传承"宣讲队，精心打磨8堂精品课，课程内容涉及习近平生态文明思想、文化思想，东乡地方党史等方面，在图书馆、社区、医院、乡镇、区直单位等领域开展宣讲。

【方志资料室建设】 利用现有场所建设史志资料室，为充实库藏，与全国各地的方志馆交流书籍，先后迎接省志院领导、复旦大学教授、湖北省书画院画家、武汉大学教授等史志专家指导。至年末，资料室上架党史、志鉴、地情等各类图书8000余册。该项工作被市史志办写入年度总结中，走在全市前列。

【考证烈士信息】 为寻找在下湖战斗中牺牲的100多名烈士信息，前往上饶市档案馆、赣东北革命根据地横峰县葛源村查找资料，与上饶市退役军人事务局和东乡区退役军人事务局联系寻找烈士信息，在中华英烈网收录的3万余名上饶籍烈士信息中查找1932年6月在东乡、贵溪一带牺牲的烈士名单。至年末，搜集到有关烈士信息150余条。

【干部培训】 组建年鉴编纂工作专班，各组交叉审稿。开展"找茬"评比，不断提升干部业务水平，提升年鉴质量。组织干部就"精品年鉴品读季"专家文章和年鉴编纂知识轮流领学授课，以讲促学，倒逼干部不断丰富专业知识，提升工作能力。

【年鉴编纂】 出版《东乡年鉴（2023）》。《东乡年鉴（2023）》是《东乡年鉴》自2006年首次出版后出版的第9卷，围绕区委、区政府中心工作，全面、翔实记录2022年东乡区政治、经济、文化、社会和生态方面发展情况、特色亮点和新发展、新变化。全书计39万余字，收录条目1041条、图片109张。

（周威　曾进然）

档案管理

【概况】 2023年1月，经东乡区委编委会研究并报市委编办同意，东乡区委办公室正式对外加挂档案局牌子，区委办公室主任兼任区档案局局长。区委办（档案局）负责牵头抓总，全面落实档案工作责任制，区档案馆负责具体落实各项工作，形成局馆协同联动机制，科学分工、密切协作，共同推动全区档案工作有序开展。年内，东乡区27家单位被纳入《抚州市档案工作规范化管理等级单位名录》。其中，区人民法院、区消防救援支队获评档案规范化管理省一级单位；区公安局、区审计局获评档案规范化管理省二级单位；区委政法委、区政府办、王桥镇人民政府、圩上桥镇人民政府等23个单位获评档案规范化管理省三级单位。5月，东乡区组织各地各单位参加全国档案事业统计，参与统计的79家机关企事业单位共藏有档案27.53万卷、64.29万件。

【档案资源体系建设】 持续开展向社会各界征集以反映东乡各历史时期对国家和社会有保存价值的档案资料。下发“逾期五年未移交档案单位”名单，要求各地各单位及时开展档案整理、移交工作。区档案馆科学全年接收纸质档案9000余卷，7000余件，新增数字化副本34万余画幅。至年末，区档案馆藏有档案96个全宗，纸质档案235639卷93568件，数字化成果330余万画幅，民国时期珍品档案500卷，馆藏纸质档案数字化率达81.47%，位列全市第一。

【档案执法检查】 组织档案执法干部定期学习档案法律法规，增强法治观念和服务意识，规范行政执法行为，树立依法治档理念。做到岗前培训、持证上岗、亮证执法，形成一支精通业务、执法严明、工作称职的档案行政执法队伍。制定“双随机”计划开展档案行政执法监督检查，7月下旬下发《关于开展档案行政执法检查和档案安全专项检查的通知》，制定《档案安全风险排查清单》，要求各地各单位就组织管理、安全保障、业务建设和是否存在档案违法行为4个方面迅速开展档案安全自查，抽取部分重点领域、重点部门档案室进行实地检查，指出各地各单位档案工作中存在的问题并督促其整改落实。

【档案普法宣传】 深入学习宣传新修订《中华人民共和国档案法》，结合国际档案日和“12·4”宪法日开展形式多样的宣传活动。举办“奋进新征程兰台谱新篇”主题展览，联合区妇联开展“少年儿童心向党”活动，组织一批少年儿童观摩红色珍档，感受档案的独特魅力，推动红色教育进校园，激发孩子们的爱国热情。在“12·4”宪法日集中宣传活动中发放《中华人民共和国档案法》白皮书、档案知识宣传资料百余份，解答群众咨询50余人次，与热心市民达成珍贵民国档案资料的捐赠意向。

【档案业务指导】 利用“公益大讲堂”、全区办公室主任会议等契机，组织全区档案工作者集中参加业务培训。结合各单位在档案整理过程中存在的问题和业务指导需求，派遣业务骨干前往各相关部门开展针对性培训和精准业务指导50余次。集中培训和精准指导结合，有效提升全区机关企事业单位档案管理水平。

【档案利用和资源开发】 区档案馆全年为2000余人次社会各界人士提供档案查阅利用服务，查阅档案4000余卷（件）次。依托江西档案云平台和“赣服通”App，提供线上档案查阅利用服务，实现“一次都不跑”。4月，东乡区档案馆与抚州市档案馆签订民生档案跨馆利用协议，推动档案利用便捷程度再上台阶。

（周威）

党校工作

【概况】 2023年，区委党校在区委、区政府的坚强领导和上级党校的指导帮助下，坚持以习近平新时代中国特色社会主义思想为指导，深入学习贯彻中共二十大精神，落实区委、区政府和上级党校部署要求，坚持“党校姓党”，深入践行“为党育才、为党献策”初心，在干部培训、思想引领、理论建设、决策咨询等方面持续发力。全年举办周末课堂2期，累计培训6天460余人；举办主体班17期，累计培训119天2900余人。2023年获评区机关领域“模范党支部”与让党放心、人民满意的模范机关先进单位称号及全市党校行政院校系统“为党育才为党献策干部教育事业高质量发展”征文活动优秀组织奖。

【完善课程体系】 坚持把学习贯彻习近平新时代中国特色社会主义思想作为干部培训必修课，不断完善“习近平新时代中国特色社会主义思想”课程体系。年内，组织教师围绕习近平新时代中国特色社会主义思想开发新课题7个，完善“1+N”教学布局。坚持把党性教育贯穿教学培训全过程，开发党性教育专题课2堂。组织骨干教师全力攻关案例教学课程，及时把工作实践中的最新成果、新鲜经验运用到教学中，推动教学方式改革创新，填补教学模式“空白区”。案例教学课程——“支部建在小区上，打通基层治理‘最后一米’——抚州市东乡区‘党建引领、小区治理’的探索与实践”试讲反响良好，被选送至省委组织部参与

4月28日，区委党校组织干部前往黎圩镇上池古村宣讲中共二十大精神　　（区委党校　供）

好课程评选。

【创新教学模式】 组织秋季主体班学员前往区人民法院参加“旁观庭审”现场教学活动，创新法治教学模式，增加学员和干部职工的法律意识和法治思想。为进一步开拓新眼界、形成新思路、提升新能力，借鉴先进发展理念，组织2批学员60余人赴泉州市泉港区、井冈山开展异地教学。在泉州市泉港区，学员们通过学习、考察、思考、研讨，深入系统地学习泉港区在推进社会治理、乡村振兴、非公党建等方面经验做法，不断弥补知识空白、消除经验盲区、增强工作本领。落实领导干部上讲台制度，年内，县处级党政领导上讲台25人次，与学员座谈16人次，使党校讲台成为推动中心工作的一大阵地。

【提升科研水平】 紧紧围绕“科研兴校”的指导思想，发挥校委班子“头雁”作用，组织教师有针对性地开展调研，撰写理论文章，不断推进成果转化，促进科研实力的提升。2023年，全校教师在全省党校（行政学院）系统学习贯彻中共二十大精神理论研讨会中获1篇三等奖；在全市党校系统学习贯彻中共二十大精神理论研讨会中获1篇一等奖、1篇二等奖、2篇三等奖；在江西社会科学学术年会“为党育才为党献策干部教育培训高质量发展”专题分会中获1篇二等奖；在全市党校行政院校系统“为党育才为党献策干部教育培训高质量发展”征文活动中，获1个一等奖和1个优秀组织奖；在江西省社会主义学院“统一战线与中国式现代化”学术研讨会征文活动中2篇论文入选。申请市委党校年度课题2个、协作课题1个，其中2个课题以优秀论文结项。

【提升教师教学水平】 大力实施“人才强校”战略。要求每名教师每年必须完成一个教学专题，在校内试讲通过后才能上讲台授课或外出宣讲。全年组织5次集体试讲活动，5名新进的教师均走上讲台或外出参与宣讲。积极选派教师参加中央、省、市党校各类培训，提升整体教学科研水平。组织由年轻教师、骨干教师为主体的新时代文明实践政策理论宣讲服务队和“新风东乡”理论宣讲队进机关、下基层讲授党课、宣讲中共二十大精神和习近平考察江西重要讲话精神，开展40余场次理论宣讲，受众2000余人次。

（赖沿）

东乡区人民代表大会

综 述

【概况】 至2023年末，东乡区有省人大代表3名、市人大代表36名、区人大代表222名、区二届人大常委会组成人员24名。2023年，区人大常委会坚持以习近平新时代中国特色社会主义思想为指导，深入学习贯彻中共二十大精神和习近平总书记考察江西重要讲话精神，全面落实中央人大工作会议精神，聚焦“走在前、勇争先、善作为”的目标要求，坚持党的领导、人民当家作主、依法治国有机统一，践行全过程人民民主，依法履职行权，完成区二届人大三次会议确定的各项目标任务。全年召开区人大常委会会议7次，听取审议专项工作报告18项，检查4部法律法规实施情况，开展专题调研和专项视察31次；作出决议决定7项，督办代表建议150件，依法任免国家机关工作人员47人次，为东乡经济社会发展和民主政治建设作出积极贡献。

【“四下基层”】 大力发扬“寻乌调查”精神，践行“四下基层”工作法，确定7个调研课题，在乡镇(街道)、企业、学校、村组开展实地调研14次，形成高质量调研报告9篇，为群众协调解决污水管道疏通、农产品销售、无物业小区电动自行车充电等急难愁盼问题26件。坚持从严整改，发扬自我革命精神，深入检视形成问题清单2项，精准制定整改措施6条，抓实分类整改，做到立行立改并长期坚持，以看得见、实打实的成效回应群众期盼，切实推动调研成果转化。

【代表履职】 以学习培训促能力提升。组织开展区二届人大代表履职培训班，邀请省市政治理论、人大业务专家作专题授课，共200余人参训。各乡镇(街道)人大定期开展“代表讲堂”活动，开展171期授课，服务代表和选民6900余人次。以数字赋能促智能履职。常委会从数字人大平台建设、拓展用户覆盖面、发挥平台作用等方面入手，紧盯关键群体，实现人大干部、人大代表注册全覆盖。14个网上联络站均正常运行，发布活动394条、信息267条，收集群众意见412条。成功实现选民对代表网上建言、网上互动，人大工作线下线上双轮驱动。以全面履职促全过程人民民主。共邀请20余名代表列席人大常委会，200余名代表参加视察调研、执法检查、履职评议等活动，代表参与社会事务的积极性和主动性进一步激发，人民群众的知情权、参与权、表达权、监督权得到更大保证。

【代表联络站】 持续推动代表联络站“建管用”提档升级。实现“五星级”代表联络站乡镇(街道)全覆盖，有两地成功创评省级示范站。代表联络站制度建设和工作流程进一步规范，代表进站开展活动和入户联系选民常态有序。年内，人大代表1041人次进站接待选民，收集意见建议579条，解决问题544件。“两进两为”“代表前哨”两项创特色工作唱响东乡人大好声音，省、市领导及兄弟县(区)多次到东乡现场视察、调研，市人大“创特色、树品牌”现场会在东乡区召开。

【建议督办】 完善代表建议全覆盖、全链条办理机制，坚持“主任领衔、区长领办、专工委督办、代表跟踪问效”联动工作机制，开展满意度测评。强化日常跟踪，7月中旬，组建6个督查组，对76件区二届人大三次会议代表建议和84件市、区领导进站接待选民收集意见建议开展集中督办，督促区政府及其有关部门将意见建议办理到位，做到“件件有着落、事事有回应”，提升建议办理满意率。“东抚路安装隔离护栏”“下龙岗安置区路面硬化及自来水安装”“瑶上村委会门前危房拆除”等一批重点建议和基层百姓所思所盼问题得到有效解决，获得群众好评。

重要会议

【抚州市东乡区第二届人民代表大会第三次会议】 2月8日上午，抚州市东乡区第二届人民代表大会第三次会议在区行政中心千人会场开幕。大会应到代表229人，请假9人，实到220人，符合法定人数。会议由大会主席团常务主席高晓英主持。会上，区长李建泉代表区人民政府向大会作工作报告。大会听取2023年度抚州市东乡区人民政府民生实事候选项目形成情况的报告以及生态文明建设情况报告；提请审查关于抚州市东乡区2022年国民经济和社会发展计划执行情况、2023年国民经济和社会发展计划草案的报告、关于抚州市东乡区2022年预算执行情况和2023年预算草案的报告。

2月9日上午，区二届人大三次会议在区行政中心千人会场举行第二次全体会议。大会应到代表229人，实到220人，符合法定人数。会议听取区人大常委会主任高晓英作的人大常委会工作报告；区人民法院院长李好生作的抚州市东乡区人民法院工作报告、区人民检察院检察长揭玫作的抚州市东乡区人民检察院工作报告。会议表决大会选举办法草案、民生实事项目投票表决办法草案。

2月10日上午，区二届人大三次会议完成各项议程，在区行政中心千人会场闭幕。大会宣布东乡区第二届人民代表大会常务委员会委员选举结果和2023年度东乡区人民政府民生实事项目票决结果［抚州市东乡区第七、第八幼儿园建设项目，东乡区第八小学改扩建项目，东乡区特殊教育学校残疾人服务中心建设项目，北港河周边河库连通及灌区建设项目（一标段），山塘水库灌区建设项目（一标段），东乡区横山，蛮桥水库灌区建设项目］。当选的区二届人大常委会委员向宪法宣誓。大会以举手表决方式，通过关于抚州市东乡区人民政府工作报告的决议、关于抚州市东乡区2022年国民经济和社会发展计划执行情况与2023年国民经济和社会发展计划的决议、关于抚州市东乡区2022年预算执行情况和2023年预算的决议、关于抚州市东乡区生态文明建设情况报告的决议、关于抚州市东乡区人民代表大会常务委员会工作报告的决议、关于抚州市东乡区人民法院工作报告的决议、关于抚州市东乡区人民检察院工作报告的决议。

【东乡区二届人大常委会会议】 1月18日，区第二届人大常委会第十一次会议召开，区人大常委会主任高晓英主持会议并讲话，区委常委、常务副区长李娜应邀列席会议并就区人民政府人事任免事项进行说明。会上，听取审议并表决通过区人大常委会关于提请接受饶信兵等4人辞去东乡区第二届人民代表大会代表职务的议案；听取审议并表决通过区人大常委会人事任免事项；听取审议并表决通过区人民政府人事任免事项；听取审议并表决通过区人民检察院人事任职事项，颁发聘书并组织新任职人员向宪法宣誓。

2月2日，区第二届人大常委会第十二次会议召开，区人大常委会主任高晓英主持会议。会议听取审议并表决通过区人民政府关于抚州市东乡区2022年预算执行情况及2023年预算草案的报告（送审稿）；听取审议并表决通过区人民政府关于2023年度东乡区人民政府民生实事初步候选项目（草案）议案；听取审议并表决通过东乡区第二届人民代表大会常务委员会代表资格审查委员会关于个别代表的代表资格的报告；听取审议并表决通过区人大常委会关于召开抚州市东乡区第二届人民代表大会第三次会议的决定（草案）；听取审议并表决通过抚州市东乡区第二届人民代表大会第三次会议议程（草案）、主席团和秘书长名单（草案）；听取审议并表决通过东乡区人大常委会工作报告（草案）；听取审议并表决通过有关人事任免事项；组织拟任职人员作表态发言及新任职人员向宪法宣誓。

4月14日，区二届人大常委会第十三次会议召开，区人大常委会主任高晓英主持会议并讲话。会议应到常委会组成人员24人，实到24人，符合法定人数。会议听取和审议区人民政府关于《抚州市东乡区国土空间总体规划（2021—2035年）的议案》说明、区审计局、区乡村振兴局主要负责人，区人民法院副院长履职情况报告；区人大常委会调研组关于区审计局、区乡村振兴局主要负责人，区人民法院副院长履职情况的调研报告；区人大常委会提请接受夏文勇辞去市五届人大代表职务的议案说明、选举事项说明、区人大常委会、区监察委员会有关人事任免事项议案说明、区人民法院有关人事免职事项议案说明、区人民检察院有关人事任职事项议案说明；表决通过区人民政府关于《抚州市东乡区国土空间总体规划（2021—2035年）的议案》、关于接受夏文勇辞去市五届人大代表职务的议案、人事任免职事项并开展区审计局、区乡村振兴局主要负责人、区人民法院副院长履职情况满意度测评。会上，拟任职人员作任前表态发言，新任职人员集体向宪法宣誓。会议以无记名投票方式，选举市委书记魏晓奎为抚州市第五届人民代表大会代表。

6月27日，区第二届人大常委会第十四次会议召开，区人大常委会主任高晓英主持会议并讲话。会议听取和审议东乡区人民政府关于贯彻实施《抚州市门前三包管理规定》的工作情况汇报；审议区人大常委会关于检查《抚州市门前三包管理规定》实施情况的报告（书面）；听取和审议区人民政府关于东乡区群众体育工作情况汇报；审议区人大常委会关于东乡区群众体育工作情况调研报告（书面）；审议区人大常委会关于检查《江西省农村供水条例》实施情况的报告（书面）；审议区人大常委会关于东乡区维护新就业形态劳动者劳动保障权益工作情况的调研报告（书面）；审议区人大常委会关于2022年度规范性文件备案审查工作的报告（书面）；听取和审议区教体局、区人社局、区城管局主要负责人履职情况报告并开展满意度测评；审议区人大常委会调研组关于区教体局、区人社局、区城管局主要负责人履职情况的调研报告（书面）；听取和审议《东乡区第二届人民代表大会常务委员会代表资格审查委员会关于个别代表的代表资格的审查报告》并进行人事任免事项。

8月17日，抚州市东乡区第二届人大常委会第十五次会议召开，东乡区人大常委会主任高晓英主持会议。

会议听取审议区人民政府关于2023年上半年国民经济和社会发展计划执行及重大项目建设情况的报告，区人民政府关于2022年财政决算和2023年上半年预算执行情况的报告，区人民政府关于2022年度财政预算执行和其他财政收支的审计工作报告；区人民政府关于提请审议《2023年新增地方政府债务限额以及预算调整方案（草案）》的议案说明、《2023年新增地方政府债务限额以及预算调整方案（草案）》，区人民政府关于东乡区应急管理体系和能力建设情况的报告，区人民政府关于贯彻实施《抚州市电动自行车通行管理条例》工作情况汇报。

会议听取审议区人大常委会关于东乡区“揭榜挂帅”工作进展情况调研报告；区人大常委会关于开展《抚州市电动自行车通行管理条例》执法检查情况报告；区财政局、区退役军人事务局主要负责人及区人民检察院副检察长履职情况调研报告；区财政局、区退役军人事务局主要负责人及区人民检察院副检察长履职情况报告。对区财政局、区退役军人事务局主要负责人及区人民检察院副检察长履职情况进行满意度测评，测评结果均为满意。

会上，经过电子表决通过《抚州市东乡区人大常委会关于批准2022年区财政决算的决议（草案）》《抚州市东乡区人民代表大会常委会关于批准2023年新增地方政府债务限额以及预算调整方案的决议（草案）》《抚州市东乡区人大常委会关于红星镇、圩上桥镇行政区划调整有关问题的决定（草案）》《抚州市东乡区人大常委会关于设立红星镇选举委员会的决定（草案）》。会议审议区人大常委会、区监察委员会有关人事任免议案，组织新任职人员举行宪法宣誓仪式。

10月24日，区第二届人大常委会第十六次会议召开，区人大常委会主任高晓英主持会议。

会议听取审议《区人民政府关于2022年度全区国有资产管理情况的综合报告》《区人民政府关于2022年度全区政府债务管理情况的报告》《区人民政府关于全区乡村旅游高质量发展情况的报告》；审议《区人大常委会关于2022年度全区国有资产管理情况的调研报告》《区人大常委会关于全区乡村旅游高质量发展情况的调研报告》《区人大常委会关于开展全区深入推进“法律明白人”培养提升工程，助推基层社会治理工作情况的专题调研报告》《区人大常委会主任会议关于提请许可对区二届人大代表万国辉采取强制措施的报告》《区人大常委会执法检查组关于检查〈江西省养老服务条例〉实施情况的报告》；听取审议区人民政府关于区二届人大三次会议代表建议及市、区领导进站接待选民意见建议办理情况报告，区司法局、区市场监管局、区应急管理局主要负责人履职情况报告，开展满意度测评，审议补选市人大代表和人事任免事项。

12月26日，区第二届人大常委会第十七次会议召开，区委副书记、区长李建泉应邀列席会议，区人大常委会主任高晓英主持会议并讲话。

会议听取和审议区人民政府关于《抚州市东乡区国民经济和社会发展第十四个五年规划纲要》实施情况的中期评估报告；审议区人大财经委关于《抚州市东乡区国民经济和社会发展第十四个五年规划纲要实施情况的中期评估报告》的审议意见（书面）；听取审议区人民政府关于2022年度财政预算执行和其他财政收支审计查出问题整改情况的报告；听取审议并表

决通过《2023年预算调整方案（草案）》；开展对区发展改革委、区交通运输局、区科技局主要负责人履职情况和对区人民政府关于2022年度区财政预算执行和其他财政收支审计查出问题整改情况满意度测评等议程，并进行人事任免事项。

监督工作

【聚焦经济发展开展监督】 聚力推动产业发展升级，开展全区数字经济、营商环境双“一号工程”推进情况及地方金融工作情况视察。强化预算执行监督质效，加强对支出预算和政策全口径审查和全过程监管，听取审议预算执行、财政决算、预算调整等专项报告，进一步提高财政资金使用绩效，强化政府债务监督，守牢风险底线，守护全区经济平稳有序运行。听取审议国有资产管理情况专项报告，摸清全口径国有资产家底，实现四大类国有资产监督管理全覆盖。强化审计工作监督，聚焦审计查出问题整改，持续发力督办并开展满意度测评，年度整改完成率达100%。

【聚焦生态环境开展监督】 深入践行“绿水青山就是金山银山”发展理念，组织开展以“环保抚河行”为主题的巡河护河志愿服务活动，人大代表化身为生态文明建设的“河小青”，守护抚河流域生态环境。组织开展《江西省农村供水条例》执法检查，强化东乡区农村水源保护和水质管理，切实维护农村供水安全。听取和审议区人民政府关于《抚州市门前三包管理规定》贯彻实施情况的报告，督促政府加强“门前三包”排查整治，助推持续改善城区人居环境。

【聚焦民生福祉开展监督】 围绕人民群众的“健康”“教育”“养老”“就业”等民生所需，组织开展《江西省家庭教育促进条例》《江西省养老服务条例》等法规的执法检查，听取和审议群众体育、新就业形态劳动者权益保障等工作报告，推动政府部门积极作为，加大投入，厘清责任，不断擦亮百姓幸福底色。扎实推进民生实事项目人大代表票决制工作，组织常委会组成人员对6个项目开展集中视察调研，推动区政府形成定期督查通报机制，督促加快项目建设进程。指导乡镇票决制工作从“全覆盖”走向“高质量”，基层全过程人民民主的实践迈出新步伐。

【聚焦乡村振兴开展监督】 围绕“壮大农业龙头企业”主题，开展视察调研，找准制约农业龙头企业高质量发展的瓶颈，切实帮助企业纾难解困。听取和审议全区乡村旅游高质量发展工作情况报告，督促政府加快旅游项目引进和建设，强化旅游资源营销和人才培养，促进文化旅游和产业深度整合。充分发挥全区各级人大代表在实施乡村振兴战略中的积极带头作用，引导代表奔走基层一线，勇当产业发展“示范员”、基层治理“推动员”、乡村建设“监督员”。

【聚焦法治建设开展监督】 听取和审议全区深入推进“法律明白人”培养提升工程情况报

告，助推基层社会治理工作法治化。开展第十个国家宪法日“宪法进园区·进企业”主题活动，加大法治宣传力度，增强全民法治意识。围绕“守住耕地红线”主题，开展“公益诉讼江西行”东乡活动，推动检察机关充分发挥法律监督职能，严查耕地撂荒、非法占地及污染耕地等违法行为，以能动履职确保耕地安全和粮食安全。组织常委会组成人员和代表旁听区人民法院案件庭审，促进司法机关依法办案，维护社会公平正义。听取审议规范性文件备案审查情况的报告，加强对“一府一委两院”规范性文件备案审查，着力维护国家法治统一。

财政经济工作

【概况】 2023年，区人大财政经济委员会对东乡区2022年国民经济和社会发展计划执行情况与2023年国民经济和社会发展计划草案进行初审，重点关注经济社会发展主要目标和重大项目安排是否符合东乡区资源、财力、环境实际支撑能力，推动合理设置经济社会发展目标，落实重大项目资金与财政预算有效衔接。开展全区数字经济、营商环境双“一号工程”推进情况视察。对区审计局、区财政局和区发展改革委等工作部门主要负责人履职情况开展监督，为东乡经济社会发展作出积极贡献。

【预决算审查监督】 协助区人大常委会听取审议区政府关于2022年区财政决算和2023年上半年预算执行情况的报告。督促有关部门把“保基本民生、保工资、保运转”摆在首要位置，牢牢兜住“三保”底线，确保“三保”支出，围绕重点支出与重大投资项目、部门预算、财政转移支付、政府债务等主要内容，对支出预算和政策开展全口径审查。对2023年区教体局部门预算执行及区级科技专项资金管理使用情况开展重点监督。加强政府债务审查监督，首次将听取和审议2022年度全区政府债务管理情况报告列入2023年监督计划。对区财政预算调整及地方政府债务限额提前介入审查，并向区人民代表大会和常委会提供审查报告，为区人民代表大会和常委会审议批准提供参考。积极探索智能化审查，运用预算联网监督系统进行预算决算分析，为预算决算审查提供参考。

【国有资产监督】 协助区人大常委会听取审议区人民政府关于2022年度全区国有资产管理情况的综合报告。针对存在问题，提出提升国企资产经营管理效益，化解债务风险；成立国有资产独立管理机构，规范资产管理；强化国有自然资源规划引领，夯实管理基础等审议意见。

【审计工作监督】 与审计部门加强沟通协调，对年度审计项目提出意见建议，推进审计监督与人大预算决算审查监督、国有资产管理情况监督有机结合。协助区人大常委会听取审议区政府关于财政预算执行和其他财政收支的审计工作报告，将审议意见转请区政府及审计部门研究处理。区政府及审计部门高度重视，逐条研究落实。

监察和司法工作

【执法检查】 5月23日，配合省人大监察司法工委开展家事审判工作调研；5月29日，开展《抚州市电动自行车通行管理条例》贯彻实施情况专项检查。检查条例贯彻实施的情况，包括电动自行车登记、道路通行、专项整治、创新管理等方面的措施和成效，了解条例在实施过程中存在的困难和问题，提出意见建议。

【法律监督】 按照区人大常委会年度监督工作计划开展经常性监督工作。组织公检法司相关负责人到区司法局开展关于全区深入推进“法律明白人”培养提升工程，助推基层社会治理的调研，了解全区深入贯彻落实《乡村“法律明白人”培养工作规范（试行）》要求，实施农村“法律明白人”培养提升工程，推进“法律明白人”在区域社会治理现代化中发挥作用；围绕“守住耕地红线”主题，继续开展“公益诉讼江西行”抚州活动。聚焦人民群众关注的耕地保护问题，开展“守住耕地红线”主题活动。

教育科学文化卫生工作

【强化监督】 根据区人大常委会《关于听取和审议区人民政府工作部门主要负责人及区人民法院、区人民检察院副职履职情况报告的工作方案》，对区教体局、区科技局主要负责人履职情况开展调研。通过履职情况调研等监督措施，使监督工作更富实效性，促进政府工作，达到人大工作以经济建设为中心，为经济建设服务的目的。

【专题调研】 开展区群众体育工作情况调研。深入学校、体育馆、群众体育锻炼场所实地察看，听取教体、财政等部门汇报，充分了解东乡区群众体育工作在经费使用、体育赛事活动开展、体育社会组织建设、体育场地设施建设等方面的情况。开展“揭榜挂帅”工作进展情况调研。为了解“揭榜挂帅”工作成效，加大“揭榜挂帅”项目推动力度，着力激发企业创新创造活力。开展区乡村旅游高质量发展工作情况调研，在区二届人大常委会第七次会议上听取全区乡村旅游高质量发展情况报告，归纳整理常委会组成人员审议意见，交由区政府和有关部门整改。

法制委员会工作和备案审查工委

【立法调研】 2023年就《关于加强抚州市地方性法规实施工作的决定(草案征求意见稿)》收集上报修改意见4条；围绕《抚州市人大常委会(2022—2026)立法调研项目库》收集上报立法建议3项；针对《抚州市城市地下管线条例(草案)》向市人大常委会法工委上报修改意见13条；联合区司法局开展第十个国家宪法日、第六个宪法宣传周“宪法进园区·进企业”主题活动，深入江西东晟原绿家居建材集团有限公司、江西美好线带有限公司、江西省恒邦纺织有限公司等企业举行赠送法律书籍、举办法律知识讲座等活动。

【备案审查】 2023年就《关于加强抚州市地方性法规实施工作的决定(草案征求意见稿)》收集上报修改意见4条；围绕《抚州市人大常委会(2022—2026)立法调研项目库》，向人大常委会主任、副主任，区人大各专委，区人大常委会办公室和各工委，东乡生态环境局(市基层立法联系点)以及各乡镇(街道)人大广泛征集立法建议意见，收集并上报立法建议3项；针对《抚州市城市地下管线条例(草案)》向市人大常委会法工委上报修改意见13条。

环境与资源保护工作

【执法检查】 开展关于东乡区贯彻落实《江西省农村供水条例》情况执法检查，详细了解全区编制农村供水发展规划、农村供水工程建设与运营、水源保护和水质管理、水价制定、保障安全供水等情况，提出改进工作、推进法规实施的意见建议。开展关于东乡区贯彻实施《抚州市门前三包管理规定》情况执法检查，通过听取汇报、查阅资料、调研座谈、实地查看等方式了解规定贯彻实施情况，根据调研中发现的问题提出相应意见建议。

【专题调研】 开展关于《抚州市东乡区国土空间总体规划(2021—2035年)》的专题调研，详细了解国土空间总体规划编制、空间发展目标指标、国土空间开发保护格局、主体功能分区、重大设施布局等情况，下发审议意见，对全区空间总体规划提出要求。

【主题活动】 围绕“加强抚河流域水污染防治”主题，继续开展“环保抚河行”活动，主要抓好市人大2022年环保抚河行活动发现的问题整改的跟踪督办工作，也对东乡在水污染防治方面存在的问题提出意见建议。围绕“壮大农业龙头企业”主题，开展助推乡村振兴赣抚行活动。开展相关调研活动，总结壮大农业龙头企业的好经验、好做法，找准制约农业龙头企业高质量发展瓶颈，提出切实可行的解决办法，切实帮助农业龙头企业纾难解困。

选举与任免

【概况】 区人大常委会根据《东乡区人大常委会人事任免办法》《江西省实施宪法宣誓制度办法》《关于对区人大选举和任命的人员进行任前宪法知识考试办法》，对“一府一委两院”提请任免干部，严格落实任前了解、任前考法、任前表态、向宪法宣誓等制度，切实增强拟任人员的法治观念和履职意识。年内，补选常委会委员4名，接受市、区人大代表辞职10人，补选市代表2名，确认有关选区补选区代表20名，负责开展对区城管局和区市场监管局主要负责人的履职评议工作。依法受理人事任免47人次，其中，区人大机关干部任免11人次，区政府及其组成部门干部任免12人次，区监委干部任命5人次，区人民法院干部任免12人次，区人民检察院干部任命7人次。

【区二届人大常委会第十一次会议任免情况】 1月18日，抚州市东乡区第二届人民代表大会常务委员会第十一次会议决定，任命：谢波为抚州市东乡区人大常委会办公室主任，免去其抚州市东乡区人大常委会办公室副主任职务；周沁之（女）为抚州市东乡区人大常委会农业和环保工作委员会副主任。免去：陈耀平的抚州市东乡区人大常委会农业和环保工作委员会主任职务；乐慧珍（女）的抚州市东乡区人大常委会农业和环保工作委员会副主任职务。任命：饶信兵为抚州市东乡区民政局局长。免去：胡志珍（女）的抚州市东乡区民政局局长职务。任命：闫琴（女）为抚州市东乡区人民检察院检察员；李江龙为抚州市东乡区人民检察院检察员；陈佳诺为抚州市东乡区人民检察院检察员。

【区二届人大常委会第十二次会议任免情况】 2月2日，抚州市东乡区第二届人民代表大会常务委员会第十二次会议决定，任命：饶爱良为抚州市东乡区人大常委会代表资格审查委员会主任委员。免去：李云书的抚州市东乡区人大常委会代表资格审查委员会主任委员职务。任命：关芯（女）为抚州市东乡区人民法院审判员。免去：王雯雯（女）的抚州市东乡区监察委员会委员职务。

【区二届人大三次会议任免情况】 2月10日，抚州市东乡区第二届人民代表大会第三次会议选举产生抚州市东乡区人民代表大会常务委员会委员4名，名单如下：杨蓉玉（女）、吴广萍（女）、程燕萍（女）、谢波。

【区二届人大常委会第十三次会议任免情况】 4月14日，抚州市东乡区第二届人民代表大会常务委员会第十三次会议，任命：乐辉为抚州市东乡区人大常委会农业和环保工作委员会主任，免去其抚州市东乡区人大常委会选举任免联络工作委员会主任职务；吴志伟为抚州市东乡区监察委员会副主任。免去：王圣的抚州市东乡区监察委员会副主任职务；周胜华的抚州市东乡区监察委员会委员职务。免去：李星的抚州市东乡区人民法院人民陪审员职务。任命：王将辉为抚州市东乡区人民检察院检察委员会委员。

【区二届人大常委会第十四次会议任免情况】6月27日，抚州市东乡区第二届人民代表大会常务委员会第十四次会议任命：王挺为抚州市东乡区人民法院审判委员会委员。免去：陈芳的抚州市东乡区人民法院民事审判庭庭长、审判委员会委员、审判员职务。免去：于接忠的抚州市东乡区人民检察院副检察长职务。

【区二届人大常委会第十五次会议任免情况】8月17日，抚州市东乡区第二届人民代表大会常务委员会第十五次会议决定，任命：吴广萍为抚州市东乡区人大常委会选举任免联络工作委员会主任，免去其抚州市东乡区人大常委会选举任免联络工作委员会副主任职务。任命：刘敏为抚州市东乡区监察委员会委员；桂风华为抚州市东乡区监察委员会委员。

【区二届人大常委会第十六次会议任免情况】10月24日抚州市东乡区第二届人民代表大会常务委员会第十六次会议，任命：黄俊灵为抚州市东乡区人民法院副院长。免去：周碧锋的抚州市东乡区人民法院马圩法庭（现红星人民法庭）庭长职务。任命：揭小毛为抚州市东乡区人民政府副区长。免去：李蛟的抚州市东乡区人民政府副区长职务。

【区二届人大常委会第十七次会议任免情况】12月26日，抚州市东乡区第二届人民代表大会常务委员会第十七次会议决定，任命：周青林为抚州市东乡区人民政府副区长。免去：李娜的抚州市东乡区人民政府副区长职务。任命：嵇晨为抚州市东乡区统计局局长；王小祥为抚州市东乡区退役军人事务局局长；宗剑明为抚州市东乡区林业局局长。决定免去：乐才华的抚州市东乡区统计局局长职务；王小祥的抚州市东乡区林业局局长职务；宗剑明的抚州市东乡区退役军人事务局局长职务。任命：罗武欧为抚州市东乡区人民法院审判委员会委员；吴德为抚州市东乡区人民法院审判委员会委员、刑事审判庭庭长；饶其良为抚州市东乡区人民法院民事审判庭庭长。免去：熊歆的抚州市东乡区人民法院刑事审判庭庭长职务；饶其良的抚州市东乡区人民法院立案庭庭长职务；吴德的抚州市东乡区人民法院刑事审判庭副庭长职务。任命：王将辉为抚州市东乡区人民检察院副检察长。免去：刘志荣的抚州市东乡区人民检察院副检察长职务。

人大代表建议办理

【概况】 2023年区二届人大三次会议期间，收到代表书面提出有效建议、批评和意见76件，全部转由区政府研究办理。其中，公路交通类24件，教科文卫旅类9件，农林水类16件，城建城管类16件，财经政策类7件，环保及其他类4件。区人大常委会主任会议确定重点督办建议6件，由区政府领导领办，区人大常委会领导领衔督办。区政府及时将建议交给各职能部门办理，所有建议均在法定时限内办理答复完毕，回复率100%。从办理结果看，至年底，解决或基本解决建议53件，占建议总数的69.7%；解决中或已列入规划逐步解决的建议16件，占建议总数的21%；因条件限制或其他原因近期难以解决建议7件，占建议总数的9.2%。从代表反馈意见看，代表表示满意建议73件，基本满意建议3件，代表满意和基本满意率为100%。

【跟踪督办】 开展建议办理工作“回头看”。7月中旬，由常委会分管领导带队组建6个督查组，对76件大会代表建议和93件市、区领导进站接待选民收集意见建议开展集中督办，督促区政府及其有关部门对建议办理工作进行再梳理、再办理，“东抚路安装隔离护栏”“下龙岗安置区路面硬化及自来水安装”“瑶上村委会门前危房拆除”等一批重点建议和基层百姓的急难愁盼问题得到有效解决。在10月的区人大常委会会议上，对32个有关承办单位开展代表建议办理工作满意度测评，测评结果均为满意，满意率均在90%以上。 （陈燕平）

东乡区人民政府

综 述

2023年是全面贯彻落实中共二十大精神的开局之年。在市委、市政府和区委坚强领导下，东乡区坚持以习近平新时代中国特色社会主义思想为指导，深入贯彻二十大和习近平总书记考察江西重要讲话精神，聚焦“走在前、勇争先、善作为”目标要求，踔厉奋发、勇毅前行，推动经济社会高质量发展取得新成效。完成地区生产总值238.17亿元，增长6.4%；一般公共预算收入15.52亿元；固定资产投资下降2.5%；规模以上工业增加值增长14.1%；社会消费品零售总额增长8%；城镇和农村居民人均可支配收入分别达47441元、25241元，增长4%、7%。先后获评国家乡村振兴示范创建县、中国气候宜居城市、江西省双拥模范城、江西省中小企业数字化转型试点县（区）、江西省粮食生产先进集体、江西省矛盾纠纷排查化解专项行动先进集体、全省县级人防高质量发展优秀单位等称号。

【工业量质齐升】 全力打好工业创新发展强攻战，在全市工业创新发展争先擂台赛总决赛中获得第2名。持续做强做优“首位+主导”产业，集聚度37.23%，提升7.87个百分点。大力实施领航企业培育工程，18家优强企业实现营收192.57亿元，增长35.71%。积极推行工业企业提质增量“10%工作法”，营收、产值增幅10%以上企业分别达49家、42家，163家规模以上工业企业实现营收299.71亿元，增长20.45%。推动企业上市“映山红”行动，施美药业完成江西证监局辅导验收并向深交所提交IPO申请。积极融入省“1269”、市“2416”行动，打造2条重点产业链、3个先进制造业集群，推动永冠科技、金光高科等优强企业嵌入比亚迪汽车整车制造供应链。推进有色金属产业“以质图强”，有色金属粗加工营收占规上工业营收比重下降13.31%。

【农业提质增效】 坚决扛牢粮食安全责任，完成播种面积5.54万公顷、产量35.37万吨（含红亮、岗上积），实现“十二连丰”。完成设施蔬菜种植面积334.67公顷，有序推进2400公顷高标准农田建设。深入推进耕地“非粮化、非农化”专项整治，有效防范耕地“五个一票否决”风险，新增耕地面积141.33公顷。大力发展蓝莓产业，蓝莓总销量约30万千克，销售金额约950万元，获评全省唯一的“江西蓝莓之乡”称号。进一步稳住生猪产能，生猪存栏51.64万头，累计出栏93.07万头，能繁母猪存栏6.16万头。推动特色农产品向精深加工领域延伸，养乐星生物科技、美尔丝瓜络生态工厂项目顺利推进。大力发展油茶、雷竹笋、花果芋等特色农业产业，成功申报“两品一标”农产品8个、“赣鄱正品”3个、“赣抚农品”11个。乐平猪（东乡花猪）保种场入选第三批国家畜禽遗传资源保种场名单，东乡葛粉获评第二十二届中国特色食品博览会金奖，东乡无花果获评2023年第三批全国名特优新产品称号。

【投资建设发展强劲】 紧抓国家政策利好空窗期，高标准谋划项目储备工作。获批中央预算内投资项目5个，获批资金7036万元；发行地方政府专项债券项目15个，发行金额16.36亿元，其中水利领域发行4.04亿元，居全省前列。创新试点工业项目“拿地即开工”改革，着力破解项目建设“中梗阻”。实施项目建设“四大攻坚”行动，举办重点项目集中开（竣）工活动3次。深入开展“代表、委员看变化”集中视察活动，评选重大项目建设“十大精品工程”，有力推动项目建设提速和品质提升。4个省重点、30个省大中型、75个市重点项目均超额完成年度投资计划。

【重点改革稳步推进】 深化工业用地提质增效改革，清理企业8家，盘活用地600亩。“开发区+主题产业园”运营模式改革入选2023年度江西省全面深化改革优秀案例。启动实施国家紧密型县域医共体改革试点，推动优质医疗资源下沉。推行土地出让制度改革，完成现有“小而散”地块规划编制。深化林业领域国资国企改革，组建区属林业发展有限公司。统筹推进财税金融、民生保障、司法领域改革，成立全省首家村委会“e法庭”，民营企业“一站式”多元解纷与诉讼服务经验做法在全省推广。

【科技创新亮点纷呈】 积极开展关键核心技术“揭榜挂帅”行动，2个项目入选全市“揭榜挂帅”技术榜单。依托中科智汇（东乡）工场创新平台，共建合作项目10个，促成合作项目20个。鼓励企业自主创新，新增专精特新“小巨人”企业25家；授权发明专利29件；施美药业一项产品研发荣获江西省科学技术进步奖二等奖；亿友药业在第十二届中国创新创业全国总决赛中获评“优秀企业”；成功承办2023年“知识产权服务万里行”活动江西地区启动仪式暨现场会。深入实施数字经济做优做强“一号发展工程”，推动深度上云企业110家，获评省级两化融合示范企业8家，台德智慧、荣成机械获评2023年国家级智能制造优秀场景。

【城市功能不断完善】 深入实施城市功能与品质再提升行动，新开工建设项目34个，累计完成投资18.27亿元，完成城区支路及部分老旧小区雨污水分流（二期）、道路景观及城市出入口节点改造提升等工程，获评全省城市功能与品质提升考核先进县（区）。常态化开展“创文巩卫”工作，积极创建国家卫生乡镇，顺利通过国家卫生城市复审。大力推广“赣邻通”物业信用管理平台，深入开展红色物业试点，不断提升物业服务水平。全面启动新一轮城市棚改征收工作，完成700户棚改签约任务，城镇老旧小区及棚户区改造工作被省厅通报表彰。

【生态文明建设】 持续打好污染防治攻坚战，优良天数比例为97.5%，$PM_{2.5}$平均浓度为20微克/立方米，稳定达到国家城市空气质量二级考核标准；持续提升水环境质量，瑶河国考断面水质、罗溪桥省考断面水质均达到地表水Ⅲ类及以上标准。坚决落实国家“双碳”目标，全面遏制“两高”项目，有序推进全省首批碳达峰试点和国家工业园区清洁审核创新试点工作，完成47家重点企业清洁生产排查及诊断报告编制工作。高标准推进造林绿化，新增造林1480公顷，完成退化林修复1040公顷。快速推进69座历史遗留废弃矿山生态修复工程。深化生态产品价值实现机制改革，区“两山”转化中心通过市级验收。创新推出“碳减排优惠贷款”“赣农振兴蓝莓丰收贷”等金融产品，累计受理贷款企业90家，贷款金额2.41亿元。启动建设以“王安石文化+古村落”为主题的森林康养示范基地，推动康养产业高质量发展。

【民生福祉更加殷实】 深入实施全民参保计划，城乡居民医保参保完成年度任务107.3%。

全面落实稳就业政策，新增城镇就业5917人，转移农村劳动力就业8302人，“零就业家庭”就业安置率达100%。逐步提高城乡居民养老保险基础养老金标准，特困家庭、孤儿、残疾人等困难群体得到有效保障。坚持财力向民生倾斜，13项民生支出47.14亿元，占一般公共预算支出87.43%，高于全市平均水平3.7个百分点。扎实做好88项民生工作计划及10件民生实事。完成45所小规模教育网点撤并及2所小区配套幼儿园无偿移交工作，加快推进城西等9所幼儿园、东乡四中改扩建等7个教育重点工程，东乡二中获评全国国防教育示范学校。积极打造国家慢性病综合防控示范区，推动慢性病下沉就诊，服务患者5万余人次。加快养老事业高质量发展，大力推进老年养护中心、乡镇“一老一小”幸福院、区养老服务提升等项目建设。常态化做好“双拥”和退役军人工作，发放退役军人优待金3400余万元，安置退役军士及军转干部，顺利承办全省退役军人思想政治工作会。

【社会治理高效稳定】 深入开展“三大专项行动”，排查矛盾纠纷838起，化解率98.56%，道路交通事故死亡人数同比下降41%。进一步健全劳动关系协调机制，赣鄱无农民工欠薪项目试点工作被江西卫视正面报道，东乡法院客商调解中心被评为全国2023年度工作突出基层劳动人事争议调解组织。扎实开展防范非法集资宣传活动，稳妥推动重点企业债务风险处置。常态化推进扫黑除恶，破获刑事案件773起，公众安全感满意度指数排名前移。重点做好化工集中区安全风险整治提升工作，区化工集中区安全风险评估复核达到C类标准。深入开展重大事故安全隐患排查整治活动，全面筑牢食品、燃气、自建房、防溺水、防汛抗旱、森林防灭火等领域安全防线，安全生产形势总体稳定。

【政府建设全面提档】 牢牢把握“学思想、强党性、重实践、建新功”总要求，扎实推动主题教育走深走实、见行见效。坚持学法用法并重，规范完善政府系统学法制度，推进法律顾问制度延伸至村（社区）。严格落实重大行政决策合法性审查，531项监管执法事项纳入“双随机、一公开”监管平台。主动接受人大法律监督、政协民主监督，办理人大代表建议76件，政协委员提案95件，满意率和基本满意率达100%。加快政务公开职能转型，有效提升政府公信力和执行力，马圩镇获评全省第一批基层政务公开标准化规范化乡镇。聚焦津补贴、编外聘用人员等8个领域，开展预算安排资金清理，一般性支出压减5%。扎实开展预算执行及决算草案审计，促进增收节支和挽回损失4253万元。全力做好省委第七巡视组反馈问题整改，涉及政府系统问题整改销号率达88.7%。开展“九查九改”干部作风整顿活动，结合“三严五整”攻坚行动，着力整治基层形式主义、官僚主义等不良作风，查处违反中央八项规定精神问题23起28人，给予党纪政务处分24人。

区政府重要会议

【区政府常务会议】 1月17日，区长李建泉主持召开区政府二届第二十二次（2023年第1次）常务会议。会议传达学习《中共中央国务院关于做好2023年全面推进乡村振兴重点工作的意见》文件精神、全省两会精神、省委、市委经济工作会议精神，审议区商务局《互联网产业服务基地项目合同书（送审稿）》《投资兴办制造业数字化转型产业研发展示基地项目合同书（送审稿）》《东乡区“十四五”畜禽养殖污染防治规划（送审稿）》，区农业农村产业发展服务中心《东乡区种猪繁育中心基础设施项目合同书（送审稿）》，区退役军人事务局《关于实施东乡区军人军属、退役军人和其他优抚对象优待清单的通知（送审稿）》，东乡经开区《东乡经开区科技产业园PPP项目协议（送审稿）》《江西港达包装科技有限公司企业征收补偿协议（送审稿）》，区重点工程服务中心《2023年度东乡区人民政府民生实事初步候选项目清单（草案）》，听取区重点工程服务中心《区重点工程领导小组2022年第四次重点工程调度会会议情况的汇报》，区工创投集团《关于拨付路威产业引导资金尾款4300万元的情况汇报》《近期三笔融资贷款计划的情况汇报》。

1月27日，区长李建泉主持召开区政府二届第二十三次（2023年第2次）常务会议。会议传达学习《李克强同志在全国新冠疫情防控工作电视电话会议上讲话主要精神摘抄》，审议区政府办《政府工作报告（送审稿）》，区发展改革委《关于抚州市东乡区2022年国民经济和社会发展计划执行情况与2023年国民经济和社会发展计划草案的报告（送审稿）》，东乡区人民政府《关于生态文明建设情况的报告（送审稿）》，区财政局《关于抚州市东乡区2022年财政预算执行情况及2023年财政预算草案的报告（送审稿）》。

2月8日，区长李建泉主持召开区政府二届第二十四次（2023年第3次）常务会议。会议传达学习《中共江西省委办公厅、江西省人民政府办公厅印发〈关于进一步巩固提升经济回稳向好态势的若干措施〉》文件精神、《江西省安委会办公室关于印发学习全国安全生产电视电话等会议精神的通知》《推动长江经济带发展领导小组办公室关于印发〈长江经济带发展负面清单指南（试行，2022年版）〉的通知》《江西省推动长江经济带发展领导小组办公室关于印发〈江西省长江经济带发展负面清单实施细则（试行，2022年版）〉的通知》，审议《东乡区设施蔬菜产业高质量发展实施意见（送审稿）》《投资兴办多功能数字杆桩设备、智慧护眼灯和700M天线设备研发制造项目合同书（送审稿）》，听取关于中央纪委国家监委纪检监察建议、省委巡视“回头看”反馈意见等6项整改工作进展情况的通报，并研究贯彻落实意见，东乡城投集团关于抚州市东乡区市政工程有限责任公司发行自贸区离岸人民币债券的汇报。

2月22日，区长李建泉主持召开区政府二届第二十五次（2023年第4次）常务会议。会议传达学习《中国共产党机构编制工作条例》《中央编委关于印发〈机构编制违规违纪违法行为处理和问责规则（试行）〉的通知》《中共江西省委编办关于贯彻落实〈机构编制违规违纪违法行为处理和问责规则（试行）〉的通知》《关于十五届省委第一轮巡视选人用人专项检查发现机构编制问题的通报》《中央编委关于印发〈关于加强机构编制违规违纪行为预防教育的指导意见〉的通知》《中共江西省委编办关于抓好〈中央编委关于加强机构编制违规违纪行为预防教育的指导意见〉贯彻落实的通知》等文件精神，《习近平总书记关于统计工作重要批示精神，全国、全省统计工作会议精神，全省、全市深入贯彻落实习近平总书记关于统计工作重要批示精神工作部署会议精神》《省委书记尹弘同志在抚州调研时的讲话精神》，研究《关于处置红星垦殖场老商业大厦相关问题的请示》《关于审议东乡区信息化建设项目需求的请示》《关于审查江西东乡经济开发区国家级清洁生产审核创新试点总体方案的请示》，审议《关于进一步促进东乡区房地产业良性循环和健康发展的补充措施（送审稿）》《关于东乡区东临环城高速对接站前大道连接线工程项目国有土地上房屋征收决定（送审稿）》《关于〈东乡区饿了么灵活用工服务平台项目合作协议书〉〈东乡区灵活就业互联网数字产业园合作协议〉〈东乡区灵工易站共享经济服务平台合作协议书〉等协议书续签事宜（送审稿）》，听取东乡城投集团关于近期融资工作的情况汇报。

3月12日，区长李建泉主持召开区政府二届第二十六次（2023年第5次）常务会议。会议传达学习李克强总理作的《政府工作报告》，《国家乡村振兴局关于落实党中央国务院2023年全面推进乡村振兴重点工作部署的实施意见》《中共江西省委江西省人民政府关于全力做好2023年全面推进乡村振兴重点工作的实施意见》《中共抚州市委抚州市人民政府关于全面推进乡村振兴加快建设农业强市的实施意见》，上级领导有关统计工作重要批示精神及《中共江西省委办公厅江西省人民政府办公厅关于印发〈江西省统计造假屡禁难绝问题先行先改立行立改工作方案〉的通知》，上级巡视巡察发现普遍性问题整改工作相关文件精神，《中共抚州市委办公室抚州市人民政府办公室印发〈抚州市关于进一步巩固提升经济回稳向好态势的若干政策措施〉的通知》《省粮食和物资储备局召开全省2023年粮食和物资储备工作会暨全面从严治党工作会议精神》《抚州市安委会办公室转发江西省安委会办公室关于近期多起道路交通事故的通报》，审议《东乡区巩固拓展脱贫攻坚成果同乡村振兴有效衔接2023年工作要点》《抚州市东乡区重点领域政务公开工作实施方案（送审稿）》《东乡区工业创新发展争先擂台赛实施方案（送审稿）》《投资兴办高端光学玻璃盖板及车载触控显示产品项目合同书（送审稿）》《关于〈投资兴办智能终端及关键部件产业化项目合同书〉涉及调整变更事项协议书》《2023年东乡区开放型经济工作实施意见（送审稿）》，研究《东乡区关于进一步完善行政事业单位国有资产处置权限的请示》《关于将东乡区第二中学校园内西侧土地及学生公寓产权转让给东乡第八小学的请示》。

3月30日，区长李建泉主持召开区政府二届第二十七次（2023年第6次）常务会议。会议传达学习《中共抚州市委办公室抚州市人民政府办公室关于印发〈抚州市统计造假屡禁难绝问题先行先改立行立改工作方案〉的通知》《江西省粮食和物资储备局关于印发〈2023年市县粮食和物资储备改革发展工作要点〉的通知》，审议《2022年度东乡区党委和政府落实粮食安全责任制考核发现问题整改工作方案（送审稿）》《〈关于推进非诉讼化解行政争议保障法治政府建设高质量发展的实施意见〉重要举措分工方案（送审稿）》《关于新引进工业项目厂房装修补贴预付机制的实施办法(试行)(送审稿)》《关于〈投资兴办东乡区石材文化产业园项目合同书〉涉及调整变更事项协议书(送审稿)》《投资兴办数字产业创新基地(VRAR+数字智造)项目合同书(送审稿)》《投资兴办LCD产业链集群建设项目合同书(送审稿)》《投资兴办抗菌洗护PVOH水溶凝珠智能生产线项目合同书(送审稿)》,研究《关于抚州市东乡区消防救援队伍职业保障办法的请示》《关于抚州市东乡区国土空间总体规划(2021—2035年)的请示》《关于抚州市东乡区2023年度土地供应及储备计划的请示》《关于东乡区政府投资限额以下工程服务类采购及工程发包操作流程的请示》《关于将东乡经济开发区企业员工保障性租赁住房项目建设委托抚州市东乡区工业与科技创新投资集团有限公司代建的请示》《关于要求解决深化事业单位改革后遗漏人员安置的请示》《关于调整再生资源企业政策扶持的请示》,听取东乡工创投集团《关于恒吉集团金属有限公司申请延期还款的情况汇报》《关于东乡城投集团近期融资工作的情况汇报》《关于抚州市东乡区市政工程有限公司发行自贸区离岸人民币债券的情况汇报》。

4月18日,区长李建泉主持召开区政府二届第二十八次(2023年第7次)常务会议。会议传达学习《中共江西省委印发〈关于在全省深入开展学习贯彻习近平新时代中国特色社会主义思想主题教育的实施方案〉的通知》《中共江西省委办公厅印发〈关于在全省大兴调查研究的实施方案〉的通知》《江西省安委会办公室关于认真学习贯彻中央领导同志指示精神切实做好安全生产工作的通知》,市委书记魏晓奎在听取东乡区工作汇报后的指示精神,2023年全国地质灾害防治工作视频会议精神,审议《东乡区农村基础设施和公共服务设施建设后管护市场化运作实施方案(送审稿)》《抚州市东乡区巩固拓展脱贫攻坚成果同乡村振兴有效衔接示范规划(2022—2025)(送审稿)》《东乡区开展“扶贫(帮扶)项目资产综合保险”工作实施方案(审议稿)》《关于规范农村宅基地审批管理的实施意见(送审稿)》《东乡区2023年争项争资工作意见(送审稿)》《2023年东乡区国防动员(人民防空)工作要点(送审稿)》,研究《关于〈东乡区防汛抗旱应急预案〉的请示》《关于要求建立区级成品粮储备及相关费用的请示》《关于〈2023年抚州市东乡区金融工作要点和目标任务〉的请示》《关于佛岭国际公园移交政府管理有关事项的请示》《关于S424省道东侧与浙赣铁路南侧国有建设用地使用权先租后让出让方案的请示》《关于变更红星镇龙源居民委员会名称的请示》,听取东乡城投集团《关于〈中邮证券有限责任公司与抚州市东乡区城市投资开发有限公司战略合作协议〉的情况汇报》。

5月5日,区长李建泉主持召开区政府二届第二十九次(2023年第8次)常务会议。会议传达学习《江西省人民政府关于印发江西省气象高质量发展纲要(2023—2035年)的通知》,审议《东乡区生态环境保护领域突出问题整治方案(送审稿)》《关于进一步完善东乡区“路长制”实施方案(送审稿)》《东乡区有色金属产业转型升级实施方案(送审稿)》《抚州市东乡区2023年民生实事工程安排方案(送审稿)》《投资兴办触控显示屏、精密部件研发制造项目合同书(送审稿)》《投资兴办生物医药产业园(CDMO)智能制造基地项目合同书(送审稿)》《东乡区服务平台项目合作协议书(送审稿)》,研究《关于东乡区信息化建设项目需求的请示》(第二批)、《关于更换东乡城投2021年建设项目财务投资人的请示》,听取区工创投集团关于2023年第二期融资贷款计划的情况汇报。

2023年5月26日,区长李建泉主持召开区政府二届第三十次(2023年第9次)常务会议。

会议传达学习《国务院关于印发〈国务院工作规则〉的通知》《江西省人民政府关于印发〈江西省人民政府工作规则〉的通知》《湖南长沙“4·29”特别重大居民自建房倒塌事故调查报告》《江西省人民政府办公厅关于印发〈江西省安全生产重大事故隐患专项排查整治2023行动工作方案〉的通知》《中共抚州市纪委关于对中共金溪县委等8个单位在生态环境保护、土地使用管理等工作中履责不力问题的通报》，研究《东乡区贯彻落实省第四生态环境保护督察组督察通报问题整改方案的请示》《抚州市东乡区产业园标准厂房建设、使用管理实施方案（试行）》《江西永冠科技发展有限公司员工宿舍资产补偿协议》，审议《2023年东乡区驻点招商工作管理办法（送审稿）》《投资兴办胶黏新材料项目合同书（送审稿）》《投资兴建防压疮垫等医养产品生产基地及医养结合示范基地项目合同书（送审稿）》《投资兴办年产7000吨米饼生产建设项目合同书（送审稿）》《东乡区属林业发展有限公司组建方案（送审稿）》，听取区重点工程服务中心关于2023年第一次重点工程调度会会议情况的汇报，区工创投集团关于江西子翔建筑工程有限公司股权还原的情况汇报。

6月21日，区长李建泉主持召开区政府二届第三十一次（2023年第10次）常务会议。会议传达学习《中共江西省委办公厅江西省人民政府办公厅关于印发〈江西省2022年度巩固拓展脱贫攻坚成果同乡村振兴有效衔接国家考核评估反馈问题和省考发现问题整改工作方案〉的通知》《关于推动本地区党委政府加强和改进禁毒工作的通知》《抚州市人民政府关于印发〈抚州市人民政府工作规则〉的通知》，审议《东乡区2022年度巩固拓展脱贫攻坚成果同乡村振兴有效衔接国家考核评估反馈问题、省考和市区自查发现问题整改工作方案（送审稿）》《东乡区人民政府工作规则（送审稿）》《2023年东乡区政务公开工作要点（送审稿）》《东乡区农业六大产业高质量发展三年行动方案（送审稿）》《东乡区城市棚户区改造攻坚行动实施方案（送审稿）》《东乡区城市棚户区改造攻坚项目国有土地上房屋征收补偿与安置方案（送审稿）》《东乡区城市棚户区改造攻坚项目集体土地上房屋征收补偿与安置方案（送审稿）》《东乡区南门片区城市棚户区改造扫尾攻坚工作方案（送审稿）》《抚州市东乡区碳达峰实施方案（送审稿）》《〈关于恒安（江西）家庭用品有限公司税费奖励协议书〉的补充协议》《投资兴办年深加工1100万羽家禽及配套建设项目合同书（送审稿）》《红星垦殖场改制职工谭爱萍等十二户危旧房改建用地和建设手续有关事宜（送审稿）》，研究《关于东乡区“赣农振兴蓝莓丰收贷”融资试行方案的请示》《关于村集体经济试行“赣农振兴蓝莓丰收贷”贷款的请示》《关于王井村北侧与子弼路南侧国有建设用地使用权出让方案的请示》《关于拟出让渊山岗工业园厦门路南侧与东升大道西侧等十六宗国有建设用地使用权的请示》《关于渊山岗工业园深圳路北侧与东升大道西侧F-1等三宗国有建设用地使用权出让方案的请示》《东乡区信息化建设项目需求的请示》《抚州市绿健洗消服务有限公司财政奖补事项的请示》。

7月12日，区长李建泉主持召开区政府二届第三十二次（2023年第11次）常务会议。会议传达学习《中共江西省委办公厅江西省人民政府办公厅关于印发〈江西省乡村振兴责任制实施细则〉的通知》《全省、全市巩固拓展脱贫攻坚成果同乡村振兴有效衔接工作会议精神》《高世文同志一行深入东乡助推经济社会高质量发展开展调研座谈会议精神》，审议《东乡区自建房C、D级危房整治工作方案（送审稿）》《东乡区人民政府关于公布行政规范性文件清理结果的决定（送审稿）》《投资建设“人工智能+无障碍产业高地”项目协议书

（送审稿）》《投资兴办年产80万台智能商显信息化产品项目合同书（送审稿）》《关于东乡区城市棚户区改造项目国有土地上房屋征收决定（送审稿）》，研究《关于渊山岗工业园厦门路南侧与东升大道西侧等十五宗国有建设用地使用权出让方案的请示》《关于审议东乡区2023年第四批信息化建设项目需求的请示》《关于变更东乡区数字资产投资有限公司出资人的请示》《关于启动江西东乡经济开发区扩区调区工作相关事宜》《关于2023年区政府一般公共预算和政府性基金预算调整方案（草案）的请示》《关于对2023年度张帅星等18名转业士官进行安置的请示》《关于将市容环境卫生管理所、洋源里垃圾填埋场国有资产无偿划拨至区环卫和市场服务中心的请示》，听取东乡城投集团关于收购上饶银行东乡支行龙城国际不良资产收益等相关事项的情况汇报。

7月26日，区长李建泉主持召开区政府二届第三十三次（2023年第12次）常务会议。会议传达学习《习近平总书记近期关于安全生产重要指示精神及省、市安委会全体成员等会议精神》《尹弘同志听取我省基本养老服务体系建设工作情况汇报时的指示批示精神》《中共江西省委办公厅江西省人民政府办公厅印发〈关于推进基本养老服务体系建设的实施意见〉的通知》《江西省人民政府办公厅关于印发江西省推进养老服务提质升级三年行动方案（2023—2025年）的通知》《2023年全省落实耕地保护和粮食安全责任制考核暨部署粮食领域专项审计整改和粮食收购工作视频会议精神》《抚州市人民政府2023年上半年经济形势分析会议精神》，审议《东乡区超标稻谷临时收购处置实施方案（送审稿）》《东乡区关于做好地方财经纪律专项整治发现问题整改工作方案（送审稿）》《东乡区原国有关闭破产改制企业改制时距离法定退休年龄五年以上人员补缴城镇基本医疗保险一档待遇实施办法（送审稿）》，研究《东乡区申浩实验学校、东乡区明德学校的学费、住宿费定价拟定方案请示》《关于审批规划区内“一户一宅”的请示》《关于要求办理东乡区事业单位2023年引进高层次（高素质）专业技术人才聘用手续的请示》，听取《2023年上半年安全生产工作情况报告》《抚州市东乡区人民政府2023年上半年经济形势分析情况报告》《区工创投集团关于对原江西禧仁珠宝有限公司资产进行公开处置的情况汇报》《区工创投集团拟与抚州谷锦人力资源有限公司签订〈合作协议〉并成立合资公司的情况汇报》。

7月31日，区长李建泉主持召开区政府二届第三十四次（2023年第13次）常务会议。会议传达学习《江西省委十五届四次全体（扩大）会议精神、抚州市委五届四次全体（扩大）会议精神》《江西省人民政府关于印发江西省制造业重点产业链现代化建设“1269”行动计划（2023—2026年）的通知》，审议《关于认真做好省委第七巡视组巡视东乡反馈涉及政府职能方面问题整改工作方案（送审稿）》《抚州市东乡区人民政府关于2022年财政决算及2023年上半年预算执行情况（草案）的报告》《S312东乡区甘坑至东金分界段公路改建工程土地和房屋等建（构）筑物征收工作方案（送审稿）》《关于〈投资兴办触显一体化模组及光学材料生产项目合同书〉的补充协议（送审稿）》，研究《关于修订〈东乡区信息化项目建设管理实施细则〉的请示》《关于东乡区2023年第五批信息化建设项目需求的请示》。

8月21日，区长李建泉主持召开区政府二届第三十五次（2023年第14次）常务会议。会议传达学习《关于以正确政绩观引领高质量发展专题培训暨全省推动经济持续全面好转工作部署会议精神》《国有土地上房屋征收与补偿条例》，审议《东乡区知识产权专项资金管理办法（送审稿）》《东乡区知识产权优势示范企业评定管理办法（送审稿）》《抚州市东乡区中小微企业“东知贷”知识产权质押融资试行方案（送审稿）》《抚州市东乡区国资国企提质增效三年（2023—2025年）行动方案（送审稿）》，研究《关于东升大道西侧与纬二路北侧等八宗国有建设用地使用权出让方案的请示》《关于渊山岗工业园南京路南侧与绍兴路东侧等五宗国有建设用地使用权出让方案的请示》《关于2023年公开招聘中小学幼儿园教师等人员聘用的请示》，听取区自然资源局《全区耕地保护工作情况汇报》。

9月1日，区长李建泉主持召开区政府二届第三十六次（2023年第15次）常务会议。会议传达学习《中共抚州市委办公室抚州市人民政府办公室关于印发〈抚州市省生态环境保护督察报告〉和〈魏晓奎同志在省第四生态环境保护督察组督察抚州情况反馈会上的表态讲话〉的通知》《全市中医药综合改革先行区建设暨中央财政支持中医药传承创新发展示范试点项目推进会议精神》《全省油茶产业高质量发展推进视频会议精神》，审议《东乡区推动油茶产业高质量发展三年行动实施方案（2023—2025年）（送审稿）》《东乡区防范2023年度耕地保护“五个一票否决”的实施方案（送审稿）》《抚州市东乡区居民、非居民污水处理费收费标准调整拟定方案（送审稿）》《东乡区关于加快融入南昌都市圈发展的工作意见（送审稿）》《关于对2023年全区重点工程建设部分项目调整的通知（送审稿）》《关于开展预算安排资金清理的实施方案（送审稿）》《投资兴办年产8000吨精品棉纱棉布生产线项目合同书（送审稿）》《投资兴办年产10万平方米石墨烯发热玻璃、2万樘门窗及镀锌钢管项目合同书（送审稿）》《关于〈投资兴办高端服装全产业链产业园项目合同书〉涉及调整变更事项协议书（送审稿）》《投资兴办高端智能终端制造项目合同书（送审稿）》《关于〈投资兴办年产160万套（件）西服及服装生产线项目合同书〉涉及调整变更事项协议书（送审稿）》，研究《关于东乡区北港河河道治理工程PPP项目合同再谈判工作的请示（送审稿）》，听取区工创投集团关于2023年第三期融资贷款计划的情况汇报。

9月18日，区长李建泉主持召开区政府二届第三十七次（2023年第16次）常务会议。会议传达学习《江西省防范和处置非法集资工作实施细则》《中共江西省委办公厅江西省人民政府办公厅印发〈关于加强耕地保护的意见〉的通知》《全省生态环境保护大会暨美丽江西建设推进会会议精神和省委书记、省生态环境保护委员会主任尹弘在省生态环境保护委员会会议上的讲话精神》，审议《东乡区畜禽养殖粪污资源化利用长效管理实施方案（送审稿）》《食品电商零售项目合作协议书（送审稿）》《抚州市东乡区电子商务发展扶持办法（送审稿）》《东乡区卫生健康服务能力全面提升三年行动方案（2023—2025年）（送审稿）》《抚州市东乡区医疗机构设置规划（2021—2025年）（送审稿）》《关于东乡一中恢复初中部办学实施方案（送审稿）》，研究《关于红星垦殖场红西区一宗国有建设用地协议出让方案的请示》《关于东乡区2023年第六批信息化建设项目需求的请示》《关于2023年区级储备粮轮换需部分更换收购品种的请示》《关于调整东乡经开区化工集中区工业用地出让价的请示》，听取《关于中央、省级环保督察反馈问题整改落实进展情况的通报》《关于省委巡视涉及政府职能方面整改工作进展情况汇报》《东乡城投集团关于红星猕猴桃基地租赁事宜的情况汇报》。

10月6日，区长李建泉主持召开区政府二届第三十八次（2023年第17次）常务会议。会议传达学习《抚州市行政应诉工作规定》，审议《2023年东乡区乡村小规模学校撤并工作方案（送审稿）》《关于〈投资兴办多功能数字杆桩设备、智慧护眼灯和700M天线设备研发制造项目合同书〉涉及调整变更事项协议书（送审稿）》《投资兴办年产3000吨电子级石英砂项目合同书（送审稿）》《抚州市东乡区污水处理厂扩容提标改造项目排水服务协议》《东乡区污水处理厂扩容提标改造项目正式水价确定后应退污水处理服务费的约定协议》，研究《东乡区加快消费提质扩容打造区域性消费中心城市实施方案（2023—2025年）》《关于2021年度“三支一扶”高校毕业生服务期满需落实安置单位、2023年度新招募“三支一扶”高校毕业生需落实服务单位的请示》《关于2023届基层畜牧兽医定向培养生、林业专业技术人员定向培养生及水利定向培养生拟安置单位的请示》，听取《区重点工程服务中心关于2023年第三次重点工程建设领导小组调度会会议情况的汇报》区惠民医疗健康集团《关于东乡区深化惠民医疗健康集团有限公司改革工作实施方案（送审稿）》的情况汇报，《东乡城投集团关于2023年三季度融资工作的情况汇报》。

10月25日，区长李建泉主持召开区政府二届第三十九次（2023年第18次）常务会议。会议传达学习《习近平总书记关于民族宗教工作有关重要讲话精神（摘要）》《市政府副市长汪华辉一行赴东乡开展工业经济专题大调研座谈会会议精神》，审议《东乡区贯彻落实第二轮省生态环境保护督察报告整改方案（送审稿）》《关于2023年度省、市对县区综合考核指标分工和任务落实推进机制工作方案（送审稿）》《抚州市东乡区2023年度综合考核实施意见及4个实施方案的通知、2023年度乡镇（场）综合考核等4个指标说明》《东乡区创建江西省中医药综合改革先行区建设方案（送审稿）》《江西东乡经济开发区化工集中区总体规划（2022—2035）》《江西东乡经济化工集中区控制性详细规划》《关于启动江西爱索轻合金技术有限公司10KV电力接入工程招标工作相关事宜》《关于盘活江西亿戾实业有限公司资产化解债务的实施意见（送审稿）》，研究《关于东山工业园王震大道南侧与东昌高速西侧等四宗国有建设用地使用权出让方案的请示》《关于尽快启动110kV大富岗变电站迁改工作的请示》《关于明确抚州市东乡区中小企业融资担保有限公司为区属重点国有企业的请示》《关于给予恒吉集团和超捷集团再生资源企业阶段性奖励扶持政策的请示》《关于调整恒吉集团和超捷集团再生资源企业奖励扶持政策的请示》《关于调整认定再生资源企业税收奖励标准的请示》，听取区工创投集团《关于江西抚能能源投资有限公司股权变更的情况汇报》《关于科诺生物及雨帆生物公司扶持资金延期还款的情况汇报》《关于2023年第四期融资贷款计划的情况汇报》。

11月14日，区长李建泉主持召开区政府二届第四十次（2023年第19次）常务会议。会议传达学习《中共江西省委江西省人民政府印发〈关于促进民营经济发展壮大的若干措施〉的通知》《全省耕地保护和粮食安全责任制考核工作部署会议暨地方储备粮管理政策性职能和经营性职能分开工作推进会议精神》《中共中央办公厅国务院办公厅关于进一步加强矿山安全生产工作的意见》《江西省安全生产条例》《江西省农村村民自建房管理办法》《全国乡村振兴示范创建经验交流视频会议、国家乡村振兴示范创建培训班视频会议精神》，审议《关于选准抚州市东乡区优势特色产业的报告（送审稿）》《关于〈投资建设“人工智能+无障碍产业高地”项目协议书〉涉及调整变更事项协议书（送审稿）》《投资兴办新型包装材料全产链产业园及研发中心项目合同书（送审稿）》《关于落实部分重点优抚对象享受住房优待工作意见的通知（送审稿）》《东乡区中医药传承创新发展示范试点项目实施方案（送审稿）》《抚州市东乡区精品重点工程项目建设先进集体和先进个人评选表彰方案》，研究《关于东乡区2023年第七批信息化建设项目需求的请示》《关于将区城管局管理用地移交我镇的请示》，听取区惠民医疗健康集团《关于惠民医疗健康集团2023年第四季度融资工作的情况汇报》，东乡城投集团《关于请求终止东乡区历史遗留废弃矿山生态修复治理项目EPC招标的情况汇报》，区工创投集团《关于申请认购赣州银行股份有限公司股权的情况汇报》《关于2023年度省、市对县区综合考评高质量发展成效考卷任务进展情况汇报》。

11月27日，区长李建泉主持召开区政府二届第四十一次（2023年第20次）常务会议。会议传达学习《江西省征收土地管理办法》，审议《抚州市东乡区食品安全事件应急预案（送审稿）》《抚州市东乡区农村粪污综合治理一体化PPP项目运营总体策划方案（送审稿）》《江西新闽泰陶瓷有限公司征收补偿协议》，研究《关于S424省道东侧与南方新材料南侧等五宗国有建设用地使用权出让方案的请示》《关于和风里小区南侧与听雨台小区西侧等三宗国有建设用地使用权出让方案的请示》。

12月8日，区长李建泉主持召开区政府二届第四十二次（2023年第21次）常务会议。会议传达学习《全省学习运用“千万工程”经验加快建设宜居宜业和美乡村现场推进会议精神》，审议《关于东乡区国民经济和社会发展第十四个五年规划纲要实施中期评估情况的报告（送审稿）》《关于开展全区编外聘用人员管理专项整治三年行动实施方案（送审稿）》《东乡区制造业重点产业链现代化建设“2316”三年行动实施意见（送审稿）》《关于进一步促进东乡区房地产市场平稳健康发展的若干措施（送审稿）》《东乡区金融单位支持地方经济发展考核奖励办法（送审稿）》《东乡区“揭榜挂帅”科技项目实施办法（送审稿）》《关于支持江西科伦药业有限公司增产增效协议书（送审稿）》《投资兴办医用耗材生产基地项目合同书（送审稿）》《关于江西永冠胶粘制品有限公司宿舍楼改造损失补偿的请示》，研究《关于退回江西省鸿浩房地产开发有限公司缴纳滞纳金的请示》，听取区工创投集团关于向上饶银行收购3笔贷款资产的情况汇报。

12月20日，区长李建泉主持召开区政府二届第四十三次（2023年第22次）常务会议。会议传达学习习近平总书记对低温雨雪冰冻灾害防范应对工作作出的重要指示精神以及《江西省重大事故隐患排查整改核实责任追究办法》，审议《东乡区推进国家乡村振兴示范县建设实施方案（送审稿）》《东乡区卫生乡镇创建以奖代补实施方案（送审稿）》《东乡区政府投资建设工程项目实行“招标即开工”审批制度改革实施方案（送审稿）》《东乡区城市管理局与新合作邻里商业管理有限公司合作协议》《抚州市东乡区精品重点工程项目建设先进集体和先进个人拟表彰对象名单》《东乡区中小企业数字化转型试点方案（送审稿）》，研究《关于村集体经济试行“赣农振兴蓝莓丰收贷”贷款的请示》《关于2023年政府预算调整方案（草案）的请示》，听取《卫生健康委关于东乡区卫生健康领域财政贴息贷款设备购置与更新改造医疗设备采购项目工作领导小组工作调度会议情况的报告》《区工创投集团关于雨帆生物公司扶持资金延期还款的情况汇报》。

施政纪略

【民生实事工程】 为深入贯彻中共二十大精神，进一步健全基本公共服务体系，提高人民生活品质，落实全面建设幸福江西，区委、区政府决定，集中力量办好10件惠民生、暖民心的实事，切实增强人民群众的获得感、幸福感、安全感。5月17日，区政府印发《东乡区2023年民生实事工程安排方案》。

【推进气象高质量发展】 为贯彻落实《国务院关于印发气象高质量发展纲要（2022—2035年）的通知》《江西省人民政府关于印发江西省气象高质量发展纲要（2023—2035年）的通知》和区委、区政府决策部署，加快推进东乡气象高质量发展，结合实际，6月19日，区政府印发《关于推进东乡区气象高质量发展意见》。

【农业六大产业高质量发展三年行动】 为贯彻落实《江西省农业七大产业高质量发展三年行动方案（2023—2025年）》，破解当前东乡农业产业“弱、小、散”的难题，提高农业质量效益和竞争力，推动乡村产业振兴，结合《东乡区农业“百亿产业、十亿企业”龙头引领工程实施方案》，7月26日，区政府印发《东乡区农业六大产业高质量发展三年行动方案》。

【基本气象站探测环境保护】 为切实保障气象探测环境，保证气象站设施稳定运行和气象预报服务工作正常开展，依据《中华人民共和国城乡规划法》《中华人民共和国环境保护法》《中华人民共和国气象法》《气象探测环境和设施保护办法》《江西省气象灾害防御条例》《关于加强气象探测环境保护的通知》《气象探测环境保护规范地面气象观测站》《气象探测环境保护专项规划指南》《气象设施和气象探测环境保护条例》《东乡国土空间总体规划（2021—2035）》，结合东乡实际情况，11月27日，区政府印发《东乡国家基本气象站探测环境保护专项规划（2023—2035年）》。

【“2316”三年行动】 为贯彻《江西省制造业重点产业链现代化建设“1269”行动计划（2023—2026年）》《抚州市制造业重点产业链现代化建设“2416”行动计划（2023—2026年）》文件精神，深入打好产业基础高级化和产业链现代化攻坚战，把高质量发展的要求贯穿新型工业化全过程，努力构建东乡现代化产业体系。12月19日，区政府印发《东乡区制造业重点产业链现代化建设“2316”三年行动实施意见》。

【推进碳达峰】 为深入贯彻落实党中央国务院重大战略，省委、省政府、市委、市政府关于碳达峰碳中和重大战略决策和工作部署，全面落实《中共江西省委江西省人民政府关于完整准确全面贯彻新发展理念做好碳达峰碳中和工作的实施意见》《中共抚州市委抚州市人民政府关于完整准确全面贯彻新发展理念做好碳达峰碳中和工作的实施意见》文件精神，积极稳妥推动全区碳达峰工作，11月30日，区政府印发《东乡区碳达峰实施方案》。

办理人大代表建议和政协委员提案

【区二届人大三次会议代表建议办理情况】2023年，区政府承办区二届人大三次会议代表建议76件。在区人大常委会的监督指导下，区政府及各承办单位不断创新办理思路，努力提高办理水平。至年末，建议已经解决或基本解决57件，占办理总数的75%。正在解决或列入计划解决12件，占承办总数的15.7%。因政策或条件限制暂时难以解决，需待以后解决的有7件，占承办总数9.2%。76件建议均答复代表。从代表反馈意见看，征求到代表对办理情况反馈意见76份，其中代表表示满意73份、基本满意3份。

【区二届政协三次会议委员提案办理情况】区政府承办区二届政协三次会议共提出提案101件，经审查立案95件，合并同类提案5件，1件作为委员来信转送有关部门办理。其中，涉及经济建设方面的有20件，涉及城市建设管理方面的有23件，涉及文化建设方面的有6件，涉及社会建设方面的有41件，涉及生态文明建设方面的有5件。至年末，95件立案提案均在规定时间内办结并向委员本人答复，办复率100%。建议得到落实或基本落实的提案48件，占立案总数的50.5%。建议正在落实或列入计划逐步落实的提案41件，占立案总数的43.2%。建议受到条件限制暂时难以落实的提案6件，占立案总数的6.3%。

区政府办公室工作

【概况】2023年东乡区政府办坚持以习近平新时代中国特色社会主义思想为指引，紧紧围绕区委、区政府中心工作，深入贯彻落实中共二十大和习近平总书记考察江西重要讲话精神，围绕服务高质量跨越式发展根本要求，立足参谋助手、统筹协调、办文办会、督查督办、服务保障五大职能，创新工作方法，完善工作机制，完成各项工作任务。坚持“周到、快捷、用情”的原则，主动协助区政府领导处理日常事务，做好超前服务，辅助领导决策，当好参谋助手，化解来访群众和企业各类矛盾纠纷36件。

【调查研究】坚持把发挥参谋助手作用作为首要职责，吃透上情、把握下情、了解外情，力求起草的文稿紧随上级政策、贴近领导思路、符合群众意愿。立足全区高度分析研究问题，围绕工业强区、项目建设、乡村振兴、生态文明、社会保障等工作重点，为区政府主要领导高质量撰写大型会议讲话材料200余篇；结合主题教育开展，全力做好区政府领导一线调研相关工作，撰写调研报告40余篇。

【政务信息报送】 强化政务信息报送工作，定期调度，印发《东乡区政府办政务信息工作考评办法》，加强对信息报送、审定、通报、评比等环节的管理，纳入办公室文秘工作人员年终考核，形成全体文秘人员齐抓共管撰写政务信息的工作格局。被市级采用信息67条；完成国办约稿44篇，被省政府办公厅转报国办35篇、国办综合采用9篇、国务院领导批示4篇。

【督查督办】 充分发挥督查部门督促、参谋和协调职能，围绕省、市、区政府重大决策、重要部署、会议议定事项等开展督查。

对2023年《政府工作报告》中确定的事项、政府常务会议研究的重要事项、“两区”重点建设项目、人大建议及政协提案以及区政府领导交办的工作开展督查，确保政府各项决策部署不走样，工作落实不打折。全年印发《督查专报》19期、区政府主要领导批示件督办情况反馈13期、区政府常务会议定事项落实情况反馈22期；交办区二届人大三次会议代表建议76件，区政协二届三次会议委员提案95件，市人大建议交办2件，市政协提案交办7件，办结率、满意及基本满意率均达100%；共办理“国务院互联网+督查”平台转办问题12件、省“五型”政府建设扩大社会参与加强社会监督平台转办问题91件、“问政抚州”网络提交问题96件，均办结，做到“件件有着落、事事有结果、项项有回声”。

【“政府开放日”活动】 4—10月，组织区发展改革委、区市场监管局、区司法局等17家单位开展“政府开放日”系列活动。以实地观摩、解读文件、举办座谈会等形式向“两代表一委员”“五型”政府建设监督员、企业家代表、群众代表等社会各界人士400余人次全方位展示政府机构工作成果、普及法律法规知识，全面推进阳光政府、法治政府建设，进一步增强政府工作透明度和群众满意度。

【严肃会风会纪】 深化“九查九改”深化作风建设活动要求，把严肃会风会纪作为改进工作作风狠抓落实的重要举措，推出“三项措施”：注重会前教育，在会议室门前树立会风会纪提示牌，坚持教育在先、警示在前；明确纪律规定，制发《东乡区人民政府办公室关于进一步严肃会风会纪的通知》，对会议会场纪律、保密制度、督查问责等提出明确要求、作出硬性规定；加强会风督查。重点检查迟到早退、无故不参会、接打电话等违反会议纪律情况，对多次违反会风会纪者，严肃追究当事人和组织领导责任。至年末，对违反会风会纪的30个单位在全区范围内进行通报批评，责令参会人员及单位作出情况说明。

（邱梦慈　王安　邱成　梁纪豪）

人力资源和社会保障

【概况】2023年，东乡区人力资源和社会保障局紧紧围绕上级工作要求和人社工作实际，着力在推动就业政策落实落细，社保体系织密织严，劳动关系更加和谐，人才管理更加高效等方面做文章、下苦功，努力在服务高质量跨越式发展过程中保障和改善民生。推送的“东乡法院客商投资企业协会调解中心”被评为国家级“百家金牌劳动人事争议调解组织”；指导东乡区金峰街道东磷社区认定为江西省第六批星级充分就业社区，圩上桥镇龙源村、金峰街道幸福社区、金峰街道汝河社区认定为市级充分就业社区；推荐“江西施美药业股份有限公司博士后创新实践基地”认定为省级博士后创新实践基地；赣鄱无农民工欠薪项目试点工作做法被江西卫视《社会传真》栏目予以正面报道。获得“2023年度抚州市人社系统‘党建+工会+业务’技能练兵比武三等奖”及“2022年度全市城乡居民养老保险经办工作先进单位”及“2022年度全市企业职工养老保险经办工作先进单位”，2022年度全市人社工作目标考核“综合工作优秀单位”“就业创业工作优秀单位”“社会保险工作优秀单位”“人才人事工作优秀单位”“和谐劳动关系工作单位”“创新工作优秀单位”等荣誉称号。

【人力资源市场】东乡区人力资源市场由区人力资源和社会保障局下属的副科级全额拨款事业单位区就业创业服务中心管理。2023年，区就业创业服务中心贯彻落实上级就业政策和区委区政府工作要求，通过持续推动多渠道灵活就业，建立健全覆盖城乡的就业公共服务体系，健全职业技能培训制度，实施常态化援企稳岗帮扶机制等一系列举措，顺利完成了相关就业指标任务。年内，全区新增城镇就业人数5917人，目标任务数为4550人，完成率130.04%；新增转移农村劳动力8302人，目标任务5530人，完成率150.13%；“4050”就业困难人员新增就业438人，目标任务355人，完成率123.38%；省内转移完成3750人，目标任务2370人，完成率158.23%。发放创业担保贷款2.69亿元，目标任务1.03亿元，完成率261.17%。完成各项就业培训2387人，目标任务1700人，完成率140.41%。其中，就业技能培训目标任务1200人，完成1640人，完成率136.7%；创业培训任务500人，完成747人，完成率149.4%，共发放补贴资金183.93万元。开发公益性岗位389个，其中农村公益性岗位290个，进一步促进就近就地就业。

【建设“5+2就业之家”】根据江西省有关部门联合印发的《关于推进“5+2就业之家”建设的实施意见》要求，区人社局把目光聚焦于广大就业群体，组织人员聚焦东乡区人口、经济和产业发展特点，深入开展专项调研。采取召开座谈会、发放意见函等方式，面对面征求农民工、高校毕业生等群体意见建议。制定推动困难就业人群就业的《东乡区“5+2就业之家”建设运营方案》，力求打造最具东乡特色的公共就业服务一体化平台。区本级就业之家会同9个试点单位开展“送岗位、送温暖”系列活动，收集282家企业用工需求，上传12460个就业岗位，在岁末年初采取“一对一”精准服务方式，帮助800余人找到合适工作。在运营过程中，通过平台对接，社区（村）“就业之家”围绕辖区就业困难人群，侧重提供就业经办、就业援助、信息摸排、岗位推荐等基础服务；技工学校侧重于将“就业之家”与学生服务中心建设相融合，打造具有本校特色的“就业街区”，努力为在校生和毕业生提供“保姆式”服务。

【就业帮扶】坚定不移守住不发生规模性返贫的底线，以就业帮扶为抓手，统筹推进乡村全面振兴。动态监测，保障就业帮扶稳定开展。通过以乡村振兴局数据分享、乡镇数据统计及电话核实等方式，对全区脱贫劳动力数据进行动态监测，并配合区乡村振兴局做好部门筛查比对工作。至年末，东乡区有就业意愿和就业能力的脱贫劳动力2620人，实现就业2620人，就业率100%。开发岗位，促进脱贫人口就近就业。重点关注脱贫人口、农村低保家庭成员等乡村就业困难群体，结合日常工作需要设立公益性岗位，帮助就业困难的脱贫人口在“家门口”实现就业。全年开发公益性岗位389个，其中农村公益性岗位290个。引才下乡，强化乡村人才支撑力量。引导专业人才服务乡村，强化人才振兴保障措施，吸引各类人才在乡村振兴中建功立业。为乡镇引进农业相关硕士研究生4人，根据各乡镇用人需求及空编情况，确定12名定向培养人员数量，公开招聘“三支一扶”人员18人。

【人才强区】始终把人才工作放在服务发展大局中谋划、推进和落实，不断推出引才实招、育才良方、留才善策，有效推动全区人才总量持续增长。扩大“朋友圈”引才。2023年8月，组织全区重点企业代表、人力资源经理奔赴福建省泉州市泉港区开展两地人社领域跨区协作活动，签订跨区域人力资源合作协议，两地70余家企业共同举办大型跨区现场招聘会。在高层次（高素质）专业技术人才引进工作方面进一步简化引进程序，为区直事业单位引进39名硕士研究生。拉长“知识链”育才。紧紧围绕区内产业链、创新链以及人才知识链布局人才培育工作，同步动态调整重点培训课程，开展服装加工、家政服务等难度低、易见效的“短平快”实用技术培训，确保相关群体实现顾家、培训两不误，收入、技能双提高。全区全年开展就业技能培训1640人、创业培训747人。增强“荣誉感”留才。坚持以人才需求为导向，以人才满意为目标，加强服务保障，强化服务意识，全面做好人才职称评审服务工作，通过增强人才的职业荣誉感、获得感，注足人才根留东乡的驱动力。年内，

岁末年初，会同东铜社区就业之家开展“送岗位送春联”活动
（区人社局　供）

全区新增高级职称104人（其中正高12人、副高92人）、中级职称166人、初级职称322人。扎实做好博士后创新实践基地申报工作，2023年，江西施美药业股份有限公司获批博士后创新实践基地。

【健全劳动关系协调机制】 区人社局充分利用无欠薪试点项目县区成熟工作机制优势，依靠区委、区政府支持和指导，不断延伸欠薪治理范围，进一步健全劳动关系协调机制，充实劳动关系协调力量，稳步构建多渠道、多层次、多样化的调解工作组织网络，依法维护职工合法权益，引导职工依法理性表达利益诉求，把劳动关系矛盾风险隐患化解在基层、消除在萌芽状态。加强对企业劳动用工的指导服务，指导企业全面开展集体协商制度工作，健全集体合同管理制度，签订电子劳动合同11321份。受理举报投诉案件336起，涉及劳动者2697人，帮助劳动者追讨工资2312万余元。劳动人事争议调解组织和仲裁机构共受理争议案件375件，依法调处案件375件，涉及劳动者375人，涉案金额1403.8万元。

【全民参保计划】 持续深入推进全民参保计划。加大社会保险知识宣传力度，组织宣讲队深入农村、社区、工厂等场所为参保群众面对面答疑解惑。全力维护基金安全，进一步完善社保政策、经办、信息、监督“四位一体”的风险防控体系，加强社会保险稽核防控工作。2023年，全区城镇企业职工养老保险参保人数8.67万人，退休人数2.55万人，基金征缴4.4294亿元；机关事业参保人数1.37万人，退休人数4459人，基金征缴2.4269亿元；城乡居民基本养老保险参保人数17.99万人，基金征缴3768万元；工伤保险参保人数3.24万人，基金征缴610万元。全区城乡居民基本养老保险被征地农民累计参保人数1037人，参保率100%。累计向到龄被征地农民发放养老金445万元。城乡居民养老保险待遇水平为189元/人。

【保障弱势群体】 针对特困群体无力续缴基本养老保险的问题，积极协调财政、农商银行等相关部门，创新帮扶方式，构建绿色通道，全力推动“助保贷”业务。特困人员在享受城镇居民低保等情况下，无力续缴基本养老保险的，在离退休年龄8年（含）以内，可采取政府担保、财政贴息的方式，贷款额度不超过5万元。2023年，为1名符合申报条件的特困群众成功办理银行贷款，使其享受到政府8784元免息贷款，切实感受政府关爱。高度重视困难群体参保工作。全年为7489名致贫返贫人口、低保特困对象、重度残疾人等困难群体每人代缴100元保费，确保困难群体参保率全覆盖。将510名到龄困难人员纳入城乡居民基本养老保险范围，按月发放养老待遇，实现困难群体养老待遇应发尽发。

【失业保险】 通过上门拜访、政府网站、微信群发布公告等方式宣传，加大失业保险金征缴力度，做到应保尽保、应征尽征。全年吸收2.24万人参保，征缴失业金1216.83万元，为1668人发放失业保险金241.69万元；为领取失业金人员代缴职工医保50.76万元，为596人发放失业补助金59.6万元。落实企业稳岗政策，发放企业稳岗返还金230.37万元，惠及339家企业8605名职工；发放技能提升补贴6人，共计8500元，发放一次性扩岗补贴15.45万元，惠及36家企业103名职工。

【鼓励创业】 始终把鼓励创业、支持创业摆在就业工作更加突出的位置，通过创业担保贷款助力创业项目孵化，大力激发创业内生动力，发放创业贷款2.69亿元，完成全年目标任务的2.6倍。把政策宣传到位。盯紧潜力创业人群。

将高校毕业生、返乡农民工等创业潜力人群作为关注对象，组织人员在营业执照办理处等场所开展微型宣传活动。开展微型宣传活动36次，成功吸引89人申请贷款。简化审批流程，压缩办理时间，完善二级审核制度，建立快审机制，创业者获得贷款时间平均压减率30%。把服务落实到位。积极开展“扶上马、送一程”贷后回访活动，邀请专业人士为创业者提供公司管理、风险防范等问询指导服务，助推创业者提高创业成功率，续好创业资金链。

【优化窗口服务】 优化窗口服务、提升办理效率、全面提升群众办事服务质效。高效快捷现场办，推出团体业务预约办理专窗服务，设立预约服务热线，实现随到随办，实行“一站式”和“全程式”跟踪服务，让群众办事“只跑一次”或“一次都不跑”。创造便利网上办，在政务服务中心业务经办大厅设置人社“自助区”，通过工作人员的现场指导，办事群众在“自助区”只要登录“江西人社网上办事大厅”即可办理参保登记、个人权益单查询等社保业务。主动出击上门办，大力推行“反向跑”服务措施，主动上门，面对面了解企业需求，点对点解决问题，为企业人力资源服务、惠企政策落实提供切实有效的人社助力。组织干部职工为办事群众提供上门服务600余次，提供延时、错时服务200余小时。暖心的公共服务获得了区政务服务中心颁发的“2023年度先进窗口单位”奖牌，受到群众书信表扬27人次。

（艾江　李雨欣）

行政审批

【概况】 2023年，东乡区行政审批局深入推进“放管服”改革，加快构建“一次不跑、只跑一次”服务体系，助力打造唱响“抚务周到”政务服务品牌。组织21个区直部门与各乡镇、金峰街道办重新签订赋权协议，为重大项目、重点企业、特殊群体提供帮代办33415件；在江西省网上中介超市平台梳理事项清单，涉及13个部门50项中介服务，入驻中介机构20家，注册项目业主210家，采购服务项目2141条；延时错时服务期间为群众办理业务47805件，电子证照事项调用覆盖率100%，电子印章使用率100%。常态化做好“互联网+监管”工作，全区30个监管部门累计认领事项864个，认领率92.11%；事项挂起数412件，挂起率47.52%；检查实施清单完成587件，完成率100%；监管行为未覆盖数0件，监管行为覆盖率100%。获评工业和信息化部下属中国通信工业协会2023数字政务发展“一体化政务服务创新实践典型示范单位”。

【审管联动】 依托江西省一窗式综合受理平台、江西省网上审批系统搭建行政审批与监管信息互动平台，将划转至行政审批局的188个事项纳入系统，实行受理、审批、推送、监管、反馈一体化全流程闭环数据共享。制定《相对集中行政许可权改革行政审批与监管协调联动工作机制》，建立“行政审批与监管衔接会议制度、审批与监管信息双向推送制度”等工作机制，建立定期通报制度，设立联络专员，实现审批与监管信息双向告知、共享共用。至2023年12月31日，自动推送审批结果41500次，各监管部门对推送事项的主动认领率升至99.62%。

【“一件事一次办”】 推动江西省、国务院要求的22个“一件事一次办”集成服务改革，围绕自然人、企业全生命周期服务链，分别确定“个人生命全周期一件事”从出生登记、结婚生育、就业置业、社会保障与救助等五大阶段18个事项清单，“企业生命全周期一件事”从企业开办、企业纳税、企业变更等六大阶段20个事项清单，将企业设立的“一件事”进行场景化，分出213项场景，企业、群众可自行选择填报场景，大幅减少办事环节、申请材料、办理时间和跑动次数。推出具有本地特色的“证照延续一件事”，将公共场所卫生许可、食品经营许可、烟草专卖零售许可、歌舞娱乐场所延续等“证照延续特色一件事”应用场景化，实现一份申报表格、一套申报材料、证照一次送达。至年末，办理“一件事一次办”业务14184件，企业准营“一件事”1670件。

【简化占道审批手续】 对开业店庆等不超过2天的简单活动占道实行简易程序，办理方式由审批制改为登记备案制，取消现场踏勘环节并入日常巡察，申请材料由4份改为2份，将开张、店庆占道业务延伸至城区17个城市驿站，办理时限由原来的2天压缩至当场办结，确保让群众用最短时间、以最简手续办好事。

【政银合作】 利用银行网点多的优势，将银行网点作为企业高频事项的延伸服务窗口，把江西省市场监管局电子政务云服务平台内网迁入银行网点，企业开办相关事项的收件出证权限赋予银行网点，切实做到企业开办、印章刻制、银行开户一次性办理，让企业享受从营业执照申请到银行开户的“一站式”便民服务。

【一网通办】 推行“网上申报、智能审批、即报即结、结果共享”的新型互联网办事模式，梳理上线“一次不跑”事项2187项，“只跑一次”事项65项，“秒批秒办”事项78项；将临时占用城市道路、城镇污水排入排水管网许可、新生入学一件事等203个高频事项上架“赣服通”，实现全区2250项政务服务事项网上可办率100%，全程网办率100%。至年末，全区政务服务承诺时限压缩率由上年度的69.8%提升至99.62%，即办件占比81.90%，单个事项平均跑动次数压缩至0.01%。

【梳理完善办事指南】 制定《关于做好相对集中行政许可权改革已划转事项办事指南规范化梳理工作的通知》，从办理条件、申请材料、办理流程、办理时限等方面对划转事项进行全面

区政务服务中心企心办服务专区助力企业“一件事一次办”
（行政审批局 供）

梳理，将办事指南子项265个事项原本的837项申请条件精简至752项，1447项申请材料缩减至1296项。原则上没有政策依据的一律取消，进一步消除模糊条款，确保办事依法依规。

【惠企政策兑现“一门式”服务】 牵头各政策主管部门配合通过电话、走访等形式指导企业和个体工商户等市场主体注册省“惠企通”平台，梳理惠企政策事项139条上架至“惠企通”，实现惠企政策全程网办。至年末，惠企政策代办中心窗口办理惠企政策兑现业务2958次，惠企政策兑现资金242048.6万元，通过“惠企通”平台共兑现企业302家，兑现资金24400万元。

【工程建设项目审批制度改革】 精心组织工程建设审批制度改革工作，对工程建设从立项到竣工验收和公共设施接入服务全过程的事项审核进行全面落实。创建模拟审批工作模式，通过提前介入、提前服务、提前开展、模拟审批的方式加快区重点建设项目审批进程，实现重点建设项目从立项到开工的审批快速及时办理。为江西中育农垦生物科技有限公司、江西丝瓜清洁技术发展有限公司、江西金泰医药包装材料有限责任公司、江西港达包装科技有限公司的4个工程建设项目办理各项模拟审批手续。

【“12345”政务热线】 形成《关于明确“12345”政务热线中推诿扯皮高频诉求归属单位的实施意见》（征求意见稿），对权责不清、影响办理时效的争议工单进一步理顺和明晰责任，解决张坊村污水、欢喜家园污水环境和噪声等60余件因责任主体不明确、职责有交叉而在12345平台滞留的争议工单。至年末，“12345”政务热线平台办理群众诉求7614件，到期回复率100%，满意率92.54%。

（张文静）

公共资源交易

【概况】 抚州市公共资源交易中心东乡分中心在区委、区政府的正确领导下和有关部门的协作下，坚持高标准、严要求，紧扣目标任务，不断深化公共资源交易改革，创新服务方式，全面实行“一站式”窗口服务，阳光交易平台建设成效显著。2023年，中心完成公共资源交易业务172项，交易总金额386538.30万元。全面推行投标电子保函，全年开具电子保函24060份，为投标企业节约保证金占用额度45亿元。

【招投标工作】 年内，中心完成的公共资源交易业务172项中，有政府投资建设工程45项，预算金额239436.90万元，中标金额238112.72万元，节约资金1324.18万元，节约率0.55%（含企业邀标项目1项，预算金额138.20万元，中标金额137.65万元，节约资金0.55万元，节约率0.40%）；政府采购67项，预算金额24520.17万元，中标金额22767.14万元，节约资金1753.03万元，节约率7.15%（含采购借场地项目15项，预算金额4900.15万元，中标金额3606.17万元，节约资金1293.99万元，节约率26.41%）；土地交易47项，起拍价73011.20

万元，成交价96966.20万元，增值资金23955万元，增值率32.81%；产权交易13项，起拍价28276.89万元，成交价28692.24万元，增值资金415.34万元，增值率1.47%。

【“两山”转化中心工作情况】 中心主动对接牵头单位区发展改革委，积极与林业、农业、水利等部门进行沟通，加大对生态资产交易的宣传力度，助推生态资产交易工作全面提质增效，切实将生态资源转化为生态资产、生态财富，提升绿水青山的“含金量”。2023年，东乡区承接生态资产交易任务金额4亿元，实际完成生态资产交易4.8亿元，任务完成率120%。

【保证金管理情况】 在工程项目招投标领域鼓励支持招标人优先选择具备优良信用从业企业、对信用良好投标人或者中标人减免投标保证金、减少履约保证金或者质量保证金。自3月开始创新开展“中标就免费”惠企行动，凡在抚州市电子金融保证平台申请投标电子保函的企业，中标后即可申请返还项目的担保费用，为企业降本减负。健全投标保证金到期自动退付制度，实现未中标企业投标保证金在公示期结束后且无投诉，中心在两日内本息自动退付，中标企业保证金在公示结束后5个工作日内自动退付。

【全市首例跨省远程异地评标】 8月16日，中心与湖北黄州区积极开展跨省远程异地评标，顺利完成投资额1559.38万元的黄州区农村公路提档升级支撑乡村振兴项目（第七批三标段）远程异地评标工作，成为全市首例跨省远程异地评标。此次跨省远程异地评标的成功实践，充分发挥平台资源优势，降低评标成本，打破传统空间维度限制，实现优质评标专家资源跨区域合作共享，破解本地评标专家“小圈子”“熟面孔”以及数量不足、专业类型不均衡等问题，营造更加公开透明、廉洁高效的交易环境，成为优化营商环境的又一大亮点。

【不见面开标系统】 自5月起，东乡区政府采购非招标方式项目均采取“不见面”开标方式，真正做到“开标不见面、投标零跑腿、信息全公开、网上全留痕”，全面提升采购质量和工作效率。为扩大“不见面”开标+“远程异地”评标覆盖面，按照“能用尽用”原则，新增2个不见面开标室和2个远程异地评标室，提高开标效率。通过“不见面”开标有效隔离投标人与招标人、评标专家接触可能，减少人为干扰因素，让开标活动程序规范，提升交易活动公信力。全年开展不见面开标项目77项、远程异地评标项目69项。

（杨新华）

机关事务管理

【概况】 2023年，东乡区机关事务管理中心坚持厉行节约，反对浪费原则，牢固树立过紧日子的思想，通过缩减经费支出，加强各项管理，采购物品精打细算，把有限资金用在刀刃上，“三公”经费与上年度相比节省5万余元，节省率9.8%。全区公共机构人均综合能耗、单位建筑面积能耗、人均用水量和单位面积碳排放情况较2020年分别下降1.68%、6.75%、

5.15%和8.12%，完成了全年节能目标任务。东乡区获评“全省公共机构节能先进县（区）”和全市“公共机构节能优秀县区”。区机关事务管理中心获评“2023年度全省机关事务工作先进集体”、抚州市“无废机关”“区级模范机关”。

【公务用车管理】 严把智能调度关口，依托公务用车平台，采用集中管理、统一调度、分类管理的方式，为各单位提供公务用车申请、调度、结算、监管等“一站式”全天候服务，全年累计派车6400余辆次，安全行驶里程58万余千米，高标准保障全区公务活动用车需要。按照“管理平台化、平台信息化、车辆标识化”要求，严格落实定点停放、定点加油、定点维修、定点保险管理措施，以制度管人管车。依托北斗定位系统，对车辆运行状况和运行轨迹进行实时监控，严防违规使用公务用车行为发生。严把车辆编制关口。继续加大车辆处置更新力度。年内，全区更新（配备）公务用车15辆，其中，一般公务用车购置9辆，专业技术用车6辆；新能源汽车4辆，燃油汽车11辆。

【公共机构节能管理】 全面推进节约型机关创建和绿色改造工作，推进既有建筑绿色改造及重点用能设备节能改造项目，严格执行政府节能目录采购，积极推广国家认可的高效照明产品、节水型器具、节能设备设施等产品，加强重点用能单位管理，继续落实公共机构能源资源消费总量和强度“双控”制度，实现全区公共机构能源消耗数据统计“一张网”、能耗监测“一张表”。积极组织开展一系列节能宣传活动，发送“节能公益短信”3000余条，印发倡议书800余份，组织161个单位327人参加培训，吸引500多名干部职工和1000多名居民积极参加宣传活动，有效增强机关干部职工和居民的节能意识与环保意识。2023年，东乡区节能工作在全市排名第1。

【办公用房管理】 严格落实党政机关办公用房管理规定，4月和8月，分别对党政机关办公用房和全区中小学办公用房进行专项督查，对发现的问题及时下发督办单，要求限时整改到位，整合办公用房资源，推进全区党政机关腾退闲置办公用房清查及处理工作。

【办公区服务保障】 全面加强区行政中心治安防控体系建设，开展水电、空调、电梯及消防设备保养、故障维修，做到随叫随到，热情服务。规范大院停车行为，增设新能源充电桩28个。正式启用区行政中心地下停车场，该工程总计投资近1亿元，设置地下停车位463个，地面停车位60个，采用车辆感应灯、智慧停车系统等进行管理，解决区行政中心停车位紧张问题。

（徐水生　冯静之）

政府网站、网络建设与管理

【概况】 2023年，东乡区大数据中心稳步推进政务公开、信息化项目管理、政务网络维护、数据资源共享等工作。严格按照国家、省、市政务公开工作要点，指导各地各部门有序进行依申请公开工作，规范政务信息公开工作。区政府网站全年主动公开政府信息

8301条；区长信箱来信167件，办结167件，办结率100%；依申请公开答复19件；东乡区人民政府微信公众号主动公开政府信息360篇，印发政府信息公开工作督查通报5次。年内，获评“全省政务公开工作优秀单位”“抚州市政务公开先进集体”。做好电子政务外网网络安全管理和防护工作。开展网络安全检查，3月市网安大队对区政务网扫描监测时发现9个单位用户终端受到外部攻击，中心高度重视，立即断网，及时下发《东乡区政务网络安全限期整改函》，要求涉及单位自查并整改。开展网络基础设施日常巡查及各乡镇（场）政务网络核心设备巡查。应用启明星辰网络安全态势感知进行不定期监测，通知排查整改22次，杀毒或全盘格式化处理，重点查杀“木马”等网络病毒。7月，部署安全网关助力网络安全日常监测分析，降低网络信息系统安全风险。开展政务外网安全等保二级测评工作，与第三方签订保密协议，对网络架构进行扫漏、安全评估和安全加固，提交定级备案表并开展测评公司进场实地测评，新增山石——日志审计服务器，东乡区电子政务外网网络平台取得抚州市公安局网络安全保卫支队二级备案证明。

【视频会议系统运维】 2023年，保障各级政务网络及应急点名视频会议176场次，会议畅通率100%。不定期对区乡政务视频会议系统开展调试，确保区乡视频会议系统各类设备稳定正常，运维管理人员熟练会控及监控各种操作流程。根据省信息中心《关于做好省电子政务外网视频会议系统改造项目有关工作的通知》（赣信办〔2023〕25号）文件要求，顺利完成政务外网标清视频会议升级改造为高清视频会议工作，提高视频会议图像和声音质量。

【办公系统运维】 东乡区电子公文协同办公系统（OA系统）与赣政通互相结合，其中OA系统涵盖156家单位、用户5158个，新建机构人员已延伸至乡镇、村（社区），通过微信、QQ群、电话、远程协助等方式提供问题服务等6365人次；维护并更新OA、“赣政通”系统人员信息3683条，促进提高每日使用率。积极探索推进赣政通程序对接及开发，包括高质量应用接入OA、“东乡政务”等App，完成城市网格化管理工作优化工作流程，提高工作效率，2023年高质量待办579427件。

【政府门户网站建设】 加强东乡区人民政府网站政务公开栏目建设，优化政务公开栏目框架。制定《政府网站及公众号信息发布办法》《东乡区大数据中心信息发布审核流程图》《东乡区政府网站信息发布办法》《东乡区政府信息发布制度》，进一步规范政府网站及政务新媒体信息采编、审核、发布工作。优化完善政务公开目录。制定东乡区教育领域、医疗卫生机构领域公共企事业单位目录，再次修订《东乡区本级26个领域政务公开目录》。进一步完善规范化“决策公开”“执行公开”“管理公开”“服务公开”“服务公开”，增设“教育领域”等领域信息公开。对每个栏目进行唯一“二维码”设置，实现政务公开栏目全网站“一码通”。按照“谁开设谁负责、谁运行谁负责”原则，规范管理政务新媒体。政务新媒体开办流程需先填报“东乡区政务新媒体备案表”经本单位主管领导、大数据中心主管领导、分管区领导签字后报备市大数据中心、市政府办，取得“全国政务新媒体监管平台”账号后方可开通。

【规范信息化项目管理】 为进一步加强全区信息化项目统筹规划和统一管理，规范全区信息化项目建设，全面推进集约共享的建设理念，推动项目资金统筹、资源整合、系统互通、数

据共享建设模式，更好地提高项目建设水平和资金使用效率，实现全区信息资源整合共享，修订完善《东乡区信息化项目建设管理实施细则（试行）》，为全区信息化项目建设在技术上全面把关、在流程上严格审核提供遵循。全年审核信息化建设项目31个，为财政节省建设资金1000余万元。

【推进政务数据资源共享】 持续推进数据共享开放，打破“数据壁垒”。组织各部门召开数据共享开放专题讨论会议，要求各部门梳理部门数据信息资源。编制《东乡区政务数据供需对接清单》，梳理新建系统数据并推动大数据平台数据对接，完成市大数据平台新增“东乡区农机具及补贴信息”“东乡区养殖大户信息”“东乡区宅基地登记”等17条数据目录并更新111次，更新修改江西省数据平台目录信息348条，并挂接文件及系统。对接市大数据平台已挂载数据资源目录数量356条，其中对接政务App（“信用东乡”“智慧房管”）数据目录实现实时更新17条，数据更新及时率100%。

【推进数字政府建设】 开发“东乡食堂报餐”程序。改进传统的食堂模式，通过提前报餐预约功能，便于食堂定量采购配餐，提升食堂精细化管理水平，助力实现机关节能减排目标。打造智慧网格管理平台。智慧网格管理平台成为东乡区多网格事件的多源汇聚入口，通过平台分流派遣，形成“网”上吹哨，相关部门“格”内报到，实时掌握城市管理、民生服务等各种问题。全年受理事件18225件，其中，办理中162件，办结18065件（按期办结18014件、超期办结51件），办结率99.67%。

【城市大脑助推区域治理现代化】 完善城市大脑数字驾驶舱。遵循“一网通办”“一窗受理”理念，结合创新中心“指挥、治理、服务”的功能定位，全面展示东乡区在经济、政治、文化、社会、生态文明等领域的核心指标与平安、发展等主要指数，开展数据专项分析，辅助决策指挥。合理推进场景化协同应用。依托城市大脑智能中枢、统一数据中心和统一指挥调度中心，创建一批涉及公共交通、卫生健康、基层治理等场景多业务协同治理应用，提升应急协同指挥、城市治理、在线服务、大数据运营等一体化能力，让城市更聪明一些、更智慧一些。完成基层治理场景多业务协同治理应用城市大脑网格管理事件系统和“赣政通”App对接。

【提升政务外网广域网承载能力】 按照省政务外网五年规划，着重提升省市县三级广域网承载能力，按照省政务外网广域网改造二期工程建设要求、相关技术方案、《关于做好省政务外网改造二期工程有关工作的通知》（赣信办〔2023〕2号）及《全省电子政务外网网络接入规范》要求，敷设调试广域网备用线路扩容由100MMSTP或裸光纤线路升级为200MOTN线路，替换升级大数据中心备用侧广域网路由器安装，完成链路OTN信号割接、路由器配置数据调试和业务测试等工作，按时顺利完成工程项目，提升省市县三级备用广域网可靠性和承载力，为部门业务系统运行、跨部门跨区域应用和信息资源共享提供有力的基础保障。

（周美华　梁琳）

政协东乡区委员会

综述

2023年，东乡区政协坚持以政治建设提纲挈领，以服务大局协商议政，以团结民主凝聚共识，以真情服务纾解民困，在推动东乡经济社会高质量跨越式发展的生动实践中充分彰显政协担当，为谱写中国式现代化东乡篇章贡献政协力量。荣获省政协2023年度反映社情民意信息工作先进单位、市政协2023年度宣传信息工作先进单位、2023年度《江西政协报》读报用报先进单位等称号。

建言资政。锚定区委、区政府工作目标，主动融入全区发展大局，坚持在大局下思考、在大局下行动，深入协商、广泛议政，建言献策、聚智聚力，用心用情当好党委、政府的“参谋助手”。二届三次会议期间，邀请党政领导参加分组讨论，与政协委员共商富民强区大计、共谋加快发展良策。区政协委员围绕“提升学生心理素质、落实药品集中采购、破解企业创新困局、改造提升公园广场、打造法治营商环境、大力发展现代农业”六个专题进行大会发言，为区委、区政府科学决策、有效施政提供参考。

调研视察。制定印发《2023年区政协协商计划》《2023年区政协常委会工作要点》《东乡区政协党组开展学习贯彻习近平新时代中国特色社会主义思想主题教育调研工作实施方案》，聚焦全区经济社会发展方面的重大课题精心选题，主席会议成员主动深入基层，组织带领机关干部和政协委员围绕年度协商课题深入开展视察调研，广泛协商建言。围绕“经开区工业用地提质增效”，邀请区委主要领导与委员面对面开展政协常委会专题议政性协商，形成《强化用地要素保障为高质量发展蓄势赋能——关于推进经开区工业用地提质增效的调研报告》，获评2023年度全市政协系统优秀调研报告。主动对接全市生态康养名城建设，组织开展关于推进东乡生态康养产业专题调研，摸清生态康养产业家底及存在问题，为康养产业发展方向和路径建言献策。围绕东乡制造业智能化转型升级开展专题调研，从政策支持、资金保障、人才培养等方面提出多条建议；围绕产教融合发展开展调研，从营造氛围、政策保障、深化改革等方面提出具体意见建议，为职业教育高质量发展献计出力；围绕加快构建现代物流体系，组织开展物流产业高质量发展调研，从优化发展环境、促进两业融合、加快转型升级、加大主体培扶等方面助力培育东乡经济新动能。全年开展调研视察活动8次、召开协商座谈会11次，参与委员260余人次，形成重点协商监督建言成果8件，报送《建言献策》2期。

民主监督。聚焦法治建设、医疗保障、民政社保、食品安全、生态环保等群众关心的热点问题深入开展民主监督，用“政协作为”回应群众期盼。不断丰富和拓展政协民主监督工作的渠道和方式，选拔素质好、能力高、责任心强的区政协委员担任执法、执纪部门特邀监督员、听证员，全年累计有26名政协委员参加区纪委监委、区人民法院、区自然资源局、区商务局、区住房保障中心等单位组织的听证会、座谈会、协商会，切实履行监督职责，对加强东乡法治建设和部门工作提出不少好的意见和建议。

文史宣传。完成黎圩镇上池村、浯溪村、枫山村、潭江村、后畲村、梧坊村等传统古村落文史资料收集编撰工作，在《抚州文史》第四期全文刊载。开展征集《我的知青岁月》的文史资料工作，完成《抚州市政协志》关于县（区）篇目7000余字文史资料报送任务，完成《东乡政协志》60余万字初稿汇编工作。积极组织委员参加“文化抚州梦想之舟”文化艺术作品征集，获选作品数量位居全市各县（区）第1。拍摄《区政协常委会2022年度履职纪实》纪录片，生动直观展现区政协履职成效。在中央、省、市各级媒体发表宣传报道稿40多条，其中《人民政协报》6次刊发区政协特色亮点工作，宣传东乡政协履职实绩。《江西政协报》记者对“书法之乡政协行”作专题深度报道，相关报道获得8000余次点击量，拓展东乡政协工作外宣新窗口。3篇论文入选省政协“赣事好商量”年度文集，篇数位居全市各县（区）第1。

社情民意。充分发挥政协委员广泛联系界别群众优势，在4个“界别连心桥”和17个政协工作联络组建立社情民意信息联络点，定期召开座谈会，加强信息的收集和反映，进一步拓宽社情民意采集渠道。全年收集社情民意信息135篇，其中由省政协转报全国政协和省委54篇，《进口医学检测设备垄断国内市场的风险研判及对策》《莫让基层反映问题“有怨无声”》等多篇信息获全国政协采用。量化分值位列全省各县（市、区）第3、全市各县（区）第1，在省政协反映社情民意工作座谈会上作典型发言，交流相关工作经验。

交流联谊。广泛交流互动，学习先进，分享经验。纵向加强与省、市政协的沟通汇报，高质量承接陈兴超、谢茹、贺喜灿等省、市政协领导在东乡调研视察活动，承办2023年度《江西政协报》办报用报座谈会等重大会议。横向加强与兄弟县（区）政协交流联谊，永修县、修水县、靖安县、都昌县、崇义县、新干县、余江区、瑞金市、龙南市及福建省建宁县等兄弟县（市）政协先后在东乡考察学习，在工作交流中联络情感、增进了解，宣传推介东乡经济社会发展成就和东乡政协工作。

队伍建设。进一步完善协商履职、队伍管理等方面规章制度，制定《东乡经开区和各乡镇（街道、场）政协工作联络组联系政协委员安排》《政协抚州市东乡区委员会关于政协委员联系界别群众工作的制度》等文件，明确工作目标、落实工作责任，按照籍贯回乡、住所回归、工作回流的原则，将194名政协委员派驻到17个政协工作联络组，注重在实践中不断提升政协委员服务基层群众的能力和水平。组织政协委员、机关干部和乡镇联络组组长到赣州瑞金等地参加第二期政协委员履职能力提升培训，通过学习培训开阔政协委员和机关干部工作视野，不断推动政协系统干部队伍自身能力水平提升，为干好新时代基层人民政协工作蓄能充电。

重要会议

【区政协二届三次会议】 中国人民政治协商会议抚州市东乡区第二届委员会第三次会议，于2023年2月7—9日在东乡区行政中心召开。区委书记彭敏群出席会议并讲话。会议审议批准政协主席吴忠鸿代表政协抚州市东乡区第二届委员会常务委员会所作的工作报告，审议批准区政协副主席曾玲代表政协抚州市东乡区第二届委员会常务委员会作的提案工作情况报告。委员列席抚州市东乡区第二届人民代表大会第三次会议，听取并讨论区长李建泉所作的政府工作报告。

【重点提案办理情况汇报会】 8月25日，召开区委主要领导专题听取重点提案办理情况汇报会，区委书记彭敏群出席会议并讲话。8月30日，召开区政府主要领导专题听取重点提案办理情况汇报会，区委副书记、区长李建泉出席会议并讲话。

【区政协二届六次常委会】 2023年2月2日，政协抚州市东乡区第二届委员会常务委员会第六次会议召开，区政协主席吴忠鸿主持会议。会议协商讨论《政府工作报告（征求意见稿）》；听取区政协二届二次会议提案办理情况；协商讨论《关于抚州市东乡区2022年国民经济和社会发展计划执行情况及2023年国民经济和社会发展计划的报告（草案）》和《关于抚州市东乡区2022年财政执行情况及2023年财政预算的报告（草案）》；审议并通过关于召开区政协二届三次会议相关文件草案和《政协抚州市东乡区第二届委员会政协工作联络组工作职责（审议稿）》等文件。会议还审议通过有关人事事项。

【区政协二届七次常委会】 2023年2月9日，政协抚州市东乡区第二届委员会常务委员会第七次会议召开，区政协主席吴忠鸿出席会议。会议审议通过《政协抚州市东乡区第二届委员会第三次会议提案审查情况的报告（草案）》和《政协抚州市东乡区第二届委员会第三次会议决议（草案）》。

【区政协二届八次常委会】 2023年10月13日，政协抚州市东乡区第二届委员会常务委员会第八次会议召开。区政协主席吴忠鸿出席并讲话。会议书面传达学习省委十五届四次全体（扩大）会议、市委五届四次全体（扩大）会议和区委二届八次全体（扩大）会议精神；协商讨论《强化用地要素保障为高质量发展蓄势赋能——关于推进经开区工业用地提质增效的调研报告（审议稿）》；审议通过《政协抚州市东乡区委员会关于政协委员联系界别群众工作的制度》（审议稿）和《东乡经开区，各乡镇（街道、场）政协工作联络组联系政协委员安排》（审议稿）；审议通过有关人事事项。

政协委员提案办理

【基本情况】 区政协二届三次会议收到提案101件，经审查立案95件，其中合并同类提案5件，1件作为委员来信转送有关部门办理。至年末，95件立案提案全部办复完毕，办复率100%。得到落实或基本落实的提案48件，占立案总数的50.5%；正在落实或列入计划逐步落实的提案41件，占立案总数的43.2%；建议受到条件限制暂时难以落实的提案6件，占立案总数的6.3%。委员们对提案办理结果给予充分肯定，根据反馈意见，委员对提案办理情况满意率或基本满意率为100%。提案中许多好的意见建议在工作中得到落实，或在政策文件中予以采纳，诸多政协提案在推动东乡经济社会高质量发展中发挥积极作用。

【关于经济建设的提案】 在经济建设方面共收到提案20件，占立案提案总数的21.1%。委员们全面贯彻新发展理念，分析研究全区经济发展新形势新特点，为构建现代产业体系广献良策。区委书记彭敏群领衔督办“关于加快培育瞪羚企业和专精特新企业的建议”提案，带头谋划、高位推进，出台《东乡区制造业重点产业链现代化建设“2316”三年行动实施意见》《东乡区培育现有工业企业做大做强推进高质量发展的若干政策措施》等文件，设立3000万元工业高质量发展专项资金，支持揭榜挂帅项目研发攻关。“关于在新形势下支持企业创新发展，促进企业稳健增长的建议”得到区委、区政府重点关注，从区财政每年安排不少于400万元专项资金，用于支持企业技术攻关。“关于进一步稳定经济促进东乡区工业发展的建议”“关于加大对民营企业扶持力度的建议”“关于解决中小企业融资难问题的建议”等提案和建议也为助力中小企业发展，决胜工业强攻战提供有益参考。

【关于城市建设的提案】 在城市建设方面共收到提案23件，占立案提案总数的24.2%。委员们围绕东乡城市基础设施建设、公共文化场馆社会化运营、市场摊点规范监管、加强交通秩序管理等方面内容广出实招。如针对“改造升级公园广场，提升居民幸福指数的建议”，区城管局在城市空地新建2个“口袋公园”，积极开展城市绿地开放共享试点，有效满足人民群众对休闲娱乐活动的新需求、新期待；又如“关于对城市道路停车位合理规划加强管理的建议”，区公安局交警大队对设置错误或不合适的标志标线进行纠正整改，增设各类道路交通安全设施，有力保障道路交通安全。此外，“关于加强我区充电基础设施建设的建议”“关于赣东商城农贸市场急需完善监管的建议”“关于智慧化管理路灯的建议”等提案也都被政府相关部门采纳，有效促进城市功能品质提升。

【关于文化建设的提案】 在文化建设方面收到提案6件，占立案提案总数的6.3%。委员们立足东乡本土文化资源活化利用，围绕新时代文明实践活动开展、弘扬优秀传统文化、提升文化景区品位等方面内容献计献策。“关于三级联动做好我区新时代文明实践工作的建议”的提案，为东乡打造多元化志愿服务队伍，完善多维化活动保障提供有益参考，对各乡镇村文明实践所（站）进行标准化建设，开展系列文明实践活动下基层提供方法路径。“关于普及中国传统文化教育”的提案，推动政府相关部门及学校真正将戏曲文化融入学校教育实践中，引导学生树立文化自信。“关于提升‘农家书屋’功能，让其发挥作用的建议”“关于提升佛岭国际公园景区文化品位的建议”“关于将珀玗弄里艾家打造成东乡红色旅游景区的建议”等提案的办理，有效提升东乡文化软实力。

【关于社会民生的提案】 在社会民生方面共收到提案41件，占立案提案总数的43.1%。委员们坚持以人民为中心的发展思想，围绕社区安全体系建设、教育卫生事业发展、食品安全监管、养老服务体系建设等方面广建净言。区委、区政府高度重视“关于提高（9—14周岁）女性HPV疫苗接种率，降低宫颈癌发生的建议”，明确要求区卫生健康委、区疾控中心、区教体局和区妇联等部门加强联动沟通，协同推进适龄女生HPV疫苗免费接种工作，切实保障女性健康。“关于应对人口老龄化，进一步提升医养结合养老服务水平的建议”，使得东乡基层“两院融合”发展模式更加紧密，医养结合型老年康养中心得到快速发展，大幅提升康养能力和水平。此外，“加强对精神病患者的监护和关爱”“加强外卖食品监管”“推动无偿献血工作确保医疗用血充足供应”“解决中小学校信访件居高不下”等提案都得到办理落实，为提升人民群众的获得感、幸福感增添动力，大幅提升群众幸福指数。

【关于生态文明建设的提案】 在生态文明建设方面共收到提案5件，占立案提案总数的5.3%。委员们坚持生态优先、低碳发展理念，围绕“碳达峰、碳中和”平台搭建、垃圾分类投放、乡镇污水处理等方面开展调研广谋良方。受到“进一步完善‘碳达峰、碳中和’平台搭建的建议”推动，区委、区政府聘请第三方编制《东乡区碳达峰实施方案》，在经开区建立碳达峰数据管理平台，大力发展碳汇金融。“关于引导居民参与垃圾分类的建议”，有效促进相关部门在公共场所设置明显垃圾分类标识，加强垃圾分类督导队伍建设，对做好“创文巩卫”，提升市民文明素质起到积极推动作用。此外，“加强对城区火锅烧烤店油烟扰民问题管控”“有效提高乡镇污水收集处理”等方面的提案，为助推东乡绿色低碳发展，为改善生态环境质量开具良方。

专门委员会工作

【经济委员会】 围绕“加快制造业智能化转型升级”课题，赴新余市渝水区学习考察智能化升级改造工作经验，召开3次专题调研协商座谈会，形成专题调研报告，为培育专精特新企业献计。协调推动人民银行、金融服务中心等部门，建立完善农户信用信息数据库，并推动区农商行在黎圩镇、虎圩乡、小璜镇等乡镇积极开展“整村授信”工作试点。组织委员参加市政协组织开展的“县区委员看变化集中培训活动”，配合省、市政协报送调研及其他方面材料7篇次，形成上下联动、相互支持的工作格局。配合福建省建宁县、福建省龙南市、金溪县等地政协在东乡开展“高质量建设交通运输产业园”“基层协商平台建设”“政协规范化建设”等学习考察活动。组织委员到挂点联系的占圩镇、马圩镇开展“乡村振兴看变化”委员视察活动；组织委员走进东乡七中开展捐资助学、结对帮扶贫困学子；联合区知联会在马圩镇开展“法制助力乡村振兴”调研活动。建好用好界别“连心桥”，借助界别“连心桥”平台组织开展各类委员学习、调研、协商座谈会等履职活动10余场。打造以凝聚共识为目标的“委员讲堂”，让政协委员登上讲台，宣传党的政策、传播科学知识、交流履职体会，让委员学习交流特色更鲜明、方式更活跃、成效更扎实。

【教科卫体和文化文史学习委员会】 1月，组织文化界别委员开展“为环卫工人送春联下乡”活动，为300多名环卫工人书写春联，送上新春祝福。4月，组织文化教育界委员前往黎圩镇就“中国传统古村文化”开展实地视察活动，委员们围绕如何做好古村古建保护提出4条建设性意见建议；6月，组织委员走访企业，了解企业文化和科技创新情况，为助力企业高质量发展积极建言献策；7月，组织开展第二期“书法讲堂培训”活动，受到参训政协委员一致好评；9月，组织文化界别委员参加市政协文史委开展的“文化抚州 梦想之舟”文化艺术展，选派12名政协委员的书法、摄影、美术、雕刻等14件作品参展；11月，立足教育界委员特长，组织“送教下乡”活动，为黎圩、王桥中学送上思政教育课，教育引导学生在六个方面养成良好习惯。通过深入挖掘，整理收集关于东乡区中国传统古村文化史料3万余字，完成《抚州市政协志》关于县(区)篇目7000余字文史资料的报送任务，做好《东乡政协志》的收集编纂工作，完成60余万字初稿，进入核对审稿阶段。

1月9日，区政协组织部分委员在区城管局举行慰问环卫工人“迎新春、送春联”活动 (区政协办 供)

【社会法制和港澳台侨外事民族宗教委员会】 2023年，组织委员分别在区政协二届三次全会分组讨论点和工商联界别连心桥进行2次集中学习讨论活动。11月下旬组织委员到赣州参加东乡区政协系统第二期履职能力提升培训班。要求每年每个委员撰写一份切合实际的提案，其中《关于加强对外卖食品监管的建议》等2个提案被列为重点提案。经过调研形成《关于推进我区人民调解工作的调研报告》。在前期走访贫困学生家庭的基础上，4月25日，专委会组织部分工商联界别委员在瑶圩乡举行捐资助学活动，引导工商界人士投身社会公益事业，回报社会。参与、配合市政协组织的关于开展社会救援队伍规范化建设专题调研。多次走访区委统战部（区民宗局）等单位，参与区委政法委、区人民检察院、区人民法院和区司法局组织的听证会和座谈会，全年委派政协委员参加区政法机关听证会和有关会议10多次，为促进社会法治、民族宗教工作献计献策。

【农业农村和人口资源环境委员会】 组织政协委员和水稻种植管理专业技术员，在虎圩乡开展中央一号文件宣讲暨水稻管理农技专业知识专题讲座；6月5日世界环境日，组织政协委员在东信广场以“建设人与自然和谐共生的现代化”为主题进行宣传，倡导社会各界人士爱护自然，保护环境；4月17日，以“如何发展村级集体经济、助推乡村产业发展”为主题，在黎圩镇西江村委会组织委员与村干部、当地群众进行“板凳协商”。10月12日，在小璜镇、黎圩镇的产业基地进行实地考察、开展座谈交流，在充分调研的基础上梳理分析，形成《关于发展农业特色产业，壮大新型农村集体经济工作的调研报告》。组织政协委员参加区城管局、区水利局、区商务局组织的政府开放日活动，助推相关职能部门工作进展。通过对“关于对廖灌一期全面清淤除杂，保障全区20万亩农田灌溉的建议”的督办，力促区廖坊灌区和水库管护中心加大灌区清理力度与进度，切实提升灌渠的运行效能及社会效益。

【提案委员会】 持续运用“赣事好商量+政协提案办理协商社区圆桌会”工作新举措，创新开展重点提案“视察+督办”“调研+督办”等形式督办，召开各类提案督办协商座谈会9次。5月，组织政协委员开展生态康养产业发展调研，形成《因地制宜错位发展全力策应抚州市生态康养名城建设——关于东乡区加快推进生态康养产业高质量发展的调研与思考》调研报告。9—11月，组织相关政协委员就东乡物流产业高质量发展存在问题进行专题调研，形成《关于东乡区物流产业高质量发展的调研与思考》调研成果。组织开展“食品安全监管情况”的民主监督，不断丰富和拓展政协民主监督工作的渠道和方式，选派4人次政协委员参加各单位听证会、座谈会、协商会，选派多人次参加各类开放日活动。发挥界别优势，开展送医送药义诊活动，协同小璜镇政协工作联络组赴小璜镇福银养老院开展送医送药下乡活动，协同红星镇政协工作联络组在红星社区开展送医送药下乡活动，协同金峰街道政协工作联络组参加18个小区志愿者服务站义诊活动，到东乡三中开展“防艾知艾”知识宣讲进校园活动。

（禹冰凡）

中共东乡区纪律检查委员会
东乡区监察委员会

重要会议

【中共抚州市东乡区纪委二届三次全会】 1月28日，区纪委二届三次全会在区行政中心千人会场召开。会议传达学习二十届中央纪委二次全会、省纪委十五届三次全会、市纪委五届三次全会精神，区委书记彭敏群出席会议并讲话，区委常委、区纪委书记、区监委主任黄初江代表区纪委常委会作题为《全面贯彻落实党的二十大精神坚定不移推进全面从严治党向纵深发展为奋力谱写中国式现代化的东乡篇章提供坚强保障》的工作报告。

【“3·23”警示教育大会】 3月23日，东乡区开展“3·23”警示教育活动，举办警示教育廉政党课和理论学习研讨。与会人员在王震公园观摩王震书信展和王震勤廉故事长廊，接受廉政教育。区委书记彭敏群以《永葆清醒坚定走好新时代“赶考路”》为题上廉政党课。

1月28日，中共抚州市东乡区纪委二届三次全会召开（区纪委监委 供）

纪检监察工作

【概况】 2023年，东乡区纪委监委坚持系统思维，一体推进“三不腐”同时发力、同向发力、综合发力，不断增强治理腐败效能。保持不敢腐的强大震慑。年内，全区纪检监察机关共处置问题线索456件，立案251件，给予党纪政务处分204人，办理留置案件4件4人。在中央和省市媒体上稿200余篇，“廉洁东乡”、东乡廉政网等发布廉政信息300余篇，打造区实验中学、区中医医院二十四节气勤廉文化长廊和珀玕乡红廉文化馆等“1+N+N”勤廉文化教育矩阵，营造崇廉尚廉浓厚氛围。在全省纪检监察系统纪法素养提升专项行动中，东乡区纪委监委获全市优秀组织集体称号，1名干部获全省优秀个人称号，3名干部获全市优秀个人称号。1名干部被中央纪委国家监委新闻传播中心评为“2023年度优秀通讯员”。

【政治监督】 配合开展统计造假屡禁难绝专项治理，严防统计数据造假。系统治理高标准农田建设领域腐败问题，对2017年后6个高标准农田建设项目全面摸底调研，立案10件12人，收缴违法获利290余万元，止损挽损3800余万元。积极配合开展医药领域腐败问题集中整治，督促医务人员主动上缴资金300余万元，推动清风进医院、廉洁铸医心。用好用活四色监督办法，下发“四色监督单”116份，推动问题整改236个。创新推行“三单两谈一评”机制，向22名区领导发放履责提醒单41份、廉情告知单15份，推动开展政治谈话220人次，11名区领导在区委常委会上汇报履行主体责任和“一岗双责”情况，持续加强对“一把手”和领导班子的监督。主动接受省委巡视和市委提级联动巡察，层层传导责任压力，推动巡视巡察整改“件件有着落、事事有回音”。以强有力的政治监督推动党中央重大决策部署在东乡区落地见效。

【“九查九改”干部作风整顿活动】 协助区委召开全面从严治党形势分析会、作风建设推进会等，通报典型问题，分析研判作风建设形势，扎实推进“九查九改”作风活动，提振干部干事创业精气神。严守重要时间节点不放松，采取“四不两直”方式明察暗访，立案查处违反中央八项规定精神问题67件77人，给予党纪政务处分70人。紧盯阳奉阴违、慵懒散漫、任性用权等“中梗阻”问题，开展“科股长文化”专项整治，严肃查处营商环境领域问题103件117人，给予党纪政务处分56人。聚焦群众急难愁盼事项，查处乡村振兴领域不正之风和腐败问题236起366人，给予党纪政务处分201人，下发通报3期13起16人，坚决惩治群众身边的“蝇贪蚁腐”。聚焦政策落实、涉企服务和行政审批等重点领域和关键环节，立案查处营商环境领域问题103件117人，给予党纪政务处分58人，持续构建更加“亲、清”新型政商关系，以优良党风政风引领民风社风。

【正风肃纪反腐】 一体推进“三不腐”，处置问题线索456件，立案251件，其中：立案乡科级以上干部39人，给予党纪政务处分204人，办理留置案件4件4人，对区医疗保障局原党组书记杨某某采取留置措施。统筹做好查办案件“前后半篇文章”，发放《纪检监察建议书》21份，形成办案、治理、监督、教育的完整闭环。分层级分系统召开全区性警示教育大会3次，不断强化警示震慑效果，26名党员干部主动向组织交代问题。

【基层小微权力“监督一点通”】 深化运用基层小微权力“监督一点通”平台，访问量突破1800万人次，公开公示信息4.5万余条，受理办结群众投诉举报700件，群众满意率98%。承办全市基层小微权力“监督一点通”平台推广部署动员现场会，作典型发言，市纪委市监委发文推广“东乡经验”“东乡方案”，中央纪委和省市纪委领导以及兄弟县（区）纪委多次在东乡开展考察调研。率全市之先开展村级监察联络员试点建设，建立日常教育监督管理制度，有效破解基层熟人社会监督难问题。作为全省5个基层公权力大数据监督试点县（区）之一，积极探索、先行先试，在试点村（社区）正式上线试运行基层小微权力运行管理系统，以科技赋能正风肃纪反腐工作。

【锻造纪检监察铁军】 一体推进主题教育和教育整顿，建立“领导领学、机关督学、支部研学、党员自学、分享促学”“五学”机制。举办全员培训2期，选派46名纪检监察干部赴省市纪委跟班跟案锻炼，回单位后分享学习体会，实现“一人跟班、全员受益”。持续开展青年干部成长淬炼“五个一”活动，着力加强年轻干部教育培养。刀刃向己，立案调查纪检监察干部4人，诫勉谈话1人，谈话提醒3人，调离纪检监察系统1人。坚持严管厚爱结合，为1名受到不实举报的纪检监察干部澄清正名。

典型案例选介

【杨某某严重违纪违法案】 杨某某，区医疗保障局原党组书记。违反中央八项规定精神，收受可能影响公正执行公务的礼品、礼金；违反公务接待管理规定，无公函接待来客；利用职权，将应由个人支付的费用交由他人支付。违反组织纪律，违反议事规则，个人决定重大事项；在组织函询时，不如实向组织说明问题。违反廉洁纪律，接受可能影响公正执行公务的礼品礼金；借用管理服务对象的钱款，影响公正执行公务。违反群众纪律，在救灾款物分配事项中优亲厚友，明显有失公平。违反工作纪律，不正确履行工作职责。利用职务上的便利，为他人谋取利益，非法收受他人财物，涉嫌受贿犯罪；违规拨付奖补资金，涉嫌滥用职权罪。杨某某受到开除党籍、开除公职处分，其涉嫌受贿、滥用职权犯罪问题移送检察机关审查起诉。

【侯某某违纪违法案】 侯某某，区交通运输局原副局长、二级主任科员。在负责区“六车”整治办日常工作期间，违反组织纪律，违反议事规则，个人决定重大问题，未召开“三重一大”会议，违规将“六车”整治办办公楼装修改造等工程对外发包；违反工作纪律，不正确履行工作职责，违规将“六车”整治办办公楼装修改造工程的设计和造价承包给个人，并提前支付办公楼装修改造工作质保金，对此负有直接责任。侯某某受到党内严重警告处分。

【彭某某违纪违法案】 彭某某，红星小学原党支部组织委员、副校长。因酒驾被行政处罚，又再次饮酒后驾驶机动车，被区公安局给予吊销机动车驾驶证、罚款2000元、行政拘留一日的行政处罚。彭某某受到撤销党内职务处分、政务撤职处分，撤销其红星小学党支部组织委员、副校长职务，由中级专业技术岗八级降为助理级专业技术岗十一级，薪级由30级降为24级。

巡察工作

【概况】 2023年，区委巡察办坚持把“两个维护”作为根本任务，坚持“发现问题、形成震慑，推动改革、促进发展”的巡视巡察工作方针，修订《二届东乡区委巡察工作规划》，研究制定《2023年度东乡区委巡察工作要点》。全年开展3轮巡察工作，对邓家乡、区实验中学、区中医医院等30个单位党组织进行政治体检。巡察发现并反馈问题1285个，移交干部问题线索41件，根据巡察移交的问题线索，区纪检监察机关立案查处40人。巡察经验做法《全周期管理提升对村(社区)巡察质效》在中央纪委网站刊登，《“奏响三部曲”助力对村(社区)巡察提质增效》等3篇经验做法在江西省巡视办网站刊登。

【村(社区)巡察】 贯彻落实省委巡视办“提升对村(社区)巡察工作质效”试点工作总结暨成果推广会议精神，结合全区巡察工作实际，研究制定《东乡区推进村(社区)巡察高质量发展的实施意见(试行)》《巡察村(社区)党组织“三聚焦一整改”监督重点细化清单》《东乡区关于加强和规范村(社区)巡察整改及成果运用的实施办法(试行)》。组织召开村(社区)巡察工作部门联席会，针对不同村(社区)人口规模、经济体量、信访工作等方面情况，将全区160个村(社区)细分为3类，制定对村(社区)巡察工作计划。从纪检监察、组织、财政、审计、农业农村等部门挑选各行业业务骨干100余名，建立村(社区)巡察人才库。针对不同村(社区)特点，灵活采取乡村一体巡、直接巡、巡单位带村等方式开展巡察。2023年，对62个村级党组织开展巡察，发现并反馈问题637个，移交重点人问题线索22件。

【巡察工作专项检查】 根据2023年7月省委巡视办对东乡区巡察工作专项检查反馈意见指出5个方面的8个具体问题，研究制定整改工作方案，提出16条整改措施。进一步加强与区纪委监委、区委组织部、区住房保障中心等相关整改责任部门的沟通协调，有力有序推进问题整改，截至年末已全部完成整改。

【巡察整改督查】 依据《东乡区委巡察整改质效量化评估实施办法(试行)》，2023年区委巡察办协调组织省纪委监委、区委组织部、区委巡察机构有关人员组建整改督查组，对涉粮问题专项巡察监督检查和二届区委一、二、三、四轮巡察中被巡察党组织整改质效情况开展量化评估。发现整改不到位问题64个，向相关党组织下发“黄色预警提醒单”29份。约谈提醒整改不到位的区发展改革委主要负责人，责令落实巡察整改工作不严不实的区交通运输局主要负责人向区委、区纪委监委作出深刻检查。

【“码上巡察”】 8月，为进一步畅通群众反映问题渠道，区委巡察办与移动公司合作，在二届区委第五轮巡察时开通“码上巡察”二维码。保护个人隐私，有效避免熟人社会人情干扰，实现巡察监督一键直达，真正让人民群众敞开心扉讲真话、说实情，实事求是反映问题，提高了巡察组发现问题的精准度。

(梁晨)

民主党派和工商联

民主党派

【中国国民党革命委员会】中国国民党革命委员会抚州市委员会东乡区支部有党员10名，支部主委由东乡区医疗保障局局长高洁担任。

【中国民主同盟】至2023年12月，民盟在东乡区发展3人，2人隶属民盟抚州市书画支部，1人隶属民盟抚州市城建支部。

【中国民主建国会】中国民主建国会抚州市委员会东乡区支部有会员13名，其中2023年新入会3人，支部主委由东乡区政协副主席曾玲担任。

【中国民主促进会】中国民主促进会抚州市委员会东乡区支部现有党员12名，支部主委由区政协副主席李威（2023年12月转任抚州市文广新旅局副局长）担任。

【中国农工民主党】中国农工民主党抚州市委会东乡区支部有党员33名，其中2023年发展3名，支部主委由东乡高级技工学校副校长余勇担任。

【九三学社】至2023年12月，九三学社在东乡区发展社员10名，分别隶属九三学社抚州市直一支社及卫生支社等。

东乡区工商业联合会

【概况】2023年，区工商联以创建全国“五好”县级工商联为目标，围绕促进“两个健康”工作主题，发挥联系非公经济人士的桥梁纽带作用，履行职能，提升服务水平，工作经验被《中华工商时报》《中国统一战线》《江西日报》《江西民营经济内参》等媒体报道30篇次。获2022—2023年度全国“五好”县级工商联、2023年度全省工商联目标管理评价优秀单位、抚州市优化营商环境先进集体等荣誉称号。东乡区经济开发区企业商会（工商联分会）获评2023年度全国“四好商会”。

【商会建设】对所属商会2022年工作开展情况进行现场考核打分，评出5个综合优秀商会及11个优秀单项奖并给予资金奖励。推动商会组建换届、参评工作，成立温州市瓯海区东乡商会、东乡区新生代企业家商会，筹备成立东乡孝岗商会，推进乡镇商会组建，指导福州市江西东乡商会、广东省江西东乡商会、东乡经济开发区企业商会（工商联分会）顺利完成换届。开展“四好商会”申报，指导和推选东乡区经济开发区企业商会（工商联分会）、东乡区浙江商会、东乡区福建商会参选全省“四好商会”、全国“四好商会”，推动商会建设实现新发展。

【非公经济人士教育培训】 举办全区非公经济人士学习党的二十大精神培训班，持续推动习近平总书记关于民营经济、工商联工作重要论述和考察江西重要讲话指示精神进机关、进商会、进企业。组织企业家赴安徽省、江西省赣州市、江西省崇仁县等地，依托当地理想信念教育基地开展“井冈红”理想信念教育活动5次，提升非公经济人士综合素养。开展业务技术培训，举办全区民营企业法律风险防范知识、民营企业发展培训班，累计参与培训300余人次。

【服务非公经济】 设立非公企业维权服务工作站，及时防范化解民营企业经营法律风险。维权中心全年受理诉求25件，其中中心自办10件，分办、转办15件，全部办结。开展商会、企业走访调研，组织走访企业80余家，形成每周走访机制，赴广东省广州市、浙江省温州市、福建省泉州市等地，主动送政策、服务上门。完善企业家座谈会和“心港湾”政企恳谈机制，精准化协调多部门解决企业诉求，进行恳谈、座谈30余次，与企业家交流200余人次，解决企业诉求和个性化问题80余条。

【打造“工商联+N”品牌】 联合涉法部门开展各类法治助企活动，创新打造“工商联+N”工作品牌。搭建银企合作平台，引导商会与金融机构联合开展银企战略合作。搭建税企合作平台，依托“工商联+税务”联系机制签订税收共治合作协议，解决税务难题和税收政策落地问题。打造涉案企业合规第三方监督评估机制，吸纳区住建局及本地商会加入东乡区涉案企业合规第三方监督评估机制委员会，与区检察院、区司法局、区林业局等10个部门协同推动企业加强合规教育、合规管理、合规体检、合规预警等工作。强化“工商联+法院”沟通联系，创建法治园区，联合区人民法院开展“入企走访连心”活动，深化“法惠千企·非公维权”专项行动，与102家民营企业建立起常态化沟通联系机制，推进涉企纠纷快速调解。调解中心全年受理案件317件，接受咨询22件，调解成功103件（其中工伤14件），调解金额11561.79万元，获评“2023年度工作突出基层劳动人事争议调解组织”。

【勇担社会责任】 鼓励民营企业家践行公益事业，各商会及会员企业主动参与走访慰问、捐资助学等各类公益慈善活动，捐赠物资230余万元。推进“万企兴万村”行动，至年末，引导26家企业与24个村建成结对帮扶示范点，16家企业投资2422.12万元，其中固定资产投资1778.58万元、捐赠113.42万元、消费扶贫530.12万元，引导6个商会达成1.5万千克蓝莓销售目标。

（马鹏）

群众团体

总工会

【概况】2023年，东乡区总工会学习贯彻落实中国工会第十八次全国代表大会精神，突出政治引领，唱响职工思想教育“主旋律”。融入发展大局，坚定职工建功立业“主心骨”，抓牢职工组织建设“主阵地”。大力弘扬劳模精神、劳动精神、工匠精神，成功评树江西省五一劳动奖章1个、抚州市五一劳动奖章5个、抚州市五一劳动奖状1个、工人先锋号1个。选树19个“三工”领域优秀青年和先进集体。

【思想引领】加强职工思想政治教育，联合区文联开展“中国梦·劳动美——东乡职工心向党”读书月活动，举办以“中国梦·劳动美”为主题的全区书法、征文、摄影比赛各1次，参与职工200余人次。联合区图书馆开展2023年度“玫瑰书香芬芳赣都”主题阅读活动，开展“凝心铸魂跟党走团结奋斗新征程”职工红色诵读活动，联动区直单位、乡镇、学校、企业职工千人次参与。组织一线职工、新就业群体、中小学师生等观摩学习工人文化宫新时代文明实践站5次300余人次。利用微信公众号推送各类信息1200余条，上稿《工人日报》等媒体50余篇。

【基层阵地建设】推进基层工会建设，投入约200万元打造邮路头村委会（小三级）、孝岗镇、区财政局、东乡六中等9家基层工会示范点，社会组织新成立工会组织37家。高标准打造户外劳动者驿站，投入资金88万余元，自建驿站2个，与区建设银行、区电信公司、区行业协会联建8个，与区城管局联建共享驿站16个。

【维权工作】走访调研区内规模以上企业93家，对涉及职工权益、企业民主管理、集体合同、人才选树等方面的问题进行梳理，对《女职工专项集体合同》履约情况进行实地调查。在经开区设立“法院+工会+人社+N”多部门多元化解劳动争议室，解决劳动关系矛盾10次，与30家企业签订集体合同。开展庆祝“三八”国际劳动妇女节暨2023年女职工普法宣传月活动，鼓励职工学会运用法律武器维护自己的合法权益。

【劳动竞赛】举办“天工杯”免疫规划技能竞赛、家庭医生岗位练兵2场，90余名一线职工、技能人才参赛。与馨佳怡职业技能培训学校、长空职业技术学校联合举办家政、育婴、电商等技能培训10余期，培训600余人。联合承办的“乐享食光味道东乡”2023年东乡区首届厨师技能取得成功，32家餐饮企业及商家的60位选手参赛。

【帮扶济困】为不停工、不停产4家企业送去3万元慰问金。全面推广“抚工贷”支持大众创业万众创新，贴息52家企业发放贷款921万元。联合区人社局等单位举办线上线下招聘会5场，提供数千个就业岗位。唱响“四送”品牌，为3800余人发放慰问款物约57万元。开展困难职工动态监测和帮扶服务工作，为5户困难职工新建档案，为21户困难职工发放帮扶资金14.87万元。筹集资金41.58万元，为困难职工、新就业群体等467人送去温暖。组织动员全区2万余名职工购买互助保险金额159万余元，赠送新就业群体互助保险600余份，为80名职工赔付金额75万余元。完成省、市、区三级劳模体检，发放各级困难劳模帮扶资金12万余元。开办2023年“健康快乐知识成长”职工子女暑假爱心托管7个班，收纳职工子女480余名。

【工人队伍建设】 聚焦思想引领、建功立业、素质提升、地位提高、队伍壮大“五大”重点任务，印发《关于充分发挥国有企业在推进产业工人队伍建设改革中带动作用的实施方案》《关于建立健全推进产业工人队伍建设改革分类指导的实施方案》，推动产业工人队伍建设改革在东乡区国企全面铺开，打造江西省东乡润泉供水有限公司、中国移动通信集团江西有限公司抚州东乡区分公司、中国建设银行股份有限公司东乡支行3家示范点。发挥新就业群体综合党委作用，指导建立红色信息员队伍，有红色信息员40余名，上报解决城市治理问题90个。12月15日，在东乡区总工会举办“新就业形态劳动者温暖服务季”启动仪式暨“红色信息员”颁奖仪式，新就业群体服务工作得到群众认可。

【区总工会二届二次全委（扩大）会议】 3月31日上午，东乡区总工会二届二次全委（扩大）会议在区工人文化宫一楼多媒体会议厅召开。会议书面传达学习全国总工会十七届七次执委会、省总工会十四届六次全委会、市总工会四届八次全委（扩大）会议主要精神，总结全区2022年工会工作，部署2023年工作任务。区总工会党组成员、常务副主席周伟娜作工作报告，区总工会党组成员、副主席、经审会主任邹文辉作经审工作报告，区总工会挂职副主席乐文作相关业务会议精神传达。区总工会第二届委员会全体委员、经审委员及区直机关、乡镇场、部分国企分管领导、工会主席，部分非公企业工会主席180余人参会。

【工人文化宫】 东乡区工人文化宫坚持公益性、服务性发展方向，引导调动社会力量参与文化宫运营，构建以工人文化宫为主体、多方社会力量共同参与的良性发展格局。举办形式多样、丰富多彩的公益活动10余次，规模较大球类比赛6次，参与职工900余人次，开展舞蹈、瑜伽、少年街舞、跆拳道等公益课200课时，惠及职工及子女1000余人次。

（陈鹏）

工人文化宫公益课剪影　　（区总工会　供）

共青团东乡区委员会

【概况】 2023年，区委深改会审议下发《东乡区推进县域共青团基层组织改革实施方案》，为团东乡区委配齐1名挂职副书记和2名兼职副书记，另配有挂职团干部1人，聘请青年社工1人，团干部数量较改革前增长40%；增加青年工作经费9万元。至年末，团东乡区委有下属团（工）委32个、支部603个、团员15551名。2023年，新成立卫健系统团工委、“两新”团工委2个团工委，区人民医院、区中医医院2个团委，区住建局、区城管局、区工创投等14个团支部；新发展团员1167人，完成团员身份认证1167人，其中初中478人、普通高中526人、中职163人。团东乡区委在全市2022年度评议考核为优秀，“返家乡”社会实践工作受到全省通报表扬，在“才子归巢·筑梦抚州”活动中荣获市级荣誉称号3项，下属青年志愿服务联合会获评江西省青年文明号。

【团员和青年主题教育】 制定下发《东乡共青团面向全区广大团员和青年开展学习贯彻习近平新时代中国特色社会主义思想主题教育实施方案》《东乡区团员和青年主题教育工作计划》，成立工作领导小组，召开专题推进会议4次，向区委主题教育领导小组专题汇报团员和青年主题教育工作开展情况1次，下发工作提示2次，进入各领域各行业基层团支部调研指导6次。举办东乡区基层团干培训暨团员和青年主题教育理论宣讲技能提升培训班1场，基层团组织开展读书交流分享会30余场，工作开展情况4次被区委主题教育办宣传，东乡区团员和青年主题教育做法上稿“江西团讯”。举办东乡区“青马工程”学校团干部、少先队辅导员、赣鄱乡村好青年培训班。组织团区委班子成员、市级青年讲师团、“新风东乡”青年讲师团、红领巾巡讲团走进学校、企业、社会组织、童心港湾等阵地开展中共二十大精神宣讲，直接覆盖青少年1300余人。

【选树优秀典型】 推荐先进组织和优秀个人，其中，东乡区青年志愿服务联合会荣获2021—2022年度江西省青年文明号称号；东乡高级技工学校团委荣获“全省五四红旗团委”称号；江西东乡经济开发区台德智慧科技团支部荣获“全省五四红旗团支部（团总支）”，1人获得“全省优秀共青团员”称号；1人获得“全省优秀少先队辅导员”称号，2人获得“全省优秀少先队员”；1人荣获第七届“抚州青年五四奖章”。6月14日，举办抚州市东乡区青年企业家协会一周年庆典，表彰第三届“东乡青年五四奖章”个人10人、集体8个。推荐先进组织和优秀个人，其中全省“两红两优”个人荣誉1人、集体荣誉2个，全市“两红两优”个人荣誉3人、集体荣誉1个，2022年“抚州青年五四奖章”1人，激励全区广大青少年向先进学习，向榜样看齐。

【团团帮就业创业服务平台】 平台采取线下线上“1+5”相结合运营模式，打造集“岗位查询、简历投递、就业创业指导、咨询服务、联系对接”等功能于一体的“线上+线下”就业

1月14日，团区委联合区青年志愿服务联合会，携手爱心企业江西省汉卿文化传媒有限公司前往詹圩镇“童心港湾”开展“送温暖送服务”活动 （饶方其 供）

服务平台。其中，线下地址位于经开区科技孵化园中科智慧工厂3楼，面积330平方米，设有办公、接待、交流、会议、培训、直播6大功能板块。线上通过一个网站、一个抖音号、一个微信公众号、一个微信视频号、一个社群矩阵的“五个一”模式，快速、精准传递企业岗位需求和青年就业需求，实现青年与企业的双向联系与精准招聘应聘。同时通过平台，推出最新创业帮扶政策，帮助青年创业解决资金、技术、人才、市场等难题。5月平台运行，平台注册数2.8万余人，创建求职青年微信塔群22个，入驻企业279家，提供职位767个，全年累计发布职位1500余个，上传青年求职简历434份，访问量超182万人次，通过平台拨打企业招聘电话人数4900人次，达成就业意愿1252人，帮助688名青年实现就业，解决近60家企业招工难题。

【关爱留守儿童】 构建“1+1+N”关爱留守儿童服务模式（1个阵地、1名童伴妈妈、N个企业和社会组织参与共建）。打造14个“童心港湾”项目点，形成集亲情陪伴、情感关怀、自护教育、兴趣辅导、困难帮扶于一体的关爱留守儿童工作品牌。全年各项目点开展主题活动400余场，开放6000多小时。精心打造一支集“12355”法治宣传、女童防性侵、心理健康辅导于一体的青少年自护教育志愿者服务队。按照家校联动、社会融入、线上疏导、线下服务的新模式，打造集亲情陪伴、自护教育、兴趣辅导、困难帮扶于一体的“党建+关爱留守儿童”工作品牌。在教育系统、公检法司机关以及社会青年内公开招募一批心理健康和法律服务志愿者，组建区级青少年自护教育心理服务队。针对“12355”服务平台收到的青少年生活、学习、工作中遇到的相关心理问题，提供线上线下专业心理疏导。

【青年志愿服务】 成立青年志愿服务联合会，日常招募储备志愿者，变以往的“有任务找志愿者”为现在的“志愿者找任务”，形成“圆梦微心愿”“心系桑榆情暖夕阳”“爱心送考”“公益助农”等青年志愿服务品牌。在乡镇（街道、场）建立16支“河小青”巡河护河志愿服务分队，常态化开展“河小青”巡河护河行动160余次。高考期间，联合多部门组织60多位志愿者对考生进行义务接送，为每辆车配备矿泉水、文具袋等爱心物品，护航高考，活动被“江西共青团”“抚州市共青团”“抚观天下”等媒体宣传报道。持续擦亮“圆梦微心愿”“公益助学”“一元捐”“青联希望小屋”“99公益日”等“青”字号公益项目品牌，争取社会资金30余万元，点亮乡村青少年微心愿400余个。

（周夏文峰）

东乡区妇女联合会

【概况】 2023年，东乡区妇联全面贯彻中共二十大精神，围绕《“十四五”时期妇联事业发展规划》目标要求和工作任务，开展巾帼志愿活动、关爱妇女儿童、维护妇女权益、扶持女性人才创新创业、促进移风易俗。召开东乡区妇女第二次代表大会，代表性、广泛性显著增强。举行纪念“三八”国际劳动妇女节113周年文艺会演，展示东乡区各行各业妇女的巾帼风采和业绩。推动宣讲走深走实，组织赣鄱红色娘子军宣讲团进基层宣讲14场，受众840人次，宣传稿件在人民网、凤凰网、“学习强国”学习平台、《抚州日报》等媒体刊登。获评“全国文明实践巾帼志愿阳光站”、抚州市三八红旗集体称号，获“幸福家”巾帼志愿服务项目全区大赛一等奖。

【解决女性就业】 担使命建新功，贡献巾帼“她力量”。举办“巾帼就业创业促进行动”“春风行动”“全职妈妈电商培训”等活动，打通家门口就业渠道，实现“家门口就业”。优化提升“乡村振兴巾帼行动”，培育市级“巾帼家政示范基地”2个、区级“巾帼就业示范基地”1个。组织东乡区优秀女企业家参加抚州市女性创业创新大赛，获“乡村振兴”组一等奖。在巾帼家政服务职业风采大赛中斩获一、二等奖及优秀奖。举办电商培训、家政培训、母婴护理等培训30多期，解决女性就业1600人次。引导女企业家入乡，结对帮扶100余户困难家庭，捐助30万元物资，与农村困难妇女家庭达成农产品购销协议，发挥女性组织“传帮带”作用。

【传承优良家风家教】 送幸福寻最美，引领家庭“新风尚”。开展“幸福来敲门”家庭教育主题宣讲60余场，做到全区16个乡镇（街道、场）全覆盖。开展家庭文明建设活动，组建“幸福家”心理咨询师队伍，提供个案咨询服务50余人次。联合区人民法院共建“玉茗花”家庭教育指导服务站。常态化寻找“最美家庭”，选树全省最美家庭3个，开展“廉内助”专修班，推进勤廉文化进家庭。开展“婚育服务进万家”，举办“不要彩礼要幸福”集体婚礼及“文明实践在东乡低价彩礼我先行”千人签名活动，推进移风易俗。

【维护妇女儿童权益】 重维权促关爱，办实民生“暖心事”。开展“敲门”送法律行动，向全区妇女广泛宣传“12338”热线电话。建好用好“两站一中心”，向区人民法院申请人身安全保护令，开展“司法救助”活动，建立区妇联“刘莹姐姐”队伍。立足区妇女儿童活动中心巾帼志愿服务站，开展巾帼志愿服务活动，打造“伴我‘童’行”儿童关爱服务品牌，开设留守儿童公益课25堂，送课下乡28次，惠及留守儿童728人。开展“把爱带回家”“少年儿童心向党关爱守护伴成长”等关爱活动，实施“圆梦春蕾”“两癌筛查救助”“关爱新生命”等公益项目，争取到全国妇联“两癌”救助金12万元，募捐资金8万余元，把党的关怀和温暖送到妇女儿童身边。

【妇联队伍建设】 抓建设深改革，培育基层“领头雁”，锻造妇联干部队伍，分级分类培训妇联干部和执委900余人次，推动落实妇联执委普遍联系妇女群众制度，打造妇联执委工作站33个，“头雁”作用得到有效发挥，被《中国妇女报》报道。发挥“全国三八红旗手”带头作用，推动“巾帼健康行动”，开展义诊等公益活动20余次，受益群众2000余人。

（梁晓聪）

区文学艺术界联合会

【概况】 2023年，区文联发挥文联团结引导、联络协调、服务管理、自律维权职能，奋发有为，积极进取，为繁荣发展东乡文艺事业，助推文化强区建设注入强大动力。年内，新增国家级会员2名、省级会员5名、市级会员34名，获“2023年度全省文艺工作单项评价优秀单位”荣誉称号。

【文艺活动】 承办“第十一届江西省少儿曲艺展演”活动，征集全省各地77个节目，37个节目进入展演，涉及15个曲种，为全省少儿曲艺人才的培养提供展示和交流的平台。“跬步不辍——李贵阳书法作品展”在江西省美术馆举办，展出115幅作品。举行“聚焦新画卷·礼赞新时代”——首届“书法之乡·魅力东乡”全省摄影大赛，收到全省各地189位作者的投稿2651件，评出获奖作品100幅，甄选部分代表作品编印《魅力东乡欢迎您》摄影画册。举办东乡区“国家安全”主题书法作品展，评出优秀作品8幅，入展作品24幅。开展“中国梦·劳动美——东乡职工心向党‘读书月’”活动，包括征文、书法、摄影比赛，其中征文获奖作品30篇、书法大赛获奖作品29幅、摄影大赛获奖作品30幅。举办东乡区2023年迎春书画作品展，展出书法作品53幅、美术作品20幅。成功举办“我的书屋我的梦”千名农村少年儿童现场书法大赛。

【精品创作】 文学创作方面。文学作品《清勤矢报一片心——清官邱鸣泰》获江西“加强廉洁文化建设全面建设勤廉江西”主题征文三等奖，小小说《瑕疵》《做梦》分别在《微型小说选刊》第6期、第8期上刊发。

艺术创作方面。书法作品在第二届“祈贤杯”全国书画大赛中荣获三等奖和优秀奖，书法作品入展第二届“中国砚都杯”全国书法篆刻大展、第四届“中国梦·翰墨朝阳”全国书法大赛、世界客属第32届恳亲大会“围屋之都”杯书法作品展、“我们的共同家园”湘鄂赣三省中青年书法作品展、江西省“吉州窑杯”书法展等。美术作品《丰收》《庆》入选2023年“新生活·新风尚·新年画”我们的小康生活美术作品展，美术作品《家山新象》入选“奋进新征程丹青绘赣鄱”江西省大型美术作品展，美术作品《青花·赋》入选“守正创新”——江西省小幅油画作品研究展，美术作品《古今中华》入展“春华耀庐陵——2023江西省女美术家绘画优品展”。东乡区音乐家协会会员荣获江西省第七届映山红奖青年美声A组二等奖。摄影作品《声音的样子》在《人民摄影》第21期刊登。出版《金峰月》纯文学杂志2期，刊登本土作家76篇文学作品。

【志愿服务】 组织作家、书法、美术、摄影、音乐、戏曲、舞蹈7个文艺家协会，通过文艺讲座、文艺辅导、文艺惠民和赠送作品等形式进入全区各新时代文明实践站开展文艺志愿服务活动38场。在新时代文明实践文艺志愿“点单系统”中点单10次，开展“戏曲进校园”“书法基础知识讲座”“美术采风创作”等新时代文明实践文艺志愿服务主题活动。“戏曲传承”志愿服务项目《传统戏曲进校园文化惠民进万家》在首届江西省文明实践社会化志愿服务项目大赛中被评为一类项目。

（吴素娟）

东乡区科协

【概况】 2023年，东乡区科协围绕“四区”“六战”战略，团结和带领广大科技工作者科技创新服务大局，被中国科协评为2023年“全国科普日”优秀组织单位，被省科协评为2023年度江西省“全国科普日”优秀组织单位。东乡区2023年全国科普日暨“情系留守儿童放飞心灵梦想”活动被评为2023年“全国科普日”优秀活动。全省、全市公民科学素质知识大赛中，东乡代表队脱颖而出，获省、市大赛一等奖，实现“双连冠”。

【东乡区经济开发区科协成立】 8月16日，东乡经济开发区科学技术协会成立暨第一次会员大会在中科（东乡）智汇工场召开，抚州市科协副主席杨正荣出席会议并为东乡经开区科协授牌，经济开发区科协第一届委员会会员35人参加会议，配齐配强科协领导班子和工作人员，推动科协系统改革向基层有效延伸，扩大联系服务科技工作者覆盖面。

【东乡区科学技术协会第一次代表大会】 9月27—28日，东乡区科学技术协会第一次代表大会召开，区科协主席陈耀平作题为《凝聚科技力量，激发创新动能，致力打造“四区”、聚焦打好“六站”战略部署，奋力描绘中国式现代化东乡画卷贡献智慧和力量》的工作报告。139名来自全区各行各业、各条战线的科协代表参会，选举产生新一届科协组织班子和领导成员。

【科普宣传】 结合“3·5”学雷锋日、科技活动周、“科技工作者日”“全国科普日”“银龄科普”等主题科普品牌举办科普宣传活动200余场次，为农民开展水稻、稻蛙鳅种养、蓝莓种植等技术培训30余场，接受科技咨询80余次。参加活动科技工作者、科技志愿者1000余人次，受益群众达7万余人次。

【科教新突破】 6月10日，举办东乡区第一届人工智能大赛，涉及“淘淘向右走”“HELLO编程”“天枢编程”“无人机对抗赛”“3D编程帕拉卡”“童心开源造物编程”“智慧体育竞技”7个竞赛项目，全区各幼儿园、中小学校650余人参加；江西省无人机锦标赛暨第

9月18日，东乡区2023年“全国科普日”活动启动仪式举行

（区科协　供）

二十四届“飞向北京—飞向太空”全国青少年航空航天模型教育竞赛活动（无人机项目）总决赛中，由区人工智能学会指导的东乡区参赛选手取得优异成绩，东乡区第四中学学生在小学组无人机打靶赛中，取得全省季军的优秀成绩，60余组成员分别获得一、二、三等奖。

【“四站”建设】 新建1家省级“海智计划”工作站（江西华宇科技有限公司“海智计划”工作站，抚州市仅2个）、1家市级“海智计划”工作站（抚州“海智计划”华宇科技有限公司工作站，全市8个）及花猪科技小院。东乡泥鳅科技小院被中国农技协、江西省科协评为科普教育基地，获评江西省科协2022年度“优秀等次”，典型经验在中国农技协科技小院交流观摩活动中作分享交流。为东乡绿壳蛋鸡高产配套申报研究基地、江西荣华人工智能产业园有限公司申报2022—2024年度“科创中国”创新基地（国家级）；为江西科诺生物科技有限公司申报省级专家工作站；为江西彭彩新材料科技有限公司和九鼎牧业申报市级专家工作站；为抚州发那特机械科技有限公司申报市级“海智计划”工作站及申报王桥镇为科普小镇。

【主题科普场馆】 区科协在原有场馆基础上，新打造花果山农耕文化、王震红色文化（省级主题科普场馆）、红光状元文化（区级主题科普场馆）3家主题科普场馆。涵盖VR、农业、气象、环卫、法治等文化领域；依托新时代文明实践中心，结合人民群众生产生活需求，开展卫生健康服务，应急安全技能培训，科学辟谣，反伪科学、反封建迷信宣传等科技志愿服务活动；统筹东乡区内科普馆、科普教育基地等阵地资源，整合科普宣传栏、农村中学科技馆、科技工作者之家等科普资源，形成覆盖城乡、各具特色的科普服务体系。

（聂雨蒙）

东乡区残疾人联合会

【概况】 2023年，东乡区残联履行“代表、服务、管理”职能，代表残疾人共同利益，维护残疾人合法权益，团结教育残疾人，为残疾人服务。为788名残疾人提供康复服务，422名残疾人获得康复辅助器具，为贫困肢体残疾人装配假肢15例，补助资金10.2万元，康复率100%。为45名残疾儿童提供康复服务，补助资金54.68万元，其中为3名听障儿童适配助听器（双耳）使用补助资金1.8万元。为5名康复医疗费用在3万元以上的贫困残疾人提供补助资金3万元。建立精神病障碍患者社区康复（省残联试点）社区1个，阳光家园计划为60名精神病患者提供托养服务，补助资金9万元。办理法律救助4件、处理信访件3件、政务热线4件，接待和办理残疾人来电和来信160余件，来访230余人次，办复率100%。

【教育帮扶】 对符合资助条件的5名应届残疾大学生（肢体残疾4名，听力残疾1名）按照本科4000元/人、专科3000元/人的标准给予资助1.8万元。拨付10.2万元经费资助特殊教育学校教育，推动学校开展残疾儿童学前教育、送教上门。按照每人每年400—800元的标准资助16名随班就读的在校残疾学生0.68万元。

【就业帮扶】 2023年，东乡区新增城镇就业残疾人数40人，农村就业残疾人数85人。至年末，东乡区7569名就业年龄段持证残疾人中有4534人实现就业。区残联贯彻落实《江西省残疾人就业办法》，安置110名残疾人担任农家书屋管理员，50名残疾人在公益性岗位就业。分别按照每人每月800元、每人每月300元的标准对安置在城镇行政事业单位和农村单位就业的残疾人给予岗位补贴，安置1047名残疾人在福利企业就业。扶持一家辅助性就业机构，安置10名精神、智力和重度肢体残疾人实现就业，增加残疾人收入。

【生活帮扶】 在“全国助残日”、春节、中秋节等节假日累计走访慰问904户贫困城乡残疾人。筹措资金实施贫困重度残疾人家庭环境无障碍改造工程全覆盖，帮助贫困户改善生活条件。为20户贫困重度残疾人家庭环境开展无障碍改造，平均每户补贴资金6000元，投入资金11.96万元。对肢体残疾人代步车发放燃油补贴260元/年，发放残疾人机动车燃油补贴471人12.25万元。

【残疾预防宣传】 第7次全国“残疾预防日”区残联与东乡妇幼保健院开展“预防先天残疾守护美好未来”为主题的教育活动。向广大市民及患者宣传残疾预防核心知识。活动发放各类宣传册10种660余份，叶酸、计生用品80余份，医药包290余份，资金10余万元。进一步增强全民残疾预防意识的生动实践。

（刘泰）

红十字会

【概况】 2023年，东乡区红十字会忠实践行“人道、博爱、奉献”的新时代红十字精神，加强全面从严治党、完善应急救援体系、提高应急救护能力、提升人道救助实力、夯实基层组织建设，持续推进志愿服务。帮助4名患病儿童申请中国红十字基金会“小天使基金”和“天使阳光基金”资助。募集各界社会捐款124.6万余元，网络筹资8.05万余元。把应急救护“五进”（进机关、进企业、进学校、进社区、进乡村）活动作为重点工作，开展培训19期，惠及9650人，提高广大群众面对意外伤害时的自救互救意识和能力。至年末，东乡有持应急救护证者944人。

【“养老服务+生命教育”主题养老服务培训】 开展“养老服务+生命健康”主题养老服务培训，培训养老护理员31人，普及356人。东乡区南丁格尔服务队志愿者多次进社区、乡镇、医院等地为老人免费测血压、血糖，宣传健康知识。帮助老年人保持身体健康，提高生命质量。

【保障民生工程】 在东糖社区、抚州市远成实业有限公司、长途汽车站、孝岗镇便民服务中心、体育馆投放5台智慧红十字一体机（AED），

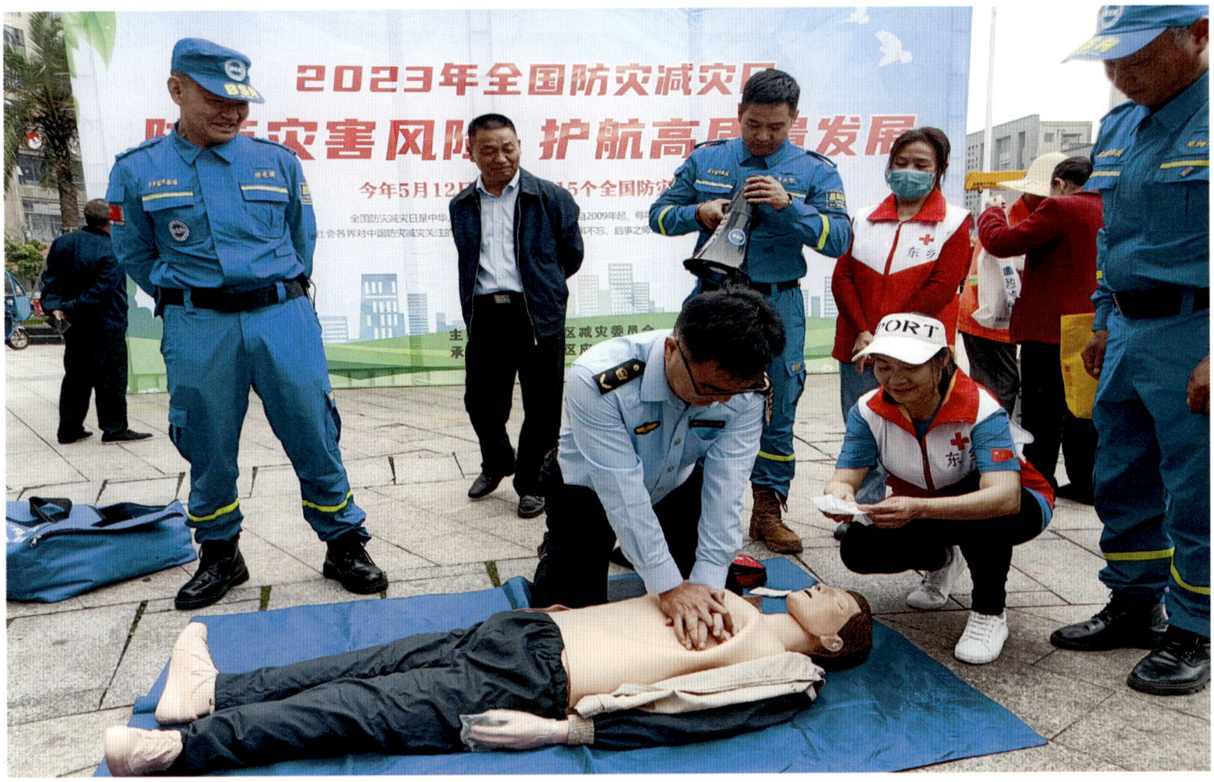

全国防灾减灾日现场救援培训　　（区红十字会　供）

对各投放点相关人员进行培训，确保充分发挥急救设备在应急救护中的作用，在保障人民群众生命安全方面作出贡献。

【志愿服务活动】 开展“博爱送万家”活动，为困难群众发放温暖箱、棉被等物资，帮助他们解决实际困难。1月16日，区红十字会参与卫健委组织开展无偿献血活动，宣传无偿献血的重大意义，提升市民对无偿献血的知晓率和积极性。3月9日，开展健康义诊、“三献三救”宣传以及创卫、电信诈骗、公众安全感和政法部门满意度“双提升”宣传等志愿服务活动，用实际行动传承雷锋精神，将人道服务送到群众身边。4月，开展清明追思“生命·遇见”三献暨宣传遗体和人体器官捐献者缅怀纪念活动，提升公众参与捐献的意识，进一步营造传承中华传统美德。全国第15个防灾减灾日，为全面推广防灾减灾知识，提高避灾自救能力，联合应急管理局开展以“防范灾害风险，护航高质量发展”为主题的防灾减灾宣传活动。6月，开展“助力高考，保驾护航”志愿服务活动，为广大学子迎战高考保驾护航。

【“三献”活动】 在“世界献血者日”“世界红十字日”“世界急救日”“世界骨髓捐献者日”等重大节日，组织志愿者开展宣传活动。发放《中华人民共和国红十字会法》《江西省红十字会条例》、应急救护知识手册、造血干细胞及器官遗体捐献宣传资料3000余册，接受群众现场咨询800余人次，现场普及应急救护6000余人。动员群众参与红十字志愿者、造血干细胞捐赠、遗体器官捐献志愿登记和无偿献血等爱心活动。

【应急救护培训】 区红十字会在东糖社区建设红十字“博爱家园”，开展关爱辖区内失能失智老人和留守儿童、应急救护培训、红十字人道精神传播、宣传无偿献血、造血干细胞捐献、遗体器官捐献、红十字法律法规宣传等活动。在东乡二中创建红十字生命健康体验馆，建设应急救护体验区、交通安全区、水上安全区、消防安全区、家庭安全区和培训教室，帮助青少年学生掌握安全防护，应急救护知识技能，传达红十字的理念、精神、知识。在各个乡镇（街道、场）办事处设立红十字服务窗口，提供红十字人道救助、无偿献血、造血干细胞捐献、人体器官、遗体捐献登记等事项的咨询和服务，把“为民办实事”落到实处，打造群众身边的红十字会。

（万知知）

军　事

东乡区人武部

【概况】2023年，东乡区人民武装部学习贯彻中共二十大精神和省军区、军分区党委扩大会议精神，旗帜鲜明讲政治，紧贴使命抓备战，注重质量强动员，抓牢制度求规范，着眼长远打基础，正风肃纪强党建，较好完成年度各项工作任务。2023年被省军区表彰为“民兵工作先进单位”，被军分区表彰为“全面建设先进单位”。

【党管武装】坚持落实常委议军、武委会、军事日、党管武装述职、第一书记任职大会、颁发基层人武部教导员任职通知书等制度，组织召开区委武委会，共商基层治理建设内容，协调地方预算100万元用于基层治理规范化建设。从严做好基层党管武装考评，由区人武部牵头，区委组织部、区人社局派员参加，对18个乡镇（街道、场，含东临新区岗上积镇、红亮垦殖场）2023年党管武装工作和专武干部年度履职情况进行考评，并迎接省军区、军分区党管武装考评，党管武装工作排名全市第2。

【战备训练】抓好节日和重大活动时期战备，贯彻省军区、军分区关于元旦、春节、两会、“五一”、国庆期间战备、安全管理指示精神，及时修订5类方案，拟制节日战备“五张表”；与区公安局“110”指挥中心、消防救援系统、应急管理系统建立情报信息共享机制，拓宽辖区突发事件信息来源；组织森林灭火骨干91人进行5天针对性训练和演训；选派30名民兵参加全区防汛抗旱应急联合演练，全区抗洪抢险分队演练在中央电视台国防军事频道及中国军视网进行播报。

【民兵整组】依据民兵建设任务需求和民兵编组主要方向、专业等要求开展潜力调查，协调对接46家潜力单位，实地走访20余家高新技术企业。区分应急、支援两类力量，编实基干民兵队伍，严格落实军民通用装备预征预储；与区人社局联合开展基干民兵专业技能考核，全员落实专业技能考核鉴定。采取“逐单位过”的方式组织基干民兵整组点验，同步组织战备考核、训练检查；10月，承办全市民兵工作推进现场会，围绕民兵分队“一个过程”拉动演练、民兵应急连“两室一库”建设、民兵整组软件资料3个方面，为全市民兵工作树样板作示范。

【基层武装建设】与区政府联合印发《东乡区2023—2024年基层人民武装部高质量发展建设方案计划》，召开军地联合专题部署会，落实专项经费，推进基层武装部高质量发展。在红星镇、交通局、电信公司3个不同类型单位开展先行试点，结合专武干部例会和专武干部集训组织现地观摩。拓宽工作阵地，不断推动基层武装工作阵地向企业、高校拓展，推动东乡高级技工学校设立基层武装部。

【双拥共建】区委、区政府先后出台有利于军转安置、家属就业、子女就学的政策措施，解决官兵后路、后院、后代问题。协调现役军人、立功退役军人子女入学入托85人，帮助军属实施法律援助等2起，广泛宣传军人立功受奖事迹，为立功受奖军人家属送喜报200余人次，其中东乡区爱国拥军促进会向40名立功军人发放慰问金7.2万元。区人武部参与地方乡村振兴、助学援建活动，资助港西村8万元助力产业发展，援助虎圩乡中心完小4万元购置电脑改善学习条件，联合32504部队组织“驻区部队为少数民族群众办实事好事”活动，营造军民共发展、鱼水情更深的良好氛围。

（吴红杰　张植）

东乡区国防动员

【概况】 2023年10月1日，区住房和城乡建设局所属的城镇发展服务中心将人防工程质量安全监督职能交由区发展和改革委员会（区国防动员办公室）承担。区国防动员保障服务中心加强国防动员综合能力，开展宣传国防教育知识，普及人民防空知识和技能；组织人防训练演练，提高应急处理和遂行防空袭斗争任务的能力；优化人防警报系统建设，依法抓好人防工程建设及工程维护管理，确保人民的生命财产安全。

【“3·1”国际民防日】 3月1日，区国防运动员保障服务中心在东信财富广场开展“3·1”国际民防日宣传活动。摆放人防知识咨询台、人防知识问答台，邀请蓝天救援队为群众现场教学急救知识。现场接受群众咨询90余次，向市民发放人防知识、防灾减灾知识宣传单500余份和《防空防灾应急宣传手册》500余册。

【“5·12”全国防灾减灾日】 “5·12”全国防灾减灾日宣传周期间，区国防动员保障服务中心联合区实验小学开展防空防灾疏散演练活动，在区实验小学开展人防知识宣讲，发放人防知识宣传册；联合区城管局、区消防救援大队、区应急管理局、区教育局等单位开展“5·12”防灾减灾日主题宣传活动，参与省办组织的国防动员法律法规网络知识竞赛活动，营造全民答题氛围。

【“9·18”宣传】 参加省国动办组织的“江西援战—2023”国防动员指挥演练活动。在广播电视和人员密集的公共场所电子显示屏滚动发布警报试鸣公告，准时播放防空试鸣警报。通过移动信息网络发布防空防灾知识宣传信息，在城区悬挂“国防动员”宣传标语。以东乡区2023年度秋季新兵欢送晚会暨全民国防教育文艺晚会为契机，向全区各级领导干部和群众宣传普及国防教育知识。

【国防动员训练演练】 4月，参加区应急管理局举行的2023年东乡区防汛抗旱应急救援联合演练。5月12日，区国防动员保障服务中心联合区实验小学开展防空防灾疏散演练活动。演练活动是对区人防办重大事故应急预案的一次检验，提高区人防办实际应对和处置突发安全事件的能力。开展国防动员专业队伍训练，全年在岗训练不少于5日，集中训练时间不少于3日，参训率不低于90%，不断提高应急处理和遂行防空袭斗争任务的能力。

【人防报警系统建设】 2023年3月省、市国动办对东乡区人防警报系统建设进行实地调研。区人防办针对省、市国动办提出的问题进行研究部署，对全区人防警报器管理维护工作制定整改计划，明确维护管理责任人，增设1台人防警报器，聘请专业人员对人防警报器进行全面整改和维修。

（王小娟）

退役军人事务管理

【概况】 东乡区退役军人事务局机关3月承办全省退役军人思想政治工作会议以及“学习宣传贯彻中共二十大精神 退役军人志愿服务传新风”暨“替烈士看爹娘、为烈属办实事”学雷锋活动启动仪式；7月，局党支部荣获市直属机关工作委员会颁发的“模范党支部”称号，选树退役军人企业家为2023年度全国“最美拥军人物”提名人；9月，东乡区革命纪念公园正式获批为全省第五批省级烈士纪念设施；11月，孝岗镇退役军人服务站站长荣获“全国优秀主任（站长）”称号；12月，江西华宇科技有限公司上榜“2023年度全国退役军人创业带动就业光荣榜”，是全省唯一一家上榜的退役军人创办企业。

【就业创业】 举办春、秋两季退役军人适应性培训班，开展第二届电子商务培训、电商孵化培训、农业种植技术培训班。开展线下招聘会7场，线上“直播带岗”招聘会2场，为退役军人军属提供就业岗位739个。利用乡镇站点工作群，发布招聘信息120余条。扶持军创企业，不断培育军创典型。打造退役军人电商孵化基地，实行0元入驻，帮助22家军创企业抱团发展。

【抚恤优待】 2023年，发放各类优抚资金3761万余元。为9名老兵送去轮椅，上户吊唁20余名去世的重点优抚对象，为577名优抚对象免费体检。完成2553名优抚对象年度核查工作。做好全国电子优待证试点工作，发放优待证9868张。4月组织军休干部赴资溪参加门球比赛，9月组织到庐山疗养、学习，11月组织钓鱼比赛，丰富军休干部的精神文化生活。

【双拥共建】 2023年是东乡区首次争创全省双拥模范县（区）工作的验收之年，全年财政拨款600万元用于开展双拥活动，600万元支持退役军人服务保障体系建设，以各乡镇（街道、场）基层武装部和44个双拥成员单位为基础，打造158个村级退役军人服务点。建成双拥“十个一”阵地，打造双拥文化矩阵。推进国防教育，东乡高级技工学校被评为全国国防教育特色学校，东乡二中被评为全国中小学国防教育示范学校。将王震、祝荫隆等老一辈无产阶级革命家先进事迹编入地方教材，构建思政育人大格局。开展“集中送喜报暨颁发‘关爱功臣基金’活动”“送农技服务进军营”“双拥主题书法展”“军地相亲联谊活动”。组织“老兵宣讲团”，进校园、进军营、进社区等宣讲活动13场，受众1500余人。挖掘本地红色文化，推出舞台剧《英雄祝荫隆》、小品《我的队长》、故事《渐峰岭下十一勇士》等一批群众喜闻乐见的双拥文化作品。制定《关于将退役军人纳入免费乘坐东乡区城市公交优待对象的通知》《东乡区军人军属、退役军人和其他优抚对象优待清单》，将双拥工作落到实处。

【服务保障】 完善权益维护机制，全年提供3次专业法律援助，挖掘“兵支书”“最美退役军人”大力宣扬先进事迹。评选出17名“三美”人物。完成退役军人困难帮扶，精心组织腾讯99公益募捐活动，募集善款19万余元。做好“八一”、春节各类优抚对象和困难退役军人走访慰问活动，共发放帮扶资金46.5万元。举行“爱在才乡·情暖老兵”之“子女助学”活动，对2名困难退役军人子女进行资助，资助金额1.5万元。

【褒扬纪念】 充分发挥功臣模范、优秀老兵宣讲员、英烈讲解员示范引领作用，进到校园、军营、社区开展宣讲活动22场。把抗美援朝老兵刘忠德事迹拍摄成口述历史宣传片《血肉为刀锋》，在江西电视台刊播，将抗美援朝老兵饶光辉事迹撰写成《一封保存了68年的入党申请书》，在“学习强国”学习平台上刊载。采访军烈属黄云辉、李振孙家庭，撰写出2篇6000余字的纪实性文章，被国家社科基金重点项目成果《红色血脉——烈士及烈属家庭的故事》一书收录。根据东乡区32504部队烈士事迹，制作微宣讲《渐峰岭下十一勇士》，以赣东北赤色警卫师师长祝荫隆为原型，打造成舞台剧《英雄祝荫隆》。组织“新长征”志愿者上门开展“你为国尽忠我为你尽孝”活动，帮助解决困难。累计投入480万余元推进烈士纪念设施提升改造。其中，293万余元用于改造革命纪念公园，110万余元修缮珀玕乡烈士陵园，36万余元修缮驻区32504部队烈士陵园，42万余元修缮小璜镇烈士陵园。

（辛扬辉　廖晨曦）

法 治

政法和平安建设工作

【概况】2023年，东乡区政法系统以推进新时代新征程政法工作现代化为主线，纵深推进政法工作高质量发展。年内，东乡区被评为“江西省矛盾纠纷排查化解专项行动先进集体”；区委政法委被评为新时代“枫桥经验”抚州实践先进典型；东乡综治中心实体化运行工作考核9次跻身全省县（区）榜首；东乡区客商投资企业协会调解中心被人力资源社会保障部办公厅、江西省人力资源和社会保障厅等四部门评为“金牌协调劳动关系社会组织”；优化法治化营商环境工作被《法治日报》《人民法院报》《江西改革动态》、人民法治网等媒体宣传报道。

【国家政治安全】实施“四大工程”，开展维护政治安全专项行动和国家安全日宣传活动，全面开展重点部位隐患排查，进行防暴恐实战演练，提升防范化解影响政治安全风险隐患能力水平。

【平安东乡建设】将平安东乡建设纳入平安抚州建设全局和全区经济社会发展大局，统筹谋划推进。全年破获民（刑）事案件330余起，抓获犯罪嫌疑人235人，智能安防小区内多发性侵财案件、小区警情、矛盾纠纷数量明显下降。组建督导专家、服务骨干、志愿者队伍10支300余人，建成社会心理健康服务指导中心1个，乡镇（街道、场）、村（社区）心理咨询室176个。组织开展“职工心理健康服务”、青少年“心理辅导课堂”等心理健康专题辅导150余场次，惠及7000余人次。全区常态化开展排查化解工作，全力做好重要节假日、重要会议、重要赛事活动期间社会工作，实现“六个零发生”目标。全年对30个重大决策、重点项目进行风险评估，确保项目有序开展；国家交办三批重复治理全区信访总量1403批1512人次，信访积案125件，化解119件，化解率95.2%。

【法治东乡建设】召开区委全面依法治区工作会议、区委全面依法治区委员会会议等进行研究部署法治建设工作，将习近平法治思想列入区委党校（行政学院）干部培训学习内容，引导全区上下深刻领会“十一个坚持”的丰富内涵。通过集中学习、专题讲座、专家辅导等方式组织开展“深入学习宣传贯彻习近平法治思想，大力弘扬宪法精神”主题宣传活动。持续推进“八五”普法行动，组织开展国家宪法日主题宣传活动、领导干部宪法法律知识考试、党内法规知识测试、“民法典走进生活”网上有奖知识竞答等活动，建成2个宪法主题公园广场、6个青少年法治教育基地，推动形成尊法学法守法用法社会风尚。坚持把党的领导贯穿法治建设各方面全过程，明确各地各部门党政主要负责人履行推进法治建设第一责任人职责的“任务清单”，明确村（社区）党支部书记建设法治乡村的职责任务，形成“三级书记抓法治”的工作格局。

【矛盾纠纷多元化解“一站式”服务中心】围绕群众信访矛盾纠纷化解“只进一扇门、最多跑一地”目标，按照“信访打头、调解优先、

农·林·水

政法和平安建设工作

【概况】 2023年，东乡区政法系统以推进新时代新征程政法工作现代化为主线，纵深推进政法工作高质量发展。年内，东乡区被评为“江西省矛盾纠纷排查化解专项行动先进集体”；区委政法委被评为新时代“枫桥经验”抚州实践先进典型；东乡综治中心实体化运行工作考核9次跻身全省县(区)榜首；东乡区客商投资企业协会调解中心被人力资源社会保障部办公厅、江西省人力资源和社会保障厅等四部门评为“金牌协调劳动关系社会组织”；优化法治化营商环境工作被《法治日报》《人民法院报》《江西改革动态》、人民法治网等媒体宣传报道。

【国家政治安全】 实施“四大工程”，开展维护政治安全专项行动和国家安全日宣传活动，全面开展重点部位隐患排查，进行防暴恐实战演练，提升防范化解影响政治安全风险隐患能力水平。

【平安东乡建设】 将平安东乡建设纳入平安抚州建设全局和全区经济社会发展大局，统筹谋划推进。全年破获民(刑)事案件330余起，抓获犯罪嫌疑人235人，智能安防小区内多发性侵财案件、小区警情、矛盾纠纷数量明显下降。组建督导专家、服务骨干、志愿者队伍10支300余人，建成社会心理健康服务指导中心1个，乡镇(街道、场)、村(社区)心理咨询室176个。组织开展“职工心理健康服务”、青少年“心理辅导课堂”等心理健康专题辅导150余场次，惠及7000余人次。全区常态化开展排查化解工作，全力做好重要节假日、重要会议、重要赛事活动期间社会工作，实现“六个零发生”目标。全年对30个重大决策、重点项目进行风险评估，确保项目有序开展；国家交办三批重复治理全区信访总量1403批1512人次，信访积案125件，化解119件，化解率95.2%。

【法治东乡建设】 召开区委全面依法治区工作会议、区委全面依法治区委员会会议等进行研究部署法治建设工作，将习近平法治思想列入区委党校(行政学院)干部培训学习内容，引导全区上下深刻领会“十一个坚持”的丰富内涵。通过集中学习、专题讲座、专家辅导等方式组织开展“深入学习宣传贯彻习近平法治思想，大力弘扬宪法精神”主题宣传活动。持续推进“八五”普法行动，组织开展国家宪法日主题宣传活动、领导干部宪法法律知识考试、党内法规知识测试、“民法典走进生活”网上有奖知识竞答等活动，建成2个宪法主题公园广场、6个青少年法治教育基地，推动形成尊法学法守法用法社会风尚。坚持把党的领导贯穿法治建设各方面全过程，明确各地各部门党政主要负责人履行推进法治建设第一责任人职责的“任务清单”，明确村(社区)党支部书记建设法治乡村的职责任务，形成“三级书记抓法治”的工作格局。

【矛盾纠纷多元化解“一站式”服务中心】 围绕群众信访矛盾纠纷化解“只进一扇门、最多跑一地”目标，按照“信访打头、调解优先、

农·林·水

诉讼断后”原则，扭住信访空转、化解多转、诉讼难转三个“牛鼻子”，坚持人民至上、站稳人民立场，从统筹发展和安全的高度，坚持和发展新时代“枫桥经验”，打造矛盾纠纷多元化解“一站式”服务中心。服务中心于1月投入使用，总面积2000平方米，内设信息化指挥调度、矛盾纠纷调处、人民来访接待、心理健康服务、公共服务及集中办公等功能区。按照“当进则进、宜进则进”原则，采取“常驻+轮驻+随驻”相结合的方式，组织信访、法院等职能单位进驻中心，实现信访接待、矛盾调解、法律援助、困难帮扶、救济救助、心理疏导等“一窗式受理、一站式服务、一揽子解决”，实现“服务不缺位、矛盾不上交、平安不出事”，推动东乡区矛盾纠纷多元调解机制更完善、效果更显现，提升市域社会治理效能。至年末，中心有8个常驻单位、17个轮驻单位、18个随驻单位。全年排查各类矛盾纠纷6109件，成功化解6083件，化解率99.57%。其中，区“访调诉”一站式服务中心调处各类矛盾纠纷361件，调解361件，回访361件，调解成功率、回访率和回访满意率100%。

【法治化营商环境建设】 发挥政法职能优势，以新安全格局保障新发展格局，把营造市场化、法治化营商环境作为重要任务，依法保护各类市场主体产权和合法权益，激发和保护市场主体活力，以法治智慧、法治力量助推经济高质量发展。区公安局以“大走访、双提升”活动为抓手，组织干警入企走访，走访企业145家，重点项目6个次，帮助企业化解纠纷70起、解决难题30个；查处侵企扰企违法犯罪案件3起，查获违法犯罪人员11人；办理知识产权类案件7起，抓获犯罪嫌疑人16人，涉案品牌价值9100余万元，销售金额1600余万元。区法院在园区巡回法庭设立法治园区共建中心，在园区设立法官服务企业工作站，建立“法院+经开区”联系合作机制。园区巡回法庭办理涉企案件1092件，其中调解355件，调解案件标的额30601.56万元。

【无讼村(社区)创建暨“枫桥式”基层政法单位创建动员部署会】 12月15日，全区无讼村(社区)创建暨“枫桥式”基层政法单位创建动员部署会召开。会议强调，区政法各单位要坚持党政统筹，强化齐抓共管，逐步构筑“党政领导、政法主抓、部门协同、社会参与、整体推进”的“双创”活动工作体系，推动“双创”活动逐步走向规范化、制度化，完善责任追究、考核激励等奖惩机制，建立起横向到边、纵向到底的责任体系。要坚持重心下沉，强化源头治理，坚持矛盾纠纷排查摸底常态化、动态化、规范化，深入开展大走访、大排查、大调处活动，加强人民调解、行政调解、诉讼调解和仲裁调解之间的衔接配合，提高矛盾纠纷化解实效，努力让矛盾纠纷发现在早、处置在小。要发挥基层党组织政治引领作用，让基层党组织成为引领群众、治理一方的坚强战斗堡垒，成为宣传群众、教育群众、服务群众的最前哨，引导群众学法、用法、靠法，把党的群众路线坚持好、贯彻好，在“双创”活动中走在前、勇争先、善作为，打造出更多各具特色的“无讼村(社区)”，奋力开辟新时代“枫桥经验”新境界。

【东乡区邓家乡与进贤县衙前乡第二十八次边际联谊会】 12月15日，东乡区邓家乡与进贤县衙前乡第二十八次边际联谊会召开。会议回顾多年来两地联防联调结下的深厚情感和友谊，认为边际联防联调活动有效解决毗邻乡镇的边际矛盾纠纷，为维护两地毗邻地区经济发展和社会稳定作出重要贡献。会议强调，两地要立足良好合作基础，持续发扬同心共识、交流协作、共谋发展、共保稳定的优良传统，共

政法和平安建设工作

【概况】 2023年，东乡区政法系统以推进新时代新征程政法工作现代化为主线，纵深推进政法工作高质量发展。年内，东乡区被评为“江西省矛盾纠纷排查化解专项行动先进集体”；区委政法委被评为新时代“枫桥经验”抚州实践先进典型；东乡综治中心实体化运行工作考核9次跻身全省县（区）榜首；东乡区客商投资企业协会调解中心被人力资源社会保障部办公厅、江西省人力资源和社会保障厅等四部门评为“金牌协调劳动关系社会组织”；优化法治化营商环境工作被《法治日报》《人民法院报》《江西改革动态》、人民法治网等媒体宣传报道。

【国家政治安全】 实施“四大工程”，开展维护政治安全专项行动和国家安全日宣传活动，全面开展重点部位隐患排查，进行防暴恐实战演练，提升防范化解影响政治安全风险隐患能力水平。

【平安东乡建设】 将平安东乡建设纳入平安抚州建设全局和全区经济社会发展大局，统筹谋划推进。全年破获民（刑）事案件330余起，抓获犯罪嫌疑人235人，智能安防小区内多发性侵财案件、小区警情、矛盾纠纷数量明显下降。组建督导专家、服务骨干、志愿者队伍10支300余人，建成社会心理健康服务指导中心1个，乡镇（街道、场）、村（社区）心理咨询室176个。组织开展“职工心理健康服务”、青少年“心理辅导课堂”等心理健康专题辅导150余场次，惠及7000余人次。全区常态化开展排查化解工作，全力做好重要节假日、重要会议、重要赛事活动期间社会工作，实现“六个零发生”目标。全年对30个重大决策、重点项目进行风险评估，确保项目有序开展；国家交办三批重复治理全区信访总量1403批1512人次，信访积案125件，化解119件，化解率95.2%。

【法治东乡建设】 召开区委全面依法治区工作会议、区委全面依法治区委员会会议等进行研究部署法治建设工作，将习近平法治思想列入区委党校（行政学院）干部培训学习内容，引导全区上下深刻领会“十一个坚持”的丰富内涵。通过集中学习、专题讲座、专家辅导等方式组织开展“深入学习宣传贯彻习近平法治思想，大力弘扬宪法精神”主题宣传活动。持续推进“八五”普法行动，组织开展国家宪法日主题宣传活动、领导干部宪法法律知识考试、党内法规知识测试、“民法典走进生活”网上有奖知识竞答等活动，建成2个宪法主题公园广场、6个青少年法治教育基地，推动形成尊法学法守法用法社会风尚。坚持把党的领导贯穿法治建设各方面全过程，明确各地各部门党政主要负责人履行推进法治建设第一责任人职责的“任务清单”，明确村（社区）党支部书记建设法治乡村的职责任务，形成“三级书记抓法治”的工作格局。

【矛盾纠纷多元化解“一站式”服务中心】 围绕群众信访矛盾纠纷化解“只进一扇门、最多跑一地”目标，按照“信访打头、调解优先、同做好防范风险、化解矛盾、维护稳定的各项工作，为推动两地经济快速发展、促进社会和谐稳定提供坚实保障。

（吴恒助　张华生）

法治政府建设

【概况】 2023年，东乡区坚持运用法治思维和法治方式深化改革、推动发展。区委全面依法治区委员会第五次会议听取2022年度法治政府建设工作汇报并全面安排部署2023年依法治区和法治政府建设工作。制定《抚州市东乡区法治政府建设实施方案（2022—2025年）》《区委全面依法治区委员会2023年工作要点》《关于推进全区领导干部学法守法用法考法述法“五法并举”工作的意见》《抚州市东乡区全面依法治区重点工作指引提醒和督办通报工作制度》等制度文件。细化工作措施，明确职责分工，压实工作责任，为东乡区经济社会持续健康发展提供坚实的法治保障。加大常务会议学法力度，全面安排政府常务会议学法8次，对法治领域重点工作进行统筹和统一调度。带头落实行政机关负责人出庭应诉规定，区政府负责人出庭应诉2次。11月21日，区司法局被授予全省行政复议工作规范化示范单位称号。

【审批服务提质增效】 建设通用综合窗口，落实“前台综合受理，后台分类审批，统一窗口出件”，打造“6+1+N”通用综合窗口模式。推进相近业务、常见业务集成综合窗口建设，将投资项目、市场准入、社会事务、农业事务、城管交通等20多个部门分设的50多个窗口整合为13个综合受理窗口，实现窗口“小整合”、服务“大提升”。行政审批综合受理窗口使用“一窗式”综合受理平台共计办理业务40870件，办结率83.98%。推行“一网通办”，实现全区2250项政务服务事项网上可办率100%，全程网办率100%。梳理上线“一次不跑”事项2187项，“只跑一次”事项65项，一次不跑事项的占比97.03%，上线78项“秒批秒办”事项，新设立企业开办实现全流程3小时内办结。推行“网上申报、智能审批、即报即结、结果共享”模式，通过“足不出户电脑端”或“触手可及手机端”登录“赣服通”秒报秒批专区，办理公共场所卫生许可证注销、医师执业资格查询、农药经营许可证延续等78种业务，实现智能审批。在赣服通上线203个高频事项，打造“民生直达”特色专区，针对临时占道事项进行优化，打造东乡特色应用服务事项，做到开业店庆办理临时占道更简便快捷。通过线上申请，赣政通后台及时审批。推行“异地通办”，与山东惠民县及福建泉港区签订”跨省通办”合作协议，上线“跨省通办”事项26项、全市通办事项1468项。

【市场监管】 全区29个部门制定531个抽查检查计划，其中双随机总任务数399个，本部门检查事项数268个，联合部门检查事项占比100%，低风险市场主体“无事不扰”实现率100%。做到“进一次门、查多项事”，切实减轻企业负担。以深化综合执法改革为统领，以高质量开展民生领域案件查办“铁拳”行动为主线，聚焦重点商品、重点行业、重点领域，开展食品、药品、产品质量、特种设备、知识产权、医疗美容、价格欺诈、涉粮领域、养老诈骗、网络传销等直接关系群众生活、人身财产安全的产品专项整治行动。1起反不正当竞争案件入选国家总局反不正当竞争执法年度报告。

【规范重大行政决策】 严格执行《抚州市东乡区人民政府重大行政决策程序操作规程（试行）》，将12项重大行政决策事项纳入目录管理，编制2023年度重大行政决策目录清单并向社会公开。严格落实重大行政决策合法性审查制度，对《抚州市东乡区2023年民生实事工程安排方案》《东乡区申浩实验学校、东乡区明德学校的学费、住宿费定价方案》等6件重大行政决策出具合法性审查意见，确保重大行政决策程序、内容合法。

【规范性文件清理备案】 印发《东乡区行政规范性文件清理工作方案》，对2000年后的规范性文件进行清理，将131件规范性文件纳入清理范围，分别按照予以废止、宣布失效、作出修改、继续有效4种方式处理。印发《东乡区人民政府关于公布行政规范性文件清理结果的决定》，宣布继续有效32件，废止78件，失效17件，修改4件。在政府网站整合“规范性文件”统一发布板块，将区政府及区属部门现行有效的规范性文件统一发布，为社会公众搭建起一个透明开放、便利可及、专业可信的法规文件查询平台。履行行政规范性文件备案监督职责。向市政府、区人大常委会备案2023年区政府（区政府办公室）制发的行政规范性文件3件。

【规范公正文明执法】 推进服务型行政执法建设。推进行政执法全过程记录和重大执法决定法制审核工作制度规范执行。围绕全省“一号工程”营商环境对标提升方案，推行包容审慎执法。在推行首违轻微违法行为不予处罚清单的基础上，试行推进柔性执法“三张清单”制度，市场监管部门自实施以来对124家企业免予处罚，为企业减免罚款400余万元。推进区乡两级行政执法协调监督工作体系建设。对全区行政执法人员资格的动态管理，严把执法证申领关口，完成94人执法证换证工作。对全区非法采矿类案件开展集中评查，出具行政执法监督建议书1份。制定《抚州市东乡区实施告知承诺制证明事项目录清单（不含涉企经营许可事项）》，将17个部门98个行政事项纳入清单管理，对证明事项保留清单、证明事项取消清单、证明事项告知承诺制目录清单持续进行动态管理。各相关部门进一步优化证明事项告知承诺工作规程、办事指南、格式文本，并向社会公开。2023年，实行告知承诺制的证明事项有7700余件。

【优化行政复议】 深化行政复议体制改革，配齐行政复议硬件设施，实现“立审分离”，配强复议工作力量，行政复议专职人员2人且全部通过法律职业资格考试。突出“案前化解”，在14个乡镇设立行政复议咨询点，提供“就近服务”。全年新收行政复议申请38件，受理36件，审结30件，其中维持4件、驳回17件、确认违法1件、终止审理8件，运用调解、和解方式化解行政争议，努力实现定分止争、案结事了。2023年，以调解、和解结案案件8件，已审结行政复议案件和解结案率26.7%。

【强化行政权力监督】 依法全面履行审计监督职责，全年完成审计项目32个，审计发现问题139个，违规金额1244.75万元，向被审计单位提出整改意见和建议68条。围绕网络安全和信息化建设、民政、公共卫生开展专项审计调查，充分发挥审计在规范权力运行、保障经济高质量发展等方面的作用。

（张磊磊）

公安

【概况】 2023年，东乡区公安局紧扣省厅“三大专项行动”和市局“三大支撑动作、四项工作机制”，维护全区社会治安大局持续平安稳定，全区刑事较上年度同比下降8.27%，治安警情同比下降6.81%。省市级督导道路交通安全隐患118处，全部整改到位，完成率100%，道路交通事故死亡人数同比下降41%。年内，区公安局获集体二等功1个、集体三等功5个，全省依法行政先进个人1人，个人三等功14人，全省公安机关食药环知水森工作成绩突出个人3人。完成2023年国庆、中秋安保维稳任务。詹圩镇派出所在全市“枫桥式派出所”创建中综合排名第1。

【打击违法犯罪】 推进“夏季百日”“昆仑2023”“清风”“长风”等专项行动，全年刑事立案1259起，破案773起，打掉各类犯罪团伙49个，刑事强制措施1419人，抓获网上逃犯222人，行政受案3208起，行政处罚678人。同比下降33.14%；损失2228万元，同比下降23.96%。破获电信诈骗案件139起（含电诈关联案件），同比上升54.44%。抓获涉案人员335人，同比上升23.96%。帮助群众挽回经济损失491余万元。破获毒品刑事案件6起，查处5人以上毒品团伙案件6起。受理涉黄赌刑事案件70起，破获61起，查处涉黄赌治安案件334起。破获跨境赌博及衍生案件42起。资金预警劝阻成效。侦破“7·19”三非部督案件，破获全省唯一一起部督非法制造爆炸物案，发起“陈某等人妨害药品管理案”全国集群战役，带破其他省市刑事案件40余起，抓捕犯罪嫌疑人41人。

11月6日，东乡区公安局举行集中退赃大会，将破案后追回的赃款赃物，公开返还给受害者　　（区公安局　供）

【智慧警务】 以“科技兴警”为导向，全力构建现代智慧平安城市。整合全区视频探头，建成“智慧安防小区”51个，完成率98%。推进“两队一室”建设，建立巡警视频作战室，实现巡逻5G定位+视频监督，以“科信部门”为中心，基层实战部门为点线的“智慧警务”机制，为侦查破案、交通管理、巡逻防控、服务

群众等方面提供数据支撑。以大情报全面主导警务运行，推进“情指行”一体化实战化合成作战中心，依托勤务指挥平台（抚州市公安局勤务指挥平台），完善规范情报合成作战流转机制，应用各警种的情报资源为侦查实战和维稳管控服务。

【化解矛盾纠纷】 完善矛盾纠纷常态化排查、多元化化解机制，全区公安机关排查矛盾纠纷838起，化解826起，化解率98.56%，发出重大矛盾预警提示函68份（其中乡镇派出所发出63份）。

【护校安园】 开展涉校安全隐患排查、治安乱点整治、法治宣传教育、违法犯罪打击综合治理，着力构建“护校安园”共建共治共享的治理格局。累计对全区165所各类学校开展专项检查770余次，发现各类问题及隐患56起，推动落实全区中小学专职保安员配备率、封闭化管理率、一键报警和监控视频联网率及“护学岗”设置率“4个100%”目标。完成防溺水“八个一”工程建设404个，及时救助溺水群众5人、劝阻2600人次，全区发生溺水1起、死亡1人，同比分别下降50%、70%。

【创建枫桥式派出所】 统筹推进派出所主防工作三年行动计划和“创枫”工作，以詹圩派出所、金峰派出所为试点，组建群防群治社会治理新模式。詹圩派出所挖掘各类社会资源参与群防群治防控工作组建“四色义警”队，成为全区首批抚州市“枫桥式派出所”。10月，“涛涛警务”工作室（金峰派出所），探索“二三四”基层治理新方法，组建10个网格，充分发挥“警格＋网格”双网融合工作优势，组建9支金峰校园义警队，实现“警校家”三方协作，建立由警务室＋社区＋志愿者联盟＋物业组成的联动小组。

【夯实基层】 组织民辅警走访企业145家，化解企业纠纷70起、解决难题30个，重点打击涉企违法犯罪，办理知识产权类案件7起，抓获犯罪嫌疑人15人，破获特大假冒国际知名品牌服饰案。强化对旅店业、枪支、危爆物品等安全检查力度，开展检查旅店业1400次，发现并责令整改50处，停业4家，抓获网上逃犯20人。排查涉枪从业单位3家、枪支245支、枪弹库（室）3个、持枪人150人，整改安全隐患3处，注销不符合持枪人员证件6人。对涉爆企业检查32次，发现安全隐患13处，下发整改通知书2份。组织开展领导接访下访回访13批35人次，受理群众来信来访150起（含重访）。其中，来访47起，来信13起，网上投诉4起，外网79起，省厅交办3起，公安部交办4起。接待受理信访案给予及时转交办，办结率100%。

【队伍建设】 压实全面从严治警责任，民辅警违纪违法人数同比下降66.66%，警营政治生态持续向善向好。推行各业务部门点对点送教上门活动，落实法制民警包片工作机制，每周下沉基层“送教上门”。开展全警大轮训2次，培训民辅警800余人次。在全市特巡警警务实战大练兵比武竞赛中，获团体二等奖、武装越野单项第一名。树立正确选人用人导向，不断改进和规范检查考核评比，11人被提拔重用，13人获个人三等功，3人获省公安机关食药环知水森工作成绩突出个人称号，62名民警获先进个人称号。

（方奥成）

交通警察

【概况】 2023年东乡区交警大队，坚持稳中求进的工作总基调，以交通事故预防“减量控大”为牵引，严格落实“三个一律”和“三个必须”工作措施，坚持安全第一，预防为主。2023年，全年辖区交通事故受伤416人，死亡17人，与2022年同期相比，分别下降10%和41%。建立区交警大队新警务模式“135”快反机制，打通警务实战“最后一公里”。纵深推进道路交通安全隐患排查治理，稳步推进重点违法行为查处常态化、执勤执法规范化、队伍管理正规化。

【“135”快反机制】 东乡区交警大队创新警务模式，建立铁骑中队与事故中队的联合接出警机制，对路面交通事故和交通故障等影响交通的警情做到1分钟快速发现并及时响应，3分钟调度指挥路面警力快速到达现场，对轻微事故、简单故障做到5分钟全力恢复交通。在主干道和学校路段等重要路口加大巡逻执勤力度，全面织密路网警力，打通警务实战“最后一公里”。“135”快反机制运行以来，辖区主要道路10分钟以上拥堵事件数量明显下降。

【强化道路隐患治理】 在辖区全面开展道路交通安全隐患排查、重点车辆和驾驶人摸底排查，以客货运、危险品运输企业为重点，开展“三上门一检测”和“三提示一查缉”工作，确保摸清辖区道路交通安全隐患底数，掌握辖区中高风险企业情况、重点车辆安全状况、驾驶人运输资质和交通违法等情况。全区排查道路交通安全隐患118处，于9月底完成整改治理，至年末，辖区高风险企业数量清零。

【加强路面交通管控】 把警力向路面倾斜，开展公路交通安全“春季守护行动”“春雷”治安巡查防集中统一行动、“三零一戴”、夏季交通安全整治等各类专项整治行动。落实“三个必须”，聚焦重点车辆、重点人员、重点路段、重点时段，严厉打击酒醉驾、“三超一疲劳”等重点违法行为，紧盯“两客一危一货”、6座以上小客车等重点车辆，以及摩托车、电动车等已发生事故车辆，坚决做到发现一起、查处一起、警示一片，形成对重点交通违法行为严查严管的高压态势，提升路面整体管控效能，维护道路交通安全稳定。

【交通违法查处】 查处违法行为234106起，违停34569起，酒驾723起（含醉驾7起）；非机动车违法载人2078起；摩托车、电动车未戴安全头盔38241起，无证驾驶381起，摩托车超员922起；汽车未系安全带23853起，货车超载1050起，疲劳驾驶171起。

【驾驶证及机动车监管】 受理摩托车驾驶证4725个，其中初领2421个、增驾申领2304个。补换证13641个，满分学习771人，机动车注册登记4184辆，转让登记1734辆，转入597辆，变更登记168辆，抵押登记2158辆，注销登记434笔，年检7881辆（6年内免检）。

【交通安全宣传】 以交通安全“七进”宣传为载体，结合“三零一戴”创建活动。依托“东乡交警”官方微信公众号等多种宣传媒体，落实“两公布一提示”，加强交通安全行车常识宣传报道，倡议广大群众自觉做到遵章守法、文明出行。进学校39所（其中农村学校26所），受教育学生12840余人；进社区17场次，受教育居民2620余人；进驾校12场次，受教育1170余人；进企业21场次，受教育1000余人；进农村“送戏下乡”和“美丽村行”巡回宣讲173场次，受教育人数1720余人；“一栏一标语”宣传阵地更新完成172个行政村；“减量控大”主题宣传21场次，曝光典型案例27件；新媒体本地曝光166条；张贴海报、散发宣传单页、手册等宣传品51680余份。

（陈晶）

森林公安

【概况】 2023年，东乡区公安局森林分局更名为区公安局生态环境与食品药品犯罪侦查大队，加挂区公安局森林分局牌子。内设机构更名为办公室、综合情报室（政工督察室）、生态环境犯罪侦查中队、食品药品犯罪侦查中队、水警中队。领导职数更名为区公安局生态环境与食品药品犯罪侦查大队大队长（局长）、教导员、副大队长（副局长）。东乡区公安局森林分局以深化森林公安改革创新为动力，以“昆仑2023”专项行动、“三大专项行动”打击医疗美容、矿产资源、古树名木等领域违法犯罪专项行动为抓手，依法严厉打击食药环知水森领域犯罪活动，全力以赴投入防风险、保安全、护稳定工作，维护东乡区食药环知水森领域安全稳定。2023年，森林分局连续第十年荣获“鄱阳湖越冬候鸟和湿地保护工作先进单位”称号，荣立集体二等功，获全省公安机关食药环知水森工作突出集体等省市荣誉称号。在全市食药环部门案例实战大比武中参赛的2个案例分别荣获精品案件和典型案件。

【江西省公安机关食药环知水森会议召开】 9月1日，江西省公安食药环知水森工作调研座谈会在东乡区召开。区森林分局局长张智涛就东乡区食药环知水森工作做典型发言，南昌、抚州、上饶、鹰潭等地相关警种负责人参加座谈会。省公安厅副厅长肖斐杰在会上强调，做好食药环知水森工作是当前公安工作的一项重大内容，要注重专业警种建设，充实基层警力，注重相关领域的专业培训，要理论培训和实操训练相结合，适时开展“重大疑难案件会商”。在办案过程严格依法依规办案办事，要善于总结提高技战法及素养。要因地制宜开展专项打击。

【打击食药环知水森领域犯罪】 全年侦破食药环知水森领域犯罪刑事案件72起，抓获犯罪嫌疑人104人，配合省公安厅森林公安局核查线索44条，完成省督案件5起，发起全国集群战役2起，带破其他省市食药环类刑事案件30余起，案件办理数起。不断优化“森治合一”工作，做好派出所对口支援和无缝衔接，并进行业务指导，办理案件62起，组织开展食药环知水森业务知识培训8次，共同打击食药环领域违法犯罪活动。

【聚焦生态安全】 依法严厉打击破坏森林和野生动植物资源、生态安全违法犯罪，开展“昆仑2023”专项行动、“和谐2022 暖冬（4号）”行动、打击破坏古树名木违法犯罪专项行动、打击矿产资源领域违法犯罪专项行动，加大对危害野生动植物等违法犯罪活动的打击力度，依法查处盗伐滥伐林木、非法采伐野生植物，非法狩猎、非法猎捕、收购、运输、出售野生动物等破坏森林和野生动植物资源犯罪，严厉打击非法占用农用地、制售假劣农资、污染环境等违法犯罪。全年办理侦破涉林涉野生态环境刑事案件58起，刑事处罚75人，发挥保护辖区生态资源安全的主力军作用。

【聚焦“舌尖上的安全”】 聚焦“舌尖上的安全”，全力维护群众饮食用药安全，严打制售有毒有害食品犯罪、制售假药劣药犯罪、涉医疗美容产品、设备等制假销假以及销售未经批准进口医疗美容药品犯罪，结合“三大专项行动”加大对校园食品安全隐患排查，联合区市场监督管理局运用森林分局快检设备，对校园周边食品安全开展专项整治行动。出动警力380余人次，摸排学校旁边书店、文具店共146次，摸排成人用品店、性保健品店、药店、自动售卖机等场所共126次，巡查菜市场、水产品市场共136次，办理涉及食品、药品刑事案件8起，抓获犯罪嫌疑人14人。其中，陈某妨害药品管理案，抓获犯罪嫌疑人5人，查获扣押还未售出的肉毒素1000余瓶，打掉一个遍布全国31个省份的销售网络，涉案金额1000余万元。有效守护好群众的“米袋子”“菜篮子”“药罐子”，织密民生领域防护网。

【聚焦优化营商环境】 聚焦优化营商环境，健全完善知识产权联络保护机制，打击各类涉企知识产权犯罪。全年办理知识产权类案件7起，抓获犯罪嫌疑人15人，有效保护人民群众生命财产安全，维护社会经济高质量发展。其中“11·18”涉嫌销售假冒注册商标商品案，捣毁制假售假窝点3处，现场缴获假冒品牌服装18000余件，抓获犯罪嫌疑人3人，涉案金额7000余万元。

【森林防火】 落实森林防灭火“平安春季行动”的部署，联合派出所出动警力60余人次，出动宣传车15辆，张贴通告200张，发放宣传单15000余张，巡护重点区域17处，查处刑事案件2起，采取刑事强制措施2人，确保森林防火形势持续向好。

【维护水域治安】 坚持以“零容忍”的态度，依法严厉打击非法捕捞、非法采砂违法犯罪以及相关联的违法犯罪活动，结合“春雷行动”1号、2号、3号和“2023夏季行动”，对何坊水库、幸福水库、佛岭水库等重点水域开展巡查，排查水域重点部位安全隐患，联合派出所开展巡查600余次，缴获无主非法渔具16套，进行防溺水宣传1200余次，宣传群众4500余人。发挥公安机关职能作用，联合林业等部门，以零容忍态度开展以打击非法猎杀候鸟、破坏候鸟栖息资源为重点的鄱湖护鸟专项行动，发放护鸟宣传单2000余份，开展联合巡查60余次，严密防范、严厉打击非法猎杀、携带、运输、贩卖、食用越冬候鸟及其制品违法犯罪行为，以实际行动维护东乡区水域治安稳定。

【快检室建设】 2月，森林分局在全市公安机关率先建设食品药品环境快速检测实验室，配齐有关技术装备投入使用，并初显成效提升办案效率，从根本上扭转公安食药环侦检验领域的被动局面。

（汪丹）

检 察

【概况】 2023年，东乡区人民检察院围绕省委、市委、区委工作部署，充分履行“四大检察”职能，突出“高质效办好每一个案件”的工作主线，强化法律监督主责主业，抓实过硬检察队伍建设，以实干担当和实绩实效推动东乡检察工作高质量发展。全年办理刑事、民事、行政、公益诉讼等各类案件1184件，较上年度上升45.10%。年内，获全省先进基层检察院称号和第十六届江西省文明单位、第十一届抚州市文明单位等荣誉称号；24人次干警获得区级以上荣誉称号；龚某某申请立案监督检察听证案入选全省检察院典型案例。

【刑事检察】 推进“捕诉一体化”办案机制，发挥侦查监督平台和“两法衔接”监督平台作用，强化立案监督和侦查监督，监督立案23件23人，监督撤案13件13人，纠正漏诉39件39人。加强刑事审判监督，抗诉1件1人。夯实刑事执行监督，累计纠正刑事执行违法违规案件17件，核查3件减刑、假释、暂予监外执行案件。

【民事检察】 坚持权力监督与权利救济相结合、监督纠错与维护裁判权威相统一，依法办理民事检察22件。聚焦不及时、不规范、选择性执行等执行违法情形，持续加大对民事审判和执行程序违法的监督力度，办理民事审判程序违法监督案3件，执行监督案件17件，和解16件，合力破解“执行难”难题。发挥民事检察化解社会矛盾的职能作用，重点放在保障弱势群体合法权益，做好民事支持起诉工作，支持起诉1起被家暴妇女离婚案件，对依法不支持监督申请案件，做好释法说理和息诉罢访工作，维护司法权威。

2月21日，检察官与二中学生开展“模拟法庭”活动
（区人民检察院　供）

【行政检察】 深化府检联动、检法衔接，发挥行政检察“一手托两家”职能作用，依法加强行政诉讼、行政违法行为监督，与区司法局会签《关于加强行政违法行为监督协作实施意见（试行）》，办理行政检察监督案件3件，实质性化解行政争议1件，畅通解决婚姻登记纠纷法律救济渠道，依法撤销困扰当事人6年之久

的冒名婚姻登记。探索行刑反向衔接机制，对不起诉的犯罪嫌疑人移送主管机关给予行政处罚、政务处分，传递“不刑”不等于“不罚”的信号，实现罚当其错，审查办理反向衔接案件78件，向有关行政机关发出检察意见78份。

【公益诉讼】 发挥“守护人”作用，聚焦生态环境和资源保护、食品药品安全、国有财产保护、国有土地使用权出让四大重点领域开展专项行动，办理公益诉讼检察案件57件，其中行政公益诉讼案件50件，刑事附带民事公益诉讼案件7件。办理首例督促追缴国有土地出让金行政公益诉讼案件，帮助区自然资源局解除国有土地出让合同，撤销土地拍卖结果，挽回国家经济损失。深化“检察长+河长”协作机制，突出对违法占用河道、乱占滥用林地、乱捕涉猎野生动物等违法行为的打击力度，形成保护生态环境的工作合力。

【维护社会稳定】 全年受理审查逮捕案件292件362人，受理审查起诉案件405件625人，依法不捕161件187人，不诉124件201人。落实中纪委做好“肖某案”整改“后半篇文章”指示精神，办理“寻梦牡丹亭”串通投标系列案，追赃挽损2亿余元；常态化开展扫黑除恶工作，对全国扫黑办、最高人民检察院挂牌督办的“上饶8·23涉黑专案”8人提起公诉，会同法院“打财断血”，追赃挽损2100余万元；对李某某、周某某等涉及数百名被害人非法集资案依法从严从快处理；推进“断卡”专项行动，打击整治养老诈骗、非法吸收公众存款违法犯罪行为，起诉犯罪42件77人；起诉帮助信息网络犯罪活动罪、妨碍信用卡管理等犯罪32件44人；针对养老诈骗、公民信息、交通道路安全等领域发出社会治理检察建议10份；推进涉案企业合规改革，办理企业合规案件8件，对8家涉案企业启动合规整改；落实院领导、员额检察官与企业挂点联系机制，开展检察官进企行动10次，助力打造东乡营商环境金字招牌。

【帮扶“特殊群体”】 帮扶因案致困者，与乡村振兴局、教体局、民政局等部门建立“检察+N”综合帮扶体系，2023年办理司法救助案件57件，发放救助金96万余元；加大未成年人保护力度，帮教罪错未成年人15人，发出督促监护5份，办理涉未成年人案69件，推动强制报告、入职查询等特殊制度全面落实；以“‘红心护蕾’刘莹姐姐工作室”品牌为依托，开展模拟法庭和法治进校园活动100余场，惠及辖区师生4万余人，创作9个普法视频，让法治意识在未成年人心中生根发芽；开展“养老诈骗”专项行动，起诉1件9人，帮助追回被害人损失9.4万元，深入基层宣传预防养老诈骗犯罪相关知识10余次，织密养老反诈“防护网”；关注困难妇女群体，与区妇联建立保障妇女权益协作机制，加强专业化办案与社会化保护的衔接配合，打通妇女保护工作“最后一公里”。

【保障民生】 自觉接受人大法律监督、政协民主监督和社会各界监督。邀请人大代表、政协委员、人民监督员参与案件听证案件188件。严格落实“首办责任制”“领导包案制”，以“如我在诉”的理念对待群众信访申诉，对122件群众来信来访做到件件有回复，事事有结果。严厉打击行业“内鬼”泄露公民个人信息，依法起诉侵犯公民个人信息犯罪12人，保护公民信息不受侵犯。全面开展道路交通安全、弱势群体保障等民生专项检察活动，发出检察建议19件，守护群众脚底下、头顶上、舌尖上的安全，提升群众获得感和幸福感。坚持“应听证、尽听证”，选聘听证员33名，开展公开听证190件次，帮助群众既解“法结”又解“心结”。

【强化内外监督】 强化内部监督管理，评查各类案件118件次，推动检察人员守牢底线、公正司法。专题研究部署党风廉政建设工作2次，开展警示教育4次，联合检务督察20余次，记录报告、过问、干预、插手检察办案等事项77件，开展政治谈话、新录用人员集体谈话、提醒谈话等20余人次。贯彻人大及其常委会决议决定，向同级人大、政协报告或通报检察工作情况，邀请人大代表视察检察工作、参与检察活动9人次，精准高效办理人大代表、政协委员意见建议25件，自觉接受社会监督，及时发布检察动态、重大案件和业务数据，常态化公开案件程序性信息和重要案件信息690条、法律文书4份。加强与媒体互动，接受舆论监督，邀请新闻媒体参与新闻发布会2场，增强检察透明度，树立司法公信力。深化检律良性互动，办理律师申请阅卷119件，推动法律职业共同体建设。

（严熠豪）

法 院

【概况】 2023年，抚州市东乡区人民法院紧紧围绕“走在前、勇争先、善作为”目标要求，团结协作、奋勇拼搏。全年受理各类案件6778件（含旧存208件），结案6367件，结案率93.94%。荣获人力资源社会保障部等部门授予的2023年度工作突出基层劳动人事争议调解组织、江西省金牌调解组织、江西省优秀人民法庭等国家、省、市、区级集体、个人荣誉称号28项；在最高人民法院培训班、江西法院基层建设工作会议等国家、省级会议作经验交流3次；艾某侵犯公民个人信息案，何甲、何乙等诉城享公司、智马公司追偿权纠纷案等7篇案例入选江西法院典型案（事）例、优秀案例。

【惩治刑事犯罪】 受理刑事案件251件，审结242件。其中，盗窃罪40件51人，开设赌场罪31件59人，电信诈骗、养老诈骗等各类诈骗犯罪18件36人，偷越国边境罪16件27人。持续推动扫黑除恶常态化，依法审结国督“8·23”专案，涉案财产全部处置完毕。审结上饶市中级人民法院执行局原审判员王某某执行判决、裁定失职案、邹某某受贿案等职务犯罪2件2人，持续推动反腐败斗争。

【化解民商纠纷】 受理各类民商事案件4152件，审结3759件，保障民生权益；成立金融纠纷调处中心，防范和化解金融风险；发出人身保护令2份、家庭教育令8份、离婚证明书160份，设立“玉茗花”家庭教育指导站，处理婚姻家事矛盾纠纷。艾某侵犯公民个人信息案入选江西法院服务保障民生十大典型案例，陈某诉梁某离婚纠纷案——“多次起诉”离婚案件中民法典第1079条适用获江西法院优秀案例分析评选活动二等奖。

【兑现胜诉权益】 受理执行案件3239件（含旧存63件），执结3207件，执行到位金额7.09亿余元；向社会公布14期失信被执行人名单，开展“猎狐2023”打击拒执犯罪专项行动，受理拒执自诉案件18件，公诉案件2件，拘传110人，拘留22人，提升执行强制力和威慑力；开展维权抚州行、赣鄱利剑百日执行、执行为民等专项行动，用公正司法助力诚信建设。山东某环保股份有限公司与江西某生物能源有限公司建设工程合同纠纷执行案入选江西法院第二批能动执行典型案例。

【知识产权司法保护】 召开抚州市法院生物医药产业知识产权保护工作座谈会，会同宜黄县人民法院，联合东乡区市场监督管理局、东乡区文广新旅局开展知识产权协同保护工作座谈会。会上签订《知识产权协同保护合作备忘录》，发出知识产权合规管理司法建议书，旨在持续加强知识产权司法保护，建立专人专线联系方式，推进“知识产权保护企业”服务工作。截至2023年，有7家国家高新技术企业被纳入管理。

【共建法治园区】 园区巡回法庭加强对东乡法院客商投资企业协会调解中心调解工作的指导，合力化解疑难复杂案件；召开客商投资企业协会调解中心调解员聘任仪式暨深化调解工作会，进一步充实调解队伍，推进涉企矛盾纠纷调解工作。与江西东乡经济开发区管理委员会签署共建法治园区协议，在园区巡回法庭设立法治园区共建中心，推动建立“法院+经开区”联系合作机制。“法院＋N”联动机制被新华社江西频道宣传报道，优化法治化营商环境工作被《法治日报》《人民法院报》、人民法治网等6家国家级媒体刊载。创新“‘法院+工商联+N’模式开启护企‘法治直通车’”做法入选首届“抚州十大法治创新案例”。

【“调立审执”一体化建设】 东乡区涉企案件由东乡法院客商调解中心先行调解，调解不成的案件引入诉讼程序由园区巡回法庭审理，在园区巡回法庭配备执行干警，打通“调立审执”办案闭环。针对涉企案件诉前调解及审理过程中存在执行问题，执行团队提前介入，在保障当事人权利实现的前提下，能动应用“保全划扣+变更保全标的”“庭前调解+保全划扣+解除保全”“线上查控+线下止付+庭前调解”等方式保障企业正常经营。探索建立民营企业一站式多元解纷与诉讼服务体系做法被江西改革动态（2023年第82期）刊发。“探索‘调立审执一体化’高效解纷机制，以共赢理念力促企业高质量发展”做法被江西法院简报刊发。

【普法宣传】 组织干警实地走访群众10500余户，电话询问6100余户，宣传法院工作，征求意见建议；联合乡镇政府、基层派出所、基层司法所，以及区妇联、区委国安办等单位，共创“法院＋N”普法模式，在乡镇集市开展圩日执行、圩日审判、圩日接访、圩日宣传等圩日普法系列活动6场次。进到参与基层社会治理，提升群众法治意识。

【诉前鉴定】 总结近三年“鉴定前置”工作应用经验，制定诉前鉴定工作流程图，在诉讼服务窗口正式设立“速鉴中心”，组建诉前鉴定工作团队。全年受理涉鉴定交通事故责任纠纷案件78件，其中68件在诉前进行鉴定，完成诉前鉴定后49件未进入诉讼程序，进入诉讼程序的19件案件中有10件以调解或撤诉结案，案件结案平均用时从2020年的140天下降至2023年的75天。

（陈缙华）

司法行政

【概况】 东乡区司法局坚持以习近平新时代中国特色社会主义思想为指导，深入践行习近平法治思想，强统筹、夯基础、创特色、抓落实，各项工作均取得新成绩、实现新突破。全区居民法治获得感进一步增强，公众安全感及群众满意度逐年提升，2023年位列全市第二。东乡区司法局被评为2023年度司法行政工作高质量发展综合绩效考核优秀单位；社区矫正管理局和孝岗镇司法所所长分别被江西省司法厅评为社区矫正“十百千万”专项行动中表现突出的集体和个人，被抚州市委、市政府评为平安抚州建设先进集体；金峰街道司法所和区公共法律服务中心在中央电视台《新闻联播》《新闻直播间》栏目上镜；相关经验做法被“学习强国”学习平台、《江西日报》等省级以上媒体正面报道10余次，被司法部《犯罪与改造研究》刊发1次。

【全面依法治区】 将学习宣传贯彻习近平法治思想纳入全区各级党委（党组）理论学习中心组年度学习安排、列入区委党校重点课程。印发《关于推进全区领导干部学法守法用法考法述法“五法并举”工作的意见》，提高领导干部学法用法守法的自觉性。在宪法公园组织宪法宣誓活动，激励66名新提任科级领导干部自觉做宪法的坚定信仰者、忠实实践者。选派优秀律师担任村（居）委会的法律顾问，落实“1名村（社区）法律顾问+N名法律明白人”制度，提升基层依法治理工作合力。举办法治讲座55场，散发法治宣传资料4700余份，解答群众咨询3100余人次，协助修改完善村规民约12次，提供法律意见33条。

11月23日，中央电视台向全国人民展现东乡区公共法律服务中心风采
（区司法局　供）

【调解矛盾纠纷】 落实司法所规范化建设三年行动方案，新建邓家乡、虎圩乡、孝岗镇、金峰街道和詹圩镇司法所，其他司法所采取改建、置换、维修等方式，对照规范化建设标准进行打造。以品牌促进人民调解工作进一步提升，优化“党员大姐婚调解室”，调解成功111对。在乡镇（街道办）培育创建一批“法律明白人”个人调解室，孝岗镇“徐同

明调解室”调处各类矛盾纠纷26起。全区调解各类矛盾纠纷871起，成功调解866起，成功率99.4%。

【“两类”特殊人群管控】 以“中心+基地”的模式开展社区矫正执法监管和教育帮扶工作，全面推动业务数据化、管理智能化、互联移动化、指挥可视化、学习自主化。研究制定《东乡区全面开展社区矫正分类教育活动的方案》，创新推出东乡区社区矫正分类教育“1+X”双模式，推动全区社区矫正教育及矫治工作迈上新台阶。给予警告6人次，训诫12人次，提请治安管理处罚1人次。未出现脱管、漏管现象。依托社区矫正和安置帮教一体化基地，抓好“三无人员”救助服务工作，实现刑满释放人员出监有人接、社会有人帮、就业有人管的“三有”工作目标。进行远程会见547人次。

【公共法律服务】 推进“智慧司法”建设，依托区公共法律服务中心和14个乡镇（街道）司法所视频设备，在全市率先启用远程法律服务“乡乡通”平台，实现远程法律咨询、人民调解。在区综治信访中心、法治实践站新增2台“律兜”互联网无人律所智能终端，让群众在家门口享受到便捷高效、直观可视的法律服务。推行“上门办证”“预约办证”“延时服务”、中午“不打烊”等措施，让公证服务有“速度”，更有“温度”。全年办理公证案件1362件，实现收入60余万元。引导工作人员依法诚信规范执业，提升律师、鉴定行业服务水平。

【“法律明白人”实践站】 贯彻落实全市开展全国“法律明白人”作用发挥工作试点现场推进会精神，全区各乡镇（街道）一体推进“法律明白人”法治实践站及徐同明、赵谦、俞样德、徐道远等20余个，设立村（社区）法律明白人服务工作岗。探索“法律明白人”实践点向学校、小区、园区和城市驿站延伸，在台湾花园小区和群众密集的东信财富广场城市驿站设立法律明白人实践点，建成由“创文巩卫责任单位临时党支部+红色物业+法律明白人”的联动机制，协助业主委员会、城市驿站开展法治宣传及基层治理工作。在红光工业园退役军人志愿服务队建成“法律明白人”法治实践站，由园区聘请的法律顾问培育帮带5名“法律明白人”骨干开展法治宣传、提供法律咨询、协同化解纠纷，为退役军人及军属免费提供法律援助。在东乡区第二中学和马圩小学建成“法律明白人”作用发挥实践站，采取多样化措施，组织“法律明白人”常态化参与学校法治宣传教育，提升学生的法治观念，构建法治校园。

（朱文静）

应急管理

【概况】 2023年，区应急管理局适应新形势新要求，全力以赴防风险、保安全、护稳定、促发展，筑牢安全生产基本盘，为全区经济社会发展提供有力的安全保障。统筹做好防灾减灾救灾和森林防火工作，未发生较大火灾和林火伤亡事故，完成“水库无一垮坝、圩堤无一溃决、人员无一伤亡”的目标。年内，全区发生安全生产事故2起，受伤2人（均为道路交通事故），实现事故总量与死亡人数“双下降”。

【安全生产】 开展重大事故隐患专项排查整治行动，抽查检查企业4068家次，排查发现并完成整改各类重大事故隐患299条，全市各县区排名第1。约谈企业14家次，行政处罚26次，罚款22.8万元。推进重点领域专项治理，加大危化领域风险防控，指导企业落实11项任务，化工集中区安全风险顺利通过国家复核评估，达到国家C类标准。落实13家非煤矿山企业复产复工前安全教育培训和隐患大排查，结合执法检查与服务，与60多家工贸企业负责人进行安全生产谈心谈话，督导检查企业189家次，帮扶指导重点企业36家，加强企业标准化建设，园区规模以上企业的标准化达标率90%。

【森林防灭火】 落实行政首长负责制，建立森林防灭火分片包干制度，完善森林防火责任体系。开展野外火源专项治理行动，开展宣传教育活动32次、督查巡查16次，发放宣传册1万余份。在重点防火期每天都派出执法队和护林员对火灾隐患点进行巡查，严格落实“五个禁止”，在源头堵住火源。依法严厉打击违法用火行为、查处火灾案件2次，处理人员2人。

【防汛抗旱】 对全区266座小（2）型以上水库和所有重点山塘全面落实区领导和成员单位包片负责制，组织开展3轮防汛大排查，排查整治重点隐患68处，召开会商会10次，启动2次防汛四级应急响应，编发防汛工作信息128期，发布雷电暴雨预警230次，发送气象与水情短信8万余条。按照储备标准备足备齐各类防汛物资、器材和抢险设备5万余件（套），全区防汛物资储备充足。

【防灾减灾救灾】 结合“5·12”“7·28”开展防灾减灾活动，提升全民防灾减灾意识，提高自救互救能力。累计发放各类宣传手册、单页5000余份、防灾减灾小礼品200个。发放中央冬春救助资金215.8万元。储备2万余件（套）价值700余万元救灾物资，各乡镇建立15个救灾物资储备点。与区内大型商超，粮油加工企业签订物资代储协议，保障救灾物资供应。

【应急救援】 强化协调联动，不断优化突发事件信息报送、协调处置等工作机制，加强应急值班水平。一体推进专业应急救援队伍、社会救援力量健康协调发展，采取达标验收、业务培训、实战演练、比武考核多种方式提升应急救援能力。以健全预案体系为基础，高标准推进应急预案简明化试点和应急预案无脚本演练，不断提高预案的系统性、科学性和可操作性。

【安全宣传】 开展以“人人讲安全、个个会应急”为主题的“安全生产月”以及“安全生产咨询日”、安全宣传“七进”等系列安全生产宣传活动。开展安全生产类普法宣传78次，发放宣传手册1.2万余份，普及群众3.5万余人。动员全社会各方力量，积极参与、广泛支持安全生产工作，形成浓厚的安全发展氛围。

（黄静怡）

消防管理

【概况】 2023年，东乡区未发生亡人火灾和有影响火灾，全区警情总数388起，同比下降13.2%。发生火灾213起，其中轻微火灾168起，无伤亡人员，火灾造成直接经济损失160.6万元。东乡区消防大队承办全市高层建筑暨重点单位消防安全自主管理现场会，向全市社会单位推广消防安全管理的经验和做法，江西省消防救援总队在全省大会上予以通报表扬。区消防大队被区委、区政府首次同时授予集体三等功1次，获得省部级以上表彰1项，市级表彰4项。1人获2022—2023年度全省消防救援队伍优秀女消防文员称号。专职队伍获2023年度全市消防救援队伍岗位练兵比武竞赛第1名。

【消防执法】 大队探索创新消防监管模式，引入科技手段和信息化管理，提升消防安全监管。开展“三停”执法、“双随机、一公开”检查等手段，对社会单位消防安全状况进行全面检查。抽查单位536家，发现火灾隐患或违法行为405处，督促整改火灾隐患或违法行为384处，下发责令改正通知书289份，下发行政处罚决定书55份，责令“三停”单位2家，罚款23.65万元，开展火灾调查205起。开发重点单位消防安全“三色”自主管理系统，建立一种全新消防安全管理模式，对每个重点单位进行“蓝、黄、红”三色警示。围绕消防管理精准化、消防设施智能化、消防安全标识化、隐患查改常态化、应急力量实体化，推动社会单位制度自定、安全自查、隐患自改、行动自觉、管理自主、责任自负，强化单位消防安全自主管理的能力。

【宣传教育】 大队重视消防宣传教育工作，开展形式多样的宣传活动，普及消防安全知识，增强群众消防安全意识和自防自救能力。全年组织社会单位开展应急疏散演练80余场；组织民警、机关团体企业事业单位消防安全责任人、管理人、村（居）委会工作人员、综治网格员、保安员、物业服务企业职员、消防控制室值班操作人员开展“一警六员”培训60余场，培训考核通过人数2600余人；组织“社会单位消防安全明白人”培训732人；进入企业宣讲、上门授课30余次，分发海报、宣传册等资料20000余份；发放海报、宣传册等资料8000余份；发动群众投诉举报80余起；发送短信提醒120000余条。2023年建设4个“文明实践+消防”精品站，消防科普教育馆和消防站对外开放48次，受益群众6000余人次。开展首届经济开发区重点企业消防技能比武竞赛、全区消防安全重点单位消防技能比武竞赛、全区消防知识竞答赛和全区中小学“火焰蓝”消防安全演讲比赛，宣传工作创新举措多次被中央、省市级媒体报道。

【社会救援】 警情总数388起，同比下降13.2%。其中，火灾扑救213起，占比54.9%；抢险救援81起，社会救助47起，公务执勤42起，其他出动5起。大队出动消防车辆779辆次，出动人员5163人次，抢救财产8000余万元，疏散人员2000余人次。两会期间，江西中亚科技有限公司导热油着火，经过数小时的连续奋战，火势得到有效控制，没有造成人员伤亡和重大财产损失。 （罗莉）

农·林·水

综 述

【概况】 2023年，东乡区农业农村发展呈现稳中有进、稳中提质良好态势，实现农业总产值约46.8亿元，同比增长3.5%。全区水稻种植面积52420公顷，粮食总产量36.46万吨；油菜籽收获面积2268.33公顷，总产3183吨，完成冬季油菜种植面积2528.87公顷；全年播种蔬菜5473.34公顷（含复种），年产量14.16万吨。备案的规模养猪场426个，至12月底国家统计局农业调查队反馈全区生猪存栏51.64万头；能繁母猪存栏6.16万头；1—12月累计出栏93.07万头。牛存栏17654头，羊存栏6852只，活禽存笼294.4万羽；牛出栏11000头，羊出栏8290只，活家禽出笼606.45万羽；畜牧肉类产品产量78131吨，禽肉产量10224吨，禽蛋12233吨。全年签约项目8个，投资额9.03亿元，开工项目7个，进资额3.27亿元，进资率36.21%；建立稻米、生猪、饲料、油脂、家禽、蔬菜等优势产业龙头企业培育机制，对26家“头雁”“雏鹰”企业进行重点培育。新增认定市级龙头企业7家，总数123家；1家企业申报入围“国家重点龙头企业”；3家企业年销售收入超5亿元。纳入家庭农场名录管理2300家，在工商部门注册的94家，有市级示范家庭农场2家、省级示范家庭农场7家；合作社783家，其中253家光伏合作社、13家市级示范社、9家省级示范社、6家国家级示范社。推行农业标准化生产和“两品一标”（绿色、有机、地标）认证，健全农产品质量安全可追溯体系，有绿色有机地理标志农产品认证企业25家，认证农产品40个。其中，绿色食品认证13家，产品20个；有机农产品认证5家，产品13个；地理标志7家，产品7个。区农业农村局被评为江西省粮食生产先进集体、全省乡村振兴实绩考核优秀等次、“国家乡村振兴示范县”创建单位。

【粮油生产】 完成粮食播种面积52420公顷，粮食总产36.46万吨。其中，稻谷播种面积50553.33公顷，其中，早稻播种面积19833.33公顷，平均单产432千克；中稻播种面积21600公顷，平均单产547千克；晚稻播种面积9240公顷，平均单产481千克；杂粮面积1866.67公顷。其中，豆类1172.93公顷，产量0.3244万吨；玉米65.33公顷，产量0.0401万吨；薯类670.93公顷，产量1.4536万吨。东乡区油菜籽收获面积2268.33公顷，单产93.55千克，总产3183吨，完成冬季油菜种植面积2528.87公顷；花生种植面积1410.39公顷，单产203.85千克，总产4312.7吨；芝麻种植面积138.33公顷，总产243.7吨。

【高标准农田建设】 东乡区高标准农田建设新建任务1666.67公顷，比2022年提升改造任务733.33公顷，全区建成高标准农田约12000公顷，占全区基本农田的42.9%。制定实施方案落实建设地点和面积，11月10日开工建设，至年末，项目完成主体工程进度45%。

【蔬菜基地建设】 完成2022年度设施蔬菜基地项目建设欠账面积120公顷。2023年，设施蔬菜基地建设项目，由上级下达东乡区333.33公顷任务，完成新增钢架大棚蔬菜基地38公顷，新增雷竹笋基地93.33公顷，折合设施建设基地任务数23.33公顷（0.27公顷雷竹笋抵扣0.07公顷设施蔬菜基地任务），新增简易设施蔬菜基地建设面积93.33公顷，完成154.67公顷设施蔬菜基地建设（含简易设施蔬菜）。设施蔬菜基地建设项目，10月陆续进场施工，拟建设面积166.67公顷左右（含4个2022年在建基地），分布全区各乡镇场，基地30个左右。有10个基地已进场施工，开工面积58.67公顷。蔬菜播种面积3900公顷，产量9.39万吨，产值3.76亿元。

【农业产业发展】 至2023年末，东乡有农业产业化龙头企业123家，其中国家级2家、省级16家、市级105家，在抚州市数量排名第1。培养2家年收入过5亿元企业，江西响亮实业有限公司和抚州市绿缘农牧集团有限公司。新增和改建6条加工生产线，招商引资引入8家外资企业，签约资金27亿元。推进农业品牌建设，开展“二品一标”“赣抚农品”品牌认证。有9个产品进行“绿色食品”申报，其中4个续展，5个新申报，1个已获证，获证产品累计16个。2023年，申请“赣抚农品”授权认证8家企业，通过认证4家，全区累计有“赣抚农品”授权认证企业11家。新增“有机农产品”认证5个，有13个“有机农产品”。扩大农产品市场销售，农产品电商网络销售额29488.9万元，全省排名第15，同比增长率64.4%。在中药滋补品类中，电商销售额7294.2万元，省内排名第一。

【耕地治理】 农业农村部下发东乡区疑似撂荒耕地问题图斑数量为2373个，涉及15个乡镇（场）街道。完成审核图斑2354个，其中具备复耕复种条件的图斑1190个，无法复耕复种的图斑423个，不存在撂荒的图斑741个。未核实图斑19个。

【水稻病虫害防治】 主要病虫发生面积60833.33公顷次，病虫害造成产量损失16227.7吨。针对病虫害，东乡区防治面积281426.67公顷次，通过防治挽回粮食损失90155.8吨。主要农作物病虫害统防统治面积为158400公顷次，占全区农作物防治面积的56.28%；绿色防控覆盖率超过45%；农药利用率超过42%。

【农业面源污染治理】 推广新技术培育改良耕地土壤72533.33公顷。其中，绿肥种植5066.67公顷，秸秆还田48933.33公顷，增施商品有机肥7733.33公顷，酸化改良133.33公顷。深耕和增施有机水溶性肥料等其他技术应用10666.67公顷，推广应用耕地土壤培育改良与技术面积占粮食播种面积140%。为夯实测土配方施肥基础，通过782个取土化验结果和15个耕地质量长期定位监测点的土壤数据，更新养分数据，优化施肥参数，完善肥料配方，肥料利用率43.2%。开展14期化肥减量增效技术培训，发放《测土配方施肥宣传画》5000份，同步区电视台播放为期3个月施肥预告，指导农民科学施肥，推动化肥减量增效，测土配方覆盖率95%以上。

【宅基地改革】 推进农村宅基地制度改革，完成全区13个乡镇132个村约8.96万宗宅基地基础信息调查工作，各乡镇宅基地基础信息成果校对公示工作已完成，同时按照技术规程编制区、乡、村、组四级宅基地数据台账和农村宅基地利用现状图件，建成东乡区农村宅基地管理信息数据库，信息平台搭建完成并通过测试阶段。区宅改办出台一系列宅基地改革制度办法，成立14个宅改专班，覆盖成员人数176人，形成区、乡、村、组四级领导干部逐层包保到乡镇（街道）、村、组、户的宣传队伍。

【农村土地改革】全区农村承包耕地面积26360公顷，至10月12日，农村承包耕地流转面积16913.33公顷，占承包耕地64.17%。完成全区农村土地承包确权登记和颁证，顺利对接全省农村流转土地系统，规范农村土地承包经营权流转程序。农村集体产权交易项目28项，交易金额2.22亿元。

（缪彦　梁学海）

畜牧

【概况】至年末，东乡区有省一级种猪场6个，市二级扩繁场3家；生猪标准化示范场11家，其中部级标准化示范场3个，省级示范场3个，市级示范场5个；生猪养殖合作社30多家，备案的规模养殖场426个，专业化规模养殖占全区饲养总数95%以上。生猪存栏51.64万头，能繁母猪存栏6.16万头，生猪出栏93.07万头；牛饲养存栏1.77万头，其中肉牛1.75万头，出栏1.1万头；羊存栏0.69万羽，出栏0.83万只；家禽存笼294.4万羽，出笼606.45万羽；畜牧肉类产品产量78131吨，禽肉产量10224吨，禽蛋产量12233吨，生牛奶产量2554吨。6月，东乡区生猪养殖工作在江西5套《三农头条》节目播出，标题为《生猪产业聚力龙头引领“稳产能”》。

【重大动物疫病防控】坚持预防为主、防治结合，落实重大动物疫病常态化防控。东乡区春、秋两防强制免疫生猪112万头次、牛羊3.1万头（只）次、家禽812万羽次，免疫密度100%；大清洗大消毒面积1240余平方米。对15个乡镇（场）重大动物疫病集中防疫行动开展免疫效果评估，评估畜禽样品1050份，免疫效价均符合国家标准。有85家畜禽养殖户在系统上申请畜禽强制疫苗“先免后补”，较上年度增加203%。排查监测畜禽样品33762份，非洲猪瘟排查监测年出栏500头以上生猪425户，覆盖面100%，非洲猪瘟阳性监测率为0。

【种质资源保护】重视种质资源保护，推进东乡花猪种质资源保护工作，培育省级良种企业。6月6日，抚州市绿缘实业有限公司通过国家级畜禽遗传资源（乐平猪）保种场现场审验；9月8日，获得省级东乡花猪原种场经营许可证；10月，获得“国家乐平猪保种场”称号，与科研院所和高校实验室开展技术攻关合作，建立联合攻关实验室，实现产学研无缝对接和快速转化。抚州市东乡区欣荣农牧发展有限公司于8月29日获得东乡花猪临时性地方猪遗传资源保种场经营许可证。东乡华育绿壳蛋鸡原种鸡场获得东乡绿壳蛋鸡联合公关项目资金120万元。

【畜禽智能洁养贷】延续“畜禽智能洁养贷”金融产品，开展生猪商业保险时根据生产成本变动对保额进行动态调整，实现养殖场（户）愿保尽保。完成能繁母猪保险1.9317万头，育肥猪保险77.84万头，奶牛保险480头，肉牛保险1153头，家禽保险80.3万羽，淡水养殖保险934公顷；保费总额3115.26万元，财政应补贴资金2472.12万元；保险赔付手续规范，赔付率100%。

【生物安全防控】严格生物安全防控，建设洗消烘一体中心，推行车辆凭消毒单据运输制度，开展专业化清洗消毒，有效降低车辆带毒传播风险；建立无害化处理监管信息系统，配备无害化处理设施运行视频监控设备，实施信息化监管，确保病死畜禽不流向社会，不流入餐桌。年内，东乡区产地检疫生猪91.4283万头，禽类176.7408万羽；区生猪定点屠宰厂检疫并屠宰生猪73184头，检出病害生猪55头，无害化处理不可食用生猪产品28895.7千克，病死畜禽无害化处理中心收集处理病死猪180069头。

水 产

【概况】2023年度东乡区养殖水城面积4333.27公顷，其中池塘1319公顷，大水面放养3013.67公顷。水产品总产量2.01万吨，同比增长4.15%。鱼类产量15180吨，其中草鱼2594吨，鲢鱼1181吨，鳙鱼4560吨，鲤鱼485吨，鲫鱼3725吨，泥鳅2590吨。特种水产总量10430吨，稻蛙产量4800吨，水产品加工3060吨。全年放养淡水鱼苗3.5亿尾。全区渔业经济总产值2.962亿元。稻渔综合种养（稻蛙共生）面积226.67公顷。

【渔业项目建设】开展市级渔业绿色发展项目池塘改造及池塘尾水处理，争取池塘改造资金40万元、池塘尾水处理资金50万元；开展水产绿色健康养殖技术推广“五大行动”，对接上级项目要求，组织6.67公顷成片池塘养殖企业进行高标准池塘改造及池塘养殖尾水处理项目。

【稻蛙养殖提质增效】成立稻蛙养殖协会，统一提供技术指导，进一步推广稻田养蛙技术；开展标准化示范场建设，完善政策金融支撑，实现“一水两用，一田双收”、亩均“一吨蛙、三万元”的目标，辐射带动引领全区黑斑蛙产业绿色生态发展。

农 机

【概况】2023年，全区农机装备总量持续增加，农机总动力439910千瓦，同比增长4.1%。其中，大、中、小型拖拉机保有量9413台，插秧机保有量139台，联合收割机保有1545台，粮食烘干机保有量266台，无人植保飞机保有量122架。全区的农机化作业水平保持稳定，主要农作物农机作业综合水平82.43%；机耕面积54659.87公顷，机耕水平98.99%；机插面积27288.34公顷，机插水平49.42%；机收面积51554.85公顷，机收水平93.37%。

3月12日，东乡区农机春耕作业工作在中央电视台13套《新闻直播间》节目以《农田农机提档升级带动春耕效率提升》为题播出；3月27日，中央电视台《新闻联播》节目就东乡区春耕农机生产在《新思想引领新征程，夯基固本，加快建设农业强国》专题中进行报道；4月4日，人民网江西频道以《江西东乡：植保无人机助春耕》为题图片宣传东乡区农机春耕生产；4月18日，人民网江西频道以《江西东乡：机械施肥助春耕》为题图片宣传东乡区农机春耕生产；6月14日，东乡区生猪养殖工作在江西5套《三农头条》节目以《生猪产业聚力龙头引领"稳产能"》为题播出；10月28日，东乡区秋收农机作业工作在中央电视台13套《新闻直播间》节目以《农业农村部秋收已过八成半秋种有序推进》为题播出。

2023年东乡区农机功力一览表

表4　　单位：千瓦

年度	农机总功力	其中		
		柴油	汽油	电动机
2023	439910	364659	11896.56	63354.44

2023年东乡区主要农业机械化拥有量一览表

表5　　单位：台（套）

年度	大中小型拖拉机	插秧机	收割机	畜牧机械	渔业机械	农产品加工机械
2023	9413	139	1545	641	937	2912

【保障农业生产】 年内，区农业农村产业发展服务中心组成以党员为骨干的农机维修小分队6个，提供机具检修服务90余次，开展"送维修下乡"活动18次，帮助和指导农机手保养、调试和检修各类农机具1000余台（套）。发放安全生产宣传材料1000余份，培训农机操作人员200余人次；下乡开展育秧培训指导活动4次，提高机插作业质量，为促进水稻生产全程机械化起到良好的示范效应。"双抢"期间，为保障农机及零配件供应充足，督促农机补贴经销商调入储备各类农机具1500台（套）、维修零配件150万元，确保"双抢"所需农机物资供应不"断档"。开展志愿服务检修农机具，组织专业技术人员进村入户提供维修服务，发放跨区作业证23张，确保农业机械投入"双抢"有秩序高效率运作。加强督导检查，加强农机生产安全监管，排查事故隐患，确保农机平安作业，全年无农机安全生产事故。

【农机购置补贴】 年内，东乡区申请中央补贴资金1040万元，省补分配资金24.94万元；东乡区农户使用农机购置补贴资金1131.161万元，其中中央补贴额1057.501万元，报废机具补贴额48.72万元，省补贴额24.94万元。资金使用率130.53%，补贴机具731台（套），受益农户440户。

2023年东乡区农机补贴情况表

表6

年度	申请中央资金（万元）	使用中央资金（万元）	资金使用率（%）	补贴（台/套/个）	补贴农户（户）
2023	1040	1057.501	130.53	731	440

【农机社会化服务】 指导集中育秧设施项目建设，发展综合农事服务中心及机械化育秧中心，促进农业现代化水平的提升，实现农业高质量发展。东乡区有8个乡镇建有育秧中心9个，申报B类省级综合农事服务中心3家，分别为抚州市东乡区慧农水稻种植专业合作社（小璜镇）、抚州市东乡区冠铭农业科技有限公司（孝岗镇）、抚州市东乡区东余农机专业合作社（王桥镇）。

（熊荷蓓）

乡村振兴

【概况】 至年末，东乡区有脱贫户2276户5228人，监测户231户749人（2023年新识别65户237人），其中脱贫不稳定户24户72人、边缘易致贫户61户160人已全部消除风险；突发严重困难户146户517人，已消除风险共59户211人。经集中排查，采取有效措施帮扶，东乡区脱贫户“两不愁三保障”和饮水安全均有保障，稳定实现高质量脱贫，边缘易致贫户全部消除致贫风险。全区脱贫户人均纯收入为20472元，同比增长13.7%；监测对象人均纯收入14962元，同比增长11.8%。牢牢守住不发生规模性返贫这条底线，并促进脱贫人口稳定增收。2023年，东乡区入选国家乡村振兴示范县创建名单，被纳入全省11个乡村振兴示范县创建名单。

【乡村振兴“十四五”项目】 向农发行融资2.5亿元，将14个省、市、区“十四五”重点帮扶村列入2023年度重点项目，用于人居环境整治提升、水电路及产业配套等农村基础设施建设。邮路头村人居环境提升工程主要建设内容及规模：道路硬化4380米；主要道路“白改黑”1230米；新建8个停车场，占地面积2332平方米；水塘治理8500平方米；新建水沟320米；活动场所景观提升76160平方米；新建6处公共服务设施等。安排50个项目，累计3800万元，全部完工。其他13个重点村一期人居环境提升工程主要建设内容及规模：道路硬化17520米；主要道路白改黑4551米；新建30个停车场，占地面积9628平方米，水塘治理31025平方米；疏通水沟1440米；活动场所景观提升243712平方米；新建19处公共服务设施等。

【产业帮扶】 打造东乡特色乡村蓝莓产业。充分发挥省市级财政衔接推进乡村振兴补助资金的作用，在全区5个“十三五”贫困村和2个省定重点帮扶村，每村分别投入540万元、100万元购买东腾蓝莓产业园部分蓝莓基地所有权，委托东乡工创投集团统一负责经营管理(托管期限为15年)，托管期内，东乡工创投集团应力争确保第一个五年每年每村蓝莓产业收益不低于基地投资额的8%，第二个五年每年每村蓝莓产业收益不低于基地投资额的9%,第三个五年每年每村蓝莓产业收益不低于基地投资额的10%。托管到期后，转由相关村自行经营管理。在“十四五”期间，省定“十三五”贫困村和乡村振兴重点村每个村发展不少于100亩的村级蓝莓产业基地，实现蓝莓产业为相关村每年增加15万元以上的村集体经济收入，以振兴产业实现村集体增收、村民致富。

至年末，东乡区各乡镇(场)有发展中小规模产业扶贫项目118个、产业基地31个，惠及的脱贫户和监测对象每年可得到600—2000元分红扶持。2023年，东乡区继续进一步加大产业发展力度，投入中央资金用于发展产业项目1619万元，占中央衔接补助资金总投入的63.21%。东乡区强化信贷支持政策，累计协助帮扶龙头企业和合作社申请产业贷款11361.5万元，助推全区20家帮扶龙头企业和234家帮扶合作社健康稳定发展，带动全区脱贫户和监测户收益。2023年，东乡区向351户脱贫户和监测对象发放小额信贷361笔共1722.4万元。全区共有2家就业帮扶车间，车间吸纳就业总人数13人，其中脱贫户和监测对象就业人员9人。

【消费帮扶】 东乡区对2021年认定16家帮扶经营主体，涉及99个帮扶产品，继续开展动态监测及消费帮扶。对有意愿帮扶经营主体的帮扶产品，及时推荐到各地帮扶生活专馆和江西馆、赣抚农品、抚州市乡村振兴馆等平台销售。2023年，东乡区实现销售帮扶产品16012.11万元，其中事业单位销售545.8万元。

【教育帮扶】 2023年春季东乡区资助学生4782人，发放教育资助金217.16万元；2023年秋季东乡区共资助学生4368人，发放教育资助金197.08万元。全区脱贫户和监测户家庭适龄少年儿童无义务教育阶段失学辍学问题。在“雨露计划”政策落实上，坚持“一个不漏”原则，每年开展“雨露计划”政策落实核查工作，向接受中高等职业教育的脱贫户及监测户家庭学生发放“雨露计划”补助105.9万元，累计706人次。

【防返贫保险】 3月22日签订《东乡区农村人口精准防贫保险协议》，约定投保人数为20896人，保费208.96万元。对因病、因学、因灾、因突发事故等导致出现返贫致贫风险的农村困难家庭，及时落实保险赔付。办理保险理赔56人，赔付资金共计97.99万元。

【扶贫(帮扶)项目资产综合保险】 推进宜居宜业和美乡村建设，加强扶贫(帮扶)项目资产后续管护。东乡区与中国人民财产保险股份有限公司抚州市东乡支公司签订全省首单“扶贫(帮扶)项目资产综合保险”协议，对东乡区投入建设的经营性、公益性等扶贫(帮扶)项目资产进行投保。该项目是东乡区政府与人保财险在扶贫(帮扶)类业务领域合作的又一新突破和创新，为全区13454万元扶贫(帮扶)项目资产提供风险保障，有9个受损项目获得赔付23.95万元。探索出一条扶贫(帮扶)项目资产长效运行管理维护机制，为扶贫(帮扶)项目资产在巩固拓展脱贫攻坚成果同乡村振兴有效衔接中持续发挥作用提供保证。

【乡村振兴资金】 财政衔接推进乡村振兴补助资金9022.4万元，其中上级资金4722.4万元、本级资金4300万元；安排衔接项目137个，开工137个，开工率100%；完工项目137个，完工率100%；拨付资金8852.78万元，拨付率为98.12%。

【光伏扶贫电站】 按照光伏收益资金分配办法，光伏电站收益全部纳入村集体经济，要求各村根据年初制定计划，把光伏收益资金主要用于设置公益岗位、开展小型公益性事业和实施奖励补助等方面。继续加强光伏电站运维管理，全区光伏联村电站11座，装机容量1100兆瓦，1—10月，全区村级光伏电站发电收益69.56万元，暂设光伏公益性岗位94个，吸纳脱贫户和监测户就业人数94人。

（陈茗）

林业

【概况】 至年末，东乡区林地面积5.82万公顷，森林面积5.81万公顷，森林覆盖率46.52%，活立木总蓄积量330万立方米，其中乔木林蓄积量328万立方米，乔木林单位面积蓄积量60.9立方米/公顷；湿地面积11358公顷，湿地保护率26.61%。2023年，完成人工造林1485.80公顷，油茶人工造林1234.16公顷，退化林修复1042.71公顷，封山育林117.67公顷。完成作业设计面积668.4公顷，林权证收集面积379.7公顷，已审批采伐面积100.06公顷。2023年，东乡区林业局荣获2023年度全省森林防火“平安春季行动”先进单位、2023年度全市林业队伍建设工作优秀单位、2022年—2023年江西省鄱阳湖区越冬候鸟和湿地保护先进区称号，以及江西省赣抚片联合防治林业有害生物指挥部一等奖、2022年—2023年全省松材线虫病防控成效评价优秀等次。东乡区签订全省首单湿地生物多样性保护保险被省委《江西改革》专题报道。

【综合试点改革】 组建区属林业发展公司，根据区政府办印发《东乡区属林业发展有限公司组建方案》（东府办发〔2023〕29号），6月5日注册成立抚州市东乡区属林业发展有限公司（以下简称公司）。公司将工创投集团32宗70.79公顷林地无偿划转至名下并办理不动产权证，承接抚州市抚河流域国土绿化试点示范项目（东乡区），组织实施相关工程的劳务施工工作。推进集体林权收储，申报林权收储交易智慧（数字）平台暨林业综合服务（管理）平台，实现林权流转、林权收储、林业碳汇等功能的线上处理及管理，构建“东乡林权一张图”。结合松材线虫病疫情防控三年攻坚行动，对全区松材线虫病皆伐林地实施权属收储，对面积在2公顷至10公顷的采伐小班由区政府进行森林赎买，乡镇（场）负责林权证收集及合同签订，收储期限为30年，每亩收储平均指导价为2700元，收储后的林地使用权和林木所有权、使用权归国有，东乡区已累计收储集体林权3466.67公顷，合作经营集体林地2573.33公顷。发展林下经济，东乡区发展林下经济产业规模1733.33公顷，已建成油茶、雷竹加工产业园2个，森林康养（青少年教育示范基地）5个。

【林长制】 打造高能级现代化林长制，签发2次总林长令，区级林长巡林65人次，对乡级林长下发《森林资源清单》16份、《林长责任区问题清单》5份、《林长工作提示单》53份、《督办函》30份，区级林长调度解决森林资源保护发展问题16个；修订完善《抚州市东乡区林长制考核办法》，建立“林长＋检察长”“林长＋法院院长”“林长＋警长”工作机制，48名编制外专职护林员巡护率为100%，巡护达标率持续稳定在100%以上，排名稳居全市前列。

【油茶产业】 区政府出台《推动油茶产业高质量发展三年行动方案》，东乡区完成1733.33公顷油茶年度生产任务，其中新造1233.33公顷、改造提升540公顷，与各乡镇（场）签订2023—2025油茶产业发展目标责任书。开展油茶“水肥一体化”工程建设，实施油茶保险，助力东乡区油茶产业稳定发展，为茶农生产稳定保驾护航，为1263.56公顷油茶、鲜果购买商业保险，保险费1279351元。

【中央财政国土绿化试点示范项目】 东乡区中央财政国土绿化试点示范项目任务1162.53公顷。其中，人工造林475.93公顷，更替修复51.13公顷，补植修复501.8公顷，抚育修复133.67公顷。人工造林完成采伐作业设计及外业调查面积475.93公顷，收集林权证452.07公顷，审批采伐面积174.3公顷。

【病虫害防治】 区政府印发《东乡区2022—2025年度松材线虫病疫情防控三年攻坚行动实施方案》，制定《东乡区林草有害生物普查实施方案》《东乡区2023年度松材线虫病秋季普查工作方案》，聘请第三方开展草地有害生物普查工作、松材线虫病秋季普查工作。广东如春生态集团有限公司于4月21日中标东乡区松材线虫防控，与各乡镇（场）签订2023—2026年三年绩效承包除治合同，开展枯死松木除治清理工作，完成2022年秋普疫情小班416个清理除治任务，除治清理枯死松木59530株。2022—2023年松材线虫病疫木集中除治取得成效，经国家验收马圩镇、虎圩乡均无疫点、无疫情。释放花绒寄甲30万只，生物防治面积666.67公顷，在佛岭国际公园、高速公路等重要区域内对20厘米以上优势松树使用“铁战士R”甲氨基阿维菌素苯甲酸盐60000支，对40000株树实施打孔注药防治。

【野生动物保护】 加强区护农护林狩猎协会的管理，开展全区野猪狩猎，科学合理控制野猪种群数量；举办“世界野生动植物保护日”“世界湿地日”等宣传活动，开展“清风行动”，没收被捕野生动物48只并放归大自然；创新鄱阳湖湿地候鸟保护工作机制，优化候鸟生活栖息地，全力打造并维护湿地“候鸟食堂”，被中央电视台新闻频道专题报道。2023年秋冬季节，据监测智慧平台统计有近千只东方白鹳、天鹅等珍贵候鸟迁徙到东乡鄱阳湖湿地休养生息。

【森林防火】 新增生物防火林带50.6公顷，生物防火林带总面积320公顷，总里程326千米；在全省先行先试开展电力线路生物防火林带共建试点工作，建成雅湖跨越宾金密集输电通道生物防火林带4.75公顷，树种以油茶为主，总长1200米，线路建设宽度40米。

【林地使用审批】 受理建设项目使用林地30起，审核审批27起，面积91.06公顷，缴纳植被恢复费2224.66万元。受理林木采伐215起。其中，占用林木采伐限额121起，采伐面积398.83公顷，蓄积25814.92立方米；不占林木采伐限额94起，采伐面积127.90公顷，蓄积5664.06立方米。

【林业执法】 办理林业行政案件44件，其中擅自改变林地用途案21件，查处擅自改变林地用途面积20.4公顷，罚款31.69万元；滥伐林木案6件，罚款7.04万元，非法猎捕野生动物案21件，罚款3.43万元。

（梅海燕）

水利 水保 移民

【概况】2023年东乡区完成水利投资10.02亿元。“十四五”规划的幸福水库除险加固完成竣工验收；万亩圩堤除险加固项目全面完工，正在进行验收工作；新建井山水库主体工程完成，准备验收工作；宋塘圩堤除险加固、重点山塘水库除险加固主体工程完成，准备验收工作。完成水利工程建设1个一般债和3个专项债申请工作，筹集水利建设资金4亿元（专项债3.4亿元、一般债0.6亿元）。9月4日，因发行水利领域地方政府专项债券，获得省水利厅通报表扬（全省第三名）。东乡区人民法院获评抚州市公共机构水效领跑者，成功创建江西荣成机械制造有限公司、江西给力纺织有限公司、江西众一铜业有限公司等3家省级节水型企业及4家市级节水型企业。

【蛮桥中型灌区2023续建配套与节水改造】蛮桥中型灌区2023年续建配套与节水改造项目批复总投资3714.01万元。5月9日通过公开招标，由河南大河水利工程有限公司中标，中标价为23635838.37元。由于灌溉渠道需提供灌区下游二季晚稻的灌溉任务，对渠道两边的杂草进行清除（约12千米），完成渠道衬砌7.2千米。

【水旱灾害防御】经历5月4—7日及6月22—24日“端午水”等多轮集中强降雨过程。面对严峻的雨情、汛情、灾情，区领导靠前指挥，各级水利部门履职尽责，密切关注雨水汛情变化，科学调度水库等蓄水工程拦峰错洪，提前发送预警5950次，预警发布服务人数28万余人，启动广播站36次，把灾害损失降到最低程度，全区未溃一堤、未垮一坝、未亡一人。受降雨时空分布不均的影响，为预防秋冬旱情的发生，防旱抗旱责任体系落实等方面细化完善落实“一库一策”，会同气象、水文部门及时掌握天气变化和水情、雨情、旱情情况，科学开展调度决策。全年累计降雨1741.9毫米，比常年（1732.8毫米）偏多0.5%，较2022年同期降水（1294.1毫米）增加447.8毫米。全区266座小（2）型以上水库蓄水量均较2022年增加，未发生阶段性旱情，能够保障城乡居民用水，农业生产、重点企业生产用水。

【河长制】根据制定《江西省抚州市东乡区北港河（前坊路—东临工业大道）幸福河湖实施方案》，推进东乡区幸福河湖建设。全区222名各级河湖长累计巡河115351次，发现并解决影响河湖健康突出问题12个，签发总河长令2个。开展河库问题整治。梳理排查清河行动、妨碍河道行洪、河湖“四乱”等各类问题21个，完成整改21个；针对全区14座水质不达标水库开展专项整治工作，组织开展北港、黎圩水河湖健康评价，于11月建立河湖健康档案。4月，采取BOT模式（“建设—经营—转让”模式）实施北港河水质提升工程，总投资2498.77万元，工程已完成主体建设。2023年全区无劣Ⅴ类水质断面，城区无黑臭水体。

【法律宣传】响应“节水优先、空间均衡、系统治理、两手发力”治水方针，在第三十一届

“世界水日”和第三十五届“中国水周”宣传活动日之际，进社区、农贸市场、学校等形式发放各类宣传手册、画册等宣传资料800余份。3月22日东乡区河长办联合团区委及孝岗镇人民政府进到北港河瑶上村委会开展“河小青”志愿者巡河、护河志愿服务活动，清理河道内垃圾及河岸杂物，保障水域环境清洁。增强群众的水法治、水忧患意识，从而引导广大群众节水、爱水、护水的责任感、使命感。

【水行政执法】 启动全区河道非法采砂专项整治行动，全区开展巡查35余次，出动执法人员124人次，巡查河道长度1020千米，巡查流域面积965平方千米，在执法中共查处涉水违规施工案件1起，处罚金额0.2万元，责令整改2件，打击涉水违法违规行为，维护辖区内河流良好的水事秩序。加强水土流失遥感监管和动态监测，持续推进图斑精细化管理，开展矿山生态环境问题大排查整治专项行动，征收水土保持补偿费339万余元。

【水资源管理】 落实水资源“双控”目标，发挥水资源调配社会效益。持续开展县域节水型社会达标建设工作，开展《公民节约用水行为规范》等多种主题节水宣传，在《中国水利报》刊发5篇宣传报道。新装7处取水在线监测计量设施。创建省级节水型企业3家、市级节水型企业4家、市级公共机构水效领跑者1个，全年按标准征收水资源费124万元。

【水保监督】 开展遥感监管违法违规建设项目复核和查处整改工作，查处违法违规项目5个并责令限期整改。完成2022年水土保持公报基础资料上报。开展瑶圩乡水土保持小流域综合治理项目实施方案编制和报批工作。全年审批水土保持方案报告书（表）22个，征收水土保持补偿费339万元。开展全区生产建设项目监督检查全覆盖工作，包括“双随机、一公开”抽查、光伏发电项目专项检查、现场检查和书面检查，检查建设项目180余个，对不合规项目要求整改。开展全区生产建设项目信息化监管工作，完成购买第三方信息化监管服务，监管建设项目10个。开展水土保持综合治理工作，完成上级下达的水土保持综合防治面积（全口径统计）7.3平方千米，其中水土流失治理面积6平方千米。

【水库移民工作】 做好全区移民后扶人口动态管理工作，移民后扶人口由2022年8979人，减少到2023年8890人，核减89人。移民后扶人口直补资金全年一次性发放。完成移民后扶项目批复，2023年上级下达全区移民后扶项目资金1421.6万元，按要求全部落实到移民项目，安排移民项目43个。至12月底项目均已开工建设，完工38个项目，完工率88.37%；实行项目决算34个，拨付资金1146万元，拨付率80.61%。

（陈伟）

廖坊灌区工程及水库工程管理

【概况】 2023年，区廖坊灌区和水库管护中心立足部门职责，加大库区灌区管理力度，科学合理做好水源统筹，合理调配，为城区生活供水和农业灌溉用水提供大量优质水源。通过树立水质保护宣传标识、悬挂宣传横幅、约谈商户等形式开展水质保护宣传增强全民的水环境保护意识和法治观念；加大对水库上游及周边的巡查力度和频次，清除污染源头，杜绝污染源进入库区和水渠；配合区生态环境局做好水库水样采集、化验，建立水库水质资料档案；加强水库水面和水库集雨区管理，每周进行库面水路和环库陆路的不定期检查，预防水污染事件。监测数据显示，各水库水质全年保持在Ⅱ类标准。年内，幸福水库入选水利部长江流域优质水源地名录。

【库区和灌区安全度汛】 根据《水库和灌渠管理制度》制定各水库和灌区度汛方案和水库大坝安全管理应急预案，成立防汛应急小组，编制报批各水库防汛调度方案，安排值班值守人员及时掌握水位水情。主汛期来临前组织人员对各地制度落实、台账记录、设备工况、水库大坝安全监测、灌渠运行情况、水情测报系统、水资源保护等情况开展检查；进行水库备用电源倒闸试验，水库和灌渠泄洪闸门启闭操作。针对问题制定整改措施，强化干部职工安全防汛意识，杜绝防汛工作安全隐患。做好大坝泄洪闸门、启闭机、位移沉降观测设备、灌渠工程设备、水情测报系统，巡库船只等维护保养，确保各设施良好运行；配齐储足编织袋、沙石、铁锹、木桩等防汛应急物资，做好隐患工程修复，在春耕前对部分渠道清淤整修。

【廖灌工程维养】 对廖灌一期虎圩伍桥、麻溪段灌渠总长11米塌方进行维修加固。对孝岗镇红岭、长林、何坊和西坪4个村委会总共5千米渠道进行垃圾集中清理。维修黎圩镇岭背和孝岗翻车岭段损坏的172米防护网。维修虎圩乡伍桥、叶家科2座水闸进行，费用约10万元。投资35万元对孝岗镇范围内一期工程约7千米进行清淤除杂。投资40万元对廖灌二期邓家乡古圩段一支取水口约0.7千米进行全面疏通，彻底解决下游松湖村3000多亩农田灌溉难题。

【水库维养及改造】 投资130万元对幸福、横山、蛮桥、何坊、佛岭5座水库灌区工程进行维养修复，确保渠系正常运行。配合水利局开展蛮桥水库节水改造，项目总投资2400万元，主要对蛮桥水库灌区12千米进行节水改造以提升灌溉面积和灌溉效率，工程预计于2024年年初完工。

（徐辉）

江西蓝莓之乡

综述

东乡区处于赣东丘陵与鄱阳湖平原的过渡地带，气候湿润、生态环境优良、土壤透气性强，十分适合蓝莓生长。近年来，东乡区积极响应国家关于实施乡村振兴、富民强县战略号召，贯彻落实中央一号文件精神和习近平总书记关于“三农”工作重要指示批示精神，立足产业发展现状和自然资源禀赋，将特色蓝莓产业作为“十四五”时期主导产业和发展壮大村级集体经济的主抓手。2020年8月启动规模化蓝莓种植，成立发展领导小组、组建工作专班，与浙江蓝美技术股份有限公司签订战略合作协议，由其提供国家优良品种及种植技术支撑，出台加快蓝莓产业持续健康发展的实施方案，逐渐走出一条从无到有、从小到大、从弱到强的特色产业发展之路。

东乡区投资1亿元建设东腾蓝莓产业园，为各乡镇（场）发展蓝莓产业“打样”。形成主培育苗、规模种植、休闲采摘、预冷保鲜、精深加工、电商销售等较为完整的蓝莓产业链。2023年，蓝莓大面积挂果，种植面积1000公顷，位居全省第一，新增28个蓝莓挂果基地，年产量30万千克，实际销售28.7万千克，产值1000万元，为乡村振兴注入新动能。2023年5月，江西省林学会授牌东乡区“江西蓝莓之乡”。

品牌塑造

【概况】 2023年5月14日，“江西蓝莓之乡”授牌暨江西省蓝莓产业联盟成立大会在东乡区举行，东乡区成为全省唯一获“江西蓝莓之乡”称号的县区。东乡区以此次授牌仪式和江西省蓝莓产业联盟成立大会为契机，坚持打造产业化与品牌化，做好蓝莓品质保障与“线上+线下”立体宣传，努力把蓝莓产业发展成最具东乡辨识度的特色产业，为东乡农业农村现代化和乡村振兴发展提供更加强劲的动力。

【蓝莓品质】 东乡蓝莓品种为“蓝美1号”，个头与1角硬币相似，有易种、高产、品优、抗逆性等优势，且果实中富含花青素等营养成分。为保证蓝莓品质，东乡蓝莓种植管护采取野生种植法，不施化肥，不打农药，让蓝莓在自然生态环境中生长，包装使用可接触食品级材质的PET专用盒，是真正的天然有机水果。

【“线上+线下”蓝莓品牌推介】 注重蓝莓宣传推广，成功举办“十个一”蓝莓宣传活动，多次被中央、省、市媒体宣传报道。建立“线上+线下”的立体化农产品推广系统，提高产品知名度、美誉度、影响力。3月，区工创投集团组织宣传人员拍摄东腾蓝莓产业园短视频20余次，制作蓝莓短视频9条，在抖音、视频号、公众号等媒体发布蓝莓视频30余条，邀请东乡本地“网红”到蓝莓产业园“打卡”，开展“我为东腾蓝莓代言”活动。5月29日，中央电视台《朝闻天下》报道《东乡蓝莓：从“无中生有”到全省第一！》。7月5日，《江西日报》版面头条报道《东乡区聚力打造蓝莓产业“致富链”》。

产业发展

【概况】 东乡区按照“企业示范、乡镇先行、群众参与”的模式和“高端、高质、高效”要求，以工业化理念、项目化机制稳步推进“全省蓝莓产业特色区”发展战略。建设95个“蓝莓产业基地”，其中乡镇（场）82个、工创投2个、五方联动（农户+村集体+公司+社会+政府）11个。完成栽种蓝莓1100公顷，其中乡镇（场）种植650公顷，区工创投集团种植450公顷，种植面积居全省第一。不断创新销售模式，拓宽销售渠道和销售市场，通过“走出去”和“引进来”，扩大线上线下销售渠道，建立与阿里巴巴集团、百果园、华润万家等企业和各大销售平台初步的合作关系，将蓝莓鲜果销售到省内外各大城市，开拓蓝莓销售新市场。2023年东乡区蓝莓季销售，实际销售28.7万千克，其中鲜果销售15.8万千克，占总销量的55%；总销售额836.3万元，其中鲜果销售额644.7万元，占总销售额的77%。

【政策保障】 出台《关于加快东乡区蓝莓产业持续健康发展的实施方案》，将蓝莓产业发展纳入乡镇（场）高质量发展综合考评指标，在全区15个乡镇（场），132个村、分场建设村级集体经济“蓝莓产业基地”。每村基地面积不低于6.67公顷，由乡镇（场）在辖区内统筹解决集中联建，乡村两级负责基地建设所需土地资源的流转，村办公司拥有基地所有权，并以此作为发展蓝莓产业的入股资金。

【资金支持】 设立东乡区村级集体经济产业发展基金，由区农商银行负责统筹整合1.32亿元的贷款资金作为全区发展村级集体经济启动资金，同时为村办公司贷款提供10年财政贴息。各村办公司按照贷款流程后获得100万元发展资金，实现“每村百万基金、建设百亩基地”目标，为发展壮大蓝莓产业提供强有力的资金保障。

【技术支持】 东乡区成立蓝莓产业发展“专家服务站”，编发《蓝莓种植管理技术手册和原料果采摘技术规程》，成立工作专班培训蓝莓种植“土专家”，每月提前发布当月蓝莓基地工作流程，提供全方位技术指导。推行“企业+党支部+村办公司”模式，统筹整合人才、土地、资金、技术等资源，与蓝美公司合作，选派责任心强、学习能力强的技术管理人员，由企业进行培训，培养更多“土秀才”“田专家”，为后期管护提供技术人才支撑。

【东腾蓝莓产业园】 区工创投坚持以产业链思维发展蓝莓产业，投资1.45亿元建设东腾蓝莓产业园，为各乡镇（场）发展蓝莓产业“打样”。规划用地红线面积366.67公顷，其中蓝莓种植面积333.33公顷、蓝莓苗木繁育基地面积33.33公顷，苗木基地实现年繁育“蓝美1号”苗木1000万余株，年销售额1.5亿元。种植基地盛产期产果可达66.67公斤/公顷，年产量5000吨，年销售收入5000万元，丰产期20年以上。带动周边农民220人就业，每人每年增收1.2万元。产业园内设立全省首个蓝莓发展专家服务站，聘请浙江农林大学园林设计院的专家规划设计二期产业园，打造一个集蓝莓生产、生态旅游、文旅康养、休闲娱乐于一体的现代农业综合示范区。5月23日，东腾蓝莓产业园在“好吃蓝莓”现场评比活动中荣获第一名，累计采摘销售蓝莓9.67万千克，销售额247.13万元。

【蓝莓产业助推乡村振兴】 蓝莓产业实现东乡4000余名村民在家门口就业增收。东乡区按照乡镇负责土地流转、村办公司负责建设管理、蓝美公司负责技术指导的模式，在珀玕、马圩、虎圩等乡镇先行试点，在试点成熟的基础上，总结经验，全面推进蓝莓面积落实和基地建设。积极引导农业企业和农户自发种植；出台奖补政策，推动蓝莓种植“五方联动”合作机制试点，引导更多的群众和社会资本参与蓝莓产业发展；按照依法、自愿、有偿的原则，通过换、租、转、招等方式，确保蓝莓种植基地集中连片，降低管护成本，提高产出效益，实现个人和集体共同增收。黎圩镇黎阳村利用闲置土地，集中连片种植10.67余公顷蓝莓，2023年销售1.3万余千克，为村集体经济创收45万余元。原省级贫困村小璜镇洋湖村，脱贫后通过土地流转引进17.33公顷的蓝莓种植项目，巩固脱贫攻坚成果。孝岗镇何坊村利用城郊优势发展冷链仓储产业，采取“党建+党员干部+农户”方式，自筹资金1000万元建成江西聚创冷链有限公司，通过租赁的形式每年为村集体经济创收近26万元，让周边村民富起来。

【销售链条】 东乡蓝莓以鲜果销售为主，原料果保底的销售方式，其余果子销售给深加工企业，实现产品的多样化利用和销售。在淘宝、京东等电商平台直播推介东乡蓝莓，通过“荆公”农产品品牌，进一步提升蓝莓知名度。与华润万家、厦门兴果、百示麦、赣果鲜、鑫永邦等水果经销平台建立合作关系，把蓝莓鲜果销售到省内外各大城市。

（赵中华　查霁轩　邹鹏）

工业·信息

综 述

2023年，东乡区紧扣省委、市委决策部署，紧紧围绕“作示范、勇争先”目标要求，深入推进“五十百千万”工程，全力打好工业创新发展强攻战，工业经济实现平稳健康发展，主要工业经济指标保持平稳增长，总量稳居全市前三，增速普遍位于中上水平，重点产业和重点企业发展继续保持优势地位。163家规模以上工业实现工业增加值增速14.1%，同比增长5.2个百分点，实现营业收入299.71亿元，同比增长20.45%，总量列全市第3位，实现利润总额11.31亿元，同比增长54.65%；工业税收实际入库12.23亿元，总量列全市第2位，其中工业增值税9.55亿元，总量列全市第1位。工业用电113243万千瓦时，同比增长9.96%，总量列全市第3位，增幅列全市第6位。荣获全省中小企业数字化转型试点县（区）称号，在全市工业创新发展争先擂台赛中争得一期擂主，总决赛中获得第2名。

信息化建设

【概况】东乡区贯彻落实省、市有关信息化和数字经济“一号工程”建设工作精神和要求，深入实施创新驱动发展战略，不断深化数字赋能，多措并举着力推进数字产业化、产业数字化、数字基建、数字治理，大力发展数字经济，坚持把数字经济作为信息化建设主动力。2023年9月，东乡区成功申报江西省第一批中小企业数字化转型试点县区。

【基础设施】累计建成5G基站835个，重点区域、场所优先覆盖，农村区域实现5G覆盖率95%以上，千兆用户占比30.34%。网络基础设施全面向IPv6演进升级，网站首页通过IPv6网络正常打开页面比率、网站二级链接IPv6可正常访问率、网站三级链接IPv6可正常访问率均达到100%。

【数字化转型】召开东乡区中小企业数字化转型宣贯会。通过开展中小企业数字化转型试点，加快数字化、网络化、智能化技术在各领域的应用，推动企业发展质量变革、效率变革、动力变革，2家企业获评抚州市数字化转型行业标杆企业。打造经开区智慧园区，在硬件上投入各类设备2000多套，综合运用NB-IOT物联网、智能化、传感器技术，实现园区基础设施数字化水平显著提升，在软件层面上搭建工业安全智能管控平台，实现园区企业部分数字要素实时获取以及各类供需对接共享，为园区数字化转型打牢基础。

【数字产业化】数字产业发展量质齐升。2023年，东乡区电子信息制造业营业收入18.8亿元，利润总额5075万元，同比增长72.88%，智能终端产品性能持续升级。新兴数字产业壮大，通信设备、核心电子元器件、关键软件等产业水平提升，以新一代信息技术产业为牵引，带动数字产业整体协同发展，新增省级企业技术中心1家、市级企业技术中心8家。支持VR产业重点企业发展，推动VR产业链重点项目建设，数字产业创新基地（VRAR+数字智造）项目已投入运营。软件产业规模扩大，2023年新增纳入软件和信息技术服务业统计调查制度企业3家。工业互联网创新发展，网络、平台、安全体系以及工业互联网标识解析规模化应用赋能企业，共打造2个省级"5G+工业互联网"应用示范案例、3个江西省5G绽放杯获奖项目。数字经济聚集区荣华人工智能产业园占地面积300亩，总建筑面积30万平方米，计划投资总额达30亿元，一期12万平方米已于2023年1月建设完成并投入使用。

【企业上云】推动企业加快数字化、网络化、智能化转型，深入推动中小企业"千企上云上平台"专项活动，分类实施企业信息基础设施、平台系统、业务应用、设备资源上云，2023年实现上云企业2587家，其中深度上云企业110家，规模以上工业企业上云率达100%。

【两化融合】2023年5月至6月，开展了全区规模以上企业信息化和工业化融合度评价工作，共有3家企业达到L7水平。培育国家两化融合管理体系贯标企业9家，其中AAA级两化融合管理体系贯标企业1家；新增两化融合示范企业8家，其中三星级两化融合示范企业1家，1家企业被列入省级"小灯塔"企业培育名单。

【智能制造】落实省智能制造"万千百十"工程，将智能制造作为深入实施工业强区战略的主攻方向，促进制造业转型升级，推动工业经济高质量跨越式发展，企业通过实施智能化改造，不同程度地实现生产过程人、机、料、法、环、测等生产要素的互通互联。推动优势企业和传统产业智能制造、智能产品开发。支持企业利用数字化手段进行技术改造，企业数字化智能化水平进一步提升。2023年，2家企业获评省级智能制造标杆企业，1家企业获评省级企业技术中心，1家企业获评省级工业设计中心，8家企业获评市级企业技术中心，1家企业获评市级智能制造标杆企业，新增2个国家级智能制造优秀场景。

支柱产业及骨干企业

【新能源新材料产业】首位产业新能源新材料共有规模以上企业33家，重点企业包括永冠科技、金光高科等，主要产品包括可降解膜、锂电池电解液、高端碳化钨基合金。2023年实现营业收入99.6亿元，比2022年增长3.06%；利润总额1.68亿元；上缴税金1.99亿元，比2022年增长19.32%。

骨干企业。江西永冠科技有限公司由上

海客商投资兴建，坐落于渊山岗工业园，总投资50亿元，占地面积66.67公顷，建筑面积20万平方米，设有造纸车间、纺织车间、涂塑车间、涂离型车间、制胶车间、涂胶车间、纸管车间、纸箱车间以及包装车间，主要建设年产胶粘制品4.5亿平方米、纸胶带2万吨生产线，主要产品为OPP胶带、布基胶带、美纹纸胶、彩印胶带、特种清洁胶等高科技胶粘制品。目前永冠集团已研发车衣膜等新型产品并成功嵌入比亚迪整车制造供应链，2023年永冠集团实现营业收入超50亿元。

江西金光高科有限公司成立于2021年7月，是广东金光高科股份有限公司的全资子公司。广东金光高科是一家致力于锂电池新材料研发和生产的新能源公司，成立于2000年10月，公司深耕锂电池材料22年，主要包括电解液、六氟磷酸锂、添加剂、铜箔等锂电池材料。

江西金光高科有限公司注册资金1亿元，建设电解液10万吨，六氟磷酸锂1万吨，添加剂0.2万吨。公司培养和引进了一批在锂电行业的技术专家队伍，以技术创新为突破，攻克日韩“卡脖子”技术，打破垄断，为新能源汽车发展作出贡献。

发展企业。江西爱索轻合金有限公司成立于2018年，注册资金6000万元，项目总投资5亿元，是一家从事生产和销售轻质铝合金材料的现代化高科技企业。企业致力于高起点规划、高科技应用、高品质输出，采用美国最高端油气滑铸造系统，配置全进口先进检测设备，资深生产团队，专业生产高端工业材铝合金铸棒、光伏新能源铝合金铸棒及汽车零部件锻造铝棒。企业建成全面投产后可形成年产8万吨轻质铝合金生产能力，实现年营业收入20亿元，创税1.4亿元。

【生物医药产业】 主导产业生物医药共有规模以上企业11家，产业涵盖原料药及化学药、中成药、原料药等细分领域，重点企业包括施美药业、亿友药业、科伦药业等。2023年实现营业收入11.99亿元，同比下降6.58%，利润总额2亿元，比2022年增长45.54%，上缴税金1.19亿元，比2022年增长72.3%。

骨干企业。回音必制药是江西省最大的大输液生产企业之一，是首家拥有PVC瓶和非PVC软袋输液生产线企业，公司生产的1%100毫升葡萄糖酸钙氯化钠注射液是全国独家品种。2023年实现营业收入1.10亿元，上缴税金2884万元。

江西科伦药业是四川科伦实业集团收购原泰丰药业厂组建而成，2023年江西科伦药业实现营业收入3.87亿元，上缴税金3767万元。

发展企业。江西亿友药业有限公司创办于2015年，位于江西抚州市东乡区东升工业园温州路2号。公司产品涵盖盐酸溴己新原料药、盐酸溴己新葡萄糖注射液、盐酸溴己新颗粒、盐酸溴己新口服溶液、盐酸溴己新注射液、吡拉西坦片、腹可安分散片等。亿友药业盐酸溴己新口服溶液成功进入2023年版国家医保目录，并荣获科技部第12届中国创新创业大赛优秀企业奖、江西赛区一等奖，参加“创客中国”比赛进入全国500强。2023年，公司实现营业收入1.87亿元，上缴税金497万元。

【电子信息产业】 现有规模以上企业8家，产业涵盖智能穿戴设备、汽车电子等细分领域，龙头企业包括台德智慧、联坤电子，引进深圳联谛信息科技打造“人工智能+无障碍产业高地”，推动终极知世、超显科技、点触科技等6个数字经济项目建成投产，进一步推动产业发展。2023年，实现营业收入18.8亿元，实现利润5075万元。比2022年增长72.88%，上缴税金1097万元。

骨干企业。江西台德智慧科技有限公司主营电子计算机外部设备、家用视听音箱设备、

LED照明器具、移动电话机、智能手机通信设备研发生产和销售，主要产品蓝牙音箱、蓝牙耳机、无线网络监控摄像机，与科大讯飞、小米等公司建立供销关系，产品远销美国、欧洲、中东、澳洲、南美、非洲、东南亚、日本、韩国等国家和地区，2023年，实现营业收入12.33亿元，上缴税金403万元。

江西联坤智能科技有限公司成立于2020年7月，是专业从事智能手机、平板电脑、笔记本电脑、安防监控等移动智能终端光学影像模组研发、生产、销售的企业。公司产业发展迅速，成立至今仅两年时间，就发展成为年营收超5亿元的规模以上企业。2023年实现营业收入3.94亿元。

发展企业。荣华人工智能产业园占地面积20公顷，总建筑面积30万平方米，投资总额30亿元。引进相关联视频、音频等电子企业不少于15家。打破传统工业园模式，打造“1+N”模式，即孵化企业组团+微型企业组团+规模企业组团+超大型企业组团+定制化企业组团+综合服务组团。园区以现代化设计理念，花园式工厂，智能化产业为基础，设计采用多体多功能多层式框架结构的建筑主体，目前已建设完成面积约13万平方米。产业园现有台德智慧股份、台宏科技、中科视显、睿泰智慧科技、诺保科技、高核微6家企业落户。

特色产业及重点企业

【有色金属产业】 2023年，东乡区有金属加工企业13家，均为规模以上工业企业。其中，铜加工企业7家，铝加工企业2家，钨合金加工1家，贵金属加工1家，电缆企业2家。产业链涵盖上游金属矿采选，中游铜管、铜棒、轻质合金深加工，下游电线电缆、五金配件等领域。2023年，金属加工产业完成营业收入113.39亿元，占规模以上工业总量比重37.83%；利润总额4.82亿元，比2022年增长7.9倍；上缴税金6.4亿元。

骨干企业。恒吉集团主营产品为低氧铜丝铜杆，无氧铜丝铜杆，T2、T3铜杆，铜棒，铜锭，消防产品，水暖器材，电线电缆，阳极板等铜产品及铝锭、铝棒和铝杆等铝产品，2023年恒吉集团营业收入超50亿元。

超捷集团（华中铜材、华昶金属、超捷电缆）主要以废旧铜、铝等为原料，专业生产各类规格铜棒、铜锭、阳极板、铝棒、铝锭等铜、铝产品等，产品畅销全国各地。

发展企业。江西长裕硬质新材料有限公司坐落于东乡经开区科技孵化园片区，由昆山长鹰硬质合金有限公司投资兴办。公司主要制作生产100—300纳米的超细晶碳化钨粉末及微米级硬质合金，其产品硬度、密度、强度均达到国际标准，广泛应用于精密模具、矿山工程、金属加工等高精尖端领域。2023年，实现营业收入6.64亿元。

【纺织产业】 以天达纺织、兄达纺织、恒星纺织、鲍斯高服饰为龙头，以棉纺、织布、织绸、服装、服饰等门类为主要产品的产业格局。2023年，实现营业收入11.91亿元，比2022年增长3.38%，实现税金3599万元，比2022年增长170.2%。

骨干企业。江西天达纺织有限公司采用国际先进的气流纺技术和印度进口棉花，致力于生产高中端纯细棉纱产品。2023年，实现营业收入8984.1万元，上缴税金108.77万元。

江西鲍斯高服饰有限公司该企业是一家集服装研发、设计、生产、加工、销售于一体的专业制造西服企业。2023年，实现营业收入3146.2万元，上缴税金273.04万元。鲍斯高产业园已基本建成，已引进8家企业，其中律动服饰、创慧服饰、鲍斯高服饰、瑞众服饰已入规。

发展企业。江西兄达纺织有限公司总投资1.2亿元，占地面积约4公顷，建筑面积28000平方米，于2018年全面建成投产。公司主要采用皮棉、黏胶、涤纶为原料，从事高档棉纱、涤纶纱和棉布生产、销售。2023年，实现营业收入1.06亿元，上缴税金340.43万元。

中小企业融资担保

【概况】 2023年，担保公司秉持稳健发展、不断创新的思路，进一步优化了存量业务，扩大了增量业务，加强清收代偿，做实反担保措施，获得国家减息降费奖补资金36.49万元，被区委、区政府列为区属重点国有企业。

【担保业务稳健发展】 累计为1143家企业提供担保贷款29.09亿元，代偿率3.07%，较年初下降0.2个百分点，年度代偿率3.3%。2023年有在保业务261户，在保金额4.34亿元（含村级集体公司2.84亿元）。新增担保134户3亿元，还贷或减贷1888.3万元。进入再担保体系的担保金额2.66亿元，占当年新增业务88.56%。担保公司资产得到进一步优化，抗风险能力不断增强。公司资产合计1.66亿元，其中一、二级资产1.51亿元，占比达90.89%，担保工作成效显著增强。

【多措并举清收明显】 2023年，共清收代偿资金及其他应收账款1081.94万元，其中再担保赔付金额517万元；收回高风险担保贷款资金720万元。开展诉讼清收。2023年，已起诉代偿企业5家，标的金额907.03万元，维护公司债权，保证诉讼时效；加大申执力度。申请执行及恢复执行9家诉讼企业，标的1957.01万元。主动对接法院相关人员，促成抵押物挂牌拍卖，挂牌、拍卖企业共计2家，标的640.08万元。对不履行执行调解还款协议，重新申请执行，冻结账号；对于“钉子户”、赖债户，采取上门清收、电话清收，坚持不收回代偿款不退出的原则，直至收回代偿款；诉讼调解清收。针对已经进入诉讼程序的案件，由法院主持达成和解，出具民事调解书。清收经调解还款77.17万元。

【降低贷款担保风险】 坚持应登尽登、应押尽押、应保尽保的工作原则，2023年共解保59户，解保金额1.6亿元。其中，全额还贷7家，金额1404万元；部分还贷23家，金额484.3万元；强化反担保措施20余家。使有效抵押率进一步提升，降低了潜在风险。

【完善管理机制】严格依法依规开展担保业务，通过完善规章制度、加强思想教育、谈心谈话等方式，疏通工作堵点难点，杜绝以权谋私和人情担保，严禁违法违规和自由散漫、好人主义，为区域经济发展服务出力。要求全体员工忠于职守、公道正派，履职尽责、增强素质，严格工作程序和工作标准，不折不扣执行上级各项决定，有效降低担保风险，减少资金代偿。实行业务受理登记制、一次性告知制，立即就办、只跑一次，切实为企业提供优质服务，切实帮助企业排忧解难，切实推动经济发展。

（李官祥　陈小勇　谢文婷）

电力工业

【概况】2023年，东乡供电公司完成固定资产投资4450.65万元；售电量14.49亿千瓦时，较2022年增长4.93%。配电网建设项目资金位列全市第3，网上国网营销业务线上办电率100%，位列全市第1，各项工作持续稳步推进。

【安全用电】加大作业现场监督检查力度，发挥柔性团队作用，严格落实关键人员到岗到位履责制度，全年到岗到位4269人次，查处各类违章104起，处罚金2.44万元。统筹推进春、秋季安全大检查，线路安全距离不足等重大事故隐患排查治理专项行动，发现隐患236项，已整改227项。持续提升公司应急管理水平，强化应急基干队伍建设，全年累计发布预警21次，启动应急响应70次，开展各项应急演练12次，成功应对台风、寒潮恶劣天气电网抢修保供电挑战。围绕雷雨、寒潮、迎峰度冬、度夏等不同特性，紧扣自然灾害、用户产权、外力破坏“三大病灶”，制定分阶段、差异化运维管理措施，推行“一线一策”频繁停电线路整治，全面完成线路保护定值测算、校核和整定，公司配网故障较2022年下降56.12%，台区平均停电时长位居全省第31。

积极开展带电作业　　（区供电公司　供）

【电网建设】积极跑项增资，争取5个批次配电网建设项目资金4400万元，位列全市第3。顺利完成岗上积、詹圩、小璜3座35千伏变电站老旧设备改造，彻底整改严重超期服役重大安全隐患，有效提升变电站运行可靠性，为度冬、春节保供电提供坚实保障。深入推进配电网“123”工程，解决低电压、频停、过载等问题69个。完成17条10千伏频停老旧线路综合整治，19条差异化防雷线路治理，配电网线路联络率93%，较2022年提升15个百分点；N-1通过率78%，比2022年提升12个百分点。按照省公司“一所一机一飞手”原则，实现班组无人机应用覆盖率100%。加大输电线路通道属地化运维工作力度，密集通道生物防火带治理得到省、市公司充分肯定表扬，并作为典型经验在全省试点推广。

【提质增效】 组建计量异常数据处理及供电所标准化建设的柔性团队，进行反窃查违。建立“一台区一指标”考核体系，通过“线上+线下、系统+现场”双轨运行，累计查处问题85个，供用电成效全年完成473.22万元，完成率100.47%。大力推行“能带不停、能带尽带”的带电作业原则，减少停电时户数0.93万时·户，开展带电作业862次，排名全市第二。加强实物资源管理，清理报废物资收益10.64万元。切实提升省管产业单位依法合规经营能力和风险防控能力，全面强化同质化管理，应收款项全年回收3537.14万元，回收率53.21%，较2022年提升17.17个百分点。积极开拓电力施工市场，落实“合规管理强化年”任务清单，强化风险源头管控，推进“以案促管”，实现行政处罚、新发诉讼案件和社会人身触电伤害“三零”目标。

【创新服务】 做好电力可靠供应保障，完成四套班子巡察、中考、高考等32场次重大活动保电。全力服务区重点工程项目建设，实现沪昆高速公路扩建等36个涉电工程项目顺利投产。出台负荷管理及补充轮停方案，完成101户“一企一策”负荷调控预案编制和三方协议的签订，全年未发生停限电事件。提升光伏发电等新能源并网效率，累计实现全口径发电量0.99亿千瓦时，较2022年增长26.2%，补贴电费935.06万元。构建客户电力接入“绿色通道”，完成净增容量14.418万千伏安，比2022年提升4.3%。开展“专用变压器”企业客户走访，及时了解并响应客户需求，完成企业客户走访148家。健全供电服务“全业务链”管控机制，推动“工单闭环”转向“问题闭环”，客户满意率达98.63%。缩短网格服务响应时长，完成13个变压器供电区域的跨区域管理调整，确保各区域的供电需求得到均衡满足。实现3个供电所“村网共建”电力便民示范点建设，在2个乡镇供电所建设新能源车辆充电桩。网上国网营销业务线上办电率100%，位列全市第1。启动“刷脸办”“一证办”新应用，高压办电时长较2022年减少8天。实现“电网一张图”数字化呈现，推进“七个自动化”、机器人预警信息、主抢工单、i国网等数智化运用，故障研判准确性提升至96.6%以上。细化服务管控措施，加强投诉案例警示，举办2期服务规范培训。分专业梳理投诉风险点，常态开展知识库内容修编，成功报备18起，2023年以来“95598”工单数量下降33.33%，连续三年实现零投诉。

（张海鸿）

邮 政

【概况】 中国邮政集团有限公司抚州市东乡区分公司（以下简称区分公司）紧紧围绕集团、省市分公司年初确定的方针目标，以扎实工作作风和有效举措，向管理要效益，强服务求创新，迎难而上促发展，完成各级管理部门下达的各项工作任务和经营指标。2023年实现业务收入6357万元。其中，金融业务完成收入4830万元，完成计划的99.91%；寄递总收入完成953.6万元，完成计划的101%；邮务业务总收入完成493.15万元，完成计划的101.72%。

【金融业绩】 区分公司全年完成普惠金融业务收入4830万元，其中，余额年增长5.05亿元，总资产新增4.05亿元，手机银行新增2833户，三方绑卡新增4364户。

【乡村网点建设】 东乡区普服网点实现乡镇全覆盖，建制村通邮率100%，投递频次达标率100%，普服网点营业时间达标率100%，党报党刊当日见报率100%。共建共享农村寄递物流配送网络，区分公司与东乡区公共交通集团公司签订邮件上行和下行合作协议，开通矿山、小璜、珀玕、杨桥往返东乡区邮政公司的快递交邮合作，整合公共资源，加快客货邮融合。加快实施“快递进村”工程，推动城乡寄递物流服务均等化，结合三级物流体系建设，分别在小璜、珀玕、杨桥、矿山等地快递超市统一制作店招并配置农产品货架137组。至2023年底，农产品交易额规模457.84万元，完成计划的113%；农产品寄递业务规模237.78万元，完成计划的108.08%；极速鲜业务规模65.52万元，完成计划的109%。

【惠农成效】 助力新型农业经营主体高质量发展。完成铁山、大塘村、邮路头等重点村打造；完成1个中邮示范合作企业建设；融资E完成1760万元，完成计划的146.67%；农产品交易额年度目标457.84万元，完成计划的113.%；行政村整村开发完成4个，完成计划的100%；普惠保险完成9万元，完成计划的100%；农产品寄递收入237.78万元，完成计划的108.08%；极速鲜收入65.52万元，完成计划的109%。

（程静）

电 信

【概况】中国电信股份有限公司东乡分公司（以下简称东乡分公司）以省公司“六个坚持、七项重点工程”及“云改数转”为抓手，紧紧围绕年度工作目标，积极开展全业务运营。至2023年12月，宽带用户数达到62670户，固话用户27295户，移动手机用户137770户，移动市场份额占比31.31%。主营收入达6658万元，完成预算进度100.2%，排全市第四位，累计同比增幅8.03%。

【网点建设】加大社会渠道建设力度，不断完善引入机制。将城区14个片区进一步划分成17个片区，每月拉动融合套餐40套，虎圩营业部裂变成虎圩营业部和园区营业部，对工厂、企业靠前支撑，为公司业务发展开拓了新渠道。至2023年12月，全区共有各类合作厅、店105家，店包区41家，渠道运营步入良好发展轨道。

【网络建设】2023年，完成农村800M5G基站共111个，其中新增12个、存量99个；高铁和城乡新增4、5G双模基站34个。纯5G（3.5GHz）基站新增7个新建室，分99个小RRU覆盖13个小区地下室、电梯及高层。宽带百兆升级千兆改造万户，光缆下地49千米。

【服务提升】高度重视行风建设，查找服务工作中存在的薄弱环节和差距，针对服务短板，将营业厅受理服务、客端装维服务、设备安装和数据录入等工作抓细、抓实、抓出成效。加强对服务全过程的监督、检查、控制与考核中，严格执行首问责任制、用户申告红黄牌制等服务工作管理制度。把效能监察纳入绩效考核中，做到责任明确、落实到位，建立长效机制。注重沟通，加强指导，营造氛围。深入生产、服务一线，及时掌握动态，给予指导，促进并推动服务质量与服务水平的改善和提升。秉承“用户至上，用心服务”服务宗旨，不断巩固和发扬行风建设所取得成果，促进东乡电信可持续发展。

【存量保有】关注用户发展质量，杜绝弄虚作假，强化保存就是发展的理念，加强对存量保有考核和管控，制定针对性关怀挽留预案，建立多级维挽体系，包括电子渠道关怀提醒、高危用户驻地关怀、营业前台专业挽留、离网用户赢回等，结合客户个性化需求灵活营销策略，最大限度减少存量流失，稳定业务发展基本面。

（马卫国　吴伟）

移动

【概况】 中国移动通信集团江西有限公司抚州东乡区分公司（以下简称东乡分公司）以服务用户为己任，以创建世界一流通信企业为目标，积极顺应数字经济发展新形势，助力东乡数字经济发展，践行企业社会责任及经济责任。2023年，公司主营收入1.89亿元，用户突破23.6万人，解决就业360余人。2023年7月，东乡公司支部荣获抚州市国资委“模范党支部”荣誉称号；2023年12月，东乡公司网络部荣获抚州市“工人先锋号”荣誉称号。按照上级营业厅建设标准，开设委托经营厅2家、社会合作营业厅84家，覆盖全区所有乡镇场，基本满足群众通信业务线下办理需求。

【网络建设】 东乡分公司持续推进5G网络深度覆盖，累计投资超190万元完成网络优化升级，优化无线黑点和小区室内分布系统共19个。开通建设景区基站1个、5G专网基站1个，4G基站达到1074个，基站小区数达3952个，实现4G网络在城区、乡镇、偏远农村，高速高铁重要交通干线、景区，工业园区等全区99.92%的网络覆盖。在全区开通591个5G基站，建设5G基站占全区5G基站总数的62%，东乡城区5G信号覆盖率达99.4%。升级全东乡宽带承载能力，全区宽带用户全部割接至万兆XGPON承载，用户均可实现新型FTTR网络接入，为东乡打造千兆城市贡献强大力量。持续深入贯彻实施“宽带中国”战略，累计投资超110万元开展光纤宽带建设，完成169处区域光纤覆盖、1.09万户家庭用户宽带覆盖，实现千兆光纤网络覆盖率100%，城区10G-PON端口占比98.5%，充分满足家庭用户千兆业务和智慧体验需求。不断提升双千兆客户服务能力。加快新增用户千兆拓展，加速存量用户千兆提速，实现千兆品质引领。东乡移动城区500M以上宽带用户占比51%。

【信息化应用】 积极参与东乡区农村宅基地规范管理“示范先行”创建服务采购项目，以不断创新的技术能力提升东乡区数字政府建设步伐。在工业互联网领域，协同政府完成企业上云1350家，打造江西彭彩新材料5G大规模数采项目，提升企业生产效率、降低企业生产成本，为打造高效，绿色政府贡献力量。

【履行责任担当】 发送反诈警示公益短信超20万条，联合公安机关进学校、进社区、进乡镇开展反诈宣讲活动30余场，提高公民反诈意识，保护人民群众财产安全。保障网络通信，出动保障人员40余人次，扩容253个小区，保障三季度重大项目动员大会、佛岭烟火节、佛岭庙会、佛岭游乐场大型活动、区太极养生康养活动等活动的顺利举办，完成重大活动“无拥塞、无掉话、无重大故障”目标。

（陈建琴）

联 通

【概况】2023年，东乡联通分公司聚焦中国联通新战略，结合“大联接、大计算、大数据、大应用、大安全”五大主责主业，坚持市场创新双轮驱动，重构创新能力体系，提升核心竞争力。强化落实强基固本战略，全面推进“四张精品网”建设。积极融入东乡区政府数字经济发展战略，助力东乡区培育壮大数字经济，通信业务总量不断提升。

【创新发展模式】发挥端网业协同能力，通过线上线下一体化模式，借力数字乡村建设，实现创新转型。发挥抚州联通“一云、二院、三平台”能力基座，积极配合区工信局开展工业企业“把脉问诊”调研活动，全年共计走访企业120余家，完成企业上云151家。创新政企合作模式，率先在小璜镇珊璧村打造村集体通信合作社发展模式试点。推进农村新一代移动通信网络、农业物联网等新型数字基础设施建设，提升乡村光纤网络、移动网络、高清数字电视网建设水平和覆盖质量。

【网络基础建设】不断完善基础设施建设，在4G和5G精品网络方面，人口覆盖率达98%，行政村覆盖率达96%。全年投资500余万元助力东乡4G、5G基站建设，新增基站69座，进一步夯实农村网络覆盖能力。推进千兆端口升级和建设，全年完成0.8万个端口建设，县城区宽带覆盖率95%，县城以上区域万兆端口占比达60%。全面打造满足各类业务接入差异化需求的智能网络。实现县城及以上区域政企智能精品网节点100%覆盖、智能城域网100%覆盖。

【提升服务质量】围绕高品质服务提升行动，行业满意度持续提升。健全服务监督闭环管理体系，提升问题解决能力，有效降低申诉率。以“五大承诺+十项服务行动”为抓手，深入开展“爱心助残”“智慧助老”“匠心网络贴心服务”“18客户日”“反诈宣传专区”等活动，服务品牌知晓率65%。强化线上便捷服务能力，通过线上线下协同、多元化服务唤醒，实现自助服务占比79%。（郭泳勇　何艳）

铁塔

【概况】东乡铁塔办事处践行“求真务实，开拓创新，利益客户，成就员工”的企业核心价值观，扎实完成全年任务及工作目标。坚持资源统筹共享，从供给侧促进5G建设更集约；坚持规划引领、资源统筹，充分利用铁塔既有的存量站址资源和社会杆塔资源，协同电信企业完成5G基础设施建设。至2023年底，完成5G基站建设790座，完成区政府重点工程建设项目铁塔及杆线迁改工作2项，保障全区通信网络全覆盖，避免重复建设，提升公共资源配置效率。按照公司总部“通信塔变社会塔，社会塔变通信塔”要求，完成与城管路灯杆路对接项目，助力地方政府智慧信息化建设。

【维护运营】东乡铁塔办事处积极提高基站维护质量，完成基站维护、基站通信保障任务。直面恶劣天气和灾难，确保通信正常，降低资源耗损率，完成1400人次基站机房巡检、11000站次停电应急发电以及全量800站次基站铁架巡检任务。及时调度人员检修设施，对于老旧和已损坏设施进行更换清理。合理设置安排基站点地理位置，考察地形地貌、了解人口数量以及基站与基站之间的距离。进行科学规划，避免资源浪费，同时与设计院进行合作，规划出整个东乡地区所有需要建设基站的位置。

【沟通合作】定期与三家运营商进行共建共享会议沟通，针对各运营商提交的共享改造需求，及时与产权方沟通，推动改造方案落地。结合工作实际，三大运营商需要相继出台一系列规章制度和政策，确保业务顺利展开。严格落实规章制度，进一步明确职责，加大对站址洽谈工作奖惩力度。

（王俊戎）

园区经济

综 述

江西东乡经济开发区（以下简称经开区）始创于1992年，是全省首批重点工业园区，被列为全省首批开发区体制机制综合改革试点。入驻企业360余家，其中规模以上企业166家，总用工21000余人。近年来先后被评为全省知识产权试点园区、全省变性淀粉产业基地、全省文化产业发展基地、全省两化融合示范园区、浙商最佳投资目的地、全省“两率一度”先进园区，获全省加快工业发展加速工业崛起年度贡献奖。获评2022年度开发区综合考核结果省级开发区第一等次；东乡“工业诊所”人才工作特色做法先后被《人民日报》《江西日报》《江西新闻联播》报道；“三位一体破解用地难题，革故鼎新推动提质增效”改革项目获批2022年度江西省开发区改革创新优秀案例。2023年4月及11月，在全省部分开发区主要负责同志座谈会及全省开发区改革创新发展大会上，东乡经开区就改革创新工作分别做了代表发言并收获省委、省政府主要领导点评。2023年以来，经开区以高质量跨越式发展为主线，紧扣高质量发展首要任务，统筹推进安全生产和项目建设，聚焦改革创新、招商引资、平台建设、项目推动、土地清理等中心工作，持续深入推进各项事业发展。

聚力培优扶强优强。经开区大力推行工业企业提质增效“10%工作法”，聚力培优扶强优强企业，1—12月，163户规模以上工业共实现营业收入300.7亿元，比2022年增长20.87%；实现税收12.22亿元；利润总额12.87亿元，比2022年增长95.96%；累计工业增加值增长16.4%；园区全年新增规模以上企业19家。瞄准汽车零部件、新能源锂电池两大产业细分赛道，引导和支持路威轮毂、发那特科技、荣成机械等优强企业嵌入汽车整车制造供应链，永冠科技成功入选比亚迪采购供应商名录并为抚州比亚迪供货。以金光高科为头部企业，集聚雨帆生物、鲲鹏新材料、高信前沿科技等企业，逐步延伸新能源锂电池产业链条。1—12月，首位主导产业集聚度38.5%，较2022年增长4.99%。成功培育省级一星级、二星级两化融合示范企业15家，深入推进19个“5G+工业互联网”项目建设，全年新增“5G+工业互联网”应用示范企业2家（荣成、回音必）、省级智能制造标杆企业2家（荣成、发那特）、国家级智能制造优秀场景2个（荣成、台德）。东乡经开区被评为二星级省级两化融合示范园区。推动企业科技创新水平持续提升，园区新增高新技术企业15家、科技型中小企业88家、创新型中小企业19家，新增省级以上各类科技创新平台（载体）5家。施美药业获得13个新药批件，其中苯磺酸左氨氯地平片通过国家第八批集采目录。亿友药业入选工业和信息化部第八届“创客中国”中小企业创新创业大赛全国500强，被评为2023年国家知识产权优势企业；“含有溴己新盐的组合物及大容量注射剂和注射剂制备方法”荣获第五届江西省专利转化运用奖；原料药及制剂高价值专利培育项目入选2023年江西省高价值专利培育项目；“亿希坦牌”吡拉西坦片被评为2023年江西名牌产品。

项目建设蹄疾步稳。坚持整体谋划一体推进，2023年经开区推进重点工业项目共计52个，合同总投资额为380.6亿元，投资20亿元以上项目7个，投资5亿元以上项目15个，投资1亿—5亿元项目26个。其中，续建项目17个，总投资266.5亿元；新建项目35个，总投资114.1亿元。新建项目中鑫山盟建材、诺保科技、华柏光电、鑫旺博科技（超显科技）、江西鼎创兴、立信达科技6个项目已投产；亿友药业、港达包装、美尔丝瓜络、东辰机械、龙泰纺织、金泰医药包装、振冠环保、三川富通、中育农垦、乐恩智能玻璃、众城智能电子11个项目已开工；未开工项目18个。至11月初，鲲鹏新材料、诺宝科技已开始试生产。精心储备谋划项目，经开区切实做好中央、省预算内项目、专项债券项目谋划和储备申报工作，争取上级发改等部门对区项目和资金给予最大支持。2023年，经开区谋划申报专项债券项目4个，总投资8亿元，债券需求5.3亿元，涉及基础设施（新基建）、生态环保、绿色低碳等领域。聚焦主导产业积极挖潜扩容，推动亿友药业新上投资3亿元的技改扩建化学原料药及药品项目、施美药业手性降压药物研发产业化及高新技术产业化建设项目加速建设，花猫博士防压疮垫等医养产品生产基地及医养结合示范基地项目快速开工。引进全国数字经济头部企业深圳联谛信息科技打造“人工智能+无障碍产业高地”，推动超显科技、点触科技等数字经济新项目加快投产。

集约用地持续深化。持续开展土地清理。2023年以来，经开区结合工业用地提质增效改革试点，持续开展“僵尸地”、低效用地清理工作，完成港达包装征收清理工作；新闽泰陶瓷已签订征收协议，正在推动下一步清理工作；盘活原东泰陶瓷、原和之源实业等已清理用地，顺利入驻恒昊实业、九鹏科技、绿宇康食品等企业；同时牵头引进第三方资本，通过协议收购，盘活泓汀实业、三川富通、衡卓实业、慧龙纺织等企业，让原有企业用地焕发新的活力生机。对南都实业、玖森实业等企业开展企业投资、经营状况等综合评价，积极谋划下一步清理工作。逐步完善亩产评价。倒排各环节工作时间计划，6月中旬正式启动“亩产效益”综合评价工作，在6月下旬确定、上报评价企业名单，7月中旬采集核实相关数据，9月上旬完成初步评价，9月底前基本完成评价结果的审定公示及企业亩产效益分析报告。2022年全区年报150家规模以上工业企业，其中45家为过渡期企业不实施评价，规模以上实际纳入评价企业105家。亩均税收21.03万元，比2022年增长28.8%；亩均营业收入444.97万元，比2022年增长32.5%；亩均固定资产投资131.56万元，比2022年增长35.96%。亩产绩效水平稳步提升。

营商环境不断优化。依托企业服务局惠企政策兑现办事窗口，进一步简化惠企政策兑现流程，全面落实各项助企纾困解难政策。至12月上旬，累计受理园区企业152次惠企政策兑现申请，累计申请金额58955.39万元，已兑现金额52288.09万元。积极落实各项金融扶持政策，通过财园信贷通等平台为园区企业提供金融支持。财园信贷通为130家企业放款5.47亿元，2023年度财园信贷通新增7家企业，新增企业总计同意放款金额0.31亿元。高度重视人才工作，共办理企业人才政策兑现业务90余项，兑现人才政策资金180余万元；帮助园区8家企业65名人才入园区公租房小区，帮助解决7家企业15名子女入学问题。推动亿友药业张嵩申报国家千万人才工程计划，施美药业及华宇科技成功申报博士后创新实践基地和江西“海智计划”工作站。多渠道解决园区招工难题，通过为企业发布招聘公告，开展产业“链”接高校专场引才、就业“进你家”等活动，累计为企业发布招聘信息100余次、吸引高校求职人才650余人，举办线下招聘会25

场，提供2000余个就业岗位。同时协调乡镇开展“送工入企”活动，进村入户摸排在乡闲置人员，已挖掘282人成功入职园区企业。积极组织召开惠企政策宣讲会，进一步宣传东乡区惠企政策，同时编印《惠企政策办事指南》，通过挂点人员走访企业进行宣传发放，引导、帮助企业用足用好惠企政策。编撰刊发《创业群英谱》一书，对园区内19名具有代表性的企业客商创业故事进行总结宣传。依托经开区矛盾纠纷调解中心大力开展矛盾纠纷化解工作，共受理案件259件，接受咨询17件，调解成功62件，其中工伤12件，调解金额达到9269.44万元。

（江涵）

重点企业

【概况】 经开区大力发展新材料新能源、生物医药、电子信息三大主导产业，其中新材料是首位产业。大力推行工业企业提质增效“10%工作法”，聚力培优扶强优强企业，园区全年新增规模以上企业19家。目前园区落户香港恒安集团、上海永冠科技、四川科伦集团、中国南方集团、上海永久自行车、联创电子等上市公司，另有回音必集团、联创宏声、荣成集团、书源科技等一批知名企业投资落户。2023年，主营业务收入过亿元企业有39家，税收过千万元企业有16家。

【江西永冠科技发展有限公司】 江西永冠科技发展有限公司于2012年3月正式签约、入驻东乡经济技术开发区渊山岗工业园，项目总投资超过30亿元，厂区总面积达1200余亩，员工3000余人。公司主要从事各类胶粘制品生产、研发和销售。产品广泛用于民用、建材、装潢、工业等领域，70%出口日韩、欧美、东南亚、中东等市场。公司具备强大的研发能力。依托上海总部人才聚集优势，掌握布基制备、胶黏剂制备、涂布等关键工艺步骤并拥有相关核心技术，产品定制化能力出色、质量稳定。2023年，实现主营业务收入57.08亿，实现税收9078.8万元。

【江西金光高科有限公司】 江西金光高科有限公司锂电池材料项目总投资25亿元，占地面积9.47公顷，建筑面积8.3万平方米。项目分两期实施，一期项目建设4.5万平方米厂房及办公楼，于2022年3月开工建设，2023年8月投产。2023年，公司实现主营业务收入6973万余元，实现税收121.9万元，全面达产后，主营业务收入将超15亿元。二期项目计划于2024年开工。

公司与东乡鲲鹏新材料、雨帆生物能源建立产业链协作，电解液已通过宁德时代质量体系认证。投入国内领先的电解液全自动化生产线，从投料到灌装、储运全部自动化运作，实现自动加工和连续生产，提高机械生产效率和质量，节约人力成本60%以上。采用国内首创工艺生产二氟磷酸锂，弃用成本高的原材料六氟磷酸锂，从原材料氟化锂开始生产，节约成本30%，实现国内同类产品生产成本最低，行业内竞争力强。

【抚州发那特机械科技有限公司】 抚州发那特

机械科技有限公司成立于2021年6月11日，于2021年6月22日与东乡区政府签订投资兴办年产400万台汽车涡轮增压器零部件生产制造项目合同书，项目总投资约30亿元，项目分3期建设。一期投入8亿元，其中设备投入不少于3亿元，主要购置37条全新自动化车床精密加工生产线及自动化装配生产线以及检测设备等；二期投入12亿元，其中设备投入不少于6亿元，主要购置74条全新自动化车床精密加工生产线及自动化装配生产线以及检测设备等；三期投资10亿元，主要用于新产品研发及上市。目前企业已正式投产，公司2022年已实现营业收入3289万元。

公司致力于汽车涡轮增压器零部件研发与生产，独创可变截面涡轮增压喷嘴环技术，解决涡轮增压器低速时不工作的问题，实现汽车发动机燃油更经济，动力更充沛，排放更清洁的效果，与奥迪、大众、长城等众多汽车品牌深度合作。公司已通过IATF16949质量体系认证，在生产管理上严格按照ISO9001:2015质量体系文件的要求规范化运作，实施全员、全过程、全方位质量管理，使产品质量可靠性得到保证。同时，公司获得邓白氏认证。

【江西亿友药业有限公司】 江西亿友药业有限公司创办于2015年12月，是一家“双返双创”并拥有9项发明专利和12项实用新型专利的国家高新技术企业，申请系列专利产品与技术专利6件，授权4件，先后获得高新技术企业、专业化“小巨人”企业、瞪羚企业、专精特新企业、江西省专利奖、科技创新奖、新产品证书、优秀新产品等称号及奖项。主打产品新工艺吡拉西坦片通过一致性评价生产，主治功能为全面改善脑代谢，对抗脑功能损伤，改善认知功能，提高记忆力等。公司2023年实现营收1.9亿元，增长28.5%；实现税收634万元，增长98.6%。公司新项目“技改扩建化学原料药及药品等（片剂、颗粒剂、散剂）生产项目”总投资3亿元，占地面积4.73公顷，新建3万平方米的配套设施及国内先进的生产设备。建成后可年产600吨合成中间体、400吨化学原料药、50吨动物原料药；预计可实现主营业务收入7亿元，税收1500万元。至2023年底，项目综合办公楼、综合仓库、工程楼、生产车间等12个建筑体已完成，预计2024年7—8月试行联产联试。

【江西雨帆生物能源有限公司】 江西雨帆生物能源有限公司是一家从事可再生能源生产、研发的新能源企业。公司成立于2005年，占地面积33.07公顷，注册资金1.8亿元。公司投资10亿元用于年产10万吨燃料乙醇项目，是江西及毗邻湖南、湖北、浙江、福建五省唯一一个已建成投产的大型燃料乙醇生产基地。项目于2020年12月15日正式建成投产。目前主要产品及生产能力为燃料乙醇10万吨/年、高蛋白饲料（DDGS）10万吨/年、有机肥5万吨/年、液体二氧化碳5万吨/年。年可加工转化木薯原料30万吨，是中国首家可任意采用木薯、稻谷、玉米、小麦等为原料进行燃料乙醇生产的企业。公司拥有一流的检测设备，完善的质量管理体系，素质过硬的检验队伍，确立并不断实现质量领先的战略目标。主导产品燃料乙醇稳定供应湖北、安徽市场，DDGS产品除江西本地客户外，远销广东、福建、安徽、湖北、湖南、浙江等省。与中国石化、中国石油、中国香港雅和、浙江华立、中粮集团、上港集团、中集集团、中远海、中谷物流、厦门外代、越南琼中、越南红娥等中外优秀战略合作伙伴保持良好合作。

【江西养乐星生物科技有限公司】 江西养乐星生物科技有限公司于2021年4月签约并落户国科科技产业园，2021年6月25日开工建设。目前厂房已建成，其中一期饮品、果冻车间内共7条产线，2022年3月正式投产，二期婴幼儿米饼项目也已正式生产，有员工60余人。公司购置大健康食品自动化生产设备，主要生产有机婴儿米饼、米粉、益生元酸奶、布丁、乳酸菌饮品等产品，项目5年内实现固定资产投资2.2亿元。公司2023年实现营业收入4670万元，实现税收20.9万元。

【江西科伦药业有限公司】 江西科伦药业有限公司是四川科伦集团在江西投资建设的全资子公司，公司总投资3亿元，占地面积13.33公顷，已建成3条塑瓶输液生产线、1条玻瓶输液生产线、2条滴眼剂生产线，以及配套公用工程设施。公司研发实力强，先后开展新产品和新材料研究26项，其中有13个产品获得国家、省级奖励。获得国家发明专利153项，其中发明专利11项、实用新型专利111项、外观专利31项。先后被评为国家高新技术企业、省级企业技术中心、全市十强优秀企业。公司市场份额足。现有大输液、滴眼剂、滴耳剂、滴鼻剂4种剂型50多个品种。主打产品盐酸溴己新全国占有率达50%。主体厂房分上下两层，每条生产线均采用目前国家制药行业最领先生产设备及技术，所有关键设备均配备自动CIP、SIP系统，具有高效、节能、环保特点。2023年公司主营业务收入3.87亿元，实现税收3767万元。

（江涵）

工业创新投资

【概况】 东乡区工创投集团（以下简称集团）下设7个工作部门，现有全资子公司12家，控股公司2家，参股公司11家。2023年，集团新注入房地产、林地、管网和路面停车位租赁权等资产，总资产达133亿元。集团围绕“工业三年倍增”目标，做优盘活集团资产，按照“四化”工作法，推进重大项目建设，通过创新市场化运作方式，逐步增强融资能力，降低融资成本，推动投资融资稳健发展、资金稳步运行，持续助力东乡区工业企业转型升级，推动工业经济高质量发展。

5月27日，运输电商平台售出的蓝莓　（饶方其　供）

【助力企业发展】 坚持为企业谋划发展后路，争取更多项目资金，提升东乡区主导产业竞争优势，推动产业集群组链发展，土地集约利用，积极配合经开区，加大对闲置土地的清收力度，助力拓展园区空间，共征收企业38家、民房30余户，盘活低效闲置用地3000余亩。集团子公司东创电商公司助力工业企业开展网络直播业务，为舒乐佳、养乐星、鲍斯高服饰等企业拓宽网络销售渠道。通过产业引导基金、融资租赁、供应链代采购、股权投资、委托贷款等方式对园区企业进行扶持，为江西爱索轻合金技术有限公司、江西鸿浩基业通信技术有限公司、江西振冠环保可降解材料有限公司、江西省诺保光电有限公司等18家企业提供扶持，扶持总金额超4.8亿元，助力工业产业升级。

【重点工程项目建设】 2023年，集团建设项目共20个，总投资43.91亿元。重点项目14个，其中已完成EPC招投标10个，限额以下工程项目6个。东乡经济开发区科技产业园建设项目已基本完成施工图设计，东乡蓝莓现代农业产业园基础设施建设项目、江西东乡经济开发区企业员工保障性租赁住房工程建设项目正在进行施工图设计，东乡经开区新材料产业园标准厂房建设项目、东乡食品科技产业园标准厂房建设项目、东乡区锂电池新材料产业园、抚州市东乡区城东停车场建设项目已完成EPC招投标工作，抚州市东乡区城西停车场建设项目已基本完成施工图设计，东乡区云仓智慧产业园建设项目已完成30%工程量，渊山岗工业园地下雨污水管网改造工程已组织初步验收，经开区核心区（智慧）停车场建设项目正在办理前期手续，区城乡电商公共服务体系已完成35%工程量，区智慧科技园改造及园区功能提升项目（平华实业）正在进行初步规划设计，区乡镇农贸市场建设项目已完成部分施工图设计。

【电商促销活动】 成功申报江西省电子商务示范基地，积极承接区政府线上销售活动，在春节、“五一”期间为广大市民发放消费券，促进市民消费，带动销售额约104万元。利用电商平台优势拓展东乡区农特产品销路。利用“东创电商”微信小程序及其他销售平台，对东乡区米粉、花果芋、雷竹笋、东乡绿壳鸡蛋等名优农产品进行销售，累计销售260余万元。开展直播电商业务，用好社群电商。通过淘宝、抖音、快手短视频等平台，销售东乡蓝莓。与盒马生鲜、兴盛优选、美团优选、多多买菜等社区生鲜平台对接，累计销售蓝莓20579单。协助举办小璜镇农民丰收节、瑶圩乡首届红糖文化节活动，持续打响东乡区农业品牌，助推农民实现持续增收。

（邹鹏）

商贸服务

综述

抚州市东乡区商务局主要职责为组织、指导全区开放型经济工作，牵头负责省、市对东乡区开放型经济工作的考评考核；负责全区内外资项目的洽谈、评审、合同拟订与跟踪服务工作，协调做好区内招商引资工作统计、调度和考核工作；负责对外联络的日常管理工作，参与境内外各种招商活动和重大引资项目协调推进工作；负责全区电子商务行业的管理和指导，电子商务发展态势监测、分析和统计工作；推进流通产业发展，整顿和规范市场秩序，促进城乡市场发展和重要消费品市场调控和重要生产资料流通管理等。2023年，区商务局荣获中国国际电子商务中心遴选2023农村直播电商优秀案例、省级外贸进出口优胜单位等荣誉称号及2023年全市工业创新发展擂台赛第二名等荣誉奖项。东乡“亲商安商”招商模式入选江西省招商引资经典案例，区电商创业园被评为江西省电子商务示范基地。

2023年，共引进2000万元以上项目61个，合同总额222.7亿元。其中，工业项目49个，亿元以上工业项目33个；“首位+主导”项目25个，占比75.76%。纳入省商务厅江西省利用省外资金系统项目30个，其中4个项目成功申报为优强项目。全年完成实际利用外资2051万美元，增长70%，总量位列全市第一，增幅全市第二。外贸进出口总额35.4亿元，增幅全市第5，其中外贸出口32.39亿元，生产企业占比95.2%，全市第一。对外投资101万美元，是全市唯一对国外投资的县区。

加快商贸企业入规入统。2023年共计新增规上商贸企业36家，涵盖了餐饮、批发、住宿、零售、重点服务业等流通领域。

商贸消费提质升级。举办“迎春消费季”“助商惠民乐购东乡”、新能源汽车下乡车展、家电暨农特产品展销会、论牛·蝶岸玫瑰小镇乡村振兴农牧产品品鉴会，东乡区首届厨师技能大赛等多场大型促消费活动，累计发放消费券336万元，撬动消费超8000万元。鼓励本土农产品、花果酒、家居百货等企业开展网络直播推介，全年累计直播销售超过1000万元。

（余思远　万江昆　万仟）

招商引资

【概况】东乡区坚持工业强区主战略，以打造江西省制造业高质量发展试验区为目标，全面贯彻省市重点产业链现代化建设“1269”“2416”行动计划，聚焦发展首位主导产业和打造先进制造业集群，实施制造业重点产业链现代化“2316”行动，持续打好工业创新发展强攻战，建设具有东乡特色优势的现代产业新区。已初步形成以新能源新材料为首位产业，以生物医药为主导产业，兼顾电子信息、有色金属精深加工、纺织服装和农产品深加工等产业的现代化产业体系。2023年引进10亿元以上项目4个，分别为江西彭彩新材料科技有限公司投资11亿元的新型包装材料全产链产业园及研发中心项目、上海永冠众诚新材料科技（集团）股份有限公司投资10亿元的胶黏新材料项目、江西长裕硬质新材料有限公司投资10亿元的高端硬质复合材料工具研发及生产项目、江西施美药业有限公司投资20亿元的生物医药产业园（CDMO）智能制造基地项目。

2023年东乡区招商引资项目情况表

表7

年份	投资2000万元项目		投资亿元以上项目	
	项目个数（个）	进资额（亿元）	项目个数（个）	进资额（亿元）
2023	33	86.37	25	83.44

【重大招商活动】 充分发挥省市招商活动平台、东乡区驻外商会平台作用，精心组织举办“双返双创”“三请三回”等各类招商活动，吸引人才回归、资金回流、项目回迁。2023年，先后在上海、北京、温州、泉州、福州开展“三请三回”和“双招双引”活动5场，现场签约项目16个，涵盖新能源新材料、生物医药、服装纺织、科研合作、人才引进等领域，储备在谈项目超100个，吸引260余名客商到东乡实地考察；组织本地企业参与庐山全球商界精英大会、世界绿色发展投资贸易博览会、中国国际进口博览会等重大经贸活动，以展会为媒介成功引进了深圳联谛信息“人工智能+无障碍产业高地”项目、湖南花猫博士防压疮床垫等医养产品生产基地及医养结合示范基地项目等10余个项目。

【搭建平台聚集产业】 推进“2+4+N”主题产业园“满园扩园”工作，加快产业链形成和产业迭代，为项目承载和企业研发、科研及人才引进提供更优质的平台基础，2023年新引进入驻各大主题产业园项目达11个。化工集中区完成“一园一策”高标准整治提升，各大主题产业园新建厂房，新通路网、水网、能源网、通信网等工作有条不紊推进，基础设施水平持续提升。

【优化招商队伍】 整合招商资源，精简招商队伍，组建5支招商团队，即区委、区人大、区政府、区政协、东乡经开区5个招商兵团，每个招商团队挂8个区直单位和3—4个乡镇（街道、场），每人每月外出招商不少于1次。开展驻点招商工作，在全区范围内采用灵活机制选拔一批有经验、有能力、懂产业、懂政策、懂招商、懂经济的年轻干部，围绕“1+1”首位主导产业分别组建3支驻外招商小分队，每支小分队由1名区党政班子成员带队，深耕粤港澳、长三角、闽东南等重点区域，开展脱岗驻点招商，充分发挥驻点招商小分队在信息搜集、项目对接、跟踪服务上的作用，2023年成功引进签约6个亿元以上项目。

【优化营商环境】 东乡区致力打造“抚务周到，东乡最优”营商环境品牌，为企业建立“一站式”并联审批、限时办结审批制度，惠企政策兑现“一门式”服务改革工作获全省推广；组建重点产业、重大项目推进工作专班，打造企业家“心港湾”恳谈厅、政企畅谈早茶会、“客商之家”等政企沟通平台，倾听企业家心声，回应和解决有关诉求。实施“园区点单、部门报到”，强化“一支队伍管执法”，全方位提升园区执法规范化水平。成立法治园区共建中心、客商投资调解中心、知识产权保护中心，全力优化法治化营商环境。

（余思远　万江昆　万仟）

对外贸易

【概况】2023年，东乡区外贸发展的质量和效益进一步提升，全区实现外贸进出口总额35.4亿元，其中外贸出口总额32.4亿元、进口总额3亿元。外贸出口生产企业占比95.2%，与2022年相比增长10.5个百分点，出口质量全市排名第一；江西永冠等相关企业全年实现外贸出口总额4.18亿美元，同比增长7.7%。实现外资现汇进资2051万美元，全市排名第一。东乡区荣获2020—2022年度全省外贸进出口优胜单位称号。

【高水平开放】高水平建设江西内陆开放型经济试验区，大力弘扬先行先试、敢为人先的精神，主动融入共建“一带一路”倡议，打造内陆地区改革开放高地，引导优质企业外向转型和“走出去”，支持企业开拓国际市场，参加进博会、广交会等境内外重点展会。积极对接RCEP等国际高标准经贸规则，帮助企业了解当前外贸形势，掌握和用好稳外贸相关政策。深入开展走进跨国公司总部行动，建立外商投资政企圆桌会议，健全外商投诉工作机制，引进落地一批行业头部企业、链主企业。

【跨境电商】招引和培育跨境电商企业，制定跨境电商奖补规则，发布2023年东乡区电子商务发展扶持办法。培育一批龙头跨境电商企业，以点带面，带动东乡地区电商产业发展。组织企业参加跨境电商行业重要展会，带领永冠参加全球跨境电商大会，协助企业通过展会扩大跨境电商销售渠道，促进东乡跨境电商高质量发展。开展跨境电商培训活动，组织跨境电商企业参加抚州跨境电商推介培训会，不定期发布跨境电商资讯，推广跨境电商业务，助力企业走向世界。

【企业服务】建立外贸企业帮扶台账，对辖区内的外贸企业摸清底数，上企调研，梳理企业运行情况以及运营困难，对企业需要解决的问题列出清单、挂图作业，定期或不定期进行协调解决；通过奖励政策有效刺激外贸加大在江西出口力度，为企业申请落实省外经贸发展扶持资金、市级外贸发展引导资金等奖励资金。

（余思远　万江昆　万仟）

专债项目

【云仓智慧产业园项目】东乡区云仓智慧产业园项目于2021年7月完成立项。项目通过建设“五中心”——物流仓储中心、快递分拨中心、电商智能云仓中心、冷链库中心、农产品交易中心，打造智慧型产业园。该项目实施后有利于提升东乡区仓储冷链物流设施建设和服务功能，推动东乡农业产业化、城市现代化进程，促进区域经济社会协调发展。

项目分2期建设，一期选址于渊山岗工业园纬一路以南、纬二路以北（荣华产业园以北）地块，实际用地约8公顷，于2023年1月动工建设，计划于2025年1月竣工。一期项目计划建设层高8.1米仓库1栋，层高8.1米分拣加工配送车间1栋，智慧企业服务中心1栋，智慧电商服务中心1栋，智慧企业孵化中心4栋，后勤服务中心1栋。

【城乡电商公共服务体系建设项目】东乡区城乡电商公共服务体系建设项目于2021年7月完成立项。项目预计总投资为10727.35万元人民币，其中政府专债6500万元。项目拟建设冷链物流集配中心，包括物流仓库、冷藏配送车间、农产品加工车间、冷藏库、附属楼及购置冷藏车、冷链车等配套设备，并在各乡镇分别建设1个600平方米的冷链集配站。

项目分2期建设，一期选址于渊山岗工业园经二路以西、纬二路以北地块，实际用地约2.05公顷。一期项目于2023年4月动工建设，计划于2025年1月竣工，计划建设冷冻冷藏库1栋、物流仓库1栋及其他附属配套设施。

（余思远　万江昆　万仟）

粮油贸易

【概况】2023年，东乡区执行中央惠农政策和国家粮食最低收购价保护政策，结合部门实际，突出自身特点，在提升粮食应急保障能力、严格粮食行政执法、拓展“订单粮食”业务、增强粮食收储能力、完善粮食仓储设施建设和强化作风建设、安全生产等方面，求发展、见成效。2023年，荣获江西省粮食安全生产先进集体荣誉称号。

【粮油供应】承担省级储备粮、区级（地方）储备粮收购和存储任务。建立粮油应急配送中心，打造群众满意的“放心粮油”。设有粮油配送中心1家、应急加工网点3家，城区销售网点4家，乡镇销售网点14家，实现粮油应急保障网点在区域范围内全覆盖。

【粮食收购】 执行国家粮食收购政策，扩展粮食收购和经营创收渠道，发挥产粮地区区位优势，搞活粮食流通。2023年，与浙江省杭州市粮食收储有限公司签订5000吨订单，其中早籼稻4000吨、晚籼稻1000吨。与浙江省义乌市粮食收储有限公司签订了7138吨的稻谷产销合作协议，其中早籼稻订单2138吨、晚籼稻代储5000吨。完成区级储备粮轮换5568.077吨，省级储备粮轮出2167吨，最大限度收购农民手中余粮，实现社会效益和经济效益“双赢”。

【粮食工程】 2023年，东乡区获得全省粮食财政专项资金支持建设项目3个，共获930万元，主要用于粮食仓储信息化、粮油应急保障体系建设，区国有粮食企业自筹16.5万元对现有危仓老库进行维修与改造。东乡区国有粮食仓库“退城进郊”项目建设有3个库点，分别是虎圩、詹圩、瑶圩库点。虎圩库点主体工程已全面完成，设备用房充氮房、一站式服务中心、门卫主体、围墙、挡土墙已完成，库区道路完成85%。瑶圩库点1—2号仓墙体砌筑完成，屋面混凝土浇筑完成；3号仓砌筑墙体高度6.5米，4—5号仓砌筑墙体高度7.5米；6#综合用房基础施工完成；8#设备用房、消防水池主体完成。詹圩库点1—5号仓基础已完成，正在砌筑墙体，墙体高度4.5米；围墙、箱涵围墙、挡土墙已完成，综合业务楼、一站式服务中心、设备用房、烘干房基础已完成，待基础验收后进行下一步工序施工。

（吴志后）

供销合作

【概况】 抚州市东乡区供销合作社联合社（以下简称区供销社）充分发挥供销系统农资流通主渠道作用，做好农资供应工作，保障粮食安全，依托农业社会化服务，推动农业生产高质量发展，推进“互联网+第四方物流”建设，打造供销集配体系，深化供销体制改革，扩大基层社组织体系。全年销售化肥1.4万吨，乡镇冷链物流中心项目总投资为1.35亿元，规划用地面积约2.22公顷。2023年12月28日，区供销联社第一次代表大会顺利召开，

3月1日，“供销服务三农　助力乡村振兴”下乡送化肥活动开展

（供销社　供）

抚州市东乡区“供销惠民同城购”社区电商平台获评全省城乡数字流通优秀案例。

【确保农资供应】 充分发挥供销系统农资流通主渠道作用，高效完成春耕农资保供工作任务。指导区农资公司利用淡季储肥进行价格倒挂销售，化肥价格比进价低120元/吨，切实降低农民用肥成本。创新农资营销、配送和服务方式，通过与恒荣合作社合作，利用区社互联网+第四方物流配送车辆进行送肥下乡、送肥入户行动，将化肥免费配送至农户家中。化肥每吨价格均比市场行情低200元。2023年，供销系统共销售化肥1.4万吨，确保农资供应工作高质量完成，保障了粮食安全。

【农业社会化服务】 依托各基层社（惠农服务中心）、农民专业合作社、农村综合服务社等为农服务实体，围绕农业生产“耕、种、管、收、加、贮”等产前、产中、产后环节，采取托管式、订单式、合作式等多种形式，为农户提供测土配方、智能配肥、病虫害统防统治、农机作业、代贮藏代加工等服务。瑶圩惠农服务中心根据当地实际和产业特点，大力整合辖区内各相关部门为农服务资源和各类新型农业经营（服务）主体的为农服务力量，开展农资、农副产品、日用消费品、再生资源回收等业务。年内，全系统土地托管面积已达533.33公顷，配方施肥面积243.33公顷，统防统治面积140公顷，农机作业面积120公顷。

【供销体制改革】 加强供销社基层组织建设，充分发挥基层组织贴近农民、熟悉农情、带动力强的优势。遵循“开放办社”“村社共建”理念，通过“供销社+合作社+企业”的办社模式，积极引进农民合作社邓家乡花果山老金果业共同重建邓家乡供销合作社基层社阵地。聚合日用品流通、农资、农村电子商务、快递取派件、再生资源回收、微信支付宝小额提现、便民缴费等经营性业务，提供土地托管、统防统治、烘干储藏、合作金融等社会化服务，打造服务农民生产生活的农村综合体。同时，按照“党建带社建、村（居）社共建”的基层组织建设模式和“3+2+N”综合服务模式，建成1个“3+2+N”模式农村综合服务社。

【“互联网+第四方物流”】 推进冷链物流及“互联网+第四方物流”供销集配体系建设。与市供销社，区发展改革委、财政局、自然资源局等相关职能部门沟通协调，协同推进东乡区乡镇冷链物流中心建设项目申报工作及詹圩镇惠农服务中心建设。项目建设内容包括农产品集散中心、冷库、农村生产服务站、配套服务用房、物流仓库以及室外基础配套设施等。其中，东乡区乡镇冷链物流中心项目总投资为1.35亿元、申报专项债1亿元，规划用地面积约2.22公顷，目前已通过省发改委、财政厅、国家发改委审批。

（沈娟）

烟草专卖

【概况】 2023年，东乡区共有经营持证零售户1838户，其中电子烟零售户1户。东乡区烟草专卖局（分公司）实现税利1.31亿元；全年销售卷烟10404.8箱，较2022年增长1.12%；金圣烟销售3695箱，比2022年增长12.45%；低焦油卷烟销售1466.5箱，比2022年增长12.27%；低价位卷烟销售1823箱，比2022年增长11.78%；重点品牌销售9778.3箱，比2022年增长1.62%。获全市烟草系统目标管理考核、营销网建工作、创新工作、专卖管理工作、平安建设工作先进单位称号。

【客户服务】 聚焦群众关切的急难愁盼问题。解决农村网点下沉问题，推出"预勘验"特色服务，将"先申请后勘验"优化为"先勘验后申请"，避免零售户因店址不符重新选址经营引发的费时、费力、费钱问题。开展"我与客户共成长""我为客户服好务""让客户更满意、我们在行动"主题活动共24场次，活动参与达178人次，服务客户586人次。

【卷烟营销网建】 营销体系稳步优化。共建立社工志愿小组182个，开展周检查5.8万余次、月互动1760余次，覆盖面98%；开展关爱孤寡老人、夏日送清凉等"三化"建设活动共计55场次，参与小组112个，参与志愿者480余人次；开展小组主任培训，覆盖面100%；评选优秀小组主任12位。终端建设稳妥推进。全区有效现代终端客户516户，其中农网终端158户，占比30.6%。开通扫码支付客户423户，占现代终端客户数的82%。流通品牌知晓度稳定增长。全区已建成流通品牌门店3家，其中1家核心终端、2家合作终端。扶持帮扶农网建设2家，新增三全门店3家，加强"星火商商盟·东乡"抖音号运营，发展粉丝1268个，发布微视频92个，浏览量20万余次，点赞8228个，进一步提人气、增活力。

执法人员查处案件现场　　（区烟草专卖局分公司　供）

【专卖市场监督】 强化市场管控，严厉打击涉烟违法行为。2023年，共查获各类案件124起，其中5万元大要案24起，比2022年增长20%；3万—5万元案2起，1万—3万元案7起；查获各类卷烟15951.96条、烟丝9.47吨，判刑2人，上缴国库罚没款376898.5元。查处大户10万元以上案件1起、5万元以上案件2起，取缔违法大户2户，责令停业整顿5户。强化证件管理。持续关注全区中小学、幼儿园周边零售户，共清理注销中小学、幼儿园周边零售户16户。创建“枫桥式”基层中队，运用“枫桥式工作法”，解决实际问题，化解客户矛盾。

【规范内部管理】 狠抓廉政责任落实。坚持贯彻落实“第一议题”制度，强化履行“一岗双责”。聚焦节日，开展重要敏感时期警示教育，尤其是对单位“一把手”开展廉情预警，营造风清气正的良好节日环境；抓紧日常，利用主题党日传达学习典型案例内容，时时警醒党员干部遵守政治纪律和政治规矩。创新课题《创建嵌入式监督“369”模式》，通过三种角色定位、六个关键风险点、九种工作方法全方位全覆盖进行监督管理。积极探索运用数据监督提升专卖队伍纪律作风建设，着力实现监督效率从定时到实时，监督方式从被动到互动，最大限度规范执法行为，推进全市系统专卖队伍纪律作风建设提质增效。内部监督、规范管理由乱到治，基层网点、基层中队建设由虚向实，质量管理体系持续改进，安全管理、矛盾纠纷排查化解工作稳步推进。综合监督功能得到有效发挥，干部员工讲纪律守规矩意识进一步增强，政治生态、发展环境持续改善提升。

（刘务成）

石油经营

【概况】 中石化东乡分公司持续推动零售专业竞赛比武活动深入，进一步提升加油站服务水平，彰显中国石化良好品牌形象，以良好服务促进经营业绩增长。始终以客户为目标，让客户切身感受到“客户在我心中，服务看我行动”。2023年，东乡区全年成品油销售量5.12万吨。取得全省“两力”发展竞争力排第五名，全省“两力”综合竞争力第18名，并获得市级年度发展进步能力先进单位、东乡区公共机构节能先进单位、优秀站长及优秀员工等多项荣誉称号。总体用工45人，其中高级技师1人、技师6人、高级工7人、中级工13人。

【经营管理】 中石化东乡分公司以“党建引领奋斗超越年”活动为载体，落实以“以客户为中心”理念，坚持传承融合、重在日常、学用结合、全员练兵竞赛原则，以赛促学、以赛促干，确保达到固本强基、全员提升的效果。“治破治旧”加油站12座，改进和完善地面标识站点8座，新增洗车机站点2座，加油机面板翻新站点7座，墙面及围墙维修站点2座，新增檐口亮化站点2座，优化差异化站点1座，更换加油机油枪、加油胶管、枪套及相关配件若干，提升加油站站容站貌，加油机及各类经营设备处于良好运行状态。持续推进同岗同酬和薪酬分配考核制度，全年人均劳效达1139吨/人。

【网点建设】 辖区共有在营加油站13座。其中，城区6座，国道1座，省道2座，高速公路下线口2座，乡镇加油站2座。顺应能源发展大势，发挥中石化品牌优势，围绕向“油气氢电服”综合能源服务商转型为目标。至2023年

12月，公司拥有新能源充电站6座、充电桩69台、64把快充和12把慢充，在城区、国道、乡镇均设置有网点。加油站在东乡区重要网点部位占有率达到85.71%，新能源充电站在东乡市场占比33.33%，为市民出行提供便利和有效保障。

（王臣）

土地市场

【概况】 2023年，东乡区土地市场公开出让土地48宗，出让土地面积108.91公顷，成交价款9.71亿元。其中，工业用地36宗，出让土地面积84.08公顷，实现国土收益6293.9万元；经营性用地12宗，出让土地面积24.83公顷，成交价款为9.08亿元。

【土地收储】 年内收储土地80宗，面积105.67公顷。土地供应已移交49宗，面积114.64公顷。其中，上市供应45宗，面积111.64公顷；划拨供应4宗，面积3.01公顷。

【土地整治】 组织实施土地整治补充耕地工作。2023年，共组织立项土地开发及“旱改水”项目33个，总建设规模144.01公顷，土地开发项目已完成工程施工。2019年度城乡建设用地增减挂钩项目于2019年9月获得立项批复，项目立项面积78.49公顷，地块48个，验收测量面积50.30公顷，其中耕地45.69公顷，水田11.37公顷，地块41个。该项目于2023年11月28日通过专家验收。

【土地报批】 2023年，东乡区通过增存挂钩方式新增建设用地指标110.78公顷，已组卷报批18个批次，面积为105.48公顷。扎实开展批而未用举证工作，全区批而未用总面积482.23公顷。2023年，上级下达消化任务为160公顷，已消化批而未用面积168.23公顷，消化周期2.7年。

（雷伟）

房地产市场

【概况】 2023年，东乡区住房保障中心积极加强行业监管，促进房地产健康发展。通过购房补贴、优化财税政策等扶持政策，激发市场活力和购房需求。按照“一盘一策”“一楼一策”的工作部署，推进壹号院、君悦府、君悦湾3个楼盘项目复工复建按期交房，有效防范化解房地产领域的涉稳风险。推进房地产市场秩序专项整治行动，维护房地产市场秩序健康发展。

【强化政策引导】 先后出台了《关于进一步促进东乡区房地产业良性循环和健康发展的补充措施》等购房补贴政策文件，通过实施阶段性购房补贴，优化财税服务政策等政策扶持，激发购房需求和活力，有效促进房地产市场健康平稳发展。

【预售资金监管】 加强预售资金监管。合理确定监管比例和资金拨付节点，将商品房预售资金全部纳入监管账户，确保预售资金用于商品房项目工程建设，按建设进度进行核拨。

【“保交楼”项目管理】 加强对“保交楼”项目管理，推进“保交楼”项目复工复建。“保交楼”项目2批次共涉及壹号院、君悦府、君悦湾3个项目，“保交楼”套数共766套，获批上级“保交楼”资金共计7660万元，使用率100%，项目已全部复工复建，目前已交付766套。

【开展市场整治】 持续推进房地产市场与秩序专项整治行动，加强房地产中介机构及从业人员备案管理，规范二手房中介机构合法经营和二手房网签，进一步规范市场秩序。做好存量房网签备案，存量房网签备案总套数726套，总面积9.59万平方米，总成交金额3.72亿元。完成商品房面积复算审核3617套，面积41.41万平方米。聚焦房地产、物业等信访突出问题，深入细致地开展隐患排查，将重点问题做到底数清、情况明、动态准，及时研究分析信访突出问题和遗留问题，积极回应群众关切，妥善化解处置矛盾纠纷，耐心细致做好政策宣传解释，切实维护群众合法权益。

（杨俊彦）

金融·保险

综 述

【概况】2023年，东乡区金融工作坚持目标导向，紧盯“服务实体经济，防范金融风险，深化金融改革”三大重点，引导金融机构加大对实体经济特别是小微企业、科技创新、绿色发展的支持力度；持续扩大信贷供给、创新金融产品、优化金融服务，为经济发展注入金融“活水”，充分发挥金融杠杆作用，为东乡经济社会发展提供强劲动力。

【金融支持保障】向上争取金融资源，不断加大金融机构引入力度，引进金融机构在东乡设立支行，拓宽金融服务渠道，促进地方经济发展主动性和积极性。引导金融机构加大对普惠小微企业支持力度，2023年，东乡区各项存款余额361.99亿元，较年初增加40.27亿元，同比增长12.52%；各项贷款余额352.66亿元，较年初增加30.94亿元，同比增长9.43%。保费收入完成5.18亿元，同比增长12.07%。密切“政、银、企”沟通联系，定期牵头召开政府政策性融资担保贷款评审会议，助力企业融资纾困。2023年末，政府融资担保贷款余额13.72亿元。

【优化金融营商环境】在全市率先组建绿色普惠金融服务中心，集业务咨询、信贷融资、担保服务、保险服务、政策宣传于一体的多功能综合性金融服务延伸平台，为东乡区广大群众、民营和小微企业等重点人群体提供“一站式”、多样化绿色普惠金融服务。自中心运行以来，进驻8家银行、2家保险和1家担保公司等机构，累计受理贷款户数556户，发放贷款465户，累计贷款金额8.93亿元，其中办理续贷户数307户，金额共计6.99亿元。2023年5月，联合法院增设金融调处中心，开启“一站式”金融纠纷多元化解新模式。减轻群众诉累，降低诉讼成本，成立以来累计调解纠纷46个，成功撤诉34个，调解诉讼金额3716.74万元，为当事人节约诉讼费39.68万元。为中小企业降本增效，政府性融资平均担保费率低至0.43%，排名全市第二。

【金融创新】做大做强特色产业，依托“江西蓝莓之乡”金字招牌，结合财政和金融协同支农机制，创新推出“赣农振兴蓝莓丰收贷”，有效解决蓝莓产业持续规模化种植、产业化发展资金需求问题。出台《东乡区“赣农振兴蓝莓丰收贷”融资试行方案》，创新“政企银担”四方联动融资机制，为蓝莓产业发展源源不断地注入金融“活水”。为85户村集体经济授信1.7亿元，发放贷款1.62亿元。推出蓝莓种植保险，防范和降低蓝莓种植产业风险，保障蓝莓种植主体稳定增收和产业增效。至年底，总保险金额177.5万元，保障蓝莓355亩。积极在金融保险领域探索，中国人寿财险东乡支公司在全省率先推出湿地生物多样性保护保险，为9787亩湿地提供近500万元风险保障，以金融保险力量为湿地生物保驾护航，有效打通绿水青山与金山银山双向转换通道。相关做法获《江西改革工作简讯》《江西金融》《抚州金融》报道。

【金融监管】 紧盯非法集资、非法放贷、金融诈骗、乱办金融、金融乱象、逃废银行债务等重点领域开展全覆盖、不间断监测扫描，及时发现线索、提示风险。开展防范非法集资、养老诈骗领域宣传活动，通过新春招聘会、“3·15”国际消费者权益日、“4·15”第八个全民国家安全日、“6·15”非法集资集中宣传日等活动组织开展大小型宣传，发送公益短信12万条，发放各类宣传册3万余份，现场解答、指导群众3000余人次，发放小礼品1000余份，提高人民群众金融风险防范意识，取得良好社会效果。

【助推企业上市】 发展多层次资本市场，推动符合条件的企业赴“新三板”、区域性股权交易市场挂牌。先后组织重点拟上市后备库企业参加税收助力“映山红行动”、走进深圳证券交易所活动。联合上海证券交易所、省股权交易中心、中乾景隆股权投资基金管理有限公司等机构走访调研台德智慧科技、荣成机械、亿友药业、发那特机械等企业，指导企业股改、上市。2023年4月，施美药业完成上市辅导验收并获得江西证监局出具的验收工作完成函；2023年6月28日，深交所创业板正式受理施美药业提交的上市申报材料。新增1家企业在江西联合股权交易中心挂牌；黄龙油脂、金凯新型墙板进入绿色板块以及专精特新专板规范层；欧嘉实业、高信科技进入专精特新专板培育层。

（王雨菲）

中国人民银行东乡支行

【概况】 中国人民银行东乡支行（以下简称人行东乡支行）配合国务院机构改革，不再保留人民银行县支行。做好改革过渡期间支行对外履职不断档，落实上级行决策部署，履行基层央行职责，服务地方经济发展，在办好利民惠民实事上精准发力，为东乡区经济发展贡献力量。打好防范化解包括金融风险在内的重大风险攻坚战，推动县域金融业健康发展，取得明显成效，被东乡区委、区政府授予区直单位综合考核第一等次；撰写《责任于心，担当于行》被省分行《组织人事工作简报》第二期采用。

【落实货币政策工具】 向上级行争取再贷款限额，为地方法人金融机构提供强有力的信贷支持。2023年，支行新发放再贷款5笔，再贷款发放金额为4.34亿元。其中，支小再贷款3笔，金额为3.79亿元；支农再贷款2笔，金额为5500万元。支持辖区涉农主体412户、小微主体467户。

【推进农村信用体系建设】 加大对法人金融机构指导，进一步开展农户信用评价体系建设的评选活动，指导、协调、督促法人金融机构按照农户信用信息采集指标及数据格式，在保证数据全面性、准确性、及时性情况下，完成所有农户信用信息的采集、录入工作。推动信用评级效果提升和应用，在评定“信用乡（镇）、村、户”创建情况下持续、重点和精准发力，推动当地政府、金融机构给予评定结果用户实现信用增级、资金补贴、贷款利率优惠等政策支持。

【落实纾困解难政策】 结合实际制定并印发

《东乡区“新春走基层 金融暖民心”活动实施方案》，通过“三进三入三送”，即进园区入企业、进街区入商户、进乡村入农户，主动送金融政策上门、金融产品上门、金融服务上门，边走访、边调研、边解决，提高金融工作有效性和精准性，助力小微企业纾困解难，助力个体工商户健康发展，助力农户春耕备耕，为全年经济社会发展开好局、起好步提供金融支撑。东乡支行及辖区金融机构参与“新春走基层 金融暖民心”活动282人次，实现进园区、进街道、进乡村全覆盖、开展政策宣讲257次，政策宣传覆盖市场主体1919户；走访市场主体数1230户，收集到有效融资需求户数357户，金额4.29亿元；促进新发放贷款户数253户，发放金额2.95亿元。

【非法集资风险排查】 参与辖内打击非法集资工作。3月，支行货币信贷股与金融工作服务中心等相关部门深入辖内12个乡镇对涉嫌非法集资风险企业和合作社开展专项排查，督促2家涉嫌非法集资的合作社进限期整改，最大限度保障辖区居民财产安全。

【金融综合管理】 开展金融管理与服务工作，加大重大事项报告，掌握重大事件。要求辖区金融机构落实好重大事项报告制度，出现网点暂停营业或变更、主要负责人外出或更换、重大资产损失等情况要及时以书面报告的形式向支行进行报备，以便支行能够及时了解，全面掌握辖区重大金融事件。2023年，累计收到各类重大事项报告20份。

【金融消费者权益保护】 加大征信宣传力度，提高群众征信意识。要求辖区金融机构以开展“新春走基层 金融暖民心”活动为契机，深入园区、商户和乡村开展征信知识宣传，活动期间开展征信知识宣传40余次，解答群众征信业务咨询500余条。组织人员开展“6·14”信用记录关爱日主题宣传活动，活动现场发放宣传资料600余份，接受群众现场咨询80余人次。

【配合机构改革】 按照上级行要求，做好业务上收各项工作。根据人民银行市分行国库科、发行科、信贷科、稳定科和征信科关于业务移交和档案整理的通知要求，对照清单做好档案的整理、收集、归档工作，完成所有档案移交，并于12月15日完成档案销毁工作，共销毁会计类档案26册，国库类档案1118册，征信类档案71册，国库档案40册。配合人行市分行做好辖内法人金融机构和企业具体业务人员统计信息收集工作并按要求上报至对口科室；完成2018—2023年货币政策工作台账和明细整理上报工作，并按照要求做好未到期再贷款的转让移交；协调辖内农商行购置企业自助查询机，并安装至区政府政务服务中心；协调区金融服务中心加强与市分行统计部门的联系，确保全区各项金融数据获取畅通。做好改革过渡期间支行对外履职不断档，按照市分行要求做好征信查询、金融服务等工作。

（刘斌）

中国银行保险监督管理委员会抚州监管分局东乡监管组

【概况】 东乡银保监深入贯彻落实党中央、金融监管总局和江西监管局决策部署，忠于职守、担当作为，切实抓好主题教育活动和金融支持实体经济，推动普惠金融、生态价值产品实现、金融消费者权益保护等各项工作，取得了新的进展和成效。

【金融支持】 督促各银行机构加大金融有效供给，至三季度末，辖内银行业各项存款余额333.67亿元，较年初增长12.26亿元；各项贷款余额353.29亿元，较年初增长31.59亿元；小微企业贷款101.28亿元；较年初增长18.54亿元；开展抚州市“走万企 提信心 优服务”活动，引导银行机构加大对实体经济金融支持，与区工信局、区商务局加强协调配合，提升金融质效，对辖内中小微等六类企业进行了名单归集，有融资需求企业6家。其中，创新型中小企业3户，融资需求6000万元；重点产业集群企业3户，融资需求25200万元。积极引导意向银行开展银企对接，提供精准金融服务，促进东乡区实体经济高质量发展。

【普惠金融】 加快东乡区普惠金融服务中心转型升级，会同金融工作服务中心召开东乡区普惠金融服务中心工作推进会，配合推进区普惠金融服务中心提升效能，增设立金融纠纷调解中心，推进金融纠纷多元化解机制，完善矛盾纠纷“诉源治理”，推动“调、诉、裁”结合多元化解机制，提高金融纠纷化解时效；开通金融服务热线，配备服务专班人员，由政府管理、监管监督，负责接听服务热线，了解公众金融需求，提供专业咨询服务；举办各类金融活动，联合金融机构经常性开展金融需求调查，制定培训计划，每月至少举办一次金融活动，包括组织金融机构与融资有困难的企业现场交流，为其“把脉问诊”；开展2022年度法人机构小微企业金融服务监管评价；督促法人机构实现普惠型小微企业贷款“两增”目标，涉农、普惠型涉农贷款持续增长；助力脱贫攻坚与乡村振兴有效衔接，督促农发行加大对乡村振兴中长期信贷支持，加大农村基础设施建设中长期信贷支持力度。至三季度末，全区2家法人机构实现普惠型小微企业贷款“两增”目标，涉农、普惠型涉农贷款持续增长。

【金融监管】 突出抓好法人机构监管。持续澄清风险底数。按照“准确分类、提足拨备、做实利润、资本充足率达标”要求，持续督促真实暴露风险，足额计提拨备，防止财务不实、利润虚假；督促加强和改进统一授信管理。严格执行贷款“三查”、大额风险管控等监管要求，严防增量风险；对辖内2家法人机构开展2022年度法人机构审慎监管会谈，督促法人机构对非现场监测发现问题进行整改。紧盯声誉风险和流动性风险。2023年，督促法人机构做好流动性风险压力测试，完善应急预案。紧盯房地产风。加强监测分析房地产融资及风险情况，推动法人银行严格落实房地产贷款集中度管理制度，严防超标严防外部风险传染。督促银行机构学习贯彻落实《中华人民共和国反有组织犯罪法》，配合区有关部门持续打击非法金融活动；督导辖内银行保险机构打击整治养老诈骗宣传工作，督促法人机构开展电信诈骗等风险情况自查；督促各银行业机构开展网络安全自查；防范案件风险，开展法人机构案防监管评估，与区公安局治安大队联合开展安全保卫大检查。加强监管提示，针对个别银行机构员工不当存款竞争行为，及时进行指导提示，督促加强员工行为管控，杜绝诋毁同业行为，维护公平竞争环境，有效防控声誉风险。

中国农业发展银行抚州市东乡区支行

【概况】 中国农业发展银行抚州市东乡区支行（以下简称农发行东乡支行）持续打造服务乡村振兴银行品牌，发挥政策性银行职能作用，推动各项工作稳中有进、进中向好。聚焦保障地方粮食安全、服务城乡融合发展、支持农业产业现代化等重点领域，主动担当，持续发力。年内，累放各类贷款9.59亿元，贷款余额42.51亿元，充分发挥政策性银行职能作用，服务经济社会发展工作成效显著。强化信贷支持小微企业发展，普惠小微企业贷款净增500万元，小微企业余额2980万元，累计为小微企业减费让利共计1.77万元。

【服务粮食安全】 发挥粮食收购信贷资金供应的主渠道作用，擦亮“粮食银行”品牌，年内以来累计审批发放各类粮食收购贷款8168.52万元。年初，采用粮食贷款信用保证基金模式投放粮油市场化收购贷款450万元，支持粮食企业市场化收购，并为企业续贷500万元用于秋粮收购。发放东乡区首笔粮食信用保证基金贷款450万元。新营销国际业务394.64万美元，实现国际业务零的突破，国际业务量在全市占比37.25%。

【支持农业现代化】 围绕东乡区优势特色产业发展，突出支持设施蔬菜、生猪、家禽等特色产业支持力度。发放设施蔬菜项目1个，贷款金额3.45亿元；支持生猪养殖企业3家，贷款余额3750万元；支持竹笋种植企业1家，贷款余额230万元；支持种畜禽养殖企业1家，贷款余额800万元。

【助力生态文明建设】 围绕创建“宜居、宜业、宜游”的优美环境为重点，支持东乡区涉农厂房建设、县域城镇基础设施提升改造等工程，投放贷款4.8亿元，支持项目2个。支持生态文明建设，持续巩固拓展前期生态产品价值实现机制试点成果，发放生态产品价值实现项目1个，金额3.45亿元。

【合规经营】 将依法合规经营摆在首位，贯彻落实“合规为先、风控为要、全面主动、审慎稳健”风险合规理念。紧盯重点业务、重要环节、关键人员，及时消除风险隐患；巩固提升精细化管理水平，促进各项业务“标准化、流程化、规范化”；组成贷后检查团队定期进行风险排查，按月组织召开贷后管理例会，逐企业分析生产经营情况，持续关注项目建设进展，监测项目收入实现及收入归行情况，保持不良贷款零余额、风险事件零发生。年内全额清收逾期风险贷款本金1.1亿元，实现年底不良贷款零余额、零增长。

（艾晨锋）

中国工商银行股份有限公司东乡支行

【概况】2023年，中国工商银行东乡支行（以下简称东乡工行）扛起助力高质量发展的政治责任和大行担当，坚持以人民为中心，担负起稳定宏观经济的责任，发挥助力经济稳增长的主力军作用，践行普惠金融，强化助企纾困，为东乡经济稳定增长持续助力，信贷投放“同比多增、同业领先”。年内，各项存款达51.16亿元，较年初新增5.24亿元，余额、增量同业双第一；各项贷款52.84亿元，余额同业第一。其中，普惠贷款、个人贷款，余额、增量同业双第一。

【优化信贷布局】制定信贷业务布局意见，围绕先进制造、高技术客群、交通能源、绿色信贷、PPP等25个标签维度，梳理重点领域客户（项目）1399个，建立“名单制”服务目标库，以精准直达的金融服务，推动信贷布局与“国之大者”有机融合。紧盯地方经济社会发展，加快信贷投放，对接全市重点项目和客户，加大对区重要产业、市场、实体企业的支持力度，坚持“资金跟着项目走”，突出重点，做实做细各项工作。

【积极拓展商户】开展满减及场景优惠活动，通过收单手续费先收后返政策，提升客户忠诚度。通过“党建+商户拓展”模式，发挥党员先锋模范作用，使之成为商户拓展主力军，常态化走进周边商圈市场和小微企业，加大信贷产品宣传，推荐商户贷、税务贷、经营快贷等产品，提升信贷产品知名度和营销力，增强商户的黏合度。至2023年底，支行新增商户2533家，增幅31.57%；商户贷余额0.38亿元，环比增长12%。加大对建工企业摸底，主攻农民工工资代发，并对存量代发工资单位进行走访，提升留存率，年内走访存量重点代发工资户21户，实现代发金额2500余万元。

【普惠贷款服务】坚持“服务地方、服务小微”理念，探索解决小微企业“融资难、融资贵、融资急”等问题，提升小微企业金融服务质量，推动实体经济发展。通过“信贷+票据”思路，以“税务贷”等线上产品为抓手，推进信贷投放。2023年，东乡工行普惠拓户新增553户，增资1.69亿元；以票据客户为目标，开展“拉网式”精准营销，为28家企业办理贴现1.2亿元。

【惠民服务】坚持以客户为中心，践行“工于至诚、行以致远”服务理念，把服务客户做实做优，用情用力打造银行业文明规范服务品牌。为东乡区创建文明城市助力添彩，配合政府创建文明卫生城市，对责任区域卫生进行清扫，清理小广告，每周对责任街道进行全面大扫除，清理垃圾；主动加入交通指挥志愿者。

【助力乡村金融】参与乡村振兴实施，在瑶圩乡吴塘村设立便利金融服务网点，为种植大户发放种植贷8户，发放金额1000万元，帮助种植大户解决资金难题。多次开展金融培训和咨询服务，每月针对不同种植户开展不同的课程培训，个性化课程及金融服务，提升农村企业家金融素养和管理能力。倾斜绿色产业，推动贫困地区发展生态农业和生态旅游，提高农民收入和生活质量。参与生态环境改善的项目，成立农村污水处理项目小组，支持农村环境整治和农业污染治理。发放1.2亿元污水处理项目贷款，解决13个乡镇污水处理资金问题，为乡村振兴可持续发展提供有力支持。

（黄稚倩）

中国农业银行股份有限公司东乡支行

【概况】中国农业银行股份有限公司抚州东乡支行坚持面向“三农”、服务城乡，履行社会责任，助力东乡区经济发展，拓展市场，强化风险控制，夯实基础管理，做好乡村振兴和绿色金融服务。至2023年末，各项贷款余额25.06亿元，较年初净增4.22亿元。其中，对公贷款余额14.07亿元，较年初净增3.93亿元；个人贷款余额10.99亿元，较年初净增0.29亿元。各项存款余额24.58亿元，较年初净增4.25亿元。其中，对公存款余额3.6亿元，较年初净增0.48亿元；个人存款余额20.98亿元，较年初净增3.77亿元。全年经营净利润4061万元。2023年，获全省农行“一码当先，点亮青春”优秀团队，全省农行三季度对公考核金牌支行等相关荣誉称号及全省农行三季度交易银行客户竞赛第二名等奖项。

【风险管理】提升信用风险管控水平，严格风险分类，加强拨备管理，夯实信贷基础。至2023年末，不良贷款余额682万元，不良贷款占比为0.27%，不良贷款劣变率和发生率均控制在上级行计划之内。强化双线责任管理、基础管理和员工网格化管理等案防体系建设，筑牢风控案防坚实堤坝，防范各类风险案件发生。

【客户拓展】践行高质量发展目标，积极投身市场营销及客户拓展。获得国库支付业务代理资格；代理全区40所中小学教辅费缴费业务；对接劳动监察大队，实现东乡区农民工工资专户开立70%份额，共27户，并开立多个大型工程项目专户；对接卫生医疗系统，开立医疗廉政专户、东乡紧密医共体药品器械采购基本户、东乡医疗集团一般户等。

【助推实体经济】强化重点领域金融支持，助推实体经济发展。至12月末，东乡支行全口径普惠贷款完成计划122.47%，绿色信贷较年初净增5.86亿元，乡村产业贷款净增2.52亿元，乡村建设贷款投放1.45亿元，农村基础设施贷款投放1.15亿元，新兴战略贷款1.05亿元。

（鲁凤鸣）

中国银行股份有限公司东乡支行

【概况】中国银行股份有限公司东乡支行（以下简称中行东乡支行）现有在职员工31人。12月底，人民币各项存款余额为25.07亿元，较上年新增5.18亿元，日均存款余额23.37亿元，较上年新增5.11亿元。其中，人民币个人存款时点余额19.97亿元，较上年新增3.73亿元，日均余额19亿元，较上年新增4.37亿元；人民币公司存款时点余额5.08亿元，较上年新增1.45亿元，日均余额4.37亿元，较上年新增7396万元。人民币各项贷款余额34.42亿元，较上年新增3.07亿元。2023年，中行东乡支行获评总行级“2023年红旗党支部”、省行级“2023年中银优秀集体”、2023年“开门红”综合先进单位，2023年“开门红”公司金融业务先进单位、2023年“开门红”代发薪先进单位等称号。

【普惠金融】2023年，东乡支行普惠金融贷款余额3.3亿元，较上年新增7949万元，任务完成率103.55%。其中，对私普惠贷款余额6679万元，较上年新增623万元；对公普惠贷款余额2.65亿元，较上年新增7326万元。普惠金融户数达316户，其中对公普惠户数新增67户，对私普惠户数新增249户。紧盯东乡区重点招商引资项目、政府平台项目、新能源绿色项目，为大唐东乡清洁能源发放1.58亿元绿色信贷、为华润新能源发放1亿元绿色信贷，合计投放2.58亿元；累计为中小企业和个体工商户发放普惠贷款近8500万元。

【客户建设】推进“双户双基”工程，抓好行政事业、代发薪“一把手工程”营销，推动个人客户批量拓展，至12月底，支行个人代发客户达1.5万余人，代发商户达116户。聚焦数字化转型。抓住厅堂流量客户，聚焦一批代发薪客户，探索个人客户线上场景建设。至12月底，中行东乡支行手机银行月活交易客户1.85万户，计划完成率100%。紧抓行政事业单位营销和对公账户源头拓展，做大存款规模。对接东乡区政府职能部门，加大高层营销力度，带动行政事业单位账户开立。推进政务、教育、卫生场景建设，实现行政事业存款、账户双提升。

【风险管控】加强贷后管理，做实资产盘存，做好潜在风险客户的筛查和化解，防止资产质量下迁。在银行卡、个金方面，加大清收力度，制定可行有效措施，压降不良，通过召开不良资产研讨会，一户一策研究催收方法，采取电话、上门、法诉等多种清收方式，应诉尽诉、应收尽收、应核尽核，将不良余额控制在目标范围内。

（徐淑娟）

中国建设银行股份有限公司东乡支行

【概况】 中国建设银行东乡支行(以下简称建行东乡支行)贯彻省市分行年初工作会议精神和业务发展思路，狠抓年初旺季营销拓展工作，确保开好局、起好步。建立和完善内部管理规章制度，强化内部管理、防范和化解金融风险，严格执行金融政策和法规。以创建“平安建行”活动和“创先争优”活动为契机，提高服务水平和竞争能力，确保业务稳健发展。2023年，获“2022年度办公室条线先进集体”、第七届“建行江西省分行文明单位”、先进基层党组织、“建信人寿2023年母子协同战略协同先锋奖”等相关荣誉称号及奖项。

【业务发展】 贯彻落实建行总行“三大战略”和省分行“48524”客户战略经营思路，发展“普惠金融”业务，推进金融科技拓展，开展合规文化建设，强化风险控制，提升合规管理能力、合规同级管理、集团合规管控能力，推动各项业务发展。年内，全行一般性存款时点余额33.45亿元，比年初增加3.85亿元。各项贷款时点余额35.38亿元，比年初增加5.31亿元，实现利润1.13亿元。

【普惠金融业务】 加快普惠金融业务拓展，支持地方经济发展。加大贷款营销力度，优化信贷结构。严格贷款条件，做好贷前调查工作，把好增量贷款投放关，在新增贷款投向上，加大对优良客户投入力度。针对东乡区政府污水处理、水面经营权并购、蓝莓等重点项目，加大授信额度，主动营销贷款。加大项目贷款营销，如东乡区技工学校、医院项目。加大政府项目投资力度，提升话语权。通过遍布乡村的普惠金融服务，如赣农征信贷、易融通、善担贷、赣菜贷等，拉近与基层党员群众的距离，促进政策宣讲学深抓实，让创新理论“飞入寻常百姓家”。通过支持东乡花果芋、杨桥殿镇秋源村养牛专业户等方式，打通农村金融服务“最后一公里”，加强与群众紧密联系。

【支持地方经济】 服务东乡区政府重点项目，围绕东乡区枢纽经济发展、产业结构转型升级、重点基础设施建设和城镇化建设，做好大中型项目绿色信贷工作，对服务制造型企业给予重点扶持，深化制造业分层经营，加大制造业领域支持力度。2023年，累计发放7.5亿元贷款支持地方经济建设。发放抚州市东乡区工业与科技创新投资集团有限公司支用贷款1.2亿元，用于抚州市东乡区绿色园区提升改造项目建设。支持政府“两新一重”、公用事业、民生服务等重点领域，同时支持绿圆实业有限公司等企业生产，加强授信支持，为企业发展注入金融活力。

【品种和服务创新】 创新信贷产品，发放全国建行第一单水权经营并购贷款，为抚州市东乡区城投资产经营管理有限公司投放贷款2亿元，用于并购东乡区262个小(2)型及以上水库4793.2公顷水域15年经营权。开展规范化服务流程演练，提高服务水平，为储户提供标准化的服务；做好精细服务，留住客户。加大宣传力度，开展“走进千家万户活动”，组织员工下乡或走进小区开展建行业务知识和产品宣传，加大对农村业务市场渗透力度，宣传金融知识，防范非法集资、电信诈骗等，鼓励农民存款，保障资金安全稳定。

【风险防控】 强化岗位监督制约机制和要害岗位人员考核，坚持定期轮岗和强制休假制度；定期进行思想分析和组织考评；定期组织人员对重点部位、区域、时段、岗位以及岗位操作各重要环节进行检查，尤其是加强总行、省分行28个重要风险点的检查监督，纠正和处理违章操作。从“每一个机构和岗位，每一项工作和程序、每一道步骤和环节”抓起，保证各项经营安全运营。收集掌握区域内发生的金融案件和上级通报的有关案例，分析研究作案手段和发案原因，总结经验教训。

（谢冬明　上官小平）

东乡农村商业银行股份有限公司

【概况】 江西东乡农村商业银行股份有限公司（以下简称东乡农商行）坚持支农支小战略定位，守服务实体经济初心，担发展普惠金融使命，积极担当、主动作为，为推动经济发展作出新贡献，为提升百姓民生福祉展现新作为。至2023年末，内设部门14个，下辖21个营业网点，员工231人。全行资产总额104.18亿元。各项存款余额88.19亿元，较年初净增6.51亿元，增幅7.98%，完成省联社计划任务的107.85%。各项贷款余额84.01亿元，较年初净增7.48亿元，增幅9.78%，完成省联社计划任务的105.2%。2023年度实缴各项税费2508万元，存、贷款规模均排在东乡区金融机构首位。

【服务经济】 坚持回归服务实体经济本源，集中精力服务“三农”和“小微”两个小盘，年末各项涉农贷款余额39.93亿元，普惠小微企业贷款余额24.14亿元。融入工业强省战略，贯彻落实“1269”行动计划，成立园区精准对接服务小组，深入园区企业开展网格化、全覆盖对接金融需求，累计为113家园区企业放贷款12.12亿元，其中规模以上企业49家，发放贷款4.91亿元，精准、高效解决企业融资需求。推进乡村振兴整村授信、普惠支小支微、金融服务万里行3项行动，完成整村授信行政村43个、评议白名单1.28万户、新增授信11.58亿元，成功对接商户信贷需求72户、授信0.19亿元，对接在外客户信贷需求468户、授信1.72亿元。

【助力乡村振兴】 保持支农支小战略定力，服务乡村振兴战略，用好用足“百福农权贷”、“乡村振兴贷”、小额农贷等系列服务乡村振兴金融产品，加大对辖内种植业、旅游产业、乡村建设和蔬菜畜牧产业的金融支持，支持新型农业经营主体、种养殖户、村集体经济等乡村振兴主力军发展壮大，累计发放助力乡村振兴类贷款9.97亿元。策应区委、区政府扶持蓝莓产业政策要求，创新推出“赣丰蓝莓贷”贷款产品，累计向79个村集体经济发放“赣丰蓝莓贷”1.52亿元，为本土蓝莓特色产业蓬勃发展注入金融“活水”。

【普惠金融】践行普惠金融使命，聚焦服务乡村振兴大局和新市民金融服务重点，创新推出“优享贷”“专项普惠贷款”等普惠信贷产品，累计发放各类普惠贷款5.77亿元。与区社保局深化合作，与辖内各村委强化联动，全面推进第三代社保卡换卡工作，累计制作第三代社保卡9.9万张、换卡6.4万张，换卡率64.65%。坚持“减费让利”政策，推广低利率普惠贷款，累计发放“创业担保贷款”近800户、1.97亿元、占全区份额75.1%。组织全辖乡镇支行积极与当地乡政府、派出所、村“两委”组织开展“党建+金融夜校”30余场，向近2万名村民普及金融安全及权益保护知识。将全区125个“村村通”服务站点全面升级成农村普惠金融服务站，提升农村普惠金融可得性。11月20日，东乡农商银行举办普惠金融服务站揭牌仪式，建立全区首个社区普惠金融服务站，开设非现金业务、智能柜台、社会保障卡业务等服务专区，配备阅览室、休息区和基础医疗等便民用具，深度满足群众差异化金融和生活需求。扎实推进数字化转型，大力推广普及数字普惠金融产品，年末互联网金融客户数达11.51万户，电子银行替代率95.16%。

11月20日，全区首家社区普惠金融服务站揭牌　（区农商行　供）

【风险防控】直面不良贷款历史包袱，强化主体责任，开展不良贷款清收大会战、百日攻坚战、“清收风暴”等自主专项清收行动，坚持内外联动，与区法院执行局多次开展联合执法，对典型、重点的赖债户开展强制拘留拘传，实行刑事自诉，不断提升司法清收成效。至2023年末，累计清收处置不良贷款2.39亿元，其中表内不良2.1亿元、表外不良0.29亿元；不良贷款率3.06%，较年初下降0.22%。通过自主挂牌处置与委托专业房产公司销售的“双线”处置方式，以780万元的价格成功处置两处抵债资产800万元，抵债资产收回率近90%。

（王高中）

中国邮政储蓄银行股份有限公司东乡支行

【概况】中国邮政储蓄银行股份有限公司抚州市东乡区支行（以下简称东乡邮储银行），是六大国有大型商业银行之一，在职职工55人，其中党员14人。2023年，全行个人存款余额

17.74亿元，位列全省各县区支行第1，当年净增1.38亿元，位列全省各县区支行第1；公司存款余额6.3亿元，年净增4.14亿元，位列全市各县区支行第1。各项贷款余额24.4亿元，位列全市各县区支行第1，年净增6248万元；小企业贷款余额3.27亿元，位列全市各县区支行第1，年净增5804万元，位列全市各县区支行第4；小微易贷年净增5639万元，位列全市各县区支行第2。全年累计销售代理保险2293万元，位列全市各县区支行第1。国际结算量1534万美元，位列全市各县区支行第1；新增借记卡快捷支付客户数、新开借记卡快捷支付绑卡账户、手机银行新增激活客户均位列全市各县区支行第1。

【惠普金融】 加强重点项目对接，开展产融对接工作，围绕全区优强企业、纳税靠前企业、成长型企业、清洁能源企业等客户融资需求，积极走访企业和相关单位，实地了解企业经营情况和金融产品需求，为企业提供全方位金融服务，匹配创新各类贷款产品。全力服务“三农”，加大对各类“三农”经营主体的支持力度，推出流水贷、烟草贷等创新贷款产品，专项安排乡村振兴重点领域贷款，以信用村建设为重点，结合生态产品价值实现机制试点，因地制宜推进“一行一品”“一村一品”等普惠产品发展工作。着力促进消费升级，主动减费让利。

【风险防控】 强化信用风险限额管理，高效推进不良资产核销和保全诉讼。贷款逾期率和不良贷款率牢牢控制在红线内。案防、物防、人防“三防”落实到位，年初即组织层层签订《案件防控责任书》和《安全保卫责任书》，未发现重大违规事件。开展“平安邮行”创建工作，统筹抓好消防安全隐患专项整治和安全生产工作。确保安全生产，全行实现无安全事故、无资金案件、无重大风险事件、无大额不良、无大额罚款等“六无”的管理目标。

【综合管理】 加强成本费用管控，优化季度、专项考核办法，将成本和资源打包到一线网点，与业绩和计划完成计划比挂钩考核。加强利率管控，通过差异化利率管理实现量收提升。加强领导人员履职待遇支出预算执行，贯彻落实集团“过紧日子”要求。重点建设信贷员、理财经理和支行长3支队伍，组建以年轻大学生为主力的第二理财经理梯队，通过示范引领增强全行员工执行力，转化为推动企业发展的生产力、竞争力和向心力。开展双节慰问活动，对困难职工、优秀员工进行慰问。在关爱在职职工基础上，不忘退休职工，多次邀请退休职工回支行交流谈心、联络感情，了解退休职工生活难题，为其排忧解难，做到以人为本。

（徐健祎）

江西银行股份有限公司抚州东乡支行

【概况】 2023年末，各项存款余额10.96亿元，其中储蓄存款余额7.53亿元，较上年末新增1.08亿元；储蓄存款日均余额72805.59万元，较上年末新增13056.59万元。各项贷款余额16.44亿元。支行信用卡下卡208张，理财销售1.31亿元，个人客户数新增1544户，其中私行级客户新增2户，钻石客户新增3户，分期交易额365万元。

【普惠金融】 助力“放管服”改革，为群众提供更加高效、便利的缴费服务。通过银医通、住房资金监管等项目，助力解决群众在医疗、教育、购房等领域的难点堵点问题。推出线上“创业担保贷”，为重点客户群体就业创业提供高效便捷的金融服务；创新推出“失业再创业免担保贷款”惠民金融服务，促进失业再创业群体实现就业创业；推广新市民适用的普惠金融产品和专属优惠政策，为新市民提供优质按揭贷款专属服务力度，让新市民融资获得更多便利与实惠，切实帮助新市民快速融入本地城市生活。为老年群体、残障人士等特殊群体提供优质服务，丰富普惠金融内涵。

【金融服务】 推进与省市场监管部门的“江西省企业登记网络服务平台”银行预约开户业务，在全省各级市场监管局配置自助终端，实现企业客户“一站式”金融服务，提升企业开办便利度。对接江西养乐星生物科技有限公司、花果山玫瑰特色小镇农业开发有限公司等小微型企业，贯彻各级政府加强对实体经济减费让利政策，兑现收费项目减免政策，减轻小微企业负担。对普惠型小微企业、绿色金融、科创企业等重点领域贷款给予利率优惠，落实货币政策工具，实行阶段性减息。对有发展前景但暂时性经营困难的企业，不盲目抽贷、断贷、压贷。

【助力绿色转型】 坚持创新驱动，不断丰富绿色信贷产品。探索绿色金融与转型金融有效衔接，助力革命老区绿色转型发展。对接绿色信贷项目，投放抚州市东乡区工业与科技创新投资集团有限公司1.4亿元东乡经开区渊山岗工业园污水处理项目贷款，提高城市整体形象，改善投资环境；发放抚州市东乡区乡村发展与振兴投资有限公司“东乡区农业设施产业园二期建设项目”2亿元项目贷款，项目建成后将推动当地特色蔬果的种植、销售，促进当地农业产业化发展，带动以蔬果为主题的产业发展，带动农民脱贫致富。

【风险管控】 针对个人类不良贷款，落实主体责任，强化自主清收力度，加快风险处置进度，稳妥处置风险点，提升审慎经营能力。对大批量的按揭贷款，形成有效长效清收机制，每月22日组织客户经理进行一批集中催收，对无法联系或还款意愿差的客户，尽快整理诉讼材料，通过法院诉前调解方式，查找债务人相关联系方式，启动起诉流程。对于已进入诉讼流程的客户，尽快进入执行阶段，处置拍卖抵押物，收回不良贷款，强化不良清收力度，压降不良贷款余额。

【拓展客户】 加强与社区、企事业单位的互动，多联合开展活动以拓展新客户提升知名度。利用小幸福及通知存款拓展活期客户，提升代发工资账户的资金留存率，吸收行外活期存款，抢占市场份额。补足业务短板，结合总行借记卡及信用卡商户活动，拓展优质合作商户，营造良好用卡环境，提升个人客户数及客户体验感；加强公私联动，针对贷款客户及对公结算客户，坚持“厅堂多开口，迈腿走出门”的理念，全员营销收单及信用卡指标，进一步推动新客拓展及交叉营销。拓宽营销思路，积极推动普惠金融服务站的设立，积极拓展乡镇市场，以点带面进一步提升乡镇市场占有率。深挖存量VIP客户，坚持以老带新，电话+上门营销方式结合助力存款、消费贷款的进一步提升，增强客户黏性。提升厅堂一线人员文明服务技能，端正服务意识，制定支行文明服务考核细则，引导员工为进门的每一位客户提供优质热情服务，提升客户满意度，以周到服务作为加分项吸引及留存客户。（李蕾）

九江银行股份有限公司东乡支行

【概况】 九江银行东乡支行坚持监管导向，以发展为主线，以利润为目标，以高品质、专业化服务为手段，拓展业务、挖掘客户，实现各项业务稳步增长。充当政府与企业和人民群众的“催化剂”与“助力器”，立足东乡当地经济发展，加强与城投以及工创投下属实际生产运营企业合作，加强同东乡浙江商会、园区招商引资、龙头制造企业交流。支持园区企业及区公共政策类企业授信，其中，2023年度全市唯一东乡区—上海自贸区人民币债3.4亿元落地。全年共完成个体工商户收单109户。两增两控较2022年新增5100万元，其中制造业新增8户，余额新增1.06亿元。乡村振兴贷款新增3430万元，绿色信贷新增3400万元，产业金融新增余额3300万元，日均新增555.5万元，绿色信贷、首位产业均实现零突破。

【业务发展】 建立金融服务站，走进乡镇宣传金融产品，普及金融知识。着力丰富贷款产品，提高放款速度，推出零花钱、税金贷、商超贷、经营快贷、易农贷6款线上快活贷产品。服务“三农”，设立普惠客户经理，落实扶贫小额授信政策。改善智慧牧场贷、智慧仓储贷、智慧物流贷产品，为牛羊产业链提供全方位金融服务，创新活体抵押业务模式，为新“三农”助力。

【运营管理】 加大网点转型步伐。网点设立发卡机、综合业务一体机、理财专用机、零钱兑换机、网点叫号机，创新业务受理模式，优化业务操作流程，帮助客户预先叫号，预先填单等预处理操作，减少客户等待时长。推广“柜外清”“柜内清”设备，建设电子登记簿系统，全面推进无纸化操作。组织开展服务礼仪风采大赛，夯实前台服务水平，展示优质服务形象。

【风险管控】 组建风险管理委员会及下设专业委员会、甄选外派风险经理、选调系统建设专岗，提升风险管理专业性。制定《九江银行呆账核销管理办法》《九江银行抵债资产管理实施细则》，新建“剪刀差”、常态化信用风险排查、常态化授信后管理机制。智能风控系统和押品管理系统成功上线，统一额度系统、风险预警系统和催收系统即将上线。通过建立台账、网格化管理、加强现场检查等优化资产保全管理。支行特设办公室部门，为分行与支行之间风险管控建立沟通桥梁，将上级行风险管理政策第一时间传达到支行并执行到位。将反洗钱工作作为重中之重，对客户开户，电子渠道审慎开立，从源头阻断利用银行卡电子渠道进行违法犯罪途径。加大定期重评频率和针对性重评，对明显可疑客户进行多方尽职调查工作，对明显可疑交易真实做到与客户本人核实，谨防电信诈骗，损害公众利益。

（艾飘静）

上饶银行股份有限公司东乡支行

【概况】 上饶银行东乡支行紧紧围绕总行、分行年初既定的工作计划和任务目标，树立规范化、智能化、现代化发展理念，着力推动业务转型，加强员工队伍建设，强化内控和风险管理，确保各项指标的稳步增长产业总收入、利润。年内，各项存款余额24.47亿元，较年初新增4.08亿元，增幅为20%；贷款余额20.56亿元，较年初新增5.42亿元，增幅为36%。

【提供便捷融资】 走访区内小微企业、个体工商户，提供便捷融资方案，单户1000万元以下普惠小微贷款较年初新增1.64亿元，增幅为54%。加大对居民个人贷款推广力度，支持扩大消费，促进经济发展，个人贷款余额新增1.02亿元，增幅28%；个人贷款客户数新增201户，增幅27%。对同泰日用品、金谷米业、博源实业、中育农牧、新之源环境科技等小微企业实行无还本续贷，累计续贷金额5035万元，降低企业转贷成本。向总、分行申请3500万元低利率（年利率4.5%）个人贷款专用额度，用于支持东乡区个体工商户和小微企业主。

【信贷投放】 推出“饶融贷”，对科技型小微企业给予最高300万元保证类贷款，由江西省融资担保集团有限责任公司见贷即保，向信源混凝土、美尔丝瓜络、立信达科技、博大化工等企业共发放贷款1500万元；推出公务员、事业单位员工信用优惠贷款“薪福贷”，年化利率为3.98%，贷款余额新增3156万元，进一步促进全区消费能力提升。

【支持项目建设】 为重点项目建设提供信贷支持，分别发放东乡区城投物资有限公司3100万元流动资金贷款、东乡区工创投供应链管理有限公司8000万元流动资金贷款、抚州市东临新区绿巨人农业科技有限公司500万元绿色贷款、东乡区乡村发展与振兴投资有限公司1.8亿元项目贷款用于东乡区农业设施产业园项目建设，同时购买东乡区城市投资开发有限公司8000万元公司债。 （方元轩）

中国人寿保险东乡区支公司

【概况】 中国人寿东乡区支公司是国有央企保险公司。公司向个人及团体提供人寿、意外、和健康保险产品，涵盖生存、养老、疾病、医疗、意外、身故、残疾等多种保障范围，全面满足客户在人身保险领域的保险保障和投资理财需求。秉承“成己为人、成人达己”经营理念，以“忠诚服务、笃守信誉”为宗旨，以永恒不变的爱心真诚为东乡区人民提供各类人寿保险服务。2023年，实现总保费收入1.02亿元，赔款总计772.41万元，缴纳个税26.45万元。

【理赔服务】不断加强服务质量，通过全国统一服务热线“95519”，24小时为客户服务；开展“国寿1+N”，一位客户，多种服务；推出“国寿”App，以提供“随时、随地、随手、随心”的E化服务为总要求，让客户足不出户享受到保单管理服务、查询服务、交费服务、保全服务、理赔服务等多项服务功能，做到“我服务你满意”。坚持以客户为中心经营理念，狠抓绿色理赔通道建设，实行“三快”服务，即“报案快、查勘快、理赔快”，做到三千元以下无疑案件当天结案，大额案件三至七天内结案的服务承诺，树立让群众信赖、放心的服务品牌。

【队伍建设】以一号工程战建训为主抓，成立新锐营，借鉴外地先进经验，发展收展团队，成立“活水”计划训练营，分职场经营，提高团队自主经营意识和能力。提供平台，由主管自主经营团队，提升主管经营团队的主观能动性，培养团队荣誉感，增强团队战斗力。

【社会责任】根据《中华人民共和国反洗钱法》《金融机构反洗钱规定》《金融机构大额交易和可疑交易报告管理办法》等规定，做好客户身份识别，建立客户身份资料和交易记录保存，做好大额交易和可疑交易报送。履行社会责任，参与公益事业活动，为东乡区精准扶贫学生免费承保学生平安保险，减免保费为1.3万元。实现中国人寿保险承担社会责任、服务民生工程的宗旨。

（陈凤）

中国人民财产保险东乡支公司

【概况】中国人保财险东乡支公司秉承“人民保险 服务人民”的初心和使命，将“诚信、专业、创新、卓越”的企业价值观融入各项工作，弘扬“担当、协同、清正、奉献”的企业精神，践行“建设全球卓越保险集团”的美好愿景。公司主营车险、农险、财产损失险、责任险、短期健康险、意外伤害险等保险业务，2023年保费收入1.3亿元。

【业务建设】东乡区本地牌家用车续保率由78%提升到80%以上。线上化团队在保持高续保率的同时，提升转保成单率，确保人均产能不低于17万元/月，团队保费增速达30%以上。强化车商修理厂团队渠道，确保当地家用新车市场份额增加3%，市场份额达80%以上。利用理赔端三者车辆及异地承保本地车辆信息、车辆保有信息数据、各大检测站车辆信息等全方位信息收集途径，融合发展，为线上化团队提供充足数据支撑。针对部分“重客、要客”，建立“销售人员+理赔人员+客户”微信工作群及“绿色服务通道”，构建承保—理赔—续保—开拓新险种“一揽子”服务。

【队伍建设】加强培训力度，坚持每周定期召开全员晨会、窗口柜面人员标准化学习早会，每月举办两次夜间通关培训，逢训必考，共分五组，以积分(培训表现+测试分数)形式进行评比，在形式及内容上完善及探索，让全司人员在业务上了解以及展业方面进行经验交流，挖掘优秀讲师，做好培训赋能工作。组建专职对接服务团队与车商团队，了解市场信息，发展商业非车险业务。公司前置续保团队发展较好，增员情况进展迅速，各项数据均位列全市第1。

【抚惠保】提升“抚惠保”理赔服务质量。7月份以来，陆续派出专员为行动不便的客户提供上门收取理赔资料服务，简化报销流程，优化理赔服务，解决客户实际困难，减轻群众医疗费用负担。在“抚惠保”理赔过程中，落实“抚惠保”惠民便民要求，定期派出专员回访，关切询问客户生活状况。至年底，抚惠保承保面达到全民医保15%，理赔案件423件，赔付金额313.03万，未决83件。其中最高个人单笔赔付金额达21.3万元。（谭建勇）

中国人民人寿保险东乡支公司

【概况】中国人民人寿保险东乡支公司落实集团公司“卓越保险战略”整体布局，推进“大个险”战略，围绕省市公司战略目标，强基础、练内功，铸品牌、增规模，扩市场、谋发展。2023年总保费收入1674.7万元，其中首年保费收入576.27万元、续年保费收入1098.43万元。

【理赔服务】推出人保寿险管家、人民人寿E服务两款App，提升保单后期服务工作。加强时效控制，强化服务意识，及时合规操作受理上传。理赔受理案件多为意外伤害事故、疾病住院赔付，结案率100%，严格按照公司理赔流程处理保险赔款。营造优美服务环境，强化和规范礼仪培训，组织员工对礼仪知识、文明用语、举止仪表等进行规范化培训。无纸化投保推广率100%，居全市前列。

【风险防控】落实监管机构和上级公司要求，坚持底线思维，把风险防范合规经营放在与业务发展同等地位。开展打击非法集资与洗钱活动，加大对非法集资行为的查处力度，完善非法集资风险排查机制和监测预警机制，密切关注保险从业人员兼职，代销第三方理财等重点领域和新的风险点，履行反洗钱义务，未发生非法集资和洗钱行为。按照监管要求开展打击损害保险消费者合法权益行为专项行动，综合治理欺骗及隐瞒保险消费者、夸大保险责任或产品收益，以其他金融产品名义宣传销售保险产品等销售误导问题。开展防范化解重大风险攻坚战，打击非法商业保险活动，关键岗位现场检查等一系列风险防范措施，为高质量发展提供坚强保证，全年未发生系统性、区域性风险。

（汪晓宇）

住房公积金

【概况】 2023年，东乡区归集住房公积金3.218亿元，完成年度计划的100.88%，发放住房公积金贷款353笔，发放贷款金额1.532亿元，完成年度计划的132.08%，提取使用住房公积金2.173亿元。在2023年度政务服务工作先进集体及先进个人评比活动中公积金办事处获“先进窗口单位”称号。

【公积金归集】 年内，东乡区共有29家非公企业建立住房公积金缴存制度，新增缴存人员209人。与区财政及相关部门持续沟通协调，做好对各单位汇缴及补缴操作流程培训，推进单位汇缴及补缴住房公积金工作，调增缴存及补缴住房公积金近300万元，比2022年增加缴存额946万元，增长3.03%，超2023年全年归集计划任务257万元。

【走访调研】 开展调研活动，听取企业群众对住房公积金政策措施意见建议，对群众办理公积金业务遇到的急难愁盼问题，及时征集调研，分析研究。对辖区内“保交楼”项目楼盘开展实地走访调研，了解东乡区合规项目建设进度、交付进度、项目销售、合作准入银行等一手资料，及时掌握“保交楼”项目专项资金落实情况，以及“保交楼”专项借款项目配套融资需求，主动向住房公积金受委托银行宣讲“保交楼”工作政策，引导银行加大配套融资支持，确保“保交楼”项目顺利交房。

【“带押过户”】 积极与银行、不动产部门沟通，通过签订“四方协议”、办理不动产转移及抵押双预告登记等方式，推动“带押过户”业务顺利办结，克服传统模式下二手房买卖中需先结清贷款并注销抵押后再过户的痛点，解决交易登记过程中办理时间长、潜在风险大、资金成本高等问题，创新服务新模式，满足缴存职工住房需求，提升群众幸福感和获得感。

【提升服务质效】 依托抚州市“智慧公积金”平台建设，推动“一网通办”“跨省通办”“全市通办”服务新格局，运用网上办事大厅、住房公积金微信公众号、“抚州公积金”手机App、“12329”服务热线、住房公积金全国微信小程序、“赣服通”抚州分厅等综合服务平台，实现“一次不跑”“只跑一次”“线上一站式”服务。退休提取、租房提取、公积金冲还贷等21项高频业务“进厅上网”，实现公积金服务365天“不打烊”。

（李沁怡）

经济管理与监督

计划与宏观调控

【概况】 2023年，东乡区实现地区生产总值238.17亿元，同比增长6.4%；一般公共预算收入15.52亿元，下降15.4%；社会消费品零售总额增长6.7%；固定资产投资下降2.5%；规模以上工业增加值增长16.4%；出口总额32.6亿元，下降10%；实际利用外资2095万美元，增长70.5%；城镇和农村居民人均可支配收入分别达47389元、25229元，增长3.9%、6.9%；万元GDP能耗下降、主要污染物减排、水环境质量改善，均完成抚州市下达目标。

【项目建设】 全区列入省重点建设项目4个，项目总投资42.5亿元，年度计划完成投资13亿元。至12月底，累计完成投资25.79亿元，占年度计划198.38%；列入省大中型项目30个，总投资362.7亿元，年度计划投资104.2亿元，完成投资142.5亿元，完成投资率136.76%；列入抚州市重点建设项目75个，总投资443.94亿元，年度计划投资146.79亿元，完成投资185.75亿元，完成投资率126.54%。

【跑项争资】 积极向上争取投资资金。共收到上级转移支付资金20.87亿元，其中返还性收入3.39亿元、专项转移支付收入2.21亿元、一般性转移支付收入15.27亿元。2023年以来，从发改层面累计争取到上级各项资金7801万元。主要包括：东乡区王桥片生态产品价值实现工程5593万元、抚州市东乡区千禧家园农机大楼等4个老旧小区改造项目259万元、江西省抚州市东乡区2023年高标准农田建设项目994万元、抚州市东乡区龙山社会足球场建设项目180万元等9个项目。有序推进专项债项目建设。谋划储备地方政府专项债券项目58个，项目总投资93.24亿元，专债需求57.91亿元，其中有36个项目已经国家发改委审批通过，总投资55.32亿元，债券需求37.11亿元，项目个数排名全市第3，债券需求排名全市第2。至年底，已发行专债项目15个，发行专债额度16.36亿元，项目已全部开工建设，其中已完工项目2个，分别是东乡区智能安防小区建设项目硬件和软件已全部安装完成，东乡区2022年统筹整合资金推进高标准农田建设项目已完成市级验收，项目正在竣工结算。大力申请特别国债。获得特别国债3724万元，通过项目为东北地区和京津冀受灾地区等高标准农田建设领域申报的江西省抚州市东乡区2024年农田建设项目、水库大坝安全监测项目。（吴志后）

物价管理

【价格认证】东乡区发改委坚持独立、客观、公正的原则，秉承严谨的工作作风和操作规程，依法做好行政、司法领域涉案财物价格鉴定工作。2023年以来，开展涉案物品价格认证172起，认证金额400多万元；开展国有资产处置认证14余起，涉及金额270多万元；行政处罚案件8起，认证金额160多万元。取得案件准确率100%，上诉率、复议率均为零的良好成绩。

【市场监测】按照国家发改委颁布的《价格监测规定》和江西省价格鉴定监测管理局的要求，价格认证中心对东乡区农业生产资料价格（3类32种）、农村居民服务价格（3类16种）、农产品批发市场饲料价格（1类2种）、主要畜禽产品及饲料价格（3类21种）、粮油市场价格（3类6种），共13类77种重要商品和服务价格进行价格监测预警，为政府实施宏观调控决策提供依据。

（吴志后）

国有资产管理

【概况】2023年，纳入东乡区财政资产系统管理的行政事业单位有171个，总资产27.30亿元。其中，固定资产原值总额22.43亿元，较2022年增加3.09亿元，增长15.98%；流动资产4.48亿元，较2022年增加0.43亿元，增长10.62%；无形资产4.55亿元，较2022年减少3.38亿元，下降42.62%；在建工程1.80亿元，较2022年增加0.67亿元，增长59.29%；政府储备物资0.08亿元，较2022年增加0.06亿元，增长300%。

【资产盘活】通过自用、共享、调剂、出租、处置等多种方式，提升资产盘活利用效率。建立资产盘活与新增资产配置预算挂钩机制，针对清理盘活中发现的问题，深入分析原因，杜绝同类资产闲置与新增并存等问题，从源头节约资金。同步开展数据治理，完善资产管理信息系统中资产卡片使用状态，达到账账相符、账卡相符、账实相符。制定文件，推进资产盘活工作。出台了《抚州市东乡区行政事业单位国有资产盘活工作实施方案》，要求各单位加快盘活存量资产，提升资产盘活利用效率，推进存量资产充分利用。完善机制，提升资产处置水平。出台《东乡区关于进一步完善行政事业单位国有资产处置权限的通知》，进一步完善单位主管部门权限、财政部门权限及须报区政府审批的资产处置事项，维护国有资产安全和完整。

【强化监管】 以财政部驻江西监管局对东乡区开展地方财经纪律整治为契机，对发现的资产处置问题举一反三，全面整改，结合市财政局整改文件要求，对全区资产处置中“国有资产处置收益未及时上缴国库”等5个方面问题进行检查，开展自查自纠，做到真查真改，推动资产盘活工作取得切实成果。

【管理创新】 纵深推进区属国有企业改革创新。2023年，抚州市东乡区城市投资发展有限公司获得中证鹏元资信评估股份有限公司AA资信评级。至此，全区有3家区属出资监管企业获评AA级主体信用评级，数量居全市县区首位。

（邹洋）

自然资源管理

【概况】 东乡区内地层发育齐全，处于钦杭成矿带中段，成矿地质条件优越，矿产资源种类较多。矿泉水、地热等矿产资源找矿潜力大。共发现各类矿产22种，查明有资源储量的矿产20种，已列入江西省矿产资源储量表的矿种有11种，矿产地24处。2023年，东乡区秉持“保护资源、保障发展”的理念，牢固树立大自然资源观、大国土空间观、大生态保护观，充分发挥国土空间规划的管控和指导作用，加强自然资源资产统一确权登记体制机制建设，保障全区经济社会全面协调可持续发展，在自然资源管理、生态文明建设和民生改善等各项工作中取得明显成效。2023年，获抚州市第十一届文明单位称号。

【耕地保护】 2023年，东乡区耕地保有量为35954公顷，超出上级下达的期末耕地保有量141.39公顷。从耕地保有量执行情况看，全区耕地保有量目标高于上级下达目标，完成耕地保护任务。确定东乡区规划期间永久基本农田面积不低于31493公顷，根据东乡区基本农田核实补划工作划定成果，东乡区初步划定永久基本农田面积31899公顷。

【不动产登记】 2023年，不动产登记中心共缮证17800余本，其中证书10800余本、证明6780余本。线上办理业务14800余宗，办理水电气网视联动过户515余件；办理“带押过户”登记业务20余户；办理“交地即交证”业务3宗。“交房即交证”发证数量达到715本，涉及楼盘3个，惠及业主3211人。实现与住建、税务、公安、民政、法院、市场监管等18个部门数据共享，将登记渠道延伸至38家房地产开发企业、30个银行网点，公积金中心和法院，实现就近能办、多点可办、一网通办。

【地灾防治】 实施完成7个隐患点的简易治理。东乡区珀玕乡北庄村塘里组滑坡治理工程、东乡区小璜镇地质灾害风险调查评价（1∶10000）等2个项目取得中央资金批复，批复资金252万元。成功申报2023年增发国债项目，申请国债资金190万元，含抚州市东乡区瑶圩乡吴塘村吴塘组滑坡隐患治理工程、抚州市东乡区王桥镇大塘村丁杞组滑坡隐患治理工程等2个子项目。开展地灾知识宣传，共发放地质灾害宣传手册400余份、地质灾害防灾避险宣传折页500余份，地质灾害科普手册300余份。

【国土执法】 2023年度违法用地立案处理32宗，面积6.73公顷，其中耕地面积1.9公顷，共计处罚1018.16万元；非立案移送乡镇处理23宗，面积0.97公顷，其中耕地面积0.37公顷；历史存量建设用地非立案处理228宗，面积25.58公顷。立案处理矿产违法3宗，共处罚款2.4364万元。同时做好卫片执法检查工作，2023年全区卫片检查整改率完成宗数比为6.02%，面积比为4.29%。

【房地一体确权登记】 组织开展农村房地一体确权登记发证工作，全区基本实现“确权调查全覆盖、符合政策应登尽登、应发尽发”工作目标，持续优化办事流程，精简申请材料，提高服务质量。

【空间规划】《抚州市东乡区国土空间整体规划（2021—2035年）》已上报江西省国土空间规划委员会审议并通过，东乡区大富片区、站前新区、佛岭片区等4个片区控制性详细规划完成初步成果编制工作。按照科学、合理、因地制宜、统筹布局、节约集约利用土地原则，继续完善乡镇“多规合一”实用性村庄规划编制工作，共计完成54个村庄及四个乡镇国土空间规划编制。严格按照规划管理要求，做好建房户和项目审批工作，共办理杨桥小学、红星小学、大唐东乡100兆瓦渔光互补光伏、黎圩中心完小教师周转房及运动场等项目文本审批并发放“工程规划许可证”。

（雷伟）

市场和质量监管

【概况】 2023年，东乡区市场监督管理工作聚焦“谋新篇、开新局、立新功”目标要求，促进市场主体健康发展，实现工作区域内全年无影响较大的食品安全事故、药品安全事故、产品质量安全事故以及特种设备安全事故发生，以高质量市场监管效能服务全区经济社会高质量发展，为“六个江西”建设贡献市场监管力量，较好完成上级交办的各项目标任务。先后被抚州市市场监督管理局评为“2023年上半年全市专利执法案件数第一名”“2023年百万网民学法律知识产权保护专场竞赛活动优秀组织单位”，被抚州市市场监督管理局、抚州市卫生健康委员会评为“2023年抚州市药械化不良反应事件及药物滥用监测工作先进单位”。

【企业信用监管】 发挥“双随机、一公开”监管牵头协调作用，推进部门联合“双随机”涉企核查常态化，实现“进一次门，查多件事”。同时，实施差异化信用分级分类监管，实现靶向抽检、精准监管。2023年，牵头制定530项抽查检查计划，联合部门检查事项387个，占比100%，除重点监管外“双随机”覆盖完成率100%。2023年全区新增市场主体7695户，比2022年增长64.3%；注销4210户；市场主体净增3485户，“个转企”20户；企业年报率99.63%。诚信经营者“无事不扰”实现率100%，位居全市第1。扎实推动“两书同送”工作机制，“点到点”为239户市场主体办理信用修复，帮助6家企业进行网上信誉修复，挽回直接或间接经济损失2600余万元。

【特种设备监管】 建立特种设备隐患排查治理长效机制，强化特种设备领域执法力度。开展特种设备安全大检查、化工集中区转移地特种设备“回头看”、气瓶充装单位专项整治等一系列整治活动，治理各类安全隐患，严防特种设备事故发生。出动执法人员378人次，检查特种设备使用单位126家，检查设备2600台次，排查问题隐患222条，下达特种设备安全监察指令书110份，全部整改完成。在全区建成气瓶充装质量安全追溯管理系统。查处1起充装非自有产权气瓶案件，基本实现气瓶“来源可追、去向可查、责任可究”监管目标。

【产品质量监管】 不断夯实质量基础建设，强化质量安全监管，持续深化质量提升行动。指导江西永冠科技有限公司成功申报抚州市市长质量奖；指导江西亿友药业有限公司和江西施美制药股份有限公司获得江西名牌荣誉称号；指导江西荣成机械制造有限公司推行“五环一轴”质量管理模式，并被江西省市场监督管理局收录进《江西省企业先进管理案例》予以推广。在全市率先推动质量基础设施“一站式”服务平台上线运行，持续完善全过程质量服务，助力企业提升综合竞争力，跑出高质量发展“加速度”。积极开展工业产品、建筑材料、塑料制品等领域专项整治，每月开展一次“地条钢”督查工作。抽取各类工业产品58批次，其中23批次不合格。抽检混凝土生产企业5家，经检验全部合格。

【计量标准监管】 积极引导行业标准化发展，鼓励企业主导参与标准制定，发布地方标准，以“标准化”助力企业发展。2023年，先后指导企业参与制定江西省地方标准《稻蛙共作生产技术规程》以及《红壤旱地饲用木薯生产技术规程》。指导企业自公开产品标准738项，区国家企业标准信息公共服务平台上新增企业标准91条，新增强制性产品认证获证企业6家，新增全省在用社会公用计量标准4项，体系认证证书保有量235张。鼓励企业参与“赣抚农品”等产品认证，获“赣抚农品”品牌认证企业9家、有机产品认证证书9张、绿色食品认证证书8张，获地理标志产品认证2个。持续加大涉粮领域、民生领域等专项整治行动。强制检定电子汽车衡38台、分测定仪43台、电子计价秤100余台、加油枪160余把。

【网络交易监管】 严厉打击网络违法经营行为，营造安全放心网络市场环境。坚持线上线下一体化监管，建立事前事中事后全链条监管长效机制。对292个网店陆续开展涉疫药品和医疗用品网络交易监管、互联网销售危险化学品专项治理行动工作、网络市场监管促发展保安全等专项行动。对美团、饿了么平台开展反浪费行动约谈工作及网络经营主体涉嫌外卖包装餐具包装设计“擦边”商品排查。对辖区内网络餐饮服务经营单位和第三方平台建立网格化监管台账，准确掌握辖区网络餐饮服务食品安全现状。经排查，辖区内入网餐饮服务经营单位251家。采取实地检查线下门店、联合约谈和行政指导等方式，要求美团外卖和饿了么等餐饮外卖平台按照《网络餐饮服务食品安全监督管理办法》对送餐人员进行食品安全培训和管理，立案处理5起违规经营行为。

【价格市场监管】 维护市场价格秩序稳定，掌握市场价格动态，保护广大消费者合法权益，加强市场监管。开展对水电气、教育、医疗、殡葬、行业协会、粮食收购等领域专项检查督查，立案查处违规收费行为16起。结合春节、国庆等重大节假日期间，联合区发改委、商务局对市场价格波动情况进行监测检查，并及时发布《价格行为提醒告诫》。加强对流通领域农资市场、成品油市场和液化气市场质量检测检查，确保市场环境有序发展。检查农资户20户，抽样检测化肥品种64批次，经检测不合格化肥12批次，并已立案查处。检查加油站11家，检查抽样22批次，合格率100%。检查液化气站3家，检查抽样3批次，合格率100%。

【市场监管执法】 秉持“执法为民”核心理念，聚焦四大安全底线，维护市场公平竞争目标定位，切实加强重点领域市场监管执法，高质量开展2023民生领域“铁拳”行动，严厉打击违法行为。推行包容审慎监管执法“四张清单”制度，对于不予行政处罚、免予行政强制的轻微违法行为和从轻、减轻行政处罚的一般违法行为，采用行政指导、约谈、警告等柔性措施。查办各类违法案件233起，罚没款651.41万元。落实行刑衔接制度向公安机关移送涉嫌刑事犯罪案件14起，向纪检监察机关移送问题线索6起。上述案件中，5起入选省级典型案例，3起入选市级典型案例。经案审会集体讨论作出减轻处罚决定105次，办理柔性执法案件161起，从轻处罚案件11起，减免罚款约100万元。（冯晨　何昊宇）

食品药品监督管理

【概况】 2023年，东乡区压紧压实食品安全“两个责任”，全面统筹推进食品药品安全治理提升工作，确保群众“舌尖上的安全”。全区食品药品监管体系逐步完善，食品药品监管能力进一步提高，确保食品药品市场安全、有序、可控，为群众食品药品安全提供有力保障。全年全区未发生源头性、系统性、突发性药品安全事故，食品药品安全形势总体稳定并保持向好趋势。2023年，被抚州市市场监督管理局、抚州市卫生健康委员会评为“2023年抚州市药械化不良反应/事件及药物滥用监测工作先进单位”。

【食品安全监管】 高度重视食品安全监管工作，压紧压实食品安全“两个责任”，持续加大食品生产、食品流通、食品经营、特殊食品等各环节监管力度。开展食品安全宣传活动，增强消费者食品安全观念与参与意识。全面梳理食品生产经营主体3255户，完成全区3049家主体包保，落实包保干部523名，指导协调各级包保干部每季度至少开展1次督导，大力推进签订包保承诺书和全覆盖检查。三轮数据集中上报通过率实现双“100%”，学校“明厨亮灶”覆盖率100%。检查食品生产经营单位7758户次，完成食品抽检1481批次，完成率100%，合格率98.11%；食品快检4057批次，完成率100%，合格率99.48%。组织“3·15”、送你一朵“小蓝花”特医品专项科普、“银发护老”、食品安全宣传周等系列宣传活动，宣传食品安全监管法律法规、安全饮食等知识，累计制作横幅5条，发放宣传材料300余份。

【餐饮安全监管】 提高全区餐饮服务食品安全，规范餐饮服务领域市场秩序。锚定年初制定的抽检任务，持续推进学校食堂“互联网+明厨亮灶”建设，开展校园食品安全治理提升专项行动、制止餐饮浪费专项整治行动、餐饮单位食品安全专项整治行动、养老机构餐饮服务环节食品安全风险隐患排查等专项整治行动。全区持证学校食堂116家，已全部实现“明厨亮灶”，39家校园食堂接入“赣溯源”平台。先后组织4次全区校园食品安全培训，迎接省、市五部门联合专项检查、抽查11次，同步组织开展全覆盖检查2次，对校园食品立案9起，关停幼儿园食堂13家。立案查办未主动提示、诱导点餐等违法行为21起，制作“文明用餐，光盘行动”桌位牌及“适度点餐，拒绝浪费”“拒食野味，使用公筷公勺，倡导光盘行动”宣传海报6000余份。对餐饮服务领域风险分级管理。全区餐饮企业1688家，评定完成率100%。同时，强化重大活动期间餐饮服务食品安全监管，完成2023年政协抚州市东乡区第二届委员会第三次会议，2023年抚州市东乡区第二届人民代表大会第三次会议，百县乒乓球赛，2023年抚州市东乡区高考、中考，2023年江西省第六届青少年游泳冠军赛等活动期间餐饮服务食品安全保障任务。

【药品安全监管】 守住药品安全底线，保障全区民众用药安全，防范化解区域性、系统性药品安全风险。开展药品专项整治工作，加大对药品零售（连锁）企业、医疗机构、疫苗安全监管力度，开展药品不良反应监测报告工作。检查零售药店98家，覆盖率100%；检查全区医疗机构210家次，覆盖率87%，其中区直医疗机构、社区服务站和口腔诊所全覆盖；检查疾控中心及接种单位8家次，责令整改1次。完成药品抽样70品种，合格率100%。全年上报药品不良反应1218例，超额完成年度任务数，位居全市第1。规范执业药师配备和管理，推进乡镇药品安全协管员和信息员队伍建设。零售药店执业药师配备率为93.6%，比2022年增长4.6个百分点。牵头制定《东乡区药品安全协管员和信息员队伍建设方案》，并下发至各个乡镇（街道、场），指导搭建完成全区药品安全协管员和信息员队伍体系建设。

【医疗器械化妆品监管】 加强医疗器械质量安全监管工作，保障全区群众用械安全。聚焦流通环节、使用环节、化妆品流通领域，制定并开展涉疫医疗器械质量安全专项行动、医疗器械质量安全专项行动、化妆品“一号多用”违法行为专项检查、祛斑美白祛痘类化妆品专项检查等专项整治行动，并积极推动医疗器械不良反应上报工作，严厉打击医疗器械领域违法违规行为。对辖区内10家医疗器械批发经营企业、80家医疗器械零售企业（含药店）、102家各类医疗机构进行监督检查，排查安全隐患并责令整改50余个，已全部整改到位。累计督导上报医疗器械不良事件445例，化妆品不良反应上报88例，位居全市第1。同时，以“党建引领强科技 科普宣传惠民生”为主题，开展化妆品安全科普宣传活动，发放宣传资料400余份，回答现场群众咨询50人次。协助承办“江西省企业落实化妆品质量安全主体责任培训班”，共有全省化妆品注册人、备案人，受托生产企业法定代表人或主要负责人、质量安全负责人和各级负责化妆品监管相关人员280余人参加。

（冯晨　何昊宇）

消费者权益与保护

【概况】 2023年，东乡区以解决群众反映实际问题为出发点，严格做到消费申诉处理“五及时”，要求投诉平台在处理投诉时做到受理及时、流转接收及时、分派转办及时、处置及时、反馈及时。通过热情、文明服务，及时受理、处置消费纠纷，化解社会矛盾。年内通过抚州“12345”市长便民专线服务平台受理投诉460件，通过“12315”平台接收各类投诉举报咨询2308件，办结率均实现100%。同时，把深化“诉转案”工作机制作为消费维权和规范市场经营秩序重要抓手，打造“12315”综合行政执法体系，通过“诉转案”立案19起，为消费者挽回经济损失金额20.33万元。

【“3·15”国际消费者权益日主题活动】 联合东乡区公安局、农业农村局、烟草专卖局、消防大队、盐业公司等部门，以及新长征退役军人志愿服务大队、金融机构、通信行业，在东信广场开展以“提振消费信心”为主题的“3·15”国际消费者权益日系列活动，普及消费维权知识，加强消费者权益保护。活动期间，东乡区市场监管局结合“小个专”党建工作，进一步加强党建引领，立足将消费纠纷化解在基层，筑牢消费者权益保护防线。通过搭设现场咨询服务台、发放维权宣传手册、宣传法律法规、在辖区布置悬挂宣传横幅等方式，扩大宣传引导效果，营造浓厚活动氛围，进一步提高公民维权意识和技能。现场受理投诉3件，咨询件27件，发放宣传资料800余份。

【放心消费创建活动】 严格按照“放心消费示范店”创建要求，依据制定的测评体系、测评标准、测评方案和测评方法，严格开展考核测评工作，确保测评质量，达到创建工作目标要求。2023年，新增1家放心消费单位、1家诚信承诺单位，并将这2家市场主体信用二维码标识牌悬挂在经营场所醒目位置，接受社会监督，力争以点带面，优化东乡区放心消费格局。

（冯晨　徐慧飘）

知识产权保护

【概况】 2023年，东乡区以提升知识产权创造、运用、保护、管理和服务能力为着力点，增强企业知识产权综合运用能力，加大知识产权保护力度，完善知识产权服务体系，扎实有效发挥知识产权驱动发展有力支撑保障，切实提升知识产权创造质量、保护效果、运用效益、管理水平和服务能力。知识产权工作获省市场监督管理局高度肯定，并于2023年7月18日在东乡区召开“知识产权服务万里行”活动江西地区启动仪式暨现场会。东乡区申报国家知识产权强县建设示范县获省局通过，待国家知识产权局审批。

7月18日，2023年“知识产权服务万里行”活动江西地区启动仪式暨现场会在东乡召开
（周真清　供）

【知识产权创造与运用】 围绕全省高质量发展考核、营商环境考核、全省工业高质量发展考核和工业园区考核四大重点任务，强化知识产权全链条保护，为市场主体提供全链条“一站式”知识产权服务，不断提高知识产权创造、运用水平。出台《东乡区知识产权专项资金管理办法》和《东乡区中小微企业“东知贷”知识产权质押融资试行方案》等助企惠企文件，深入推进知识产权质押融资“入园惠企”行动。1家企业获评国家知识产权示范企业，1家企业获评国家知识产权优势企业，1家企业获评江西省高价值专利培育企业（全市唯一），1家企业获评江西省专利转化运用奖，3家企业获评抚州市高价值专利培育项目。新增发明专利授权30件，全区有效发明专利256件，每万人专利拥有量6.92件。专利质押融资金额2.81亿元，比2022年增长120.4%；商标权质押融资金额600万元，实现“零”的突破。全区累计拥有全国驰名商标1件，全省著名商标19件，全区注册商标保有总量5416件。2023年7月18日，“知识产权服务万里行”活动江西地区启动仪式暨现场会在东乡区顺利举行。

【知识产权协调保护】 为落实知识产权保护属地职责，加强商品交易市场知识产权保护和管理，严厉打击知识产权侵权假冒违法行为，东乡区完善跨区域跨部门知识产权执法维权保护协作机制，健全知识产权仲裁调解多元纠纷化解机制。同7个县市局签订《知识产权执法维权保护合作协议》，签署《县域知识产权保护跨区域协作协议》；与东乡区人民法院在东乡区市场监管局联合挂牌成立抚州市东乡区知识产权纠纷人民调解委员会，将知识产权行政保护和纠纷调解无缝衔接，为企业提供高效便捷知识产权保护服务。积极开展打击侵犯知识产权违法专项行动。查处销毁侵权盗版及非法出版物3000余册。立案查处商标侵权案件4件，涉案货值94.0808万元，查处专利标注标识不规范案件41件。

（冯晨　周真清）

统计管理

【概况】 2023年，东乡区统计管理工作履行统计职责，夯实统计基层基础，开展统计调查，做好统计服务。推进第五次全国经济普查工作，清查全区法人和产业活动单位底册数11509户；累计完成“五上”企业入统69家；整理编撰《2022年全区国民经济和社会发展统计公报》《东乡统计年鉴（2022）》，为东乡区经济发展提供优质统计服务保障。

【抓好统计报表】 按照统计年报和定报统计调查制度，完成常规报表工作。年内，实现地区生产总值238.17亿元，同比增长6.4%，全市排名第4，较上年排名上升4位；规模以上工业增加值增长14.1%，较上年同比提高5.2个百分点；社会消费品零售总额增长8%，较上年同比提高1.9个百分点；建筑业总产值增长18.2%，较上年同比提高7.2个百分点；农林牧渔业总产值增长4.11%，较上年同比提高0.21个百分点。

【推进第五次全国经济普查】 完成单位清查阶段工作。至12月底，分批次推送普查短信70万余条，发放告知书5万余份，悬挂横幅200余条，聘请普查两员335人，培训1000余人次。在单位清查阶段共计清查全区法人和产业活动单位底册数11509户，其中正常填表单位8982户。与第四次全国经济普查相比，一产清查法产单位1101户，增长30%；二产清查法产单位1924户，增长76%；三产清查法产单位5953户，增长102%。清查个体户20718户，其中有证个体户14460户，与第四次全国经济普查相比，文化、科研、租赁、批发零售4个行业个体户分别增长621.4%、241.7%、173.5%、108.3%。

【入统入库工作】 2023年，东乡区完成“五上”企业入统69家，其中工业19家、服务业5家、建筑业11家、房地产3家、贸易31家。在库固定资产投资项目共计135个，其中5000万元以下项目共计35个、5000万元以上项目共计100个。新增入库项目共计56个，其中计划投资额5000万元以上项目39个。

【提升统计服务水平】 整理编撰《2022年全区国民经济和社会发展统计公报》《东乡统计年鉴（2022）》；每月对全区经济运行情况作出分析研判，按月编印《东乡区主要经济指标完成情况表》，为区委、区政府决策提供有效依据。共撰写统计信息76篇、统计分析31篇、统计专报4篇，其中4篇分析材料得到区委、区政府主要领导批示肯定。 （俞梦静）

统计调查

【概况】 2023年，东乡区统计调查工作以加强制度建设为抓手，积极提升调查服务质量，防治统计造假，努力提高统计法治水平，发挥统计监督职能作用，做好各项常规调查工作，着力提升统计调查能力和调查服务水平，不断引领东乡区统计调查各项工作迈上新台阶。

【常规调查】 积极推进主要畜禽监测样本轮换工作。组织开展全区主要畜禽样本轮换摸底和试调查工作，为确定未来五年主要畜禽监测调查样本奠定基础。统筹协调粮食整收整测试点工作，全力保障试点工作开展，并就小样方实测和整收整测的测产结果、人力和经费投入对比情况形成试点调查报告。做好各项常规调查工作。住户调查严格执行“日审周清月结”机制，加强日常审核，夯实基础工作；劳动力调查随报随审，以问题为导向开展业务培训和陪访，加强对重点指标审核；粮食产量调查坚持实地调查，深入田间地头开展直接调查，保障源头数据质量；主要畜禽监测调查严格落实调查制度要求，多维度加强数据审核，确保调查数据真实反映东乡区生猪养殖形势。加大对各乡镇（场）、各调查点基础工作检查力度，督促各乡镇（场）落实村级起报要求，夯实源头数据质量，完善基层台账。

【依法治统】 推动区委区政府联合印发《东乡区统计造假屡禁难绝问题先行先改立行立改工作方案》，对照方案和数据质量管控规程要求，对东乡调查队各项调查制度进行修订和完善，建立健全制度体系，确保各项调查工作有章可循。健全防范和惩治统计造假责任制，形成从领导干部到工作人员的责任闭环，定人定岗定责，明晰责任分工，营造“不敢假、不能假、不想假”的工作氛围。完成对17个乡镇（场）（包含东临新区的岗上积镇、红亮垦殖场）的基础数据质量检查和2家企业的统计执法检查工作。与区统计局联合推动统计法进党校，将统计法律法规课程列入区委党校“周末课堂”必修科目。

东乡区调查队开展粮食实割实测调查　　（东乡区调查队　供）

【统计普法宣传】 创新线上宣传方式。9月份，结合《中华人民共和国统计法》

颁布四十周年进行宣传，在东乡官方媒体“品质东乡”开展“统计知多少，等你来挑战”统计知识线上有奖竞赛答题活动，共计300余人次参与答题，发放宣传纪念品73份。探索多样的线下宣传方式。上半年开展主要畜禽监测样本轮换，通过乡镇、行政村发放宣传折页8500份、宣传纪念品帆布袋和伞2105份。联合区统计局开展了“经济大普查 数说新时代”集中宣传，向群众发放宣传折页和宣传纪念品。入户访企开展“12·8”统计法宣传，并在虎圩乡坎头村与群众开展座谈会议，倾听基层群众对统计工作的意见建议。新媒体宣传取得新突破。制作关于主要畜禽样本轮换的新媒体推文《神奇动物们点名了》，在江西调查总队新媒体大赛评选中荣获三等奖。

【提升调查服务水平】 充分发挥调查队“轻骑兵”优势，与农业农村局、农业农村产业发展服务中心、人社局、气象局、统计局等部门加强沟通，就农业统计调查、主要畜禽监测调查、城乡居民可支配收入、劳动力调查等专业加强会商，研判相关行业形势，加强部门间资源共享、信息互通，为宏观调控和民生改善提供价值参考。立足调查实际，提升统计服务水平。就生猪生产形势撰写专报报送区领导，开展自主调研和参与江西调查总队组织的专题调研共19次。

【开展样本轮换工作】 迅速汇报有关情况，及时联络各乡镇场选派专人负责样本轮换工作。加强培训，举办全区大样本轮换工作培训班，传达贯彻样本轮换工作会议精神和方案要求，确保摸底人员严格按照样本轮换工作方案开展摸底调查，加强数据审核，如实反映生猪生产形势，保证工作质量。采取“加强沟通、及时培训、实地走访、认真审核”四举措，对养殖户编码、名称、经纬度、预计年底存栏、预计全年出栏量等信息进行一一审核，并按照要求对大型养殖场户增加和删减重点核实，保障摸底数据不重不漏、真实可靠。

【城乡居民收入和消费】 2023年，东乡区城镇居民人均可支配收入47441元，增长4.0%；农村居民人均可支配收入25241元，增长7.0%。城镇居民人均生活消费26759元，同比增长5.6%；农村居民人均消费19041元，同比增长8.7%。

（何志欢　温敏）

审计监督

【概况】 东乡区审计工作坚持“依法审计、服务大局、围绕中心、突出重点、求真务实”工作方针，提升审计工作质量，当好国家财产的“看门人”、经济安全的“守护者”、高质量发展的“护航员”。年内，共完成审计（调查）项目36个，审计发现问题269个，查出违规金额1881.51万元，管理不规范金额129010.10万元，向被审计单位提出整改意见和建议118条。至12月底，完成整改问题120个，促进增收节支和挽回损失4464.07万元。2023年，东乡区审计局获得档案工作规范化管理省二级单位、2022年度抚州市审计质量管理先进单位、2023年度全区公共机构节能优秀单位等称号，1人获全市审计机关“最美审计人”称号，1人获市级乡村振兴优秀驻村干部称号。

【财政资金审计】 以促进规范部门预算执行管理、落实厉行节约要求，提高财政资金使用绩效为目标。根据年初审计项目计划，完成2022年度区本级预算执行和决算草案审计和区医保局、区农业农村局、区现代农业示范园区管委会、区廖坊灌区和水库管护中心、区实验中学、区人社局共1个区本级与6个部门（单位）2022年度预算执行、决算草案及其他财政收支审计。发现存在预算编制不完整、违规向57家协会等非预算单位安排预算并拨付财政资金等问题。

【专项资金审计】 开展2021至2022年度EPC项目专项审计调查、网络安全和信息化建设审计（区民政局智慧养老信息系统审计）、区民政局2022年度部门决算草案及困难群众救助补助专项资金管理使用情况审计、2020—2022年全区公共卫生资金及疫情防控资金管理使用情况专项审计调查、2022—2023年住宅维修基金专项审计调查共5个专项审计项目。通过审计，发现存在滞留民政专项资金、向已死亡人员发放高龄补贴和城市低保补助、网络安全登记保护制度执行不到位等问题。

【经济责任审计】 以促进部门科学发展和领导干部守法守纪、守规尽责、廉洁用权、干净干事为目标。受组织部门委托，开展区科协、区民政局、区科技局、区医保局、区廖坊灌区和水库管护中心、区实验中学等15个单位16名领导干部任职期间履行经济责任情况审计。通过审计发现存在挪用专项资金、固定资产未入账、已完工工程项目未办理竣工结算等问题。

【政策措施落实情况审计】 把握立足新发展阶段、贯彻新发展理念、构建新发展格局对审计工作提出的新任务新要求，以推动重大决策部署贯彻落实、保障政令畅通为目标。根据审计署统一部署，完成2023年四个季度重大政策措施落实情况跟踪审计报告和报表并报送市局。发现存在增设政务服务事项办理条件、影响医疗机构准入经营、向9名已死亡人员发放高龄补贴等问题。

【领导干部离任审计】 为贯彻落实绿色发展理念、促进领导干部履行自然资源资产管理和生态环境保护责任，根据年初审计项目计划，由市局组织指导，开展黎圩镇原党委书记陈淑萍自然资源资产离任审计。通过审计，发现存在养猪场污染防治配套设施不能正常运行、擅自改变林地用途、水库水质不达标等问题。

【政府投资项目审计】 对东乡区2023年前完成竣工结算审核、投资额50万元（含）以上政府投资项目进行审计抽查。开展瑶圩至虎形山县道升级改造工程、东乡县道升级改造等EPC项目、瑶圩至乌石山乡道双车道拓宽工程、东乡区2020年度统筹整合资金推进高标准农田建设、邓家乡嵇坊村冻米糖食品厂新建项目工程决算审计。发现存在未按规定编制竣工财务决算、多计工程造价、高标准农田管护不到位等问题。

【召开区委审计委员会会议】 2月，东乡区委审计委员会第七次会议召开，传达学习上级审计委员会会议精神，审议《调整区委审计委员会成员名单》《东乡区委审计委员会成员单位工作协调推进机制（审议稿）》《抚州市东乡区2023年度审计项目计划（审议稿）》。8月，东乡区委审计委员会第八次会议召开，会议传达学习上级审计委员会会议精神和《中央审计委员会关于推进新时代审计工作高质量发展的意见》，审议《东乡区人民政府关于2022年度财政预算执行和其他财政收支情况的审计工作报告》和《东乡区2023年度审计项目计划调整》。

（乐东辉）

财政管理

【概况】2023年，东乡区深化财政管理改革，财政收支运行总体平稳。全区一般公共预算收入15.52亿元，继2010年以来连续14年收入总量位居全市县区第1，政府性基金收入10.84亿元，国有资本经营预算收益0.51亿元，上级补助收入23.03亿元，调入资金12.32亿元，动用预算稳定调节基金1亿元，政府债券收入23.07亿元，上年上级专项结余3.69亿元，减去结算上解1.98亿元，财政收入共计88亿元。一般公共预算支出53.91亿元，政府性基金支出26.81亿元，债务还本支出3.97亿元，安排预算稳定调节基金0.34亿元，财政支出共计85.03亿元。

【工业税收收入】工业税收完成12.14亿元，总量位居全市县区第1，特别是常规工业税收，在经济快速恢复的推动下，完成5.75亿元，增长47.6%。其中，纺织服装业完成0.39亿元，增收0.23亿元；生物医药主导产业税收完成1.18亿元，增收0.49亿元；电力、热力及水生产业完成0.41亿元，增收0.39亿元。2023年，东乡区有纳税超千万元的企业9家。其中，永冠科技（含所属）纳税8731万元，增收485万元；南方水泥（含上陈）纳税4297万元，减收1158万元；恒安纸业（含商贸）纳税3020万元，增收45万元；华琪科技（含合成橡胶、化学品）纳税2302万元，增收873万元；回音必药业纳税2884万元，增收876万元；科伦药业纳税3767万元，增收1074万元；施美药业纳税3315万元，增收2629万元；荣成机械纳税2611万元，增收513万元；东晟源绿纳税1079万元，为净增收。

【争项争资】共争取上级无偿补助收入21.79亿元，增长16.8%，增收3.14亿元，剔除耕地地力保护和稻谷价格补助收入，同口径比增长12.8%，净增0.74亿元，其中，争取到财力性转移支付11.54亿元，较年初预算增收1.55亿元。争取债券项目资金23.07亿元，其中新增债券项目资金19.32亿元、再融资债券资金3.75亿元，有效缓解区财政支付压力。

【“三保”支出】将“三保”优先支付顺序贯穿到预算执行的全过程，落实“三保”资金专户管理、专项划拨、专户清算，确保“三保”资金不留缺口、“三保”资金不被挤占，全年“三保”支出完成19.47亿元，完成率100%，其中保民生支出5.93亿元、保工资支出12.5亿元、保运转支出1.04亿元。机关事业单位在编在职基础绩效奖按月纳入工资统发，离退休专项绩效奖与在职人员同步发放，并确保义务制教师工资水平不低于当地公务员平均工资水平。

【助力企业发展】贯彻落实中央、省、市、区出台的惠企政策，助力企业发展，全年新增减税降费1.16亿元，其中，新出台政策减税降费706万元，展期实施政策减税降费1.09亿元；承诺兑现惠企资金7.81亿元，惠及企业340余家；发放购房奖补资金0.62亿元，惠及城乡居民2296户；落实企业科技投入、产业引导基（资）金贴息等奖补资金0.6亿元，惠及企业200余家；应用财园信贷通和中小企业信用担保放贷金额11.29亿元，惠及企业400余家次；面向中小企业采购合同金额达到2.57亿元，占本级政府采购合同总金额的99.5%，其中面向中小微企业采购合同金额达到0.68亿元，占比36.1%。

【办好民生实事】加大资金统筹力度，将各项民生支出落到实处，用于教育、科学技术、文化旅游、体育与传媒等13项民生支出47.14亿元，占一般公共预算支出的87.4%，高于全市平均水平3.7个百分点。拨付就业创业资金0.27亿元，支持城镇新增就业4235人，稳定有就业需求的大中专毕业生就业，确保“零就业家庭”动态清零。拨付社会保障资金4.47亿元，提升社会保障水平，提高退休人员基本养老金发放标准，其中企业退休人员人均提高100.41元/月，机关事业退休人员人均提高144.23元/月；城乡居民基本医疗保险补助标准由每人每年580元提高到610元；为符合条件经济困难的老年人发放养老服务补贴和护理补贴，为60周岁以上城乡特困老年人、重点优抚对象和70周岁以上老年人办理人身意外保险，为80周岁以上老年人按不同年龄段发放高龄津贴；提高优抚对象等人员抚恤和生活补助标准，加强残疾人“两项补贴”精准管理，进一步完善帮扶残疾人社会福利制度等。筹措资金1.05亿元用于教育强区建设，新建3所公办幼儿园，收购4所民办幼儿园，新增公办幼儿学位2340个；新建、改（扩）建义务教育学校6所，增加学位数1000余个；改（扩）建1所普通高中校园校舍面积5000平方米等。拨付耕地地力保护及种粮农民补贴资金0.92亿元，稳定粮食生产。投入资金0.16亿元，鼓励支持生猪产业发展，对能繁母猪每头给予200元的一次性补贴。安排资金0.37亿元，全力推进25户以下106个村小组新农村建设。坚持农业农村优先发展不动摇，统筹土地出让金1.19亿元、农业生产发展资金0.48亿元、农田建设资金0.17亿元、渔业发展资金78万元、大中型水库移民资金0.18亿元等中央直达资金，推进农业农村现代化建设。拨付0.29亿元用于保障性安居工程建设，发放租赁补贴107.44万元，惠及住户800余户。

（胡飞）

财政预决算

【概况】2023年，全区一般公共预算收入共计155176万元，完成预算82.15%，一般公共预算收入加上级补助收入、债务转贷收入、调入资金、动用预算稳定调节基金、上年结余，减上解上级支出、债务还本支出后，全区一般公共预算综合财力收入执行数为559494万元。

【预算收入】区公共财政收入主要项目执行情况是：税收收入93742万元，完成预算74.63%。其中，增值税47276万元，完成预算59.32%；企业所得税（28%部分）4881万元，完成预算72.57%；个人所得税（28%部分）1209万元，完成预算114.71%；资源税2434万元，完成预算78.52%；城市维护建设税12691万元，完成预算75.32%；房产税2834万元，完成预算238.15%；印花税2976万元，完成预算

118.85%；城镇土地使用税2101万元，完成预算91.35%；土地增值税2862万元，完成预算79.32%；车船税1460万元，完成预算97.33%；契税8609万元，完成预算137.99%；环境保护税103万元，完成预算70.07%。非税收入61434万元，完成预算97.08%。其中，专项收入5939万元，完成预算74.39%；行政事业性收费收入3481万元，完成预算49.73%；罚没收入6629万元，完成预算105.22%；国有资源（资产）有偿使用收入44252万元，完成预算110.63%。

【预算支出】 区一般公共预算支出执行数为539136万元，完成预算85.12%。主要支出项目执行情况是：一般公共服务支出48233万元，完成预算67.74%；公共安全支出18205万元，完成预算93.7%；教育支出118537万元，完成预算117.25%；科学技术支出28259万元，完成预算592.8%；文化体育与传媒支出4139万元，完成预算48.95%；社会保障和就业支出46421万元，完成预算69.69%；医疗卫生支出49625万元，完成预算110.58%；节能环保支出9046万元，完成预算170.04%；城乡社区事务支出32654万元，完成预算62.82%；农林水事务支出79343万元，完成预算64.16%；交通运输支出5057万元，完成预算24.93%；资源勘探电力信息等事务支出62016万元，完成预算74.31%；商业服务业等事务12933万元，完成预算507.38%；金融监管等事务支出391万元，完成预算315.32%；国土资源气象等事务支出5658万元，完成预算106.07%，住房保障支出7212万元，完成预算119.42%；粮油物资管理事务支出1018万元，完成预算41.35%；债务付息支出5708万元，完成预算88.52%；其他支出等4681万元，完成预算50.21%。

（徐贵高）

税收

【概况】 国家税务总局抚州市东乡区税务局担负着全区19108户工商业户税收征管任务，其中单位纳税人11939户，个体纳税人7169户。2023年，全区入库各项税收24.87亿元。

【税费收入】 依法依规组织税收收入。坚持组织收入原则，依法治税，强化税收征管，挖潜增收，把组织收入工作融入于地方经济发展大局，齐抓共治，完成全年组织收入工作。2023年，共组织入库财政口径税收收入24.87亿元。稳步推进社保非税征缴。在社会保险征收和非税收入项目征缴职能划转工作中，不断优化服务，构建职责清晰、流程顺畅、征管规范的社保和非税收入征缴体制，社会保险费和非税收入征收平稳有序进行。共征收社会保险费10.54亿元、非税收入项10.78亿元。

【减税降费】 落实税收政策执行情况反馈报告制度，做好税收分析，确保税收优惠政策落到实处；落实小规模纳税人减免增值税政策、企业所得税汇算清缴享受研发费用加计扣除和即征即退、留抵退税及出口退税政策；严格落实“3+N”工作机制、一政策一方案和“四个有人管”闭环管理机制，做好精准推送办中提醒、办后提示工作，成功推送办中提醒1124条，办后提示208条。发挥网格化服务机制作用，做好精准推送兜底工作，确保精准推送户户到位、个个知悉。深入开展减税降费红利账单推送。对全区1791户纳税人进行红利账单推送，提升红利账单信息化核验水平，拓展各类推送渠道，提升纳税人缴费人减税降费获得感。2023年，累计新增减税降费及退税缓税缓费1.77亿元。

3月5日，区税务局举办全国青少年税收法治宣传教育大课堂活动
（税务局　供）

【强化税费征管】 做好涉税数据监管，对征管质量提升系统疑点数据及时整改到位。加强对未办税户税务信息确认登记管理，通知已办税营业执照但未进行税务信息确认的办税户到税务部门办税场所进行信息确认。持续推进电子征管化，做好统一身份管理平台数据采集清理工作。落实全面数字化的电子发票深度推广，持续推动“以票管税”向“以数治税”转变。

【深化税收风险防控】 持续规范和改进税收执法工作、规范税收行政裁量权运用。按照江西省税务行政处罚裁量权行使规则和执行标准执行，加强对税务裁量权行使指导和约束，降低执法人员执法风险。2023年未出现纳税人要求行政听证、行政复议、行政诉讼等情况。核查上级局下发的疑点数据，加强对税务人员执法行为规范性监督检查。发挥内控监督平台效能，保持当月无异议执法过错清零成果、最高开票限额不超期审核等问题。

【税收政策落实提档】 自查评估税费优惠政策落实情况，严格落实税收政策情况反馈报告制度，做好税收分析，确保税收优惠政策落到实处。完善五措并举工作机制，建立全税费种综合联动分析机制，推送应享未享、异常享受等177条风险疑点数据至各税源管理部门开展风险分析识别和排查疑点。加强政策落实督导，接受市税务多轮疑点数据并及时反馈落实整改情况。

【抓优营商环境】 建立“税收+工商联+园区+商会”多方协作机制，构建起税务主责、多方参与、税企联动、规范高效的工作机制，推出“企业开办一条龙”“区域发展添助力”等6大类16项具体措施，提升纳税人缴费人税费服务体验。服务重点企业，针对大集团企业开展个性化服务，根据纳税人需求，编写以税收风险防控、税收政策、纳税服务和其他个性化服务等为主要内容的个性服务白皮书，为纳税人提供精准指导，持续开展分行业、分税种等税收专题分析。

（江小红）

交通运输

综 述

2023年，东乡区交通运输工作聚焦交通运输主责主业，主动适应区域经济发展新常态，持续跟进重大交通项目建设，充分发挥规划纲要的统筹引领作用。实施东乡区“十四五”综合交通运输高质量发展规划，开好头、起好步，创新举措，攻坚克难，交通基础设施不断完善，交通运输工作取得新成绩。加强农村公路建设。按照“畅安舒美”的要求，不断推进农村公路项目工程建设。编制“十四五”农村公路项目库，完成农村公路新改建里程55公里、安全生命防护工程62.9千米、危桥改造9座；完成建制村通双车道设计里程47.5千米、危桥改造设计14座、五路设计17.5千米，累计完成总投资额1.92亿元。强化农村公路质量管理。推行项目工程质量巡查、质量通报、抽样检测、质量运行分析报告、工程建设质量责任制等“五项”制度，加强四级质量保证体系建设。强化项目工程建设过程管理，在施工准备、材料采购、组织实施、试验与检验、竣工交验等各个环节中实行监督，保证项目建设质量。加强农村公路日常养护。2023年，农村公路日常养护总里程1422.641千米。其中，县道共14条158.683千米，乡道共25条196.536千米，村道共1237条1067.422千米。农村公路日常养护保洁继续沿用承包制，由抚州市劲旅环境科技有限公司负责辖区内路面、路基、桥梁、边沟的保洁工作，并加大机械化作业力度，人机结合，及时清理沿线中分带、路肩、边沟、桥头、碎落台落土及杂物，定期清理排水系统，清洗交通安全设施。全面落实区乡村道养护责任，加强日常养护管理和检查工作，全区农村公路综合好路率达87%以上。充分利用非现场执法系统，对辖区内重点区域、重点路段、重点时间段的非法超限超载车辆进行集中治理，集中开展G236和G320非现场执法系统对违法超限超载车辆的查处。2023年，不停车检测点共查处125辆。其中，路政处罚71辆，罚款22万元；交警处罚54辆，罚款3.92万元，记204分。通过持续整治，东乡区货运车辆超限超载率下降至0.33%。同时，公路基础设施得到有效保护，好路率持续上升，区辖公路好路率93%，交通运输安全事故比2022年下降37.3%。2023年，东乡区交通运输工作取得优异成绩，农村公路建设出色，被省交通运输厅授予“四好农村路全省示范县（区）”荣誉称号，2月治超工作出色，被省治超办评为全省治超先进单位。东乡区交通运输局连续多年被区委、区政府绩效考核为先进单位。

（揭志波　王全龙）

交通运输生产

【概况】 2023年，东乡区有从事公路长途运输客运企业2家，分别为江西抚州长运有限公司东乡分公司、抚州市长运公共交通公司抚州市东乡区营业部；出租车公司2家，分别为东乡区捷安出租车有限公司和东乡区光明出租车有限公司，共有公租车122辆，全部属于挂靠经营；另有市内镇村、城市公交企业1家，长途运输企业1家。区政府出资8900万元组建抚州市东乡区公交集团有限公司，现有36辆客车（含城际公交）。全区共有汽车维修企业40家，其中一类7家、二类12家、三类21家。

【公路运输线路】 共有城际公交线路1条，长途客运班线8条，其中跨省2条、跨市3条、跨区3条。农村公交运输企业共有线路23条，客运车辆80辆。总座位数1550座，平均载客率约80%，日平均运载人数7345人。城际公交东乡站点有3个，农村公交班线共有乡镇公交站8个，全区共建有公交候车亭151个。

【春运旅客运输】 2023年春运期间，运输旅客81163万人次，其中东乡汽车站发送旅客8592人，客运周转量1146630万人千米。其中，省际客运量1.6万人次，客运周转量1258万人次；省内客运513260万人次，客运周转量1847万人千米。春运工作平稳、安全、有序，未出现恶性交通及其他安全事故。

【公共交通】 2023年，城市公交开通9条线路，运行里程约189千米，营运车辆近111辆，城市每万千米拥有公交车6标台，公交线路34条，线路布局辐射全区各乡镇（街道、场），实现建制村线路通达率100%。

【民生服务】 落实65周岁以上老年人免费乘坐公交政策，为符合条件的老人办理免费公交卡，至2023年12月，共免费为老年人办爱心卡1364张，并拨付老年人免费乘坐公交所发生费用120万元。积极开展“爱心助考”活动，为东乡区小学、中学、高中毕业生升学考试提供近2万人次的免费用车服务。承担“游泳教育试点区”游泳运输任务，每日安排4辆公交车承载全区学生进行免费游泳培训，共服务2000多名学生。 （揭志波　王全龙）

公路运输与安全管理

【概况】 东乡区持续做好交通运输安全管理工作。多措并举治理货运车辆超限超载，规范货运源头企业装载行为，严格履行安全生产主体责任。保持路面执法高压态势，公路治超路面执法依法依规，公开、公平、公正。强化安全管理，保障行业安全稳定。建立健全管理体系，紧盯道路运输安全。依法依规加强交通运输执法工作，加大违法行为查处力度，开展"打非治违"专项整治工作，对非法运输危险品、非法改装车辆、逾期未年审和非法营运等行为严肃查处。抓好安全管理，确保公路运输安全。

【治限治超工作】 治限治超工作保持高压态势，严格执行省、市逢货车必检规定，路面治超不松懈，路面执法巡查常态化，严查严堵重点路段和关口。建立健全治超治限管理长效机制，加强对治超执法人员教育管理，落实治超部门和源头属地乡镇（场）考评考核制度及责任追究制，严格源头规范装载，强化执法执纪监督，严禁人情执行，选择性执法行为，超限超载率稳定控制在省政府规定的1%以内。

【维修市场整治】 组织大规模维修企业安全生产检查工作，通过安全检查，对生产条件差、制度不全、管理服务水平不高的企业，发出责令整改并跟踪落实整改情况。辖区维修企业基本做到统一悬挂标志牌、制度上墙、收费公开、维修项目齐全，维修合同等单证管理较规范，安全生产管理制度落实到位，建立良好维修市场秩序。

【安全生产检查与管理】 重点对"两客一危"企业内部安全管理制度、GPS动态监控系统运行情况、车辆运行情况、驾驶人安全学习、车辆安全检验台账进行检查，累计检查企业200余家，吊销高风险企业6家。通过现场查阅资料、查看现场等方式对企业进行检查，督促企业整理、完善车辆管理档案，实现一车一档，建立并完善了基础工作台账，要求限期补充和整改完善车辆档案信息。不断加强辖区内驾校管理，加强对维修企业的巡查，按照制定的《季度安全检查方案》，对辖区内运输企业开展日常检查，季度检查，重点检查工作，并按《东乡区交通运输局安全生产网格化服务管理实施方案》要求，抓好安全管理。完成路面爆裂维修19处1840平方米，路面坑槽维修37处9750平方米，建设挡墙及路肩墙2840立方米，清理坍方1200立方米。共排查出道路安全隐患73处，完成整治49处，补缺安装警标标牌34块，建设安装减速带165米，安装波形护栏135米，施划振动减速标线593平方米、普通标线758平方米。有效维持车辆正常通行，提高道路使用率和通行质量。

【客运企业管理】 开展包车客运专项整治活动，制定包车客运备案审核制度，集中整治包车客运违法违规经营等行为。按照上级文件精神布署开展企业质量信誉考核工作，先后对8家企业进行考核，考核率达100%。

【运输打非治违】 成立打击"黑车"专项整治领导小组，由交通运输行政执法大队主要领导任组长，分管领导任副组长，全面开展扫黑工作。全年共查处各类黑车19辆。开展成品油非法运输整治，与高速交警、东乡交警开展联勤联动工作，全年查处无证和技术不符运输技术条件等车辆非法运输成品油8辆，罚款4.2万元。对超载超限车辆、人员实行警诫制度，两次以上警诫、三次以上全部进行行政处罚，共吊销8辆汽车的道路运输证。

【规范客运公交市场】 农村客运公交车辆全部进站作业，取消在原临时停靠点候客上车的规定。汽车站实行电子报班制，对进站车辆进行回场检测，确保车辆技术状况良好。运管所采取以进站登记台账为基础资料，核准每部客车燃料补贴方式，强化客车进站作业工作。

（揭志波　王全龙）

公路建设与管理

【概况】 2023年，东乡公路分中心坚持树立品牌意识，争先创优，紧紧围绕2023年度公路工作会议精神及市中心年度工作目标，着力提升公路通行能力和服务水平，构建安全、便捷、高效、绿色、经济的公路网络。负责东乡境内普通国省干线公路建设、养护、灾毁抢修保通，普通国省道管养总里程为115.91千米，其中国道55.224千米（G236芜汕线、G320上瑞线）、省道60.686千米（S208谢岗线、S312黎欧线、S424孝秀线）。新改建农村公路里程55千米、安全生命防护工程62.9千米、危桥改造9座；完成建制村通双车道设计里程47.5千米、危桥改造设计14座、五路设计17.5千米，累计完成总投资额1.92亿元。加强农村公路日常养护，日常养护总里程1422.641千米。其中，县道共14条158.683千米，乡道共25条196.536千米，村道共1237条1067.422千米。

【升级改造项目】 S312东乡区甘坑至东金分界线段公路改建工程已完成公开招标，中标单位为江西赣东路桥建设集团有限公司，中标金额为9301.70万元；S208东乡寨上至岗上积段公路改建工程顺利通过用地报批审批；S424东乡孝岗至安全村段公路改建工程下穿沪昆线工程预算审核工作已完成，与江西赣榕地方铁路开发建设有限公司确认并由其进行代建组织招标。

【养护工程项目】 实施完成养护工程项目3个，完成G236芜汕线K499+769南辽河大桥维修工程，G320沪瑞线K715+974蛇嘴桥维修工程，S312黎欧线东乡境内路面预防性养护工程；累计完成投资194.79万元，所有项目均已完工。

【公路日常养护】 全年累计更换标志牌44块，修补沥青混凝土路面坑槽484平方米，疏通涵洞156道／2次，清理边沟185.46千米/2次，更换百米桩31个，更换千米桩13个，更换警示柱368个，修补震荡线388平方米，修补路面标线540平方米，新增护栏端头16个，新增防阻块19块，护栏维修105.3米，护栏除锈喷漆5204米，护栏提高5190米，全线清理遮挡标志牌树枝，清除枯死路树200余棵，桥梁防撞墙警示漆进行重新涂刷681平方米。

【安全生产管理】严格落实安全生产职责。坚持安全生产无小事理念，集中组织观看《生命重于泰山》和各类安全警示教育专题片8次，发放安全生产宣传单100余份，电子显示屏滚动播放安全标语30余条。成立安全生产工作领导小组及3个专业委员会，建立健全各项安全制度、预案，层层签订安全生产目标管理责任书，在节假日重点时段节点召开安全工作会议，周密部署安全生产重点工作。加大公路安全隐患排查整治力度，建立安全隐患排查台账，检查整改做到闭环管理，组织各专项安全隐患排查行动共计8次，消除省市县级道路安全隐患17处；增强突发事件应急处置能力，成立应急领导小组及应急队伍，储备应急物资工业盐5吨、沥青冷补料10吨、标志牌16块、安全锥200个、铁铲20把、编织袋300个、运输龙马车5辆、发电机1台。全力开展“安全生产月”活动，印发“安全生产月”活动实施方案，悬挂安全标语5幅，组织干部职工参与网络“人人讲安全、个个会应急”安全知识竞赛500余次。

【农村公路养护】贯彻落实“预防为主、防治结合、全面养护、保障畅通”的工作方针，强化区、乡两级养护管理责任体系，成立农村公路建管养办公室，各乡（镇）场成立农村公路养护管理站，制定印发《东乡区“路长制”实施方案》和《东乡区交通运输局农村公路养护管理考核方案），明确各级政府和交通运输主管部门、公路管理机构职能职责。2023年农村公路养护总里程1422.64千米，其中县道158.68千米、乡道196.54千米、村道1067.42千米。投入农村公路养护资金126万元，其中区财政拨付126万元。修补路面坑槽26处，共3726平方米，桥梁维修6座；新画标线1.22千米，新置标牌27块、警示桩133根；安装减速带202米，防护2处。定期开展农村公路日常养护，全年整修路肩72.2千米，路肩除草227千米，清理边沟2061千米，拆除公路控制范围内非法广告牌17块，开展公路巡查1455千米，路况调查843千米，并对全区境内所有桥梁进行定期和经常性例行检查。通过采取一系列养护维修措施，有效提升农村公路养护管理整体水平。

（黄海花　揭志波　王全龙）

铁路运输

【概况】 2023年，东乡境内火车站和高铁站共计长度56.6千米。其中，沪昆铁路过境东乡区23千米，沪昆铁路杭南长客运专线过境东乡区33.6千米。全年发送旅客139.79万人次。

【东乡火车站】 东乡火车站位于东乡区孝岗镇境内，中心里程位于沪昆线K703+412米处，为三等站。车站设有1978平方米候车室，可容纳1600人候车。并设有5500平方米及5600平方米2处站台和雨棚。货场设有1100平方米和5385平方米的2处站台，有2000平方米仓库和480平方米雨棚。东乡车站按作业性质分为行车、货运、客运3个班组，现有职工70余人，主要办理旅客、货物的运输，到达和发送作业。全年发送旅客66.1万人次，春运期间到达旅客8.6万人，发送旅客9.39万人次。全年货运装车5848车，发送33.03万吨，卸车11169辆，到达58.45万吨。

【高铁抚州东站】 高铁抚州东站位于江西省抚州市东乡区境内，其中心里程位于沪昆高铁线自上海虹桥站起K644+442米处，隶属南昌铁路局南昌车务段管辖，有职工25人。高铁抚州东站按技术性质为中间站，按业务性质为客运站，车站为四等站。车站把安全运行放在第一位，督促落实各项安全运行机制。2023年，高铁抚州东站全年发送旅客73.69万人次，运输进款10490.88万元。其中，2024年春运期间发送旅客48373人次，运输进款650.33万元。

【春运工作】 高铁抚州东站均制定春运组织方案，明确春运目标任务，成立春运组织，细化春运措施。站长为春运总指挥，副站长负责行车室、保控与现场的联系，事务员负责后勤保障，安全副站长负责验证。根据“预告组织，提前放客，列队候车，统一引导，排队上车”的组织方法，对重点车分别对待，及时掌握售票情况，方便旅客快速进站。严格春运纪律和考核方法，强调服从分配，听从指挥，严格按春运位置图做到定人、定岗、定责，严禁脱岗、串岗。

（揭志波　王全龙）

城乡建设与管理

综 述

【概况】 2023年，东乡区城乡建设管理工作在区委、区政府的坚强领导下和业务上级部门的支持下，始终坚持以习近平新时代中国特色社会主义思想为指导，抢抓抚州市打造“双百”中心城区契机，完善规划抓实施，注重建设抓配套，健全规章抓管理，优化环境促服务，完成全年各项目标任务。

【城市规划管理进一步加强】 按照“高起点规划，高标准建设”的要求，加速东乡区国土空间规划和中心城区控制性详规编制，完成乡镇“多规合一”实用性村庄规划编制工作共计54个村庄及四个乡镇国土空间规划编制工作。完成东乡区国土空间整体规划（2021—2035年）初步成果公示、听证会、专家咨询会等流程。东乡区土地征收成片开发方案（2023年）获省厅批复。坚持规划公示制度，对一些重大项目不定期在重要地段进行规划展示，召开听证会，广泛征求四邻意见，不断加以完善。

【城市建设步伐进一步加快】 以推动城南、城北、城西组团式发展为导向，深入开展城市更新行动，聚焦城市功能与品质再提升，加快补齐公共服务和基础设施建设短板。开展城市增绿行动，稳步打造城市绿道和高铁沿线“绿色生态走廊”。启动城西、城东停车场及城区停车场充电桩建设，实施建设朝阳大道北延伸、东金路延伸、锦凌府西侧道路、二中北侧市政道路项目，启动艾兴大道东延伸、雄岚大道以西道路建设，打通城市出行“最后一公里”，为城市建设增添光彩，使城市功能进一步健全，城市品位进一步提升。

【建筑业管理水平进一步提高】 按照标本兼治、重在治本要求，不断改进和完善建筑市场监管方式，行业管理模式进一步规范。加强质量安全监管，年内组织10多次质量安全专项整治和检查，全区没有发生重大伤亡事故和受监工程倒塌重大事故，竣工工程合格率达到100%。加强勘察设计、监理市场管理，强化优胜劣汰机制，建筑业管理水平不断提高，建设工程质量再上新台阶。2023年，东乡区城西、城北幼儿园建设项目、东乡经开区渊山岗工业园区地下雨污水管网改造工程3个项目获“抚州市建筑工程质量管理标准化示范工程”称号。深入打击建筑领域违法违规建设行为，通过日常巡查、联合抽查、专项检查等多种方式，开展建筑市场监督执法检查，严厉打击资质挂靠、违法分包转包等违法行为，规范建筑市场各方主体行为。全年共发现建筑领域违法违规案件9起，行政罚款30.83万元。严格建筑工人实名制管理工作，通过“线上+线下”双向发力，进一步规范用工管理和务工行为，从源头遏制市场行为问题引发的民工工资拖欠顽瘴痼疾，提高施工现场安全质量管控能力。2023年累计处置欠薪案件31件，总计清理拖欠农民工工资3525万元。

【村镇建设工作进一步创新】 推动11个乡镇污水处理厂二期支管网建设，进一步改善农村生态环境；强化传统村落保护与利用，实施明清古建筑安全隐患防控措施，保障人民群众生命财产安全；严谨管理农村住房建设，农房建设严格执行“带图审批”制度，免费向全区乡镇（场）分发《抚州市农村住房设计通用图集（试行）》，以指导全区农房建设；推进乡村建设工匠免费培训。1月，成功举办“乡村建设带头工匠”培训，共有32名工匠参加，其中15人考试合格并获得江西省乡村建设“带头工匠”证书。10月，再次组织举办“全区乡村建设工匠”培训，全区133余名农房建设一线施工人员参加，95人考试合格并获得“江西省乡村建设工匠培训合格证”；加强农村自建房安全隐患排查整治，构建完善农村自建房安全管理长效机制；加强村危房改造工作，确保应改尽改，让困难群众实现安居乐业。

【房地产管理水平进一步提升】 协助区政府出台《关于进一步促进东乡区房地产业良性循环和健康发展的补充措施》的法规性文件，制定和完善有关物业管理考核、物业纠纷化解、城市危旧房调查等多个文件，促进依法行政。强化房地产市场管理，持续推进房地产市场与秩序专项整治行动，加强房地产中介机构及从业人员备案管理，规范二手房中介机构合法经营和二手房网签，进一步规范市场秩序。加大对物业管理市场监督力度，严把物业管理市场准入关，制定《东乡区2023年住宅小区物业管理考核评价实施方案》，对物业小区进行物业服务管理考核，进一步提升物业服务水平。

【城市智慧管理进一步强化】 完善以“城市大脑”为核心的智慧城市管理体系，有序实施智慧城市管理。充分发挥东乡城区16个城市驿站作用，依托驿站平台、智慧平台、网格平台三大服务平台，加强城市环境管理。2023年，共服务群众1.6万余人次，帮市民群众办理城管行政审批事项1400余件，帮助解决群众诉求50余例，接收城市大脑案件1.5万余件。通过“环卫监督”与“劲旅在线”App把农村环境问题通过网络及时上传，外包服务公司对上传的问题做到及时整改。年内，群众通过App反馈问题共计900余个，日常督查中反馈各类问题合计2300余个，整改完成率、处理及时率、回复准确率均达到100%。持续巩固国家卫生城市成果，围绕创建全国文明城市，全面排查梳理城市管理短板，抓好农贸市场、背街小巷、主次干道、公厕、地下停车场等规范化、常态化管理。扎实推进生活垃圾分类改革，新建生活垃圾分类示范小区10个。

（张东和）

城区建设

【概况】 2023年，东乡区城区建设工作坚持以城市体检为支撑，大力实施城市功能与品质再提升行动，全年安排实施城市功能与品质再提升建设项目41个，计划投资37.158亿元，已开工项目34个，开工率82.93%，完成投资额18.27亿元。东乡区获得2023年度全省城市功能与品质提升考核先进县（市）称号。

【招投标管理】 全年公开招标项目24个，中标价19.25亿元。其中，EPC项目11个，中标价16.78亿元；非必须招标小额建设工程直接发包备案项目28个，工程总造价4021.87万元；房地产开发建设项目直接发包项目3个，合同金额2.75亿元。查处涉嫌相互串通投标案件2件，行政罚款1.6191万元。

【建设工程质量监管】 2023年，全区受监项目21个，建筑面积48.63万平方米，合同造价134539.3万元。全年办理建设工程竣工质量监督验收14个，面积55.68万平方米，合同造价67648.1万元；办理防雷工程质量监督6个，面积33.33万平方米；全年开展全区工程质量、建筑节能、人防执法大检查2次，对全区搅拌站进行抽（巡）查1次，共下达工程质量整改通知书90份。对江西瑞维工程检测有限公司在桩基检测过程中出具虚假的检测数据给予行政罚款10万元。

【建筑施工安全监督】 2023年，开展建筑安全大检查及专项检查共10次，累计下达建筑施工安全隐患整改通知书210份，整改率100%；全年行政处罚2起，处罚金额1.2万元。

【消防设计审查验收】 累计办理完结特殊建设工程消防验收11个，建筑总面积39.2万平方米；其他建设工程消防备案10个，建筑总面积8.65万平方米；对未经消防验收就擅自投入使用的建设工程下达限期整改通知5份。

【海绵城市建设】 实施海绵城市建设项目共109个，总建设项目面积13.615万平方米，总投资13.464亿元。至2023年底，累计竣工项目78个，海绵城市建成区面积达11.377万平方米；在建项目数31个，面积为2238万平方米，约38.49%城市建成区达到了海绵城市建设要求。

（张东和）

村镇建设

【概况】 东乡区推进乡镇污水处理厂建设、农村危房改造、传统村落保护等工作。持续加大传统村落、历史古建筑等保护力度，积极开展中国历史文化名村申报工作，传统村落保护项目有序推进。至2023年底，东乡区列入国家传统村落的有黎圩镇浯溪村、梧坊村、枫山村、上池村、潭江村、后畲村，列入江西省传统村落的有瑶圩乡万石塘村、排头村及黎圩镇黎阳村。累计实施农村危房改造24户，铺设乡镇污水处理管网总长度约30千米。

【农村危房改造】 2023年，全区累计实施农村危房改造24户，其中，维修加固18户，新建6户。中央拨付资金34.32万元，省级配套资金6.6万元。至年底，24户全部完工并验收，拨付危房改造补助资金共计40.92万元。

【传统村落保护】 组织编制黎圩镇后畲村、枫山村、潭江村、梧坊村、上池村、黎阳村，瑶圩乡万石塘村、排头村8个传统村落的保护发展规划。全年完成黎圩镇浯溪村、上池村推荐申报第八批中国历史文化名村资料上报；对全区

14栋历史建筑完成测绘、建档、挂牌保护；对全区2023年认定的18栋传统建筑进行传统挂牌保护；完成18栋传统建筑的修缮保护工作。

【乡镇污水处理建设】 至12月底，陆续有黎圩镇、邓家乡、詹圩镇、珀玕乡及杨桥殿镇5个乡镇启动乡镇污水处理厂二期支管网建设，共完成铺设管网总长度约30千米。

【自建房安全隐患整治】 共鉴定有安全隐患的经营性自建房和其他自建房2448栋，其中，C级1189栋，D级1259栋；至年底，已维修加固896栋，拆除1036栋，总完成率78.92%。

（张东和）

建筑业

【概况】 2023年，东乡区共有房建及市政施工企业45家，其中有一级施工企业2家、二级施工企业3家、三级施工企业40家。新增入统建筑企业11家，入统建筑企业总数达31家。建筑业总产值达22.95亿元，比2022年增长18.18%，建筑业税收完成约1.18亿元，比2022年下降8.54%。东乡区建筑安装工程公司及东乡区市政工程有限责任公司被评为抚州市建筑业骨干企业。

【装配式建筑】 2023年，新开工装配式建筑项目11个，包含8个钢结构建筑、1个PC构件装配式建筑、2个非工业装配式建筑，建筑面积15.49万平方米。装配式建筑新开工面积占新建建筑总面积的比例为22.00%。

【绿色建筑】 按照“区域全覆盖、项目全覆盖”原则，加快推进绿色建筑集群发展。12月，区第三、第四、第七、第八等四个幼儿园获批绿色建筑一星级评价标识，建筑面积1.64万平方米；人民医院内科大楼获批二星级绿色建筑运行标识，建筑面积18266.67平方米。同时，区交通枢纽项目（一星级）处于预评价已回复阶段；马圩、杨桥、邓家、黎圩等4个乡镇卫生院综合楼项目（一星级）处于施工图审查阶段。至2023年底，全区新增5个项目获得绿色建筑评价标识，新增绿色建筑面积3.46万平方米，绿色建筑占城镇新建民用建筑比例达到100%。

【房地产建设】 2023年，东乡区新开工房地产建设项目3个，规划建筑面积21.63万平方米，计划总投资2.76亿元。至年底，累计竣工34.77万平方米，累计完成投资4.61亿元。

（张东和）

住房保障

【概况】 东乡区住房保障中心始终坚持以人民为中心的发展思想，做好“保交楼、保民生、保稳定”工作，支持刚性和改善性住房需求，按照国家有关房地产市场“因城施策”决策部署，加大对房地产市场支持力度，实行阶段性购房补贴和契税补贴等优惠政策，提振市场信心，释放消费潜力、稳定预期，更好发挥房地产对经济发展的促进作用。完善以公租房、保障性租赁住房为主体的住房保障体系，加快推进保障性租赁住房项目建设，满足新市民、青年人等人群住房需求。推进棚户区改造、老旧小区改造、安置房建设、物业管理、房地产市场等各项工作，其中，老旧小区和棚户区改造工作成效明显，得到省住建厅的激励支持；新龙花苑、未来城小区被省委组织部和省住建厅确定为2023年度红色物业小区。《“红色物业”绘就幸福家园底色》《老旧小区改造惠民》《旧房改造圆群众“安居梦”》《创新红色物业管理 共建东乡和谐小区》等工作做法，先后被江西广播电视台、今日赣鄱、“学习强国”学习平台、人民网、《抚州日报》等媒体报道。

【公共租赁住房】 2023年，共实施两批公共租赁住房公开摇号仪式，配租符合条件家庭153户，发放住房租赁补贴资金107.4万元。切实加强保障性住房后续管理工作，对保障性住房小区开展专项清理整治活动，共清理腾退违规使用公租房121套，追缴拖欠房租10.8万元。按期完成上级下达的200套保障性租赁住房建设任务。

【房屋改造和拆除】 完成省下达的棚户区改造700户目标，完成率达100%。完成东铜矿业38幢楼栋618户，总建筑面积3.6万多平方米的老旧居民小区改造工程；千禧家园、农机大楼、机电大楼、家电大世界4个老旧小区正在施工改造。

【危旧房摸底排查】 制定《城市危旧房实施改造工作实施方案》，明确实施步骤、方式方法、工作责任等细则。联合街道、质监等部门，全面开展危旧房摸底调查和鉴定工作，对鉴定为

5月18日，东乡区举行公共租赁住房公开摇号仪式

（区住房保障中心 供）

D级危房的及时督促搬离，按规定程序予以拆除，并及时将摸底调查数据准确录入系统。

【“党建+物业”】 以创建红色物业为抓手，把党建工作与物业服务有机结合，通过夯实基础、健全机制、共建共享，打造“党建+物业管理”新模式，做实做优“1+2+N”物业党建联盟，通过物业“小切口”服务群众“大民生”，有效提升物业服务水平和群众幸福指数。打造“党建+红色物业”“四红同频”物业党建品牌，指导物业公司成立“红色物业”服务站。全区共有31个小区成立业主委员会，8个物业企业成立党支部，6个小区成立“红色物业”党支部，50余个小区成立志愿者服务站，初步构建“功能齐全、管理规范”的为民服务阵地。“红色物业”成为破解基层治理难题的“金钥匙”，把基层治理和服务的前沿阵地搬到小区里，打通为民服务“最后一米”，推动小区物业党建联盟建设进一步走深走实。

【物业管理促服务】 推广“赣邻通”物业信用管理平台，破解物业管理难题，将物业管理信用信息与物业服务质量考核、投标资格、行业评优等挂钩，推动物业服务企业诚信经营，规范物业行为，提升服务水平。为规范物业行为，制定《住宅小区物业管理考核评价实施方案》，从物业服务管理、强化诚信经营、解决小区问题、改善居住环境、矛盾纠纷调处等方面逐一进行考核，对存在的问题及时督促和整改，提升物业企业服务水平。

【化解业主矛盾纠纷】 聚焦房地产、物业等信访突出问题，专门成立矛盾纠纷调处中心，制定相关化解纠纷实施方案，设专人专班开通投诉热线，按照“了解诉求—分析研判—议事会商—落实问效”的工作程序，24小时受理业主投诉，积极回应和解决群众急难愁盼突出问题和遗留问题。同时，做好政策宣传解释工作，全年信访回复及矛盾调解满意率达到96%以上。

（杨俊彦）

重点工程建设

【概况】 2023年，东乡区安排重点项目112个。其中，新建项目42个，续建项目45个，拟建项目25个。计划总投资约为256.82亿元，政府投资约103.79亿元（含上级配套及专项债券资金），带动社会投资约136.33亿元，年度计划完成投资93.12亿元，占计划总投资的36.25%。其中，续建项目45个，项目总投资约153.41亿元，政府投资约53.78亿元（含上级配套资金），年度计划完成投资55.19亿元；新建项目42个，项目总投资约67.88亿元，政府投资约50.01亿元（含上级配套及专项债券资金），年度计划完成投资32.30亿元；拟建项目25个，项目总投资约34.9亿元，政府投资约28亿元（含上级配套及专项债券资金），年度计划完成投资19.5亿元。项目覆盖市政交通、医疗保健、文化教育、产业园区建设、乡村振兴、休闲旅游、农田水利等多个领域。2023年评选精品重点项目建设先进集体10个、先进个人20名。

【项目管理】 配合有关部门对重点工程进度及质量情况进行定期或不定期督查，对存在未按图施工等质量问题的工程及时发放督促整改通知单，督促施工单位整改，监理单位检查认可，中心派员复验合格后方可进行下步施工，并就督查情况及时形成汇报材料报领导小组决策，确保工程项目建设有序推进。对续建及新建城区重点项目建设进展情况进行73次联合督查，编发督查简报10期，下发问题整改通知单6次，责任单位均根据整改通知书督促项目施工方完成整改。就东乡区政府投资限额以下工程服务类采购及工程发包有关操作流程进行明确，制定《东乡区政府投资限额以下工程服务类采购及工程发包操作流程（试行）》文件，为全区项目建设高质量发展提供有力指引。

【工程审核及资金拨付】 按照要求对各重点工程及时快速审核预算及结算，全年完成75个大小工程的预算审核，累计核减预算资金约1.44亿元；完成26个大小工程结算审核，累计核减结算资金约1246.63万元。对重点工程地质勘探、施工图审、施工、设计、监理、采购等合同进行审查，共完成231个大小合同的审核。做好质保期满时的工程质量检查审核，共完成重点工程质保金（尾款）拨付前质量复查43次。按照《关于印发进一步加快推进重点工程建设的实施办法(修订稿)的通知》执行工程资金拨付有关规定，准确核拨各类工程建设资金，至年末累计支付相关工程款项约2.77亿元。

【工程现场调研及验收】 组织召开重点工程调度会3次，及时解决30项工程推进中存在的问题。完成25项初步设计及图纸审查前审核，为有效控制重点工程建设投资概算、节约建设成本奠定基础。制定有效工作措施，严把工程竣工验收关，审查施工单位提供的工程竣工验收相关资料，对验收中存在质量缺陷的工程及时发放通知书督促整改。累计参与15个重点工程竣工验收，对验收中存在质量缺陷的工程及时发放督促整改通知书，下发验收问题整改通知单11次，根据整改通知书完成整改且验收合格的工程9个。

2023年东乡区重点工程建设一览表

表8

年度	续建项目	新建项目	拟建项目
2023	老旧小区改造工程 城区支路及部分老旧住宅小区雨污水分流改造工程（二期） 东乡区乡镇中小学幼儿园改扩建以及重建工程	东临环城高速下线连接线—抚州东站建设 东临环城高速对接站前大道连接线涉铁高架桥建设工程 东乡区疾病预防控制中心以及集中医学留观中心建设工程	东杏线对接环鄱阳湖一级公路建设工程 抚州市东乡区托育服务能力建设项目
	区人民医院感染科改扩建建设项目 井山嘉园小区（含东乡区第七幼儿园）建设工程 井山水库建设工程	雄岚大道以西道路以及邓家集镇改造提升工程 祥生佛岭特色小镇基础设施配套建设工程 区废弃矿山生态修复治理项目	东乡区瑶圩乡瑶河生态修复及流域综合治理建设项目 江西智能科技纺织产业园标准厂房及配套基础设施建设项目

续表 8

年度	续建项目	新建项目	拟建项目
	S208省道东乡段改建工程 S424省道东乡段改建工程 城市道路建设及提升工程	区第二人民医院精神病康复大楼建设项目 抚州市东乡区第七、第八幼儿园建设项目 东乡区第二污水处理厂及配套管网建设项目	东乡区养老服务提升建设项目 东乡区医疗卫生体系提升建设项目
	县道升级改造，乡道双车道拓宽，建制村优选通达路线、旅游公路拓宽工程 道路景观及城市出入口节点建设及改造提升工程	科技孵化园排洪渠建设工程 北港河周边河库连通及灌区建设项目 山塘水库灌区建设项目	东乡区红星镇垦区产业振兴及配套基础设施建设项目 东乡区杨桥殿镇乡村振兴建设项目
	东乡区粪污一体化整合推进项目 东乡区乡镇中小学改扩建以及重建工程 东乡三中改扩建工程	东乡区第八小学改扩建项目 S312东乡区甘坑至东金分界段公路改建工程 东乡区特殊教育学校残疾人服务中心建设项目	东乡区红光垦殖场特色农业基础设施建设项目 东乡区小璜镇乡村振兴项目
	朝阳大道北延伸建设工程 城投业务用房 东乡区技工学校新校区二期建设工程	东乡区第四中学改扩建项目 东乡区横山、蛮桥水库灌区建设项目 东乡区马圩涝区治理工程项目	东乡区全程机械化综合农事服务中心建设项目 东乡区集镇改造提升项目（二期）
2023	学前教育建设工程 第三、第四幼儿园建设 东乡一中高中部及汝东书院建设工程	抚州市东乡区城乡公益性公墓二期工程建设项目 东乡区农村人居环境提升工程（圩上桥镇邮路头村） 东乡区第二中学改造提升项目	东乡经开区核心区（智慧）停车场建设项目 东乡一小改扩建项目
	北港河水质提升工程 城市道路网完善及提升工程 抚州东综合客运枢纽建设工程	东乡区乡镇农贸市场建设项目 东乡区智能安防小区建设项目 抚州市东乡区2022年度高标准农田建设项目	东乡区体育中心改造提升建设项目 东乡区教育发展研究中心建设项目
	东乡区国有粮食仓库“退城进郊”工程 抚州市东乡区乡镇卫生院和金峰街道办社区卫生服务中心隔离病区建设项目 区人民医院内科大楼建设项目	抚州市东乡区2023年统筹整合资金推进高标准农田建设项目 抚州市东乡区詹圩、瑶圩粮食储备库建设项目 东乡区1100万羽家禽深加工及配套建设项目	艾兴大道东延伸建设工程 东乡区学前教育提升建设项目
	区第二人民医院医养结合型老年康养中心建设项目 东乡区2022年设施蔬菜基地基础设施建设项目 渊山岗工业园地下雨污水管网改造工程	江西东乡经济开发区企业员工保障性租赁住房工程建设项目 东乡区种猪繁育基地基础设施建设项目（一期） 东乡区2023年度设施蔬菜建设项目	东乡区农村人居环境提升工程（除圩上桥镇邮路头村以外的其他13个重点村） S424孝秀线下穿沪昆铁路立交桥工程

续表8

年度	续建项目	新建项目	拟建项目
2023	虎圩乡美丽城镇建设工程 经开区化工集中区配套基础设施建设项目 东乡区云仓智慧产业园建设项目	詹圩镇惠农服务中心 东乡区佛岭大道以南酒店投资建设项目 东乡区城区停车场充电桩建设项目	东乡区城区污水管道提升改造项目 东乡区2023年乡镇冷链物流中心建设项目
	东乡区城乡电商公共服务体系建设工程项目 东乡区老年养护中心建设项目 东乡区城东水厂供水工程	东乡区智慧科技园改造及园区功能提升项目 2023—2025年农村公路建设及危桥改建项目 抚州文理学校建设项目	江西省抚州市东乡区国家储备林基地建设PPP项目 东乡区职业教育实训基地建设项目
	东乡区建筑公司总部经济大楼 经开区PPP科技产业园 东乡专精制造产业园	抚州市东乡区城东停车场建设项目 抚州市东乡区城西停车场建设项目 东乡经开区产城融合基础设施提升工程	东乡高级技工学校新校区建设项目
	江西荣华人工智能制造产业园 东乡区锂电池新材料产业园 东乡蓝莓现代农业产业园基础设施建设项目	东乡区城区公办幼儿园建设项目 东乡区城市棚户区改造安置房建设项目 佛岭公园创国家AAAAA级旅游景区基础配套设施提升工程	
	东乡经开区新材料产业园标准厂房建设项目 东乡食品科技产业园标准厂房建设项目 东乡机电中等专业学校新校区建设项目		
	东临环城高速东乡段建设工程		

【区建筑公司总部经济大楼】 该项目选址于子山路以北、区气象局大楼以东，总占地面积约4193平方米（约0.42公顷）。主要建设内容包括主楼及裙楼，其中，主楼设计为12层，集办公、研发、设计、企业运营等功能于一体；裙楼设计为2层，用于会务、培训及食堂，项目总建筑面积约12000平方米。建成后可解决至少30家建筑企业集体入驻办公，实现建筑业年产值超12亿元、纳税超2500万元的集群规模。项目总投资约7000万元。

【第七、第八幼儿园建设项目】 第七幼儿园选址在子弼路以北，第八幼儿园选址在星光大道与舒同东路交界处。该项目总占地面积1.01公顷，其中第七幼儿园占地面积0.48公顷、第八幼儿园占地面积0.53公顷。新建教学楼、围墙、校门及运动场等附属设施，总建筑面积6064.51平方米。第七幼儿园建设规模9个班，建筑面积3100平方米，第八幼儿园建设规模9个班，建筑面积2964.51平方米。项目总投资约4200万元。

【云仓智慧产业园建设项目】 新建冷链库、物流仓储中心、农产品交易中心、快递分拣中心、智能云仓储交易区、配套服务用房，总建筑面积169000平方米。该项目分两期建设，一期投资28000万元，建设冷冻冷藏库1栋（10368平方米）、分拣加工配送车间1栋（10368平方米）、智慧企业服务中心1栋（11757平方米）、智慧电商服务中心1栋（11757平方米）、智慧企业孵化中心4栋（23132平方米）、后勤服务中心1栋（4268平方米）。项目总占地面积13.33公顷，项目总投资约50337.5万元。

【智能安防小区建设项目】 项目计划通过智慧安防小区建设，提升社区视频监控质量、信息化管理应用手段，实现社区内部人员情况全掌握、车辆信息全采集、活动轨迹全感知、数据信息全共享、便民服务全提供、群众求助全应答，提高预测预警、抵御风险、动态管理能力，提升社会治理智能化、专业化水平。推动形成数据实时采集、服务便捷多元、管理动态高效、防范智能有力的智慧警务新模式，打造更多零发案小区，实现更高水平社区智能化建设，构建邻里和睦、社区幸福的新形态智慧社区新标杆。依托小区局域网在51个小区开展前端设施建设，含人脸识别、车辆识别、电子围栏、视频监控、车辆道闸、门禁/访客登记、消防占道监测、高空抛物监测、AR全景、信息发布等系统；依托社会资源网搭建县级小区联网汇聚平台，实现小区数据接入汇聚及小区联网；根据智能安防小区接入情况扩容公共安全视频网视频共享平台和视频图像库等，实现县级小区数据的接入上传共享。搭建政务外网视频图像共享平台：搭建东乡政务外网视频图像共享平台，满足东乡各委办单位视频共享需求；提升社会资源网安全防护能力，部署安全审计类设备（日志审计、数据库审计、堡垒机）、安全检测分析设备（入侵防御系统、Web应用防火墙）、安全管理类（安全管理平台）等设备，满足合规要求和等级保护的安全建设要求。项目总投资3500万元。

【城乡电商公共服务体系建设工程项目】 项目总占地面积5.95公顷，总建筑面积39000平方米。新建一个冷链物流集配中心，主要包括物流仓库、冷藏配送车间、农产品加工车间、冷冻库、冷藏库、附属楼及购置冷冻冷藏车、冷链车等配套设备等；在小璜镇、圩上桥镇、马圩镇、詹圩镇、杨桥殿镇、黎圩镇、王桥镇、珀玕乡、邓家乡、虎圩乡、瑶圩乡以及红星镇分别建1个600平方米的冷链物流集配站。项目分2期建设，一期投资6500万元，建设冷冻冷藏库1栋（10368平方米）、物流仓库1栋（2717.68平方米），二期投资4228万元。项目总投资10728万元。

【环城高速涉铁高架桥建设工程】 项目工程全长545米，路基标准红线宽40米，桥梁标准红线宽25.5米，跨桥起止里程为K0+273.485—K0+818.485，路线总体为东西走向，上跨桥依次上跨于粮库专用线、水泥厂专用线、雄岚大道（原320国道）以及铜矿专用线，设计标准为城市主干路，双向六车道。项目总投资约13000万元。

（洪志辉　马嘉诚）

城市管理

【概况】 东乡区城市管理工作以“创文巩卫”工作为抓手，突出重点工作，明确目标任务，致力提高执法队伍素质，推进城市精细化管理，提升城市功能与品质。2023年，东乡区被江西省城乡环境综合整治工作领导小组评为2022年度全省城乡环境综合整治工作县（市）排名前4。区城市管理局被江西省城市建设管理协会表彰为2022年度省城管执法行业疫情防控工作突出贡献单位，1名干部被江西省城市建设管理协会表彰为2022年度省城管执法行业先进个人；被江西省机关事务管理局表彰为2022年全省公共机构节能先进集体；区城市管理局城市管理执法大队被江西省住房和城乡建设厅表彰为2022年度全省巩固深化“强基础、转作风、树形象”专项行动表现突出单位。

【提升市容环卫】 开展全民洗城活动。累计出动人员2万余人次，各类环卫作业车辆4000余辆次，清洗街面约1000万平方米，清理卫生死角1400余处。加快推行垃圾分类，全区220家餐饮单位与蓝德公司签订餐厨垃圾清运协议并交运，签约率达55.5%。共清理清运垃圾80583.19吨，焚烧率100%，收集厨余垃圾1527.59吨、废钢铁12233.32吨、金属垃圾285.2吨、塑料垃圾4973.2吨、废纸垃圾3886吨、其他垃圾628.5吨。

【建设美丽乡镇】 共有美丽乡镇建设项目29个，实施项目投资额37860万元。“九大攻坚行动、十项设施建设”完成情况为：虎圩乡95%、94%，珀玕乡87%、80%，邓家乡80%、75%，詹圩镇75%、74%，圩上桥72%、73.5%，黎圩镇71%、80%，小璜镇84.5%、76%，瑶圩乡75%、78%，马圩镇70%、69%，杨桥殿镇60%、68%，王桥镇60%、76%。

【整修市政设施】 城区支路及部分老旧住宅小区雨污水分流改造治理（二期）全面竣工，生活污水进水BOD月平均值达78.38毫克/升，COD月平均值达134.88毫克/升，城市污水集中收集率达66.22%，较2022年明显提高，生活污水治理提质增效。完善农贸市场基础设施，共填补城区7个农贸市场坑洼路面180余处，修补破损瓷砖340余处，粉刷墙面约22000平方米，新增市场休息区。提升城市亮灯率，维修大街小巷、城区主街道路灯3400余盏，更换各类路灯灯罩690余个，更换LED灯泡2600余个，安装电缆线10000余米，安装路灯不锈钢线槽1100余米，安装5G路灯盖板70余块。

【治理安全隐患】 及时消除市政设施安全隐患60余处，维修沥青路面220余平方米，灌缝7.1万余米，维修水泥混凝土路面3100余平方米，更换及矫正路缘石510余块，修复破损吸水砖140余平方米、人工河植草砖760余平方米，修补各路段人行道板4100余平方米，更换破损雨水箅子380余个、检查井盖160余个。

【推进城管执法】 开展市容市貌整治。劝导占道经营、流动摊贩摆卖4.3万余次，有序摆放

对城区环卫工人开展慰问　　（区城管局　供）

乱停放非机动车14万余辆，劝导违规占道充电6500余次，清除牛皮癣、小广告2000余处。联合相关部门成立“门前三包、门内达标”联合执法工作组，共巡查60余条街道，批评、教育120余家违反“门前三包、门内达标”责任制管理规定的单位（门店），下达限期改正通知书60余家，依照相关法律法规关停整改4家屡教不改的单位（门店）。

【聚焦群众关切】 提供暖心便民服务，受理“7912319”服务热线市民投诉案件3900余件。践行优质物业标准，接管地面地下停车场19个、停车位2700余个，联合相关部门多次整治车辆秩序，解决全区停车难问题。接管东景、锦绣华城、农博城、祥和等8个小区及东乡高级技工学校，完善基础设施及物业管理制度，不断优化配置人员、规范服务标准，解决多件历史遗留问题。修整绿化带6万平方米，安装充电桩（棚）410个、充电插孔4100个、声控灯1600余盏，抢修更新路灯280余盏，获得居民一致好评。推进排水许可核发工作，上户宣传发放办理排水许可告知书1000余份，依法核发“排水许可证”370余户。

【城市驿站建设】 开设16个城市驿站，服务群众16000余人次，处理群众诉求50余例，占道报备1400余件，接收城市大脑案件15000余件，失物招领20余例，好人好事9件，办结网格处罚案件110余件，帮办代办270余例，借用爱心雨伞380余例，得到广大群众的好评。

【强化队伍建设】 推行“991工作法”和“有事找城管”服务理念，开展“两违建筑”、占道经营、破坏市政设施、违规设置户外广告、渣土车带泥上路等情况执法处置，打击城市管理中各项违法违规行为，形成有效震慑。定期开展业务培训，组织开展对外业务交流和军事化训练等活动，严格执法程序，强化执纪问责，充分发挥队伍主动履职作用，实现能力、素质双提升。提高城市生产安全事故处置水平，加强城市运行安全隐患排查工作。加强应急演练，强化应急人员培训，提高应对极端天气和各类突发事件的处置能力。

（程思粤）

市场管理

【概况】 东乡区环卫和市场服务中心下设赣东农贸市场、赣东商城农贸市场、幸福农贸市场、三小农贸市场、芙蓉苑农贸市场、水果市场蔬菜自产自销市场6个农贸市场和宏鑫商贸城、建材市场、石材市场、步行街、农博城蔬菜批发市场5个专业市场共计11个市场管理队。2023年，东乡区市场管理工作以“城乡环境整治”“美丽乡镇”等各项工作为重点，城区农贸市场环境与管理工作成果显著，多次荣获省、市级文明市场、国家重点物价调查单位、达标优胜单位等荣誉称号。

【完善硬件设施】 为切实完善基础设施建设，共计投入资金80余万元进行基础设施零星维修。对城区市场坑洼地面、污渍墙面、破损水管等进行维修更换，共计修补破损瓷砖320余块、更换破损落水管120余处、粉刷污渍墙面约9600平方米、疏通下水管道80余米、替换雨水箅子60余个、更换损坏灯具80余盏等。发挥宣传教育在农贸市场“创文巩卫”工作中的重要作用，张贴“文明有我”“社会主义核心价值观”“禁止销售野生动物”等各类公益性广告3600余张，完成“创文巩卫”督办整改80余起。

【市场环境管理】 加强秩序管理。整治乱停乱放46000余辆、出店经营23000余起、占道经营16000余起等。加强卫生管理。督促劲旅公司加大市场保洁力度，对市场清扫保洁不到位的及时整改，督促劲旅公司每日完成8个市场60000余平方米保洁，清理陈年垃圾死角380余处，约6.8万吨。每日休市后擦洗市场摊位台面700余个，冲洗市场地面约1.4万平方米。定期开展卫生整治行动，集中力量清除市场陈年垃圾杂物，共清除垃圾40余吨、卫生死角2300处、杂物堆放600处，清洗墙面小广告1200余处，粉饰脏乱墙面约800平方米等。开展“全民洗城”行动，单次出动人员达60余人，城区市场管理进一步规范，卫生面貌得到进一步提升。市场病媒防治。对城区市场116个灭鼠盒鼠饵进行补填，补填鼠饵40公斤。在城区市场大厅每天2次进行病媒消杀，共投入84消毒液500公斤，消毒面积500万余平方米。同时定期开展四季“灭四害”活动。

【市场消防安全】 成立安全生产领导小组，严抓实管细督。搞好防火巡查。针对市场办所辖市场消防安全硬件和软件存在的缺陷，按照“及时检查、各负其责、预防为主、整改彻底”十六字方针，及时发现并消除各种不安全隐患。开展城市运行安全隐患排查整治、安全生产大排查大检查等各项安全生产排查工作，共排查安全隐患12处，已整改12处。开展“安全生产月”培训活动，提高职工安全生产意识。在城区市场进行安全生产月活动宣传，利用LED显示屏、商户宣传、散发宣传单、下发《消防安全通知》等方式，在城区市场营造人人学习安全生产知识浓厚氛围，联合消防大队开展消防安全培训82人次。

（程思粤）

城市绿化

【概况】2023年，东乡区园林绿化按照“精致建设、精细养护、精心管理、精简节约”的总体工作思路，做好各项园林绿化工作。至12月底，东乡区建成区绿地面积1434.68万余平方米，绿地率46.69%，其中公园绿地面积330.36万平方米，人均公园绿地面积26.03平方米，居全市前列。

【绿化工程建设】快速推进道路景观、城市出入口节点建设及改造提升、城南公园改造工程收尾工作，完成子山路、状元路、艾兴大道三条道路绿化改造提升，将其打造成东乡EPC绿化项目示范工程；规划实施凤凰城东侧、新建村旁“口袋公园”建设，新增公园绿地面积0.5公顷；做好虎圩苗木基地清退工作，将基地现有香樟、桂花等苗木，先后移植龙山、千子湖等公园及城区其他绿地，提升城区绿地景观效果。利用工程移植苗木及异地绿化建设资金，改造提升游泳馆周边绿化景观，规划实施荆尊府周边道路绿化带及英伦城邦东北侧、汇合庙、物流园旁等城区空地绿化建设，新增绿地面积1.18万平方米。基于城市路网建设，推进城北路、德政街、维真俐幼儿园周边等道路绿化建设，栽种行道树共439株，新增道路附属绿地面积约1.01万平方米。

【绿化养护】做好城区140万平方米公共绿地日常管护工作。苗木补植工作。结合“创文巩卫”工作，完成大富大道、朝阳大道、恒安西路等城区主干道行道树及缺株断档处补植增绿工作，共计补植行道树约900株，补植地被约21万株、草坪约5000平方米；完成佛岭国际公园绿化改造提升工作，合计栽种大小乔木300余株、球类68株、地被17万余株、草坪约1000平方米。开展行道树整枝工作，针对老城区行道树多年未修整，影响居民采光通风的现象，园林绿化中心多方筹措资金，并聘请专业公司，完成恒安路、正德路、环城路等老城区1000余株行道树整枝修剪工作，同时为市民提供园林绿化服务，先后支援龙山社区、大富社区等高空修枝作业20余次，清理房前屋后危树10余株，累计排除安全隐患

4月17日，城区绿化补植，平整土地　　（区城管局　供）

100余次。开展草花彩化工程，在春节、端午、国庆三个重大节日前夕，对城区主要绿化节点进行草花彩化，为节日添色加彩，2023年首次打造道路节点花境，选用色彩丰富、观赏性强的20余种花卉植物，整体搭配高低错落、色彩分明，彰显城区新风采。

【公园管理】 年内，各公园游园共维修更换景观灯30余处，新增休闲座椅28张，更换健身器材26件，新增挂物、犬栓、非机动车停放等便民设施若干处；探索开展城市公园绿地开放共享试点工作，将人民公园、龙山公园2处约1.6万平方米草坪、林下空间向市民开放共享，让群众享受高品质园林绿化空间；做好人民公园、龙山公园、磷肥厂公园、师水公园等公园日常维护、绿化整治工作，各大公园休闲娱乐环境得到进一步提升。

（程思粤）

城市投资发展

【概况】 2023年，东乡区城区投资发展以转型升级为目标，直面政策层面监管严、高额还本付息、财力困境等多重严峻形势，主动适应新常态，开拓创新，各项工作稳步推进及开展并取得新进展、新成果。城投集团公司年度报表资产252.62亿元，有息负债占总资产率49.1%。基于区域城市综合发展运营商定位，充分挖掘、包装、利用城乡资源，服务城市建设和促进地方经济发展。全年完成主营业务收入9.52亿元，比2022年增长6.01%，利润8000万元，上缴各种税收约3000万元。2023年5月，荣获2022年度东乡区属国有企业综合考核第一等次；承建的井山嘉园安置房小区建设项目于2023年12月荣获东乡区精品重点工程项目建设先进集体称号。

【主营业务】 在物资资源、建设管理、地产开发、国资运营等板块开展各项业务。物资资源板块，实现营业收入约3.105亿元；建设开发管理板块，实现营收约6.39亿元，其中，城投开发公司代建项目营收4.05亿元、市政公司营收1.61亿元、固森公司0.735亿元。城投集团公司在建区重点工程项目14个；地产开发板块，实现营收约442万元。在建项目为东糖佳苑、井山嘉园安置房小区建设工程；国资运营方面，主要包含城投设备租赁公司、城投物业、园林绿化公司、资产管理公司等，实现营业收入约1200万元。

【新增融资】 年内新增融资收入43.57亿元。其中通过发行公司债券融资15.12亿元，项目贷款12.85亿元，融资租赁2.66亿元。各家银行流贷12.94亿元，包含流贷续贷8.92亿元、新增流贷3.26亿元，新增信用证等融资7650万元。

【工程项目】 招投标方面，组织东乡区城区公办幼儿园建设项目、东乡区第二污水处理厂及配套管网建设项目等8个代建项目EPC招投标工作；完成东乡区废弃矿山生态修复治理项目、东乡区种猪繁育基地基础设施建设项目（一期）的监理招标及东乡区化工园区特勤消防站及气防站器材装备采购和消防车辆采购。办理工程前期手续方面，办理完成东乡区技工学校新校区(二期)建设工程工程规划许可证；办理完成东乡区人民医院内科大楼建设项目、东乡区第二污水处理厂及配套管网建设项目等10个重点工程的施工许可证。选取中介超市第三方服务方面，完成工程招投标代理、造价、图审、勘察、设计、桩基检测等第三方服务机构在中介超市的选取工作46项。配合重点工程相关责任单位完善工程资料方面，配合完成朝阳大道北延伸项目、2022年设施蔬菜基地基础设施建设项目、东乡区交通枢纽工程建设项目水土保持报告书的编制及批复；完成25个项目报告书水土保持检测、监理、验收工作。

(乐丙义)

供 气

【概况】 2023年，东乡区城镇燃气企业共10家(均取得燃气经营许可证)，其中管道燃气企业1家、瓶装燃气企业8家、汽车加气站1家。年底，全区天然气居民用户达45833户，较2022年增加6936户，增长17.8%；工商用户395户，增加71户，比2022年增长21.9%；天燃气普及率约82%，年天然气供气量1905万立方米，比上年增加452万立方米。累计完成天然气基础设施建设投资1820万元，全区天然气管网总长度达298千米。注册成立抚州市东乡区东燃配送有限公司，实现统一配送服务，打通液化气配送服务“最后一公里”。

【老旧小区燃气管道改造】 以统筹安排、分步实施为原则，加大老旧小区燃气管道改造建设力度。抚州深燃天然气有限公司累计投资650万元，对东方家园、大地家园等14个老旧小区进行燃气配套改造，燃气管网配套改造惠及居民2356户。

【燃气安全隐患排查】 年底，在全国燃气安全专项整治工作系统中录入检查人员115人，餐饮用户、单位食堂等单位1321家，排查出安全隐患2342个；排查出65037户液化石油气和5330户管道燃气居民用户使用橡胶软管。至12月底，管道燃气用户已更换软管1383户，整改率25.95%，液化石油气用户已更换软管5600余户，整改率8.61%。各液化石油气企业申报自有产权瓶和二维码，录入系统的自有产权瓶有31177余个；完成390家管道燃气非居民用户的报警器安装，实现管道燃气经营场所报警器安装全覆盖。加强燃气安全宣传。向全区居民发送40余万条安全用气知识短信，印制宣传单及安全用气知识手册1.2万余份。

(张东和)

供 水

【概况】 江西省东乡润泉供水有限公司（以下简称区供水公司）始终秉承水务集团“团结、包容、纯洁、坚韧”的水文化精神，全面推进东乡区城乡一体化供水建设发展，确保城乡居民在供水方面享受“同质、同价、同网、同服务”的四同待遇，最终实现“农村供水城市化、城乡供水一体化”总体目标。

【安全生产】 抓好安全生产工作软件和硬件建设。坚持每月召开安全生产大检查和安全生产例会，2023年组织安全月宣传、节约用水宣传2次，定期进行安全自查自纠21次，安全隐患排查整改共19次，安全应急预案演练2次。全员签订《安全生产责任书》，压实安全责任。严格落实安全生产经费使用，做到专款专用。加强安全生产宣传教育，提升全员安全素质。开展一次主要负责人上一堂安全生产宣讲课，突出面向企业一线员工广泛开展安全知识“人人学”。举办安全知识竞赛，提高职工安全技能。通过“一图一牌三清单”宣传、“岗位职责”、“安全操作规程”等制度、规程上墙，加大一线员工对自身岗位职责、主要风险点及应急防控措施的执行力度。

【城乡供水一体化建设】 江西省水务集团根据《东乡区城乡供水一体化项目合作协议书》各项承诺及东乡区委、区政府“十三五”规划、“十四五”规划，逐步推进东乡区城乡供水一体化项目建设，共投资7.62亿元，其中配套资金7.22亿元。2023年，有城区水厂3座、农村水厂5座（其中詹圩水厂为2023年新建水厂，投资3844.7万元，供水设计规模5000立方米/日，受益人口3.5万人），总供水设计规模为20.05万立方米/日，实际产能共13.55万立方米/日。覆盖全区15个乡镇（场），实现东乡区城乡供水一体化项目建设农村安全饮水覆盖率达85%以上。水质符合《生活饮用水卫生标准》要求。

【管网建设】 对供水设施进行了全面升级和改造，城区供水管网设计14条主管管网改造及延伸已铺设完成，农村供水管网完成71个自然村。累计完成各类管网铺设412.66千米，安装智能水表23309只。2023年，完成城区403千米主管网物探工作，搭建GIS综合管网系统并绘制成CAD图纸。搭建水务中台，通过中台数据，各运行数据、水质数据、能耗数据，生产环境与安全数据，实现各个关键工艺的在线监测数据、监控数据、生产概况的管理调度。加强供水服务监管和管理，提高服务响应速度与问题处理能力，有效降低供水故障率。

（莫林英　范志芳）

环境保护·自然监测

综 述

2023年，抚州市东乡区环境质量总体良好，城区环境空气质量达到《环境空气质量标准》中二级，与上年相比，空气质量基本不变；城区集中式饮用水水源地水质达到《地表水环境质量标准》中Ⅱ—Ⅲ类，与上年相比，集中式饮用水水源地水质质量基本持平；主要河流县界断面水质达到《地表水环境质量标准》中Ⅱ—Ⅲ类，与上年相比，主要河流县界断面水水质质量基本不变；城区区域环境噪声达到《声环境质量标准》中2类，昼间环境噪声等效声级均值为57.2分贝，夜间均值为51.7分贝。

环境空气质量。东乡城区设有一个环境空气质量自动监测点，监测点位为生态环境局大楼楼顶，监测项目为二氧化硫、二氧化氮、一氧化碳、臭氧、PM_{10}、$PM_{2.5}$。监测结果表明：城区环境空气质量达到《环境空气质量标准》中二级，优良天数比例为97.5%，细颗粒物（$PM_{2.5}$）年平均浓度为20微克/立方米。

2023年城区环境空气质量状况一览表

表9

监测点位	平均浓度（微克/立方米）				CO第95百分位数（微克/立方米）	O_2—8h第90百分位数（微克/立方米）	轻污染（天）	中污染（天）	重污染（天）	优良天数比例（%）
	SO_2	NO_2	PM_{10}	$PM_{2.5}$						
区环保大楼楼顶	6	19	47	20	0.5	92	9	0	0	97.5

水质水环境质量。东乡城区集中式饮用水水源地为幸福水库，每季度监测一次，监测项目为63项，其中基本项目24项、补充项目5项、特定项目33项、叶绿素a1项，监测结果表明：集中式饮用水水源地水质达到《地表水环境质量标准》中Ⅱ—Ⅲ类，达标率为100%。东乡区主要河流为瑶河和北港河，每月监测一次，监测点位为两河的县界断面（瑶圩桥断面和罗溪桥断面），监测项目24项。监测结果表明：瑶河县界断面（瑶圩桥断面）水质达到《地表水环境质量标准》中Ⅱ—Ⅲ类，达标率为100%；北港河县界断面（罗溪桥断面）水质达到《地表水环境质量标准》中Ⅲ类，达标率为100%。

声环境质量。根据《抚州市城区声环境质量监测点位优化调整技术报告》有关规定，将东乡建成区按等距离1000米×1000米划分网格，东乡城区区域环境噪声监测点位布设为26个，昼间均值为57.2分贝，夜间均值为51.7分贝。

（何金德）

环境保护

【概况】 东乡区生态环境保护工作聚焦“走在前、勇争先、善作为”的目标要求，组织打好污染防治攻坚战，抓细抓实突出环境问题整改，切实守护生态环境安全，各项工作取得较好成效，全区生态环境质量稳中向好。2023年，东乡生态环境局获得年度全市生态环境系统目标管理考核先进单位、全市生态环境监测目标管理考核先进单位称号；选送的参赛剧本《我的北港河》获得全国生态环境系统“我是生态环境讲解员”决赛优秀讲解员、优秀剧本双一等奖，生态环境讲解员获得三等奖。

【环境监测】 组织开展生态环境监测，全面完成集中式饮用水水源地水质监测、瑶河瑶圩桥和北港河罗溪桥2个断面水质监测、小（2）型及以上水库水质监测等年度监测任务，加强水质及空气自动监测站运行监管，开展自动监测站点基础保障检查，严防人为干扰。2023年，东乡城区空气环境质量$PM_{2.5}$年均浓度为20微克/立方米，优良天数比例为97.5%，集中式饮用水水源地水质安全达标率为100%，省考断面水质稳定在地表水Ⅲ类标准及以上。加强生态环境监测机构能力建设。东乡生态环境局添置部分仪器设备，监测站6名技术人员通过考试持证上岗，申请获得CMA资质，全年共出具监测报告24份。

【污染防治】 开展建筑工地扬尘治理，联合相关部门开展3次建筑工地扬尘治理防治执法行动，对主城区在建工地进行全面排查，下发56份整改通知书，发现问题83个，并全部整改到位。开展餐饮油烟整治，全区719家餐饮业服务单位完成安装油烟净化装置并保持正常运行，每月对城区50家以上餐饮店开展排查。开展渣土运输扬尘整治，全区所有渣地运输车辆实行全封闭运输并安装GPS跟踪管理系统。开展烟花爆竹禁燃禁放整治，年内共开展宣传20余次，发放宣传资料4000余份。开展秸秆禁烧整治，加强秸秆禁烧宣传，张贴宣传标语200余条，组织4个秸秆禁烧督察组深入乡镇开展督察，下发工作督办单4份。与临川生态环境局开展北港河流域跨区上下游联防联控联合执法，举办城市饮用水水源地幸福水库无脚本突发环境事件应急演练。开展畜禽养殖整治，新增2家市级畜禽养殖标准化示范养殖场，推动畜禽规模化养殖场粪污处理设施提档升级，建成并投入运行2个日处理95吨的畜禽粪污集中处理中心，全区规模化养殖场100%配套粪污处理设施，资源化利用率达到97.3%。加强污水管网改造建设，新建和改造城市生活污水管网226.3千米，工业园区污水管网93.12千米。开展污染耕地安全利用，东乡区受污染耕地安全利用任务为694.48公顷，安全利用面积达669.08公顷，完成早稻调酸措施面积607.33公顷，施用石灰1797.8吨，安全利用剩余面积61.75公顷用于种植蔬菜等农作物；严格管控面积25.4公顷，其中黎圩镇铁石分场10公顷、虎圩乡炉前村15.4公顷，管控范围实行封闭管理。完成28家地块第一阶段土壤污染状况调查，重点建筑用地安全利用率达到100%，完成14个村庄农村环境综合整治任务。

【水资源保护】 统筹“水资源利用、水生态保护、水环境治理”三水共治，深入推进入河排污口排查整治，饮用水安全保障提升专项行动，做好医疗污水监管，深化开发区污水处理设施效能提升。加强农村水源地保护，推进农村安全饮水工程建设，2023年东乡区农村自来水管网铺设率达86.1%，设计日供水规模8.9万立方米，投资4700万元用于占圩镇自来水厂建设，加快推进井山水库备用饮用水水源地工程项目建设，主体工程已于6月份完工。

【生态保护】 利用“世界野生动植物日”“植树节”“爱鸟周”等宣传窗口，创新“线上+线下”“传统媒体+新媒体”等宣传形式。通过悬挂宣传标语、大屏幕播放生物多样性保护宣传片和发放宣传手册等形式，向群众普及生物多样性保护知识，宣传生物多样性理念，共发放宣传手册6000余份，张贴横幅40余条。组织多部门联合开展“清风行动”“鄱湖利剑”2023年专项行动，打击乱捕滥猎、滥食非法经营候鸟及制品和破坏栖息地等违法犯罪行为。收缴非法猎（渔）具29件，查获野生动物160只，清除天网200米，查处违法案件17起，罚款2.56万元。

【“绿盾”行动】 联合相关单位持续开展“绿盾”自然保护地监督检查专项行动，上报排查整改结果，对自然保护区、湿地公园和重要湿地生态环境问题点位进行整改销号，并成为常态化的任务。推进重要生态系统保护和修复。2023年建成东乡区幸福省级湿地公园、红星垦殖场南山社区湿地保护修复、“虎圩乡刘家排废弃采石场”生态修复治理（试点）修复工程、上陈矿区建筑用闪长岩矿和东乡区南方新材料有限公司霸王山凝灰岩矿的绿色矿山创建等相关工程；经济开发区获评国家工业园区清洁生产审核创新试点单位；江西科伦药业有限公司、江西台德智慧科技有限公司被江西省工业和信息化厅评为绿色工厂。

（李荣华）

水文工作

【概况】 东乡区水文工作聚焦“走在前、勇争先、善作为”的目标要求，扎实开展雨水监测和水文防汛工作，助力地表水环境质量管控，为政府主汛期提供防汛决策资料。2023年，东乡区流域平均降雨1915.2毫米，降雨量较往年偏多。

【雨水监测】 2023年，东乡区流域平均降雨比多年平均降雨增加10%。马圩站年平均水位29.98米，出现年最高水位34.15米（6月25日，警戒水位为34.00米），出现年最低水位为29.27米（2月1日），属中水年份。

【水文防汛】 南坪站年平均水位29.92米，出现年最高水位34.03米（6月26日），出现年最低水位29.03米（3月9日）。从时间分布看，2、3、4、5、6、7、8、11月降雨量偏多，1、9、10、12月降雨量偏少。汛期共出现2次较强的降雨过程，主要分布在5月上旬、6月中下旬。从空间分布看，降雨主要集中在王桥镇、小璜镇，年降水量以王桥镇饶村站2239毫米为最大，瑶圩乡瑶圩站2207毫米、黎圩镇虎形山站2202毫米。单次过程降雨量较大，短历时暴雨较为集中。全年为各级领导和有关部门发出相关雨水情报。共发送水情预报件10份，洪水预警15份，及时编辑雨情短信在各防汛群发布，共计100余条，另发送东乡区防汛工作信息182条，发送雨水情简报12期，水雨情呈阅件3期，“3个3天”预报分析50期。 （马恒）

教育·体育

综 述

2023年，东乡区教育体育工作贯彻新发展理念，以推动高质量发展为主题，以改革创新为动力，以办人民群众更加满意的教育体育为目标，着力抓公平促普惠、抓内涵提质量、抓改革激活力、抓党建强根基，教体事业取得稳步发展。全区共有各级各类公办学校67所。其中，小学44所（完全小学21所，村小及教学点23个），初中19所（含九年一贯制学校9所），完全中学2所，职业学校1所，特教学校1所。在校学生64142人。其中小学31844人、初中18795人、高中9129人、职业高中全日制在校学生4299人、特教学校75人；有各类幼儿园73所，在园幼儿10722人。在编教师4409人，退休教师2067人。2023年先后获评全省平安校园建设优秀县（区）、抚州市2022年度县（区）党政领导干部履行教育职责督导评价省级复核优秀等次，是全省中小学幼儿园校（园）长任期结束综合督导评估试点四个县（区）之一。3所幼儿园被评为省标准化幼儿园，4所学校被评为抚州市模范党支部，东乡二中获评全国国防教育示范学校，东乡三中“校中建家”留守儿童教育管理实践研究获批2022年国家级教学成果奖获奖项目，东乡一中等7所学校被评为全省家庭教育先进集体，人民网对东乡实验中学、红星中学等学校进行专题报道。

学前教育

【概况】 2023年，东乡区积极发展学前教育。现有各级各类幼儿园75所，公办幼儿园25所，民办幼儿园50所，其中普惠性民办园33所。在园幼儿10396人，其中公办园在园幼儿3514人。

【公办园建设】 城西、城北、井山、第三、第四、第七、第八等幼儿园完成主体建设，第五幼儿园改扩建工程已启动。安排上级专项资金770余万元用于锦凌府小区幼儿园装修与设备采购，于2023年12月正式开园。落实住宅小区配套幼儿园无偿移交属地教育部门管理和使用政策，推动江山樾住宅小区配建幼儿园建成后无偿移交，确保小区配套园与首期建设的居民住宅同步验收、同步交付使用，江山樾小区幼儿园已经完成主体建设。

【标准园认定及民办园补助】 继续根据《东乡区标准化幼儿园认定实施方案》工作安排，组织专门的认定小组对第二批参加标准化幼儿园认定的园所开展现场认定工作，完成认定标准化幼儿园10所。2023年，东乡区共认定标准化幼儿园25所，占比33.3%。对33所普惠性民办幼儿园发放生均补助，年内共发放普惠性民办幼儿园生均公用经费116.52万元。

【规范招生】 城区公办园统一采取电脑派位摇号的方式招生，针对现役军人子女入园，严格执行相关优待政策，要求各幼儿园仔细审核相关材料，对现役军人子女入园就近安排。

【保育保教】 按照江西省教育厅印发的《关于开展幼儿园办园行为规范清理整治工作通知》文件精神和工作要求，采取幼儿园自查和实地督查的方式开展幼儿园办园行为规范清理整治工作。科学谋划，发挥省市示范幼儿园示范引领作用，围绕“倾听儿童 相伴成长”的主题，开展形式多样的幼小斜衔活动，引领教师专业成长，提高幼儿教育课程教学水平，促进学前教育均衡发展，共享优质教育资源，全面提高东乡区学前保教质量。

义务教育

【概况】 东乡区积极推进义务教育优质均衡化发展。全面落实义务教育经费“三个增长”，严格执行政府定期议教、政府领导联系教育、教育督导等制度，严格落实挂点乡镇学校制度，做到四套班子领导每人定点联系1所以上学校，每年为联系学校办1—2件实事，解决一批教育发展瓶颈问题。在全区学校全面覆盖“双减”工作，积极推动课后延时服务，推进素质教育，创建特色学校。实施依法治教，全面推行教育收费报告、公示、督查、问责制度，保障义务教育优质均衡发展。

【教师队伍】 积极推进教师交流轮岗改革工作，将省特级教师、市骨干教师、区优秀教师等一大批“名师”交流到农村学校，按照教师收入不低于公务员平均收入水平的原则，将各项待遇落到实处。

【招生政策】 严格执行小学就近、初中划片招生政策，控制班额并保持逐年下降，破解义务教育“择校”难题。推行高中新生指标分三条线划分，城区优秀初中、城郊一贯制学校，农村初中三个层次划分均衡生录取分数线。严格落实普通高中“均衡生”政策，保障学生公平享有优质教育资源的权利。

【“小班化”教学】 破解“大班额”难题。推行建新校、改旧校、扩班级、增学位、分学生等举措，解决城区学校“大班额”难题，全区中小学起始年级成班率得到控制，小学一至五年级均在45人以内，初中年级制在50人以内。

【控辍保学】 破解“读不起”难题。通过减、免、捐、垫、补等措施，确保全区没有一个学生因贫失学。落实控辍保学双线责任制，建立控辍保学台账，实施随班就读和送教上门措施，为残疾学生解决就读难题。严格保障各类人员公平入学就读，对随迁子女不歧视，特别是对进城务工就业农民子女入学专门开设绿色通道，依法依章“阳光”招生，杜绝“择校”现象，促进教育公平。

高中教育

【概况】 东乡区坚持教改提质、突出多元模式，促进普通高中优质发展。2023年，东乡区高考升学成绩再创辉煌，各项数据均创历史纪录。东乡一中引进研究生新教师和大学公费师范生共19名，实验中学通过全省社招招聘16位新教师，基本满足学校高中办学规模扩大的发展需求，学校教师整体素质进一步提升，教师结构得到改善，夯实学校办学师资基础。

【青年教师培养】 坚持以促进青年教师业务成长为切入点，通过实施师徒结对“青蓝工程”、开展青年教师解题大赛、推动集体备课和推门听课制度落地、举办班主任技能大赛等多项措施，加强青年教师培养，努力提高青年教师教育教学水平，促进青年教师全面发展，不断夯实学校师资力量，助力学校优质化发展。

【校建工程】 以校建工程为抓手，提升校园硬件建设水平。2023年，东乡一中新的“教工之家”投入使用，汝东书院和新高中部教学楼基本建设完工，师水天桥启动建设。

【民办高中】 民办高中快速发展。东乡申浩实验学校，为东乡区第三所高中，属于完全高中。学校位于小璜镇洋湖村，占地8.67公顷，2023年秋季招收高一新生375人。目前，有高中学生1343人，教师98人，教职工130人。

民办教育

【概况】 东乡区现有民办学校2所，九年一贯制学校1所和完全中学1所，在校学生2680人，其中小学183人，初中1154人（649人为政府购买学位），在职教职工207人。民办幼儿园50所，在园幼儿7219人，教职工565人。全区共有非学科类培训机构50家，学科类校外教育培训机构已清零，所有机构均纳入全国校外教育培训监管与服务综合平台，线上支付开通率100%，通过平台实现购课比例97%，平台预收费资金总额16.32万元。

【校外机构管理】 2023年，东乡区教育体育局联合区科技、文旅、市监、发改、住建、消防等部门对辖区内非学科类校外培训机构开展专项督查，进一步加强校外培训机构安全管理，夯实安全基础，筑牢安全底线，全面规范校外培训机构监管，利用平台进行审批登记、选课、购课、缴费、退费等。

【民办幼儿园】 东乡区共有50所民办幼儿园，其中省级示范园1所，市一级一类园9所。普惠性民办学前教育资源不断扩充，先后三批次认定33所普惠性民办幼儿园，2023年共发放普惠性民办幼儿园生均公用经费116.52万元。

特殊教育

【概况】 东乡区特殊教育学校创办于2000年，坐落于东乡区行政新区龙山大道与府前路交叉口，占地面积4913平方米，建筑面积2146平方米，学校在册总学生数75名。学校现有在编教师21名，高级职称2名，中级职称9名，本科学历11人，多名教师获得省、市、区各项荣誉。学校全面贯彻党的教育方针，以国家、江西省“十四五”特殊教育提升计划为指导，立足特教，全面发展，服务社会。全面实施素质教育、康复教育、融合教育，实行“一人一案”。

【硬件设施】 学校分为教学区和生活区两部分。教学区占地面积1146平方米，设有普通教室8间，职业教育缝纫室、律动室、体育康复训练室、心理咨询室、语训室、教师办公室一应俱全。校内设有9个年级7个教学班级，已完成改扩建项目前期准备工作。

【教学教研】 为提高教师专业技术水平，以校本教研为主，促进教师专业发展；以课题研究为依托，积极申报省、市（区）课题。依据特殊儿童送教上门实际需求，编写《特殊儿童送教上门教师教学用书》校本教材。

【德育教育】 开展丰富的德育教育活动。以学生为主体，充分尊重学生个体差异，开设心理健康、交通安全、消防安全等课程，通过形式多样的活动，完善德育体系。开展“我为祖国庆生”系列活动，组织学生唱红歌、看红色电影、讲红色故事等，提升学生的爱国情怀和红色思想。组织学生开展形式多样的民俗活动，如包粽子、挂香包、做月饼等，将传统文化融入至学科教学工作中，渗透德育教育。积极开展“阳光体育一小时”、学生趣味运动会等各种形式的活动。

【素质教育】 开展各种阳光体育活动，根据学生自身能力，开设啦啦操、跳绳、篮球、跳跃、舞蹈、飞镖运动、特奥旱地冰壶等体育项目。学生代表分别在2023年江西省青少年啦啦操锦标赛、第13届残疾人健身周活动暨2023年江西省残疾人飞镖、围棋、拔河比赛中取得优异成绩。坚持每天大课间做眼保健操，保障学生视力健康。为提升学生素质教育，学校开设学生劳动教育基地、职业技能洗车教育基地、职业技能家政服务教育基地、职业教育缝纫教育基地等。

体 育

【概况】 2023年东乡区共计成立单项体育协会21个，如广场舞协会、篮球协会、足球协会等。篮球项目热度高：7月在体育中心举办2023年东乡区第八届“老叶记珠宝杯”夏季男子篮球联赛；10月参加抚州市第一届社区运动会，区代表队在男子篮球比赛中获第一名。乒乓球项目实力强劲：在2023年“体彩杯”社区运动会第三届中国乒乓球城市联赛中，东乡区协会一队获得公开组团体第五名，进入全国总决赛。气排球的氛围浓厚：东乡区气排球协会参加“全民健身，幸福江西2023江西省气排球竞标赛”并获得男子中年组第二名，女子青年组、中年组各获第三名；抚州市社区运动会暨第三届气排球联赛（东乡区）分站赛在东乡开赛；举办东乡区第二届“体育彩票杯”气排球比赛。足球项目赛事连连：8月举办东乡区“体彩杯”U40男子足球联赛及全民健身活动日大型展示活动暨健步走活动；10月，“中国体彩杯”八人制足球邀请赛在城北体育公园足球场正式拉开帷幕。太极项目会员众多：5月，太极拳协会组织在区体育馆南广场举行八法五步太极拳、二十四式简化太极拳展示活动，参与人数达500人次。

【体育设施】 主城区（金峰街道）共有室内外体育场地2129个，体育运动场地面积约91.7万平方米。平均每个社区有22块体育场地，为群众体育活动的开展奠定坚实的物质基础。

【体育赛事】 组织青少年体育赛事，选送一批队员参加省、市青少年体育赛事，取得优异成绩。积极申报承办省级体育赛事。4月申办江西省第四届百县青少年乒乓球运动会第一片区选拔赛，10月申办“2023年江西省游泳冠军赛”，两项省级体育赛事成功举办。精准组织青少年体育赛事。主办“中小学生足球赛”“中小学生篮球赛”“百县乒乓球赛东乡区选拔赛”“东乡区青少年羽毛球赛”“东乡区青少年跳绳比赛”等赛事，激活学校体育特色，鼓励和引导广大青少年学生积极参加形式多样、生动活泼、健康向上的体育活动。鼓励中小学校成立各体育社团。支持社会体育俱乐部、单项体育协会等社会体育组织进学校开展指导、培养和训练等活动，指导、建立“学校+俱乐部”的合作发展模式，足球、篮球、跳绳、乒乓球、羽毛球等相关项目俱乐部与各中小学校紧密合作，成立一批体育专项训练队，形成校园体育和社会体育融合发展的良好局面。体育赛事成绩突出。选派多支队伍参加百县田径、足球赛和篮球等赛事，其中，田径项目高中女子组4×400米接力获全省冠军，并破抚州市田径运动会纪录；乒乓球项目获全省团体二等奖；初中男子三人制篮球获全省第17名；高中女子田径队获全市团体总分第1名；初中男子田径队获全市团体总分第4名；高中男子组获全市11人制足球赛第3名。体育后备人才辈出。输送进江西省运动训练队运动员2人，在省优秀运动队试训2年以上运动员2人；输送进江西省体育运动学校运动员2人；输送进抚州市体育运动学校运动员16人；选送9名苗子参加全国青少年手球冬令营选拔（江西站），其中3名学生成功入选。教职工体育赛事丰富。积极开展东乡区教体系统“体彩杯”教师篮球联赛，为广大师生带来一场场盛大的篮球盛宴。活动氛围浓厚，反响巨大，激发学生运动兴趣，带动校园体育热情，进一步深化体教融合，助推“双减”和“五项管理”政策落地落实。

【体彩销售】 2023年，东乡区体育彩票总销量8214万元，销售额比2022年增长41.91%；销售网点总数58家，其中体彩专营店34家，彩票专营店7家，体彩便利店15家，彩票便利店2家，专营门店数占总门店数70.68%，相比2022年专营门店数增长20.58%。

教育发展研究

【概况】 东乡区教育发展研究中心成立于2021年11月，是在东乡区事业单位机构改革时整合东乡区教师进修学校、东乡区教学研究室、东乡区电教仪器站组建而成，为东乡区教育体育局所属副科级公益一类事业单位。内设办公室、教学研究股、电化教育股、教育装备股、教师发展股、教育质量检测与评价股、财务后勤股等7个主要功能股室，并组建了东乡区开放学院。现有干部职工38人，本土培训团队200余人，外聘兼职专家、学者50余人，是一个集教师干部培训、电大教育、教学研究、电化教育、装备管理、中小学教育质量监测与评价等于一体的中小学教育日常管理和师生发展研究机构。

【远程培训】 2023年，东乡区在江西省教师培训管理平台注册教师数约4100人，全年完成培训项目共53个，其中已完成区级培训项目11个，参训人次1287人，待完成区级培训项目2个（新教师考核与送培）。国培、省培、市培项目40个，其中国培省培市培554人次，全员远程培训3952人次。合计参训5793人次。

【课题立项】 省级课题立项，其中基础教育课题立项6项、1项为省级龙头课题；教育信息技术研究课题结题5项，中期评估2022年课题1项。市级课题立项63项，基础教育课题结项45项，国家级优秀教学成果推广10项。

【竞赛评比】 开展电教活动工作。组织第二十二届江西省学生信息素养提升实践活动，收集参赛作品213件，其中获得省一等奖1件、二等奖2件、三等奖1件；市一等奖15件、二等奖19件、三等奖11件；区一等奖34件、二等奖53件。组织东乡区2022微课及课件作品竞赛。收集参赛作品206件，评出区一等奖31件、二等奖50件。组织各校参加第六届抚州市中小学智能机器人技能提升活动，获抚州市最佳组织奖，各参赛小组获市一等奖3组、二等奖9组、三等奖4组。组织各校参加2023年抚州市“才乡杯”教学成果评比活动，评出75件课件、微课、学科融合课例、实验教学课例、创新教学案例。教育论文参加市级评选，获市一等奖16件、二等奖30件。组织各校参加2023年度抚州市中小学（幼儿园）教师网络学习空间创建展示活动，获市一等奖4件、二等奖11件，东乡区获最佳组织奖。

【教育装备】 着力在学校教育装备"建、管、配、用"等方面下功夫，明确教育装备部门职责和定位，开展教育装备服务与管理工作。举办2023年全区小学课堂教学操作材料暨益智器具应用培训，参加培训共260人，均为小学校长、小学数学和科学骨干教师。组织人员参加第81届中国教育装备展示会，参加人员共计63人。

【质量监测与评价】 发挥考试评价正确导向作用，促进教育优质均衡发展，从高中一线教师中遴选17位思想政治、历史、地理、物理、化学、生物教师作为命（审）题教师，推荐至江西省教育考试院。组织开展2023年上半年小学城区命题比赛活动，共收到英语42份、数学50份，语文50份试卷，推荐52份试卷参加市级决赛，获得市一等奖9人、二等奖21人、三等奖22人。组织开展"学课标，考课标"活动。全区义务教育阶段教师（45周岁以下）共1979人参加活动，共有23个学科，平均分为83分，及格率达到96%。

【成人教育】 成立东乡区开放学院，3月份迎来第一批学员，报名对象为具备大专学历的东乡区村（社区）"两委"干部，共有124名。通过对124位学员的报读材料进行首审、初审、复审、终审四级审核，最后通过审核并学习的学员共118名。

（李欢荣）

师资建设

【概况】 2023年，东乡区教体系统共引进各类专业人才250人，其中高层次（高素质）专业技术人才23人、面向社会公开招聘中小学和幼儿园教师77人、部属公费师范生3人、江西师大公费师范生12人、"三定向"5年制师范毕业生76人、"三支一扶"招募3人、引进返乡教师8人、服务期满特岗教师转正48人。新增31名音体美专业教师，为乡村学校的音体美教育发展注入新鲜力量，推动义务教育均衡发展。新增53名幼儿园教师，助力学前教育提质增效。持续强化人才政策宣传，做好人才线上认定试点工作，审核近3000条人才认定申请。

【师德建设】 出台《关于做好全区中小学（幼儿园）教师师德考核的通知》《关于做好全区中小学（幼儿园）教师师德师风专项督查的通知》《东乡区教体局关于建立推行"师德教育固定活动日"制度的通知》等文件。组织全区中小学教师通过"国家智慧教育公共服务平台的"师德集中学习教育"开展专题学习。定期开展思想政治理论学习，警示教育大会、形成师德师风自查报告、师德集中学习教育工作总结等。教体局"红心铸魂育人"宣讲团深入各学校，组织开展20余次宣讲活动，惠及师生40000余人。

【突出典型示范】 开展先进典型选树、宣传活动，增强教师职业荣誉感、自豪感和使命感。通过示范引领，激励一批教师爱岗敬业，奋发作为。1人遴选为教育部2023年乡村优秀青年教师候选人，1人遴选为省级"双名计划"工作室成员，4名校长、教师成为全省中小学名校长、名师培养对象，推荐18名教师为市级以上重大人才，132名教师进入全新专家库系统，3人当选首届全省中小学“最美教师”“最美班主任”“最美书记校长”称号。

【构建培训新体系】 结合“国培计划”“全员远程培训”“校本教研”，坚持走有特色、有实效的培训之路，全年完成培训项目53个，参训教师5793人次；深化教研引领，夯实教研工作新基础。以提升教学质量为核心，紧抓教学常规管理，抓实联片教研和教师竞赛活动，在各类教师能力大赛中，获省特等奖1个、省一等奖2个、省二等奖6个、市一等奖106个。首次承办初中历史、高中语文和信息技术三个学科的省级教研活动，获得省级优秀组织奖。

【实施“四大工程”】 持续实施“安居工程”。加大基础设施建设力度，全力保障教师周转房建设，全区建成811套教师周转房，完善生活设施，确保教师住有所居；持续实施“安心工程”。全力保障教师待遇，乡镇补贴、艰苦边远地区补贴和绩效奖等刚性政策严格落实到位，落实在乡村任教25年不占高级职数参评乡村高级教师政策；持续实施“励志工程”。健全评先奖优激励机制，每年度评选表彰一批优秀教师。按照省、市、区不同等级分别发放5000元、4000元和2000元奖励，杰出育苗奖给予3000元奖励，调动教师队伍积极性。持续实施“暖心工程”。做好长期从教荣誉颁发工作，对城区从教30年的67人、农村从教20年的6人、农村从教30年的158人颁发荣誉证书。开展好教职工体检、趣味运动会，结合师徒引领、节假日慰问、走访教师等暖心举措，帮助人才解决生活中的实际问题，丰富人才业余文化生活，营造和谐活跃、温馨的文化氛围。

职业技术教育

【概况】 东乡区高级技工学校是一所以培养中、高级技术技能人才为目标的全日制公办技工学校，是江西省高技能人才培训基地，现有在校全日制学生4297人，教职工228人。学校开设智能制造和现代服务业两大专业群共18个专业，其中有数控加工、机电一体化技术、新能源汽车制造与装配、工业机器人应用与维护、3D打印技术应用、智能制造技术应用、平面设计、幼儿教育等12个高级工专业，各专业均配套建有实训室，校内实训基地总面积2.3万余平方米，实训设备总值近1亿元。2023年，该校教师参加职业能力、教学能力等各类赛项，获省三等奖2个，市一等奖6个、二等奖2个、三等奖3个，多项赛事创历年参赛最好成绩；完成省、市、区级课题立项申报12组，2门课程被省教育厅认定为省级精品课程。承办2023年度江西省职业院校技能大赛中职组网络布线赛项，成为抚州地区唯一承办学校。在第三届全国新能源汽车关键技术技能大赛江西选拔赛中，该校学子获省三等奖，进入国赛；在2023年全省中等职业学校技能大赛中，该校学子获得省一等奖2个、二等奖3个、三等奖5个。

【队伍建设】 持续实施“三大工程”，即名师工程、中青年骨干教师工程和一体化教师队伍工程。2023年，招聘专业教师46名（包含人才引进10人，社招15人，调入教师1人，编外聘用20人），其中，研究生11名，本科14名。学校有教职工228人，其中，高级教师36人，江西省技术技能教学名师1人，专业教师104人，高级技师10人，江西省技术能手8人，省级学科带头人1名，市级技能大师工作室2个。构建国家级、省市级、校级、系部“四位一体”培训体系，实现35周岁以下教师培训全覆盖。

【学科建设】 根据学校办学实际和区域产业发展情况设置专业，新增智能制造技术应用、会计、健康与社会照护、服装设计与制作、物联网应用技术、工程造价、平面设计、化工工艺等8个专业，进一步优化学科专业结构，贴近市场需求，增强专业活力。成功申报省级新能源汽车产业学院、数控加工重点特色专业，任抚州市汽车产教联合体常务副理事长单位，助推学科建设、深化产教融合。

【校企合作】 坚持校企合作、订单培养的人才培养模式，探索与企业合作办学的方式和方法，利用合作办学企业的设备、场所和人才优势，在专业建设、培养计划、课程设置、师资建设、教学改革、课题研发、培训实习方案、订单培养等多方面全面开展校企合作，形成人才共育、过程共管、成果共享、责任共担的紧密型合作办学体制机制。与33家企业开展合作。2023年，新增校外实习实训基地2家，与麦格纳动力总成（江西）有限公司合作建立汽车工程实习实训基地，与南昌易美光电科技有限公司合作建立智能制造实习实训基地。

【招生就业】 广泛利用媒体宣传、优化招生工作队伍、组织学生参观全覆盖、开拓区外招生等模式，2023年招生1549人，除招收由本校升高级工的162人外，首次招收其他中专、技工学校学生72人以及高中毕业生52人，取得高级工招生新突破。设定录取分数线，实现生源数量质量双提升。促进高质量充分就业，加大对毕业生就业帮扶，投资40余万元在校园内建立高标准就业之家，建设综合服务窗口、人才招聘推介会场、招聘应聘对接室、职业指导室等6大功能区，搭建“一站式”服务平台，打造一条具有本校特色的“就业街区”，占地面积达1000余平方米。学校毕业生留赣率从2022年的79%提高到2023年的91%。

1月21日，区高级技工学校承办2023江西省职业院校技能大赛中职组网络布线赛项 （区高级技工学校 供）

【基础设施建设】 2023年，投资6400万元对校内12个实训中心进行升级改造，校内实训设备总值从3000万元增长到9000余万元，实训工位从2200个增加到4500个；投入191万元对学校高低压线路进行改造，投入430余万元对教学楼、实训楼、男生宿舍楼进行改造，学校教学、实训、住宿设施设备得到显著改善。二期校建工程学生宿舍完成主体封顶，启动投资6亿元新校区建设项目，已完成工程招投标。

【帮困助学】 建立以国家免学费、助学金、奖学金为主体的学生资助体系及相应补助项目制度，其中技工评审出国家奖学金3名、国家助学金637名、国家免学费5117名，资助免学费资金620.06万元，国家助学金资金63.7万元，国家奖学金1.8万元。中专享受免学费人数2655人，免学费资金294.365万元，享受国家助学金人数为234人，国家助学金资金23.4万元，符合并享受中职国家奖学金政策学生2人，国家奖学金1.2万元。

（李斌　方罡）

东乡一中

【概况】 龙山蕴文脉，师水含清韵。抚州市东乡区第一中学（以下简称东乡一中）坚持以文育人，以文润校，贯彻“育人为本 德育为先”教育方针，传承“严谨求实 勤奋进取”之校训，形成“尊师 爱生 文明 和谐”的校风，“敬业 博学 协作 求新”的教风，“自信 勤学 善思 求真”的学风，弘扬“追求卓越 精益求精”精神。定期开展校园文化活动。开展各类社团活动、大课间跑操运动、成人仪式、高三励志冲刺大会、开学典礼、毕业典礼等一系列文化活动，充实学生课余生活，提高学生综合素质，促进学生全面发展。坚持以促进青年教师业务成长为切入点，实施师徒结对“青蓝工程”，开展青年教师解题大赛，推动集体备课；举办班主任技能大赛，加强青年教师培养，提高青年教师教育教学水平，促进青年教师全面发展。不断夯实学校师资力量，助力学校优质化发展。

【关注教师成长】 坚持立德树人，狠抓师德师风，加强师德教育，树立教师服务意识，培养教师奉献精神，提高教师师德修养，培养新时代“四有好老师”。杜绝体罚学生、向家长索要财物、有偿家教、推销教辅资料等违反教师职业道德行为。加强德师风考核，保证考核结果公正、公平、公开。注重教师专业成长，提升教师综合素质。推行研学结合。深入推进“一校一品”创建工作，打造教改科研类品牌，扎实推行集体备课制度，推行周周有教研、次次有主题教研活动。每学期有序开展新进教师上过关课、青年教师公开课、资深名师示范课。为青年教师成长搭建成长提升平台，组织开展“青蓝工程”师徒结对活动，充分发挥优秀教师传帮带作用。成立以青年教师为主力的“培优教练”团队，同步接轨“强基计划”，助力“培优磨尖”工作。促进青年教师专业提升，举行“35周岁以下青年教师解题大赛”；坚持“请进来、走出去”。积极组织邀请专家莅校开展讲座培训，多批次选派教师赴福建、湖南、河北等新高考改革先行先试省区参观学习和跟班学习，选送教师赴井冈山、南昌等地参加各类层次的培训学习。

【践行五育并举】 注重学生德、智、体、美、劳全面发展，推行素质教育，重视学生能力和素质培养，实施多元评价。加强思政教育，引导爱党爱国。邀请区委主要领导来校宣讲思政课“激扬青春梦奋进新征程 争做有理想敢担当能吃苦肯奋斗的新时代青年”，推动党中共二十大精神、习近平新时代中国特色社会主义思想进教案、进课堂、进学生头脑。培养健全人格，提升心理品质。形成以军训、开学典礼、国旗下演讲、成人礼、高考冲刺动员会、毕业典礼为活动主线的教育体系，做到以文化人，以活动育人。注重励志教育，举行高三高考冲刺动员大会，精心推出励志微视频《龙山师水·少年郎》，营造浓厚备考氛围；注重感恩教育，举行高三学生毕业典礼，让学子们留下美好青春记忆。拓展课外活动，锻炼实践能力。成立书法、绘画、篮球、日语等社团，丰富学生课外活动，活跃文化氛围。每学年召开校园田径运动会，组织开展学生志愿者活动，践行劳动美德。

【行政管理】 健全运行机制，提升管理效能。严守政治纪律、政治规矩、组织纪律和宣传纪律，在思想上行动上同党中央保持高度一致。每周召开校党委会和校长办公会，民主商议学校重大事项决策。党委会由党委书记主持，党委委员出席，其他行政班子成员列席；校长办公会由校长主持，党政班子成员出席，其他行政管理人员列席，听取各分管领导工作汇报，落实各部门一周工作。修订、规范、完善各层级、各部类的管理制度，并经教代会通过正式实施《东乡一中制度汇编》。力求制度制定硬度、温度与适度有机统一。

【校园文化】 打造特色文化，建设精品校园。学校龙山广场、师水广场大气宽敞，舒墨池、光华池依依相望，汝东路、义学路路路相通，春有海棠，夏有杨柳，秋有桂花，冬有银杏。重视校园文化建设，在全市、全区校园文化建设方面起到良好示范作用。在教室门前统一悬挂班牌，统一设置班级名片，展示班级基本信息、班主任带班理念和对学生寄语，在教室后方设置“学习园地”“荣誉时刻”“星星乐园”“生态角”等；以优良的室风和寝室文化带动学风建设，营造出“安全、文明、和谐”的学生宿舍文化氛围，把学生寝室建成安全文明和谐的学生心灵之家；在食堂饮食文化理念上，坚持“规范行为、文明就餐”管理思路，提高学生就餐质量，培养学生良好的文明饮食习惯。

东乡二中

【概况】 抚州市东乡区第二中学（以下简称东乡二中）是一所省级重点中学，创建于1976年3月，现有学生4992人，共103个教学班。2023年，东乡二中持续推进素质教育建设，落实教育“双减”，加强“五项管理”，在“德育立校、科研强校、质量兴校”的治校方略引领下，获“全国国防教育示范学校”“江西省家庭教育工作先进集体”“全市教育体育系统先进集体”“全市模范教工之家”“全省文明校园先进学校”“全省语言文字示范学校”“创建全省文明校园先进学校”“全市先进基层党组织”“全区模范党支部”“全区党建工作先进单位”“全区普法工作先进单位”“全区中小学教学效益先进单位”等多项称号。

【学生教育】 坚持德育为先，不断创新思想道德教育途径和方法。通过每周班会和升旗仪式，开展主题教育活动，弘扬社会主义核心价值观，强化学生养成教育。开展“新时代好少年”“星级学生”“红歌传唱”等评选活动，树立身边好榜样；开展七、八年级综合实践素质暨学生习惯养成教育活动，通过一周集中训练，提升学生精气神，培养学生良好习惯；实施“校家同创工程”，创建家委会，通过家长代表会、家长会、感恩励志教育等活动，凝聚教育合力，共促学生健康成长。举办多项大型育人活动。举办“拼搏百日·为理想而战”中考百日冲刺大会、诗词大赛、“红色经典·千人诵读”、“讲数学故事，品数学文化”演讲比赛、“物理创新实验大赛”、“核心素养成果展”、“校本拓展课程展演”等一系列学生核心素养活动；邀请亚运会冠军何峰、全国劳模徐建生走进东乡二中，与学生面对面交流；举行东乡区社会科学普及宣传周启动仪式、保护野生动物宣传月活动启动仪式、“百县百校·科普进校园”活动；举办以“奋斗正青春·逐梦新时代”为主题的首届校园文化艺术节，全校师生5300余人欢聚一堂，分享学校五育并举的喜人成果。

11月19日，东乡二中党委组织党员教师代表、团员教师代表、团员学生代表以及少先队员代表等共60余人赴虎圩乡开展“乡村振兴，接力有我”劳动实践活动　　（夏松　供）

【落实“双减”政策】 聚焦落实“双减”政策，教育教学取得新成果。开展“双减”和“五项管理”背景下课堂模式研讨，以取得的成功经验为依托，提升课堂活力，探寻“高效课堂”发展空间，立足实际，提炼其精髓。高度重视课堂质量，以形式丰富的展示课、评比课、点评课促进课堂质量提升。把课堂作为实施素质教育的主阵地，以核心素养为抓手，重视学生能力和特长的培养，开设30多个多元化校本课程。狠抓学生体质提升，大力开展阳光体育运动，组建了足球队、篮球队、合唱团、舞蹈队等运动队。开展阳光大课间活动，轮流跑操、跳绳、手势操。

【教师队伍建设】 学校共有在编教师283人，外聘合同制教师50人，研究生及以上学历8人，大学本科学历263人，其中中学高级教师77人，中学一级教师111人，市级以上学科带头人、骨干教师12人，区级学科带头人、骨干教师18人。坚持周周有教研、教研主题化的工作模式，以公开课、学科研讨等方式，提升教师教学教研水平。实施“青蓝工程”，加强对青年教师的培养和指导。采取“请进来”“走出去”方式，促进教师专业成长。选派10余名骨干教师送课下乡进行交流，选派7名骨干教师赴丰城市进行校际交流，拓宽眼界，提升能力。2023年组织教师参加教师专业发展类培训共计754人次，其中线上525人次，本区培训194人次，外地交流培训35人次；参加教育行政部门举办的各项竞赛活动，获得省级奖15人次，市级奖48人次，区级奖131人次；立项与结项省级课题 1个，市级课题12个，区级课题12个；指导学生参赛并取得多项成绩，其中，获得国家级奖励2人次，省级奖励10人次，市级奖励26人次，区级奖励50人次；教师在省级以上刊物发表论文4篇；教师获省级荣誉3人，市级荣誉19人，区级荣誉60人。

【帮困助学】 建立党组织引领下的留守儿童关爱服务体系和救助保护体系，健全关爱留守儿童档案和帮扶手册，深入开展关爱帮扶活动，形成学校党委领导带头、部门联动、群团协同、社会参与、家庭尽责的留守儿童关爱保护工作格局，促进留守儿童身心健康发展。党员干部、任课教师与留守儿童实行“1对N”帮扶结对机制，结合“千师访万家”活动，定期对留守儿童进行家访，了解帮扶对象具体情况，并在日常学习生活中注重学生心理健康教育，开展谈心活动，帮助其解决具体困难。2023年春季补助非寄宿生200人，脱贫户20人；秋季补助非寄宿生222人，脱贫户21人，全校无一人因贫辍学。党员干部结对帮扶贫困群众16家，点亮留守儿童微心愿72份，教师结对帮扶留守儿童258名。社会爱心人士及“99公益日”共资助学生109人，学生分别获得600—3000元资助金。共422名家庭经济困难学生获得省资助系统生活补助。形成以学校、家庭、社会融为一体的综合关爱体系。

【打造“2345”党建品牌】 学校切合实际，打造“2345”党建品牌，将党建工作与学校中心工作进行深度整合。结合“党建+”，抓好思政课教育，培养新时代合格的社会主义接班人。开展党员志愿活动，从学校及周边环境整治到红绿灯路口交通疏导，到点亮留守儿童微心愿，党员先锋模范作用得到充分展现。开展“党员示范岗”“党员新长征”活动，学校党委设立18个党员示范岗，划分12个党员责任区，使每个在职党员都参与到学校各项工作当中。

【“党爸党妈带娃回家”】 持续开展“党爸党妈带娃回家”系列活动，以党建带团建促队建，扎实推动素质教育，培养德智体美劳全面发展的社会主义建设者和接班人。在校园内开辟一块占地面积约500平方米的菜地，以此作为学生劳动教育实践基地。党员干部化身“周末家长”，带领留守儿童、小记者、团员、优秀学生干部到小璜镇绿壳蛋鸡养殖基地、珀玕乡东腾蓝莓基地等进行沉浸式劳动体验，把课堂搬到农场、社区、各乡镇乡村振兴点、医院、养殖场等，将课堂与实践相结合。

【建设文化校园】 坚持走内涵发展之路，创建具有浓郁文化气息的“书香校园”品牌，不断加大图书馆、阅览室硬件建设，更新图书内容，对图书进行规范化、标准化管理，各类图书账册齐全规范，阅览室备有初中阶段必读名著，并订购不少适用于学生阅读的刊物，图书借阅工作有序运行。不断完善“书香走廊”，在全校营造浓郁读书氛围。举办征文、诗歌朗诵、书画展览、手抄报比赛等一系列校园文化活动，通过学校微信公众号推送校园文学网络刊物《心语》。

【重大工程项目】 完成区发改委立项批复学校改造提升重点工程建设，项目总投资1200万元。购置图书3万册，并完成120平方米图书室装修及附属设施设备采购。采购并安装105间教室的护眼灯。完成8500平方米的硅铺球场地面改造、7420平方米田径场塑胶跑道改造建设以及7645平方米田径场人造草坪铺贴。新建一间录播教室，并完成录播教室设备采购及环境改造建设。完成标准化心理咨询室设备购置及环境改造建设，购置和安装105间教室的橱柜、书架、书柜等设施设备。基本完成全校消防系统整体改造，完成了教学区强、弱电线路改造及105间教室墙面整体粉刷。

（何晶）

实验中学

【概况】 抚州市东乡区实验中学（以下简称实验中学）创建于2002年7月，现有教学班级123个，在校学生5800余人，教职工408人，其中，高级职称144人，江西省正高级、特级教师1人，省、市、县骨干教师60人，硕士学位34人，是江西省重点中学、江西省现代教育技术示范学校、江西省普通高中特色发展试验学校、全国青少年校园足球特色学校、全国青少年校园篮球特色学校、江西省艺术培训中心培训基地。2023年被评为江西省中小学幼儿园红色、绿色和古色文化教育活动“先进学校”，抚州市“依法治校”示范校，获得江西省教育厅关心下一代工作委员会“家庭教育先进集体”、抚州市教育体育系统“模范党支部”、抚州市教体系统“优秀党建品牌”等称号。

【办学特色】 以“办人民满意的学校”为宗旨，坚持“优质初中 特色高中”的发展思路，实行文化生与艺体特长生分流，文艺双向驱动，走出一条艺体特色办学创新之路。结合新时代教育形势，调整办学结构，壮大高中和艺体特色办学规模，构建艺体特色和文化教学平行格局。作为江西省唯一以书法教育为特色发展方向的试验学校，打造以“书法教育为龙头、美术为重点”的特色办学品牌，开辟出20多个课外兴趣小组和丰富的课外实践活动，其中，劳动实践基地劳动课堂被人民网报道。

【校园文化】 秉持“厚德、博学、健美、创新”的校训，形成“诚朴、致美、精勤、致远”的校风、“德艺双馨、因材施教”的教风和“自主乐学、善思致用”的学风。学校校训被刊载在“学习强国”学习平台每日校训频道上，办学经验被刊发在《江西日报》《江南都市报》抚州新闻上。实施“优质初中、特色高中”办学路径，以创建艺术特色学校和足球篮球特色学校为抓手，五育并举，构建“一文一武”“一动一静”的多彩校园文化。建立“五色”的多彩文化体系，即红色文化、绿色文化、蓝色文化和两大特色（一文一武）文化。以红色为根基，绿色为主体，蓝色为未来，特色为两翼，助力学生德智体美劳全面发展。

【学校管理】 强特色，创一流，多措并举，多向纵深，致力完成新时期的“五年规划”目标。以“三抓三促”为抓手，以巡察整改为主线，推动学校高质量发展。打造东乡区勤廉文化精品示范点——勤廉文化长廊。勤廉文化长廊位于学校广场西侧，是学校一项重大师德师风建设工程。勤廉文化长廊全长150多米，总面积达460多平方米，共分为7大板块。以文化建设引领教育教学和管理，品牌党建、创文巩卫、青蓝工程、艺体演出、技能竞赛等活动有序开展。2023年，在省、市各项教育教学成果评比中，学校教师成绩斐然。关注青少年心理健康，以“刘莹姐姐工作室”为阵地，开展心理健康教育系列活动。通过多种途径营造青少年心理健康防治环境，建立个体咨询室、心理放松室、情绪宣泄室，配置整套心理测评系统，保障学生健康成长。

【教师风采】 2023年，饶爱晴老师被评为江西省中小学“最美班主任”，雷光辉老师入选江西省专家库成员，徐文康老师作为抚州市代表队成员在江西省公民科学素养大赛中助抚州市代表队夺魁，于淑梅老师被评为江西省初中语文学科带头人及抚州市优秀教师，17位教师获东乡区各项综合荣誉称号。蔡晓林老师获江西省教育厅关心下一代工作委员会“家庭教育先进个人”。在抚州市教师素养大赛、抚州市基础教育录像课评比活动中，4人次获市一等奖、3人次获市二等奖、1人次获市三等奖。在抚州市中小学教师优质课竞赛中，3人次获市一等奖、7人次获市二等奖。在抚州市“才乡杯”教学成果评比活动中，3人次获市一等奖，2人次获市三等奖。

【多彩艺体】 全面落实“双减”政策，抓好“五项管理”，检阅特色教学办学成果，举办第三届田径运动会、行为习惯养成教育活动周等活动。开展覆盖4个年级的跑操活动，将跑操活动课间化、日常化。磨炼学生意志，强化组织纪律，践行综合素质教育内涵。在抚州市中小学生体育运动会田径比赛暨全市青少年锦标赛中，学校派出16名学生代表东乡区参加，获抚州市高中女子组团体总分第一名，打破多项赛会纪录。在江西省中学生田径锦标赛暨省体传校田径比赛中，学校获高中女子团体第七名，高中女子组4×400米金牌，高中女子组800米银牌。

（李永其）

东乡三中

【概况】 抚州市东乡区第三中学始建于1995年，历经沿革，于2010年转制为一所九年一贯制学校。东乡三中现有124个教学班级，其中小学58个，初中66个；现有学生5900多人，其中小学2600多人，初中3300多人，是东乡区在校学生数最多的学校。学校秉承“立德树人”办学思想，遵循“尊重学生、发展学生、成就学生”办学理念，着力打造“文明、和谐、团结、奋进”校风，“修德、敬业、博学、仁爱”教风，教育和引导孩子们“做一个讲文明、求上进、有责任的中国人”

【“五项管理”】 为确保手机、作业、睡眠、读物、体质管理（以下简称“五项管理”）全面落地见效，积极推动新时代育人方式变革，结合“九年一贯制”及“留守儿童住校人数多”的校情，制定《东乡三中“五项管理”实施方案》《手机管理制度》《东乡三中学生体质健康管理工作方案》《东乡三中睡眠管理工作方案》《东乡三中学生课外读物管理实施方案》《东乡三中作业管理工作方案》等方案，使“五项管理”工作常态化。学校教务处、德育处、科教处、校办、留守儿童关爱中心等部门通力合作，对“五项管理”工作进行定期督查，确保各项工作落到实处，转变育人观念，持续营造良好育人环境，促进青少年健康成长。

社团课学生动手操作　　（东乡三中　供）

【心理健康】 关注孩子身心健康，开展全校心理健康筛查，为学校心理健康教育摸清情况，让心理健康教育可以精准施策；学校心理健康辅导中心每天有心理教师定时值班，倾听孩子们成长的烦恼，分享孩子们成长的快乐，解答孩子们成长路上的困惑；开设家庭教育专栏定期推出相关的教育话题，让家长学校紧密携手共同守护着孩子们健康成长。

【“双减”推进】 在确保作业减量不减质的情况下，学校出台相关政策，采取学生自愿报名参加方式，开展5+2的延时服务、留守儿童住宿班的晚间延时以及周六的托管服务；教务处、年级组根据学生心智发育特点，在按上级标准配齐配足课程的同时，引导教师设计延时服务课时要体现特色化、娱乐化，把学生从繁重的课业负担中解救出来；引导教师课堂组织时要生动、活泼，以实践替代理论，以动手替代动脑，走出教室，走出书本，让学生在愉快中得到教育与成长。学校在学期末还拟举行特色延时课类评定。特色延时服务课，减轻课业负担，提高学生学习兴趣，培养综合素质和实践能力，丰富学生校园文化生活，促进学生德智体美劳全面发展，真正落实让教育回归校园的目标。

（乐小平）

东乡四中

【情况简介】 抚州市东乡区第四中学（以下简称东乡四中）是一所九年一贯制义务教育学校，原名东磷学校，前身是江西磷肥厂职工子弟学校，2018年10月正式更名。学校坐落于东乡区金峰街道东磷社区，交通便利，在校学生数2000余人，教学班45个，其中小学部20个，初中部25个，在岗教师130余人。2023年，获市委“模范党支部”“抚州市优秀少先队集体”“省家庭教育工作先进集体”等称号；2名在校学子获全省无人机大赛季军。

【党建引领】 以党建为引领，推进学校党支部

巡课，推门听课制度，了解教师教学状况，并及时做好反馈，帮助教师改进提高。加强网上资源与学科整合研究，提高现代化信息技术在教学中的应用。加强对青年教师的校本培养和指导，采取青蓝结对，内培外训，跟踪听课的方式，帮助青年教师尽快成长，成为能独当一面的教学能手。

课间气排球活动 （东乡五中 供）

【德育工作】 学校以立德树人为根本，建立健全学校德育工作机制，加强德育工作制度建设和队伍建设，弘扬和践行社会主义核心价值观，把社会主义核心价值观教育融入课堂。实施学科渗透，开展丰富多彩的德育主题教育活动，提高师生活动参与积极性，增强德育工作的针对性和实效性。推进校园文化建设，以“扬理想风帆、品幸福人生”为主题，营造“生命、阳光、健康、快乐”的校园文化。以升旗仪式、广播站、业余团校等活动为载体，开展丰富多彩团队活动，提高学生思想道德素质。推行国旗下班级“经典诵读”、国旗下讲话活动、每天上下午第一节“同唱一首歌”活动，促进积极向上，和谐文明的良好校风学风形成。

【综治维稳】 落实“一岗双责”制度，做好校门、寝室、食堂等特殊部位的安全护卫、保障工作，确保安全无事故。坚持一日一巡查，一周一排查，并将排查结果以书面形式及时汇报。班级安全和部门安全工作分解到人，专干管理。扎实开展法治、安全教育和安全演练，做到“一月一主题”。重点搞好学生防震防灾、食品卫生、道路交通、防火、放电、防溺水、防踩踏等安全知识教育。组织开展好意外紧急避险，自救自护演练活动。完善突发公共事件应急预案和处理机制，提高各类突发事件预警、防范和处置能力，着力提高师生自护自救能力。搞好学校周边治安秩序综合治理，做好警民共建工作；加强24小时值带班管理，落实值班安排，履行值班责任，充分发挥骨干力量和领导干部的带头作用，把好学校安全工作的第一道防线。

【素质教育】 开展阳光体育运动，确保学生每天锻炼1小时。充分利用校内外资源，培养中小学生体艺兴趣爱好，推动课外体艺活动开展。创新学校运动会等活动组织形式，促进学生全员参与。积极开展生命健康教育活动，开展学校师生心理健康教育状况调查。加强学校心理咨询室建设，加强对心理健康教育教师培训，提高教师开展心理健康教育的能力和水平。重视缓解学生尤其是留守儿童等特殊群体学生的心理压力，切实做好学生沉迷网络等不良心理的预防和矫治教育工作，着力培养学生健全人格，提升学生心理健康水平。

（黄美娟）

文化 · 传媒

文化旅游

【概况】 2023年，东乡区文化旅游工作聚焦“举旗帜、聚民心、育新人、兴文化、展形象”的使命任务，突出特色，弘扬红色基因，筑牢廉洁思想；倾情惠民，公共文化服务满足群众需求；暖心舒心，文旅产业主体持续配优做强；全面推进，文遗传承保护党建引领护航；强化职能，文化旅游市场安全规范有序。担当实干、锐意进取，推动文化旅游高质量发展，文化事业、文化产业在全市年度综合考核中连续三年排名全市第一。

【文艺创作与演出】 深化国有文艺院团改革，创新人才激励机制，接收戏曲毕业生，严格参照正式编制人员落实工资待遇，将改制后的采茶剧团（东乡区文化演艺有限责任公司）纳入送戏下乡名录。扶持民间文艺院团发展，给予资金帮助，每年分配一定数量送戏下乡任务；进行人才培养，免费为各民间文艺院团进行专业人才培训；创造发展机遇，把民间文艺院团创排的优秀作品推荐入全市、全区重大节庆日进行表演。出台《东乡区优秀文艺作品创作奖励办法》，激励全区广大文艺工作者积极投身文艺创作，形成良好文艺创作氛围。与江西文演集团托管的东乡大剧院续签合同，持续为东乡文艺演出、文艺创作市场注入新活力、新思想。完成防诈骗小品《天上不会掉馅饼》、反腐倡廉小品《三口鱼塘》、红色革命故事《英魂永存祝荫隆》、红色歌曲《舒同》等精品创作。反映本地非物质文化遗产的美术作品《非遗传承》、传统采茶小戏《金莲送茶》、美术作品《红色记忆》、拉弦作品《沉思》《河南小曲》、歌曲《最长的电影》入围第三届江西省文化馆联盟单位专业人员个人才艺大展示决赛。

【社会文化】 开展“我们的中国梦 文化进万家”活动、“我们的节日·元宵”活动、“学雷锋”文化志愿者服务活动、“2023文化惠民演出活动周”、“文明旅游成风尚 文艺演出进景区”活动、“文明旅游成风尚 文艺演出进景区”活动、“奋进新征程 筑梦新时代”全国助残日文艺会演活动、“美好中国 幸福旅程”“5·19”第十三个中国旅游日活动暨2023东乡佛岭景区第一届抖音短视频摄影大赛活动启动仪式、“党建引领 非遗传承”2023年“文化和自然遗产日”宣传展示活动；开展“奋进新征程 唱响新时代”东乡区青年歌手大赛活动，历时一个半月，吸引来自上饶、鹰潭、抚州等地100多名选手参加比赛，每场海选、晋级赛及最后决赛都通过现场直播方式，为全区群众带来一场音乐视听盛宴；完成送戏下乡160场、送电影下乡2348场、送图书下乡2000余册、送设施设备下乡15套。东乡区文化馆在江西省文化馆组织的2023年度“百姓大舞台 大家一起来”活动中荣获“年度优秀组织”称号。

【文化非遗】 将省保单位红十军旧址申报国家级文物保护单位；加强舒同博物馆展陈数字化建设，提升红色故事、舒同故事展播深度，将馆内每个展陈故事设置二维码，通过扫描二维码了解红色故事详情、舒同作品简介；制定《东乡区博物馆馆藏文物预防性保护方案》，申请文保资金，提升博物馆展陈设施。将省级非遗项目罗汉灯包装申请国家非遗名录；健全非遗传承人补助机制，从政策扶持、人才培养、资金补助等方面全方位支持非遗传承发展；大力开展非遗进校园、进景区、进社区活动，开展以“党建引领 非遗传承”为主题的2023年文化和自然遗产日宣传教育活动、“世界博物馆日 走进古村上池村”、“举办舒同逝世25周年座谈会”等。

【出版管理】 通过东乡12345平台、信访平台、文旅部转件、民声通道等不同渠道收到投诉件226件，其中12345平台211件、文化和旅游部转件8件、民生通道2件、信访平台5件。已办理案件8件，其中，侵权盗版5起、非法出版物2起、超范围经营1起；立案查处在办4起，其中，侵权盗版1起、非法出版物3起。

【文化产业】 东乡区有规上文化企业22家，总量位居全市第二，全年实现营业收入17.43亿元，位居全市第一。江西荣华人工智能产业园获评市级文化产业园区，江西台德智慧科技股份有限公司、江西亚力亚包装制品有限公司获评2022年度抚州市文化企业10强，其中，江西台德智慧科技股份有限公司是全市唯一连续3年获评江西省文化企业20强的企业。

【旅游管理】 多措并举发动党员参与景区管理，大力推行亮身份、亮职责、亮承诺“三亮”活动，营造人人比实干、创业绩、争先进的浓厚氛围，确保景区管理工作中问题发现及时、协调顺畅、处置高效，坚持问需、问计、问效导向。通过举办音乐节、户外活动节、美食节、主题晚会等丰富多彩的节庆活动和赛事，确保旅游景区每月有活动。联动各类新媒体平台，策划发起游客群众乐于参与的主题活动、互动话题等。参与2023年度全省“三百文旅消费季活动”直播文旅带货评比，带货量进入全省前部方阵。率先在抚州市A级景区打造“党建+文化”文明实践综合体，积极探索三水域、两中心、两环路、一沙滩一寺塔一山庄一欢乐谷一停车场“3225”全新网格化景区治理新模式。统筹建设新时代文明实践站（点）、党员服务驿站、景观小品，设置休闲书吧、志愿服务站、医务室、影像室、宣讲室、文创产品展示区等功能室，配齐办公设备和活动设施，足额落实经费保障，确保工作正常开展。

【文化旅游投资】 加快推进“文化强区”和“旅游强区”战略，推动文旅融合高质量发展，宣传文化旅游资源，组织参加抚州（南昌）文化旅游宣传推介会、2023江西省“春光灿烂嘉游赣”文化旅游（上海）推介活动、2023江西省“春光灿烂嘉游赣”文化旅游（福建）推介会、九鹰抚景嘉游赣——2023年江西省（潮州、汕头）文化旅游推介活动、抚州市文化和旅游链（长三角）招商和旅游推介活动、第三届2023南城麻姑文化旅游节暨南城县旅游推介会等系列招商推介会，与泉州市泉港区签订战略合作框架协议。与本地传媒公司合作，在抖音平台开辟“东乡文旅”官方抖音账号；与移动、电信、联通公司合作，投放东乡文化旅游过境宣传短信，并开通视频彩铃业务。在东乡过境高速，沪昆高速（出口102、104）、东昌高速（出口102、101）四个出口处新建旅游景区交通标志牌；与抚州东高铁站合作，在其显著位置投放灯箱广告；制作文旅招商手册、宣传手册。

【文化市场】 文化市场实行网格化管理。将东乡区文化市场划分4个片区，每个片区固定2名执法队员常驻。实行“创文巩卫督察+执法日常巡察”模式，开展重大节庆日、时间节点专项整治活动，出动执法队员1546人次，检查经营场所623家次，查办各类违法违规案件12起。突出“扫”“打”关键环节，以实施“清源”“固边”“净网”“秋风”、“护苗”等五大专项行动为平台，抓住“两节”、“两会”等关键节点，联合网信中心、公安局、市监局等多部门开展巡查暗访和联合执法，同向发力，对全区出版物市场、印刷企业进行集中督查，查堵有害信息在县域传播。开展网上书店集中整治，对淘宝、京东、拼多多、小红书等电商平台深入摸查，对444家已审批并正常营业的网上书店进行核查，处理3起侵权盗版案件、1起超范围经营案件，营造清朗、健康的社会文化环境。

（万建云）

佛岭国际公园

【概况】 佛岭国际公园位于东乡区城东南2千米处，控制面积2万公顷，佛岭核心景区占地1.3万公顷，林地3672公顷、水库3座、水域面积1000余公顷。该园依托山水自然元素，挖掘历史、名人、佛禅等文化元素，打造成集佛禅文化、书法文化、名人文化、生态观光、休闲度假于一体的高品质旅游综合体，建设集休闲度假、亲子游学、西隐问禅、国学研习、养生养老于一体的“宜居、宜业、宜游、宜养”四宜精品示范旅游景区。佛岭国际公园获评国家AAAA级景区、江西省低碳旅游示范景区等称号。

公园现已建成佛岭景观大道、游客服务中心、婚庆山庄、欢乐沙滩等项目。佛岭景观大道全长1.5千米、宽70米，道路右侧规划建设准五星级精品酒店及商业综合体（与新旅集团签订了四星级酒店项目合作协议）。游客服务中心由一栋主楼、三栋副楼组合而成，俯瞰酷似佛岭龙头，整体采用唐风建筑风格，借鉴中国传统园林的名与实、有与无、意境与诗意等设计特点，营造“东乡文化之窗”三重意境。婚庆山庄建筑面积6667平方米，由15个VIP包厢，5个主题婚庆大厅和1个户外婚礼广场组成，重点打造一站式、全景婚庆服务中心。欢乐沙滩由文化广场、沙滩浴场、灯光水秀、湿地乐园四大主题功能区组成，可同时容纳1万人休闲游乐，是东乡“网红”打卡地、梦幻水乐园。花海草原由艺术花园、爱情林、阳光大草坪、生态水岸组成，重点以花海、灯光、婚纱摄影、网红景观小品等手法打造浪漫艺术的文化地标。

【塑造佛岭IP】 紧扣旅游市场新需求，坚持走产品差异化打造、市场细分化发展之路，面向亲子类群体，推广佛岭形象，增强景区曝光度和知名度。欢乐沙滩在抖音自然景观收藏榜、热销榜排行中，迅速跻身于全市榜首；东乡之夜·国潮迎春灯会在抖音吃喝玩乐榜·抚州市亲子出游人气榜、收藏榜排名中均位列第一。

【举办特色活动】 抓住重要时间节点，举办丰富多彩的节庆活动和赛事，推动旅游景区月月有活动，让文化“活”起来，让旅游“火”起来。举办佛岭景区首届沙滩露营音乐节，打造全年龄段狂欢盛大节日，观演人数突破1000人次，网络浏览量达120余万人次。“五一”假

佛岭国际公园夜景（佛岭国际公园　供）

期，东乡佛岭欢乐沙滩推出啤酒美食、婚纱摄影、沙滩拔河、星空电影、户外露营、时光音乐、舞动青春、亲子游戏、篝火派队等活动。“5·19”中国旅游日、“5·20”、六一等推出免费、打折等优惠活动，让游客群众共享文旅发展成果；举办东乡区10千米友谊赛、第一届抖音短视频摄影大赛、山地越野赛、中秋国庆海狮表演侏罗纪人气展演等活动；举办“星河月夜 光影之旅”沙滩灯光艺术节，游客量将近20万人次，其中单日最高峰近6万人次，刷新景区接待纪录，抖音单日线上浏览量突破1000万人次，带动大众夜消费800余万元。

【构建宣传矩阵】 聚焦“客源、资源、服务”三要素，统筹做好白天和“夜态”文章，推动景区业态突破“半年闲”、迈入“四季忙”。加强与主流媒体、网络平台、网红达人等合作，形成全媒体、全覆盖、全方位的立体式宣传体系。联动各类媒体平台，策划发起游客群众乐于参与的主题活动、互动话题等，扩大覆盖面和社会关注度。持续关注网络新动态，建立“热点”词库，制造网络爆点，引领话题方向。2023年，佛岭国际公园超1亿流量，欢乐沙滩超5000万流量，灯会、灯展超800万流量。《夏日消费迎“热”而上》《江西东乡：乐享夏日清凉》《江西东乡：游园赏灯》等稿件被中央、省、市媒体刊播和转载。

【景区管理】 建立“发现、协调、处置、督查、结单”闭环流程运行机制，对照职责分工，对所有收集到的问题全程跟踪、反馈并做好整改记录。构建“天上有网”，运用智慧景区平台，对景区客流、交通、治安、安全生产等方面进行精细、实时、全方位管理。推动“地上有格”，落实景区“网格化”管理，将景区划分分解为12个微网格，实现力量下沉，整合保安保洁力量，针对游客反映的地砖松动破损、路灯不亮、绿化养护不及时等问题，及时整改并回复，处理率达100%。多次与统战部门联动协调处理景区内西隐寺水电维修、降低噪声等相关问题，守好管好意识形态阵地。建立由13人组成的专业保洁团队，配备专业安保人员12人，强化旅游秩序监管和服务。

【服务建设】 整合盘活原有和新建的阵地资源，把宣传、综治、工会、文化、旅游等领域资源“打包”。利用景区现有空间，把阵地建设在游客服务中心、进出口、道路两旁等区域、点位，让游客群众第一时间看得见、找得到，最大限度延伸“触角”，形成“15分钟服务圈”。统筹建设新时代文明实践站（点）、党员服务驿站、景观小品，设置休闲书吧、志愿服务站、医务室、影像室、宣讲室、文创产品展示区等功能室。配齐办公设备和活动设施，足额落实经费保障，确保工作正常开展。

（周燕）

融媒体

【概况】 东乡区融媒体中心主要宣传平台包括《东乡新闻》电视节目、“东乡发布”微信公众号、“品质东乡”客户端。2023年，《东乡新闻》电视栏目共刊播156期，发稿814篇，开辟专栏49个，其中，有《新时代新征程新伟业·深入贯彻落实全国两会精神》《学思想 强党性 重实践 建新功》《民呼我为心连心》《聚焦创文巩卫》《“九查九改”深化作风建设活动》等系列电视专栏。在主题教育活动中，坚持融媒体报道思维，深入挖掘先进典型，切实办好专题专栏，推进主题教育工作走深走实。开办好《“九查九改”干部作风整顿专题访谈》电视专栏，邀请全区39家职能部门及乡镇（场、街道）党政主要负责同志接受专访，谈认识，谈问题，谈做法，节目播出后社会反响良好。

【内宣工作】 借助微信、微博、品质东乡客户端、抖音等新媒体平台，强化党的二十大精神、主题教育、党史学习教育宣传报道。“品质东乡”客户端开辟《2023年全国两会》《学习贯彻习近平新时代中国特色社会主义思想主题教育》《学思想 强党性 重实践 建新功》《加强国防教育 增强国防理念》《2023年江西省“网络文明宣传周”》《“九查九改”干部作风整顿》等专题专栏。“东乡发布”2023年总发稿量达2665篇，粉丝数20.4万人；“东乡发布”抖音号累计发布短视频1320条，粉丝数92万人，位居全市前列。

【对外宣传】 加强与中央台、省台、市台以及新媒体、《江西日报》等媒体的沟通与合作，积极做好大报、大台及“学习强国”学习平台的上稿。2023年以来，中央级主流媒体上稿55.43篇，位居全市第一。中央电视台《新闻联播》上稿10.25篇，《江西新闻联播》上稿42篇，《抚州新闻联播》上稿201篇，《人民日报》《新华每日电讯》《经济日报》《光明日报》上稿20篇，《江西日报》上稿144篇，“学习强国”学习平台上稿278篇。

【媒体融合】 建立内容丰富、载体多样、覆盖广泛的现代媒体传播体系，按照“电视+客户端+新媒体”的基本构架，做到相互补充，层层影响，形成传播共振效应，力求影响力最大化。坚持“移动优先”“先网后台”，新媒体比电视早一步，电视等传统媒体与微信、手机客户端等新媒体并行发展，实现传统媒体与新媒体相融、本地媒体与上级媒体相融、主流媒体与自媒体相融、政务媒体与网民相融，初步形成纵向全贯穿、横向全覆盖、内部全打通的传播合力，拓宽传播渠道。

【安全播报】 制定出台《东乡区融媒体中心“三审三校”制度》，落实导向管理全覆盖，坚持新媒体与传统媒体一个标准。弘扬主旋律，传播正能量，创新方法手段，自觉抵制各类有害和虚假信息的传播。建立科学规范的工作流程，明确初审、复审、终审和校对各个环节工作任务和岗位职责，做到职责具体，责任明确。“品质东乡”客户端，由当班编辑进行初审，客户端新媒体部主任担任二审，总编辑担任三审。“东乡发布”、微博、抖音等，建立“三审三校”审核群，每篇稿件都需要经过编辑、主编、分管领导以及融媒体中心主任层层审核通过后，才能发布。“东乡发布”公众号，由编辑初审、分管领导二审，中心主任三审通过后发布。所有涉及重要内容的稿件，如重大事件发布、重要政策颁布、重大会议报道、重要领导活动等，需由区委、区政府相关职能部门对稿件进行最终确认后可播发。

【“东乡发布”】 至2023年底，“东乡发布”微信公众号粉丝数达20.4万人，“东乡发布抖音号”粉丝数达91.9万，居全市前列。在2023年全省县级微信公众号的排名中，“东乡发布”微信公众号1至12月均排名第一，实现历史性十二连冠。

【“问政东乡”】 各乡镇（场、街道）、职能部门入驻问政平台，实现“问政”全覆盖，成为东乡区委、区政府走好网上群众路线的有效载体。2023年以来，客户端“问政东乡”栏目共接收网友提问219条，回复219条，回复率100%。

【直播活动】 开展一系列直播互动活动，与教育系统和城管系统等部门积极对接，参与各种热点活动直播，如开学第一课、城区幼儿园摇号直播，参与人次达到20多万人次。举办“不要彩礼要幸福”集体婚礼直播，开启节俭、文明、健康婚庆新模式，推动东乡区落实移风易俗、倡树文明健康生活方式。“东乡发布”公众号与各商家合作，定期推送最佳粉丝奖、幸运奖等奖项，提高粉丝与客户端、公众号的黏性。

（张婷）

广电网络

【概况】 2023年，中国广电江西网络有限公司东乡区分公司积极拓宽广电5G新业务，坚定不移走转型发展道路。全区有线电视用户60635户，宽带5062户。积极推进广电5G网建设，截至12月底，共发放5G卡271个。

【为民服务】 组织党员干部牵头，每周开展1—2次上门走访用户活动，了解用户对广电网络工作的需求，解答用户问题。全年共组织党员干部上门服务98次，为用户解决问题72个。

【安全播出】 强化责任担当，狠抓各项措施落实。严格执行《安全播出应急预案》，成立安全播出领导小组，完成领导每天带班制度，指导2名技术骨干跟班。及时检查保养机房运行设备，确保广播电视网络安全运行。完成全国“两会”和杭州“亚运会、亚残会”重要保障期安全播出工作任务。

【应急广播】 确保“村村通”广播。至12月底全面完成应急广播安装调试工作，并通过专家验收。应急广播已覆盖全区15个乡镇，131个村委会，安装广电终端1100个点。

（程淑飞）

图书发行

【概况】 江西新华发行集团有限公司抚州市东乡区分公司（以下简称东乡区分公司）现有在职正式员工22人，社会聘用员工12人。2023年，东乡区分公司将“提质增效”作为贯穿全年工作主线，推进八项重点任务，以稳健发展、创新发展、优质发展为核心，保持利润和销售稳步增长，全年实现销售收入3600万元。

11月1日，江西新华发行集团东乡分公司门市部举办“你好读者 书香赣鄱”活动（姜晗　供）

【文件文献发行】 提升服务质量，上门开展图书征订工作，采取抓重点带一般思路，通过重点品种、重点读者群体、重点中心工作带动大众读物销售，实现一般图书发行连续增长。开展政治读物发行工作，协调组织各单位的征订工作。征订发行《习近平新时代中国特色社会主义思想学习纲要》《论党的自我革命》等，政治读物已征订5939册，合计码洋11.69万元。2023年，东乡区分公司门市上架图书品种保持在1.6万元左右，满足全区人民阅读需求。

【城市书房】 东乡区分公司响应集团号召，与文旅局等部门合作协商，在佛岭城市书房内采购自动图书售卖机一台，融入东乡书法、著名景点等元素，吸引读者前来，为市民提供便捷阅读服务。

【企业管理】 优化管理模式，完善管理制度，增强自主创新能力，提升综合竞争力。抓好社会综合治理、意识形态工作，做好党建工作，扎实推进党风廉政建设。开展职工运动会和读书活动，丰富职工生活，提升职工团队精神，增强企业凝聚力。

（姜晗）

哲学社会科学学会联合会

【概况】 2023年东乡区社科联强化理论武装、深化社科研究、社科知识普及等方面担当作为，奋力开创东乡区社科领域工作新局面。11月，东乡区社科联获评2023（首届）抚州社会科学学术年会优秀组织单位（部门）。

【社科宣讲】 围绕学习宣传中共二十大精神和习近平总书记考察江西重要讲话精神，开展对党的创新理论成果的研究、宣传和阐释，进入机关、社区、学校、企业、农村、新时代文明实践（所、站）等地进行宣传宣讲。与东乡区委宣传部联合开展东乡区“新风东乡”基层理论宣讲竞赛，将获奖选手参赛作品录制成微宣讲视频，在“品质东乡”App“新风东乡”宣讲专栏上展播。全年组织各类宣讲830余场次，受众45000余人次，推动习近平新时代中国特色社会主义思想飞入寻常百姓家。

【社科研究】 关注社会热点、难点问题，组织社科工作者撰写社科理论文章，《党校党性教育的场景生成与价值认定探究》获得江西社会科学学术年会“为党育才为党献策干部教育培训高质量发展”专题分会优秀论文二等奖。《变法时代王安石的三无境界》编入《纪念王安石诞辰1000周年学术论文选编》，获得抚州市第十次社会科学优秀成果奖三等奖。《王安

10月17日，深入学校开展社会科学普及宣传周活动　（区社科联　供）

石教育改革与情怀》获得2023（首届）抚州社会科学学术年会优秀论文三等奖。《新时代统一战线：来自人类命运共同体的理论解释与实现路径启示》《给乡村振兴注入“源头活水”——关于孝岗镇村集体经济发展的调查与思考》等6篇理论文章在抚州市社科联主办的《抚州社会科学》杂志上刊发。

【社科普及】 开展社科普及活动，联合区委宣传部、区公安局、区司法局、区卫健委、区应急管理局等11个单位，在区第二中学、区博物馆、圩上桥镇新时代文明实践站等地举行2023年东乡区社会科学普及宣传周系列活动，发放社科宣传资料3000余份。发挥社科普及基地功能作用，东乡区博物馆社科普及基地传承红色文化，开展爱国主义教育与革命传统教育，接待参观人数6200余人次，传承红色基因，赓续革命力量。区第二中学社科普及基地围绕检察开放日、国家安全教育日等重要时间节点，开展社科知识专题讲座10余次，科普活动30余次，宣传宣讲中共二十大精神、习近平总书记视察江西重要讲话精神、法治教育、环境保护等知识，受益师生1150多名，丰富青少年精神生活，提升社科知识水平

【社团服务】 引导所属研究会参与社科工作，东乡区舒同书法研究会开展“红色文化进校园”、纪念一代书法大师舒同逝世25周年座谈会、春节送福送春联等活动；东乡区汤汉汤显祖祖根地文史研究会创作并发表理论研究文章《余江区华侨镇的名称来历》《抚饶堂殷汤氏家训》；东乡区红星精神研究会和红星镇政府共同举办深圳市江西东乡商会代表“三请三回”座谈会，发挥研究会平台资源优势，推动社科组织更好地服务社会。

（熊丽娟）

科学技术

综述

2023年，东乡区准确把握“自主创新、重点跨越、支撑发展、引领未来”的科技方针，围绕科技、知识产权、气象工作加大优化力度，持续改善科技创新环境，提升科技创新服务工作水平，为东乡区科技创新服务工作开展提供强有力的政策支撑和保障。全社会研发投入7.36亿元（企业填报数），技术合同成交额10.75亿元，新增创新成果341个，转化为新产品113件；新增发明专利授权30件，有效发明专利256件，每万人专利拥有量6.92件。区科技局持续推进企业重大技术需求项目“揭榜挂帅”攻关行动，以科技金融为资金保障，以科技引智助力乡村振兴，开展科技服务和培训56次，帮助解决6个技术难题。区市场监督管理局持续加强知识产权管理运用与产权保护，查处销毁侵权盗版及非法出版物3000余册；立案查处商标侵权案件4件，涉案货值94.08万元；申报国家知识产权强县建设示范县获省市场监督管理局通过。区气象局深化改革，稳步提升综合观测质量，围绕气象预报预警，农业气象、生态气象监测工作做好应有之力，开展直通式农业气象服务4次，服务2000余人次；充分挖掘东乡区生态气候资源，全力打造现代绿色宜居城市，1月23日东乡区被中国气象局列为第五批“中国气候宜居城市”。

科技工作

【概况】 2023年，全社会研发投入7.36亿元（企业填报数），有效期内高新技术企业57家、科技型中小企业112家、新增种子独角兽企业1家、瞪羚企业2家。新增省级创新平台载体1家、市级创新平台载体4家。全年技术合同成交额10.75亿元，新增创新成果341个，转化为新产品113件。施美药业获得江西省科技进步二等奖，亿友药业在十二届中国创新创业大赛入围总决赛并获评“优秀企业”。美尔丝瓜络揭榜挂帅项目“丝瓜络系列产品深加工”成功结项。东乡区科技特派员工作站获评2022年度抚州市优秀县（区）科技特派员工作站，东乡区畜禽科技特派团获评2022年度优秀省级科技特派团队奖。

【科企培育】 大力培育科技型中小企业和高新企业。围绕新能源新材料、生物医药、电子信息、汽车及零部件等产业，建立高新技术企业、科技型中小企业培育备选库，围绕备选培育企业，在科技项目、创新平台、知识产权、成果转化等方面开展专项培育。全年共组织60余家企业参加省高新技术企业评审领导小组举办的高企申报及研发费用归集业务网上培训，明确高企申报工作要求和时间节点，并先后深入亿友药业、华琪科技、恒邦纺织、施美药业、九鼎牧业等50余家申报高新技术的企业开展一对一重点辅导。在区科技局的指导帮助下，全年申报的高新技术企业通过34家，有效期内高新技术企业达57家。积极开展规模以上企业科技创新活动，鼓励和引导规模以上企业建立研发机构和加大研发投入，提高企业R＆D经费占主营业务收入的比重，不断增强企业的创新活力与创新能力。全年共组织科技政策培训4次，主要围绕企业研发经费投入如何科学归集、高新技术企业申报、技术合同认定登记政策解读及操作解析、科技惠企政策宣传及科技类项目申报等内容进行详细解读，帮助企业及时掌握科技政策的新变化、新内涵，助力企业发展。

【科技项目】 持续推进企业重大技术需求项目“揭榜挂帅”攻关行动。紧紧围绕全区主导产业（生物医药）、首位产业（新能源新材料）及电子信息、有色金属精深加工等新兴战略产业，坚持以企业技术需求为导向，聚力打破技术堵点，支持龙头企业破解“卡脖子”难题。2023年市级“揭榜挂帅”机制启动以来，已征集9项企业关键技术需求表，有2项技术需求成功挂榜签约（江西亿友药业有限公司的“盐酸屈他维林原料及制剂有关物质控制技术攻关”项目和抚州发那特机械科技有限公司的“Nimonic80A高温合金材料特殊要求的开发”项目），榜单金额200万元，实现60万元政府财政资金投入，带动揭榜项目研发投入1100万元，项目关键技术攻关后，预计可实现新增产值1.5亿元，带动100人就业。

【科技金融】 为促进东乡区科技型中小企业更快更好发展，缓解企业当前融资难、融资贵的问题，积极发挥“科贷通”融资平台助力工业企业科技创新水平迅速提升，东乡区科技局通过优化“科贷通”审批流程、增加合作银行等方式，降低企业申请科技金融产品的成本。东乡区累计发放“科贷通”贷款业务13笔，累计贷款2950万元。其中在贷企业8家，贷款余额1850万元，无不良贷款补偿及潜在风险情况。

【科技引智】 在2023年国家级大院大所产业技术及高端人才进江西抚州暨院士专家东乡行活动中，聘用上海交大罗加严等2位专家为“东乡区高端人才智库特聘专家”；在“智汇·东乡”院士专家东乡行活动中，聘用中科院张绘等5位专家教授为“东乡区工业诊所专家”。成立东乡区驻上海、北京、温州招才引智工作站，东乡区驻福州招才引智工作站泉州联络站。至2023年底已引进季君晖教授等高素质人才28人，硕士以上人才72人，博士5人。这些科技人才的集聚为东乡创新驱动发展提供了强有力的科技支撑，有力推动全区经济社会高质量跨越式发展。

【科技合作】 以开展对外科技合作为抓手，不断深化对外科技合作，与中科院、上海交通大学、南昌大学、南昌航空大学等高校开展校企合作，完成校企合作项目6项。全区规模以上工业企业与相关科研院所签订科技合作协议，实现规模以上工业企业科技合作全覆盖。2023年4月7日，在科技孵化园举行南昌大学新能源新材料（抚州）研究院挂牌仪式并正式运营，该研究院引进南昌大学教授、博士生导师、俄罗斯自然科学院外籍院士戴煜博士、齐维靖博士。为52家企业提供技术服务、人才引进等科技服务37项（人次），提升本地现有人才的创新能力水平。南昌大学“校园抚州日”暨抚州市“产业‘链’接高校”新能源新材料产业专场引才活动中，抚州发那特机械科技有限公司与南昌大学国际材料创新研究院签约。南昌航空大学“校园抚州日”——东乡区“书记部长进校园”暨产业“链”接高校专场引才活动中，东乡区人民政府与南昌航空大学签订人才战略合作协议，抚州发那特机械科技有限公司、江西金光高科有限公司分别与南昌航空大学测试与光电工程学院、环境与化学工程学院开展校企合作签约。中医药院士专家江西行抚州专场暨2023“人才康养抚州行”系列活动中，江西亿友药业有限公司与南昌大学抚州医学院签订PBD原料药合成工艺的研发和产业化校企合作协议。

【科技助力乡村振兴】 以科技特派员为抓手，充分发挥科技特派员在实施乡村振兴战略中的引领作用。聚焦蓝莓种植、油茶种植、水产养殖、生猪养殖等优势产业，从江西省农业大学、南昌大学、省农科院、市农科所及东乡区涉农部门选派42名中级以上技术职称的科技特派员充实到农业生产第一线，为东乡区农业产业发展及乡村振兴事业增添“人才引擎”。2023年，共开展科技服务和培训56次；发放科普宣传资料9000余份；示范推广新技术、新品种、新成果6项；对接服务省重点乡村振兴村7个；对接服务农业企业、专业合作社、家庭农场、协会等服务对象218家；培训农民568人次；帮助解决6个技术难题。

（吴国庆）

知识产权

【概况】 2023年，东乡区新增发明专利授权30件，有效发明专利256件，每万人专利拥有量6.92件。7月18日，在东乡区召开“知识产权服务万里行”活动江西地区启动仪式暨现场会。东乡区市场监督管理局以提升知识产权创造、运用、保护、管理和服务能力为着力点，增强企业知识产权综合运用能力，加大知识产权保护力度，完善知识产权服务体系，发挥知识产权驱动发展应有之力。持续推进知识产权质押融资“入园惠企”行动，协助多家企业获评国家、省、市级知识产权优势、示范企业等称号。东乡区申报国家知识产权强县建设示范县获省市场监督管理局通过，待国家知识产权局审批。

【知识产权管理与运用】 围绕江西省高质量发展考核、营商环境考核、工业高质量发展考核和工业园区考核四大重点任务，强化知识产权全链条保护，为市场主体提供全链条“一站式”知识产权服务，不断提高知识产权创造、运用水平。出台《东乡区知识产权专项资金管理办法》《东乡区中小微企业“东知贷”知识产权质押融资试行方案》等助企惠企文件，开展知识产权质押融资“入园惠企”行动。2023年，江西亿友药业有限公司获评国家知识产权优势企业、江西省第五届专利转化运用奖以及江西省高价值专利培育企业（全市唯一），江西高信前沿科技有限公司获评国家知识产权示范企业、抚州市高价值专利培育企业，江西台德智慧科技股份有限公司、江西施美药业股份有限公司被评为抚州市高价值专利培育企业。东乡区新增发明专利授权30件，有效发明专利

256件，每万人专利拥有量6.92件。专利质押融资金额28100万元，比2022年增长120.4%；商标权质押融资金额600万元，实现“零”的突破。至2023年，东乡区累计拥有全国驰名商标1件、江西省著名商标19件，注册商标保有总量5416件。

【机制完善与产权保护】 为落实知识产权保护属地职责，加强商品交易市场知识产权保护和管理，严厉打击知识产权侵权假冒违法行为。区市场监督管理局进一步完善跨区域跨部门知识产权执法维权保护协作机制，健全知识产权仲裁调解多元纠纷化解机制。2023年，同7个市县局签订《知识产权执法维权保护合作协议》，签署《县域知识产权保护跨区域协作协议》；与东乡区人民法院在东乡区市场监管局联合挂牌成立抚州市东乡区知识产权纠纷人民调解委员会，将知识产权行政保护和纠纷调解无缝衔接，为企业提供高效便捷知识产权保护服务。开展打击侵犯知识产权违法专项行动，查处销毁侵权盗版及非法出版物3000余册；立案查处商标侵权案件4件，涉案货值94.08万元；查处专利标注标识不规范案件41件。

（段鑫　冯晨　周真清）

气象工作

【概况】 东乡区气象局为生态文明建设、政府防灾减灾、群众生产生活提供准确及时的气象预警预报服务，围绕灾害性天气预报和各项社会活动保障做好气象服务，做好各项技术准备、完善各种规章制度和业务流程。2023年获中国气象局江西站“寻访最美气象台站”授牌，被中国气象局党组授予全国气象部门创建模范机关“先进单位”荣誉称号，获评“闽浙赣皖毗邻地区军队、地方气象联防协会第四十八届年会”先进集体、江西省县级气象部门高质量发展考评优秀单位、省县级气象部门高质量发展示范县、省气象部门宣传信息工作先进集体、省气象部门重大气象服务优秀集体、省气象部门事业单位嘉奖、通过“江西省青少年气象科普教育基地”称号的到期评估认定，获评抚州市气象部门宣传信息工作先进集体、市气象部门综合考核优秀单位，东乡区模范党支部称号。

【气候特点】 2023年东乡区气候特点表现为：气温略偏高，降水量偏多，日照偏多。其中1—5月日照时数异常偏多，排历史同期第六位，盛夏到秋季降水总体偏多，部分地区出现不同程度的暴雨洪涝灾害。气象要素分布不均，极端高温、低温、暴雨等天气特征明显，导致有阶段性暴雨洪涝、高温干旱、低温冻害、大雾等气象灾害发生。2023年，全区平均气温为18.9℃，比历年偏高0.9℃，全年大部分时段气温偏高，其中3月平均气温偏高2.0℃；城区日最高气温37.9℃（8月6日），最低气温-4.5℃（12月23日）。

城区年降水量为1910.5毫米，比历年偏多119.3毫米。全年降水呈整体偏多趋势，2月、4月、5月、6月、7月、8月、9月、11月降水偏多，其余月份均为不同程度偏少。主汛期（4—7月）降水较常年同期偏多，其中，6月降水量384.1毫米，比常年同期偏多52.0毫米；7

月降水量247.4毫米，较常年同期偏多92.7毫米。日最大降水量为99.8毫米（5月21日），日降水量大于50毫米有12天；降水日数141天。最长连续降水日数9天，时间段为3月17日—3月25日，累计降水量117.5毫米；最长无降水日数14天，时间段为11月17日—12月2日。

年日照时数为1749.0小时，比历年偏多79.0小时。1月、2月、3月、4月、5月、11月日照时数偏多，7月、8月、9月日照时数偏少。其中，1月偏多43.7小时，3月偏多47.6小时，11月偏多41.5小时；主汛期（4—7月）日照接近常年同期，1—5月日照较常年同期偏多28.6%。

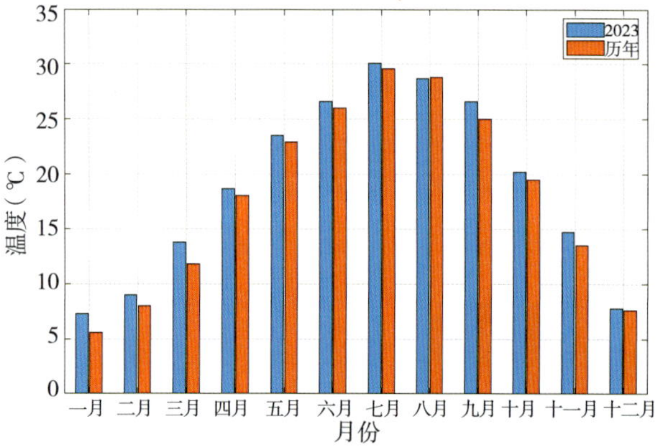

图5　东乡区2023年各月温度及常年平均值

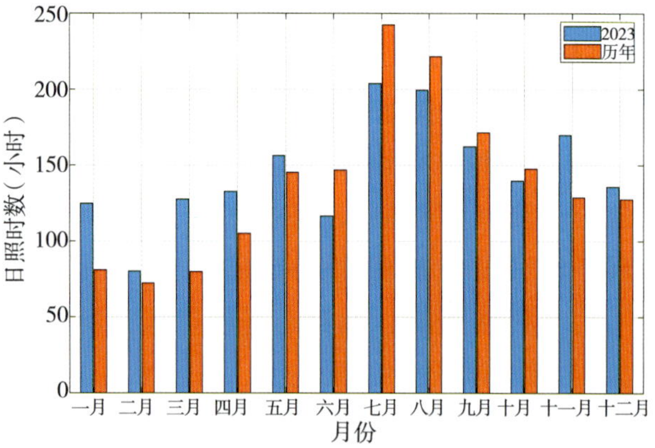

图6　东乡区2023年各月日照时数及常年平均值

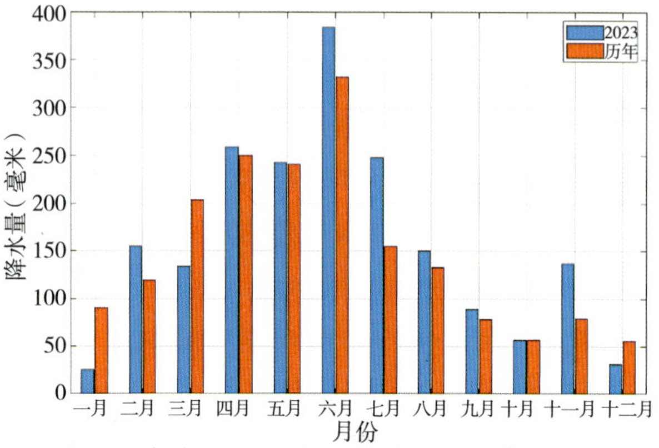

图7　东乡区2023年各月降水量及常年平均值

【气象灾害】 2023年，出现的气象灾害主要有低温、暴雨洪涝、高温干旱、大雾、霾等，灾害性天气多发重发，不但影响居民生活质量，甚至对人身财产安全造成威胁。2023年，东乡区主要有1次灾害过程影响较大，即6月22—25日连续性暴雨过程，直接经济损失1617.6万元，农业受灾面积2426公顷，绝收面积92.5公顷，受灾总人数15079人，安置转移63人。全年因气象灾害累计受灾人口15079人，农作物受灾面积2426公顷，绝收面积92.5公顷，直接经济损失1617.6万元。

【预报预警服务】 气象服务按照“一年四季不放松、每次过程不放过”，坚决落实强降水“631”风险预警应对工作机制（提前6小时风险预警、提前3小时风险通报、提前1小时风险叫应），主动向区委、区政府汇报，提前报送决策服务材料，通过微信群、公众号、短信等形式滚动服务于灾害性天气过程。2023年，气象局共启动9次应急响应命令，向地方党委制作报送《气象呈阅件》44期、《东乡区气象台631降水快报》8期，联合区应急管理局、自然资源局发布地质灾害预警信息6期，发布气象预警信息289条。其中，暴雨预警41条，雷电预警114条，高温预警16条，大风预警45条，大雾预警41条，道路结冰预警11条，台风预警2条，霜冻预警15条，寒潮预警4条。建立气象预警叫应信号紧急插播机制，将气象预警信息接入文广新旅局应急广播平台中心1000多个大喇叭发布终端，使居民第一时间知晓重要气象信息，做好相关防御措施，打通预警传播“末梢”。推进气象信息员共建共享共用，开展基层

世界气象日开展直通式春耕气象服务　（气象局　供）

【气象行政执法】 利用“国家安全教育日”“安全生产月”等活动开展防雷安全、宪法及相关气象法律法规宣传；完成对辖区内44家易燃易爆场所等气象灾害防御重点单位的全覆盖督导检查，建立健全防雷安全监管工作台账；常态化开展升放气球巡察22次并做好台账登记；制定“双随机、一公开”行政执法检查工作计划，根据工作计划开展气象行政执法检查。

防灾减灾培训，将全区656名气象信息员、应急志愿者、群防群测员、水库报讯员、护林员、网格员等纳入“12379”气象灾害预警短信平台，提升东乡区气象灾害防御能力。

【农业气象服务】 建立新型农业主体专题服务微信群并根据需求开展针对性农业气象服务。在重要农时季节制作专题气象服务产品并及时对外发布，2023年共发布春播春耕专题气象服务材料13期，农用天气预报服务材料2期，蓝莓天气服务专报3期，桑葚天气服务专报2期。开展“直通式”气象服务，气象服务人员、党员干部到田间地头，为农民增产增收献策献计，共开展直通式气象服务4次，服务人次达2000余人次。

【生态气象服务】 开展人工影响天气作业，2023年共实施人工增雨作业3次，成功发射火箭弹6枚；围绕区委、区政府“把生态优先、绿色发展体现在推动高质量跨越式发展的具体实践中，打造现代绿色宜居城市”的发展要求，助力东乡区王桥镇成功创建2023年“江西避暑旅游目的地”，推动东乡区获评“中国气候宜居城市”称号。

【气象信息宣传】 围绕“3·23”世界气象日、“5·12”防灾减灾日、“安全生产月”等活动，开展气象防灾减灾、防雷知识宣传，全年共开展6次宣传活动，发放宣传手册1万余册；邀请区电视台、气象灾害防御相关部门参加春节、端午、中秋、寒潮关键时期天气新闻发布会4次；积极在《中国气象报》和中国气象局网站发稿，获《中国气象报》江西站“寻访最美气象台站”称号。

【东乡智慧气象】 全力打造东乡智慧气象引领强降水“631”风险预警气象服务融合模式，努力实现气象服务与东乡地方战略的同频共振。按照《东乡强降水“631”风险预警服务业务规范》，向区防办、防指成员单位及相关乡镇（场）发送强降水1小时降水快报8期，电话叫应476人次，短信叫应发送451人次。完成“突发事件预警”与“东乡城市大脑”政务公务App对接，进一步拓展预警发布渠道。《中国气象报》“寻访最美气象台站（江西站）”栏目对东乡强降水“631”风险预警气象服务的做法在全国进行广泛宣传与推广。

（娄洋）

卫生健康

综 述

2023年东乡区紧紧围绕“健康东乡”这一主线任务，扎实开展医药卫生体制改革，稳步推进慢性病综合防控，深化药品带量采购制度改革。坚持按照“依靠群众、发动群众”的要求，采取区级领导挂点包片、部门帮创的工作机制，实行网格化管理，发动全区各单位下沉片区，全面提升城市品质，助力卫生健康治理保障。注重健康教育宣传，印制各种健康教育资料18.89万份，发放宣传用品1.19万份。健康教育受益人群1.1万人，进一步带动群众讲卫生、爱清洁，使群众自觉参与到人居环境整治中，营造出人人爱护卫生的良好氛围。通过国家爱卫办验收，擦亮东乡“国家卫生城市”金字招牌。

医疗卫生

【概况】 东乡区有区、乡、村医疗卫生机构277个。其中，公立医院4家，乡（镇）卫生院17家，门诊部、诊所、医务室、村卫生室227家，民营医院7家，体检中心1家，社区卫生服务站17个，社区卫生服务中心1家，疾控中心1家，专科病防治所1家。医务人员2868名，其中公立医疗机构医务人员1895名，通过医联体引进9名专家。2023年，区卫健委坚持新时代党的卫生与健康工作方针，坚持高位部署做好紧密型医体改革、传染病防控、基层卫生服务、免疫规划等工作，年度就诊263.88万人次。不断推动全区医疗卫生资源再拓展，医疗服务水平再提升，群众健康水平再提高，人民群众健康获得感明显提升。

【紧密型医体改革】 实现区人民医院、区中医院、区妇保院、区第二人民医院及乡镇（场）卫生院所有信息互联互通，在医体成员单位之间建立支撑分级诊疗的一体化医疗卫生信息系统，在区人民医院建立影像、心电、检验中心，实现技术资源共享和检查结果互认。推行会诊、影像、心电、检验等远程医疗服务，实现“基层检查、上级诊断”和“患者不动、标本动、信息动”的协同医疗模式。7—9月，全区开展远程医疗总数5200余次。建成东乡区医疗健康综合服务体系管理平台和“健康东乡”App，推出诊间结算、住院“一站式”结算等服务。

【提质基层卫生服务】 东乡区乡镇卫生院均按照建设标准，全面完成升级改造。建成东乡区医疗健康综合服务管理平台，将全区各医疗卫生机构、民营医院、乡镇卫生院、村卫健室等190多个医疗网点的卫生健康数据互联互通共享。每个村卫健室至少配有1名乡村医生，组建由区、乡（社区）、村（居）三级医生组成的159支家庭医生服务团队，定期为签约居民提供基本医疗、公共卫生及有针对性的健康咨询服务，对部分低收入人口、行动不便的老年人、失能和半失能人员、重度残疾人员专门开展上门送医送药服务。

【慢性病综合防控】 在区委、区政府的支持下，成立东乡区国家慢性病综合防控示范区建设工作领导小组，印发工作方案、组织主要部门联络员业务培训。建设健康社区45个，健康单位、健康食堂各3个，健康餐厅5个，健康学校、健康小屋、健康社团各1个。对农村建档立卡脱贫人口实现家庭医生签约服务应签尽签，做到签约一人、履约一人、做实一人，重点加强高血压、糖尿病、结核病、严重精神障碍等慢病患者的规范化管理与服务。1—11月慢性病就诊患者28928人次，慢性病收入1127万元。2023年，东乡区死因监测系统报告死亡病例2453例；肿瘤登记平台报告恶性肿瘤病例1253例，因恶性肿瘤死亡577例，与2022年相比死亡病例减少246例。

【传染病防控】 2月，科学规范处置2起学校流感疫情，均为甲型H1N1型流感；组织专业技术人员进入校园开展冬春季校园呼吸道传染病专项督导；3月16日，区卫健委、区教体局组织召开2023年学校卫生安全管理培训会，321人参训，加大对学校、医疗机构、集中式供水单位的传染病防控检查。4月，开展水产品、水系样品的外环境疫源检索，样品238份，其中水产品140份、水系样品98份，结果均为阴性。报告手足病例37例，采样送至市疾控中心检验科检测，其中阳性病例30例、阴性病例7例，阳性率81.08%。完成“三热”病人血检人数280人，制作血片280张，血检复核数28张，复核率10%，所有血片未发现疟原虫。报告食源性疾病病例107例。其中，区人民医院30例，第二人民医院30例，中医院29例，乡镇卫生院18例。

【免疫工作】 制定2023年免疫规划疫苗及注射器计划，避免浪费疫苗，开展疫苗追溯管理，实行疫苗扫码出入库、扫码接种、定期开展疫苗自查工作，确保疫苗安全，加强全区冷链监测系统建设，完善冷链设备，区疾控中心配备3台配用制冷机组，确保疫苗储存安全。接种单位按要求建立冷链设备档案（纸质、系统），并做好冷链温度监测工作，每天进行两次冷链温度监测，每次间隔不少于6小时。积极主动地开展麻疹、流脑、乙脑、新生儿破伤风等疫苗的主动监测工作，主动监测30次，报告8例疑似麻疹病例，排除8例，排除麻疹病例报告发病率为2.1/10万。22个预防接种门诊报告32

3月23日，国家卫健委调研组调研东乡区医养结合工作

（区卫健委　供）

例AEFI（疑似预防接种异常反应）的情况。其中，30例均为一般反应，1例为偶合症，1例为异常反应。

【健康教育宣传】 做好健康教育宣传工作，开展卫生宣传活动17次，张挂横幅标语12条，搭建彩虹门9个，摆放展板海报23块，张贴宣传栏242张，印制各种健康教育资料18.89万余份，发放宣传用品1.19万余份。健康教育受益人群约1.1万人。通过宣传教育，提高东乡区居民及流动人口健康知识的知晓率，增强居民的自我保护意识和卫生防病能力。每月制作健康教育与健康促进知识专栏并向全区各创卫单位推送。利用“健康东乡”视频联播平台和各区直医疗机构微信公众号，发布健康核心信息、科普知识和工作动态，“健康东乡”视频联播平台轮播视频播放分类总数34大类，轮播视频播放总时长719万小时，轮播视频播放总次数18522万次。做好控烟干预工作，5月31日是世界无烟日，在机关单位、社区、学校开展9场控烟知识讲座活动，区爱卫办、区健康东乡办联合在东信百货开展“世界无烟日”“无烟为成长护航”现场宣传活动，东乡35家单位（区18个乡镇卫生院和金峰街道办17个社区卫生服务中心）同时进行控烟相关知识宣传，扩大无烟宣传面，张贴1种主题宣传展板海报23张、一期世界无烟日宣传栏海报22张，发放宣传折页1万份、各类宣传小礼品2000余份。

【性病、艾滋病防治】 2023年，新发病例18例（本地报告11例，外地报告7例），死亡1例。随访582人次，CD4检测完成161例，接受治疗病例192例，抗病毒治疗率为96%，抗病毒治疗前、治疗后、机会性感染救助105人，使用专项经费约8.73万元。强化重点人群管理，对拘押人员494人开展HIV、梅毒、丙肝抗体检测，其中梅毒阳性7例；自愿咨询点开展HIV、梅毒、丙肝抗体检测401人，其中HIV确诊阳性3例；发放宣传折页1200份、小礼品423份、避孕套5120个；为从业人员开展HIV抗体筛查约1.5万人次，结果均为阴性。1—9月，全区各级医疗机构及疾控中心检测86935人次，筛查率22.65%，筛查阳性11例，确诊阳性11例。

【健康扶贫】 优化门诊特殊慢性病待遇确定程序，将包括脱贫人口在内的参保居民在定点乡镇卫生院门诊治疗特殊慢性病发生的费用按规定纳入医保支付。推进大病救治工作，实施35种重大疾病实行专项救治，持续开展农村低收入人群大病救治工作。全面落实县域内住院“先诊疗后付费”和“一站式”结算服务，有结算服务窗口29个，排查整改漏项，为贫困人口提供便捷服务。继续实施重大疾病免费救治工作。至10月，免费救治白内障患者230人，完成率96%；儿童白血病患者1人，完成率100%；重性精神病患者415人，完成率63.75%；尿毒症患者300人，完成率214.3%；儿童先心病8人，完成率52.38%；乳腺癌2人，完成率100%；宫颈癌1人，完成率100%。继续推进健康扶贫25种重大疾病医疗救治工作，至10月，对患有食道癌（22人）、胃癌（43人）、直肠癌（26人）、结肠癌（19人）、肺癌（224人）、肝癌（98人）、慢性粒细胞白血病（2人）、脑梗死（6人）、血友病（3人）、地中海贫血（7人）、骨肉瘤（1人）、慢性阻塞性肺气肿（188人）、卵巢癌（2人）等重大疾病的城乡贫困患者进行专项救治。

人口发展

【概况】 东乡区贯彻落实优化生育政策，开展系列生育友好宣传活动，参与健康家庭促进行动，开展人口监测与家庭发展信息系统信息核查，不断提升服务管理质效，全力推进新时代人口长期均衡发展各项工作。2023年，东乡区出生2415人，结婚登记人数2084对，免费婚检人数2051对，婚检率98.42%，孕前优生优育检查2252对。在江西省“百家健康家庭”评选活动中，东乡区王勇家庭、上官青云家庭获得“江西省健康家庭”荣誉称号。

【人口监测】 区卫健委与区民政局、区疾病预防控制中心、区妇幼保健计划生育服务中心等部门建立信息共享制度。每月月初将出生、死亡以及婚姻变动等信息发送至各乡镇场卫计办并及时录入系统；每日通过电话、微信群发放工作表，督促卫计办人员高效处理江西省人口信息系统的协查、办证等限时信息，2023年，处理并反馈414条，反馈率100%；系统协查期内接收协查1450条，反馈信息署1446条，反馈率99.72%；江西省计划生育服务系统办证总办结1516条；协查情况期内协查共接收205条，完成199条，完成率97.07%。根据国家反馈在江西省全员人口信息系统的数据，通过上户核查等手段清理修正数据，按时保质地完成审核更正726条。

【托育服务】 完成国家卫生统计信息网络直报系统的托育机构信息填报审核工作，55家托育机构（含向下延伸办托班的幼儿园）进行填报工作，13家托育机构成功备案，新增成功备案托育机构3家，覆盖25%的城市社区，提供托位数1209个；结合普惠幼儿园向下延伸提供托位数167个，累计托位数1376个，顺利完成2023年全区每千常住人口托位数达到3.58‰的目标任务，完成2023年前三季度的婴幼儿入托补贴申报审核工作，补贴资金12.51万元。9月14—15日，联合区公安局、区市场监督管理局等职能部门开展对东乡区13家托育机构的安全隐患排查整治工作，排查出各类安全隐患99个，其中安全保障制度建设情况4个、消防安全落实情况36个、食品安全落实情况26个、健康管理落实情况13个、应急管理落实情况16个、人员管理培训情况4个，持续跟进整改工作。

【生育友好宣传】 为弘扬重视宣传家庭、家教、家风、适龄婚育、优生优育、尊重生育的社会价值，破除高价彩礼等陈规陋习，讲好新时代追求美好爱情、和谐家庭、幸福生活的东乡故事，制作以《中共中央、国务院关于优化生育政策促进人口长期均衡发展的决定》、国务院办公厅《关于促进3岁以下婴幼儿照护服务发展的指导意见》为主题的宣传展板；印发《关于加大婴幼儿入托补贴补助力度的实施方案》《三孩配套支持政策》《江西省生育登记办理指南》等一系列宣传折页及宣传单4000余份；制作宣传横幅20余幅。通过进社区、进企业以及在全区所有公立医疗机构及托育机构电子显示屏滚动播放等方式进行政策宣传。

【家庭扶助关怀】 持续稳妥落实阳光助学、城镇独生子女父母奖励、免费体检等奖励扶助政策。2023年，东乡区阳光助学（含二本以上）补助对象123人，补贴资金12.3万元；城镇独生子女父母奖励3804人，其中通过网上年审3448人，线下年审356人，共计奖励资金435.11万元；免费体检29人，体检经费0.832万元。

（孙俞波）

医疗保障

【概况】 2023年，东乡区医疗保障局始终坚持“以民为本、为民解困、为民服务”的发展理念，高效履行医保部门的职责使命，不断夯实医保各项基础工作，努力构建多层次的医疗保障体系。全区城镇职工参保37562人，城乡居民参保352794人，全区基本医疗参保390356人，城乡居民参保率107.3%（按常住人口计算，包括在本地务工的外地人员等），其中农村八类人口参保20798人，参保率100%。获2023—2024年度全市医保经办系统“练兵比武”知识竞赛活动第三名。

【基金监管】 不断创新监管方式，协同区卫生健康委员会、区市场监督管理局、区公安局等部门多次开展打击欺诈骗保基金专项整治行动，全面启动智慧医保电子“鹰眼”，引入社会监督，广泛动员全民参与，形成医保基金监管的强大合力。2023年，对全区医保定点医药机构进行全覆盖检查，其中中止服务协议2家、解除协议5家、约谈136家、通报曝光78起、移交纪检监察机关1家、行政罚款6家，追回医保基金235.05万元（公立定点医疗机构72.08万元、非公立定点医疗机构102.60万元、定点药店58.20万元、个人2.17万元）、收取违约金162.05万元、行政处罚80.55万元，合计477.65万元。加强定点医药机构管理，以《基本医疗保险定点医疗机构医疗服务协议》和《基本医疗保险定点零售药店医疗服务协议》规范医疗服务行为，努力提升基金使用效率。

【门诊共济】 组织东乡区医保经办人员和定点医药机构对基本医疗保险门诊共济保障机制实施办法、职工医保门诊共济保障政策等相关文件进行多方位培训，确保该项惠民政策平稳有序落地。新增抚惠保共济个人及家庭缴费从职工个账代扣服务，通过门诊共济保障缴纳2024年城乡居民医疗保险共计4566人。同时通过宣传文件、视频滚动播放等方式，宣传医疗保险共建共享、互助共济的重要意义，突出个人账户“小共济”与门诊保障“大共济”政策亮点，多渠道提高政策知晓率。

【药品集采】 全面落实国家组织8批次、江西2批次、省际联盟中成药等多批次药品集中带量采购，23家公立医院参与带量药品采购，涉及410余个中选药品，占集采总品种的74.8%，药品总采购金额为4504万元，占药品（中药饮片除外）总采购金额的24.5%，同期增加采购额2004万元，居抚州市前列。

【窗口服务】 在区政务服务中心设置12个医保服务窗口，承担全区390356名参保群众医保服务。落实重大疾病医疗保险和倾斜救助政策，发放倾斜救助1569.03万元，救助31764人；个人账户一次性支取116人次，支取金额37.13万元；住院零星报销2597人次，基金支付金额1578.06万元；门诊报销8216人次，基金支付金额1629.11万元。加强窗口人员管理，安排每日网上考试，提升经办服务能力，群众窗口评价32868人次，非常满意17029人次，满意15831人次，基本满意5人次，不满意3人次，满意率99.99%，对不满意评价由政务中心电话回访，并实时反馈整改。

【乡村振兴保障】 农村低收入监测人口全部按规定享受基本医保、大病保险、医疗救助“三重保障”。区域内治疗落实“先诊疗，后付费”和“一站式结算”政策。每月及时排查、统计农村低收入人口在区内住院目录外超过总费用10%的人员费用信息，同时将超额费用数据推送给卫健部门及相关医疗机构，由医疗机构返还给患者。2023年，筛查出存在因病致贫、需进行监测的城乡居民2154人；筛查出存在因病返贫风险、需进行重点监测人口139人。城乡医疗救助基金收入2861.25万元，比上年增长64.46%。其中，中央及省级补助资金1337万元，本级财政配套1522万元。支出2847.42万元，比上年增长42.02%。其中，资助参保支出505.21万元，待遇支出2342.21万元。严格按照政策规定，执行分类资助参保政策。农村八类人员中特困人口1075人，已实行全额资助参保；低保对象15383人，已实行定额资助参保；无双重身份的脱贫、监测人员已全部完成自主参加2023年基本医疗保险，确保应保尽保。

【医疗救助托底保障】 全面做好因病返贫、因病致贫风险监测和信息共享机制，进一步发挥医疗救助的兜底功能。至2023年11月，共推送给乡村振兴部门的普通居民防贫监测数据1636条、脱贫人员监测数据99条。从农村八类人员就诊的15051条数据中筛查出36条超出10%住院总费用的数据，推送给对应的6家定点医疗机构，督促其立即整改。建立防范因病致贫返贫预警监测机制，依托江西省医疗保障信息扶贫监测平台、江西省医疗保障信息系统，加强医保与乡村振兴、民政、卫健和医疗机构等部门沟通协作，及时将医保防贫监测数据推送给相关部门。年底将1—11月自付费用超出9342元的122名监测人口数据推送给乡村振兴局，自付费用超出18684元的2004名监测人口数据推送给民政局。

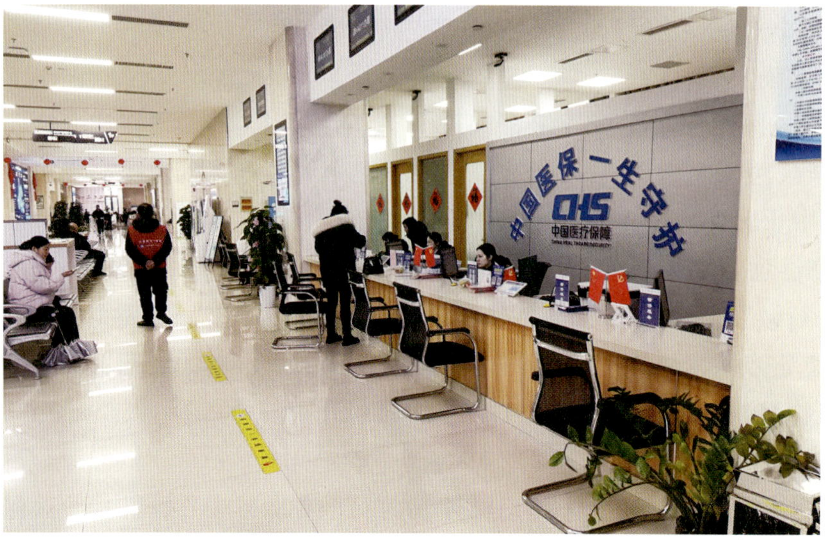

东乡区医保服务窗口　　（区医疗保障局　供）

【优化经办服务】 组织经办服务工作人员全面学习《江西省医疗保障经办服务事项清单》（2.0版）。4月，将零星报销由法定时限30个工作日压缩到承诺时限7个工作日；生育医疗费用和生育津贴支付由法定时限20个工作日压缩到承诺时限3个工作日，生育津贴发放121人次，发放资金255.72万元；门诊慢性病申请由法定时限20个工作日压缩到立即办理，平均压缩比达到85%，该项改革措施获得省、市医疗保障局高度认可。简化就医备案流程，异地结算更便捷，做好省内就医无异地政策及参保群众异地就医网络大厅、国家医保App等自行备案方式的宣传工作，全区参保人员申请异地就医备案2711人次。意外伤害审批提速，实现出院即时结算。在东乡区二级医疗机构和专科医院接受外伤住院的患者，各医疗机构的医保部门在患者入院的次日上午及时在微信群报告情况，保险公司安排2人到病房现场核实外伤因素，排除是否存在第三方责任，对部分不能及时辨别的案例，组织人员外出调查，每天下午将排查结论报医保中心审批，各医疗机构按照审批表意见开展出院即时结算工作实现出院即时结算。截至11月17日，城区9家医院共直接结算意外伤害住院2983人次，合计支付2035.1万元，拒付3228人次。

【DIP改革】 成立DIP（区域点数法总额预算和按病种分值付费）工作专班，制定《抚州市东乡区区域点数法总额预算和按病种分值付费试点工作实施方案》，召开DIP数据采集专项工作推进会，要求各机构确定专人负责DIP支付方式改革工作，在省、市培训的基础上，持续加大二级医疗机构DIP付费的各项培训。反复开展数据治理工作，区人民医院纳入临床路径管理病种146种，病案数据上传24680人次，上传率达100%，病案结算清单编码质控率达99.93%。医保经办工作人员多次到各定点医疗机构进行实地检查，重点核查病案信息与医保结算清单信息是否一致、ICD编码与医嘱诊疗行为是否一致、ICD编码是否准确规范等情况，共抽查病案、医保结算清单146人次，ICD编码90余条，对发现的问题现场指正并要求限期整改。对医疗机构推动出现的低标准入院、滥开大型检查、过度医疗等医疗成本控制不合理现象进行多维度、全方位审核监管，引导医疗机构规范医疗服务行为。

（王露）

区人民医院

【概况】 区人民医院是东乡区集医疗急救、教学科研、预防保健为一体的唯一的一所三级综合性医院（12月正式备案批准），是东乡区城镇职工和城乡居民基本医疗保险定点直报医院、东乡区“120急救中心”、国家级母婴友好医院。2023年，区人民医院坚持以学科建设为抓手，实施人才强院战略，深化学术交流合作，促进诊疗水平不断提升，完成门诊、急诊43.75万人次，出院31518人次，手术7876人次。DRGs（疾病诊断相关分组）排名全省二级综合医院第9，抚州市二级综合医院排名第一。荣获“全市卫生健康系统先进集体”称号；内二科主任杨丽娟荣获“全市卫生健康系统先进工作者”称号。

【省卫健委备案批准为三级综合医院】 4月28日，抚州市卫健委到区人民医院开展三级医院设置验收整改情况“回头看”，对整改情况予以肯定，认为区人民医院符合三级医院设置标准。12月21日，省卫健委下发《设置医疗机构备案回执》（赣卫医备案〔2023〕5号），批复东乡区人民医院设置为三级综合医院，是抚州市县（区）首家三级综合医院。12月27日，召开等级医院评审启动大会，全面启动为期3年的等级医院评审工作，实现“冲刺三级甲等、确保三级乙等”等级评审目标，全面提升医院综合实力和服务能力，更好地造福东乡人民。

【学科建设】 危重孕产妇救治中心和危重新生儿救治中心通过市卫健委复评；骨科、新生儿科、麻醉科被市卫健委评选为市级临床重点专科建设项目；神经外科、临床护理被评选为市级临床重点专科建设备选项目，建设周期为3年。通过医疗技术管理委员会会议集体论证，准入开展自体颅骨瓣回植、脑室钻孔引流+颅内压监测等14项新技术新项目，提升医疗技术水平。医务人员登记发表的各级医学论文30余篇，申报市厅级科研项目32项，申报中医药管理局课题7项，申报省卫健委课题1项。

【交流合作】 与省儿童医院建立紧密型合作帮扶模式，与省人民医院建立医联体，与省妇幼保健院建立妇科专科联盟，加入南昌大学第一附属医院疼痛护理联盟单位。5月13日，举办“抚河情”在沪赣（抚）籍医疗专家大型义诊活动，复旦大学附属华山医院等上海多家著名“三甲”医院的30位知名专家到区人民医院开展义诊活动，包括手术演示、教学查房、病案讨论、健康大讲堂等活动，近1000名东乡患者在家门口享受到上海专家医疗服务，加深区人民医院与上海有关医院专家的交流合作。9月，承办抚州市紧密型医共体建设暨“三大中心”建设现场会，向抚州市卫健系统全面展现区人民医院发展情况。省教育厅下文批准区人民医院成为江西省中医药高等专科学校教学医院；与抚州医学院医教研合作，接受9个班500余名临床医学本科生见习。

【人才队伍建设】 2023年11月7日，省儿童医院儿童保健专家、硕士研究生、主治医师刘冬梅挂职帮扶区人民医院，省儿童医院专家的专科能力带动区人民医院儿科、新生儿科的发展。建立同济大学附属第十人民医院骨科吴鹏博士工作室和妇产科艾贵海博士工作室，博士工作室增至3个。9人获批正高级职称、19人获批副高级职称，高级职称人员增至147人。通过区委、区政府高层次人才引进政策、人事代理考试以及医院自主招聘等途径，引进65名专业技术人员，其中全日制硕士研究生8名。选派到上级“三甲”医院进修35人次、外出短期学习培训及参加各类学术会议438人次。

12月21日，三级综合医院等级评审启动大会在人民医院召开
（陈朵　供）

【医疗质量提升】 进一步健全完善医疗质量安全管理体系，制定印发《新技术、新项目临床应用管理办

法》《科技项目管理办法》；规范伦理审查，修订《医学伦理委员会组织结构与制度、职责》《医学研究伦理审查委员会章程》；进一步规范医教研管理，制定《科研诚信管理法》《科研项目管理办法》等文件。开展100余场次院内学习培训和考试考核，全面提升医务人员专业技术水平。

【医疗设施建设】 内科大楼主体结构正式封顶，添置超高端320排640层CT、G臂机等设备，稳步推进感染楼改造建造工程，对超声科、心电中心进行改扩建，优化场地、仪器设备、信息传送和检查流程，7月16日超声科正式搬迁至新址，11月26日心电中心正式搬迁至新址。添置沉浸式危急重症案例诊疗虚拟训练系统等40件教学模具，将示范教室扩建成集临床、护理、医技等专业技术人员操作练习的教学场所，为医务人员及实习生提供规范、系统的操作训练条件。

【"两改善、两提升"专项活动】 开展"两改善、两提升"专项活动，聚焦改善就医体验、改善护理服务、全面提升医疗质量、提升临床专科能力4项任务，建立更加健康高效的医疗卫生保障体系。通过提升窗口服务、优化办证流程、提供共享轮椅等设施、周末开放磁共振检查、延续护理服务等60余项具体举措，进一步增强群众看病就医获得感、安全感、幸福感。

（万艳芳）

区中医院

【概况】 东乡区中医院坚持以中医为本，以发展中医药特色优势为办院方向，走科技兴院之路，努力提高中医药服务质量和服务水平，为广大人民群众的身体健康提供强有力的保障。开放床位275张，在职干职工262人，先后柔性引进2名博士。设有门诊部、急诊科等16个临床及辅助科室，以及院办、总务科等13个行政后勤科室。涵盖中医骨伤科、中医肛肠科、中医康复科、中医针灸科、中医肿瘤科5个省级基层特色专科，1个市级重点专科（中医骨伤科）。针灸、推拿、康复理疗等非药物疗法发展较好，中医药预防、养生、保健等领域始终走在区级医疗前列。2023年，区中医院行政后勤党支部、住院部党支部获区级"模范党支部"称号。

【医疗服务】 2023年，区中医院门诊诊疗157271人次，住院部诊疗5100人次，手术总数951台，三、四级手术占比53.73%，中药处方占比58.49%；患者满意度98%，职工满意度95%。开展中医适宜技术48项，包括针刺类技术13项、拔罐类技术4项、敷烫熏浴类技术5项等。在抚州市东乡区中医院微信公众号平台开通"云胶片"服务功能，群众用手机即可随时随地查看影像检查报告，改善群众就医体验。完成9个乡镇卫生院和社区卫生服务中心中医馆、40个村卫生室中医阁的建设。注重医疗交流，先后与南昌大学第二附属医院儿童保健科签订专科医联体协议书、与江西省中西医结合医院康复科签订专科医联体协议书、与江西省人民医院、中西医结合医院建立紧密型医联体。3月26日，区中医院上线新信息系统，提高各科室的工作效率。4月16日，开展口腔种植牙手术业务，并邀请南昌大学附属口腔医院种植专家到院指导并开展种植手术。11月12日，正式启动“三级创伤急救中心”，设立全方位、“一站式”的创伤快速救治平台，实现“急病急治”“多发伤多学科联合救治”的目标，为创伤急救患者提供及时、有效、全面的综合救治。开设妇产科熏蒸业务，提供绿色有效的中医理疗。通过贴息贷款的方式，采购27种全新的医疗设备，包括电子胃肠镜、口腔CT（颌面锥形束计算机体层摄影）、车载X射线机等，助力医疗服务提升。

【中医事业高质量发展】 江西省中西医结合医院康复科江崛教授，首届江西省国医名师、盱江医学近现代李氏流派第三代传人黄调钧主任医师到医院定期坐诊。围绕“中医药服务能力提升”“中医药人才引育”“中药茶饮”“药食同源”等中医药相关工作，先后挂牌“一中心三基地”（东乡区康复中心、东乡区热敏灸技术推广基地、东乡区中医适宜技术推广基地、东乡区中西学教学基地）。中医护理突破2万人次，整理制定20个优势病种的中医护理常规，不断提升医疗服务水平。将门诊二楼打造成名医工作室，用于江西省人民医院名医专家定期来院坐诊。11月，完成二级甲等综合医院复评工作，不断满足人民群众日益增长的中医药服务需求。选派18名医务人员前往省级三甲医院进修学习，带来新技术、新项目，各科室申报17项新技术、新项目，火龙罐技术、浮针技术等全省领先，骨伤科、妇产科、康复科先后获评市级旗舰科室和诊治中心。

【中医传承】 2023年，东乡区获批“全省中医药综合改革先行区”“中医药传承创新发展示范试点项目”，拥有2个全国基层名老中医药传承工作室、1个省级基层名老中医传承工作室、4个市级名老中医传承工作室、5个江西省基层中医特色专科、1个抚州市重点专科。有23名中医类别的全科医师，每万人口中医类别全科医师数0.62人、组织申报市卫健委中医类别全科医生培训21人、经遴选有相关资质老中医13人，招收中医药、师承教育学生36人。区中医院建设1个民间中医传承工作室，完成韩青春、陈华良、周明3个省级名中医工作室的建设，评出首届名老中医专家4名。选送熊执波、何雅芬、肖慧琴3名医师师承国家名中医何晓辉、省级名中医黄调钧；对区中医院7名中医类别人员开展“中医经方”培训，5名非中医类别人员开展“西学中”教育培训；完成对全区乡村卫生院、室的技能培训，参训300余人次。新招录10名专业技术人员，分批次选派2名中医类别全科医师转岗培训和规范化培训。2023年，王得梅荣获江西省先进医务工作者称号；桂磊婷、吴凤云在“抚州市养老护理职业技能竞赛”（东乡选拔赛）获一、二等奖；王勇强获得“抚州市优秀医务工作者”荣誉称号；王得梅、韩青春、罗青3人被评为首届区级名中医；黄维、艾木盛等6人获“区优秀医师”称号。

【中医药+养老】 在提升老年科基础的同时，发展中医康复科、中医骨伤科和治未病科，力争打造具有中医特色的市级老年医学重点专科。加快中医药健康产业扩容，发展“中医药+养老”产业。2月，东乡区中医院被江西省卫健委、江西省中医药管理局评为老年友善医疗机构；区中医院为江西热敏灸医院东乡分院举办2期热敏灸培训班，指导基层医疗机构开展中医药服务。东乡区17个乡镇卫生院均开展热敏灸产业发展工作，方便乡村留守老人中医康复治疗；在金峰街道南门社区服务中心选址建设热敏灸小镇，将社区便民服务中心与老年人日间照料融合，打造康养结合型热敏灸综合服务区。

【中医推介】 2023年，开展中医药文化“五进”（进机关、进学校、进企业、进社区、进乡村）活动17场。中医师、康复治疗师定期到学校开展“中医知识”大讲堂活动，6月在区第二中学开展院校“我是小郎中”实践教学活动，学生们通过听、看、闻、问的方式，让中医药知识入脑入心。2023年，开展3场中医适宜技术推广培训会、1场热敏灸技术推广培训会，培养基层卫生技术人员560余人次。顺利举办首届“膏方节”活动，邀请省、市、区著名老中医开展讲课、义诊。注册“精诚堂服务公司”，推广中医膏方。

（黄维）

区第二人民医院

【概况】 东乡区第二人民医院（以下简称区第二人民医院）是二级综合性非营利性医院，江西省重性精神病患者免费救治定点医院，东乡区城镇居民和职工医保、免费血透救治定点医院，区医养结合康复养老中心和区安宁疗护示范医院。2023年，医院有职工180人，其中专业技术人员159人。诊疗47743人次，公共卫生服务3495人次，0—6岁儿童预防接种2308人次，为65岁及以上失能老年人提供健康评估与健康服务2529人次；安宁疗护科收治患者6人，精神科收治患者546人次，内科入院患者2170人次，康复科入院患者397人次。

【医疗服务】 2月18日，区第二人民医院康复科正式开科，设立康复医学科独立病区，开放床位25张，引进专业的医疗专业人才，购置先进现代康复物理因子治疗、运动治疗设备及部分中医特色治疗设备，患者满意度持续在98%以上。新开设肋骨肿瘤切除+胸腔闭式引流+胸腔粘连松解+肋间神经阻滞、胸骨柄骨折切开复位内固定、大隐静脉高位结扎+激光闭合术、半舌切除术+上颈部淋巴结清扫、富血小板血浆治疗等手术。与小璜镇中心卫生院签订医联体协作协议，双向转诊41人次，胃镜检查11人次，肠镜检查6人次、心电图检查1人次、CT检查173人次、MR检查74人次。

【静脉曲张半导体激光治疗】 5月，区第二人民医院引进半导体激光治疗仪设备，成功开展静脉曲张的微创治疗——激光微创治疗术（EVLT），5月21日，为保证手术质量，特邀南昌大学第二附属医院血管外科主任医师博士邱结华到外科病区会诊与指导，开展3例下肢静脉曲张半导体激光治疗微创手术。次下肢静脉曲张激光微创治疗术的成功开展，填补了东乡区技术空白，标志区第二人民医院血管外科下肢静脉曲张及激光微创治疗手术迈上新台阶。

【义诊服务】 区第二人民医院以“服务基层、服务群众”为宗旨，组织医务人员到周边乡镇开展义诊，多次到各贫困帮扶对象家里走访慰问，给贫困帮扶对象做健康检查，诊病治病，并送去慰问品和慰问金。7月27日，东乡区第二人民医院组织妇产科专家医护团队到小璜镇卫生院开展“关爱女性 关注健康”义诊活动。义诊群众80余人，妇科检查50余人，测心电、血压30余人，彩超检查40余人，发放宣传折页100余份。2023年，开展下乡义诊活动15次，出动党员医务人员130余人次、车辆30车次，免费体检2148人次，义诊3000余人次。

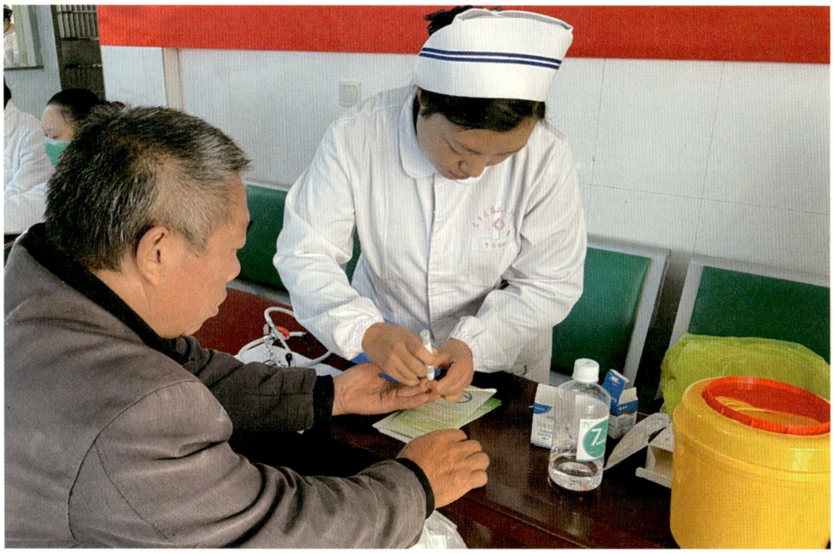

党员医务人员开展义诊活动　　（区第二人民医院　供）

【人才建设】 2023年，通过抚州市事业单位招聘考试，招聘在编医生8名。选派医护人员参加省、市、区级各类培训，并邀请知名专家到医院讲课、会诊、指导手术，拓宽医院诊疗范围。至10月，安排50人次医护人员外派学习，涵盖内科、外科、精神科、康复科、血透科等科室。加强医技人员业务理论学习与技能训练，开展“三基”知识考试1次，业务讲课12次，处方管理办法培训1次，抗菌药物合理应用培训2次、考试1次，麻醉精神类药品培训2次、考试1次。

（陈学敏）

妇幼卫生

【概况】 东乡区妇幼保健院是东乡区集医疗、预防、保健于一体的二级甲等妇幼保健院，主要服务对象为妇女、孕产妇和儿童，院内开设妇科、产科、儿科、新生儿科、盆底康复科、中医妇科等临床科室，设有药剂科、彩超室、放射科、阴道镜室、检验科等临床医技和职能科室。在职干职工156名，其中专业技术人员132名，占比84.62%。2023年，被江西省卫健委、江西省中医药管理局评为江西省妇幼健康中医药特色单位，获全省二级及以下妇幼保健机构绩效考核第二名、抚州市“先进基层党组织”等多项荣誉。

【中医融合】 2018年7月新增设中医科，组建中医妇幼团队，引进3名中医和药学研究生，开展中药汤剂、小儿推拿、热敏灸、刺络放血、中药穴位贴、督脉熏蒸等多种中医特色治疗项目，将中医适宜技术融入区妇幼保健院的每个科室。2023年，各类中医外治法（除穴位贴敷）总服务59553人次，门诊中医药治疗参与率100%。

【妇女“两癌”检查】 2023年，城乡适龄妇女宫颈癌检查7000人，其中农村困难家庭妇女25人，筛查出宫颈癌前病变31人，宫颈癌5人；乳腺癌检查7000人，筛查出乳腺癌6例，其中城镇贫困适龄妇女三年任务数571人，宫颈癌、乳腺癌检查479人，完成率100%（92人签订自愿放弃承诺书），未发现异常病例。

前往杨桥殿镇东村村开展健康义诊活动 （区妇幼保健院 供）

【妇幼健康保障】 落实江西省政府2023年1号文件精神，为14周岁以下在读初中女孩免费接种HPV疫苗。加强孕产妇妊娠筛查和出生缺陷防控服务，在区行政服务中心婚姻登记处开展“一站式”服务，至11月，东乡区各助产医疗机构产妇数2013人、婴儿活产数2031人。优化出生缺陷防控服务，产前筛查5436人次，筛查率91.21%；新生儿疾病筛查4959人次，筛查率102.71%。其中，困难家庭孕妇免费无创产前基因检测3人、地中海贫血基因检测3人；新生儿遗传性耳聋基因检测和C6PD（即葡萄糖六磷酸脱氢酶缺乏症，又名蚕豆病）检测各1人；困难家庭孕妇免费四维彩超检查3人；新生儿遗传代谢性疾病筛查和听力筛查各1人；孕产妇免费补服叶酸3120人；HIV抗体检测、梅毒检测和乙肝检测1747人次，发现HIV阳性孕产妇2例，梅毒孕产妇9例；乙肝表面抗原阳性孕产妇260例，接受乙肝免疫球蛋白注射264例，注射率100%；乙肝暴露儿童免费乙肝两对半检测191人，发现乙肝阳性儿童1人，阻断率99.5%，检测后及时开展阳性患者跟踪随访及规范化管理。

【出生缺陷防控】 2023年4—11月，东乡区各助产医疗机构完成出生缺陷防控服务产妇数1388人，其中区妇幼保健院完成592人；NT筛查797人，检查率89.02%；六大畸形超声常规检查（中孕）检查人数888人，检查率70.44%；六大畸形超声常规检查（晚孕）检查404人，检查率70.44%；产前血清学筛查504人，筛查率85.14%；地贫基因检测578人，检测率96.82%；新生儿遗传四项筛查591人，筛查率99%；耳聋基因检测616人，检测率103.83%；听力筛查600人，筛查率100.50%；先心病筛查557人，筛查率93.30%。

【县域医共体建设】 区妇幼保健院与江西省第三医院、江西省儿童医院、江西省妇幼保健院签订紧密医联体合作协议，建立紧密型医联体关系，每月邀请专家坐诊、会诊、手术、教学、查房，选派部分科室业务骨干赴江西省妇幼保健院医院、江西省中医院、江西省儿童医院进修学习。

（邬雨晗）

疾病预防控制中心

【概况】 东乡区疾病预防控制中心以卫生应急、重点传染病等工作为重点，做好传染病防控、免疫规划、健康教育、疾控能力建设、参加由国家、省、市疾控机构组织的氟（地方病）、碘（水碘、盐碘、尿碘）等10余项能力验证和盲样考核为保障全区人民群众生命健康安全作出应有贡献。

【传染病防控】 落实传染病防控监测、艾滋病防治政策、结核病防治、地方病和寄生虫病防治等措施，全区报告甲乙丙类传染病病例总数1886例（按现住址），报告发病率为510.49/10万，报告6例艾滋病死亡病例，无甲类传染病报告；发病数位居前三的病种为新型冠状病毒感染、流行性感冒、肝炎。2月，科学规范处置东乡一小、东乡四中2起流感疫情，均为甲型H1N1型流感；8月18日，东乡区疾控中心为有效应对登革热疫情，以期全面提高东乡区登革热疫情处置水平，在东乡一小操场开展登革热疫情防控卫生应急演练。

8月18日，在东乡一小操场上开展登革热疫情防控卫生应急演练
（区疾控中心 供）

【免疫规划】 2023年，建设2家数智化门诊，新增24家预防接种门诊引进电子知情同意系统，加强对免疫规划工作的关注，“线上+线下”相结合举办免疫规划等新要求、信息系统操作等培训班，提升工作能力与服务质量，区疾病预防控制中心荣获抚州市2023年免疫规划技能竞赛团体一等奖。

【健康教育】 创新健康教育与促进工作模式，打造江西省首个覆盖城乡的“健康东乡视频联播平台”，利用微信公众号、H5长页等媒体平台，为群众提供“线上+线下”相结合的健康宣讲活动；组建“点菜式”健康巡讲团，到乡村、社区、企业、单位、学校等领域开展健康巡讲和宣传活动，举办104期健康知识讲座，开展19次现场健康宣传活动，提高群众的健康知识知晓率。

【创建国家慢性病综合防控示范区】 为切实推进东乡区国家慢性病综合防控示范区建设，以“创文巩卫”为契机，9月28日举办国家慢性病综合防控示范区启动仪式，成立工作领导小组，建设健康主题公园、健康学校、健康社区、健康乡镇等支持性环境。2023年，新增健康支持性环境55个，其中健康社区（村委会）43个、健康单位1个、健康学校1个、健康酒店5个、健康超市1个、健康街区1个、健康社团1个、健康食堂1个、健康小屋1个。培训指导各级各类机关、企事业单位规范宣传教育和落实各类措施，重点开展死因监测、肿瘤监测、万步有约等项目。

【疾控能力建设】 针对疾控专业人才短缺的突出问题，2023年公开招聘择优选拔6名专业技术人员；制定《东乡区疾控中心2023年学习培训计划》，加强对各类人才培养，多次派员参加省级、市级组织的各类专业培训，不断提升业务知识。完成检验检测机构资质认定复评审工作，进一步提升疾病预防中心质量管理及检测能力。

【健康证办理"只跑一趟"】 为便于从业人员办理健康证，全面升级办理系统，实现"办证只需跑一趟"。完善合格的体检程序，办证7天后可关注"江西东乡疾控"微信公众号并下载电子健康证（"之跑一趟"），或在办证7天后的工作日携带本人身份证至区疾控中心一楼自助取证机上领取实体健康证，电子健康证与纸质健康证具有同等法律效力。

【碘缺乏病监测】 为及时掌握东乡区碘缺乏病病情和干预措施落实情况，5月25—26日，与抚州市疾控中心联合开展东乡区2023年度碘缺乏病监测工作。将孝岗镇、邓家乡、虎圩乡、珀玕乡、金峰街道作为监测点，选取200名8—10岁儿童进行B超检查甲状腺大小、尿碘检测、儿童家中食用盐碘含量检测；选取100名孕妇的尿液及家中食用盐碘进行碘含量检测。在5个乡镇小学对五年级学生科普碘缺乏病概念及预防知识，增强学生科学补碘意识。

【"世界肝炎日"宣传活动】 7月28日，在汝河社区碧桂花园小区，设立咨询台向居民详细讲解肝炎概念、分类及防治，提醒居民在日常生活中要加强肝炎自我防护意识，定期进行体检；通过"江西东乡疾控"公众号、视频号、健康东乡视频联播平台同步宣传肝炎相关知识；鼓励居民参与有奖知识竞答活动，发放抽纸、围裙、环保袋等小礼品500余份、宣传折页500余份。

（熊丽婷）

医疗卫生服务

【概况】 东乡区惠民医疗健康集团有限公司于2021年2月1日正式成立，2023年8月重组，为区属国有独资企业。主要承担药品、耗材、医疗设备、器械采购、医疗后勤服务、健康管理、医疗卫生基础设施建设、资产资源经营、资本运营和产业经营等业务，办公场所设在区卫健委办公楼。

【业务工作】 集团设立医药、医疗器械、医院后勤管理等专业子公司，加强与东乡区紧密型医共体（总医院）对接协作，开展生产经营，谋划建设药品现代化物流及器械仓储中心，承接总院药品、耗材、医疗器械以及后勤服务等采买业务。

【第一批集中议价药品】 2023年，东乡区第一批集中议价降价药品品种594种，最高降幅达65.98%，平均降幅18.22%。节省药品采购资金约1000万元，节约医保资金约800万元。12月1日，东乡区公立医疗机构范围内配送的集中议价药品，按议价降价后的价格进行销售，并保证集中议价药品及时配送、足量供应，保障各公立医疗机构临床用药。

【集中采购医疗设备】 集团共处理区公立医疗机构设备采购、设备维保及信息化建设等工作16项，根据各公立医疗机构上报的医疗设备采购、维保需求及预算价，在集团集中议价采购的基础上，平均降幅达15%，节省资金55.26万元。医院后勤管理及第三方服务集中采购8项，各服务项目价格平均降幅达10.84%，节约资金62.13万元。

【创新融资模式】 集团创新融资模式，拓宽融资渠道，分别与四大国有银行及商业银行对接，先后融资9000余万元。通过直接、间接投资或融资租赁等方式，积极打造医疗、医药、医疗健康服务等一系列投融资平台，借此解决医疗领域重大项目资金筹措难问题。

【队伍建设】 配齐以党委书记、董事长为首的集团领导班子。同时为促进东乡区医疗卫生事业高质量发展，制定面向全区范围内事业编制人员公开选聘的实施方案，选聘7名事业编制人员充实到集团下属子公司。

（谢典）

卫生健康综合监督执法

【概况】 2023年，区卫生健康综合监督执法大队紧紧围绕卫生监督执法、创文巩卫、信息化建设等工作，规范监督执法行为，提高依法监督能力，不断深化改革，积极探索新形势下卫生监督执法的新方式，切实保障全区人民健康权益。全区卫生监督执法对象785户，全年需每户监督2户次。

【公共卫生安全执法】 成立卫生监督领导小组，对辖区内公共场所进行日常卫生监督巡查，发放监督指导意见书1320份，完成国家公共场所“双随机”抽查52家。受理公共场所投诉11起，立案85起（含警告、行政处罚案件），罚款0.66万元。强化生活饮用水水质监督检测，对全区8家集中式供水单位采集水样106份，经检测合格水样105份，合格率99.1%，并通过政府网进行公告，立案查处1家水样检测不合格的单位，罚款2000元。对辖区内中、小学及托幼机构进行卫生监督检查，全年下发卫生监督意见书109份（其中国家“双随机”7份），立案查处11起。

【医疗卫生服务市场执法】 完成城区内88家医疗机构的日常监督检查（含传染病防治综合评价、依法执业、放射卫生），其中检查二级医疗机构11家、其他医疗机构77家，下达监督意见

执法人员在马圩镇小学开展“双随机”检查

（卫生健康综合执法大队　供）

书245份，对监督检查不合格的医疗机构进行立案查处。委托江西省巴特力科技有限公司对辖区内45家医疗机构进行室内空气及医疗用品抽检，对10家抽检不合格的医疗机构进行立案查处。完成国家“双随机”任务17项。五一、端午期间开展医疗乱象整治专项活动，对辖区潜在非法行医场所和重点场所及医疗机构进行检查，立案3起，受理并处理投诉举报20起，做到有投诉、有核查、有处理回复。全年立案45起，罚款10.1万元。

【消毒卫生监督执法】 根据《关于印发〈江西省抗（抑）菌制剂行业专项治理工作方案〉的通知》（赣卫监督字〔2023〕9号）文件要求，对城区内各药店销售的“消”字号消毒产品进行监督检查，下达监督意见书20份。根据《关于印发〈江西省2023年消毒产品生产企业分类监督综合评价试点工作方案〉的通知》（赣卫监督字〔2023〕10号）和《关于开展全省消毒产品生产企业专项清查整治工作的通知》文件要求，梳理全区内的消毒产品生产企业信息，8月31日和9月6日对区内的2家消毒产品生产企业——恒安（江西）家庭用品有限公司和江西辉锐药业有限公司（其中辉锐还未开始生产）开展分类监督综合评价试点工作及专项清查整治工作，根据实际情况填写文件附件，向恒安（江西）家庭用品有限公司下达卫生监督意见书，要求该单位按照意见限期整改。受理并处理“消”字号消毒产品投诉举报5起，立案处罚5起，罚款6.28万元；餐饮具消毒立案1起，罚款1.2万元。

【职业卫生及放射卫生监督】 开展《中华人民共和国职业病防治法》宣传周活动，发放宣传资料65份，开展企业职业卫生培训班1期，接待咨询人员55人次，组织企业职业卫生培训结业考试1次，参加考试人数54人，合格人数54人，合格率100%。对开展放射诊疗工作的22家医疗机构进行监督检查，立案查处1家未按规定给放射工作人员进行岗前职业健康检查的医疗机构，给予警告，并处罚款人民币5000元；立案查处1家未按规定对职业病防护设施进行控制效果评价的医疗机构，给予警告。对全区22家企业进行职业卫生专项执法抽查，下达22份卫生监督意见书，责令企业限期整改。

【“双随机”抽检任务】 完成国家抽检被监督单位104家，完结率100%。其中，公共场所抽检52家，生活饮用水抽检9家，职业卫生抽检1家，放射卫生抽检3家，学校卫生抽检8家，医疗卫生抽查8家，传染病防治抽检9家，妇幼健康抽查14家。同时加大对“双随机”检查中发现问题的查处力度，全年对4家抽检对象进行立案查处。完成区本级“双随机”工作任务，抽检结果均通过网络向社会进行公布。

（李嘉俊）

社会事务管理

综 述

2023年，东乡区民政事业秉持“民政爱民民政为民”工作理念，紧盯省、市、区决策部署，紧跟高质量发展步伐和节奏，统筹做好民政各项事业。构建以城乡低保、城乡特困供养人员为主体的社会救助体系；推进以居家养老为基础、社区服务为依托、机构养老为补充的社会养老服务体系建设；壮大社会组织，提升社区治理能力，奋力推进东乡区民政事业高质量发展。全年开展临时救助3775人次，发放金额386.09万元；有城乡低保15387人，发放金额8428.72万元；有城乡特困人员1050人，发放金额1170.59万元。区民政局被评为“抚州市民政重点工作综合评估优秀单位”。

基层政权和社区建设

【概况】 东乡区贯彻落实习近平总书记关于民政工作的重要指示精神和党中央、国务院决策部署，坚持“民政为民，民政爱民”的理念，顺应城市工作新形势，响应人民群众新期待，分步骤开展“党建引领、小区治理”行动。通过加强小区党组织建设、开展社区物业党建联建、激发小区治理活力3项措施，推动党的领导向基层治理延伸至“最后一米”，形成共建、共治、共享的小区治理格局。2023年，孝岗镇大富社区党支部被市委组织部评为全市“模范党支部”；孝岗镇北门社区，金峰街道东门、东磷、幸福社区党支部被市民政局党组评为“模范党支部”。

【社区星级建设】 东乡区在全面摸清辖区内城市社区建设总体情况的基础上，确定9个社区推荐上报省、市民政部门申请“星级社区”评定。2023年，经实地考察和验收，金峰街道东门社区被评为“五星社区”，孝岗镇城北社区、金峰街道东磷社区被评为“四星社区”，金峰街道汝河社区被评为“三星社区”。

【现代文明建设】 东乡区以争创全国文明城市为切入口，依托新时代文明实践(所)站、志愿者之家等阵地，深入开展移风易俗、人居环境整治、美丽庭院等创建活动。5月，小璜镇洋湖村举办“抵制高价彩礼，扬婚俗新风”移风易俗主题趣味运动会；8月，黎圩镇“‘90后’青年宣讲团”在浯溪村的芳谷公祠，开展“推进移风易俗，抵制高价彩礼”主题宣讲活动，东乡区把抵制天价彩礼、提倡文明乡风民俗纳入村规民约修订范围。12月5日，在东金

花苑举行“12·5”国际志愿者日系列主题新时代文明实践活动暨东乡区小区志愿者服务站成立仪式。400余名志愿者在各小区开展志愿服务工作，为小区市民提供免费理发、爱心义诊、健康咨询等便民服务。东糖社区给公益小志愿者及附近居住儿童免费发放300余份儿童安全包。至12月，东乡区60多个小区成立志愿服务站，注册志愿者6.9万余人，注册志愿服务队伍570支，参与常态服务的活跃志愿者数量约6万人，累计志愿服务时长236.6万小时。

区划、地名和边界管理

【概况】 2023年，完成县(区)级及乡镇级边界联合检查、红星镇行政区域界线勘定、地名管理、平安边界创建等工作。在抚州市民政局的指导下，区民政局对国家地名信息库中部分地名信息进行更新，增补红星镇地名信息及其余地名所需的多媒体资料等，对部分地名信息进行更正。

【行政区域界线联合检查工作】 2023年，东乡区牵头承担余(干)东(乡)线、临(川)东(乡)线2条县(区)级行政区域界线联合检查工作任务，4月初完成联合检查方案制定及各类资料准备工作，6月底协调余干县民政局、临川区民政局完成外业作业工作，8月完成联合检查工作情况报告，9月底完成资料整理并报市备案。指导相关乡镇开展2023年度乡镇级行政区域界线联合检查工作，3月底完成乡镇级行政区域界线联合检查方案制定，5月初对有乡镇级行政区域界线联合检查工作任务的乡镇民政工作人员进行业务培训，准备作业所需资料，6—7月指导并带领相关乡镇工作人员完成外业作业工作，8月指导相关乡镇完成联合检查工作情况报告。

【红星镇行政区域界线勘定】 根据行政区划调整要求，3月初区民政局与赣赢科技有限公司签订合作协议，启动红星镇行政区域界线勘定工作，完成资料准备、外业作业、界桩定位、界线复核、图上作业等工作，完成资料并按时上报省、市审核。

【地名管理】 对东乡区城区部分无名道路和与抚州市区重名道路进行命(更)名。2022年11月，向区政府报告需对城区部分无名道路及与抚州市重名道路进行命(更)名的请示。2023年2月，召开区政府常务会议，下发对东乡区部分无名道路及与抚州市城区重名道路命名方案的批复，对红星镇“龙源居民委员会”进行更名。5月中旬，区政府批复将“龙源居民委员会”更名为“东山居民委员会”。东乡区对城区无地名标志道路或地名标志损坏情况进行清理清查统计，完善城区地名标志设置工作，城区道路地名标志缺失或损坏共计420余块，区财政拨付38.64万元用于地名标志设置工作，完成城区道路地名标志设置360余块。

社会救助

【概况】东乡区建成以基本生活救助、专项社会救助、急难社会救助为主体，社会力量参与为补充的分层分类社会救助体系。加强低收入人口动态监测，持续巩固拓展民政领域脱贫攻坚成果同乡村振兴有效衔接，牢牢守住不发生规模性返贫底线。全面开展“党建+社会救助”工作，创新“资金+物质+服务”的救助模式，深入推进城镇困难群众解困脱困（扶弱助困），为城镇困难群众购买“防贫保”。举办社会救助业务培训，提升基层经办服务能力。打造“乡镇审核确认、区级民政监管、大数据赋能监督”的管理模式，实现临时救助托底急救贯通。为进一步提高社会公众对社会救助政策的知晓度，2月15日，区民政局在财富广场开展“社会大救助，政策进万家”宣传活动，在东乡发布公众号平台推出《东乡区2023年社会救助政策解读及申请指南》，7300余人阅读该文章。

【最低生活保障】全面公开社会救助政策及申办流程，印制《江西省低收入人口动态监测预警和常态化救助帮扶工作指南（第二版）》《“党建+社会救助”工作制度汇编》各2000份发至村（居）办事窗口，畅通困难群众信息获取渠道。持续提高困难群众基本生活保障标准，城市低保保障标准为每人每月885元，比2022年增长7.27%；农村低保保障标准为每人每月660元，比2022年增长10%。至12月，东乡区城乡低保保障8314户15387人，发放8428.72万元。其中，城市低保1149户1912人，发放救助资金1346.45万元，新增72户111人、调增9户10人、调减和停发41户99人；农村低保7165户13475人，发放救助资金7082.27万元，新增624户1089人、调增284户376人、调减和停发314户785人。低保边缘家庭、支出型困难家庭中的重病、重残对象等按“单人户”纳入低保，核算家庭收入时对家庭的刚性支出、必要的就业成本等按规定适当扣减，落实低保延退制度。至12月，东乡区有城乡低保保障8314户15387人、城乡特困人员救助供养1015户1050人，全年实施临时救助3617人次，有城乡支出型困难家庭282人，发放城镇支出型困难家庭生活补贴1595人次31.9万元，对城乡低保边缘人口7241人实施监测。

【特困人员集中照护管理】推行农村失能特困人员集中照护管理，启动乡镇（场）敬老院和社会福利院“公建民营”社会化改革。对全区20多名农村失能特困人员和城镇特困人员委托区普亲春月老年养护院（社会福利院）实行集中供养照护。10余人为区民政局、第三方机构服务团队送来锦旗，得到上级民政部门领导和特困人员的充分肯定，群众满意度100%。

【特困人员救助供养】城市和农村特困人员供养标准分别为每人每月1150元、860元，较2022年分别增长6.48%、10.26%。其中农村失能、半失能特困人员救助供养标准按城市特困人员救助供养1150元发放。实行特困人员照料护理制度，失能、半失能、全自理特困人员分别按照每人每月1380元、350元、100元的标准落实照料护理补贴。至12月，东乡区城乡特困人员救助供养1015户1050人，发放1425.817万元（含护理补贴）。其中，农村特困人员915户950人（集中特困人员215户219人、分散特困人员700户731人），城市特困人员100户100人（集中特困人员28户28人、分散特困人员72户72人）。新增81户82人，调增2户2人，调减和停发37户37人。每月向社会救助对象短信告知保障资金的发放时间、发放类型、发放金额，让救助对象手里有本“明白账”。

【临时救助】 在各乡镇（街道、场）建立临时救助备用金制度，下拨198万元落实“小金额先行救助”“急难型救助”“一次审批、分阶段救助”“急难地救助”等制度，发现遇困群众即时救助。临时救助脱贫户和三类监测对象（脱贫不稳定户、边缘易致贫户、突发严重困难户）563人次55.28万元。临时救助流浪乞讨人员101人，其中救助站内救助89人、街面救助12人。至12月，临时救助3617人次351.26万元。其中，支出型临时救助553人次127.16万元，特别救助15人次18.78万元，乡镇备用金救助3049人次205.32万元。

【儿童救助】 6月开展未成年人保护宣传月宣传活动，对有需要的困境儿童家庭及时进行干预帮扶。每月按时发放孤儿、事实无人抚养儿童基本生活费和残疾孤儿（残疾事实无人抚养儿童）照料护理补贴，至12月，落实事实无人抚养儿童基本生活费补贴216人，新增事实无人抚养儿童44人，向10名孤儿发放福彩助学工程资金4.33万元。

殡葬管理

【概况】 东乡区高度重视规范殡葬管理工作，先后纳入生态文明建设、乡村振兴、乡风文明行动、城乡环境综合整治、城市功能与品质提升和全域旅游等重大决策部署中统筹推进。区四套班子成员挂点督导各乡镇殡葬改革工作。召开全区深化殡葬领域突出问题专项整治工作部署会议，对殡葬业价格秩序、公益性安葬设施建设经营等5个方面的18个问题逐一开展排查，并通过回访逝者家属的形式进行确认。

【殡葬基础设施建设】 落实“十四五”时期殡葬事业发展规划，打造一批示范性设施，提升一批殡葬基础设施。东乡区按照“五统一分”（统一规划设计、建设规模、墓具采购、资金拨付、验收标准，由乡镇分散建设）模式实施。东乡区城乡公益性公墓设置生态安葬区，有树葬、花葬、草坪葬区域，公墓安装监控设施、配备消防器材等，提升安全防患能力。

【绿色殡葬】 2023年，东乡区依法稳妥组织开展绿色殡葬改革工作。以“三沿六区”为重点，深入推进违法违规建造的“活人墓”“豪华墓”“家庭式”“住宅式”坟墓等开展整治，整治率100%。城区居民楼院、小区、街道、单位庭院、宿舍等公共场所严禁停放遗体、燃放鞭炮、焚烧祭品等行为；严禁丧事中搞封建迷信活动，打击丧葬骗财、敛财、大操大办行为。发放殡葬改革政策法规宣传单20余万份，出动宣传车80余次，手机短信5万条，宣传横幅80条，通过东乡发布微信公众号发布公告，制作宣传牌20块。为加强文明祭扫工作，出台《东乡区2023年清明节安全文明祭扫工作方案》，结合清明节开展“三禁”活动，使殡葬改革宣传不留死角全覆盖，真正做到家喻户晓。

【殡葬组织管理】 东乡区153个村（社区）委会成立红白理事会，制定理事会章程和村规民约。按照丧事简办原则，发挥村（社区）“两委”和红白理事会、老年人协会等基层组织作用，健全党支部引领、理事会管理、乡村规章约束的自治机制，把规范治丧纳入村（社区）居民自治章程，并派乡村干部及红白理事会上户做好宣传引导工作及帮办事宜，防止出现盲目攀比、薄养厚葬、借机敛财等行为，实现群众自我管理、自我教育、自我约束。

【殡葬跟踪管理】 推行全程代办制度，打造集接洽、接运、存放、悼念、火化、安葬、祭扫于一体的服务链，区殡仪馆牢固树立“以人为本、丧事至上”的理念，始终把维护群众合法殡葬权益，落实殡葬“服务项目、收费标准、服务内容、服务程序、服务承诺、服务监督”六公开制度。在城乡重点区域设立16个办事处，在每个村组安排1名信息联络员，对辖区内死亡人员实行零报告制度，把服务触角延伸到群众当中，形成横向到边、纵向到底的服务网络体系，及时为丧户提供上门服务。各乡镇（街道、场）根据区民政局每天提供的死亡火化人员名单对死亡人员骨灰处理情况进行跟踪，并派乡村干部及红白理事会上户做好宣传引导工作及帮办事宜，及时上报死亡人员骨灰处理证明，区民政局派干部到对应乡镇督查骨灰处理跟踪情况，坚决杜绝新的散埋乱葬，实现遗体火化、骨灰安葬闭环管理。

慈善事业

【概况】 区慈善总会积极开展应急救助、赈灾、助学、助医等工作，充分发挥慈善组织在扶贫济困中补充作用，对精准扶贫及最低生活保障对象、城乡“特困”对象、孤儿、低保边缘人群、特困职工、特困优抚对象、天灾人祸困难人群以及常年参与慈善捐赠因患重病等原因造成家庭生活特别困难的对象，按政策给予一次性救助，确保困难群众碰到急需救助时得到及时救助。

【扶贫济困】 区慈善总会对东乡区患白血病、尿毒症、癌症、重病需器官移植等困难对象，定期进行集中救助，2023年慈善扶贫济困24人次，救助金额19.2万元。区慈善总会积极募集救助善款，原每例救助资金1000—2000元增至2000—5000元，个别特殊大病求助者给予10000—30000元资助。

【扶贫助学】 区慈善总会与教育部门对接，开展扶贫助学活动，帮助东乡区家庭困难、品学兼优的准大学新生顺利入学。通过严格筛查，东乡区有12名符合省慈善总会资助的对象。为建档立卡脱贫户、低保户、孤儿及高考分数在一本线以上的贫困学子给予部分资金救助，救助金额6万元。

婚姻登记

【概况】 东乡区婚姻登记窗口设在区政务服务中心二楼。2023年，结婚登记2083对（4166人），其中初婚3310人、再婚858人，复婚176人。离婚登记700对（1400人）。

【婚嫁领域新风尚】 东乡区大力倡导婚俗改革、婚事新办简办。开展结婚登记免费颁证、免费开展婚姻家庭辅导服务，2023年开展婚姻家庭辅导1003起。开展“移风易俗宣讲+婚姻家庭辅导”进村宣讲与“婚前辅导+相亲”活动，推进婚嫁移风易俗，树立婚嫁文明新风。

【信息共享助力婚姻登记】 东乡区民政局针对冒用他人信息办理婚姻登记、外地户口回当地补办资料路程远且开销大、婚姻登记工作人员难辨别户口的真实性（办理婚姻登记的当事人户口页只有个人私章没有户口专用章、没有户号，户口页散装，户口不规范）等问题。婚姻登记窗口与区公安局户政窗口开展窗口对接，对民政婚姻登记窗口提供的户口信息及时核对，方便当事人合法登记。2023年，撤销一桩不合法的婚姻登记。

社会福利

【概况】 2023年，围绕困难群体参保、留守儿童成长护航、福利彩票发行管理等工作，呼应东乡区人民群众的需求，制定个性化服务方案，提供贴心、周到的社会福利保障。

【困难群体参保】 2023年，东乡区为7489名致贫返贫人口、低保特困对象、重度残疾人等困难群体代缴每人100元城乡居民基本养老保险费用；将510名符合规定的到龄困难人员纳入城乡居民基本养老保险，按月发放养老待遇，实现困难群体养老保险应保尽保。

【留守儿童成长护航】 为充分发挥学校党组织在留守儿童关爱保护中的主阵地作用，东乡区探索开展“校中建家”模式，在各学校成立留守儿童管理中心，结合“千师访万家”活动，及时掌握留守儿童家庭情况，“一人一档”建立档案信息台账。建立党员教师“1对N”关爱机制，覆盖全区6800余名留守儿童。制定《留守儿童工作考核细则》，打造教师“工资一日捐”平台，通过完成微心愿、捐资助学等方式，资助资金200余万元；结合党建引领网格化管理，网格员分片包户责任片区内的留守儿童家庭，至9月，走访慰问留守儿童2100人次，举办安全教育、文艺体育等各类活动60余场。发挥党组织和党员领导干部示范引领作用，制定出台《关于开展东乡区党建引领留守儿童关爱保护结对帮扶工作安排的通知》，结对帮扶1—2名家境困难的留守儿童，通过定期走访慰问、捐资捐物、谈心谈话、电话关怀等方式，为留守儿童送温暖、送关怀，帮助解决260余个生活困难问题。

【福利彩票发行管理】 2023年，东乡区减少福彩销售点8个，退出3个站点，至12月，有福彩销售点38个。完成福利彩票销售2364.2万元，其中即开票销售212.63万元、电脑票销售2151.57万元，销售总量及完成任务率均列抚州市前茅。募集区本级福彩公益金200余万元，按照福彩公益金使用办法不少于55%用于资助“三院建设”、社区老年文体项目、流浪少年儿童保护等公益事业，提升福彩的知名度和美誉度。

社会组织管理

【概况】 2023年，东乡区围绕巩固和深化专项清理整治工作成果，根据《关于开展行业协会商会服务高质量发展专项行动的通知》（赣民电〔2023〕93号），强化行业协会商会收费行为监管，切实帮助市场主体减负纾困、激发活力等重点领域狠抓落实、持续发力。登记社会组织192家，其中社会团体95家、民办非企业单位97家。2023年，新增登记社会团体9家、民办非企业单位3家。

【费用减免】 2023年，经济下行压力给部分企业带来发展压力，根据《关于持续强化行业协会商会乱收费治理进一步帮助市场主体减负纾困的通知》（赣民办字〔2023〕18号），按照“能免则免、能减则减”的原则，减免经营困难会员企业尤其是中小微企业的会费和其他收费项目，主动降低盈余较多收费项目的收费标准，主动研究各类收费缓缴的具体安排，力所能及地为支持助企纾困和稳岗贡献力量。行业商业协会减免收费13.6万元、缓缴收费项目2.6万元，切实落地助企纾困措施。

【助力乡村振兴】 区民政局鼓励行业商业协会发挥平台力量，承担社会责任，引导行业发展，助力乡村振兴，推动全区新成立的11家社会组织全部建立党组织，对社会组织枢纽型党组织建设加强指导。通过强化党建责任，下发《关于引导社会组织参与乡村振兴的倡议书》，开展“党建引领·助力乡村振兴”专题主题党日，引导社会组织发挥各自特长认领服务项目，为服务乡村振兴注入红色动能。2023年，东乡区有18家社会组织助力乡村振兴，占社会组织总数的9.5%；开展项目510个，投入款物20余万元，受益村123个，受益10万余人。

【邻里守望关爱行动】 聚焦“一社连一村（居），邻里乐融融”主题，推动社会组织开展群体关爱行动。通过“邻里亲”关爱特殊群体、“邻里扶”回应群众关切、“邻里和”推进平安建设、“邻里美”助力“五美”乡村建

设等四项具体活动。124家社区社会组织参与新时代文明实践活动，投入物资10万元，受益群众10万人；2家社区社会组织开展“邻里守望”关爱行动，投入物资2万元，受益群众5000人。

2023年东乡区民政局社会团体登记基本情况汇总表

表10

编号	团体名称	成立时间	办公地址
1	东乡区钓鱼协会	1992.09	区体委
2	东乡县篮球协会	1999.09	孝岗镇
3	东乡区台胞台属联谊会	2001.03	区委2楼
4	东乡区花卉协会	2001.03	区林业局
5	东乡区农村丝瓜络协会	2002.02	区康益实业公司
6	抚州市道路交通安全协会东乡分会	2003.08	区交警大队
7	东乡区老同志诗词学会	2003.11	区老干局
8	东乡区乒乓球协会	2005.07	老干部活动中心
9	东乡区农业生产资料行业协会	2006.02	区供销社2楼
10	东乡区副食品、百货供应商会	2007.03	万购商贸有限责任公司内
11	东乡区养猪行业协会	2007.01	环城西路50号
12	东乡区农业行业协会	2009.03	东乡区环城东路19号
13	东乡区慈善总会	2010.06	区民政局4楼
14	东乡区老年摄影协会	2010.07	区财政局9楼
15	东乡区客商投资企业协会	2011.08	区行政中心234办公室
16	东乡摄影协会	2011.11	区邮政局办公楼内
17	东乡老年书画学会	2012.06	老年大学2楼
18	东乡区福建商会	2012.12	东乡区鼎丰大酒店901室
19	东乡区红歌协会	2013.01	文化馆3楼
20	东乡区广场舞、秧歌、腰鼓协会	2013.03	恒安西路65号6楼
21	东乡区老年体育科学学会	2013.04	老干部活动中心
22	东乡区老年健身体育辅导协会	2013.04	老干部活动中心
23	东乡区门球协会	2013.05	区老干部活动中心
24	东乡区太极拳协会	2013.03	老干部活动中心
25	东乡区公益志愿者协会	2013.06	大富社区服务大楼310室
26	东乡区白花蛇舌草行业协会	2013.08	东乡区景泰2区
27	东乡区美术家协会	2013.09	东乡区文化馆2楼
28	东乡区游泳协会	2013.12	东乡区游泳馆1楼
29	东乡区红星精神研究会	2014.09	东乡区圩上桥老政府1楼

续表10

编号	团体名称	成立时间	办公地址
30	东乡区浙江商会	2014.11	东乡区丰鑫大酒店1楼
31	东乡区建材装饰行业协会	2015.02	东乡区昌景西路169号
32	东乡区花果芋行业协会	2015.02	东乡区王桥镇大塘村里翁村小组
33	东乡区社会体育指导员协会	2015.05	东乡区体育局1楼
34	东乡区长跑协会	2015.06	东乡区正德路
35	东乡区足球协会	2015.10	东乡区南街巷1号501室
36	东乡区音乐家协会	2015.12	东乡区文化馆4楼
37	东乡区户外运动联盟	2015.12	进修学校2楼
38	东乡区肢体残疾人协会	2016.01	恒安西路536号
39	东乡区电子商务协会	2016.03	城东物流城电商创业园242室
40	东乡区红薯协会	2016.03	环城西路
41	东乡区会计协会	2016.03	圩上桥红南区231号
42	东乡区荆公文化研究会	2016.04	东乡区老体育场东门口
43	东乡区体育舞蹈协会	2016.04	北门社区油炸下27号
44	东乡区书法家协会	2017.01	东乡区舒同博物馆西楼3楼
45	东乡区演讲朗诵者协会	2017.01	水果批发市场36号
46	东乡区甘蔗行业协会	2017.01	东乡区小璜镇孙圳村
47	东乡区萝卜行业协会	2017.02	王桥镇大塘村里翁组
48	东乡区雷竹种植协会	2017.05	红星红西区249号
49	东乡区旗袍协会	2017.05	龙山北路111号
50	东乡区作家协会	2017.06	行政中心618
51	东乡区鄱阳湖候鸟保护协会	2017.09	红星垦殖场围墙东
52	东乡区葛根协会	2018.01	东乡区杨桥殿金坑村塘下组
53	东乡区戏剧曲艺家协会	2018.01	东乡区文化馆4楼
54	东乡区特种水产养殖协会	2018.04	东乡区小璜镇下湖村大院地组39号
55	东乡区杏林春志愿者协会	2018.06	东乡区卫计委1楼
56	东乡区跆拳道协会	2018.07	东乡区恒安东路118号（江东国际教育2楼）
57	抚州市东乡区绿壳蛋鸡养殖协会	2018.08	东乡区小璜镇广昌村大众山农业开发区
58	抚州市东乡区气排球协会	2018.10	昌景西路283号
59	抚州市东乡区舒同书法研究会	2018.10	胜利街环城南路9号

续表10

编号	团体名称	成立时间	办公地址
60	东乡区水稻种植协会	2018.11	虎圩乡高坊村岗背组农友粮食烘干中心2楼
61	东乡区体育健身舞协会	2019.01	东乡区老干部活动中心
62	抚州市东乡区青年志愿服务联合会	2019.01	东乡区恒安西路155号
63	抚州市东乡区健步走协会	2019.02	东乡区物流大道学府世家19号
64	抚州市东乡区城市管理志愿者协会	2019.02	东乡区建材市场F栋14号（城管大队二楼）
65	抚州市东乡区汤汉汤显祖祖根地文史研究会	2019.07	东乡区文化馆六楼圆角601室
66	抚州市东乡区职工志愿者协会	2019.09	东乡区美林阁5栋
67	抚州市东乡区瑜伽协会	2019.09	东乡区恒安东路118号（江东国际教育2楼）
68	抚州市东乡区平安志愿者协会	2020.01.03	东乡区泰丰路138号电信大楼
69	抚州市东乡区退役军人就业创业协会	2020.03.19	东乡区孝岗镇长林下市村88号
70	抚州市东乡区物流与采购联合会	2020.04.13	东乡区大富大道189号
71	抚州市东乡区劳动模范协会	2020.05.15	东乡区总工会大楼内
72	抚州市东乡区女企业家协会	2020.11.04	东乡区妇女活动中心3楼
73	抚州市东乡区健身健美协会	2020.12.21	东乡区龙城邻里3楼
74	抚州市东乡区烹饪餐饮饭店行业协会	2020.12.28	东乡区锦绣时代广场12栋9301商业
75	抚州市东乡区退役军人志愿者协会	2021.03.11	抚州市东乡区富通城3号楼114商铺
76	抚州市东乡区生物医药产业知识产权联盟	2021.08.25	抚州市东乡区渊山岗工业区杭州路1号
77	抚州市东乡区家庭农场联合会	2021.11.16	抚州市东乡区仁和小区12栋A3号
78	抚州市东乡区人民调解协会	2021.12.02	抚州市东乡区司法局4楼
79	抚州市东乡区奶牛养殖协会	2021.12.07	抚州市东乡区南山前进站
80	抚州市东乡区老年人体育协会	2022.01.05	抚州市东乡区孝岗镇恒安西路20号
81	抚州市东乡区乡村大学生创新创业协会	2022.01.12	抚州市东乡区新龙花苑31栋01号商铺
82	抚州市东乡区老年大学协会	2022.05.30	抚州市东乡区老干部活动中心4楼405室
83	抚州市东乡区青年企业家协会	2022.06.07	抚州市东乡区锦绣时代广场11栋商业商场3楼

续表10

编号	团体名称	成立时间	办公地址
84	抚州市东乡区科普作家协会	2022.08.24	江西华宇科技有限公司办公大楼3楼
85	抚州市东乡区护农护林狩猎协会	2022.10.18	抚州市东乡区大富工业大道雨帆花园17号楼3店
86	抚州市东乡区体育总会	2022.11.30	抚州市东乡区游泳馆2号门2楼
87	抚州市东乡区人工智能学会	2023.02.01	抚州市东乡区东红路3号
88	抚州市东乡区佛教协会	2023.03.24	抚州市东乡区孝岗镇南边村320国道旁界溪寺院内
89	抚州市东乡区新的社会阶层代表人士联谊会	2023.04.13	抚州市东乡区孝岗镇朝阳大道电子商务创业园三楼304室
90	抚州市东乡区爱国拥军促进会	2023.10.09	江西华宇科技有限公司办公大楼1楼101室
91	抚州市东乡区家庭教育协会	2023.10.09	抚州市东乡区妇女儿童活动中心3楼
92	抚州市东乡区新生代企业家商会	2023.10.17	抚州市东乡区大富岗工业园区28号1楼会议室
93	抚州市东乡区基督教协会	2023.10.23	抚州市东乡区恒安西路老民政局对面三粮站东
94	抚州市东乡区基督教三自爱国运动委员会	2023.10.23	抚州市东乡区恒安西路老民政局对面三粮站西
95	抚州市东乡区稻蛙养殖协会	2023.12.15	江西省抚州市东乡区恒安西路538号

2023年东乡区民政局民办非企业登记基本情况汇总表

表11

编号	民办非企业名称	成立时间	办公地址
1	东乡区明德中英文学校	2010.11	邓家乡古圩村王家组
2	东乡区景泰幼儿园	2011.04	景泰贵族城二期内
3	东乡区孝岗镇好时光民办幼儿园	2012.05	孝岗镇北门村新居上（东）6号
4	东乡区孝岗镇小哈佛民办幼儿园	2012.05	孝岗镇金三角32号
5	东乡区孝岗镇聪明屋民办幼儿园	2012.05	北门岗南区20号
6	东乡区北门中心幼儿园	2012.07	孝岗镇市场街万寿宫34号
7	东乡区孝岗镇安慧民办幼儿园	2012.12	孝岗镇东门桔园1号
8	东乡区翔云幼儿园	2013.03	孝岗镇西坪丛仁头组
9	东乡区恒爱幼儿园	2013.03	大田安置区第2排第4栋
10	东乡区博士娃幼儿园	2013.03	龙山北路北门社区旁

续表11

编号	民办非企业名称	成立时间	办公地址
11	东乡区孝岗镇快乐宝贝民办幼儿园	2013.04	萝卜岗北区24号
12	东乡区幸福老年院	2013.05	小璜镇枫林西岗村
13	东乡区珀干乡红太阳幼儿园	2013.08	珀干乡珀干街
14	东乡区小璜双语幼儿园	2013.09	小璜街上
15	东乡区领航教育职业技能培训学校	2013.10	林业局5楼
16	东乡区占圩镇民办幼儿园	2014.04	占圩镇街上
17	东乡区王桥镇民办幼儿园	2014.04	王桥镇中学旁
18	东乡区黎圩镇民办幼儿园	2014.04	黎圩镇黎圩街
19	东乡区翠碧轩幼儿园	2014.11	翠碧轩小区
20	东乡区小璜春燕民办幼儿园	2014.12	小璜新街府前路60号
21	东乡区文诚幸福院	2015.01	孝岗镇姜家村
22	东乡区育苗幼儿园	2015.03	东乡到红岭村上何坊
23	东乡区一品老年公寓	2015.07	佛岭水库
24	东乡九久医院	2016.01	孝岗镇凤凰社区东红大道
25	东乡区珀玕莲塘村才子幼儿园	2016.04	珀玕莲塘村
26	东乡区电子商务职业技能培训学校	2016.12	东乡区城东大道电子商务产业城电商创业园236、237室
27	东乡区如家老年公寓	2017.07	东景社区姜家53号
28	东乡添和医院	2017.10	东乡区昌景西路233号
29	东乡区马圩董塘小精灵幼儿园	2018.01	东乡区马圩董塘新街横街
30	东乡区龙山阳光宝贝幼儿园	2018.01	东乡区龙山北路(原蔬菜农场)
31	东乡区邓家明日之星幼儿园	2018.01	东乡区邓家乡角上村11号
32	东乡区亲子幼儿园	2018.01	东乡区恒安西路462号
33	东乡区跨世纪幼儿园	2018.01	东乡区宏鑫商贸城中心广场B栋1号
34	东乡区孝岗新建中心幼儿园	2018.01	东乡区孝岗镇新建村巷口小组22号
35	东乡民防蓝天救援队	2018.02	东乡区正德路99号阳光嘉园小区
36	东乡众博口腔医院	2018.03	东乡区昌景西路274号
37	东乡区金色阳光雨帆幼儿园	2018.05	东乡区大富大道雨帆花园内
38	东乡区红月亮职业技能培训学校	2018.05	东乡区景泰凤凰城二期17栋
39	东乡区卓越宝贝幼儿园	2018.05	东乡区新街昌景东路235号
40	东乡区盼盼幼儿园	2018.05	东乡区宏鑫商贸城16栋1号
41	东乡区神奇宝贝幼儿园	2018.05	东乡区恒安西路379号
42	东乡区仕途学苑幼儿园	2018.10	荆公路76号
43	东乡区新安慧幼儿园	2018.10	北门岗东区2号

续表11

编号	民办非企业名称	成立时间	办公地址
44	东乡区福娃幼儿园	2018.10	东红路
45	东乡区开心幼儿园	2018.10	大富社区赵家村
46	东乡区哆唻咪幼儿园	2018.10	正德路252号
47	东乡区骨伤科医院	2018.11	老火车站广场内
48	抚州市东乡区新东方幼儿园	2019.01	东乡区孝岗镇老火车站广场旁
49	东乡红星医院	2019.01	红星垦殖场红北区
50	抚州市东乡区爱心幼儿园	2019.01	东乡区昌景西路271号
51	抚州市东乡区奥尔夫现代音乐幼儿园	2019.05	东乡区步行街北区商城
52	抚州市东乡区毛莲山幼儿园	2019.07	东乡区毛莲山南路（珠山开发小区）
53	抚州市东乡区行者社会工作发展中心	2019.08	东乡区孝岗镇大富社区1楼
54	抚州市东乡区童之梦幼儿园	2019.08	东乡区东景社区姜家56号
55	抚州市东乡区糖厂幼儿园	2019.09	东乡区环城东路195号
56	抚州市东乡区金色摇篮幼儿园	2019.09	东乡区城东物流园F9号
57	抚州市东乡区启航幼儿园	2019.09	东乡区东景社区姜家村55号
58	抚州市东乡区东红幼教中心幼儿园	2019.10	东乡区毛莲山东红新城10号楼
59	东乡银河医院	2019.11	东乡区原江西磷肥厂职工医院
60	东乡区馨佳怡职业技能培训学校	2019.12	东乡区孝岗镇红岭村上何坊小组94号
61	抚州市东乡区西隐书院	2020.01.08	东乡区佛岭西隐寺
62	抚州市东乡区蓝豹救援队	2020.02.04	东乡区佛岭水库武义山庄
63	抚州市东乡区创新幼儿园	2020.05.25	东乡区布匹市场
64	抚州市东乡区自然树幼儿园	2020.05.25	东乡区昌景西路261号
65	抚州市东乡区生产街幼儿园	2020.05.25	东乡区冷井二巷1号
66	抚州市东乡区欣思维幼儿园	2020.07.03	东乡区城东物流园C栋2单元301房
67	抚州市东乡区汇佳幼儿园	2020.07.03	东乡区红星东山七队
68	东乡区银河家园健康养老服务中心	2020.07.10	东乡区孝岗镇东磷社区
69	抚州市东乡区书画艺术研究院	2020.08.11	东乡区广汉幸福城11栋K102—K103
70	东乡区东旭职业技能培训学校	2020.08.11	东乡区毛莲山北43号2楼
71	东乡区蓝勤职业技能培训学校	2020.08.18	东乡区创业大道
72	抚州市东乡区新爱婴蒙氏幼教幼儿园	2020.08.18	东乡区大田幸福新村
73	抚州市东乡区思思职业技能培训学校	2020.09.11	东乡区景泰凤凰城二期17栋9117号
74	东乡应急航空救援队	2020.09.25	东乡区机场东区8号
75	东乡区英才职业技能培训学校	2020.09.25	东乡区龙山北路125号
76	抚州市东乡区佳晏职业技能培训学校	2020.09.25	东乡区孝岗镇前坊村

续表11

编号	民办非企业名称	成立时间	办公地址
77	抚州市东乡区艺贝乐幼儿园	2020.11.04	东乡区天集安石明珠一期
78	抚州市东乡区申浩实验学校	2020.11.10	东乡区小璜镇洋湖村
79	抚州市东乡区东景幼儿园	2020.12.16	东乡区东景花苑0号楼
80	抚州市东乡区大枫车幼儿园	2021.01.11	东乡区环城西路师范米厂社区4号
81	抚州市东乡区瑶圩银福医养护理中心	2021.04.16	抚州市东乡区瑶圩乡
82	抚州市东乡区马圩银福医养护理中心	2021.04.22	抚州市东乡区马圩镇
83	抚州市东乡区孝岗银福医养护理中心	2021.04.22	抚州市东乡区孝岗镇
84	抚州市东乡区小璜银福医养护理中心	2021.04.22	抚州市东乡区小璜镇
85	抚州市东乡区城市宝贝幼儿园	2021.04.26	东乡区城市经典12栋101、102、103、104、105、106、107商铺
86	抚州市东乡区界溪国学书画院	2021.04.28	抚州市东乡区界溪寺
87	抚州市东乡区长林日照幼儿园	2021.06.17	东乡区孝岗镇张坊村富仓组28号房
88	抚州市东乡区智绘树幼儿园	2021.09.24	抚州市东乡区孝岗镇德政路431—435号
89	抚州市东乡区子鸣职业技能培训学校	2021.12.06	抚州市东乡区大富社区赵家小组
90	抚州市东乡区长空职业技能培训学校	2022.06.02	抚州市东乡区龙城邻里中心三楼
91	抚州市东乡区行暖社会工作发展中心	2022.06.28	抚州市东乡区财富广场23栋C01号商铺（原23栋1号商场）
92	抚州市东乡区文志教育培训学校	2022.06.30	抚州市东乡区仕博园商业街B楼2楼西面
93	抚州市东乡区华育职业技能培训学校	2022.07.07	抚州市东乡区仕博园商业街B楼第2层东侧
94	抚州市东乡区智立职业技能培训学校	2022.07.07	抚州市东乡区孝岗镇贰站街15栋9127号商铺
95	抚州市东乡区综合农事服务中心	2023.01.31	抚州市东乡区邓家乡嵇坊村玫瑰小镇办公区2楼
96	抚州市东乡区乡创职业技能培训学校	2023.03.09	抚州市东乡区邓家乡花果山玫瑰小镇办公区2楼
97	抚州市东乡区哈奇幼儿园	2023.07.17	抚州市东乡区泰丰路52号

养老服务

【概况】 2023年，区民政局严格按照中央、省、市及区关于城乡居民养老工作的总要求，着力在改善民生、造福群众、兜底保障上努力有新作为。9月启动南门社区综合养老服务中心建设，至11月底完成建设工程。10月，东乡区老年养护中心建设项目正式动工兴建，设计床位165张，为东乡区失能失智老年人提供专业服务。孝岗镇张坊村、圩上桥镇上黄村为全区“一老一小”幸福院试点村，2023年完成6处农村幸福之家建设。开展居家和社区基本养老服务提升行动项目，为476户困难老年人实施家庭养老床位建设，600户困难老年人提供居家上门服务。

【养老机构等级评定】 2023年，区民政局完成16家养老机构等级评定纸质材料申报工作，其中区社会福利院被评为三星级养老机构（养老机构等级三星级为最高）；4家乡镇敬老院中，马圩银福医养护理中心、小璜银福医养护理中心被评为二星级养老机构，孝岗银福医养护理中心、瑶圩银福医养护理中心被评为一星级养老机构；8家民办养老机构中，银河家园健康养老服务中心被评为二星级养老机构，东乡区如家老年公寓（姜家店）、东乡区如家老年公寓（邓家店）被评为一星级养老机构。

【提升养老服务能力】 坚持每月召开一次养老服务机构例会制度，在会上学习上级文件，传达上级会议精神。开展养老服务从业人员培训，联合区红十字会举办全区养老机构护理员培训班，举办第二届东乡区养老护理员职业技能大赛，组织人员参加2023年抚州市养老护理员职业技能大赛、2023年江西省养老院院长培训班和江西省养老护理员失能失智照护技能培训班。

【助餐服务】 至2023年底，全区城乡助餐点由2022年的8个发展到15个，为有需求的老年人提供较好的助餐服务。分别为金峰街道3处（东铜、东糖、东铜社区）、孝岗镇1处（大富社区）、虎圩乡2处（林塘、高坊村委会）、邓家乡1处（松湖村）、珀玕乡1处（仙居村）、王桥镇1处（坑塘村）、黎圩镇1处（黎阳村）、杨桥殿镇1处（东村村）、红星镇2处［红星社区、南辽村（原为圩上桥镇下辖村委会，于2021年4月开始实施助餐服务，2023年6月划归红星镇管辖）］、瑶圩乡1处（锁山村）、红光垦殖场1处（红光总场），城乡老年助餐点每日助餐服务近800人。

【高龄老人生活优待】 为老年人办理人身意外险和发放津贴补贴。为60周岁以上城乡特困老年人、重点优抚对象和70周岁以上所有老年人办理人身意外保险。80—89周岁的老年人，区政府每人每月补贴60元；90—99周岁的老年人，区政府每人每月补贴120元；100周岁以上的老年人，区政府每人每月补贴500元。2023年，为80岁以上老人发放高龄补贴101148人次，685.04万元。

3月10日，志愿者前往养老服务中心陪伴老人　　（饶方其　供）

【安全管理】 联合区消防救援大队组织全区养老服务机构开展消防安全知识培训和消防应急演练活动，与各养老机构负责人签订《东乡区2023年养老机构安全管理责任状》并进行集中约谈提醒，定期对全区养老服务机构开展安全生产检查。

【"时光益站"试点】 东乡区确定大富社区和东糖社区为东乡区"时光益站"试点社区，为老年人提供出行陪伴、打扫清洁、做饭洗衣等服务。6月30日，召开东乡区互助养老"时光益站"业务培训会，50余名志愿者参会。注册志愿者275人，服务对象271人，服务单量320单。

【养老保险待遇支付】 2023年，养老保险待遇及时足额发放。城镇企业职工养老保险退休人数25535人，月发放养老金5949.75万元，年支付养老金71397万元；机关事业单位养老保险退休人数4495人，月发放养老金2283.08万元，年支付养老金27397万元；城乡居民养老保险退休人数52483人，月发放养老金960.83万元，年支付养老金11530万元。

（陈世开　王卫国）

乡镇·街道·场

金峰街道

【概况】 金峰街道党工委、办事处在区委、区政府的坚强领导下，围绕党的建设、基层治理、民生保障、安全整治等重点领域集中发力，坚持以党的建设为引领，积极开展“书记领航”行动，聚焦“作示范、勇争先”目标要求，开展各类志愿活动1100余次，帮助群众解决急难愁盼问题960余件。坚持民生为本，做好安全监管、矛盾化解、移风易俗、增进民生福祉、居住环境改善等工作。年内，成立网格党支部，夯实筑牢基层网格化治理底盘，确保社会和谐稳定。

【党的建设】 强化党建引领，推动全面从严治党向纵深发展。以“模范党支部”创评为抓手，不断夯实筑牢社区党建工作基础，提高基层党组织组织力，东磷社区、北门社区、东门社区党委获评区级“模范党支部”。金峰街道党工委有2个社区党支部获评市级“模范党支部”，5个社区党支部获评区级“模范党支部”。党组织积极探索“党建+志愿服务”的特色服务，成立小区义务志愿巡逻队，多次联合区住建局、辖区医院等共建单位，开展“点亮微心愿”活动，为群众实现“微心愿”16件，为小区居民提供“义诊”“义剪”等便民服务21次。

【养老保障】 新建南门社区210平方米居家养老服务中心，为居家老年人提供无偿、低偿、有偿服务，帮助老年人度过健康安乐的晚年生活，为74户特殊困难老年人进行“适老化”改造，居家养老上门服务252户，不断完善“居家养老服务中心”建设。为80—89周岁285名、90周岁以上67名老人办理高龄补贴。10月20日上午，金峰街道民政服务站联合东糖社区居家养老中心举办“孝行天下，情暖一家”重阳节主题活动，关爱老年人健康，丰富老年居民日常生活。在区民政局的指导下，金峰街道民政服务站10月20日至12月4日在如家老年公寓开展“温情陪伴，最美夕阳”老年人成长小组活动，累计服务老年人138人次。

【关爱留守儿童】 采用“敲门入户+电话访谈”等形式对辖区留守儿童进行全面排查，为2213名留守儿童建档立册。通过“党建+社区工作者+各类人才志愿者”的模式，针对辖区内新就业群体子女、留守儿童等，开展暑期托管班。组织关爱留守儿童各类活动210余次。中国青年网、《江西新闻联播》、《经济日报》新闻客户端等新闻媒体均对街道党建引领留守儿童工作进行报道。

【居民生活保障】 金峰街道参加城乡居民养老保险3686人，其中新增参保人员455人、续保3231人，新增待遇领取人员133人，到龄待遇领取人员1609人。特殊人群无须缴费人员553人，其中重度残疾无须缴费108人，贫困户无须缴费445人，参保率100%。新增低保35户54人，实施小额临时救助200余人，急难型临时救助50余人，切实做好城乡居民最低生活保障工作。

金峰街道老旧小区改造　　（金峰街道　供）

【安全生产】严排查改隐患，保障生产稳定安全。强化安全宣传教育，积极推进安全文化进企业、进社区、进家庭、进学校。全年向群众发放安全知识宣传资料8000余份，悬挂标语横幅70条。大力开展燃气安全、烟花爆竹“打非治违”、自建房、“九小”场所消防等安全整治工作，抓实抓细隐患房屋排查，排查房屋12133栋。其中，自建房9306栋，非经营性自建房7156栋，经营性自建房2150栋，存在安全隐患305栋，经营性存在安全隐患62栋。

【基层治理】夯实社区基层治理根基，激活高质量发展新动能。持续开展“党建引领 小区治理”行动，进一步推广“三题制”“三长制”“邻里会商”，召开邻里会商会议600余次，开展各类志愿活动1100余次，帮助群众解决急难愁盼问题960余件。不断夯实筑牢基层网格化治理底盘，辖区内网格全部成立网格党支部。以基层小微权力监管一点通平台为抓手，充分利用社区纪检监督专员，严防“微腐败”，受理群众投诉202件，办结199件，群众满意率达100%。

【信访工作】坚持每日巡查，加强矛盾化解。整合调解资源及时化解各类矛盾，做到“小事不出网格，大事不出街道”。严格落实领导干部信访接待日制度，建立以党工委书记为信访工作领导小组组长、其他领导“一岗双责”的领导体系，为群众排忧解难，信访接待中心共处理群众来访20起。建立矛盾纠纷多元化解“一站式”服务中心，配备调解员43名，积极推进多元调解。梳理陈年信访个案，对重大矛盾落实领导班子包干制度。街道全年调处各类矛盾纠纷1564起，有效将矛盾化解在基层。

【江西省“幸福社区”】12月，东门社区、东磷社区、汝河社区3个社区被省民政厅、省财政厅命名为江西省“幸福社区”。其中，东门社区被评为五星社区，东磷社区被评为四星社区，汝河社区被评为三星社区。3个社区围绕党建引领、社区服务、协商自治、志愿服务、物业服务、智慧社区等方面，丰富服务供给，创新服务机制，强化社区为民、便民、安民功能，提升社区治理和服务水平，推动社区治理硬件设施与软件服务双向优化、工作推进与队伍建设同向发力。

【抚州市第一批充分就业社区】2023年10月17日，经抚州市人力资源和社会保障局综合评估，拟认定汝河社区、幸福社区为抚州市第一批充分就业社区。汝河社区符合且有劳动能力人员共2812人，2633人已实现就业，就业率93.6%；登记失业人员就业率93%，且无半年以上失业者；就业困难人员10人，均已得到援助，9人已就业，1人因特殊原因正在积极匹配工作。幸福社区户籍人口753人，符合且有劳动能力人员共465人，436人实现就业，就业率93.8%；目前登记失业人员就业率92.3%，且没有失业超过半年的人员；就业困难人员2人，均实现就业，汝河社区、幸福社区均达到充分就业社区评选标准。

（黄鹏）

孝岗镇

【概况】 孝岗镇地处东乡城区及城乡接合部，是区政治、经济、文化中心。2023年，孝岗镇聚焦“走在前、勇争先、善作为”目标要求，强党建、谋发展、守底线、惠民生，至11月底，财政总收入503.19万元，农民年人均纯收入2.42万元，城镇居民年可支配收入4.71万元。获评江西省基层审批服务执法示范点、抚州市应急管理考核优秀乡镇、第七次全国人口普查先进集体、优秀退役军人服务站称号。孝岗镇党委委员、武装部部长饶波涛获评全国退役军人服务中心（站）“百名优秀主任（站长）”称号。始终坚持党建引领，获评2个市级“红旗党支部”、1个市级“模范党支部”、2个区级“红旗党支部”、1个区级“模范党支部”。

【党建引领】 建立党政班子成员党建联系点制度，召开党委会研究部署党建工作22次，助推河山村、何坊村、大富社区、城北社区党支部成功获评2023年度市区两级“红旗（模范）党支部”，建成投入使用村级党群服务中心2个，夯实基层党建“三化”建设。持续聚焦“一老一小”特殊群体，打造大富社区童心港湾和张坊村“一老一小”幸福院，内有大舞台、儿童游乐场、用餐食堂、休息室、活动室等活动场所。11月29日，承办江西省基层关工委组织规范化建设经验交流会，孝岗镇关工委（关心下一代工作委员会）作为示范典型作经验交流发言。创新设立无职党员责任区试点，247名无职党员主动参与认岗领岗、明岗定责。

【项目建设】 2023年，引进投资2000万元的江西谷相望农业有限公司；投资5000万元的江西甜蜜之园农业有限公司大棚蔬菜项目；投资8000万元、年产700万吨的矿山修复项目，全面建成投产后可实现主营业务收入700万元，解决用工300余人。围绕沪昆高速“四改八”、东临环城高速、东临环城高速至高铁站连接线、艾兴大道东延伸、朝阳大道北延伸、城北城西幼儿园、东乡区高级技工学校等重点项目开展土地征收和房屋征拆工作，征收土地36.39公顷，签订房屋征收补偿协议96户，拆除房屋122栋，迁移苗木4公顷，保障项目建设顺利推进。

【乡村振兴】 巩固拓展脱贫攻坚成果与乡村振兴有效衔接，163户356人脱贫户实行应保尽保、应补尽补，边缘易致贫户1户1人、突发严重困难户11户41人定期监测、有效帮扶，无返贫致贫现象；设置公益性岗位安置脱贫户、监测户就业29人；通过雨露计划职业教育补助贫困家庭学生21人，补助金额6.3万元；完成6个上级衔接补助资金项目，获得补助资金148万元；鼓励、引导有发展产业意愿的24名脱贫户小额贷款120万元。出租何坊村8000平方米冷链仓储室，投产一期、二期千亩蔬菜大棚基地，新建何坊村、坪里村第三期31.47公顷设施大棚蔬菜基地；投入使用河山村新建5000平方米商用、办公一体化党群服务中心，每年可增加集体经济收入30余万元。南边村、瑶上村17.33公顷蓝莓基地年销售5850千克蓝莓，销售金额19.54万元；坪里村新建10公顷蓝莓栽种基地。瑶上村、南边村完成稻蛙鳅规模化养殖20公顷和菜牛养殖。孝岗镇大富村和何坊村的村集体年纯收入各自达到100万元，另有3个行政村村集体年纯收入位于50万—100万元之间，全镇实现了集体经济年创收15万元以上的行政村全覆盖。

【农业生产】 抓好耕地保护“五个一票否决”和粮食安全，完成耕地“占补平衡”立项11.33公顷，完成进出平衡12.09公顷、耕地非粮化整改8公顷；抓好粮食生产，完成早稻栽播面积1237.64公顷，中稻栽播面积328.02公顷，晚稻栽播面积1369.15公顷，完成278.69公顷高标准农田项目主体建设。粮食产量达19370吨。油菜播种157.07公顷，生猪存栏28699头。

【民生福祉】 推行“一站式服务”审批服务模式，建成以镇便民服务中心为主、12个村级便民服务站为辅的便民服务网络，并组建“小赣事”服务攻坚队伍，2023年帮办代办服务1000余件。“一窗”系统受理申请事项4615件，办结受理事项4613件，办结率99.96%，大厅办事服务评价满意率100%。设立“民声议事会”，承接“代表前哨”，拓宽群众反映渠道，办理人大代表、政协委员开会期间议案建议9件，办结闭会期间收集群众意见建议40条，完成人大代表票决民生实事项目3个。

【精品社区】 2023年12月，经组织申报、县市审核、第三方实地评估、专家评审和公示，江西省民政厅、江西省财政厅将孝岗镇城北社区评为2023年度江西省“幸福社区”；孝岗镇未来城小区、新龙花苑小区被中共江西省委组织部、江西省住房和城乡建设厅评为2023年度红色物业小区。

【环境整治】 2023年，投入270万元完成5个村委会、9个自然村、10个新农村示范点建设工作。开展“厕所革命”，农村户厕录入系统7163户，其中问题户厕4128户，区级复核率100%。实施大气、水、土壤污染防治三大专项行动，严格落实河长制、林长制，全方位、全地域、全过程保护辖区生态环境。开展“创文巩卫”工作，组织集中参与“全民洗城”16次，并配合职能部门参与片区突出问题专项整治。

【平安建设】 开展燃气安全、自建房隐患排查整治、电焊等动火作业安全专项排查、道路交通安全及岁末年初重大安全隐患专项排查和安全生产重大风险隐患专项整治等系列专项整治活动。对11家重点企业、42家制衣企业、53家散小企业、26家烟花爆竹经营店重点监管，排查各类安全隐患21条，整改21条，排查并整改C、D级危房82栋，隐患数同比大幅下降，2023年未发生重特大安全生产事故，安全生产形势总体稳定。投入资金110万元，完成10个防洪、水毁修复、渠道修复、水库移民扶持等工程项目；改善灌溉面积266.67公顷，让群众共享水利建设发展成果。做好汛期地质灾害防治工作，汛期全镇出动党员志愿者60人，成功转移地质灾害点群众25户67人，以实际行动切实维护人民群众生命和财产安全。

【依法治理】 开展常态化扫黑除恶斗争，加大对已取缔的12个非法聚会点巡查力度；排查调处各类矛盾纠纷205起，调处成功率100%；强化综合执法，围绕乱搭乱建，森林防火、秸秆燃烧、非法捕捞等工作巡查700余次，针对各类违法违规行为第一时间下达停止违法行为通知书，及时制止违法行为。加强法治建设，9月25—26日，孝岗镇承办抚州市司法所规范化建设推进会；聘请法律顾问依法审查重大合同、参与矛调化解20余件；完成“法律明白人”网上学习培训3701人次，培养10名农村学法用法示范户，开展进村普法宣传6次，发放宣传资料8000余份，完成人民调解27例，法治效能逐步凸显。

【移风易俗】2023年，发布道德“红黑榜”12次，评议“红榜”人物144人，“黑榜”人物136人。12个村（社区）全部建立红白理事会，制定共同遵守的村规民约、居民公约，2人获评全区“五个100”群众推荐评议好人。建成1个新时代文明实践所、12个新时代文明实践站、48支志愿服务队，开展政策宣讲、送戏下乡、文艺演出、走访慰问、为民办事等文明实践活动100余场。孝岗镇大富社区荣获东乡区志愿服务三等奖，城北社区荣获东乡区“新风东乡”基层理论宣讲比赛第二名。

（周玲）

小璜镇

【概况】小璜镇位于抚州市东乡区东北部，距离城区13千米，自古为人文昌盛之地，舒同等老一辈革命家曾在小璜进行革命活动。全镇国土总面积143平方千米，户籍人口4.8万人。富含金、铜、铁、钨、瓷土等矿藏；地下暗河日出水量0.74万立方米；生猪年出栏量10万头以上，畅销大江南北；著名营养学家、陈云夫人于若木为黑壳绿鸡蛋亲笔题词“东乡神蛋，华夏明珠”，并获得国家农产品地理标志登记保护。2023年，获评江西省五星级新时代文明实践所、江西省人大代表联络示范站、江西省示范性殡葬服务设施建设点、抚州市先进基层人武部、抚州市“最美基层妇联执委”、平安抚州建设先进集体、抚州市政务公开工作先进集体。

【党建引领】积极推动农村无职党员“三定三诺”，430名无职党员定岗履职，上报典型事迹22例。全面开展“党建+社会救助”，制定《小璜镇“党员星级评定”考核方案》，开展五老帮扶、童心港湾、挎包服务、捐资助学等活动，小璜镇“党建+社会救助”的工作经验在东乡区大会上作典型发言。召开3次在外返乡人才“六个一”活动对接会，吸引返乡人才及本土客商共计60余人参加。筑牢意识形态阵地，打造“挎包服务”党建品牌，建设小璜镇鲁家村樟树下宣讲驿站、孙圳村烈士广场、樟源村少数民族村史馆等特色站点，组织开展群众性活动130余场。下湖村村民徐有生被评为“江西好人”，岭上村村民王圆花被评为江西省级孝老爱亲“好媳妇”。注重强化宣传工作，2023年在《人民日报》上稿2篇、《江西日报》上稿8篇、《抚州日报》上稿10余篇。

【农业经济】2023年，生猪存栏11.7万头，能繁母猪存栏1.2万头，肥猪出栏13.1万头，位

党员志愿者采摘黄石茶叶　　（小璜镇　供）

列东乡区前列；鹌鹑存栏20万羽，年产蛋114吨；有规模以上稻蛙养殖户5户。油菜播种面积372.6公顷。种植早稻2814.13公顷，中稻441.23公顷，晚稻2844.49公顷。完成古圳村、洋湖村、余家村等地415.75公顷高标准农田建设，新增设施蔬菜用地面积33.33公顷。新增余家、鲁家2个蓝莓基地10.87公顷，管护水平达到优等；洋湖蓝莓基地销售收入41.65万元。枫林村利用衔接资金100万元收购温室养鸡项目，可实现年增收19万元；余家村挖掘现有资源，推动黄石野生茶稳步发展，村集体增收15万元。完成新引进江西宝金梅花鹿养殖项目主体建设，稳步推进投资2.8亿元绿壳蛋鸡产业链发展项目，基本完成千亩高标准油茶基地建设，全程机械化综合农事服务中心项目初具规模。

【民生福祉】 2023年，民生工程投资430万元，涉及新改建道路3条、危桥改造1座；移民水利设施项目建设9处，建设资金228万元。持续巩固拓展脱贫攻坚成果同乡村振兴有效衔接工作，新纳入监测对象7户，并落实帮扶政策；申报乡村振兴补助资金项目17个，完工17个，完成率100%。按照“应保尽保、应退尽退”原则，开展“党建+社会救助”工作，新增低保保障109户199人，调整低保保障74户117人，停发低保保障30户30人。推进“全民参保”，小璜镇城乡居民养老保险参保31566人，城乡居民基本医疗保险参保408186人，“抚惠保”推广人数4639人，参保率和推广率位居东乡区第一。新建小璜镇卫生院综合门诊大楼、发热门诊大楼，提升卫生服务能力，完成征地工作。开展乡村就业促进行动，开展比亚迪社招、春风行动、台德智慧“送工入企”行动等招聘会6场，安置乡村振兴公益性岗位人员16名。

【环境整治】 推进3条道路、1座危桥改造、5条错车道、9处水利设施建设，着力办好民生实事。为破解沪昆高速“四改八”工程征地拆迁“老大难”问题，征收拆除13栋房屋，未出现一起纠纷。落实林长制，推进4项林业重点任务，完成造林绿化86.67公顷；松材线虫病除治取得阶段性进展并顺利通过省级评估；完成国家储备林收储733.33余公顷，排位全区第一；推进大气污染防治，从严查处野外用火45起，行政处罚金额4万余元；推进查家地下水型饮用水水源补给区划分项目和水源地保护项目建设，有效保障居民饮水安全。

【社会治理】 2023年排查解决各类矛盾纠纷453起，信访量及“12345”投诉热线同比下降22.35%。开展燃气、食品、安全教育、企业生产等领域安全隐患排查整治，下发整改告知书39份，整治安全隐患点57处，依法查处非法生产烟花爆竹窝点1处。开展自建房排查整治工作，324栋存在安全隐患房屋均落实安全管控，完成整治278栋，整治率85.8%。严格落实“五好宗教场所”建设，依法取缔2处私设聚会点，有效防范化解宗教领域风险隐患。

（乐斌　乐继雨）

杨桥殿镇

【概况】2023年，杨桥殿镇紧紧围绕打造“滨湖生态名镇、跨区工贸重镇、富强和谐新镇”目标定位，团结带领全体镇村干部开拓进取。争取江西省产业强镇项目资金500万元、新农村建设资金390万元、乡村振兴资金181.4万元；新引进总投资1亿元的畜禽肉类数智化品牌化示范项目，年均精深加工1.5万吨畜禽肉类；先后发展文七位村米粿厂、山下村菌菇厂、港西村槟榔芋种植基地、金坑村葛根基地、汶田中药材种植基地等各具特色的村集体经济，实现村集体经济收入增长全覆盖，经营性收入均超过20万元。先后获得江西省鄱阳湖区越冬候鸟和湿地保护工作先进单位、东乡区征兵工作先进单位、东乡区开放型经济第一名、东乡区统战工作先进单位等荣誉称号。

【基层党建】牢固树立大抓基层党建的鲜明导向，开展“红旗（模范）党支部”创评工作，礼坊村、山下村和东村村党支部获评2023年全区“红旗党支部”称号；实施基层阵地五年提升计划，完成愉怡村党群服务中心建设，东村、坂上村党群服务中心改造，内蒙古呼和浩特市东乡区流动党支部标准化建设；选优配强干部队伍，补选村“两委”干部15名，储备村级后备干部36名；发展党员10名，转正预备党员9名；开展“小微权力监督一点通”专项监督，对粮食安全、耕地整改、工程项目等领域开展专项监督，发现问题5项，整改5项。

【农业经济】牢固守住粮食安全底线，完成粮食种植面积6533.33公顷，粮食总产量超5.1万吨，完成566.67公顷高标准农田建设；完成20公顷蓝莓种植任务，全镇蓝莓规模达千亩；完成设施蔬菜大棚选址14.07公顷；推进油菜种植和冬闲田利用，高标准完成292.4公顷种植任务。7月12日，杨桥殿镇坂上村总投资1000余万元，占地面积25.33公顷的50个蔬菜大棚正式投入使用。加快发展以家禽、生猪为重点的特色养殖业，实现生猪存栏7.9万头，能繁母猪存栏1.1万头，生猪出栏12.8万头。

【美丽乡村建设】推进杨桥殿农贸市场、养老院、卫生院、愉怡公墓、冷链物流仓储中心、农事服务中心、东杏线公路北延伸、东乡—杨桥殿段美丽乡村示范路建设等重点工程建设，完成征地17.8公顷。8月24日，召开农村人居环境整治工作动员大会，建立农村人居环境每月巡查、评比考核机制，落实15万元奖励资金，持续开展“创文巩卫”工作和常态化爱国卫生运动。基本完成集镇生活污水处理厂二期支管网建设，建成14个新农村建设提升点，同时严格执行村庄规划建设管理制度、宅基地联审联批制度，消除“两违”存量，杜绝增量。发挥村民议事会、道德“红黑榜”评议会、红白理事会等作用，将人居环境整治写入村规民约，落实好门前“三包”，印发《关于规范宣传横幅、标语、广告张贴的通知》，明确环境专项整治标准。推进村民庭院、房前屋后、公共空间闲置土地的有效利用，鼓励村民就地取材使用竹篱笆、鹅卵石等材料建设小菜园、小花园、小果园，让“三小园”成为打造宜居宜业和美乡村的点睛之笔。

【民生保障】 坚持在发展中保障和改善民生，严格落实农村低保、“五保”、临时救济、危房改造、惠农补贴等民生资金的发放，抓好农村医保、新农保等政策落实，基本养老保险参保率77.37%，基本医疗保险参保率100%。组织东乡福建、浙江商会、乡贤爱心人士对困难群众走访慰问170余人次，捐助资金10余万元。开展“六一”儿童节走访、童心港湾、关爱留守儿童等系列活动，推动形成全社会关心少年儿童的氛围和合力。持续巩固拓展脱贫攻坚成果同乡村振兴有效衔接，严格落实脱贫户“三保障”和饮水安全，分类落实帮扶29户95个监测对象，安排公益性岗位32个，帮助脱贫户和监测对象252人务工就业，实施山下村菌菇厂等5个乡村振兴项目，实现产业振兴和脱贫户增收。

【平安建设】 严格落实安全生产责任制，持续开展消防安全集中除患攻坚大整治行动和安全生产“治本攻坚”三年行动，全面消除各类安全隐患，2023年未发生安全生产事故；开展自建房专项整治行动，维修加固128栋，拆除186栋，完成率95.44%。推进矛盾纠纷化解“一站式”平台建设，整合信访、综治中心、司法所、便民服务中心、心理服务等工作人员以及“五老”德高望重话事者常驻办公，调处化解各类矛盾纠纷535件，化解率99%；化解信访积案12件。

【生态保护】 坚持绿色发展理念，全面落实河长制、林长制，镇村两级河长巡查800余次；开展河湖“清四乱”等专项整治，对小(2)型以上40座水库进行渠道清淤，严格监管河道内各类非法行为；完成公益林退出林地105.48公顷，人工造林86.67公顷，义务植树1万余株，松材线虫病疫木除治22000余株，投资28.5万元实施中央财政湿地生态补偿项目。

【乡风文明】 大力推进移风易俗。举办第六届“孝满东乡”、江西省移风易俗“五个100”等评选活动；愉怡村吴国华、王桂梅夫妇获评市级不要彩礼“好岳父母”；2人获评区最美爱心人士、孝心儿女；杨桥殿镇打造“小天鹅”志愿者理论宣讲品牌，获评区级微宣讲比赛第三名。12月21日，杨桥殿镇东村开展“不要彩礼要幸福”主题宣传活动，活动反响热烈，经验做法作为东乡区特色上稿江西文明网。

【“果蔬药”发展强村富民】 汶田村位于杨桥殿镇中部，距杨桥殿集镇3.5千米，“山高水冷一条川”的地理环境，加之劳动力外流严重，导致大量的荒山荒地闲置，村级集体经济停滞不前。为改变现状，村党支部书记带领党员先后到鹰潭、广昌等地学习调研，全面梳理汶田村的资源禀赋、潜在优势。2021年，经过村党支部委员会、村民委员会会议和党员大会研究讨论，结合汶田村地多坡缓的优势，确定了“果蔬药”发展强村富民的规划，先后开辟13.33公顷蓝莓种植基地、7公顷冬瓜种植基地、6.67公顷中药材“粉防己”种植基地。2023年，村集体实现纯收入72万元，带动中青年村民返乡就业60余人，促进村民增收30余万元，其中帮助13户脱贫户共21人安排就业，并分红2万余元。

【渔光互补发电生态惠民】 8月16日，投资约10亿元、设有50个光伏发电单元、占地213.33公顷的华润200兆瓦渔光互补光伏发电项目顺利全容量并网发电。建成后电站年均上网电量2.17亿千瓦时，每年可节约标准煤6.86万吨，减少二氧化碳排放量16.86万吨。同时发展“水上发电，水下养鱼”模式，做到“在开发中保护、在保护中开发”，可实现节能减排、生态水产养殖、农业休闲观光于一体的集成效果。

【“文七味”千年米粿传承】 做米粿是杨桥殿镇文七位村一项富有特色的民俗，因北宋名臣、诗人王安礼（王安石胞弟）从小喜爱吃米粿，而文七位村村民都是王安礼的后裔，故得名“文七味”米粿。选定每年九月十一日为出神日，即米粿节，历经千年沿袭，米粿制作手艺代代相传，逐渐形成当地的一种饮食习俗，也演变成当今的一种特色小吃。米粿原材料是路边常见的“鼠曲草”，这种野草不仅香味浓郁，还能清热解毒。制作过程分为挑米、洗米、泡米、磨米浆、搅粿、包粿等工序，再放入萝卜丝、笋尖、腌菜、豆腐干等馅料，黏合成型，真空包装销售。米粿原属于季节性美食，只能在春季及清明节前后生产销售；现建有现代化生产设备、冷库，一年四季都能供应新鲜的米粿。注册了“文七味”米粿商标，米粿在抖音、微信等线上销售平台销售，供浙江、上海、云南、湖北、福建等外省消费者争相抢购。每月能制作4000余千克米粿，月收入4万余元。2月12日，文七位村米粿厂参加“抚州（南昌）文化旅游宣传推介会”活动，向外推介文七味村千年米粿。

【杨桥厚壁竹笋】 杨桥殿镇气候温和，日照充足，雨量充沛。近年来，杨桥殿政府因地制宜，成立共富种植专业合作社，共富种植专业合作社依托江西竹海农业发展有限公司，以种植杨桥厚壁竹为主，共富种植专业合作社已发展成杨桥厚壁竹种植基地。镇党委始终坚持以增加农民收入为主线，以打造“一村一品”为着力点，按照突出特色、龙头带动的要求，大力支持、发展厚壁竹产业，杨桥厚壁竹种植面积600多亩，产值1000多万元。直接带动100余名老百姓就业，人均收入3000余元，主要销往江浙沪等地。按照“公司+合作社（基地）+农户”的模式合力推进厚壁笋种植业产业发展，发动群众成立东乡区杨桥殿种植专业合作社，江西竹海农业发展有限公司多次邀请中国林科院亚林所专家团队人员到共富种植专业合作社开展技术指导培训，将杨桥厚壁竹笋基地打造成科技示范园基地，投入广告宣传、参加展销会等活动推广产品，发展绿色生态产业，带动周边村民增收致富。

（吴昱松　高丽娜　甘甜欣）

圩上桥镇

【概况】 圩上桥镇位于抚州市东乡区西南部，距离城区10千米，是被毛泽东同志誉为“红军书法家，党内一支笔”舒同的故里。2023年，圩上桥镇聚焦“走在前、勇争先、善作为”的目标要求，统筹推动各项工作不断取得新成效，荣获抚州市应急管理考核优秀乡镇称号及全区乡镇综合考评第一等次，邮路头村党支部荣获全省乡村振兴模范党组织称号，各项工作

圩上桥镇开展“无职党员勇担当‘三定三诺’展风采”活动
（圩上桥镇 供）

获中央、省、市各级媒体宣传报道90余次。

【党建引领】 持续开展党员“三定三诺”活动，全镇423名农村无职党员认领组织建设、产业振兴、调解纠纷等岗位440个，广泛参与到红壤培育、冬闲田利用等志愿活动中。邮路头村党支部荣获市、区两级“红旗党支部”称号，梧城源村党支部荣获区级“红旗党支部”称号，圩上桥镇机关党支部获评区级“模范党支部”称号。

【政务服务】 开展“大学习、大走访、大服务”活动，发放2000余张“便民连心卡”、120份征求意见表，解决群众反映的临时大病救助、道路破损等问题31件。收集人大代表提出的意见、建议25件，办结23件，办结率92%；继续推行综合服务“一窗通办”改革，受理各类事项4260件，办结率100%。设立邮路头村人大代表前哨，开展活动9次，接待选民20人次，收集选民意见、建议和问题10件，集中学习4次，参加志愿活动3次。投入资金24万元，开展基层政务公开标准化规范化建设试点，打造高标准线上线下政务公开专区，发布工作动态、重大决策、重点领域等信息436条。

【党建+经济发展】 争取乡村振兴衔接资金370.45万元，用于池塘渠道清淤、路面硬化、水库除险加固、蓝莓种植、瓜蒌种植、村容村貌整治等9个项目，均完成验收工作。持续开展“一村一品”壮大特色产业。谋划冬闲田利用，种植油菜、冬季蔬菜240余公顷；发展林下经济，养殖麻鸡10万羽，村集体经济增收。蓝莓挂果销售6500千克，帮助东腾、邓家基地销售近1000千克，销售额23万余元。定期组织镇村干部，分片进村入企走访295户市场主体，帮助市场主体落实纾困惠企政策。在镇便民服务大厅开设企业招工窗口，组织召开返乡农民工招聘会，开展“送工入企”等活动，为周边园区企业输送工人100多人，有效缓解园区企业“用工难”问题。

【民生实事】 2023年，完成防止返贫监测帮扶集中排查5576户，新增低保户34户43人，发放冬春生活救助资金55万元，残疾人两项补贴资金46.02万元，城乡困难群众临时救助123户215人，发放救助金15.4万元；发放最低生活保障金412.93万元，农村特困人员供养金59.86万元，高龄补贴26.15万元；“雨露计划”资助35人次，发放补助5.25万元。全面推行免费婚前检查、免费“两癌筛查”、产前筛查和新生儿疾病筛查，600余人次享受政策红利。

稳步推进危房改造，摸排房屋11454栋，其中C、D级房屋152栋，销号136栋，暂未销号的危房张贴警示牌，同时向群众发放安全告知书。

【环境保护】 常态化开展危化品企业、畜禽养殖场、北港河流域环保专项检查，压紧压实各方环保责任，杜绝环境污染事故。抓好秸秆禁烧工作，发放宣传单1000余份、悬挂横幅20余条，有效减少秸秆燃烧。严格落实河长、林长制封山育林、排除森林病虫害、严守耕地保护等工作。聘请专业除治公司，对松材线虫病进行防治。

【秀美乡村建设】 投入3800万元实施邮路头村整村推进工程，投入420万元完成邮路头村党支部大楼建设；投入40余万元为寺占线沿线安装路灯及清理路肩，有效保障群众出行安全；投资300万元，完成魏家村畈洪等9个新农村建设点。开展农村问题户厕摸排工作，摸排1600余户，新改建户厕110户。执行《圩上桥镇农民建房管理条例》，落实“五到场一公示”制度，审批农民建房42宗。清淤疏通全镇116条主干渠道总长约100千米。

【弘扬乡风文明】 将杜绝高价彩礼等移风易俗内容纳入新修订村规民约并上墙，利用新时代文明实践站等平台，开展群众性文化活动和送戏下乡等活动32场，丰富群众业余文化生活。全面开展“五个100”评选，推出江西省婚事新办“好公婆”江美春、抚州市弘扬新风“好理事长”李良泉等示范人物。

【食品安全】 全面落实食品安全“两个责任”，对餐饮店、中小学、企业、加油站等重点区域场所开展安全生产检查22次，对全镇24家食品有关公司、作坊、杂货店全部配有包保干部进行包保，开展75次督导。加大野生毒蘑菇勿采、勿食、勿买、勿卖宣传力度，保护辖区居民的食品安全。

【法治建设】 坚持依法行政，妥善办理“12345”服务热线服务事项97件，办结率100%。紧盯小微权力，打通监督“最后一公里”，持续整治群众身边腐败和不正之风，将村、组“三资”全部纳入“三资”管理平台进行科学管理。至12月，监督一点通平台接受群众投诉40条，解决40条，非常满意好评率100%。

【“四个一”工作法做好基层监督】 圩上桥镇纪委探索运用“四个一”工作法，促进村级监察联络员做细做实基层监督。完善一批资料档案，围绕村级“三重一大”事项、村小组“三资”等事关群众切身利益事项，逐村每月、分门别类建立台账。走访一批重点人群，上户发放便民联系卡600余张，收集相关问题意见21条。督办一批民生实事，村级监察联络员跟踪督办群众诉求工作33起，立案1起，提醒谈话8人，有效追回集体资金9598元。通报一批反面典型，镇纪委开展警示教育8次，下发督查通报3次，督促整改问题10个，以强有力的监督促进村干部自觉廉洁从政、更好地服务群众。

【“屋里说事厅”化解矛盾纠纷】 健全镇、村两级社会矛盾纠纷调处化解工作体系和矛盾纠纷多元化解机制，在打造“屋里说事厅”矛盾纠纷化解品牌的基础上，充分利用“屋里说事”调解员张康山工作多年来在各领域的宝贵经验和人生阅历，成立“屋里说事厅”张康山工作室，按照“三议四步”工作法对全镇各领域矛盾纠纷进行调解。2023年，通过“屋里说事厅”，已调解矛盾纠纷45起，涵盖房屋建地、环境整治等各方面问题，化解满意率100%。

【圩上桥镇白笋】 近年来，圩上桥因地制宜，建设圩上桥镇白笋竹种植基地，种植面积1000余亩。引进江西竹海农业发展有限公司，按照“公司基地+合作社或农户”的模式，发展绿色生态产业，获得首届江西林业产业博览会优秀奖。发展合作社社员100余户，以基地为辐射，带动周边村民增收致富。打造现代农业示范园1个，建设冷链仓库1个，进一步丰富“圩上桥白笋”产业发展链。通过持续加大对“公司基地+合作社或农户”模式推进，圩上桥白笋竹将成为农民增收致富的新型产业。

（程彩虹　刘成翰）

詹圩镇

【概况】 詹圩镇位于东乡区西部，下辖10个村民委员会，119个村民小组，7098户，31045人。2023年，詹圩镇坚持稳中求进，农业经济稳健发展，社会大局平稳安定。詹圩镇物产丰富，有湿地松、苦槠、樟树、木荷等植物资源；生猪、肉鸡、牛等动物资源；红薯、葛根、挂面、茶油等地方特产，其中詹圩红薯被认证为国家农产品地理标志。

【党建引领】 实施无职党员“三定三诺”机制，发挥先锋模范作用，414名无职党员认领乡村产业、人才、文化、生态、组织“五个振兴”岗位，调解矛盾纠纷80余起，开展卫生清洁服务120余人次，收集群众建议90余条，关爱留守儿童45人次，为民办实事180余件，获得了群众的充分好评。推进“党建+关爱留守儿童”“党建+社会救助”等行动，帮扶45名留守儿童和120余名困难群众。严把党员发展关，发展入党积极分子6名，预备党员7名，转为正式党员9名。加强村级后备力量建设，培养村级后备干部27名。举办党员培训班6期、培训党员500余名。开展各类宣讲50余场次，及时将詹圩镇开展的各类活动进行正面的宣传报道，在各级媒体上稿40余篇次。

【党风建设】 强化监督检查，开展专项监督检查36次，发现问题51个，下发整改督办单8件，整改8件。推广小微权力“监督一点通”平台4次，受理投诉48起。强化村小组集体“三资”监管，115个村小组存入资金349万元，受监管349万元。营造勤廉氛围，开展“3·23”警示教育活动，北楼草根剧团巡回演出勤廉文化剧目，传达纪委警示通报4次，观看警示教育片2次，阅读忏悔录2次。

【农业生产】 完成永久基本农田非耕地图斑核查120个，核查出耕地流出面积52.62公顷，其中油茶种植面积28.07公顷，完成整改面积38.64公顷，并对所有原地整改图斑进行日常变更举证。水稻种植4558.67公顷，产量3105.2千克；油菜种植192公顷。配合区农业局完成22公顷蔬菜选址，引进国华新能源建设6.67公顷食用菌菇大棚蔬菜基地；加强现有26.67公顷蓝莓基地管护，实现蓝莓产业规模化和产业化。幕塘村无花果基地实现村集体经济销售收入15万元；铁山村委会肉牛规模480头，收入15万元；与江西三誉农业采取“公司+农户”的合作形式，种植葛根6.67公顷，每公顷增收3万元。

【项目强镇】 詹圩镇自来水厂、退城进郊粮库、生活污水处理厂二期工程、3条约10千米的建制村通双车道改造工程、抚州市唯一供销城乡物流体系工程等项目完成立项。争取新农村建设资金200余万元，安装1000多盏太阳能路灯。辖区内有养猪场16家、养鸡场32家、养鸭场1家。对接双胞胎公司、进贤温氏企业，采取“公司+农户”模式，由专业公司带动群众在家门口实现就业致富。发展林业经济，将37.67公顷公益林调整为商品林，用于发展油茶产业；利用闲置荒山，采取“生态+产业”模式开发133.33公顷的油茶和13.33公顷的红薯基地。

【巩固脱贫攻坚成果】 严格落实“四个不摘”要求，保持现有主要帮扶政策、资金支持，脱贫人口人均纯收入增长10.15%。医保申报续费25425人，申报率98.96%；城乡居民养老保险缴费人数9148人，缴费率75.68%，新增参保231人。农村低保558户1.37万人，城镇低保10户11人，特困分散43户44人，发放资金588.03万元；发放城镇支出型困难补助1.44万元；急难型临时救助67户114人，发放救助金12万元；支出型临时救助31户102人、发放救助金18.38万元。发放“雨露计划”补助资金101人次、15.15万元。落实每月对三类人员开展就业排查工作，招聘25个公益性岗位，发放107名脱贫户及监测对象申报就业交通补贴4.79万元。投入资金171万元，实施6个乡村振兴项目。

【“党建+宜居美村”建设】 常态化开展人居环境整治，争取新农村建设点17个，项目资金470万元。严厉打击污染水源、捕鱼电鱼、秸秆焚烧等行为；在农贸市场设立宣传展板、开展知识讲座、上户发放宣传单开展卫生知识宣传普及；按时投放灭鼠毒饵，全面降低鼠密度；配合区城管局、农业局对集镇及各村开展人居环境整治督查整改，清理房前屋后垃圾128处，整治乱堆乱放163处，整治占道经营48处。仅幕塘村两年累计拆除猪栏、牛栏、危房旧房等80余处，腾退宅基地1万多平方米。3月，江西省爱国卫生运动委员会办公室命名詹圩镇为2023年度“江西省卫生乡镇”，詹圩村入选为东乡区2023年“党建+宜居美村”红旗党支部。

【平安建设】 发挥专职网格员作用，网格员上报办理事件3072条，事件有效率100%。推动基层社会治理创新发展，联合派出所组建“四色义警”开展平安创建，2023年，调解各类纠纷327起，参与护校540人次，开展巡逻600人次，排查安全隐患100余起。推动各类矛盾纠纷依法及时高效多元化解，摸排各类大小矛盾纠纷400起，成功化解400起，化解率100%。詹圩镇4个村实现全年无诉讼。

【农村房屋安全隐患排查整治】 开展农村房屋安全隐患排查整治工作，对自建房开展全方位、无死角、无盲区的排查，牢牢守住“危房不住人、住人不危房”的安全底线。完成14838栋农村房屋基本情况、建设情况、管理情况、排查情况资料系统录入工作，鉴定出存在安全隐患的房屋161栋，63栋危房采取工程措施维修加固，98栋拆除。

【“三防”保障居民安全】 严格压实防汛责任，汛期成立詹圩镇防汛抢险总指挥部，每座小（2）型及以上水库落实“五个责任人”并制定度汛方案。建立五支应急抢险队伍，村委会落实30人的应急抢险小分队和24小时应急值班制度，开展防汛演练，并及时处置汛情。筑牢森林防火安全防线，加大秸秆禁烧、森林防火宣传力度，在重要林区、公墓集中地挂横幅、树标语，护林员与村干部在火险等级较高期间通过鸣锣、喇叭、宣传单、微信等方式进村入户到人宣传严禁野外用火，增强广大群众的森林防火意识。成立防溺水专项行动领导小组，与村民委员会、中小学校签订学生防溺水工作责任书，以在重要路口张贴海报、发送短信、发放告家长一封信、邀请蓝天救援队现场讲解自护自救技巧等形式加强防溺水知识的宣传教育，多管齐下织牢防溺水“安全网”。

【乡风文明建设】依托新时代文明实践所站，开展送戏下乡、文艺会演、关爱留守老人儿童等实践活动110余次，引导群众崇德向善。持续开展村民道德评议活动，发布6期道德“红黑榜”，其中红榜12人、黑榜3人；严格执行红白理事会制度，提倡婚事新办、丧事简办，倡导文明、健康、科学的生活方式，代办白喜事84件、红喜事1件。开展移风易俗、殡葬改革、低价彩礼等线上线下宣传，推动乡风文明上墙，在詹圩镇集镇广场建设景观墙、文化墙，弘扬中华美德和时代风尚。

（叶剑）

马圩镇

【概况】2023年，马圩镇坚持办好民生实事，增进百姓福祉，加强社会治理，深化平安建设。完成水稻种植面积5183.33公顷，冬种油菜298余公顷，蓝莓种植47.33公顷。获评江西省政务公开标准化规范化乡镇、江西省乡村振兴示范村。坚持推动“五型政府”建设，主动公开政务信息167条，着力打通政务公开“最后一千米”，获评江西省政务公开标准化规范化乡镇，召开东乡区乡贤参事会成立大会暨人才产业现场观摩会，以更实举措交出马圩镇高质量发展“全年答卷”。

【基层党建】加强基层党建阵地建设，新建马圩镇党群活动中心和里坊村、南坪村党群服务中心；改建河城村党群服务中心。持续深化无职党员定岗定责机制，为548名无职党员定岗定责，把党员示范岗、先锋模范岗设到田间地头。为群众解决热点难点问题160余件，办好事实事320多件。抓实作风建设，围绕春耕备耕、乡村振兴、防汛抗旱等重点工作开展监督检查30余次，发现整改各类问题15件。2023年，新溪村、邹塘村、桥西村荣获区级“红旗党支部”称号；新溪村获评市级“红旗党支部”，新溪村党支部书记全兵祖选树为2023年市级“乡村

1月17日，东乡区乡贤参事会成立大会暨人才产业现场观摩会在马圩镇港下村举办
（邓梅芳　供）

振兴担当作为好支书”。

【农业与特色产业】 坚持以党建为引领，打造红薯种植、优质稻种植、肉鸭养殖、蔬菜种植、油茶种植、雪花豆产业加工等富民产业，形成具有本地特色的村集体产业品牌。完成水稻种植面积5183.33公顷，冬种油菜298余公顷。新溪村种植红薯10.67公顷，获60余万元收益；港下村打造手工挂面、米粉、雪花豆、盐水豆等多种产品，农副产品加工基地完成升级改造，项目投产后将带动周边群众就业，居民每月增收750元；桥西村吴塘组烘干房投入使用，每年可获租金收益9万元。蓝莓产业发展跑出“加速度”，建成新溪、梁家、邹塘、桥西4个蓝莓基地，种植面积47.33公顷。2023年，新溪村蓝莓基地销售额80余万元，带动周边80多名农户人均增收5000元；马圩镇在东乡区蓝莓产业发展总结表扬大会上荣获蓝莓销售优秀乡镇等多个称号及奖项。

【人居环境整治】 为打赢环境治理攻坚战，镇联合执法大队等部门开展巡察和执法，做实“林长制”，拔除松材线虫，清理枯死松木591株，有效遏制松材线虫病蔓延；推进“河长制”，严厉打击非法捕捞和垂钓行为，完成港东碑池塘8公顷水域水草、水葫芦和淤泥清理打捞。公开招标委托上饶鑫远达环保科技有限公司对2754吨铝灰废弃物进行专业处置，清除废料危害。加大秸秆禁烧宣传力度，开展日常巡查，与农户签订秸秆禁烧承诺书，发放1200余份宣传信，张贴标语20余条。

【民生实事】 投入28万元，推进桂塘村上邓组桂塘寺渗水修复工程、马圩村山溪组提灌站管理房重建工程、高湖村余家坳排灌站排水沟维修加固工程建设；投入400余万元，改造马圩镇16个新农村建设点；投入761万元，完成14个乡村振兴项目。推进桥西千亩圩堤除险加固、卫生院新建、富贵桥重建等工程建设。强化防返贫动态监测帮扶，全镇脱贫户和监测对象314户672人，其中新增突发严重困难户11户51人，制定一户一策帮扶计划，落实落细帮扶政策。2023年，农村养老保险续费12168人，新增参保241人。

【平安建设】 严格落实国务院安全生产十五条硬措施，开展4次全方位、无死角安全生产大检查，发现问题现场交办，并限期整改。加强安全用电、燃气安全使用、食品药品安全等宣传工作，强化群众安全意识。开展农村自建房排查整改工作。排查房屋95栋，其中存在安全隐患81栋，整治75栋，整治完成率92.59%。

【基层政务公开标准化规范化建设】 坚持依法行政，主动接受法律监督，持续优化政务服务线上审批服务体系建设，全面提高政务服务网上办理、掌上办理率。2023年，马圩镇受理信访件171件，其中政务热线150件，按时办结164件，暂未办结7件，均在办结有效期间内；省市信访网上平台共受理16件，需办理14件，已办结14件，按时办结率100%，满意率98.5%。创新推广“小格子3456+7”工作法，调处各类矛盾纠纷542件。5月5日，马圩镇被江西省人民政府办公厅评为第一批基层政务公开标准化规范化乡镇。

（罗江　邓梅芳　陈能荣）

黎圩镇

【概况】黎圩镇严格落实省、市、区各项决策部署，团结带领镇村干部，坚持发挥基层党组织战斗堡垒作用，发展土鸡养殖、木耳种植、蚕桑养殖等特色产业，助推村集体经济“加速跑”。依托蚕桑、蓝莓、荆公茶等产业和文旅资源，大力发展“两特一游”，打造乡村振兴特色品牌，激发农业农村发展活力。2023年，荣获省无邪教示范乡镇、省乡村振兴模范党组织、市红旗党支部等称号。

【农业生产】落实粮食安全战略，种植早稻1796.2公顷，超额完成早稻生产任务。建设466.67公顷高标准农田，利用冬闲田种植水果萝卜66.67公顷。销售蓝莓28余吨，销售额超105万元。种植油茶50.2公顷，改造提升低产低效油茶林40.67公顷。有生猪规模养殖场45家，生猪和母猪存栏3.5万余头，生猪出栏3.6万余头。

【项目建设】完工11个乡村振兴项目，完成14个新农村建设点建设；推进集镇二期污水支管网建设。开展招商引资和争项争资，争取项目16个，项目资金1.41亿元；争取S312省道甘坑至东金分界升级改造工程资金1.34亿元，正在进行路线确认和征地准备；引进投资额260万元的江西雨霖林生态林业公司油茶果项目。

【党建引领增收路】潭江村经营性收入突破230万元，被评为全省乡村振兴模范党组织。西江村党支部获评市级红旗党支部。黎阳村党支部利用江西出版集团驻村工作队入驻契机，采取“村集体+‘村两委’+致富带头人”的发展模式，改造废弃的黑山羊养殖场地发展林下土鸡养殖产业，土鸡和土鸡蛋销售供不应求，销售额达47万元，全部经营性收入突破150万元。

养殖土鸡，村集体经济助力乡村振兴　（黎圩镇　供）

【木耳种植产业】2023年4月中旬，本地乡贤投资建设占地5.33公顷全自动化菌棒生产厂，培育优质高产菌棒，就地解决母菌来源问题，降低生产成本，可年产菌棒150万个，产值约400万元。按照“产业+合作社+农户”的发展模式，利用“冬闲田”高标准建成10公顷木耳种植基地，其中，村集体种植6.67公顷，农户种植

3.33公顷，带动周边就业300余人。从浙江高薪引进2位木耳种植技术人才，进行生产指导与现场指导，确保木耳产出有保障。通过现场教学、集中培训、以会代训等方式，培养木耳种植“土秀才”，为木耳产业持续发展提供技术支撑。创新“互联网+”售卖模式，通过直播带货，产品走俏江西、福建、浙江、上海等地，销售木耳15余吨，销售金额约100万元。2023年，黎圩镇8个木耳种植基地喜获丰收，累计销售木耳60余吨，收入300余万元，带动村集体经济增收200余万元。对剩余未售完部分的木耳，由镇党委、政府牵头组织，镇农垦公司按不低于市场价格进行统一兜底收购，有效解决农民和种植专业户的销售后顾之忧。2023年，镇农垦公司以每千克60元的价格收购木耳20吨，通过市场售卖、乡贤助力等方式对外销售，销售收入132万元，获利12万元。

【蚕桑养殖产业】 潭江村历年来有种植蚕桑的传统，大都分散种植，不能形成有效规模。潭江村党支部依托本地产业发展优势，以“党支部+合作社+产业+脱贫户”模式合力推进蚕桑养殖产业发展，发动群众成立东乡区兴潭蚕桑专业合作社，多次邀请区农业农村局技术人员到潭江村开展技术培训，将33公顷集中流转土地打造成高科技养蚕示范基地，建有面积6000平方米的2个全自动养蚕大棚及1200平方米现代化烘干房，2023年蚕桑基地创村级集体经济收入40余万元。在原有的种桑养蚕基础上提高产品附加值，栽植果桑4公顷，年产桑葚10吨，生产桑葚酒5吨。2023年5月，举办“桑葚采摘节”，接待采摘游客1万余人次，收入30余万元。

【环境整治】 持续打好蓝天、碧水、净土攻坚战。督察环境问题5处，完成整改5处，验收4处；耕地“进出平衡”完成变更1.67公顷，“恢复耕地”完成变更1.89公顷；完成整改森林卫星照片反馈问题1处，造林绿化67.53公顷，除治松材线虫病疫木1.8万余棵；统筹好“省级卫生乡镇”创建和人居环境整治，落实门前“三包”制度，处置乱堆乱放、乱贴乱涂、占道经营等问题60余处。

【民生实事】 开展防返贫监测，做好生活救助、临时救助等工作，发放救助金额248万余元。持续开展移风易俗活动，组织党员干部深入村组开展各类志愿服务100余次。做好自建房隐患排查整治工作，排查房屋8100栋，除明清古建筑外，完成整治安全隐患房屋100余栋。扎实推进宅改工作，发放《致农户一封信》2万余份，召开业务培训会10余场，基本完成6个宅改示范村建设。持续推进厕所革命，卫生厕所新建改建50余户。全力做好防汛抗旱，全镇20座小(2)型及以上水库进行合理蓄水，正常运行，确保辖区居民生产、生活用水。

【平安建设】 持续推进平安建设和扫黑除恶常态化，加强信访工作和矛盾纠纷排查调处，解决信访案件40余件。推进反诈骗、反邪教等工作，利用赶圩日(集市交易日)开展集中宣传3次，发放宣传手册400余份，现场解答群众咨询40余人次。持续开展青少年防溺水宣传及防护工作，积极落实“八个一”要求，实现水域巡逻管护全覆盖。

【传统村落开发与保护】 黎圩镇历史悠久，人杰地灵，王安石故里位于黎圩镇上池村，素有宰相之府、诗人之裔美称。3月19日，住房城乡建设部、文化和旅游部等部门决定将黎圩镇上池村、潭江村、后畲村、梧坊村、枫山村4个村列入第六批中国传统村落名录。现有国家级传统村落6个，159栋挂牌传统建筑，10栋挂牌历史建筑。邀请江西师范大学易桂秀教授团队及武汉大学王炎松教授团队编制传统村落保护规划，落实传统村落保护的格局和管控细则，指导村落的保护和发展工作。创新“党建+巡护员+服务员+调解员”新模式，镇政府与浯溪古村房屋权属人签订托管协议，7名党员带头签订托管协议，带动29户房屋权属人签订托管协议，持续推进传统村落古建筑修缮和保护。

【荆公茶】 上池村（又称上池王家）地处亚热带，四周群山环抱，温暖湿润，云雾缭绕，独特的地理环境孕育出特色“荆公茶”。“荆公茶”是一种独特的茶树，其茶甘甜清爽，回味持久，风味独特，生津止渴，富含人体所需的多种氨基酸，茶多酚，锌、硒等微量元素及二氢查耳酮类、黄酮三叶苷、根皮苷等成分，具有养生保健之效。2023年，“荆公茶”种植面积5.33公顷，年产量200千克，售出茶叶100千克。

（王鑫）

王桥镇

【概况】 2023年，王桥镇聚焦“走在前、勇争先、善作为”的目标要求，持续完善基础设施。投资594万余元，加固建设1条主干渠道，整治12个山塘，建设2个水利工程。立足特色产业，推动王桥花果芋产业与文化旅游、生态康养深度融合，清湖森林公园、清湖村先后获评“省级避暑旅游目的地”和“东乡区生态森林康养基地”。

【思想政治引领】 王桥镇坚持以学习贯彻习近平新时代中国特色社会主义思想主题教育为契机，设立党员示范岗13个，开展志愿活动108次，解决群众反映的急切问题156件，创评区级“红旗党支部”2个，让主题教育在王桥走深走实、见行见效。开展理论学习中心组学习活动12次，专题研讨7次，开展道德“红黑榜”评选6次，新时代文明实践活动50余次。成立“王桥镇青年宣讲团”，在辖区范围内开展中共二十大精神、习近平视察江西重要讲话精神等各类特色主题宣讲20余次，覆盖辖区党员群众4000余人次。宣传稿件区级以上媒体上稿80篇，其中央视媒体上稿5篇。

【农业产业】 全力以赴保障农业生产安全，推进“耕地进出平衡”、耕地恢复、旱改水等整改。新建高标准农田106.73公顷，提升改造102.93公顷，进一步提升农田基础设施。完成早稻种植960.78公顷，中稻种植246.74公顷，晚稻种植1218.06公顷；油菜种植129.6公顷，绿肥286.36公顷，露天蔬菜89.84公顷。建设大棚87333.33平方米，棚体面积60000平方米，配套建设进菜车间100平方米。新建蓝莓基地15.33公顷，累计销售蓝莓果9300余千克，销售金额30.3万余元。

【“宅改”促进乡村振兴】 将楼下水张组、坑塘石塘组、倪家邓家组、大塘万头组、王桥罗家组、塘下查林组6个自然村列入“宅改”试点范围，覆盖222户农户、994人。“宅改”退出房屋21栋，计4000余平方米。在充分听取群众意见的基础上，探索推行超占面积有偿使用制度，对超占面积的34户农户收取有偿使用费共3000多元，用于村集体公益事业发展。楼下村水张组通过“宅改”大力实施乡风文明建设，通过村民理事会制度和村民自治的有效实施，乡里乡亲日益和睦共处，逐步形成孝老敬亲、互帮互助的文明新风尚；同时将“宅改”与土地综合治理相结合，集中优势资源要素发展蓝莓、花果芋、红薯、生姜、板栗等农业特色产业，有力促进了集体增效、农民增收。坑塘村利用“宅改”腾退的土地建立老年康养中心，为16名老人提供康养服务；整理土地发展小龙虾、白莲、稻蛙、蓝莓等特色产业，促进村集体经济发展。“宅改”完成后，王桥镇按照统一规划，实施道路硬化工程，推进改厕工作步伐，实现村庄粪污一体化处理，配套建设健身广场、老年活动室等娱乐设施，有效改善农村人居环境，推进美丽乡村建设。

【民生保障】 加强林业资源管理，完成绿化造林任务45.33公顷；投入252万余元有序推进倪家村危废填埋点生态修复项目；完成自建房安全隐患排查5569栋，排查出存在安全隐患房屋83栋，整治C、D级危房71栋。畅通政务服务渠道，“12345”热线平台受理事件47件，录入“一窗式受理系统”事件6356件；排查调处信访及矛盾纠纷274起，获评“抚州市信访工作先进基层单位”。

【巩固拓展脱贫攻坚成果】 全面推进防止返贫监测帮扶集中排查工作，排查农户4347户；完成脱贫户、监测对象收入信息采集128户323人，数据信息采集率100%；纳入监测户11户38人，逐户落实帮扶举措，牢牢守住不发生规模性返贫底线。积极争取乡村振兴衔接资金项目13个，竣工13个，项目总金额472.8万元，完成资金拨付472.8万元，拨付率100%。

【王桥花果芋产业发展】 王桥花果芋是全国地理标志荣誉产品、江西省抚州市东乡区地标产品，整个生长期不打农药，是天然无公害食品。9月27日，正值花果芋丰收时节，王桥镇人民政府在王桥镇王桥村陈家花果芋基地举办“游生态王桥 品绿色花果芋”主题文化旅游活动，积极探索王桥镇农文旅融合新路径。完成高标准农田建设1466余公顷，为产业发展奠定坚实基础；吸纳本土花果芋种植能手40余人进入花果芋行业协会，为产业发展提供技术保障；开展产业座谈会，吸引在外乡贤返乡创业，引入花果芋种植加工企业3家，投入3000万元；打造现代农业示范园3个，建设冷链仓库1个，进一步丰富“王桥花果芋”产业发展链。王桥花果芋获央视《朝闻天下》频道专题报道。至10月，王桥种植花果芋133余公顷，产值1200余万元。

王桥花果芋丰收　　（王桥镇　供）

【清湖旅游胜地】 王桥镇国家AAA级、省AAAA级乡村旅游示范点——清湖文化旅游景区。清湖森林公园总面积约66.67公顷，清湖森林康养基地植被覆盖面积超过85%，负氧离子含量在1000个/立方厘米以上，设有瓜果采摘、临溪垂钓、田间小憩、清湖古寺朝拜等体验活动，最大接待游客量达10000人次。

【足球赋能乡村振兴】 8月29日，江西省足协、东乡区有关职能部门和足球发展企业联合开展实地调研省级足球基地建设工作，考察将王桥镇和平石场改造成足球训练基地的可行性，同时将废旧矿山生态修复与发展足球产业、建设足球小镇结合起来，大兴体育发展之风。基地建成后，每年可引进600余场足球品牌赛事，带动当地消费增加6000余万元。

（辛荣　欧阳雨歆）

珀玕乡

【概况】 2023年，珀玕乡围绕群众教育、养老、医疗、住房、就业、社保等民生问题，持续开展“为民办实事”活动。规划实施沪昆高速东段改扩建、蓝莓产业园建设、井山水库安置区建设、珀玕中心完小新校区建设、蓝莓育苗基地建设等重点项目，不断提升群众的幸福感和满意度。依托珀玕村肉牛养殖、莲塘村水稻种植、大部村林下养殖、北庄村稻蛙养殖、笔村山羊养殖等“一村一品”项目，大力发展特色产业，全面提升特色农产品经济效益。完成水稻种植面积2273余公顷、总产量1.53万吨，出栏生猪2万余头，财政收入2322.16万元，较上年度增长4.84%。先后荣获江西省无邪教创建示范乡镇、抚州市优秀退役军人服务站等称号。

【党员示范引领】 开展“立足岗位作贡献”活动，设立党员示范岗、党员责任区3个，组建党员突击队，开展党员志愿服务活动21人次，为群众办实事办好事5件。向群众开展建言献策，提出改进工作的办法措施4条；开展“学习身边榜样”活动，选树宣传担当作为的2名先进党员典型。择优发展党员7名，吸收入党积极分子15名。

【巩固脱贫攻坚成果】 健全防止返贫动态监测和帮扶机制，及时更新防返贫动态数据，实现返贫致贫风险点“苗头可控、动态清零”，对符合纳入监测对象的3户9人，制定针对性帮扶措施。全年开发公益性岗位25人，其中人社系统吸纳就业人数14人、村级光伏扶贫吸纳11人；持续强化光伏收益二次分配，光伏收益分配涉及7个行政村，脱贫户获收益20.71万元；发放省外务工交通补贴4.76万元，惠及脱贫户110人；申报“雨露计划”补助资金48人，发放补助7.2万元。

【民生实事】 基本医疗保险参保人数15401人，参保率96.09%。发放低保金440余万元、“五保”供养人员58万余元、高龄补贴31.1万元、残疾人两项补贴36万余元。办理临时救助175例，享受残疾困难生活补助341人，其中重度

4月1日，春耕工作　（洪磊　供）

【安全建设】 常态化开展安全生产隐患排查整治，开展农民自建房、道路交通、消防等全领域安全大排查活动5次，全年未发生安全生产重大问题。加强消防宣传巡查，加大处罚力度，快速处置火情3处，处罚3人。坚决做好信访矛盾调解、信访政策解释，有效化解群众矛盾纠纷226起，化解成功率100%。

护理补贴120人；享受困难生活补贴221人，享受高龄补贴387人。丰富群众文化生活，完成送戏下乡9场，送电影进村4场。

【林下养殖助推经济发展】 珀玕乡大部村林地众多，适合耕地的农田较少，缺少支柱型产业，曾被列为区村级集体经济“薄弱”村。2023年初，大部村发挥林地资源和林荫空间优势，搭建800平方米养殖基地，发展林下养殖。3月，引进当地土鸡苗进行喂养，以“党建+农户”的发展模式推广。至12月，大部村养殖鸡、鸭、鹅2.1万余羽，其中土鸡7000余羽，日均产蛋量1600余枚，带动十余位村民在家门口就业，卖鸡蛋和鸡粪收益8万余元，林下养鸡成为增加群众和村集体经济收入的有效途径。

【发展蓝莓特色产业】 珀玕乡有仙基、笔村2个蓝莓基地，种植面积分别为5.22公顷、2.67公顷。采摘蓝莓6650余千克，销售额23.76万元。仙基基地采果4450余千克，销售额148342元。笔村基地采果2200余千克，销售额89267元。莲塘村现正积极打造20公顷蓝莓育苗基地，助推东乡蓝莓产业发展。

【经济普查】 开展第五次全国经济普查工作，营造浓厚普查氛围，张贴普查海报1000余张，横幅20余条，发放“清查告知书”5000余份。选聘普查指导员和普查员11人，其中普查指导员2人、普查员9人，扎实安排部署、强化业务培训，按照清查工作要求，创新探索，多管齐下，推进第五次全国经济普查工作顺利完成。

【完善人居环境】 高标准、高质量建设打造珀玕村山里胡家组、优胜村新溪组、莲塘村莲塘组等9个新农村建设点；整治乡村农贸市场非法摆摊，集镇农贸市场经营进一步规范、有序。完成G236国道至烈士纪念亭路段500米沥青路面铺设，东腾大道至莲塘组入口处水泥路面铺设，路边姜家组至国道接口处道路维修建设工作。全力推进农村生活污水管网（第二期）设施建设，累计铺设管网8.2千米，接入污水处理设施主干管650余户。严格执行“河长制”“湖长制”“林长制”责任要求，严厉打击捕鱼电鱼、秸秆焚烧等行为，以行之有效的举措扎实提升生态环境。以创建全国卫生乡镇为契机，坚持辖区日常管理和集中整治相结合，清理农贸市场乱堆乱放30余处，规范沿街摊位占道经营40余处，新增机动车停车位100余个、非机动车停车位200余个，召开全乡爱卫工作会议4次，开展重大爱卫活动10余次，持续发力优化人居环境。

【保护利用红色文化】 充分挖掘好、保护好红色历史遗迹，对仙基村革命烈士纪念塔进行保护、修复、利用。收集整理革命斗争史料和经典红色故事，组建珀玕乡“红号角”志愿者服务队，在祝荫隆烈士陵园、弄里艾家革命烈士纪念塔开展现场教学30余场；开展“文明实践红色游——我当一天小红军”红色研学活动，组织青少年讲红色故事、绘红色事迹等活动20余次。

（宋俊）

邓家乡

【概况】 2023年，邓家乡坚持发展为先，抢机遇、破难题、促发展，各项工作取得新成效，经济社会发展保持总体平稳态势。贫困人口100%参保，脱贫人口大病专项救治100%覆盖，医保待遇100%落实到位。调整产业结构、发展稻蛙养殖、雷竹种植等特色产业，为农业高质量发展积蓄动能。坚持党建引领，探索农村无职党员“三定三诺”管理机制改革，组建6支党员突击队，为群众办实事好事15件。

【党建+童心港湾】 营造党建引领关心关爱留守儿童的浓厚氛围，嵇坊村党支部每季度对留守儿童进行摸排建档，组织30名党员志愿者帮扶25名留守儿童，开展《中华人民共和国未成年人保护法》宣传，每月进行家访，每周开展谈心谈话，开展帮扶活动80次。

【农业生产】 坚持打造特色农业产业新体系，完成建设53.33公顷高标准农田项目，粮食播种面积稳定在1013.33公顷；严守耕地保护红线，紧紧围绕耕地保护“五个一票否决”考核指标，完成耕地进出平衡任务23.33公顷，恢复耕地面积超60公顷。特色产业发展取得新成果，能繁母猪存栏4046头，生猪存栏4万头，累积出栏6.9万头。

【果蔬产业】 不断壮大蓝莓产业，7个蓝莓基地挂果20公顷，销售30余吨。其中，4个基地获评全区蓝莓销售优秀基地，邓家乡获评全区蓝莓销售优秀乡镇、蓝莓种植及管护优秀乡镇。新造及改造油茶林47.33公顷，新增设施蔬菜大棚8公顷，翻耕种植油菜85.33公顷。

【项目建设】 推进乡村振兴项目建设，投资371.15万元建设13个乡村振兴项目，有序推进山塘整治、水利工程建设，完工5个水库移民扶持项目。推进雄岚大道以西道路和邓家集镇改造提升工程，基本完成干部职工周转房项目建设。

【改善人居环境】 重点推进创文巩卫工作，对辖区内10个点位进行常态化整治管护80余次，增设宣传广告15块、标语190余条；常态化推进村庄环境卫生整治，争取上级资金230万元，打造9个新农村建设点；统筹推进农村“厕所革命”，新改建厕所84户；稳慎推进宅改试点工作，聚焦保障居住、管住乱建、盘活闲置，精心打造松湖村黄溪组等7个示范点。

【平安建设】 坚持和发展新时代“枫桥经验”，持续推进平安建设和扫黑除恶常态化，排查矛盾纠纷117起，成功化解信访矛盾纠纷112起；“点对点”发布诈骗风险提示和预警信息100余条，最大限度压缩行骗空间；压实“三级网格两级责任制”，巡查9个已取缔的非法聚会点，处理非法宗教案件4件。

【安全保障】 落实防汛抗旱“一库一策”，开展汛前大检查及渠道清淤清障，确保安全度汛；抓实防溺水工作，配齐76个风险水域的警示标志、救生物资，劝返下水青少年50余人；紧抓食品安全“两个责任”，集中开展督导7次；强化安全生产监管，整治辖区安全隐患12处；开展燃气安全“百日行动”，消除安全隐患168条；推进自建房安全整治，排查危房C级9栋、D级10栋，维修加固10栋，劝离5栋危房住户。

【法治建设】 推出《纪法知识小课堂》专栏，利用村里广播站，宣传党中央关于党风廉政建设和反腐败斗争的决策部署，普及党纪法规及党员干部“应知应会”知识，讲述名人先贤、革命先辈的勤廉故事。同时，通报基层党员干部违纪违法典型案例，增强警示震慑作用，引导广大基层党员干部学纪法、知敬畏、守底线。组建普法宣传微信群，定期推送司法工作动态、法律小常识、法治新闻和身边的警示案例，全年开展普法教育活动8次，发放宣传单5000余份，遴选示范“法律明白人”30人。

5月19日，在嵇坊村举办邓家乡移风易俗“五个100”系列群众推荐评议活动　（邓家乡　供）

【民生事业】 坚持把保障和改善民生作为一切工作的出发点和落脚点，推进医保社保缴纳工作，基本医疗保险参保20118人、城乡居民养老保险参保8750人；严格落实各类帮扶救助政策，累计发放低保、特困救助资金429300元，落实全乡466户869名低保对象、57名特困对象基本生活保障。严格审核小额信贷农户准入资质，发放小额贷款117万元，帮扶低收入家庭585户；坚持“一生一策”措施抓实控辍保学工作，持续巩固“零辍学”成果。

【农耕文化展览馆】 嵇坊村农耕文化展览馆里的593件各种生产、生活工具均由村民自发捐赠，简易而形象地勾勒农耕文明的演进史。内有村史馆、新时代文明实践站、嵇康家风道德馆、农家书屋、花果山“法治文化一条街”、童心港湾等阵地。为方便游客了解农耕文化，设计了5块电子屏幕滚动播放村民录制的操作视频，给嵇坊村带来了常年不衰的人气与活力。

（熊睿哲）

虎圩乡

【概况】 虎圩乡党委、政府学习贯彻习近平总书记考察江西重要讲话精神，以建设“镇域发展排头兵，美丽乡镇新虎圩”为目标，坚持在基层党建、乡村治理、乡村振兴、民生保障、争优创先5个方面持续发力，按时保质完成年初预定的各项任务指标。被评为省级乡村振兴示范乡镇、市级第一批美丽乡镇，《江西日报》对虎圩乡宅改工作的做法进行典型报道。

【党建引领】 坚持把意识形态同中心工作有机结合，发挥乡村两级新时代文明实践站（所）阵地作用，开展政策理论大宣讲、医疗大讲座、农业大课堂20余次，各类特色活动获得典型报道82篇。积极争创红旗支部，炉前村、坎头村党支部分别荣获“党建+经济富村”和“党建+宜居美村”区级“红旗党支部”称号；陈桥村获评全省乡村振兴模范党组织称号。

【农业生产】 计划完成早稻种植面积1503公顷，实际完成1781公顷，超额完成18%；利用冬闲田种植油菜184.87公顷。推进设施蔬菜产业，完成投资2000余万元的何张村蔬菜基地建设，内有38个大棚，占地面积21.33公顷；在知青菜农和徐家组设施蔬菜基地的基础上，新建21余公顷蔬菜基地，在东临沿线区域形成千亩基地连片发展的良好态势。饲养生猪81811头、能繁母猪9742头。有生猪养殖企业20家，其中，纳入国家级生猪产能调控基地5家，省级生猪产能调控基地2家；金裕牧业有限公司采取楼房养猪经营模式，从法国引进种猪800余头，被授予部级标准化示范养殖场称号。

【“稻鳅蛙”共生养殖】 一田三用发展“稻鳅蛙”种养，构建起“蛙吃虫、鳅清沟、稻遮阴”互为供给的生态系统，既弥补了传统种植业的单一性，又提高土地产出收益。采取“村集体+公司+农户”的模式，成立稻鳅蛙养殖协会党支部，党员带头种养3.33公顷“稻鳅蛙”，邀请江西农业大学的教授定期到乡开展技术指导。2023年，虎圩乡共有稻鳅蛙养殖经营主体32家，种养面积48余公顷，约占全区的1/4，产值1800余万元。

【村集体经济】 以流转农村集体资源、资金入股分红的方式，拓宽村集体经济增收渠道。阳光村整合上级扶植项目资金50万元入股抚州壹纺贸易有限公司，扩大生产规模，为阳光村村民提供就业岗位20余个，可分红6万余元；麻溪村利用闲置土地、厂房流转给抚州市绿汰建材有限公司，以资源入股的方式达成合作协议，建立“土地保底收入+收益分红”的利益分配机制，可分红15万余元。

【“光药互补”促发展】 引进抚州市吉电公司建设100兆瓦光伏项目和抚州市尚宇公司建设50兆瓦光伏项目，每年分别为村集体经济增收30万元、15万元。艾田、高坊村引进江西沃然药业有限公司，合作建设“中草药种植园”项目26.67公顷，采取“光伏+中草药”药光互补的模式将生态农业与光伏应用有机结合，形成板上绿色发电、板下中草药种植的绿色生态模式，有效盘活光伏板下未利用土地资源。

【“宅改”改出乡村新图景】 虎圩乡坚持走出一条“环境优美、集体增效、村民增收”的宅基地改革之路。摸排房屋4859户5288栋，利用闲置房屋和附属建筑物64栋、收回集体使用闲置房屋9栋、腾出8300余平方闲置用地，改设2个新时代文明实践分站、5个村民理事会议事室，发展“庭院经济”8公顷。陈桥村塘下村小组的80户村民房前屋后栽种马家柚、脐橙等果树及观赏苗木，将空地打造成既增收又美观的“庭园经济”；高坊村引进江西绿之缘苗木有限公司，利用闲置空地种植苗木、果树等经济作物，做到宅基地改革与村集体经济共同发展；陈塘村何张村小组利用闲置农房成立稻鳅蛙养殖协会党支部，助推全乡稻鳅蛙养殖业发展；下邹村利用闲置土地成立三山蔬菜合作社，打造30.67公顷的集生产、观光、培训于一体的高标准现代智慧蔬菜产业园。

【平安建设】 做好16座小型水库、45座山塘水库防汛及7个地质灾害点防汛及防地质灾害工作，确保群众生命财产安全。从严从细抓实重点领域防范安全事故和隐患整治工作，开展燃气安全巡察20余次，鼓励群众更换燃气软管1500余条，开展防灾减灾宣传活动和知识培训3次，开展常规巡察84次，整改安全隐患100余处。做好防范自建房隐患整治工作，排查隐患房屋133栋，C级危房69栋，D级危房64栋，维修加固54栋，拆除79栋，整治率100%。开展扫黑除恶、国家安全、防范养老诈骗等各类宣传20余次，发放宣传单3000余份。

【信访接待】 党政班子轮流接待来访群众70余人次，解决合法诉求62起；乡村两级排查化解各类矛盾纠纷259起，乡综治中心接收办理信访案件36件，“12345”平台受理信访135件，回复135件，满意度100%。

【救助帮扶】 巩固脱贫成果，对全乡农户4859户18602人开展返贫监测排查，入户核实上级反馈监测信息73条，纳入监测对象11户，制定突发严重困难户帮扶措施7户。落实低保政策，发放低保金5962人次、255万余元；为特困人群每月发放救助资金2万余元，为困难群众发放临时救助金16万余元；残疾人补贴28万余元；“雨露计划”为19位中高职学生发放帮扶金额2.85万元，为48名脱贫户子女学减免杂费。

【关爱留守儿童】 做好党建+留守儿童工作，摸排青少年留守情况，为36名留守儿童、58名暑假返乡青少年建立“一人一档”，实行党员干部一对N结对机制，组织在“童星港湾”开展知识讲座、游戏互动、阅读陪伴等志愿活动68次。

【乡村治理】 解决集镇十字路口主干道车辆横行道路安全隐患、坎头村主干道路灯损坏影响行车安全、集镇房屋两侧线路凌乱影响环境、山林、土地权属纠纷等12起。11月，组织动员干部群众300余人，成立5个工作队，采取联村包组的方式到村组一线开展为期一周的专项清整行动，清理乱堆杂物、陈年垃圾、沟渠污水、枯枝杂木。

（张译文）

瑶圩乡

【概况】 2023年，瑶圩乡紧扣“作示范、勇争先”目标要求，不断推进“富裕瑶圩、生态瑶圩、平安瑶圩”建设，全力以赴稳增长、促发展、优环境、惠民生、防风险，财政收入1747.04万元，支出（含上级转移支付）1854.86万元。全乡5个村村集体收入均超20万元，1个村超28万元。

【农村无职党员“三定三诺”】 建立“5+X”岗位模式，围绕乡村产业、人才、文化、生态、组织“五个振兴”设置五类固定岗位，393名农村无职党员认岗领岗。至10月，领岗无职党员参与政策宣传、民意收集、环境整治、古村管护、纠纷调解、入户走访等常态化基层治理工作200余次，开展传统古村落保护宣传及巡查20余次，排查解决矛盾纠纷30余次。

【政府建设】 坚持学法用法并重，规范完善政府系统学法制度，推进“法律明白人”建设，严格按照法定权限和程序履职尽责，自觉接受乡人大法律监督、工作监督，办结人大代表建议40件，办结率92%，选民代表满意度100%。根据区委第三巡察组巡察反馈意见12个方面、32个问题，制定整改措施90条，完成整改问题30个，完成率93.75%。

【宣讲中共二十大精神】 为推动党的二十大精神在瑶圩落地生根，瑶圩乡精心挑选22名“30后”至“00后”8种不同年龄段的老党员、致富带头人、青年干部，组建八“零”宣讲小分队。根据实际情况，选派和受众年龄大致相仿、身份大抵相同、阅历大概相似的队员开展宣讲，让政策讲解更具针对性，打通基层宣讲“最后一公里”，开展宣讲活动500余次，受众人群万余人。

【农业生产】 坚决守牢粮食安全底线，高质量建设428.6公顷高标准农田，按时按质完成春耕生产面积1087.87公顷，露天蔬菜种植91公顷，冬闲田利用130公顷。21.33公顷蓝莓喜获丰收，销售蓝莓12.23吨，为村集体经济创收约35万元，获评东乡区“好吃蓝莓”第二名和蓝莓种植管护优秀乡镇（场）第二名。油茶抚育面积60公顷，其中公益林退出面积约30公顷。林业抚育面积56.67公顷，造林面积49.33公顷。饲养生猪2.46万头，出栏生猪2.15万头，能繁母猪存栏0.13万头；菜牛（羊）养殖1000头；家禽饲养总量14.16万羽，出栏家禽7.50万羽。

【民生事业】 持续巩固拓展脱贫攻坚成果同乡村振兴有效衔接，投入乡村振兴资金375万元。做好“低保扩围”工作，新增低保户27户40人，调增7户7人，新增高龄补贴47人。对432户脱贫户、边缘户、低保户、残疾人户、特困供养户等困难群体住房情况进行监测，拆除危房76栋，维修20栋。开展防返贫动态监测和帮扶，排查农户2797户9274人，新识别纳入监测对象2户8人，发放城乡困难群众临时救助资金10万元。瑶圩乡“一窗”办件量7110件，好评率100%。全力推进全民参保计划，城乡居民医疗保险参保率99.94%，全乡农保缴费率77%以上，位居东乡区第一。

【食品安全】做好食品安全工作，完成农产品质量安全检测183批次，农残检测合格率94.5%。推进食品安全“两个责任”工作落实落细，严格落实食品安全包保责任，包保干部18人，其中C级13人、D级5人，均签订食品安全包保责任和任务承诺书。

【宅改试点】在瑶圩村、文溪村、河渡村、吴塘村开展宅改试点工作，根据“一户一宅、建新拆旧、法定面积”原则，无偿退出宅基地20栋1650平方米，盘活闲宅2栋，收回房前屋后菜地267平方米、公共菜园620平方米，打造500平方米互助养老爱心菜园。

【瑶圩红糖】瑶圩红糖以东乡甘蔗为原料，采用古法将甘蔗榨汁柴火熬制红糖，至今已有上百年历史。红糖销售方式以农户散装自销为主，市场价每千克24元，小作坊精包装销售为辅，市场价每千克50元。2023年，种植甘蔗12公顷，平均每公顷产甘蔗105吨，甘蔗收购价格520元/吨，每公顷经济效益约5.46万元，纯收益约2.4万元；每公顷产红糖约6.75吨。甘蔗渣、甘蔗叶等副产品可做成牛饲料、用于火力发电等，每公顷附加收入4500余元。12月5日，2023年红糖产业文化旅游活动启动仪式在瑶圩乡红糖基地举行。

（卢宇涵）

甘坑生态林场

【概况】2023年，甘坑生态林场全力推动井山水库移民搬迁重点建设工程，贯彻落实“党建+百场百村百业”理念，打造王泊源乡村森林公园劳动教育实践基地，“百场兴百业，百场带百村”项目荣获省A级评价。2023年，甘坑生态林场获评东乡区先进基层人武部、东乡区公共机构节能先进单位称号；慈眉村党支部荣获东乡区“红旗党支部”称号。

【党建引领】加强党建业务培训，举办场村党建业务工作培训会2次，开展4期党员培训班，培训党员230人，培训党务工作者12人次、入党积极分子16人，发展预备党员2名。组织乡贤座谈会，与34名优秀人才共话乡村发展，建立优秀人才台账，前往广东省对接在外人才22人次。开展无职党员设岗定责活动，设立15个岗位，4个支部的71名无职党员领岗。持续向外宣传，累计新闻上稿160余篇。

【党建+村集体经济】甘坑生态林场有薄壳山核桃种植、大棚蔬菜、黑山羊养殖、淡水鱼养殖、稻蛙共养、稻谷烘干厂六大特色产业，一个特色产业培养2名本地产业指导员，为产业可持续发展提供技术支撑。慈眉村采取的“村集体+合作社+种粮大户”股份制稻谷烘干厂，争取到农业配套项目资金56万元，协调合作社出资180万元，建成包含9台机组、储粮仓库2000平方米的村集体稻谷烘干厂，实现日烘干稻谷180吨，满足周边9个村委会的农户和60余户种粮大户在粮食烘干、收储、运销等方面需求。稻谷烘干厂为村集体经济增收30余万元，解决周边村民15人就业。采取“党支部+合作社+农户”模式，建设占地面积10000平方米大型育秧中心，其中育秧房980平方米、育秧大棚7000平方米，实现育秧自动化、智能化，大幅降低劳动力成本，村合作社每年免费为当地脱贫户提供技术培训服务，村集体经营性收益50余万元，带动脱贫户和周边剩余劳动力20余人就业，人均年增收8000余元。投入500余万元在甘坑分场王泊源山场建设21.33公顷蓝莓基地，初步形成蓝莓采摘和生态游业态，进入丰产期后每年每公顷可创收约15万元，提供就业岗位近100个，带动脱贫户户均年增收6000元。

【农业生产】 甘坑生态林场早稻种植任务361.53公顷、中稻种植任务约40公顷、晚稻种植任务约450公顷，完成稻谷总产量5866吨。恢复耕地整改6.96公顷，完成率100%。加大越冬作物的种植力度，因地制宜制定冬闲田利用实施方案，示范带动发展种植油菜，油菜种植45.33公顷，抛荒地重新变成“藏粮地”。

【平安建设】 全面排查人员密集场所、建筑施工点、道路交通等危险高发地，保障辖区范围内无安全生产事故发生。开展安全生产宣传活动20余次，派发宣传单900余份，对道路、食品、燃气、防汛防火、烟花爆竹、矿山等安全隐患检查120余次。重视平安建设及信访工作，至12月，接待受理群众信访168件，其中江西信访网上服务中心受理处理29件，“12345”政务热线服务平台受理139件，化解168件，化解率100%。

【河域水库保护】 坚持以“河长制”为总抓手，巡河域244次，在全区各级河长有效巡河率排名前三，开展6次清河行动专项整治、排除10余座山塘水库坝面清表安全隐患。坚持优化提升农田水利基础设施建设，对1座小(1)型水库、4座小(2)型水库及70余座山塘水库进行安全隐患排查，对20余座山塘水库进行坝体除险加固，对辖区内4个农村集中供水工程进行维修养护，设立水源保护标识牌、“三个责任”公示牌，做好水源巡查记录，排除农村饮水安全隐患。

【森林防火】 使用条幅、喇叭、短信、宣传车等方式加强防火宣传，投入资金10万元增强基层防火阵地建设，将森林防灭火专业队调整充实至50人，聘用森林防火鸣锣员24名，落实护林员8名、村级监管员4名，配合场森林防火执法队，开展防火巡查，充分发挥基干民兵作用，每日调派执法车开展火源巡查，发现一起，处理一起，全场未发生一起森林火灾事故。

【井山水库移民搬迁】 全面推进井山水库移民签约、林木砍伐、房屋征收、山林田地征收等各项工作，移民搬迁涉及8个自然村、11个村小组，共561户，其中，选择集中安置433户(含有房无户33户)，选择一户一宅安置123户，选择货币安置2户、后靠安置3户。完成拆迁和签订安置协议房屋1101栋，面积133088.94平方米。库区涉及山林田地征收面积220.27公顷，全部签订征收补偿协议，库区涉及村小组林木、集体资产征收到位，完成库区林木砍伐清理49.3公顷。

(刘驰　饶思诚)

红光垦殖场

【概况】 红光垦殖场地处东乡区东南部，距城区37千米，与余江区、金溪县和东乡区瑶圩乡相邻。始建于1957年，现有农户863户，总人口3333人，下辖2个分场、1个工业区。总场面积14.6平方千米，耕地316.35公顷，山林680公顷。水库28座，其中小（2）型水库5座，山塘水库23座，水域面积40公顷。

【民生事业】 完成2023年度防止返贫监测帮扶，集中排查433户、1317人，发放冬春生活救助资金3.2万余元，残疾人生活救助资金7.4万余元，城乡困难群众临时救助资金4万元。发放农村低保380010元，城市低保21230元，城镇困难家庭生活补助2000元。2023年，衔接乡村振兴补助资金项目2个，均已完工，资金已拨付到位。2023年，全年城乡居民医疗保险参保任务为2159人，参保人数2127人，参保率98.52%。医保工作根据低保动态管理原则，结合城乡低保核对报告，实行“应保尽保、应退尽退”，对全场低保户清理整治，同时规范档案管理。

【特色农业】 场党委始终坚持以增加农民收入为主线，以打造“一村一品”为着力点，按照突出特色、龙头带动的要求，大力发展特色农业、生态农业、设施农业。2023年，新增6067公顷蓝莓种植面积，总面积30.37公顷，直接带动100余名人员就业，人均收入3000余元。积极对接上级有关部门，跑项目争资金80余万元用于蓝莓基地防鸟网及滴管等基础设施建设，2023年蓝莓销售总量12500余千克，总销售金额41万余元，获得全区蓝莓优秀乡镇场称号。新田、王港蓝莓基地在全区评比中获“好吃蓝莓”基地称号，辛斌、李文豪获蓝莓销售先进个人称号。2023年，由村办公司在蔬菜大棚内种植辣椒、西瓜、玉米、茄子、大豆等经济作物。通过乡贤捐助、跑项争资等方式，自筹资金70余万元，2023年10月中旬建设了3.33公顷蔬菜大棚，蔬菜产业经济效益明显。发展羊肚菌特色产业，与种植能手俞木云合作，推行“村办公司与种植能手共同入股，风险和利益均分”的合作模式。在大棚蔬菜产业园内，共同发展3.33公顷羊肚菌特色

喜迎辣椒丰收　（红光垦殖场　供）

产业，通过持续加大人员、技术、资金等方面的投入，让羊肚菌成为真正为群众增收的致富产业。

【人居环境】 新农村建设新增示范点2个，位于王港4队、新田9队。配合省新农村“五件实事”的实施，进一步做好农村道路建设工作，美化农村环境，方便居民出行。2023年，王港、新田2个分场共建设100余公顷旱涝保收、高产稳产的高标准农田。全场有11座公厕，全部由劲旅公司负责日常管护，公厕覆盖率91%。通过城投公司粪污一体化项目安装净化槽51个，2条终端管网已建设完成并投入运行，城投公司新建改建一体化预制式化粪池问题整改已完成95%。全场开展农村环境卫生“门前三包”以及“1+N”长效管护新模式，多举措并行，积极开展农村环境综合整治，集中整治农村环境脏、乱、差问题。

【社会稳定】 推进打击治理电信和网络诈骗犯罪、打击养老诈骗专项整治行动。全场共受理“12345”政务平台投诉件16件，均已办结，群众满意度较高。常态化推进扫黑除恶斗争，下发《2023年红光垦殖场扫黑除恶斗争工作要点》，充分采用“7+X”清单管理等机制，深入开展常态化扫黑除恶整治活动，维护红光安全稳定。安全生产常抓不懈。多轮开展安全隐患排查，进行消防知识宣讲、消防器材使用教学，对餐饮店、中小学、烟花爆竹专营店等重点区域场所，开展安全生产检查10余次。开展防溺水工作，制定《2023年红光垦殖场预防青少年学生溺水专项行动实施方案》，成立红光垦殖场防溺水工作领导小组，悬挂预防溺水安全宣传标语横幅6条，印制防盗标贴及防溺水报警电话标贴300多张，发送防溺水短信约10000条。加强宣传教育引导，增强群众安全意识，预防青少年学生溺水工作落实见效。

【干部队伍建设】 场党委始终坚持党要管党、从严治党方针，不断提高党组织的凝聚力和战斗力，统筹推进基层党建各项工作，促进红光党建工作再上新台阶。针对分场干部薪资待遇、晋升途径、履职尽责等方面考量，出台了《关于进一步加强分场（工业区、街道）干部队伍规范化管理办法》《红光垦殖场2023年分场、街道书记日常交办工作考核办法（试行）》等方案，定期总结工作及完成情况，并在场部设立红光垦殖场重点工作事项完成情况公示栏，构建全场干部群众共同监督的格局。场党委始终坚持人才引领发展，把党管人才工作原则贯穿于人才工作全过程，落实党委主体责任和党委书记“第一责任人”责任，成立以党委书记任组长的人才工作领导小组，通过返乡人才“六个一”活动，召开8场座谈会，248人次参与返乡人才“六个一”活动，为加快场经济社会发展提供了坚强的人才保证。场党委将“加强分场干部特别是‘一肩挑’人员管理监督，提升村干部队伍建设质量”作为基层党建“书记领航”短板补齐类项目，坚持把选优育强用好分场干部作为基层党建工作的基础来抓，扎实推进“头雁”工程，着力打造善谋发展、善带民富的基层党组织带头人队伍。场党委将“提升新型农村集体经济发展”作为主题教育干事创业重要抓手，按照“管理精细化、管护责任化、成本节约化”的原则，发挥党员干部的执行力、战斗力。

【政务服务】 2023年，红光垦殖场规范设置4个便民综合服务窗口，实现“一站式”集中办理，群众办事更方便、更高效。全年共受理各类事项1000多件，发布工作动态、重大决策、重点领域等信息63条。

（徐柳）

红星镇

【概况】 红星镇位于东乡区境内，毗邻东乡城区，距城区仅8千米。红星镇下辖4个居委会、2个村委会，镇域面积45.47平方千米，人口3.06万人，耕地面积882公顷，高标准农田652公顷，林地面积425.86公顷，森林覆盖率16.26%。红星乡村森林公园获“江西省省级乡村森林公园”称号。2023年，红星镇第一产业增加值6718万元，第二产业增加值10579万元，第三产业增加值1451万元。居民年人均可支配收入23627元，比2022年增长4.9%。

【民生事业】 强化兜底保障服务，对城镇特困家庭、低保家庭、脱贫家庭等群体做到应保尽保，帮扶政策做到全覆盖。抓好临时救助工作，为因疾病导致生活困难的群众提供临时救助，2023年临时救助困难群众185人，救助金额8万余元。全镇城乡居民医疗保险应参保人数11555人，参保率80.43%；居民养老保险待遇资格认证全面完成，城乡居民养老保险应参保2137人，参保率66.21%。

【综合治理】 做好矛盾纠纷排查化解工作，全年排查、化解信访及矛盾纠纷285起。开展红星镇自建房排查整治工作，对全镇6000余栋房屋进行全面排查，排查出C级、D级危房164栋，完成维修加固62栋，拆除85栋。做好防汛救灾工作，6月中下旬，红星镇按照防汛应急防御预案，及时对水库堤岸补充砂石等防汛物资20余车，配齐防汛救生设备30余套，汛期共排除各类险情4起，有效守护群众生命财产安全。开展国土资源执法巡查工作，全年共出动日常巡查300余次，出动巡查人员780余人次，口头责令停止违法违规建设80余次，下达禁止违规搭建的告知书20份，切实筑牢国土资源安全防线；对红星镇辖区内所有水域开展安全隐患排查，全年共排查水域73个，对缺少危险警示标识的水域，在显著位置新增设立危险警示标识120余个，做好防溺水工作；认真做好森林防火工作，坚持每日巡查，完善巡查台账，加大宣传力度，发放防火宣传单1500份，张贴防火通告40余份。对红星镇燃气、交通、自建房等重点领域安全生产工作进行安全生产大检

2月1日，红星镇举办元宵节促消费游园会　（红星镇　供）

查，共排查出隐患16条，均已整改到位，借助安全生产月活动张贴公益广告、海报等20余条，向居民发放安全知识小册子500余份，安全知识普及率进一步提高；加强生态环境治理，完成省级督察反馈问题整改3个，处理群众反映环保问题3个。

【农业生产】 完成粮食播种面积1587公顷，其中早稻527公顷、中稻442公顷、晚稻583公顷，其他农作物35公顷，全年粮食产量11005吨。完成经济作物种植面积286公顷，其中蔬菜及食用菌173公顷、中药材26公顷、油料作物69公顷、瓜果11公顷、轻饲料7公顷，全年经济作物产量5000余吨。推动畜牧养殖业发展。年末，生猪存栏5.44万头，出栏6.93万头；牛存栏470头，牛出栏1888头；羊存栏212只，出栏502只；家禽存笼6.38万羽，出笼14.4万羽。全年肉类总产量5816.7吨，禽蛋总产量326.8吨，牛奶总产量2635.64吨。红星牧场依托天然牧场和传统养殖，在鲜奶采集、冷冻运输以及粪污处理等各个流程实现工厂式机械化，奶牛养殖集约化。

【“天罗一号”太空丝瓜】 红星镇龙源村有20余公顷的太空丝瓜种植基地，这里的丝瓜个头大、形态好，每个长1米左右，刚摘下的丝瓜要在水里浸泡4—5天后，甩干、去皮、晾晒，最后运往城区加工，制成布鞋、床垫、洁具、护肤品等产品。采取“公司+农户”的发展模式，培育了15个面积较大、集中连片的太空丝瓜种植基地，辐射抚州临川、乐安等地，总面积600余公顷，带动6000多户农户从事相关种植、采摘、销售和加工。以太空丝瓜为原料已经推出4大类298种周边产品，近两年与高校合作，推出了洗发水、沐浴露等产品，不断延伸产业链。太空丝瓜不仅成了一种地标性产品，还逐渐发展为一项特色富民产业。

【高节竹】 2023年，红星镇政府结合本地实际，大力发展红星高节竹种植，成立东乡区红星镇种植专业合作社，邀请江西农业大学林学院、江西省林业科学院的专家进行技术培训指导，将高节竹笋基地升级为科技示范园。在4至5月的最佳采挖期采摘并统一收购销售，通过广告宣传、参展展销会等方式推广产品，扩大产品知名度。采用“基地+农户”模式扶持产业发展种植高节竹33.33公顷，年产值800余万元。围绕增收富民与“一村一品”战略，帮助50多名村民人均增收4000余元。

【项目建设】 引进大唐新能源渔光互补、全自动制胶设备+瓦楞纸板黏合剂生产线建设等投资5000万元以上项目3个；马井垄水库生态修复及环境整治项目成功申报2023年中央财政湿地生态效益补偿项目；东山居委会龙源村小组获“江西省省级乡村森林公园”称号。大力推进老农贸市场升级改造、农产品电商服务中心建设等民生项目，促进农产品产销对接，满足周边百姓生活需求。

【红色文旅】 王震公园位于东乡区红星镇王震大道，始建于1987年，为缅怀王震将军在红星的丰功伟绩，弘扬艰苦奋斗、勇于开拓的农垦精神而修建，占地面积3.8533公顷，是抚州市重点爱国主义教育基地。王震纪念馆、王震旧居内收藏王震在红星期间工作生活用品100多件，拥有图片资料800多份、文字资料2万多字。2023年列入“跟着党史游抚州”红色旅游宣传册，现有4名兼职讲解员，全年开展公益讲解240余场次，接待全国各地的参观、研学游客8000余人。举办元宵节促消费游园会活动，进一步推动文旅消费融合。（魏潇平）

人物 · 荣誉

2023年度东乡区省部级以上表彰的先进个人、先进集体荣誉统计表

表12

序号	获得荣誉具体事项	集体/个人（职务）	国家级/省级/市级	获得时间	授予单位部门	备注
1	新时代文明实践五星级所（站）	集体	省级	2023年4月	省文明办	关于2022年度全省新时代文明实践中心（所、站）星级创建结果的通报
2	全省优秀宣讲微视频	集体	省级	2023年10月	省委宣传部	《关于表彰全省“奋进新征程 宣讲新时代”主题宣讲微视频展播活动优秀宣讲微视频、优秀组织单位的通报》
3	“新风东乡”获评全省基层理论宣讲先进集体	集体	省级	2023年12月	省委宣传部	《关于表彰2023年度全省基层理论宣讲先进集体、个人和优秀理论宣讲报告的通报》
4	省“移风易俗集体婚礼”重点示范县	集体	省级	2024年2月	省文明办	《关于确定省级“移风易俗集体婚礼”重点示范县的通知》
5	徐有生获评江西好人	个人	省级	2023年6月	省文明办	荣誉证书
6	全省网评工作先进个人	个人	省级	2023年6月	江西省委网络安全和信息化委员会办公室	关于2022年度全省网评工作评优评先结果的通报
7	杨卫全省首届基层理论微宣讲大赛三等奖	个人	省级	2023年10月	省委宣传部	荣誉证书
8	钟孟馨获评江西省大中小学生“爱我国防”主题演讲大赛二等奖	个人	省级	2023年11月	省委宣传部	关于2023年全省大中小学生“爱我国防”主题演讲大赛评先结果的通报
9	杨卫获评全省基层理论宣讲先进个人	个人	省级	2023年12月	省委宣传部	《关于表彰2023年度全省基层理论宣讲先进集体、个人和优秀理论宣讲报告的通报》
10	张建东获评江西省第一届“情系国防”好民兵	个人	省级	2023年12月	省委宣传部	关于确定江西省第一届“情系国防”好民兵（好预备役）、好书记的通报

2023—2024年东乡区各地各单位获得的表彰及荣誉汇总表（国家级、省级、市级）

表13

序号	单位名称	荣誉名称	颁发机关	颁发时间	备注
		一、国家级荣誉			
1	东乡区法院、东乡区工商联、东乡区人社局、东乡区委统战部	东乡区法院客商投资企业协会调解中心入选2023年度工作突出基层劳动人事争议调解组织	人力资源社会保障部、全国总工会、全国工商联、中国企联	2023年12月	《关于表扬2023年度工作突出基层劳动人事争议调解组织的通报》（人社厅函〔2023〕169号）
2	东乡区工商联	2022—2023年度全国“五好”县级工商联	全国工商联（直属单位中华工商时报）	2024年1月	《关于认定2022—2023年度全国“五好”县级工商联的通报》（全联发〔2024〕2号）
4	东乡区商务局	入选“2023农村直播电商优秀案例”（县域案例）	中国国际电子商务中心	2023年12月	荣誉证书
5	东乡区卫健委	2023年卫生行政管理系统优秀奖	中国疾病预防控制中心	2023年	荣誉证书
6	东乡区教体局	全国国防教育示范学校	教育部、中央军委政治工作部	2023年4月	荣誉奖牌
7		荣获“快乐蚂蚁中队”荣誉称号	全国少工委	2023年6月	《全国少工委关于命名2023年度全国红领巾中队的决定》（中少发〔2023〕1号）
8	东乡区行政审批局	一体化政务服务创新实践典型示范单位	数字政务发展年会组委会	2023年11月	荣誉证书
9	东乡区农业农村局	2023年国家乡村振兴示范县	农业农村部	2023年9月	《农业农村部关于公布2023年国家乡村振兴示范县创建名单的通知》（农规发〔2023〕18号）
10	东乡区妇联	2023年度全国红领巾中队	全国少工委	2023年6月	荣誉证书
11	东乡区司法局	区公共法律服务中心获评全国公共法律服务先进集体	司法部	2024年3月	《司法部关于表彰全国法律援助和公共法律服务工作先进集体先进个人的决定》司发通〔2024〕18号
12		组织宣传人民调解工作先进集体	中华全国人民调解员协会	2023年9月	《关于通报表扬组织宣传人民调解工作先进集体和先进个人的通知》
13	东乡区退役军人事务局	退役军人王接平创办的江西华宇科技有限公司荣登“2023年度全国退役军人创业带动就业光荣榜”	退役军人事务部	2023年12月	荣誉奖牌

续表13

序号	单位名称	荣誉名称	颁发机关	颁发时间	备注
二、省级荣誉					
1	东乡区委办	《关于创新推行东乡区“开发区+主题产业园”运营模式助推现代产业新区建设情况的报告》获得江西省委、省政府主要领导批示	省委、省政府主要领导批示	2023年9月	内部件
2	东乡区委办	全面深化改革考核指标全省二类县区第1			依据省对县区2023年度高质量发展成效考核指标排位（内部）
3	东乡区政协办	2023年度全省反映社情民意信息工作先进单位	江西省政协	2024年1月	
4	东乡区政协办	加强党委对政协工作的领导考核指标全省二类县区第1			依据省对县区2023年度高质量发展成效考核指标排位（内部）
5	东乡区人大办 东乡区小璜镇	2023年全省人大代表联络示范站（第二批）	江西省人大常委会	2023年10月	《关于公布全省人大代表联络员示范站（第二批）名单的通知》（赣常任发〔2023〕2号）
6	东乡区委考核办	2023年度市县综合考核第一等次	中共江西省委、江西省人民政府	2024年4月	荣誉奖牌
7	东乡区委统战部	2023年度全省民宗系统信息工作先进集体	江西省民族宗教事务局	2024年2月	
8	东乡区委统战部	2023年度全省民宗系统信息工作先进集体和先进个人	江西省民族宗教事务局	2024年2月5日	赣民宗电〔2024〕3号
9	东乡区委统战部	打造全省首个“统战+法院+诉前调解”新样板，合力推进诉源治理再升级，获评2023年度全省统战工作品牌	江西省委统战部	2024年1月	荣誉证书
10	东乡区委统战部	加强统一战线工作考核指标全省二类县区第1			依据省对县区2023年度高质量发展成效考核指标排位（内部）
11	东乡区政法委	区综治中心在综治中心实体化运行考核中全省排名第一	省平安办	2023年	内部件

续表13

序号	单位名称	荣誉名称	颁发机关	颁发时间	备注
12	东乡区委宣传部	“新风东乡”获评全省基层理论宣讲先进集体	省委宣传部	2023年	《关于表彰2023年度全省基层理论宣讲先进集体、个人和优秀理论宣讲报告的通报》(赣宣字〔2023〕112号)
13		2024年省“移风易俗集体婚礼”重点示范县	省文明办	2024年	《关于确定省级“移风易俗集体婚礼”重点示范县的通知》(赣文明办发电〔2024〕2号)
14		2023年度全省文艺工作单项评价优秀单位	江西省文联	2024年1月	《表彰｜2023年度全省文艺工作优秀单位》
15		精神文明建设考核指标全省二类县区第2			依据省对县区2023年度高质量发展成效考核指标排位(内部)
16	东乡区委党史和地方志研究室	江西省第八届年鉴质量评比三等奖	江西省地方志研究院	2023年8月	《关于通报表扬江西省第八届年鉴质量评比活动取得等次年鉴的决定》(赣志院发〔2023〕21号)
17	东乡区纪委	全省纪检监察系统先进集体	中共江西省纪委、江西省监察委员会、江西省人力资源和社会保障厅	2023年1月	《关于表彰全省纪检监察系统先进集体和先进工作者的决定》(赣人社字〔2023〕23号)
18		以有力政治监督保障党的二十大决策部署落实见效考核指标全省二类县区第1			依据省对县区2023年度高质量发展成效考核指标排位(内部)
19		坚持以严的基调正风肃纪反腐，健全完善监督体系，推动两个责任一体落实考核指标考核指标全省二类县区第1			依据省对县区2023年度高质量发展成效考核指标排位(内部)
20	东乡区城管局	2023年度被江西省住房和城乡建设厅评为全省城乡环境综合整治第三名	江西省住房和城乡建设厅	2024年1月	《关于2023年度全省城乡环境综合整治工作考评结果的通报》(赣整治联〔2024〕2号)
21	东乡区住建局	2023年度全省城市功能与品质提升考核先进市(县、区)	省城市功能品质提升与工程建设项目审批制度改革部门联席会议办公室	2024年1月	《关于表扬2023年度城市功能与品质提升考核先进市(县、区)的通报》(赣城提联〔2024〕4号)

续表13

序号	单位名称	荣誉名称	颁发机关	颁发时间	备注
22	东乡区卫健委	江西省妇幼健康中医药特色单位	江西省卫健委、江西省中医药管理局	2023年6月	《关于公布江西省妇幼健康中医药特色单位的通知》(赣卫妇幼字〔2023〕25号)
23		江西省医疗卫生工作先进集体	江西省卫健委	2024年1月	赣卫人字〔2024〕1号
24		2023年度全省加速消除宫颈癌工作先进单位	江西省卫健委	2024年1月	赣卫妇幼便函〔2024〕9号
25		2023年江西省中医药综合改革先行区76个县(市)A等级	国家中医药综合改革示范区(江西)建设工作领导小组办公室	2024年3月	关于2023年国家中医药综合改革示范区(江西)建设考核情况的通报(赣中一要综改小组办〔2024〕3号)
26	东乡区商务局	全省外贸进出口优胜单位	江西省委、省政府	2023年4月	《关于2020—2022年全省开放型经济先进单位的通报》(赣委〔2023〕109号)
27		2023—2024江西省电子商务示范基地	江西省商务厅	2024年1月	《关于公布2023—2024年度江西省电子商务示范基地的通知》(赣商务电商字〔2024〕4号)
28	东乡区森林公安	集体二等功	江西省公安厅	2023年3月	荣誉奖牌
29	东乡区水利局	发行水利领域地方政府专项债券工作全省县区排名第三	江西省水利厅	2023年9月	获得省水利厅通报表扬(省水利厅表扬信)
30		2023年度市县综合考核第一等次	江西省水利厅	2024年2月	江西省水利厅关于印发2023年度市县综合考核水利指标计分结果的通知(赣水综字〔2024〕1号)
31	东乡区人民法院	全省优秀人民法庭	江西省高院	2023年11月	荣誉奖牌、《江西省高级人民法院关于表彰全省优秀人民法庭和全省法院基层基础工作先进个人的决定》(赣高法〔2023〕91号)
32	东乡区司法局	在社区矫正“十百千万”专项行动中表现突出集体	江西省司法厅	2024年1月	《关于通报表扬在社区矫正“十百千万”专项行动中表现突出集体和个人的决定》(赣司字〔2024〕12号)
33	东乡区司法局	全省第二批行政复议工作规范化示范单位	江西省司法厅	2023年11月	《关于公布全省行政复议工作规范化示范单位和达标单位的通知》(赣司字〔2023〕117号)
34	东乡区司法局、王桥镇	获得2023年全省矛盾纠纷排查化解专项行动先进集体	江西省司法厅	2023年1月	《江西省司法厅关于通报矛盾纠纷排查化解专项行动先进集体和先进个人的决定》(赣司民参法字〔2023〕1号)

续表13

序号	单位名称	荣誉名称	颁发机关	颁发时间	备注
35	东乡区司法局	全省政法满意度调查先进政法单位	江西省平安江西建设领导小组办公室	2024年1月	《关于2023年度全省公众安全感满意度调查结果的通报》（赣平安办〔2024〕1号）
36	东乡区工商联	东乡区工商联2023年度目标管理评价结果优秀	江西省工商联	2024年1月	《江西省工商联关于2023年度设区市、县（市、区）工商联目标管理评价结果的通报》（赣联发〔2024〕4号）
37	东乡区人民检察院	全省先进基层检察院	江西省人民检察院	2023年11月	《关于表彰全省检察机关首届先进集体先进个人的决定》（赣检发办字〔2023〕156号）
38	东乡区应急管理局	2023年度全省森林防火“平安春季行动”先进县（区）	江西省森林防灭火指挥部、江西省林业局、江西省应急管理厅、江西省公安厅	2023年6月	《关于2023年全省森林防灭火“平安春季行动”先进单位的通报》（赣火办字〔2023〕30号）
39	东乡区应急管理局	在2023年度应急管理考核中获评优秀等次	江西省安全生产委员会	2024年2月	《关于市县政府2023年度应急管理考核情况的通报》（赣安〔2024〕5号）
40	东乡经开区	2023年度开发区综合考核第一等次	省委省政府	2024年4月	
41	东乡区工信局	江西省第一批中小企业数字化转型试点县区	江西省工业和信息化厅	2023年11月	荣誉奖牌、《江西省财政厅 江西省工业和信息化厅关于开展产业集群和中小企业数字化转型试点工作的通知》（赣财建〔2023〕22号）
42	东乡区工信局	江西省新型工业化产业基地（化工新材料）称号	江西省工业和信息化厅	2024年2月	赣工信石化〔2024〕6号
43	东乡区教体局	第三批全省学前教育质量提升实验园	江西省教育厅	2023年5月	《关于公布第三批全省学前教育质量提升实验园和指导专家遴选结果的通知》（赣教基办函〔2023〕20号）
44	东乡区教体局	中小学国防教育示范学校	江西省教育厅	2023年8月	《教育部 中央军委政治工作部关于遴选创建2023年中小学国防教育示范学校的通知》（教体艺函〔2023〕8号）
45	东乡区科协	2023年江西省“全国科普日”优秀组织单位	江西省科学技术协会	2023年10月	《关于对2023年江西省“全国科普日”工作有关组织单位予以表扬的通知》（赣科协办函字〔2023〕30号）
46	东乡区科协	江西省公民科学素质大赛一等奖	江西省科学技术协会	2023年11月	荣誉奖杯

续表13

序号	单位名称	荣誉名称	颁发机关	颁发时间	备注
47	东乡区林业局	2023年度全省森林防火“平安春季行动”先进县（区）	江西省森林防灭火指挥部、江西省林业局、江西省应急管理厅、江西省公安厅	2023年6月	《关于2023年全省森林防灭火“平安春季行动”先进单位的通报》（赣火办字〔2023〕30号）
48	东乡区人力资源和社会保障局	第六批省星级充分就业社区	江西省人力资源和社会保障厅	2023年12月	《关于公布第六批省星级充分就业社区名单的通知》
49		江西省2023年度五星级劳动人事争议仲裁院	省人社厅	2024年1月	《关于公布2023年度星级劳动人事争议仲裁院的通知》（赣人社字〔2024〕1号）
50	东乡区气象局	2023年度江西省县级气象部门高质量发展考评优秀单位	江西省气象局	2024年1月	江西省气象局关于2023年全省县级气象部门高质量发展考评结果的通报（赣气发〔2024〕14号）
51		2023年度江西省市县综合考核气象灾害防御指标考评第一名	江西省气象局	2024年2月	江西省气象局关于2023年度市县综合考核气象灾害防御指标考评结果的通报（赣气发〔2024〕17号）
52	东乡区妇联	2023年度全省妇联系统宣传舆论阵地建设先进单位	江西省妇联宣传部	2023年12月	《关于2023年度全省妇联系统宣传舆论阵地建设先进单位的通报》
53	东乡区孝岗镇	江西省基层审批服务执法示范点	江西省政务服务管理办公室、中共江西省委机构编制委员会办公室、江西省司法局	2023年12月	《关于命名2023年度“江西省基层审批服务执法示范点”的通知》（赣政务字〔2023〕6号）
54	东乡区孝岗镇、王桥镇	档案工作规范化管理省三级单位	江西省档案局	2023年12月	荣誉奖牌
55	东乡区马圩镇	江西省第一批基层政务公开标准化规范化乡镇	江西省人民政府办公厅	2023年5月	荣誉奖牌
56	东乡区詹圩镇、虎圩乡	乡村振兴示范乡镇	江西省乡村振兴局	2023年7月	
57	东乡区机关事务管理中心	2023年度全省机关事务工作先进集体	江西省机关事务管理局	2023年11月	荣誉证书
58	东乡区公路分中心	2023年全省普通国省干线公路日常养护巡查排名第一	江西省综合交通运输事业发展中心	2024年1月	《江西省综合交通运输事业发展中心关于2023年全省普通国省干线公路日常养护巡查情况的通报》（赣综交养字〔2024〕2号）
59		2023年全省交通运输系统“六有六规范”工会示范点	江西省交通工会	2023年12月	《关于确定2023年全省交通运输系统“六有六规范”工会示范点的通知》（赣交工组字〔2023〕26号）

续表13

序号	单位名称	荣誉名称	颁发机关	颁发时间	备注
60	东乡区圩上桥镇	江西省“五好”宗教活动场所	江西省委统战部、江西省民族宗教事务局	2024年1月	江西省民族宗教事务局网站公布
61	东乡区王桥镇	江西省自然教育基地	江西省林学会	2023年10月	荣誉奖牌
62	东乡区圩上桥镇邮路头村、虎圩乡陈桥村、詹圩镇东观村、黎圩镇谭江村、孝岗镇何坊村、小璜镇孙圳村、杨桥殿镇山下村、邓家乡稽坊村、虎圩乡陈塘村、瑶圩乡文溪村、圩上桥镇上黄村、马圩镇港下村、珀玕乡北庄村、王桥镇菱塘村	2023年江西省乡村振兴示范村	江西省委农办	2023年7月	
63	东乡区圩上桥镇	省级乡村治理示范镇、省级乡村治理示范村	江西省农业农村厅	2024年1月	
64	东乡区小璜镇	2023年度示范性殡葬服务设施建设点	江西省民政厅	2023年11月	《关于开展2023年度创建示范性殡葬服务设施工作的通知》（赣民电〔2023〕86号）
65	东乡区退役军人事务局	2023年度全省双拥模范区	江西省双拥办	2024年2月	
66	东乡区市场监督管	质量强省及消费品质量合格率考核指标全省二类县区第1			依据省对县区2023年度高质量发展成效考核指标排位
67	东乡区金融办	绿色金融考核指标全省二类县区第1			依据省对县区2023年度高质量发展成效考核指标排位
68	东乡区工信局	制造业增加值占地区生产总值的比重考核指标全省二类县区第1			依据省对县区2023年度高质量发展成效考核指标排位

续表13

序号	单位名称	荣誉名称	颁发机关	颁发时间	备注
69	东乡生态环境局	水环境质量目标完成率考核指标全省二类县区第1			依据省对县区2023年度高质量发展成效考核指标排位
70	东乡区自然资源局	节约集约用地考核指标全省二类县区第1			依据省对县区2023年度高质量发展成效考核指标排位
71	东乡区人社局	社会保障考核指标全省二类县区第1			依据省对县区2023年度高质量发展成效考核指标排位
72	东乡区民政局	养老扶幼助困及社区治理水平考核指标全省二类县区第1			依据省对县区2023年度高质量发展成效考核指标排位
73	东乡区财政局	预算绩效管理水平考核指标全省二类县区第2			依据省对县区2023年度高质量发展成效考核指标排位
74	东乡区发改委、民政局、人社局、卫健委、医保局、住房保障中心	积极应对人口老龄化能力指数考核指标全省二类县区第1			依据省对县区2023年度高质量发展成效考核指标排位
75	东乡区医保局	医疗保障水平考核指标全省二类县区第1			依据省对县区2023年度高质量发展成效考核指标排位
76	东乡区司法局	全面依法治省考核指标全省二类县区第1			依据省对县区2023年度高质量发展成效考核指标排位
77	东乡区应急管理局	应急管理及安全生产考核指标全省二类县区第1			依据省对县区2023年度高质量发展成效考核指标排位
78	东乡区气象局	气象灾害防御考核指标全省二类县区第1			依据省对县区2023年度高质量发展成效考核指标排位
79	东乡区文广新旅局	文物保护考核指标全省二类县区第1			依据省对县区2023年度高质量发展成效考核指标排位
80	东乡区退役军人事务局	退役军人服务保障水平考核指标全省二类县区第1			依据省对县区2023年度高质量发展成效考核指标排位
			三、市级荣誉		
1	东乡区委办	2023年度抚州市全面深化改革先进单位			暂未发文

续表13

序号	单位名称	荣誉名称	颁发机关	颁发时间	备注
2	东乡区委办	2023年公共机构节能先进单位	抚州市公共机构节能领导小组	2024年1月	荣誉奖牌
3	东乡区人大办	抚州市人大系统业务大比武三等奖	抚州市人民代表大会常务委员会	2023年12月	荣誉奖牌
4		2023年度县（区）人大工作三等奖	抚州市人民代表大会常务委员会	2024年1月	荣誉奖牌
5	东乡区政府办、东乡区大数据中心	2023年度抚州市政务公开工作先进集体	抚州市人民政府办公室	2024年2月	《抚州市人民政府办公室关于表扬2023年度抚州市政务公开工作先进集体和先进个人的通报》（抚府办字〔2024〕7号）
6	东乡区统战部、杨桥殿镇	全市统战系统“岗位大练兵、业务大比武”活动中荣获二等奖	中共抚州市委统战部	2023年11月	荣誉证书
7	东乡区统战部	打造全省首个“统战＋法院＋诉前调解”新样板，合力推进诉源治理再升级，获评全市统战工作品牌成果	中共抚州市委统战部	2024年3月	抚统发〔2024〕1号
8	东乡经济开发区	2023年度全市统计系统先进集体	抚州市统计局	2024年3月	《抚州市统计局关于表彰2023年全市统计系统先进集体、先进个人的决定》（抚统字〔2024〕7号）
9	东乡区纪委	全市纪检监察系统先进集体	中共抚州市纪委机关、抚州市监察委员会、抚州市人力资源和社会保障局	2023年1月	《关于通报表彰全市纪检监察系统先进集体和先进工作者的决定》（抚人社字〔2023〕2号）
10	东乡区医保局	全市医疗保障工作综合先进第三名	抚州市医疗保障局	2023年3月	荣誉奖牌
11	东乡区民政局	2023年全市综合考核优秀单位	抚州市民政局	2024年2月	抚民字〔2024〕3号
12	东乡区商务局	在开放型经济综合考核中综合得分第二、外贸进出口单项考核第二、实际使用外资单项考核第一	抚州市开放发展领导小组办公室	2024年4月	《关于2023年全市开放型经济高质量考核情况的通报》（抚开放办字〔2024〕2号）

续表13

序号	单位名称	荣誉名称	颁发机关	颁发时间	备注
13	东乡区公安局	集体三等功、成绩突出青年集体	抚州市公安局	2023年4月	《关于给全市公安机关“春雷行动”成绩突出集体和个人表彰的命令》(抚公奖〔2023〕4号)
14		集体三等功	抚州市公安局	2023年5月	《关于给全市公安机关7个集体和87名个人记功嘉奖的命令》(抚公奖〔2023〕5号)
15		集体三等功	抚州市公安局	2023年11月	《关于给全市公安机关“夏季行动”成绩突出集体和个人表彰的命令》(抚公奖〔2023〕9号)
16	东乡区森林公安	全市公安机关食药环侦部门综合工作先进单位	抚州市公安局森林分局	2024年3月	荣誉奖牌
17	东乡区水利局	全市水利综合考核优秀等次	抚州市水利局	2024年4月	《抚州市水利局关于印发2023年度县(区)综合考核水利指标计分结果的通知》(抚水文〔2024〕23号)
18	东乡区气象局	2023年度气象灾害防御指标考评第一名	抚州市气象局	2024年4月	抚州市气象局关于2023年度县(区)综合考核气象灾害防御指标考评结果的通报(抚气发〔2024〕26号)
19		2023年度抚州市气象部门综合考核优秀单位	抚州市气象局	2024年3月	抚州市气象局关于2023年度全市气象部门综合考核工作的通报(抚气发〔2024〕12号)
20		2023年度抚州市气象新闻宣传信息竞赛先进单位	抚州市气象局	2024年4月	抚州市气象局工会委员会关于2023年气象新闻宣传信息竞赛结果的通报(抚气工发〔2024〕1号)
21	东乡区司法局、邓家乡、小璜镇	全市优秀调解组织	抚州市司法局	2023年12月	《抚州市司法局关于表扬全市优秀调解组织优秀调解员的通报》(抚司字〔2024〕4号)
22	东乡区司法局	全市机关领域“模范党支部”	中共抚州市直属机关工作委员会	2023年7月	荣誉奖牌
23	东乡区司法局、孝岗镇	平安抚州建设先进集体	抚州市市委、市政府	2023年12月	荣誉奖牌《关于表彰平安抚州建设先进集体和个人的通知》(抚字〔2023〕49号)
24	东乡区司法局	2023年度县(区)司法行政工作综合绩效考核优秀单位	抚州市司法局	2024年1月	荣誉奖牌
25	东乡区机关事务管理中心、司法局	无废机关	抚州市“无废城市”建设工作领导小组办公室	2024年1月	荣誉奖牌、《抚州市“十四五”时期“无废城市”建设领导小组办公室关于公布抚州市第一批“无废细胞”的通知》

续表13

序号	单位名称	荣誉名称	颁发机关	颁发时间	备注
26	东乡区机关事务管理中心	2023年度公共机构节能优秀县区	抚州市公共机构节能领导小组	2024年1月	《关于全市2023年度公共机构节能工作考核结果的通报》(抚公节发〔2024〕1号)
27	东乡区卫健委	抚州市先进基层党组织	中共抚州市卫生健康委员会党组	2023年7月	《关于表彰全市卫健系统优秀共产党员、优秀党务工作者和先进基层党组织的决定》(抚卫党字〔2023〕13号)
28	东乡区卫健委	2023年全市妇幼健康技能竞赛优秀奖	健康抚州建设工作委员会办公室、抚州市卫生健康委员会、抚州市总工会、抚州市妇女联合会	2023年11月	荣誉奖牌、《关于表扬2023年全市妇幼健康技能竞赛获奖单位及个人的通报》(抚卫妇幼函〔2023〕18号)
29	东乡区卫健委	抚州市2023年免疫规划技能竞赛团体一等奖	抚州市卫生健康委员会	2023年8月	《关于2023年抚州市免疫规划技能竞赛获奖情况的通报》(抚卫疾控字〔2023〕6号)
30	东乡区卫健委	2023年度抚州市基本公共卫生服务绩效评价第一名、第二名、第三名	抚州市卫生健康委员会	2024年1月	《抚州市2023年度基本公共卫生服务项目绩效综合评价情况通报》(抚卫基层字〔2024〕2号)
31	东乡区卫健委	2023年全市卫生健康监督执法工作第一名	市卫健委	2024年3月	关于2023年全市卫生健康监督执法工作情况的通报(抚卫政监字〔2024〕8号)
32	东乡区人民医院、东乡区孝岗镇卫生院、东乡区疾病预防控制中心	抚州市卫生健康系统先进集体	市卫健委	2024年3月	关于评选全市卫生健康系统先进集体和先进工作者的通报(抚卫人字〔2024〕3号)
33	东乡供销社	2023年度各县(区)供销社综合业绩考核一等奖	市供销社	2024年3月	抚供合字〔2024〕2号
34	东乡区城管局	2023年度全市城管系统县(区)综合考评第一名	抚州市城市管理局党组	2024年3月	荣誉奖牌
35	东乡区住房保障中心	全市住房和城乡建设系统目标管理先进单位	抚州市住房和城乡建设局	2024年3月	《关于表扬2023年度全市住房和城乡建设系统先进单位和先进个人的通报》抚住建发(〔2024〕4号)
36	东乡区住房保障中心	全市住房和城乡建设系统政务信息工作表现突出单位	抚州市住房和城乡建设局	2024年3月	《关于表扬2023年度全市住房和城乡建设系统政务信息工作表现突出单位和个人的通报》(抚住建发〔2024〕5号)

续表13

序号	单位名称	荣誉名称	颁发机关	颁发时间	备注
37	东乡区人民检察院	2023年度基层检察院综合考核优秀等次	抚州市人民检察院	2024年2月	荣誉奖牌
38	东乡区工商联	抚州市优化营商环境先进集体	抚州市委、市人民政府	2023年5月	《关于表彰抚州市优化营商环境先进集体和先进个人的通报》（抚字〔2023〕19号）
39	东乡区审计局	2023年度党建品牌创建先进单位	抚州市审计局	2024年2月	《关于表彰全市审计机关2023年度考评先进集体的决定》（抚审党字〔2024〕4号）
40	东乡区统计局	2023年度全市统计工作考核先进单位	抚州市统计局	2024年2月	《抚州市统计局关于2023年县区统计工作考核结果的通报》（抚统发〔2024〕3号）
41	东乡区工信局	2023年度抚州市工业高质量发展先进县区	抚州市工业创新发展强攻战工作领导小组	2024年3月	荣誉奖牌
42	东乡区林业局	2023年度林业队伍建设工作优秀单位	抚州市林业局	2024年2月	荣誉奖牌
43	东乡区科协	抚州市公民科学素质大赛第一名	抚州市科学技术协会	2023年8月	荣誉奖牌
44	东乡区教体局	抚州市模范党支部	抚州市教体局	2023年7月	荣誉奖牌
45		2023年度全市教育体育系统先进集体	抚州市教体局	2023年9月	荣誉奖牌
46		2023年抚州市“依法治校示范校”	抚州市教体局	2023年7月	《关于公布2023年抚州市“依法治校示范校”创建评选结果的通知》（抚州市体法〔2023〕8号）
47		抚州市“中阳杯”首届青少年校园足球周末联赛优秀组织奖	抚州市教体局	2023年6月	荣誉奖牌
48		东乡区第四中学党支部获得全市模范党支部称号	抚州市委	2023年7月	荣誉证书
49		2023年度县区党政领导干部履行教育职责与教育高质量发展督导评估综合先进单位	抚州市人民政府	2024年4月	暂未发文
50	东乡区人力资源和社会保障局	抚州市东乡区退役军人创业孵化基地	抚州市人社局	2023年11月	《关于认定资溪人力资源服务创业孵化基地等三家创业孵化基地为抚州市创业孵化基地的通知》（抚人社函〔2023〕29号）

续表13

序号	单位名称	荣誉名称	颁发机关	颁发时间	备注
51	东乡区人力资源和社会保障局	2023年度抚州市人社系统“党建+工会+业务”技能练兵比武“三等奖”	抚州市人力资源和社会保障局	2023年12月	荣誉奖牌
52		获评综合工作优秀单位、就业创业工作优秀单位、社会保障优秀单位、创新工作优秀单位	抚州市人力资源和社会保障局	2024年3月	《关于2023年度人社工作目标考核结果的通报》(抚人社字〔2024〕5号)
53		获评企业职工养老保险经办工作先进单位、城乡居民养老保险经办先进单位	抚州市社保中心	2024年3月	《关于2023年度全市社保经办考核先进单位的通报》(抚人险函〔2024〕1号)
54	东乡区市场监督管	2023年度食品安全工作评议考核等次优秀	抚州市食品安全委员会	2024年4月	抚食安委字〔2024〕1号
55	东乡区信访局	2023年度全市信访工作综合优秀单位	抚州市信访工作联席会议	2024年4月	《关于2023年度全市信访工作考核评价结果的通报》
56	东乡区退役军人事务局	2023年全市退役军人工作一等奖	市退役军人事务局	2024年3月	抚退役军人字〔2024〕15号
57	东乡区退役军人事务局	2023年全市退役军人信息宣传工作先进单位	市退役军人事务局	2024年3月	抚退役军人字〔2024〕16号
58	东乡区退役军人事务局、孝岗镇	2023年全市优秀基层退役军人服务站	市退役军人事务局	2024年3月	抚退役军人字〔2024〕17号
59	东乡区孝岗镇	全市食品安全两个责任工作表现突出的基层政府	抚州市食品安全委员会	2023年11月	《抚州市食品安全委员会关于对全市食品安全工作突出集体和个人予以表扬的通报》(抚食安委会字〔2023〕2号)
60	东乡区孝岗镇、马圩镇、黎圩镇	2023年度“红旗党支部”	中共抚州市委	2023年7月	荣誉奖牌
61	东乡区孝岗镇	2023年度“模范党支部”	中共抚州市委	2023年7月	荣誉奖牌
62	东乡区孝岗镇、王桥镇	抚州市第七次全国人口普查先进集体	抚州市第七次人口普查领导小组	2023年1月	《抚州市第七次全国人口普查先进集体和先进个人表彰的通报》(抚人普组字〔2023〕1号)
63	东乡区生态环境局	2023年度全市生态环境系统目标管理考核先进单位	抚州市生态环境局	2024年1月	抚州市生态环境局关于表彰2023年度全市生态环境系统目标管理考核先进单位的通报

续表13

序号	单位名称	荣誉名称	颁发机关	颁发时间	备注
64	东乡区纪委、马圩镇	2023年抚州市巾帼文明岗	抚州市妇联	2024年3月	《关于2023年度抚州市城乡妇女岗位建功先进集体(个人)选树结果的通报》(抚妇发〔2024〕9号)
65	东乡区妇联	2023年抚州市巾帼建功先进集体	抚州市妇联	2024年3月	《关于2023年度抚州市城乡妇女岗位建功先进集体(个人)选树结果的通报》(抚妇发〔2024〕10号)

2023年东乡区评定的副高级及以上专业技术资格人员名单

表14

一、正高 1.卫生系列				
序号	姓名	工作单位	职称资格	管理号
1	李明华	抚州市东乡区人民医院	主任中医师(县区类)	36202311014472
2	魏伟玲	抚州市东乡区人民医院	主任护师(县区类)	36202311014474
3	胡　斌	抚州市东乡区人民医院	主任医师(县区类)	36202311014469
4	王胜华	抚州市东乡区人民医院	主任医师(县区类)	36202311014470
5	赵　侠	抚州市东乡区人民医院	主任医师(县区类)	36202311014471
6	陈芸娥	抚州市东乡区人民医院	主任护师(县区类)	36202311014476
7	何淑宁	抚州市东乡区人民医院	主任护师(县区类)	36202311014475
8	李建卫	抚州市东乡区人民医院	主任医师(县区类)	36202311014468
9	朱家平	抚州市东乡区人民医院	主任医师(县区类)	36202311014473
10	吴丽莉	抚州市东乡区马圩镇中心卫生院	主任护师(乡镇类)	36202311014477
11	李建英	抚州市东乡区红星卫生院	主任护师(乡镇类)	36202311014478
12	张智慧	抚州市东乡区虎圩乡卫生院	主任护师(乡镇类)	36202311014479
二、副高 1.中小学系列				
序号	姓名	工作单位	职称资格	管理号
1	徐　颖	抚州市东乡区第一中学	中小学高级教师	36202312009260
2	胡　玲	抚州市东乡区第一中学	中小学高级教师	36202312009263
3	于振海	抚州市东乡区第一中学	中小学高级教师	36202312009264
4	辛杨英	抚州市东乡区第一中学	中小学高级教师	36202312009262

续表14

二、副高 1.中小学系列				
序号	姓名	工作单位	职称资格	管理号
5	陈志鹏	抚州市东乡区第一中学	中小学高级教师	36202312009259
6	陈珍珍	抚州市东乡区第一中学	中小学高级教师	36202312009267
7	张园英	抚州市东乡区第一中学	中小学高级教师	36202312009266
8	乐文达	抚州市东乡区第一中学	中小学高级教师	36202312009261
9	罗　群	抚州市东乡区第一中学	中小学高级教师	36202312009265
10	黄文玉	抚州市东乡区第一中学	中小学高级教师	36202312009258
11	黄志条	抚州市东乡区第二中学	中小学高级教师	36202312009255
12	王朝霞	抚州市东乡区第二中学	中小学高级教师	36202312009257
13	何建明	抚州市东乡区第二中学	中小学高级教师	36202312009254
14	胡慧琴	抚州市东乡区第二中学	中小学高级教师	36202312009256
15	饶淑华	抚州市东乡区第三中学	中小学高级教师	36202312009270
16	赵淑萍	抚州市东乡区第三中学	中小学高级教师	36202312009271
17	李志刚	抚州市东乡区实验中学	中小学高级教师	36202312009244
18	李菊华	抚州市东乡区实验中学	中小学高级教师	36202312009245
19	李国兵	抚州市东乡区实验中学	中小学高级教师	36202312009243
20	饶早娥	抚州市东乡区实验中学	中小学高级教师	36202312009246
21	李淑华	抚州市东乡区第四中学	中小学高级教师	36202312009253
22	杨淑贞	抚州市东乡区第四中学	中小学高级教师	36202312009251
23	徐　霞	抚州市东乡区第四中学	中小学高级教师	36202312009252
24	邹燕玲	抚州市东乡区第六中学	中小学高级教师	36202312009282
25	廖丽娇	抚州市东乡区第六中学	中小学高级教师	36202312009283
26	马飞燕	抚州市东乡区第六中学	中小学高级教师	36202312009284
27	饶　琴	抚州市东乡区第七中学	中小学高级教师	36202312009286
28	桂小兵	抚州市东乡区第七中学	中小学高级教师	36202312009288
29	乐德文	抚州市东乡区第七中学	中小学高级教师	36202312009285
30	邓芳琴	抚州市东乡区第七中学	中小学高级教师	36202312009287
31	邓淑文	抚州市东乡区教育考试中心	中小学高级教师	36202312009275

续表14

二、副高				
1.中小学系列				
序号	姓名	工作单位	职称资格	管理号
32	张飞鹏	抚州市东乡区龙山小学	中小学高级教师	36202312009248
33	熊桂红	抚州市东乡区龙山小学	中小学高级教师	36202312009249
34	艾丽春	抚州市东乡区龙山小学	中小学高级教师	36202312009247
35	邹国俊	抚州市东乡区北港小学	中小学高级教师	36202312009277
36	饶一鸣	抚州市东乡区北港小学	中小学高级教师	36202312009276
37	何玉女	抚州市东乡区第七小学	中小学高级教师	36202312009281
38	黄志红	抚州市东乡区第八小学	中小学高级教师	36202312009278
39	乐美红	抚州市东乡区孝岗镇中心完小	乡村中小学高级教师	36202312009240
40	艾丽霞	抚州市东乡区虎圩小学	中小学高级教师	36202312009241
41	占彬彬	抚州市东乡区红光垦殖场中小学	中小学高级教师	36202312009242
42	梁中华	抚州市东乡区黎圩镇初级中学	乡村中小学高级教师	36202312009250
43	周新梅	抚州市东乡区邓家乡中心完小	中小学高级教师	36202312009268
44	杨中华	抚州市东乡区邓家乡中心完小	乡村中小学高级教师	36202312009269
45	黄友兰	抚州市东乡区小璜镇小学	中小学高级教师	36202312009273
46	汤小辉	抚州市东乡区小璜镇小学	乡村中小学高级教师	36202312009274
47	艾学锋	抚州市东乡区小璜镇小学	中小学高级教师	36202312009272
48	易　琳	抚州市东乡区第一幼儿园	中小学高级教师	36202312009279
49	王　莉	抚州市东乡区孝岗镇幼儿园	中小学高级教师	36202312009280
2.卫生系列				
序号	姓名	工作单位	职称资格	管理号
50	乐桂荣	抚州市东乡区人民医院	副主任医师（县区类）	36202312010969
51	饶锋刚	抚州市东乡区人民医院	副主任医师（县区类）	36202312010965
52	般琴琴	抚州市东乡区人民医院	副主任医师（县区类）	36202312010971
53	何丽琴	抚州市东乡区人民医院	副主任护师（县区类）	36202312010977
54	冯泽辉	抚州市东乡区人民医院	副主任医师（县区类）	36202312010972
55	乐小波	抚州市东乡区人民医院	副主任医师（县区类）	36202312010973
56	雷玲玲	抚州市东乡区人民医院	副主任护师（县区类）	36202312010978

续表14

2.卫生系列				
序号	姓名	工作单位	职称资格	管理号
57	黄智辉	抚州市东乡区人民医院	副主任医师（县区类）	36202312010967
58	邹荣华	抚州市东乡区人民医院	副主任医师（县区类）	36202312010974
59	徐　峰	抚州市东乡区人民医院	副主任医师（县区类）	36202312010966
60	何水真	抚州市东乡区人民医院	副主任医师（县区类）	36202312010970
61	乐圆珍	抚州市东乡区人民医院	副主任护师（县区类）	36202312010979
62	李雪琴	抚州市东乡区人民医院	副主任护师（县区类）	36202312010982
63	陈华芳	抚州市东乡区人民医院	副主任护师（县区类）	36202312010980
64	曾伟立	抚州市东乡区人民医院	副主任医师（县区类）	36202312010968
65	饶淑燕	抚州市东乡区人民医院	副主任护师（县区类）	36202312010983
66	彭　欢	抚州市东乡区人民医院	副主任护师（县区类）	36202312010981
67	琚　珉	抚州市东乡区人民医院	副主任医师（县区类）	36202312010975
68	彭柳飞	抚州市东乡区人民医院	副主任医师（县区类）	36202312010976
69	万雪贵	抚州市东乡区第二人民医院	副主任医师（县区类）	36202312010995
70	游淑英	抚州市东乡区第二人民医院	副主任护师（县区类）	36202312011002
71	乐　琴	抚州市东乡区第二人民医院	副主任护师（县区类）	36202312010999
72	乐　艳	抚州市东乡区第二人民医院	副主任护师（县区类）	36202312011000
73	朱　华	抚州市东乡区第二人民医院	副主任护师（县区类）	36202312011003
74	黄　伟	抚州市东乡区第二人民医院	副主任中医师（县区类）	36202312010997
75	王智峰	抚州市东乡区第二人民医院	副主任医师（县区类）	36202312010996
76	艾慧芳	抚州市东乡区第二人民医院	副主任护师（县区类）	36202312011004
77	涂锦可	抚州市东乡区第二人民医院	副主任药师（县区类）	36202312010998
78	万云风	抚州市东乡区第二人民医院	副主任护师（县区类）	36202312011001
79	鲁行成	东乡银河医院	副主任中医师（县区类）	36202312011005
80	杨红玉	抚州市东乡区妇幼保健计划生育服务中心	副主任护师（县区类）	36202312010984
81	易爱华	抚州市东乡区疾病预防控制中心	副主任医师（县区类）	36202312010986
82	揭婉霞	抚州市东乡区疾病预防控制中心	副主任医师（县区类）	36202312010985

续表 14

2.卫生系列				
序号	姓名	工作单位	职称资格	管理号
83	李结亮	抚州市东乡区马圩镇中心卫生院	副主任医师(乡镇类)	36202312010988
84	王辉清	抚州市东乡区马圩镇中心卫生院	副主任医师(乡镇类)	36202312010987
85	乐艳红	抚州市东乡区王桥镇中心卫生院	副主任护师(乡镇类)	36202312010989
86	赵何娇	抚州市东乡区小璜镇中心卫生院	副主任护师(乡镇类)	36202312010990
87	邱渺涞	抚州市东乡区孝岗镇卫生院	副主任医师(乡镇类)	36202312010991
88	于　琴	抚州市东乡区孝岗镇卫生院	副主任技师(乡镇类)	36202312010992
89	魏结平	抚州市东乡区珀玕乡卫生院	副主任中医师(乡镇类)	36202312010993
90	杨志梅	抚州市东乡区珀玕乡卫生院	副主任技师(乡镇类)	36202312010994
3.讲师系列				
序号	姓名	工作单位	职称资格	管理号
91	王　海	东乡高级技工学校	技校高级讲师	36202312004792
92	王　妮	东乡高级技工学校	技校高级讲师	36202312004793

附　录

组织机构负责人领导名录

区委

区委书记：彭敏群

区委副书记、区长：
李建泉

区委常委、区委副书记：
郑　军（任至12月）

区委常委、组织部部长：
李星华

区委常委、政法委书记：
李建平

区委常委、常务副区长：
李　娜（任至12月）
周青林（12月任）

区委常委、人武部政委：
吴红杰

区委常委、宣传部部长：
饶大义

区委常委、统战部部长：
卢碧兰

区委常委、纪委书记、监委主任：
黄初江

区委常委、副区长：
黄新河

区委常委、副区长：
李　蛟（任至9月）

区人大常委会

区人大常委会主任：
高晓英

区人大常委会副主任：
黄炳辉
吴维权
张志辉
熊耀辉
饶爱良
李云书

区人民政府

区　　长：李建泉

区委常委、常务副区长：
李　娜（任至12月）
周青林（12月任）

区委常委、副区长：
黄新河
李　蛟（任至9月）

副 区 长：赵坚铭
邱树华
周志瑜
黄　明
吴　建
揭小毛（10月任）

政协东乡区委员会

主　　席：吴忠鸿

副 主 席：艾明华
李彩梅
乐　华
曾　玲

李　威（任至12月）
副主席提名人选：
陈小华（9月任）
秘 书 长：李世锋

区委办公室

区委办公室主任：
陈秋荣
区委保密委员会专职副主任：
万志群（正科级）
正科级督查专员：
郄丽娟（任至11月）
张　伟
涂坚强（11月任）
区委办公室副主任：
邱　红
区保密机要技术服务中心主任：
李泽有
区委国安办专职副主任：
王　曦（3月任）

区委组织部

部　　长：李星华
常务副部长：
邹永辉
副 部 长：陈永仁（正科级）
危　勇（兼任）
陈光明（兼任）
吴象其
部务委员：罗　志
徐　璐
乐宝祥

区委人才发展服务中心

主　　任：王裕宽
副 主 任：梁思成（3月任）
毛　旭（11月任）
王　倩（任至11月）
熊　珊（任至11月）

区老干部服务中心（区关心下一代工作事务中心）

主　　任：徐　伟

区委宣传部

部　　长：饶大义
常务副部长：
吴　宇
副 部 长：胡　泊（任至4月）
万海浪（8月任）
吴雯婷（1月任）
新时代文明实践志愿服务中心主任：
李　青

区委网络安全和信息化中心

主　　任：何江华（任至11月）
刘辉华（11月任）
副 主 任：梁华勇
徐　静（任至9月）
饶方其（9月任）

区委统战部

部　　长：卢碧兰
常务副部长：
周全武
副 部 长：陈　峥
何冰清
区侨联主席：
乐志华

区委政策研究室

主　　任：邹伏明

区委编办领导名录

主　　任：陈光明

副 主 任：李燕红（8月任）
梅　毅（任至3月）
区机构编制实名制中心主任：
胡　云

区委信访局

局　　长：胡　波
副 局 长：梁　晓

区委党史和地方志研究室（区档案馆）

主　　任：乐晓琴
副 主 任：乐藕梅
付施蓓

区委党校（东乡区行政学校、东乡区社会主义学校）

常务副校长：
上官东辉
副 校 长：王飞华
刘　霏
余卫卫（9月任）
王武平（任至4月）
教 育 长：余卫卫（任至9月）

区人大常委会工作机构

办公室主任：
谢　波（1月任）
预算审查工委主任：
徐翠梅
副 主 任：范　媛
科教文卫工委主任：
王拥军
选任联工委主任：
乐　辉（任至4月）
吴广萍（8月任）
农环工委主任：
陈耀平（任至1月）
乐　辉（4月任）
副 主 任：周沁之（1月任）
备案审查工委主任：
陈志武
副 主 任：严爱平（正科级）
监察和司法工委主任：
杨蓉玉
副 主 任：乐利东

区政府办公室

主　　任：章少海
副 主 任：马长琴
韩国涛（任至12月）
张如秋
胡　昊（12月任）

区人力资源和社会保障局

党组书记、局长：
危　勇
党组成员、副局长：
彭维高
张建波
党组成员、区就业创业服务中心主任：
吴　震
党组成员、区社会保险服务中心主任：
陈兴高

区行政审批局

党组书记、局长：
马奇峰
党组成员、副局长：
黄志波（任至8月）
张　雄
副 局 长：杨凯丹（8月任）
政务服务中心主任：
陈晓玲（任至5月）
杨翘楚（5月任）

区机关事务管理中心

党组书记：曾金招
主　　任：欧阳满（任至11月）
党组成员、副主任：
　　艾耀华
　　宗　思
副 主 任：杨　扬

抚州市公共资源交易东乡分中心

主　　任：张冬华（任至12月）
副 主 任：黄小明（任至9月）

区大数据中心

党组书记、主任：
　　艾海清（任至12月）
　　郄丽娟（12月任）
党组成员、副主任：
　　李斌旺
　　卜忆人

政协东乡区委员会工作机构

办公室主任：
　　张　平
副 主 任：徐　勇（任至8月）
农业农村和人口资源环境委员会主任：
　　文卫青
副 主 任：何建平
社会法制港澳台侨外事委员会主任：
　　马荣标
副 主 任：王　俊
经济委员会主任：
　　刘志玲
副 主 任：徐志荣（正科级）
教科文卫体和文化文史学习委员会主任：
　　汪　蓉
副 主 任：邓快荣（正科级）
提案委员会主任：
　　徐唐林（任至3月）
　　徐　勇（8月任）
副 主 任：马胜华（正科级）

区纪委监委

区纪委书记、区监委主任：
　　黄初江
区纪委副书记、区监委副主任：
　　艾小文
　　胡志刚（任至12月）
　　吴志伟（4月任）
　　舒利光（12月任）
区纪委常委、巡察办主任：
　　陈志高
区纪委常委、区监委委员：
　　舒利光（任至12月）
　　陈燕娥（任至9月）
　　杨　明
　　刘　敏（8月任）
区监委委员：
　　叶小华（8月任）
　　桂风华（8月任）
干部监督室主任：
　　黄　颖
案管室主任：
　　陈　珍
党风政风监督室主任：
　　方　晓（3月任）
组宣部部长：
　　钟天明（9月任）
审理室主任：
　　周善宁（11月任）
党风廉政教育中心主任：
　　李诚浪

检监察室主任：
王　佳（9月任）
揭荣进
朱志坚
派驻纪检组组长：
王华忠
何长权
邹志强
李　峰
杨文华（任至3月）
高　峻
何　鹏（1月任）
何志刚
李　成

区委巡察办

巡察办主任：
陈志高
巡察办副主任：
雷向廷（任至8月）
巡察组长：汤志华
周胜华
陈燕娥（9月任）
副 组 长：周　斌
许俊林
曾　晖（1月任）

区总工会

主　　席：
黄炳辉（区人大常委会副主任兼）
常务副主席：
周伟娜
副 主 席：邹文辉
胡丽芳
挂职副主席：
乐　文（任至10月）
兼职副主席：
周仁和
杨英群
杜　跃

共青团东乡区委员会

书　　记：饶文锋（任至12月）
副 书 记：周夏文峰
挂职副书记：
黄　瑶

区妇女联合会

主　　席：程燕萍
副 主 席：梁晓聪

区工商联

主　　席：李彩梅
党组书记：陈　峥
副 主 席：陈晓东
郄丽明（任至1月）

区文学艺术界联合会

主　　席：韩国涛（12月任）
刘辉华（任至12月）
副 主 席：孙　霞（8月任）

区哲学社会科学学会联合会

副 主 席：华　欣
郭　媛

区科学技术协会

党组书记、主席：
陈耀平（1月任）
李国荣（任至1月）
副 主 席：陈　静（女）
饶　翀（9月任）

区残疾人联合会

党组书记、理事长：
刘　俊
副理事长：邹小玲

区红十字会

党组书记：马新荣
副 会 长：王路琳（11月任）
张蓓蓓
副监事长：陈珠瑜

区人武部

部　　长：姜庆峰
政　　委：吴红杰

区国防动员办公室

发改委（国防动员办公室）主任：
冯志刚

区退役军人事务局

党组书记、局长：
王小祥（12月任）
宗剑明（任至12月）
党组成员、副局长：
何兴国
梁银球
退役军人服务中心主任：
孟　康

区委政法委

书　　记：李建平
常务副书记：
吴恒助
副 书 记：李志新
王丽珍（1月任）
执法监督室主任：
陈小平
扫黑办主任：
魏旗海
综治督导室主任：
乐慧倩
政工室主任：
陈风英
维稳指导室主任：
徐小星
办公室主任：
张华生

区公安局

党委书记、局长：
赵坚铭
党委副书记、政委：
黄志坚（8月任）
党委委员、副局长：
李辉华
乐志海
吴春龙（12月任）
党委委员、副政委：
万有才
刘新华
元　辉（任至12月）
副 政 委：饶升其（12月任）

区人民检察院

检 察 长：揭　玫
副检察长：李　波
王将辉（12月任）
政治部主任：
毛婧婷
检委会专职委员：
刘　前
周碧锋（8月任）

区人民法院

党组书记、院长：

李好生

党组副书记、副院长：

王剑锋

副 院 长：吴维群

黄俊灵（10月任）

审判委员会专职委员、执行局局长：

王 挺（10月任）

审判委员会专职委员：

黄 勇

党组成员、审判委员会专职委员：

何任国（任至3月）

党组成员、政治部主任：

吴 涛

区司法局

党组书记、局长：

熊胜旺

党组书记、副局长：

李剑波

张磊磊

党组成员、政治部主任：

陈丽琴（10月任）

区公安局交警大队

区公安局党委委员、交警大队大队长：

杨文云（任至5月）

交警大队大队长：

徐 凌（5月任）

副大队长：张建志（8月任）

陈耀明（10月任）

张志辉（任至8月）

李成荣（任至10月）

教 导 员：李德泉

副教导员：蔡高铭（任至8月）

田华冠（8月任）

区公安局森林分局

支部书记、局长（大队长）：

张智涛

支部副书记、教导员：

元 辉（12月任）

支部副书记、政委：

李 敏（任至9月）

支委委员、副局长（副大队长）：

汤如平

陈 海

支委委员、政工督察室主任：

汪 丹

刑事侦查大队大队长：

黄义盛

区应急管理局

党委书记、局长：

王志斌

党委副书记、副局长：

雷雨虹

党委委员、副局长：

陈德兴

区消防救援大队

党委书记、大队部党支部副书记、政治教导员：

余前进

党委副书记、大队长：

刘 强

党支部书记、副大队长：

廖宇静

党支部副书记、站长：

王年斌

东红路消防救援站党支部书记、政治指导员：

邹 鹏

区农业农村局

党组书记、局长：
黄文辉
副 局 长：吴　斌
缪　彦（8月任）
詹太标（任至8月）
万会池（任至8月）
农业综合行政执法大队副大队长：
饶忠平

区农业农村产业发展服务中心

主　　任：徐新华
副 主 任：于义明
乐　强
黄春芳
叶小明

区乡村振兴局

党组书记、局长：
邓俊辉
党组成员、副局长：
陈建辉（任至5月）
刘志云
宗亮亮

区林业局

局　　长：宗剑明（12月任）
王小祥（任至12月）
副 局 长：饶树华
马国沐
区林业资源保护中心主任：
徐　谦

区水利局

党组书记、局长：
何志伟
副 局 长：何　峥（任至3月）
李国民
邓　峰（3月任）

区廖坊灌区和水库管护中心

主　　任：欧阳满（12月任）
江义明（任至11月）
副 主 任：何志坚
李小泉
郑华兵
黄国华
乐文波
徐员亮

区工信局

党组书记、局长：
李官祥
党组成员、副局长：
胡海建
曹　扬（8月任）

区供电公司

经理、党委副书记：
张剑飞
党委书记、副经理：
李　曜
副 经 理：陈拓新
徐奇刚
冯宝刚
纪委书记：许志勇
副总经济师：
周　华

区邮政公司

支部书记、总经理：
李　涛（任至8月）
王光华（8月任）

支部委员、副总经理：
李宇珊
吴东俊
王　丽（8月任）

区电信公司
总 经 理：赵峻峰
副总经理：吴　伟
李子健
总经理助理：
黄凤龙

区移动公司
总 经 理：何利群（1月任）
总经理助理：
江琼希

区联通公司领导
总 经 理：郭泳勇

区铁塔办
主　　任：王俊戎

东乡经开区
党工委书记：
徐　越
党工委副书记、管委会主任：
徐武平
党工委委员、管委会副主任：
程强强（挂职）
艾贵荣
邓小峰
党工委副书记：
邓树华
管委会副主任：
邱翠青
党工委委员、纪检监察工委书记：
胡国明
党工委委员：
李志华
王员良
社会事务局局长：
喻　涛
规划建设局局长：
谢立波
经济发展局局长：
周燕慧
企业服务局局长：
王　安

区交通运输局
党组书记：胡　明
局　　长：乐必胜
党组成员、副局长：
邓旭明
赵师辉
综合行政执法大队副大队长：
刘　斌（9月任）

抚州市公路事业发展中心东乡分中心
党支部书记、主任：
吴淑敏
党支部副书记、副主任：
刘新恒
党支部委员、副主任：
童园珍
副 主 任：艾欣荣

区火车站
站　　长：饶秋平
支部书记：敖国良
副 站 长：潘高伟

高铁抚州东站

站　　长：涂庆辉

副 站 长：唐国东

江西长运东乡汽车站

长运公司经理、站长：

艾素文

区公共交通集团有限公司

执行董事：邱　强

副总经理：梁青娇

艾艳丽

邱　伟

区商务局

党组书记、局长：

乐大干

党组副书记：

刘振球（9月任）

党组成员、副局长：

徐小旺

刘　侠

党组成员、招商引资中心主任：

陈　涛

副 局 长：明廷良（挂职）

区供销社

党组书记、主任：

马永山

党组成员、副主任：

杨明盛

沈　娟

监事会主任：

艾兵荣（1月任）

区烟草专卖局（中国烟草东乡分公司）

局　长、经理：

黄国华

副 经 理：李　玲

副 局 长：龙　腾

副科级纪检员：

吴可慰

中石化东乡石油分公司

经　　理：李　勇（任至12月）

邓文勇（12月任）

书　　记：鄢武辉

经理助理：宋沫婷

区自然资源局

党组书记、局长：

李昆奇

党组副书记：

李小根

党组成员、副局长：

熊　光

党组成员：陈小斌

乐世民

俞　涛

区财政局

党组书记、局长：

朱建忠

党组成员、副局长：

张　剑

嵇　晨（任至10月）

党组成员、乡镇财政服务中心主任：

丁建明

财政公共服务中心主任：
徐开平

区税务局

党委书记、局长：
高　斌
党委委员、副局长：
吴爱华
乐兴中
黄春琪
周永勤
党委委员、纪检组长：
鄢建员（任至9月）
黄　奇（9月任）

区金融工作服务中心

党组书记、主任：
邱志伟（任至8月）
曾　琳（12月任）
党组成员、副主任：
李瑜华
周卫林
张　瑶

中国人民银行东乡支行

行　　长：黄爱萍
副 行 长：饶建华
杨清华

中国农业发展银行东乡支行

行　　长：朱　平（任至3月）
吴连平（3月任）
副 行 长：李旭仪（4月任）
"三合一"专员：
袁志娟（任至8月）
唐云平（9月任）

中国工商银行东乡支行

行　　长：曾　贞
副 行 长：江　涛（任至7月）
陈　艳（任至11月）
肖　凡（11月任）
纪 检 员：黄稚倩
行长助理：帅　菲（10月任）

中国农业银行东乡支行

行　　长：姚年光（任至3月）
郑　娟（3月任）
副 行 长：黄　怡（任至6月）
陈来明（4月任）
朱　玲（11月任）
张飞闵（11月任）
行长助理：朱　玲（任至11月）
纪委书记：章竹庆

中国银行东乡支行

行　　长：熊亮民
副 行 长：胡继华
黄　莉（8月任）
卢　斌（10月任）

中国建设银行东乡支行

行　　长：谢冬明
副 行 长：吴淑萍
宁彬倚
东乡龙山支行行长：
祝　甜
东乡恒安支行行长：
赵志鹏

东乡农商银行

党委书记、董事长：
邹长华
行　　长：余君明

纪委书记、监事长：
李伟林
副 行 长：艾　音
蔡　斌

中国邮政储蓄银行东乡支行

行　　长：雷　云
副 行 长：王紫娟
孔晓龙
秦广赞

江西银行东乡支行

行　　长：熊　成
副 行 长：张芳婕

九江银行东乡支行

行　　长：徐　芳
行长助理：徐亚兰

上饶银行东乡支行

行　　长：沈宇升

人寿保险东乡支公司

经　　理：徐光辉
副 经 理：李　永

人保财险东乡支公司

经　　理：谭建勇
副 经 理：李　桥
黄　晋

人保寿险东乡支公司

经　　理：汪晓宇

区发展和改革委员会

党组书记、主任：
冯志刚
党组成员、副主任：
乐　姝
艾志刚
副 主 任：何光梅
生态文明建设服务中心主任：
饶谋荣

区市场监督管理局

党组书记、局长：
黄胜辉
党组成员、副局长：
李高明
张正贤
副 局 长：段　鑫
分局局长：缪志民
周党晖
陈　嵘
吴　比
徐海波
李树春
饶活荣（3月任）
何忠明（8月任）

区统计局

党组书记、局长：
嵇　晨（11月任）
乐才华（任至10月）
党组成员、副局长：
王道光
陈满波
高质量发展评价中心主任：
乐　琪（9月任）

国家统计局东乡调查队

党组书记、队　长：
梁少云（任至11月）
乐　帆（11月任）

党组成员、副队长：
何志欢
党组成员、纪检员：
乐　帆（任至10月）

区审计局

党组书记、局长：
韩志鹏
党组成员、副局长：
黄洪辉
曾　琳（任至12月）
徐思思（12月任）
经济责任审计工作联席会议办公室主任：
周燕慧（11月任）

区住房和城乡建设局

党组书记、局长：
徐小平
党组成员、副局长：
陈功发
董圣忠（1月任）
王军政（10月任，挂职）
党组成员、区城镇发展服务中心主任：
鲁小明

区住房保障中心

党组书记：李春霞
主　　任：王路琳（任至12月）
党组成员、副主任：
陈　国
乐凯华
文　艳（3月任）
陈　琦（10月任，挂职）

住房公积金东乡办事处

主　　任：范秀平
大厅主管：李沁怡

区重点工程服务中心

党组书记、主任：
张　剑
党组成员、副主任：
王　瑜
陈华璋
于国帅（5月任）

区城市管理局

党组副书记、副局长：
胡　琤
党组成员、副局长：
黎　勇
副 局 长：刘彩玉（10月任，挂职）

东乡城投集团

党委书记、董事长：
邱志伟（7月任）
总 经 理：杨志和（8月任）
党委委员、副总经理：
龚　睿（3月任，挂职）
党委委员、纪委书记：
陈智明（7月任）
副总经理：李桂华（8月任）
汪庆刚（12月任）
党委委员、财务总监：
吴永亮
党委委员、总工程师：
乐智明
总经济师：杨　帅（12月任）

区润泉供水公司

党支部书记、执行董事：
吴　飞
党支部副书记、总经理：
范志芳
副总经理：周永华

周武平
王　欣
乐和青

东乡生态环境局

党组书记、局长：
黄国培
党组成员、副局长：
李小强
李国平
党组成员、工会主席：
李荣华
党组成员、生态环保综合执法大队专职副大队长：
李　伟
区生态环境监测站站长：
何金德

马圩水文站

大 队 长：杨振宇
副大队长：杨　溢

区气象局

党组书记、局长：
周明华
党组成员、副局长：
黄丽玲
梁　平

区教育体育局

党委副书记、总督学：
于凤池
党委委员、副局长：
杨志武
张　勇
陈丽琴（任至10月）

区教育发展研究中心

主　　任：罗　鹤

东乡高级技工学校

党委书记、校长：
付志军
党委委员、副校长：
李伯平
组织宣传处主任：
万智涵（9月任）
教务处主任：
郭建廉（8月任）
学生处主任：
黄平中（8月任）
工会主席：王　海（8月任）
总务处副主任：
孙玉芳（8月任）
审计财务处副主任：
徐发根（8月任）
鉴定培训处副主任：
危　哲（8月任）
招生就业处副主任：
王　妮（10月任）
党政办副主任：
李　斌（10月任）
组织宣传处副主任：
饶璐萌（10月任）
教务处副主任：
马志武（10月任）
团委副书记：
饶静瑜（12月任）
学生处副主任：
张建强（12月任）
工会副主席：
杨　铭（12月任）

一中

党委书记：上官必忠
校　　长：徐胜保（9月任）
副 校 长：李胜生
　　　　　艾瑞阳
　　　　　何　平（9月任）
　　　　　陈志明

二中

党委书记：饶玉梅
党委副书记、校长：
　　　　　饶运煌
党委委员、副校长：
　　　　　徐志新
党委委员：吴礼华
　　　　　章武春
副 校 长：洪　雯
　　　　　万　灿

三中

党总支书记：
　　　　　洪　媛
校　　长：余　勇
副 校 长：陈志能
　　　　　王朝阳
　　　　　薛　思

实验中学

党委书记：李小明
校　　长：徐向荣（9月任）
副 校 长：李国兵
　　　　　黎冬兰
　　　　　张志锋（3月任）
　　　　　黄　媛（9月任）

四中

党支部书记、校长：
　　　　　李淑琴

五中

党支部书记、校长：
　　　　　金丙建

区文广新旅局

党组书记、局长：
　　　　　何丽莉
党组成员、副局长：
　　　　　杨晓斌
　　　　　周丽琴
文化市场综合执法大队大队长：
　　　　　何丽莉
副大队长：万莉娟

舒同书法院（博物馆）

院（馆）长：陈凤鸣

区全域旅游发展中心

主　　任：李　青

区融媒体中心

主　　任：何江华（12月任）
　　　　　殷伟柱（任至12月）
总 编 辑：万　芸
副 主 任：冯　林
　　　　　乐意琴

中国广电网络公司东乡区分公司

副总经理：赵裕平（主持工作）
　　　　　陈勇华
　　　　　程淑飞
　　　　　饶　华

区新华书店

党支部书记、经理：
陈　刚
副 经 理：全同辉

区科技局

党组书记、局长：
王建华
党组成员、副局长：
徐志刚
副 局 长：黄　婷

区卫健委

党组书记、主任：
陈爱龙
党组副书记、副主任：
周志迁（任至1月）
党组成员、副主任：
罗长平
副 主 任：郄丽明（1月任）
计生协会专职副会长：
刘庆花

区医疗保障局

党组书记：胡志刚（12月任）
局　　长：高　洁
党组副书记、副局长：
陈思东

区人民医院

党委书记：李兴辉
纪委书记：徐从容
党委委员、副院长：
陈军华（任至3月）
吴　媚（2月任，挂职一年）
副 院 长：朱　瑜
李建卫
杨辉建
黄莉萍（5月任）

区中医院

党总支书记：
林　海
党总支副书记、院长：
王琴凤
党总支委员、纪检委员：
王样敬
党总支委员、副院长：
陈　超
邹文芳
祝贤涛
廖凤翔（2月任，挂职）
工会主席：黄雪莉

区第二医院

党支部书记：
徐寿文
党支部副书记、院长：
王立平

区妇幼保健计划生育服务中心

书记、院长：
吴金茂
院　　长：周　明

区疾病预防控制中心

主　　任：乐世豪

区惠民医疗健康集团

党委书记、董事长：
徐趙群（8月任）
党委副书记、总经理：
乐建荣（8月任）
副总经理：张永平

万山峰
揭婉霞（7月任）
曹莹荣（7月任）

区卫生健康综合监督执法大队

大 队 长：张　俊

区民政局

党组书记、局长：
饶信兵（1月任）
党组成员、副局长：
徐阿玲
副 局 长：黄东洋（12月任）

区现代农业示范园管委会

负 责 人：辛　斌
副 主 任：赵中华

区工创投集团

党委书记、董事长：
刘振球
江义明（9月任）
党委副书记、总经理：
乐响平
党委委员、纪委书记：
陈金明（任至6月）
党委委员、副总经理：
熊　彬
胡飞华（任至8月）
曹　扬（任至6月）
危曼华
李党琴（9月任）
嵇园娇（10月任）

金峰街道

党工委书记：
陈淑萍（1月任）
党工委副书记、办事处主任：
陈六毛
人大工委主任：
朱武军

孝岗镇

党委书记：陈小华
党委副书记、镇长：
饶国强
人大主席：官志贤

小璜镇

党委书记：胡　鹏（9月任）
黄　明（任至9月）
党委副书记、镇长：
魏乐乐（1月任）
人大主席：李晓成

杨桥殿镇

党委书记：祝园国
党委副书记、镇长：
王华平
人大主席：王　涛（3月任）

圩上桥镇

党委书记：王胜平
党委副书记、镇长：
周　长
人大主席：程彩虹

詹圩镇

党委书记：张志升
党委副书记、镇长：
梁　鹏
人大主席：饶虎飞

马圩镇
党委副书记、镇长：
饶志坚
人大主席：饶军锋

黎圩镇
党委书记：陈淑萍（任至1月）
李官鑫（1月任）
党委副书记、镇长：
吴泽云
人大主席：邓　鹏（任至1月）
周志为（4月任）

王桥镇
党委书记：王丽丽
党委副书记、镇长：
黄煜博
人大主席：罗建亮

珀玕乡
党委书记：方励昌（9月任）
党委副书记、乡长：
邱志明（12月任）
人大主席：陈国华

邓家乡
党委书记：饶丽娟
党委副书记、乡长：
黄少波（任至11月）
饶文锋（12月任）
人大主席：桂志斌

虎圩乡
党委书记：杨建华
党委副书记、乡长：
梅　忍（8月任）
人大主席：乐爱平

瑶圩乡
党委书记：饶伟波
党委副书记、乡长：
乐　愈

甘坑生态林场
党委书记：饶金高
党委副书记、场长：
周飞波

红光垦殖场
党委书记：刘国平
党委副书记、场长：
揭　克

红星镇
党委书记：黎轶薮（8月任）
党委副书记、镇长：
白　欢（8月任）
人大主席：朱　建（8月任）

2023年东乡省级以上报刊上稿文章情况一览表

表15

标题	作者	用稿单位	日期
围炉煮茶"煮"出了什么	李万祥　饶方其	《经济日报》	2023年2月11日
无人机播种作业	饶方其	《人民日报》	2023年2月15日
插上阅读的翅膀，乡村儿童也会飞翔	杨　飒　何江华	《光明日报》	2023年3月28日
最是书香能致远	靳晓燕　何江华	《光明日报》	2023年4月18日
江西不断拓宽农民增收致富渠道	郑少忠　朱　磊	《人民日报》	2023年4月21日
江西抚州：识变应变求变，外贸稳量提质	黄书波	《新华每日电讯》	2023年5月1日
抚州东乡：绘就乡村振兴"莓"好"蓝"图	孙广见	《新华每日电讯》	2023年7月10日
纺织自动化生产线	饶方其	《经济日报》	2023年8月28日
丝瓜络制品走俏海外	饶方其	《新华每日电讯》	2023年9月4日
冷链物流	饶方其	《人民日报》	2023年9月4日
新模式能否解决老问题？	何江华	《光明日报》	2023年9月19日
绿了生态，富了口袋——江西发展绿色农业一线见闻	范　帆	《新华每日电讯》	2023年11月3日
图片新闻	朱海鹏	《经济日报》	2023年11月23日
抚州东乡："助企专员"激活企业发展动能	孙广见	《新华每日电讯》	2023年11月24日
江西抚州东乡区——"工业诊所"助力企业高质量发展	李星华	《人民日报》	2023年11月28日
图片新闻	朱海鹏	《人民日报》	2023年11月30日
深耕人文沃土 谱写"两创"新篇		《光明日报》	2023年12月7日
江西东乡："工业诊所"为企业"把脉问诊"	范　帆　陈柱佐	《新华每日电讯》	2023年12月15日
"小切口"推动"大发展"	闵尊涛	《新华每日电讯》	2023年12月11日
江西实实在在办好惠民利企实事	朱海鹏	《人民日报》	2023年12月19日

续表15

标题	作者	用稿单位	日期
东乡落实“28条”提升工业核心竞争力	汤　民　徐立鸣 饶大义	《江西日报》	2023年3月26日
坚持以改革创新为根本动力 着力推动开发区高质量发展	魏　星	《江西日报》	2023年4月21日
智能生产	徐　铮	《江西日报》	2023年5月3日
东乡区壮大文化产业汇聚创新力量	汤　民　饶方其	《江西日报》	2023年6月1日
党建聚合力 勤廉扬正气	李永其　杨鸿彬	《江西日报》	2023年6月21日
从“无中生有”到全省第一	徐立鸣	《江西日报》	2023年7月5日
抚州推动县域共青团基层组织改革落地见效	徐立鸣	《江西日报》	2023年7月6日
科技强农 田野逐梦	齐美煜　曹锦婷	《江西日报》	2023年7月9日
决策为民 发展为民 管理为民 服务为民	余红举	《江西日报》	2023年7月10日
握指成拳 集约发展	饶方其	《江西日报》	2023年8月30日
“工业诊所”：精准把脉 靶向开方 ——全国首个县级中科智汇工场在东乡的创新实践启示	李星华　汤　民	《江西日报》	2023年9月6日
太空丝瓜	周　霖　徐　铮　吴福清	《江西日报》	2023年9月25日
凝心铸魂勇担当 实干笃行建新功	无	《江西日报》	2023年10月30日
坚定不移深化开发区改革和创新发展 加快打造全省高质量发展的“排头兵”	魏　星	《江西日报》	2023年11月2日
“16+N”宣讲队活跃城乡传播党的好声音“新风东乡”飞入寻常百姓家	饶大义　陈汉梅　汤　民	《江西日报》	2023年11月5日
抚州奋楫	温　凡	《江西日报》	2023年11月7日
农业产业化为乡村振兴注入活力	谢龙龙	《江西日报》	2023年11月29日
新时代“枫桥经验”花开赣抚大地	韩长贤　李井红　熊伟健	《江西日报》	2023年12月7日
东风浩荡征帆满 腾蛟起凤谱新篇	刘　智	《江西日报》	2023年12月15日
大数据赋能监督精准化	李嘉勋	《江西日报》	2023年12月26日

统计数据

2023年东乡区国民经济主要指标一览表

表16

指标	单位	2023年	2023年比2022年增加（%）
一、基本情况			
全区年末总户数（户籍）	户	163516	—
年末总人口（户籍）	人	478700	—
#男	人	253120	—
#女	人	225580	—
非农业人口（户籍）	人	270075	—
常住人口（不含东临）	人	361784	—
#男（不含东临）	人	186742	—
#女（不含东临）	人	175042	—
年平均人口（不含东临）	人	362789	—
城镇化率（不含东临）	%	66.01	—
耕地面积（不含东临）	万亩	50.58	—
村委会（不含东临）	个	132	—
村小组（不含东临）	个	1597	—
社区（不含东临）	个	21	—
二、国内生产总值	万元	2381747	6.4
第一产业增加值	万元	264198	3.8
第二产业增加值	万元	1002593	9.4
其中：工业增加值	万元	806046	10.6
第三产业增加值	万元	1114956	4.2
三、工业（规模以上工业）			
（一）工业总产值（现价）	亿元	294.04	16.80
（二）利税总额（增值税+利润）	亿元	20.84	—
（三）营业收入	亿元	299.7	20.45
（四）主要工业产品产量			

续表16

指标	单位	2023年	2023年比2022年增加（%）
大米	万吨	6.65	25.7
化学肥料（折纯）	万吨	0.37	-10
化学农药	万吨	0.031	-17.9
纱	万吨	6.48	-4.4
四、农业（不含东临新区）			
（一）农业总产值（现价）	万元	441465	4.11
（1）农业产值	万元	172634	2.39
（2）林业产值	万元	9757	10.20
（3）牧业产值	万元	198384	4.38
（4）渔业产值	万元	18067	4.15
（5）农林牧渔服务业	万元	42624	8.37
（二）农作物面积、产量			
1.粮食（含东临新区）			
粮食总产量	吨	353721.6	1.77
早稻播种面积	公顷	21333.33	-0.99
早稻总产	吨	120900	1.34
双季晚播种面积	公顷	22823.8	-2.43
双季晚总产	吨	148966	-0.32
豆类总产	吨	2366.6	18.57
2.油料（不含东临新区）			
油料总产量	吨	7739.4	4.1
花生产量	吨	4312.7	4.5
油菜籽产量	吨	3183	2.8
芝麻产量	吨	243.7	14.7
3.蔬菜及食用菌产量	吨	120942	3.5
（三）畜牧业（含东临新区）			
生猪饲养量	万头	144.71	0.10
生猪出栏量	万头	93.07	0.4
生猪存栏量	万头	51.64	-0.4
肉类总产量	万吨	8.84	4.8
水果产量（不含）	吨	11975	-4.9

续表16

指标	单位	2023年	2023年比2022年增加(%)
水产品产量(不含)	吨	20100	4.15
五、贸易			
1.社会消费品零售总额	万元	891172	8
2.批发业商品销售额	万元	299081	12.4
3.零售业商品销售额	万元	747572	6
4.住宿业销售额	万元	9393	16.6
5.餐饮业销售额	万元	202779	21.8
6.出口总额	亿元	32.39	−8.3
7.实际利用外资	万美元	2051	70.2
六、财政、金融			
1.本年财政总收入	万元	310029	−1.45
#地方财政收入	万元	155176	−15.38
2.本年财政总支出	万元	539136	−7.21
3.金融机构存款余额	万元	3470144	12.9
#住户存款	万元	2789464	15.9
4.金融机构贷款年末余额	万元	3619910	12.5
七、固定资产投资			
全社会固定资产投资总额	万元		−2.5
#工业投资	万元		6.6
商品房投资	万元		−12.5
民间投资	万元		−11.7
八、教育			
幼儿园招生人数	人	2087	—
幼儿园在校人数	人	9480	—
小学招生人数	人	4791	—
小学毕业人数	人	6228	—
小学入学率	%	100	—
小学实际在校人数	人	31844	—
初中招生人数	人	6169	—
初中毕业人数	人	4937	—
初中实际在校人数	人	18795	—

续表16

指标	单位	2023年	2023年比2022年增加（%）
普通高中招生人数	人	2735	—
普通高中毕业人数	人	3203	—
普通高中实际在校人数	人	9129	—
职业高中招生人数	人	517	—
职业高中毕业人数	人	508	—
职业高中实际在校人数	人	1300	—
特殊教育在校学生	人	74	—
九、人民生活			
城镇居民人均可支配收入	元	47441	4.0
农村居民人均可支配收入	元	25241	7.0
城镇居民人均消费支出	元	26759	5.6
农村居民人均消费支出	元	19041	8.7

注：①2023年人口数据（按普查区划）；
②2023年工业数据为月报数据；
③2023年开始，不再统计实物进资数据，此数据全是现汇进资数据；
④教育数据不包含东临新区

2023年东乡区人口数据一览表

表17

指标	单位	数值
城镇人口	人	238826
乡村人口	人	122958
城镇化率	%	66.01
出生人口	人	2505
死亡人口	人	2921
自然增加人口	人	−416
出生率	‰	6.90
死亡率	‰	8.05
自然增长率	‰	−1.15
男性人口	人	186742

续表17

指标	单位	数值
女性人口	人	175042
总人口性别比		106.68
0—14岁人口	人	73245
15—59岁人口	人	215581
0—15岁人口	人	79215
16—59岁人口	人	209611
60岁及以上人口	人	72958
65岁及以上人口	人	51369
0—14岁人口比重	%	20.25
15—59岁人口比重	%	59.59
0—15岁人口比重	%	21.90
16—59岁人口比重	%	57.94
60岁及以上人口比重	%	20.17
65岁及以上人口比重	%	14.20

索 引

说 明

一、本索引把年鉴专题性条目的内容用主题分析的方法，按汉语拼音字母顺序排列，第一字相同，按第二字音序排列，以此类推。数字开头的标目则按数字0—9顺序排列。

二、标引词后的阿拉伯数字表示内容所在页码，同一主题的内容在文中多处出现的，在其主题词后用不同的页码标明。

三、本年鉴“特载”“年度关注”“大事记”具体内容未作索引。

A

B

C

D

E

F

G

H

J

K

L

M

N

P

Q

R

S

T

W

X